JN415655

第 5 版

債權各論

李 銀 榮 著

博 英 社

제5판 머리말

제4판을 낸 지 1년밖에 되지 않았지만 저자의 개인적인 변화도 컸고, 민법을 둘러싼 환경에도 많은 변화가 있었다. 저자는 지난 1년간 한국민사법학회 회장으로서 민법학계의 학문적 활동에 봉사할 기회를 가졌던 점을 커다란 보람으로 생각한다. 2004년 5월 25년간 봉직했던 민법교수직을 잠시 휴직하고 국회의원으로서 현실세계에 뛰어든 일도 용기를 필요로 하였다. 법의 기초사상과 실정법의 해석을 중심으로 연구했던 생활에서 잠시 떠나 법의 바람직한 방향을 제시하고 새로운 입법을 통하여 법체계의 완결성을 도모하는 일에서 학자로서의 보람을 느끼려 한다. 우리나라 국회가 겪는 시대의 파고 속에서 학자로서의 소신을 피력함에 있어 어려움에 부딪힐 때마다 저자는 그 파고를 헤쳐 나가기 위해서 심호흡을 하곤 한다.

2004년 10월 5년 여의 작업의 성과물인 법무부의 민법 개정안이 완성되어 국회에 제출되었다. 아직 법사위에 상정되지 않은 상태로서 논의되어야 할 쟁점이 매우 많기 때문에 언제 통과될지 지금으로서는 예측하기 어렵다. 저자는 법사위 위원으로서 직접 민법 개정안을 심의하게 되는 것을 학자로서의 영광으로 생각한다. 민법 개정안이 통과되는 즉시 이 책도 대폭 수정할 예정이다.

2004년 대법원 산하 사법개혁위원회에서 법조인 양성제도를 미국식의 로스쿨 제도로 바꾸기로 합의함에 따라 장래에는 민법의 학습방식이 크게 달라질 것으로 예측된다. 논리적 추론에 의한 조문해석보다는 사례해결을 통한 연역적 접근에 치중하게 될 것이다. 그리고 민법의 강의방식도 교수와 학생 사이에 구체적인 사례를 놓고 함께 쟁점을 발굴해내고 공정한 해결책을 모색하는 세미나식으로 바뀌게 되며, 이에 따라 총론의 기초 위에 각론을 집중적으로 학습해야 할 필요성이 높아지게 될 것이다. 판례의 공부방식도 달라질 것인데, 판결이유 중의 선언적인 표현에 대한 관심은 줄고 구체적인 사례에 관한 판단부분의 당부를 둘러싼 평석에 중점을 두게 될 것이다.

제5판 작업을 하면서 채권각론 부분에서는 거래계의 요청에 상응하여 우리 현실에 맞는 이익조정을 도모한 판례가 많이 배출되었다는 점이 발견되었다. 최근 채권각론 부분의 대표적인 판례로서 다음의 것들을 들 수 있다.

- 약관에 대한 명시설명의무에서 계약의 중요부분에 관한 판례
- 계약 체결을 부당하게 거부한 경우 계약교섭 당사자의 불법행위에 기한 손해배상청구권을 인정한 판례
- 임대차의 존속기간에 관한 민법 제651조의 성격을 강행규정으로 인정한 판례
- 임차인의 채무불이행으로 인한 해지시 지상물매수청구권을 부정한 판례
- 고용계약상 의무의 중대한 위반이 있는 경우를 고용계약의 해지사유로서 인정한 판례
- 소송위임에 있어 변호사에게 승소판결금의 회수를 위한 법률적 조언을 할 보호의무를 인정한 판례
- 비채변제의 경우 반환청구할 수 있는 범위를 채권자의 악의뿐만 아니라 중과실까지로 확대한 판례
- 윤락행위 여성에 대한 선불금채권의 무효 및 불법원인급여를 인정한 판례
- 직접 화재부분에 관해서는 실화책임법의 적용을 배제한 판례
- 자동차의 급발진 사고에 대하여 자동차 제조자의 설계상의 결함으로 인한 제조물책임을 인정한 판례
- 정치적 탄압을 고발하는 기자회견에 관하여 명예훼손의 위법성을 부인한 판례

의정활동 중에 책을 개정하는 작업을 병행하는 것이 비록 쉬운 일은 아니었으나, 해마다 증가하는 최신판례와 법의 이론을 정확하게 정리하고 전달하는 것이 많은 독자들에게 도움이 될 것이라는 생각으로 개정작업을 진행했다. 제5판의 교정과 판례검색을 맡아준 손경애 양, 김선욱 군, 나민오 양에게 감사를 드린다. 앞으로 훌륭한 법조인으로 성장하기를 바란다.

2005년 2월

저 자

제5판 보정쇄 머리말

2007년 6월에는 다음의 사항을 포함한 최신판례나 법령개정사항을 추가 반영하였다.

— 계약체결상의 과실책임에서 신뢰손해의 내용에 관한 판례
— 채권자위험부담의 예외에서 채권자의 귀책사유의 의미에 관한 판례
— 해제로 인한 원상회복에서 사용이익 산정에 관한 판례
— 소유권유보의 법률구성에서 조건부소유권이전설의 태도를 취한 판례
— 준소비대차에서 구채무와 신채무의 동일성의 의미를 밝힌 판례
— 임대인의 임대차보증금의 반환의무가 임차인의 임차권등기 말소의무보다 선이행의무임을 인정한 판례
— 제작물공급계약에서 목적물의 인도의 의미 및 일의 완성의 입증책임에 관한 판례
— 2인 조합에서 1인이 탈퇴하는 경우 잔존자가 조합의 탈퇴자에 대한 채권으로 탈퇴자에 대한 채무와 상계가능함을 인정한 판례
— 가해자의 위법행위와 자연력이 결합한 경우 예상가능한 자연력 기여분의 인과관계를 인정한 판례
— 불법행위로 영업용 물건이 멸실된 경우 휴업손해는 통상손해임을 인정한 판례
— 동업관계에서 사용자책임의 성립을 인정한 판례
— 자동차장치의 용법에 따른 사용에서 절충설의 입장을 취한 판례
— 현저히 불성실하게 진료한 경우 그 자체로 불법행위를 구성한다는 판례
— 사생활침해의 수인한도의 의미에 관한 판례

2007년 7월
저 자

머 리 말

1980年代 後半期의 民主化와 價値轉換의 소용돌이를 겪으며 나는 자꾸 밖으로 치닫는 마음을 다독거려 이 책의 執筆作業에 매달렸다. 그러나 이 時代를 사는 한 사람으로서 끓는 熱情을 억누르기란 쉽지 않았다. 나는 法學者로서의 使命이 무엇일까 생각했고, 그것을 法解釋作業에서나마 조금은 수행하고자 했다. 이 時代는 나에게 고여 있어 썩어가는 물이 되지 말 것과 자기의 所信에 充實하게 살 것을 준엄하게 꾸짖었다. 이 책을 써 나가는 동안 나의 뇌리를 지배했던 생각은 平等하고 正義로운 社會를 구현하고자 하는 요청을 財産法의 解釋學에 受容해야 한다는 점과 韓國法學의 學問的 主體性을 확립해야 한다는 점이었다. 그리고 正義感과 法學 사이에서 갈등하는 法學徒에게 그들의 正義觀과 民法學 사이의 接木可能性을 보여 주고 싶었다.

내가 民法學에 접근함에 있어 債權各論에서부터 출발한 것은 앞의 두 가지 점을 구현하기 위해서는 반드시 存在論的 研究 및 類型的 考察이 필요하다고 생각했기 때문이다. 民法學이 실제 市民生活의 指針設定과 法學徒의 事例解決에 기여하기 위해서는 契約法과 不法行爲責任法의 체계적 정리가 우선되어야 한다. 債權法領域에는 그 동안 많은 論文이 발표되었으며 去來慣行 · 判例에 의한 法形成도 많았는데, 그들이 제시한 問題點은 종래의 理論과 統合되지 못한 채 흩어져 있었다. 이 책의 契約法一般論 · 事務管理法一般論 · 不當利得法一般論 · 不法行爲法一般論에서는 그들을 모두 통합하는 法體系와 基本原理를 펼침으로써 그 동안 難解하게 보였던 債權各論을 이해하기 쉽고 응용하기 편리하게 만들고자 하였다. 約款規制論, 新種契約類型, 現代不法行爲法의 特殊問題 등을 삽입하여 債權法의 內容을 풍요롭게 만들었다. 쉽고 짧은 표현 안에 많은 量의 情報를 담고자 하였으며, 大學院生이나 實務家를 위해서 註를 달았다. 그리고 각 主題別로 學說 · 判例의 見解를 분류하여 소개한 후 그의 妥當根據를 분석하여 批判하면서 무모하나마 내 나름대로의 견해를 밝혔다. 그 중에는 종래의 多數說과 다른 것이나 또는 우리 나라에서 주장된 적이 없는 것도 열거하기 어려울 정도로 많이 있다. 우리 나라에서 主張되지 않은 外國理論을 장황하게 나열

하는 것은 피하고 舊民法에 관한 설명도 줄였다. 外國法制의 比較는 獨逸法一邊倒에서 벗어나 英美法·프랑스法·스위스法 등으로 多樣化하였다. 이 책의 부족한 점은 독자의 지적과 비판을 받아 앞으로 보완해 나가겠다.

이 책의 발간에 임하여 나를 法學徒로 키워 준 서울大와 튀빙겐(Tübingen)大의 恩師님께 깊은 감사를 드린다. 그리고 나의 思考形成에 말과 글로써 도움을 준 教授·判事·辯護士님들, 이 책의 初校를 읽고 좋은 意見을 제시해 준 金聖天 法學碩士, 校正을 도와 준 郭守鎬·金亨洙 助教, 이 책의 出版을 맡아 준 博英社의 安鍾萬 社長님 및 여러분들과 編輯·校正을 맡아 준 李一成 課長님께 감사드린다. 나의 일을 이해하고 격려해 준 가족들과 기쁨을 같이하고 싶다.

1989년 2월

李 銀 榮

차 례

제1장 契約總論

제1절 契約法 一般論

제2절 契約의 締結

제 3 절 契約의 法律關係

제4절 契約의 解除 · 解止

제2장 契約의 類型

제1절 讓渡契約

제2절 貸借契約

제 3 절 勞務供給契約

제4절 기타의 契約

제3장 事務管理

제4장 不當利得

제5장 不法行爲責任

제1절 不法行爲責任 一般論

제 2 절 不法行爲責任의 要件과 效果

제3절 多數加害者의 關與

法令略語表

가등기담보등에관한법률 …… 가담법
가사소송법 …… 가소법
국가배상법 …… 국배법
국가유공자등예우및지원에관한법률 …… 국가유공자예우법
근로기준법 …… 근기법
노동조합및노동관계조정법 …… 노조및조정법
독점규제및공정거래에관한법률 …… 공정거래법
물가안정에관한법률 …… 물가안정법
민사소송법 …… 민소법
민사집행법 …… 민집법
민사조정법 …… 민조법
방문판매등에관한법률 …… 방문판매법
부동산등기법 …… 부등법
부동산실권리자명의등기에관한법률 …… 실명법
비송사건절차법 …… 비송법
산업재해보상보험법 …… 산재법
소액사건심판법 …… 소액법
신용정보의이용및보호에관한법률 …… 신용정보법
실화책임에관한법률 …… 실화책임법
약관의규제에관한법률 …… 약관법
여신전문금융업법 …… 여신법
자동차손해배상보장법 …… 자배법
전자상거래등에서의소비자보호에관한법률 …… 전자상거래법
정기간행물의등록에관한법률 …… 정간법
제조물책임법 …… 제조물법
주택임대차보호법 …… 주임법
차지차가조정법 …… 차가법
하도급거래공정화에관한법률 …… 하도급공정법
환경정책기본법 …… 환경기본법
할부거래에관한법률 …… 할부거래법

主要參考文獻 및 그 引用略語

郭潤直, 債權各論(신정판), 박영사, 1995 ······························ 郭潤直

金基善, 韓國債權法各論(제2전정판), 법문사, 1982 ······························ 金基善

金相容, 債權各論(下), 법문사,1998 ······························ 金相容(下)

金錫宇, 債權法各論, 박영사, 1978 ······························ 金錫宇

金疇洙, 債權各論(제2판), 삼영사, 1997 ······························ 金疇洙

金曾漢, 債權各論〔民法講義Ⅳ〕, 박영사, 1988 ······························ 金曾漢

金顯泰, 新稿債權法各論, 일조각, 1969 ······························ 金顯泰

金亨培, 債權各論(契約法), 박영사, 1997 ······························ 金亨培

李太載, 債權各論新講(개정판), 진명문화사, 1985 ······························ 李太載

崔　栻, 新債權法各論, 박영사, 1961 ······························ 崔　栻

黃迪仁, 現代民法論Ⅳ〔債權各論〕(증보판), 박영사, 1987 ······························ 黃迪仁

金曾漢 編輯代表, 註釋債權各則(Ⅰ～Ⅳ), 한국사법행정학회
······························ 주석 채권각칙(권수), 집필자

朴駿緖 編輯代表, 註釋 民法〔債權各則 (1)～(2)〕, 한국사법행정학회, 1999
······························ 주석 민법 채권각칙(권수), 집필자

郭潤直 編輯代表, 民法注解(XII ～ XVI), 박영사, 1997
······························ 민법주해(권수), 집필자

제 1 장 契約總論

제 1 장 契約總論

제 1 절 契約法 一般論

§1. 契約의 意義

1. 契約의 概念

(1) 合意에 의하여 발생되는 法律關係

私法上의 契約이란 계약당사자가 자발적 의사에 기해 상대방에 대한 법적 의무를 지는 사인간의 결속관계이다. 현대산업사회에서는 대다수의 법률관계가 계약이라는 당사자간의 자발적인 인적 결속의 형태로 구성되므로 우리 사회에서 계약은 필수불가결한 사회생활의 도구이다.

계약은 계약당사자 사이의 포괄적인 법률관계를 가리키며, 그 계약에서 여러 개의 債權, 債務, 附隨義務 등이 발생한다. 계약이 있다는 것은 대개 그 계약에 기한 채권이 유효하게 성립한다는 것, 그리고 채권자는 채무자에 대하여 채무불이행책임을 물을 수 있다는 것을 의미한다.

(2) 契約締結의 法律行爲

契約締結은 법률행위로서 계약당사자 사이의 의사표시의 합치를 요소로 하는데, 이를 「합의」라 한다. 계약체결은 합의를 필수적 요소로 하며, 경우에 따라서는 그 밖의 효력요건(관청의 인가, 사회생활에 합당할 것, 내용의 공정성 등)을 필요로 하기도 한다. 합의는 請約과 承諾으로 구성된다. 청약과 승낙은 각각 하나의 의사표시이고, 이 두 개의 의사표시가 합하여 하나의 합의를 이루며 합의는 그 밖의 효력요건을 갖춤과 함께 하나의 법률행위를 성립시키는데, 이 법률행위를 계약체결(행위)이라 하며 계약체결에 의해 계약당사자 사이에 계약, 즉 계약적 법률관계가 존재하게 된다.

外國法에서의 契約槪念

독일법에서 계약(Vertrag)이란 용어는 두 가지의 의미로 이해된다. 독일법전에서는 법률행위에 의한 채무관계의 설정이나 변경에는 법률에 다른 규정이 없는 한 당사자 사이의 계약을 필요로 한다고 규정하며(동법 제350조), 학설은 계약을 두 개의 합치하는 의사표시를 통하여 법률효과를 의욕하는 쌍방적 법률행위라고 설명한다.[1] 그러나 독일법상의 계약은 계약관계를 개시하는 행위, 즉 계약체결행위로 이해되는 외에 그에 의해 생긴 법적 결과, 즉 계약상의 법률관계로도 이해된다. 켈젠(H. Kelsen)은「계약」이란 말을 "2인이나 수인의 합치된 의사표시에 의한 규범의 창조행위 또는 법질서에 따라 2인이나 수인의 합치된 의사표시에 의하여 창조된 규범이나 질서"로 정의내릴 수 있다고 한다.[2]

그 밖의 외국의 예를 보면, 스위스채무법은「계약의 체결에는 당사자의 대립한 의사표시의 합치를 요한다」고 규정하고(동법 제1조 1항), 프랑스민법에서는 계약(contrast)을 1인 또는 수인이 다른 1인 또는 수인에 대하여 물건을 제공하거나 어느 일을 행하거나 행하지 않을 의무를 지는 약정(convention)이라고 하며(동법 제1101조), 학자들은 계약 외에 합의(consentement)라는 개념을 별개의 것으로 인정한다.[3] 오스트리아민법에서도「타인에게 권리를 양도한다고 표시한 자, 타인에게 무엇을 허용한다고 또는 준다고 표시한 자 및 타인을 위하여 무엇을 하려고 혹은 하지 않으려고 한다고 표시한 자는 약속을 한 것이다. 타인이 그 약속을 유효하게 승낙하면 양측의 합치된 의사에 의하여 계약이 성립한다」고 규정한다(동법 제861조).

영미법에서도 계약(contracts)과 약속(promise)과 합의(agreement)는 개념상 엄격히 구분된다. 계약이란 그의 위반에 대해 법적 구제가 행해지거나 또는 그의 이행이 법적인 의무로 인정되는 하나 또는 다수의 약속을 말하며, 약속이란 채무를 부담하겠다는 의사표시를 말하고, 합의란 2인 이상의 당사자 사이에 행해진 相互同意表示라고 한다.[4] 그리고 영미법의 특색은 유효한 계약이 체결되기 위해서 합의 외에도 체결의 법적 원인(consideration)이 존재할 것을 요구하는 경우가 대부분이라는 점에 있다(계약의 구속력에서 설명함).

---

1) 독일민법은 계약의 설정 및 내용에 관하여 제305조~제319조의 규정을 두고, 청약(Antrag)과 승낙(Annahme)에 의한 계약의 체결에 대하여는 민법총칙의 법률행위 章의 제145조~제157조에서 규정한다. 그리고 계약의 체결은 법률행위로써 우리 민법보다 예외의 인정이 적다.

2) H. Kelsen, *The Pure Theory of Law* (Trans. Max Knight), University of California Press, 1967, p. 260.

3) A. Well & F. Terré, *droit, civil les obligation,* Dalloz, 1980, pp. 26~27.

4) 梁明朝 옮김, "미국계약법 제2 리스테이트먼트," 계약법의 제문제, 사법연구회 편, 1988, 179.

2. 契約의 分類

(1) 諾成契約 · 要物契約

㈎ 諾成契約　당사자의 합의에 의해 계약이 체결되며 그 밖에 계약구속력을 발생시키기 위해 일방당사자의 선이행이 필요 없는 경우를 낙성계약이라고 부른다. 민법은 諾成契約의 原則을 취한다. 낙성계약의 원칙을 취할 경우에, 계약은 당사자의 합의만으로 성립하고(要式 與否는 不問), 그 계약으로부터 일방당사자 또는 쌍방당사자에게 채무가 발생한다. 낙성계약에서 채무이행은 계약의 체결 이후에 행하여진다. 예를 들면 매도인과 매수인이 매매계약을 체결한 후에, 그 계약에 기해 물건을 인도하고 대금을 지급하는 경우가 낙성계약의 이행에 해당한다. 낙성계약의 원칙은 계약당사자의 채무이행을 사실상 또는 법률상 강제할 수 있는 시스템이 갖추어져 있거나 시민들의 신용도가 매우 높은 경우에 한해서 거래를 원활히 하는 경제적 효과를 가져온다. 사실상의 강제시스템으로서는 동시이행의 항변권제도, 위약금제도가 있고, 법률상의 강제시스템으로는 강제집행제도가 있다.

㈏ 要物契約　계약의 일방당사자가 목적물의 인도, 대가의 지급, 일의 완성 등 급부를 先履行한 때에 계약이 체결된 것으로 보는 경우를 요물계약이라고 부른다. 계약체결을 위한 합의를 공증 · 관청의 인가를 받은 書面으로 할 것을 요구하는 경우는 要式契約이라고 하여 要物契約과는 구별한다.

민법은 현상광고(제675조)에 관해서는 요물계약을 고수함으로써 낙성계약원칙에 대한 예외를 인정한다. 과거 의용민법에서는 소비대차 · 사용대차 · 임대차의 계약체결에 목적물의 인도를 요건으로서 규정하여 요물계약주의를 취하였다. 현행민법은 貸借契約에까지 낙성계약의 원칙을 확장하여 소비대차계약 등도 합의만으로 성립하도록 하였다. 그러나 소비대차의 거래관행은 요물계약으로서 행해지고 있다. 은행의 대출계약, 사금융계약 등은 대출금이 지급될 것을 조건으로 성립되는 경우가 많고, 그 전에는 假契約만 맺어 두는 것이 관례이다.

(2) 雙務契約 · 片務契約

㈎ 雙務契約　하나의 계약에 의해 쌍방당사자가 상환적 채무를 지는 경우를 쌍무계약이라고 부른다. 賣買, 賃貸借 등 실제 체결되는 계약의 대부분이 쌍무계약이다. 현대의 거래에서 상환성은 대가성을 기초로 인정됨이 보통이지만, 민법은 양자를 개념상 구분하여 相換性은 쌍무계약의 원리로서 규율하고

외국의 입법례

프랑스민법은 계약당사자가 서로 상대방에 대해 채무를 부담하는 경우를 쌍무계약(contrat synallagmatique, contrat bilatéral)으로 규정하고(제1102조), 각 당사자가 서로 물건을 제공하거나 일을 행할 채무를 지는 경우를 유상계약(le contrat á titre onéreux)이라 규정한다(제1106조). 학설도 양자를 구별하여 쌍무계약의 개념은 채무의 상호성을 기준으로 한 것임에 반하여, 유상계약의 개념은 이익의 상호성(즉 대가성)을 기준으로 한 것이라고 설명한다.[1)][2)]

독일민법은 쌍무계약의 개념정의는 하지 않고 다만 동시이행 · 위험부담 · 해제권을 규정한다(제320조~제327조).[3)] 학설은 쌍무계약(gegenseitiger Vertrag, Synallagma)을 각 당사자가 상대방의 급부약속 대신에 자신의 급부의무를 지는 양 급부의 교환적 계약으로서 거래목적이 상대방의 반대급부의 획득에 있다는 점에 특색이 있다고 보며,[4)] 그러한 상호성(Gegenseitigkeit)을 대가성(Entgeltlichkeit)과 구별하여 파악한다.

對價性은 유상계약의 법리로 규율한다. 쌍무계약의 법리는 하나의 계약에서 발생한 상환적 채무는 발생 · 존속 · 이행 · 소멸에 있어서 견련성을 가진다는 것이 핵심을 이룬다. 이행상의 견련성은 동시이행의 항변권(제536조), 존속상의 견련성은 위험부담(제537조, 제549조)으로서 규정되어 있고, 소멸상의 견련성은 해제시 원상회복의무의 동시이행(제549조)으로서 규정되어 있다.

(나) 片務契約 계약의 일방당사자만이 채무를 부담하는 경우를 편무계약이라고 부른다. 贈與, 使用貸借가 편무계약에 속한다. 負擔附贈與에서와 같이 하나의 계약에 의해 쌍방당사자가 의무를 부담하지만 그 두 의무 사이에 상환성이 없는 때에는 편무계약이다.

(3) 有償契約 · 無償契約

(가) 有償契約 하나의 계약에 의해 쌍방당사자가 대가성을 갖는 出捐義務를 지는 경우를 유상계약이라 한다. 모든 유상계약은 동시에 쌍무계약이라고 할 수 있지만, 양자는 개념상 구분된다. 유상계약이란 양 채무가 갖는 이익의

---

1) Mazeaud, *Leçon de Droit Civil*, T. Ⅱ, n° 103(같은 취지: Marty et Raynaud).

2) 미국법에서는 쌍무계약(bilateral contracts)을 양 당사자가 서로 채무부담의 약속(promise)을 교환하는 계약이라고 파악하며, 그의 대가성은 계약유효요건인 체약원인(consideration)의 문제로 다루어진다.

3) 독일민법 제445조는 매매에 관한 일부규정을 다른 유상계약에 준용할 것을 규정한다.

4) Esser-Schmidt, §12 Ⅲ, S.187. 다만 Larenz, Ⅰ, §15에서는 그러한 계약목적의 상호성과 양 채무의 조건적 관계를 쌍무계약의 본질로 보면서 다른 한편 각 당사자가 주관적 가치평가에 따라 동 가치의 급부를 교환하는 주관적 등가성(subjektive Äquivalenz)을 포함한다고 설명한다.

상호성, 즉 對價性에 착안하여 쌍방당사자간의 이익의 균형을 꾀함을 목적으로 설정된 개념이다. 유상계약의 대표적인 유형인 매매에 관하여 민법은 擔保責任이라는 채무불이행책임의 특칙을 추가로 인정한다. 채무자에게 귀책사유가 있는가에 관계 없이 당사자가 예정한 등가관계를 파괴하는 권리의 흠결·물건의 하자가 있는 경우에 대금감액·계약해제 등의 효과를 부여하는 제도가 담보책임이다. 매매 이외의 유상계약에 매매에 관한 규정이 준용되므로(제567조), 다른 유상계약에서도 담보책임이 부과된다.

(나) 無償契約　　계약의 일방당사자만이 출연의무를 지고 타방당사자는 그 급부를 수령하는 이익을 누리게 되는 경우를 무상계약이라고 한다. 贈與, 使用貸借, 無償任置 등이 무상계약에 해당한다. 비록 쌍방당사자가 출연의무를 지는 경우라도 그 급부 사이에 차이가 현격하여 대가성을 인정할 수 없는 負擔附贈與는 무상계약에 속하지만, 쌍무계약에 관한 규정이 부분적으로 준용된다(제561조).

무상계약은 유상계약에서와 다르게 규율되는 경우가 많다. ① 무상계약은 유상계약에 비해 拘束力이 약하다. 서면에 의하지 않은 증여는 해제될 수 있는 등 증여계약의 해제사유가 광범위한 것이 그 예이다(제555조, 제556조, 제557조). ② 무상계약에서 채무자는 유상계약에서와 같은 엄격한 담보책임을 지지 않는다. 증여자는 담보책임을 지지 않음이 원칙이지만, 악의로 고지하지 않은 하자에 대하여는 책임을 진다(제559조). ③ 무상계약의 채무자는 유상계약에서보다 경감된 注意義務를 지므로 채무불이행책임이 가벼워진다. 무상의 受置人은 임치물을 자기재산과 동일한 주의로 보관하는 것으로 충분하며, 유상계약에서와 같이 선량한 관리자로 주의하여야 할 의무는 지지 않는다(제694조). ④ 무상계약은 파산절차에서 그 구속력이 부인될 수 있다. 파산자가 지급정지·파산신청의 전후 6개월 사이에 한 無償行爲는 파산재단을 위하여 否認될 수 있다(파산법 제64조 5호).

雙務契約과 有償契約의 概念上 統合

현대의 계약은 교환거래인 쌍무계약을 원칙으로 한다. 쌍무계약이란 한 개의 계약에 의해 당사자 쌍방이 채무를 부담하고 상대방이 채무를 부담하기 때문에 나도 채무를 부담한다는 관계가 존재하여야 한다. 그러한 쌍무계약의 특질을 가리켜 「相換性」이라 한다. 따라서 쌍무계약관계에 있는 두 채무는 서로 견련관계(Abhängigkeitsverhältnis, Synallagma)를 갖는다. 그러한 견련관계 중 이행상의 견련성과 관련하여서는 동시이행의 항변권과 유치권이 법률로 인정되며, 존속상의 견련관계와 관련해서는 위험부담에 관한 규정이 설치되어 있다. 그러나 성립상의 견련관계에 관하여는 법률의 규정이 없다. 성립상의 견련관계는 당사자의 의사표시로서 자기의 급부와 반대급부를 결합시키고자 하는 것으로 쌍무계약성에서 유추될 수 있다고 생각된다. 문제는 우리 법에서는 쌍무계약과 유상계약을 별개의 개념으로 파악하여 상환성에는 대가의 상호성(즉 유상성)을 포함시키지 않는다는 점이다. 쌍무계약은 항상 유상계약이지만 그 대가성은 당사자의 의사에 의해 정해지는 것으로서 반드시 객관적인 동가치일 것을 요하지 않는다.[1] 민법은 유상계약에 관해서는 매매의 부분에서 주로 하자담보책임을 규정할 뿐 대가관계의 존재에 관하여는 규정하고 있지 않다.

이상에서 살펴본 우리 계약법에서의 쌍무계약성과 유상계약성의 분리는 현실거래와 맞지 않는다. 현실에서는 쌍무성과 유상성이 개념적으로 분리하기 어려울 정도로 결합되어 있다. 그리고 쌍무계약의 상환성은 유상계약의 대가성을 전제로 하고 있다. 즉 양 당사자가 급부하는 것이 서로 적정한 대가관계에 놓일 것을 전제로 하여 양 당사자는 상환의 채무를 부담한다. 실제 계약당사자에게 가장 관심이 큰 가격의 적정성은 우리 계약법에서는 원칙적으로 고찰대상이 되지 않는다. 나아가서 계약의 공정성도 종래 우리 법의 관심대상이 아니었다. 다만 당사자의 궁박·경솔·무경험으로 인하여 현저히 공정을 잃은 계약의 경우에만 구속력이 부인된다(제104조). 그러한 우리 계약법의 맹점을 잘 드러나게 해 주는 것이 영미법의 계약이론 중 체결원인에 관한 대가교환이론, 비양심성에 관한 이론이며, 나아가서 약속이론을 극복하고자 하는 신뢰이론이다(뒤에서 설명). 독일에서는 이미 학설·판례·특별법에 의해 상당한 부분에 신의성실의 원칙에 기초한 계약수정이 행해지고 있다.[2] 비록 당사자의 의사에 의한 채무부담이라도 상환성·대가성이 결여되어 있는 경우에는 그의 구속력이 인정되어서는 안 된다. 특히 계약당사자가 힘의 균형을 이루지 못한 경우에는 양 채무의 상환성·대가성은 더욱 날카롭게 심사되어야 한다.

(4) 典型契約·非典型契約

㈎ 典型契約　민법 제3편 제2장에 규정된 14종의 계약유형을 전형계약(또는 有名契約)이라고 부른다. 민법 이외의 법률에 그 사법적 법률관계가 규율되는 경우는 特別法上 典型契約이라고 한다. 근로계약·신탁계약·종신보증계약·

1) 金曾漢, "쌍무계약에 관한 일고찰," 서울대 법학 특별호 제4권, 1979; 同, "쌍무계약과 유상계약," 월간고시 1979년 3월호.

2) 李英俊, "신의성실의 원칙과 권리창설적 기능," 법조 1980년 3월호; 同, "신의성실의 원칙에 관한 소고," 김증한화갑기념 현대민법학의 제문제, 1981; 林健默, "계약이론의 전향과 신의칙의 전진," 청주대 법학논고 제3권 34호, 1960.

할부거래계약 · 방문판매계약 등이 특별법상 전형계약에 해당한다.

(나) 非典型契約 민법이나 특별법에 규정되지 않고 관행상 이용되는 계약유형을 비전형계약(또는 무명계약)이라 한다. 비전형계약 중에서 최근 거래계에서 형성된 계약유형을 新種契約이라고 부른다. 비전형계약에는 제작물공급계약, 여행계약, 예금계약, 계계약, 권리금계약, 팩토링계약, 신용카드계약, 리스계약 등이 오래 전부터 인정되어 왔다. 근래 판례에서 문제된 유형으로는 소프트웨어공급계약(大判 1996. 7. 30, 95다7932), 영상물 제작공급계약(大判 1996. 7. 9, 96다14364), 용역경비계약(大判 1996. 5. 14, 94다2169), 설계시공 일괄입찰방식 도급계약(大判 1996. 8. 23, 96다16650), 전속계약(大判 1993. 2. 9, 92다33176) 등이 있다. 거래계의 변화에 따라 비전형계약의 숫자도 증가하고 그 내용도 다양해지고 있다.

混合契約의 解釋

(1) 意 義 혼합계약이란 어떤 비전형계약이 두 개 이상의 전형계약상의 구성요소의 통합인 경우,[1] 또는 어떤 비전형계약의 일부가 전형계약의 구성요소를 갖고 있는 경우[2]를 말한다. 비전형계약이 독자적인 계약유형으로서 이용되고 있더라도 그 구성요소를 분석해 보면 어떤 전형계약과 공통점을 갖는 경우가 많다. 예를 들어 여행계약은 비전형계약으로서 자리잡고 있지만 도급 · 위임의 요소를 가지며, 예금계약은 소비임치 · 소비대차의 요소를 갖고 있다.

(2) 典型契約規定의 類推適用 비전형계약과 관련한 법률문제가 제기될 때 이와 유사한 전형계약의 규정을 유추적용함으로써 적절한 해결책을 모색해 보는 일이 필요하므로, 어떤 비전형계약에 혼합되어 있는 전형계약의 요소를 찾아 내는 일은 중요하다. 혼합계약을 해석하는 방법에 관해서 다음의 학설들이 주장된다. ① 흡수설: 어떤 비전형계약을 하나의 지배적인 전형계약의 한 유형으로 흡수시켜 해석하는 방법이다. ② 결합설: 비전형계약의 구성요소를 분해하여 각각의 요소마다 유사한 전형계약의 규정을 결합시키는 해석방법이다. ③ 창조설: 법관이 어떤 비전형계약에 적용될 규범을 독자적으로 창조해 내는 해석방법이다.[3]

(3) 約款審査의 基準發見 비전형계약에 유추적용할 전형계약규정을 찾는 일은 특히 약관의 공정성심사와 관련하여 의미를 갖는다. 당해 거래종목에 이용되는 약관의 구속력을 전면적으로 인정한다면 구태여 비전형계약과 유사한 전형계약을 찾을 필요 없이 곧 그 약관에 의해 법률관계를 결정하면 될 것이다. 그러나 그 약관

1) 金曾漢, 27. 이러한 혼합계약의 정의는 Hoeniger, *Die gemischten Verträge in ihrer Grundformen*, Mannhein/Leipzig, 1910, S. 4에 유래한다.

2) Schreiber, Gemischte Verträge in Reichsschuldrecht, *Jherings Jahrb.* 60(1912), S. 111.

3) 참고문헌: 金東勳, "산업구조의 변천에 따른 새로운 계약유형," 고시계 1997년 3월호; 鄭震明, "혼합계약의 해석," 한국민사법학회 민사법학 제16호, 1998.

이 신의성실에 반하지 않는가, 불공정한 것인가 아닌가를 심사할 때에는 그것과 유사한 전형계약에 관한 민법의 태도를 기준으로 하여 판단할 수밖에 없다. 전형계약의 규정에는 임의규정도 있고 강행규정도 있는데, 임의규정은 신의성실 및 당사자의 이익균형의 모범이 될 것이고 강행규정은 당사자가 반드시 준수하여야 할 기준을 제시하게 될 것이다.

(4) 固有機能의 尊重 다만 전형계약의 규정에 지나치게 꿰어 맞추기 위하여 거래계가 생성시킨 비전형계약의 특성과 기능을 무시하는 우를 범해서는 안 될 것이다. 판례는 "하나의 계약으로 둘 이상의 민법상의 典型契約을 포괄하는 내용의 계약을 체결한 것이라면, 특별한 사정이 없는 한 민법상의 전형계약에 상응하는 부분으로 서로 분리하여 그 각각의 전형계약의 범위 안에서 대가관계에 있는 의무만을 동시이행관계에 있다고 볼 것이 아니라, 당사자 일방의 여러 의무가 포괄하여 상대방의 여러 의무와 사이에 대가관계에 있다고 인정되는 한 이러한 당사자 일방의 여러 의무와 상대방의 여러 의무는 동시이행의 관계에 있다고 봄이 상당하다"고 하여 비전형계약에 고유한 계약해석을 설시한 바 있다(大判 1995. 8. 22, 95다1521).

3. 契約의 本質

(1) 契約이란 무엇인가

「계약이란 무엇인가」라는 물음[1]은 법학은 물론 인문 · 사회과학의 관심대상이 되어 왔다. 계약이란 인간만이 갖는 독특한 활동의 소산이며 하나의 복합적인 사회현상이라고 말할 수 있다. 그러나 그것은 계약의 본질에 관한 대답은 아니고 계약의 본질을 찾기 위한 출발점을 제시해 줄 뿐이다. 계약이 무엇인가에 대한 대답은 여러 가지 측면에서 다르게 행해질 수 있다.[2] 그들 서로 다른 대답은 실은 동일한 질문에 대한 답이 아니라 계약에 관한 상이한 질문에 대한 각 방면의 사고 · 관찰의 결과이기 때문이다. 이 물음 자체는 「무엇」을 실마리로 하여 한 시대, 한 사회에서 문제되는 것을 묻는 하나의 길이다.

이 물음은 계약과 관련한 인간관계가 동요되거나 혼란되어 계약의 본질이 불분명해질 때 또는 계약의 사회적 필요성이 높은 데도 계약이 제대로 기능하

1) 하이데거에 의하면 「무엇」이라는 물음의 방식은 그리스적인 것으로 소크라테스 · 플라톤 · 아리스토텔레스가 발전시켰던 형식이다. 이 「무엇」이 뜻하는 바는 「존재하게 하는 것」, 「존재하게 하는 무엇」, 곧 「본질」이라고 한다. 하이데거 著 · 崔東熙 옮김, "철학이란 무엇인가?" 삼성판 세계사상전집 11, 1981, 54.

2) 오히려 진정한 차이는 그들이 어떤 사고를 하느냐 또는 어떤 것을 관찰하느냐, 그리고 만약 이 양자간에 관계가 있다면 그 관계는 어떤 형태인가에 있다. C. 타리트 밀즈 著, 강희경 · 이해찬 옮김, 사회학적 상상력, 홍성사, 1978, 45.

지 않은 때 등 계약이 어떤 역사적 시점에서 재조명될 필요가 있을 때마다 새로 제기된다. 그러므로 「계약이란 무엇인가」라는 물음은 아직도 완성되지 않은 변화가능한 질문으로서, 다음 단계로 「무엇을 위해서」 그에 대해 알려고 한다는 관심의 방향을 설정하도록 요구한다.[1] 또한 그에 관한 답은 역사를 부정하거나 외면하여서는 결코 얻어질 수 없다. 우리가 할 수 있는 것은 우리의 역사적 경험을 기초로 우리 시대의 우리 사회에 상응하는 답을 얻어 내는 일이다. 그 답은 문화 · 사회 · 정치 · 경제의 문제가 종합된 거대이론(grand theory)의 전체론적 시각에 기초하여 모색되어야 한다.[2]

(2) 契約에 관한 接近方式

계약은 사인간의 관계이며 동시에 사회의 구성부분이기도 하다.[3] 즉 계약은 사적인 면과 공적인 면의 두 측면을 갖는다. 계약을 개인 사이의 약속과 그의 준수라는 사적인 차원에만 묶어 두는 것은 불가능하다. 그러므로 계약을 고찰할 때에는 개인간의 관계라는 측면 이외에 그 계약을 규율하는 국가의 측면에서도 살펴볼 필요가 있다. 어떤 경우에 법적 구속력을 부여하고 어떤 경우에 계약관계로부터의 해방을 허용할 것인가 등의 계약과 관련된 법적 문제는 경제질서 및 사회질서와의 관련성을 가진다.

계약은 하나의 생활양식으로서 각개의 문화에 고유한 하나의 법문화현상으로 파악될 수 있다.[4] 법문화는 법률 · 관습 · 조리 · 도덕 등의 모든 규범이 종합적으로 작용하여 이루는 현상이다. 근대자본주의사회에서 계약은 어쩔 수 없는 일종의 역사적 숙명으로 다루어졌다.[5] 그러나 현대법학은 계약은 숙명이 아니라 인간에 의해 지배되고 조종되어야 할 하나의 사회현상으로 다룬다.[6] 그리

1) Habermas는 인식을 지배하는 관심을 ① 기술적 관심(경험적 · 분석적 학문), ② 실천적 관심(역사학적 · 해석학적 학문), ③ 해방적 관심(비판적으로 정향한 문제) 등 세 가지 범주를 제시하면서 인간의 자율성과 책임성의 회복을 강조하였다. 하버마스 著 · 장일조 옮김, "인식과 관심," 이성적인 사회에 관하여, 종로서적, 1984, 69~83 참조.

2) 이런 시도로서는, C. Dalton, An essay in the deconstruction of contrast doctrine, *Yale Law Journal*, Vol. 94, 1985, 997 이하; R. M. Unger, *Law in Modern Society*, Free Press, 1976 참조.

3) Durkhein은 계약을 사적이 아니라 사회적(공적)인 것으로 보며, 「최초로 계약의 비계약적 요소」를 지적했다. 뒤르켕 著 · 林禧燮 옮김, 사회분업론, 삼성출판사, 1979, 415 이하. 그 밖에 현대기업에서의 「계약의 비계약적 관계」에 관한 연구도 있다. Macaulay, Non — contractual Relations in Business — A Preliminary Study, 28 *American Sociological Review* 55, 1963.

4) 세계적 문화현상으로서의 법에 관해서는, H. Coing, *Grundzüge der Rechtsphilosopie*, 4. Aufl., 1985, S. 123ff.

5) 이에 관해서는, Durkhein, *The Division of Labor in Society*(Tranz. G. Simpson, New York, 1933), Chapters 3~5; Maine, *Ancient Law*, Chapter 5, 1861; Max Weber, *Max Weber on Law in Economy and Society*(Tranz. M. Rheinstein and E. Shils, Cambridge, Mass, 1954) 참조.

6) 이에 토대가 되는 사상은, J. Habermas, *Theorie des Kommunicativen Handelns*, Vol. 2, Zur Kritik der Funktionalistischen Vernunft(Frankfurt: Suhrkamp, 1981) 참조.

고 사회현상으로서의 계약에 관한 언어분석적 접근에 의하면 「계약」이란 말은 명사로서보다는 그의 역동적 성격으로 말미암아 동사에 가까운 함축성을 갖는다고 한다.[1)]

4. 契約概念의 法史學的 背景[2)]

(1) 로 마 법

로마시대에는 법률행위나 계약이란 개념이 확립되지 않았었고 또 그에 관한 총칙도 없었다.[3)] 단지 개개 유형의 계약으로부터 채권자의 채무자에 대한 訴權이 발생할 뿐이었다.[4)] 고전시대부터 그러한 소권을 발생시키기 위한 계약은 엄격한 要式契約으로서 계약체결에 있어서 당사자의 의사뿐 아니라 일정한 형식을 갖출 것이 요구되었다. 그 요식행위는 일정한 형태의 언명(verba) · 서면(litterae) · 상징물(res)의 교부 등의 방식으로 행해졌다. 외부적인 형식과 내부적인 합의는 구별되지 않은 채, 형식은 합의의 증거로서가 아니라 합의의 본질적 요소로서 인식되었으며, 계약에 인정되는 법률효과는 당사자가 준수한 형식에 대해 부여되었다. 그러므로 형식을 갖추지 않은 합의에는 소권이 인정되지 않았다(ex nodo pacto, non nascitur actio).[5)] 고전시대 후기부터 諾成契約 · 無名契約 등 무방식의 계약이 인정되고, 이들 계약을 위해서 당사자의 합의가 중요하다는 관념이 생겨나 점차 확대되었다. 그러나 아직 합의가 법률효과발생의 근거가 된다는 점이나 법률효과의 내용은 합치된 의사에 기초한다는 점이 명백히 되지는 못했다. 결국 로마인은 계약당사자의 의사에 법률효과를 부여한다는 측면에서 생각하지 않았고 약속에서 생기는 신의성실의 의무를 강제한다는 스토아 철학적 의무의 측면에서 생각하였다.[6)]

---

1) 이는 비트켄슈타인의 일상언어이론과 관련이 있다. R.J. 앤더슨 外 著 · 양성만 옮김, 철학과 인문과학, 문예출판사, 1988, 283; 하버마스 著 · 朴性洙 옮김, 사회과학의 논리, 문예출판사, 1986, 255 이하.

2) 참고문헌: 玄勝鍾, 로마법원론, 1966; 黃迪仁, 로마법 · 서양법제사, 1981; 金相容, "계약의 법제사적 고찰," 충북대논문집 제26집; 金旭坤, "계약의 구속력에 근거에 관한 일고찰," 성균관 법학 창간호, 1987, 183; 金學東, "자연법에서의 계약이론," 계약법의 제문제(사법연구회 편, 고시계사, 1988), 7 이하.

3) Kaser, *Das Römische Privatrecht*, 10. Aufl., 1977, §5, Ⅱ, S.34.

4) 로마법상의 계약과 오늘날의 계약을 동일선상에 놓고 비교하는 것이 가능한가, 그리고 의미가 있는가조차 의문시되기도 한다.

5) 로마법상의 계약준수는 naturalis aequitas(재화귀속의 실질적 측면)를 근거로 한다. 崔秉祚, "로마고전법학의 경제이념," 임원택정년기념 사회과학의 제문제, 법문사, 1988, 597.

6) R. 파운드 著 · 高秉國 옮김, 법률사관(전정재판), 법문사, 1986, 89; 金學東, 앞의 글, 9. 로마인의 관심은 거래의 안전에 가장 중요한 사회이익이 된 상업사회에서 거래에 관한 합리적 기대를 신의성실에 좇은 행동의 강제로서 충족시키는 데에 있었다.

(2) 中 世 法

중세유럽에서는 카논법의 영향으로 로마법의 요식주의는 점차 완화되고 무방식의 약속에 대하여 구속력을 인정하려는 노력이 행해졌다. 그러나 합의에 의한 계약을 일반적으로 승인하는 데까지는 나가지 못했다. 중세 레엔(Lehen) 제도 아래서는 계약도 당사자의 신분적 관계 내에서 동료와 신에 대한 의무와 일치하는 범위 내로 제한되었다. 중세 카논법학자들은 기독교논리에 기초하여 약속의 가치와 신의의 중요성을 강조하였다. 인간은 신에 대한 약속과 마찬가지로 인간에 대한 약속도 준수하여야 하며, 그렇지 않은 경우 속죄금이 부과되는 벌이 가해졌다. 약속(promissio)은 양심에 대한 구속이며, 인간의 양심으로부터 법적 구속력도 생긴다고 보았다. 중세의 도덕신학 및 그에 기초한 카논법학은 "약속은 지켜야 한다"(Pacta sunt servanda), "지키는 것이 신의이다"(Servanda est fides), "자신이 행한 약속을 이행치 않는 것은 죄가 된다"는 법리를 주장하였다.[1] 17세기에 이르러 이러한 카논법학의 법리는 요식주의를 따르던 중세 세속법학을 누르고 우세하게 되어「단순한 약정도 소송으로 청구하는 것이 가능하다」는 諾成契約의 原則을 확립시켰다.

(3) 近代自然法論

근대에 이르러 발전된 자연법학자들은 "계약의 구속력은 약속에 담겨진 당사자의 의사에 기초한다"는 법리를 주장하였다. 자연법학자인 그로티우스(Grotius)는 인간이 자기가 발표한 의사에 구속되어야 함은 사물의 본성에 따른 자연법적 요구이며 국가나 법률에 기초한 것이 아니라고 주장하였다.[2] 약속이 구속력을 갖기 위해서는 약속자가 자기와 타인간에 법률관계를 설정하겠다는 결심을 하고, 이러한 결심이 충분한 외부적인 표식으로서 표현되어야 한다고 하였다. 푸펜도르프(Pufendorf)는 계약이 구속력을 갖기 위해서는 약속의 상대방이 존재하여야 한다고 하였다.[3] 그는 최초로 계약을 무상계약과 유상계약으로 구분하였다. 토마지우스(Thomasius)는 종전의 자연법론의 형이상학적 성격을 지양하여 법과 도덕을 구별하되, 법 속에 실제의 논리적 경험을 포함하는 理性法을 주장하였다. 계약에 관해서는 누구도 타인의 자유를 그의 의사에 어긋나서 제한할 수 없으므로 채무의 성립을 위해서 채무자의 약속이 필요하며,

---

1) Tosch, *Entwicklung und Auflösung Lehre vom Vertrag*, 1980, S. 14.
2) Grotius, *De iure belli ac pacis*, 1663.
3) Pufendorf, *Vom Natur-und Völkerrechts*, 1711.

마찬가지로 누구도 타인에게 그의 의사에 어긋나는 급부수령을 강요할 수 없으므로 승낙 없이는 계약이 존재하지 않는다고 하였다. 그는 승낙을 계약성립의 요소로 파악하였다.[1] 볼프(Wolff)는 2인 혹은 다수인이 결합하여 하나 또는 다수의 약속을 합의한 경우를 계약으로 파악함으로써 종래의 약속(하나의 채무 담보약속)으로부터 양 당사자 사이의 종합적 법률관계로서의 계약개념을 확립시켰다.[2] 이전에는 쌍무계약을 두 개의 서로 다른 약속으로 보았을 뿐 하나의 계약에 기초한 당사자의 상호적 결합으로 파악하지 못했는데, 그의 두 개의 채무를 하나의 계약으로 묶어 파악하였다.

(4) 판덱텐 法學

19세기에 들어 독일의 판덱텐 학파는 소위 「판덱텐 체계」(Pandektensystem)를 수립하여 계약의 문제를 민법총칙과 채권법에 나누어 다루었다. 판덱텐 체계의 특징은 계약의 성립에 관한 법률문제를 「법률행위」의 문제로 파악하여 민법총칙에서 다룬다는 점이다. 하이제(Heise)에 의해 기초가 마련된 법률행위론은 사비니(Savigny)에 의해 확립되었다.[3] 법률행위론에서는 계약을 비롯한 법률행위의 실체가 의사표시에 있다고 파악하였다.

법률행위론의 발달에 따라 종래의 약속개념은 계약개념으로 수정되었다. 특히 독일법학은 로마법 이래 채무의 발생원인을 「채무자 스스로 채무를 부담할 것을 약속하였음」에서 찾던 약속의 개념을 버리고 계약당사자의 청약과 승낙이라는 두 개의 의사표시의 합치를 계약이라고 설명하고, 이는 법률행위의 한 형태에 지나지 않는다고 보았다. 이에 따라 대륙법에서는 계약이 당사자의 합의만으로 성립한다는 「낙성계약의 원칙」이 확고히 자리잡게 되었다.

법률행위개념의 발달은 물권법 · 채권법 · 가족법에 모두 걸치는 계약개념을 추출해 내었고, 그 밖에 단독행위까지 포괄하여 "표의자의 의사표시에 대해 법률효과를 부여한다"는 공통원리를 수립하였다는 점에서 높이 평가되어야 한다. 효과의사와 표시의 불일치나 의사표시의 하자 등의 문제는 법률행위론에서 잘 설명되고 있다. 그러나 채권계약을 단순한 의사표시의 합치라는 법률행위개념만으로 이해함으로써 계약법의 빈곤현상을 초래하였다. 계약체결에 임하는 당사자의 의도를 「청약(체약의사의 표시)과 승낙」이라는 매우 추상적인 논리의 문제로만

1) Thomasius, *Institutiones Jurisprudentiae Divinae*, 1730.

2) Wolff, *Grundsätze des Natur-und Völkerrechts*, 1754.

3) Savigny, *System des heutigen römischen Rechts Ⅲ*, 1840～1849.

파악하는 것도 당사자의 실질적 의사를 도외시한다는 점에서 약점으로 될 수 있다. 계약체결로 추구하고자 하는 당사자의 경제적 · 사회적 의도는 고찰대상에서 제외함으로써 계약당사자를 이해관계의 주체가 아니라 의사표시의 주체로서만 파악하였다. 법률행위론은 의사표시의 존재만을 요구할 뿐 계약체결을 향한 의사표시의 내용에는 관심을 갖지 않는다는 점에서 현실과 괴리를 나타낸다.

(5) 우리 法의 契約概念

㈎ 概　　說　　우리 나라의 계약제도가 각 시대별로 어떠한 변천을 거쳐 왔는가에 관한 종합적인 연구는 아직 없다.[1] 인간사회가 있는 곳에 계약이 이용되었을 것이고, 게다가 사유재산제가 확립된 곳에는 반드시 계약에 의한 재산이전이 이루어졌으리라는 점은 자명하다. 그럼에도 불구하고 고려시대까지의 거래법이나 거래관습을 알려 주는 문헌은 거의 없다.[2]

㈏ 朝鮮時代　　조선시대에 들어 經濟六典과 經國大典이 제정되었는데, 그 안에는 토지, 가옥, 노비, 우마(牛馬)의 매매와 立案(오늘날의 등기 제도와 유사함) 기타 채무변제와 이자율 등의 민사적 규정이 들어 있다. 이들 민사적 규정은 개인 상호간의 법률관계를 조정하는 순수한 사법이 아니라, 관리가 국민에 대하여 지켜야 할 행정법규로서의 성격이 짙었다.[3]

조선시대에 개인 사이의 거래를 종합적으로 규율하는 거래법이나 계약법은 존재하지 않았던 것으로 추측된다. 단지 부동산의 매매, 노비와 가축의 매매, 교환, 증여, 소비대차, 담보계약, 계계약 등의 개별계약이 거래의 필요에 따라 이용되었다. 그 밖에 상인 사이에는 어음도 이용되었으며 부동산매매에 관한 관습법이 존재하였으나 이에 관한 연구가 적어 유감이다.

1) 不動産賣買　　대표적인 계약형태인 부동산매매에 있어서는 반드시 계약당사자 이외의 제3자(筆執人)가 계약서(明文, 文記 또는 文券이라고 불렀음)를 작성하고 매도인, 증인과 필집인이 서명(手決 또는 手訣이라고 불렀음)하여 매수인에게 교부하였다. 이 때 매도인은

---

1) 민법학자들은 로마법 및 서구법이 세계적 법체계의 전부인 것처럼 생각하는 경향이 있다. 그 결과 우리 법과 우리의 전통문화 및 현대문화 사이의 밀착관계를 소홀히 다루어 왔다. 인류학자들의 「법적 상태는 그 문화의 내용에서 파악되어야 한다」는 주장도 경청하여야 할 것이다. P. Bohannan, "인류학과 법," 문화인류학입문(슬락스 編 · 李光奎 옮김, 을유문고 103, 1979), 244.

2) 고려시대의 法源으로서는 公法에 관하여는 王法이 있었으나 민사법은 대부분 관습법과 판례법이 있었을 뿐이었다고 한다. 朴秉濠, "한국의 법," 교양국사총서 10, 1974, 31.

3) 朴秉濠, 앞의 책, 44; 同, 한국법제사고, 법문사, 1974; 同, 전통적 법체계와 법의식, 서울대출판부, 1972; 田鳳德, 한국근대법시상사, 박영사, 1981; 金在文, "조선왕조의 거래법," 박병호화갑기념(Ⅱ), 1991 참조.

매수인에게 그 부동산에 대한 소유권의 내력을 증명하는 모든 문서(文記라고 했음)를 함께 인도하였다. 특이한 것은 양반은 자신이 거래의 당사자로서 직접 나타나는 것을 꺼려하여 자기의 노비에게 일정한 가격범위 내에서 물건을 팔아오도록 하고, 그 뜻을 적은 위임장(비자·비지라고 하였음)을 주어 계약을 체결하도록 시켰다. 부동산매매계약은 계약 후 15일이 지나면 취소나 해제를 할 수 없도록 규율되었다. 토지, 가옥, 노비의 매매계약은 매도인, 증인, 필집인이 관청에 출두하여 실제의 계약과 틀림없이 성립되었다는 증명절차인 立案을 거침으로 법적 효력을 부여받았다. 즉 입안에 의해 아무도 다툴 수 없는 공증력이 부여되었으므로 소송을 할 경우에 입안이 있으면 절대적으로 유리하였다.[1] 그리고 동전이 유통되면서부터는 매매와 교환(相換, 換置, 還給이라고 불렸음)이 명확히 구별되었다.

2) 贈　與　증여는 절에 토지나 노비, 곡식 등을 기증하는 등 오래 전부터 행해져 왔다. 조선시대의 특이한 증여제도로서는 「別給」이 있었다. 별급은 근친 사이에 행해지는 증여로서 자손이 과거에 합격하거나 결혼하였을 때, 기다렸던 아들이나 (외)손자를 본 때, 어린 자손이 천연두를 무사히 치른 때, 어질거나 사랑스런 며느리 또는 사위를 맞이한 때에 토지나 노비를 주는 것으로서, 이 때 別給成文이란 문서를 함께 작성, 교부하였다.

3) 消費貸借　남에게 곡식을 빌려 주고 이자를 받는 소비대차는 삼국시대부터 이용되었다. 조선시대에는 관청에서 민간에게 빌려 주는 것을 公債라 하고 민간인 사이의 대차를 私債라고 하여 구분하였다. 소비대차에서는 대개 手票 또는 票라고 하는 차용증서를 작성하였다. 공사채를 불문하고 고리채의 苛斂誅求가 행해졌는데, 경국대전에는 월 1할, 연 5할의 이자를 정하였다. 10할의 이자를 받는 「甲利慣行」도 성행되었다. 채무자가 변제기에 변제를 하지 못하면 토지를 압류당하고 심지어 자녀가 노비로 되거나 형제·친척에게까지 징수당하였다. 소비대차의 반환청구소송은 「債訟」이라고 했는데, 증인과 필집인을 갖춘 文記가 있고 변제기로부터 1년 이상 경과하지 않았을 것이 심리요건이었다.

(다) 日帝時代　조선 말기까지의 거래관행은 일제식민정책에 의한 일본법 강요로 인하여 우리의 근대법제로 연결되지 못하고 단절되었다. 조선민사령(1912)에 의해 일본민법이 우리의 거래에 직접 적용되었다. 일본의 민법, 그 중 특히 계약법이 일본의 거래법이나 거래관행을 기초로 성문화된 것은 아니었

1) 대한제국시대인 光武 5년(1901)부터는 입안제도 대신에 地契와 家契라는 관청의 인증제도를 두었다.

다. 일본법도 서양의 계약법을 그대로 도입해서 법전화한 것이므로 일본의 법의식이나 거래관행과 괴리된 채 많은 문제점을 낳고 있었다.[1] 일본민법의 강제적 의용을 통해 독일의 판덱텐 법학의 계약개념이 현행민법에까지 수용되는 결과를 초래하였다. 서양의 계약법을 계수한 결과 전통의식 및 관행과 마찰을 일으켰고 이 현상은 우리 민법의 시행 후까지 계속되었다.[2]

5. 契約法의 課題

(1) 契約에 대한 올바른 把握

법학이란 우리 주위에서 일어나는 사회현상을 규범적 차원에서 검토하는 일이다.[3] 서양의 경험이 다 우리에게 적중성(relevancy)을 갖지는 않는다. 우리는 우리의 당면한 문제를 놓고 그에 알맞은 규범을 창조해야 한다.[4] 계약이란 그 동안 오해되었던 것처럼 우리의 일상생활에서 동떨어진 어떤 거창한 제도가 아니다. 우리 주위에서 늘 이루어지고, 그리고 우리의 경제생활에 꼭 필요한 도구이다. 종래의 민법학은 계약이란 사회현상에 관심을 두기보다는 개인 사이

---

1) 星野英一, "日本における契約法の變遷," 日本とフテンスの契約觀(日佛法學會 編, 有斐閣, 1982), 58 이하; 大木雅夫, 日本人の法觀念 — 西洋的法觀念との比較 —, 東京大學出版會, 1983, 220; 星野, 앞의 글, 64에서는 日本人의 契約觀을, 첫째, 계약을 권리의무의 엄격한 대립관계로서가 아니라 개인적·우호적인 協力關係로 본다는 점, 둘째, 계약체결에서 계약의 文言이나 條項을 따지기보다는 協同體的 人間關係를 맺는 것을 중요시한다는 점, 셋째, 그 내용에 있어서도 미래의 위협을 예방하고자 하는 구라파 사람과는 반대로 미래는 본래 예견할 수 없으므로 계약은 새로운 상황에도 적응하도록 탄력성 있게 작성하고자 한다는 점, 넷째, 양 당사자의 권리의무를 명확히 하는 것은 상대방에 대한 不信을 하는 것으로 생각한다는 점 등의 특색을 가지며, 그 밖에 분쟁이 생긴 경우에도 法의 적용을 받는 裁判보다는 裁判外의 해결을 최대한 모색하며, 提訴는 대개 상대방과의 사회적 관계를 단절시킬 각오 아래서만 행한다고 한다.

2) 참고문헌: 崔鍾庫, 법학사, 경세원, 1986, 303 이하; 金曾漢, "한국민법의 법제사적 및 비교법적 연구," 서울대 법학 제10권 2호, 1968; 林熺燮, "한국인의 법의식에 관한 사회학적 연구," 서울대 법학 제15권 1호, 1974; 鄭鍾休, "한국민법전의 제정과정," 곽윤직화갑기념 민법학논총, 1985.

3) 계약에 관한 법학적 접근은 법이론이 계약의 안으로 들어가서 계약 안에 머무르며, 계약에 따라 행동하는 것이라 할 수 있다. 이는 레빈더의 「법의 3차원성이론」과 관련하여 계약의 본질을 구성한 것이다(M. 레빈더 著, 李永熙·崔鍾庫 옮김, 법사회학, 1981, 11~13). ① 계약 안으로 들어가는 것은 계약의 정의에 관한 물음으로써 어떤 계약법의 규율 뒤에 있는 가치관념들을 계약의 적합성에 비추어 검토하는 일이다(이 문제는 계약구속력의 근거와 관련됨). ② 계약 안에 머무르는 것은 특정한 계약법적 규율의 의미에 관한 물음으로서 일정한 상황 아래서 계약이 어떻게 법적으로 적용되는가를 다루는 일이다(이 문제는 계약법의 해석론으로서 전개됨). ③ 계약에 따라 행동하는 것은 계약생활에 관한 물음으로서 계약 및 계약법의 사회적 현실을 검토하는 일이다(이 문제는 계약자유 및 계약의 공정성확보와 관련됨). 이러한 계약의 3차원성 인식론적 전제와 관련하여 도해하면 다음과 같다.

법 철 학 -- 계약의 이념성 -- 가치
법해석학 -- 계약의 규범성 -- 당위
법사회학 -- 계약의 사실성 -- 존재

4) 같은 취지: 崔大權, "헌법학의 당면과제," 서울대 법학 제28권 1호, 1987, 72.

의 모든 법률관계를 추상화 · 개념화 · 체계화하는 데에 주력했다. 그 결과 사회 속에서의 계약의 기능을 파악하고 그를 바람직한 쪽으로 바로잡는 사회과학으로서의 과제는 외면한 채 구체적 거래에서 양 당사자 사이의 이해를 조정하는 미시적 접근의 기술학문으로 스스로를 전락시켰다. 그 이론체계가 우리의 사회를 어떠한 방향으로 몰고 갈 것인지에 관하여는 알지도 못했고 관심도 없었다. 그 문제는 오로지 사회과학자에게 모두 내맡긴 채 법해석학 내부의 論理適合性에만 충실하였다.

계약이란 사회현상에는 과거와 현재와 미래가 서로 작용사적 전승의 관계로서 매개되고 있는데,[1] 계약법연구에 있어서 이 점이 간과되어서는 안 된다.[2] 어느 시점에 고정시킨 계약에 관한 고찰은 계속해서 변천하는 속성을 가진 계약의 순간적 단면에 불과하다. 계약의 역사적 발전과정에 대한 고찰을 기초로 하여 계약제도의 개선을 추구하는 것 또한 법률가의 임무이다. 이는 계약제도가 어떤 모습으로 존재하느냐를 묻는 데서 나아가 어떻게 있어야 하느냐 및 어떤 방향으로 나아가야 하는가를 물음으로써 역사를 창조해 나가는 일이다. 이러한 계약에 관한 社會變動論的 接近은 과거 · 현재의 계약의 현상을 분석하고 이를 바탕으로 미래의 계약모형을 구성해 나가려 시도한다.[3]

(2) 社會思想과 조화를 이루는 契約法

법학은 응용사회과학이긴 하지만 엄연히 사회과학의 한 분야이다. 법학은 우리 사회의 인간관계를 대상으로 하므로 법학자는 그 시대의 사회사상을 반영하는 법이론을 만들어 내야 한다. 법률가는 현시점의 사회문제를 고민하고 법적 측면에서 최선의 改善策을 모색할 임무를 띤다. 계약법에 임하는 법률가에게 요구되는 것은, 법논리에 충실하게 실정법을 해석하는 것에 그치지 말고 사회현실 · 사회사상과 유기적인 관련을 갖는 법원칙으로 재구성하도록 시도하는 자세이다.

종래 법률가들은 사회변화에 대해 소극적 태도를 취함으로써 법이론의 기초를 제공한 근대사상에 머무르고자 하는 보수적 성향을 띠었다. 영국의 법학

---

1) 이 용어는 Wirkungsgeschichte라는 가다머(Gadamer)의 용어로서 「영향사」라고도 번역한다. 이에 대한 자세한 것은, Gadamer, *Wahrheit und Methode*, 4. Aufl., Tübingen, 1975; 조셉 블라이허 著 · 권순홍 옮김, 현대해석학, 한마당, 1985, 126~127 참조.

2) 이에 관해서는, Esser, Josef, *Vorverstandnis und Methodenwahl in der Rechtsfindung*, 2. Aufl., 1972 참조.

3) Comte는 사회과학적 접근방법을 社會靜學과 社會動學의 두 갈래로 분류하였는데, 사회질서에 관한 연구는 전자에 그리고 사회변동에 관한 연구는 후자에 해당한다. 정치학 · 경제학 · 사회학 등의 분야에서는 후자에 관한 연구가 많이 행해지나 법학에서는 그러한 연구가 적다.

자 아티야(Atiyah)는 그를 가리켜 "법률가가 정책적인 논의를 거부하는 것은 그 자체가 일정한 정책에 향하여진 결정이다"라고 지적하였다.[1] 민법학이 전적으로 치밀한 법논리의 전개에 의존해서 법률문제를 풀어 왔던 것은 개념법학(Begriffsjurispudenz) 또는 기능적 법률학(mechanical jurisprudence)의 영향 때문이었다. 18세기의 법학자들은 윤리 · 정치 · 경제 등 인문사회과학의 전반에 능통하였고, 대학에서도 법학도에게 폭넓은 분야에 걸친 교육을 하였었다고 한다. 그런데 19세기 중엽 이후 법학자들이 고유의 論理體系를 발전시키고 나서 사회사상과 단절한 채 자신의 도그마(교조적 논리)에 안주하게 되었다. 그 후 법률가들은 정치 · 경제 · 사회문제에 관한 정책적 논의를 거부해 왔다. 물론 법적 논리의 발전을 통해서 법학이 전문화되고 정교한 학문으로 발달된 것은 사실이지만, 민법학이 다른 사회과학과는 관계 없는 무색투명한 기술적 학문으로 오해되는 것은 곤란하다. 민법학의 技術學問化는 사회변화에 대응하지 못하는 법률가 또는 자신도 의식하지 못한 채 권력과 금력의 시녀노릇을 하는 법률가를 양산하는 결과를 초래할 우려가 있다.

계약법은 계약법학자가 원하든 원하지 않든 간에 사회를 규율하고 사회를 변동시키는 역할을 한다. 그러므로 계약법연구는 계약에 대한 올바른 인식에서 출발하여야 한다.[2] 사회현상에 대한 인식은 현대의 문화적 프로그램과 관련되는 실용적 · 기능적 측면에 대한 관심을 바탕으로 한다. 계약문화의 분석을 통해 계약의 현상을 파악하고 다른 사회과학의 연구를 기초로 계약에 관한 실천적 정책을 정립한 후 그에 비추어 계약의 제 문제를 구체적으로 해결해 나가야 한다.[3] 현재의 우리 사회가 어떠한 과정에 위치하고 있는가를 규명하고 그 시점에서 우리 사회가 요구하는 다양한 목소리를 일정한 정책을 향하여 수렴해 나가야 한다.[4] 지금 우리 사회에서 제기되는 노동문제 · 농촌문제 · 여성문제 ·

1) P. S. Atiyah, *The Rise and Fall of Freedom of Contract*, Clarendon Press, Oxford, 1979, p. 660 이하.

2) W. Rother, "Der Vertrag als Vertragsgegenstand," in : *Festsch. für K. Larenz zum 70, Geburtatag*, 1973, S. 435f. : Raiser, "Vertragsfunktion und Vertragsfreiheit," in : *Hundert jahre deutsches Rechtsleben*, 1960, S. 106.

3) 이에 관한 설명은, C.A. 반퍼어슨 著 · 吳榮煥 옮김, 문화의 전략, 법문사, 1979 참조.

4) 계약법에 관한 정책적 접근방법으로서 법경제학(law and ecnomics)과 비판법학(critical legal studies) 등이 있다. 특히 비판법학에서는 다음의 사항들을 주장한다.

첫째, 법학에 있어서 이상적 모델이란 없으며, 법과정을 특징지우는 법학 추론 · 분석방법(legal mode of reasoning or analysis)이 독립되어 있지도 않음은 물론 애당초 존재하지도 않는다.

둘째, 미국이 대중의 참여를 기초로 하는 민주주의국가이면서도 진정한 의미에서 이들은 무력한데, 그 주된 원인은 법원이 이 점을 놓치고 있는 탓이다.

셋째, 법이 중립적이거나 몰가치적인 것(neutral, value-free arbiters)이라는 사고방식을 배격한다. 법은 결코 사회 · 경제관계, 정치역학 또는 문화현상으로부터 독립적이거나 그 영향을 피할 수 없다.

소비자문제 · 환경오염문제 · 주택문제 등의 사회문제에 관한 인식이 계약법을 비롯한 각 법영역에 흡수되어 그 해결방안이 모색되어야 한다.[1] 그에 있어서 외국의 선진이론은 그 이론이 주장된, 그리고 그 이론이 적용된 그 사회의 발전과정과 짝맞추어서 이해되어야 한다.[2]

§2. 契約의 拘束力

1. 意 義[3]

(1) 拘束力의 附與

계약은 일단 유효하게 체결된 후에는 계약당사자를 구속하는 힘을 갖는데 이를「계약의 구속력」이라고 부른다. 당사자의 합의가 선량한 풍속 기타 사회질서와 관련되는 사항으로서 그에 어긋나는 것을 내용으로 하는 때는 그 합의는 무효이고, 따라서 구속력을 갖지 않는다.

계약의 구속력은 무엇을 근거로 하여 부여되는 것인가, 개인간에 자유롭게 체결된 계약에 법적 구속력이 부여되는 근거는 무엇인가 등 계약 구속력의 근거를 둘러싼 문제는 종래부터 계약이론의 핵심을 이루어 왔다.

(2) 拘束力의 內容

계약구속력의 내용은 다음과 같다. ① 당사자는 계약을 체결할 것인가 말 것인가는 자유이지만, 일단 계약이 성립된 후에는 임의로 자기의 청약 또는 승

넷째, 법은 다양한 기능을 수행하지만, 학설이나 그 논거 또는 그 사회적 의의를 이해함에 있어서 특히 중요한 것은 이른바 정당화기능(the legitimation function)이다.

D. Kairys, *The Politics of Law — A Progressive Critique*(New York: Pantheon Books, 1982); R.L. Abel 著 · 金星泰 옮김, "불법행위법의 이데올로기적 조명," 불법행위법의 제문제(사법연구회 편, 삼영사, 1985), 86에서 인용.

1) J.F. Handler, *Social Movements and the Legal System*, Academic Press, 1978; MacNeil, *The New Social Contract*, Yale University Press, 1980.

2) 우리에게 가장 도움이 되는 것은 우리와 같은 사회발전과정 당시의 외국이론이다. 현재의 최근이론은 종종 우리 현실과 맞지 않는 경우도 있다. 이는 우리의 장래 사회변천과정 및 그에 따른 이론변화를 예측해 보는 한 참고자로서 역할한다.

3) 참고문헌: 金容漢, "법률행위론," 서울대 법학 제13권 2호, 1972; 金旭坤, "계약의 구속력의 근거에 관한 일고찰," 성균관 법학 창간호, 1987; 李英俊, "법률행위의 개념 · 실체 및 그 자유에 대한 재검토," 곽윤직 화갑기념 민법학논총, 1985; 張庚鶴, "계약의 일반이론," 고시계 1986년 1월호; 拙稿, "계약구속력의 근거," 계약법의 제문제(사법연구회 편, 고시계사, 1988); 拙稿, "계약에 관한 법철학적 고찰 — 약속이론과 신뢰이론을 중심으로 —," 현대법철학의 흐름(한국법철학회편, 법문사, 1996), 414~458.

낙의 의사를 철회하여 계약체결을 없었던 것으로 만들 수 없다. ② 계약체결 후 계약당사자는 스스로 부담하겠노라고 약속한 채무를 부담한다. 계약당사자는 일단 약속한 채무로부터 벗어날 수 없다. 그 채무는 법적 채무로서 반드시 이행되어야 한다.[1] ③ 당사자의 합의에 의하여 유효하게 성립한 계약은 당사자의 합의에 의해서만 변경될 수 있다. 원칙적으로 일방당사자의 의사, 법관의 명령, 사후의 입법에 의해서는 변경될 수 없음이 원칙이다. ④ 계약은 일단 체결된 후에는 임의로 소멸시킬 수 없고 약정해제권 또는 법정해제권의 행사에 의해서만 소멸됨이 원칙이다.

(3) 拘束力의 範圍

계약구속력이 미치는 범위는 당사자에 의해 합의된 사항, 그리고 법률과 관습에 의해 보충되는 사항이다. 당사자는 원칙적으로 자기가 약속한 급부의무만을 지는 것이지만, 신의칙에 의해 부수적 급부의무가 부과되는 경우도 있다. 예를 들어 새로 주택단지를 형성하여 분양하는 건축업자는 비록 계약서에 명기하지 않았더라도 진입도로를 갖추고 주위 환경을 주거에 적합하도록 조성할 신의칙상 부수의무를 부담한다.

2. 大 陸 法

(1) 意思自治의 理論

근대의 合理主義的 自然法論者(Grotius, Pufendorf, Thomasius 등)는 인간의 이성으로부터 발견되는 자연의 법이 존재한다는 데서 출발하여 인간이 갖고 있는 理性의 自明性, 自足性, 自律性을 주장하였다. 인간의 권리는 어떤 객관적 법규범에 의해 비로소 인정되는 것이 아니라 자연질서상 자율적 존재로 인정되는 인간의 본질로부터 인정되는 것이므로, 그 권리는 각자의 자유로운 의사에 의해서만 제한된다. 국가나 사회는 각 개인의 결합된 의사인 계약의 결과이며, 법률은 일반의사 표현에 불과한 것이라고 보았다.[2] 이러한 자연법론에 기초한 의사자치(Willens-

1) 계약당사자가 그의 계약의무를 이행하지 않은 경우, 그것은 채무불이행으로서 강제이행청구와 손해배상청구를 가능하게 한다. 이것도 계약구속력에 포함되는가에 대하여는 견해가 대립한다. 종래 독일의 법률행위론에서는 그를 제외하였다. 그러나 영미의 신뢰이론에서는 그것도 계약구속력에 포함시킨다.

2) 이 사상은 Hobbes나 Rousseau의 사회계약론(thèorie du contrat social)과 일맥상통한다. 또한 Kant의 도덕철학에서는 법규범을 개인적 의사의 공존을 위한 도구로서 각자에게 외적 자유의 범위를 설명해 주는 것이라고 이해하였다. 그리고 각자는 단독으로 또는 타인과 협력하여 자신이 만든 법률에만 복종한다고 하였다. 즉 개인적 의사만이 법적 의무부담과 정의의 유일한 근원이라고 보았다.

autonomie, Autonomie de la volonte)의 이론은 "사적 생활에 있어서의 권리의무관계를 형성하는 것은 당사자의 자유로운 의사결정인 계약이며, 계약의 법적 효력은 법률과 같은 외부적인 규범에서 나오는 것이 아니라 스스로 구속받기를 의욕하는 당사자의 의사 자체에서 나온다"고 보았다. 각 개인은 자기이익의 수호자이고 자기이익에 어긋나는 행동을 한다는 일은 있을 수 없으므로 자유로운 계약에 의해 부담한 의무는 정당한 것이라고 한다.

의사자치의 원칙은 독일 판덱텐 법학에서는 법률행위론, 그 중에서도 의사주의이론(Willenstheorie)으로 발전되었다. 이 이론은 법률행위의 핵심을 개인의 내적, 심리적 의사에 두어 법률행위의 효력은 그 의사로부터 나온다고 설명하였다. 계약이란 의사표시의 한 종류로 다수의사가 하나의 불가분적 의사로 결합되었다는 점에 특색이 있을 뿐이라고 보았다.[1] 의사표시는 내적 의사와 표시행위로 구성되지만, 표시행위는 내적 의사의 인식수단에 불과하다고 한다. 그러므로 법률행위 내지 계약의 효력발생근거는 내적 의사이고, 계약의 해석은 당사자의 내적 진의를 탐구하는 일이라고 하였다.

(2) 法實證主義

법실증주의자인 켈젠(H. Kelsen)은 종래이론이 계약의 가장 중요한 기능인 법창조적 기능을 무시했다고 비판하였다.[2] 계약은 당사자로 하여금 계약체결 전에는 지지 않던 의무를 지우는 구속력을 갖는데, 이는 바로 계약이 규범을 창조한다는 것을 의미한다. 또한 계약은 당사자 일방이 체결 당시에 가졌던 의사를 더 이상 갖지 않는 경우에도 존속하는 것이므로 단순한 의사합치 이상의 당사자들을 구속하는 규범이다. 당사자는 계약에 의해 정립된 규범에 대해서는 자유롭지 못하고 오직 계약의 성립과정에서만 자유롭다. 계약규범은 계약당사자의 협력에 의해서 만들어진다는 점, 그리고 규범의 창조자와 피구속자가 동일인이라는 점에 그 밖의 규범과 다른 특색이 있다.

켈젠은 계약규범의 효력근거, 즉 계약의 구속력의 근거를 두 가지 측면에서 논의한다. 첫째, 법률이나 관습규범 같은 상위규범이 계약당사자로 하여금 하위규범을 창조할 수 있도록 허용하기 때문에 계약이 구속력을 갖는다고 법이론적으로 설명한다. 즉 계약의 구속력근거는 계약을 법창조적 사실상태로서 허

1) Savigny, *System des heutigen Römischen Rechts*, Bd. Ⅲ, 1840, §140, S. 309(이 로마법체계 2권은 사비니의 법률행위론 및 의사표시이론을 집대성한 민법학의 중요 문헌이다). 의사주의이론을 지지한 학자로서 Savigny 외에도 Windscheid, Thibaut, Zitelmann 등의 저명한 민법학자가 있다.

2) Kelsen. *The Pure Theory of Law*(Trans. by Knight), University of California Press, 1967, pp. 258~262.

용하는 법률 및 관습규범의 효력근거 — 궁극적으로는 법질서의 근본규범 — 에서 찾아야 한다. 둘째, 왜 입법자는 계약을 법창조적 사실상태로서 허용하는가에 관한 문제는 법정책의 문제인데, 이는 입법자들이 권리주체에게 스스로 이해관계를 규율하도록 맡기기를 원하며, 또 이해관계의 자치적 규범을 정당한 해결책으로 평가하기 때문이다. 이러한 법정책은 결국 자유주의적 개인주의에서 비롯한다.

법실증주의는 19세기 말 판덱텐 법학의 법률행위론을 의사주의이론에서 표시주의이론(Erklärungstheotie)으로 전환시키는 데에 기여하였다.[1] 표시주의 이론에서는 법률효과의 발생을 위해서는 의사표시가 필요하지만, 법률효과는 의사표시 자체에서 나오는 것이 아니라 법규범이 그를 인정하기 때문에 생긴다고 하였다. 법률행위의 효력근거를 이와 같이 이해한다면 법률행위의 본질을 더 이상 행위자의 내적 의사에 둘 필요가 없고, 오히려 표시행위에 둠으로써 의사와 표시의 불일치의 경우에도 거래안전을 꾀할 수 있다고 한다. 즉 법규범은 표시행위라는 하나의 사회적 사실에 대하여 구속력을 인정한다고 본다. 법률행위의 해석에 있어서도 행위자의 내적 의사가 아니라 사려깊은 사람이 표시행위로부터 모든 상황을 고려하여 근거한 의사가 대상이 된다고 한다.

법실증주의에서 의사자치이론의 약점을 지적한 것은 타당하다. 그러나 계약이 당사자 상호간의 약속이라는 점을 도외시하고 그 구속력의 근거를 오직 실정법규범에서만 찾은 것은 옳지 못하다는 비판이 행해진다. 만약 계약구속력의 근거가 단지 실정법규범에만 있다면 계약의 구속력을 인정할 것인가가 입법자의 자의에 좌우되기 때문에 부당하다고 한다.

(3) 自己決定의 理論

오늘날 독일의 민법학자들은 계약구속력의 근거를 당사자의 합의와 실정법규범의 양자에서 찾는다.[2] 즉 계약은 합의된 것에 대한 법적 효력부여를 원하는 당사자의 의사적 행위와 그러한 효력을 확인하는 실정법규범에 의해 법적

---

1) 표시주의이론을 취한 독일의 민법학자는 Bülow, Danz, Kohler 등이 있다. Danz, *Die Auslegung des Rechtsgeschäfts*, 3. Aufl., 1911.

2) Larenz, *Die Methode der Auslegung des Rechtsgeschäfts*, 1030, S. 69; Bydlinski, *Privatautonomie und objektive Grundlagen des verpflichtenden Rechtsgeschäfts*, 1967; Flume, *Rechtsgeschäft und Privatautonomie, Hundert Jahre Deusches Rechtsleben*, Bd. I, 1960. 이상의 학자들은 의사표시에 관하여는 효력주의이론(Geltungstheorie)을 주장하는데, 그것은 효과의사와 표시행위가 합쳐서 의사표시를 완성하며, 효과의사와 다른 표시행위에 의해 표시된 대로의 효과가 생기는 경우(착오)는 표의자의 표시행위에 의한 효력부여에 그 근거가 있다고 설명한다. 李英俊, 민법총칙, 1995, 128 이하.

으로 유효하게 된다. 계약은 계약당사자를 스스로 구속하는 하나의 행위이며, 실정법은 그러한 행위를 전제로 하여 그에 효력을 부여한다. 인간의 자기결정력은 인간의 존엄성의 구체적 표현으로서 법질서보다 우선하여 존재하는 것이며, 법질서로서 실현되어야 할 가치이다. 개인의 사적 법률관계는 자주적으로 형성되어야 하며, 그러한 자기결정(Selbstimmung)에는 법적 정당성이 부여된다고 한다. 독일의 사법학자인 에써(Esser)는 "계약의 규범력은 각 개인의 자기결정성과 그에 대한 법질서의 승인에 근거를 둔다"고 표현하였다.[1] 최근에는 법적 승인의 기초가 되는 사실관계를 자기결정과 더불어 거래의 안전 내지 신뢰보호에서 찾는 이론도 주장된다. 즉 법률행위가 한번 행해지면 그 효과는 행위자를 구속하게 되는데, 그것은 바로 자기결정에 의한 자기결정의 제한효과를 의미하며, 이러한 자기결정의 제한은 의사외적인 요인인 법적 거래안전의 필요성에 의해서 행해진다고 한다.[2] 외부에 표현된 말이 신뢰되어야 한다는 것은 거래안전의 필요성이므로 결국 계약의 구속력은 「표의자 스스로 구속에 향한 의사」와 「거래안전필요성에 의한 자기구속의 존속」이라는 두 개의 요소에 기초를 둔다고 한다.

3. 英 美 法

(1) 約束理論

근대에 들어 영국의 코몬 로(common law)상의 계약법은 중세의 속박에서 벗어나 급속히 발전하였다. 그 결과 고전적 계약이론(classical contract theory)이라는 독자의 체제를 구성하게 되었고, 그것이 종전의 물권법 대신 코몬 로의 중심을 차지하게 되었다. 고전적 계약법은 산업혁명부터 19세기 말까지 형성, 발달되어 왔으며, 이 시대에 여러 가지 계약법의 고전적 원칙들이 확립되었다.[3] 이 시대의 영국 계약법의 사상적 배경은 자연법사상, 개인주의철학, 자유주의정치사상이었으며, 이들 사상은 법적 측면에서는 「계약자유」(freedom of contract)와 「의사이론」(will theory)[4]으로 나타났다.

---

1) Esser-Schmidt, *Schuldrecht I*, 6. Aufl., S. 131f.: Esser는 사적 자치의 원칙이 총체적 법질서가 개인에게 일정한 범위 내에서 권리를 창설할 수 있는 힘을 부여한 데에서 출발한다고 한다.

2) Bydlinski, *a.a.O.*, S. 137; M. Wolf, *Rechtsgeschäftliche Entscheidungsfreiheit und vertraglicher Interessenausgleich*, 1970. S. 26.

3) 홈즈 著 · 張庚鶴 옮김, 보통법, 수도문화사, 1962.

4) 영미법의 의사이론은 당사자의 약속을 중심으로 전개되므로 약속이론이라고도 한다. 이 글에서는 독일의

영국의 계약이론은 계약을 중심으로 전개되었고, 그의 배경에는 약속의 신성함[1](the sancity of promises)이 최고의 이념으로 존중되었다. 자연법사상은 사람은 자기의 계약을 스스로 체결할 불가침의 권리를 갖고 있다고 하였으며, 자유주의 정치사상은 법이 시민의 활동에 적극적으로 간섭하지 말고 분쟁이 생긴 때에 비로소 등장하여야 한다고 함으로써 계약자유의 원칙과 함께 계약법을 당사자의 의사중심으로 구성하도록 유도하였다. 결국 계약법의 주요목적은 가능한 한 당사자의 의사를 탐구하고 그것에 법적 효과를 부과하는 데 있다고 파악하게 되었다. 그리고 "약속은 그 자체가 신성한 것이다"의 명제에서 "약속행위로부터 그 약속이 이행의무가 생긴다"는 가정이 유도되어 계약구속력에 관한 의사이론이 확립하게 되었다. 이러한 의사이론은 1790년 포웰(Powell)의 계약법이론서[2]가 출간된 이후 계속된 저술에서 지침으로 받아들여졌으며,[3] 19세기 중엽에는 의사이론이 영국계약법에 완전히 뿌리를 내리게 되었다. 그리고 계약당사자의 계약의무에의 구속의사는 날인증서(deed under seal)에 의해 표현되는 것을 원칙으로 하였다. 즉 증서작성자가 법적으로 구속되겠다는 의사를 갖고 인장을 눌러야 비로소 효력이 생겼다.[4]

현재에도 약속이론은 철학자[5]나 사법학자[6]에 의해 지지되고 있기는 하다. 그러나 새로운 계약이론인 契約原因(consideration)의 法理 · 代價交換理論(bargain theory) · 等價理論(equivalent theory) · 信賴侵害理論(injurious-reliance theory) 등의 득세로 인하여 실제 약속이론은 거의 의미를 상실하게 되었다.

約束理論에 대한 批判

고전적 계약법의 근간을 이루었던 약속이론은 공리주의철학 및 계약법상 신뢰

의사표시이론과의 혼동을 막기 위해 약속이론이란 용어를 사용하기로 한다.

1) 원래 약속이 신성함은 중세 후기의 교회법과 유태율법주의에서 약속의 신성함에 관한 사고에 유래한다고 한다. Calamri & Perillo, *The Law of Contracts* 2. ed., West Publishing Co., St. Paul, Minn., 1977, p. 7.

2) Powell's Essay upon the Law of Contracts and Agreement, 1790.

3) 특히 그 중 현재까지 교과서로 이용되는 Pollock의 계약법서(1975)는 사비니(Savigny)의 의사이론에 크게 영향받았다고 한다.

4) 홈즈 著 · 張庚鶴 옮김, 앞의 책, 261 이하; R. 파운드 著 · 金容圭 옮김, 법철학입문, 문교부, 1965, 149 이하.

5) J.L. Austin, *How to Do things with Words,* Oxford University Press, Oxford, 1962, 19세기 영국의 법학자 존 오스틴은 "법이 존재한다는 것과 그 법이 좋으냐 나쁘냐 하는 것은 별개의 문제이다"라고 하였다. 마틴 P. 골딩 著 · 張榮敏 옮김, 법철학, 제일출판사, 1982, 47.

6) Fried, *Contract as Promise,* 1981.

이론에 의해 그의 모순점이 지적되었다. ① 약속은 인위적 규약을 전제로 하지 않고는 설명이 불가능하다고 한다.[1] 계약당사자가 「나는 약속한다」라고 말했다면 그것은 「나는 약속으로부터 생길 의무를 의욕한다」는 것을 의미할 따름이고, 「약속으로부터 의무가 생기는 것」은 법규범의 약속이란 사실에 법적 의미를 부여하기 때문이다. ② 당사자가 합의한 의사(약속)가 외관에 의해 인식되는 객관적 의도를 의미하는 것으로 이해되고 계약에 관한 법원리가 복잡하게 된 결과, 합의의 효과는 당사자의 의사에 의한 것보다 판례법의 원칙에 의해 결정되는 경우가 많아졌다(특히 동산매매·대리·보험 등의 분야에서).[2] ③ 계약에 관한 소송은 대부분 양 당사자가 계약관계에 들어설 당시에는 예견할 수 없었던 상황이 발생한 것을 이유로 — 다시 말해서 당사자의 진정한 합의가 존재하지 않는 경우에 — 제기된다는 사실이 약속이론의 맹점을 드러나게 하였다. 이 경우 법률관계는 법관 및 배심에 의해서 결정된다.

(2) 信賴理論

계약구속력의 근거는 약속자의 의사에 있는 것이 아니라 「계약행위로 인한 상대방의 신뢰」에 있다는 것이 신뢰이론의 주장이다.[3] 계약에 구속력이 부여되는 것은 약속행위에 의하여 상대방에게 신뢰감이 생기고, 그 신뢰를 기초로 상대방이 일정한 출연을 한 경우 약속위반은 상대방에게 손해를 생기게 하기 때문이라고 한다. 즉 계약의 불이행은 상대방의 신뢰에 어긋나 상대방을 해치는 행위이고, 계약이 지켜져야 하는 이유는 상대방의 불이행으로 말미암아 손해를 입고 결국은 그것이 사회 전체의 불이익으로 되기 때문이라고 한다.[4]

신뢰이론은 당사자의 권리의무관계를 사회적 이익의 관점에서 결정한다. 권리의무의 내용은 계약당사자의 의무부담의사와는 관계 없이 특정한 계약관계에서 상대방의 신뢰에 대해 어느 정도까지 법적 보호를 해 주는 것이 공리적

1) David Hume, *A Treatise of Human Nature,* book Ⅲ, part Ⅱ sec. Ⅴ (ed. by L.A. Selby-Bigge, 1978), Oxford University Press, Oxford, pp. 516~525; 小林 公, "約束と信頼 — 契約の拘束力に關する一考察," 碧海先生還曆記念 自由と規範, 1985, 95~101.

2) 영미의 전통이론은 약속이 구속력을 갖기 위해서는 날인증서의 형식적 요건을 갖추거나 또는 체약원인(consideration)에 의해 지지될 것을 요구하는데, 점차 비판에 의해 전자는 쇠퇴하고 후자에 의한 구속력 여부가 압도적으로 지지되었다.

3) 영국의 계약법학자 아티야(Atiyah)는 어떤 사회든 그의 시대적 상황, 지적 배경의 변천에 따라 법학분야에서도 필연적으로 기본발상의 전환을 요구한다고 전제하고 신뢰이론에 의한 계약법이론의 재구성을 시도하였다. Atiyah, *The Rise and Fall of Freedom of Contract*, Clarendon Press, Oxford, 1979. 이 책은 제1장 계약자유의 시초(1770년까지), 제2장 계약자유의 시대(1770~1870년), 제3장 계약자유의 쇠퇴(1870~1970년)의 세 부문으로 나누어서 각각 영국의 상황, 지적 배경(정치·경제·사회), 법적 배경, 계약법과 법이론 등을 고찰하였다.

4) Dewey, *Logical Method of Law*, 10 Cornell L.Q. 17(1924); R.A. Posner, *Economic Analysis of Law*, Little Brown & Co., Boston, 1977, pp. 41~65; 小林 公, 앞의 글, 101~107; 張庚鶴, 앞의 글, 39~41.

인가를 고려하여 결정된다. 신뢰이론의 철학적 기초는 공리주의로서, 특히 행위공리주의에서는 약속의무가 공리적인 인간의 합리적 계산에서 생기는 것이며, 약속의 준수는 약속을 지키지 않음으로 인해 가해지게 될 제재의 불이익을 피하는 것이 상책이라는 공리적 판단에 기하는 것이라고 한다. 신뢰이론의 법적 의무와 법적 제재에의 복종을 동일시하는 견해와 상통한다. 즉 A가 B에 대하여 급부를 약속한 경우, A의 채무는 급부의무의 불이행시 B에게 지불하여야 할 손해배상의무로 전환되고, 그 손해배상의 범위는 신뢰의 정도에 의해 결정된다고 본다.

19세기 말부터 나타난 계약자유의 쇠퇴 및 고전계약법의 실패로 약속이론은 허점을 갖게 되었고, 현대계약법에 있어서는 다음의 현상에서 보듯이 「약속」보다는 「이득」과 「신뢰」의 요소가 더욱 중요시된다고 한다. ① 約束領域의 축소: 표준계약서 및 인쇄된 약관이 광범위하게 이용되고 있고, 당사자가 임의적인 행위로 계약관계에 들어선 경우(버스 승차) 묵시의 계약체결이 인정되는 등 계약당사자 쌍방의 약속이라는 요소는 현실적 타당성을 상실하게 되었다. ② 强行規定의 증가: 경제적 이유에 의한 계약체결의 거부의 금지, 계약법상의 권리행사의 자유의 제한(예를 들면 사용자나 임대인의 해지권제한), 인종 · 성별 등을 이유로 한 차별의 금지 등 자유선택의 여지는 점점 좁아지고 있다. ③ 契約拘束力의 弱化: 영국의 대부신용법(Hire Purchase Act)과 소비자신용법(Consumer Credit Act)에서 소비자에게 계약체결 후에도 일정기간 아무 부담 없이 계약체결의 의사를 철회할 수 있는 권한을 주고 있고(cooling off 제도), 그러한 성문법이 없는 계약분야에서도 오늘날의 소비자는 그러한 契約撤回權을 당연하게 생각한다. 계약의 구속력의 약화는 또한 고용 · 임대차와 같은 장기의 계속적 계약에서도 나타나는데, 이러한 계속적 계약에서는 상당한 기간을 두고 解止함으로써 계약구속에서 벗어날 수 있다. ④ 合理的 信賴의 보호: 계약법분야에서는 「거래에 포함되지 않은 신뢰」에 기초한 책임이 증대되는 추세에 있다. 부실표시법(Misrepresentation Act)이나 품질표시법(Trade Description Act) 등의 성문법에서도 소비자에게 양도인이나 제조자의 모든 언동을 신뢰할 권리를 인정한다.

약속이론과 신뢰이론의 논쟁은 개인의 자유선택에 어느 정도의 중요성을 인정하는가의 가치관의 차이에 연유한다. 약속이론은 자유민주주의사회에 있어서 개인의 인격과 재산처분의 자유를 계약법의 유일한 이념으로 생각하는 반면에, 신뢰이론은 한편으로는 개인의 자유선택의 존중이 중요한 이념이지만 다른 한편 약한 거래당사자를 보호하는 법제가 있다는 사실을 주목한다.

信賴理論에 대한 批判

약속이론에서는 신뢰이론을 다음과 같이 비판한다.[1] ① 책임근거를 신뢰에 두는 시도는 신뢰를 유도하는 선행의 구속관계에 대한 시점을 결여하고 있으므로 좌절된다. 약속에 의해 유발된 신뢰가 보호될 수 있기 위한 책임근거는 신뢰 자체가 아니라 약속이 갖는 구속력이다. 약속에 의해 생긴 기대를 배반하는 것 자체가 배상되어야 할 손해이다.[2] ② 현재 계약책임으로서 신뢰이익이 명해지는 경우는 기대이익의 확정이 곤란하여 신뢰이익이 대체적인 기준이 되는 때이거나, 또는 불법행위책임과 경합하는 경우 계약상 기대이익과 신뢰손해의 액이 일치하는 때로 한정된다.[3] ③ 약속의 관철에 따른 부당한 결과에 대해서는 이미 착오 · 후르스트레이션[4] · 불능 · 사기 · 강박 · 비양심성(unconscionability) 등의 법원리가 준비되어 있고, 그들 법리는 인격존중 · 자기책임의 이념에 의거한 약속원리와 조화를 이룬다고 한다.[5]

미국의 계약법학자 길모어(Gilmore)는 그의 유명한 저서 「계약의 죽음」(The

---

1) 1979년의 아티야의 저서가 발표되자 곧 그에 대한 반론이 후리드(Fried)에 의해 제기되었다. Fried, Review of Atiyah's "The Rise and Fall of Freedom of Contract," 93 H. L. R. 1858(1980) ; Fried, *Contract As Promise,* 1981, p. 20.

2) 후리드의 비판에 대해서 아티야는 자신과 후리드와의 차이는 계약의 표준형으로서 무엇을 상징하는가에서 비롯한다고 답변하였다. 후리드는 두 사람의 개인이 대면하여 단순한 성격의 거래를 맺는 경우를 표준적인 사례로 생각하지만, 실제로는 소비자계약에서나 거래법에서나 현실적으로 대부분이 정형계약서(standard contract)에 의하며, 여러 종류의 입법적 개입이나 법원의 정책적 판단에 의해 권리의무가 형성되기도 한다. 그럼에도 불구하고 계약법 전체를 약속원리로 설명하고자 하는 후리드의 이론은 하나의 의제에 지나지 않는다고 한다. 약속은 신뢰되기 쉽고, 약속을 신뢰한 자는 약속위반에 의해 손실을 입게 된다. 바로 그 사실이 약속에 구속력이 부여되는 이유라고 한다. Atiyah, Review of Fried's "Contract As Promise," 95 H. L. R. 509(1981).

3) 후리드가 약속에 대한 기대의 보호를 계약의무로 파악하는 데 대해, 아티야는 법은 실제로 기대이익의 배상의 경우에는 손해배상범위의 제한원리에 의해 경감된 금액만을 인정하므로 제한배상주의 아래서 대가나 신뢰의 범위를 넘는 약속에 대한 기대이익까지 배상된다고 하는 것은 의미가 없다고 반박한다. Atiyah, Review of Fried's "Contract As Promise," 95 H. L. R., pp. 515~518.

4) 영미법상 후르스트레이션에 대해서는, 金學東, "영미법상의 Frustration의 법리," 계약법의 특수문제, 1983.

5) 후리드가 고전계약이론을 지지하면서도 착오나 후르스트레이션의 법리를 인정하는 것에 대해, 아티야는 계약법과 기대이익과의 관련이 그와 같이 약해지는 경우 책임근거도 당사자의 의사나 약속 이외의 곳에서 구하여야 할 것이라고 비판한다. 원래 고전이론의 약속원리는 채무법 전체를 지배하여 약속하였다면 책임이 있다는 책임긍정의 기능과 약속하지 않았다면 책임 없다는 책임부정의 기능을 담당하였다. 불법행위법이 계약법을 보완하는 기능은 고전이론에서는 예정하지 않았다. 그러나 후리드는 고전계약이론을 인정하면서 다른 책임원리에 의한 보충을 당연한 것으로 보는데, 이는 책임긍정의 기능면에서만 약속원리에 의한 자유선택을 인정하고 책임부정의 면에서는 그렇지 않기 때문에 사상면에서 일관성이 없다고 비판한다. Atiyah, *op. cit.*, pp. 520~522.

Death of Contract)에서 계약이론이 의사이론에서 신뢰이론으로 변천하고 있는 현상은 결국 계약책임이 불법행위법의 책임이론으로 흡수되는 결과를 초래하고 있다고 한다. 19세기 말까지의 계약과 불법행위의 한계는 불명확한 채로 공존하였으나, 현재에는 계약법의 여러 가지 법원칙이 점차 해소되면서 계약은 불법행위의 주류 중에 흡수되는 현상을 보인다고 한다.[1] "신이 죽은 것과 마찬가지로 계약은 죽었다"(Contract, like God, is dead)는 명제는 사실이 되어가고 있다.[2]

締約原因의 法理

19세기의 영국법에서는 합의가 비록 유효한 체결의사를 갖고 맺어진 경우에도 날인증서(deed under seal)에 의하거나 또는 계약체결원인에 의해 지지되는 경우에만 법적 구속력이 인정된다는 「체약원인의 법리」(doctrine of consideration)를 확립된 계약법상의 법원칙으로 수립하였다.[3] 무엇을 체약원인으로 보아 계약상 의무를 강제할 수 있는 법적 힘을 부여할 것인가에 대해서는 학설의 대립이 있고, 판례도 사례에 따른 개별적인 원칙만을 갖고 있을 뿐 체계화되어 있지 않다. 체약원인의 법리는 계약구속력의 실정법적 근거에 관한 것으로서, 계약구속력의 법철학적 근거에 관한 약속이론 및 신뢰이론과는 다른 차원의 법리이다.

체약원인법리의 기초사상은 相互性(reciprocity)으로서 受約者(promisee)는 그가 받은 약속과 교환하여 그 자신에게 불이익이 되거나 또는 約束者(promisor)에게 이익이 되는 것을 제공하여야 한다는 것이다.[4] 쌍무계약의 경우에 각 당사자는 약속을 주고 받기 때문에 자기가 부여한 약속이 상대방이 부여한 약속에 대한 체약원인이 된다. 그러나 無償의 약속(gratutous promise)은 締約原因에 의해 지지되지 않기 때문에 捺印證書에 의하지 않으면 구속력이 없다. 미국에서는 체약원인의 상호성을 거래상 약속에 대하여 부여된 대가로 보는 「代價交換理論」(bargain theory of consideration)으로 변용되었다. 미국의 계약법 리스테이트먼트[5]에서는 윌리스톤(Williston)

1) G. Gilmore, *The Death of Contract*, Ohio State University Press, Columbus, 1974. pp. 87~103.

2) 계약법부정론은 첫째, 계약적 관련은 매우 다양하고 각종의 거래에서의 사회적 · 경제적 필요는 각각 매우 다르므로 거래상의 분쟁에 계약법의 일반원칙을 적용하여 해결하는 것은 적당치 않고, 둘째, 거래상 분쟁이 생기면 당사자는 대개 법의 원칙과 관계 없이 해결한다는 점을 들고 있다. 특히 현재의 특수거래(해상운송계약 · 소비자계약 등) · 약관거래 · 계속적 거래에 종래의 계약이론은 적합치 않다고 한다. Calamari & Preillo, *op. cit.*, pp. 11~13.

3) 체약원인의 법리에 관한 설명은, 梁明朝, "컨시더레이션의 법리와 미국계약법," 민법학논총, 1985, 482.

4) 다른 한편 대가교환이론에 대하여는 대가교환이란 단일한 시각에서 벗어나 다양한 요소에 기초하여 계약의 구속력을 인정해야 한다는 비판이 행해지고 있다. Eisenberg, "Principles of Consideration," 67 Cornell L. Rev. 640, 641(1982); 梁明朝, 앞의 글, 486~487.

5) American Law Institute, *Restatement of Law, Contracts*; 리스테이트먼트는 사적 단체(학자 · 법조인으로 구성)에 의해 만들어진 조문 및 해설형태의 서적으로서 당연히 법적 구속력을 갖는 것은 아니나, 미국에서 매

교수의 대가교환이론[1]을 기본으로 하면서(제71조 참조), 다만 제90조에서 콜빈(Corbin) 교수의 주장에 따라 約束的 禁反言의 法理(doctrine of promissory estoppel)에 의한 구제를 인정한다.[2]

4. 우리의 契約理論

(1) 意思理論에 기초한 契約法

민법은 계약당사자의 의사로부터 계약구속력을 이끌어 냄을 원칙으로 하므로 독일식의 의사이론에 입각해 있다고 할 수 있다.[3] 민법 제105조는 「법률행위의 당사자가 법령 중의 선량한 풍속 기타 사회질서에 관계 없는 규정과 다른 의사를 표시한 때에는 그 의사에 의한다」고 함으로써 의사이론을 간접적으로 천명한다. 이로부터 "어떠한 채무부담의 의사표시를 한 자는 반드시 그를 이행하여야 한다"는 원칙, 다시 말해서 "약속을 한 자는 그것을 꼭 지켜야 한다"는 약속준수의무가 유추될 수 있다.

다른 한편 계약이 법적 효력을 갖는 것은 "법이 당사자의 의사에 상응하는 법적 의무를 지우기 때문이다"라고 설명될 수 있다. 법은 계약이 지켜지도록 구속하는데, 그 구속력은 계약당사자 사이의 일정한 사실관계를 전제로 하여서만 부여된다. 법이 당사자의 어떠한 사실관계에 대하여 구속력을 부여하는가는 이론적으로 규명되어야 한다. 약속이론과 신뢰이론의 대립은 영미법학자들이 중심이 되어 있으나, 우리에게도 시사하는 바가 크다. 약속이론은 근대 초기의 자유주의를 바탕으로 한 이론이고, 신뢰이론은 약자보호 등 복지국가를 지향하는 이론이다. 그러나 약속이론과 신뢰이론이 반드시 양자택일의 관계에 있는 것은 아니고 병행가능하다. 다만 어느 이론에 비중을 두느냐는 사회정책적 판단과 관련된 결단의 문제이다.

우 존중되고 있다. 계약법의 제1리스테이트먼트는 1932년에 공포되었고(수석리포터 Williston 교수, 특별고문 Corbin 교수), 제2리스테이트먼트는 1962년에 시작되어 1979년에 완료되었다(리포터 Fransworth 교수).

1) Williston on *Contracts,* 3 ed., 15 Vols., 1957~1972.

2) Corbin on *Contract,* 8 Vols., 1950~1963. Corbin은 약속을 신뢰하여 행한 행위는 교환적으로 거래되지 않았더라도 체약원인이 된다고 주장하였다. 약속적 금반언의 법리의 내용 및 그에 대한 평가에 관한 상세한 설명은, 拙稿, 앞의 글, 42~44.

3) 여기에서는 의사표시를 무엇으로 볼 것이냐에 대한 의사주의와 표시주의의 대립이나 의사표시의 해석의 문제 등은 고찰대상으로 하지 않고, 다만 법적으로 의미 있는 의사표시와 계약상 의무와의 관계만을 다루겠다.

(2) 法과 去來慣行 사이의 乖離

우리 사회의 도덕규범으로써 "약속은 반드시 지켜야 한다"든가, "채무는 반드시 이행하여야 한다"는 것이 얼마나 확고히 정착되어 있는가도 의문이다. 서양의 상업자본주의사회 · 개인주의사회에서 확립된 그러한 규범은 아직 우리 사회에는 완전히 정착되지 못하였다고 보는 편이 옳다고 생각된다. 따라서 서양의 사회사상을 기초로 한 법체계가 우리의 일반의식이나 관습에서 괴리되는 현상을 보는 것은 당연하며, 그러한 갭은 우리 사회현실에 맞는 법해석을 통하여 얼마간은 해소될 수 있을 것이다.

거래계에서는 계약의 체결을 확실하게 하기 위해 書面에 의한 계약체결을 보편화시켰고, 구두계약은 특별한 신뢰관계에 있는 소규모 거래에서 이용될 뿐이다. 계약체결을 위한 교섭단계에서의 제안(청약의 유인)과 계약성립을 위한 청약·승낙의 의사표시를 확연히 구별하기 위해, 후자는 통상 계약서에의 서명날인으로 표시된다. 그러한 방법은 締約意思를 명백하게 하기 위한 목적 외에 체약을 신중히 행하기 위한 당사자의 의도와도 합치한다. 게다가 중요한 거래에서는 서면계약 외에 契約金을 수수하는 것이 관례로 되어 있다. 매매를 위한 계약금은 해약금의 성격을 띠므로(제565조) 계약금의 수수에 의해 계약의 구속력이 강화되어진다고 볼 수 있다. 법은 모든 약속을 소송과 강제집행의 절차를 통해 강제할 수 있도록 길을 열어 놓고 있지만, 그러한 절차는 시간 · 노력 · 비용 · 실효성의 면에서 채권자에게 도움을 주지 못하는 경우가 많다. 특히 계약서가 존재하지 않는 경우에는 소송수행에 많은 어려움이 있다. 또 계약금이 수수되지 않은 경우에는 손해배상의 청구에 어려움이 많다. 그러므로 실제 거래계에서는 특별히 상대방을 신용하는 경우이거나 거래경험이 없는 자의 경우 외에는 구두계약이나 계약금 없는 단순한 낙성계약은 이용하지 않는다.

우리 법률행위이론의 기초가 되고 있는 「자기결정에 의한 자기구속(Selbstbindung durch Selbstbestimmung)의 원칙」은 마치 개인간의 계약관계는 모두 당사자의 자발적인 결정에 의해서 정해지는 듯한 오해를 불러일으킨다. 그러나 어떤 계약에서 당사자가 직접 결정하는 것은 계약의 중요부분(또는 그의 일부)에 지나지 않는다. 예를 들면 매매의 경우에는 목적물과 가격이라는 주된 급부만을 결정할 뿐이다. 나머지 합의되지 않은 부분은 사실인 관습이나 채권법규정에 의해 보충된다(제106조). 그리고 계약관계에서 법적인 문제를 야기하는 것은 그 합의되지 않은 부분과 관련하여서이다. 즉 당사자가 합의한 의무를 이행하지 않을 경우에 어떻게 할 것인가, 또는 목적물에 하자가 있는 경우에는 어떻게 할 것인가는 계약의무에 관한 문제이지만, 통상 당사자의 합의에 의해 결정되지 않고 채권법규정에 의해 결정된다. 그것을 의사표시이론에서는 당사자의 의사를 보충한다고 이해하지만, 실제 당사자가 합의한 부분이 그렇지 않은 부분보다 훨씬 적은 대개의 경우 그러한 사고는 억지에 가까운 의제로 될 것이다. 특히 현대의 대량거래에서는 당사자의 의사는 종종 구입 여부 하나에만 작용할 뿐 그 가격이나 기타 거래조건은 모두 자동적으로 결정된다. 즉 가격은 시가에 의하고 기타 거래조건은 약관 또는 법률에 의해 결정된다. 그러한 경우 계약관계로 들어서는 것은 당사자의 자발적 의사에 의하지만(최근에 자발적 의사의 존재 여부도 문제시되고 있다), 계약관계의 내용은 계약당사자의 의사와 관계 없이 결정되어진다. 그 경우 계약이 당사자의 의사에 의하여 결정된다는 가정은 그야말로 가정에 지나지 않는다.

그 밖에 현대의 거래모습의 변화에 따라 계약성립에서 의사표시이론의 허구성이 드러나는 부분이 생기게 되었다. 그 예로서 사실적 계약론, 계약체결상의 과실, 소비자의 계약철회권(cooling off 제도)으로 불려왔던 세 분야를 들 수 있다. 지하철에 승차하는 행위에 의한 계약체결을 어떻게 이론구성할 것이냐에 관하여, 사실행위에 의해서도 계약관계의 개시가 가능하다고 보는 사실적 계약론과, 그것은 불가능하고 다만 그 경우 묵시의 의사표시 또는 추론된 의사표시에 의하여 계약이 체결된 것일 뿐이라는 전통적 의사표시이론이 대립하게 되었다(계약의 체결에서 설명함). 또 계약교섭이 있었으나 체약이 일방당사자의 귀책사유로 인해 행해지지 못한 경우 상대방은 체약좌절로 인한 손해의 배상을 청구할 수 있다는 책임원리가 의사표시이론하의 계약법에서 시도되고 있었다(제535조 참조. 계약체결상의 과실에서 설명함). 그를 위하여 계약체결 전에도 일정한 범위 내에서 계약관계가 존재함이 의제되었는데, 의사표시에 의한 자기책임이론과 그러한 계약체결상의 과실책임이 어떻게 한 계약이론의 울타리 안에 공생할 수 있는지는 의문이다. 그리고 소비자거래에서 논의되고 있는 소비자는 "자신의 경솔한 구매행위를 뒤돌아 볼 수 있는 냉각기를 갖고 체약의사를 철회할 권리를 갖는다"는 새로운 계약철회제도의 도입도 종래의 의사표시이론에 대한 중대한 도전이다.

§3. 契約自由와 公正性確保

산업화 이후 근대 초기의 자유주의적 법원리는 실질적 정의의 실현을 위한 법원칙들에 의해 수정되는 과정을 밟고 있다. 민법영역에서 대표적인 것은 계약법에서의 「계약자유로부터 계약공정으로」, 불법행위법에서의 「과실책임으로부터 위험책임으로」라는 구호인데, 이것은 현대의 사상적 · 제도적 변화를 함축적으로 말해 준다. 이 법원리들은 「경제성장위주에서 약자보호로」라는 정책적 변화가 민사법이론으로 표현된 것이다.

1. 契約自由의 原則

(1) 契約自由의 意義[1)]

(가) 私的 自治와 契約自由　계약자유(Vertragsfreiheit)란 당사자가 자유롭게 선택한 상대방과 그 법률관계의 내용을 자유롭게 합의하고, 법이 그 합의를 법적 구속력 있는 것으로 승인하는 것을 의미한다. 18세기의 고전적 경제이론에 따른 자유방임(Laissez-Faire)의 시장경제질서를 실현하기 위해 근대법은 「계약자유의 원칙」이라는 계약법원칙을 표방하였다. 근대에 들어 민사법은 각 개인에게 자신의 생활에 관한 법률관계를 자기책임하에 형성할 수 있도록 하는 사적 자치(Privatautonomie)를 기본원칙으로 삼았다. 계약은 사적 자치를 구현하는 중요한 법적 행태로 인식되었으며,[2)] 계약에 의한 법률관계를 당사자가 자율적으로 형성하도록 허용하는 계약자유의 원칙은 사적 자치의 핵심적 내용을 이

---

1) 참고문헌: 權五乘, "사적 자치의 기초이론," 민사법과 환경법의 제문제, 박영사, 1986; 同, "계약자유와 계약공정," 계약법의 제문제(사법연구회 편, 고시계사, 1988), 55 이하; 金相容, "계약자유의 원칙과 그 제한," 계약법의 일반이론(사법연구회 편, 삼영사, 1983); 金星泰, "현대영미계약법에 영향을 준 몇 가지 요인에 관한 고찰," 계약법의 제문제(상동), 77 이하; 金容漢, "당사자자치의 입법론적 고찰," 법조 1969년 12월호; 金容圭, "계약," 부산대 법학연구 제12권 1호, 1970; 愼庸珞, "계약자유의 헌법적 한계," 헌법문제와 재판(하), 재판자료 제77집, 1997년 6월호; 연화준, "계약자유의 원칙과 그 과제," 청주대 우암논총 10, 1993년 12월호, 270~296; 李宙興, "계약자유의 헌법적 의미," 민사판례연구 제13권, 박영사, 1991; 同, "계약의 현대적 의미와 내용통제," 민사재판의 제문제 제7권, 1993년 6월; 林正平, "계약자유원칙론 형성소고," 홍천룡화갑기념 민법의 과제와 현대법의 조명, 1997, 389~414; 同, "계약의 공정성확보, 고시연구 제17권 12호(제201호), 1990년 12월호; 張庚鶴, "계약과 사회질서," 동국대논문집(사회과학 편) 제2집, 1965; 張在賢 · 成渭錫, "계약자유에 대한 제한의 이론적 근거," 경북대 법학논고 6, 1990년 12월, 155~172; 전병익, "계약자유의 원칙의 현대적 과제," 동의법정 8, 1992년 2월호, 1~15; 鄭東鎬, "북한민법상의 계약원리와 그 특수성," 한대 법학논총 제2집, 1985; 同, "계약자유의 원칙," 사법행정 1988년 9월호; 韓正鉉, "계약의 자유와 그 제한," 장경학고희기념 민법과 법학의 중요문제, 1987.

2) Flume, *Allgemeiner Teil des Bürgerlichen Rechts Ⅱ "Das Rechtsgeschäft,"* 2. Aufl., 1975, S. 12ff.; Larenz, *Lehrbuch des Schuldrechts*, Bd. Ⅱ, 13. Aufl., 1982, S. 41.

루게 되었다.

(나) 法的 拘束力의 附與 계약자유의 원칙은 다음과 같은 법적 의미를 갖는다.[1] 첫째, 법은 일정한 범위에 관해서는 사인간의 법률관계에 강제적으로 개입하는 것을 포기하고 당사자에게 일임한다. 이는 국가가 사기업의 경제활동에 간섭을 하지 않는다는 것을 의미하기도 한다. 둘째, 사적 자치가 부여된 영역에 속하는 당사자의 합의는 법적 구속력이 있는 것으로 인정되고, 법은 그 합의의 이행을 위하여 법적 강제력을 동원하여 계약의 준수를 보장한다. 계약은 「법적으로 집행가능한 합의」(a legally enforceable agreement)이며 계약상의 의무는 법적 채무로서의 효력을 갖게 된다.

(2) 契約自由의 成立背景

(가) 身分에서 契約으로 계약은 인류의 역사와 더불어 발전해 왔다. 원시사회로부터 계약이 문제해결의 수단으로 쓰여졌으며, 계약은 에고이즘의 발현인 등가교환에 기초를 두고 발전되어 왔다.[2] 그러나 근대적 의미의 계약 및 계약자유의 개념은 18세기 유럽에서 형성된 것이다.[3] 이 당시 「자유」는 이전의 봉건적 · 가족적 속박에서 벗어나 「身分에서 契約에로」의 진화 속에서 그 자신을 실현해 나가는 정치적 이상으로 발전되었다.[4] 정치적 측면에서 당시의 자유는 「각 개인의 국가권력으로부터의 자유」와 「각 개인의 국가권력에 대한 평등」을 의미했다. 이는 나아가서 개인 상호간의 관계에 있어서의 자유와 평등도 요구하였다. 이러한 자유 · 평등에 대한 요구는 자유주의적 민주주의의 정치사상으로 발전하였으며 「법 아래서의 평등한 자유」[5]로서 정착하였다.

(나) 經濟的 背景 계약자유의 법원칙을 확립시키는 데에 가장 큰 작용을 한 것은 근대 초기의 경제적 상황이었다. 근대에 들어 상업과 무역이 발달하고 산업혁명에 뒤이은 산업화가 가속됨에 따라 그 원활한 추진을 위하여 계약자유

---

1) 참고문헌: 李好珽, "계약자유에 관한 소고," 서울상대 경제논집 1973년 6월호, 102 이하; Raiser, Vertragsfreiheit heute, *JZ* 1958.1.

2) E. Ehrlich, *Grumdlegung der Soziologie des Rechts,* 1913, S. 84~85.

3) 근대법에서 말하는 계약의 의미가 무엇인가에 대해서는, Max Weber, Durkheim, Marx, Maine이 각각 다르다고 한다. 특히 Weber는 계약의 의미를 시장과 관련하여 파악하였으며, 근대사회 속의 계약의 기능을 고찰하였다; Kronman, Max weber, Edward Arnold Ltd., London, 1983, p. 96. Weber는 원래 법학도였으며 그의 연구에는 법사회학적 고찰도 일부 포함되어 있다.

4) S. H. Maine, *Ancient Law,* 1861, in Pollocks edition, 1920, p. 180. 이러한 메인의 정치적 사관은 영미법사상에 널리 승인된 기반을 형성하였다. 신분이란 로마법식의 신분적 지위를 의미하며, 신분으로부터 계약에의 진화는 법에 의해 승인되고 강제되는 권리의무가 자기의 의지와는 관계 없이 실정되고 구속하는 법제로부터 멀어져 가는 진화를 의미한다. R. 파운드 著 · 高秉國 옮김, 법률사관(전정재판), 법문사, 1986, 87.

5) Hayek, *Liberalimus,* S. 24.

가 요구되었다. 근대의 경제질서는 고전파 경제학에 의한 자유방임주의였다. 이는 사유재산제에 기초한 자유경쟁원리를 취하였고, 국가의 간섭을 배제한 완전경쟁의 모델 위에 시장 스스로의 자율적 조정기능(이는 아담 스미스의 보이지 않는 손의 예정조화설로서 대표될 수 있다)에 의한 시장질서의 확립을 기대하였다. 그러므로 자유방임경제는 그의 법적 표현으로서 소유의 자유와 계약자유를 요구하였고, 나아가 소유권절대와 계약만능을 초래하였다.

계약자유는 계약질서의 가치적 중립성을 의미했고, 이는 결국 가격의 자유로 연결되었다. 자본주의의 발달에 따라 재산권의 중요성이 소유권을 기초로 한 이용가치에서 계약을 매개로 한 교환가치로 옮겨졌으며, 계약자유는 상거래 발달에 초석이 되었다. 고전파경제학의 낙관주의는 시장의 자율적 조정기능에 의해 재화의 교환과 분배가 원활이 이루어지고, 그에 따라 사회는 조화와 균형을 유지하여 개인은 자유롭고 행복한 생활을 향유하게 될 것이라는 이상론을 전개하였다.

(다) 自然法思想　근대의 사상적 · 정치적 · 경제적 요청을 반영한 거래자율화의 요청은 자연법사상의 이론적 기반 위에서 계약자유의 법원칙으로 탄생하였다.[1] 자연법 사상은 각자의 스스로의 결정에 의해 자유롭게 계약이 체결됨이 인간의 이성에 기초한 자연법의 제도적 표현이라고 믿었다(계약의 구속력에서 설명했음). 각 개인은 「인격의 자유」 및 「인격전개의 자유」를 갖는다고 보았다. 그리하여 각자는 그가 계약에 구속되고 싶어하기 때문에 구속된다고 보았다(계약구속의사에 의한 자기결정이론). 따라서 계약자유는 인간의 본성에 근거를 둔 존재론적(ontologisch)인 것이라고 하였다. 각자는 자기에 이익이 되는 경우에만 계약을 맺으므로 계약에 의해 각 당사자의 이익은 조정되며, 그 결과 "계약 메커니즘은 적정성보장의 기능을 갖는다"고 이해되었다.[2] 자기결정은 자기이익에 대한 자유로운 판단의 가능성을 요구하고 있기 때문에 계약자유는 정당시되어야 한다고 하였다.

이렇게 근대자연법사상에 의해 법이론화된 계약자유원칙은 근대민법전에 의해 명문화되어 근대계약법의 기초원리로 되었다. 프랑스민법은 "적법하게 형성된 합의는 이를 성립시킨 당사자 사이에는 법률에 대신한다"고 규정한다

---

1) 계약자유원칙의 사상적 기초가 되었던 것은 아담 스미스의 정의론(A. Smith, *The Wealth of Nation*, 1776)과 막스 베버의 자본주의정신론(Max Weber, *Die protestantische Ethik und der Geist des Kapitalismus*, 1904~1905), 칸트의 비판철학(Kant, *Kritik der reinen Vernunft*, 1781)이었다. 朴世逸, "아담 스미스의 도덕철학체계," 임원택정년기념 사회과학의 제문제, 법문사, 1988, 39 이하; 趙淳, "아담 스미스의 사상과 한국의 경제사회," 같은 책에 수록.

2) Schmid-Rimpler, Grundfragen einer Erneuerung des Vertragsrechts, *AcP* 147, 1941, S. 130ff.

(프민 제1134조 1항).

(3) 契約自由의 內容

계약자유는 체결의 자유(Abschlußfreiheit)와 내용형성의 자유(Freiheit der inhaltlichen Gestaltung)를 주요 내용으로 갖는다.

1) 契約締結의 自由 계약체결의 자유는 계약을 체결할 것인가 및 누구와 체결할 것인가를 자유롭게 결정할 수 있을 뿐 아니라(이를 相對方選擇의 自由라고 함) 그에게 행해진 청약을 거절할 수 있는 가능성까지도 의미한다. 그리고 사인 사이의 계약체결에는 관청의 인·허가나 공적 장부상의 등록 등 공권력에 의한 간섭을 받지 않으며, 계약당사자의 합의만으로 충분함을 원칙으로 한다(이는 方式의 自由로서 별도로 설명되기도 함).

2) 契約內容形成의 自由 내용형성의 자유란 양 당사자가 각각 원하는 대로 계약내용을 형성할 수 있는 결정권을 갖도록 보장해 주는 것을 의미한다. 계약자유는 일단 성립한 계약을 당사자의 합의로 소멸시키거나 변경시킬 수 있는 자유까지 포함한다. 계약내용의 결정은 체약시 또는 사후의 변경으로 행해질 수 있다. 내용형성의 자유는 체결의 자유가 보장될 때 비로소 의의를 갖게 되므로 양자는 불가분의 관계에 있다.

2. 契約自由의 制限

(1) 契約自由의 弊害

(가) 富의 偏在 근대시민법의 기본이념을 이루었던 계약자유의 원칙은 산업혁명 이후 자본주의의 발달에 따라 생산수단이 독과점화되고 상품이 대량생산되자 점차 그 한계를 드러내기 시작하였다. 계약자유원칙의 이론적 배경이 되었던 고전경제학에서는 계약자유를 경제이론상의 진리라고 생각하였다. 그러나 부의 분배가 정당한 경우에 한해서만 계약자유에 의해 만족스러운 분배가 이루어진다는 점, 즉 계약자유의 분배기능에는 한계가 있다는 점이 지적되었다(Jevons).

(나) 合意의 不在 계약자유의 본질적 부분인 자유로운 합의가 실제로 불가능한 상황에 직면하게 되었다. 첫째, 토지나 공장 등의 생산수단이 소수에게 독과점됨으로써 대다수의 시민은 노동력을 제공하고 그 대가를 얻기 위해 자본가와 계약을 체결해야 하는 현상이 나타났다. 둘째, 대량생산에 따른 상거래의 확산으로 상품의 구매자와 판매자 사이에 힘의 불균형이 나타나게 되었다. 특

히 국민에게 필수적으로 요구되는 물건이나 용역을 공급하는 기업이 독과점화함에 따라 국민에게는 부당한 계약조건을 이유로 계약체결을 거부할 수조차 없게 되었다. 셋째, 약관이 대중화되는 현상이 나타났다. 일방당사자에 의하여 미리 작성된 약관이 계약체결에서 거래상대방에게 강요됨으로써 소비자에게는 계약내용형성을 위한 합의의 기회가 전혀 주어지지 않게 되었다.

결국 부의 편재와 생활필수품의 독점으로 사회적 강자와 사회적 약자의 구별이 뚜렷해짐으로써 계약자유는 사회적 강자인 기업에게는 「명령의 자유」, 그리고 사회적 약자인 소비자나 이용자에게는 「계약을 통한 복종」으로 전락할 위험에 놓이게 되었다.[1] 라드부르흐(Radburch, 독일의 법철학자)는 이를 가리켜 "계약자유의 법이념이 사회적 무산자에게는 專制에의 服從이라는 법적 현실로 나타나게 되었다"고 지적하였다.[2]

(2) 契約公正을 위한 契約自由制限

(가) 自由와 正義의 調和 현대법은 계약정의를 위해 계약자유를 제한함으로써 「자유의 독점」을 제거하고 실질적인 「자유의 확대」를 꾀하고자 한다. 이를 위해 계약공정(Vertragsgerechtigkeit)을 계약자유를 제한하는 상위이념으로 채택하였다. 계약당사자가 꾀한 자기결정은 그것이 계약공정과 일치하는 경우 — 즉 양 당사자의 이익조정이 객관적 정의와 일치하는 이익형평을 이룬 경우 — 에 한해서 법은 그의 정당성을 인정하고, 그 합의에 법적 구속력이 부여된다(이는 사회주의국가의 사전에 통제된 계약과는 구별된다).

「계약에 있어서의 분배적 정의」 및 「사회적 약자의 보호」를 실현시키기 위해서 종래 계약법의 원칙들이 수정되고 있다. 근대의 계약자유의 이론은 실제로 대등하지 않은 계약당사자를 대등한 것으로 가정하고 이론구성한 것에서부터 문제를 드러냈으므로, 현대계약법은 계약당사자의 사실상의 지위를 고려한 법원리를 고안해 내어 계약에 의해 사회적 정의가 침해되지 않도록 배려한다. 롤스(Rawls)는 루소(J.J. Rousseau)와 로크(J. Locke)의 사회계약론을 기초로 하되 사회적 정의에 근거하여 재분배이론을 구성하였다. 롤스는 당사자들의 「무지의 장막」과 「상호 무관심적 합리성」의 두 요소를 고려한 상태에서 정의를 모색했으며, 정의의 문제는 결국 사회체제의 선택문제라고 하였다.[3][4]

---

1) Roscher, *Vertragsfreiheit als Verfassungsproblem,* 1974. S. 46ff.

2) Radburch, *Einführung in die Rechtswissenschaft*, 8. Aufl., Leipzig, 1929.

3) J. Rawls, *A Theory of Justice*, Cambridge: Harvard University Press, 1971; 롤스 著 · 黃璟植 옮김, 사회정의론(I), 서광사, 1979, 145 이하.

살레이르(Saleilles, 프랑스의 민법학자)는 "계약은 하나의 사회적 사실로서 그의 법적 가치는 단순한 합의에 대해서가 아니라 합의가 객관적 정의와 일치하는 데 대해 부여된다"고 하였다.[1] 라이저(Raiser, 독일의 민법학자)는 "계약자유는 공공의 이익을 해하도록 이용되는 때에 그의 한계에 달한다"고 하고,[2] 슈미트림플러(Schmidt-Rimpler, 독일의 민법학자)는 "계약질서에서 정의는 1차적으로는 계약 메커니즘에 의해 보장되지만 그것이 기대될 수 없는 경우에는 국가권력에 의한 계약형성으로 보장되어야 한다"고 하며,[3] "당사자의 판단능력이나 결정의 자유가 현저히 침해되지 않은 경우에만 이해의 조정과 그를 통한 정당성이 보증되며, 이 때 당사자 사이에 힘의 균형이 유지되고 각 당사자가 계약목적물을 포기할 수 있는 상황에 있어야 한다"고 말했다.[4] 볼프(M. Wolf, 독일의 민법학자)는 "계약당사자에게 스스로 자기이익을 조정할 수 있는 기초여건(정당성의 기회, 자기결정)이 존재하는 경우에만 계약이 유효하다"고 한다.[5]

(나) 自由와 公正의 優劣論爭 　소비자거래를 비롯한 개인간의 거래에서 계약법은 계약자유와 계약공정성 중 어떤 가치에 더욱 높은 비중을 두어야 할 것인가? 고전적 경제학자가 주장했듯이 계약자유가 각자의 자기이익보장을 가능하게 하여 계약공정에 도달하게 된다면 이런 문제가 논의될 필요가 없을 것이다. 그러나 계약당사자의 힘의 불균형으로 인하여 계약자유와 계약공정성이 공존하지 않는 경우가 많아지게 되자, 계약법이 어떤 가치를 우위에 두고 계약을 규율할 것인가의 문제에 맞닥뜨리게 되었다. ① 自由優位說: 자기결정과 계약공정은 법질서가 동시에 추구해야 할 가치이지만, 양자가 충돌하는 경우에는

4) 켈젠은 정의규범들을 배척하지는 않지만, 실정법형성의 평가척도로 제시되는 정의규범들은 단지 상대적 성격을 가질 뿐이라고 한다. 자신이 선택한 정의규범에 대해 그것이 자연(인간의 본성)이나 이성으로부터 유래되었다는 논거를 들어 거기에다가 절대적 효력을 부여하려는 자연법론의 태도는 단호하게 거부한다. 켈젠에 의하면, 일반적인 정의원칙으로 받아들여지고 있는 — "같은 것은 같게, 같지 않은 것은 같지 않게 취급해야 한다"는 원칙은 결코 정의의 요청이 아니라 단지 논리의 요청일 뿐이라고 한다. 즉 이 원칙은 일정한 조건 아래에서는 일정한 효과가 발생해야 한다(즉 일정한 취급이 이루어져야 한다)고 규정하는 모든 규범의 일반적 성격에서 비롯되는 논리적 결론일 뿐이라는 것이다. 한스 켈젠, 정의란 무엇인가? (김영수 옮김), 삼중당, 1995; 한스 켈젠, 순수법학(변종필 · 최희수 옮김), 길안사, 1999.

1) Saleilles, *De la déclaration de volonté; Contribution à l'étude de l'acte juridique dans le code civil allemand*, Paris, Pichon, 1901, p. 196.

2) L. Raiser, Vertragsfreiheit heute, *JZ*, 1958, S. 1f.

3) Schmidt-Rimpler, Grundfragen einer Erneuerung des Vertragsrechts, *AcP* 147 (1941), S. 130f.

4) Schmidt-Rimpler, *Zum Vertagsproblem, Festschrift für Raiser*, 1974, S. 6, S. 13f.

5) M. Wolf, *Rechtsgeschäftliche Entscheidungsfreiheit und Vertraglicher Interessenausgleich*, habil. Tübingen, 1970; M. Wolf, "Vertragsrecht und Sozialwissenschaften," *in Sozialwissenschaft in Studium des Rechts*, Bd. I, 1977, S. 8에서 계약의 배분적 정의란 미크로의 평면에서는 계약공정에, 미크로의 평면에서는 현존하는 재화의 가능한 한 올바른 배분에 달하도록 노력하는 것에 의해서 「각자에게 그의 욕구의 최대의 만족을 가능하게 하는 질서」에 있다고 한다.

자기결정이 우선하여야 하므로 계약공정은 자기결정이 실현되지 않는 곳에서만 실현될 필요가 있다는 견해도 있다.[1] ② 公正優位說: 私見으로서는 소비자거래를 비롯한 민사거래에서 계약법은 계약공정성에 높은 비중을 두고 규율해야 한다고 생각한다. 첫째, 비록 자기결정의 형식적 외양(합의서, 포기각서 등)을 갖춘 계약에 대하여도 객관적 정의의 기준에 비추어 심사할 것이 요구된다. 불평등계약은 그것이 양 당사자간의 협상을 통한 합의의 형식을 갖추었더라도 계약정의의 이념에 따른 공정성심사가 요청된다. 둘째, 계약공정의 규범적 심사가 진정한 자기결정의 합의까지 간섭해서는 안 된다. 진정한 자기결정이란 그 결정으로 불이익을 입는 당사자에게 그 불이익을 감수할 만한 사정이 있는 경우에 인정된다. 약자가 강자를 위하여 불이익을 감수하는 것은 다른 납득할 만한 사정이 없는 한 진정한 자기결정이 아니다. 셋째, 어떠한 계약이 자기결정의 결과인가 아닌가는 계약공정의 심사에 의해 판명될 수 있다. 현대계약의 특징은 자기결정의 탈을 쓴 불공정계약이 체결됨에 있으므로 어떠한 합의가 진정한 자기결정인가 아닌가를 외적 형식만으로 구별해서는 안 된다. 특히 우리의 계약현실에 비추어 볼 때 외견상의 합의가 있더라도 계약법은 그 공정성 여부를 심사해 볼 필요가 있는 경우가 많다.[2] 넷째, 법률로 계약내용을 정해 놓고 이와 다른 합의를 허용하지 않는 강행규정이 채권법의 영역에서도 필요하다.

(다) 公正의 條件 계약공정성이 실현되기 위해서는 다음의 조건들이 충족되어야 한다. 첫째, 어느 한 당사자의 우월한 지위의 남용이 허용되어서는 안 되며, 각 당사자가 실제로 무기의 균등(Waffengleichheit) 또는 계약교섭력의 균등(equality of bargaining power)의 조건을 갖추도록 법이 조력하여야 한다. 만약 그런 조건이 갖추어지지 않은 경우에는 합의는 진정한 것이 아니므로 법적 효력이 부인되어야 한다. 둘째, 계약공정성의 관철을 위해서는 쌍방당사자의 給付 사이의 利益均衡이 요구된다. 주된 급부와 반대급부가 서로 가치의 균형을 이루고 있는지, 혹은 사정변경 등으로 그 균형이 깨어진 것은 아닌지 등이

---

1) 權五乘, "계약자유와 계약공정," 계약법의 제문제(사법연구회 편, 고시계사, 1988), 68. 독일 민법학에서는 그 동안 지나치게 사회정의약자보호 및 계약공정만이 강조되었던 경향에 반발하여 최근에는 다시 자기결정 및 계약자유를 존중해야 한다는 이론이 대두되고 있다. 李基秀, "사법의 정치적 역할 (상)·(중)·(하)," 법률신문 1988년 10월 10일/13일/17일, 각 10 참조.

2) 영미법에서는 계약공정의 문제를 일찍부터 비양심성의 법리(doctrine of unconscionability)로서 해결해 왔다. 宋鍾浚, "미국통일상법전상 비양심성법리의 연구," 판례월보 제198호, 1987; 梁明朝, "불공정한 법률행위(판례평석)," 민사판례연구 제7권, 1986; 李泰熙, "영미법상 불공정성의 법리," 서돈각성년기념 상사법논집, 1986, 532 이하.

배려되어야 한다. 그 밖에 부수의무도 이익형평의 관점에서 심사되어야 한다.[1)]

㈑ 契約自由制限의 모습 공정성확보를 위하여 계약자유를 제한하는 경우에 그 모습은 다음과 같은 형태로 나타난다. ① 締約强制와 方式의 要求: 계약체결의 자유를 제한하여 물품이나 서비스의 공급자가 계약체결을 원하는가 아닌가에 관계 없이 계약을 체결하도록 강제하는 체약강제의 수단이 동원된다. 그리고 당사자의 진정한 자기결정이 존재했는가를 확인하고, 거래의 안전을 도모하기 위한 목적으로 방식에 대한 요구가 증가하게 된다. ② 債權法의 强行規定化: 계약내용형성의 자유에 대한 제한으로서 계약당사자가 법률에 정해진 내용에 구속될 것을 정하는 강행규정이 계약법을 비롯한 채권법의 영역에 증가하게 된다. 이를 「법률에 의한 계약내용강제」(gesetzlicher Typenzwang)라고 한다. 민법은 소비대차계약에서 대물반환의 예약 등에 관하여 차주에게 불리한 약정을 금지시키는 강행규정을 둔다(제607조, 제608조). 임대차와 같이 생활의 기초가 되는 계속적 계약관계에 관하여는 약자인 임차인을 보호하기 위하여 해지제한 등 다수의 강행규정과 그 밖에 주택임대차보호를 위한 특별법이 제정되어 있다. 고용계약에 관하여는 근로기준법으로서 근로조건의 최저한을 규정하고 있으며, 그 밖에 일반적으로 계약의 공정성을 확보하기 위해 「약관의규제에관한법률」이 제정되었다.

(3) 弱者保護를 위한 契約理論

㈎ 3大弱者 후기산업사회 이후 법학에서 사회구조적 약자의 보호가 최대의 과제로 등장하였다. 민사법에서 보호해야 할 약자로서 보통 勤勞者, 賃借人, 消費者의 셋을 꼽을 수 있다. 고용계약은 노동법이라는 독자적 법영역을 형성하면서 노동자를 위한 법적 배려가 본격화되었고, 임대차계약은 주택임대차와 농지임대차를 중심으로 임차인보호를 위한 강행규정이 증가하여 사회법적 색채를 띠게 되었다. 소비자보호를 위한 입법은 1970년대 이후에 급속히 증가하였고, 현재에도 소비자문제는 민법학의 중요한 과제로 되어 있다.

㈏ 消費者保護의 必要性 소비자는 상인과 비교할 때 균등한 교섭력을 갖지 못하므로 법으로 보호하여 상인과 힘이 균형을 이루도록 배려되어야 한다. 현재 대부분의 민사거래는 소비자가 상인(기업)으로부터 물건이나 서비스

1) 계약자유의 원칙을 고수하는 입장에서는 계약의 주의무 사이의 이익균형에 관해서 법이 간섭해서는 안되고, 부수의무에 관해서만 규율해야 한다고 보았다. 부수의무는 당사자의 합의가 존재하지 않거나 불분명하여 당사자의 의사를 보충할 필요가 있다고 여겼다.

를 구입하는 형태로 이루어진다. 원래 민법은 개인과 개인 사이의 거래를 상정했으나, 실제로는 개인과 기업 또는 기업과 기업 사이의 거래가 대부분을 차지하게 되었다. 고전경제학에서는 소비자의 현명한 구매행위가 시장을 조정해 나갈 것이라고 예언했지만, 현실은 그렇지 못하다. 소비자는 공급자만큼 숙달·조직화될 수 없을 뿐 아니라 공급자가 건 최면에 빠져 현명하지 못한 행위를 저지르고 있다. 소비자는 홍수같이 밀려 오는 광고, 외판원의 세련된 판촉술, 신용구입의 유혹 등의 방법으로 기업에 의해 집중공략당하고 있다.[1)]

㈐ 消費者保護의 法理　법은 소비자를 보호하기 위하여 다음과 같은 법리를 발전시켜 왔다. ① 생활필수품의 구매 등과 관련하여 계약체결의 강제, 가격의 통제 또는 계약조건의 허가 등 행정적 조치가 행해진다. ② 약관에 의해 소비자피해가 발생하는 것을 방지하기 위하여 약관규제의 법리가 발전되었다. 상인과 소비자 사이의 대부분의 거래는 상인이 미리 만들어 놓은 계약조건(약관)에 따르며, 소비자는 단지 계약할 것인가 아닌가만 선택할 수 있을 뿐이다. 기업이 만든 약관이 법과 마찬가지로 소비자를 지배하는 것을 막고 공정한 내용의 약관이 통용되도록 배려한다. ③ 契約撤回制度(cooling off system)가 각종 소비자거래에 확산되고 있다. 계약철회제도란 소비자가 계약체결 후에도 일정기간 냉각기를 갖고 재고해 본 후 체약의사를 철회할 수 있으며 그 철회로 인하여 소비자가 불이익을 받지 않도록 배려해 주는 제도이다. "표시된 청약 및 승낙의 의사는 철회될 수 없다"는 종래의 계약구속의 이론은 계약철회제도에 의해 부분적으로 도전받고 있다. ④ 소비자에 대한 情報提供義務가 부과되고 있다. 소비자와 거래하려는 상인은 소비자에게 필요한 정보를 사전에 정확히 알려 줄 의무를 지며, 이러한 정보제공이 없었던 경우에는 소비자가 계약을 취소함으로써 그 계약의 구속력에서 벗어날 수 있는 제도가 법제화되는 추세이다. 소비자가 상인에게 필요한 제보의 제공을 요구할 수 있는 소비자의 情報請求權도 인정되는 추세이다. ⑤ 기업으로 하여금 자기가 한 잘못된 表示·廣告

1) 소비자의 적은 기업의 독과점체제이다. 부당하게 비싼 가격(특히 정찰판매에 따른 재판매가격의 유지로 인한), 소비자에게만 일방적으로 불리한 계약조건, 조악한 상품 등 현대의 소비자문제의 대부분이 근원적으로는 독과점체제로부터 기인하기 때문이다. 각국에서는 대기업의 경제력집중에 따른 부작용을 막기 위해 적극적인 독과점규제정책을 펼친다. 그러한 정책은 필연적으로 종래의 계약법 이외에 독립의 경제법분야를 확대시킨다. 독과점규제방법으로서는 하버드 학파의 구조주의(structurism)의 입장과 시카고 학파의 행동주의(behaviorism)의 입장이 있다. 전자는 개별산업에서 경제력집중(독과점시장구조)을 문제의 근원지로 보고, 그러한 구조 자체를 규제하기 위해 기업결합의 엄격한 제한 등의 강력한 정책을 제안한다. 그에 반하여 후자는 자유경쟁의 이념조류로서 대기업에 대한 엄격한 규제를 반대하고, 다만 독점화를 초래하는 대규모의 수평결합 및 카르텔 형성 같은 행위나 그로 인한 폐해만을 규제하자는 주장이다.

에 대한 책임을 지도록 한다. 소비자가 잘못된 표시·광고로 인하여 손해를 입은 경우에 그 표시·광고를 한 상인은 과실에 관계 없이 손해배상책임을 지도록 한다.

3. 우리 契約法의 位相

(1) 契約自由와 契約公正의 調和

(가) 民　法　우리 민법의 계약법규정은 거의 대부분 1895년에 제정된 일제하의 의용민법의 채권규정을 그대로 존속시킨 것이다. 의용민법은 근대의 계약자유를 법전화한 프랑스민법과 독일민법 제1초안 등을 모범으로 하여 제정된 것으로서 그들과 마찬가지로 계약자유를 기본원리로 삼았다. 결과적으로 우리 민법은 20세기에 제정되었지만, 19세기의 근대법적 계약자유를 기초로 하고 있다.

민법에 계약자유의 원칙을 정면으로 인정하고 있는 규정은 없다. 민법 제105조는 선량한 풍속이나 사회질서에 관계 없는 법률관계는 당사자의 의사에 의하여 결정될 것을 규정함으로써 간접적으로 계약자유의 원칙을 인정한다.[1] 그러나 채권법의 계약에 관한 규정들은 원칙적으로 — 약자보호를 위한 강행적 규정은 예외로 하고 — 계약자유를 전제로 하는 임의규정이라고 해석된다.

민법은 계약공정성을 확보하기 위하여 총칙에 反社會的 法律行爲(제103조)와 不公正 法律行爲(제104조)에 관한 규정을 두고 있다. 채권법에는 계약공정성을 위한 일반조항은 없지만 약자보호를 위한 조항이 임대차 등 계약각칙에 설치되어 있다. 현행민법 제정시에 소비대차에서 차주를 보호하기 위한 조항(제607조, 제608조)을 설치한 것은 특히 높이 평가할 만하다. 민법 이외에 가등기담보법, 약관규제법, 할부거래법 등 약자보호를 위한 특별법이 다수 제정되어 있다.

(나) 憲　法　계약자유는 민법에 의해 비로소 인정된다기보다는 사유재산제와 자유경쟁시장경제를 국가이념으로 취하는 헌법적 질서에서 그 기초를 찾아야 한다.[2] 헌법 제23조 1항이 사유재산제를 취하고 헌법 제119조 1항이 "대한민국의 경제질서는 개인과 기업의 경제상의 자유와 창의를 존중함을 기본으로 한다"고 하여 계약자유의 원칙을 선언하고 있다.

---

1) 같은 취지: 郭潤直, 16; 金錫宇, 28; 金曾漢, 9; 李太載, 31.

2) 같은 취지: 黃迪仁, 10.

계약공정의 법이념은 헌법 제119조 2항이 "국가는 균형 있는 국민경제의 성장 및 안정과 적정한 소득의 분배를 유지하고, 시장의 지배와 경제력의 남용을 방지하며, 경제주체간의 조화를 통한 경제의 민주화를 위하여 경제에 관한 규제와 조정을 할 수 있다"고 하는 규정에서 그 근거를 찾을 수 있다. 그리고 헌법 제23조 2항의 공공복리에 적합한 재산권의 행사, 동조 3항의 공공필요에 의한 재산권의 수용 · 사용 · 제한에 관한 규정에서도 간접적으로 유추된다.

이러한 헌법규정들은 우리 나라가 계약자유 및 자유시장의 경제체제를 취하고 있다는 점을 말해 주기는 하지만, 그 규정들만으로 계약자유와 계약공정의 미묘한 관계를 밝혀 내기는 어렵다. 어떤 경우에 계약공정을 위하여 자유를 후퇴시켜야 할 것인가 하는 한계설정의 문제는 민법학의 도움이 없이는 불가능할 것이다.[1] 결국 계약자유와 계약공정에 관한 문제는 私法學에서 개개의 구체적인 쟁점과의 관련성 · 종합성을 유지한 가운데 탐구되어야 하며, 이 분야에 한해서는 사법학이 헌법학보다 더 전문성을 가질 수 있기 때문이다.

憲載決 1991. 6. 3, 89헌마204: 행복추구권 속에 함축된 行動自由權에는 부작위의 자유도 포함되며, 법률행위의 영역에서는 당사자 자신이 자기의사로 결정하는 자유뿐 아니라 원치 않는 계약의 체결은 법이나 국가에 의하여 강제받지 않을 자유인 이른바 契約自由의 原則도 일반적 행동자유권으로부터 파생된다. 이는 곧 헌법 제119조 제1항의 개인의 경제상의 자유의 일종이기도 하다. 특수건물의 소유자에 대한 特約附火災保險 계약체결의 강제는 계약자유의 원칙에 대한 제약인 동시에 헌법상의 일반적 행동자유권 내지 경제활동의 자유의 제한이 된다. 그러므로 화재로인한재해보상과보험가입에관한법률 제5조의 「특수건물」부분에 제2조 3호 가목 소정의 「4층 이상의 건물」을 포함시키면 그 한도에서 동 규정은 헌법에 위반된다.

(2) 民 法 學

(가) 契約自由理論 우리 나라의 근대민법학은 舊韓末開化期(19세기 말)에 비롯하지만, 현재에 직접 영향을 미친 것은 일제시대의 일본민법(1896년, 1897년 공포)의 依用 및 당시의 법이론이다. 일본의 민법학자들은 다양한 입장에서 이론을 전개했지만, 식민지의 극소수 한국법학도에게 있어서 깊이 있는 학문적 연구는 사

1) 梁彰洙, "헌법과 민법 — 민법의 관점에서 —," 민법연구 제5권, 1999, 21에서는 "민법 또는 사적 자치를 헌법에 의하여 비로소 일정한 경계 안에서 그 권한이 부여된 자율의 공간이라고 하거나 헌법이 언제든지 간섭을 재개할 수 있는 일시적 특혜영역이라고 하는 소극적 파악은 배척되어야 한다"고 주장하였다.

실상 어려웠다. 일제의 식민지정책은 소작제 · 노동정책 · 산업정책 등의 면에서 일본에서보다 더욱 군국주의적인 특색을 강하게 나타냈다. 따라서 일본기업의 자본축적을 방해하는 계약이론은 식민지에의 도입이 허용되지 않았다.

해방 후 1958년에 우리 민법이 제정되었지만, 일제하에 교육받은 소수의 민법학자의 힘만으로 서양이나 일본의 계약공정성이론을 수용하는 것은 어려웠다. 결국 일제시대 지배했던 계약자유를 기본적인 틀로 하고, 그것에 몇몇 선진제도를 부분적으로 도입한 형태의 민법 및 민법학이 탄생하게 되었다(단, 가족법은 논외로 함).[1] 우리 민법은 1950년대 말에 제정되었지만 그 기본원리는 근대법의 범주를 크게 벗어나지 못했다.

민법시행(1960) 이후에 우리 나라의 경제상황은 기업의 영업활동을 장려하기 위해 계약자유의 원칙을 고수할 것을 원했다. 1962년 이후의 경제개발계획에 따라 정부가 기업육성 · 자본집중 등 성장위주정책을 추진하자 법학은 계약자유원칙을 고수하여 정부정책과 다정한 밀월관계를 유지해 왔다. 이러한 학문적 배경 아래 1960년대의 법은 기업활동을 자유로 방임하여 주었고, 일단 체결된 계약은 그 내용이 공정한 것인가를 문제삼지 않고 강제력을 부여하였다.

(나) 契約公正의 要請 우리 나라는 1960년대 이래 정부주도의 대기업육성정책의 결과 산업의 독과점화가 심화되어 시장기능이 왜곡되었다. 전체산업 중 소수 대기업집단의 일반집중률도 매우 높은 편이며, 개발산업면에서도 제조업부문을 비롯한 많은 업종들이 독점 내지 과점의 고집중현상을 보였다. 이러한 독과점기업구조 아래서 계약자유에 기한 부의 분배기능이나 계약의 정당성기능은 기대될 수 없었다. 경제력집중에 따라 생겨난 경제적 강자와 약자 사이의 불공정한 계약관계를 바로잡는 제도적 장치가 없이는 강자의 횡포만이 존재할 따름이었다.

1970년대에 들어 우리의 민법학에도 계약자유에 대한 회의가 깃들기 시작했다. 계약자유를 제한하고자 하는 체약강제이론이나 약관규제이론이 논의되기 시작하였다. 당시 계약자유제한의 법적 수단으로서는 신의성실의 원칙(제2조)이 가장 중요한 역할을 하였다. 그러나 일반조항에 의한 규제에는 한계가 있었으며, 또한 일반인의 예측가능성이나 법적 안정성을 해칠 우려도 있었다. 계약에 있어서의 정의실현과 공정성확보가 본격적으로 논의된 것은 1980년대에 들

---

1) 郭潤直, "韓國の契約法 — 日本法との比較 —," アジア經濟研究所, 1971; 국회입법조사국, "아시아諸國의 계약법," 입법참고자료 180, 1973.

어서였다. 우리 민법상 미진한 분야이었던 임대차법에 관한 논의도 매우 활발하게 되었다.

소비자보호에 관한 문제의식도 높아져서 1980년 이후부터는 계약자유의 제한 및 소비자보호가 민사법분야에서 가장 활발히 논의되는 부분으로 부각되었고 다수의 단행본이나 논문이 발표되었다. 그리고 1980년대의 대표적인 약자보호입법으로는 주택임대차보호법(1983), 약관의규제에관한법률(1987)을 들 수 있다.[1] 당시 계약공정을 향한 문제의식은 계약의 기초이론에 한정되어 논의되었고, 각 계약의 해석을 비롯한 다른 민사법분야에까지 스며들어 체계화되지는 못했다. 그 계약이론에 접할 기회가 적은 대다수 법조인이나 법학도들은 아직 이러한 사상적 변천을 알지 못하고 고전이론에 머물러 있었다.

1990년대에 들어 정치민주화와 함께 경제민주화가 주장되기 시작하였고 이에 따라 경제정의에 대한 요청도 높아졌다. 진정한 민주국가란 대다수 국민인 사회적 · 경제적 약자의 의견이 반영되고 그의 이익이 보호되는 국가이어야 한다는 인식이 확산되었다. 1991년 할부거래에관한법률과 방문판매등에관한법률이 제정되었다. 민법학자들도 경제정의에 대한 관심을 갖게 되었다. 그러나 1997년 말 구제금융의 경제위기를 맞이하여 이자제한법이 폐지되고(1998) 다시 계약자유를 강조하는 분위기가 고조되었다. 대량실업을 맞이하여 약자계층이 점차 두꺼워지고 있으므로, 경쟁의 활성화와 더불어 약자에 대한 법적 보호가 요망된다.

§4. 約款의 規制

1. 概　　說[2]

(1) 約款의 意義

㈎ 概　　念　약관이란 계약의 일방당사자가 다수의 상대방과 계약을

1) 우리 나라의 경제법으로서는 부정경쟁방지법(1961), 중소기업기본법(1966), 물가안정및공정거래에관한법률(1975), 독점규제및공정거래에관한법률(1980), 소비자보호법(1980), 하도급거래공정화에관한법률(1984) 등이 제정 · 시행되었다. 우리 나라의 독과점규제법은 산업구조를 경쟁적인 구조로 전환시키기 위한 근본적인 구조개선보다는 현행구조를 인정하면서 다만 독과점의 폐해 등 기업의 행동을 규제하는 행동주의 쪽에 가깝다고 평가되며, 그의 효과에는 한계가 있다.

2) 참고문헌: 康鳳洙, "보통거래약관에 관한 문제점," 사법행정 1986년 11월호 · 12월호; 權五乘, "약관규제

체결하기 위하여 사전에 미리 마련된 계약내용을 말한다(약관법 제2조 1항). 약관에 관해서 무엇보다 중요한 점은 계약의 양 당사자가 계약내용결정에 동일한 영향을 미칠 수 있는 대등한 지위에 있지 않다는 것이다.

약관은 계약의 내용을 구성하는 것일 뿐 계약 그 자체는 아니다. 계약은 당사자의 계약체결에 관한 합의에 의해 성립하고, 그 합의시에 계약내용을 약관에 의하도록 정함으로써 약관이 계약내용으로 편입된다. 계약내용을 약관에 의해 정하는 계약을 「약관에 의한 계약」이라고 한다. 약관을 함께 인쇄해 놓은 계약서를 定型契約書(a standard form of contract)라고 한다. 약관은 대개 계약체결 당시에 이미 조문화되어 계약서의 뒷면이나 별지에 인쇄되어 있고, 고객이 그 정형계약서에 서명함으로써 계약의 내용을 구성하게 된다.

사례연구

고객이 은행으로부터 5천만원을 대부받기로 하고 그 5천만원을 피담보채무로 하는 근저당권 설정계약을 체결하는 경우에, 소비대차계약과 근저당권설정계약의 두 개의 계약이 체결된다. 그 계약체결에 이르는 합의는 대출약정서 및 근저당권설정계약서에 양 당사자가 서명날인함으로써 서면의 의사표시를 하는 것이 관행이다. 이 때 계약의 세부적인 내용에 관하여 약정하는 것을 생략하고 고객은 은행이 마련

법의 실효성 제고방안," 서울대 법학 제35권 3호·4호(제96호), 1994년 8월호; 同, "약관의 규제, 채권법에 있어서 자유와 책임," 김형배화갑기념, 1994; 金東勳, "약관규제의 판례와 이론: 약관규제법 시행 10년의 성과," 고시계 제42권 12호(제490호), 1997년 12월호; 同, "면책조항과 약관의 규제," 李時潤화갑기념 민사재판의 제문제(상), 1995; 同 "약관의 내용통제와 수정해석," 인권과 정의 제223호, 1995년 3월호; 金永甲, "약관규제의 법리와 수정해석의 문제," 법조 제46권 1호(제484호), 1997년 1월호; 金知衡, "일반거래약관법론과 그에 관한 판례이론(상)·(중)·(하)," 법조 제37권 9호·10호·11호, 1988; 金學均, "보통거래약관의 구속력에 관한 연구," 사법논집 제16집, 1985; 徐庚林, "약관규제와 소비자거래," 안동섭화갑기념 상거래법의 이론과 실제, 1995; 孫智烈, "일반거래약관법에 관한 판례의 전개," 곽윤직화갑기념 민법학논총, 1975; 同, "일반거래약관의 규제에 관한 독일연방법원의 판례," 외국재판자료집 제3집, 법원행정처, 1982; 同, "손해배상액 예정약관조항에 대한 내용통제," 민사판례연구 제18권, 박영사, 1996; 同, "약관의 계약편입과 명시, 설명의무," 곽윤직고희기념 민법학논총 제2, 박영사, 1995; 同, "약관에 관한 판례의 동향," 민사판례연구 제10권, 박영사, 1988; 安東燮, "일반거래약관의 본질과 규칙," 김기선고희기념, 1987; 梁明朝, "약관의규제에관한법률 — 현상과 문제," 민사판례연구 제12권, 박영사, 1990; 同, "미국에 있어서의 약관규제," 이태로화갑기념 기업법의 현대적 과제 1992; 李相珵/權大祐, "약관의 규제에 관한 법률해설," 한국소비자보호원, 1987; 李泰根, "보통거래약관해석의 상고가능성," 고창현화갑기념, 1987; 李義榮, "약관규제법 제8조, 제6조에 위배되는 약관의 효력," 법조 제461호," 1995년 2월호; 張敬煥, "보통거래약관의 개념 — 약관의규제에 관한 법률 제2조를 중심으로," 이태로화갑기념 기업법의 현대적 과제, 1992; 同, "고객이 수기한 내용의 약관성," 경희 법학 제31권 1호, 1996년 12월호; 同, "약관의 내용통제의 방식과 체계," 고시계 제466호, 1995년 12월호; 鄭甲株, "위험의 현저한 증가와 약관에 의한 면책," 판례월보 제275호, 1993년 8월호; 催庚珪, "독일 약관규제법의 최근동향," 상사법연구 제14집 1호, 1995년 8월호; 崔完鎭, "보통거래약관에 관한 비교법적 고찰," 같은 책; 拙著, 약관규제론, 박영사, 1984; 拙著, 약관규제법, 박영사, 1994.

한 약관을 계약내용으로 삼을 것에 동의한다. 그 동의에 의하여 약관은 계약내용이 되어 연체에 따른 법률효과, 근저당권의 효력범위 등의 세부사항이 약관에 따라 규율되게 된다.

(나) 個別約定과 區別 약관에 관한 법이론이 발전되면서 계약내용을 정하는 약정은 個別約定과 約款의 두 종류로 구분되어 각각 법적 효과를 달리하게 된다.

1) 意 義 개별약정은 계약당사자가 각 약정내용에 관하여 흥정하거나 언급하여 구체적인 합의에 이르른 경우를 말한다. 반면에 약관은 일방당사자가 미리 마련한 계약내용으로서 계약체결시에 명시·설명함에 의하여 계약내용으로 편입되는 것이며, 약관내용에 관해 흥정이나 구체적 합의는 하지 않는다. 약관이 제시되어 있었더라도 계약당사자가 흥정을 통한 구체적인 합의를 하였다면 그 부분에 한하여 개별약정이 된다(특약란에 가입해 두는 경우가 많음).

2) 契約內容의 構成 개별약정은 약관보다 우선하여 계약내용을 구성한다(個別約定優先의 原則). 동일한 사항에 관하여 개별약정도 있고 약관조항도 있는 경우에 개별약정이 계약내용을 구성한다. 개별약정과 상반되는 약관조항은 계약내용이 되지 못하여 그 계약에 있어서는 효력을 갖지 못한다.

3) 解 釋 개별약정은 당사자의 진의를 존중하여 당해 계약과의 관련하에서 해석되어야 한다. 반면에 약관은 평균적 고객의 이해가능성을 기준으로 하여 그 약관이 사용될 다수계약을 염두에 두고 통일적으로 해석되어야 한다(통일적 해석의 원칙).

4) 效 力 개별약정은 그 내용이 민법 등의 임의규정이나 관습과 다르더라도 특별히 불공정한 사정이 없으면 유효한 것으로 인정된다. 반면에 약관은 그 내용이 임의규정이나 관습에 어긋난 경우에, 그것을 정당화할 사유가 없으면 불공정한 것으로 추정되며 불공정한 약관은 무효로 된다.

(2) 約款의 社會的 機能

(가) 肯定的 機能 현대 대량거래 시대에 약관은 다음과 같은 기능을 담당함으로써 필수불가결한 거래수단으로 자리잡고 있다.

1) 去來의 迅速 약관은 대량거래시대의 요청에 응하여 계약의 체결을 간이하고 합리적으로 수행할 수 있도록 한다. 우리 나라에서는 1960년대 이후 급속한 경제성장으로 거래의 모습이 대량성·신속성·전문성을 띠게 되자 계

약당사자 사이에 거래조건에 관해 흥정하는 일은 거의 없어지고, 그 대신 사업자가 미리 마련한 계약조건(즉 약관)이 계약내용을 구성하게 되었다. 이제 약관은 중요한 내용형성의 도구로서 작용함으로써 그 이용을 포기할 수 없는 단계에까지 이르렀다.

2) 營業의 專門化 약관은 영업상의 특별요청을 충족시킬 수 있고, 그 영업부문에 따르는 법률관계를 명확하게 규정지을 수 있다. 약관은 많은 종류의 상거래를 전형화시켜 놓았다. 이렇게 전형화된 영업부문에서는 고객이 약관적용을 배척하는 특약을 하지 않는 한 사업자가 마련한 약관에 구속될 수밖에 없다는 사실을 예측하고 있어야 할 정도에 이르렀다.

3) 去來危險의 事前分散 약관을 통하여 거래의 합리화가 가능해짐으로써 거래위험을 사전에 산정 · 분산할 수 있는 가능성이 높아진다.

4) 法空白의 補充 민법, 상법, 기타 특별법에 경제계에서 필요로 하는 형태의 전형계약에 관한 규정이 없는 경우 또는 그러한 전형계약에 관한 규정은 있지만 법적 규율이 충분치 않은 경우에, 경제계는 약관을 통하여 당해 종류의 계약에 관한 규범을 형성해 나간다. 현재 약관이 대부분의 영업종목에 걸쳐 광범위하게 이용되고 있으며, 거래계는 약관을 통해서 민법 또는 상법의 임의규정을 무시하고 독자의 계약질서를 수립해 나가고 있다.

(나) 否定的 機能 약관은 그 긍정적인 면보다는 오히려 그 부정적인 기능으로 인하여 법적 쟁점으로 대두되었다.

1) 利益衡平의 破壞 약관을 대량거래에 이용하는 사업자는 사전작성의 기회를 악용하여 자기의 이익을 도모하는 반면 고객의 정당한 이익을 박탈하는 내용의 약관을 만들어 이익형평을 깨뜨리는 부작용을 초래하였다. 이미 법률로 양 당사자의 이해관계의 균형을 위한 명문의 규정을 두고 있음에도 이러한 규정의 임의규정성을 이용하여 기업주에게 더 유리한 내용의 약관을 통용시킴으로써 법이 예정한 이익형평은 무시되었다.

2) 免責條項의 濫用 약관을 통해서 기업의 책임을 배제 또는 경감시키는 면책조항(Freizeichnungsklausel)이 남발되었다. 사업자는 면책약관을 통하여 법률상 부과된 책임을 면제받거나 경감받으려 하고, 이로 인해 사업자가 거래에 기울이는 주의가 소홀하게 되어 사고의 발생가능성이 증가하게 되었다. 부당한 약관이라도 수락할 수밖에 없는 지위에 있는 고객은 면책조항으로 인하여 과중한 거래위험부담 등의 불이익을 받게 된다.

3) 去來條件의 隱蔽　사업자가 거래조건을 약관으로 정하여 놓고 그 약관을 명시하지 않거나, 명시하더라도 고객이 충분히 이해할 수 없을 상황을 만드는 경우에, 사업자는 자기가 제안한 거래조건의 일부만을 설명해 주고 일부는 은폐한 채 고객을 계약체결로 유인할 수 있다. 고객은 거래조건을 상세히 알지 못한 채 사업자의 권유, 판촉, 유인에 빠져 자기에게 불리하거나 불필요한 계약을 체결하게 될 우려가 있다.

(3) 約款의 本質

약관의 법적 성질에 관하여는 약관규제법제정 이전에 크게 규범설과 계약설로 대립되어 있었으나,[1] 약관규제법은 계약설에 기초한 절충적 입장에서 규정하고 있다.

(가) 規 範 說　규범설은 사업자가 당해 거래종목을 위하여 약관을 마련해 놓고 있다는 사실만에 의하여 법률과 마찬가지로 당연히 당해 거래종목의 계약에 적용된다고 보는 이론이다. 그것을 고객에게 알렸는가, 약관내용이 정당한가, 또는 약관의 내용과 다른 개별약정이 있었는가를 묻지 않는다. 법적 구속력을 인정하는 근거에 관해서는 자치법설과 상관습법설이 주장되었다

1) 自治法說　약관은 국가 내의 부분사회가 자주적으로 제정한 법규로서 성문법의 규정의 불비를 보충하는 기능을 가지며, 따라서 자치법으로서 실효성과 법원성을 갖는다고 한다. 거래가 행해지고 있는 사회를 거래단체라 상정하고 약관은 그 거래단체에 있어서 기업가나 제3자에게 위임하여, 또는 기업자단체와 거래상대방단체가 협의하여 정한 자치법으로 보는 것이 타당하다는 것이다.[2]

2) 白地商慣習法說　약관 그 자체를 상관습으로 인정하는 것은 타당치 않으나, 특정한 거래에 있어서 「약관에 의한다」는 것을 내용으로 하는 상관습성이나 상관습의 성립을 인정하는 이론이다. 약관이 비록 행정관청의 인가를 얻은 것이라 하더라도 약관 자체로서 일반적인 적용을 주장할 수 있는 법적 기

---

1) 규범설과 계약설의 구체적 내용 및 문헌에 관하여는, 拙著, 약관규제론, 76~94 참조.

2) 車洛勳, 상법(상), 고대출판부, 1966, 80; 朴元善, 새상법(상), 수학사, 1962, 45; 裵哲世 · 姜渭斗, 상법강의, 형설출판사, 1979, 48~50.

한편 약관의 법원성을 인정하면서도 그 근거는 법이념(신의성실)의 지지를 받는 약관의 규범력에 있으므로, 예컨대 독점기업의 일방적 이익을 위주로 하는 따위의 불공정한 내용의 약관은 법원성을 인정할 수 없다고 자치법설에 일정한 제한을 가한 견해도 있다. 李炳泰, 상법(상), 법원사, 1988, 56; 鄭熙喆, 상법학원론(상), 박영사, 1984, 49; 蔡炳默 · 禹洪九, 상법(상), 진명출판사, 1976, 75(약관을 규범으로 보되 기업의 사회적 책임 등의 기업이념실현의 한계에 따른 규제가능성을 인정한다).

초를 가진다고는 볼 수 없으며, 다만 이것에 의하여 거래가 체결되는 분야에서는 그 분야의 계약은 약관에 의한다고 하는 관습법 내지 관습이 있는 것으로 보고, 그 결과 당해 계약에 관한 구속력이 있다고 보는 것이 옳다고 한다.[1)]

(나) 契約說 약관은 그 자체가 법규범이 될 수 없으며, 사적 자치의 원칙상 약관의 구속력의 근거는 당사자의 약관을 계약의 내용으로 삼고자 하는 의사에서 찾아야 한다는 견해이다.[2)] 첫째, 약관은 사업자에 의해 제안되고 고객이 그를 알 수 있는 기회를 부여받았을 때에만 계약내용이 된다고 한다. 계약설은 규범설에 의할 경우 사업자에게 법률제정권과 같은 부당한 권한을 주게 되는 불합리를 비판하고, 일방당사자에 의해 만들어진 약관이 효력을 갖기 위해서는 상대방의 동의(묵시적 동의 포함)를 요한다고 한다. 둘째, 계약당사자의 이익형평을 깨는 부당한 약관조항에 관하여는 진정한 합의가 없기 때문에 무효로 된다고 한다. 약관은 법률과 같은 정당성의 추정을 받지 않으므로, 일단 계약내용으로 편입된 약관이라도 그것이 공정성을 갖지 않는 경우에는 효력을 발생하지 않는다고 한다.

(다) 多元說 약관이 구속력을 갖기 위해서 보통 당사자의 계약내용으로 삼으려는 채용합의가 필요하지만, 예외적으로 법률의 수권으로 구속력을 갖게 되는 경우도 있다는 견해이다.[3)] 법률이 기업에 대하여 약관의 작성의무를 부과하고 감독관청에 의하여 인가를 받은 후 그 약관에 의하여 계약을 체결하여야 하는 것으로 할 뿐 아니라 다시 관할관청에 변경명령을 내릴 수 있는 권한을 주고 있는 때에는 규범설을 취한다. 여객자동차운수사업법, 해운업법, 항만운송사업법, 항공법, 궤도사업법, 전기사업법, 도시가스사업법 등이 이러한 수권적 법률에 해당하며, 이 법으로부터 약관작성의 권한을 받아 작성한 약관은 규범과 같다고 한다.

(라) 折衷的 契約說 사견으로는 계약설을 기본적으로 취하면서 약관의

1) 金容泰, 상법(상), 박영사, 1970, 33; 朴在佑, 신상법(상), 학문사, 1981, 55; 徐燉珏, 앞의 책, 58~59; 孫珠瓚, 상법(상), 박영사, 1985, 49~50; 鄭茂東, 상법강의(상), 박영사, 1981, 61; 崔基元, 상법학개론, 1985, 24.

2) 拙著, 약관규제론, 89 이하에서 주장하였음(약관규제법 제정 이전).

3) 郭潤直, 35에서는 "사견으로는 보통거래약관의 구속력의 근거로서는 계약설이 가장 타당한 견해라고 생각한다. 그러나 계약설도 모든 경우에 합당하다고는 생각하지 않는다"고 한다. 金疇洙, 63에서는 기본적으로 계약설의 타당성을 인정하면서 그 밖에 일본에서 주장되는 多元說(당사자의 약관채용의 의사가 원칙적인 구속력근거가 되지만, 약관작성이 법률에 의하여 기업의 의무로 되어 있는 경우에는 기업에게 법규범제정이 授權된 것이라 설명하는 견해)의 타당성도 긍정한다. 林泓根, "보통거래약관(상)," 판례월보 1987년 11월호, 27.

사회적 기능을 고려하여 규범과 유사한 비자발적 구속성을 인정하는 절충적 견해를 취하겠다.[1] ① 약관은 당사자의 합의에 의해 계약내용을 구성하게 되는 契約草案이므로 기본적으로 계약적 성질을 갖는다. 약관은 법규범이 아닌 이상 어떤 개별계약에도 강제로 적용될 수 없으며, 기업이 약관에 의한다는 점을 밝히고 고객이 알 수 있게 약관을 명시한 경우에 한해서 개별계약의 내용을 구성함을 원칙으로 삼아야 한다는 것은 명백하다. ② 약관이 거래계에서 담당하는 규범유사의 사회적 기능을 고려할 때 약관이 계약내용으로 편입되는 과정에서 규범과 유사한 비자발성을 가진다는 사실을 인정해야 한다. 따라서 사업자가 명시의무를 다하지 않은 경우라고 해서 계약에의 편입을 무조건 부정하는 것은 약관의 긍정적 기능을 해치게 되므로 피해야 한다. ③ 약관은 개별약정과 달리 모든 고객에게 통일적으로 해석되어야 하는 등 해석에 있어서 규범과 유사한 해석원칙이 도입될 필요가 있다(약관법 제5조 1항). ④ 약관에 불공정한 조항이 있을 때에는 그 약관이 비록 관청의 인가를 받은 약관이거나 심사를 거친 약관이라도 그 불공정조항은 무효로 된다(이 점에서 다원설과 구별됨). 약관의 공정성에 관해서는 계약설의 이론이 관철되어야 한다. ⑤ 약관규제법은 약관의 계약편입에 관하여 절충적 계약설을 취한다. 이 법은 약관이 계약적 성질을 갖고 있는 것을 전제로 하여 사업자에게 명시의무를 부과하고 있지만, 사업자의 명시 및 고객의 채용동의를 계약편입의 필수적인 요건으로 삼지 않는다. 사업자가 명시의무를 이행했는가 또는 고객이 약관의 채용에 동의했는가를 묻지 않고 약관은 일단 계약에 편입되며, 단지 명시의무에 위반한 사업자는 고객의 반대에도 무릅쓰고 약관을 계약의 내용으로 주장할 수 없을 뿐이다(약관법 제3조 3항).

(마) 判例와 約款規制法　　판례는 약관규제법제정 이전부터 계약설을 취해 왔다. 인가약관인 전기공급규칙(전기사업법 제15조 참조)은 국민에 대해 일반적 구속력을 갖는 법률로서의 효력은 없고, 단지 한국전력공사와 전기공급계약을 체결하거나 규칙 적용에 동의한 수요자에 대하여만 효력이 미친다고 하였다(大判 1983. 12. 27, 83다카893; 大判 1988. 4. 12, 88다2).[2] 그리고 보험약관에 대해서도 "보통보험약관이 계약당사자에 대하여 구속력을 갖는 것은 그 자체가 법규범 또는 법규범적 성질을 가진 약관이기 때문이 아니

---

1) 拙著, 약관규제법, 1994, 104~108.

2) 반대견해: 郭潤直, 36은 통상의 약관에 관하여는 계약설을 취하면서 예외적으로 법률이 기업에 약관의 작성의무를 부과하고 감독관청에 의한 인가를 받은 후 그 약관에 따라서민 계약을 체결하여야 할 뿐 아니라 관할관청에 변경명령을 내릴 수 있는 권한이 있는 경우에 그 약관의 구속력은 법률에 의해(합의가 아니다) 부여된 것이라 해석한다.

라 보험계약당사자 사이에서 계약내용에 포함시키기로 합의하였기 때문이라고 볼 것인바, 일반적으로 당사자 사이에서 보통보험약관을 계약내용에 포함시킨 보험계약서가 작성된 경우에는 계약자가 그 보험약관의 내용을 알지 못하는 경우에도 그 약관의 구속력을 배제할 수 없는 것이 원칙이나, 다만 당사자 사이에서 명시적으로 약관에 관하여 달리 약정한 경우에는 위 약관의 구속력은 배제된다"고 함으로써 규범적 효력을 부인하였다(大判 1985. 11. 26, 84다카2543).[1)]

현재에는 약관규제법이 절충적 계약설의 입장을 명확히 규정하고 있으므로 해석론에 따라 달라질 여지가 없다. 약관규제법(1986)은 규범설과 계약설이 대립되던 상황에서 계약설에 기초를 두되 약관의 사회적 기능과 조화될 수 있도록 절충적인 입장을 취하여 약관에 관해 세부적으로 규정하였다. 불공정한 약관조항을 무효로 규정하는 것(약관법 제6조~제14조) 등 약관규제법상 실체법의 모든 규정이 계약설을 기초로 삼고 있다. 다만 사업자가 고객에게 약관을 명시 · 설명하지 않은 경우 사업자는 약관을 계약내용으로 주장할 수 없다고 규정한 것(약관법 제3조 3항), 약관과 다른 개별적 합의가 행해진 경우 그 개별약정을 약관에 우선하도록 규정한 것(약관법 제5조), 약관의 해석에 통일적 해석의 원칙을 취한 것(약관법 제5조 1항)은 절충적 계약설에 입각한 것이다.

(4) 約款規制法

(가) 特別法의 制定 계약의 거래질서를 바로잡기 위해서 약관에 대한 법적 규제의 필요성이 절실해지자, 1986년 약관의규제에관한법률이 제정되기에 이르렀다.[2)] 이 법은 공정한 내용의 약관이 통용되도록 법이 당사자 사이의 계약의 영역에 개입하는 것을 목적으로 한다. 그럼으로써 그 동안 사업자에 의해 무시되어 왔던 「계약당사자 사이의 실질적 이익형평」의 법이념을 재수립하고자 한다. 이 법은 약관을 자기거래에 이용하는 사업자에게는 자기의 이익뿐 아니라 고객의 이익도 고려하여 공평한 계약내용을 마련할 사회적 의무가 있다는 점을 전제로 한다. 그리고 이 법에 의해 「약관심사위원회」가 설치되어(현재에는 공정거래위원회에서 약관심사 업무를 담당함) 거래계에서 통용되는 약관의 무효 여부를 구체적인 이익분쟁과 직접 관련 없이 판단하는 「추상적 약관심사」를 실시하게 되었다.

---

1) 다만 보험약관에 한해서만 보험계약의 단체적 구조라는 특수성에 근거해서 상관습설에 따른 규범적 효력을 인정해야 한다는 견해도 주장된다. 梁承圭, "보통보험약관의 구속력," 민사판례연구 제9권, 1987, 213.

2) 이 법의 제정에 있어서는 독일의 보통거래약관에관한법률(Gesetz zur Regelung des Rechts der Allgemeinen Geschäftsbedingungenm, 1976), 스웨덴의 부당한계약조건의금지에관한법률(1971), 영국의 불공정계약조건법(Unfair Contract Terms Act, 1977) 등과 같은 포괄적인 약관규제의 입법이 참고되었다. 이 법의 입법배경 및 입법이유에 관하여는, 소비자문제를 연구하는 시민의 모임편, 約款規制의 立法, 1986 참조.

(나) 約款規制法의 性格 약관규제법은 약관에 의한 불공정계약의 법률문제를 하나의 법률에 의해 해결하기 위해 근대법에서 법체계를 달리하여 규정하였던 요소들을 하나의 법률에서 종합적으로 규율한다는 점에 특징을 갖는다. 약관규제법은 근대법의 공법과 사법, 실체법과 절차법, 민법과 상법 등의 二分體系에 따르지 않고 통합적 성격을 가지는 법률이다. 그리고 종래 민사법의 강행규정과 임의규정의 이분체계에 속하지 않는 중간적 성격을 갖는다.

1) 民事特別法 약관법의 실체법적 조문(약관법 제2조~제15조)은 민법과 상법의 특별규정이 된다. 따라서 약관이 이용된 계약에는 이 법이 민법이나 상법에 우선하여 적용된다. 약관규제법의 실체법규정에 관련된 법률문제는 민사소송의 문제로 된다.

2) 制限的 强行規定性 약관법 중 실체법에 관한 규정은 사회질서(거래질서)에 관한 규정으로서 약관에 관해서만 강행규정성을 띤다. 사업자는 약관에 의하여 약관법과 다른 내용을 정할 수 없으며, 약관법에 위배하는 약관조항은 무효로 된다. 그러나 계약당사자 사이의 개별약정에 관해서는 약관법의 규정이 적용되지 않으므로 이러한 측면에서 보면 임의규정이라고 할 수 있다.

3) 節次法的 性格 불공정한 약관조항 여부에 관한 「추상적 약관심사절차」가 이 법에 의하여 신설됨으로써 이 약관심사절차는 민사소송에 대한 특례를 이루게 된다. 약관심사절차는 공정거래위원회(행정부 소속)에서 담당하는데, 이 심사절차는 구체적 분쟁에 관한 민사소송절차(구체적 약관 심사절차)와 병행하여 행해지므로 국민의 提訴權(사법부에 대한 것)을 박탈하는 것은 아니다.

4) 行政規制法 약관법에 의해 실시되는 약관심사 및 불공정약관에 대한 시정조치 등은 행정적 규제의 성격을 가진다. 따라서 약관법 제17조 이하는 행정법으로서의 성격도 가진다. 약관규제법에 기한 행정규제에 대한 불복은 행정소송의 절차에 의한다.

(다) 適用範圍 약관규제법은 원칙적으로 모든 약관에 적용되는 「약관에 관한 일반법」의 성격을 띤다. 특정한 거래분야의 약관에 대하여 다른 법률에 특별규정이 있는 경우에는 그것이 우선한다(약관법 제30조 3항)[1] 약관이 사회법, 근로기준

1) 大判 1998. 11. 27, 98다32564: ① 약관규제법 제30조 제3항에서 다른 법률에 특별한 규정이 있는 경우에 그 규정이 우선 적용된다는 것은 법률의 상호 모순·저촉시의 특별법 우선적용의 원칙이 약관에 관하여도 적용됨을 밝히는 것이다. 법률이 상호 모순·저촉되는지의 여부는 법률의 입법목적, 적용범위 및 규정사항 등을 종합적으로 검토하여 판단하여야 한다. ② 보험약관의 명시·설명의무에 관한 상법 제638조의3 제2항은 약관규제법 제3조 제3항과의 사이에 아무 모순·저촉이 없으므로 그 적용을 배제하는 특별규정이라고 할 수 없다. 보험약관이 상법 제638조의3 제2항의 적용대상이라고 하더라도 약관규제법 제3조 제3항 역

법, 기타 대통령령이 정하는 비영리사업의 분야에 관한 계약에 관한 것일 때에는 본법이 적용되지 않는다(약관법 제30조1항).

2. 約款의 要件[1]

약관으로서 인정되기 위한 요건은 다음과 같다(약관법 제2조 3항 참조). 약관으로 인정된다는 것은 곧 약관규제법의 적용을 받는다는 것을 의미한다.

(1) 契約의 內容에 관한 것

약관은 사업자와 고객 사이에 장래 체결될 계약의 내용이 될 사항을 포함하고 있어야 한다. 그것이 계약의 주된 급부에 관한 것이거나, 또는 부수의무에 관한 것이거나 관계 없이 계약내용을 이루게 될 것이면 충분하다. 보험약관은 보험상품의 내용을 구성하지만, 자동차할부매매약관은 매매목적물과 매매가격 이외의 부수적 계약조건을 정한다.

(2) 一方當事者에 의한 事前準備

약관은 一方當事者가 계약체결 이전에 미리 동종·다수의 계약을 위하여 마련한 것이어야 한다. 쌍방당사자가 계약체결에 임하여 서로 협의해서 결정한 계약내용인 개별약정과 구별된다. 事前準備란 반드시 계약체결시점 이전에 약관이 완성되어 있어야 한다는 것을 의미하지는 않는다. 사업자가 특정한 계약에서 상대방과의 협상을 통해 만든 계약조건이 아니라는 점, 즉 일방적으로 만들어서 상대방에게 제시했을 뿐이라는 점을 사전준비라는 말로 표현하고 있는 것이다. 사업자가 스스로 약관을 작성했을 것은 요구되지 않는다. 사업자가 표준약관을 자기의 거래를 위하여 이용하거나, 다른 사업자의 약관을 모방하여 준비해 놓은 것이더라도 약관이 될 수 있다.

사업자가 장래 계약을 위하여 미리 마련해 둔 상태에서도 약관으로 인정될 수 있다. 사업자가 고객과 계약을 체결하고 약관이 그 계약의 내용으로 편입되었을 것은 요건이 아니다. 약관의 추상적 심사를 통한 행정적 규제는 특정한 계약에 이용되기 전의 약관에 대해서도 가능하다. 예를 들어 어떤 은행에서 다음 달부터 사용하겠다고 발표한 약관에 관하여도 그 약관 속에 불공정한 조항이 있다면 그것을 삭제하라는 행정명령이 발해질 수 있다.

시 적용된다.

1) 約款을 普通去來約款·一般去來約款이라고도 표현하는데, 이는 독일어의 「Allgemeine Geschäftsbedingungen」의 번역에서 유래한다.

(3) 多數의 契約締結을 위함

사업자가 장래 체결될 다수의 계약을 염두에 두고 준비한 계약조건이어야 한다. 약관은 일반적으로 대량적 · 추상적 거래를 위해 사전작성되는 특성을 지닌다. 사업자가 하나의 특정한 계약을 위해 마련한 것은 이러한 약관의 특성에 맞지 않는다. 그러나 사업자가 약관을 미리 마련한 의도로부터 「다수성」을 추측할 수 있으면 충분하고, 어떤 약관이 실제로 이미 다수의 계약에 이용되었을 것이 요구되지 않는다.

(4) 名稱, 形態 및 範圍

약관의 명칭이나 형태는 약관성을 결정하는 데에 중요한 요소가 되지 않지만, 일정한 형식을 갖출 것은 요구된다. 약관은 계약서에 서명날인의 용지와 함께 인쇄되어 있는 경우가 많은데, 이것을 정형계약서 또는 형식계약서에 포함된 약관이라 한다. 계약서와 별도로 약관만을 인쇄해 놓은 경우에 거래규칙, 공급규칙, 회원규정 등 제목이 붙여지는데 이 명칭은 약관의 인정 여부에 영향을 미치지 않는다. 그리고 약관이 반드시 조문의 형태를 띨 필요도 없고, 약관 내용이 계약의 중요한 내용을 모두 포함하고 있을 필요도 없다. 단지 한 문장으로 "손님이 맡기지 않은 물건의 분실 · 도난에 대하여 책임지지 않습니다"라고 적은 것도 약관의 실질적 요건을 갖추고 있기만 하면 약관이다. 약관은 서식으로 작성, 인쇄되거나 전자게시판에 게재되는 등 일정한 형식을 갖추고 있어 이해관계인이 명확히 알 수 있는 형태를 갖추고 있어야 한다. 그렇다고 하여 법률이 약관에 특정한 형식을 갖출 것을 요구하지는 않는다.

사례연구

B(고객)는 A자동차판매회사(사업자)로부터 자동차를 7백만원(현금가)에 구입하기로 계약하면서 그 7백만원은 24개월에 걸쳐 할부로 지급하되 이자는 붙이지 않기로 약정하였다. 그 계약체결시에 A는 B에게 자동차 할부거래약관의 사본을 교부하였다. 이 경우 「계약체결」과 「계약내용형성」은 개념상 구분된다.

(1) 賣買契約締結　A와 B는 자동차를 7백만원에 매매하기로 하는 계약을 체결하였다. 매매계약는 계약내용의 주요부분만 합의하더라도 계약체결의사가 확정적이면 성립한다. 자동차 가격은 시가에 따라 추후 결정하기로 하고 구입할 자동차의 상품모델명만 지정하고 계약하는 것도 가능하다.

(2) 契約內容中 個別約定　매매대금은 7백만원으로 할 것, 할부로 매매대금

을 지급할 것, 할부금은 24개월의 분납으로 할 것, 할부금은 현금가를 24개월로 나누어 정하며 이자는 붙이지 않을 것 등 A와 B가 논의하여 결정한 것은 개별약정에 해당한다.

(3) 約款의 契約에의 編入　개별약정이 없는 부분에 관해서는 A가 B에게 교부한 약관의 조항들이 관습 및 임의규정에 우선하여 적용되는데, 그 이유는 약관은 교부에 의해 편입요건을 충족시켜서 계약내용으로 되었기 때문에 관습이나 임의법규보다 우선적으로 계약내용을 형성한다. 만약 그 약관 중에 "할부금은 현금가에 은행 정기예금이율의 이자를 붙여서 정해진다"는 조항이 들어 있더라도 이는 개별약정과 상충되므로 A·B 사이의 계약내용은 되지 못한다. A회사가 다른 고객 C와 할부이자에 대해 개별약정을 하지 않았다면, C는 그 약관조항에 따라 이자를 지급해야 할 것이다.

(4) 不公正約款條項의 無效　만약 그 약관 중에 불공정한 조항이 있다면 계약편입 이후에도 그 조항은 계약내용이 되지 못한다. 예를 들어 약관 중에 "자동차에 하자가 있는 때에는 A′정비회사(A의 자매회사)에서 무상수리받을 수 있으며, 대금의 환불이나 감액은 인정되지 않는다"라는 조항이 있다면, 그 조항은 A회사가 민법 제581조에 의해 지는 하자담보책임을 면책하는 조항으로서 불공정하다고 할 수 있다. 민법 제584조가 악의의 경우에 면책을 금지할 뿐 아니라, 제581조가 임의규정이기는 하지만 약관으로서 이를 배제하는 것은 불공정하다고 판단된다. 또한 약관규제법 제7조 3호에 위반하여 무효로 된다. 따라서 그 약관조항은 처음부터 존재하지 않았던 것처럼 B에게는 물론 다른 고객에 대한 관계에 있어서도 계약내용을 구성하지 못한다. 결국 B는 그 조항을 무시하고 A에 대하여 민법에서 정하는 바에 따라 하자담보책임을 물을 수 있다.

3. 契約에의 編入

(1) 編入要件

약관은 사업자의 고객에 대한 약관의 명시가 있을 때에 계약내용을 구성한다. 일정한 요건을 갖추어 약관이 특정한 계약의 내용으로 편입되는 것을 가리켜 「계약에의 편입」이라 한다. 계약편입에의 요건은 다음과 같다. ① 사업자와 고객 사이에 계약이 체결되었을 것, ② 사업자가 고객에게 약관의 존재 및 내용을 명시했을 것(예외 인정됨), ③ 약관에 고객이 꼭 알아야 할 중요내용이 있는 경우에 사업자가 고객에게 그 중요내용을 설명했을 것(예외 인정됨), ④ 고객이 사업자의 不明示 · 不說明에 대하여 이의를 제기하지 않을 것. 이 요건들 중에서 ①은 기본적 요건으로 절대 빠질 수 없는 것이지만, ②와 ③은 사업자의 明示義務, 說明義務로서 법률에 의하여 요구되기는 하지만, 사업자가 그 요건을 충족시키지 않았다고 해서 언제나 약관의 계약편입이 부정되는 것은 아니다. ②와 ③의 요건을 충족시키지 않은 경우에 사업자는 그 약관을 계약의 내용으로 주장할 수 없을 뿐이다. 사실상 고객이 그 위반사실을 주장하여 약관의 계약편입을 否認하지 않고 약관편입에 묵시적 승인을 하게 되면 그 약관은 계약에 편입된다.

약관이 거래계에서 담당하는 사회적 기능을 고려할 때 만약 계약설의 입장을 고수하여 계약에의 편입을 부인하면 거래의 혼란이 올 것이 우려되므로, 약관법은 명시 · 설명이 없는 때에도 계약에의 편입은 인정하고 일정한 경우에 한하여 그 효력을 저지하도록 규정한다.[1] 약관규제의 초기단계에는 약관의 명시가 중요하나, 불공정한 약관조항을 무효화해 나감으로써 약관의 공정성이 어느 정도 확보된 후에는 명시의 중요성이 약화되는 현상이 외국의 시행과정에서 나타나고 있는 것을 참조하였다.

(2) 事業者의 明示 · 證明義務

㈎ 明示義務　사업자는 계약체결에 있어서 고객에게 약관의 내용을 계약의 종류에 따라 일반적으로 예상되는 방법으로 명시할 의무를 진다(약관법 제3조 1항). 명시방법으로서는 인쇄된 약관을 고객에게 교부하는 방법, 거래장소에 눈에 잘 띄게 게시하는 방법, 구두로 알려 주는 방법 등이 있다. 중요한 점은 당해 거래종목에 비추어 예상가능한 방법을 취하였으며, 실제로 고객이 인지가능하도록 명시하였어야 한다는 사실이다. 그리고 인쇄된 약관을 교부하지 않고 다른 방법에 의하였을 경우에 고객이 요구하면 약관의 사본을 교부하여야 한다(약관법 제3조 1항 1문 뒷문장). 예외적으로 다른 법률의 규정에 의하여 행정관청의 인가를 받은 약관으로서 거래의 신속을 위하여 필요하다고 인정되어 대통령령이 정하는 약관에 대해서는 명시의무가 면제된다(약관법 제3조 1항 2문).

㈏ 說明義務　약관에 계약의 중요한 내용이 포함되어 있는 경우에, 사업자는 일반적인 명시의무 외에 설명의무를 부담한다(약관법 제3조 2항). 약관의 특정조항의 설명은 약관 전체의 명시보다 더 특수한 명시방법이다. 계약의 중요내용은 원칙적으로 당사자의 협의를 거쳐 합의하는 개별약정의 방법으로 결정되는 것이 바람직하다. 개별약정 대신에 약관으로 정한 경우에, 그 중요내용은 합의에

1) 이 점에서 우리 약관법은 독일약관법과 다르다. 독일법은 고객이 인지가능하도록 명시된 때에 비로소 계약에 편입되도록 규정한다(독일약관규제법 제2조).

이르지는 않았더라도 최소한 고객에게 설명되어 고객이 그것을 계산에 넣고 계약체결할 수 있는 여건이 마련되어야 한다.

무엇이 계약의 중요내용인가는 계약의 종류에 따라 다르며, 결국은 계약의 해석문제로 된다. 계약의 목적에 해당하는 급부와 반대급부의 내용은 대개 중요내용이 될 것이다. 판례는 ① 약관조항 중 법령에 정하여진 사항이나 거래관행상 일반적인 사항,[1] ② 계약의 체결 여부에 영향을 미치지 않는 사항(별도 부보위험의 담보조항 등)(大判 2005. 10. 7, 2005다28802)에 대해서는 명시 · 설명의무가 면제된다고 한다.

설명의 방법은 고객에게 직접 구두로 함이 원칙이겠으나 부득이한 경우에는 약관 외의 별도 설명문에 의해 성실하고 정확하게 알려도 무방하다고 해석된다.

사업자의 설명의무를 신속을 요하는 거래종목에까지 요구하는 것은 적절치 못하므로, 계약의 성질상 설명이 현저하게 곤란한 경우에는 면제된다(약관법 제3조 2항 단서).

(다) 違反의 效果 사업자가 명시의무나 설명의무를 다하지 않은 채 약관에 의한 계약을 체결한 때에는 당해 약관을 계약의 내용으로 주장할 수 없다(약관법 제3조 3항). 다만 고객측에서 당해 약관을 계약내용으로 주장하는 것은 무방하다. 실제로는 사업자가 당해 약관을 계약내용으로 주장할 때 고객이 명시 · 설명을 하지 않았음을 항변함으로써 계약내용으로 되는 것을 저지할 수 있게 된다. 약관의 명시 · 설명의 방법이 적절하지 않은 경우뿐 아니라 고객이 이해할 수 없을 정도로 지나치게 난해하게 쓰여져 있는 경우에도 의무 위반이 있다고 해석된다.

판례: 보험계약의 체결에 있어서 「보험상품의 내용이나 보험료율의 체계」 등을 명시 · 설명의무의 대상이 되는 중요내용으로 보고 있다(大判 1999. 5. 11, 98다59842). 자동차종합보험계약상 「가족운전자 한정운전특약」도 중요한 내용에 해당한다(大判 2003. 8. 22, 2003다27054). 그러나 무보험자동차에 의한 상해보상특약에 있어서 「보험금액의 산정기준이나 방법」은 중요한 내용이 아니다(大判 2004. 4. 27, 2003다7302).

---

1) 大判 1998. 11. 27, 98다32564: 보험약관에 정하여진 사항이라고 하더라도 거래상 일반적이고 공통된 것이어서 보험계약자가 별도의 설명 없이도 충분히 예상할 수 있었던 사항이거나 이미 법령에 의하여 정하여진 것을 되풀이하거나 부연하는 정도에 불과한 사항이라면 그러한 사항에 대하여서까지 보험자에게 명시 · 설명의무가 부과되지는 않는다.

2) 大判 1998. 4. 10, 97다47255: 보험자 및 보험모집원이 명시 · 설명의무에 위반하여 보험계약을 체결한 때에는 그 약관의 내용을 보험계약으로 주장할 수 없으므로, 보험계약자나 그 대리인이 그 약관에 규정된 고지의무를 위반하였더라도 이를 이유로 계약을 해지할 수 없다.

大判 1996. 4. 12, 96다4893: 보험자가 약관의 교부 및 설명의무를 위반한 때에 보험계약자가 보험계약성립일로부터 1월 내에 보험계약취소권을 행사하지 않았더라도(상법 제638조의3 제2항), 보험자의 설명의무 위반의 법률효과가 소멸, 설명의무 위반의 하자가 치유되는 것은 아니다(사전으로도 통상 중요한 약관조항에 관하여 설명을 받지 못한 고객이 그 조항을 발견하는 것은 사고가 난 후이므로 계약체결 후 1개월 내에 계약취소권을 부여하는 것만으로는 충분히 보호받지 못한다고 생각한다. 또한 사고 후 보험계약을 취소하는 것은 고객의 보험금청구권을 소멸시키는 것이므로 부당하다).[1]

(3) 個別約款의 優先

약관은 그의 일반성 · 다수성 · 추상성으로 말미암아 계약당사자가 개별적인 상담을 통해서 정한 계약내용과는 성격이 다르다. 그러므로 당사자가 계약내용을 정확히 알고 개별적인 사정에 맞는 합의를 한 경우, 그 개별약정이 약관보다 우선하여 계약내용을 구성하도록 하는 것이 당연하다(약관법 제4조). 이 때 그 개별약정과 상충되는 약관조항은 계약에 편입되지 못한다. 종래 개별약정우선의 원칙으로서 학설 · 판례[2]에 의해 인정되던 것이 입법화되었다.

개별약정은 서면에 의한 경우뿐 아니라 구두에 의하는 것도 가능하다. 특히 사업자나 그의 피용자(외무사원 포함)가 고객에게 약관의 내용과는 다른 설명을 해주어 고객이 그를 계약내용으로 알고 계약한 경우, 그러한 설명은 개별약정이 되어 당사자를 구속한다. 개별약정에 대하여는 원칙적으로 약관규제법 — 특히 약관조항의 무효에 관한 규정들 — 이 적용되지 않으며, 민법이나 상법의 일반원칙에 의한다. 그러나 사업자가 불공정한 약관조항의 무효화를 회피하기 위해 그 조항과 같은 내용을 고객과의 개별약정의 형식으로 강요한 때에는 그 개별약정은 불공정한 계약으로서(제103조) 약관조항과 같이 무효로 된다.[3]

大判 1998. 9. 8, 97다53663: 신용보증약관에 변제충당의 순서에 관하여 정해져 있더라도, 원고(한국장기신용은행)가 신용보증계약체결 후에 피고(신용보증기금)로부터 일부 채권에 대한 대위변제를 받고 그 채권과 함께 이를 담보하는 근저당권의

---

1) 최준선, "설명의무위반과 고지의무위반의 관계," 법률신문 1998년 3월 9일(大判 1997. 9. 26, 97다4494에 관한 평석) 참조.

2) 大判 1985. 11. 26, 84다카2543은 "보험약관에서도 당사자간에 명시적으로 달리 약정한 경우에는 약관의 구속력이 배제된다"고 한다.

3) 같은 취지: 大判 1988. 4. 12, 88다2은 고객이 부담할 성질의 것이 아닌 채무를 약관에 의하여 부과하는 것은 무효이며, 그와 동일한 내용의 채무부담의 개별약정 및 그 무효인 약관을 준수하겠다는 개별약정도 현저한 불공정법률행위로서 무효라고 한다.

일부를 피고에게 양도하면서 피고와의 사이에 명시적으로 "위 근저당권이 담보하는 원고의 잔존채권이 있으면 양도한 근저당권에서 원고가 우선하여 그 채권을 회수할 수 있다"는 취지의 약정을 하였다면 약관조항을 이유로 그 개별약정의 효력을 부인할 수 없다.

大判 2000. 1. 18, 98다18506: 무효인 약관조항에 의거하여 계약이 체결되었다면 그 후 상대방이 계약의 이행을 지체하는 과정에서 약관작성자로부터 채무의 이행을 독촉받고 종전 약관에 따른 계약내용의 이행 및 약정내용을 재차 확인하는 취지의 각서를 작성하여 교부하였다 하여 무효인 약관의 조항이 유효한 것으로 된다거나, 위 각서의 내용을 새로운 개별약정으로 보아 약관의 유·무효와는 상관없이 위 각서에 따라 채무의 이행 및 원상회복의 범위 등이 정하여진다고 할 수 없다.

4. 約款의 解釋

(1) 信義誠實의 原則

약관의 해석시에는 어느 일방당사자의 이익에 치우쳐서는 안 되며, 信義誠實의 원칙에 따라 公正하게 해석되어야 한다(약관법 제5조 1항). 약관은 계약의 내용을 이룰 일방당사자의 제안에 불과하므로 법률의 해석방법이 아닌 法律行爲의 解釋原則에 따라 해석되어야 함이 원칙이다. 약관의 해석에 있어서는 계약의 종류 및 기타 모든 사정을 고려하여 당사자의 진의를 객관적으로 탐구하여야 한다. 약관해석에 신의성실의 해석원칙을 취한 것은 약관해석에 법률행위의 해석원칙을 취해야 한다는 계약설에 입각한 것이다.[1)]

(2) 統一的 解釋의 原則

약관은 고객에 따라 다르게 해석되어서는 안 된다(약관법 제5조 1항). 약관은 개별약정과는 달리 다수인을 위해 이용되므로 약관조항의 해석에 있어서도 모든 고객에게 동일하게 해석함으로써 차별적 취급이 방지되어야 한다. 그러나 고객그룹별로 별개의 계약종류를 이루고 있는 경우, 고객그룹에 따라 다르게 해석하는 것이 합리적이라고 판단되는 경우에는 그렇게 하여도 무방하다. 통일적 해석의 원칙은 약관이 담당하고 있는 규범유사의 기능을 고려하여 약관의 사실상 기능

1) 大判 1998. 2. 27, 97다46153: 가정용자동차 패키지보험 특별약관상의 「소득의 상실」이란 전후 규정의 취지에 비추어 「현실적인 소득의 감소」, 즉 「사고 전 얻고 있었던 수입을 사고 후 얻지 못하고 있는 것」이나 「사고 전의 수입에 비하여 사고 후의 수입이 작아진 것」을 의미한다. 상실된 가동능력의 가치를 사고 당시의 소득이나 추정소득에 의하여 평가하는 방법(가동능력 상실설 또는 평가설)에 의하여 산정한 가동능력상실에 따른 손해를 의미하는 것이 아니다.

에 맞는 해석원칙을 도출하려는 의도에서 만들어진 해석원칙이다.

(3) 顧客有利解釋의 原則

약관이 뜻이 명백하지 아니한 경우에는 고객에게 유리하게 해석되어야 한다(약관법 제5조 2항). 명확하게 해석되지 않는 계약조항은 그것을 제안하거나 작성한 자가 불명확의 위험을 부담해야 한다는 것이 로마법 이래의 계약해석의 일반원칙이다. 즉 의심스러운 것은 작성자에게 불리하게 해석해야 된다는 「作成者不利의 原則」이 그것인데, 이 원칙을 약관의 해석원칙으로 재구성한 것이 「고객유리해석의 원칙」이다.

약관의 뜻이 불명확한 경우 모든 의문을 사업자에게 부담시키려는 것은 아니고 계약의 해석을 진지하게 시도해 보아도 명확해지지 않고 두세 가지의 뜻으로 해석되는 경우에 그들 의미 중 가장 고객에게 유리한 의미로 결정한다는 취지이다.

종래부터 약관의 해석원칙으로서 「免責約款 縮小解釋의 原則」이 학설로 인정되어 왔는데, 고객유리해석의 원칙은 면책약관 축소해석의 기능도 담당한다. 면책약관 축소해석의 원칙은 면책약관의 文言이 불명확하여 어떠한 책임을 면책하는지 문언상 확실치 않은 경우에 사업자가 그 중 최소한의 책임만 면제받도록 해석하여야 한다는 것이다. 이 원칙은 결국 불명확조항을 고객에게 유리하게 해석하는 결과를 초래한다.

大判 1993. 8. 24, 92다47236: 입원서약서에서 환자나 그 연대보증인이 직접 부담하기로 한 「입원료 차액」이란 환자측이 그 치료에 필요한 범위를 넘어 산재기관이 정한 수준 이상의 서비스를 받기 위하여 고급의 병실을 사용할 경우에 발생하는 입원료 차액만을 의미한다.

大判 1991. 11. 26, 91다18682: 자동차종합보험 보통약관의 면책사유는 엄격하게 해석하여야 할 것이고, 그 면책사유 중 「소요」는 폭동에는 이르지 아니하나 한 지방에서 공공의 평화 내지 평온을 해할 정도로 다수의 군중이 집합하여 폭행, 협박 또는 손괴 등 폭력을 행사한 상태로 보아야 한다(프로야구 종료시 군중의 소란은 여기의 소요에 해당하지 않음).

大判 2006. 9. 8, 2006다24131: 신용보증기관의 대출보증약관 중 신용보증사고의 통지를 지연함으로써 채권보전에 장애를 초래한 경우에 보증채무가 면책된다는 조항은, 채권자가 신용보증사고의 통지기한 내에 통지를 하지 아니함으로 인하여 신용보증기관의 채권보전조치에 실질적인 장애를 초래한 경우에 한하여 면책된다는 취지로 해석한다.

5. 不公正한 約款條項의 無效

(1) 一般原則

(가) 信義則에 기한 無效化 신의성실의 원칙에 반하여 공정을 잃은 약관 조항은 무효이다(약관법 제6조1항).[1] 현대법에서 신의칙은 특히 계약법의 분야에서 가장 중요한 법원칙으로 발달되어 왔다. 신의칙은 계약당사자 사이의 이익형평을 유지하기 위하여 불공정한 계약내용을 수정하는 법원칙으로 발전되어 왔으며, 약관과 관련해서 내용규제의 수단으로 활용되어 왔다. 사업자는 고객의 이익을 배려하여 불공정한 약관으로 당사자 사이의 이익형평을 깨뜨리지 않도록 약관내용을 형성할 신의칙상 의무를 진다.[2] 사업자가 이 신의칙상 의무에 위배하여 고객의 정당한 이익을 희생시키고 자신의 이익만을 추구하는 약관을 마련하여 이를 고객에게 강요하려는 경우에, 법은 그 약관을 무효로 함으로써 고객을 보호한다. 이와 같이 신의칙은 사업자와 고객의 교섭력 및 경제력의 차이에 따른 불공정성을 제거하는 기능을 담당한다.

(나) 不公正性의 推定 약관에 다음의 사항 중 하나를 정하고 있는 경우에는 당해 약관조항은 공정을 잃은 것으로 추정된다(약관법 제6조 2항 본문).

1) 顧客에게 不利 고객에 대하여 부당하게 불리한 조항은 불공정한 것으로 추정된다(약관법 제6조 2항 1호). 약관의 내용규제는 기본적으로 계약당사자 사이의 이익형량에 기초한다. 사업자가 어떤 거래조건으로 인하여 이익을 얻는 반면에 고객에게 어떠한 이익이 부여되는가를 비교하여 볼 필요가 있지만, 실제로 사업자의 이익과 고객의 이익을 비교·형량하는 것은 매우 어려우며 누가 그의 입증책임을 질 것인가도 문제이다. 약관규제법에서는 그러한 점을 감안하여 단지 어떤 약관조항으로 고객에게 불이익이 초래되었는가, 그리고 불이익이 부당하냐 하는 고객측에 대한 편면적 심사만으로 불공정성을 추정하도록 규정하였다. 이 때 고객의 이익은 개개의 계약당사자가 아니라 고객집단의 평균적이고

---

1) 참고문헌: 李英俊, "신의성실의 원칙과 권리창설적 기능," 법조 제29권 3호, 1980; 同, "신의성실의 원칙에 관한 소고," 김증한화갑기념 현대민법학의 제문제, 1981; 河哲容, "신의칙위반·권리남용 등의 소송상 주장," 민사판례연구 제9권, 1987.

2) 같은 취지: 大判 1991. 12. 24, 90다카23899에서도 "약관규제법 제6조 제1항 등이 규정하는 바와 같은 약관의 내용통제원리로 작용하는 신의성실의 원칙은 보험계약이 보험사업자에 의하여 일방적으로 작성되고 보험계약자로서는 그 구체적 조항 내용을 검토하거나 확인할 충분한 기회가 없이 보험계약을 체결하게 되는 계약성립의 과정에 비추어, 약관작성자는 계약상대방의 정당한 이익과 합리적인 기대, 즉 보험의 손해전보에 대한 합리적인 신뢰에 반하지 않고 형평에 맞게끔 계약조항을 작성하여야 한다는 행위원칙을 가리키는 것"이라고 설명하였다.

전형적인 이익으로서 고려되어야 한다.

2) 意外條項 고객이 계약형태 등 제반사정에 비추어 예상하기 어려운 조항은 불공정한 것으로 추정된다(약관법 第6조 2항 2호). 예상하기 어려운가의 판단은 고객의 입장에서 행해져야 하며 계약의 거래형태 등 제반사정이 고려되어야 한다. 의외조항의 예로서는, 첫째, 고객에게 새로운 주의무(부수의무가 아닌)를 부과하는 조항, 둘째, 계약의 쌍무적 성격을 해치는 조항, 셋째, 계약의 외양으로 판단되는 전형계약의 전형적인 내용에서 벗어나는 변칙조항 등이 있다.

3) 本質的 權利의 制限 계약의 목적을 달성할 수 없을 정도로 계약에 따르는 본질적 권리를 제한하는 조항은 불공정한 것으로 추정된다(약관법 第6조 2항 3호). 계약목적의 달성불능은 물리적 불능에 한하지 않고 사회통념상 계약목적의 달성이 위태로운 경우도 포함한다고 해석된다. 그 예로서는 사업자의 주채무의 이행을 배제 · 제한하는 조항을 들 수 있다.

判例의 例文解釋의 法理

판례는 약관규제법 이전부터 불공정한 약관조항을 은닉적으로 규제하는 방법으로서 예문해석의 법리를 적용하였다.[1] 불공정조항을 약관규제법 제6조에 의거하여 무효로 판결하는 경우에, 그 약관을 사용한 다수의 고객에 대하여 동일한 효과가 발생할 것을 기피하려는 의도에서 이 법리를 적용하였다. 예문해석의 법리는 실제 「개별약정 우선의 법리」와 유사한 기능을 담당한다. 「예문해석의 법리」는 어떤 약관조항이 예문에 불과하고 계약당사자의 의사와 부합하지 않으므로 당해 계약의 내용으로 편입되지 않는다는 것을 밝히는 것이다. 그 약관조항은 다른 고객의 계약에는 편입될 수 있다는 여운을 남긴다. 다만 개별약정우선의 법리와 다른 점은 당해 고객이 실제 개별약정을 하지 않았다는 점, 판사가 고객의 의사를 추단해 내어 진정한 의도를 탐구해 낸다는 점, 그 추단된 의사를 가지고 이와 상충되는 약관조항의 편입을 배척한다는 점 등이다. 예문해석의 법리에 의한 은닉적 내용규제의 방법을 취하는 것보다 약관규제법 제6조를 적용하여 공개적 내용규제를 하는 편이 바람직하다고 생각한다.

大判 1997. 9. 26, 97다22768: 근저당권설정계약서(약관)의 조항에 「피담

1) 大判 1970. 9. 22, 70다1611 등 다수판례. 大判 1979. 11. 27, 79다1141은 부동산매매계약서 중 대금재정산조항에 관하여 그것은 하나의 예문에 불과하다고 했고, 大判 1984. 6. 12, 83다카2159 등 여러 판례에서 근저당설정계약서 중 포괄근저당조항을 예문해석의 법리로 처리하였다.

보채무의 범위를 기존의 채무나 장래에 부담하게 될 모든 채무도 포괄적으로 포함하는 것」으로 기재하였다고 하더라도, 당해 근저당권설정계약의 체결경위나 거래관행, 각 채무액과 그 근저당권의 채권최고액과의 관계, 다른 채무액에 대한 별도의 담보확보 여부 등 여러 사정에 비추어 인쇄된 계약 문언대로 피담보채무의 범위를 해석하면 오히려 일반거래관례에 어긋난다고 보여지고 당사자의 의사는 특정한 계속적 거래나 일정한 종류의 거래로 인하여 발생하는 채무만을 그 근저당권의 피담보채무로 약정한 취지라고 해석하는 것이 합리적인 때에는, 그 계약서의 포괄적 기재는 부동문자로 인쇄된 일반거래약관의 예문에 불과하므로 그에 구속되지 말고 구체적인 당사자의 의사를 밝혀 그 피담보채무의 범위를 확정하여야 한다.[1)]

不公正條項의 效力維持的 縮小解釋

불공정한 약관에 대한 은닉된 내용규제의 수단으로서 「효력유지적 축소해석의 법리」가 이용되고 있다.[2)] 이 법리는 어떤 약관조항을 불공정하여 무효인 부분과 그렇지 않은 부분으로 관념상 二分하여 그 약관조항은 문장은 그대로 두더라도 유효인 부분만을 의미하는 것으로 축소해석되어야 한다는 법리이다. 통상 그 약관조항이 무효인 부분까지 포함되어 해석되는 관행을 고려할 때 그 조항은 전체로서 불공정하다고 보아 무효로 확인되어야 할 것이지만, 약관조항의 무효가 가져올 파급효과를 회피하기 위해 축소해석이라는 편법을 사용하는 것이다. 이렇게 축소해석을 하고 약관조항은 그대로 방치할 경우에, 판례를 잘 아는 고객은 보호받을 수 있지만 판례에 정통하지 못한 고객들은 불공정조항에 의한 피해를 입게 된다. 판례는 다음에 소개하는 무면허운전 면책조항판결(1991)에 관하여 이 법리를 도입하였다.

大判[全合] 1991. 12. 24, 90다카23899: ① 법원에 의한 내용통제로서의 수정해석은 조항 일부가 무효사유에 해당하고 그 무효부분을 추출 배제하여 잔

1) 이 판례는 임차보증금 반환채권을 담보하기 위해 근저당권을 설정한 후 임차보증금을 인상할 때마다 추가로 근저당권을 설정한 경우에, 근저당권설정계약을 체결한 당사자의 의사는 단순히 그 설정 당시에 특정된 임대차보증금 반환채권이나 위약으로 인한 손해배상채권만을 담보하는 데에 있지 아니하고, 근저당권설정계약과 관련하여 함께 체결된 임대차계약에서 지정된 종류의 거래행위인 그 건물에 관한 임대차 거래에서 통상 발생하는 임대보증금 반환채권 및 위약으로 인한 손해배상채권을 각 그 채권최고액의 범위 내에서 담보하기 위한 것으로 해석함이 상당하므로, 그 근저당권의 설정 이후에 증액된 임차보증금이라도 해당 채권최고액의 범위 내에서는 당연히 피담보채권에 포함된다고 판시하였다.

2) 독일 판례는 독일약관법 제정 이전에 RGZ 87, 335 등의 판결에서 효력유지적 축소해석의 법리를 적용하였다. 독일 학설은 이에 대해 비판적 입장을 취해 왔다. 拙著, 약관규제법, 1994, 157 참조.

존부분만으로 유효하게 존속시킬 수 있는 경우에도 가능하다. ② 자동차 종합보험보통약관 제10조 제1항 6호 소정의 책임보험조항의 "자동차의 운전자가 무면허운전을 하였을 때에 생긴 사고로 인한 손해를 보상하지 아니한다"는 무면허운전면책조항을 문언 그대로 무면허운전의 모든 경우를 아무런 제한 없이 보험의 보상대상에서 제외한 것으로 해석하게 되면 신의성실의 원칙에 반하는 공정을 잃은 조항으로서 약관규제법 제6조 제1항·제2항, 제7조 2호·3호의 각 규정에 비추어 무효라고 볼 수밖에 없다.[1] 그러므로 위 무면허운전면책조항은 위와 같은 무효의 경우를 제외하고, 무면허운전이 보험계약자나 피보험자의 지배 또는 관리가능한 상황에서 이루어진 경우에 한하여 적용되는 조항으로 수정해석을 할 필요가 있으며, 무면허운전이 보험계약자나 피보험자의 지배 또는 관리가능한 상황에서 이루어진 경우라고 함은 구체적으로는 무면허운전이 보험계약자나 피보험자 등의 명시적 또는 묵시적 승인하에 이루어진 경우를 말한다.

(2) 免責條項의 禁止

㈎ 責任의 發生制限 사업자·이행보조자 또는 피용자의 고의 또는 중대한 과실로 인한 법률상의 책임을 배제하는 조항은 무효이다(약관법 제7조 1호). 이는 채무불이행책임이나 불법행위책임의 발생 자체를 약관에 의해 배제하는 것을 금지하고자 한다. 그러한 내용의 조항은 규범판단을 필요로 하지 않고 언제나 무효로 되므로 그를 「絶對的 無效條項」이라 한다.

㈏ 賠償範圍의 制限 및 危險의 移轉 상당한 이유 없이 사업자의 손해배상범위를 제한하거나 사업자가 부담하여야 할 위험을 고객에게 이전시키는 조항은 무효이다(약관법 제7조 2호).[2] 상당한 이유가 있는 경우에는 그러한 조항도 허용

1) 이 판례는 "절취운전이나 무단운전의 경우와 같이 자동차보유자는 피해자에게 손해배상책임을 부담하면서도 자기의 지배관리가 미치지 못하는 무단운전자의 운전면허소지 여부에 따라 보험의 보호를 전혀 받지 못하는 불합리한 결과가 생기는바, 이러한 경우는 보험계약자의 정당한 이익과 합리적인 기대에 어긋나는 것으로서 고객에게 부당하게 불리하고 보험자가 부담하여야 할 담보책임을 상당한 이유 없이 배제하는 것이어서 현저하게 형평을 잃은 것이며, 보험단체의 공동이익과 보험의 등가성 등을 고려하더라도 마찬가지다"라는 이유를 들었다.

2) 大判[全合] 1995. 11. 16, 94다56852: 상법(1991. 12. 31, 법률 제4470호로 개정되기 전의 것) 제650조는 보험료가 적당한 시기에 지급되지 아니한 때에는 보험자는 상당한 기간을 정하여 보험계약자에게 최고하고 그 기간 내에 지급하지 아니한 때에는 계약을 해지할 수 있도록 규정하고, 같은 법 제663조는 위 규정을 보험당사자간의 특약으로 보험계약자 또는 보험수익자의 불이익으로 변경하지 못한다고 규정하고 있으므로, 분납보험료가 소정의 시기에 납입되지 아니하였음을 이유로 그와 같은 절차를 거치지 아니하고 막바로 보험계약이 해지되거나 실효됨을 규정하고 보험자의 보험금지급책임을 면하도록 규정한 보험약관은 위 상법의 규정에 위배되어 무효이다.

되므로 그를 가리켜 「相對的 無效條項」이라 한다. 상당한 이유의 존재 여부는 거래의 모든 사정을 고려해서 판단되어야 한다. 예를 들어 운송계약에서 손해배상범위를 일정액으로 제한하는 대신 통상의 운임보다 특별히 싼 운임으로 운송해 주기로 하는 경우에는 상당한 이유가 있다고 볼 수 있다. 그러나 가격할인이 언제나 상당한 이유가 되지는 않으며, 실제로 고객의 가격상 이익이 그러한 조항으로 인한 권리상실을 보상한다는 관계가 존재함이 증명되어야 한다.

(다) 瑕疵擔保責任의 排除·制限　상당한 이유 없이 사업자의 담보책임을 배제 또는 제한하거나 그 담보책임에 따르는 고객의 권리행사의 요건을 가중하는 조항은 무효이다(약관법 제7조 3호). 우리 민법 제571조 이하에서는 하자담보책임의 내용으로서 계약해제권·손해배상청구권·대금감액청구권·완전물인도청구권이 인정되나 실거래계에서는 그러한 청구권의 발생을 제한하고 단지 하자보완청구권만을 허용하는 경우가 많다. 가격할인과 하자담보책임의 배제제한과의 상관관계는 엄격한 요건 아래서만 인정되어야 한다.

계약목적물에 관하여 견본이 제시되거나 품질·성능 등에 관한 표시가 있는 경우, 그 보장된 내용에 대한 책임을 상당한 이유 없이 배제 또는 제한하는 조항도 무효이다. 외국의 입법례가 이를 절대적 무효조항으로 다루고 있음에 비추어 이 때의 상당한 이유의 인정은 엄격히 행해져야 한다(영국부실표시법, 1967 참조).

大判 1992. 2. 14, 91다4249: 선하증권에 기재된 면책약관은 고의 또는 중대한 과실로 인한 불법행위책임을 추궁하는 경우에는 적용되지 않는다.

(3) 損害賠償額의 豫定

고객에 대하여 부당하게 과중한 지연손해금 등의 손해배상의무를 부담시키는 조항은 무효이다(약관법 제8조). 민법 제389조 2항은 당사자가 약정한 손해배상의 예정액이 부당히 과다한 경우에 법원이 적당히 감액할 수 있도록 규정하는 데에 반하여(이 민법규정은 개별약정의 경우에 한해서 적용됨), 약관규제법 제8조는 과중한 손해배상액의 예정조항을 무효로 한다. 損害賠償의 豫定에는 채무불이행에 따른 지연손해의 배상, 전보배상, 위약벌 및 불법행위에 기한 손해배상금, 기타 어떠한 명목에 의한 손해배상금이라도 고객이 부담하는 것은 모두 포함된다. 이 때 무효로 되는 부분은 적정한 금액을 초과하는 부분에 한하지 않고, 그러한 약관조항 자체를 무효로 하므로 손해배상의 예정이 없었던 것으로 된다. 위약금조항이 무효로 된 경우에는 일반적인 손해배상의 원칙에 의해 배상액이 결정된다. 어느 정도의 금액 또는 연체이율이 적정하다고 볼 것이냐에 대하여는 일률적인 기준이 없고 거래유형에 따라 합리적으로 판단되어야 한다.

大判 1994.5.10, 93다30082: 피고 한국토지개발공사가 위 분양공고 제7항의 "당첨 후 지정기한 내에 계약을 체결하지 않는 경우에는 당첨을 무효로 하며 분양 신청금(분양대금의 10%)은 이 공사에 귀속됩니다"라는 약관조항은 고객인 당첨자에 대하여 부당하게 과중한 손해배상의무를 부담시키는 것으로서 신의성실의 원칙에 반하여 공정을 잃은 약관조항이므로 무효이다(대법원은 위약금약정이 무효로 되었으므로 민법 제398조 2항은 적용될 여지가 없다고 보았다. 이 사건의 경우 당첨자인 원고가 계약체결하지 않았더라도 토지개발공사측에 실손해가 발생하지 않았으므로 배상의무는 없다)(같은 취지: 大判 1996.9.10, 96다19758).[1)]

大判 2000.12.8, 99다53483: 건설공사 도급계약약관에서 차액보증금을 보증서로 납부하는 경우에는 그 차액의 두 배를 납부하게 한 부분과 채무불이행의 경우 차액보증금을 발주자에게 귀속시키는 부분은 약관법 제8조, 제6조 2항 1호에 의해 무효이다.

(4) 契約의 解除·解止

(가) 顧客의 解除權制限 법률의 규정에 의한 고객의 해제권 또는 해지권을 배제하거나 그 행사를 제한하는 조항은 절대적 무효이다(약관법 제9조 1항). 민법상 사업자의 채무불이행이나 계약목적물의 하자로 말미암아 고객에게 법정해제권이 발생한다. 임대차목적물의 일부멸실의 경우에도 계약목적의 달성이 불가능한 때에는 임차인에게 해지권이 발생한다(제627조).

(나) 事業者의 解除權擴大 사업자에게 법률에서 규정하고 있지 아니하는 해제권·해지권을 부여하거나 법률의 규정에 의한 해제권·해지권의 행사요건을 완화하여 고객에 대하여 부당하게 불이익을 줄 우려가 있는 조항은 무효

1) 이 판례는 그 이유로서 "피고가 분양의 방법에 의하여 토지를 공급하는 경우 공급단위필지수의 100분의 5 범위 안에서 예비대상자를 정할 수 있으므로 당첨자가 계약을 체결하지 아니하더라도 피고에게 특별히 현저한 손해가 발생할 것으로 보이지 아니하는 점, 분양용지의 공급가액의 10%에 상당하는 분양신청금을 미리 납부하게 하는 것 자체로써 진정한 실수요자 이외의 자가 분양신청하는 것을 어느 정도 방지할 수 있을 뿐더러, 구태여 분양신청금을 피고에게 귀속시키지 않더라도 당첨자가 장래 주택이나 단독주택건설용지를 우선 공급받을 수 있는 이익이 박탈되기 때문에 계약의 체결도 어느 정도 담보될 수 있는 점 등"을 들었다.

이다.

(다) 解除 · 解止의 效果 ① 계약의 해제 또는 해지로 인한 고객의 원상회복의무를 상당한 이유 없이 과중하게 부담시키거나 원상회복청구권을 부당하게 포기하도록 하는 조항은 무효이다(약관법 제9조 3호). 할부매매약관의 해제 · 해지의 효과로서 매도인은 매수인으로부터 상품을 회수하고 매수인이 이미 지불한 계약금과 월부금은 그 상품의 자연감가비용으로 상계하여 반환하지 않을 것을 정하는 경우가 있는데, 이러한 失權條項은 무효이다. 상품의 사용료 및 손료는 상품의 성질, 사용기간, 사용방법 등을 기초로 구체적으로 결정되어야 하며, 매도인은 상품의 반환청구시에 이미 받은 계약금과 할부금에서 상품의 사용료 및 손료를 공제한 금액을 반환하여야 하고, 양자의 반환의무는 동시이행의 관계에 선다(제549조). ② 계약의 해제 · 해지로 인한 사업자의 원상회복의무나 손해배상의무를 부당하게 경감하는 조항도 무효이다(약관법 제9조 4호).

大判 1999. 3. 26, 98다33260: 토지분양계약이 해제되었을 때에 귀책사유 유무를 불문하고 수분양자가 지급한 매매대금의 10%에 상당하는 계약보증금이 분양자인 한국토지공사에게 귀속하도록 정한 경우에, 그 계약금 몰취규정은 약관규제법에 위반하여 무효이다.

(라) 繼續的 債權關係 계속적 채권관계의 발생을 목적으로 하는 계약에서 그 존속기간을 부당하게 단기 또는 장기로 하거나 묵시의 기간연장 또는 갱신이 가능하도록 정하여 고객에게 부당하게 불이익을 줄 우려가 있는 조항은 무효이다(약관법 제9조 5호). 계속적 계약에서 존속기간을 부당하게 장기로 하는 것은 마치 고객의 계약해지권을 제한하는 것과 유사한 효과를 가지며, 부당하게 단기로 하는 것은 고객의 지위를 불안하게 하기 때문에 부당하다. 기간연장이나 계약갱신에는 반드시 고객의 동의를 요한다.

大判 1998. 8. 21, 98다20806: 특약점계약약관에 계약의 유효기간을 1년으로 하되 계약종료일로부터 1개월 이내에 계약종료를 요청하는 서면이 상대방에게 도달하지 아니하는 경우 위 특약점계약은 자동갱신되고, 쌍방은 상대방에 대한 서면 통지로써 이 계약을 해지할 수 있으며 이 경우 해지의 효력은 해지의 통지가 상대방에게 도달한 때로부터 1개월이 생긴다고 쓰여 있다. 이 경우 위 약관 중 連帶保證期間 自動延長條項은 계속적인 채권관계의 발생을 목적으로 하는 계약에서 묵시의 기간연장 또는 갱신이 가능하도록 하여 고객인 연대보증인에게 부당하게 불이익을 줄 우려가 있는 조항에 해당하므로 약관규제법 제9조 5호에 위반되어 무효이다(같은 취지: 大判 1998. 1. 23. 96다19413).

(5) 債務의 履行

(가) 給付의 決定 · 變更權　상당한 이유 없이 급부의 내용을 사업자가 일방적으로 결정하거나 변경할 수 있도록 권한을 부여하는 조항은 무효이다(약관법 제10조 1호). 통상의 경우 계약의 목적물 및 가격(주된 급부)에 관한 사항은 당사자간에 개별적으로 결정하고, 그 밖의 부수적인 사항만을 약관으로 정한다. 그러나 요금표와 같이 주된 급부를 약관의 형식으로 정하는 경우도 있다. 급부변경에는 약속한 급부와 수량적 차이, 성질상 차이가 포함되며, 그 밖에도 이행시기 · 이행장소의 차이도 이에 해당한다. 그리고 일시에 전 급부를 행하기로 약정하였음에도 불구하고 일부분씩 급부해도 무방하도록 하는 조항도 이에 해당한다. 사업자의 일방적 급부변경권은 하자담보책임의 배제를 목적으로 하는 은닉된 형태로 표현되는 경우도 많다.

급부의 결정권한은 이행된 물건이나 서비스가 과연 약속한 채무(또는 계약)의 내용에 적합한 것인가를 사업자가 일방적으로 결정할 수 있도록 하기 위해 부여되는 경우가 많다. 급부가 계약내용에 적합하지 않은 경우, 그것은 채무불이행이 됨에도 불구하고 고객으로 하여금 그 물건이나 서비스를 억지로 수령하게 하거나, 그에 대한 하자담보책임을 면탈하기 위해 그런 조항을 사용하는 경우도 있다.[1]

(나) 給付의 中止 · 代行　상당한 이유 없이 사업자가 이행하여야 할 급부를 일방적으로 중지할 수 있게 하거나 제3자로 하여금 대행할 수 있게 하는 조항은 무효이다(약관법 제10조 2호).

---

1) 자동차월부판매약관에 가격의 일방적 변경을 정하는 조항으로서 계약 후 자동차인도시까지 원자재가격, 환율, 諸稅公課金引上, 사정변경 또는 기타 사유로 자동차가격인상의 요인이 발생하였을 때에는 구입자는 증가된 금액을 추가납부하여야 한다는 조항은 무효라고 할 것이다. 경제기획원, 약관의 규제에 관한 법률심결집 제1권, 1988, 290 참조.

(6) 顧客의 權利保護

㈎ 고객의 權利制限　법률의 규정에 의한 고객의 항변권 · 상계권 등의 권리를 상당한 이유 없이 배제 또는 제한하는 조항은 무효이다(약관법 제11조 1호). 항변권에는 동시이행의 항변권(제536조), 매매계약상의 항변권, 보증인의 항변권 등 법률에 의해 부여받은 모든 항변권이 포함된다. 동시이행의 항변권을 제한하고 고객에게 선이행의무를 부과할 필요가 있을 때에는 개별약정으로 하는 것이 원칙이다. 그러나 약관에 의한 경우라도 당해 업종에서 선이행이 관례이고 객관적으로도 부당하지 않다고 판단되는 경우에 한해서는 유효하다.

기타의 권리에는 항변권 · 상계권 이외에 법률에 의해 보장받은 권리 또는 이익이 모두 포함된다. 선택권이나 제공된 급부가 계약내용에 적합하지 않은 것일 때의 수령거절권 등이 그에 해당한다.

㈏ 期限利益의 喪失　고객에게 부여된 기한의 이익을 상당한 이유 없이 박탈하는 조항은 무효이다(약관법 제11조 2호). 기한이익상실조항은 할부매매 등의 신용거래약관에서 많이 이용된다. 기한이익의 상실에는 적어도 2회 이상의 할부금 연체가 있었거나 매도인이 상당기간을 정하여 최고하는 등 객관적으로 타당한 요건이 갖추어져야 한다.

㈐ 締約自由의 制限　고객이 제3자와 계약을 체결하는 것을 부당하게 제한하는 조항은 무효이다(약관법 제11조 3호). 이는 고객측의 계약체결의 자유를 보장하고자 하는 규정이다. 만약 사업자가 고객과 독점거래관계를 맺을 필요가 있을 때에는 이는 고객측에서는 매우 중요한 거래요건이 되므로 협상을 거친 개별약정으로 행해지는 것이 바람직하다.

㈑ 秘密의 侵害　고객의 비밀은 보호되어야 한다. 그러므로 사업자가 업무상 알게 된 고객의 비밀을 정당한 이유 없이 누설하는 것을 허용하는 조항은 무효로 된다(약관법 제11조 4호). 거래의 성질상 부득이 고객에 대한 정보를 유출할 필요가 있을 때에는 유출허용의 요건도 채무불이행, 최고, 고객의 동의 등으로 구체화 · 합리화되어야 하며, 유출가능한 정보의 범위도 꼭 필요한 최소한으로 제한되어야 한다.

(7) 意思表示의 擬制

㈎ 意思表示의 擬制　① 일정한 작위 또는 부작위가 있는 때 고객의 의사표시가 표명되거나 표명되지 아니한 것으로 보는 조항을 의사표시의 의제조항이라 하며, 이는 원칙적으로 금지된다(약관법 제12조 1호). ② 거래종목의 성격상 부득

이 의사표시를 의제할 필요가 있는 경우에 예외가 인정된다. 즉 고객에게 상당한 기간 내에 의사표시를 하지 아니하면 의사표시가 표명되거나 표명되지 아니한 것으로 본다는 뜻을 명확하게 따로 고지하거나 부득이한 사유로 그러한 고지를 할 수 없는 경우에는 의제조항이 허용된다. 여기서 말하는 「고지」는 의사표시의제의 필요가 있는 때에 별도로 하는 고지를 말하며, 계약체결시 교부된 약관에 기재되어 있는 의제고지는 그에 해당하지 않는다.

約款의 變更과 意思表示擬制

의사표시 의제조항은 사업자가 일방적으로 약관의 변경을 하고, 그에 대한 고객의 동의를 의제하기 위해 많이 사용된다. 「약관의 일방적 변경금지의 원칙」에 의하여 이러한 의사표시 의제조항은 무효이다. 약관의 변경은 양 당사자가 계약체결시에 약관을 명시 · 설명한 것과 같은 방법으로 약관변경의 명시 · 설명을 하고 고객이 그 변경에 관해서 이의를 제기하지 않은 경우에 한해서 유효하다. 약관변경의 효과는 변경을 명시(설명)한 때 또는 변경의 기준시부터 발생함이 원칙이다. 고객에게 유리한 조항은 명시(설명) 이전부터 효력을 갖도록 하는 소급효를 인정하여도 무방하지만, 고객에게 불리한 조항은 변경의 명시(설명) 이전에로의 소급효를 가질 수 없다. 그리고 약관의 변경시에는 고객에게 그 변경에 대한 동의를 거부하고 종전의 약관의 존속 또는 계약해지를 선택할 수 있는 권리가 부여되어야 한다. 고객에게 이러한 권리를 부여하지 않고 사업자가 고객에게 불리한 약관변경을 하는 것은 비록 명시 · 설명을 했더라도 허용되지 않는다.

㈏ **意思表示의 形式** 고객의 의사표시의 형식이나 요건에 대하여 부당하게 엄격한 제한을 가하는 조항은 무효이다(약관법 제12조 2호). 고객의 의사표시를 반드시 공증하도록 요구함으로써 사실상 의사표시 자체를 곤란하게 하는 경우 등이 그에 해당한다.

㈐ **意思表示의 到達** 고객의 이익에 중대한 영향을 미치는 사업자의 의사표시가 상당한 이유 없이 고객에게 도달된 것으로 보는 조항은 무효이다(약관법 제12조 3호). 고객이 통지가 도달하지 않았다는 항변을 하는 것을 배척하는 약관조항은 고객의 이익을 부당히 침해하는 것이 된다.

憲裁決 1998. 9. 30, 98헌가7: 부동산 경매절차에서 금융기관에게 등기부상 기재된 주소에 발송함으로써 송달된 것으로 보는 특례를 인정한 금융기관의연체대출금에관한특별조치법 제3조 전단부분은 평등의 원칙에 위반된다(위헌결정)(헌재의 이러한 결정취지는 약관의 무효판정에도 참고가 될 것이다).

㈑ 意思表示의 期間 고객의 이익에 중대한 영향을 미치는 사업자의 의사표시에 부당하게 장기의 기한 또는 불확정기한을 정하는 조항은 무효이다(약관법 제12조 4항). 고객이 사업자가 발하여야 할 의사표시를 지나치게 오래 기다려야 하는 불이익을 제거하기 위한 규정이다.

(8) 代理人의 責任加重

고객의 대리인에 의하여 계약이 체결된 경우, 고객이 그 의무를 이행하지 아니하는 때에 대리인에게 그 의무의 전부 또는 일부를 이행할 책임을 지우는 내용의 약관조항은 이를 무효로 한다(약관법 제13조). 대리인은 원칙적으로 본인과 상대방과의 법률관계를 매개할 뿐 스스로는 아무런 법률효과나 책임을 지지 않는다. 일단 성립한 계약이 후에 무효 · 취소되더라도 그것은 본인과 상대방 사이의 법률문제일 뿐이지 대리인은 원칙적으로 그에 대한 책임을 지지 않는다. 예를 들어 계약의 무효 · 취소의 경우 체약대리인이 그에 대한 무과실의 손해배상책임을 져야 한다는 약관조항, 계약의 무효 · 취소의 경우 대리인과 상대방 사이에 동일내용의 계약이 체결된 것으로 본다는 약관조항은 무효이다. 대리인이 고의 · 과실의 행위를 하여 스스로 불법행위책임을 져야 할 경우는 이에 해당하지 않는다. 대리인이 대리권한 없이 행위한 무권대리의 경우에도 그 대리인의 상대방에 대한 책임을 민법 기타 특별법에 정해진 책임범위보다 가중시킬 수 없다.

(9) 訴提起의 禁止

㈎ 不提訴의 合意 약관으로서 부제소의 합의를 의제하는 것은 금지된다(약관법 제14조). 모든 법적 분쟁은 소송의 절차에 의해 해결하는 것이 원칙이다. 당사자 사이에 제소하지 않겠다는 개별약정은 유효하지만, 약관으로서 부제소의 약정을 한 것으로 간주하는 것은 고객의 제소권을 박탈하는 것이 되어 부당하다.[1)]

1) 大判 1997. 2. 25, 96다24385: 중재조항을 포함하는 약관 등 다른 문서를 인용하는 경우도 당사자가 이를 계약의 내용으로 삼은 이상 허용된다.

(나) 管轄의 合意 고객에 대하여 부당하게 불리한 재판관할의 합의조항은 무효이다(약관법 제14조). 대개의 약관은 법적 분쟁에 대비하여 관할법원을 사업자측에만 편리하도록 정하는데, 이는 약관에 의한 관할의 합의에 해당한다. 전속적 합의관할의 경우는 민사소송법이 피고의 주소지관할법원에 관할권을 부여하는 기본원칙(민소법 제2조)에도 어긋나는 결과를 가져오므로 불공정한 것으로 판단된다. 약관조항의 내용이 전속적 합의관할을 정한 것인지 여부가 불분명한 경우에 그 약관조항은 附加的 合意管轄로 해석된다.

(다) 立證責任 상당한 이유 없이 고객에게 입증책임을 부담시키는 약관조항은 무효이다(약관법 제14조). 입증책임은 법률의 규정 및 입증책임에 관한 학설·판례에 의해 각 당사자에게 공정하게 분배되어야 한다. 특히 사업자의 영역 내에 속하는 사항을 고객에게 입증시키도록 하는 것은 고객에게 책임을 전가시키는 것과 같은 불리한 효과를 야기하므로 불공정하다.

6. 無效의 效果

(1) 實體法上의 效果

(가) 無效의 效果 약관법 제6조 내지 제14조에 의해 어떤 약관조항이 무효로 되는 경우에, 그 무효는 실체법상 法律行爲의 一部無效에 해당한다. 그 약관조항이 무효라는 사실을 민사소송을 통해 확인받아야 하는 것도 아니고, 공정거래위원회의 약관심사절차를 거쳐서 확인받아야 하는 것도 아니다. 실체법상 무효인 약관조항은 아무 특별한 절차를 기다리지 않고 무효로 된다.

무효인 약관조항은 계약체결의 때로부터 계약내용을 구성하지 않은 것으로 된다. 무효인 약관조항에 기초하여서는 어떠한 법적 효과도 생기지 않는다. 무효조항에 기초해 고객이 사업자에게 어떠한 급여를 한 경우에, 고객은 그 급여한 것을 부당이득으로서 반환청구할 수 있다(제741조). 무효조항에 기한 고객의 급여는 민법 제746조의 불법원인급여 규정에 의해 반환청구가 제한되지 않는다. 사업자가 고의·과실로 불공정조항을 사용하여 고객에게 손해를 입힌 경우에, 고객은 사업자에 대하여 불법행위에 기한 손해배상청구를 할 수 있다.

(나) 一部無效의 特則 약관조항의 무효는 법률행위의 일부무효에 해당하지만 민법 제137조에 대한 특칙인 약관규제법 제16조에 의해 원칙적으로 그 계약은 잔존부분만으로 유효하게 존속한다. 약관의 일부조항이 무효조항목록

(약관법 제7조~제14조)에 해당하거나 그 밖에 불공정한 내용으로 인해 무효가 된 경우(약관법 제6조) 또는 사업자가 명시의무 및 설명의무를 이행하지 아니하여 계약내용이 되지 못한 경우에(약관법 제3조), 계약은 나머지 부분만으로 유효하게 존속함이 원칙이다(약관법 제16조 본문). 다만 유효한 부분만으로는 계약의 목적달성이 불가능하거나 일방 당사자에게 부당하게 불리한 때에는 당해 계약을 무효로 한다(약관법 제16조 본문).

(다) 無效條項의 補充 　무효조항이 다루었던 법률관계에 관하여는 약관이 없었던 것이 되므로 민법·상법 등의 일반원칙에 따라 해결된다. 민법은 사적 자치가 허용되는 부분의 의사보충에 관하여 제106조의 규정을 두고 있다. 개별 약정도 없고 약관도 없으면 사실인 관습이 적용되어야 하며, 사실인 관습이 없으면 임의규정이 적용되고, 임의규정도 없으면 조리에 의하여 해결되어야 한다. 사실인 관습을 해석기준으로 삼는 경우에는 그 관습이 기업간의 관습인가 또는 기업과 고객에게 공통하는 관습인가, 그리고 그 관습의 내용이 양 당사자의 이익을 공평하게 반영시킨 것인가를 먼저 심사하여 보아야 한다. 약관의 내용은 대개 당해 업종의 사업자관행과 일치하는데, 그 약관조항이 불공정한 것으로서 무효가 된 경우에 같은 내용의 관행이 적용되어서는 안 되고 법률규정 또는 조리에 의하여 해결되어야 한다.

(라) 無效行爲의 追認 　무효인 법률행위는 추인하여도 그 효력이 생기지 않으나, 당사자가 그 무효임을 알고 추인한 때에는 새로운 법률행위로 본다(제139조). 약관의 무효에 대한 추인은 그 무효사실을 확실히 인식하고 행해졌어야 한다.

大判 2000. 1. 18, 98다18506: 무효인 약관조항에 의거하여 계약이 체결된 후 상대방이 계약의 이행을 지체하는 과정에서 약관작성자로부터 채무의 이행을 독촉받고 종전 약관에 따른 계약내용의 이행 및 약정내용을 재차 확인하는 취지의 각서를 작성하여 교부하였다 하여 무효인 약관의 조항이 유효한 것으로 된다거나 위 각서의 내용을 새로운 개별약정으로 보아 약관의 유·무효와는 상관없이 위 각서에 따라 채무의 이행 및 원상회복의 범위 등이 정하여진다고 할 수 없다.

(2) 節次上의 效果

(가) 民事訴訟 　약관규제법에 의하여 무효로 되는 약관조항은 실체법상

당연히 무효가 되므로, 어떤 무효조항이 민사소송에서 판결의 전제가 된 경우에 그러한 조항은 없었던 것으로 취급된다. 약관에 관한 분쟁이 민사소송사건이 되기 위해서는 단지 어떤 약관조항의 무효 여부에 관하여 다툼이 있는 것만으로는 부족하고, 그 조항으로 말미암아 생기는(또는 생기지 않을) 구체적 법률관계에 관한 다툼이 있어야 한다. 이를 약관의 구체적 분쟁이라 한다.

무효조항 중 절대적 무효조항은 문제가 없으나 상대적 무효조항의 경우는 그 조항이 상당성을 갖느냐에 따라 무효 여부가 결정된다. 그 상당성의 판단은 판사가 계약의 여러 사정을 고려하여 소신껏 행하게 된다. 물론 이 때 대법원 판례, 공정거래위원회의 심결례, 학설 등을 참고하여야 하나, 이것들이 법관의 판단을 구속하는 법적 구속력은 갖지 않는다.

(나) 行政的 是正命令 · 勸告 사업자가 약관규제법 제6조 내지 제14조의 규정에 위반한 약관조항을 사용한 경우에, 공정거래위원회는 그 사업자에 대하여 당해 조항의 삭제 · 수정 등 시정에 필요한 조치를 명할 수 있다(약관법 제17조). 필요한 경우에는 당해 사업자와 동종사업을 영위하는 다른 사업자에게 동일내용의 약관조항을 사용하지 말 것을 권고할 수 있다(약관법 제17조 3항). 시정명령이나 시정권고를 하기 위하여는 그 전제로서 문제되는 약관조항이 약관규제법 제6조 내지 제14조에 의하여 무효로 되는 불공정한 것인가를 추상적으로 심사하게 된다. 이 추상적 심사는 구체적인 계약을 전제로 하지 않고 약관조항 자체를 놓고 그 공정성 여부를 판단할 수 있다.

* 독일채권법은 2002년의 개정을 통해 「약관의 편입과 내용규제」라는 표제 아래 종래 약관규제법 중 실체법규정을 채권총칙편에 삽입하였다.

제 2 절 契約의 締結

계약체결의 모습

민법은 계약체결의 모습으로서 合意, 交叉請約, 意思實現을 규정하고 있다.

(1) 合意에 의한 契約締結　　청약과 승낙의 두 의사표시가 내용적으로 일치하여 합의를 구성하며, 계약은 원칙적으로 당사자의 합의만으로 성립한다. 합의는 일정한 방식에 의할 것을 요구하는 경우도 있다. 예외적으로 합의 이외에 일방당사자의 給付의 先履行이 계약성립의 요건이 되는 경우(要物契約)가 있으나, 민법은 합의만으로 계약을 성립시키는 諾成契約의 원칙을 취한다.

(2) 交叉請約　　당사자의 승낙은 없었으나 동일한 내용의 청약이 서로 교차된 경우에는 승낙에 준하는 의사의 합치가 있으므로 계약의 성립을 인정한다. 이를 「교차청약에 의한 계약성립」이라 한다(제533조).

(3) 意思實現　　당사자의 승낙의 의사표시가 없더라도 의사표시로 인정되는 사실이 있는 때 계약의 성립을 인정하는데, 이를 가리켜 「의사실현에 의한 계약성립」이라 한다(제532조). 이 때 당사자의 승낙의 의사는 「표시된 의사」가 아닌 「추단된 의사」로서 존재한다. 의사실현과 교차청약에 의한 계약성립은 사적 자치의 원칙을 확장하기 위함이지 그것을 배척하는 것이 아니다.

(4) 締約强制　　현대사회생활에 필수불가결한 급부에 대하여는 급부제공자를 강제하는 체약강제가 불가피하다. 체약강제의 행정조치는 대개 당사자의 합의 등에 의한 계약체결을 종용하지만(간접적 체약강제), 비상사태의 경우에는 당사자의 의사에 관계없이 계약의 효과를 부여하는 경우도 있다(직접적 체약강제).

(5) 社會定型的 事實行爲　　事實的 契約論者는 일정한 거래영역에서는 당사자의 청약 · 승낙의 의사표시는 문제되지 않으며 사회정형적 사실행위에 의하여 계약이 성립한다고 주장한다. 이는 종래 당사자의 의사에 기초해서만 채무부담을 인정한 법률행위이론에 대한 중대한 도전이다. 그러나 이를 부정하는 견해는 이 경우에도 실은 당사자의 묵시적 의사표시가 사실행위를 통해 외부에 표현되는 것뿐이라고 해석된다. 사실적 계약을 부정하는 이론이 유력하다.

契約締結이 초래하는 效果

계약이 체결되었는가 아닌가는 사례의 해결에 있어서 논리적 첫 단계에 해당한다. 계약이 체결되었다는 점이 확인된 후에야 채무의 내용, 그 이행 여부 등이 문제될 수 있기 때문이다. 채권법의 문제에 있어서 그 채권자와 채무자 사이에 계약이 존재하는가를 알아보는 일을 소홀히 하고 넘어가서는 안 된다.

＊계약의 좌절 ⇒ 계약체결상의 과실책임, 급부부당이득의 반환청구권

＊청약＋승낙 ⇒ 합의 (＋특별요건, 거래허가 등) ⇒ 계약의 체결

＊계약의 존재 ⇒ 계약의 채권채무발생 ⇒ 급부청구권의 행사

- 채무의 이행 ⇒ 급부의 수령(물건의 소유권 이전, 서비스의 향유)
  ⇒ 반대급부청구권의 행사 ⇒ 대금의 수령
- 채무의 불이행 ⇒ 강제이행청구권, 채무불이행책임
- 채무자귀책사유 없는 급부불능 ⇒ 위험부담

＊계약의 부존재 ⇒ 불법행위에 기한 손해배상청구권

§5. 合意에 의한 契約締結

1. 槪　　說

(1) 契約締結의 法律行爲

계약은 원칙적으로 계약당사자 사이의 합의에 의해 체결된다. 합의란 일정한 법률효과의 발생을 목적으로 하는 복수의 의사표시가 합치한 것을 말한다. 합의는 청약과 승낙으로 구성되는 쌍방적 의사표시이다. 사적 자치의 원칙은 사인 사이의 법률관계는 당사자의 자발적 의사에 의한 법적 구속행위(법률행위)에 의하여서 생길 것을 요구하므로, 계약이란 법적 구속도 당사자의 합의에 의하여서 생김을 원칙으로 한다. 계약이란 합의 등으로 인한 계약체결의 결과 발생하는 쌍방당사자 사이의 포괄적 법률관계를 가리킨다.

(2) 合意의 要件

합의는 법률행위이므로 법률행위로서의 요건을 갖추어야 한다. ① 계약당사자는 모두 권리능력 및 행위능력을 갖추어야 한다. ② 청약과 승낙은 각각 의사표시로서의 유효요건을 갖추어야 하며, 양자의 합치로서 합의라는 법률행

위를 구성하여야 한다. ③ 계약의 목적과 내용은 확정가능하고, 이행가능하고, 적법하며, 사회적 타당성을 갖추어야 한다. ④ 체결하고자 하는 계약이 有償雙務契約인 경우에는 그 계약에 의해 두 개의 상환채무가 동시에 유효하게 성립하여야 한다(성립상의 견련성). 만약 하나의 채무가 원시적 급부불능으로 성립하지 않으면 그 계약 전부가 유효하게 체결되지 못한다. 계약당사자가 교환할 목적물·노무·금전 등은 가치적으로 균형을 이루어 양 당사자의 이익형평이 유지되어야 한다. 無償片務契約의 체결에는 정상적인(사기·강박 등에 의하지 않는) 증여의 의사가 존재하여야 한다. ⑤ 법률이 계약체결행위 자체에 대하여 어떤 형식을 그의 효력요건으로서 요구하는 경우(예: 부동산의 매매계약 체결시 관인계약서 요구)에는 그 형식요건을 갖추어야 한다.

2. 請 約

(1) 請約의 意義

㈎ 法的 性質 청약은 합의라는 법률행위를 구성하는 하나의 의사표시(법률사실)이다.[1] 청약은 상대방에 대하여 그에 응하는 승낙이 있으면 바로 계약을 체결시키겠다는 확정적 의사(계약의사, Vertragswille)를 표시하는 것이다.[2] 따라서 계약체결의 확정적 의사가 없는 「계약체결의 준비행위」 또는 「청약의 유인」과 청약은 다르다. 청약은 상대방의 수령을 요하는 의사표시이다.

㈏ 請 約 者 청약자는 장차 체결될 계약의 일방당사자이어야 하며 특정인이어야 한다. 청약자는 승낙의 의사표시의 수령자이므로 원칙적으로 명시되어야 한다.[3]

---

1) 그러나 이것은 청약이 하나의 독립의 법률행위로 행해질 수 없다는 것을 의미하는 것은 아니고, 다만 청약은 계약체결의 관점에서는 합의와 같은 법률행위로 다루어지지 않고 합의를 구성하는 하나의 의사표시로 취급된다는 것을 의미한다. 같은 취지: Pawlowski, *Allgemeine Teil des BGB*, 2. Aufl., S. 144.

2) 大判 1993. 10. 22, 93다32507: 한국토지개발공사는 택지개발예정지구 내의 이주자택지 공급대상자의 선정기준에 따라 대상가옥, 대상소유자, 거주사실 등을 조사 확인한 뒤 대상적격 여부를 가옥소유자에게 개별통지함과 동시에 공고, 이해관계인에 대한 열람, 이의 및 시정조치 등의 절차를 취한 뒤 이주자 택지공급대상자를 확정하여 그 대상자에게 통보하고 1개월 이상의 분양신청기간을 정하여 분양신청할 것을 통지 및 공고하여 그 기간 내에 분양신청이 없으면 이를 포기한 것으로 처리하고 이주자택지 공급대상자로 확정된 후에도 관계법규 위반사항이나 제출서류의 위조, 변조 등 결격사유가 발견될 때에는 대상자에서 제외하며, 계약은 쌍방이 계약서에 서명 날인함으로써 확정되는 것이다. 그렇다면 한국토지개발공사의 이주자택지 공급대상자에 대한 이주자택지 계약체결통보는 계약의 요소가 되는 내용을 명시하고 있어 구체적이기는 하나 공급대상자의 승낙에 의하여 계약이 바로 성립되는 확정적인 것이라고 볼 수 없으므로 이는 계약상 청약이 아니다.

3) 다만 자동판매기나 무인신문판매대의 경우에는 거래의 성질상 상대방이 청약자를 알 필요가 없으므로 반드시 명시할 필요는 없다. 그러나 이 경우에도 책임소재를 명확히 밝힐 것이 요구된다.

(다) 內容의 確定性 청약은 상대방의 승낙으로 곧 계약이 체결될 수 있도록 계약내용이 명확히 표시되어야 한다. 계약이 성립하기 위한 법률요건인 청약은 그에 응하는 승낙만 있으면 곧 계약이 성립하는 구체적 · 확정적 의사표시여야 하므로(大判 1998. 11. 27, 97누14132), 청약은 계약의 내용을 결정할 수 있을 정도의 사항을 포함시키는 것이 필요하다(大判 2003. 4. 11, 2001다53059). 거래의 막연한 제안은 청약이 되지 않는다. 그러나 계약내용이 반드시 청약에 명시되어야만 하는 것은 아니고, 의사표시의 해석에 의하여 확정될 수 있으면 된다.[1] 거래계에서는 가격목록 · 상품목록 · 선전책자 · 정가표시 등에 의해 청약의 의사와 더불어 계약의 중요내용을 알리고 계약의 부수적 조건은 약관으로 정한다. 해석에 의해서도 내용이 확실해지지 않는 경우는 청약의 유인이 될 뿐이다.

(라) 形 態 청약자는 상대방에 대하여 계약체결의 의사를 표시하여야 하나 그것은 반드시 명시적으로 행해질 필요는 없고, 그러한 의사의 존재를 객관적으로 알 수 있으면 충분하다. 특정상대방에게는 구두 · 서신 · 전화 · 전보 · 텔렉스 · 팩시밀리 등의 수단에 의해 표시할 수 있다. 그러나 불특정다수인에 대한 광고,[2] 상품진열,[3] 자동판매기의 설치[4] 등도 청약으로 해석될 수 있다. 근래에는 상대방에게 상품견본이나 상품 자체를 보냄으로써 청약을 하는 경우도 있다. 주문하지 않은 상품을 보내는 청약방법은 그의 보관의무 · 반환의무 · 배상의무 등에 관해 복잡한 법률문제를 야기한다. 상대방의 청약에 대해 조건을 붙이거나 변경을 하여 승낙한 경우에는 새로운 청약을 한 것으로 본다(제534조).

(마) 請約의 誘引 상대방으로 하여금 청약을 해 오도록 유인하기 위한 거래의 권유를 「청약의 유인」이라 하여 청약과 구별한다. 청약의 유인은 합의를

---

1) 같은 취지: 郭潤直, 64; 金疇洙, 80. 예약 · 청약의 유인 · 관습 기타의 여러 사정으로 명백하게 되는 것으로 충분하다는 견해도 이와 같은 취지이다: 金基善, 44; 金錫宇, 50; 金曾漢, 39.

2) 광고에는 여러 가지가 있는데, 상품제조업자의 TV · 신문 등을 통한 자기제품의 선전은 청약에 해당하지 않으나, 판매업자의 구체적 판매조건을 제시한 구입권유는 청약이다. 그러나 郭潤直, 63; 金錫宇, 50; 金曾漢, 38은 광고를 청약의 유인으로 본다.

3) 상품진열도 청약이 아니라 청약의 유인인 경우가 많다. 거래관습에 비추어 각각의 경우를 판단하여야 할 것이다. 슈퍼마켓 등의 셀프서비스의 가게에서의 상품진열은 청약으로 보아야 한다는 견해가 있다. 같은 취지: 郭潤直, 64; 金錫宇, 50; 金疇洙, 81; 金曾漢, 38; 李太載, 60. 독일의 다수설: Soergel-Lange, Standinger-Coing, Münchener-Kramer 등 스위스채무법 제7조 3항은 가격을 표시한 상품의 진열은 청약으로 본다고 규정한다. 이에 대하여 청약의 유인으로 보는 반대설이 있다. 金基善, 43, 독일의 소수설(Medicus), 영국의 판례도 이와 같은 취지이다.

4) 자동판매기가 설치되고 있더라도 상품이 들어 있고 작동하는 동안만 청약이 된다(같은 취지: 郭潤直, 64; 독일의 Flume, Enneccerus-Nipperdey, Wolf, MünchKomm-Kramer 등).

구성하는 의사표시가 되지 못한다. 그것을 기초로 청약이 들어 올 경우 다시 그에 대한 승낙을 하여야만 계약이 체결된다.[1] 청약과 청약의 유인은 거래 당시의 관행에 비추어 각 행위의 사회적 의미를 밝히는 의사표시의 해석방법에 의하여 구분된다. 어떤 거래유인의 의사표시를 한 자에게 그 응낙에 대해 재고해 볼 수 있는 기회를 부여하는 것이 타당한 경우에 그 거래유인은 청약의 유인으로 해석된다. 대량거래시대로 들어섬에 따라 종래 청약의 유인으로 해석되던 것이 청약이 되는 경우가 많아진다. 청약으로서 의사표시한 경우에도 확실한 거래조건을 제시하지 않은 경우(특히 가격을 밝히지 않은 경우)에는 청약의 유인의 효과밖에는 생기지 않는다(예외는 「합의부분」에서 설명함).

大判 1977. 2. 22, 74다402: 입찰공고안내에 따라 낙찰 후 30일 이내에 체결한 입찰계약은 입찰과 낙찰행위와는 별도이며 공고안내는 請約의 誘引이므로, 관광호텔을 취득함에는 등록세의 면세특권이 있다는 안내는 계약의 내용을 이루지 않는다.
大判 2000. 3. 14, 99다33274: 주택건설 사업주체는 입주자모집공고상의 주택공급조건과 같은 내용의 분양계약을 체결한 것으로 본다.
大判 2001. 5. 29, 99다55601: 상가를 분양하면서 첨단 오락타운의 조성 · 운영과 수익 보장의 광고를 하고, 분양계약 체결시 이 광고내용을 계약상대방에게 설명하였더라도, 분양계약서에 이 내용이 기재되지 않은 점, 그 후의 임대 운영 경위 등에 비추어 그 광고 및 분양계약 체결시의 설명은 「청약의 유인」에 불과하므로 오락타운으로 조성 · 수익 보장의 의무가 발생하지 않는다.

㈓ **競賣나 入札** 통상 경매는 특정시간 · 특정장소에서 거래를 원하는 다수당사자와 즉시에 거래조건을 흥정하여 체결하는 경우를 말하며, 입찰은 입찰공고를 한 후 다수인의 제안을 서명으로 받은(入札) 후에 낙찰인을 심사 · 결정하는 경우를 말한다.

경매나 입찰에서와 같이 경쟁자 중에서 가장 유리한 거래조건을 제시하는 자와 계약을 체결하는 경우(계약의 경쟁체결)에는 우선 청약의 유인부터 행해진다. 개인 사이의 경매나 입찰에 있어서 어떠한 물건이나 일을 경쟁체결에 붙이겠다는 의사는 청약의 유인이고, 그에 응하여 일정조건을 제시한 매수 · 수급의 의사표시

1) 청약의 유인을 한 자에게 승낙의무가 있는가는 의문이다. 법률은 청약의 유인에 구속력을 인정하지 않으나 개개의 사례에서 거래관행에 비추어 판단해야 하리라 생각한다.

는 청약이다. 경매인이나 입찰공고인은 여러 청약자의 조건을 비교하여 가장 좋은 조건을 제시한 자에 대해 승낙함으로써 계약을 체결한다. 이 때 경락이나 낙찰의 의사표시는 승낙에 해당한다.[1] 다른 경쟁자의 청약은 경락이나 낙찰이 있는 경우에는 효력을 잃는다.

(2) 請約의 效力

(가) 承諾適格 청약은 그것에 응한 승낙에 의해 바로 계약을 체결시키는 효력을 갖고 있으며, 청약의 그러한 효력을 가리켜 승낙적격이라고 부른다. 청약이 유효하게 행해지지 않았거나 효력을 잃은 다음에는 승낙만으로써 계약을 성립시킬 수 없다.

청약이 승낙적격을 갖는 기간을 승낙기간이라 한다. 원칙적으로 승낙은 승낙기간 내에 청약자에게 도달하여야만 한다(제528조 1항). 청약의 수령자가 청약자에 대해 승낙하지 않겠다는 명시의 의사표시를 한 때에는 승낙기간 내에라도 그 때부터 청약은 효력을 잃는다고 해석된다.[2] 상법 제53조는 청약상대방의 回信義務를 규정하지만, 민사거래에서는 그러한 회신의무가 인정되지 않는다.

大判 1999. 1. 29, 98다48903: 청약의 상대방에게 청약을 받아들일 것인지의 여부에 관하여 회답할 의무가 있는 것은 아니므로, 청약자가 미리 정한 기간(7일) 내에 상대방이 이의를 하지 아니하면 승낙한 것으로 간주한다는 뜻을 청약시에 표시했더라도 이는 상대방을 구속하지 아니하고 그 기간은 경우에 따라 단지 승낙기간을 정하는 의미를 가질 수 있을 뿐이므로 그 기간이 도과하면 청약이 실효되게 된다(교통사고에 대한 손해분담비율에 관하여 원고보험회사가 피고들에게 8:2를 제시하고 7일 이내에 이의가 없으면 동의한 것으로 간주하겠다는 통지를 하였으나 피고들이 응답하지 않은 경우에 화해계약이 성립되지 않았다고 판시했음).

(나) 請約의 拘束力 청약의 의사표시는 상대방에 도달한 때부터 효력이 생기고, 일단 효력이 생긴 후에는 청약자가 그를 철회하지 못한다(제527조). 이러

1) 독일민법 제156조는 「경매에서 계약은 경락에 의해 성립한다. 경매의 청약은 다른 고가청약이 행해지거나 경락 없이 경매가 종결된 경우에는 효력을 잃는다」고 규정함으로써 종래 경매에 관련된 학설대립을 마무리 지었다. 우리 나라에서도 명문의 규정은 없으나 학설은 대체로 이와 같이 해석한다(郭潤直, 76~77; 金疇洙, 91; 金曾漢, 46). 단, 경매인이 특정가격을 제시하는 값을 내려가는 경매의 경우에는 특정가격의 제시로 이미 청약이 행해졌다고 본다. 입찰공고에서 낙찰과 별도로 계약체결할 것을 명백히 밝힌 때에는 낙찰을 승낙으로 볼 수 없는 경우도 있다. 경매인이나 입찰공고인에게 가장 좋은 조건을 제시한 자와 계약체결할 의무가 부과되는 경우에는 경매공관 입찰공고는 바로 청약이 되기도 한다.

2) 같은 취지: 郭潤直, 69; 金疇洙, 85. 독일민법 제146조는 청약은 청약자에 대한 거절이 있는 때나 適時의 승낙이 없는 때 효력을 잃는다고 규정한다.

한 성질을 「청약의 구속력」이라 한다. 청약의 구속력은 어떤 근거에서 부여되는가를 생각해 볼 필요가 있다. 청약자의 自已拘束意思가 명백한 경우에는 그 의사에 기해 구속력이 부여되는 것이지만, 그 의사가 없는 경우에도 민법규정으로 구속력을 부여하는 이유는 분명치 않다. 서양에는 청약자가 일정기간 동안 자기구속을 당하는 것이 거래관행이었으므로 이를 법원칙으로 정리한 것이지만, 현재 우리 나라에 그러한 거래관행이 존재하는가는 의문이다. 청약의 철회는 청약수령자의 지위를 불안하게 함으로써 거래에서의 신뢰관계를 약화시킬 우려가 있다는 데에서 근거를 찾을 수 있겠다. 다른 한편 청약의 구속력은 청약자와 청약수령자 사이의 이익형평을 깨뜨리고 청약수령자만을 보호하는 제도라는 문제점도 갖는다. 청약의 철회를 금지할 것인가가 입법례에 따라 다르기 때문에, 우리 나라에서 청약철회 금지제도를 유지할 것인가를 숙고해 볼 필요가 있다.

예외적으로 다음의 경우에는 청약의 철회가 허용된다. ① 撤回의 特約: 청약자는 청약시 그의 철회가능성을 유보할 수 있다. 이는 민법 제527조가 강행규정이냐, 임의규정이냐의 문제와 관련된다. 외국의 입법례를 참조로 할 때 그를 임의규정으로 해석하여 원칙적으로 철회권을 유보할 수 있다고 해석된다.[1] 그 경우에 청약은 처음부터 구속력이 없다. ② 事情變更으로 인한 撤回權: 청약 후에 청약의 기초가 된 사정이 현저히 달라진 경우에는 사정변경의 원칙에 따라 철회할 것을 허용해야 한다.[2] 그 요건으로서는 기초사정의 현저한 변화, 청약자의 예견불가능, 구속력존속의 객관적 부당성이 요구된다. 그러나 청약자가 사정변경 후 지체 없이 청약을 철회하지 않은 경우나 청약자가 사정변경의 위험을 스스로 인수한 경우에는 철회할 수 없다. ③ 消費者의 撤回權: 소비자가 상인에 대하여 청약을 한 경우에, 특별한 사정이 없는 한 그 소비자는 상인이 승낙하기 전까지 자기의 청약을 철회할 수 있다고 해석된다. 법률이나 약관에서는 상인의 승낙이 있어 계약이 체결된 후에도 소비자의 계약철회권을 인정하는 경우가 있는데, 이는 승낙 이전의 청약철회권과 구별된다. ④ 勤勞者의 辭職書: 근로자가 자발적으로 직장을 그만두기를 희망하는 사직서를 제출한 경우에, 그 퇴직의 의사는 사용자측의 승낙이 있기까지 철회될 수 있다(大判 1992. 12. 8. 91다43015).

1) 같은 취지: 郭潤直, 66; 金疇洙, 82; 金曾漢, 40. 독일민법 제145조 단서에서는 청약자는 구속력을 배제할 수 있다고 규정한다. 영국법에서는 청약에 구속력을 인정하지 않고 상대방의 승낙 전에는 언제든지 철회할 수 있다. Cheshire and Fifoot's, *Law of Contract*, 10. ed., p. 26.

2) 같은 취지: 黃迪仁, 67.

그러나 그 철회가 사용자에게 불측의 손해를 주는 등 신의칙에 반하는 특별한 사정이 있는 때에는 철회가 허용되지 않는다(大判 1992. 4. 10, 91다43138 참조).[1)]

大判 1992.12. 8, 91다43015: 근로자가 사직원의 제출방법에 의하여 근로계약관계의 합의해지를 청약하고 이에 대하여 사용자가 승낙함으로써 당해 근로관계를 종료시키게 되는 경우에, 근로자는 사직원의 제출에 따른 사용자의 승낙의사가 형성되어 확정적으로 근로계약종료의 효과가 발생하기 전에는 사직의 의사표시를 자유로이 철회할 수 있다.

대화자 사이의 청약에 관하여 민법 제527조의 예외를 인정하여 그의 구속력을 부인하는 견해가 있다.[2)] 그러나 대화자 사이의 계약체결에서는 일방당사자의 청약에 대해 상대방이 곧 승낙 · 거절 · 유예기간요청 등의 의사를 표시(명시 또는 묵시로)하였다고 보아야 한다. 유예기간요청의 경우에는 청약자의 반대의 의사표시가 없는 한 청약은 계속 구속력을 갖는다고 새기는 것이 타당하다. 청약자는 청약할 때 즉시 승낙하지 않으면 청약이 효력을 잃는다는 뜻(승낙기간의 제한)을 표시할 수 있음은 물론이다. 그러므로 대화자 사이의 청약에 민법 제527조의 예외를 인정할 필요는 없으며, 당사자의 의사표시의 해석에 의해서 타당한 결과를 유도할 수 있다고 생각한다.[3)] 단 상행위에 있어서는 대화자간의 청약은 상

1) 大判 1992. 4. 10, 91다43138: ① 근로계약 종료의 효과발생 전이라고 하더라도 근로자가 사직의 의사표시를 철회하는 것이 사용자에게 불측의 손해를 주는 등 신의칙에 반한다고 인정되는 특별한 사정이 있는 경우에 한하여 그 철회가 허용되지 않는다고 해석함이 상당하다. ② 교사가 교직의 계속적인 수행이 어려워 사직하기로 결심하고 작성일자를 3개월 뒤로 한 해직원을 제출하였다가 해직원의 작성일자 이전에 학교측에 대하여 다시 근무할 것을 희망하는 의사를 밝혔으나, 학교측이 위 사직원을 근거로 면직처분을 하였다면, 위 사직원 제출은 사용자에 대하여 근로계약관계의 합의해지를 청약한 경우에 해당한다고 볼 것이고, 학교측에 대하여 다시 근무할 것을 희망하는 의사를 밝힌 것은 종전의 사직 의사표시를 철회한 것으로 보아야 할 것인바, 이는 위 사직원 제출방법에 따른 근로계약관계의 종료를 위한 합의해지의 청약에 대하여 학교측의 내부적인 승낙의사가 형성되기 전에 이루어진 것으로서 특별히 위 사직 의사표시의 철회를 허용하는 것이 학교측에 대한 불측의 손해를 주게 되는 등 신의칙에 반한다고 인정되는 특별한 사정이 없는 한 적법하게 그 철회의 효력이 생긴 것이라고 보아야 하고, 따라서 학교측이 위 교사의 사직의사 철회 이후에 비로소 종전의 사직원에 기하여 그를 의원면직처분한 것은 무효이다.

2) 郭潤直, 67; 金疇洙, 83; 金曾漢, 40. 일본민법 제524조는 우리와 규정이 조금 다르게 규정되어 있어 그의 해석론으로서 대화자간의 청약의 철회가능성에 대해 견해가 대립한다. 鳩山秀夫, "對話者に對する申込の效力," 法學志林 제19권 12호, 34(拘束力認定說) 참조. 독일민법 제147조 1항과 스위스채무법 제4조는 일정한 경우 구속력을 부인하는 규정을 둔다.

3) 불특정인에 대한 청약도 구속력이 없다는 견해가 있으나(郭潤直, 66), 청약의 구속력제도의 취지에 비추어 볼 때 신뢰에 기초한 거래풍토의 보호를 위해서 반드시 인정되어야 한다고 생각한다(같은 취지: 黃迪仁, 64).

대방이 즉시 승낙하지 아니한 때에는 효력을 잃는다(상법 제51조).[1)]

(다) 請約受領者의 地位　청약의 수령자는 승낙을 함으로써 계약체결을 완료할 수 있는 법률상의 지위에 있다. 청약수령자의 승낙이라는 의사표시만으로 곧 계약체결의 효과를 가져온다는 점에서 형성권과 매우 흡사한 작용을 한다. 그러나 승낙은 독립의 법률행위가 아니라 계약체결의 합의 구성부분에 지나지 않으므로 승낙만을 청약과 별개로 따로 떼어서 보는 것은 옳지 않다.[2)] 청약수령자의 지위를 형성권이라는 독립의 권리로 파악하는 견해가 있으나 그는 타당치 않다고 생각된다.[3)] 사견으로는 청약수령자의 지위는 형성권이라는 법적 권리에는 이르지 않으며 승낙에 의하여 자기에게 이익을 가져올 수 있는 受惠者의 地位로 파악하는 것이 타당하다고 생각된다.[4)] 청약의 상대방은 일방예약에서의 豫約完結權者와 유사한 지위에 있으나, 예약완결권은 형성권으로서 양도, 담보설정 등이 가능하고 부동산의 경우에는 가등기를 함으로써 대외적으로 보호받을 수 있다는 점에서 청약상대방의 지위와는 성격을 달리한다.

청약수령자는 청약을 받음에 의해 아무런 법적 의무를 부담하지 않는다. 승낙 여부는 자유이며(계약체결의 자유) 승낙 여부의 회답을 할 의무가 없다.[5)] 다만 공익적 독점사업에 대하여는 체약의무가 부과되며(계약자유의 제한), 당사자 사이에 미리 예약에 의하여 승낙의무를 부과할 수 있다(편무계약. 쌍무계약).

3. 承　諾

(1) 意　義

청약의 수령자는 청약자에 대하여 그 청약내용을 모두 수락하고 계약을 체결하겠다는 의사를 표시함으로써 합의를 완성시킨다. 승낙은 특정의 청약에 대

1) 우리 법이 舊民法 제507조를 그대로 민법에 설치하지 않고 상법으로 신설한 것은 특히 상행위의 경우에만 그 원칙을 적용함이 타당하다는 취지로 해석될 수 있다.

2) 같은 취지: Bötticher, *Gestaltungsrecht und Unterwerfung in Privatrecht*, 1964, S. 12; 그 밖에 Larenz, Soergel-Lange, Erman-Hefermehl.

3) 형성권으로 보는 견해: 郭潤直, 68; 黃迪仁, 66. 독일에는 Lehmann-Hübner, Staudinger-Coing 등. 독일에서는 이 문제가 청약수령자 지위의 양도가능성 · 상속가능성 · 담보가능성 등과 관련하여 논의된다.

4) 영미법에서는 법적 권리(right)와 수혜(privilege)를 구별되는 개념으로 파악한다.

5) 항상 상거래관계에 있는 당사자 사이에서는 지체없이 諾否의 통지를 할 의무가 있으며, 그를 게을리한 때는 승낙한 것으로 본다(상법 제53조). 그러나 그 밖의 경우에는 비록 청약자가 청약수령자의 회답이 없는 경우 그를 승낙으로 본다는 뜻을 표시했다 하더라도 그러한 효력이 생기지 않는다. 청약과 함께 상품을 보내온 경우(물품청약)에 수령자에게 그 물건의 보관의무는 생기지 않으며, 보관비용을 지출한 경우에는 상환청구할 수 있다. 단, 상거래에서는 일정한 경우에 보관의무가 생긴다(상법 제60조).

응하여 행하여지는 것이므로 반드시 청약자에 대하여 하여야 한다(승낙의 수령자). 승낙자는 청약내용을 모두 수락함으로써 청약과 승낙이 서로 내용상 합치되어야 한다(뒤에 설명). 만약 청약의 일부내용을 변경하였거나 청약에 새로운 조건을 붙여서 승낙의 통지를 한 경우에는 그것은 승낙이 되지 않고 다만 청약의 거절과 동시에 새로 청약한 것으로 간주된다(제534조).

승낙도 청약과 마찬가지로 합의라는 법률행위를 구성하는 하나의 의사표시이다. 승낙의 의사표시는 반드시 명시적으로 할 필요는 없고 묵시적으로 하여도 무방하다.[1] 침묵은 특별한 사정이 없는 한 거절로 해석되나, 상사계약에서는 승낙으로 해석되는 경우가 많다(상법 제53조).

(2) 承諾期間

(가) 承諾期間의 意義 승낙은 청약이 유효하게 존재하고 있는 동안에 하여야만 청약과 합쳐 합의를 구성할 수 있다. 청약의 유효기간은 곧 승낙의 締約機能을 좌우한다. 이렇게 승낙이 유효한 청약과 합쳐져 계약체결의 기능을 수행할 수 있는 기간을 승낙기간이라 한다.

청약자가 승낙기간을 정하여 청약을 한 경우에 승낙은 그 기간 내에 청약자에게 도달하도록 행해져야 한다(제528조 1항).[2] 승낙기간을 정하지 않은 경우 승낙은 상당한 기간 내에 청약자에게 도달하도록 행해져야 한다(제529조; 상법 제52조 1항). 「상당한 기간」은 청약의 도달, 청약수령자의 결정, 승낙의 도달에 필요한 기간을 구체적인 거래의 모습, 거래관행, 기타 사정을 고려해서 객관적으로 판단한다. 특히 대화자간의 청약[3]인가, 격지자에 대한 청약인가도 상당한 기간의 판단에 고려되어야 한다.

(나) 延着된 承諾 승낙은 승낙기간 내에 청약자에게 도달하여야만 계약체결의 효과가 생긴다. 따라서 승낙기간 내에 도달하지 못한(즉 연착된) 승낙은 승낙으로서는 효력을 갖지 못하며, 다만 청약자가 그를 새로운 청약으로 볼 수 있을 뿐이다(제530조). 연착된 승낙을 받은 청약자가 그것을 승낙으로 본다는 뜻을

---

1) 일정한 사회정형적 행위를 묵시의 승낙으로 볼 것인가에 대해서는 의견이 대립한다. 뒤에 설명하는 사실적 계약관계 참조.

2) 청약자가 승낙기간을 얼마로 정하느냐는 자유이나, 거래의 모든 사정을 고려할 때 청약수령자가 도저히 승낙의 통지를 기한 안에 도달시킬 수 없을 정도로 짧은 기간을 정한 때에는 문제가 있다. 특히 約款에 의하여 不相當하게 짧은 승낙기간을 정하는 경우에는 그것이 신의칙에 어긋나지 않는가 심사되어야 한다. 같은 취지: MünchKomm-Kramer, § 148, 3.

3) 우리 민법은 대화자간의 승낙기간에 대하여 특별규정을 두지 않았으므로 앞의 청약부분에서 설명했듯이 일반원칙에 따라 해석해야 할 것이다(독일민법 제147조 참조).

통고한 경우에 계약의 체결을 인정하여도 무방할 것이다. 그 연착된 승낙에 대해 침묵하는 것만으로 거래관행상 계약체결을 인정해야 할 경우도 있을 것이지만, 언제나 침묵을 수락으로 의제하는 것은 곤란하다.[1]

다만 연착된 승낙이라도 보통 승낙기간 내에 도달할 수 있도록 발송된 경우에는 예외가 인정된다. 연착된 승낙을 받은 청약자는 지체없이 승낙자에게 연착의 사실을 통지하여야 하며(제528조 2항),[2] 만약 연착의 통지를 게을리한 경우에는 그 승낙은 승낙기간 내에 도달한 것으로 되어(제528조 3항) 계약이 체결된다.

이와 같이 민법은 청약자에게 延着通知義務를 부과한다. 연착통지의무가 부과되는 근거는 무엇인가. 이 의무가 발생하는 시점은 당사자 사이에 아직 계약이 체결되기 전이므로 契約交涉關係에 있는 당사자 사이에 요구되는 주의의무로서 그 연착통지의무가 발생한다고 볼 수 있다. 연착통지의무는 間接義務에 불과하다. 간접의무란 의무자가 그 의무를 해태할 때 법률이 정하는 불이익을 받게 될 뿐인데, 민법은 연착통지의무 위반의 효과로서 「현재에는 의욕하지 않는 계약」을 강요하는 무거운 효과를 부여한다. 연착통지의무는 채무가 아니므로 그 통지 자체를 이행강제하거나 손해배상을 청구할 수 없다. 민법이 연착통지 위반의 효과로서 계약을 강제하는 것은 부당하다고 생각된다. 청약자가 승낙기간 경과 후 연착 이전에 제3자와 계약을 체결한 경우에 이중계약의 문제가 발생할 수 있는데, 이를 무시하고 그 승낙자와 강제로 계약관계를 맺도록 하는 것은 청약자의 의사에 반하여 지나치게 구속하는 것이 된다.

4. 合意의 成立

(1) 請約과 承諾의 一致

(가) 合　致　승낙은 청약에서 제안된 거래조건을 모두 수락함을 내용으로 하여야 한다. 이렇게 청약의 제안과 승낙의 수락이 내용면에서 서로 일치하는 것을 합치(Konsens)라고 하며,[3] 일치하지 않는 것을 불합치(Dissens)라 한

---

1) 같은 취지: 金東勳 "청약과 승낙이론의 몇 가지 문제점," 고시계 1999년 8월호, 40. 그러나 민법주해(12), 212(지원림 집필부분)은 연착으로 인해 청약자 결정의 변경가능성을 시사하는 상황이 존재하지 않는 한 신의칙에 따라 새로운 청약으로 평가된다고 한다.

2) 단, 청약자가 승낙의 통지를 받기 전에 이미 지연의 통지를 한 경우에는 연착통지를 다시 할 필요가 없다(제528조 2항 뒷문장).

3) 합치는 청약과 승낙이 내용상 일치하는 사실을 가리키며, 합의는 그러한 합치로 계약이 성립하게 되는 법률행위를 말한다.

다. 합치의 경우에만 계약이 성립한다.

승낙과 청약은 각각 의사표시이므로 그의 의미는 의사표시해석에 의해 명확히 밝혀진다. 의사표시의 해석은 그 표시내용의 객관적 의미를 밝히는 일인데, 이 때 표시자의 효과의사(주관적 의미)도 고려되어야 한다. 해석에 의해 밝혀진 두 개(청약과 승낙)의 의사표시의 내용이 서로 일치하는 경우에만 합의가 성립한다.[1)]

(나) 表示된 事項에 관한 合致 합치는 표시된 모든 사항에 관하여 있어야 한다.[2)] 청약에서 제안된 사항은 아무리 사소한 부분이라도 승낙에서 모두 수락되지 않으면 합치는 생기지 않는다. 청약에서 제안되지 않은 사항에 대하여는 어떠한가. 청약에서 제안되지 않았으나 승낙에서 새로운 사항을 제안한 경우에는 조건을 붙인 승낙으로서 새로운 청약으로 본다(제534조). 그러나 그 새로운 조건이 계약의 중요내용이 아니며, 승낙자가 그 조건의 수락 여부와 관계 없이 계약을 체결할 의사가 있다면 그것을 승낙으로 보아 계약은 성립된다고 해석된다.

계약의 모든 사항에 관하여 반드시 명백한 합의가 있을 필요는 없고, 거론되지 않은 사항은 법률, 거래관습, 당사자의 의사해석에 의해서 보충된다.[3)] 단, 이상의 방법에 의해서도 계약의 중요내용(예: 매매에서 목적물과 대금)이 정해지지 않은 경우에는 계약이 성립하지 못한다.[4)] 건설하도급공사에서는 공사금액 외에 구체적인 공사시행 방법, 공사비 지급방법에 관한 합의까지 이루어져야 한다(大判 2001. 6. 15, 99다40418).

---

1) 단, 예외적으로 일방의 착오로 양자가 일치하지는 않으나, 쌍방당사자의 효과의사는 일치하고 있는 경우를 「잘못된 표시에 의한 불합치」라고 하며, 이 때에는 당사자의 진정한 의사에 따라 계약을 성립시키는 것이 옳다. 이미 로마법에 「잘못된 표시는 害하지 않는다」(falsa demonstratio non nocet)는 법명제가 있었고, 프랑스민법은 제1156조에서 「합의에 있어서는 용어의 字意보다는 계약당사자의 공통된 의사를 탐구하여야 한다」, 제1163조에서 「합의서에 표시된 용어가 일반적인 것인 때에도 당해 합의는 당사자의 계약체결의 의미만을 포함하는 것으로 한다」고 규정한다. 기타 스위스채무법 제18조 1항과 미국계약법 리스테이트먼트(수정판, 1975) 제297조도 같은 취지이다. 독일에는 명문의 규정은 없으나 학설은 대체로 의사표시해석에서 이를 인정한다(Flume, *Das Rechtsgeschäft*, 1965; Wieling, "Die Bedeutung der Regel falsa demonstratio non nocet," in Vertragstecht, *AcP* 172; 小林一俊, "契約における合意と誤差," 現代契約法大系 I, 286 이하 참조).

2) 같은 취지: 郭潤直, 60; 獨逸民法 제154조 1항 앞문장 참조.

3) 스위스채무법 제2조는 유보된 부수사항은 법관이 행위의 성질에 따라 결정하여야 한다고 규정한다.

4) 계약의 불성립과 무효는 개념상은 별개이나 실제로 명확히 구별되지 않는다. 불성립은 합의의 성립요건(당사자 · 목적)을 갖추지 않았거나 합의의 중요한 요소인 의사의 합치가 이루어지지 않은 경우를 말하고, 무효는 합의의 유효요건(목적의 적법, 행위능력, 의사표시의 하자 없음 등)을 갖추지 않은 경우를 가리킨다. 무효의 합의는 다른 행위로 전환되거나 추인에 의하여 새로운 법률행위로 될 수 있다(제138조, 제139조). 생각건대 불성립과 무효를 위와 같은 형식적 기준에 의하여 논리적으로 구별할 것이 아니라, 다른 행위로의 전환이 가능하거나 그 흠이 치유가능하면 양자를 구별말고 새로운 법률행위로서 인정하여야 한다.

사례연구: 合意에 의한 契約成立

청약자 A(서울)가 승낙자 B(제주)와 계약교섭을 하면서, A가 자사의 상품을 개당 5만원에 공급하겠다고 청약하였고, B는 그 상품을 2개 주문하는 편지를 보냈다.

① A가 청약서에 운송비에 대해 언급하지 않는 경우: B가 그 상품을 2개 주문하면서 "운송비는 A의 부담으로 한다"는 확인문구를 둔 경우를 생각해 보자. A의 청약에 운송비에 관해 언급이 없는 것은 민법 제467조 및 통신판매의 관행에 따라 지참채무로 한다는 취지로 보충될 수 있고, 이는 B의 언급과 일치하므로 A와 B 사이의 계약은 B의 승낙서가 발송된 때에 성립한다. B가 승낙서에 운송비에 관해서는 침묵한 채, 당연히 A의 부담으로 할 것으로 내심의 기대를 한 경우에도 A와 B 사이에 매매계약은 체결되고 민법 제467조에 따라 A가 운송책임을 지게 된다. A가 운송비를 B의 부담으로 할 것을 의도했으면서 청약서에 쓰지 않았고, B는 "운송비는 A의 부담으로 한다"는 문구를 승낙서에 기재한 경우에, A와 B 사이에는 「숨은 不合意」가 존재하게 된다. 이러한 숨은 불합의는 계약의 중요부분(목적물과 대금)에 관한 것이 아니므로 계약성립에는 지장이 없고, 민법에 의해 보충되어 지참채무로 된다.

② A가 청약서 하단에 작은 글씨로 "운송비는 B의 부담으로 한다"는 문구를 삽입하였으나, B가 이를 읽지 않고 운송비는 A의 부담으로 하겠거니 생각한 경우는 앞의 경우와 다르다. B가 승낙서에 "운송비는 A의 부담으로 한다"는 문구를 넣어서 승낙서를 보낸 경우에는 不合意로 인해 계약은 성립하지 않고, B의 편지는 새로운 청약으로 취급된다. B가 이러한 문구를 넣지 않고 승낙서를 보낸 경우에는 표면상의 불일치가 없으므로 계약은 성립한다. 다만 B는 착오에 의한 의사표시를 한 것이 되는데, B가 민법 제109조의 착오로 인한 취소요건을 갖춘 경우에 한하여 그 계약을 취소할 수 있으나, B가 청약서의 문구를 간과한 것은 중대한 과실이 있다고 보여지므로 착오를 이유로 한 취소는 허용되지 않는다. 다만 통신판매에 따른 소비자의 계약취소권을 행사할 수는 있다.

(2) 意識되지 않은 不合意

(가) 意識된 不合意　청약수령자가 청약을 거절하거나 내용변경 또는 조건부로 응낙하거나 침묵을 지킴으로써 합의가 성립되지 못한 경우, 청약자와 청약수령자는 그 사실을 아는 것이 보통이다.

(나) 意識되지 않은 不合意　청약자가 침묵을 승낙이라고 오해하거나 내용변경 또는 조건부의 수락을 무조건 승낙으로 오해한 경우에는 사실은 불합치

가 있음에도 청약자는 합의가 성립하였다고 믿고 계약의 이행준비를 하는 등 계약성립을 전제로 한 행위를 하게 된다. 이와 같이 불합치로 말미암아 계약이 성립하지 못하였다는 사실을 청약자나 청약수령자의 쌍방 또는 일방이 알지 못하는 경우를 「의식되지 않은 불합의」(verstecter Einigungsmangel)라고 한다. 승낙의 의사표시가 청약자에게 도달하지 않았음에도 승낙자는 그를 알지 못하고 계약이 성립했다고 믿는 경우에도 의식되지 않은 불합의가 존재하며 계약은 성립하지 않는다.

(다) 合意에서 漏落된 事項　당사자가 거론하여 흥정하여야 할 사항을 청약 또는 승낙할 때에 실수로 빠뜨린 경우, 외부적으로는 거론된 모든 사항에 대하여 합치가 있더라도 당사자의 진의에 있어서도 불합치가 존재할 수 있다. 이 경우 표시된 사항만이 합치로 계약은 성립하는가, 또는 당사자의 의사를 존중하여 계약성립을 부정할 것인가. 이 점에 관하여 우리 민법은 침묵한다.[1] 계약은 두 계약당사자 사이의 채권채무관계의 발생을 내용으로 하는 것이므로 양 당사자 사이의 진정한 합의가 없는 경우에는 계약성립을 부정하는 편이 타당하다고 생각된다. 다만 누락된 부분이 계약관계에서 사소한 역할밖에는 하지 않으므로 그 부분의 불합치가 있음에도 당사자가 계약을 체결하였으리라고 인정되는 경우에는 계약은 합치된 내용만으로 성립한다(제137조 뒷문장의 유추적용).[2]

(라) 多義性으로 인한 不合意　청약이나 승낙의 의사표시가 객관적으로 여러 가지 의미로 해석되어 체약준비과정 및 기타 모든 사정을 고려해도 어떠한 의미인지 밝혀지지 않는 경우에는 불합치한 것으로 본다. 용어의 다의성에도 불구하고 당사자의 진의가 어느 한 의미로 일치한 경우에는 계약은 그 합치된 내용으로 성립한다. 객관적인 표시상의 불합치가 있음에도 불구하고 당사자의 眞意는 一致하는 경우에는 합의가 있는 것으로 본다.

(3) 錯誤의 意思表示에 의한 合致

(가) 錯誤로 인한 合意　청약수령자가 청약의 내용을 오해하고 그를 승낙

---

1) 독일민법 제155조는 누락된 부분에 관한 결정 없이도 계약이 체결되었으리라고 인정되는 경우에만 합의가 효력을 발생한다고 규정한다.

2) 같은 취지: 黃迪仁, 63. 宋德洙, "불합의," 고시연구, 1990년 1월호에서는 "합의가 행하여지지 않은 사항이 당사자들이 그에 관한 불합의를 안 경우에도 계약을 체결했을 것이 인정될 정도로 본질적이 아닌 때에는 예외적으로 합의가 이루어진 범위에서 계약이 성립한다"고 한다. 그 이유는 당사자들이 계약이 성립했다고 믿는 때에는 계약을 유지하는 것이 보통일 것이고 수포로 돌아가게 하지는 않는 것이 합리적이기 때문이라고 한다. 다만 우리 민법 제137조로부터 직접 독일민법 제155조와 동일한 결과를 끌어낼 수는 없다고 한다.

反對說: 郭潤直, 61은 아무리 경미한 점에 관한 불합의라도 그의 입증이 있으면 계약이 성립하지 않는다고 한다.

한 경우(동기의 착오), 청약자에 대한 응답에서 내심과는 다른 표시를 한 경우(거래의 착오) 또는 중개인이 잘못 전달한 경우(거래기간의 착오)에 그러한 응답이 청약과 합치할 때 착오에 의한 합치가 있게 된다. 이 때 청약과 승낙의 객관적인 표시내용은 일치하게 되며, 다만 승낙의 의사표시 하나만이 착오에 의한 것이다.[1] 착오에 의한 의사표시는 일단은 유효하므로 이 경우 청약과 승낙은 모두 유효하고 내용도 합치되므로 계약은 성립한다. 다만 표의자의 무과실 또는 경과실로 내용의 중요부분에 착오가 있었던 때에는 취소할 수 있다(제109조 1항).[2] 청약 또는 승낙이 취소되면 계약은 소급적으로 무효가 된다(제141조).

㈏ **錯誤와 不合意의 區分** 착오와 불합의는 개념상 구별된다(학설 일치). 착오는 청약 또는 승낙의 어느 한 의사표시 내에서 표의자의 효과의사와 표시내용이 일치하지 않는 경우를 가리키며, 그것은 그 의사표시의 효과문제로 된다. 그러나 불합의는 일단 표시된 청약과 승낙의 두 의사표시가 서로 내용이 일치하지 않은 경우를 가리킨다. 특히 의식되지 않은 불합의는 착오와 혼동되기 쉽다.[3] 그러나 착오에 의한 청약 또는 승낙의 경우는 합치가 있으면 계약이 성립하나(단, 취소가능한 경우 있음), 의식되지 않은 불합치의 경우는 계약이 성립하지 않는다는 중대한 효과상의 차이가 있다.

(4) 契約의 成立時期

㈎ **承諾의 意思表示가 發送된 때** 계약은 청약에 대한 승낙이 행해진 때에 성립한다. 원래 상대방 있는 의사표시는 그 통지가 상대방에게 도달한 때부터 효력이 생기는 것이 원칙이다(제111조 1항). 그런데 격지자간의 계약체결에 관해서는 민법 제531조가 「승낙의 통지를 발송한 때에 계약이 성립한다」고 규정한다(承諾의 發信主義).[4]

---

1) 물론 청약자만이 착오로 청약을 한 경우도 있고, 양 당사자가 착오의 의사표시를 하는 경우도 있을 수 있다. 이들 경우에도 문제점은 동일한다.

2) 大判 1986. 8. 19, 86다카448에서는 "근저당권설정자 또는 보증인이 계약서상의 채무자가 마음 속으로 채무자라고 본 사람의 이름을 빌린 것에 불과하여 계약 당시 원고가 두 사람이 같은 사람이 아닌 것을 알았더라도 그 계약을 맺을 것이라고 보여지는 등 특별한 사정이 있는 경우에는 형식상 사람의 동일성에 관한 착오가 있는 것처럼 보이더라도 이를 가지고 법률행위의 중요부분에 관한 착오라고 볼 수 없다"고 한다.

3) 사례로서 어느 가게에 「1kg에 1,000원」이라고 써붙인 귤을 甲이 1관에 1,000원인 것으로 오해하고 1,000원어치만 달라고 요구한 경우, 착오에 의한 합치가 있다고 볼 것인가, 의식되지 않은 불합치가 있다고 볼 것인가는 애매하다. 그러나 이 경우 甲이 표시한 부분에서는 불합치가 나타나지 않더라도 계약의 중요부분(가격)에 관한 진정한 합치가 없으므로 계약은 성립되지 않는다고 해석된다. 그러나 「1kg에 1,000원」이란 뜻을 제대로 이해한 乙은 1kg만 사려고 했는데 그만 「10kg 달라」고 잘못 이야기한 경우는 乙의 승낙은 착오에 의한 의사표시가 된다.

4) 승낙의 발신주의는 스위스채무법(제10조 1항)과 영미법에서 Adams v. Lindsell 사건(1817) 이래 취하고 있으며, 독일법은 이를 취하지 않고 도달주의에 의한다. 특히 영미법에서 발신주의를 취하는 이유는 청약에

만약 승낙의 통지를 발송하였으나 도달하지 않은 경우에는 어떻게 되는가. 승낙은 상대방에게 도달되어야만 효력이 생기는 상대방 있는 의사표시이므로 전혀 도달되지 않은 승낙은 발송만으로써 효력을 갖지 못함은 물론이다. 민법 제531조는 계약의 성립시기를 발송시로 앞당겼을 뿐이지 승낙이 도달될 필요가 없다는 것을 규정한 것은 아니기 때문이다. 즉 계약은 승낙의 발송만 행해지면 승낙이 청약자에게 승낙기간 내에 도달되지 않은 것을 解除條件으로 하여 발송시에 성립된다고 해석된다(다수설).[1] 따라서 계약에 기한 채권 · 채무는 발송시부터 발생한다.

대화자 사이의 계약에서는 승낙의 의사표시가 발송과 동시에 도달되므로 계약성립시기의 문제는 실제로 생기지 않는다(그러나 이론적으로는 도달시에 계약이 성립한다).

㈏ 契約書作成의 慣行　실제거래에 있어서는 청약과 승낙 외에 양 당사자가 서명날인하는 계약서를 별도로 작성하는 경우가 많다. 우리 민법은 당사자의 합의만으로 성립하는 낙성계약을 원칙으로 하고 합의에는 아무런 방식도 요구하지 않으므로 계약서의 작성은 원칙적으로 합의를 증명하는 증거문서라고 해석된다. 그러나 경우에 따라서는 당사자의 구두에 의한 청약이나 승낙은 장차 계약서작성시 확정적 의사표시를 한다는 사전약속의 의미로 하고, 진정한 청약 또는 승낙의 의사표시는 계약서에 서명날인할 때 비로소 행하기도 한다. 이 경우 사전의 구두청약 · 구두승낙은 실은 청약·승낙이 아니고, 다만 계약체결의 준비 · 교섭단계에 해당할 뿐이다.

계약성립시기는 계약서작성이 위의 두 경우 중에서 어디에 해당하느냐에 따라 달라진다. 전자의 경우는 구두승낙시이고, 후자의 경우는 계약서작성시이다. 위의 두 경우는 구체적 사례에서 거래관행 · 기타 사정에 비추어 당사자의 의사를 탐구함으로써 구분된다(의사표시의 해석문제).[2]

구속력을 인정하지 않고 철회의 자유를 인정하는 점과 균형을 맞추기 위함이라고 보는 견해도 있다(Nussbaum).

1) 같은 취지: 郭潤直 74; 金疇洙, 89; 金曾漢, 44; 金顯泰, 34; 黃迪仁, 78; 민법주해(12), 217(池元林 집필부분). 이에 대하여 소수설로서 계약은 승낙의 발송으로 성립하며, 승낙의 부도달은 승낙의 효력에는 영향을 주지 않으나 청약의 효력이 소멸하므로 계약은 결국 성립하지 않는다는 견해(金基善, 51; 李太載, 67)가 있었다. 그 밖에 다수설 중에도 민법 제531조가 승낙의 도달에 관한 입증책임을 전환시키고 승낙자의 철회를 제한하는 규정이라고 해석하는 견해가 있으나(郭潤直, 74), 民法 제531조는 단지 계약성립시기에 관하여 규정할 뿐이므로 그 밖의 문제는 입증책임이나 의사표시에 관한 일반원칙에 따라 해석하여야 한다고 생각한다.

2) 같은 취지: 郭潤直, 59. 참고로 독일민법에서는 증서작성의 약정이 있은 경우 계약은 증서작성시에 성립하는 것으로 추정한다(제154조 2항). 大判 1986. 2. 11, 85다카1714·1715은 「리스계약에 있어 借受證을 發行한 바 없으면 리스기간은 개시되지 않는다」고 한다. 따라서 리스 이용자는 차수증을 발급한 날로부터 물건

전자적 의사표시에 의한 계약의 성립

전자적 의사표시란 컴퓨터에 의해서 형성 또는 전달되는 의사표시를 말한다. 전자적 의사표시는 컴퓨터 프로그램에 의하여 일정한 요건 아래 자동적으로 형성된 것이 전달되는 경우, 인간에 의해 작성된 전자문서가 정보전달장치를 통하여 전달되는 경우 등으로 나뉠 수 있다. 특히 문제가 되는 것은 전자의 경우인데, 구입의사를 밝혀 온 청약자에게 자동적으로 승낙의 의사를 표시하고 발송방법 · 대금결제방법 등을 문의하여 저장하는 전자쇼핑의 매매계약체결이 그 예이다. 전자거래기본법에서는 電子文書를 "컴퓨터 등 정보처리능력을 가진 장치에 의하여 전자적 형태로 작성되어 송·수신 또는 저장되는 정보를 말한다"고 정의한다(전자거래기본법 제2조 1호). 전자문서는 전자적 형태로 되어 있다는 이유로 문서로서의 효력이 부인되지 않는다(전자거래기본법 제2조).[1]

① 請約의 誘引: 인터넷 등 네트에 상품이나 용역의 광고를 하고 소비자가 주문할 수 있도록 하는 경우에, 그 상품광고는 청약의 유인이다. 소비자가 네트에 자신의 신용카드번호를 입력하면서 상품을 주문하는 것이 청약에 해당하고, 상인은 그 소비자의 신용을 조회해 보고 승낙의 의사표시를 한 후 상품을 발송하게 된다.[2]

② 對話性과 隔地性의 共存: 컴퓨터네트에서 매도인과 매수인은 서로 전자적 의사표시로서 대화를 나누면서 매매계약을 체결하므로 대화자간 계약이라고 할 수 있는 한편, 매도인이 직접 대화에 임하지 않고 준비된 컴퓨터 프로그램이 대화에 응하고 매도인은 후에 그 대화자료를 점검한다는 측면에서 격지자간의 계약으로서의 성격도 갖는다.

③ 發信과 到達: 전자메일의 발송과 함께 의사표시의 발신이 이루어진다. 프로바이더에 의해 중간 보관되었다가 시간예약전송되는 경우에 예약된 시간에 전송이 됨으로써 발신한 것으로 보게 된다. 의사표시가 수령인 컴퓨터 내에 입력되는 때에 의사표시의 도달이 있게 된다. 전자우편함에 중간보관되는 경우에, 도달의 시기를 그 우편함에 의사표시가 저장되고 수령인을 위하여 검색가능한 상태에 있을 때로 볼 것인가 또는 수령인이 검색하여 인지한 때로 볼 것인가 문제될 수 있다. 특별한 사정이 없는 한 수령인에게 검색 가능한 때에 도달된 것이다.

의 사용권을 갖는다.

1) UN전자상거래모델법(UNCITRAL Model Law on Electronic Commerce, 1996)에서도 " 정보는 단지 데이터메시지의 형태라는 이유 때문에, 그 법적 효과, 유효성, 강제가능성이 부인되지는 않는다"고 하며, "청약과 승낙은 데이터메시지의 방법으로 표현될 수 있으며, 데이터메시지가 계약성립을 위하여 사용되었다는 이유만으로 그 계약의 유효성이나 강제가능성이 부인되지 않는다"고 규정한다. 韓雄吉, "전자상거래법의 입법을 위한 참고자료," 동아법학 제23호, 동아대 법학연구소.

2) 張在玉, "인터넷상에서의 계약체결 — 의사표시와 관련한 몇 가지 기초적 검토," 중앙대법학논문집 제23집 1호, 1998에서는 "사업자가 즉시 크레디트카드의 번호를 입력할 것을 요구하는 경우에는 자동판매기의 설치에서와 같이 불특정다수인을 대상으로 하는 청약으로 볼 수 있다"고 한다.

④ 錯誤에 의한 取消: 전자적 의사표시에서 착오는 입력상의 실수, 시스템상의 흠, 네트워크 전달상의 흠 등이 원인이 된다. 입력상의 실수는 표시의 착오 또는 동기의 착오로 다루어지는데, 동기의 착오에 관하여 취소권을 배제하는 견해를 취하지 않는 한 양자의 구별실익은 없다.[1] 프로그램상의 흠으로 인해 컴퓨터 표시에 흠이 발생한 경우에는 표시상의 착오로 보아야 한다(동기의 착오로 보는 입장도 있음). 의사표시의 내용의 착오가 아니라, 어떤 의사표시가 네트워크의 오류로 다른 곳으로 전달된 경우에는 착오의 문제가 아니라 不到達의 문제로 된다.

⑤ 契約撤回權: 네트워크거래는 통신판매의 일종으로서 매수인에게 계약체결일부터 7일 이내에 계약을 철회할 수 있는 권리가 부여된다.[2]

企業의 契約檢討

기업의 계약체결에서는 다음 사항들이 시정되어야 한다. 첫째, 계약서 내용의 작성에 있어서 적절한 전문용어나 필요한 계약사항들의 고려가 미흡하다는 점, 둘째, 계약상대방과의 합의적인 분위기를 해치지 않기 위해 관련 문제를 꼼꼼하게 다투는 것을 회피한다는 점, 셋째, 계약상 작성된 내용에 대하여 아전인수격으로 해석하여 자신에게 유리한 방향으로만 생각하여 장래 닥쳐올 위험에 대비하지 못한다는 점 등이다.

법률적인 조언과 건의를 통해 기업의 최고의사결정자를 보좌하는 참모의 역할로서 계약검토업무의 중요성이 높아지고 있다. 계약검토란 기업의 비전문적인 부서에서 준비중인 계약서 혹은 체결상대방이 제안한 계약서 등을 전문부서에서 당해 기업에 이익이 되도록 다듬는 작업을 말한다.

---

1) 독일의 판례는 보험회사 컴퓨터에 보험금액을 입력하면서 발생한 흠의 경우에 표시의 착오로 인한 취소를 인정한 바 있다(OLGHamm, NJW 1993, 2321).

2) 유럽연합의 "격지자간 유통계약체결에서의 소비자보호에 관한 각료이사회와 유럽의회지침(Richtlinie 97/7 EG des Europäischen Parlaments und Rates vom 20. 5. 1997 über den Verbraucherschutz bei Vertragsschlüssen im Femabsatz) 제6조에서는 소비자의 철회권(Widerrufsrecht)에 관한 규정을 두고 있다. 이에 따르면 인터넷 거래 등에서는 평일로 7일의 기간 내에 반송요금을 제외한 어떠한 금진부담도 없이 소비자는 계약을 철회할 수 있고, 이 기간은 상품의 경우에는 소비자에게 인도된 날로부터, 용역의 경우에는 계약이 체결된 날로부터 시작된다.

§6. 契約成立의 特殊形態

1. 意思實現에 의한 契約成立

(1) 意 義

㈎ 概 念 승낙의 의사표시로 인정되는 사실을 의사실현이라 한다. 의사실현은 의사표시처럼 일정한 효과의사를 외부에 표시할 목적으로 행하여진 것으로 볼 수는 없지만, 그러나 그것으로부터 일정한 효과의사를 추단할 수 있는 행위를 가리킨다. 승낙의 의사표시를 묵시적으로 한 경우와 의사실현은 개념상 서로 다르지만 실제에는 의사실현과 묵시적 승낙의 구별이 곤란한 경우가 많다. 그리고 이들은 현대사회에서 통상 행해지는 전형적인 행위(사회정형적 행위)로 나타나는 경우가 많다. 그 실례로서 신문판매인에게 동전(대금)을 쥐어 주는 행위, 셀프 서비스 가게에서 자기가 살 물건을 집는 행위, 유료주차장에 차를 세워 두는 행위 등을 들 수 있으나, 결국 각 거래의 구체적 사정을 고려해서 결정할 수밖에 없다.

㈏ 私的 自治의 擴張制度 청약자의 의사표시나 관습에 의하여 승낙의 통지가 필요하지 아니한 경우에는 승낙의 의사표시 없이도 의사실현에 의해 계약이 성립한다(제532조). 의사실현에 의한 계약체결의 제도는 계약당사자의 자발적 의사에 의하여만 계약상의 채무가 생기도록 하는 사적 자치원칙에 어긋나는 것은 아니다. 의사실현제도는 당사자의 명백한 의사표시가 없는 경우에 일정한 행위로부터 당사자의 意思를 推斷함으로써 私的 自治의 擴張을 꾀하는 제도이다. 이 점에서 당사자의 의사를 문제삼지 않고 단지 일정한 행위로부터 바로 계약체결을 인정하는 사실적 계약론과 구별된다.

의사실현에 의한 계약체결은 거래행위를 간편하게 하고 그 법률관계를 명확하게 하는 작용을 한다. 의사실현제도는 청약자의 이익을 보호하는 기능을 담당한다. 청약자가 의욕하는 계약의 체결을 신속 · 간편하게 체결시키고, 의사실현으로 인정되는 행위가 있은 후부터 계약의 법률효과를 발생시킨다.

(2) 要 件

㈎ 承諾의 通知를 필요로 하지 않는 경우일 것 승낙의 통지를 필요로 하지 않는 근거는 請約者의 意思表示나 慣習에 기인한다. 의사표시의 경우 청

약자가 승낙의 통지를 할 필요가 없음을 미리 밝혀어야 한다. 그 의사표시는 반드시 명시적일 필요는 없고 묵시적이라도 무방하다.[1] 어떤 거래분야에서는 승낙의 통지를 하지 않는 것이 관습인 경우도 있다. 승낙의 통지를 필요로 하지 않는 관습은 청약자의 의사표시(묵시적 의사표시)를 해석하기 위한 기초가 되므로 관습의 경우와 의사표시의 경우가 언제나 명백히 구별되는 것은 아니다.

(나) 承諾의 意思表示로 인정되는 事實이 있을 것　청약수령자가 계약체결을 의도하는 것으로 추단되는 「의사실현의 사실행위」를 하였고 그것이 외부적으로 인식될 수 있어야 한다.

의사실현의 대표적인 모습은 ① 履行行爲: 상품목록에 의해 주문해 온 목적물을 발송하는 등 계약체결을 전제로 그 채무의 이행행위를 하는 경우이다. ② 目的物의 使用: 청약수령자가 청약과 함께 제공된 목적물을 사용·소비하는 경우가 의사실현에 해당할 수 있다. 그러나 목적물 자체가 아닌 시음용 견본품을 사용하는 경우 또는 목적물의 사용이 승낙의 의사를 표현하는 것이 아님을 명백히 한 경우에는 그러하지 아니하다. ③ 沈默: 승낙의 통지를 필요로 하지 않는 경우라도 청약수령자의 단순한 침묵만으로는 계약이 성립하지 못함이 원칙이다. 침묵은 의사실현에 해당하지 않는다. 단 상인이 늘 거래관계에 있는 자로부터 그 영업부류에 속한 계약의 청약을 받은 때에는 침묵도 승낙으로 간주된다(상법 제53조).

(다) 潛在的 締約意思　이행행위착수나 목적물의 사용과 같은 사실행위는 반드시 행위자가 승낙의 의도나 의식을 갖고 행한 것이어야 하는 것은 아니지만, 잠재적인 승낙의사가 그 안에서 추단될 수 있는 경우라야 한다. 의사실현은 그 자체가 승낙이라는 의사표시와는 구별되므로, 의사실현의 사실행위는 승낙의사라는 주관적 요건을 갖추어야 하는 것은 아니다. 그러나 의사실현이라는 사실행위의 가치는 승낙의 의사표시와 同級에 놓일 정도로 행위자의 의사적 추단가능성을 가져야 한다. 따라서 의사실현에 필요한 주관적 요소는 의사표시라고 할 정도로 효과의사가 뚜렷할 필요는 없지만 그 사실행위에 내재하는 잠재적 의사가 추단될 정도는 되어야 할 것이다. 예를 들어 고객이 슈퍼마켓에서 미끄러져서 반사적으로 옆의 물건을 손에 집은 경우와 같이 「잠재적 체약의사

---

1) 같은 취지: 郭潤直, 80; 金錫宇, 62; 金疇洙, 77; 金曾漢, 48; 金顯泰, 35~36. 물건의 주문자가 「至急」 또는 「가능한 한 빨리」 목적물을 보내 줄 것을 요구하는 경우에 청약자의 승낙포기의 묵시적 의사를 인정할 수 있다(黃迪仁, 81; RG 84, 323; 102, 372).

조차 없는 행위」, 슈퍼마켓에서 물건을 절도할 의도로 주머니에 집어 넣은 경우와 같이 「체약의사가 전혀 없는 행위」는 의사실현으로 볼 수 없다. 그러나 유상의 급부를 의식적으로 수령하고 대가를 내지 않겠다고 하는 경우는 의사실현에 의한 계약성립이 인정된다. 의사실현은 승낙의 의사표시와 같은 가치를 가지므로, 의사실현에 내재된 체약의사에 하자가 있는 경우에는 취소권의 발생 등 그에 상응하는 효과가 생긴다.[1] 추단된 체약의사는 의사실현의 사실행위로 표현되면 되는 것이고, 승낙의 의사표시와는 달리 청약자에게 도달될 것을 요하지 않는다.

(라) 立證責任 계약의 체결 및 그 효과를 주장하는 자가 의사실현의 사실행위에 의해 계약이 체결되었음을 주장 · 입증하여야 한다. 이 때 의사실현의 사실행위가 승낙의사에 기초한 것이라는 점도 입증해야 하지만, 그 사실행위가 통상적으로 승낙의사가 추단될 수 있는 경우(사회정형적 행위)라는 사실을 주장 · 입증하는 것으로 충분하다. 계약체결을 부정하는 자가 그 행위는 체약의사가 전혀 없는 반사적 행위였다는 사실을 입증하여야 한다.[2]

(3) 契約의 成立時期

계약은 意思實現의 事實이 있는 때에 성립한다(제532조). 청약자가 그 사실을 알지 못하더라도 계약은 성립한다. 의사실현은 승낙의 의사표시에 갈음하여 계약을 성립시키는 것이며, 청약 · 승낙의 의사표시가 있더라도 일방당사자의 급부이행이 있어야 계약의 효력이 생기는 要物契約(예금계약 등)에서의 급부이행과 의사실현은 개념상 구분된다.

2. 交叉請約에 의한 契約成立

(1) 意 義

당사자간에 동일한 내용의 청약이 상호 교차된 경우를 교차청약이라고 하며, 이 경우에 양 청약이 상대방에게 도달한 때에 계약이 성립한다(제533조). A와 B가 각각 동일한 내용의 거래를 목적으로 상대방에게 청약의 서신을 발송한 경우가 교차청약의 예이다.

---

1) 같은 취지: 郭潤直, 81. 예를 들면 청약과 동시에 송부된 물건을(물품청약) 자기의 물건인 것으로 알고 소비한 경우에 착오가 문제된다.

2) 같은 취지: 민법주해(12), 223(池元林 집필부분); Soergel-Lange, § 151. Rn. 26; MünchKomm-Kramer, § 151 Rn. 57.

합의에서는 청약에 대한 응답으로써 승낙이 행해짐에 반하여, 교차청약에서는 두 개의 청약이 상호 교차될 뿐 청약수령자의 승낙의 의사표시는 없다는 점에서 양자가 개념상 구별된다. 그렇다고 하여 교차청약이 합의와 본질을 달리하는 것은 아니다. 교차청약에서도 양 당사자의 체약의사가 표시되므로, 양 당사자의 자발적인 의사표시에 의한 계약체결이라는 점에서 합의와 유사하다. 교차청약에 의하여 양 당사자의 체약의사는 이미 표현되었으므로 따로 어느 일방당사자의 승낙을 기다릴 필요 없이 교차청약의 존재만으로 계약을 성립시키는 것이 당사자의 진정한 의사에 합치하고 거래의 신속에도 기여하게 된다.[1)]

(2) 要　件

교차청약이라고 인정되어 계약이 성립하기 위해서는 ① 두 개의 유효한 청약의 의사표시가 있을 것: 각각의 청약은 의사표시로서의 요건을 갖추어야 한다. ② 두 개의 청약이 상호 교환적으로 행해졌을 것: 한 청약자가 그 청약의 수령자로부터 청약을 받은 경우에, 상호 교환적 청약의 존재가 인정된다. ③ 두 개의 청약이 내용상 합치할 것: 합의에 의한 계약체결에서 청약과 승낙이 내용상 합치할 것이라는 요건이 교차청약의 경우에는 두 청약 사이의 내용상 합치로서 요구된다. 이상의 요건의 세부사항에 관하여는 교차청약의 성질에 어긋나지 않는 한 합의에서 설명한 사항들이 그대로 해당한다. ④ 要物契約에서는 당사자의 합의 이외에 일방당사자의 급부의무가 이행될 것을 계약의 성립요건으로 한다. 민법은 모든 계약에 諾成契約의 原則을 채택하고 있지만, 거래계에서는 예금계약, 대출계약, 임치계약, 렌트카계약 등에 관하여 요물계약으로 처리한다. 은행의 예금약관에서는 예금자가 수표나 현금을 은행에 입금시킨 때에 예금계약이 성립된 것으로 하는데, 수표로 입금한 경우에 예금의 처리는 수표가 입금된 때 그 예금으로부터의 출금은 현금이 입금된 때에 가능하도록 효과를 이원화하고 있다(大判 1999. 1. 26, 98다48293).

(3) 契約의 成立時期

교차청약의 경우에는 양 청약이 모두 상대방에게 도달한 때에 계약이 성립한다(제533조). 두 청약이 서로 다른 때에 도달한 경우에는 후에 도달된 시점에 계약은 성립한다. 교차청약의 경우에는 후의 청약이 발송된 때에 계약이 성립되지 않으므로 민법 제531조의 발신주의는 이 경우에는 관철되지 않는다.

---

1) 같은 취지: 민법주해(12), 224(池元林 집필부분).

契約撤回制度

최근의 계약이론은 소비자가 상인의 적극적인 권유에 의하여 또는 신용판매라는 유혹에 의하여 충동적으로 계약을 체결한 경우에 소비자로 하여금 자신의 체약의사(청약이나 승낙)를 일정기간 내에 철회할 수 있도록 허용할 것을 주장한다.[1] 소비자가 냉각기를 갖고 그러한 거래가 꼭 필요한가, 자신의 형편에 맞는가, 거래조건이 적정한가 등을 숙고해 본 후 진정으로 그 계약을 존속시킬 의사가 있는 경우에만 계약의 효력을 유지시키고, 그 계약체결이 합리적이지 못했다고 여겨지는 경우에는 승낙의 의사표시를 철회함으로써 계약을 소급적으로 소멸시키는 계약철회제도(cooling off 제도)가 소비자보호의 법리로서 도입되었다. 이 제도는 할부매매 · 방문판매 · 보험계약에서 채택되기 시작하여 다른 소비자거래분야에 확산되고 있다.

他人名義의 契約

계약의 효과를 실제로 받게 되는 자가 계약당사자의 배후에 숨어 있고 계약당사자는 다른 사람을 내세운 경우에, 그 계약당사자가 누구인가는 계약의 해석문제라고 할 것이다. 판례는 계약의 유형과 당사자의 실질관계를 기초로 그 당사자를 확정한다. ① 건축공사 도급계약: 계약을 체결하는 행위자가 타인의 이름으로 법률행위를 한 경우 누구를 당사자로 볼 것인가에 관하여는, 우선 행위자와 상대방의 의사가 일치한 경우에는 그 일치한 의사대로 행위자 또는 명의인을 계약의 당사자로 확정하여야 할 것이고, 행위자와 상대방의 의사가 일치하지 않는 경우에는 그 계약체결 전후의 구체적인 제반사정을 토대로 상대방이 합리적인 사람이라면 행위자와 명의인 중 누구를 계약당사자로 이해할 것인가에 의하여 당사자를 결정하여야 할 것이고, 언제나 그 계약상의 명의인이 계약당사자가 되는 것은 아니다(大判 1998. 5. 15. 97다53045). ② 예금계약 등 금융기관의 거래: 원칙적으로 名義人을 계약당사자로 본다. 금융실명거래및비밀보장에관한긴급재정경제명령 제3조 제1항의 취지에 따라, 금융기관으로서는 주민등록증을 통하여 실명확인을 한 예금명의자를 위 재정명령 제3조에서 규정한 거래자로 보아 그와 예금계약을 체결할 의도를 가지고 있었다고 하여야 하므로, 금융기관이 예금명의자의 주민등록증을 통하여 실명확인을 하고 그 명의의 예탁금계좌를 개설한 경우에는 그 예탁금의 예금주는 예금명의자인 것으로 보아야 한다(大判 1998. 6. 12. 97다18455). 실질적으로는 신용협동조합의 이사장에게 대출을 하여 주면서 직원대출금지규정 위반을 피하기 위하여 제3자인 원고를 주채무자로 하였다 하더라도 통정허위표시에 해당하지 않으며, 그 제3자가 소비대차 계약당사자가 된다(大判 2003. 4. 8. 2002다38675). ③ 할부매매

1) Atiyah, *The Rise and Fall of Freedom of Contract*, 1979, p. 754.

계약을 제3자에게 자기명의로 체결하도록 승낙하여 그에 따라 계약이 체결되었다면, 특별한 사정이 없는 한 그 계약의 법률상 효과는 承諾을 한 本人에게 귀속된다(할부금지급의무를 집. 大判 1999. 5. 11, 98다56874). ④ 근저당권설정: 제3자를 근저당권 명의인으로 하는 근저당권 설정등기가 유효하기 위한 요건은 채권자와 채무자 및 제3자 사이에 합의가 있고, 채권양도, 제3자를 위한 계약, 불가분적 채권관계의 형성 등 방법으로 채권이 그 제3자에게 실질적으로 귀속되었다고 볼 수 있는 특별한 사정이 있어야 한다(大判 2003. 4. 8, 2002다70518. 근저당권설정등기말소). ⑤ 임대차계약: 제3자에게 자기 명의로 계약을 체결하도록 승낙한 경우 그 계약효과의 귀속주체는 명의인이다(大判 2001. 4. 27. 2001다11307). ⑥ 주식취득: 제3자가 청약하는 신주인수대금을 회사가 대출의 형식으로 제공하여 납입하게 하지만 그 제3자에게는 그 대여금 상환의 책임을 지우지 아니하고 그 주식인수에 따른 손익을 회사에게 귀속시키기로 하는 내용의 계약은 무효이다(大判 2003. 5. 16. 2001다44109).

3. 締約强制

(1) 意 義

(가) 締約强制의 制限的 許容　기업이나 개인이 생활필수품 등 일정범위의 급부제공과 관련하여 자신의 체약의사와 관계 없이 수익자를 위하여 적정한 내용의 계약을 체결해야 할 의무를 부담하는 경우를 체약강제(Kontrahierungszwang)라고 부른다.[1] 체약강제는 법률에 명문의 규정이 있는 경우에 한하지 않고, 사회질서나 공공복리를 위하여 필요한 경우에 일정한 요건하에 실시될 수 있다.[2] 자유시장의 경제체제 아래서 체약강제는 어디까지나 예외적으로 그리고 엄격한 요건 아래서만 인정되어야 할 것이다.[3] 물가안정에관한법률은 물가의 급격한 앙등과 물품의 공급부족으로 국민생활의 안정 및 국민경제의 원활한 운영이 현저하게 저해될 우려가 있을 때에 정부가 緊急需給 調整措置를 취할 수 있도록 규정한다(물가안정법 제6조). 지나친 체약강제는 헌법의 행복추구권 중의 행동자유권을 침해하는 것으로서 위헌이 될 수 있다(憲裁決 1991. 6. 3, 89헌마204. 앞의 계약자유에서 인용했음).

---

1) 체약강제에 관한 이론은 제1차 세계대전 후 독일에서 당시의 경제적 혼란으로 생활필수물자의 궁핍에 직면한 국민생활을 방위하기 위하여 나타난 것으로 니퍼다이(Nipperdey) 교수에 의해 체계화되었다. Nipperdey, *Kontrahierungszwang und diktierter Vertrag*, 1920, S. 3.

2) 독일의 다수설 · 판례이며 우리 나라의 다수설이다. 郭潤直, 20; 金曾漢, 12; 權五乘, "서독의 체약강제이론," 계약법의 특수문제, 삼영사, 1983, 33; 金相容, "계약자유의 원칙과 그 제한," 앞의 책, 21; 朴慶亮, "계약체결강제," 민사법학 제6호, 1986; Larenz, *Lehrbuch der Schuldrechts*, Bd. I, 13 Aufl., 1982, S. 42ff.

3) 체약강제가 계약자유제한의 중요한 행태로 다루어지는 것은 독일의 양차대전 후의 통제경제체제 및 독일의 사회민주주의체제에서 구성된 독일민법학에 특유한 모습이다.

(나) 契約內容統制와의 結合　체약의무는 적정한 내용의 계약을 체결하여야 할 의무와 불가분의 관계를 맺는다.[1] 체약강제는 계약체결의 의무만을 부여하는 것에 그치지 않고 계약의 내용에 대하여도 간섭하는 契約內容統制까지 포함하는 경우가 많다. 이 경우 사업자에게 계약체결뿐 아니라 거래조건에 있어서도 고객을 평등하게 취급해야 할 「평등대우의무」가 부과된다. 공공요금, 기타 독점사업의 전매요금은 대통령의 승인을 얻도록 하는 가격통제정책이 실시된다(물가안정법 제7조).

(2) 締約强制의 領域

(가) 生存配慮　독점자본의 폐해가 극심해지자 시민의 생활필수물자를 구할 권리가 보호되어야 한다는 생존배려의 사상이 대두하기 시작하였다. 이러한 생존배려(Daseinsvorsorge)의 사상은 공법학에서는 「給付行政論」으로, 그리고 사법학에서는 「締約强制論」과 「事實的 契約關係論」[2]으로 구체화되었다.[3] 생존배려의 이론은 국민의 일상생활에 필요불가결한 재화나 노동을 공급하는 경우에 공익적 재화의 공급자나 철도 · 자동차운송 · 우편 등의 서비스제공자에게 수요자의 청약에 응할 「승낙의무」를 부과하고 있다. 생존배려의 영역에서 체약강제의 요건으로서는, 첫째, 대량계약(Massenvertrag)일 것, 둘째, 독점적 · 배타적 급부일 것, 셋째, 생활필수급부일 것 등이 요구된다.

우편(우편법 제50조) · 전기(전기사업법 제16조) · 수도(수도법 제24조) · 도시가스(도시가스사업법 제19조) · 철도교통(철도법 제10조, 제20조) · 자동차운송(여객자동차운수사업법 제22조, 제28조) 등에 관하여 명문의 규정을 둠으로써 공익사업자는 정당한 이유 없이 체약을 거절하지 못하며, 나아가서 모든 이용자에게 균등한 조건으로 급부할 의무를 부과하고 있다. 특히 계약조건에 있어서 차별적 대우의 금지를 명문화한 경우도 있다(해운업법 제14조).

(나) 公益事業　집행관 · 공증인 · 법무사와 같은 공공적 직무를 수행하는 자나 의료 · 조산원 · 약사와 같은 공익적 직무를 수행하는 자는 정당한 이유 없이 계약체결을 거절하거나 급부를 거절할 수 없다(공증인법 제4조; 집행관법 제14조; 법무사법 제20조; 의료법 제16조; 약사법 제22조).

(다) 經濟秩序維持　시장우위의 사업자가 경제적 약자에 대하여 차별행위나 거래거절을 하는 것을 규제하기 위해서 체약강제가 이용된다. 독점자본

---

1) Franz Bydlinski, Zu den dogmatischen Grundfragen des Kontrahierungszwangs, *AcP* 180 Heft 1~2, S. 2ff.

2) 사실적 계약관계는 일정한 집단적 계약관계나 계속적 채권관계에서 청약이나 승낙의 의사표시 없이도 당사자의 사실상의 행위나 용태에 기하여 계약이 성립된 것으로 인정하는 이론이다. 이는 전통적인 계약이론에 대한 도전으로서 그 이론의 적용결과 실제로 체약강제한 것과 유사한 효과가 생긴다. 뒤에 설명함.

3) 白羽祐三, 現代契約法の理論, 中央大學出版部, 1982, 177 이하.

주의 하의 불완전경쟁으로 인한 폐해를 줄이기 위한 방책이다. 일방당사자가 자의적인 시장전략을 구사할 수 있을 정도로 시장우위적 지위를 차지하고 있는 경우에, 그 당사자는「평등적 취급의무」및 일정한 경우에 체약의무를 진다.[1)]

(3) 直接的 締約强制와 間接的 締約强制

당사자로 하여금 계약을 체결할 것을 강제하는 방법은 강제의 법적 효과에 따라 두 가지로 나누어질 수 있다.

(가) 直接的 締約强制　당사자로부터 계약을 체결할 것인가의 여부를 결정할 수 있는 권한을 박탈하여 일정한 요건 아래 계약의 법적 효과를 발생시키는 경우를 직접적 계약강제라고 한다. 법규에 기한 행정명령만 있으면 당사자의 합의 없이도 계약관계를 발생시키는「명령된 계약」(diktierter Vertrag), 계약의 주된 내용인 가격에 관해서는 반드시 규제된 대로 결정하여야 하는「통제된 계약」(normierter Vertrag), 법령에 의해 직접 특정당사자 사이에 계약이 체결된 것으로 보는「法定契約」(gesetzlicher Vertrag) 등이 이에 해당한다. 독일과 일본에서는 세계대전중 통제경제정책에 따라 생필품매매나 주택임대차에 관하여 많은 경제통제법이 제정되었지만 지금은 모두 폐지되었다.

(나) 間接的 締約强制　사업자에게 체약의무를 부과하고 이에 위반한 경우에는 불법행위를 이유로 하는 손해배상이나 행정벌 등의 불이익을 과함으로써 체약강제의 효과를 꾀하는 경우를 간접적 계약강제라고 한다. 법률이나 명령에 의해 계약을 성립시키는 직접적 체약강제는 계약자유에 대한 침해의 정도가 심하므로, 비상시가 아니면 간접적 체약강제의 방법을 이용해야 한다. 의료인은 환자로부터 진료의 요구를 받은 때, 정부로부터 의료시책상 필요한 보건의료업무를 촉탁받은 때에는 정당한 이유 없이 거절하지 못한다(의료법 제16조, 제62조).

(4) 締約拒絶者에 대한 損害賠償請求

(가) 不法行爲責任　사업자가 체약강제의 법령 등에 의해 계약을 체결해야 할 의무를 위반한 경우에, 사업자의 의무위반으로 인해 손해를 입은 자는 그 사업자에 대하여 불법행위로 인한 손해배상을 청구할 수 있다(제750조).[2)] 자유시

---

1) 權五乘, 앞의 글, 36; Meyer-Cording, *Der Gleichsatz im Privatrecht und das Wettbewerbsrecht,* Festsch. für H.C. Nipperdey zum 70. Geburtstag Bd. Ⅰ, 1965, S. 546ff.

2) 독일에서는 체약강제의 효과로서 사법적 책임을 물을 수 있는 법적 근거를 독일민법 제826조의 양속위반의 고의의 가해행위로 인한 불법행위책임에서 구해 왔다. 최근의 일부판례는 채무불이행책임을 규정한 독일민법 제249조에서 그 근거를 찾기도 한다. 그러나 독일민법상 양자의 법적 효과는 거의 동일하다. BGH Urt v. 9.12. 1969(Zeitungsgroßhandel Ⅱ). WuW/E BGH 1601. 근래에는 체약강제의 중심적 영역이 차별행

장의 경제체제 아래에서 체약강제는 법률에 명문의 규정이 없는 경우 간접적 체약강제만이 인정될 수 있다. 사업자의 체약거절이 있더라도 이를 무시하고 계약을 성립시키는 것은 허용되지 않으며, 체약거절로 인하여 손해를 입은 자는 불법행위에 기한 손해배상청구권을 행사하여 구제받게 된다.

사업자가 정당한 이유 없이 체약의무를 이행하지 않는 경우에 過失 및 違法性의 인정에 어려움이 없을 것이다. 사업자의 의무는 법률이나 명령에 의하여 발생하는 경우 외에 관습법이나 조리에 의하여도 발생한다고 해석되므로, 「사회생활상 요구되는 체약의무」를 위반한 경우에도 과실 및 위법성이 인정될 수 있다. 그러나 사업자의 체약거절이 합리적인 경영상의 고려에 의한 것이며, 그 거절로 인하여 고객이 심각한 곤란을 겪지 않은 경우에는 불법행위책임이 부정된다. 체약거절의 위법성판단은 독점적 지위의 남용 여부, 당사자간의 이익형량, 기업의 경제성 등을 고려하여 행하여진다.

(나) 公正去來法에 기한 損害賠償請求 사업자(또는 사업자단체)가 독점규제및공정거래에관한법률에 위반하여 피해를 입힌 경우에, 그 피해자는 사업자에 대하여 손해배상을 청구할 수 있다(공정거래법 第56조 1항). 이 경우 사업자는 자기에게 고의 또는 과실이 없음을 들어 그 책임을 면할 수 없다(공정거래법 第56조 2항). 공정거래법에 의한 손해배상책임은 무과실책임으로서 민법의 불법행위책임과 다른 별개의 책임체계에 속한다. 다만 절차상의 제한이 있는데, 피해자는 공정거래법에 의한 시정조치가 확정된 후에만 그 손해배상청구권을 재판상 주장할 수 있다(공정거래법 第57조 1항).

4. 事實的 契約論과 批判論

(1) 序 說

사실적 계약론은 생활필수적 급부를 위한 계약에는 청약과 승낙이라는 의사표시는 존재하지 않고 단지 급부제공과 급부수령이라는 정형화된 행위만이 있을 뿐이며, 계약은 그 정형화된 사실행위에 의해 체결된다고 주장하였다. 사실적 계약론은 회사설립이나 고용·조합 등 노무공급계약에서 무효·취소의 소급효를 제한하기 위한 목적으로 사용되기도 한다.

산업혁명 이후 대량거래사회에 접어들자 각각의 계약당사자 사이의 거래

위·거래거절 등의 분야로 옮아 옴에 따라 독점경쟁제한금지법(GWB) 제25조, 제26조나 행정법규에 법적 근거를 두는 판례도 다수 나오고 있다.

교섭은 거의 사라지게 되고, 거래의 대부분이 기계적으로 정형화되어 행해질 뿐 아니라 수도 · 전기 · 가스 · 운송 · 통신 등의 공익사업의 분야에 계약체결이 강제되기에 이르렀다. 이러한 거래양상의 변화와 더불어 종래의 전통적 계약이론에 도전하는 사실적 계약론(die Lehre von den faktischen Vertragsverhältnissen)이 독일에서부터 주장되었다. 우리 나라에서도 1960년대 이후 이 이론의 도입필요성이 주장되어 왔으나, 최근 반대론도 제기되어 우리 민법학에서 법률행위이론 · 계약이론과 관련된 가장 근본적인 논점으로 부각되어 있다.

獨逸의 事實的 契約論

(1) 하우프트의 사실적 계약론　사실적 계약이론의 주창자인 하우프트는 정형적으로 기계화된 대량거래의 영역에서는 합의에 기한 계약체결원칙은 통하지 않는 반면에 이 영역에서도 계약법의 적용이 요망하므로, 계약관계의 사실적 성립을 독자의 요건사실로서 승인하여야 한다고 주장하였다.[1] "계약의 성립에는 항상 법률행위에 기한 합의를 필요로 한다"는 원칙은 계약당사자가 완전히 자유롭게 계약구속을 결심하고 교섭에 의해 상호의 의무내용을 결정하는 영역을 염두에 두고 세워진 것이므로 대량거래에는 맞지 않는다고 보았다. 중요한 것은 어떠한 법률관계가 현실로 발생했다는 사실이며, 이러한 무시할 수 없는 실재(Existenz)가 사실적 계약을 합의에 의한 계약과 동일시하도록 허용한다고 하였다. 이는 규범을 규율대상인 구체적인 생활관계에 최대한 맞추고자 하는 노력에서 비롯된 것이라고 하였다.

하우프트는 세 개의 거래유형에 사실적 계약을 인정하였다.[2] ① 사회적 접촉에 의한 사실적 계약: 계약체결의 준비단계에서 계약목적 자체와는 관계 없는 손해가 생긴 경우에, 일단 계약성립을 인정하고 계약책임을 지우고자 하였다.[3] ② 공동체관계에 가입함에 의한 사실적 계약: 회사설립 후 의사표시의 무효 · 취소에 따른 원상회복의 부당성을 제한하고, 노동계약이 후에 무효로 판명된 경우 법률관계를 합리적으로 처리하기 위해 주장되었다.[4] ③ 사회적 급부의무에 의한 사실적 계약: 시민의 생존배

1) 하우프트는 왜 전통적 계약관계에 맞지 않는 법률관계를 「계약」이라고 부르느냐 하는 용어의 문제에 관하여 그것을 만약 계약유사의 관계라고 부르고 계약법을 그대로 적용한다면 결국 공허한 간격만을 만들 뿐이라고 한다.

2) G. Haupt, *Über faktische Vertragsverhältnisse, Festschrift der Leipziger Juristerfakultät H. Siber,* Bd. Ⅱ, 1943, S. 1ff.(同 論文은 1941년에 하우프트가 라히프찌히 대학의 취임강연에서 발표하였고 단행본으로 인쇄되기도 하였다).

3) 이는 우리 나라에서는 계약체결상의 과실로서 논해지는 문제로서 왜 체약 전의 행위가 계약책임을 야기하느냐의 이론적 근거를 다룬다. 이미 그 당시에 Siber가 계약준비단계를 준비계약(vorbereitender Vertrag)으로 인정한 데서 나아가 하우프트는 본계약과 유기적 일체가 되는 사실적 계약을 인정하였다. 그 밖에 계약의 준비단계 외에 好意同乘의 경우에도 사회적 접촉에 의한 사실적 계약을 인정하였다.

4) 즉 무효 · 취소의 소급효를 제한하고 해지와 같이 장래에 대하여만 실효토록 하였다. 그리고 기존의 법률

려에 속하는 공급관계에서 급부의 이용행위에 의해 계약이 생긴다고 하였다. 공익적 공급사업에서 소비자는 언제나 미리 확정된 요금표와 약관에 따라 자기의 수요를 만족할 수 있지만 요금표나 약관에 대하여 소비자는 아무런 영향력을 갖지 못하며 행정적 규제에 의한 배려만이 가능한데, 이렇게 공급조건이 이미 확정된 공급관계를 공급자와 소비자의 합의로 볼 수는 없다고 하였다.[1]

하우프트의 사실적 계약론이 발표되자 민법학자 사이에는 찬반이 엇갈렸다.[2] 사실적 계약론의 지지자들은 그 이론구성 · 인정범위를 수정하여 계승하였다.[3] 독일판례는 한때 사실적 계약론을 주로 제3유형에 관하여 인정하였고,[4] 조합계약에 관해서는 사실적 계약론을 도입하지 않았다(BGHZ 55,5).

(2) 라렌쯔의 사회정형적 행위론　라렌쯔(Larenz)는 사실적 계약을 하우프트의 제3유형에 한해서 인정하면서 「사회정형적 행위에 기초한 채권관계(Schuldverhältnisse aus sozialtypischem Verhalten)의 이론」으로 발전시켰다. 즉 「공급자의 요금표 공시와 급부의 사실상 제공」 및 「소비자의 사실상의 이용」이라는 두 개의 상응하는 행위가 있으면 당사자의 주관적 사정과 관계 없이 계약은 성립한다고 보았다. 그 근거는 사회정형적 행위를 하는 자는 그의 의사가 표명되지 않아도 법적으로 구속된다는 「일반적 법확신의 존재」에서 찾았다.[5] 그는 주로 버스 · 전차의 승객운송계약을 예로 들면서 차에 올라탄다는 사실은 사회정형적 행위의 대표적인 경우로서 승객의 행위능력이나 착오 등의 의사표시 하자는 고려되지 않는다고 하였다.[6] [7]

관계는 합법적인 회사나 고용이 존재하는 것과 같이 처리하고자 하였다.

1) 독일 제국법원 1923년 판례(RGZ 111, 310)는 전기의 이용자가 종래의 특별요금계약이 만료한 후 새로운 가격공시를 승인하지 않는다는 異議를 서면으로 제출한 후 계속 전기를 소비한 경우, 그 동기나 이의는 「행위에 모순되는 異議」로서 고려할 가치가 없고 이용한다는 사실로 말미암아 새로운 공급약관에 구속된다고 판시하였다.

2) 당시 사실적 계약론의 지지자는 Esser, Gierke 등이었으며, Lehmann, Schmidt-Rimpler 등은 반대하였다.

3) 대표적인 학자로서는 Bärmann, Betti, Simitis, Siebert, Raiser, Esser, Larenz 등이다.

4) 독일에서는 승객이 항공기에 몰래 숨어들어가 탑승한 여객기 무임이용 사례(FamRZ 1971, 247f.)에서 연방대법원은 사회정형적 행위이론은 현대의 집단적 거래에 관하여만 적용될 수 있는 것이고, 항공운송과 같은 거래에는 적절하지 않다는 논거 아래 그 승객의 항공운송계약에 기한 운임지불의무를 부인하고, 부당이득반환의무만 그에게 인정하였다. 많은 학자들은 이 판례로 말미암아 과거 사실적 계약관계론에 입각한 판례는 그 기반을 상실하였다고 평가한다. 왜냐하면 항공운송의 경우도 전기이용이나 주차의 경우에 못지않게 사회정형적인 대량거래 현상인데 위 연방대법원이 이에 대한 사실적 계약관계론의 적용을 부정한 것은 사실적 계약관계론을 사실상 포기한 것이라고 볼 수 있기 때문이라고 한다. 한편 1971년의 위 판결 이후 사실적 계약관계론에 대한 연방대법원의 판결은 더 이상 발견되지 않는다. 白泰昇, "사실적 계약관계론," 고시연구 1998년 6월호, 90~91.

5) 만약 사회정형적 행위를 법률행위개념에 포섭한다면, 법률행위개념은 너무 광범위한 불확정개념으로 될 것이므로 그를 피해야 한다고 라렌쯔는 말한다. 또 사실상의 승낙의사(독민 제151조)와 사회정형적 행위와의 차이로서 후자는 개개의 경우에 승낙의사의 존재 여부나 취소가능성을 고려할 필요 없이 이용자에게 요금표에 따른 대가지불의무를 지울 수 있는 데 있다고 한다. 또 그의 이론은 사적 자치의 근본사상에 모순하는 것이 아니라 다만 근대적 대량거래의 영역에 관한 새로운 창조물일 뿐이라고 한다. Larenz, *Lehrbuch des Schuldrechts*, Bd. I, 1. Aufl., 1953, S. 27ff.: Die Begründung. von Schuldverhältnissen durch sozialtypisches Verhalten, *NJW*, 1956, S. 1897ff.

6) 라렌쯔는 그러나 승차 전에 표를 사는 경우에는 합의에 기한 운송계약이 성립한다고 한다. 라렌쯔는 후에

(3) 사실적 계약론에 대한 비판　사실적 계약론을 거부한 독일학자들은 다음과 같은 비판을 전개하였다. 첫째, 하우프트의 이론은 사실적 계약을 인정하는 거래유형들이 서로 성질이 매우 다르기 때문에 그들을 통일적으로 파악할 수 없다.[1] 둘째, 제3유형에 있어서도 전통적 계약이론에 따라 묵시의 승낙, 의사실현, 추단적 의사로서 계약의 성립을 긍정할 수 있다. 또 사실적 계약론은 의사표시개념을 명시적 의사표시에 한정하는 데 그것은 옳지 않다.[2] 셋째, 사실적 계약론에서는 이용자에게 계약상의 의무를 부담하게 하는 근거가 명확히 제시되지 못한다.[3] 넷째, 공익사업이나 승객운송에서 행위능력 · 의사표시 하자의 법원칙을 배제할 필요가 없다. 다섯째, 불법행위나 부당이득 등의 다른 제도와의 한계가 불분명하다.[4]

많은 부정론자 중 특히 훌루메[5]와 볼프[6]는 전통적 계약이론을 재구성하여 현대대량거래의 모습을 포용하면서 사적 자치에 충실한 계약이론을 전개함으로써 사실적 계약무용론을 주장한다. 특히 공익적 공급사업의 이용자는 단순히 사실상의 결과만을 지향하고 법률효과의 발생을 목적하지 않으므로 효과의사 있는 의사표시를 하지 않는다는 라렌쯔의 사회정형적 행위론을 비판하였다. 의사표시에 관해 법률효과의사설을 취하더라도 표의자가 법규정 및 규범의 의미를 구체적으로 의욕하거나 인식할 필요는 없고, 그 의욕 · 인식이 없는 경우에도 의사표시가 존재한다고 반박하였다. 사회정형적 행위라는 사실행위로부터는 기껏해야 계약체결상의 과실에서와 같은 손해배상은 부과될 수 있지만, 계약구속력은 인정될 수 없다고 한다.[7] 계약의 성립이 인정되는 것은 당사자의 묵시적 의사표시가 있기 때문이라고 한다.

행위무능력자에 대한 보호의 필요성을 인정하는 쪽으로 이론을 수정하였다.

7) 이 이론은 여러 판례에 받아들여졌는데, 대표적인 사례는 1956년의 주차장 사건이다(BGHZ 21, 319). 그것은 市의 공공용지를 유료주차장으로 지정하여 私企業에 관리토록 하였는데, 그 곳에 어떤 자동차소유자가 관리인에게 자기차를 감시할 필요가 없으며 주차료도 지불하지 않겠다고 밝히고 주차한 사건으로서 독일 연방대법원은 주차라는 사실로부터 계약은 성립했으므로 요금표에 따른 지불의무를 진다고 판시하였다(부당이득은 행위자의 이득액을 확정하기가 사실상 곤란하므로 배척하였다).

1) Enneccerus-Lehmann, 인정론자 중에도 Larenz, Siebert.

2) Nipperdey, Kramer, Flume.

3) Bydlinski 등.

4) Fikentscher, *Schuldrecht*, 6. Aufl., S. 57. Bydlinski 는 앞의 주차장판례에 관하여 부당이득으로 처리할 문제이지 계약책임을 물을 성질의 것은 아니라고 한다.

5) Flume, *Rechtsgeschäft und Privatautonomie, Hundert Jahre Deutsches Rechtsleben, Festschr. Deutscher Juristentag I*, 1960, S. 183ff.; Das Rechtsgeschäft und das rechtlich relevante Verhalten, *AcP* 161, S. 52ff.

6) M. Wolf, *Grundlagen des Vertrags-und Schuldrechts*, 1972, S. 133ff.; *Rechtsgeschäftliche Entscheidungsfreiheit und Vertragliche Interesseausgleich*, 1970, S. 28ff.

7) 사실적 계약의 문제는 1957년 독일사법학회의 심포지엄 테마로 다루어졌다. 활발한 논쟁 끝에 사실적 계약의 고찰대상인 법률관계는 법형성(Rechtsfortbildung)에 의하여 규율되어야 한다는 주장이 강하게 제기되었다. 그러나 법형성에 대한 입장은 각양각색이어서 의견의 일치를 보지 못했다. 전통적 법률행위이론에 입각한 것으로는 종래의 계약규정을 유추적용하자는 이론, 권리외관(Rechtsschein)의 법리에 의하자는 이론이 있었으며, 그와 대립되는 것으로서 법률행위개념을 확상하사는 이론, 법률행위의 인접영역에 개관저 권리형성력을 가진 사실행위를 위치시키자는 이론 등이 주장되었다.

(2) 學 說

(가) 肯 定 論　　사실적 계약론은 정당한 이론적 근거에 입각하고 있으며, 실제적인 생활관념에도 적합할 뿐만 아니라 또한 구체적인 제 문제를 해결하는 데 훌륭한 해결방법을 제시한다고 보는 견해이다.[1] 첫째, 준계약이라는 관념을 인정하지 않는 독일법이나 우리 사법 아래서는 묵시의 의사를 추정하거나 그러한 확정을 할 수 없는 경우에는 부당이득 등의 법리를 원용해서 문제를 처리하는 수밖에 없지만, 그 밖에 묵시의 의사표시의 추정이 부자연스럽고 그렇다고 부당이득의 법리에 의한 처리도 적절하지 않은 때에는 사실적 계약관계를 도입해서 문제를 처리해야 한다고 주장하였다.[2] 둘째, 대량거래 · 약관거래 등의 영역에서는 사적 자치를 긍정하기 어려우며, 사실적 계약관계라는 법기술개념의 등장으로 고전적 형태의 사적 자치의 원칙도 그 타당영역을 축소 수정하여야 한다고 주장하였다.[3] 셋째, 계속적 계약관계 — 특히 사실상의 조합 · 노동관계 · 임대차관계 — 의 분야에서는 무효 · 취소에 의한 소급적 실효가 부당하므로, 우리 민법의 해석론으로서 사실적 계약론을 폭넓게 도입할 것을 주장하였다.[4]

(나) 否 定 論　　사실적 계약론이라는 인위적인 계약이론을 구성하는 것에 대해 반대하고 전통적 계약이론에 의해 생존배려 · 대량거래의 문제를 해결하려는 입장이다.[5] 사실적 계약관계론은 현행법에서도 그 인정근거가 없고 종래의 법률행위이론 및 계약이론을 통하여 문제되는 경우를 충분히 해결할 수 있기 때문에 이를 인정할 필요가 없다고 한다. 첫째, 종래의 사법체계와 사법이론이 그 수정 내지는 발전적 형성을 통하여 대량거래의 현상을 적절히 규율할

1) 독일의 사실적 계약론은 故 崔鍾吉 교수에 의해 우리 나라에 처음 소개되었다. 崔鍾吉, "사실적 계약관계에 관한 약간의 고찰," 서울대 법학 제5권 1호 · 2호, 1963. 그 후 여러 민법학자가 그를 계약성립의 한 모습으로 서술하였다. 金疇洙, 78~79; 黃迪仁, 84~90; 李好珽, "사회정형적 행위론의 연구(其一)," 서울상대 경제논집 제13권 1호, 1974; 특히 곽윤직 교수는 사실적 계약론의 적극적인 도입을 주장하였다. 郭潤直, 81~88. 같은 취지: 崔公雄, "사실적 계약관계이론," 저스티스 제18권, 1985.

2) 그러나 근래 곽윤직 교수는 그러한 처리를 위한 법기술적 개념으로서 사실적 계약관계가 적절한지의 여부, 어디까지 이 개념을 사용할 것인지 등의 문제는 우리의 사법학의 연구 · 검토할 장래의 과제라고 한다. 郭潤直, 87~88. 곽윤직 교수는 초기에 일반적인 적극적인 도입론과 함께 고용 · 조합에 각각 사실적 · 계속적 계약을 인정하였었다(郭潤直, 채권각론(上), 1967, 77~84; 同, 채권각론(下), 1971, 21, 144~145). 현재에도 사실상의 조합은 인정한다(郭潤直, 531~532).

3) 崔公雄, 앞의 글, 22. 최종길 교수는 사실적 계약론의 인정 여부는 종래의 법률행위 또는 계약이론의 본질을 폐기함이 없이 현행법의 해석으로도 집단형식적 구조를 가지는 생존배려의 급부관계를 충분히 규율가능한가의 문제에 귀착한다고 보았다. 崔鍾吉, 앞의 글, 47.

4) 최종길 교수는 지버트(Siebert)의 사실적 계약론을 도입하는 것이 좋겠다고 주장하였다. 崔鍾吉, 앞의 글, 67.

5) 민법주해(12), 168(孫智烈 집필부분).

수 있다면 종래의 사법체계와 이론을 존중하여야 한다고 주장하였다. 새로운 사회현상에 접할 때마다 새로운 법제도를 고안해 내는 것보다 종래의 법 속에 「생각되어 있는 것의 끝까지 생각하기」에 의하여 종래의 법을 목적론적으로 해석함으로써 사회발전에 적응하는 것이 바람직스럽다고 보았다.[1] 둘째, 사실적 계약론은 당사자의 명시적 승낙거절에도 불구하고 급부의 수령이라는 사실만 있으면 계약이 성립한다는 장점이 있다고 하나, 전통적 계약이론에 의하더라도 그 경우 「포함적 의사표시이론」 또는 「모순표시행위이론」에 의하여도 충분히 설명되므로 따로 사실적 계약을 인정할 필요가 없다고 반박하였다.[2] 셋째, 생존배려영역에 관한 의사표시규정(제107조.제110조)의 배제이론은 실익이 없다고 반박하였다.[3] 그 영역은 대부분 공법관계로 되며, 그렇지 않은 경우에도 약관에 관한 착오를 이유로(동기의 착오) 계약 자체를 취소할 수는 없기 때문이다. 생존배려계약의 경우 사적 자치의 원칙을 고양하여 소비자를 보호하여야 하는데, 사실계약이론을 도입하여 이에 역행하는 것은 방향설정이 잘못되었다. 넷째, 무능력자제도는 소수자보호 및 구체적 타당성의 표현이며, 또 강행규정이기도 하므로, 사실적 계약론을 도입하여 무능력자제도를 배척하는 것은 허용될 수 없다고 하였다.[4]

사실적 계약을 인정한 우리 판례는 없다.[5] 다만 근로계약이 무효 · 취소된 경우에 근로기간 동안의 임금청구권을 인정한 판례에 관하여 사실적 계약론으로 설명하는 견해와 무효 · 취소의 소급효제한이론으로 설명하는 견해가 대립된다.

大判 1981. 12. 22, 81다626: 사용자의 부당한 해고처분이 무효이거나 취소된 때에 그 동안 피해고자의 근로자로서의 지위는 계속되고 단지 사용자의 귀책사유로 근로를 제공하지 못했으므로 그 기간 동안의 임금 전부를 청구할 수 있다.

---

1) 李好珽 "사회정형적 행위론의 연구(2)," 서울상대 경제논집 제13권 2호, 121.

2) 李英俊, 앞의 글에서는 그 밖에도 사실적인 계속적 계약을 부정한다. 즉 고용 · 조합에서 무효 · 취소로 인한 소급적 실효의 부당성은 조합관계나 근로관계의 특수성과 무효법리 자체에서 소급효를 제한함으로써 해결하면 족하며, 사실계약이론에 호소할 필요는 없다고 한다.

3) 白泰昇, "사실적 계약관계론," 고시연구, 1998년 6월호에서는 생존배려급부의 이용관계라고 하여 사적 자치를 제한하려는 시도는 당사자의 이익은 물론 공동체의 이익을 위하여 결코 요구되지 않는다고 하였다.

4) 李英俊, 민법총칙, 1995, 133 이하; 同, "사실계약이론의 비판," 민사재판의 제문제 제4권, 1986, 60~79.

5) 다만 조합체결 당시의 의사표시의 하자를 이유로 취소한 경우, 소급효를 부정하는 판례가 있어(大判 1972. 4. 25, 71다1833) 그것이 사실적 계약을 인정하는 취지인가에 대해 학설이 대립한다. 사견으로서는 사실적 계약을 인정한 판례라 볼 수 없고, 다른 조합원과의 관계를 합리적으로 규율하기 위해 소급효제한의 법리를 설시한 것으로 해석된다. 같은 취지: 李英俊, 앞의 글, 76~77.

(다) 私　見　사실적 계약론자의 문제제기는 역사적 의미를 갖는 것이지만,[1] 현재 그 문제는 사적 자치의 계약법의 범주 안에 포용되고 있으므로 구태여 사실적 계약론을 인정하고 전통적 계약론을 배격할 필요는 없다고 생각한다. 약관규제법은 고객에게 명시되지 않았거나 내용이 불공정한 약관을 강제할 수 없도록 함으로써 약관의 규범성을 전제로 하는 사실적 약관론은 이제 현행법과 기본취지를 달리하게 되었으므로 폐기되어야 한다.

첫째, 사실적 계약론은 소비자의 일정한 행위에 그의 효과의사와는 무관하게 체약효과를 부여함으로써 우월한 독점기업의 지위를 더욱 강하게 해 준 부작용을 초래하였다. 사실적 계약론에 따라 기업이 제시한 요금표나 약관을 어쩔 수 없이(생존에 필수적으로 요구되므로) 수락하는 경우에 자유로운 합의는 존재하지 않는다는 시각을 취한다면, 공급조건(요금표·약관)에 무조건 법규범과 같은 구속력을 인정하게 되는데, 이는 계약설에 입각한 약관규제제도와는 상반된다. 사실적 계약론은 전기·수도·교통기관의 이용에는 사실상 체약 여부·공급조건 등의 문제에 있어서 자유의사가 존재할 여지가 없다는 현상을 드러내기는 했지만 그에 관한 적절한 대안을 제시하지는 못하였다.

둘째, 사실적 계약론은 당사자의 자발적인 계약의무부담의 의사가 없는 데도 계약구속력을 인정하는 무리를 행한다. 특히 우리 나라의 사실적 계약론자는 이 문제(계약구속력의 근거)를 설명하지 않은 채 계약체결을 인정한다. 무임승차할 의도로 지하철에 승차한 경우에까지 계약의 성립을 인정하는 것은 부당하며, 이 경우에는 부당이득의 법리 또는 불법행위의 법리에 의하여 처리하여야 할 것이다.

셋째, 사적 자치의 원칙을 강조함으로써 대량거래에서 무시되기 쉬운 개인의 존엄성과 자율성을 되찾고자 노력해야 한다. 전통적 계약이론이 현대의 거래현실과 맞지 않는 부분은 현실에 맞도록 수정되어야 하지만,[2] 이 경우에도 개인의 의사를 존중하는 계약이론 자체를 바꾸는 것은 삼가야 할 것이다. 전기·수도의 이용이나 버스·철도에의 승차 등 사회정형적 행위의 법적 해석에 있어서도 당사자의 의사를 추단할 수 있다면 묵시의 의사표시나 의사실현(제532조)

1) 독일민법학에 특유한 이론인 사실적 계약론은 1940년 전후 독일의 계약상황을 대변하는 것이라 볼 수 있다. 사실적 계약론은 독일법계인 오스트리아, 스위스에도 도입되지 않았으며, 일본에는 1957년 이해 소개되어 일부학자에 의해 인정되었다(인정론자: 神男, 來栖, 川島, 成田). 프랑스에서는 의사자치가 중요시되며 추단적 의사에 의해 비슷하게 처리된다.

2) 예를 들면 약관에 관하여는 개별계약에서처럼 하나하나 교섭해서 합의할 것을 요구하지 않고 약관의 명시로 합의를 의제한다(약관법 제3조).

으로 이론구성하는 것이 옳다.[1] 통상 有償으로 제공되는 급부를 수령하는 자는 그 대가를 지불할 것이 관습으로 인정되므로, 대가를 지급하지 않겠다는 의사의 표명과 함께 그 법률관계를 다투지 않는 한 계약체결의 의사를 가진 것으로 해석된다.

넷째, 사실적 계약론은 민법에 명문으로 도입되어 있는 무능력자제도 · 의사표시 하자규정의 배제를 주장하는데; 소비자의 무능력이나 착오에 의한 취소권을 박탈하는 것은 부당하다. 소비자의 취소권을 박탈하는 것은 기업의 이익만을 일방적으로 보호하고, 사회적 약자인 소비자의 권익을 무시하는 결과로 되기 때문이다. 무능력자 · 의사표시에 관한 우리 민법규정은 독일법에 비해 표시의 상대방이나 제3자의 이익보호에 더욱 많은 배려를 하므로, 독일의 사실적 계약론이 그대로 우리 나라에 도입될 필요는 없다.

사례연구

독일판례 중에 사실적 계약과 관련한 대표적인 사례로서 주차장사건을 들 수 있다. 운전자 A는 자기회사 앞의 공터에 자동차를 무료로 주차해 오던 중, 어느 날부터 그 공터의 소유자인 K市가 그 장소를 유료주차장으로 바꾸고 주차요금을 낼 것을 요구하였다. A는 주차관리인에게 자기의 자동차는 관리해 줄 필요가 없으며 자기는 시민으로서 그 토지를 이용할 권리가 있으니 그 주차장에 무료로 주차하겠다는 의사를 밝히고 계속 자동차를 주차하였다. 이 경우 독일법원은 주차장에 자동차를 두는 사실행위에 의하여 駐車契約이 체결되었으니 A가 소정의 주차요금을 지급할 채무를 진다고 판결하였다. 주차장판례는 종래 무료주차장으로 사용되었던 시소유광장을 유료주차장으로 바꾼 데 대해 시민이 항의를 제기한 사건으로 특별한 상황설정이 배경으로 되었고, 그 사건의 실제 논점은 유료주차장설치가 정당한가 하는 사실이었다. 독일의 사실적 계약론자 중에는 이 사건과 유사한 無賃乘車의 경우만은 계약으로 처리하지 않고 다른 제도에 의하여야 한다고 주장하기도 한다(BGHZ 21, 319).

이 사례와 같이 「이용자가 급부를 수령했지만 계약체결을 원하지 않았음이 명백한 경우」를 우리 민법하에서 어떤 법률관계로 처리할 것인가가 문제된다. ① 사실적 계약론을 도입하여 이 경우 계약을 성립시키는 입장, ② 사실적 계약론을 부정하고 의사실현에 의해 계약을 성립시키는 입장, ③ 사실적 계약론을 부정하고 「행위와

1) 독일에서는 체약의 자유와 내용결정의 자유를 별개로 볼 것인가 하는 논의가 있다. 적어도 승차할 것인가, 하지 않을 것인가 하는 피상적인 자유선택의 여지가 있다는 사실만으로 자유로운 계약이 맺어졌다고 보는 관점도 있으나, 진정한 자기결정의 자유가 있는 경우에만 계약효과를 인정하는 이론도 주장된다(M. Wolf).

모순되는 異議의 금지의 원칙」을 원용하여 계약을 성립시키는 입장, ④ 사실적 계약론을 부정하고 이용자의 반대의사로 계약은 성립되지 못한다고 보는 입장 등이 있을 수 있다. 私見으로는 당사자가 의욕하지 않는 계약을 강제로 성립시키는 것은 부당하므로 ④의 입장이 타당하다고 생각한다. ④의 경우에 계약이 성립하지 않으므로 이용자는 그 사용이익을 부당이득으로서 급부제공자에게 반환하여야 한다. 이때 가액반환의 금액은 그 사용에 관한 임차료를 참고로 하여 결정된다. 그 밖에 급부제공자가 이용자에 대하여 불법행위에 기한 손해배상청구를 할 수 있는 경우도 있을 것이다.

§7. 契約締結上 過失로 인한 信賴責任

1. 意　義

(1) 概　念

계약체결상 과실로 인한 신뢰책임이란 원시적 불능 등의 사유로 계약이 무효·취소로 된 경우에, 과실 있는 일방당사자가 상대방에 대하여 그 계약의 유효를 믿었음으로 인하여 발생한 손해를 배상할 책임을 지우는 제도이다. 계약체결의 전단계인 계약교섭의 단계에서도 교섭당사자는 상대방에게 손해를 입히지 않도록 행동할 注意義務를 부담하며, 그 주의의무를 위반한 교섭당사자는 교섭상대방에 대하여 손해배상책임을 진다.[1]

---

1) 참고문헌: 郭潤直, "계약체결상의 과실," 사법행정 1967년 5월호, 32; 權五乘, "계약체결상의 과실책임," 월간고시 1988년 1월호; 金基洙, "계약체결상의 과실," 월간고시 1979년 9월호, 40; 金相容, "계약체결상의 과실책임," 박영우화갑기념 사법학의 재조명 1996; 金俊鎬, "독일의 계약체결상의 과실제도의 우리 민법학에의 수용 요부," 김홍규화갑기념(Ⅱ) 사법의 제문제, 1992; 徐敏, "계약체결상의 과실책임의 체계와 범위," 김형배화갑기념 채권법에 있어서 자유와 책임, 1994, 409; 孔淳鎭, "보호의무위반에 기한 계약체결상의 과실책임," 재산법 연구, 1990; 梁彰洙, "계약체결상의 과실," 고시계 1986년 1월호; 李英俊, "계약체결상의 과실책임에 관한 연구(상)," 사법연수원논집 제2호, 11(현승종화갑기념, 1979, 281 이하); 林炳賢, "계약체결상의 과실책임," 중앙대법학논문집 제23집 1호, 1998; 趙鍾炫, "계약체결상의 과실책임에 관한 연구"(조선대박사학위논문, 1979), 현대민법학의 제문제, 1981; 崔興燮, "우리 법에서 「계약체결상의 과실」 책임의 문제점과 재구성," 민사법학 제11·12호; 同, "원시적 불능론과 민법 제535조," 재산법연구 제9권 1호, 1992; 同, "학설이 인정하는 소위 「규정 외의 계약체결상의 과실」에 대한 판례의 태도," 민사법학 제13·14호, 1996; 주석 채권각칙(Ⅰ), 535(全河銀 집필부분); H. Stoll 著·정종휴 옮김, "계약체결상의 과실책임의 요건과 기능," 현대민법학의 제문제, 1981.

(2) 民法規定

민법 제535조는 「계약체결상의 과실」이라는 제목 아래 제1항에서 "목적이 불능한 계약을 체결할 때에 그 불능을 알았거나 알 수 있었을 자는 상대방이 그 계약의 유효를 믿었음으로 인하여 받은 손해를 배상하여야 한다. 그러나 그 배상액은 계약이 유효함으로 인하여 생길 이익액을 넘지 못한다"고 하며, 제2항에서 "전항의 규정은 상대방이 그 불능을 알았거나 알 수 있었을 경우에는 적용하지 아니한다"고 규정한다.[1] 이 규정이 있다고 해서 계약체결상의 과실을 둘러싼 법률문제가 완전히 명료해졌다고는 말할 수 없다. 이 규정이 전제로 하고 있는 原始的 不能의 法理의 當爲性에 관한 문제부터 시작하여 계약체결상의 과실책임에 관한 개념, 성격, 포용범위 등에 관해 논의가 활발하게 전개되고 있다.

2. 原始的 不能의 法理

(1) 民法에의 導入

계약체결상의 과실책임은 "목적달성이 불능한 계약은 무효로 된다"는 原始的 不能의 法理를 당연한 것으로서 전제하고 있다. 원시적 불능의 법리는 로마법의 「問答契約에 있어서의 不能論」에서 "계약의 목적물은 外界에 實存하는 것이어야 한다"는 원칙에서 비롯된다고 한다. 독일보통법학은 이 불능론을 발전시켰고 사비니(Savigny)와 몸젠(Momsen)에 의하여 원시적 불능의 법리는 정교하게 완성되었다.[2] 원시적 불능론은 독일민법 제306조에 "불능의 급부를 목적으로 하는 계약은 무효이다"(Ein auf unmögliche Leistung gerichteter Vertrag ist nichtig)라는 명문규정으로서 실정법화되기에 이르렀다.[3] 우리 민법은 독일

---

1) 이 규정은 현행민법(1958)에서 신설한 규정이다. 이 규정은 그 입법배경이나 취지로 볼 때 독일민법 제307조의 규정 및 1950년대의 일본민법학으로부터 영향받은 바가 크다.

2) 몸젠은 채무해방효과를 인정할 수 있는 불능을 「眞正한 不能」이라고 파악하였고, "원시적으로 불능인 급부를 목적으로 하는 계약은 무효이다"라는 법리를 정립하였다. 그는 원시적 불능에 관해서는 원칙적으로 객관적 불능만을 진정한 불능으로 인정한 반면에, 후발적 불능에서는 有責性이라는 요소를 추가함으로써 객관적 불능 이외에 주관적 불능도 진정한 불능으로 인정하였다. 몸젠의 원시적 불능론에 대하여 브린츠(Brintz), 하르트만(Hartmann) 등의 학자가 비판을 하였다. Rabel, Die Unmölichkeit der Leistung Eine kritische Studie zum Bürgerlichen Gesetzbuch, *Gesamelte Aufsätze*, Bd. I. 1965, S. 19; 梁彰洙, "原始的 不能論," 民法硏究 제3권, 174~265.

3) 프랑스에서 契約 前 責任의 문제는 불법행위책임으로 규율되어 왔으며, 독일에서와 같은 계약체결상의 과실책임이라는 독자적인 법리를 발전시키지 않았다. 林炳賢, "계약체결상의 과실책임," 中央大法學論文集 제23집 1호, 1998, 159~171.

민법 제306조의 규정을 法文 그대로 도입하지 않았으나, 독일민법 제307조 1항의 규정을 도입함으로써 그 전제가 되는 원시적 불능의 법리도 도입한 결과로 되었다.[1)]

大判 1975.2.10, 74다584: 당사자 일방의 채무가 원시적 이행불능이면 계약은 무효이므로, 상대방은 계약체결에 있어서의 과실을 이유로 하는 신뢰이익의 손해배상을 구할 수 있을지언정 이행에 대신하는 전보배상을 구할 수는 없다.[2)]

(2) 原始的 不能의 原則에 관한 論爭

㈎ 肯 定 說　민법이 시행된 후 그 해석론으로서 원시적 불능의 법리는 당연한 것으로 받아들여졌다. 민법총칙편에서는 법률행위의 유효요건의 하나로서 目的의 可能이 요구되며, 그 요건을 충족하지 못하면 법률행위는 무효인 것으로 설명되었고,[3)] 채권총론에서는 給付의 원시적 불능은 채권을 성립시키지 못하는 것으로 이해되었다.[4)]

원시적 불능의 법리가 왜 당연한 것으로서 받아들여져야 하는가에 관하여는 "그러한 급부실현에 법률이 조력하는 것은 무의미하기 때문이다"라든가[5)] "실현이 불가능한 사항을 내용으로 하는 법률행위는 국가기관의 조력에 의하더라도 문제된 사항을 장래 실현할 길이 없고, 따라서 법적 효과를 인정한다 하더라도 무의미하기 때문에 무효이다"라는[6)] 간단한 설명밖에 행해지지 않았다. 그리고 계약체결상의 과실책임은 원시적 불능의 법리를 적용한 결과 생기

1) 崔興燮, "原始的 不能論과 民法 제535조," 재산법연구 제9권1호, 한국재산법학회, 1992, 103에서도 "우리 민법은 독일민법 제306조를 묵시적으로 독일민법 제307조를 명시적으로 계수하고 있다고 볼 수 있다. 독일민법 제306조는 켈수스의 명제인 impossibilium nulla est obligatio(불가능한 것에 대하여는 채무가 성립하지 않는다)에서 유래되었다"고 하였다.

2) 사실관계: 원고(건설업자)는 피고(서울시)와 도로공사계약을 체결하고 공사대금 약 7백만원(전보배상액)에 갈음하여 임야사용권을 부여하기로 약정하고 공사를 완료하였으나 그 임야의 소유권이 계약체결 당시부터 피고에게 없었으므로 사용권부여는 계약체결시부터 급부불능이었음이 밝혀졌다(大判 1971. 6. 22, 71다792도 같은 취지).

私見으로는 공사가 완료된 건설계약을 소급적으로 소멸시키는 것은 타당치 못하며, 이 경우에는 원시적 불능의 법리에 대한 예외를 인정하는 것이 바람직하다고 생각한다.

3) 郭潤直, 민법총칙(신판), 박영사, 1998, 294; 金容漢, 민법총칙론(전정판), 1986, 251; 金曾漢, 민법총칙, 226; 張庚鶴, 민법총칙, 1985, 432.

4) 郭潤直, 채권총론(신정판), 박영사, 1994, 40; 金容漢, 채권법총론, 1983, 35 이하; 金曾漢, 채권총론, 1979, 15 이하; 金亨培, 채권총론(2판), 박영사, 1998, 45~46.

5) 郭潤直, 민법총칙(신판), 박영사, 1998, 294.

6) 金容漢, 민법총칙론(전정판), 1986, 251; 金曾漢, 新稿民法總則, 1983, 226.

는 이익불균형의 상태를 시정하기 위하여 손해배상청구권을 발생시키는 제도로서 타당한 것으로서 이해되었다.

(나) 否 定 說　원시적 불능론의 근거가 설득력이 없다는 비판에서 더 나아가 원시적 불능의 법리를 전적으로 부정하는 견해가 주장되고 있다.[1] 원시적 불능인 급부의 실현에 법률이 조력하는 것은 무의미하다고 본다. 첫째, 부정설에서는 원시적 불능의 경우에도 계약은 성립시키되 처음부터 급부청구권 대신에 손해배상청구권을 발생시키면 된다고 한다.[2] 그 손해배상청구권을 구태여 채무불이행책임으로 처리하고자 하는 이유는 "약속을 한 자는 이를 지켜야 한다"는 법원리를 배경으로 하여 독자적인 영역을 형성하고 있는 계약법은 그에 알맞는 고유한 법리를 관철하고 있기 때문이라고 하였다. 둘째, 계약법은 諾成契約의 원칙에 따라 당사자의 합의 이외에 물건의 인도 기타 급부를 하여야만 계약이 성립하는 것은 아니므로, 물건의 인도 기타의 급부가 가능한가 여부의 사정은 계약의 성립과는 아무런 관련이 없다고 주장한다. 급부의 실현가능성은 내용의 社會的 妥當性 등 계약의 다른 효력발생요건과는 달리 계약성립의 차원에서 이미 논의되는 일정한 전제적 논리와는 전혀 무관하다고 한다. 셋째, 부정설은 원시적 불능론이 한국민법에 實定化되어 있음을 부인할 수는 없지만, 해석작업을 통하여 그 만족스럽지 못한 점의 완화 내지 해결을 꾀할 수 있다고 한다.

(다) 制限的 肯定說　어느 일방당사자의 급부가 사실적으로 실현이 불가능하다고 하여 계약 자체가 효력을 발생할 수 없다는 것은 의문이 아닐 수 없다고 하면서도 "계약당사자 쌍방이 모두 급부가 원시적으로 불능이라는 사실을 알고 있는 경우에는 진정한 계약의사가 존재한다고 볼 수 없으므로, 이 때에는 진정한 의미의 계약에 대한 효력불발생을 인정해야 한다"고 주장한다.[3]

원시적 불능의 법리에 대한 도전이 행해진 것은 瑕疵擔保責任의 本質에 관하여 종래의 法定責任說이 비판되고 債務不履行責任說이 주장되면서부터였다. 법정책임설은 원시적 불능의 원칙을 맹종하여 목적물의 원시적 하자(원시적 일부불능)의

---

1) 梁彰洙, 앞의 책, 162; 崔興燮, "原始的 不能論과 民法 제535조," 재산법연구 제9권 1호, 한국재산법학회, 1992, 105.

2) 崔興燮, 앞의 글, 11에서는 "계약이 무효이므로 신뢰이익의 배상을 허용해야 한다는 것이 아니라, 당사자에게 신뢰이익보다는 이행이익의 배상을 허용하는 것이 타당하기 때문에 계약은 유효이어야 한다는 것이다"라고 하며, 신뢰이익만 배상토록 하는 것은 "무과실책임상의 효과라면 몰라도 과실책임의 효과로서는 부당하다"고 비판하였다.

3) 金亨培, 141, 138 각주 1). 같은 취지: Bucher, Schweizerisches Obligationsrecht At, S. 247 Fu. 38.

부분에 대한 계약의 성립을 부정하였다. 그러나 채무불이행책임설에서는 계약이 목적물의 원시적 하자부분에까지 성립하고 매도인은 그 하자부분의 불이행에 따른 책임을 부담하는 것이 하자담보책임이라고 이해했다(매매의 부분에서 자세히 설명함).[1] 하자담보책임의 본질에 관한 債務不履行責任說에서는 처음에는 「原始的 不能의 법리」를 공략했고 그 다음에는 「특정물의 현상인도의 법리」를 비판하였다.[2] 근래에는 原始的 不能의 法理 자체를 拒否하는 논의도 활발하게 전개되고 있다.

㈑ 私見으로는 原始的 不能의 法理에 대한 예외를 인정하여 이 법리를 탄력적으로 운용하는 것이 바람직하다고 생각할 뿐 이 법리 자체를 부정하는 것은 옳지 않다고 생각한다(制限的 肯定說). 우선 실정법에 의하여 원시적 불능의 법리가 간접적으로나마 명백하게 규정되어 있어 그 법리를 완전히 부정하는 것은 불가능하다는 점 이외에, 사견으로서 이러한 제한적 긍정설을 취하는 이론적 근거는 다음과 같다.

첫째, 원시적 불능의 법리는 비록 부분적으로 불합리한 부분이 있기는 하지만 그 자체로서는 거부할 수 없는 債權法의 基本原理를 반영한 것이다. 만약 계약 당시에 객관적으로 명백하게 그 목적달성이 불가능한 급부를 이행할 것을 합의했다면, 계약의 유효한 성립을 인정하여 그 급부청구권을 발생시킨다는 것은 무의미한 일이 될 것이므로 그 계약을 무효로 하여 처음부터 채권을 발생시키지 않는 것이 타당하다. 민법의 기본구조에 의하면 계약이 성립함으로써 채권이 발생하게 되어, 채권자는 채무자에 대한 급부청구권을 취득하게 된다. 계약을 둘러싼 법률관계의 핵심은 채권의 발생이고, 채권은 급부청구권을 핵심내용으로 한다. 급부청구권은 채권자가 채무자에 대하여 任意的 履行請求 및 强制履行의 청구를 하는 기초가 되는 핵심적 권리이다. 급부청구권을 인정할 수 없는 경우에까지 채권을 인정하여 채권의 기본원칙을 흐트리는 것은 바람직하지 못하다. 예를 들어 화재로 멸실한 건물을 증여하기로 하는 계약을 체결한 경우에, 수증자에게 그 건물의 소유권이전청구권을 인정하고 그 권리의 실현을 위하여 판결절차 및 강제집행절차에 이르기까지 법적 구제수단을 부여하는 것은 司法權을 무의미하게 낭비하는 결과로 될 것이다. 민사소송법에 있어서도

---

1) 金疇洙, 199~200; 黃迪仁, 238; 金大貞, "매도인의 담보책임에 관한 연구," 성균관대박사학위논문, 1990; 金亨培, "하자담보의 성질," 高大法律行政論集 제19집, 1981, 143 이하; 南孝淳, "담보책임 본질론 Ⅱ," 서울대 법학 제35권 2호, 226 이하; 曺圭昌, "물건의 하자담보책임," 고대 법학논집 제21집, 256 이하.

2) 이러한 비판적 인식은 「原始的 不能 도그마」, 「特定物 도그마」라는 종래의 법리에 대한 냉소적 용어를 보편화시켰다.

소송을 할 실익이 있는 경우에 한하여 提訴를 인정하는 「訴의 利益의 法理」가 있듯이, 민사실체법에도 "權利를 부여할 利益이 있는 때에 한하여 권리를 부여한다"는 權利附與의 基本原則이 있다. 그 기본원칙 중의 하나가 「權利의 實現可能性」이라는 요건이며 채권과 관련하여서는 「給付의 可能」이 요구된다. 화재로 멸실한 건물에 대하여 손해배상청구권을 부여하는 문제에 대하여 생각해보더라도, 그러한 손해배상청구권을 인정하기 위하여 무조건 債權의 發生 및 契約의 成立을 인정하는 것은 곤란하다.[1)]

부정설은 급부청구권이 없더라도 塡補賠償請求權만을 인정하기 위하여 원시적 불능인 계약의 유효성을 인정할 필요가 있다고 주장하지만, 설혹 계약성립을 인정하여 채무를 부여하더라도 그 채무의 불이행으로 인한 손해배상청구권이 발생하지 못하는 경우에는 어떻게 해야 하는지 곤란에 빠지게 된다. 손해배상청구권조차 발생하지도 않을 계약을 인정하는 것은 부당하므로 원시적 불능의 법리에 의해 그러한 부조리는 회피되어야 한다. 전보배상청구권을 인정하더라도, 처음부터 불능한 급부청구권의 시가 상당액(전보배상)을 산정한다는 일은 무의미할 것이다. 앞의 예에서 건물의 화재가 계약상대방의 과실 없이 야기된 경우에까지 계약의 성립을 인정하는 것은 급부청구권도 손해배상청구권도 발생하지 않을 채권을 인정하게 되어 부당한 결과로 된다는 점을 알 수 있다. 민법은 채무불이행책임에 관하여 과실책임의 원칙을 취하고 있으므로, 급부를 약속한 자의 과실 없이 야기된 불능에 대해서는 속수무책일 수밖에 없다(무과실책임을 취하는 경우에는 달라질 수 있음). 위험부담의 법리에 의하더라도 채무자의 과실 없는 불능은 채무를 소멸시키므로, 원시적 불능인 채무를 존치시킬 실익은 없다고 볼 수 있다.

건물의 화재가 계약체결 이전에 증여자의 과실로 인하여 발생한 경우에 한정해서라면 불능인 계약도 당사자의 합의가 있는 이상 유효로 하자는 부정설의 주장에 관심을 가져 볼 가치가 있다. 그러나 이 경우에도 계약체결 이전에 건물의 소유자인 증여자가 자기소유물을 관리해야 할 주의의무를 타인에 대하여 진다는 것은 인정될 수 없으므로 건물멸실에 관한 過失이 인정되지 않는다. 원래 물건의 소유자는 자기 것을 스스로 파괴하더라도 타인에 대하여 손해배상책

1) 예를 들어 전혀 존재하지도 않는 건물이나 토지를 매매목적물로 하여 매매계약서를 작성하고 계약금을 주고 받은 경우에, 매매계약은 원시적 불능으로 인하여 처음부터 효력을 갖지 않는 것으로 된다. 매도인이 매수인에게 詐欺의 의도로 이렇게 불능인 계약을 체결토록 유인한 경우에 민법 제110조의 사기로 인한 계약의 취소도 문제될 수 있다. 양자는 無效와 取消의 二重效의 法理에 따라 처리될 것이다. 매수인의 입장에서는 사기로 인한 의사표시의 요건을 주장·입증하는 것보다 원시적 불능을 주장·입증하는 것이 쉬울 것이다.

임을 지지 않음이 원칙이다. 만약 증여자에게 잘못이 있다면 그 건물멸실의 사실을 알고도 수증자와 증여계약을 체결함으로써 수증자를 우롱하고 잘못된 신뢰를 유발하였다는 데에 있을 것이다. 이러한 문제점은 유상계약인 매매계약의 경우에도 마찬가지이다. 결국 자기가 이행하기로 한 급부의 불능으로 계약이 무효로 된 경우에 그 계약당사자가 지는 책임은 계약상대방에 대하여 계약목적달성의 원시적 불능을 알리지 않고 상대방의 계약에 대한 信賴를 誤導했다는 것에서 찾을 수밖에 없으며, 그것이 바로 한국민법 제535조의 계약체결상의 과실책임으로서 입법된 것이라고 이해된다.[1]

둘째, 원시적 불능은 실제로 불능계약체결을 抑制하는 效果를 갖는다. 부정설에서 주장하듯이 객관적으로 불능인 급부를 목적으로 하는 계약이 희귀한 이유는 원시적 불능의 법리가 있음으로써 계약당사자들이 그러한 계약을 체결해 보았자 소용 없다는 인식을 갖고 있기 때문이다. 만약 원시적 불능의 법리가 없다면 황당한 내용을 갖는 계약의 이행 또는 손해배상을 구하는 訴訟外·訴訟上 請求는 많을 것이라고 추측된다. 법적 구제를 받을 수 있는 계약을 실현가능한 계약으로 한정함에 의하여 황당한 내용의 계약체결을 시도해 보려는 의도를 꺾을 수 있다. 만약 원시적 불능인 계약도 유효하다고 한다면, 일방당사자가 상대방을 속일 의도로 실현불가능한 급부를 약속하는 경우가 증가할 것이다. 결국 원시적 불능의 법리는 비록 재판에서 이 법리를 적용하여 계약이 무효임을 선언한 판결은 많지 않을지라도 잠재적인 불능계약의 효력을 부인함으로써 아예 불능계약의 법률문제가 떠오르지 않게 하는 기능을 담당하고 있다고 볼 수 있다.

셋째, 민법이 취하는 諾成契約의 原則과 原始的 不能의 法理는 상호 모순되지 않는다. 낙성계약의 원칙은 당사자 사이에 진정한 채무부담의 의사를 교환하게 되면 그 이행에 착수하지 않더라도 법적 구속력을 인정하겠다는 취지인 반면에, 원시적 불능의 법리는 채무를 발생시킬 가치가 없는 채무부담의 약속은 무효로 하겠다는 취지이다. 양자를 종합해서 본다면, 급부가 가능한 채무만을 발생시키되 그 채무발생에는 채무부담의 약속으로 충분하다고 보는 것이 민법의 취지라고 파악되며, 이러한 민법의 취지는 타당성을 갖는다고 여겨진다.

---

1) 그 밖에 양 당사자가 모두 급부불능을 알면서 계약체결행위를 하는 경우는 진정한 계약체결의사가 없는 通情한 虛僞表示에 해당하는 경우도 있을 것이고, 계약채무를 부담하게 될 자가 그 급부의무가 불능이라는 사실을 알면서 상대방의 무지를 이용하여 계약을 체결하고 반대급부의 편취를 노리는 경우에는 그 계약은 詐欺나 錯誤를 이유로 취소될 수 있다.

넷째, 원시적 불능의 법리는 계약체결시를 기준으로 하여 볼 때 그 급부불능이 객관적으로 명백하여 계약성립을 인정할 가치조차 없는 경우에 한정하여 적용되어야 하며, 장래 급부가 가능해질지도 모르는 權利欠缺의 경우에는 적용되지 않는다. 민법은 계약체결 당시에 매도인이 양도할 권리를 갖고 있지 않은 「他人의 權利의 賣買」의 경우에 매매계약이 유효하게 성립하는 것으로 보고 채권의 발생을 인정한다(제569조; 일민 제560조에 해당).[1] 매매규정에 의하면 선의의 매수인은 매도인에 대하여 손해배상청구권을 가지는데(제570조; 일민 제561조에 해당), 이 손해배상청구권은 채무불이행책임에 해당하므로 이행이익의 배상을 의미한다고 해석된다. 종래 민법학에서 말해 왔던 主觀的 原始的 不能이 무엇을 의미하는지는 분명치 않지만, 타인의 권리를 매매한 경우는 비록 주관적 원시적 불능이라고 파악되더라도 민법에 명문규정으로 계약의 유효성을 인정하므로 원시적 불능의 법리를 이 경우에 적용할 여지는 없다. 타인의 권리를 贈與하는 경우에 관하여는 명문의 규정은 없더라도 매매의 경우와 같이 계약의 성립을 인정하여야 할 것이다. 타인 소유물을 賃貸하기로 하는 임대차계약도 유효하게 성립하는 것으로 보아야 할 것이며, 실제 소유자가 아닌 임대인도 많으므로 이 경우를 처음부터 무효라고 볼 필요는 없을 것이다. 계약을 무효로 하는 급부불능이란 사회적 통념에 따라 객관적으로 판단할 때에 계약체결시는 물론 장래에도 영구히 급부불능상태가 계속될 것이라고 여겨지는 경우에 한정된다.

大判 1979. 4. 24, 77다2290: 계약목적권리가 법령에 의하여 국유화되었다고 하여 이른바 원시적 불능에 속하는 내용을 목적으로 한 것이라고 볼 수 없는 법리(大判 1963. 10. 31, 63다606)이므로 자기명의로 등기된 부동산이 법령에 의하여 국유화된 것을 모르고 맺어진 본건 매매계약이 원시적 불능인 사항을 목적으로 한 것으로 아니하고 이를 타인의 권리매매로 본 판단은 정당하다.

다섯째, 매매계약에 의하여 합의한 목적물에 매수인이 알지 못하던 원시적인 瑕疵·一部滅失·數量不足이 있는 경우에, 매매계약은 합의한 목적물·수

1) 大判 1979. 4. 24, 77다2290 사건에서는 "매매계약의 목적이 된 권리가 그 매매계약 이전에 법령에 의하여 國有로 귀속되었다는 것만 가지고 동 매매계약이 원시적 불능에 속하는 내용을 목적으로 한 것이라고 단정할 수 없다. '타인의 권리를 매매한 자가 권리이전을 할 수 없게 된 때에는 매도인은 선의의 매수인에게 이행불능 당시를 표준으로 한 이행이익 상당을 배상하여야 한다"고 판시함으로써 원시적 주관적 불능의 경우에는 원시적 불능의 법리를 적용하지 않음을 명백히 하였다.

량에 관하여 성립하고 매도인은 그 하자 · 일부멸실 · 수량부족에 관하여 瑕疵擔保責任을 짐으로써 매수인의 이행이익을 보장해 주어야 한다. 민법은 하자담보책임규정에서 원시적 불능의 법리에 대한 예외를 인정하고 있다고 해석된다. 私見으로는 하자담보책임의 본질을 채무불이행책임의 성격을 띠는 것으로 파악하고 그 내용으로서 인정되는 손해배상청구권은 이행이익의 배상청구로서 해석하는 입장을 취하므로, 원시적 불능의 법리는 하자 · 일부멸실 · 수량부족의 경우에는 적용되지 않는다고 본다. 그리고 贈與, 使用貸借, 賃貸借 등 다른 계약에 있어서도 같은 취지에서 원시적 불능의 법리에 대한 예외가 인정되어야 한다고 생각한다. 이러한 계약에서도 목적물의 원시적 하자 · 일부멸실 · 수량부족은 합의한 전부에 대한 계약의 성립을 방해하지 않는다고 본다.

3. 契約締結上 過失責任의 性格과 注意義務

원시적 불능으로 인한 계약체결상의 과실책임이 契約責任에 속하는가, 不法行爲責任에 속하는가, 아니면 제 3 의 責任인가에 관하여 현재 여러 견해가 대립한다. 민법 제535조는 그 책임의 발생에 관해서만 규정할 뿐 그 책임의 성격에 관해서는 규정하지 않기 때문에, 해석 여하에 따라 그 책임의 성격을 달리 볼 수 있는 여지가 있다. 제535조는 책임원인과 책임내용을 모두 한 조문에서 규정하고 있으므로 체약상 과실책임의 요건 및 효과는 민법 제535조에 의해 독자적으로 정해지며 계약책임설을 취하느냐 불법행위책임설을 취하느냐에 따라 달라지는 것은 아니다. 민법은 불법행위책임에 관해서 채무불이행책임의 손해배상의 범위에 관한 규정(제393조; 일민 제416조에 해당)을 準用함으로써(제763조) 양 책임 사이에 손해배상의 내용상의 차이는 거의 없으나 消滅時效에 관하여 큰 차이가 생기므로, 그 논의의 실익이 있다면 소멸시효기간의 차이에서 찾을 수 있다(제162조, 제766조에 해당).[1)]

(1) 契約責任說

민법시행 이후에 대부분의 한국민법학자들은 계약체결상의 과실책임이 契約責任의 성격을 갖는 것으로 파악했다.[2)] 계약상의 의무는 주된 給付義務가 그

1) 판례는 계약체결상의 과실책임의 성격에 관하여 직접적 언급을 하지 않았다.

大判 1997. 12. 12, 95다29895: 한미행정협정 제23조 제 5 항의 「계약에 의한 청구권」은 계약의 당사자인 미합중국에 대한 계약이행의 청구 및 불이행을 원인으로 한 손해배상청구뿐만 아니라 계약체결 등 사무담당자들의 불법행위를 원인으로 한 손해배상청구도 포함된다.

2) 郭潤直, 90; 金疇洙, 92; 金曾漢, 49; 金顯泰, 16.

전부는 아니며, 그 밖에 保護義務, 誠實義務 등과 같은 신의칙상의 여러 附隨的 義務를 포함한다고 하여 채무의 내용적 범위를 넓게 파악했으며, 그 신의칙상 의무는 계약의 교섭단계에서도 이미 존재한다고 채무의 시간적 범위 또한 넓게 확장했다. 이러한 가정 아래 계약체결상의 과실책임은 그 信義則上 附隨義務에 위반한 데 대한 책임으로서 계약책임으로 편입된다고 설명하였다. 근래 이러한 契約責任說은 계약체결상의 과실책임의 요건과 효과에 관하여 履行補助者의 고의 · 과실(제361조) 등 채무불이행책임의 규정을 유추적용하여야 한다는 것, 그리고 消滅時效期間(제162조)을 채무불이행의 경우와 같이 10년으로 해석해야 한다는 주장으로 발전되었다.[1] 계약체결상의 과실책임을 인정하기 위한 실질적 근거는 일방당사자가 契約商談을 개시하게 함으로써 타인에게 契約成立의 信賴를 야기시켰다는 것에서 찾았다. 계약책임과 불법행위책임을 발생시키는 차이는 당사자 사이에 강한 신뢰관계가 존재하느냐의 여부에 있는데, 계약체결을 위한 접촉 내지 협의의 단계에 있는 당사자 사이에는 아직 계약상의 채권관계는 발생하지 않았으나 불법행위의 당사자 사이에서와는 다른 특별한 인적 신뢰관계는 이미 성립해 있다고 하였다. 이 단계에 있어서의 당사자관계는 일종의 法定債權關係라고 볼 수 있으며, 그 채권관계의 내용을 이루는 당사자의 채무는 적극적인 급부의무가 아니라 채무위반시에 상대방에 대하여 손해배상책임을 부담하는 효과를 발생케 하는 근거로서의 소극적인 의미의 의무라고 설명하였다.

(2) 不法行爲責任說

이와는 달리 계약체결상의 과실책임을 不法行爲責任으로 파악하는 견해도 오래 전부터 주장되었다. 이 견해는 계약체결시에 특히 주의를 하여 무효인 계약에 의하여 상대방에게 불의의 손실을 주지 않도록 하는 것은 누구에게나 요구되는 신의칙상의 주의의무라고 하지 않으면 안 되므로, 이 주의의무에 위반하여 과실에 의하여 계약을 체결하여 상대방에게 위법한 손해를 준 자는 일정한 불법행위책임을 진다고 하였다.[2]

1) 徐敏, "계약체결상의 과실에 관한 연구," 司法行政 1994년 10월호, 19~20. 다른 한편 徐敏 교수는 계약체결상의 과실책임은 채무불이행책임의 성질을 가지는 법정책임이라고 표현하기도 한다. 그 책임은 계약 자체에서 나오는 것이 아니라 법률의 규정에 의하여 인정된 법정채권관계(계약교섭단계)를 전제로 하기 때문이라고 한다. 그리고 계약체결상의 과실책임은 증여자 · 매도인의 擔保責任과 같은 성질의 것이라고 파악한다. 법정책임이라는 표현에도 불구하고 徐敏 교수의 주장은 채무불이행책임설과 맥을 같이한다고 이해된다.

2) 崔栻, 52. 근래 계약체결상의 과실은 그 책임의 성질이 원칙적으로 불법행위이며, 민법 제535조는 계약체결상의 과실책임의 법적 효과로서 정당한 모습을 보여 주지 못하고 있다는 지적도 있었다. 崔興燮, "계약이전단계에서의 책임과 민법 제535조의 의미," 裵慶淑화갑기념, 1991, 555 이하; 민법주해(12), 280(최홍섭

(3) 法定責任說

다른 한편 계약체결상의 과실책임을 계약책임도 아니고 불법행위책임도 아닌 제3의 책임체계로 이해하는 견해가 대두하였다.[1] 이 法定責任說은 계약체결상의 과실책임은 계약체결 前段階에 있어서의 協議義務나 거래관계의 개시 또는 법률행위를 목적으로 하는 사회적 접촉에 바탕을 둔 행위의무(忠實義務, 保護義務) 위반의 효과이며, 그 책임의 법적 성질은 계약책임이나 불법행위책임에 속하지 않는 독자적인 법정책임이라고 설명하였다. 계약성립의 전단계에 있어서의 신의칙상의 행위의무는 계약성립 후단계에 있어서의 행위의무와 대단히 유사하지만 그 본질을 달리하므로, 계약성립 후단계에서의 신의칙상 행위의무가 계약의무라고 하여 계약성립 전단계의 행위의무도 계약의무에 속한다는 결론이 나오는 것은 아니라고 하였다. 민법의 계약체결상의 과실규정(제535조)은 마치 임대차규정(제634조; 일민 제615조에 해당)에서 임대인으로 하여금 임차인에게 임차물이 수리를 요하거나 임차물에 대하여 권리를 주장하는 자가 있다는 사실을 통지해 줄 의무를 부과하는 것과 같은 이치에서 설치된 것이라고 이해하였다. 계약체결 전단계에서 계약을 목적으로 하는 사회적 접촉이 있으면 당사자 사이에는 불법행위에 있어서의 「타인」 이상의 신뢰관계가 발생하며, 이 신뢰관계는 전통적 의미의 신뢰관계로 규율하기에는 부적당한 독자적인 영역을 형성한다고 함으로써 그 신뢰관계가 불법행위책임에서 요구하는 사회생활상 주의의무와는 다른 것이라고 설명했다. 만약 불법행위책임으로 파악한다면 계약체결상의 과실책임의 내용이 신뢰이익의 배상으로 한정되는 이유를 설명하지 못하게 될 것이라고 우려하였다.[2] 그리고 法定責任說은 계약책임설이 계약성립의 전후로 구분하여 불법행위책임과 계약책임으로 2분하여 규율하는 私法體系에 정면으로 배치된다고 비판하였다. 그리고 계약책임설의 가장 큰 난점은 계약체결상의 과실책임을 계약책임이라고 하면서도 그 책임의 내용을 신뢰이익의 배상에 국한시키는 점에 있다고 지적하였다.[3] 이 문제와 관련하여 계약책임설에서는 법정책임설에 대한 비판으로서, 계약체결 전단계에서 발생하는 행위의무는 상대방의 신뢰를 보

집필부분).

1) 李英俊, 앞의 글, 321; 林炳賢, 앞의 글, 181; 南潤鳳, "계약체결상의 과실," 한양대 법학논총 제12집, 1995. 12에서는 계약책임도 불법행위책임도 아닌 법정책임이라고 하면서 「契約的 信賴責任」이라고 부른다. 金亨培, 129에서도 계약체결상 과실책임은 「계약책임 · 불법행위책임과 구별되는 고유한 책임」이라고 한다.

2) 李英俊, 앞의 글, 319.

3) 李英俊, "계약체결상의 과실책임의 법적 성질에 관한 연구," 玄勝鍾화갑기념, 법사상과 민사법, 국민서관, 1979, 317~318.

호하기 위한 특별한 행위의무이므로 급부의무의 外延인 계약체결 後段階에 있어서의 행위의무와 본질을 달리한다고 하지만, 계약체결의 전단계에서 발생하는 신의칙상의 주의의무와 계약성립 후에 있어서의 주된 채무 이외의 부수적인 주의의무를 그 본질이 다른 것으로서 엄격히 구별할 수 있는지 의문이며, 한편 법정책임설은 계약체결상의 과실책임의 발생근거와 그 법적 성질을 구별하지 않고 이를 통일적으로 설명하려고 한데서 온 무리한 결론이라고 반박했다.[1)]

(4) 私　見

사견으로는 원시적 불능으로 인한 계약체결상의 과실책임을 「계약책임이나 불법행위책임이 아닌 제3의 법정책임」이면서 「契約責任에 가까운 法定責任」이라고 파악하겠다(法定責任說에 속함). 계약체결상의 과실책임은 表見代理의 경우처럼 「契約外觀의 창출과 관련된 신뢰책임」이라고 할 수 있다.[2)] 첫째, 이행이 불가능한 급부를 약정한 채무자는 채권자에 대하여 信義則上 요구되는 注意義務를 위반한 것이며, 이 주의의무는 계약상의 급부의무도 아니고 불법행위의 전제가 되는 사회생활상 주의의무도 아니다. 계약체결상의 과실책임에서는 원시적 불능이라는 사실을 알려 주지 않은 당사자의 不作爲가 有責한 것이 되며, 그 전제로서 계약당사자는 상대방에 대하여 계약에 관련된 정보를 告知해 줄 義務를 부담시킨다.[3)] 둘째, 계약성립에 이르지 못한 경우에 교섭중의 과실책임을 불법행위책임으로 처리하는 것이 적절치 않다. 계약교섭에 임하는 당사자가 상대방의 이익을 배려해야 할 의무는 시민이면 누구나 지는 社會生活上 注意義務와는 성격을 달리한다. 불법행위책임으로 처리되는 사회생활상 주의의무가 언제나 거래관계 없는 者들 사이에만 부과되는 것은 아니고, 거래상대방에 대한 欺罔·背任·横領을 통해 불법행위를 저지르는 경우도 흔히 있으며, 진료계약이나 운송계약의 이행과정에서 입힌 사고에 관해서 불법행위책임을 묻는 경우도 많다. 그렇지만 원시적 불능으로 인한 계약체결상의 과실책임(착오취소의 경우도 포함)은 「상

1) 權五乘, "계약체결상의 과실책임," 월간고시 1988년 1월호, 55.

2) 같은 취지: 디터 메디쿠스 著·정진명 옮김, 독일민법의 기초, 법원사, 1999, 138은 무효시의 신뢰손해에 관한 계약체결상 과실책임을 「계약에 유사한 청구권」으로 분류한다.

3) 朴永馥, "민법상 「원시적 불능론」의 재검토," 외법논집 제3집, 한국외대법학연구소, 1996, 248에서는 법정책임설을 취한다는 견해는 밝히지 않으나, 그 주의의무와 관련하여 "계약체결 전 자신의 급부의무를 불능하게 한 자는 상대방에게 부담하는 「계약상의 급부의무」를 위반한 것이 아니라, 이행할 수 없는 급부를 약정한 채무자는 채권자에 대한 소위 「주의의무」를 위반한 것이다"라고 표현한다. 민법 제535조는 계약당사자의 告知·說明義務를 전제로 한 것으로, 목적이 불능이라는 사실을 알려 주지 않은 당사자의 不作爲가 有責한 것이 되며 따라서 계약의 체결을 목적으로 交涉行爲를 시작한 자가 목적이 불능임을 알려 주지 않는다는 것은 先行事實, 즉 계약체결을 목적으로 한 교섭의 개시행위와의 관계에서 신의칙상의 의무를 다하지 않은 것이라고 해석한다.

대방의 계약성립에 관한 신뢰」가 깨짐으로 인하여 야기된 손해를 배상시키는 것이므로, 계약관계가 있더라도 불법행위책임으로 처리되는 경우와는 성격을 달리한다. 셋째, 계약체결 이후에 계약책임을 묻는 것은 무방하겠으나, 계약이 무효인 경우나 취소된 경우에까지 계약책임을 묻는 것은 부당하다. 계약에서 중심을 이루는 급부의무가 발생하기 전에 附隨義務만이 발생한다는 것은 납득하기 어렵다. 당사자의 外見上 契約締結行爲 이전에 일방당사자가 상대방의 신뢰를 誤導한 것에 대한 책임까지 소급적으로 계약책임에 포함시킬 수 없을 것이다. 넷째, 무엇보다도 민법이 계약체결상의 과실책임의 범위를 신뢰이익에 한정한 것은 채무불이행책임과의 差別性을 명백히 하려는 취지라고 이해된다. 손해배상범위를 신뢰이익으로 한정할 수밖에 없는 입법적 상황 아래에서 그 책임의 성격을 채무불이행책임으로 파악하는 것은 상호 모순된다. 다섯째, 계약체결상의 과실책임을 계약책임도 불법행위책임도 아닌 「제3의 법정책임」으로 파악하더라도 민법 제391조의 이행보조자의 고의 · 과실규정을 유추적용하거나 그 소멸시효에 관하여 채무불이행책임에 준하여 처리하는 것은 무방할 것이다. 이 부분에 관하여는 입법적 공백이 있으므로 채무불이행책임이든 불법행위책임이든 어느 한 규정을 유추적용할 수밖에 없는데, 이왕이면 피해자에게 유리한 채무불이행규정을 유추적용하는 편이 바람직하다. 여섯째, 현재 한국의 민사소송절차가 舊訴訟物論에 따라 원고가 지정한 청구권에 대한 판결이 행해지고 있는 점을 감안할 때, 계약책임과 불법행위책임 이외에 제3의 법정책임을 인정하는 것은 소송당사자를 혼란에 빠뜨릴 우려가 있다. 설혹 당사자가 손해배상의 청구원인을 잘못 기재했더라도 책임원인이 틀리다는 이유만으로 그 청구를 기각하는 것은 부당하며 법관이 그 책임원인의 정정을 계도해야 할 것이다.

4. 契約締結上 過失責任의 要件

(1) 目的不能의 경우

계약의 목적달성이 체결 당시에 이미 확정적으로 불가능한 경우 — 즉 급부의 원시적 · 객관적 전부불능의 경우 — 그 계약은 유효하게 성립할 수 없다.[1] 이 때 계약교섭의 당사자 사이에 비록 계약체결행위를 하였더라도 그 체

1) 梁彰洙, "원시적 불능론(일)," 서울대 법학 제27권 2·3월 합병호, 1986, 126 이하에서는 이 원칙에 대한

약행위는 계약성립의 효과를 가져오지 못하며, 따라서 계약의 내용으로서 생길 것으로 기대되었던 급부의무도 발행하지 않는다. 이러한 체약좌절은 계약성립과 그로 인한 급부수령을 기대했던 교섭당사자에게 예측하지 않은 손해를 입히게 된다. 교섭당사자의 신뢰손해는 그 손해야기의 귀책사유 있는 자가 부담하여야 한다. 즉 상대방에게 신뢰를 생기게 한 자는 상대방의 신뢰로 인한 손해도 배상하여야 한다.

목적불능으로 인한 신뢰책임이 발생하기 위한 요건은 다음과 같다.

㈎ 外見上 契約締結行爲가 있었을 것 계약체결상 과실로 인한 신뢰책임은 계약교섭당사자 사이에 생긴 계약체결에 대한 정당한 신뢰를 보호하는 제도이다. 즉 상대방이 계약의 유효한 체결을 믿을 만한 객관적 사유가 존재하는 경우 그 믿음을 보호하는 것이다. 그러므로 계약의 교섭이 있었다는 것만으로는 부족하고, 외견상 계약체결의 행위가 있었어야 한다. 계약체결행위는 반드시 계약서작성과 같은 요식행위이어야 하는 것은 아니고 구두계약도 무방하다. 민법은 구두계약을 원칙으로 하므로 당사자 사이에 청약과 승낙의 확정적 의사표시가 교환됨으로 충분하다.

㈏ 契約이 目的不能으로 無效일 것 ① 계약의 목적물이 原始的 · 客觀的 全部不能인 때에는 계약이 유효하게 성립할 수 없으며, 일방당사자에게 계약체결상의 과실책임이 부과될 수 있다. 특정물인도의무가 발생하는 매매 · 임대차 등의 계약에서 목적물이 계약체결 당시 멸실 등의 사유로 존재하지 않은 경우, 또는 존재하더라도 사실상 이행이 불가능하여 부존재와 같이 다루어져야 할 경우(예: 바닷 속에 가라앉은 물건의 매매계약)가 이에 해당한다. 또한 노무공급계약(고용·위임 등)에서 제공되어야 할 노무가 일신전속적인 것인데, 채무자가 계약 전에 사망 · 중병 등의 사유로 노무제공을 할 수 없는 경우(대리인에 의한 계약체결에 있어서)도 그에 해당한다. ② 계약이 그 反社會性으로 인하여 무효인 경우에(제103조, 제104조) 목적불능으로서 계약체결상의 과실책임이 발생할 수 있다.[1] 계약당사자 쌍방이 사회질서위반이라는 사실을 알고 가담한 경우에는 일방당사자의 신뢰책임은 발생하지 않는다. 그러나 일방당사자만에 사회질서위반의 사유가 있고, 그 자신만이 그 사유를 알고 있었던 경우에는 신뢰책임이 발생한다.[2] ③ 原始的 · 客觀的 一部不能의 경우 매매 등

의문을 제기한다.

1) 독일민법 제309조는 계약이 법률의 금지에 위반하는 때에도 원시적 · 객관적 불능과 같은 신뢰책임을 인정한다.

2) 그 밖에 금치산선고를 받지 않은 정신병자 · 심신상실자가 계약체결행위를 한 경우에도 계약은 의사능력

의 유상계약에 관하여는 제574조의 특칙이 적용되므로 그 범위에서 제535조는 적용되지 않는다.[1] 무상계약의 경우에도 일부불능이 계약 전부를 무효로 하는 경우에만 제535조가 적용된다. ④ 原始的 · 主觀的 不能은 계약을 무효로 하지 않으므로 제535조는 적용되지 않는다. 타인소유물의 매매도 유효하며, 매도인은 목적물을 인도하지 못할 때에는 제570조와 제571조의 담보책임을 부담한다. 이 담보책임은 채무불이행책임의 본질을 갖는 특수법정책임이다.

(다) 締約行爲時 一方當事者의 惡意 또는 過失 목적불능으로 인한 신뢰책임을 지는 손해배상의무자는 그 목적불능을 알았거나 알 수 있었을 자이다. 이 때「알 수 있었을 자」란 그의 주의의무를 게을리한 자를 말한다. 이 때의 과실은 계약의 종류 · 성질, 당사자의 상인 여부 · 직업, 불능사유 등을 고려하여 정한다. 계약을 체결하는 자는 그 급부가 가능하여 계약이 이행될 수 있도록 배려할 의무를 짐이 보통이다. 급부불능은 그 급부의무자의 지배영역에 속하므로 그 자의 과실은 추정되며, 대부분의 경우 과실이 인정된다(예: 매매목적물의 멸실로 인한 계약좌절은 통상 매도인의 과실로 인한 신뢰파괴로 인정됨). 당사자의 악의나 과실은 외견상의 체약행위시에 존재하여야 하며 이행보조자의 과실로 고려된다(제391조의 유추적용).

(라) 契約의 無效로 말미암아 相對方이 損害를 입었을 것 체약상의 과실책임은 일방당사자에게 상대방의 신뢰로 인한 손해를 배상할 의무를 부과시킨다. 이러한 손해배상의무가 발생하기 위하여는 상대방에게 손해가 발생하였을 것, 그리고 그 손해발생이 일방당사자의 과실 및 계약의 무효와 인과관계를 가질 것이 기본적 요건이 된다.

(마) 締約行爲時 相對方은 善意 · 無過失일 것 체약상의 과실책임은 계약교섭의 상대방에게 생긴 신뢰를 보호하기 위한 제도이므로 상대방이 계약목적불능을 알았던 때(악의)에는 신뢰보호의 문제가 생기지 않는다. 상대방이 과실로 그 사실을 알지 못한 때(알 수 있었을 경우)에도 책임은 발생하지 않는다(제535조 2항). 통상 급부의 상대방은 급부를 수령할 뿐 급부의 가능 · 불능에 영향을 미치지 않는 수동적인 위치에 있으므로 그의 과실이 추정되지 않는다.

(2) 민법 제535조의 擴大適用 與否

민법 제535조는 원시적 불능 또는 반사회성 등 目的不能으로 인한 契約無效의 경우에 손해배상책임이 발생한다고 규정할 뿐, 그 밖에 錯誤 · 詐欺 · 强迫

흠결로 인하여 무효이다. 이 때에도 제535조를 유추하여 신뢰책임을 인정하는 견해가 있다. 郭潤直, 95.

1) 같은 취지: 郭潤直, 96; 金疇洙, 94; 金曾漢, 50.

으로 인한 契約의 取消 등의 경우에 관해서는 아무 규정을 두고 있지 않다. 이 경우에도 과실 있는 일방당사자에게 계약체결상의 과실로 인한 손해배상책임을 지울 것을 주장하는 학설이 주장되고 있다.

㈎ 錯誤로 인한 取消者의 信賴責任 착오로 인한 취소의 경우에 관해서는 취소의 상대방이 취소권자에게 신뢰손해에 대한 배상책임을 지워야 한다는 견해(信賴責任認定說)가 오래 전부터 주장되고 있다.[1) 2)] 表意者가 통상의 과실(輕過失)로 중요부분에 관해 착오에 빠졌던 경우에는 취소할 수 있는데, 이 취소로 상대방이 예측하지 않은 손해를 입게 되므로 그 손해를 배상받도록 해 주어야 한다는 것이다. 그러나 반대견해로서 그러한 신뢰책임을 입법론으로 주장하는 것은 무방하나, 현행법의 해석으로서는 인정할 수는 없다는 否定說도 주장되고 있다.[3)]

私見으로서도 신뢰책임인정설에 찬동한다. 민법에 착오취소로 인한 신뢰책임의 명문규정은 없지만 다음과 같은 이유로 민법 제535조를 類推適用하는 것이 필요하다고 생각한다. 첫째, 착오로 인한 취소로 상대방이 예측치 못한 손해를 입은 경우에, 그 착오가 전적으로 착오표의자에 의해 야기된 것인 때에는 취소한 계약당사자가 그 손해배상책임을 부담하는 것이 타당하다. 둘째, 착오로 인하여 계약을 취소하는 경우에 그 取消行爲 자체는 법률로 허용된 적법행위이지만, 계약체결에 있어서 요구되는 주의를 다하지 않아서 신중한 계약체결에 이르지 못한 때에는 過失이 인정될 수 있다. 이렇게 취소하는 당사자에게 과실이 인정되는 경우에, 그는 계약체결의 상대방에 대하여 계약이 유효하게 체결되었을 것으로 믿었음으로 인하여 받은 손해를 배상할 책임을 져야 한다. 셋째, 착오로 인한 계약취소는 불능계약으로 인한 체약좌절과 유사한 사례이므로 민법 제535조의 입법취지에 입각하여 類推解釋을 하여도 무방하다. 그 규정의 취지는 「계약체결행위가 있어 그를 신뢰한 상대방이 뜻밖의 체결좌절로 말미암아 손해를 입은 경우 그를 전보시켜 주는 데」에 있다고 해석된다.

이상의 근거에서 錯誤取消에 따른 契約締結上 過失責任을 인정할 경우 그의 요건은 첫째, 착오표의자가 민법 제109조에 의해 그의 의사표시를 취소하였

---

1) 郭潤直, 95; 李英俊, 民法總則, 393~395; 黃迪仁, 現代民法論 Ⅰ, 180.

2) 독일민법 제122조는 의사표시가 비진의표시로 무효이거나 착오 및 잘못된 의사전달로 인하여 취소된 경우, 표의자는 상대방이나 제3자의 신뢰손해를 배상하여야 한다고 규정하는데, 한국의 학설은 독일민법의 이 규정을 계수한 것이다.

3) 註釋 債權各則(I), 193(全河銀 집필부분).

을 것, 둘째, 착오표의자에게 과실이 인정될 것, 셋째, 취소로 말미암아 상대방이 손해를 입었을 것, 넷째, 상대방의 선의·무과실 등이 될 것이다.

(나) 詐欺·强迫으로 인한 取消의 경우 사기·강박으로 인한 취소의 경우에도 착오의 경우와 마찬가지로 계약체결상의 과실책임을 인정해야 한다는 주장이 행해지고 있다. 私見으로는 이 경우들에 있어서는 不法行爲에 기한 손해배상청구권이 인정되므로, 중복하여 민법 제535조의 계약체결상의 과실책임을 인정할 실익은 적다고 생각한다. 詐欺·强迫으로 인한 취소의 경우에는 錯誤取消의 경우와는 달리 取消의 相對方이 손해배상의무를 지며, 그 상대방의 過失과 違法性이 대개 인정되므로 불법행위책임을 묻는 데에 어려움이 없을 것이다. 민법 제535조가 사기·강박의 경우까지 포함시키는 一般的 要件을 취했다면 모르겠으되 그 요건을 원시적 불능만으로 정하고 있는 현행법 아래에서 이 경우까지 구태여 민법 제535조를 유추적용할 필요는 없다고 생각한다.

(다) 情報提供義務에 위반한 경우 交涉當事者의 注意義務를 强化하고 그 위반시에 契約取消權을 인정하거나 손해배상의무를 부과할 것인가의 문제가 논의되고 있다.[1] 일본에서는 사업자는 계약교섭중에 소비자에 대하여 상품 및 거래조건에 관한 중요한 정보를 성실하게 알려 줄 의무를 지며, 사업자가 이 의무를 다하지 않은 때에 소비자는 일단 체결한 계약을 取消할 權利를 갖게 된다는 이론이 전개되고 있다.[2] 반면에 한국에서는 계약교섭중의 정보제공의무의 위반을 계약의 해소에까지는 연결시키지 않고 계약을 존속시키되 소비자에게 불리한 내용을 삭제하는 방법으로 소비자보호를 도모하고 있다. 특히 約款의 規制와 관련하여서는 사업자가 顧客(소비자와 상인 포함)에게 약관의 내용을 예상가능한 방법으로 明示하고 그 중 중요한 내용은 고객이 이행할 수 있도록 說明할 의무가 부과되며, 그 明示·說明義務에 위반하여 계약을 체결한 때에는 "당해 約款을 契約의 內容으로 주장할 수 없다"고 규정한다(약관법 제3조 1항·2항·3항). 즉 약관과 관련하여 사업자가 정보제공의무를 다하지 않았더라도 이것은 계약의 효력에 영향

---

1) 이 문제는 계약체결상의 과실책임과는 관점을 달리하는 문제이다. 계약취소권의 문제는 契約의 拘束力을 解消할 것인가의 문제임에 반하여 계약체결상의 과실책임은 계약구속력이 해소된 경우에 남게 되는 신뢰손해의 배상문제를 다루는 것이기 때문이다.

2) 日本消費者契約法 草案(1999)에서는 계약체결과정의 적정화를 위한 룰의 내용으로서 「정보제공의무」와 「부실고지」를 규정한다. "소비자계약에 있어서 사업자가 계약의 체결에 있어서, 계약의 기본적 사항, 그 밖의 소비자판단에 필요한 중요사항에 대하여, 정보를 제공하지 않은 경우 또는 不實한 것을 알려 준 경우에는, 당해 정보제공이 있었더라면 또는 당해 부실고지가 없었더라면 소비자가 계약체결의 의사결정을 행하지 않았을 경우에는, 소비자는 당해 계약을 取消하는 것이 가능하다"고 규정한다. 日本 經濟企劃廳 國民生活局, 消費者契約法(假稱)の具體的內容について, 平成 10年, 38.

을 미치지 않고 계약의 내용 중 당해 사항에 관해서만 영향을 미칠 뿐이다. 결국 약관규제법은 계약구속력은 유지시키겠다는 입장을 취하고 있다. 다만 割賦賣買, 訪問販賣의 경우에 소비자에게 충동구매로부터 회피할 수 있도록 契約撤回權이 정보제공의무의 위반에 관계 없이 인정된다(할부거래법 제5조; 방문판매법 제10조).

協商段階에서의 過失責任

계약체결이 결렬된 협상당사자 사이에서 계약체결상의 과실책임을 묻는다는 것이 도대체 바람직한가 하는 논의가 최근 「契約協商에 있어서의 自由와 公正에 관한 논의」로서 전개되고 있다. 협상과정에서 양 당사자는 많은 시간과 노력, 물질을 투자하게 되며 협상을 위한 접촉과정에서 여러 가지 영업비밀들이 노출되기도 하고 제3자와의 협상의 기회를 포기해야 하는 경우도 있는데, 협상이 중도에서 좌절되고 유효한 계약체결로 이어지지 못하여서 일방당사자가 적지 않은 손실을 입은 경우에, 그 손실을 계약상대방에게 배상토록 해야 할 것인가가 문제된다.

이 문제에 관해서는 大陸法과 英美法이 입장을 달리해 왔다.[1] 대륙법에서는 로마법에서 기원하는 信義(bona fides)의 영향을 받아 계약관계를 「合意」와 「關係性」으로 보아 왔기 때문에 「신의에 의한 협상의무」를 넓게 인정하게 되었다. 그 결과 大陸法에서는 협상단계에서의 信義則이나 公正하게 協商할 義務 등을 인정해 왔으며,[2] 이러한 사상적 배경 아래에서 계약체결상의 과실책임의 법리를 발전시켜 실정법화하였다. 계약체결상 과실책임의 장점으로는, 계약당사자들로 하여금 협상에서 신의를 촉구하는 기능을 갖는다는 점, 그 책임법리가 소송당사자나 법원에 의해서 쉽게 이해될 수 있다는 점, 그 책임법리에 의해 법의 통일적 적용이 가능하게 되어 司法의 경제성을 가져올 수 있다는 점 등이 거론되었다.

반면에 英美法에서는 계약을 교환(bargain)의 관점에서 파악하여 계약체결의 자유뿐 아니라 계약을 체결하지 않을 협상의 자유를 폭넓게 인정하는 자유주의적 전통을 승계해 왔다. 계약의 체결로부터 생길 이익을 얻고자 협상에 들어오는 당사자는 상대방이 협상을 파기했을 경우에 손해를 입을 위험도 부담한다고 보는 "계약의 교섭단계에서의 협상은 射倖的(aleatory)이다"라는 것이 코먼 로의 전통적 입장이

1) 이하의 설명은 金東勳, "契約意向書(Letter of Intent)에 관한 연구," 저스티스 제31권 1호, 1998, 56~58을 참조했음.

2) 이탈리아민법은 제1337조에서 교섭 및 계약 전의 책임이라는 제목하에 "당사자들은 교섭의 발전단계 및 계약의 형성과정에 있어 신의에 따라 행동해야 한다"라는 명문의 규정을 두고 있다. 국제사법통일연구소(UNIDROIT)의 국제상업계약의 원칙(Principles of International Commercial Contracts) 제2조~제15조는 1) 각 당사자는 자유로이 협상하며 합의에 도달하지 못한 것에 대해 책임지지 않는다. 2) 그러나 악의로 협상하거나 협상을 파기하는 자는 상대방에게 야기한 손해에 대해 책임이 있다. 3) 특히 당사자가 상대방과 합의에 도달할 의도가 없이 협상을 시작하거나 계속하는 것은 악의로 본다.

다. 이러한 관점에서 볼 때 협상의 당사자들에게 일반적인 公正協商義務 등을 부과하는 것은 협상의 자유를 제한하고 당사자들이 협상에 들어가는 것을 꺼리게 하는 냉각효과를 가져오고 따라서 자유롭고 활발한 거래활동을 억압하게 되며 또 협상에 들어가는 자들에게 부담을 주어 성급하게 결론을 맺도록 끌어가는 가속효과 등 많은 부작용이 따르게 된다는 것이다. 따라서 협상단계에서의 신의칙이나 공정협상의무 등에 대하여 매우 소극적이며 원칙적으로 계약이 체결되지 않은 이상 어떠한 계약체결의 전단계의 책임도 지지 않는 것을 원칙으로 한다. 협상에서의 신의란 기껏해야 상대방에게 사기를 치지 않을, 즉 정직할 의무 이상의 것을 요구할 수 없으며 신의로 협상할 의무라는 것은 당사자들의 대립적인 위치를 고려할 때 본질적으로 맞지 않는다는 것이다.

사견으로는 현행민법이 대륙법의 신의칙에 입각한 규정을 두고 있는 이상 그 규정을 무시할 수는 없지만 그 법적용에 있어서 영미법의 協商自由의 원칙이 갖는 장점을 도외시하지 말고 融通性 있는 法運營을 해나가는 것이 바람직하다고 생각한다.[1)]

판례: 학교법인이 원고를 사무직원의 최종합격자로 결정 · 통지하고 발령을 미루다가 1년 후 채용불가의 통지를 한 경우에, 과실 있는 학교법인은 불법행위자로서 원고가 통지를 신뢰하여 직원채용을 기대하면서 다른 기회를 포기함으로써 입은 손해를 배상할 책임이 있다(大判 1993. 9. 10, 92다42897). 어느 일방이 교섭단계에서 계약이 확실하게 체결되리라는 정당한 기대 내지 신뢰를 부여하여 상대방이 그 신뢰에 따라 행동하였음에도 상당한 이유 없이 계약의 체결을 거부하여 손해를 입혔다면 이는 신의성실의 원칙에 비추어 볼 때 계약자유 원칙의 한계를 넘는 위법한 행위로서 불법행위를 구성한다(大判 2001. 6. 15, 99다40418).

5. 信賴損害의 賠償

(1) 民法의 規定

민법에서는 계약체결상의 과실책임은 "상대방이 그 계약의 유효를 믿었음으로 인하여 받은 손해를 배상하여야 한다"는 것, 즉 信賴損害의 賠償임을 명문으로 규정할 뿐 아니라, "그 배상액은 계약이 유효함으로 인하여 생길 이익액을

1) 金東勳 교수는 "당사자들의 협상의 자유와 이것이 보장하는 개인의 사적 자치의 영역의 보장이 중요한 것은 물론이지만, 점차로 복잡하고 많은 투자가 이루어지는 협상과정에 대한 일정한 법적 보장의 결여는 거래의 효율성 자체를 떨어뜨리는 데까지 이를 수 있다 … 중략 … 계약협상에 있어서 자유와 공정성은 현대계약법이 고민해야 할 중요한 과제가 되고 있다"고 표현하였다. 金東勳, 앞의 글, 59.

넘지 못한다"고 하여 履行利益을 초과하지 못함을 규정한다.[1] 민법은 계약이 유효하게 성립한 경우와 무효로서 좌절된 경우를 엄격히 구별하여 전자는 채무불이행책임으로서 처리하고 후자는 계약체결상 과실책임으로 처리할 뿐 아니라, 전자의 손해배상은 급부의 이행으로 인한 이익을 원칙으로 하고 후자는 단지 신뢰를 파괴함으로써 생긴 손해만을 배상시킨다고 해석해야 할 것이다.

판례도 "당사자 일방의 채무가 원시적 이행불능이면 계약은 무효이므로, 상대방은 계약체결에 있어서의 과실을 이유로 하는 신뢰이익의 손해배상을 구할 수 있을지언정 이행에 대신하는 전보배상을 구할 수는 없다"고 판시하여 민법에 충실하게 해석한다(大判 1975. 2. 10, 74다584).

근래 계약체결상의 과실책임의 내용으로서 신뢰이익배상에 만족하지 않고 履行利益을 배상토록 해야 한다는 주장이 행해지고 있다.[2] 이행이익의 배상을 주장하는 견해로서는 첫째로 원시적 불능의 경우에도 계약의 성립 및 채무의 발생을 인정하여 일방당사자의 과실을 債務不履行責任으로 처리해야 한다는 견해, 둘째로 원시적 불능으로 인한 계약불성립을 타당한 것으로 받아들이되 계약체결상의 과실을 履行利益의 배상으로 처리하자는 견해, 셋째로 원시적 불능의 법리와 관계 없이 契約交涉上의 過失로 인한 事故에 대한 책임을 채무불이행책임으로 처리하려는 견해 등이 주장되고 있다. 첫째의 견해에 대하여는 원시적 불능의 법리가 타당한가 하는 논의를 중심으로 언급하면서 원시적 불능의 경우에는 계약의 성립을 인정할 수 없고 따라서 채무불이행책임으로 처리할 수 없다는 私見을 앞에서 밝혔다. 셋째의 契約交涉中 事故에 대한 책임은 불법행위책임으로 처리하는 것이 타당하다(뒤에 설명함). 둘째의 견해와 관련하여 근래 계약교섭중에 제공한 「잘못된 情報」 또는 「情報의 隱蔽」에 대하여 계약책임으로서 처리해야 한다는 주장이 제기되고 있고 이 주장은 거래계의 요청에 비추어 볼 때 결과적으로 타당하다고 여겨진다. 다만 법리의 적용에 있어서 이 경우를 계약체결상의 과실책임으로 처리하는 것은 적절하지 않고 일반적인 계약책임으로 처리하는 것이 타당하다고 생각한다. 예를 들어 계약교섭중에 일방당사자로부터 제공된 잘못된 정보(誇張廣告)를 신뢰하여 계약을 체결한 후 그 정보내

1) 한국민법은 신뢰이익의 배상과 이행이익의 배상의 경우를 엄격하게 구분하고 있으므로, 양자의 구분이 불필요하다는 견해는 민법 제535조에 해당하는 규정이 없는 일본민법의 해석으로서는 가능할지 몰라도 한국에서는 받아들일 수 없다.

2) 梁彰洙, "原始的 不能論," 民法硏究 제3권, 162; 崔興燮, "原始的 不能論과 民法 제535조," 재산법연구 제9권 1호, 한국재산법학회, 1992, 111.

용대로 계약이 이행될 수 없음을 알고 상대방의 책임을 묻는 경우를 생각해 볼 수 있다. 비록 계약교섭중에 상대방에게 진실된 정보만을 제공해야 한다는 신의칙상의 의무를 지더라도, 그 의무의 불이행은 채무불이행과 직접적인 관련을 가지므로 不履行에 대한 損害賠償 및 擔保責任의 문제로 처리되는 것이 바람직하다. 잘못된 정보제공은 급부의 내용을 확정하는 자료가 되기도 하고, 목적물의 성능에 대한 보증이 되기도 하는 등 급부내용과 직접적인 관련을 갖기 때문이다. 이렇게 계약이 성립하고 그 계약책임이 인정되는 경우에는 비록 계약교섭중의 과실행위가 있었더라도 계약책임으로 포용하여 처리되면 된다. 문제는 계약이 일단은 체결되었으나 錯誤를 이유로 그 계약이 取消되었고 그 계약교섭중에 행한 과실에 대하여 損害賠償責任을 묻는 경우에, 그 賠償範圍가 신뢰이익에 한정되는가 아니면 履行利益에까지 확장되는가에 있다. 이 경우에는 민법 제535조의 유추적용에 의하여 契約締結上 過失責任을 인정하고 그 배상범위도 그 규정에 따라 信賴利益으로 한정하는 것이 바람직하다고 생각한다. 결국 私見으로는 계약체결상의 과실책임은 현행법의 규정에 따라 신뢰이익의 배상으로 한정하는 것이 타당하다고 생각한다.

(2) 損害賠償法理의 適用

신뢰책임에도 한국민법 제393조 이하의 손해배상의 일반원칙이 적용되는가라는 의문이 생길 수 있다. 사견으로는 신뢰책임의 성격에 어긋나지 않는 한 손해배상의 일반원칙이 적용된다고 해석하겠다. 제393조 이하의 손해배상원칙들은 채무불이행책임에뿐 아니라 불법행위책임에도 준용되는 양 책임 공통의 원칙이며, 그 밖에 自動車損害賠償保障法에 규정된 無過失責任에 가까운 運行者責任에 관해서도 제393조 이하의 손해배상원칙들이 준용된다. 이런 점을 고려할 때 신뢰손해의 배상에 관해서도 손해배상의 일반원칙이 적용되어야 마땅하다고 여겨진다. 예를 들어 過失相計, 違約金(賠償額豫定)에 관한 원칙은 신뢰손해의 배상에도 적용되는 것이 바람직하다. 신뢰손해에 관하여 "특별한 사정으로 인한 손해는 채무자가 그 사정을 알았거나 알 수 있었을 때에 한하여 배상의 책임이 있다"는 제393조 2항을 적용하는 경우에, 비록 그 예견가능성이 있었더라도 특별손해의 배상범위는 이행이익을 초과할 수는 없다(제535조 1항 뒷문장은 제393조의 특칙).

(3) 信賴損害의 內容

신뢰손해의 내용이 무엇인가는 구체적인 사례를 통해서 밝혀지게 될 것이다. 통상적으로 교섭상대방이 계약이 체결되리라고 거의 확실하게 믿고 교섭비용 · 체약비용을 지출하였거나 그 계약의 성립을 믿고 미리 이행의 준비 등을 위하여 지출한 비용 등이 이 신뢰손해에 해당할 것이다. 다만 계약교섭의 당사자가 계약체결이 좌절될 것을 각오하고 지출한 비용은 신뢰손해에 포함되지 않는다고 보아야 한다. 예를 들어 경쟁입찰에 응하기 위하여 지출한 情報檢索費用, 提案書 作成費用은 원시적 불능으로 인한 무효가 생기지 않았더라도 경쟁에서 탈락하면 포기해야 하는 비용이기 때문에, 그 비용까지 계약체결상의 과실책임으로 배상청구하는 것은 원칙적으로 허용되지 않는다고 해석된다. 판례는 원고가 피고의 기망행위를 이유로 한 손해배상청구를 한 사건에서 신뢰이익의 배상으로서 광고비용의 배상을 명한 예가 있다(大判 1997. 12. 26, 97다42892). 그러나 판례는 아직 계약체결에 관한 확고한 신뢰가 부여되기 이전 상태에서 계약교섭의 당사자가 계약체결이 좌절되더라도 어쩔 수 없다고 생각하고 지출한 비용, 예컨대 경쟁입찰에 참가하기 위하여 지출한 제안서, 견적서 작성비용 등은 신뢰손해에 포함되지 아니한다고 한다(大判 2003. 4. 11, 2001다53059).

大判 1999. 7. 27, 99다13621: 계약의 일방당사자가 상대방의 이행을 믿고 지출한 비용인 이른바 신뢰이익의 손해도 그러한 지출사실을 상대방이 알았거나 알 수 있었고 또 그것이 통상적인 지출비용의 범위 내에 속한다면 그에 대하여도 이행이익의 한도 내에서 배상을 청구할 수 있는 것인데, 부동산매매에 있어서 매수인이 소유권이전등기비용을 지출하리라는 것은 특별한 사정이 없는 한 매도인이 알았거나 알 수 있었다고 보아야 할 것이고, 매수인이 이 사건에서 구하고 있는 소유권이전등기비용의 내용은 법무사보수, 등록세, 교육세, 인지대, 채권구입비 등으로서 통상적인 지출비용의 범위 내에 속한다고 할 것이므로 위와 같은 비용은 매매계약을 불이행한 매도인이 배상하여야 할 손해를 이룬다고 보아야 할 것이다.

大判 1997. 12. 26, 97다42892: 매수인이 점포에 대한 매매계약이 유효한 것으로 믿고 영업을 하기 위하여 일정 비용을 들여 광고지를 배포하였으나 매매계약이 기망을 이유로 취소됨으로써 매수인이 광고지 배포비용 상당의 손해를 입은 사실을 인정할 수 있는 경우, 매수인이 그가 배포한 광고지의 제작비를 지출한 사실도 인정할 수 있다.[1)]

1) 사실관계: 원심은 피고가 1994. 6. 27. 소외 김금태로부터 이 사건 점포를 보증금 10,000,000원에 임차하여 가정용 게임기 판매점을 운영하여 오던 중, 1994. 12. 31. 원고에게 이 사건 점포의 임대차보증금이 금 16,000,000원이라고 속여, 원고에게 임차권과 비품 등을 합하여 금 23,000,000원에 이를 매도하고 같은 날 위 점포를 인도하였는데, 위 대금은 1995. 1. 22.에 일시불로 지급받기로 약정한 사실, 원·피고는 위 매매 당시 위 대금지급기일까지 피고가 원고를 도와 이 사건 점포를 같이 경영하기로 하되, 원고는 금 5,000,000원

6. 交涉中事故에 대한 責任

契約交涉中에 일어난 事故로 인한 損害賠償責任도 계약체결상의 과실책임 안에 포함시킬 것인가, 아니면 이 경우는 不法行爲責任으로 다룰 것인가가 한 때 논쟁의 대상이 되었다.

(1) 契約責任說

독일의 이론[1]이 한국 민법학에 영향을 미쳐 교섭당사자 사이에도 신의칙을 기초로 계약당사자 사이에서와 같은 보호의무를 인정하고, 그 주의의무에 위반하여 사고가 난 경우에 계약책임으로서 손해배상의무를 발생시키자는 주장이 행해졌다.[2] 계약이 체결되기 전이라도 계약교섭단계에서 이미 교섭당사

상당의 신상품을 구입하여 비치하고, 그 판매 이익금은 2(피고) : 1(원고)의 비율로 나누기로 한 사실, 원고는 위 매매계약 후 위 약정에 따라 금 4,963,000원 상당의 신상품을 구입하여 위 점포에 비치하였고, 광고지의 배포 비용으로 금 120,000원을 지출한 사실, 원고는 피고의 요청에 따라 1995. 1. 7. 피고에게 위 대금 중 일부 지급조로 금 7,000,000원을 지급한 사실, 그런데 원고는 1995. 1. 20.경 이 사건 점포의 임대차보증금이 금 10,000,000원인 사실을 알고는, 같은 달 21. 피고에게 기망을 이유로 위 매매계약을 취소한 사실 등을 인정하였다.

원심판결: 원심은 피고의 위 기망행위로 인하여 원고가 입은 손해 합계 금 5,083,000원(상품 구입비용 금 4,963,000원+광고지 배포비용 금 120,000원)을 지급할 책임이 있다고 판단한 다음, 그 외에도 광고지 제작비용으로 금 390,000원 상당을 지출하였으므로 그 중 금 280,000원의 지급을 구한다고 하는 원고의 주장에 대하여, 원고가 광고지 제작비용으로 금 390,000원 상당을 지출하였다는 점에 관하여는 갑 제12호증의 1의 기재만으로는 이를 인정하기에 부족하고 달리 이를 인정할 증거가 없다는 이유로 이를 배척하였다.

대법원판결: 대법원은 원고가 이 사건 점포에 대한 판시 매매계약이 유효한 것으로 믿고 이 사건 점포에서 가정용 게임기 판매업을 하기 위하여 금 120,000원의 비용을 들여 광고지를 배포하였으나 위 계약이 기망을 이유로 취소됨으로써 원고가 광고지 배포비용 상당의 손해를 입은 사실을 인정하고 있으므로, 원심이 취한 증거와 경험칙에 의하면 원고는 그가 배포한 광고지의 제작비를 지출한 사실도 인정할 수 있다고 판시하였다. 광고지의 제작비(28만원)에 관한 입증이 불충분하다 하더라도 법원은 그 이유만으로 그 부분 손해배상청구를 배척할 것이 아니라 그 손해액에 관하여 적극적으로 석명권을 행사하고 입증을 촉구하여 이를 밝혀야 할 것이므로, 대법원은 원심의 이 부분 인정 · 판단에는 손해배상에 관한 법리오해, 심리미진, 채증법칙 위배 등의 위법이 있다고 하여 파기환송하였다.

1) 당사자가 아직 계약을 체결하기 전에 契約交涉段階에 있어서 일방당사자의 부주의로 상대방에게 손해를 입힌 경우를 독일민법학에서는 체약상 과실(culpa in contrahendo, Verschulden beim Vertragsschlufluß)에 포함시키고, 이를 債務不履行責任으로 처리하자는 견해가 주장되었다. Hans Stoll, Tatbestände und Funktion der Haftung für culpa in contrahendo, Festschrift für v. Caemmerer, 1978; Larenz, *Schuldrecht* 1, § 9, S. 101ff. 등 다수문헌. 그러나 독일에서도 계약체결 전에 계약책임이 부과되는 이유 및 체약상 과실책임이 인정되어야 할 범위에 관해서는 학자마다 주장을 달리하였다. 그 책임근거에 관해서는 계약협의관계(Stoll), 신뢰보장(Ballerstedt), 법적 특별결속(Hildebrandt), 사회적 접촉(Dolle), 거래관계개시의 사회적 접촉(Larenz), 법률행위를 목적으로 하는 사회적 접촉(Esser) 등 학자마다 각양각색으로 설명하였다. 책임의 인정범위도 부수적 주의의무 위반으로 인한 급부 외의 신체적 · 재산적 손해에 중점을 두고 있고, 이 때 계약교섭에 의해 의도대로 계약이 성립했는가, 또는 좌절되었는가는 크게 문제삼지 않았다. 계약성립 후에 생긴 주의의무 위반의 손해는 적극적 채권침해로서, 그리고 교섭단계에서 생긴 손해는 체약상 과실로서 구분될 뿐이었다. 이렇게 20세기 전반에 독일에서 전성했던 체약상 과실론은 오히려 불능계약이나 착오취소로 인한 신뢰책임의 문제는 비본질적인 것이라 하여 체약상 과실의 영역 밖으로 밀어냈다.

2) 郭潤直, 90; 金基善, 41; 金錫宇, 65; 金疇洙, 94; 金曾漢, 49; 金顯泰, 14.

자는 신의칙에 기초해 주의의무 · 보호의무 · 성실의무 · 기본의무 이외의 용태의무 등이 생기는데, 체약상 과실책임은 이러한 신의칙상 부수의무에 위반하여 계약교섭의 상대방에게 손해를 입힌 경우 그의 배상책임을 주요 내용으로 한다고 주장하였다. 그 손해배상책임은 계약을 체결하고자 하는 당사자 사이에서 일어난 문제이므로 비록 계약체결 전이라도 계약책임으로 이론구성되어야 한다고 주장하였다. 이 이론의 골자는 교섭상대방에게 생긴 신체상 · 재산상의 손해를 불법행위책임이 아닌 계약책임으로 배상시키는 데에 있었다.

(2) 不法行爲責任說

계약교섭의 과정에서 주의의무의 위반으로 말미암아 교섭상대방에게 손해를 가한 경우의 배상책임을 부과하기 위해 따로 체약상의 과실책임이라는 책임영역을 설정할 필요는 없으며 불법행위책임으로 다루는 것이 타당하다는 반론이 제기되었다.[1)]

私見으로는 다음의 근거에서 계약교섭상 사고로 인한 책임은 불법행위책임으로 처리되어야 한다고 생각한다. 첫째, 계약교섭상의 사고를 계약책임 안에 다루려는 이론은 독일민법 아래에서 불가피한 체약상 과실책임의 영역확대일 뿐이며, 우리 민법은 불법행위책임에 관해 일반조항을 갖추고 있기 때문에(제750조) 계약교섭단계에서 상대방에게 가한 손해를 배상시키는 데에 법적용상의 어려움이 없다. 불법행위책임법에 의하여 누구든 사회생활에 있어서 거래상대방이나 주위의 사람에게 해를 입히지 않도록 주의할 의무가 부과되어 있고, 그를 게을리하여 손해를 입힌 경우에는 불법행위책임을 지도록 되어 있다. 계약교섭상의 부주의는 교섭당사자가 거래관행상 교섭에 임하는 자에게 부과하는 사회생활상의 주의의무를 위반한 경우이다(예: 고객에게 상품을 보여 주는 과정에서 점원의 부주의로 고객을 다치게 한 경우, 극장표를 사려고 줄 서 있는 고객의 머리 위로 설치중이던 극장간판이 떨어져 다친 경우). 계약이 체결되어 채권 · 채무가 발생하고 채무자가 그 채무를 이행하지 않은 채무불이행책임의 경우와 교섭상 과실은 본질적으로 다르다.

둘째, 계약체결 이후에 발생한 사고라도 契約의 給付와 직접 관련이 없는 保護義務 違反으로 인한 損害는 불법행위책임으로 다루는 것이 옳다. 채무불이행은 「主된 給付義務」 및 「從된 給付義務」를 위반한 경우에 인정되며, 급부의무과 관련이 없는 보호의무 위반의 경우는 불법행위책임으로 처리되어야 한다는 것이다. 보호의무편입설은 이론적 필연성이나 실리도 적으면서 본래의 급부

1) 梁彰洙, "계약체결상의 과실," 考試界 1986년 1월호, 52 이하.

와 동떨어진 손해를 억지로 채무불이행책임에 편입시키는 결과, 채무불이행책임과 불법행위책임의 체계를 혼란시키는 오류를 범하고 있다고 여겨진다. 독일민법학의 급부의무와 부수의무의 이원적 채무구조론은 독일법학 특유의 지나친 단절적 사고에 기인하는 이론으로서 한국인의 직관적 · 포괄적 사고체질에 조화되지 않는다고 본다.[1]

大判 2003. 4. 11, 2001다53059: 어느 일방이 교섭단계에서 계약이 확실하게 체결되리라는 정당한 기대 내지 신뢰를 부여하여 상대방이 그 신뢰에 따라 행동하였음에도 상당한 이유없이 계약의 체결을 거부하여 손해를 입혔다면 이는 신의칙에 비추어 볼 때 계약자유의 원칙의 한계를 넘는 위법한 행위로서 불법행위를 구성한다. 이러한 손해는 신뢰손해에 한정된다고 할 것이고, 신뢰손해란 예컨대, 그 계약의 성립을 기대하고 지출한 계약준비비용과 같이 그러한 신뢰가 없었더라면 통상 지출하지 아니하였을 비용상당의 손해라고 할 것이며, 아직 계약체결에 관한 확고한 신뢰가 부여되기 이전 상태에서 계약교섭의 당사자가 계약체결이 좌절되더라도 어쩔 수 없다고 생각하고 지출한 비용, 예컨대 경쟁입찰에 참가하기 위해 지출한 제안서나 견적서 작성비용 등은 여기에 포함되지 아니한다(조형물의 설치계약을 체결함에 있어서 甲은 乙이 제출한 시안을 당선작으로 선정 · 통보한 후, 구체적인 계약을 체결하지 않고 있다가 약 3년이 지난 시점에서 乙에게 조형물의 설치를 취소한 사례임).

1) 같은 취지: 金俊鎬, "채권법상 보호의무론의 전개," 월간고시 1990년 6월호, 105; 曺圭昌, "민법 제390조와 적극적 채권침해," 곽윤직화갑기념 민법학논총, 353.

제3절 契約의 法律關係

§8. 雙務契約의 牽連性

1. 契約에 기한 債權關係

(1) 契約債務의 內容

계약은 상대방이 자기에게 채무를 부담하고 그 채무를 이행함에 의하여 이익을 얻을 것을 목적으로 체결된다. 그러므로 계약체결에 의해서는 계약당사자에게 채권과 채무가 발생한다. 그 계약채무는 給付義務를 주요한 내용으로 하며, 그 밖에 그의 원활한 이행을 위하여 필요한 附隨義務도 포함한다. 계약에 기한 채무(급부의무)에는 「主된 급부의무」와 「從된 급부의무」가 있을 수 있다. 주된 급부의무와 종된 급부의무는 합하여 하나의 채무를 구성하고 그 반대급부와 相換關係에 놓이는 경우도 있고, 주된 급부의무만이 반대급부와 상환관계에 놓이는 경우도 있다. 계약을 체결하면서 부수적으로 不作爲義務 또는 環境造成義務 등 부수적 약정을 한 경우에는 그것들은 「급부의무에 부수하는 의무」가 될 것이다. 부수적 의무가 반대급부와 어떤 관련을 맺는가는 계약의 해석에 의하여 구체적으로 결정되어야 한다. 이러한 종된 급부의무와 부수의무의 문제는 「채무불이행책임에 포섭되는 채무의 내용」으로 파악될 수도 있고(채권총론 참조), 「반대급부와의 견련관계」, 「계약해제권의 발생」 등의 문제를 해결함에 있어서는 하나의 계약으로부터 발생하는 여러 개의 의무로 파악될 수 있다.

하나의 계약으로부터 일방당사자만이 채무를 부담하는 경우(片務契約)도 있고, 쌍방당사자가 서로 대립하는 채무를 부담하는 경우(雙務契約)도 있으며, 또한 조합계약에서와 같이 다수당사자가 모두 채무를 부담하는 경우 등 계약으로부터 발생하는 채무는 매우 다양하다.

사례연구

임대인 A와 임차인 B는 사무실을 임대하면서 그 장소에 놓여 있던 책상, 컴퓨터 기타 사무용품도 함께 임대하고 차임은 매월 80만원씩 지급하기로 약정하였다.

그런데 B가 사무실을 인도받으려고 살펴보니 컴퓨터가 망가진 것이어서 사용할 수 없는 것이었다. B는 차임의 감액을 청구할 수 있는가? B는 임대차계약 전체를 해제할 수 있는가?

이 경우 사무실을 사용하게 해 주는 것은 임대인의 주된 급부의무이고 사무용품을 사용하게 해 주는 것은 종된 급부의무이다. 그 사무용품이 대단한 것이 아니어서 그것 없이도 계약을 체결했을 것이고 그것이 임대료 책정에 영향을 미치지 않은 경우에는 사무실의 사용만이 임대료와 상환관계에 놓이게 된다. 반면에 사무용품의 중요성이 크기 때문에 그것 없이는 임대차계약을 체결하지 않았을 것이라든지 그것 없이는 임대료를 낮게 책정했을 것인 경우에는, 사무실사용과 사무용품사용이 합하여 차임지급의무와 상환관계에 놓이게 된다. 사례에서 사무용품에 책상과 컴퓨터가 포함되어 있는 것을 보면 그것들이 임대료책정에 영향을 미쳤다고 추측된다. 따라서 B는 컴퓨터의 사용불능을 이유로 借賃의 減額을 주장할 수 있다. 그러나 컴퓨터의 사용불능으로 계약목적을 달성할 수 없어 임대차계약 전체를 해제할 수 있다고는 해석되지 않는다. B는 사무용품 대여업체로부터 컴퓨터를 대여해 쓰고 그 사용료만큼 차임에서 감액받는 것으로 만족해야 할 것이다.

(2) 契約當事者 사이의 債權債務

계약당사자만이 계약으로부터 발생한 채권과 채무의 주체가 될 수 있음이 원칙이다. 계약은 계약당사자 상호간의 법률관계를 발생시킬 것을 목적으로 함이 보통이며, 당사자 상호간의 관계는 당사자 스스로 합의를 통하여 자율적으로 결정하도록 함이 계약법의 기본원리이기 때문이다.

그러나 예외적으로 다만 제3자를 위한 계약의 경우에는 수익자가 계약에 기한 급부청구권을 취득할 수 있다(제539조). 이 때에도 계약에 기한 채무, 기타의 반대급부의무는 계약당사자가 부담한다.

(3) 契約債務의 不履行으로 인하여 생기는 法律效果

계약은 당사자가 목적한 채무의 이행이 모두 완료된 때에 종료하며, 그 채무가 이행되지 않는 경우에는 다음의 법률효과가 생긴다. 계약채무의 불이행으로 인한 책임, 즉「계약책임」은 크게 채무불이행책임과 담보책임의 두 가지로 구성된다. ① 强制履行의 請求: 채무의 이행이 가능함에도 이행되지 않고 있는 경우에, 채권자는 법원에 채무의 강제이행을 청구할 수 있다(제389조). 민사소송법의 강제집행절차에 따라 본래의 급부에 대한 강제집행이 실시된다.[1] ② 債務不

1) 拙著, 채권총론, 158 이하.

履行으로 인한 損害賠償義務의 발생: 채무자가 이행기에 채무를 이행하지 않는 경우에, 채권자는 채무자에 대하여 손해배상을 청구할 수 있다(제390조). 채무자에게 그 불이행에 관하여 귀책사유가 없는 때에는 면책된다.[1] ③ 契約解除權·解止權의 발생: 채무자가 채무를 이행하지 않을 때, 채권자는 그 채무의 기초가 되는 계약을 해제하고 원상회복 및 손해배상을 청구할 수 있다. 계속적 계약에서는 장래에 향하여 계약관계를 종료시키는 解止權이 발생한다. ④ 擔保責任의 발생: 有償契約에서 채권자에게 인도된 급부에 권리의 흠결이 있거나 물건의 하자가 있는 경우에는 담보책임이 발생한다. 민법은 담보책임에 관해서는 총칙적 규정을 두지 않고 매도인의 담보책임과 수급인의 담보책임을 규정하고, 기타의 유상계약에 매도인의 담보책임규정을 준용한다. 담보책임의 내용은 대금감액청구권, 계약해제권, 손해배상청구권, 하자보수청구권 등이다.

(4) 契約의 第3者保護效에 관한 論爭

계약의 효력으로서 계약당사자 이외의 제3자가 채무불이행에 기한 손해배상청구권을 취득하는 등 제3자보호효력이 발생한다는 주장이 제3자보호효이론이다.[2] 여기서 말하는 제3자보호효과는 제3자를 위한 계약에서 수익자가 급부청구권 및 그 불이행으로 인한 손해배상청구권을 갖는 것과 별개의 문제이다.

㈎ 肯 定 說　제3자보호효 이론을 우리 민법의 해석론으로 도입하자는 견해가 있다.[3] 우리의 사용자책임규정(제756조 1항 단서)은 면책을 허용하지만 판례는 면책을 불허하고 있는 점을 비판하고 사용자책임은 기업책임 이외의 가사사용인 등에 대한 관계에서는 면책되어야 한다고 주장하고, 그렇게 면책을 인정할 경우 독일과 같은 계약의 제3자보호효를 인정하여 계약과 밀접하게 관련되어 있는 제3자를 보호하는 것이 옳다고 한다.

㈏ 否 定 說　사견으로서는 다음의 근거에서 제3자보호효 이론을 도입하는 것에 반대한다.[4] 첫째, 계약책임은 계약당사자 사이에 한해서 인정하는

---

1) 拙著, 채권총론, 202.

2) 宋德洙, "제3자보호효력 있는 계약," 곽윤직화갑기념 민법학논총, 1985; 李在睦, "제3자 보호효법리에 대한 비판적 검토 — 수용부정론의 관점에서," 새울법학 제2호, 대전대법문화연구소 1998년 2월; 李宙興, "법률상·약정상 책임제한 내지 책임면제의 피용자책임에의 보호영역확장의 문제," 사법행정 1985년 9월호.

3) 宋德洙, 앞의 글, 481; 민법주해(12), 186 이하(宋德洙 집필부분).

4) 같은 취지: 李在睦, 앞의 글.

제3자보호효 이론은 準契約理論과 상통한다. 준계약이론은 계약과 불법행위의 중간영역에 의무를 설정하고, 여러 모습의 의무를 하나의 통일적 이론으로 구성하여 이를 「계약 없는 자기구속」으로 파악하고자 하

것이 옳으며(제3자를 위한 계약은 예외), 계약의 효력을 제3자에게까지 확장하는 것은 타당하지 않다. 제3자는 계약에 의하여 채권채무를 취득하지 않고 반대급부도 부담하지 않으므로 계약의 범주 내에서 보호받아야 할 이유가 없다. 둘째, 채무불이행책임은 급부의무와 관련된 불이행에 대한 책임으로 한정하고(保護義務排除說),[1] 안전배려의무 등 보호의무를 위반한 경우에는 불법행위책임으로 처리하는 것이 옳다. 우리 민법은 불법행위책임에 관하여 일반조항주의를 취하고 있으므로 보호의무 위반의 경우를 불법행위책임으로 처리하는 데에 어려움이 없다(독일은 제한적 열거주의를 취하므로 문제 있음). 셋째, 사용자책임의 면책제도를 보완하기 위한 목적으로서 제3자보호효를 인정할 필요는 없다고 생각한다. 판례는 선임·감독상의 주의를 다하였다는 이유로 하는 사용자책임의 면책을 거의 인정하지 않으므로, 불법행위책임을 묻는 경우에도 사용자책임에 공백이 생기지 않는다.

獨逸의 第3者保護效 理論

제3자보호효 이론의 근원지인 독일에서 학자들은 보통의 계약의 효력으로서도 제3자에게 일정한 보호효력이 발생하는 계약의 효력확장을 인정해야 한다고 주장하였다.[2] 그러나 제3자가 채권자가 아니므로 급부청구권이나 이행지체·이행불능으로 인한 손해배상청구권은 제3자에게 인정될 수 없다고 하였다. 제3자란 계약당사자는 아니지만 계약에 기초한 보호의무(Schutzpflicht)의 이행에 직접 이해관계를 갖는 사람을 말한다고 하였다. 계약의 보호효력이란 제3자가 채무자의 보호의무 위반으로 손해를 입은 경우에 그 손해의 배상청구를 채무불이행규정에 의하여 할 수 있다는 것을 의미한다고 하였다. 채무자가 채권자가 아닌 제3자에 대해서까지 보호의무(이는 부수의무의 일종으로 이해된다)를 지는 법적 근거는 신의성실의 원칙이라 설명하였다.[3] 독일판례는 가스시공불량으로 도급인의 가정부가 화상을 입은 사건에서, 도급계약은 가정부의 이익을 위하여서도 체결된 것으로 간주되어야 하기 때문에 수급인은 가정부에게 채무불이행책임을 져야 한다고 판시하였다.[4]

였다. Köndgen, *Selbstbindung ohne Vertrag*, Tübingen, 1981, S. 420. 鄭震明, "계약상 합의의 의미와 그 발전과정," 법사학연구 제17호, 1996에서는 사회적 지위와 무관한 개인을 결부지우는 것은 사법상의 귀속이론과 일치하지 않는다고 비판하였다.

1) 拙著, 채권총론, 192.

2) Canaris, Ansprüche wegen 'Positiver Vertragsverletzung' und 'Schutzwirkung für Dritte' bei nichtigen Verträgen, *JZ* 65, 475; Gernhuber, *Drittwirkengen in Schuldverhältnis kraft Leistungsnähe*, Festschr. f. Nikisch, 1958, S. 249.

3) 그 법적 근거에 관하여는 신의칙(Larenz, Esser, MünchKomm 등) 외에도 계약의 보충적 해석(Palandt, Staudinger), 관습법(Gerhuber)에서 찾는 견해도 주장된다.

4) RGZ 127, 218ff.(1030). 그 밖에 독일판례는 가옥의 임대차나 극장의 임대차에서 임차인의 가족이나 극장

제3자를 계약의 보호영역에 편입하기 위한 요건은 다음과 같다고 하였다. ① 給付에의 密接性: 제3자가 계약의 주된 급부와 정형적인 방식으로 관계를 가질 것,[1] ② 保護關係의 存在: 채권자가 제3자의 보호에 특별한 이익을 가질 것, ③ 債務者의 豫測可能性: 계약체결 당시 채무자가 보호되어야 할 제3자를 인식하였으며, 제3자에 대한 책임의 위험을 예측할 수 있었을 것. 이와 같이 독일의 학설 · 판례가 계약에 제3자보호효를 인정하는 이유 중 가장 중요한 것은 독일불법행위법의 사용자책임규정(독민 제831조)이 사용자의 면책을 허용하고 있기 때문에 면책가능성이 없는 이행보조자책임을 인정하는 편이 피해자의 손해배상청구에 유리하다는 점이다.

다른 한편 최근 독일에서 제3자보호효 이론에 대한 반대견해가 유력해졌다. 첫째, 계약의 제3자보호효 이론은 제3자에게까지 계약관계를 의제하는 이론으로서 납득할 만한 법적 근거가 결여되어 있다고 비판하였다. 둘째, 계약의 위험도 부담하지 않고 반대급부도 이행하지 않는 제3자가 계약의 이익만을 향유하는 것은 형평에 어긋난다고 비판되었다. 셋째, 제3자보호효에서 말하는 보호의무는 그 성질이나 내용면에서 불법행위법상의 거래안전의무(Verkehrspflicht)와 다르지 않으므로 불법행위책임으로 처리하는 것이 좋다. 넷째, 제3자보호효 이론이 체계상 설득력 있는 근거를 가진 것이 아니라 불법행위법의 약점을 보완하기 위한 변용이론에 불과한데, 불법행위법의 결함은 불법행위법의 개정을 통하여 해결하여야 하며, 계약관계가 없는 경우까지 채무불이행책임으로 흡수하는 것은 부당하다고 비판하였다.[2]

(5) 第3者損害의 淸算理論

제3자손해의 청산(Drittschadensliquidation)의 이론이란 가해행위로 말미암아 법적으로 손해배상청구권을 갖는 자가 이미 그 손해의 위험을 타인에게 전가하였었기 때문에 실제로는 손해를 입지 않았고 그 위험을 떠맡은 제3자가 실제로 손해를 입은 경우에, 그 제3자의 손해청산을 가능하게 하기 위하여 채권자의 손해배상청구를 인정하는 이론이다.[3] 제3자 손해청산은 계약당사자 이외의 제3자에게 손해가 채권법적으로 이전되었을 때 적용하며, 배상청구권자와 피해자(제3자)가 달라지게 된다고 한다.[4]

예를 들어 파괴된 물건의 소유자가 그 물건이 파괴되기 전에 제3자와 매

의 입장객이 손해를 입은 경우, 여객운송계약에서 여객이 동반한 어린아이가 손해를 입은 경우, 기계 등의 매매계약에서 매수인의 피용자가 손해를 입은 경우 등에 이 이론을 인정하였다.

1) Canaris는 계약체결상의 과실의 단계, 즉 계약교섭의 단계에도 제3자보호효를 인정하자고 주장한다.

2) Medicus, *Schuldrecht I*, 1981, S. 320.

3) 宋德洙, 앞의 글, 469~471 참조.

4) 金亨培, 247. 제3자 손해청산에는 간접대리, 채권계약상의 위험면제 및 타인의 물건에 대한 인전의무의 법리가 활용된다고 한다. 민법주해(12), 198 참조.

매계약을 체결하고 그 위험도 제3자에게 이전시킨 경우에, 그 물건의 소유자는 가해자에 대하여 제3자손해의 청산을 청구할 수 있다고 한다. 다른 예로서 매매된 기계의 결함으로 인하여 매수인의 종업원이 다친 경우에, 채권자(매수인)가 채무자(매도인)에게 제3자(종업원)가 입은 손해의 배상을 청구하는 것이 제3자손해의 청산에 해당한다.[1)]

第3者效를 갖는 責任制限理論

계약상의 책임제한을 계약관계가 없는 제3자에게까지 적용을 받도록 하는「제3자효를 갖는 책임제한」(Vertragliche Hauftungsausschluß mit Wirkung für Dritte)의 이론도 주장되었다. 독일판례는 경비회사와 계약자 사이에 일정한 손해에 대해서는 책임지지 않을 것을 약정한 경우에, 피해자가 경비원 개인에 대하여 불법행위에 기한 손해배상청구를 하는 때에도 그 책임제한이 적용된다고 하였다.[2)]

2. 雙務契約의 特性[3)]

(1) 相 換 性

쌍방의 계약당사자가 각각 채무를 부담하는 경우 그 두 채무가 서로 대립하여, 발생 · 존속 · 이행 · 소멸에 있어서 상호의존적일 때 그러한 계약을 쌍무계약이라 한다. 쌍무계약이 되기 위해서는 한 개의 계약에 의해 쌍방당사자가 채무를 부담할 뿐 아니라, "서로 상대방이 채무를 부담하기 때문에 나도 채무를 부담한다"는 관계가 존재하여야 한다. 즉 계약당사자의 행위목적이「반대급부에 대한 청구권의 취득」에 있어야 한다.[4)] 쌍무계약에서 양 채무의 이러한 조건관계를「상환성」이라 한다. 쌍무계약의 상환적 채무는 서로 동시에 이행되는 것을 원칙으로 하지만, 일방당사자가 先履行義務를 부담하기로 약정하였다고 해서 쌍방채무의 상환성이 부정되는 것은 아니다.

---

1) Medicus, *Schuldrecht I*, 1996, Rn. 551ff.; 김형배, 채권총론, 248 참조.

2) 李宙興, "법률상 · 약정상 책임제한 내지 책임면제의 피용자책임에의 보호영역확장의 문제," 사법행정 1985년 9월호; 민법주해(12), 206.

3) 우리 민법은 제536조 내지 제538조에서 쌍무계약의 효력으로서 동시이행의 항변권과 위험부담에 관하여 규정하고 있을 뿐 쌍무계약이 무엇인가에 대해서는 언급이 없다.

4) Esser, *Schuldrecht*, Bd. I, 3. Aufl., 1968, S. 102. Esser는 쌍무계약의 특질을「do ut des」(주어지기 위하여 준다)의 의미에서의 目的的 雙務條件(finale Gegenseitigkeitsbedingung)에서 찾는다(같은 취지: Larenz, Esser-Schmidt).

쌍무계약의 대표적인 유형인 賣買에서 매도인은 매수인으로부터 대금을 받기 위하여 목적물인도의무를 진다. 賃貸借 · 消費貸借와 같은 계속적 계약에서는 일정기간의 급부(목적물의 사용제공. 대차금의 이용제공)와 그에 대한 대가(차임 · 이자)가 상호성을 갖는다.[1] 노무제공계약에는 급부가 일정기간의 노무의 제공 자체인 경우도 있고(고용), 또는 어떤 일의 완성인 경우도 있다(도급). 단, 組合契約에서 각 조합원은 공동목적을 위하여 급부할 채무를 지는데, 각 조합원의 채무가 언제나 상환성을 띠는 것은 아니다.[2]

(2) 牽 連 性

계약목적의 상호성으로 말미암아 양 채무는 각각 독자적으로 다루어져서는 안 되며 서로 묶여 법률적 운명을 같이할 것이 요구된다. 즉 쌍무계약에서 양 채무는 서로 종속적 관계에 놓이게 되는데, 이를 가리켜 「견련성」이라 한다. 견련성은 상환성을 갖는 채무 사이에서만 인정되며, 그 채무에 관해서도 「주된 급부」의 급부불능의 경우에만 인정되고 「부수의무」의 급부불능의 경우에는 견련성이 인정되지 않음이 원칙이다.[3]

(가) 成立上 牽連性　일방당사자의 채무가 목적의 불능으로 무효로 된 경우에, 상대방의 채무도 효력을 잃게 되는 것을 성립상의 견련성이라고 한다. 쌍무계약 자체가 반사회성 · 허위표시 등의 무효가 되거나 무능력 · 의사표시하자로 인해 취소된 경우에는 쌍방의 채무가 모두 성립하지 않게 된다.[4]

민법은 성립상의 견련성을 직접으로 규정하지는 않으나 쌍무계약의 일방채무가 급부의 성립상의 원시적 불능으로 성립하지 않는 경우 유책당사자는 상대방이 그 계약의 유효를 믿었음으로 인하여 받은 손해를 배상할 것을 규정함으로써(제535조) 간접적으로 일방채무가 원시적 급부불능으로 발생하지 않는 경우에 타방채무도 발생하지 않는다는 것, 그 결과 계약이 유효하게 성립하지 못한다는 것을 규정한다.

---

1) 같은 취지: 金曾漢, "쌍무계약에 관한 일고찰," 서울대 법학 통권 제41호(특별호 제4권, 1979), 39.

2) 조합을 유상 · 쌍무계약으로 파악하면서 다만 동시이행과 위험부담에 관한 규정은 그대로 적용될 수 없다는 견해(金基善, 299 이하; 金錫宇, 348; 金曾漢, 347; 金顯泰, 287)와 조합계약을 계약적 성질을 갖는 합동행위로 보아 쌍무계약이 아니라는 견해(郭潤直, 525 이하)가 대립한다. 독일에서도 상환성을 부정하는 견해(Larenz, Fikentscher, Esser-Schmidt)와 상환성을 인정하는 견해(Palandt-Thomas)가 대립한다.

3) Esser-Schmidt, §12Ⅲ.

4) 이 문제는 原始的 不能의 法理와 직접 관련을 갖는다. 계약체결상의 과실책임에서 원시적 불능의 법리에 관한 찬반론을 소개하였다.

雙務契約上 出捐行爲의 有因性

(1) 牽連性과 有因性 쌍무계약에서의 출연행위는 有因行爲이다.[1] 쌍무계약에서 하나의 채무가 계약 당시에 이미 원시적으로 급부불능하였기 때문에 유효하게 성립하지 못한 경우에는 다른 채무도 무효로 되는데, 그 이유는 쌍무계약의 일방채무(급부의무)와 타방채무(반대급부의무)는 서로 법률상의 원인(causa)을 이루기 때문이다. 쌍무계약에서 각자 出捐을 하는 것은 상대방의 급부(출연)를 받기 위함이다. 이를 쌍무계약에서 양 채무간의 有因關係라 한다. 이 有因性은 쌍무계약의 본질인 상환적 채무의 성립상 견련성에서 나온다.

(2) 比較法的 考察 고대 로마법은 무인의 채무부담의 약속만으로 성립하는 구두 · 요식의 문답계약(stipulatio)을 원칙으로 하였다. 따라서 문답계약에 의한 채무부담은 법률상의 원인과는 단절되었다. 다만 법률상의 원인이 결여된 경우 일정한 항변권만이 허용되었는데, 이 때의 원인은 계약당사자가 추구한 경제적 · 객관적 목적으로 이해되었다. 그러나 중세의 카논법은 채무부담행위에는 원인을 요구하였으며, 그 원인은 당사자의 심리적 · 주관적인 목적이라고 이해했다. 프랑스민법은 유인주의를 정면으로 취하여 계약의 유효요건으로서 합의, 당사자능력, 객체의 확정, 적법한 원인의 존재를 요구한다(프민 제1108조). 그리고 어떤 채무의 원인이 없거나 허위이거나 불법인 경우에는 그 채무도 무효라고 규정한다(프민 제1131조).[2] 독일민법은 프랑스민법과 같은 명문규정을 두지는 않았으나 쌍무계약의 견련성이론과 중세 이래의 법실무에 의해 양 채무의 유인성을 모두 인정한다. 그리고 부당이득법에서 간접적으로 법률상 원인이 필요함을 선언한다. 영미법[3]에서도 프랑스민법에서와 같이 채무부담의 법률상 원인(consideration)이 있어야 계약이 유효하게 성립함이 일반원칙으로 확립되었다(단, 날인증서의 경우 예외 인정됨). 특히 미국에서는 체약원인을 어떻게 파악할 것인가에 관해 교환거래이론(bargain theory) · 등가이론(equivalent theory) 등이 대립한다.

(3) 民法의 解釋 민법은 부당이득반환청구권에 관한 규정에서 「법률상 원인 없는 이득」을 반환할 것을 규정하는데, 여기의 법률상 원인은 쌍무계약 자체이기도 하고 「쌍무계약에서의 상환채무의 존재」를 가리키기도 한다. 쌍무계약에서 한 채무가 발생하지 않으면 다른 채무도 발생하지 않으므로 상호간에 법적 원인을 제공할 수 없게 된다.

---

1) 쌍무계약 자체가 유인성을 갖는다거나 쌍무계약이 유인계약이란 표현은 정확한 표현은 아니나, 이와 비슷한 뜻을 의미한다고 생각된다. 金疇洙, 73.

2) 프랑스 학설은 원인을 어떻게 파악할 것인가에 관해 주관설 · 객관설 · 절충설로 대립한다. 상세한 것은 金旭坤, "불 · 독 민법상 원인론의 고찰(상) · (하)," 숭전대학논문집 제3집 · 제4집, 1971, 1973; 李英俊, "법률행위의 종류 Ⅲ," 사법행정 1987년 1월호.

3) 梁明朝, "컨시더레이션의 법리와 미국계약법," 민법학논총, 1985 참조.

(나) 履行上 牽連性 일방당사자는 채무의 변제기가 도래하더라도 상대방이 채무의 변제제공을 할 때까지는 자기채무의 이행을 거절할 수 있는데, 이를 同時履行의 抗辯權이라고 하며, 쌍방채무의 이러한 관계를 이행상의 견련성을 갖는다고 말한다. 민법은 이행상의 견련성에 관하여는 동시이행의 항변권을 규정함으로써 쌍방채무가 동시이행관계에 놓임을 원칙으로 한다(제536조 1항). 당사자가 일방채무의 先履行을 약정할 경우에도 일정한 요건 아래 不安의 抗辯權을 인정하여 동시이행관계로의 전환을 허용한다(제536조 2항).

(다) 存續上 牽連性 쌍무계약의 양 채무가 완전히 이행되기 전에 일방의 채무가 채무자에게 책임 없는 사유로 급부불능으로 된 경우에, 그 급부불능의 채무가 소멸함과 동시에 상대방의 채무도 소멸하게 되는 것을 가리켜 존속상의 견련성이라고 한다.[1] 일방의 채무가 채무자의 귀책사유 없이 소멸하는 것을 가리켜 "危險이 발생한다"고 부르는데, 민법은 쌍무계약에서 위험은 채무자가 부담하는 것을 원칙으로 한다(제537조). 예외적으로 채권자의 귀책사유로 인한 급부불능, 채권자지체중의 쌍방의 귀책사유 없는 급부불능의 경우에 채권자로 하여금 위험을 부담토록 한다(제538조).

(라) 消滅上 牽連性 쌍무계약에서의 두 상환채무는 소멸에 있어서도 견련성을 가짐이 원칙이다. 소멸상의 견련성은 다음의 두 형태로 나타난다. ① 債務不履行時 消滅上 牽連性: 일방당사자의 채무가 채무불이행에 빠진 경우 상대방은 그 급부의 수령을 거절함과 동시에 자기의 채무도 면하기 위해 계약을 해제할 수 있다. 계약을 해제한 자는 자기채무를 면함으로써 계약의 구속에서 벗어날 수 있다(解除의 債務解放效).[2] ② 淸算義務의 履行上 牽連性: 쌍무계약에서 상환채무가 모두 이행된 후에 계약이 무효·취소·해제된 경우, 각 당사자가 부담하는 부당이득반환의무·원상회복의무는 상호성과 견련성을 가지므로 동시이행관계에 놓이게 된다. 민법은 해제로 인한 원상회복의무에 관해서 동시이행의 항변권을 규정할 뿐(제549조), 계약이 무효 또는 취소된 경우의 부당이득반환청구권에 관해서는 규정하지 않는다. 그러나 학설과 판례는 이 경우에도 동시이행의 항변권을 인정한다(뒤에 설명함)

---

1) 金亨培, 141에서는 이행상의 견련관계와 존속상의 견련관계를 합하여 「기능상의 견련관계」로 설명한다.

2) 같은 취지: 金曾漢, 앞의 글, 39~40. 우리 민법은 이를 쌍무계약의 견련성문제로 다루지 않고 계약의 해제문제로서 다루므로 그 곳에서 설명하기로 한다.

代價性

민법은 비록 쌍무계약이나 유상계약의 정의를 규정하지는 않지만, 양자를 각각 별개의 개념으로 파악하고 그의 효과를 다르게 정한다. 즉 쌍무계약의 내용으로서 동시이행의 항변권과 위험부담을 규정하고(제536조~제538조) 유상계약에 대하여는 매매에 관한 규정의 준용을 명한다(제567조). 그러한 민법규정은 결국 쌍무계약에는 양 채무의 상호성을 바탕으로 이행·존속에 있어서의 견련성을 부여하고, 유상계약에는 그의 대가성을 바탕으로 양 채무의 객관적 동일가치성을 보장해 줌으로써 거래상의 형평을 꾀하려는 취지로 해석된다.[1]

현대의 계약개념은 상환성과 유상성을 구별하지 않고, 서로 대가관계에 있는 급부만을 상환하려고 하는 현상, 즉 대가성이 상환성의 전제조건이 되는 현상을 보인다. 그 결과 실제 거래계에서는 대부분의 계약이 유상·쌍무계약으로서 상호성과 대가성을 함께 지니므로 양 개념의 구별의 실익은 적다(계약의 유형에서 설명했음).

§9. 同時履行의 抗辯權

1. 意　　義[2]

(1) 概　　念

쌍무계약의 당사자 일방은 상대방이 그 채무이행을 제공할 때까지 자기의 채무이행을 거절할 수 있으며(제536조 1항) 그 때까지는 이행지체의 책임을 지지 않

1) 같은 취지: 주석 채권각칙(I), 269(金旭坤 집필부분). 다수설은 각 학자마다 표현에 다소간의 차이는 있으나, 쌍무계약은 대가성과 상호성을 가지며, 유상계약은 대가성을 갖는 것으로 정의내리고, 쌍무계약의 대가성은 당사자의 주관적 등가성을 의미하나 유상계약의 대가성은 객관적 등가성을 의미하는 것처럼 해석된다(郭潤直, 48~51; 金基善, 34~36; 金錫宇, 38; 金疇洙, 70~72; 金曾漢, 28~30; 金顯泰, 21~23; 李太載, 38~43). 그러나 그러한 설명은 당사자의 주관적 판단에 따른 상호의존성과 객관적인 등가성을 모두 「대가성」이라 표현하여 양 개념을 혼동케 할 우려가 있으므로 우리 민법의 취지에 따라 양 개념을 상환성과 대가성으로 분리하여 파악하겠다.

2) 참고문헌: 姜日源, "동시이행의 항변권과 이행지체로 인한 손해배상," 민사재판의 제문제, 민사실무연구회, 1997; 金東勳, "불안의 항변권," 법학논집 제11집, 국민대학교 법학연구소; 同, "불안의 항변권의 의의," 민사법학 제17호, 1999; 金相容, "동시이행의 항변권," 법률신문 제2411호; 金疇洙, "동시이행의 항변권과 위험부담," 월간고시 1994년 6월호; 南孝淳, "동시이행항변권 이론의 재구성," 고시계 1997년 8월호; 同, "동시이행관계의 본질 및 내용," 곽윤직고희기념, 박영사, 1995; 同, "동시이행관계와 지체책임," 민사판례연구 제18권, 1996; 朴海成, "매수인의 양도소득세 부담약정과 동시이행," 법조 제43권 8호, 1994; 宋德洙, "동시이행의 항변권 등," 고시연구 1995년 6월호; 梁彰洙, "동시이행의 항변권," 고시계 1990년 7월호; 尹允秀, "양도소득세부담특약과 동시이행의 항변권," 부산판례연구회, 판례연구 Ⅳ, 1994; 尹眞秀, "채무불이행으로 인한 특별손해, 동시이행항변권과 권리남용," 대법원판례해설 제17호, 1992; 李性龍, "타인

는데, 이러한 履行拒絶權과 履行遲滯의 抑制效를 파생시키는 권리를 가리켜 동시이행의 항변권이라고 한다. 쌍무계약의 상환채무 또는 기타 상환적으로 이행되어야 할 채무가 이 이행거절권이나 이행지체 억제효를 갖는 경우에, "양 채무가 동시이행관계에 있다"고 말하거나 "이 채무는 동시이행의 항변권이 붙은 채무이다"라고 말한다. 흔히 동시이행채무의 이행거절권을 동시이행의 항변권이라고 부르기도 한다.

동시이행의 항변권은 쌍무계약의 상환관계에 있는 채무간에 발생한다. 민법은 매매에 관하여 "매매의 당사자 일방에 대한 의무이행의 기한이 있는 때에는 상대방의 의무이행에 관하여도 동일한 기한이 있는 것으로 추정한다"고 규정하는데(제585조), 이는 매매 등 쌍무유상계약에서 상환채무는 상호 동시이행관계에 놓임이 원칙이라는 것을 말해 준다. 그러나 계약당사자가 일방의 채무를 선이행할 것을 약정한 경우 또는 거래관습에 의해 일방당사자가 先履行義務를 지는 경우에는 그러하지 아니하다.

(2) 機　能

(가) 擔保的 機能　쌍무계약의 각 당사자는 상대방의 채무이행을 조건으로 자기의 채무를 이행함으로써 사실상 상대방의 채무이행을 담보하는 기능을 담당한다. 예를 들면 매도인은 매수인이 대금을 완결할 때까지 목적물을 인도하지 않음으로써 대금수납을 확보할 수 있고, 마찬가지로 매수인은 매도인이 목적물을 인도할 때까지 대금을 지불하지 않음으로써 자기의 대금만 떼이는 것을 막을 수 있다. 자기채무를 先履行할 것을 약정한 당사자는 이 담보적 기능을 포기하는 셈이 된다.

(나) 猶豫的 機能　쌍무계약의 각 당사자는 상대방의 변제제공이 있을 때까지 자기채무도 변제하지 않아도 되는 期間의 猶豫를 받게 된다. 양 채무의 변제시기가 같아야 일방당사자가 먼저 이행하는 불이익이 없게 된다. 이행거절권을 행사하는 채무자는 실제로 상호이행이 이루어질 때까지 목적물의 사용·수익을 계속할 수 있고, 변제목적물이 금전인 때에는 그 때까지 이자를 획득할 수 있다. 선이행하는 당사자는 이러한 기간의 이익을 포기하는 셈이 된다.

의 권리를 매도한 매도인의 매매 해제의 경우 매도인의 손해배상의무와 매수인의 목적물반환의무가 동시이행관계에 있는지," 대법원판례해설 제19-1호, 1993; 李永煥, "채권자지체와 동시이행항변권," 민법학의 현대적 과제, 부산대학, 1997; 丁玉泰, "동시이행의 항변권," 고시연구 1990년 12월호; 諸哲雄, "민법 536조의 동시이행의 항변권에 관한 몇 가지 문제," 인권과 정의 1996년 9월호; 崔相浩, "동시이행의 항변권," 사법행정 제361호, 1991; 黃迪仁, "동시이행의 항변권" 황적인정년기념 민법경제법논집, 1995.

(3) 內 容

㈎ 履行拒絶權 동시이행항변권은 이행거절권을 파생시킨다. 이행거절권은 상대방이 자기의 채무는 이행하지 않은 채 반대급부만을 청구해 올 경우(단순청구), 급부를 거절할 수 있는 一時的 抗辯權이다. 상대방의 이행청구 또는 강제집행청구 자체를 막지는 못하지만 그 집행을 일시적으로 저지할 수 있는 實體法上 抗辯權이다.[1] 소송상 상대방의 주장을 배척하기 위한 방어방법으로서 계약의 무효·취소를 주장하거나 채무가 이미 변제되었음을 주장하는 경우는 訴訟上 抗辯이라고 하는데, 이는 실체법상의 항변권과는 개념상 구별된다. 실체법상의 항변권도 소송법상 당사자처분의 원칙에 따라 항변권자가 소송절차에서 원용하여야 그 효력이 인정된다. 이행거절권은 채권자의 강제집행을 채권자가 자기채무의 변제제공을 할 때까지 저지할 수 있는 延期的 抗辯權이다.[2] 이 항변권은 단순한 거절권능을 생기게 할 뿐이며 채무 자체를 소멸시키지는 않는다.

㈏ 履行遲滯의 抑制 동시이행의 항변권을 갖는 채무자는 자기채무의 변제기가 도과하여도 이행지체에 빠지지 않는다. 그 채무의 불이행에 관하여 채무자에게 귀책사유가 없으므로 채무불이행에 따른 손해배상의무를 지지 않으며(제390조 참조), 이행지체에 빠지지 않으므로 상대방에게 契約解除權(제544조)이 생기지 않는다. 그 밖에 이행지체를 이유로 한 延滯利子 또는 違約金을 지급할 의무가 없다.

㈐ 利子의 不發生 동시이행관계에 있는 금전채무(매매대금·차임 등)는 상대방의 반대급부가 있을 때까지 利子가 생기지 않는다(제587조).

㈑ 相計의 禁止 동시이행의 항변권이 붙은 채권은 상계의 자동채권이 될 수 없다. 만약 상계를 허용하여 일방의 채무만을 먼저 소멸시킨다면, 상계의 상대방은 반대급부청구권 없는 채무를 부담하게 되어 그 채무에 관하여 동시이행을 항변할 여지가 없어지게 되어 담보적 기능도 상실하게 된다. 항변권자가 스스로 동시이행의 항변권을 포기하는 것은 허용되지만, 상대방의 항변권을 박탈하는 행위는 허용될 수 없다. 항변권이 붙은 자기의 채권을 수동채권으

---

1) 우리 민법의 동시이행항변권제도는 일본민법 제533조, 독일민법 제320조~제322조, 프랑스민법 제1612조, 제1653조, 영국동산매매법 제28조, 미국통일상법전 §2-507(1), §2-511(1) 등과 같은 입법주의에 속한다. 그러나 스위스채무법 제82조는 단순청구 자체를 허용하지 않는 방법을 취한다. 독일법에서는 실체법상의 항변권을 Einrede라고 하고 소송상의 항변을 Einwendung이라고 하여 용어상으로도 양자를 구별한다.

2) 항변권에는 그 밖에도 영구적 항변권(상속인의 한정승인의 항변권, 제1028조)이 있다.

로 하여 상계하는 것은 자기이익을 포기할 뿐이므로 허용된다.

예를 들어 A(매도인)가 B(매수인)에게 부동산을 1억원에 팔고 계약금 1천만원만을 받은 상태에서는 9천만원의 대금채권을 갖는다. 9천만원의 채권은 등기와 동시에 만족을 얻을 수 있는 것이다. 그런데 A가 B에게 전에 9천만원 차용한 것이 있어 그 차용금채무와 상계할 것을 통지하였더라도, 이러한 상계는 허용되지 않는다. 만약 상계를 허용한다면 B는 A로부터 소유권이전등기를 경료받지 못한 채 9천만원을 선이행하는 셈이 되며, A가 등기를 해 주지 않는 경우에 부득이 소송으로 강제할 수밖에 없어 9천만원과의 동시이행을 통한 담보적 기능은 기대할 수 없게 되기 때문에 그 상계는 허용될 수 없다.

大判 1975. 10. 21, 75다48: ① 항변권이 부착되어 있는 채권을 자동채권으로 하여 타의 채무와의 상계를 허용한다면 상계가 일방의 의사표시에 의하여 상대방의 항변권 행사의 기회를 상실케 하는 결과가 되므로 이와 같은 상계는 그 성질상 허용할 수 없다. ② 상계항변에서 들고 나온 자동채권을 부정하여 그 항변을 배척하는 것과 그 자동채권의 성립은 인정되나 성질상 상계를 허용할 수 없다 하여 상계항변을 배척하는 것은 얼핏보아 그 형식면에서는 같을지라도 전자의 경우엔 기판력이 있어 양자는 판결의 효력에 있어 다른 것이므로 자동채권의 성립 자체에 관하여 이를 부정한 원심의 판단에 위법이 있다면 이는 재판의 결과에 영향이 있다.

(4) 本 質

동시이행의 항변권은 언제 발생하는가, 항변권의 효과를 누리기 위해서는 반드시 항변권자의 원용이 있어야 하는가 아니면 항변권의 존재만으로 충분한가 등의 문제는 항변권의 본질을 어떻게 파악하는가와 밀접한 관련을 갖는다. 19세기 말 독일민법학에서는 항변권을 상대방의 공격에 대하여 방어할 수 있는 권리라고 파악했기 때문에 공격이 없는 방어는 있을 수 없다고 생각하여 그 원용을 항변권의 발생요건으로 이해하였다. 그 후 채권적 항변권은 채권으로부터 독립한 권리가 아니라 채권의 속성을 이룰 뿐이라고 보아 채권성립과 동시에 항변권도 발생한다고 파악하게 되었다.

㈎ 折衷的 援用說　동시이행의 항변권은 상대방의 단순청구가 있는 때에 비로소 발생하지만(단, 소멸시기에 대해서는 언급이 없음), 그 발생요건의 충족에 의해서 항변권 자체가 성립할 뿐이며 항변권자가 그를 원용하지 않는 한 현실화하지 않는다고

하는 견해가 원용설이다(抗辯權說, 單純請求時說, 行使效果說이라고도 함).[1] 첫째, 동시이행의 항변권의 본질적 효력은 상대방의 청구에 대한 이행거절에 있는 것이고 거절권능은 본질적 내용에 해당한다고 한다. 둘째, 항변권의 효과인 이행거절권능은 원용이 없으면 생기지 않는다고 한다. 소송상의 변론주의의 원칙상, 항변권을 행사한 자는 동시에 재판상에서도 이를 항변으로 원용하여야 한다고 설명한다(실체법상의 원용과 소송절차에서의 항변이 어떻게 다른 것인지에 관해서는 언급이 없다).

折衷的 援用說(일본에서는 存在效果說이라고 함)은 예외를 인정하여 원용이 없더라도 「이행지체의 억제효」와 「상계금지의 효력」은 항변권의 존재(동시이행관계) 자체로부터 생긴다고 한다.[2] 첫째, 민법은 채권자의 청구권의 행사에 아무런 조건을 가하지 않고 그 행사를 자유롭게 인정하고 다만 상대방의 단순청구가 있을 때 이에 대항하여 채무자에게 동시이행의 항변권이라는 이행거절권능만을 부여하고 있으므로, 채무자에게 이행의무는 있지만 다만 동시이행의 관계로 인하여 채무를 이행하지 않더라도 違法性이 조각되는 것이라고 설명한다.[3] 둘째, 채무자가 동시이행의 항변권을 행사하는 것을 포기하여 자신의 채무를 이행하더라도 이것이 반드시 그 때까지 동시이행의 관계에 의하여 발생한 이행지체저지의 효력까지 포기하는 것은 아니라고 한다. 그러므로 일방이 동시이행의 항변권을 포기하여 자신의 채무를 이행한 경우 만일 상대방이 더 나아가 일방에게 채무이행이 있은 때까지의 지연배상까지도 요구한다면, 법원은 양 채무가 동시이행의 관계에 있었음을 이유로, 따라서 상대방에게 지연배상청구권이 발생하지 않았음을 이유로 그 청구를 기각하여야 할 것이다.

(나) 性 質 說　동시이행의 항변권은 쌍무계약으로부터 발생하는 채무의 성질에 해당하는 것으로 원용을 기다리지 않고 계약의 체결(기타 법정채무의 발생원인 충족)과 동시에 그 항변권도 발생한다는 견해이다(債權成立時說, 存在效果說이라고도 함).[4] 私見으로서는 과거 다

---

1) 郭潤直, 109 이하; 金基善, 64; 金錫宇, 81~82; 金疇洙, 107 이하; 金曾漢, 63 이하; 金顯泰, 44; 李太載, 84; 黃迪仁, 116~117; 주석 채권각칙(I), 295; 南孝淳, 앞의 글, 84; 梁彰洙, 앞의 글, 101

2) 郭潤直, 129; 南孝淳, 앞의 글, 84 이하. 南孝淳은 "만약 당연효라는 것을 굳이 인정한다면 이행지체저지나 상계금지는 동시이행항변권의 당연효가 아니라 동시이행관계의 당연효라고 보아야 할 것이다"라고 설명한다. 절충적 원용설의 근거는 남효순의 앞의 글에서 인용함.

3) 南孝淳, 앞의 글, 83에서는 "채무가 서로 그 이행에 있어서 동시에 이행되어야 할 관계가 있으면 그에 따라 당연히 상계금지효력이나 이행지체저지효력이 발생하는 것이지, 동시이행의 항변권이라는 거절권능으로부터 그러한 효력이 발생하는 것은 아니라고 하겠다. 즉 이행지체저지는 항변권의 발생효과(이행기설의 입장)도 존재효과(단순청구설 중 존재효과설의 입장)도 또는 행사효과(단순청구설 중 행사효과설의 입장)도 아니다. 이행지체저지나 상계금지는 동시이행의 항변권의 발생 여부에 관계 없이 인정하는 것이 공평에 부합한다"고 한다.

4) 金亨培, 144 이하에서는 "쌍무계약관계에 있는 각 당사자는 자신의 채무이행을 제공하면서 상대방의 이

수설이었던 원용설을 비판하고 성질설을 주장해 왔다.[1]

첫째, 동시이행의 항변권은 선이행조건이 없는 한 채무발생과 동시에 발생하여 상대방의 채무이행시까지 존속한다. 만약 원용설에 따라 상대방의 단순청구가 있어야 비로소 항변권이 발생한다고 본다면, 변제기가 도래하였으나 상대방의 단순청구가 없는 때에는 상대방의 변제제공이 없더라도 이행해야 한다는 부당한 결과가 생기게 될 것이다. 상대방의 단순청구 이전에는 동시이행의 항변권이 생기지 않는다고 보는 것은 부당하다.

둘째, 債權的 抗辯權은 채권 · 채무의 성격을 결정하는 특징을 이루며, 채권의 성립시부터 그 특성이 결정된다. 동시이행의 항변권은 그 모체가 되는 채권 · 채무의 속성을 이루므로 채권 · 채무와 그 항변권을 분리하여 생각하는 것은 옳지 않다.[2] 원용설에서 "항변권은 항변이 있을 때 비로소 발생하는 것이 논리적이다"라고 하는 주장은 채권적 항변권의 속성을 오해한 데에서 비롯된다. 보증채무에 붙은 최고 · 검색의 항변권도 그 채무의 속성을 이루며 그 항변권의 부착 여부는 연대보증과의 구별을 가능하게 한다. 보증인은 보증채무의 발생시부터 催告 · 檢索의 抗辯權을 보유하지만 그 권능인 이행거절권을 행사하는 것은 채권자의 단순청구가 있을 때이다. 이와 유사하지만 구별되는 것으로서 「대항력 있는 임차권」이 있다. 임차권의 대항력은 공격을 받을 때에 생기는 권리가 아니라 임차권을 물권과 유사한 대외적 효력을 갖는 것으로 결정하

행을 청구할 수 있는 권리를 가지고 있을 뿐이므로, 각 당사자의 청구권은 본래의 성질상(vor vornherein) 자신의 채무이행을 제공하면서 상대방의 이행을 청구할 수 있는 실체법상의 권리라고 파악된다. 그러므로 자기자신이 스스로 이행의 제공을 하지 않는 한 상대방 당사자가 이행하지 않는다 하더라도 그 상대방의 채무는 결코 지체에 빠지지 않는다 … 이와 같은 학설을 實體權說이라고 할 수 있다. 저자는 이 견해에 따른다"라고 한다. 민법주해(13), 35(柳元奎 집필부분)에서도 "(동시이행의) 항변권이 원용에 의하여 현실화되지 않은 경우에도 이 항변권의 존재만으로 뒤에서 보는 바와 같은 실체법상의 효과가 발생한다는 점에 비추어 보면 원용을 이 항변권의 효력에 필수불가결한 것으로 보아야 하는지 의문이다"라고 한다.

諸哲雄, 앞의 글, 101: "항변권을 행사하지 않더라도 쌍무계약상의 채무로서 동시이행하여야 할 경우, 그 채무이행기를 도과하더라도 이행지체가 되지 않는 것은 위법성조각사유가 있어서가 아니라 채무불이행의 객관적 요건이 충족되지 않기 때문이라고 할 것이다. 또한, 가령 동일한 금전지급을 목적으로 하더라도 동시이행의 관계에 있는 금전채무는 실체법상으로 반대채무와 상환하여 이행할 것을 내용으로 하기 때문에, 금전채무라는 것만으로는 제492조 1항의 「같은 종류를 목적으로 하는 채무」라고 할 수 없다. 그렇기 때문에 원칙적으로 그 채권을 자동채권으로 한 상계가 허용되지 않는다고 할 것이다. 본고와 같은 입장을 취하면, 유효하게 성립한 쌍무계약상의 일방의 채무가 시효로 소멸하더라도 그 채무자는 동시이행의 항변을 할 수 있다고 할 것이다."

1) 拙著, 채권각론(초판), 1989, 125~127.

2) 諸哲雄, 앞의 글, 97에서는 일반적으로 항변권은 행사하여야 효력이 발생하는 것으로 이해되기 때문에, 그것을 행사하지 않더라도 그 핵심적 내용인 이행거절권능의 효력이 발생한다고 하기 위해서는 그것을 항변권이라고 하지 않거나 다른 항변권과는 구분된다는 등의 설명이 있어야 할 것이지만 그렇지 않은 것은 의문이라고 한다. 南孝淳, 앞의 글, 84의 "동시이행항변권의 효과가 아니라 동시이행관계의 효과로 보아야 한다"는 설명도 같은 비판으로 이해된다.

는 특성이며, 그 대항력은 대항요건을 갖춘 때에 생긴다.

셋째, 동시이행의 항변권은 履行拒絶權能을 포함하는 넓은 개념이므로, 항변권이 발생하면 거절권능도 보유하게 된다. 채무자는 이행거절권능을 갖기 때문에 채권자가 이행청구를 해 오더라도 그에 응할 필요가 없다. 만약 이행거절권능을 갖지 않는다면 상대방의 단순청구가 있더라도 그에 응하지 않으면 강제집행을 당하게 될 것이지만, 동시이행항변권에서 파생된 이행거절권능으로 인하여 이러한 강제집행은 허용되지 않는다.

넷째, 동시이행의 항변권은 履行遲滯의 抑制效를 포함하는 넓은 개념이므로, 항변권 있는 채무자는 변제기에 이행하지 않더라도 이행지체책임을 지지 않는다. 만약 매도인이 목적물의 인도(또는 제공)도 하지 않고 매수인에게 대금을 청구한 경우에, 매수인은 대금지불을 거절할 수 있을 뿐 아니라 후에 매도인의 목적물인도와 상환하여 대금을 지급하는 경우에도 변제기부터 목적물인도시(또는 변제 제공시)까지의 연체이자는 지급할 필요가 없다. 그 사이에 매도인은 매수인의 대금부지급(이행 지체)을 이유로 계약을 해제할 수 없다. 채무자가 설혹 이행거절권능의 행사를 포기하여 자기채무를 이행하더라도 이행지체의 억제효까지 포기하지 않는 한, 채권자는 채무자에게 그 동안의 지체를 이유로 한 연체이자, 위약금을 청구할 수 없다.

다섯째, 동시이행의 항변권은 채권발생시부터 인정되므로, 그 채권을 단순채권과 같이 취급하여 상계하는 것은 처음부터 금지된다. 상대방이 갖는 소비대차의 채무와 쌍무계약에서 발생한 채권을 서로 상계하겠다는 의사를 표시하더라도 상계의 효과는 생기지 않는다. 이 점은 원용설에서도 인정하는데, 상대방의 단순청구와 원용이 있어야 항변권이 생긴다는 주장과 논리적으로 상충하게 된다. 원용설에 의하면 상대방의 단순청구가 없는 한 동시이행항변권은 생기지 않은 것이 되므로 그 항변권의 존재효과로서의 상계금지효과도 생길 여지가 없게 되어 앞뒤가 맞지 않는다.

여섯째, 동시이행의 항변권이 계약성립시부터 채권의 속성을 이룬다고 해석하는 것이 민법 제536조의 취지와 합치한다. 민법은 「상대방이 그 채무이행을 제공할 때까지 자기의 채무이행을 거절할 수 있다」고 규정할 뿐이며, 어디에도 항변권이 상대방의 단순청구를 요건으로 발생한다든가 또는 항변권자의 원용이 있어야만 효력을 갖는다고 규정하지 않는다.

援用說에 대한 批判

성질설을 취하는 사견으로서는 원용설을 다음의 관점에서 비판한다. 첫째, 원용설은 이행거절권능과 이행지체의 억제효를 각각 별개의 요건으로 파악하는데, 이는 이론적으로 일관성을 상실하는 결과를 초래한다. 이행거절권과 이행지체의 억제효는 동전의 앞뒷면과 같이 일체를 이루므로, 양자를 분리하여 전자에만 원용을 필요로 한다고 보는 것은 잘못이다. 그리고 절충적 원용설이 동시이행의 항변권과 동시이행관계를 분리하는 것도 옳지 않다. 양자는 하나의 채권이 갖는 성질을 가리키는 표현으로서 본질적으로 같은 것으로 파악되어야 한다. 둘째, 원용설의 논지는 거래실정과도 맞지 않는다. 원용설이 주장하는 바와 같이 만약 상대방의 단순청구가 있어야만 비로소 항변권이 발생한다고 하면, 계약체결시에 양 당사자가 이행기를 정해 놓은 경우 이행기가 도래하면 비록 상대방의 변제제공이 없더라도 나는 채무를 이행하여야 한다는 부당한 결과가 생긴다. 셋째, 상대방이 단순청구를 해 온 경우, 채무자가 만약 동시이행의 항변권을 원용하지 않는다면 자기채무의 이행거절권능은 생기지 않으나 이행을 하지 않더라도 이행지체책임은 지지 않는다는 절충적 원용설은 논리적 모순을 드러낸다. 넷째, 절충적 원용설도 상계를 금지하는데, 상대방의 단순청구(이행청구) 전에는 항변권이 생기지 않은 것인데 어떻게 그 존재효과가 생길 수 있는지 논리적으로 궁색하다.

(다) 判例는 종래 折衷的 援用說을 취해 왔으나 근래에는 性質說에 접근하는 판례도 나타나고 있다. 이행거절권과 관련하여서는 "매매를 원인으로 한 소유권이전등기청구에 있어서 매수인은 매매계약 사실을 주장 · 입증하면 특별한 사정이 없는 한 매도인은 소유권이전등기의무가 있는 것이며, 매도인이 매매대금의 일부를 수령한 바 없다면, 동시이행의 항변을 제기하여야 하는 것이고, 법원은 매수인의 이와 같은 항변이 있을 때 비로소 대금지급 사실의 유무를 심리할 수 있는 것이다(大判 1990. 11. 27, 90다카25222)"라고 하였다. 그러나 이행지체의 효과에 관해서는 "쌍무계약에서 쌍방의 채무가 동시이행관계에 있을 경우 일방의 채무의 이행기가 도래하더라도 상대방 채무의 이행제공이 있을 때까지는 그 채무를 이행하지 않아도 이행지체의 책임을 지지 않는 것이고, 이와 같은 효과는 이행지체의 책임이 없다고 주장하는 자가 반드시 동시이행의 항변권을 행사하여야만 발생하는 것은 아니다(大判 1998. 3. 13, 97다54604 · 54611)"라고 하여 성질설에 가깝게 판시하였다. 그리고 대판 1997. 7. 25, 97다5541에서는 "대가적 채무간에 이행거절의 권능을 가지는 경우에는 비록 이행거절 의사를 구체적으로 밝히지 아니하였다고 할지

라도 이행거절권능의 존재 자체로 이행지체책임은 발생하지 않는다"고 하여 이행거절권능과 이행지체의 억제효발생 양자를 위하여 당사자의 원용을 요구하지도 않고, 상대방의 단순청구라는 요건도 요구하지 않았다(선이행의무자의 불안의 항변권에 관한 사례임). 그리고 이 판례는 "이행거절의 권능은 어디까지나 자기채무의 이행을 거절할 권능에 지나지 아니할 뿐 당초에 약정된 변제기를 변경시키거나 변제기의 정함이 없는 채무로 그 성질을 변경시키는 효력을 가지는 것이 아니므로, 설사 이행거절 권능을 가지는 매수인이 이를 행사하지 않고 대금채무를 이행하였다고 할지라도 납부기한 전에 선납한 것에 해당한다고 볼 수 없다"고 하여 이행거절 권능의 포기를 인정하고 "매매계약 당시 매수인들이 대금을 납부 지정일까지 납부하지 아니할 경우 그 체납액에 대하여 연체료를 가산하여 지급하기로 한 연체료 약정은 일종의 지연배상에 대한 예정으로서 이행지체책임이 발생할 때 비로소 그 지급의무가 발생한다"고 하여 이 사건에서 이행지체책임은 부과하지 않았다.

독일의 학설

독일민법 제정 당시 항변권은 상대방의 이행청구가 있을 것을 발생요건으로 하며, 효력요건으로서 원용을 요구한다고 이해되어 왔다. 독일민법상 항변권은 소멸시효의 항변권, 보증인의 항변권, 동시이행의 항변권 등이 규정되어 있다. 독일의 소멸시효제도는 상대방의 청구에 대한 소멸시효의 항변권행사(원용)로 효과가 생기도록 되어 있고, 동시이행의 항변권(Einrede des nicht erfüllten Vertrags)이 붙은 채무에 관하여 제소가 있는 경우에는 "동시이행의 항변권의 주장이 있는 경우 그의 효과로서 상환이행의 채무자패소판결을 내릴 것"을 규정한다(독민 제322조 1항). 보증인의 항변권도 채권자의 이행청구가 있는 때에 보증인의 항변권행사에 의해 효력이 생긴다.

근래에는 동시이행항변권에 대한 종래의 원용설(항변권설이라고도 함)을 비판하고 새로운 이론구성을 하고자 하는 시도가 행해져 왔다.[1] 신이론은 동시이행관계에 있는 채무를 상대방이 단순청구하는 것을 허용하는 것은 신의성실의 원칙에 어긋난다는 등의 근거를 제시한다. 현재 독일의 학설은 크게 ① 이미 동시이행항변권이 존재한다는 사실만으로 지체책임을 면한다고 하는 입장(Heck, Leonhard, Larenz, Esser, Medicus)과 ② 동시이행항변권의 행사에 의해 비로소 소급적으로 지체책임을 면하게 된다는 입장(Dertmann, Planck-Siber, v. Tuhr, Staudinger)으로 나누어져 있다. 우리 민법은 소

1) 이를 통일적 급부교환청구권설, 실체법설 등으로 부른다. Medicus, *Allgemeiner Teil des BGB.*, 1982, § 13 Ⅱ; P. Schlosser, Selbständige peremptorische Einrede und Gestaltungsrecht in deutschen Zivilrecht, *JuS*, 1966 257ff.

멸시효 · 동시이행항변권이 독일과 다르게 규정되어 있으므로, 우리 민법에 맞는 독자적인 항변권개념을 전개해야 한다.[1)]

2. 要　　件

동시이행항변권에서는 「이행거절권의 행사요건」과 「상대방을 이행지체에 빠뜨리기 위한 요건」을 구별하여 파악해야 한다.

(1) 履行拒絶權의 行使要件

(ㄱ) 自己債務와 相對方債務의 相換性　　이행을 거절하고자 하는 자의 채무는 동시이행을 요구하는 상대방채무와 하나의 쌍무계약으로부터 발생한 것이어야 하며(또는 이에 준하는 관계), 양 채무는 계약목적상 서로 의존하는 관계(상환성)에 있어야 한다. ① 主된 債務: 동일한 쌍무계약으로부터 발생한 채무라도 통상 主된 債務에 관해서만 상환성이 있다고 해석된다. 그러나 부수의무라도 당사자가 특별히 그의 이행을 반대급부의 조건으로 삼은 경우에는 상환성이 있다. ② 債權者의 變更: 상환성은 양 채무의 관계를 문제삼으므로 채권양도 · 채무인수 · 포괄승계 · 轉付命令 등으로 채권자나 채무자의 변경이 있더라도 채무의 동일성이 인정되면 상환성은 그대로 유지된다. ③ 債務의 同一性: 쌍무계약의 하나의 채무가 이행지체나 이행불능으로 손해배상의무(전보배상)로 변하거나, 또는 상대방에게 대상청구권이 생긴 경우에는 채무의 동일성이 유지된다. 그러나 그 때 당사자간에 손해배상과 별도의 위약금약정이 있었던 경우에는 그것이 원채무와 같은 기간 내에 지불되어야 할 경우에만 상환성이 인정된다.[2)] ④ 賣買: 동산매매에서는 목적물의 인도와 대금지불이 상환성을 가진다. 부동산매매에서 등기와 대금이 상환성을 갖는 외에 부동산의 明渡도 대금과 상환성을 갖는가는 의문이나 다수판례는 그를 인정한다(大判 1957. 10. 21, 4290민상419; 大判 1980. 7. 8, 80다725 등).[3)] ⑤ 賃貸借: 임대차

---

1) 소멸시효의 원용제도를 취하고 있는 일본민법 아래서도 항변권의 개념은 독일의 원용설과 비슷하게 이해되고 있다. 다만 이행지체의 억제효와 상계금지효력을 인정하기 위해 일본학자들은 상계와 이행지체의 경우에는 동시이행의 항변권의 존재만으로 효과가 생긴다고 설명한다. 그를 존재효과설(我妻, 松坂, 柚木, 星野, 廣中 등)이라고 하며, 그 밖에 위 두 경우에도 원용이 있어야 한다는 행사효과설(末川, 勝本)이 주장된다. 우리의 원용설은 일본의 존재효과설과 거의 같은 내용이다.

2) 같은 취지: 주석 채권각칙(I), 280(趙武濟 집필부분). 위약금약정이 원채무와 별개로 체결되었거나 함께 약정된 경우에도 원채무의 소멸을 전제로 일방당사자만이 부담하기로 한 경우에는 상환성이 부정되어야 한다. 일본에는 위약금의 상환성에 관해 학설이 대립한다(인정설: 澤井裕, 부정설: 柚木馨).

3) 그를 부정한 가옥매매의 판례도 있다(大判 1976. 4. 27, 76다297). 그 밖에 판례는 등기서류를 교부하였더라도 매도인이 원인무효소송의 피고인 경우(大判 1975. 8. 19, 75다1102), 다른 사람에게 근저당권이 설정되

에서는 일정기간의 목적물사용수익과 차임 사이에 상환성이 있음은 물론이나, 그 밖에 보증금이 지불된 경우 계약종료시 그의 반환과 목적물반환은 원래 채무의 성질상 상환성은 없으나 동시이행되어야 함이 일반적으로 인정된다(大判 1977. 9. 28, 77다1241 · 1242 이래 확립된 판례입장).[1] ⑥ 混合契約: 두 개 이상의 전형계약이 혼합된 신종계약에 있어서는 일방당사자의 여러 의무와 상대방의 여러 의무 사이에 상환성 및 동시이행관계가 인정된다.

大判 1995. 8. 22, 95다1521: 하나의 계약으로 둘 이상의 민법상의 典型契約을 포괄하는 내용의 계약을 체결한 것이라면, 특별한 사정이 없는 한 민법상의 전형계약에 상응하는 부분으로 서로 분리하여 그 각각의 전형계약의 범위 안에서 대가관계에 있는 의무만을 동시이행관계에 있다고 볼 것이 아니라, 당사자 일방의 여러 의무가 포괄하여 상대방의 여러 의무와 사이에 대가관계에 있다고 인정되는 한 이러한 당사자 일방의 여러 의무와 상대방의 여러 의무는 동시이행의 관계에 있다.

㈏ 相對方債務의 辨濟期到來 일방당사자는 상대방의 채무에 변제기가 도래한 경우에 한해서 상대방의 변제제공이 있을 때까지 이행거절권을 행사할 수 있다. 동시이행항변권자의 이행거절권은 자기의 채무이행을 거절하는 것인 동시에 상대방에게 채무이행을 촉구하는 것이기도 하므로 상대방의 변제기가 도래해 있어야 한다. 쌍무계약의 양 채무는 그와 다른 특약 · 관습 · 법률의 규정이 없으면 동시에 이행되어야 하며, 따라서 변제기도 같은 것으로 추정된다.

㈐ 相對方의 債務履行 또는 辨濟提供이 없을 것[2] 상대방이 이미 채무의 내용에 좇은 이행을 한 때에는 그 채무는 소멸하였으므로 동시이행을 요구할 여지가 없다. 또한 상대방이 변제의 제공을 계속하고 있는 동안은 그것을

어 있는 경우(大判 1962. 6. 21, 62다200; 大判 1979. 11. 13, 79다1562) 등에는 대금지불을 거절할 수 있다고 한다. 미등기건물매매의 경우에도 대금지급과 소유권이전등기가 동시이행의 관계에 있다(大判 1981. 7. 7, 80다2388). 가압류등기가 있는 부동산의 매매계약에 있어서 매도인의 소유권이전등기의무와 아울러 가압류등기의 말소의무도 매수인의 대금지급의무와 동시이행관계에 있다(大判 2000. 11. 28, 2000다8533).

1) 大判 1996. 3. 8, 95다15087: 임대인이 임대차 목적물의 소유권을 제3자에게 양도하고 그 소유권을 취득한 제3자가 임차인에게 그 임대차 목적물의 인도를 요구하여 이를 인도하였다면, 임대인이 임차인에게 임대차 목적물을 사용 · 수익케 할 의무는 이행불능이 되었다고 할 것이고, 이러한 이행불능이 일시적이라고 볼 만한 특별한 사정이 없다면 임대차는 당사자의 해지 의사표시를 기다릴 필요 없이 당연히 종료되었다고 볼 것이지, 임대인의 채무가 손해배상채무로 변환된 상태로 채권 · 채무관계가 존속한다고 볼 수 없다.

2) 원용설은 이 요건 대신 「상대방이 채무의 이행 또는 그 제공을 하지 않고서 이행을 청구하였을 것」(단순청구)을 요구한다.

수령하면 되므로 동시이행을 요구할 여지가 없다. 따라서 위의 두 경우 자기의 채무이행을 거절할 권능은 발생할 여지가 없다. 상대방의 변제제공이 계속해서 행해지고 있는 경우에, 채무자는 동시이행의 항변권에서 파생된 이행지체 억제효도 주장할 수 없다.

상대방이 자기채무의 일부만을 제공하거나 불완전한 급부를 제공하는 경우에는 어떠한가. 일부이거나 불완전한 급부제공은 채무의 내용에 좇은 이행에 해당하지 않으므로 원칙적으로 채권자는 수령할 필요가 없으며, 따라서 이 쪽의 채무도 이행할 의무가 없다. 그러나 특정물채무의 경우에는 목적물에 흠결이 있더라도 인도시의 현상대로 인도하면 수령해야 한다(제462조). 종류채무의 경우에도 부족 또는 불완전한 부분이 매우 근소·경미하여 채권자의 수령거절이 신의칙상 허용되지 않는 경우, 그리고 일부이행이 특약이나 거래관습으로 허용되는 경우에는 채권자가 제공된 것을 수령해야 한다. 채권자가 일부 또는 불완전 급부를 수령하는 경우에는 원칙적으로 그 이행부분에 상응하는 반대급부도 이행할 의무가 있다고 해석된다.[1] 따라서 미이행급부에 대해서만 동시이행의 항변권이 존속한다.[2]

㈑ 債權者遲滯에 빠져 있는 자도 이행거절권을 갖는가　원래 동시이행관계에 있던 양 채무는 채권자지체로 말미암아 그러한 성격을 상실하지 않는다고 해석된다. 채권자지체는 채무자의 급부의무를 면제시키는 것이 아니고 다만 처음의 급부제공시와 그 후 다시 제공할 때 사이에 채권자의 불수령으로 말미암은 불이익이 채무자에게 전가되는 것을 막기 위한 제도일 뿐이기 때문이다. 따라서 한번 채권자지체에 빠졌던 자라도 상대방의 변제제공이 없는 한 자기의 채무이행을 거절할 수 있다.[3] 판례도 동시이행의 항변권을 소멸시키려면 한번 이행의 제공이 있었다는 사실만으로는 불충분하고, 이행의 제공이 계속되어야 한다고 판시한다(大判 1981. 11. 24, 81다634). 실제로 쌍무계약에서 상대방의 급부제공에 관해 채권자지체에 빠진 자는 자기의 채무에 관해서도 이행지체에 빠지는 경우가 대부분이다.

---

1) 독일민법 제320조 2항에는 명문의 규정이 있다.

2) 그러나 자기의 반대급부가 불가분채무인 경우, 또는 미이행비율만의 거절로서는 상대방의 미이행부분의 이행이나 하자의 보완을 기대하기 어려운 경우에는 자기의 채무이행을 전부 거절할 수 있다고 해석된다.

3) 같은 취지: 다수설(郭潤直, 109; 金錫宇, 80; 金疇洙, 105; 金曾漢, 62; 金顯泰, 43)·판례(大判 1966. 9. 20, 66다1174; 大判 1972. 11. 14, 72다1513·1514). 반대설(金基善, 63).

大判 1972. 11. 14, 72다1513: 쌍무계약이 당사자 일방이 먼저 한번 현실의 제공을 하여 상대방을 수령지체에 빠지게 하였다 하더라도, 그 이행의 제공이 계속되지 않는 경우에는 과거에 이행의 제공이 있었다는 사실만으로 상대방이 가진 동시이행의 항변권이 소멸한다고 볼 수 없다.

(마) 履行遲滯에 빠져 있는 자도 이행거절권을 갖는가 비록 이행지체에 빠져 있는 자라도 양 채무의 동시이행관계가 소멸할 특별한 사정이 없는 한 이행거절권을 행사할 수 있다. 그러나 상대방의 채무에 대한 이행청구를 하기 위해서는 자기채무의 변제제공을 함으로써 종전의 이행지체상태를 제거해야 한다. 매도인이 목적물인도와 상환한 대금지불청구를 해 왔음에도 그를 이행하지 못한 매수인은 이행지체에 빠지게 되는데, 그 후 매도인이 이번에는 목적물의 제공 없이 대금을 청구해 온 경우에 매수인은 이행거절권을 행사하여 상대방의 변제제공을 요구하고 그것과 상환적으로 이행할 것을 주장할 수 있다. 만약 매수인에게 이행거절권이 없다고 보아 대금을 선불할 것을 요구한다면, 매수인은 매도인의 목적물인도를 확보할 담보적 기능을 잃게 되므로 부당한 결과로 될 것이다.

大判 1991. 3. 27, 90다19930: 매수인이 선이행하여야 할 중도금지급을 하지 아니한 채 잔대금지급일을 경과한 경우에는, 매수인의 중도금 및 이에 대한 지급일 다음 날부터 잔대금지급일까지의 지연손해금과 잔대금의 지급채무는 매도인의 소유권이전등기의무와 특별한 사정이 없는 한 동시이행관계에 있다.

(바) 權利濫用에 해당하지 않을 것 채무자의 이행거절권의 행사가 신의칙에 비추어 부당한 것인 때에는 동시이행항변권이 붙은 채무라도 이행거절권을 행사할 수 없다. 판례는 채무자의 이행거절권 행사가 자기채무의 이행을 거절하기 위한 편법으로 행해지는 경우에 일정한 요건하에 권리남용으로서 그 행사를 금지한다.

大判 1992. 4. 28, 91다29972: 동시이행의 항변권을 행사하는 자의 상대방이 그 동시이행의 의무를 이행하기 위하여 과다한 비용이 소요되거나 또는 그 의무의 이행이 실제적으로 어려운 반면, 그 의무의 이행으로 인하여 항변권자가 얻는 이득은 별달리 크지 아니하여, 동시이행의 항변권의 행사가 주로 자기채무의 이행만을 회피하기 위한 수단이라고 보여지는 경우에는 그 항변권의 행사는 권리남용으로서 배척되어야 한다.

大判 1999. 11. 12, 99다34697: 임차인이 불이행한 원상회복의무는 사소한 부분이고, 그로 인한 손해배상액 역시 근소한 금액인 경우에, 임대인이 그를 이유로 하여 그 손해배상액부분을 넘어서서 거액의 잔존 임대차보증금 잔액에 대하여 반환을 거부할 수 있다고 하는 것은 오히려 공평의 관념에 반하므로, 임대인의 동시이행의 항변은 신의칙에 반하는 것이 되어 허용할 수 없다.

(2) 相對方을 履行遲滯에 빠뜨리기 위한 要件

동시이행의 항변권은 항변권자가 상대방의 이행청구에 대하여 防禦하는 수단으로 쓰이는 경우와 항변권 붙은 상대방에 대하여 攻擊할 경우에 그 요건과 효과가 각각 다르게 나타난다. 방어수단으로서는 履行拒絶權이 주로 이용된다. 그러나 동시이행항변권이 붙은 채무자에게 이행지체의 효과를 관철하기 위한 공격을 할 때에는 채권자측에서 그 공격요건을 갖추어야 한다.[1] 채권자는 채무자를 이행지체에 빠뜨려야 채무불이행에 기한 손해배상청구권(연체이자, 위약금 포함)을 취득하고 상당기간을 둔 최고를 함으로써 계약해제권을 취득할 수 있게 된다.

大判 1999. 2. 23, 97다53588: 쌍무계약인 분양계약에 있어서, 수분양자가 먼저 이행하여야 할 중도금지급의무를 이행하지 않은 상태에서 입주예정일이 도래하였다면, 특별한 사정이 없는 한 수분양자의 남은 중도금 전부의 지급의무와 분양자의 입주를 가능하게 할 의무는 동시이행의 관계에 있게 되어, 수분양자가 중도금을 전부 지급할 때까지는 분양자가 지체책임을 지지 아니하지만 수분양자가 남은 중도금을 전부지급하면 분양자는 그 때부터 지체책임을 져야 한다.

㈎ 辨濟提供을 수반한 履行請求를 할 것 채권자가 동시이행의 항변권이 붙은 채무에 관해서 이행지체에 빠뜨리기 위해서는 자기의 반대채무를 변제제공해야 한다. 여기에서 중요한 것은 채권자가 반대급부를 제공하고 그 수령

1) 동시이행항변권에 관한 援用說은 채권자의 이행청구를 채무자를 이행지체에 빠뜨리기 위한 攻擊의 측면에서 보지 않고 防禦의 측면에서 본 점에 잘못이 있다고 생각한다.

을 최고하는 것이며, 채무자에 대한 이행청구는 그 수령의 최고와 더불어 해야 한다. 채권자의 변제제공이 없는 한 항변권 붙은 채무의 이행지체는 생기지 않는다. 상대방을 이행지체에 빠뜨려 계약을 해제함으로써 자기의 채무도 면하려는 계약당사자는 자기채무에 관하여 이행지체에 빠져서는 안 된다. 판례도 쌍무계약에서 상대방의 채무불이행을 이유로 계약을 해제하려고 하는 자는 동시이행관계에 있는 자기채무의 이행을 제공하여야 한다는 입장을 고수하고 있다 (大判 1999. 7. 9, 98다13754 선이행의무의 경우에도 같음)[1].

㈏ 상대방을 債權者遲滯에 빠뜨릴 것 상대방의 채무와 자기채무가 동시이행관계에 있는 경우에 상대방 채무를 이행지체에 빠뜨리기 위해서는 자기채무의 변제제공을 함으로써 상대방을 채권자지체에 빠뜨려야 한다. 상대방이 그 변제제공한 급부를 수령하지 않을 때에 채권자지체에 빠지게 된다. 이렇게 하면 상대방의 채권에 관해서는 채권자지체에 빠지고, 동시에 채무에 관해서는 이행지체에 빠지게 된다. 상대방이 그 급부를 수령하고 자기채무는 이행하지 않은 상태인 때에도 상대방은 이행지체에 빠지게 되지만, 동시이행관계를 깨고 상대방에게 먼저 만족을 줄 필요는 없으므로, 대개 상대방에게 변제제공만 할 뿐 변제를 완료시키지는 않는다.

사례연구

매도인(A)과 매수인(B)은 부동산을 1억원에 매매하는 계약을 체결하고, 계약금 1천만원과 중도금 4천만원을 수수했다. 그 후 부동산의 시가가 갑자기 앙등하여 1억 3천만원을 호가하게 되었다. 매도인은 그 부동산을 판 것을 후회하고 어떻게든 계약을 해제하려고 궁리하다가 매수인이 자금사정이 나빠져 잔금을 준비하지 못할 것이라는 정보를 입수하였다. 매도인은 매수인에 대하여 잔금지급일을 엄수해 줄 것과 그 지급일을 일주일 이상 넘기면 계약을 해제한다는 뜻을 통지하였다. 매수인

---

1) 大判 1987. 1. 20, 85다카2197: 쌍무계약에서 채무를 이행함에 있어 상대방의 행위를 필요로 할 때에는 언제든지 현실로 이행을 할 수 있는 준비를 완료하고, 그 뜻을 상대방에게 통지하여 그 수령을 최고하여야만 상대방으로 하여금 이행지체에 빠지게 할 수 있고 단순히 이행의 준비태세를 갖추고 있는 것만으로는 부족하다.

大判 1995. 3. 14, 94다26646: 쌍무계약에서 당사자 일방이 상대방에 대하여 한번 이행의 제공을 한 후 계속해서 이행의 제공을 하지 아니하고 이행의 제공을 중지한 경우에는 처음 이행의 제공으로 상대방은 이행지체에 빠졌으나, 그 후 계속해서 이행의 제공을 하지 아니하는 경우에는 상대방은 여전히 동시이행의 항변권을 가지고 있고, 따라서 이행의 제공을 중지한 시점 이후부터는 이행지체 상태가 종료하므로, 한번 이행의 제공을 하였다가 그 후 이행의 제공을 중지한 당사자는 중지 이후에 입은 손해에 대하여는 상대방에 대하여 이행지체를 원인으로 한 손해배상청구를 할 수 없다.

은 그 지급일의 열흘 후에야 잔금을 준비하여 매도인에게 변제제공을 하면서 등기서류를 넘겨줄 것을 최고하였다.

매도인은 매수인을 이행지체에 빠뜨리고 상당기간을 두어 최고를 해도 이행이 없을 때에야 계약을 해제할 수 있다(제544조). 매도인이 매수인을 이행지체에 빠뜨리기 위해서는 자기의 부동산양도의무의 변제제공을 해야 한다. 매도인도 목적물인도를 제공하지 않고 매수인도 매매대금을 제공하지 않으면 양자가 모두 이행지체에 빠지지 않게 된다. 이 사례에서와 같이 매도인이 매수인의 이행지체를 이유로 계약해제를 하게 되면 그 목적물인도의무도 면하게 되는 것을 기화로, 목적물을 인도해 줄 마음이 없는 매도인이 대금을 준비하지 못한 매수인에 대하여 위장된 변제제공을 하는 경우가 종종 있다. 판례는 변제제공은 변제의 준비를 해 놓고 상대방의 수령을 최고하는 것이라는 관점 아래에서, 매도인은 등기서류를 갖추어 변제제공을 하고 매수인은 자금동원가능성을 확보해 놓고 변제제공을 하여야 유효한 변제제공이 된다고 본다.

大判 1998. 3. 13, 97다54604: ① 쌍무계약에서 쌍방의 채무가 동시이행관계에 있는 경우 일방의 채무의 이행기가 도래하더라도 상대방 채무의 이행제공이 있을 때까지는 그 채무를 이행하지 않아도 이행지체의 책임을 지지 않는 것이고, 이와 같은 효과는 이행지체의 책임이 없다고 주장하는 자가 반드시 동시이행의 항변권을 행사하여야만 발생하는 것은 아니다. ② 매수인이 선이행의무 있는 중도금을 지급하지 않았다 하더라도 계약이 해제되지 않은 상태에서 잔대금 지급기일이 도래하여 그 때까지 중도금과 잔대금이 지급되지 아니하고 잔대금과 동시이행관계에 있는 매도인의 소유권이전등기 소요서류가 제공된 바 없이 그 기일이 도과하였다면, 특별한 다른 사정이 없는 한 매수인의 중도금 및 잔대금의 지급과 매도인의 소유권이전등기 소요서류의 제공은 동시이행관계에 있다 할 것이어서 그 때부터는 매수인은 중도금을 지급하지 아니한 데 대한 이행지체의 책임을 지지 않는다.

(3) 先履行債務에서 不安의 抗辯權

선이행의무자는 동시이행의 항변권에 따른 효과를 주장할 수 없음이 원칙이지만, 일정한 요건 아래 불안의 항변권이 인정되어 동시이행의 항변권과 같은 효과를 누릴 수 있다.

(가) 先履行債務　선이행의무는 당사자의 약정, 거래관습, 법률의 규정 등에 의하여 발생한다. 당사자의 약정이 없는 경우 또는 급부의 성질상 일방급부

가 선이행되어야 할 경우에는 법률의 규정에 의하여 선이행의무가 부과된다. ① 先履行約定: 쌍무계약의 당사자는 일방의 채무를 선이행하기로 약정할 수 있다. 이러한 선이행약정이 있는 경우에, 선이행채무자는 동시이행의 항변권을 포기한 것으로 된다. 외상거래 · 할부매매에서와 같은 신용거래의 경우에는 일방당사자가 선이행의무를 부담하기로 하는 약정이 행해진 것으로 해석된다. 선이행의무자는 상대방의 후이행을 확보하기 위하여 위약금약정, 보증금을 기탁, 보증인설정, 담보물제공 등의 안전장치를 갖추어 놓는 경우가 있다. ② 勞務先履行의 原則: 임대차의 차임이나 고용 · 도급 · 위임 · 임치에서의 보수는 다른 약정이나 관습이 없는 한 후불을 원칙으로 한다(제633조, 제656조, 제665조, 제686조, 제701조). 일정기간 계속되어야 할 노무, 기타의 서비스급부는 그 계속성으로 인하여 대가지급과 동시에 교환적으로 이루어지지 못하고 그 보수가 先拂 또는 後拂로 행해질 수밖에 없는데, 민법은 후불을 원칙으로 한다. 그러나 거래관행상 報酬를 선불로 지급해야 할 경우도 많다.

大判 1989. 8. 8, 88다카28143: 매매약정서에 ⓐ 대금완납시에는 토지에 관한 소유권이전등기를 이행한다는 것, ⓑ 매수인이 토지상의 건물의 건축허가를 받음에 있어 매도인은 소유권자로서 토지사용을 승낙하고 매수인은 그 허가 이후 45일 이내에 매도인에게 금 29,000,000원을 지급하되 이를 지키지 못할 시에는 이자를 지급하며 그 변제방법은 위 건물이 45일 이내에 매매처분되면 그 대금 중에서 우선 변제키로 한다는 것이 있고, 또 매수인이 원래 위 토지의 소유자이었는데 동 토지를 담보목적으로 취득한 매도인으로부터 이를 다시 매수하게 된 것이고 그 매수의 주된 목적이 지상건물을 완성하여 처분함으로써 이득을 얻으려는 데에 있었다면, 위 토지매매에 있어서의 매수인의 대금지급은 매도인의 소유권이전보다 先履行義務로 정한 것이다.

(나) 後履行債務의 辨濟期到來의 경우 선이행의무자가 이행을 지체하고 있는 동안 상대방의 후이행채무가 변제기에 도달한 경우에, 선이행의무자는 동시이행의 항변권에 기해 상대방의 변제제공이 있을 때까지 자기의 채무이행을 거절할 수 있는가. ① 肯定說: 선이행의무자의 이행거절권을 인정하는 견해이다.[1] 판례도 긍정설을 취한다(大判 1970. 5. 1, 70다344; 大判 1981.12.22, 80다3062.). ② 制限的 肯定說: 사견으로

1) 郭潤直, 105; 金基善, 62; 金疇洙, 88; 金曾漢, 59.

서는 당사자의 의사해석이나 계약의 성질에 비추어 선이행이무가 존속되어야 할 경우 이외에만 지체된 후이행채무와의 동시이행의 항변권을 인정하여야 한다고 생각한다. 일방당사자가 어떤 경우에 선이행의무를 부담할 것인가는 당사자의 약정의 해석문제이므로 개개의 사례에서 거래의 종류 · 거래관습 · 기타 사정을 고려하여 당사자의 의사를 탐구해야 하며, 긍정설과 같이 일률적으로 판단하여서는 안 된다.[1] 계약의 종류나 당사자의 의사에 비추어 신용제공의 약정이 이루어진 경우에(割賦賣買 등), 선이행의무자(신용제공자 · 매도인)가 이행지체에 빠져 있는 동안 그의 정상적인 이행을 전제로 약정한 반대급부의 변제기가 도래하였더라도 양 채무는 동시이행관계로 변화하지 않는다. 예를 들어 할부매매에서 매도인이 물건의 인도를 지체하고 있는 동안은 매수인의 할부금지급의무의 변제기가 도래하지 않고 매수인이 물건을 인도받은 후부터 일정기간 경과 후에 每期의 할부금지급의무의 변제기가 도래한다.

(다) 不安의 抗辯權의 發生要件 일방이 선이행의무를 부담하였더라도 상대방의 이행이 곤란할 현저한 사유가 있는 경우에, 선이행의무자는 상대방의 변제제공이 있을 때까지 자기의 채무이행을 거절할 수 있다(제536조 2항).[2] 이 때의 이행거절권을 「신용거래에 있어서 불안의 항변권」이라고 부른다. 불안의 항변권의 내용으로는 이행거절권 이외에 이행지체 억제효, 상계의 금지 등이 인정된다.

大判 1995. 2. 28, 93다53887: 선이행의무가 있는 자라도 후이행의무자가 이행기에 이르러도 이행할 수 없다고 볼 현저한 불안사유가 있는 경우에는 그러한 이행불안사유가 해소될 때까지 선이행의무가 있는 자기채무를 거절할 수 있는 동시이행항변권을 취득하는데 이를 不安의 抗辯權이라 한다.

1) 履行困難事由 상대방의 이행이 곤란한 현저한 사유가 있을 것 등이

1) 그러나 일본에는 이에 관하여 항변권인정설(末川, 戒能) · 부정설(柚木, 小主) · 절충설(我妻, 澤井, 星野)이 대립된다. 절충설은 상대방이 선이행의무자의 급부를 받은 일정기간 후에 자기의 반대급부를 이행하겠다는 뜻이 계약에 포함되어 있는 경우, 또는 상대방의 이행을 확인한 후에 자기도 이행할 취지인 경우 등에는 동시이행항변권이 생기지 않는다고 한다.

2) 독일민법 제321조는 상대방의 재산상태가 계약체결 후 현저히 악화하여 반대급부를 받지 못할 우려가 있는 경우, 반대급부의 이행이나 그에 대한 담보제공이 있을 때까지 자기의 채무이행을 거절할 수 있다고 규정한다. 스위스채무법 제83조는 그 위에 계약해제권도 인정한다. 일본민법에는 그러한 규정이 없고 학설로 불안의 항변권이 인정된다.

불안의 항변권의 발생요건이다. ① 사유의 내용: 여기의 이행곤란사유란 破産, 파산에 준하는 재산상태의 악화, 신용거래에서 신용을 현저히 손상하는 행위 등을 말한다.[1] 판례는「상대방의 신용불안과 재산상태의 악화」(大判 1989. 9. 12, 88다카11756),「상대방의 계약상의 채무의 불이행을 예단케 할 수 있는 사정이 있는 경우」등을 이행곤란사유로서 드는 등 불안의 항변권을 넓게 인정한다(大判 1996. 8. 23, 96다16650). ② 사유의 발생시기: 이행곤란사유는 반드시 신용계약의 성립 후에 생긴 것에 한정되지 않는다고 해석된다.[2] 민법은 단순히 "상대방의 이행이 곤란한 현저한 사유가 있는 때"라고 표현함으로써 그 사유가 계약 후에 발생했을 것을 요건으로 하지 않는다. 신용계약 당시에 이미 이행곤란사유가 있었으나 일방당사자가 그 사정을 모르고 선이행의무를 부담하였는데, 계약 후 그 사실을 알게 된 경우에도 불안의 항변권을 인정해야 한다. 불안의 항변권은 사정변경의 효과로서 주어지는 것이 아니라, 쌍무계약의 상환채무 사이에 이행상 견련성이 깨지는 것을 방지하기 위하여 부여되는 것이기 때문이다. 일방당사자가 선이행하고 나서 타방당사자의 후이행이 따르지 않을 것이 거의 확실하다면 이행상의 견련성이 깨진다고 볼 수 있다. 판례는 계약 후의 사정변경이 생긴 경우에 불안의 항변권을 인정하지만, 그 판례가 계약 당시 존재한 이행곤란사유에 기한 불안의 항변권을 배척하는 것이라고 보는 것은 무리이다. 판례는 제536조 2항에서는 "선이행의무를 지게 된 채권자가 계약성립 후 채무자의 신용불안이나 재산상태의 악화 등의 사정으로 반대급부를 이행받을 수 없는 사정변경이 생기고 이로 인하여 당초의 계약내용에 따른 선이행의무를 이행케 하는 것이 공평과 신의칙에 반하게 되는 경우를 말하는 것이고, 이와 같은 사유는 당사자 쌍방의 사정을 종합하여 판단하여야 할 것이다"라고 판시하였다(大判 1990. 11. 23, 90다카24335).[3]

1) 金東勳, "불안의 항변권," 국민대 법학논총 제11집, 248에서는 "계약관계의 진행중 선이행의무자가 인수한 위험을 초과하는 현저한 위험이 발생한 경우에는 그 위험을 상대방과 분담시킬 필요가 있다. 선이행의무자에게 어느 정도의 불확실성하에서 이행거절을 인정할 것이며 본래의 계약내용대로의 이행에 이해를 갖는 상대방의 보호의 문제는 결국 합리적 위험부담의 사고가 개입될 수밖에 없다"고 한다.

2) 같은 취지: 金東勳, 앞의 글, 241에서는 "이행곤란사유가 반드시 계약체결 후에 발생한 것이어야 하는 것은 아니며 그 인식시점이 계약체결 후인 것으로 족하다. 이렇게 해석함으로써 계약체결시 상대방의 급부능력에 대한 오판에 따르는 위험으로부터도 선이행의무자를 보호할 수 있다"고 한다.

3) 계약당사자가 이행곤란사유를 알려 주기로 약정한 경우 또는 신의칙상 그 고지의무가 인정되는 경우가 있다. 이론상 그 고지의무를 위반한 계약당사자는 채무불이행에 기한 손해배상의무를 지게 될 것이나, 실제로 배상능력이 없는 것이 보통이며 배상능력이 있다면 본래의 급부를 청구하는 것이 타당할 것이다.

판례는 매매계약 체결 후에 매도인이 매수인보다 먼저 목적토지가 계약상의 용도대로 사용할 수 없다는 것을 알았으나 장래에 이 문제를 해결할 수 있을 것으로 믿었다면 그러한 사유에 대해 매수인에게 통보를 하지 않은 것에 대해, 사기에 의한 불법행위는 물론이고 계약상의 부수의무의 위반이라고도 볼 수 없다고 판시하였다(大判 1997. 7. 25, 97다5541 참조).

2) 繼續的 契約의 경우　선이행의무를 지는 계속적 물품공급계약에서 이미 공급된 물건의 대금 중 일부를 받지 못한 공급자는 그 대금을 받을 때까지 장래의 공급을 거절할 수 있다(大判 1970. 3. 10, 69다2076). 이 경우 원래는 이미 공급된 물건과 그 대금이 상환성을 가지나 계속적 계약이란 특질을 감안해서 동시이행의 항변권을 장래의 공급에 대해서도 인정한다.

賣買에서 權利喪失危險으로 인한 不安의 抗辯權

매매의 목적물에 대하여 권리를 주장하는 자가 있는 경우에 매수인이 매수한 권리의 전부나 일부를 잃을 염려가 있는 때에는, 매수인은 그 위험의 한도에서 대금의 전부 또는 일부의 지급을 거절할 수 있다(제588조 본문). 그러나 매도인이 상당한 담보를 제공한 때에는 그러하지 아니하다(제588조 단서). 이러한 매매에서의 권리상실위험으로 인한 이행거절권은 불안의 항변권으로서의 성격을 가진다.

3) 援用의 必要 與否　불안의 항변권과 관련하여서도 상대방의 단순청구가 있어야 하는가, 채무자가 불안의 항변권을 원용하여야 하는가 등의 문제에 관하여 援用說과 性質說의 학설대립이 생길 수 있다. 동시이행의 항변권에 관하여 성질설을 취했다고 해서 불안의 항변권에 관해서도 반드시 성질설을 취해야 하는 것은 아니다. 援用說에서는 선이행의무자는 상대방의 청구시 자신의 불안사유를 제시하며 적극적으로 이행거절권을 행사하여야 한다고 주장한다.[1)] 私見으로는 불안의 항변권의 경우에도 性質說을 취하여 현저한 이행곤란사유(파산, 부도 등) 등의 요건이 갖추어진 때부터 원용이 없더라도 이행거절권 등 동시이행항변권의 효과가 생긴다고 해석하겠다. 判例는 불안의 항변권 있는 선이행의무에 관하여도 "대가적 채무간에 이행거절의 권능을 가지는 경우에는 비록 이행거절의 의사를 구체적으로 밝히지 아니하였다고 할지라도 이행거절권능의 존재 자체로 이행지체책임은 발생하지 않는다"(大判 1997. 7. 25, 97다5541)고 하여 性質說을 취한다.

4) 相對方의 履行이 確實해질 때까지　불안의 항변권은 상대방의 이행

---

1) 金東勳, "불안의 항변권," 국민대 법학논총 제11집, 240에서는 "선이행의무자가 불안의 항변권을 적극적으로 행사한 경우에만 즉 불안사유를 제시하며 이행을 거절하는 경우에만 비로소 그 효력을 발생하고 지체책임이 저지되는 것이며, 이런 점에서 계약의 성립 당시에 이미 계약조건의 일부가 되어 행사 여부와 관계없이 효력이 생기는 동시이행의 항변권과는 구별되는 것이다"라고 한다.

이 곤란한 현저한 사유가 계속되는 동안에만 잠정적으로 인정된다. 상대방이 이행이 가능해진 때에는 불안의 항변권은 소멸한다. 이 때 상대방의 이행가능성은 막연한 것이어서는 안 되고 확실한 정도에 이르러야 한다.

大判 1997. 7. 25, 97다5541: 쌍무계약의 당사자 일방이 계약상 선이행의무를 부담하고 있는데 그와 대가관계에 있는 상대방의 채무가 아직 이행기에 이르지 아니하였지만 이행기의 이행이 현저히 불투명하게 된 경우에는 민법 제536조 제2항 및 신의칙에 의하여 그 당사자에게 반대급부의 이행이 확실하여질 때까지 선이행의무의 이행을 거절할 수 있다고 보아야 한다.

5) 立證責任　쌍무계약의 양 채무가 동시이행관계에 있지 않고 상대방에게 선이행의무가 있음을 주장하는 자가 그것을 입증할 책임을 진다. 우리 민법은 쌍무계약에 이행거절권능이 있음을 규정하고 있으므로(제536조) 하나의 쌍무계약으로부터 발생한 쌍방의 채무는 일단 동시이행의 관계에 있음이 추정된다. 그리고 매매 기타 유상계약에 관하여는 동시이행관계가 추정된다는 명문의 규정이 있다(제585조, 제567조).

㈑ 不安의 抗辯權의 效果　불안의 항변권의 내용으로서 이행거절권 이외에 이행지체의 억제효, 상계의 금지 등을 인정하여 동시이행의 항변권과 같은 효력을 부여해야 할 것이다.

1) 先履行義務者의 履行拒絶權　선이행의무자는 선이행을 거부하고 상대방과 동시이행할 것을 주장할 수 있다. 상대방의 선이행청구가 있는 경우에 항변권자는 상대방의 변제제공이 있을 때까지 자기채무를 이행하지 않겠노라 거절할 수 있다.

이행지체에 빠져 있는 선이행의무자도 그 기간중에 상대방의 이행곤란사유가 생기면 불안의 항변권을 취득한다.[1] 판례도 이 경우 불안의 항변권을 인정하여 이행지체중인 선이행의무자도 이행거절권뿐만 아니라 계약해제도 할 수 있다고 한다(大判 1996. 8. 23, 96다16650). 그렇다고 하여 선이행의무자는 이행지체에 빠진 시점부터 불안의 항변권이 발생한 시점 사이에 생긴 연체이자지급의무를 면하

1) 金東勳, 앞의 글, 244에서는 "다만 후이행의무자의 이행곤란사유의 발생이 선이행의무의 지체와 상당한 인과관계가 있는 경우에는 선이행의무자는 이행거절권을 행사할 수 없다고 보는 것이 신의칙에 합당할 것이다"라고 한다.

지는 못한다.

2) 履行遲滯의 抑制效 불안의 항변권을 가진 선이행의무자를 이행지체에 빠뜨리기 위해서 상대방은 자기채무의 변제제공을 하여야 한다. 선이행의무자는 불안의 항변권을 가지게 된 이후부터는 변제기에 변제하지 않더라도 상대방의 변제제공이 있을 때까지는 이행지체에 빠지지 않는다.[1] 선이행의무자가 자기채무의 변제제공을 하면서 상대방을 이행지체에 빠뜨리기 위하여는 상대방의 변제기(후이행)가 도래하여야 함이 원칙이다. 다만 상대방의 이행곤란사유가 일시적인 것이어서 얼마 후 제거될 성질의 것이 아닌 경우에, 선이행의무자는 상대방의 변제기를 기다릴 필요 없이 이행곤란사유가 생긴 즉시 해제권을 취득할 수 있도록 예외를 인정해야 할 것이다.[2]

3) 相計의 禁止 쌍무계약의 상환채무는 비록 선이행약정이 있더라도 그 상환성, 견련성으로 인해 반대채무와 분리하여 양도되거나 하나의 채권만이 상계로 소멸하지 않는다.

大判 1999. 2. 22, 97다53588: 쌍무계약인 아파트분양계약에 있어서, 수분양자가 먼저 이행하여야 할 중도금지급의무를 이행하지 않은 상태에서 입주예정일이 도래하였다면, 특별한 사정이 없는 한 수분양자의 남은 중도금 전부의 지급의무와 분양자의 입주를 가능하게 할 의무는 동시이행관계에 있게 되어 수분양자가 중도금을 전부 지급할 때까지는 분양자가 지체책임을 지지 아니하지만, 수분양자가 남은 중도금을 전부 지급하면 분양자는 그 때부터 지체책임을 져야 한다. 아파트공급계약서상 분양자가 입주예정일을 넘길 경우 기납부한 중도금에 대하여 지체상금을 지급한다는 조항이 있을 경우, 특별한 사정이 없는 한 「기납부한 중도금」을 입주예정일 이전에 납부한 중도금만을 의미하는 것으로 볼 수는 없다.[3]

---

1) 金東勳, "쌍무계약에서 동시이행관계와 선이행관계," 고시연구 1999년 6월호, 70에서는 "이행거절권의 행사를 명시하지 않은 상태에서 이행기간이 도과한 경우에는 선이행의무자는 이행지체책임을 지고, 이행거절권을 적극적으로 행사하고 그것이 정당한 것으로 판정되는 경우에 한하여 이행지체책임이 면제된다"고 한다.

2) 金東勳, 앞의 글, 71~72에서는 선이행의무자의 해제권을 광범위하게 인정하여, "선이행의무자가 이행거절권을 행사하였는데도 상대방이 아무런 반응이 없는 경우는 일종의 유동적 상태(Schwebezustand)가 발생한다 … 중략 … 선이행의무자에게 계약해제권을 주어 이러한 유동적 상태를 종식시킬 수 있도록 해야 할 것이다. 즉 그는 상당한 기간을 정하여 이행의 보장을 최고하고 계약을 해제할 수 있다. 나아가 이 경우에 선이행의무자가 상환급부를 청구할 수 있는가에 관하여는 이행거절권의 행사가 선후이행관계를 동시이행관계로 바꾸는 것은 아니라는 점에서 부정되어야 할 것이다"라고 한다.

3) 大判 1988. 9. 27, 87다카1029: 부동산매매계약에 있어 특별한 약정이 없는 한 매수인은 그 부동산에 설정된 근저당권설정등기가 있어 완전한 소유권이전을 받지 못할 우려가 있으면 그 근저당권의 말소등기가 될 때까지 그 등기상의 담보한도금액에 상당한 대금지급을 거절할 수 있다. 또한 매수인이 선이행의무 있는 중

3. 抗辯權의 訴訟上 效力

履行拒絶權能, 履行遲滯의 沮止, 相計의 禁止 등은 동시이행의 항변권의 내용으로서 앞에 설명했으므로 이 곳에서는 반복하지 않겠다.

(1) 相換履行判決

동시이행의 항변권이 붙은 채무를 소송상 이행청구하는 경우 법원은 피고가 원고의 이행과 상환으로 이행할 것을 명하는 일부승소의 판결을 내려야 한다(학설 일치).[1] 피고가 자기채무의 이행지체 및 원고의 변제제공에 대한 채권자지체에 빠져 있다고 해서 동시이행의 항변권을 상실하는 것은 아니기 때문에, 소송에서도 이러한 실체법상 항변권(이행거절권)이 존중되어야 하기 때문이다.

상환이행판결이 있기 위하여 피고의 원용을 필요로 하는가에 관해서는 학설이 대립한다.

(가) 援 用 說 원고의 이행청구에 대해 피고가 방어의 항변(동시이행의 항변권이 있음을 소송상 항변하는 것)을 하지 않으면 판결에 동시이행의 항변권을 고려할 수 없다는 견해이다.[2] 동시이행항변권(특히 이행거절권)은 항변권자의 원용이 없으면 발생하지 않는다는 점, 민사소송법이 변론주의를 취하고 있는 결과 원칙적으로 당사자가 주장하지 않은 사실은 판결의 기초로 할 수 없다는 점 등이 근거로 제시된다.

판례도 민사소송절차에 관하여 원용설을 취하여 "항변권자(피고)가 방어의 항변을 하지 않은 경우에 피고에 대한 이행판결(상환조건 없는)이 내려진다"고 판시하였다(大判 1967. 9. 19, 67다2131 등). 다른 한편 판사는 피고의 채무에 동시이행의 항변권이 붙어 있는지의 여부를 釋明權 등에 의하여 명백히 하여야 한다(大判 1971. 11. 30, 71다1166).[3]

도금을 이행하지 않았다 하더라도 계약이 해제되지 않은 상태에서 잔대금지급기일이 도래하여 그 때까지 중도금과 잔대금이 지급되지 아니하고 잔대금과 동시이행관계에 있는 매도인의 그 소유권이전등기 소요서류가 제공된 바 없이 그 기일이 도과하였으면 매수인의 위 중도금 및 잔대금의 지급과 매도인의 소유권이전등기 소요서류의 제공은 동시이행관계에 있다 할 것이고 그 때부터는 매수인은 위 중도금을 지급하지 아니한 데 대한 이행지체의 책임을 지지 아니한다.

1) 독일민법은 제322조는 「쌍무계약으로부터 일방당사자가 그가 받을 급부에 관하여 소를 제기한 경우, 피고의 반대급부시까지의 급부거절권의 주장은 단지 상환이행의 판결의 효과가 있을 뿐이다」라고 규정한다. 독일민법은 원용설(항변권설)의 입장에서 입법된 것이다.

2) 郭潤直, 109; 金疇洙 106; 南孝淳, 앞의 글, 87에서는 "소송상의 변론주의의 원칙상 항변권을 행사한 자는 동시에 재판상에서도 이를 항변으로 원용하여야 한다"고 한다; 梁彰洙, 앞의 글, 101에서도 "피고가 동시이행의 항변권을 가지고 있고, 그것이 법원에 의하여 확인되는 경우에라도 피고가 이를 주장하지 않으면 법원은 원고에게 전부승소의 판결을 내려야 하고, 이를 고려하여서는 안 된다"고 한다.

3) 大判 1954. 12. 23, 4287민상187에서는 매매를 이유로 한 부동산이전등기청구사건에서 대금이 미지급이면 동시이행할 것을 직권으로 명하고 있다. 大判 1955. 7. 7, 4287민상4·5에서는 예약완결로 매매가 성립하였으나 대금협정이 이루어지지 않았으면 특단사정이 없는 한 법원이 대금을 결정한 후 상환이행을 명함을 요한다고 한다.

(나) 性 質 說　사견으로는 원고가 이행청구한 채무가 그 성질상 동시이행의 항변권이 붙은 것이 밝혀진 경우에는(누가 증명했든 관계 없이) 그 특성을 살려 피고의 항변권 원용에 관계 없이 상환이행판결을 해야 한다고 생각한다.[1] 첫째, 쌍무계약에서 발생한 상환채무는 동시이행의 항변권이 있는 것으로 추정되며(제536조 참조), 매매 기타 유상계약에 관하여는 동시이행관계가 추정된다는 명문의 규정이 있다(제585조, 제567조). 그러므로 피고의 선이행의무를 주장하는 원고에게 그 선이행의무의 발생원인(약정, 관습)을 입증할 책임이 있고 그 입증이 없으면 동시이행항변권을 인정하는 판결을 하여야 한다. 다만 노무공급계약 등 법률의 규정에 의하여 일방당사자에게 선이행의무가 부과되는 경우에는 동시이행관계를 주장하는 자가 입증책임을 진다. 둘째, 반대채무가 이행되지 않았음에도 원고의 단순청구를 인용하는 것은 채무자에게 본래의 채무 이상을 부담지우는 것이므로, 판결로서 이러한 부당한 결과를 초래해서는 안 된다. 판결절차는 원칙적으로 실체법적인 권리에 합치하게 법률관계를 판단하여야 할 것이기 때문에, 이행상의 견련성을 해소하여 채권자가 가지는 권리 이상을 부여하는 것은 부적절하다.[2]

(2) 相換履行判決의 旣判力

상환이행의 판결의 기판력이 미치는 物的 範圍는 소송물인 「피고의 채무」에 한정되고 원고의 채무(반대급부)에는 미치지 않음이 원칙이다. 판례는 동시이행관계에 있는 원고의 채무에 관하여 그의 존재 및 액수 등에 관하여는 기판력이 없고, 다만 피고의 채무와 동시이행의 조건이 붙어 있다는 점에 관하여만 기판력이 있다고 한다(大判 1975. 5. 27, 74다2074).[3]

(3) 相換履行判決의 執行

상환이행판결의 강제집행을 할 때, 원고의 반대급부는 집행개시의 요건이 된다(이설 없음. 민집법 제39조, 제40조).[4] 반대급부의 이행은 강제집행이 개시되기까지 하면 되고,

---

1) 같은 취지: 諸哲雄, 앞의 글, 98에서는 "이행지체저지효와 이행거절권능을 동일하게 다룬다면, 오히려 채권자가 반대채무의 이행이나 그 제공을 입증하지 않는 한 언제나 상환판결을 하여야 한다는 것이 일관된 이론구성일 것이다"라고 한다.

일본에서는 이를 통일적 상환청구권설이라고 부른다. 坂田, "同時履行關係と引換給付判決," 民商法雜誌 제98권 4호, 1988.

2) 같은 취지: 諸哲雄, 앞의 글, 94. 나아가서 "채무이행에 불성실하였던 채무자도 통상 집행의 단계에서는 태도를 변화시키는 것이 적지 않다면 이행상의 견련성은 판결절차가 아닌, 집행절차에서 해소하는 것이 형평에 부합할 것이다"라고 한다.

3) 이에 대하여 판결주문에 포함된 내용은 모두 기판력을 갖는다는 반대설 있다(李在性, "동시이행청구에 있어서 반대급부와 확정력," 민사재판의 이론과 실무 I, 115 이하: 同 판결의 평석임).

4) 일본에는 집행력 있는 正本付與의 요건으로 보는 학설도 있다. 우리 나라 판례는 일관해서 집행개시의 요건으로 다룬다(大判 1961. 7. 31, 4294민재항437 등).

그 여부의 심사도 집행기관이 한다.

4. 기타의 同時履行抗辯權

동시이행항변권은 원칙적으로 쌍무계약의 서로 대립하는 급부의무 사이에서만 인정되어야 하지만, 그 밖에 법률의 규정, 학설, 판례에 의하여 이와 유사한 경우에 동시이행관계가 확정된다. 구체적인 사례에서 어떤 채무들이 동시이행관계에 놓이는가에 관하여는 분쟁이 잦다.

(1) 給付義務 이외의 相換義務

㈎ 同時履行의 特約　당사자 사이에 두 개의 채무를 동시이행하기로 약정한 경우에는 그 채무 사이에 통상적인 상환관계가 없더라도 동시이행관계가 인정됨이 원칙이다.[1)]

大判 1990. 4. 13, 89다카23794: 당사자 쌍방이 각각 별개의 약정으로 채무를 부담하게 된 경우에는 당사자간의 특약으로 그 채무이행과 상대방의 어떤 채무이행과를 견련시켜 동시이행을 하기로 특약한 사실이 없는 한, 상대방이 자기에게 이행할 채무가 있다 하더라도 동시이행의 항변권이 생긴다고 할 수는 없다.

㈏ 附隨義務에 대한 同時履行抗辯權　당사자가 부담하는 각 채무가 쌍무계약에 있어 고유의 대가관계가 있는 채무가 아닌 부수의무에 불과하더라도, 구체적인 계약관계에서 각 당사자가 부담하는 채무에 관한 약정내용에 따라 그것이 대가적 의미가 있어 이행상의 견련관계를 인정하여야 할 사정이 있는 경

1) 大判 1993. 2. 12, 92다23193: ① 부동산의 매수인이 매매목적물에 관한 근저당권의 피담보채무, 가압류채무, 임대차보증금반환채무를 인수하는 한편, 그 채무액을 매매대금에서 공제하기로 약정한 경우, 다른 특별한 약정이 없는 이상, 이는 매도인을 면책시키는 채무인수가 아니라 이행인수로 보아야 하고, 매수인이 위 채무를 현실적으로 변제할 의무를 부담한다고도 해석할 수 없으며, 특별한 사정이 없는 한 매수인이 매매대금에서 그 채무액을 공제한 나머지를 지급함으로써 잔금지급의무를 다하였다 할 것이고, 또한 위 약정의 내용은 매도인과 매수인의 계약으로 매수인이 매도인의 채무를 변제하기로 하는 것으로서 매수인은 제3자의 지위에서 매도인에 대하여만 그의 채무를 변제할 의무를 부담함에 그치므로 채권자의 승낙이 없으면 그에게 대항하지 못할 뿐 당사자 사이에서는 유효하게 성립한다. ② 위 "①"항과 같이 부동산매매계약과 함께 이행인수계약이 이루어진 경우 매수인이 인수한 채무는 매매대금지급채무에 갈음한 것으로서 매도인이 매수인의 인수채무불이행으로 말미암아 또는 임의로 인수채무를 대신 변제하는 인수채무의 변형으로서 매매대금지급채무에 갈음한 것의 변형이므로 매수인의 손해배상채무 또는 구상채무와 매도인의 소유권이전등기의무는 대가적 의미가 있어 이행상 견련관계에 있다고 인정되고, 따라서 양자는 동시이행의 관계에 있다고 해석함이 공평의 관념 및 신의칙에 합당하다.

우에는 동시이행의 항변권이 인정된다.

大判 1992. 8. 18, 91다30927: ① 원래 동시이행의 항변권은 공평의 관념과 신의칙에 입각하여 각 당사자가 부담하는 채무가 서로 대가적 의미를 가지고 관련되어 있을 때 그 이행에 있어서 견련관계를 인정하여 당사자 일방은 상대방이 채무를 이행하거나 이행의 제공을 하지 아니한 채 당사자 일방의 채무의 이행을 청구할 때에는 자기의 채무이행을 거절할 수 있도록 하는 제도인바, 이러한 제도의 취지에서 볼 때 당사자가 부담하는 각 채무가 쌍무계약에 있어 고유의 대가관계가 있는 채무가 아니라고 하더라도 구체적인 계약관계에서 각 당사자가 부담하는 채무에 관한 약정내용에 따라 그것이 대가적 의미가 있어 이행상의 견련관계를 인정하여야 할 사정이 있는 경우에는 동시이행의 항변권을 인정할 수 있을 것이다. ② 양도소득세를 매수인이 부담키로 하는 약정이 있었다면 매수인이 양도소득세액을 부담하기 위한 이행제공의 형태, 방법, 시기 등에 관하여 당사자간에 어떤 약정이 있었는지를 확정한 다음, 그것이 매도인의 소유권이전등기의무와 견련관계에 있다고 볼 수 있는지 여부를 판단하였어야 함에도 매도인이 매수인에게 양도소득세 상당 금원의 지급을 구하는 것은 별론으로 하고 매수인의 양도소득세 납부의무와 매도인의 소유권이전등기의무가 동시이행의 관계에 있다고는 할 수 없다고 한 원심판결은 위법하므로 파기한다.[1)]

㈐ 繼續的 契約의 경우 계속적 공급계약 등에서 정기적으로 급부하는 가분급부의 경우에 前回期의 채무불이행을 이유로 次回期에 동시이행항변권이 생긴다.

大判 1970. 3. 10, 69다2076: 계속적인 물품공급계약은 일정상품을 매기마다 계속적으로 공급하고 그 대금이 결제되는 것이므로 1회의 공급에 관한 의무를 이

1) 大判 1995. 3. 10, 94다27977: ① 원래 부동산의 매매계약시 그 부동산의 양도로 인하여 매도인이 부담할 양도소득세를 매수인이 부담하기로 하는 특약을 하였다 하여도 매수인이 양도소득세를 부담하기 위한 이행제공의 형태, 방법, 시기 등이 매도인의 소유권이전등기의무와 견련관계에 있다고 인정되는 경우에 한하여 매도인의 소유권이전등기의무와 매수인의 양도소득세액 제공의무는 서로 동시이행의 관계에 있다고 봄이 상당하다. ② 부동산 매매계약의 이행각서에 "매도인이 세무서에 신고 납부하는 양도소득세액 외에 차후 부과되는 제반 세금 추징분에 대하여는 매수인측이 그 전액을 납부하겠다"는 취지로만 기재되어 있을 뿐이라면, 원심으로서는 매수인이 매도인에게 추징된 양도소득세액을 부담하기 위한 이행제공의 형태, 방법, 시기 등에 관하여 당사자 사이에 어떤 약정이 있었는지를 구체적으로 심리, 확정하지 않고서는, 매수인의 그러한 약정상의 조세부담의무가 매도인의 소유권이전등기의무와 서로 동시이행관계에 있다고 곧바로 단정할 수 없다.

행치 아니함은 일부의 채무불이행에 해당된다 할 것이며 이미 공급된 물품대금 중 일부를 지급하지 아니하고 있는 것이라면 물품공급자로서는 대금의 지급을 받을 때까지는 장래의 공급을 하지 못하겠다고 하는 항변권이 있다고 함이 공평의 원칙에 합당하다.

(라) 負擔附贈與 민법은 상대부담 있는 증여에서 증여와 부담채무 사이에 동시이행의 항변권을 인정한다(제561조).

(마) 辨濟와 領收證 학설과 판례는 변제와 영수증교부 사이에 동시이행관계를 인정한다.

(바) 리스계약에서 物品受領證 리스계약에서 리스회사의 물건대금지급의무와 이용자의 물건수령증서교부의무 사이에 동시이행관계가 인정된다(大判 1998. 4. 14, 98다6565).[1)]

(사) 債務履行과 擔保物返還 피담보채무를 전부 변제하는 채무자는 이와 상환으로 담보물의 반환을 청구할 수 있다. 부동산담보의 경우에, 판례는 피담보채무의 변제가 선행된 후에 담보등기가 말소되므로 양 채무는 동시이행관계가 아니라고 한다.[2)] 이행의 확보를 위하여 어음을 발행한 경우 채무의 이행과 어음의 반환의무는 동시이행되어야 한다(大判 1992. 12. 22, 92다8712; 大判 1996. 9. 24, 96다23030).

(아) 共有者의 持分買受請求 공유자가 다른 공유자의 의무이행지체를 이유로 그 지분의 매수청구권을 행사함에 있어서는(제266조 2항) 매수대상이 되는 지분 전부의 매매대금을 제공한 다음 매수청구권을 행사하여야 한다(大判 1992. 10. 9, 92다25656). 이는 법률의 규정에 의하여 성립하는 매매관계로서 상환급부 사이에 동시이행관계가 인정되어야 할 경우인데, 이와 유사한 것으로서 임차인의 임차물매수청구

1) 리스계약에서는 매수인측의 당사자가 형식적 매수인(리스회사)과 실질적 매수인(리스이용자)의 둘로 나뉘므로 매매목적물의 인도를 둘러싼 동시이행항변권의 행사에 있어서도 3당사자관계가 전개된다. 大判 1997. 11. 14, 97다6193: ㉮ 이용자의 리스회사에 대한 물품수령증발급의무와 리스회사의 공급자에 대한 물품대금지급의무는 특단의 사정이 없는 한 동시이행관계에 있다. 공급자가 물건공급계약에 따른 물건을 공급한 이상 리스회사에 대하여 물건대금을 청구할 수 있지만, 리스회사는 이용자로부터 물품수령증을 발급받지 못하였음을 들어 공급자에 대하여 그 물건대금의 지급을 거절할 수 있다. ㉯ 발주계약서 제7조 제5항은 이 발주계약의 해제, 해지의 사유가 발생한 경우에만 해제, 해지가 가능한 것으로 약정하였다고 봄이 합리적이며, 이미 작업이 상당부분 진행되어 있는 소프트웨어 개발용역에 관하여 발생한 중도금지급의무를 소급적으로 상실케 하는 해제권은 행사할 수 없고, 계약의 효력을 장래에 향하여 소멸시키는 해지권의 행사만이 가능한 것으로 약정하였다고 봄이 상당하다(해제를 부인하고 해지만을 인정).

2) 大判 1981. 5. 26, 80다1629: 특정의 채무를 담보하기 위하여 채무자가 자기소유의 부동산을 채권자 명의로 매매를 원인으로 하는 소유권이전등기를 경유하였을 경우에 채무자는 피담보채무를 변제한 후 채권자에 대하여 담보목적의 소멸을 이유로 하여 그 이전등기의 말소를 구할 수 있는 것이고 피담보채권의 변제와 교환적으로 그 말소를 구할 수는 없다.

권, 지상권자에 대한 지상물매수청구권 등이 있다.

(2) 擔保責任에서의 同時履行

(가) 賣渡人의 擔保責任　　매수인이 매도인에게 담보책임을 물어 계약을 해제하는 경우에 동시이행항변권에 관한 규정들이 준용된다(제583조). 동시이행의 항변권이 인정되는 경우는 「권리의 일부가 타인에게 속한 경우」(제572조), 「수량부족, 일부멸실의 경우」(제574조), 「제한물권이 설정되어 있는 경우」(제575조),[1] 「특정물에 하자가 있는 경우」(제580조), 「종류물에 하자가 있는 경우」(제581조)이다. 매수인이 계약을 해제하는 경우에 「매수인의 목적물의 반환」과 「매도인의 대금반환 및 손해배상」이 동시이행의 관계에 놓인다. 매수인이 목적물을 보유하면서 대금감액청구, 손해배상청구, 하자보수청구를 하는 경우에는 법률관계의 성질상 동시이행의 항변권이 인정될 여지가 없다. 종류매매에서 완전물의 인도청구를 하는 경우에 이미 인도받은 물건의 반환과 동시이행하도록 요구할 것인가는 의문이다. 원래 양 채무는 상환관계에 있는 것이 아니며 거래관행상 물건의 반환 후에 완전물의 인도가 이루어지는 경우가 많으므로, 이 경우 동시이행의 항변권을 부정하는 것이 타당하다.

(나) 受給人의 擔保責任　　도급인은 하자의 보수에 갈음하여 또는 보수와 함께 손해배상을 청구할 수 있는데, 「도급인의 하자보수청구권 및 손해배상청구권」과 「수급인의 보수지급청구권」은 동시이행관계에 놓인다(제667조 3항).

(다) 住宅賃貸人의 擔保責任　　임대차의 목적이 된 주택이 매매 또는 경매의 목적물이 된 경우에, 제한물권이 설정된 물건의 매수인과 같은 지위에서 임대인에 대하여 담보책임을 물을 수 있다. 임차인이 계약을 해제하고 이미 지급한 보증금 및 차임의 반환과 손해배상을 청구할 경우에, 그것은 임차인의 목적물반환의무와 동시이행관계에 놓인다(주임법 제3조 3항 · 4항).

(3) 雙務契約의 淸算

(가) 契約의 解除 · 解止　　계약의 해제 및 계속적 계약의 해지로 말미암아 계약의 효력이 장래에 소멸되는 경우에 각 당사자가 부담하는 채무는 동시이행관계로 된다(제549조). 따라서 자기의 원상회복의무를 이행하지 않은 채 상대방의

---

1) 大判 1991. 9. 10, 91다6368: 부동산의 매매계약이 체결된 경우에는 매도인의 소유권이전등기의무, 인도의무와 매수인의 잔대금지급의무는 동시이행의 관계에 있는 것이 원칙이고, 이 경우 매도인은 특별한 사정이 없는 한 제한이나 부담이 없는 소유권이전등기의 의무를 지는 것이므로, 매매목적부동산에 지상권이 설정되어 있고 가압류등기가 되어 있는 경우에는 비록 매매가액에 비하여 소액인 금원의 변제로써 언제든지 말소하여 완전한 소유권이전등기를 해 주어야 한다.

의무이행만을 청구하는 경우 급부거절권(즉 동시이행의 항변권)이 생긴다. 판례는 해제에 따른 원상회복의무뿐 아니라 손해배상의무도 동시이행관계에 있다고 본다.

(나) 契約의 無效 · 取消 쌍무계약의 무효 · 취소로 말미암아 계약관계가 소급적으로 효력을 잃게 되는 경우에 양 당사자가 유효한 계약을 전제로 이미 급부한 것이 있다면 그것은 반환되어야 한다. 쌍무계약의 상환성이 그러한 계약청산시까지 유지되는 것이 공평하다. 민법은 해제에 관하여만 준용규정을 둘 뿐 무효 · 취소에 대하여는 동시이행항변권의 준용을 규정하지 않으나 학설[1] · 판례는 신의칙에 기해 동시이행항변권을 인정한다(大判1968. 4. 23, 68다36).[2] 판례는 ① 쌍무계약의 무효시 취득물의 반환의무와 대금반환의무(大判 1996. 6. 14, 95다54693), ② 쌍무계약에서 채무의 이행불능시 손해배상의무와 반대급부의무(大判 1997. 4. 25, 96다40677), ③ 쌍무계약에서 채무의 이행불능시 代償請求權과 반대급부이행의무(大判 1996. 6. 25, 95다6601) 사이에 동시이행관계를 인정한다.

大判 1996. 6. 14, 95다54693: ① 쌍무계약이 무효로 되어 각 당사자가 서로 취득한 것을 반환하여야 할 경우, 어느 일방의 당사자에게만 먼저 그 반환의무의 이행이 강제된다면 공평과 신의칙에 위배되는 결과가 되므로 각 당사자의 반환의무는 동시이행의 관계에 있다고 봄이 상당하다. ② 위의 경우, 목적물 반환에 대한 동시이행의 항변권을 상실하였음에도 불구하고 동시이행의 관계에 있지 아니한 채권이나 또한 상대방에 대하여 가지고 있지 아니한 채권을 주장하면서 그 목적물의 반환을 계속 거부하면서 점유하고 있다면, 이러한 점유는 적어도 과실에 의한 점유로서 불법행위를 구성한다.

(다) 傳貰權의 淸算 전세권 소멸시 전세권자의 목적물인도 및 전세권설정등기말소의무와 전세권설정자의 전세금반환의무는 동시이행관계에 놓인다(제317조).

(라) 賃貸借契約의 淸算 임대차의 기간종료의 결과 생긴 임차인의 임차

1) 郭潤直, 102~103; 金疇洙, 100; 金曾漢 · 安二濬, 81; 주석 채권각칙(I), 281.

2) 大判 1993. 5. 14, 92다45025: 동시이행의 항변권을 규정한 민법 제536조가 민법 제549조에 의하여 계약해제의 경우 각 당사자의 원상회복의무에 준용되고 있는 점을 생각할 때 쌍무계약이 무효로 되어 각 당사자가 서로 취득한 것을 반환하여야 하는 경우에도 동시이행관계가 있다고 보아 민법 제536조를 준용함이 옳다고 해석되는바, 이는 공평의 관념상 계약이 무효인 때의 원상회복의무이행과 계약해제 때의 그것을 구별하여야 할 이유가 없으며 계약무효의 경우라 하여 어느 일방의 당사자에게만 먼저 반환의무이행이 강제된다면 공평과 신의칙에 위배되기 때문이다.

물반환의무와 임대인의 보증금반환의무는 동시이행관계에 있다고 해석된다(이설 없음, 大判 1977. 9. 28, 77다1241; 大判 1998. 5. 29, 98다6497). 주택임대차보호법 제4조 2항은 임대차가 종료한 경우에도 임차인이 보증금을 반환받을 때까지는 임대차관계가 존속하는 것으로 본다고 규정하는데, 이는 보증금반환의무와 목적물반환의무가 동시이행관계에 있음을 전제로 한 것으로 해석된다. 담보가등기된 부동산의 임차인은 가등기담보의 실행으로 인한 청산금을 지급받을 때까지 부동산의 반환을 거절할 수 있다(가담법 제5조 5항). 판례는 토지임차인의 건물매수청구권(제643조, 제283조)의 행사시 임차인의 건물명도 및 등기이전의무와 임대인의 건물대금지급의무 사이에 동시이행의 항변권을 인정한다(大判 1998. 5. 8, 98다2389).

大判 1998. 7. 10, 98다15545: 주택임대차보호법상의 대항력과 우선변제권이라는 두 가지 권리를 겸유하고 있는 임차인이 먼저 우선변제권을 선택하여 임차주택에 대하여 진행되고 있는 경매절차에서 보증금 전액에 대하여 배당요구를 하였다고 하더라도, 그 순위에 따른 배당이 실시된 경우 보증금 전액을 배당받을 수 없었던 때에는 보증금 중 경매절차에서 배당받을 수 있었던 금액을 공제한 잔액에 관하여 경락인에게 대항하여 이를 반환받을 때까지 임대차관계의 존속을 주장할 수 있다고 봄이 상당하고, 이 경우 임차인의 배당요구에 의하여 임대차는 해지되어 종료되고, 다만 같은 법 제4조 제2항에 의하여 임차인이 보증금의 잔액을 반환받을 때까지 임대차관계가 존속하는 것으로 의제될 뿐이므로, 경락인은 같은 법 제3조 제2항에 의하여 임대차가 종료된 상태에서의 임대인의 지위를 승계한다.

(마) 假登記擔保의 實行에 따른 淸算　가등기담보에 있어서는 채권자의 청산금지급채무와 채무자의 담보부동산이전등기 및 인도의무가 동시이행되어야 한다(가담법 제4조 3항). 그리고 이러한 동시이행의 항변권은 담보가등기 후에 대항력 있는 임차권을 취득한 자에게도 인정된다(동법 제5조 5항).

(바) 終身定期金의 解除　정기금채무자가 정기금채무의 元本을 받은 경우에 그 정기금채무의 지급을 해태하거나 기타 의무를 이행하지 않은 때에 정기금채권자는 원본에서 이미 지급한 금액을 공제한 잔액의 반환을 청구할 수 있는데(제727조), 이러한 종신정기금계약의 해제로 인한 청산관계에서 쌍방의 원상회복의무는 동시이행관계에 놓인다(제728조).

§10. 危險의 分擔과 移轉

1. 概　　說[1]

(1) 危險의 意義

위험(Gefahr, risque, 로마법에서는 periculum)이란 채권의 목적이 양 당사자의 책임 없는 사유로(불가항력이라고도 한다) 이행할 수 없게 된 경우(급부불능) 그로 인한 불이익을 말한다.[2] 쌍무계약에는 두 개의 채무가 대립하므로 양자에 각각 위험이 생길 수 있지만, 대개 한 채무(급부의무)가 계약관계의 선도적 역할을 하고 다른 채무(반대급부의무)는 그 대가로서의 의미를 가지며 급부불능은 대개 급부의무에 관하여 발생한다. 반대급부는 대개 금전으로 지급되는데, 금전채무에 관해서는 원칙적으로 급부위험이 발생하지 않는다. 쌍무계약에서 위험은 개념상 「물건의 위험」과 「대가의 위험」으로 분류된다.

㈎ 物件의 危險　　물건이 불가항력으로 멸실됨으로 말미암아 그를 갖지 못하게 되는 불이익을 물건의 위험이라고 한다. 증여목적물 · 매매목적물 · 임차물 · 임치물 등의 멸실 그 자체로 인한 불이익이 이에 해당한다. 보통 물건의 위험은 소유자가 부담하게 되나,[3] 그 물건이 타인에게 인도될 것인 경우에는 인도받을 사람(채권자)이 위험을 부담한다.[4] 종류채무의 경우에는 아직 특정되기 전에는 채권자에게 위험이 생길 여지가 없다. 종류채무의 목적물이 특정됨으로써 채무자는 조달의무(약정된 종류물을 구해서 채권자에게 인도하여야 할 의무)를 면하고, 그 특정된 물건이 멸실되더라도 다시 다른 물건으로 인도할 의무를 지지 않는다. 따라서 종류채권자는 특정 후부터 물건의 위험을 부담하게 된다.[5]

---

1) 참고문헌: 金大貞, "쌍무계약에 있어서의 위험부담에 관한 일고찰," 嚴英鎭화갑기념 민사법학의 제문제; 金東勳, "계약법과 위험배분의 원칙," 고시연구 1997년 11월호; 金亨培, "위험부담," 松村朴碶雨화갑기념 사법학의 제문제, 1994; 白泰昇,"종류채무의 특정, 채권자지체 및 위험부담," 고시계 1995년 6월호; 宋德洙, "위험부담, 대상청구권, 불법행위," 고시연구 1995년 7월호; 梁彰洙, "위험부담," 고시연구 1990년 12월호; 鄭震明, "위험부담의 역사적 발전과정과 그 의미," 법사학연구 제20호, 1999, 83~113; 崔秀貞, "동산매매에 있어서의 위험부담에 관한 연구," 서울대박사학위논문, 2000년 2월; 崔埈璿, "국제상품매매에 있어서의 위험부담," 한국해법회지 제11권 1호, 1990년 3월; 同, "위험부담 — 동산매매를 중심으로 — ," 고시연구 1994년 8월호.

2) 경우에 따라서는 위험을 넓게 파악하여 채무자의 귀책사유 없는 급부불능을 의미하기도 한다. 대부분 물건의 인도 전에는 채무자만이 영향력을 행사하므로 실제로 큰 차이는 없다.

3) 이는 로마법 이래의 기본원칙인 「재해는 소유자가 부담한다」(casum sentit dominium)에서 유래한다.

4) 인도의무를 지는 채무자는 어차피 인도함으로써 그 물건을 잃을 것이므로 불이익이 없다고 본다.

5) 쌍무계약에서 물건위험은 대가위험처럼 중요한 의미를 갖지 않으나 채권자는 그 물건을 손에 넣고자 계약을 체결하였으므로 계약목적불달성의 손해를 입는다. 특히 계약체결 후 물건값이 인상된 경우에는 더욱 손해가 크다.

(나) 代價危險 쌍무 · 유상계약에서 계약목적물인 물건의 멸실로 말미암아 대가(반대급부)를 못받게 되거나 또는 멸실에도 불구하고 상대방에게 손해배상청구도 못한 채 대가만을 지불해야 되는 불이익을 대가위험이라고 한다. 쌍무계약에서는 대가위험을 누가 부담하느냐가 당사자의 이익상태를 좌우한다. 물건의 인도의무자가 물건은 잃고 대가도 받지 못하는 경우를 가리켜 채무자가 대가위험을 부담한다고 하고(채무자위험부담), 반대로 채권자가 물건도 받지 못하면서 대가만을 지불하는 경우를 채권자가 대가위험을 부담한다고 한다(채권자위험부담). 민법은 대가위험에 관하여만 규정하고 물건의 위험에 관하여는 규정하지 않는다.

債務不履行責任과 危險負擔의 차이

쌍무계약에서 채무의 목적인 급부가 후발적으로 불능하게 되었을 때 채무불이행책임 또는 위험부담의 문제가 발생한다. 그러나 양자는 다음의 점에 차이가 있다. 요건에 있어서 채무불이행은 채무자의 귀책사유로 인한 급부불능(이는 채무불이행의 유형 중 이행불능에 해당함)을 요하나, 위험부담은 채무자의 귀책사유 없는 — 즉 불가항력에 의한 — 급부불능에 관한 것이다. 효과에 있어서 채무불이행에서 채권자는 채무자에 대하여 손해배상청구권(급부물의 시가+적시에 이행되지 않았음으로 인한 손해)을 가지나 위험부담에 의하여는 직접 누구에게도 청구권이 발생하지 않고 다만 계약채무의 이행이 면제될 뿐이다. 단, 이미 일방당사자가 급부를 전부 또는 일부 이행한 경우에는 그의 반환을 부당이득반환청구권에 의하여 청구할 수 있다.

(2) 危險分擔의 原則

민법은 쌍무계약에서의 대가위험에 관하여 「채무자위험부담의 원칙」을 취하였다(제537조). 단, 급부불능이 채권자의 귀책사유로 인하여 생겼거나 채권자지체중에 발생한 경우까지 위험을 채무자에게 부담시키는 것은 불공평하므로, 그 경우에는 채권자가 그 불이익을 부담하도록 「채권자위험부담의 예외」를 인정한다(제538조). 이렇게 채무자위험부담을 원칙으로 하고 제한된 경우에 채권자위험부담을 명함으로써 위험을 양 당사자에게 공평하게 배분한다.

민법이 쌍무계약에서의 대가위험에 관해서만 규정하는 이유는 이에 관하여 채무자위험부담주의와 채권자위험부담주의라는 두 종류의 입법주의가 있기 때문에 그에 관해 입법적으로 명확한 입장을 표명할 필요가 있기 때문이다. 위험부담주의는 쌍무계약의 견련성을 유지시키는 문제와 직접 관련을 갖는데, 민법은 채무자위험부담주의를 취함으로써 쌍무계약에서의 存續上 牽連性을 유지시키는 것을 원칙으로 함으로써 합리적인 결과를 도출하게 되었다. 그리고 위험부담주의는 매매계약에 기하여 소유권이 언제 이전하는가 하는 입법주의와도 밀접한 관련을 갖는다. 민법은 소유권이전시기를 동산의 인도 또는 부동산 등기의 때로서 하는 形式主義를 취하는데, 이와 조화를 이루는 것이 채무자위험부담제도이다. 이에 따라 위험을 부담하는 자는 채무자인 동시에 물건의 소유자이기 때문에 "물건의 위험은 일차적으로 소유자가 부담한다"는 기본원칙에 부합되게 되었다. 이러한 점에서 과거 의용민법 시절에 취했던 채권자위험부담의 원칙을 버리고 채무자위험부담의 원칙을 취한 것은 매우 잘된 입법이라고 평가된다.

外國의 立法例

(1) **二元主義** 로마법은 매매의 경우는 계약 후 매수인(채권자)의 위험부담으로 하고, 기타 계약(임대차)의 경우는 채무자가 위험부담하도록 위험부담제도를 이원화하였다. 매매와 기타 계약의 이원화제도는 현재 스위스채무법 등에서 채용되었다(스債 제119조, 제185조 등). 프랑스민법은 채권자위험부담을 원칙으로 하지만, 물건의 인도채무는 인도되어야 할 때부터 소유권과 위험이 매수인에게 이전하도록 규정한다(제1138조 2항). 일본민법은 일반 쌍무계약에는 채무자주의(제536조 1항), 특정물에 관한 쌍무계약에는 채권자주의(제536조)를 취하는 특이한 이원화제도를 취한다.

(2) **一元主義** 독일민법은 독일고유법을 이어받아 쌍무계약에 관하여 일원화된 채무자주의를 취하였다(독민 제323조 1항). 물건의 인도에 의해 위험이 매수인에게 이전하도록 규정하며(독민 제446조), 물건의 인도장소는 추심채무를 원칙으로 한다. 이는 소유권이전시기를 인도(또는 등기)시로 한 것과 보조를 맞춘 것이다.[1] 다만 상대방이 대상청구권을 행사한 경우에는 여전히 반대급부의무를 부담하도록 예외를 인정한다(독민 제323조 2항).

(3) **債務不履行과 危險負擔의 統合** 미국법(통일매매법, 통일상법전)에서는 위험부담의 개념을 대륙법과 달리 파악한다. 즉 물건위험과 대가위험을 함께 통합하여 매수인이 위험(risk of loss)을 부담하는 경우는 목적물이 멸실되더라도 대금을 지불해야 하며, 매도인이 위험을 부담하는 경우는 멸실된 목적물 대신 다른 물건(종류물)을 급부하든지 아니면 전보배상을 할 의무가 있다. 그러므로 위험을 부담하지 않는 자는 계약의 이행이익을 상실하지 않는다. 매매의 목적물인 동산의 소유권이 매수인에게 이

1) 부동산매매의 경우에는 등기나 인도 중 어느 것이든 하나만 행해지면 위험은 매수인에게 이전한다.

전하는 때에는 위험도 매수인에게 이전한다(통일매매법 제27조).[1] 그러나 미국통일상법전은 원칙적으로 매수인에게 이행의 제공이 있은 때 위험이 제공된다고 한다(동법 §2~§509).[2]

(3) 危險의 移轉

거래계에서 위험의 분담 및 이전의 법률문제가 차지하는 비중은 매우 높다. 특히 상품매매, 그 중에서도 遠距離賣買 및 국제거래에서는 더욱 그러하다. 매매와 같이 물건의 소유권을 이전하는 계약에서는 언제 채무자가 위험부담에서 벗어나는가가 중대한 이해관계로 된다. 위험의 이전시기는 물건의 멸실뿐 아니라 하자담보책임을 묻는 데에 있어서 하자에 대한 판단시점과 관련하여서도 중요한 의미를 갖는다.

민법은 위험부담에 관하여 제537조, 제538조의 두 개의 조문만을 설치하고 있다. 민법규정은 위험의 분담에 관해서만 평면적으로 규율하고 위험의 이전에 관하여는 침묵하고 있어 움직이는 상품거래의 법률관계에 그대로 적용하기는 미흡하다(외국의 입법례는 매매와 관련한 危險移轉을 상세히 규율하고 있다).[3] 위험의 이전에 관한 법리는 위험의 부담에 관한 규정 이외에 종류채권의 특정, 채권자지체, 소유권이전 및 점유의 이전 등 관련규정들을 종합하여 구성될 수 있다. 민법은 소유권이전시기를 동산의 인도시 및 부동산의 등기시로 규정하므로 매도인은 매수인에게 동산의 인도 또는 부동산의 등기를 완료할 때까지 스스로 위험을 부담한다. 그러나 채권자지체가 있는 경우에는 그 때부터 위험은 매수인에게 이전한다.

(4) 任意法規性

위험의 분담에 관한 제537조, 제538조는 임의규정이다. 그러므로 그와 다

---

1) 이 제도는 영국 동산매매법 제17조, 제18조, 제20조에서 유래한다. 미국법상 소유권이전시기는 당사자의 의사에 의하며 특별한 형식을 요하지 않는다. 그리고 특정물매매는 원칙으로 계약체결시에 소유권이 이전된다고 추정된다. 통일매매법(1906)은 통일상법전(Uniform of Commercial code, 1953)에 의해 수정되었으나, 통일상법전의 채택은 각주에 임의로 맡겨져 있어 아직 폐지되지는 않았다. 미국계약법 제2리스테이트먼트 제267조 2항 참조.

2) 단, 송부채무에서 제3지에서 인도될 것인 때에는 매수인에게 제공된 때이나, 임의로 송부되는 경우에는 매수인이 운송인에게 물건을 인도한 때에 위험이 이전한다. 그리고 창고업자 등에게 임치되어 있는 경우에는 권리증권의 교부시에 위험도 이전한다. 상세한 내용은, 李泰熙, "미국통일상법전에 있어서의 위험부담," 변협지 1984년 7·8월 합병호, 43~50.

3) 국제통일매매법(1980, 비엔나)에서는 매매계약과 관련한 위험의 이전에 관해서 독특한 법리를 전개한다. 원칙적으로 매수인의 목적물수령 또는 채권자지체에 의해 위험이 이전된다(제69조 1항). 그러나 목적물이 운송되어야 할 상품이고 특정장소에서의 인도가 약정되지 않은 경우에는 매도인이 제1운송인에게 물건을 인도한 때에 위험이 매수인에게 이전된다(제67조 1항). 운송 도중에 매매계약이 체결된 경우에는 계약체결시에 위험도 매수인에게 이전된다(제68조 1항).

른 약정이나 관습이 있으면 그에 따른다. 다만 약관에서 민법상 사업자가 부담하여야 할 위험을 상당한 이유 없이 고객에게 이전시키는 조항을 둔 경우에는 그 조항은 무효이다(약관법 제7조 2호). 또한 상법에는 운송업자 · 창고업자의 위험부담에 관한 규정이 있어 민법의 특칙을 이룬다(상법 제134조, 제135조, 제160조 등).

大判 1997. 1. 21, 96다35149: 국가가 無主物로 보고 국유재산법에 의해 보존등기를 마친 토지를 私人에게 매매하면서 "국가는 매매 재산을 인도한 후에는 위험부담의 책임을 지지 아니한다"는 계약조항이 삽입된 국유재산매매계약서를 사용하여 계약을 체결한 것에 대하여, 그 국유재산매매계약서는 무주부동산의 매매시에만 사용되는 서식이 아니라 모든 국유재산의 매매에 통용되는 서식임이 명백하고, 그 문언에 의하더라도 매매목적물의 인도 이후에는 그 계약이행시까지 목적물의 멸실 등 이행불능사유 발생시 채무자의 위험부담을 면한다는 취지에 불과하여, 그 조항은 진정한 소유자로부터 추탈당할 위험에 대비하여 그 위험을 부담하지 아니하기로 특별히 삽입된 책임면제조항으로 볼 수 없다는 이유로, 이와 견해를 달리한 원심판결을 파기하였다(약관의 효력유지적 축소해석의 사례).

大判 1995. 3. 28, 94다44132: 매매계약이 당시 신축중인 관광호텔에서 장차 영업허가를 얻어 투전기 업소를 공동운영하는 것을 목적으로 하는 미확정적이고 불확실한 동업지분을 매수하는 것으로서 모험적인 요소가 상당히 짙은 점, 매수인이 그 불확실성의 위험을 충분히 예지한 상태에서 이를 매수하였던 점, 매수인이 계약체결시 투전기 영업허가를 자신의 책임하에 받기로 약정한 점을 고려할 때, 그 약정은 당사자 쌍방의 책임 없는 사유로 인하여 투전기영업을 하지 못하게 될 경우 그 매수인이 동업 지분의 매수대금(투자금)을 회수하지 못하게 될 위험을 매수인 자신이 부담하겠다는 취지로 하였다고 해석된다.

2. 債務者危險負擔의 原則

(1) 要 件

㈎ 雙務契約의 相換的 債務　　급부불능이 된 채무는 쌍무계약에서의 상환성을 갖는 給付義務이어야 한다. 위험의 분담제도는 쌍무계약에서 상환적 채무 상호간에 그의 존속상 견련성을 인정하는 제도이기 때문에, 부수의무에 관해서는 원칙적으로 위험분담의 법리가 적용되지 않는다. 負擔附贈與에는 쌍무계약에 관한 규정이 준용되므로(제561조) 위험분담의 원칙도 이에 적용된다.

(나) 一方債務의 後發的 不能[1] 채권의 목적인 급부가 그 이행을 기대할 수 없을 정도로 불가능하게 된 것을 급부불능이라 한다. 급부불능은 급부가 물리적으로 불가능하게 된 경우, 그리고 물리적으로는 가능하나 거래관념상 급부를 기대할 수 없다고 판단되는 경우를 말한다(大判 1974. 5. 28, 73다1133 등).[2] 급부불능은 계약이 체결된 후에 생겼어야 하며(후발적 불능), 앞으로 오랜 기간 제거될 수 없는 영구적 불능이어야 한다. 급부가 가능한가, 또는 불가능한가의 판단은 원칙적으로 이행기를 기준으로 하지만, 이행기 전이라도 불능이 확실한 경우에는 위험부담의 효과가 발생할 수 있다.[3]

급부불능의 예로서는, ① 특정물채무에서 목적물이 후발적으로 멸실되어 존재하지 않게 되는 경우, ② 일신전속적 노무제공의무에 있어서 채무자의 사망 · 중병으로 급부행위를 할 수 없게 된 경우, ③ 급부 자체는 물리적으로 가능하나 과다한 비용 · 노력이 드는 까닭으로 불능으로 판단되는 경우(급부곤란), ④ 법적 · 행정적 조치에 의한 급부의 불능, ⑤ 채무자의 처분권상실로 인한 급부불능 등을 들 수 있다.

(다) 兩 當事者의 歸責事由 없음 민법 제537조가 적용되는 경우는 양 당사자에게 아무 귀책사유 없이 급부불능이 생겼을 때에 한정된다. 그 급부불능이 자연력에 의한 것인가, 제3자의 행위에 의한 것인가는 불문한다.[4] 단, 채무자의 이행지체중에 생긴 불가항력의 손해에 대하여 일정한 경우 채무자는 채무불이행의 손해배상책임을 지므로(제392조), 그 한도에서 채무자의 이행지체중에 생긴 양 당사자의 귀책사유 없는 급부불능은 위험분담의 문제로 처리되지 않는다.

급부불능이 발생하면 일단은 채무자의 귀책사유로 인하여 발생한 것으로 추정된다(제390조 단서). 채권자는 채무자에 대하여 이행불능을 이유로 계약을 해제하고 손해배상청구를 할 수 있다. 채무자는 손해배상의무를 면하기 위하여 자기에게 귀책사유가 없음을 증명해야 한다.[5] 채무자측에서 채권자에게 귀책사유가 있었음을 증명하면 손해배상의무를 면할 뿐 아니라 채권자에 대한 반대급부도 청구할 수 있다.

1) 보다 상세한 내용은, 拙稿, "이행불능," 고시계 1985년 6월호, 129 이하 참조.
2) 郭潤直, 채권총론, 152; 金錫宇, 채권총론, 119; 金曾漢, 채권총론, 54; 金亨培, 채권총론(2판), 190~191 등.
3) 민법주해(13), 67(崔秉祚 집필부분)에서는 "기준시점은 급부장애의 발생시점이다"라고 한다.
4) 단, 상법 제134조 2항은 운송물의 전부 또는 일부가 그 성질이나 하자 또는 송하인의 과실로 인하여 멸실한 때에 운송인은 운임의 전액을 청구할 수 있다는 특칙을 규정한다. 즉 이 때 위험은 채권자인 송하인에게 부과된다.
5) 같은 취지: 金亨培, 166.

㈑ **一部不能** 급부의 일부만이 불능으로 된 경우에는 원칙적으로 위험분담의 문제로 처리되지 않는다. 쌍무계약은 동시에 유상계약이기도 하므로, 일부불능의 경우 담보책임의 법리에 따라 대금감액청구권, 계약해제권, 손해배상청구권 등이 발생한다. 양 당사자의 귀책사유 없는 목적물의 수량부족, 일부멸실, 하자의 존재의 경우에 매수인(채권자)에게 대금감액청구권이 생기며(제572조 1항), 잔존한 부분만이면 채권자가 계약하지 않았을 때에 선의의 채권자는 계약 전부를 해제할 수 있다(제572조 2항). 그 밖에 선의의 채권자는 손해배상을 청구할 수 있다(제572조 3항).

담보책임에 의해 代金減額請求權이 발생할 경우에, 즉시 매매대금이 그 멸실부분에 상응한 만큼 감액된다(학설 일치).[1] 쌍무계약의 상환채무 사이의 견련성·대가성을 유지하기 위하여 일부불능의 경우에 반대급부채무의 일부소멸(감축)을 인정하는 것이 타당하다. 이 경우 대금감액청구권(제572조 1항)은 성질상 청구권이 아니라 채무자위험부담의 원칙(제537조)에 따른 代金減額의 當然效(一部無效와 유사함)를 갖는다.[2]

민법은 임대차에 관하여도 목적물의 일부멸실의 경우 借賃減額請求權과 계약목적이 달성불능한 때에 契約解止權을 규정하는데, 이는 매매의 일부멸실로 인한 담보책임과 같은 취지에서 설치된 것이다. 임차물의 일부가 임차인의 과실 없이 멸실 기타 사유로 사용·수익할 수 없는 때에는 임차인은 그 부분의 비율에 의한 차임의 감액을 청구할 수 있다(제627조 1항). 이 경우 임차인은 차임감액의 당연효를 주장할 수 있다. 잔존부분으로 임차의 목적을 달성할 수 없는 때에는 임차인에게 계약해지권이 부여된다(제627조 2항).

大判 1977. 12. 27, 76다1472: 기업자가 수몰예정지역 내의 토지와 그 지상물을 매수하거나 그 수몰에 대한 보상을 하려는 경우에 토지와 그 지상물은 불가분의 일체가 되어 수몰의 대상으로서 매수되었으므로, 그 후 홍수로 인해서 立木이 멸실되었더라도 매매계약이나 보상특약의 일부 또는 전부가 이행불능의 상태에 빠진 것이라 할 수 없다.

---

1) 독일민법은 불가항력에 의한 일부불능의 경우 채권자에게 하자담보규정에 의해 대금감액청구권이 생기는 범위에서 당연히 반대급부가 감축된다고 규정한다(독민 제323조 1항 뒷문장).

2) 다만 경매의 경우에는 그 민사소송절차의 확정성으로 인하여 대금감액의 당연효는 생기지 않는다. 大決 1979. 7. 24, 78마248: 경락허가확정 후 경락대금 지급기일 지정 전에 소유자 내지 채무자, 경락인들의 책임질 수 없는 사유로 그 목적물의 일부가 멸실되었고 그 경락인이 나머지 부분이라도 매수할 의사가 있어서 경매법원에 그 경락대금의 감액신청을 하여 왔을 때에는, 경매법원으로서는 민법상의 쌍무계약에 있어서의 위험부담 내지 하자담보책임의 이론을 적용하여 그 감액결정을 허용함이 상당하다.

(2) 效　果

㈎ 給付不能으로 된 債務의 消滅　급부의 이행이 쌍방당사자의 귀책사유 없이 불가능하게 된 경우에, 그 채무는 소멸한다. 채무자의 귀책사유로 인한 급부불능은 채무를 소멸시키지 않고 손해배상청구권으로 변하게 하는 효과를 가져오는 것과 대조적이다. 채무소멸의 효과로서 그 채무에 부착되어 있는 보증채무, 담보물권 등도 다른 특약이 없는 한 함께 소멸한다.

㈏ 反對給付債務의 消滅　일방당사자의 채무가 양 당사자의 귀책사유 없이 불능으로 된 경우에, 그 채무자는 상대방에 대해 반대급부도 청구할 수 없다(제537조). 반대급부를 청구할 수 없다는 것은 그 채권이 청구 여부에 관계 없이 당연히 소멸한다는 消滅의 當然效를 인정하는 것이다. 특정물매매의 목적물이 불가항력으로 멸실한 경우, 매도인은 목적물인도의무를 면하는 대신 대금채권도 상실하게 된다. 그러므로 목적물멸실로 인한 불이익(위험)은 목적물인도의무를 지는 채무자, 즉 매도인이 부담하게 된다. 매수인은 목적물을 얻지 못하지만 대가도 지불하지 않으므로 위험을 부담하지 않는 것이 된다.[1)]

㈐ 雙務契約의 淸算　일방채무의 급부불능으로 곧 쌍무계약의 모든 채무관계가 소멸하는 경우도 있으나, 계약에 기해 이미 급부한 것을 반환하는 등의 청산의 문제가 남는 경우도 많다(既履行給付의 返還). 불능으로 된 급부의 채권자가 이미 반대급부를 전부 또는 일부 행한 경우에는 반대급부의무의 소멸로 그것은 법률상 원인을 잃게 된다. 따라서 채무자가 수령한 반대급부에 대해서는 부당이득반환청구권이 발생한다(제741조 이하). 또한 일방급부의 불능을 모르고 그 후에 반대급부가 행해진 경우에도 같다. 따라서 이미 지불한 계약금 · 중도금 또는 선이행의무자가 행한 급부 등은 급여자에게 원상회복되어야 한다.

㈑ 繼續的 契約에서의 解止權　계속적 계약에서는 급부불능이 반대급부채무를 소멸시키는 이외에 장래의 계약관계를 소멸시키는 해지사유가 되기도 한다. 원래 계약해제권은 상대방의 귀책사유 있는 급부불능의 경우에 인정되는 것이지만(제546조), 계속적 계약에서는 귀책사유 없는 급부불능의 경우에도 해지권을 인정하는 것이 타당하다.

㈒ 代償請求權을 취득한 경우　급부불능으로 말미암아 채무자가 그 목

---

1) 그러나 실제에는 매수인도 계약목적(물건을 돈을 주고 사는 것)은 달성하지 못하였으므로 목적물멸실로 인한 어느 정도의 불이익은 입게 된다. 그러나 이러한 매수인의 불이익을 가리켜 위험이라고는 하지 않는다. 이 점에서 미국법의 위험부담제도와 다르다.

적물에 갈음하는 대상으로서 보상금청구권, 제3자에 대한 손해배상청구권, 보험금청구권 등을 취득하였고 그것을 채권자에게 양도한 경우에, 채권자의 반대급부채무는 소멸하지 않는다. 채권자가 대상청구권을 취득하는가는 민법에 명문규정이 없는 이상 학설과 판례에 의해 판단되어야 한다(채권총론 참조). 無制限說과 制限的 認定說이 주장되는데, 사견으로는 민법상 명문화된 법리로 해결되지 않는 사례에 한해서 대상청구권을 인정하는 제한적 인정설을 취한다.[1] 어떤 학설에 의하든 채권자가 대상청구권을 취득하였고 그것을 행사하여 만족을 얻은 경우에, 불능으로 된 급부의무는 대상으로서 변용되어 만족을 얻은 것이므로 그 반대급부채무를 이행하여야 한다(학설 일치).[2]

大判 1996. 6. 25, 95다6601: 쌍무계약의 당사자 일방이 상대방의 급부가 이행불능이 된 사정의 결과로 상대방이 취득한 대상에 대하여 급부청구권을 행사할 수 있다고 하더라도, 그 당사자 일방이 대상청구권을 행사하려면 상대방에 대하여 반대급부를 이행할 의무가 있는바, 이 경우 당사자 일방의 반대급부도 그 전부가 이행불능이 되거나 그 일부가 이행불능이 되고 나머지 잔부의 이행만으로는 상대방의 계약목적을 달성할 수 없는 등 상대방에게 아무런 이익이 되지 않는다고 인정되는 때에는, 상대방이 당사자 일방의 대상청구를 거부하는 것이 신의칙에 반한다고 볼 만한 특별한 사정이 없는 한, 당사자 일방은 상대방에 대하여 대상청구권을 행사할 수 없다.

3. 債權者危險負擔의 例外

(1) 要　件

민법 제538조에 의해 채무자가 반대급부를 청구할 수 있기 위해서는 「급부불능이 채권자의 귀책사유로 생겼을 것」 또는 「급부불능이 채권자지체중에 채무자의 귀책사유 없이 생겼을 것」을 요한다. 「쌍무계약의 상환적 채무 중의 하나가 후발적으로 급부불능되었을 것」이 요구된다는 점은 앞에서 설명한 양 당사자의 귀책사유 없는 급부불능에서와 같다.

---

1) 金亨培, 165에서는 채권자는 대상청구를 하고 그의 반대급부를 이행하거나, 또는 제537조를 원용하여 그의 반대급부의무의 소멸을 주장할 수 있는 선택권을 가진다고 해석한다.

2) 독일민법 제323조 2항은 채권자가 대상 또는 대상청구권의 양도를 청구한 때에는 그의 반대급부를 하여야 하며, 본래의 급부보다 대상 또는 대상청구권의 가치가 적은 경우에는 반대급부도 그 범위에서 감축된다고 규정한다.

(가) 債權者의 歸責事由로 인한 給付不能　　급부불능이 채권자의 귀책사유로 인하여 야기되었어야 한다. 채권자의 귀책사유란 채권자의 어떤 작위나 부작위가 채무자의 이행의 실현을 방해하고 그 작위나 부작위는 채권자가 이를 피할 수 있었다는 점에서 신의칙상 비난받을 수 있는 경우로 해석한다(大判 2004. 3. 12, 2001다79013).

1) 補助者의 過失　　채권자 자신의 고의 · 과실과 채권자의 피용인이나 기타 거래를 위해 사용하는 보조자의 고의 · 과실은 채권자의 귀책사유로 된다. 계약관행상 채무자만이 목적물에 대한 선량한 관리자의 주의의무를 부담하고(제374조), 채권자는 물건의 관리보존의무를 지지 않으므로, 채권자의 과실이 인정되는 사례는 많지 않다. 채권자가 이행을 위해 어떤 행위(재료제공, 제조방법지시 등)를 할 것을 약정한 경우에, 채권자에게도 그 행위에 수반되는 주의의무가 부과된다. 특히 고용 · 위임 · 도급 등의 노무공급계약에서는 채권자에게 작업지시가 적절할 것, 재료에 결함이 없을 것, 채권자가 알고 있는 위험을 경고해 줄 것 등의 주의의무가 부과된다.

大判 1996. 7. 9, 96다14364·14371: 영상물 제작공급계약상 수급인의 채무가 도급인과 협력하여 그 지시감독을 받으면서 영상물을 제작하여야 하므로 도급인의 협력 없이는 완전한 이행이 불가능한 채무이고, 한편 그 계약의 성질상 수급인이 일정한 기간 내에 채무를 이행하지 아니하면 계약의 목적을 달성할 수 없는 정기행위인 사안에서, 도급인의 영상물제작에 대한 협력의 거부로 수급인이 독자적으로 성의껏 제작하여 납품한 영상물이 도급인의 의도에 부합되지 아니하게 됨으로써 결과적으로 도급인의 의도에 부합하는 영상물을 기한 내에 제작하여 납품하여야 할 수급인의 채무가 이행불능케 된 경우, 이는 계약상의 협력의무의 이행을 거부한 도급인의 귀책사유로 인한 것이므로 수급인은 약정대금 전부의 지급을 청구할 수 있다.

2) 領 域 說　　위험분담제도에서 말하는 채권자의 귀책사유는 넓게 해석되어 채권자의 의무 위반이 있는 경우뿐 아니라, 급부불능의 원인이 채권자의 영역 내에서 생긴 경우까지 포함한다. 위험의 공평분담이라는 면에서 채무자가 부담해야 할 위험과 채권자가 부담해야 할 위험을 적절히 분배하는 것이 필요하기 때문이다. 위험부담에서의 채권자의 귀책사유(제538조)는 채무불이행에 있어서 채무자의 귀책사유(제390조, 제391조)보다 넓은 의미로 해석된다. 따라서 채권자의 어떤 행위나 부작위로 말미암아 급부불능이 생겼고, 채권자가 그를 피할 수 있었

던 경우에는 반드시 채권자의 그에 대한 법적 의무가 없는 경우에도 귀책사유가 인정된다. 이렇게 채권자의 귀책사유를 채권자의 위험영역에서 유래한 모든 급부불능의 경우로 넓게 해석하는 이론을 領域說(Sphärentheorie)이라 한다.[1) 영역설은 결국 급부불능을 야기한 요인이 채무자의 영역 내인가, 채권자의 영역 내인가, 또는 양자의 영역 밖인가에 따라 채무불이행(이행불능) · 채권자위험부담 · 채무자위험부담으로 나눈다.

勤勞契約과 經營危險理論

노무공급계약에서 경영상의 이유로 조업하지 못한 것이 불가항력에 의한 것이냐 채권자의 귀책사유에 의한 것이냐 하는 판단은 사용자와 노동자의 이해와 밀접한 관련을 가지며 사회적 파급효과도 크다. 경영위험이론(Betriebsrisikolehre)은 영역설의 주장을 근로계약에 적합하게 구성한 이론이다.[2) 이 이론에 의하면 사용주가 동력 · 원료 · 기계 · 기술자 등의 결핍으로 노동자에게 작업을 시킬 수 없거나 재고누적 · 주문부족 · 자금부족 등의 경영상의 이유로 작업을 중단하는 경우, 그로 말미암아 노동자가 노동을 제공하지 못함은 채권자(사용주)의 귀책사유로 인한 급부불능이 되므로 노동자는 반대급부인 임금청구권을 갖는다고 해석된다.

근로기준법에는 「사용자의 귀책사유로 인하여 휴업하는 경우에는 사용자는 휴업기간중 당해 근로자에 대하여 평균임금의 100분의 70 이상의 수당을 지급하여야 한다」, 「다만 평균임금의 100분의 70에 상당하는 금액이 통상임금을 초과하는 경우에는 통상임금을 휴업수당으로 지급할 수 있다」는 특칙이 규정되어 있다(근기법 제45조). 이 경우 노동자의 당일의 노무제공은 불능으로 되었으므로 노동자는 후일 다시 노무제공할 채무를 지지 않는다.[3)

사용자의 부당한 해고처분이 무효이거나 취소된 때에는 그 동안 피해고자의 근로자로서의 지위는 계속되고 있었던 것이 되고, 근로자가 그간 근로의 제공을 하지 못한 것은 사용자의 귀책사유로 인한 것이라 할 것이니 근로자는 민법 제538조 제1항에 의하여 계속 근로하였을 경우에 받을 수 있는 임금 전부의 지급을 청구할 수 있다(大判 1995. 11. 21. 94다45753).[4) 그러나 해고가 없었다고 하더라도 취업이 사실상 불가능한 상

1) 우리 나라의 다수설도 영역설을 인정하나 그의 개념파악에서 혼란이 있는 듯하다. 郭潤直, 채권총론, 179; 金容漢, 채권총론, 173 등. 영역설은 독일의 다수설이기도 하다(Esser-Schmidt, Palandt-Heintichs 등). 그러나 채권자의 귀책사유를 좁게 해석하는 소수설도 있다(Larenz 등).

2) 독일 연방노동법원(Bundesarbeitsgericht)은 경영위험이론을 지지한다(독민 제615조 참조).

3) 金亨培, 채권총론(2판), 315은 결론은 같은 취지이나, 그 이론구성에서 제538조 1항을 적용하지 않고 독자적인 이론전개를 한다는 점에서 약간의 차이가 있다.

4) 大判 1993. 9. 24, 93다21736: 부당해고기간 동안의 근로자의 임금도 해고처분 이후에 체결된 단체협약서에 의하여 인상된 임금에 따라 산정하여야 한다.

태가 발생한 경우라든가 사용자가 정당한 사유에 의하여 사업을 폐지한 경우에는 사용자의 귀책사유로 인하여 근로제공을 하지 못한 것이 아니므로, 그 기간중에는 임금을 청구할 수 없다(大判 1994. 10. 25, 94다25889).

3) 雙方의 歸責事由　급부불능이 채권자·채무자 쌍방의 귀책사유로 생긴 경우에, 이는 원칙적으로 채무자의 귀책사유에 의한 이행불능으로 다루되 채권자의 과실을 손해배상의 책임 및 그 금액을 정하는 데 참작하여야 한다(과실상계, 제396조). 그러나 채권자의 귀책사유가 급부불능에 결정적인 영향을 미친 경우에, 채무자의 채무불이행책임을 면책시키되 채권자에 대한 반대급부청구권을 채무자의 과실만큼 감축시켜야 한다. 이행불능을 이유로 하는 채권자의 해제권은 채권자의 귀책사유가 중대하지 않은 경우에만 인정되며, 해제권행사의 경우 채권자는 자기과실만큼의 반대급부의무를 진다고 해석된다.

(나) 債權者遲滯中에 생긴 給付不能　채권자지체중에 불가항력적 사유로 급부불능이 발생한 경우에, 채권자는 반대급부의무를 계속하여 부담한다.

1) 債權者遲滯中　급부불능은 채권자지체중에 생겼어야 한다. 채무의 성질상 이행에 채권자의 협력을 필요로 하는데 채권자가 그 협력을 하지 않은 경우, 채무자의 변제의 제공이 있었으나 채권자가 그를 수령하지 않은 경우에 채권자지체가 생긴다(제400조~제403조). 채권자의 협력의무 위반이나 수령지체가 채권자의 귀책사유로 인하여 생겼을 것은 요건이 아니라는 견해(법정책임설),[1] 채권자에게 수령의무가 있다고 보고 채권자의 귀책사유로 그 수령의무에 위반한 경우에만 채권자지체를 인정하는 견해(채무불이행설)가 대립한다.[2] 사견으로는 법정책임설을 취하여 채권자의 귀책사유는 요건이 아니라고 본다.[3]

2) 不可抗力에 의한 給付不能　급부불능은 당사자 쌍방의 책임 없는 사유로 생겼어야 한다. 채권자지체중에는 채무자는 자기 또는 이행보조자의 고의 또는 중대한 과실에 대하여만 채무불이행책임을 지므로(제401조, 제391조), 채무자의 경과실로 인하여 급부불능된 경우에도 이에 해당한다. 그리고 채무자의 현실제공이나 구두제공이 있는 때에만 제538조 1항 후문의 효과가 발생한다(大判 2004. 3. 12, 2001다79013).

1) 拙稿, "채권자지체," 곽윤직화갑기념 민법학논총, 1985, 370 이하 참조.

2) 郭潤直, 채권총론, 177; 金基善, 채권총론, 147; 金錫宇, 채권총론, 133; 金曾漢, 채권총론, 63; 金顯泰, 채권총론, 148; 李太載, 채권총론, 164; 玄勝鍾, 채권총론, 138.

3) 拙著, 채권총론, 402~407.

大判 1993. 3. 26, 91다14116: 수급인이 도급인에게 공사금을 지급하고 기성부분을 인도받아 가라고 최고하였다면 이로써 자기의무의 이행제공을 하였다고 볼 수 있고, 도급인이 아무런 이유 없이 수령을 거절하던 중 쌍방이 책임질 수 없는 제3자의 행위로 기성부분이 철거되었다면 도급인의 수급인에 대한 공사대금지급채무는 여전히 남아 있다.

大判 1996. 9. 24, 95다21785: 사용자가 근로자들에 대한 해고처분이 정당하다고 다투면서 근로자들의 근로제공에 대하여 계속 그 수령을 거부하고 있는 경우에, 의료전문인인 근로자들이 해고처분 이후 다른 병원에 취업하거나 독자적으로 개업을 하여 소득을 얻고 있더라도 이로써 사용자에 대한 근로자들의 근로제공이 사실상 불가능하게 되어 사용자의 귀책사유가 소멸하였다고 할 수 없다.

(2) 效 果

㈎ 債權者의 危險負擔 자기의 채무가 불능으로 된 채무자는 급부의무를 면하며, 채권자에 대한 반대급부청구권은 그대로 보유한다. 따라서 계약관계는 급부불능에도 불구하고 그대로 존속하고, 다만 채권자가 대가위험을 부담할 뿐이다. 一部不能의 경우에 채무자는 가능한 잔존급부를 행해야 하며, 채권자에 대해 전부의 반대급부청구권을 갖는다.

㈏ 利得償還義務 채무자가 자기의 채무를 면함으로써 이익을 얻은 때에는 이를 채권자에게 상환하여야 한다(제538조 2항). 이러한 이득상환은 채권자의 반대급부와 상계되는 것이 보통이므로 利得控除의 성격을 갖는다.

이익은 적극적으로 취득한 것뿐 아니라 소극적으로 지출을 면한 것까지 포함된다. 즉 채무를 면함으로써 절약된 비용(운임, 재료비, 이행보조자에 대한 노임, 도구의 마모 등)은 물론 사용자 측의 사정으로 휴업한 경우 노동자가 다른 일을 해서 번 임금도 상환하여야 한다. 휴업의 경우 노동자가 악의로 다른 곳에 취업하지 않았더라도 그 가정적 소득을 공제할 수는 없다.[1] 다만 사용자가 현재의 노무와 유사한 일을 적극적으로 알선했음에도 노동자가 그에 응하지 않은 경우에는 악의로 일실한 이득의 공제를 인정하는 것이 신의칙에 적합하리라 생각된다. 판례는 근로자에 대하여는 민법 제538조 2항의 중간이득의 공제를 제한적으로만 인정한다.

---

1) 독일민법은 이 경우 취득할 수 있었던 금액을 반대급부에서 공제한다고 규정한다(제324조 1항). 그러나 그러한 명문의 규정이 없고 또 고용기회가 독일과 같지 않은 우리 나라에서 언제나 그와 같이 해석해서는 안 된다.

大判 1993. 11. 9, 93다37915: 사용자의 귀책사유로 인하여 해고된 근로자가 해고기간중에 다른 직장에서 근무하여 지급받은 임금은 민법 제538조 제2항에 규정된 자기의 채무를 면함으로써 얻은 이익에 해당하므로, 사용자는 근로자에게 해고기간중의 임금을 지급함에 있어 위와 같은 이익(이른바 중간수입)을 공제할 수 있는 것이기는 하지만, 근로자가 지급받을 수 있는 임금액 중 근로기준법 제38조 소정의 휴업수당의 범위 내의 금액은 중간수입으로 공제할 수 없고, 휴업수당을 초과하는 금액만을 중간수입으로 공제하여야 한다(같은 취지: 大判 1996. 4. 23, 94다446).

(다) 그 밖의 請求權과의 關係　채권자의 귀책사유로 인한 급부불능의 경우, 그 사실이 동시에 불법행위의 요건을 충족하는 때에는 채무자가 채권자에 대해 불법행위에 기한 손해배상청구권을 갖는 것을 방해하지 않는다. 보통 당해 급부의 불능으로 인한 손해는 반대급부청구권에 의해 전보되므로 당해 급부 외의 확대손해가 생겼을 경우에 실익이 있다.

4. 賣買에서 危險의 移轉時期[1)]

(1) 意　義

매매에서 언제 위험이 매도인에게서 매수인에게로 이전하는가의 문제는 실제로 매우 복잡한 문제를 야기한다. 우리 민법은 매매에서의 위험이전시기에 관한 규정을 두지 않으므로, 쌍무계약의 채무자위험부담의 원칙, 채권자의 귀책사유 있는 경우의 예외인정은 그대로 매매에도 적용된다. 위험을 누가 부담하는가는 목적물의 소유권이전시기, 목적물의 종류, 채무의 이행지, 채권자지체의 여부 등에 따라 달라진다. 우리 민법하에서 위험은 債權者遲滯時에 채무자로부터 채권자에게 이전한다고 볼 수 있다.

(2) 特定物賣買에서의 危險移轉

(가) 物件의 引渡時　채무자는 채권성립 당시 특정물이 있던 장소에서 그 특정물을 채권자에게 인도하여야 한다(제467조 1항).[2)] 매도인은 그 장소에서의 인도 전까지는 채무를 완전히 이행한 것이 되지 않는다. 다른 장소에서 인도장소로 운반하는 도중 매도인의 귀책사유 없이 물건이 멸실 · 훼손된 때에 그로 인한

1) 참고문헌: 金宗允, "매매계약에서의 위험의 이전," 법조 제37권 1호, 1988.

2) 그와 다른 당사자의 약정, 거래관습, 법률의 규정이 있는 경우에는 그에 따름은 물론이다.

불이익(위험)은 매도인이 부담하므로, 매도인은 매수인에 대해 그 멸실로 인한 손해배상의무를 진다. 그러나 매수인이 인도받은 후 집으로 가져가던 중에 발생한 손해는 채권자가 스스로 부담하여야 한다. 따라서 특정물인도의무에서는 引渡時에 위험이 매도인에게서 매수인에게로 이전하는 것이 원칙이다.

위험이전이 되기 위한 인도는 현실의 인도에 한정되지 않고, 기타의 인도방법에 의하더라도 무방하다. 간이인도, 반환청구권양도에 의한 인도, 또는 점유개정의 방법에 의하더라도 그것으로 채무의 이행이 완료되었다고 보여지는 경우에는 위험도 그 때부터 매수인에게 이전한다고 해석된다.[1] 이 때 인도는 반드시 소유권이전을 동반하는 것이어야 할 필요는 없다. 예를 들면 소유권유보부매매(할부매매 등)에서는 인도로 소유권이 매수인에게 이전되지 않고 대금완불에 의해 비로소 소유권이 이전되는데, 매수인이 인도받은 후 물건을 사실상 지배하고 있는 점을 고려할 때 물건의 위험은 인도시에 매수인에게 이전한다고 해석된다.

(나) 債權者遲滯時 채권자지체가 생긴 경우 그 시점에 위험이 채무자로부터 채권자에게 이전하게 된다. 채무자가 인도장소에서 특정물을 채권자에게 제공하였으나 채권자가 수령하지 않은 경우(그의 반대급부를 준비하지 않는 경우 포함)에는 그 변제제공만에 의하여 위험은 채권자에게 이전한다(제406조, 제538조). 따라서 변제제공시 이후에 발생한 급부불능의 불이익(채무자의 고의·중과실이 없는 한)은 채권자에게 부담된다.[2] 단, 채무자가 채권자의 반대급부불이행(대금의 미지불)을 이유로 계약을 해제한 경우에는 해제 이후의 위험은 채무자에 부담된다. 계약해제로 계약관계는 소멸하고, 따라서 채무자의 급부의무와 채권자의 반대급부의무도 존재하지 않기 때문이다.

(다) 不動産賣買의 경우 부동산의 경우에는 위험의 이전시기가 언제인가를 정하는 것은 어려운 문제이다. ① 登記時: 부동산매매에서 위험의 이전은 등기시를 기준으로 함이 원칙이다.[3] 부동산의 매도인은 소유권이전등기와 명도를 하기 전까지는 채무를 완전히 이행하였다고 볼 수 없다. 그러나 양자 중 중요한 것은 등기이전이므로 통상 등기이전(등기서류의 교부)과 대금이 교환된다. 또한

---

1) 독일에는 이에 관하여 위험이전긍정설 · 부정설 · 절충설이 대립되었으나, 이 해석은 절충설의 입장에 선 것이다. 절충설을 취하는 Larenz는 이 문제는 결국 계약해석의 문제이나, 기타 방법에 의한 인도로 임차료 · 과실수취권이 매수인에게 생기는가를 판단기준으로 한다. Larenz, *Schuldrecht Ⅱ*, 1981, S. 85.

2) 그러나 당사자 사이에 변제기가 정해져 있지 않은 경우, 채무자가 임의의 시간에 변제제공했으나 채권자가 일시적으로 출타중이거나 또는 목적물보관장소가 준비되지 않아 수령하지 못한 경우에 채권자지체나 위험이전을 인정하는 것은 신의칙상 부당하다고 생각된다(독민 제299조 참조). 이 때 채권자에게 수령의 준비에 필요한 상당한 기간을 주어야 한다.

3) 같은 취지: 金亨培, 161.

부동산의 명도는 매수인이 취득한 소유권에 기한 물권적 청구권을 행사하는 방법으로도 목적을 달성할 수 있다. 등기 이후에 생긴 불이익(토지수용, 건물의 소실 등)은 매수인의 부담으로 된다. 단, 이 때의 등기는 실제로 소유권이전을 동반하는 것이어야 한다(예를 들어 원인무효가 아닌 등기).[1] ② 引渡時: 예외적으로 등기에 앞서 인도가 이루어져서 매수인이 사용수익권을 가지는 경우에는 그 인도한 때에 위험이 이전한다고 해석된다(독민 제446조 참조).[2] 매도인이 등기서류교부와 인도를 하고 대금도 받아 계약관계가 일단 완료된 경우 등기절차기간중 또는 매수인의 등기해태기간중에 생긴 위험까지 매도인이 부담하는 것은 부당하므로 이 때에는 위험이 매수인에게 이전되었다고 해석하여야 한다. 매도인이 매수인에게 등기서류를 교부하였으나 매수인이 그 서류를 접수시키지 않는 것은 채권자지체에 해당한다. 未登記建物은 인도에 의해 위험도 이전한다.

(3) 種類賣買의 경우

특정 후 인도시 사이에 생긴 양 당사자에 책임 없는 급부불능은 위험부담의 문제를 야기한다. 종류매매에서는 계약 당시 목적물이 특정되지 않고 종류 · 품질 · 수량 등으로만 정해지기 때문에 특정되기 전에는 목적물멸실에 의한 위험부담의 문제가 생기지 않는다. 위험부담의 문제는 종류채권의 특정이 있은 후에야 생긴다. 매도인이 목적물을 변제제공하면 종류채무가 특정되고, 그 특정으로 매도인은 다시 다른 동종의 물건을 구해서 인도할 조달의무를 면하는 동시에, 그 변제의 제공은 매수인을 채권자지체에 빠뜨리므로, 그 때부터 위험은 매수인이 부담하게 된다.

(가) 種類債務의 特定 특정은 「채무자가 이행에 필요한 행위를 완료한 때」 또는 「채권자의 동의를 얻어 채무자가 이행할 물건을 지정한 때」부터 생긴다(제375조 2항). 채무의 이행은 원칙적으로 채권자의 현주소나 현영업소에서 하여야 한다(지참채무, 제467조 2항). 그러나 그와 다른 약정이나 관습이 있는 경우에는 채권자가 채무자의 주소나 영업소에 와서 목적물을 가져가거나(추심채무) 또는 채권자나 채무자의 주소가 아닌 별도의 이행장소로 목적물을 송부하여야 한다(송부채무).

이행에 필요한 행위를 완료한 때는 변제의 장소가 어디이냐에 따라 달라진다. 持參債務의 경우에는 현실의 제공을 한 때, 즉 채권자의 주소나 제3의 이

1) 독일에는 이에 대하여 소유권이전필요설(Filios)과 불요설(Palandt 등)이 대립한다. 소유권이전필요설은 소유권이전효과를 갖지 않는 단순한 등기만에 의해서 위험이 이전하는 것은 대가관계를 깨뜨리므로 부당하다고 한다.

2) 같은 취지: 黃迪仁, 118. 崔秀貞, 앞의 논문, 268에서는 소유권이전시를 기준으로 하기보다는 인도주의가 타당하다고 함.

행장소에 도달하여 언제든지 수령할 수 있는 상태에 놓여진 때에 특정된다. 推尋債務의 경우에는 구두의 제공을 한 때, 즉 변제의 준비를 완료하고 채권자에게 수령할 것을 통지한 때에 특정된다. 送付債務의 경우에는 물건을 발송한 때에 특정이 생긴다.[1)]

(나) 危險의 移轉時期

1) 引 渡 時　종류매매의 이행의 경우, 대가위험은 물건을 매수인에게 인도하는 때에 이전한다. 매수인이 채권자지체에 빠지지 않고 변제제공한 물건을 수령하였으나 그 물건이 파손되었음을 발견한 경우에, 그 위험을 누가 부담할 것인가는 위험의 이전시기와 직접 관련이 있다. 매도인은 완전한 물건을 선정하여 변제의 제공을 하였고 그 물건이 매수인에게 인도되기까지 사이에 목적물이 불가항력으로 멸실된 경우에 그러한 문제가 생긴다(특히 추심채무에서 그 시간차가 크다). 매도인은 특정 이후에는 다시 물건을 조달할 의무는 지지 않지만, 위험은 스스로 부담하여야 하므로 매수인에게 대금을 청구하지는 못한다(채무자위험부담).[2)] 변제의 제공만으로 이행이 완료된 것이 아니기 때문이다.

2) 債權者遲滯時　매도인이 매수인에게 변제의 제공을 하였으나 매수인이 그것을 수령하지 않아 채권자지체에 빠진 경우에, 그 변제제공으로 종류채무가 특정되면서 위험도 매수인에게 이전한다. 채권자지체 이후에 급부불능(또는 하자발생)이 생기더라도 매수인은 그 대금을 지급할 의무를 면하지 않는다. 비록 매수인이 변제제공된 물건을 인도받으려는 의도를 가졌더라도, 그 대금의 제공을 하지 않았다면, 매도인이 동시이행의 항변권을 이유로 그 물건을 인도하지 않으려 하므로 매수인은 채권자지체에 빠지게 되는 것과 함께 위험부담의 불이익을 안게 된다.

3) 貨物相換證의 交付　매수인에게 화물상환증이 교부된 경우 이는 운송물의 인도와 동일한 효력이 있으므로(상법 제133조),[3)] 이 때에 매수인에게 위험도

---

1) 郭潤直, 채권총론, 55; 金疇洙, 채권총론, 53; 金亨培, 채권총론(2판), 63 등. 독일의 제공설(Andienungstheorie)은 Enneccerus-Lehmann, Larenz, Esser-Schmidt, Palandt 등에 의해 지지된다. 그러나 인도시설(Lieferungstheorie)도 주장된다(Jehring, Caemmerer, Huber 등). 인도시설은 독일민법에 규정된 변제의 제공이 행해졌으나 채권자지체가 생기지 않는 경우(제299조)를 보다 적절히 해석한다고 평가된다.

2) 계약 당시보다 이행기에 물건값이 앙귀한 경우, 매도인은 조달의무를 면함으로써 가격앙등의 위험을 면할 수 있다. 그러나 가격이 하락한 경우에는 매도인은 특정되었음을 주장하지 않을 것이다. 이러한 결과는 통상계약에서 계약 후 가격앙등의 위험은 매도인이, 가격하락의 위험은 매수인이 부담하는 원칙에 어긋난다는 비판이 있다. 독일의 인도시설은 "특정과 위험이전은 일치하여야 한다"고 주장한다(Huber, *Zur Konzentration beim Gattungskauf, Festsch. f. Ballerstedt*, 1975, S. 327ff.).

3) 화물상환증의 교부는 또한 목적물의 반환청구권의 양도에 의한 인도에 해당한다(제190조).

이전한다고 해석된다. 그 밖에 창고증권 · 荷渡指示書의 교부의 경우에도 같다(상법 제157조).

§11. 第3者를 위한 契約

1. 意 義[1]

(1) 槪 念

㈎ 第3者受益을 위한 契約 계약으로부터 생기는 이익을 계약당사자가 아닌 제3수익자가 직접 청구할 수 있게 하는 내용을 갖는 계약을 제3자를 위한 계약이라고 부른다. 민법은 일방당사자가 제3자에게 이행할 것을 약정하면 그 제3자는 채무자에게 직접 그 이행을 청구할 수 있다고 규정함으로써 제3자를 위한 계약을 정면으로 인정한다(제539조 1항). 제3자를 위한 계약에서는「제3자 受益約定」이 행해지며 그 효과로서 제3자의 급부청구권이 생긴다. 통상의 계약에서는 계약에서 발생한 급부청구권이 계약당사자인 채권자에게 귀속하지만 제3자를 위한 계약에서는 일차적으로 제3자에게 귀속한다는 점에 차이가 있다.

제3자를 위한 계약은 채권자 · 채무자 및 채무자 · 제3자의 두 개의 법률관계를 하나의 계약으로 처리함으로써 거래의 합리화에 기여할 수 있다. 제3자를 위한 계약의 성질을 갖는 것이라도 이미 독자의 전형계약으로 되어 특별법의 규율을 받는 계약으로서 제3자를 보험수익자로 하는「타인을 위한 보험계약」(상법 제639조),「제3자를 수익자로 하는 신탁」(신탁법 제51조) 등이 있다.

제3자를 위한 계약의 법제는 독일민법(제823조 이하) · 스위스채무법(제112조) · 일본민법(제537조 이하) · 미국계약법 등의 입법례에 따른 것이다. 그와는 반대로 로마법 · 프랑스민

---

1) 金玟中, "契約과 제3자," 民法典施行30周年紀念 民法學의 回顧와 展望, 1993. 12; 金亨培, "제3자를 위한 契約," 韓琫熙華甲紀念 現代民法學의 課題와 展望, 1994. 3; 宋德洙, "민법 제539조에 관한 몇 가지 問題," 고시연구 1994년 3월호; 同, "제3자를 위한 契約," 梨花女大社會科學論集 제13집, 1993. 12; 同, "제3자保護效力 있는 契約," 郭潤直華甲紀念 民法學論叢, 1985. 12; 李根植, "제3자를 위한 契約," 고시계 1981년 10월호; 張在賢, "死後履行을 위한 제3자를 위한 契約," 慶北大法學論攷 제10집, 1995. 1; 同, "제3자를 위한 契約에 관한 — 試論," 民法典施行30周年紀念 民法學의 回顧와 展望, 1993. 12.

법·영국계약법은 소극적인 태도를 취한다.[1]

(나) 受益意思의 必要性 제3자수익약정이 있더라도 제3자의 권리는 그 제3자가 채무자에 대하여 계약의 이익을 받을 의사를 표시한 때에 생긴다(제539조 2항). 계약당사자가 아닌 제3자에게 그의 의사에 기하지 않은 법률효과를 강요하는 것은 부당하므로, 제3자에게 이익이 되는 경우에 한하여 제3자의 수익의 의사표시가 있을 때 그 이익을 귀속시킴을 원칙으로 한다. 그러나 신탁법에서는 수익자가 신탁이익의 향수를 승낙한 것으로 추정하고, 다만 수익권에 부담이 따르는 경우에만 수익의사표시를 요건으로 한다(신탁법 제51조).

종래 급부청구권 없는 계약상의 채권자를 특히 要約者(채무부담약속을 요청하는 자라는 뜻)라고 부르며, 제3자에 대해 급부의무를 지는 채무자를 諾約者(채무부담약속을 수락하는 자), 그리고 제3자를 수익자라고 부르기도 한다. 여기서는 채권자·채무자·제3자라는 용어를 사용하겠다.[2]

(2) 類似制度와의 區別

(가) 履行引受와의 區別 제3자를 위한 계약과 이행인수의 구별기준은 제3자에게 채무자(이행인수인)에 대한 직접적 급부청구권을 취득케 할 의사가 있는지 여부에 달려 있다(大判 1997. 10. 24, 97다28698). 이행인수인은 인수계약의 상대방에 대한 관계에서만 채무를 질 뿐이며 그 이익을 받는 제3자에 대한 관계에서는 채무자가 아니므로, 제3자는 인수인에 대하여 직접 급부청구권을 갖지 않는다. 제3자의 계약에 해당하는 竝存的 債務引受와 제3자를 위한 계약이 아닌 履行引受의 구별이 모호한 경우가 많다. 제3자가 사실상의 이익은 받으나 채무자에 대한 채권을 취득하지 못하는 경우를 「不眞正한 제3자를 위한 계약」이라고 부르기도 한다.

---

1) 제3자를 위한 계약의 연혁 및 입법례에 관한 상세한 설명은, 주석 채권각칙(I), 326~330 참조. 미국법에 관하여는, 梁明朝, "계약수익자의 법리와 미국계약법," 계약법의 제문제, 사법연구회 편, 1987, 95 이하.

2) 金亨培, 174에서는 "요약자를 채권자로, 낙약자를 채무자로 표시하는 것은 채권자(요약자)가 채무자(낙약자)로 하여금 제3자에게 이행할 것을 청구할 수 있는 관계가 중심이 되는 인상을 주게 되며, 자칫 3면관계의 중심을 흐릴 수 있다. 낙약자에 대한 제3자의 권리를 중심으로 제3자를 위한 계약을 이해하는 한 요약자(Versprechensempfänger, stipulant)·낙약자(Versprechender, promettant)·제3자(der Dritter, tiers bénéficiaire)의 명칭이 적절하다"고 한다.

大判 1996. 12. 23, 96다33846: 갑이 을로부터 점포를 양도받기로 계약하면서 을이 제3자인 병에 대하여 부담하고 있는 채무를 갑이 변제하여 주기로 약정한 사안에서, 갑이 을과의 계약체결 후 곧바로 병에게 을의 채무를 대신 변제하겠다고 제의한 점이나 계약의 내용, 체결 경위 등에 비추어 갑과 을 사이에 체결된 계약은 제3자를 위한 계약으로서 중첩적 채무인수약정에 해당한다는 이유로, 이와 달리 그 계약을 이행인수약정에 불과하다고 본 원심판결을 파기하였다.

(나) 代理와의 區別　「제3자를 위한 계약」과 「대리행위」는 3면관계가 발생한다는 점과 계약의 효과인 급부청구권이 행위당사자가 아닌 제3자에게 발생한다는 점에서 유사하다. 어떤 계약이 제3자를 위한 계약인지 대리행위인지 밝혀냄에 있어서는, 그 계약에 기해서 발생한 반대급부를 누가 부담하는가를 가지고 구별해야 할 것이다. 행위자가 자기가 반대급부를 부담할 의사가 없는 경우에는 대리행위로 해석되며, 그 대리인이 본인으로부터 대리권을 부여받았는가에 따라 有權代理와 無權代理로 구별된다.

양자는 다음의 점에서 엄격히 구별된다.

1) 代理의 顯名과 第3者 受益約定　대리행위가 성립하기 위하여는 대리인이 본인을 위하여 행위하는 것임을 밝혀야 하며, 그 현명을 하지 않은 때에는 자기를 위하여 계약한 것으로 된다(제115조). 반면에 제3자를 위한 계약에서는 당사자가 자기를 위하여 계약을 체결하되 그 이익만을 제3자에게 취득케 하려는 목적으로 제3자수익약정이 행해진다. 본인을 위한 대리인의 행위인가 아니면 제3자수익약정인가를 구별하는 것은 계약의 해석문제이다.

2) 契約締結의 權限　대리행위에서는 대리인이 대리행위 밖의 제3자인 본인으로부터 고용·위임 등을 기초로 代理權을 수여받아야만 대리행위의 법률효과를 본인에게 귀속시킬 수 있다. 그러나 제3자를 위한 계약에서는 계약당사자인 채권자가 제3자로부터 위임을 받거나 대리권수여를 받을 것을 요건으로 하지 않는다.

3) 契約의 效果歸屬　대리행위에서는 행위 밖의 제3자인 본인이 계약당사자가 되어 직접 행위한 것과 같이 다루어지므로 계약의 모든 효과도 본인에게 귀속된다. 그러나 제3자를 위한 계약에서는 채권자가 계약당사자이며, 계약효과 중 급부청구권이 제3자에게 귀속하는 외에는 모두 채권자에게 귀속한다. 쌍무계약의 경우 대리행위에 의해서는 본인에게 급부청구권과 반대급부

의무가 귀속하나, 제 3 자를 위한 계약에서는 제 3 자가 급부청구권을, 그리고 채권자가 반대급부(대금)의무를 진다.

4) 行爲能力 대리행위의 경우 행위능력의 유무는 본인을 중심으로 판단되며, 대리인은 무능력자라도 상관 없다(제117조). 그러나 제 3 자를 위한 계약에서는 채권자가 행위능력자이어야 하고, 제 3 자는 무능력자라도 무방하다.

어머니가 아이를 학원에서 공부시키기 위하여 계약을 체결하는 경우에, 계약당사자는 어머니와 학원이 될 것이다. 학원은 교육서비스(급부)를 아이에게 제공하고 수업료(반대급부)는 어머니에게 청구한다. 아이는 교육서비스를 받지만, 수업료지급의무는 지지 않는다. 그러나 어머니가 아니라 아이(제 3 자)가 학원에 대해 교육서비스를 청구할 권리를 행사할 실익이 있는 경우에 한해서 제 3 자를 위한 계약을 인정할 것인데, 학원이 교육서비스를 제공하지 않는 경우에 계약당사자인 어머니가 직접 학원에 대하여 손해배상청구를 하는 것이 편리하므로 이 경우는 제 3 자를 위한 계약으로 볼 필요가 없다.

(3) 法律關係

제 3 자를 위한 계약은 보통 채권자와 채무자 사이에 급부와 반대급부를 교환하는 쌍무계약으로서 맺어진다. 민법에서 정하는 제 3 자수익의 법률효과는 「채무자의 제 3 자에 대한 급부의무」라는 한 개의 채무만을 문제삼는 것이다. 증여와 같은 편무계약도 제 3 자를 위한 계약으로 체결될 수 있지만, 그 의무부담을 뒷받침할 원인관계가 없는 경우에는 그 효력이 문제될 수 있다(大判 1987. 12. 8. 87다카2009 참조).

㈎ 雙務契約의 相換債務[1] 제 3 자를 위한 계약이 쌍무계약인 경우에, 급부의무(채무자·제 3 자)와 상환성을 갖는 반대급부의무(채권자·채무자)가 발생한다. 양 채무는 하나의 쌍무계약에서 발생한 상환채무이므로 성립·이행·존속·소멸상의 견련성을 가진다. 매도인과 매수인이 매매계약을 체결하면서 목적물인도청구권은 제 3 자가 취득하도록 약정한 경우에, 「매도인의 제 3 자에 대한 물건인도의무」와 「매수인의 매도인에 대한 대금지급의무」는 상환채무이다. 따라서 매도인과 매수인은 자기채무에 관해서 同時履行의 抗辯權을 가진다. 그 밖에 특정물이 멸실한 경우에 쌍무계약의 危險分擔의 法理가 적용되어 채권자는 반대급부의

---

1) 종래 교과서에서는 보상관계·대가관계라는 용어를 사용하고 있는데, 그들은 각각 독일의 Deckungsverhältnis와 Zuwendungsverhältnis를 번역한 것이다. 그런데 제 3 자수익의 대가는 채권자의 반대급부이므로, 요약자·제 3 자의 관계를 대가관계라고 번역한 것은 적절치 못하다. 그러므로 이들 용어 대신 「쌍무계약의 반대급부와의 견련관계」와 「제 3 자수익의 원인관계」라는 표현을 쓰겠다.

무를 면함이 원칙이다. 매도인은 동시이행항변권이나 채무소멸의 주장을 가지고 제3자에게 대항할 수 있다(제542조).

(나) 第3者受益의 原因關係(채권자·제3자) 채권자가 제3자에게 급부청구권을 취득케 하는 데에는 법률상 원인이 되는 법률관계가 존재한다. 그것은 증여·유증 같은 일방적 출연인 경우도 있으며, 제3자의 출연에 대한 반대급부로서 기능하는 경우도 있다. 후자의 경우 채권자와 제3자 사이에는 제3자수익과 제3자의 출연이 서로 상환관계에 있게 된다. 제3자수익의 원인관계는 제3자를 위한 계약이 내용이 아니므로, 그 원인관계가 소멸하더라도 제3자를 위한 계약에 직접적 영향을 미치지 못한다(大判 2003. 12. 11, 2003다49771).

大判 1987. 12. 8, 87다카2009: 일반적으로 매매계약을 체결함에 있어 계약체결 이전에 발생한 매매목적물에 대한 전기료 등 채무도 매수인의 부담으로 청산하기로 하는 내용의 약정을 한 경우에, 이는 매도인이 전기료 등을 지급할 의무가 있음을 전제로 하여 그 채무를 매수인의 부담으로 청산한다는 취지로 해석함이 상당하고, 매도인이 지급할 의무조차 없는 채무를 매수인으로 하여금 제3자에게 변제하도록 약정한다는 것은 일반거래관념상 이례에 속한다.

2. 契約의 成立要件

(1) 第3者受益約定

제3자를 위한 계약이 성립하기 위하여는 반드시 일방당사자가 제3자에게 이행의무를 지며, 제3자는 그에 상응하는 이행청구권을 취득함이 약정되어야 한다. 그러한 약정은 일반적으로 「제3자수익약정」의 형태로 행해지며, 그 약정이 약관에 의해 행해진 경우(보험·운송 등), 그러한 내용의 약관조항을 「제3자수익조항」 또는 「제3자조항」(Fremdklausel)이라 한다.

어떤 계약에서 제3자에게 직접 채권을 취득시키려는 약정이 있었느냐, 또는 단순히 채무자로 하여금 제3자에게 이행할 의무를 지우는 데 불과한 의미이냐(履行引受)의 구별은 계약해석의 문제이다. 계약해석에 의해서도 당사자의 의사가 명확해지지 않은 경우에는 이행인수로 해석하는 것이 타당하다.[1]

1) 독일민법 제329조는 "계약에서 당사자 일방이 채무를 인수함이 없이 상대방의 채권자를 만족시킬 의무를 지는 경우에 의심스러운 때에는 그 채권자는 직접 그로부터 만족을 청구할 권리를 취득하는 것으로 해석되

(가) 辨濟供託 변제를 위한 공탁(제487조)은 제3자(채권자)에게 직접 권리를 취득시키는 제3자를 위한 임치계약이다. 그러나 그 법률관계는 대부분 법률에 의해 정해진다.

(나) 竝存的 債務引受 병존적 채무인수가 현재의 채무자와 추가되는 채무자 사이의 계약으로서 이루어질 때 이 계약은 제3자를 위한 계약에 해당한다. 병존적 채무인수계약에 의하여 채무를 지는 자는 새로 추가되는 채무자이고 이로 인해 이익을 보는 제3자는 현재의 채권자이다. 免責的 債務引受에 관하여는 학설이 대립한다.[1] 제3자를 위한 계약은 제3자에게 독립된 새로운 권리를 부여하나 채무자와 인수인 사이의 면책적 채무인수계약은 인수인에 대한 채권을 취득케 하는 동시에 구채무자에 대한 채권을 잃게 한다는 점, 그리고 제3자를 위한 계약은 계약성립과 동시에 제3자에게 권리가 발생하나 면책적 채무인수는 채권자의 승낙에 의해 효력이 발생한다는 점에 차이가 있다. 그러므로 제3자를 위한 계약으로 보기는 곤란하다.

大判 1997. 10. 24, 97다28698: ① 채무자와 인수인의 계약으로 체결되는 竝存的 債務引受는 채권자로 하여금 인수인에 대하여 새로운 권리를 취득하게 하는 것으로 제3자를 위한 계약의 하나로 볼 수 있다. 이와 비교하여 履行引受는 채무자와 인수인 사이의 계약으로 인수인이 변제 등에 의하여 채무를 소멸케 하여 채무자의 책임을 면하게 할 것을 약정하는 것으로 인수인이 채무자에 대한 관계에서 채무자를 면책케 하는 채무를 부담하게 될 뿐 채권자로 하여금 직접 인수인에 대한 채권을 취득케 하는 것이 아니므로, 결국 제3자를 위한 계약과 이행인수의 판별기준은 계약당사자에게 제3자 또는 채권자가 계약당사자 일방 또는 인수인에 대하여 직접 채권을 취득케 할 의사가 있는지 여부에 달려 있다. 구체적으로는 계약체결의 동기, 경위 및 목적, 계약에 있어서의 당사자의 지위, 당사자 사이 및 당사자와 제3자 사이의 이해관계, 거래관행 등을 종합적으로 고려하여 그 의사를 해석하여야 한다. ② 부동산을 매매하면서 매도인과 매수인 사이에 중도금 및 잔금은 매도인의 채권자에게 직접 지급하기로 약정한 경우에, 그 약정은 매도인의 채권자로 하여금 매수인에 대하여 그 중도금 및 잔금에 대한 직접청구권을 행사할 권리를 취득케 하는 제3자를 위한 계약에 해당하고 동시에 매수인이 매도인의 그 제3자에 대한 채무를 인수하는 병존적 채무인수에도 해당한다.

지 않는다"고 규정한다.

1) 제3자를 위한 계약이 아니라는 견해: 郭潤直, 121. 제3자를 위한 계약이라는 견해: 黃迪仁, 137.

(다) 第3者를 위한 預金契約 제3자의 명의로 예금계약을 새로 체결하는 경우에 예금자와 은행이 제3자 수익약정을 한 경우에만 제3자를 위한 계약이 된다. 그러나 타인명의를 盜用하거나 가공인 명의로 예금을 개설한 경우에는 예금자 본인의 예금으로 보아야 한다. 「제3자수익약정」이 없이 단지 제3자를 위해 예금하는 경우에 제3자를 본인으로 하는 대리행위로 해석된다. 「제3자 예금계좌에의 지로계약」에 관하여는 제3자의 예금계좌에 입금됨에 의하여 비로소 제3자는 직접 예금채권을 취득하고 입금 전까지는 제3자가 직접 은행에 대한 청구권을 취득하지 않는다고 볼 것인가, 또는 제3자의 예금계좌에 입금되지 않더라도 지로계약에 의해 입금청구권이 생긴다고 볼 것인가는 의문이다. 후자로 보는 경우에는 제3자를 위한 계약이 발생할 것이다. 「당좌거래계약」도 그로 인해 제3자(수표소지인)에게 채무자(은행)에 대한 직접의 이행청구권을 취득케 하는 것이 아니라, 은행이 단지 당좌예금자의 예금잔고의 범위 내에서 지불할 뿐이기 때문에 제3자를 위한 계약이 아니라고 해석된다.[1)]

(라) 他人을 위한 保險·運送 타인을 위한 보험(상법 제639조)도 제3자를 위한 계약의 성격을 갖지만, 그의 법률관계는 상법이나 보험계약(약관)에 의해 정해진다. 제3자를 위한 運送契約의 성질에 대하여는 상법학에서 학설이 대립한다(상법 제141조 참조).

大判 1993. 8. 27, 92다23339: 용역경비계약에는 제3자를 위한 계약도 포함되어 있고, 제3자란 경비대상물인 건물을 일상적으로 사용하는 건물소유자 및 그의 처를 포함한 동거가족을 말한다고 봄이 상당하고, 위 건물에 일시 방문한 자들은 제3자의 범위에 속하지 아니한다.

大判 1997. 10. 10, 97다7264: 주택건설사업자와 등록업체는 장래의 불특정 분양계약상의 입주자를 위하여 주택건설사업자가 위 아파트의 준공과 그 대지의 저당권 말소를 이행하지 아니하는 경우 등록업체가 이를 대신 이행하여 주택건설사업자와 사이에 적법하게 분양계약을 체결한 입주자들에게 분양계약상의 주택공급의무를 이행하기로 하는 제3자를 위한 계약을 체결한 경우에, 분양계약자로서는 등록업체에 대하여 그 수익의 의사표시를 하여 기존의 분양계약상의 권리를 행사할 수 있다.

1) 名義信託契約: 부동산의 매도인과 매수인이 제3자의 명의로 소유권이전을 해 주기로 약정하는 경우에도 제3자를 위한 계약이라 할 것인가 문제된다. 종중재산의 명의신탁과 같이 유효한 명의신탁의 경우라도 수탁자(제3자)가 직접 매도인에 대한 급부청구권을 갖는다고 보는 것은 곤란하다.

大判 1994. 9. 30, 94다9092: 공사가 기업경영 합리화를 위하여 그 소속 일부 부서를 분리 독립시켜 계열회사를 설립하고 그 영업부분을 양도함에 따라 그 부서 근로자들이 공사에서 퇴직하고 신설회사에 신규 입사함에 있어, 공사노동조합이 그 근로자들을 위하여 공사와의 사이에 장래 신설회사가 조업이 불가능하여 고용을 유지하지 못하게 될 때에는 공사가 그 근로자들을 모두 재취업시키기로 하는 내용의 약정을 체결한 경우에, 이 재취업 약정은 노동조합이 공사측과의 사이에 전적근로자들을 위하여 재고용계약을 미리 체결한 것으로서 제3자를 위한 새로운 근로계약이라고 볼 것이다(단체협약은 아님).

(2) 契約當事者

제3자를 위한 계약의 당사자는 채권자와 채무자이며, 제3자는 당사자가 아니다. 따라서 의사표시 · 행위능력 · 대리권 등에 관한 사항은 채권자와 채무자를 기준으로 한다.

법률행위 상대방의 선의 · 악의 · 과실 · 무과실은 채권자에 대하여 판단한다. 또 의사의 흠결이나 사기 · 강박의 유무도 채권자에 대하여 판단한다. 단, 제3자에게 채무자에 대한 사기 · 강박은 채권자가 그를 알았거나 알 수 있었을 경우 취소사유가 된다(제110조 2항).

제3수익자는 의사표시의 선의 제3자의 보호(제108조·제110조)를 받지 못한다. 제3수익자는 계약으로부터 직접 생기는 권리를 취득하기 때문이다(전득자가 아님).

(3) 제3자

권리를 취득하게 되는 제3자는 계약성립시에 현존 · 특정되어 있지 않아도 무방하다. 태아나 아직 설립되지 않은 법인[1]도 제3수익자가 될 수 있다. 그러나 채무가 이행되기 위해서는 제3자가 특정되고 권리능력을 가져야 한다. 그렇지 않으면 채무가 실제로 이행될 수 없다.

제3자를 위한 處分行爲

제3자에게 직접 물권을 취득케 하는 것이 가능한가에 관해서는 肯定說[2]과 否

1) 大判 1960. 7. 21, 4292민상773은 설립중의 법인을 제3자로 인정하는 취지이다.

2) 제3자를 위한 처분행위를 인정하는 학설은 다음과 같다. 郭潤直, 122; 金疇洙, 116; 金曾漢, 71; 黃迪仁, 137. 부정설: 崔栻, 120. 독일에서도 긍정설(Esser/Schmidt, Larenz, Fikentscher 등), 제한적 긍정설(MünchKomm-Gottwald), 부정설(v. Tuhr, Palandt-Heinrichs)이 대립한다.

定說[1]이 대립하는데, 사견으로는 긍정설에 찬동한다. 제3자에게 물권을 취득시키기 위한 계약을 특히 「제3자를 위한 처분행위」라고 한다. 제3자의 물권취득은 인도나 등기의 요건을 갖춘 후에만 가능하다(제186조). 매도인은 매수인과의 물권적 합의로 제3자에게 물건을 직접 인도 또는 등기하도록 할 수 있다. 매도인과 제3자의 물권행위는 필요 없으며, 제3자는 수익의 의사표시와 더불어 제3자수익조항이 포함된 매도증서에 기해 등기권리자로서 등기신청할 수 있다. 실제로 제3자를 위한 처분행위는 중간생략등기나 명의신탁의 목적으로 행해지는 경우가 많다.

채무자와 구채권자 사이의 계약으로 신채권자에게 채권을 양도하는 債權讓渡가 합의되는 경우에도 제3자를 위한 처분행위가 있게 된다.[2] 채무자가 제3자에 대하여 갖는 채권을 소멸시키기로 하는 약정(제3자에의 債務免除約定)도 제3자를 위한 처분행위로서 유효하다. 이 때 제3자는 면제받은 채무의 소멸을 주장하여 그의 이행을 거절할 수 있다(大判 1980. 9. 24, 78다709).

제3자에의 負擔約定의 有效 與否

제3자에게 채권을 부여함과 동시에 채무도 부담시키는 제3자를 위한 계약이 유효한가에 관해서는 학설이 대립한다. ① 認定說: 제3자에게의 부담약정이 제한 없이 유효하다고 보아 제3자에게 쌍무적인 반대급부를 부담하게 하는 계약까지도 유효하다고 하는 견해이다.[3] 판례도 인정설을 취한다.[4] ② 制限的 認定說: 사견으로는 제3자의 대리권수여 없이 채권자가 단독으로 제3자와 채무자와의 쌍무계약관계를 창설하는 것은 자기결정의 원칙에 어긋나므로 허용되어서는 안 되지만, 제3자의 채권취득에 부수적인(상환성이나 대가성이 없는) 부담을 주는 것까지 무효로 할 필요는 없다고 생각한다.[5] 후자의 경우 제3자가 그 부담을 지고 싶지 않을 때에는 수익의 의사표

---

1) 민법주해(13), 178~179(宋德洙 집필부분)에서는 "民 §539 I은 제3자를 위한 채권계약에 관하여만 규율하고 있고 제3자를 위한 物權契約이나 準物權契約은 그 규율대상이 아니다." "제3자를 위한 物權契約이나 準物權契約은 어느 것이든 무효라고 하여야 한다"라고 하여 否定說의 입장에 있으며 다만 이들의 경우는 확정적인 무효는 아닌 流動的인 상태에 있어 제3자와 추인에 의해 물권행위·준물권행위의 효력이 제3자에게 발생된다고 한다.

2) 金亨培, 180에서는 채권의 양도와 같은 준물권적 합의는 소유권이전이나 저당권설정의 효력을 발생시키는 물권적 합의와 구별하여 판단하는 것이 좋다고 한다(인도와 등기를 요하기 때문에).

3) 郭潤直, 123; 金會漢·安二濬, 101; 金顯泰, 57; 註釋 債權各則(I), 344; 金玟中, "계약과 제3자," 민법전시행30주년기념 민법학의 회고와 전망, 1993, 518. 독일의 종래 다수설(Bettermann, Dolle, Thiele 등)은 그의 유효설을 긍정하였으나, 최근의 유력설은 그를 부정한다(Flume, Medicus 등). 또 그를 인정할 실익이 있는가도 의문시된다(MünchKomm-Gottwald).

4) 大判 1965. 11. 9, 65다1602: 제3자를 위한 계약은 제3자에게 단순히 권리만을 부여하는 것을 필요로 하지 아니하고 제3자에게 일정한 부담하에 권리를 부여하는 것도 가능하다.

5) 같은 취시: 金亨培, 174; 민법주해(13), 182(宋德洙 집필부분)은 기본적으로 세한적 인정설의 입장을 취하면서도, 그 설명은 달리한다. "제3자를 위한 계약의 유효성은 수익의 의사표시와 관련하여 논의될 성질

시를 하지 않으면 되기 때문이다.

제3자의 채무부담을 목적으로 하는 계약은 원칙적으로 무효이다. 누구도 자기 의사에 의하지 않고는 채무를 부담하지 않아야 하기 때문이다(자기결정의 원칙). 제3자에게 채무를 발생시키는 것이 아니라 단지 계약당사자 사이에 제3자로 하여금 이행하게 할 것을 약정하는 계약(제3자 급부약정)은 유효하다. 이 때 채무를 부담하는 것은 계약당사자인 채무자이며, 그 채무자는 제3자로 하여금 급부하도록 노력 또는 보장한다.[1]

3. 效　　果

(1) 第3者의 權利

㈎ 給付請求權　　제3자의 채무자에 대한 급부청구권은 그가 채무자에 대하여 계약의 이익을 받을 의사를 표시한 때 생긴다(제539조 2항).[2] 제3자의 수익의 의사표시는 제3자의 급부청구권의 발생요건이기 때문이다. 이러한 민법규정은 제3자의 의사를 존중한다는 장점을 갖는 반면에, 수익의 의사표시까지의 제3자의 지위를 불안정하게 한다는 단점을 갖는다. 채권자와 제3자 사이에 수익의 원인관계가 존재하는 경우에 제3자를 위한 계약의 체결로 제3자가 곧 급부청구권을 취득할 것으로 생각하는 일반인의 인식과 차이가 있다. 그리고 제3자의 수익의 의사표시 전에 급부가 멸실되거나 기타 사유로 불능으로 된 경우 제3자는 채무자나 불법행위자에 대하여 아무런 청구권을 갖지 못하게 되는 부당한 결과로 된다.

민법 제539조 2항 규정은 가급적 그 적용를 축소시켜야 한다. 다른 법률의 규정이 있는 경우(보험·운송·신탁·우편연금) 또는 거래관행이나 계약의 목적·성질에 비추어 계약과 동시에 제3자의 급부청구권이 발생한다고 해석되는 경우에는 제539조 2항(임의규정)[3]은 적용되지 않는다. 물론 이 경우에도 제3자의 수익거절권은

의 것이 아니다. 수익의 의사표시는 追認에 해당할 수 있다. 따라서 「부담을 지고 싶지 않을 때에는 수익의 의사표시를 하지 않으면 되기 때문」이라는 것은 제3자를 위한 부담부 계약의 유효성의 근거로 될 수 없다. 또한 제3자에 관계된 유효성의 문제는 제3자가 추인을 하기 전에도 유효하다고 할 것인지 여부의 것이기 때문에도, 그 이유는 부적당하다"고 한다.

1) 프랑스민법 제1120조, 스위스채무법 제111조, 중화민국민법 제263조에는 이에 관한 명문규정이 있다.

2) 독일민법은 제3자를 위한 계약에 의해 제3자는 직접 권리를 취득하나, 단 제3자가 적극적인 거절의사를 표시한 때에는 권리를 취득하지 않았던 것으로 본다(제329조, 제333조). 우리 민법 제529조는 일본민법 제537조와 같은 내용인데, 일본에는 계약체결에 의해 제3자에게 청구권이 잠재적으로 귀속되며, 수익의 의사표시는 제3자의 잠재적 권리를 구체적·현실적인 것으로 전화시키는 권리행사라고 보아 독일민법과 같은 해석을 시도하는 소수설도 있다(般越).

3) 같은 취지: 다수설(郭潤直, 128; 金錫宇, 96; 金曾漢, 73; 金顯泰, "제3자를 위하여 하는 계약에 관한 고

반드시 인정되어야 한다.[1]

(나) 受益의 意思表示　수익의사의 표시는 제3자가 채무자에 대하여 해야 한다. 수익의사의 표시는 觀念의 通知에 해당하며, 고유 의미의 의사표시는 아니라고 해석된다. 표시방법은 명시적 또는 묵시적으로 할 수 있다. 채무자에 대한 이행청구는 수익의 의사표시도 포함하는 것으로 해석된다.[2] 단, 채무자가 상당기간을 두고 확답을 최고했는 데도 제3자가 그 기간 내에 수익의 의사표시를 하지 않은 때에는 수익을 거절한 것으로 본다(第540條). 제3자의 권리취득에 부담 등의 조건이 붙은 경우에 수익의 의사표시는 조건부 권리취득을 승낙하는 경우에만 효력이 생긴다.

大判 1995. 5. 9, 94다47469: ① 제3자가 공장 소유자로부터 공장 건물과 공장 대지의 분양계약자로서의 지위를 포괄적으로 인수하면서 그 공장 건물에 의하여 담보된, 공장 운영과 관련하여 발생된 채무도 함께 인수하여 직접 채권자에게 변제하기로 약정하는 경우에 있어서, 공장 양도인과 양수인간의 채무인수에 관한 합의에는, 다른 특별한 사정이 없는 한, 채권자로 하여금 인수인에 대하여 직접 채권을 취득하게 하는 의사도 내포되어 있다고 봄이 상당하므로, 양수인이 양도인에 대하여만 채무를 변제할 의무를 부담하는 단순한 이행인수가 아니라 양수인이 채무자인 양도인과 나란히 채권자에 대하여도 채무를 부담하게 되는 병존적 채무인수라고 보아야 하고, 이와 같이 채무자와 인수인의 합의에 의한 병존적 채무인수는 일종의 제3자를 위한 계약이므로, 채권자는 인수인에 대하여 채무이행을 청구하거나 기타 채권자로서의 권리를 행사하는 방법으로 수익의 의사표시를 함으로써 인수인에 대하여 직접 청구할 권리를 갖게 된다. ② 채권자에게 유리한 '①' 항과 같은 병존적 채무인수에 대하여 채권자가 공장 건물에 대하여 임의경매신청을 하였다거나 또는

찰," 법조 제15권 7호 · 8호 등). 金疇洙, 117은 "요약자와 낙약자 사이에 계약으로 제3자의 수익의 의사표시 없이 제3자가 당연히 권리를 취득하는 것으로 약정할 수 있는가에 대하여 긍정설이 타당하다"고 하고 있어 임의규정으로 파악한다. 이에 대하여 제539조 2항을 강행규정로 보는 반대설이 있다(金基善, 74). 반대설은 제3자를 위한 계약으로 부담부권리도 제3자에게 취득시킬 수 있기 때문에 제3자 수익의사 없이 직접 효과가 생기게 하는 것은 부당하다고 한다. 그러나 이 때 부담을 쌍무계약의 반대급부가 아닌 권리에 부수되는 부담으로 한정하는 사견에 의하면 이 경우에도 이익의 측면이 강하므로 문제삼을 필요가 없다고 생각된다.

1) 金亨培, 183에서는 "독일민법 제333조와 같이 제3자에게 수익거절권을 인정함으로써, 제3자를 위한 계약에 의하여 제3자가 권리를 일단 취득하지만 수익거절의 의사표시(수령을 요하는 일방적 의사표시)를 하면 제3자의 권리가 소급해서 취득되지 않았던 것으로 보는 것"이 타당하다고 한다. 민법 제539조의 법문의 표현상 같은 조 2항을 수익거절권의 규정이라 볼 수는 없으나 같은 조 1항과 관련해서 그런 취지로 해석해도 모순되지 않는다고 한다.

2) 大判 1972. 8. 29, 72다1028 참조.

소유자에 대하여 공장 대지에 관한 양수인 앞으로의 소유권이전등기를 유보하여 줄 것을 요청하였다는 사실만으로 受益의 意思表示를 거절한 것으로 볼 수 없다고 한 사례.

(다) 抗辯權의 附着 채무자는 계약에 기한 항변으로 제3자에게 대항할 수 있다(제542조). 여기에서의 항변은 제3자의 권리의 존재를 부인하거나 그의 행사를 저지할 수 있는 모든 사실 및 권리의 주장을 말한다. 권리불발생의 항변, 권리소멸의 항변, 동시이행의 항변권 등이 이에 해당한다. 채무자는 채권자로부터 반대급부를 받을 때까지 제3자에 대한 급부제공을 거절할 권리를 가진다(제536조).

(라) 損害賠償請求權과 債權者遲滯 채무자의 귀책사유로 채무의 내용에 좇은 이행이 없는 때에 제3자는 채무자에 대하여 손해배상청구권을 갖는다. 손해배상청구권은 제3자가 갖는 급부청구권의 변형이기 때문이다.[1] 채권자지체는 제3자를 기준으로 판단한다. 수익의사표시를 한 제3자에게 이행기에 수령이 일시적으로 불가능한 사유가 생긴 때에는 채권자지체의 불이익을 입는다.

(마) 第3者의 受益期待權 제3자는 계약이 체결된 때부터 그가 수익의 의사를 표시하기 전까지 장래 급부청구권을 취득할 수 있는 기대권을 갖는다. 그 기대권은 형성권의 성격을 갖는다. 제3자는 수익의 의사표시라는 일방적 의사표시에 의해 급부청구권을 발생시킬 수 있는 지위에 있기 때문이다. 이 형성권은 상속·양도·채권자대위권의 목적이 된다.[2] 또 이 형성권을 위법하게 침해하여 제3자에게 손해를 입힌 자는 불법행위책임을 진다.

(바) 時 效 제3자가 수익의 의사표시를 할 수 있는 기간(즉 형성권의 존속기간)은 다른 특약이 없는 한 10년의 제척기간에 걸린다. 다른 한편 제3자를 위한 계약에서 급부청구권은 채권으로서 10년의 경과로 시효소멸하여 채권자의 권리는 10년으로 시효소멸하게 된다. 그러므로 제3자의 수익의사표시를 할 형성권 및 이로 인해 취득되는 급부청구권은 모두 계약성립시부터 10년의 경과로 시효소멸한다고 해석하는 것이 타당하다.[3] 채권자의 채권의 시효중단의 효과는 제3

---

1) 大判 1966. 6. 21, 66다674: 제3자를 위한 계약에 있어서, 낙약자의 행위 자체가 불법행위가 되거나, 계약자체가 무효인 경우에는, 제3자는 손해배상의 청구를 할 수 없다.

2) 같은 취지: 郭潤直, 128; 金錫宇, 97; 金曾漢, 74; 金顯泰, 58. 반대설: 金基善, 75.

3) 같은 취지: 주석 채권각칙(I), 363(邊在承 집필부분).

자의 형성권에도 미친다.

(2) 債權者의 權利

(가) 제3자에의 給付를 請求할 權利　채권자는 채무자에 대하여 제3자에게 이행할 것을 청구할 수 있다. 즉 제3자는 자기에게 급부청구권을 갖고, 채권자는 제3자에의 급부를 청구할 수 있는 권리를 갖는다. 이들 두 청구권은 연대채권관계가 아니다. 제3자의 수익의 의사표시 전에도 채권자의 그 권리는 존재하고, 채무자는 제3자에의 급부의무를 진다. 쌍무계약의 경우 채무자의 제3자에의 급부의무와 채권자의 반대급부의무는 동시이행관계에 선다.[1)]

(나) 第3者의 受益拒絶로 인한 給付請求權　제3자가 확정적으로 수익을 거절한 경우에, 채권자는 채무자에 대하여 자기에게 급부할 것을 청구할 권리가 있다. 제3자의 수익거절로 인하여 채무자가 제3자에게 이행할 수 없는 경우에, 채무가 급부불능(제537조)으로 된다고는 볼 수 없다. ① 補充的 給付請求權: 당사자 사이에 다른 특약이 없는 한 채권자는 제3자가 수익거절을 하는 경우에 보충적으로 급부청구권을 취득한다고 해석된다.[2)] 특히 제3자가 취득할 권리가 금전채권인 경우에는 제3자의 수익거절의 경우에 채권자가 그것을 수령하는 것이 당연하다. ② 給付不能이 되는 경우: 그 급부가 제3자에게 일신전속적으로 귀속해야 할 성질인 경우에는 채권자의 보충적 급부청구권은 인정되지 않고 제3자의 급부거절로 급부불능이 생긴다. 다른 특약이 없는 한 이 급부불능은 채권자의 귀책사유에 의한 것이라고 해석되므로, 채권자는 반대급부의무를 이행해야 한다(제538조). 일신전속적 급부의 경우에는 제3자의 수익거절에 대비하여 해제권을 유보하는 등 특약을 해 놓는 경우가 많다.

(다) 債務不履行에 기한 損害賠償請求權　제3자의 수익의사표시가 있은 후 채무자의 채무불이행이 있는 경우에, 제3자가 일차적으로 그 급부에 갈음하는 손해배상청구권을 취득한다. 채권자는 일차적으로 제3자에게 손해배상할 것을 청구할 권리가 있고, 제3자가 수령거절을 한 때에는 자기에게 손해배상할 것을 청구할 보충적 권리를 갖는다. 그 밖에 채권자는 채무불이행으로 자기자신에게 생긴 손해의 배상을 채무자에게 청구할 수 있다. 이 때 급부에 갈음하는 손해배상청구권과 채권자에게 발생한 신뢰손해의 배상청구권은 발생원인은 같으나 그 내용이 다르며 양립할 수 있다.[3)] 擔保責任에 기한 손해배상청

1) 大判 1962. 11. 15, 62다638.

2) 같은 취지: MünchKomm-Gottwald, § 333 Rn. 6; Palandt-Heinrichs, Anm. 3; Staudinger-Kaduk, Rn. 11.15 등.

3) 같은 취지: 金曾漢, 76; 金顯泰, 61; 李太載, 98. 반대설: 郭潤直, 131; 金錫宇, 99.

구권, 보수청구권, 완전물청구권은 급부청구권에서 파생되는 것이므로 제3자가 행사할 수 있다.

(라) 受益者 및 給付의 變更權 수익의 의사표시에 의해 제3자에게 급부청구권이 생긴 후에 계약당사자는 원칙적으로 그를 변경 또는 소멸시키지 못한다(제541조). 다만 變更權이 留保된 경우에는 변경이나 소멸이 허용된다. 당사자의 약정이나 법률규정 등에 의해 수익자 및 급부내용을 변경할 권리를 유보할 수 있다(보험수익자변경. 상법 제733조). 신의칙상 제3자가 이미 급부를 수령한 후에는 제3자의 동의 없이 수익자 및 급부내용을 변경할 수 없다고 해석된다. 제3자의 동의는 수령한 급부를 반환하겠다는 의사가 포함되어 있는 것으로 해석되므로, 제3자에게 반환의무가 발생한다.

(마) 契約의 取消權

1) 取消權者 당사자의 행위무능력이나 하자 있는 의사표시를 이유로 계약을 취소할 수 있는 자는 계약당사자뿐이며 제3자는 취소권을 갖지 않는다. 의사의 흠결 사기·강박의 유무는 계약당사자를 기준으로 판단되어야 한다. 제3자(수익자)가 사기를 행한 경우에는 상대방에 의한 사기가 아니라, 제3자에 의한 사기로 된다(제110조 2항). 따라서 취소의 상대방이 이러한 사실을 알았거나 알 수 있었을 경우가 아니면 취소할 수 없다.

2) 제3자의 權利喪失 채권자 또는 채무자가 계약을 취소한 경우에, 제3자는 수익의사표시의 여부에 관계 없이 소급적으로 권리를 상실한다. 취소의 경우에는 제3자의 급부취득의 법적 원인이 상실되므로 제3자의 동의에 관계 없이 부당이득반환의무가 발생한다.

(바) 契約解除權 채무자가 이행지체 또는 귀책사유 있는 이행불능에 빠진 경우에, 채권자는 채무자에 대하여 계약을 해제할 권리를 갖는다(제544조, 제546조). 제3자는 손해배상청구권은 갖지만 계약해제권은 갖지 않는다. 擔保責任에 기한 대금감액청구권 및 해제권도 채권자만이 행사할 수 있다. 해제로 인하여 발생하는 원상회복청구권은 채권자가 가지며 제3자는 그 원상회복청구권을 갖지 않는다(大判 1994. 8. 12, 92다41559).

1) 解除權의 行使制限 계약상대방의 채무불이행을 이유로 계약(쌍무계약)을 해제하는 것이 가능한가에 관해서는 학설이 대립한다. ① 肯定說은 계약당사자는 언제나 해제할 수 있다고 본다.[1] 이 때 제3자의 동의는 요건이 아니

1) 郭潤直, 131~132; 金疇洙, 120; 金曾漢, 76, 大判 1970. 2. 24, 69다1410·1411. 일본에는 제3자 동의필요

라고 한다. 계약당사자가 채무불이행에 의하여 취득하게 되는 해제권의 행사를 그 계약에 제3자 수익의 부관이 붙어 있다는 이유로 제약받는 것은 타당하지 않다는 근거를 든다. 판례도 제3자의 권리가 확정된 후에 낙약자(채무자)의 채무불이행이 있으면 요약자(채권자)는 자기의 채무를 면하기 위하여 제3자의 동의 없이도 계약을 해제할 수 있다고 한다(大判 1970. 2. 24, 69다1410). ② 制限的 肯定說은 제3자가 수익의사표시를 한 이후에는 그의 동의를 얻어 해제할 수 있다고 한다.[1] 사견으로는 제한적 긍정설을 취하겠다. 제3자가 수익의사표시를 한 후에는 채권자가 제3자의 동의를 얻은 후에 해제의 의사표시를 하여야 한다. 제3자의 동의 · 추인 없는 해제는 제3자에 대하여는 효력을 미치지 않는다고 해석된다. 제3자는 본래의 급부를 청구할 권리뿐 아니라 그 불이행시에 塡補賠償을 청구할 권리도 가지는데, 제3자의 동의 없는 해제로 제3자의 전보배상청구권을 일방적으로 박탈한다면 부당하기 때문이다.

2) 受益者의 給付返還 계약이 해제된 경우 제3자는 이미 받은 급부를 반환할 의무를 지는가에 대하여 학설이 대립한다. ① 返還肯定說은 계약해제의 경우에 제3자는 이미 수령한 급부도 반환할 의무를 진다는 견해이다. 이 때 채무자는 제3자에게 부당이득반환청구권을 갖는다고 해석한다.[2] ② 否定說은 제3자가 이미 급부를 수령한 경우에 채무자는 제3자에 대해서는 반환청구할 수 없고 채권자에 대해서만 부당이득반환청구권을 갖는다고 해석한다. ③ 私見으로는 肯定說을 취하겠다. 계약의 해제에 제3자의 동의를 필요로 한다는 입장을 취한다면, 제3자의 동의 있는 해제는 제3자의 부당이득반환의무를 발생시킨다고 해석해야 할 것이다. 계약당사자가 계약을 해제하기 위하여 제3자의 동의를 얻으면 되는 것이지 반환청구를 하기 위하여 별도의 동의를 얻어야 하는 것은 아니다. 제3자가 해제에 동의하여 자기가 수령한 급부를 반환하는 경우에, 이에 따른 불이익은 제3자 · 채권자 사이의 원인관계에 의하여 보상받을 수 있을 것이다.

설(末川, 山中, 松坂 등)과 동의불요설(我妻, 柏木, 中馬)로 학설이 대립한다.

1) 金亨培, 188~189.

2) 金亨培, 186에서는 제3자가 해제에 동의한 경우에는 반환해야 하지만, 그렇지 않은 경우에는 요약자(채무자)와 제3자 사이의 원인관계에 아무 흠이 없는 한 반환의무를 부담하지 않는다고 하는데, 이는 해제권의 행사요건에 관한 문제이고 일단 해제권을 행사한 이후에 반환청구권이 발생하는 것을 부정하는 취지는 아니라고 이해된다. 독일에는 이에 관해 반환긍정설(Ermann-Westermann, Palandt-Heinrichs), 부정설(Fikentscher, Ennerccerus-Lehmann, Esser-Schmidt), 그리고 요약자에의 반환청구가 달성되지 않은 경우 보충적으로만 인정하는 보충적 인정설(Canaris, Peters), 개개의 계약해석에 맡기는 이론(Grunsky, Medicus, BGHZ 58, 184, 187; BGH NJW 1979, 157)이 대립한다.

大判 1994. 8. 12, 92다41559: ① 대한민국이 서울특별시를 위하여 건설회사와의 사이에 난지도 쓰레기처리장 건설공사계약(설계시공일괄입찰, Turn-Key Base)을 체결한 이상, 그 계약의 당사자는 대한민국과 건설회사이고 서울특별시는 위 계약상의 수익자이다. ② 제3자를 위한 계약의 당사자가 아닌 수익자는 계약의 해제권이나 해제를 원인으로 한 원상회복청구권이 있다고 볼 수 없다. ③ 제3자를 위한 계약에 있어서 수익의 의사표시를 한 수익자는 낙약자에게 직접 그 이행을 청구할 수 있을 뿐만 아니라, 요약자가 계약을 해제한 경우에는 낙약자에게 자기가 입은 손해의 배상을 청구할 수 있는 것이므로, 수익자가 완성된 목적물의 하자로 인하여 손해를 입었다면, 수급인은 그 손해를 배상할 의무가 있다.

제 4 절　契約의 解除 · 解止

§12. 解除 總說

1. 意　　義

(1) 概　　念

契約의 解除란 일방당사자의 解除權의 行使에 의하여 契約關係를 예정보다 빨리 終了시키는 것을 말한다. 해제권은 일방당사자의 의사표시로서 契約을 解消할 수 있는 形成權이며, 그 형성권을 가진 사람을 解除權者라고 한다. 계약의 해제는 해제권자가 그 해제권을 행사함으로써 이루어지는 행위이다.

해제에 의하여 「債權의 滿足」이라는 원래의 계약목적은 소멸하고 계약을 체결하지 않았던 것과 같은 상태로 복귀시켜야 할 原狀回復의 法律關係로 계약관계의 變質이 생기게 되며, 그 원상회복이 끝나면 계약관계는 종료된다. 解除制度는 계약관계를 정상적인 契約債務의 履行에 의해서 종료시키는 것이 아니라 解除事由가 생겼을 때에 채무이행 없음에도 非正常的으로 종료시키는 제도이다.

계약해제의 법률관계는 지속적인 계약관계의 한 부분으로서 해제 이후에도 동시이행의 항변권이 인정되는 등 당사자 사이의 신뢰관계가 고려된다. 원래 하나의 계약은 그 자체로서 고립 · 절연된 단위가 아니라 계약당사자들 사이에 지속되는 일련의 관계의 한 部分(part of a continuing relationship)에 불과하다. 계약의 고찰에 있어서 그의 법적 권리만을 엄격히 고집하는 태도는 이러한 관계를 균열시킬 우려가 있다.[1] 계약의 해제제도를 고찰함에 있어서도 契約上 權利의 消滅이라는 관점에만 집착하여 그것으로서 계약관계가 곧 단절된다고 이해하는 것은 옳지 않다. 계약관계는 合意된 債務의 履行이 전부가 아니다. 계약당사자의 관계는 계약과 관련된 모든 법률관계가 청산되기까지 총체적인 신뢰관계라는 점을 염두에 두고 규율되어야 한다.

---

1) Furmston, *Cheschire and Fifoot's Law of Contract*, 10th ed.(London: Butterworths, 1981), p. 22.

(2) 民法의 解除制度

민법은 해제권의 발생원인을 당사자의 약정에 의한 경우(約定解除事由)와 법률의 규정에 의한 경우(法定解除事由)로 나누고, 법정해제사유로서는 履行遲滯와 履行不能의 두 종류를 규정하고 있다. 이러한 법정해제사유를 例示的 列擧라고 볼 것인가 아니면 限定的 列擧라고 볼 것인가에 관해서는 의문의 여지가 있으나, 입법자의 의도는 한정적 열거였다고 이해된다. 그러나 법해석에 있어서는 거래의 요청을 감안하여 민법에 열거된 해제사유 이외의 추가적 해제사유도 학설과 판례에 의해서 인정되고 있다. 민법의 태도는 채무불이행책임에 관하여 제390조에서 일반조항주의를 취한 것과 대조적이다.

2. 解除와 구별되는 制度

(1) 合意解除

㈎ 解除와 合意解除의 區別　계약당사자가 계약관계를 해소하기로 합의하는 것을 「合意解除」 또는 「解除契約」이라고 하며, 이러한 합의해제는 계약자유의 원칙상 인정되어 그 합의에 따라 계약관계 종료의 효과가 발생한다. 해제가 일정한 해제사유를 갖춘 경우에 해제권자의 일방적 의사표시로 계약을 종결시키는 것과 대조적으로, 합의해제는 계약당사자 사이의 합의로 계약을 종결시킨다. 합의해제는 해제와 성격이 다르므로 민법의 해제에 관한 규정이 당연히 적용되지는 않으나,[1] 해제의 효과에 관해 다른 약정이 없으면 해제규정이 유추적용될 수 있다.

大判 1980. 5. 13, 79다932: 계약의 합의해제에 있어서도 계약해제의 경우와 같이 이로써 제3자의 권리를 해할 수 없으나(제548조 1항의 유추적용), 그 대상 토지를 전득한 매수자라도 완전한 권리를 취득하지 못한 자는 위 제3자에 해당되지 아니한다.

㈏ 合意解除의 要件　계약당사자가 그 계약의 해소를 목적으로 하는 합의를 할 것이 요건이다.

---

1) 같은 취지: 大判 1960. 10. 6, 4293민상275; 大判 1979. 10. 30, 79다1455(이 사건에서는 해제계약에 민법의 해제에 관한 규정을 적용하지 않았음).

1) 本契約의 存續　　합의해제의 전제가 되는 계약(本契約)이 유효하게 존속하고 있을 것이 요구된다. 합의해제는 이미 존재하는 계약에 종속해서 행해지는 것이 보통이다. 본계약이 부존재, 무효, 취소, 해제된 경우에는 해제의 합의도 무효이다. 다만 본계약이 유효하게 존속하였으나 취소권의 행사로 소멸하게 된 때에는 그 계약에 대한 해제가 가능하다(取消와 解除의 二重效, 뒤에 설명).

2) 解除의 合意　　당사자간에 본계약으로부터 발생한 채무를 소멸시킬 것을 목적으로 하는 意思表示의 合致가 있어야 한다. 해제의 합의는 본계약에 부종하여 행해질 뿐 아니라 이에 의하여 새로운 채권채무를 발생시킬 것을 목적으로 하지 않으므로 별도의 계약이라고 보기는 어렵다. 그러나 해제합의의 의사표시의 합치 여부에 관해서는 계약의 체결에 관한 법리가 유추적용될 수 있다. 판례는 합의해제에 계약체결에 있어서의 청약과 승낙의 법리를 적용하여 양 당사자의 의사표시가 객관적으로 합치할 것을 요구한다(大判 1994. 9. 13. 94다17093).

默示的인 意思表示에 의한 合意解除도 허용되는가? 계약당사자의 침묵이 쌍방에게 모두 해제의 의사표시를 하는 것이라고 인정할 만한 기초사정이 있는 경우에 한해서 묵시적 합의해제를 인정할 수 있을 것이다. 다만 계약당사자가 계약채무의 이행을 하지 않고 상대방도 이에 대해 최고나 손해배상 등의 권리행사를 하지 않은 채 방치하고 있다는 사실만으로 묵시적인 합의해제를 인정해서는 안 될 것이다. 판례는 "계약 후 당사자 쌍방의 契約實現意思의 缺如 또는 抛棄로 인하여 쌍방 모두 履行의 提供이나 催告에 이름이 없이 장기간 이를 방치한 경우"에 합의해제를 인정한다(大判 1987. 1. 20, 85다카2197).

본계약이 요식계약인 경우에는 해제의 합의도 그 요식성을 충족시킬 것이 요구되는 경우가 있다. 본계약의 要式을 무효화하는 방법(예: 어음의 파기)으로 그 요식성을 충족하는 경우도 있다.

3) 一部合意解除　　존속하는 계약의 일부만을 해제하는 합의도 그 잔존부분이 분할가능하며 그 잔존부분만으로 계약이 존속할 가치가 있는 경우에 한해서 유효하다. 이미 이행한 부분에 해당하는 채권관계를 유효로 인정하는 경우에는 일부합의해제로 해석될 수 있다.

4) 更　改　　제1의 계약을 해제하는 것을 합의(合意解除에 해당)함과 동시에 제2의 계약을 체결한 경우는 更改에 해당할 수 있다(제500조~제505조). 경개의 경우 제1의 계약이 제2의 계약의 효력에 영향을 미치지 않는 無因關係에 놓이게 된다. 당사자가 제1의 계약의 유효를 제2의 계약의 조건으로 삼는 등 상호간의 영향

을 인정하는 경우는 경개에 해당하지 않는다.

大判 1994.9.13, 94다17093: 계약의 합의해제 또는 해제계약이라 함은 해제권의 유무를 불문하고 계약당사자 쌍방이 합의에 의하여 기존의 계약의 효과를 소멸시켜 당초부터 계약이 체결되지 않았던 것과 같은 상태로 복귀시킬 것을 내용으로 하는 새로운 계약으로서, 계약이 합의해제되기 위해서는 일반적으로 계약이 성립하는 경우와 마찬가지로 계약의 請約과 承諾이라는 서로 대립하는 의사표시가 합치될 것을 그 요건으로 하는바, 이와 같은 합의가 성립하기 위하여는 쌍방당사자의 表示行爲에 나타난 의사의 내용이 客觀的으로 一致하여야 되는 것이다.

大判 1987.1.20, 85다카2197: 계약 후 당사자 쌍방의 契約實現意思의 缺如 또는 抛棄로 인하여 쌍방 모두 履行의 提供이나 催告에 이름이 없이 장기간 이를 방치하였다면, 그 계약은 당사자 쌍방이 계약을 실현하지 아니할 意思의 一致로 묵시적으로 合意解除되었다고 해석함이 상당하다.[1)]

大判 1998.1.20, 97다43499: 甲과 乙이 화해계약을 체결하고도 계약 성립 이전의 주장을 그대로 내세워 화해계약과 양립할 수 없는 소를 제기하고 항소심 재판부가 종전의 약정대로 사건을 해결할 것을 권유하였으나 이에 불응하였다면 화해계약은 묵시적 합의에 의해 해제되었다고 볼 것이다.

大判 2002.1.25, 2001다63575: 매수인이 명시적인 이의유보 없이 매도인이 제공하는 계약해제에 따른 정산금을 수령한 경우, 당시 매수인이 해제의 효력을 다투고 있었다고 볼 수 있는 객관적 사정이 있다거나, 그 외에 상당한 이유가 있어 정산금을 수령하였다는 등의 특별한 사정이 없는 한 묵시적 합의에 의한 해제가 인정된다.

(다) 合意解除의 效果 해제의 합의를 한 것만으로 즉시 계약관계가 소멸하는 경우도 있으나 이미 이행한 것의 원상회복을 하거나 손해배상금·위약금 등을 지급할 의무가 남아 있는 경우도 있다. 그 원상회복의 범위, 손해배상의 내용 등 합의해제 이후의 효과에 관해서는 당사자의 약정에 따른다. 합의해제 이후의 효과를 어떻게 할 것인가에 관해 당사자의 합의가 없는 경우에 원상회복에 관한 제548조 1항 및 제549조의 규정이 유추적용될 수 있다. 판례는 제

1) 비교판례: 大判 1993.7.27, 93다19030: 당사자 쌍방이 계약을 이행하지 아니한 채 장기간 방치했더라도, 이 사유만으로 쌍방이 계약을 실현하지 않을 의사의 합치를 계약이 묵시적으로 합의해제되었다고 볼 수 없고, 쌍방이 계약을 실현할 의사가 있었는지의 여부는 계약이 체결된 후의 여러 가지 사정을 종합적으로 고려하여 판단하여야 한다.

548조 2항 및 제551조는 합의해제에 적용하지 않는다. 해제의 합의 이후에도 당사자의 원상회복의무, 손해배상의무가 남아 있는 경우에는 그 청산관계를 거쳐서 계약이 완전히 종료된다.

大判 1989. 4. 25, 86다카1147: 계약이 합의해제된 경우에는 그 해제시에 당사자 쌍방에게 손해배상을 하기로 특약하거나 손해배상청구를 유보하는 의사표시를 하는 등 다른 사정이 없는 한 채무불이행으로 인한 손해배상을 청구할 수 없다(건설공사 도급계약의 사례).

大判 1996. 7. 30, 95다16011: 합의해제의 효력은 그 합의내용에 의하여 결정되고 여기에는 해제에 관한 민법 제548조 2항의 규정은 적용되지 아니하므로, 당사자 사이에 약정이 없는 이상 합의해제로 인하여 반환할 금전에 그 받은 날로부터의 이자를 가하여야 할 의무가 있는 것은 아니다.

大判 1980. 5. 13, 79다932: 계약의 합의해제에 있어서도 계약해제의 경우와 같이 이로써 제3자의 권리를 해 할 수 없으나 그 대상 토지를 전득한 매수자라도 완전한 권리를 취득하지 못한 자는 위 제3자에 해당되지 아니한다.

大判 1982. 7. 27, 80다2968: 매매계약이 합의해제된 경우에도 매수인에게 이전되었던 소유권은 당연히 매도인에게 복귀하는 것이므로 합의해제에 따른 매도인의 원상회복청구권은 소유권에 기한 물권적 청구권이라고 할 것이고 이는 소멸시효의 대상이 되지 아니한다.

(2) 解除條件 및 失權約款

㈎ 解除條件과 約定解除權의 구별　解除條件이란 계약으로 정해진 조건이 충족된 경우에 일방당사자의 해제의 의사표시를 기다리지 않고 그 조건의 성취시에 계약이 종료되는 것을 말한다. 「約定解除權에 의한 解除」와 「해제조건에 의한 계약종료」는 계약해소사유가 당사자의 약정에 의해 정해진다는 점에서 공통점을 갖는다. 그러나 해제는 해제권자의 해제의 의사표시가 있어야 계약해소의 효과가 생김에 반하여, 해제조건은 조건의 성취라는 사실에 의해 계약이 당연히 실효한다는 점에서 다르다. 판례는 개별계약에서(약관이 아닌 경우) 해제조건의 성취로 자동적인 계약해소의 효과가 발생한다고 본다(大判 1980. 2. 12, 79다2035 등).

大判 1980. 2. 12, 79다2035: 매수인이 중도금을 약정한 일자에 지급하지 아니하면 계약이 해제된 것으로 한다는 특약이 있는 실권약관부 매매계약에 있어서는 매수인이 약정의 중도금 지급의무를 이행하지 아니하면 그 계약은 그 일자에 자동적으로 해제된 것으로 보아야 하며, 매도인이 그 후에 중도금의 지급을 최고하였더라도 이는 은혜적으로 한번 지급의무를 이행할 수 있는 기회를 준 것에 지나지 아니한다(이는 실권약관의 사례는 아니고, 해제조건부 매매계약에 불과하다).

大判 1989. 7. 25, 88다카28891: 부동산 매매계약에 있어서 매수인이 잔대금지급기일까지 그 대금을 지급하지 못하면 그 계약이 자동적으로 해제된다는 취지의 약정이 있고, 매수인이 그 약정기한을 도과하였더라도 매도인의 이행의 제공이 없어 履行遲滯에 빠진 것이 아니라면 대금 미지급으로 계약이 자동해제된다고는 볼 수 없다(특별한 사정이 있는 경우 자동해제 인정: 대판 2000. 1. 24, 2000다31366).

大判 2000. 11. 24, 2000다31366: 부동산 매매계약시 잔금지급기일까지 잔금을 지급하지 않으면 계약이 해제된다는 약정을 했어도 지급기일 도과시 계약이 자동해제된다고 볼 수 없으나 지급기일을 연기하면서 매수인이 연기된 날까지 잔금을 지급하지 않을 경우 매매계약을 무효로 한다는 약정을 하고도 연기된 날까지 잔금을 지급하지 않았다면 매매계약은 자동실효된다.

大判 1997. 11. 11, 96다36579: 합의서에서 "본 합의서의 내용이 불이행된 때에는 합의내용 전부 무효로 소멸함"이라는 부분은 일방당사자의 채무불이행의 경우 타방당사자에게 계약을 해제할 권리를 유보한 것이라고 볼 수 없다(해제조건이라는 취지임).

(나) 失權約款 해제조건을 일방당사자가 제안한 약관 중에서 정해 놓은 경우에 그 약관조항을 가리켜 「失權約款」 또는 「失權條項」이라고 말한다. 실권약관에는 특히 고객의 채무불이행을 해제조건으로 정해 놓음으로써 고객의 채무이행을 강하게 요구하고, 채무불이행시에 이에 따른 법률관계를 간단하게 처리하려는 의도가 포함되어 있다. 특히 割賦賣買約款에서 매수인이 할부금을 일회라도 연체하면 계약관계가 해소될 것으로 정하는 경우가 많다. 실권약관의 경우 고객의 채무불이행을 해제권발생사유로 하지 않고 해제조건으로 정함으로써 채무불이행이 생기면 최고, 유예기간 부여 및 해제의 의사표시 없이 즉시 계약이 종료할 것으로 정한다.

실권약관에 관해서는 約款規制法이 적용된다. 이러한 실권약관은 민법상의 해제제도보다 고객을 불리한 위치에 놓이게 하므로 신의칙에 반하는 불공정약관으로서 무효이다. 약관법은 "사업자에게 법률에서 규정하고 있지 아니하는 해제권·해지권을 부여하거나 법률의 규정에 의한 해제권·해지권의 행사요건을 완화하여 고객에 대하여 부당하게 불이익을 줄 우려가 있는 조항"은 무효로 한다고 규정한다(약관법 제9조 2호). 실권약관이 무효로 되는 경우에, 민법규정에 따라 채무불이행이 있으면 상대방이 상당기간을 둔 최고를 거쳐 해제권을 취득하게 되고 그 해제권의 행사가 있을 때에 계약은 종료하게 된다. 결국 실권약관의 해제조건은 단지 해제권의 발생사유로 해석된다.[1] 실권약관에서 정한 채무불이행 등의 해제조건은 解除權留保約款의 효과를 가질 뿐이다.

(다) 期限利益喪失과의 關係 해제조건이나 실권약관이 기한이익상실의 효과만을 가져오는 경우에는 그 요건의 충족으로 기한이익이 상실될 뿐이며, 채권자의 이행청구가 있을 때 채무자가 이행지체에 빠지며 그 후 채권자가 유예기간을 부여한 최고를 하여야 계약해제권이 발생한다. 이행지체를 위한 최고와 해제를 위한 최고를 하나의 통지로 할 수 있다. 기한이익상실의 약관조항은 약관법 제11조 2호에 따라 상당한 이유가 없는 경우에 무효로 될 수 있다.

大判 1992. 2. 11, 91다21954: 부동산 매매계약서상 "매도인이 위약시에는 계약금의 배액을 매수인에게 배상하고 매수인이 위약시에는 계약금을 포기하기로 하여 위 계약은 통지 없이 해약하기로 한다"는 조항은 계약불이행시 계약의 효력을 소멸시켜야 할 특별한 사정이 없다는 사정 등에 비추어 볼 때 단순한 例文條項으로서 無效이다.[2]

大判 1997. 8. 29, 97다12990: 기한이익상실의 특약은 「정지조건부 기한이익상실의 특약」과 「형성권적 기한이익상실의 특약」으로 대별할 수 있고, 후자의 특약이 있는 割賦債務에 있어서는 1회의 불이행이 있더라도 각 할부금에 대해 그 각 변제기의 도래시마다 그 때로부터 순차로 消滅時效가 진행하고, 채권자가 잔존채무 全額辨濟의 의사표시를 한 경우에만 전액에 대하여 그 때로부터 소멸시효가 진행한다(이 판례가 말하는 「형성권적 기한이익 상실의 특약」은 約定解除權에 해당한다).[3]

憲裁 98헌가13: 소정의 기간 내에 매매대금을 납부하지 않으면 예외 없이 귀속재산매매계약이 자동해제되도록 한 귀속재산처리법 제21조의 3은 정당한 사유 있는 미납의 경우까지 계약해제토록 하여 적법절차와 과잉금지원칙에 위반된 것이다(한정위헌).

1) 같은 취지: 郭潤直, 136; 민법주해(13), 234(金龍德 집필부분).

2) 판례평석: 윤제식, "부동문자로 인쇄된 계약조항과 예문해석," 판례연구 제6집, 341.

3) 嚴東燮, "기한이익상실조항과 소멸시효의 기산점," 법률신문 1998년 5월 28일자에서는 "이 판결이 따르고 있는 二元說의 입장은 타당하지 못하며, 비록 형성권적 기한이익상실의 특약이 체결된 경우라 할지라도 소멸시효의 기산점조차 채권자의 선택에 좌우될 수 있다고 보는 것은 지나치게 채권자에 치우친 해석이므로, 이 경우에도 소멸시효는 특약상의 사유가 발생한 때로부터 진행한다고 봄이 타당하다.

(3) 解除와 取消의 區別

해제와 취소는 계약의 일방당사자의 一方的 意思表示에 의해 계약관계의 소멸을 가져오는 形成權의 行使라는 점에서 공통점을 갖는다. 그러나 양자 사이에는 다음의 차이가 있다.

(가) 客 體 解除는 계약에 한해서 인정되는 제도임에 반하여, 取消는 모든 法律行爲에 인정된다. 따라서 단독행위는 취소될 수 있을 뿐이지 해제될 수는 없다.

(나) 發生事由 解除權의 발생사유는 법률의 규정에 의한 해제사유(法定解除事由) 이외에 당사자의 합의에 의한 해제사유(約定解除事由)도 인정된다. 법률이 주요 해제사유로 열거하는 것은 履行遲滯, 履行不能과 같은 계약당사자의 債務不履行이다(제544조 내지 제546조). 법정해제사유인 채무불이행은 일단 계약이 유효하게 성립할 것을 전제로 하므로, 계약체결 이후에 생기는 사유에 해당한다.

반면에 취소는 계약의 체결행위에 하자가 있어 불완전하게 성립한 경우에 문제된다. 取消權의 발생사유는 법률행위의 요건과 관련된 無能力 · 錯誤 · 意思表示의 瑕疵 등으로서 法律의 規定에 의하여 발생한다. 이들 취소사유는 계약의 유효한 성립과 관련된 사정이며, 유효하게 체결된 이후의 사정은 취소사유로 되지 않는다.

(다) 形成權者 해제권의 행사자는 계약당사자, 그의 代理人 및 承繼人이다. 해제에 관하여는 不可分性의 原則이 있다. 계약당사자의 일방 또는 쌍방이 數人인 경우에 해제는 그 全員으로부터 또는 전원에 대하여 하여야 한다(제547조 1항). 수인의 계약당사자 중에서 1인에 관하여 해제권이 소멸한 때에는 다른 당사자에 대하여도 소멸한다(제547조 2항).

취소권자는 법률행위 당사자인 무능력자, 하자 있는 의사표시를 한 자, 그들의 대리인 및 특별승계인이다. 취소에 관해서는 불가분성의 원칙이 규정되어 있지 않다. 따라서 다수의 계약당사자 중에 1인에 관하여만 취소권이 소멸한 경우에 그 당사자만이 취소할 수 없게 된다.

(라) 行使要件 해제권을 행사하기 위하여 계약당사자는 상당한 유예기간을 주면서 최고하고 그 기간이 지나도 상대방의 이행이 없는 때에 비로소 계약을 해제할 수 있음이 원칙이다(제544조). 그러나 정기행위의 이행지체 및 이행불능을 해제사유로 한 해제의 경우에는 유예기간이나 최고는 필요 없다. 반면에 取消의 경우에는 상대방에게 유예기간을 허여하거나 최고를 할 필요 없이 취소의

의사표시를 하면 된다.

㈐ 效　果　해제에 의해서는 계약이 처음부터 체결되지 않았던 것으로 다루어지는가에 관하여는 학설이 대립한다. 淸算關係說에서는 해제로 인하여 유효하게 성립한 계약관계가 청산의 원상회복관계로 변형된다고 본다. 그러나 直接效果說에서는 해제는 取消의 경우처럼 계약을 소급적으로 소멸시킨다고 보므로 해제와 취소는 효과면에서 본질적으로 같다고 본다. 해제에서 원상회복의 범위는 부당이득법리에 의하지 않고 민법 제548조 및 제549조에 따라 雙務契約의 相換性·等價性이 유지되도록 배려된다. 그리고 解除와 채무불이행으로 인한 손해배상은 양립가능하다(제551조).

取消는 법률행위를 처음부터 無效인 것으로 만드는 효과를 가진다(제141조). 취소된 계약은 처음부터 계약이 체결되지 않았던 것으로 다루어지며, 이미 給付된 것은 부당이득의 법리에 따라 그 반환범위가 정해진다(제748조). 취소에는 追認制度가 있다는 점에서 해제의 경우와 다른데, 취소할 수 있는 법률행위는 취소권자의 추인에 의해 확정적으로 유효로 된다(제143조). 취소는 채무불이행에 기한 손해배상과 양립할 수 없으나, 학설은 취소와 「契約締結上의 過失責任으로서의 損害賠償」과의 양립을 인정한다(제535조).

㈑ 解除權·取消權의 消滅　해제권의 소멸사유로서 민법은 상대방의 解除權行使 與否의 催告權(제552조), 훼손 등으로 인한 해제권의 소멸(제553조)을 규정하며, 그 밖에 해제권자는 해제권을 포기할 수 있다.

取消權의 소멸사유로서는 상대방의 催告權 行使의 效果, 法定追認, 取消權의 拋棄(追認), 除斥期間의 경과(제146조) 등이 있다.

取消와 解除의 二重效

계약당사자가 취소권과 해제권을 갖고 있는 경우에 양자 중 하나가 행사되어 계약이 종료한 후에도 다른 권리가 행사될 수 있다는 법리를 가리켜 「取消와 解除의 二重效」라고 한다. 이론상으로만 보면 취소 또는 해제로 계약이 종료되어 이제는 더 이상 해제 또는 취소할 계약이 존속하고 있지 않다고 볼 수 있지만, 실제사례에 있어서 하나의 계약관계에 취소사유와 해제사유가 함께 존재하는 경우에 각 권리를 행사할 실익이 다르기 때문에 이중효가 인정된다. 특히 契約金의 授受에 따라 해제권이 유보된 경우에 이러한 이중효과가 발생할 가능성이 높다.

일방당사자가 취소권 또는 해제권을 행사하여 계약종료를 꾀한 후에도 그 계약을 해제 또는 취소할 수 있는 경우는 다음의 두 가지이다. ① 一方當事者의 二重效認定: 일방당사자가 일단 취소권(또는 해제권)을 행사한 후에 또 해제권(또는 취소권)을 행사하는 경우이다. 이 경우 취소와 해제의 요건과 효과가 다르므로 일방당사자가 어느 하나만을 선택함으로써 다른 형성권의 이익을 상실하는 것을 방지하기 위하여 필요한 경우에 이중효가 인정된다. ② 雙方間의 二重效: 일방당사자가 취소권(또는 해제권)을 행사한 후에 타방당사자가 해제권(또는 취소권)을 행사하는 경우이다. 이 경우 일방당사자가 갖는 형성권의 이익만이 보호되고 타방당사자가 갖는 형성권은 폐기됨으로 인하여 양자간에 이익형평이 깨지는 것을 방지하기 위하여 이중효가 인정된다.

판례는 "매도인이 매수인의 중도금 지급채무불이행을 이유로 매매계약을 적법하게 解除한 후라도, 매수인으로서는 상대방이 한 계약해제의 효과로서 발생하는 손해배상책임을 지거나 매매계약에 따른 계약금의 반환을 받을 수 없는 불이익을 면하기 위하여 錯誤를 이유로 한 取消權을 행사하여 위 매매계약 전체를 무효로 돌리게 할 수 있다"고 한다(大判 1996. 12. 6, 95다24982). 이 사건에서 피고(매도인)가 1991. 10. 2.에 계약을 해제하였으나, 원고(매수인)는 목적부동산이 인접한 백화점과 동일인의 소유가 아니면 호텔건물의 준공검사를 받을 수 없다는 사실을 모르고 매매계약을 체결하였다는 이유로 1994. 3. 31. 계약을 취소하고 매매대금반환을 청구하였으나 원심법원은 이 취소를 인정하지 않았다(파기환송되었음).

(4) 危險負擔

해제는 계약당사자가 해제사유의 발생으로 인하여 해제권을 취득한 후 그 해제권의 행사로서 계약을 종료시키는 제도임에 반하여, 危險負擔은 위험의 발생으로 인하여 일방당사자의 給付가 不能으로 됨에 따라 타방당사자의 債務도 消滅시킴으로써 계약을 종료시키는 제도이다(제537조).

㈎ 解除事由와 危險事由 해제사유와 위험사유 사이에 공통된 것으로 給付의 履行不能이 있다. 그러나 해제권의 발생요건으로서는 채무자의 귀책사유로 인한 이행불능이 요구되는 반면에, 위험부담의 요건으로서는 채무자의 귀책사유 없는 이행불능이 요구된다.

채권자측의 사정으로 인한 이행불능의 경우에도 해제사유가 되는가에 대하여는 명문이 규정이 없고 학설이 대립한다. 채권자지체의 본질과 관련하여 債務不履行責任說은 채권자지체로 인한 해제권발생을 인정하지만, 法定責任說에서는 채권자지체는 해제권의 발생사유가 아니라고 한다. 반면에 債權者遲滯로 인한 給付不能은 危險의 한 종류로서 이 때에는 채권자가 그 위험을 부담하여야 한다는 명문규정이 있다(제538조).

(나) 效果의 發生　해제권은 형성권으로서 해제권자의 해제의 의사표시가 있어야 계약이 종료함에 반하여, 위험부담에서는 위험사유가 발생하면 계약은 계약당사자의 의사표시를 기다리지 않고 종료하게 된다.

(다) 損害賠償의 與否　해제의 경우에는 해제와 동시에 손해배상의 청구가 가능하지만, 위험부담의 경우에는 이로 인해 계약상의 채무가 소멸할 뿐이며 손해배상청구는 인정되지 않는다. 위험부담의 요건으로서 채무자의 귀책사유가 요구되지 않으므로 채무불이행에 기한 손해배상청구권이 발생하지 않기 때문이다.

3. 解除制度의 比較法的 考察

로마법과 게르만 固有法은 계약으로부터의 탈퇴를 인정하지 않았으며, 近代民法에 이르러 비로소 解除制度가 발달되었다.

(1) 프랑스民法

프랑스민법은 일반적인 法定解除制度를 확립하였으나 解除를 解除條件으로부터 독립한 제도로 발달시키지는 못하였다. 쌍무계약은 일방당사자의 채무불이행에 대비하여 默示的 解除條件을 포함하는 것으로 본다(프민 제1184조 1항). 채무불이행의 경우 채권자는 履行强制나 解除 중의 하나를 선택할 수 있으며, 해제와 손해배상청구를 兩立하는 것이 허용된다.

프랑스민법의 특징은 법정해제의 방법으로서 "계약해제는 법원의 판결에 의하여야 한다"는 원칙을 취한다는 점이다. 프랑스민법 제1184조 3항은 "계약해제는 법원의 판결에 의하여야 하며, 이 때 法官은 정황을 참작하여 피고에게 猶豫期間을 허여할 수 있다"고 규정한다. 프랑스민법은 "누구도 자기자신을 정당하게 평가할 수 없다"(Nul ne peut se faire justice à soi-même)라는 원칙에 철저하였고, 법원의 후견적 기능을 중시하는 결과 이러한 해제방식을 취하였다. 그 밖에 교회법의 영향을 받은 결과이기도 하다. 교회법원의 판사는 계약위반자가 있는 경우 그의 계약위반사실이 교회법상의 제재의 대상이 되는가를 판단하고, 그러한 계약위반자에게 적절한 제재를 결정할 수 있는 권한이 있었는데, 제1184조 3항은 바로 이러한 교회법의 전통에 그 연원을 두고 있다는 것이다.[1)]

1) 明淳龜, "우리 민법상 이행지체로 인한 계약해제와 그 비교법적 특성," 한양대 법학논총 제12집, 1995. 7에

결국 프랑스에서는 일방당사자가 채무를 이행하지 않는 경우에 상대방은 법원에 解除訴訟(action en résolution)을 제기하게 된다. 채무불이행을 이유로 한 해제소송이 제기된 경우 사실심법관은 원고의 청구내용에 구애받지 않고 법관의 고유권한에 기해 채권자에게 손해배상만을 인정하든가 또는 계약해제의 판결을 하게 된다. 이 때 사실심법관은 변론종결시까지의 모든 사정을 참작할 수 있는데, 일반적으로 해제판결이 있기 위하여는 채무불이행의 정도가 계약관계를 더 이상 존속시키는 것이 무의미할 정도로 심각한 것이어야 하며, 그러한 정도에 이르지 않는 채무불이행의 경우에 대하여는 손해배상만을 인정할 수 있다. 채무이행을 위한 유예기간을 허여할 것인가의 판단도 법관의 고유의 권한에 속한다.[1)]

(2) 獨逸民法

2001년 독일의 "채권법의 현대화에 관한 법률"에 의하여 종전 채권법의 해제에 관한 규정은 그 체계와 내용 면에서 대폭 바뀌었다.

첫째, 구법에서는 이행불능과 이행지체로 인한 해제권(Rcktritt)과 매매계약과 도급계약에서 담보책임으로서의 해제(Wandlung)를 구별하여 규정하였으나, 신법에서는 이 두 종류의 해제를 하나로 통합하여 규정하고 있다. 독일의 신채권법 제323조 1항에서는 "쌍무계약에서 채무자가 이행기가 도래한 급부를 이행하지 아니하거나 계약에 따른 이행을 하지 아니한 경우에, 채권자는 채무자에 대하여 급부 또는 추완을 위하여 상당한 기간을 정하였으나 그 기간이 도과된 때에는 계약을 해제할 수 있다"고 규정한다.

둘째, 구법은 채무불이행으로 인한 해제권발생을 이행지체와 이행불능에 한정하여 규정함으로써 부수의무나 보호의무 위반의 경우에는 해제권이 인정되지 않는 것으로 해석되었다. 그러나 신법의 규정에 의하면 '계약에 따른 이행을 하지 않은 경우'에도 해제권을 인정하므로 여기에 부수의무나 보호의무를 위반한 경우가 포함되는 것으로 해석될 수 있다.

셋째, 신법에서는 일부이행의 경우에 제한적으로 전부에 대한 해제권이 발생함을 규정한다. 채무자가 일부급부를 이행한 경우에, 채권자는 일부급부에 대하여 이익이 없는 때에만 계약 전부를 해제할 수 있다. 채무자가 계약에 좇지 아니한 급부를 실현한 경우에 그 의무 위반이 경미한 때에는 채권자는 계약

서 인용.

1) 明淳龜, 앞의 글, 11.

을 해제할 수 있다(신법 제323조 5항).

넷째, 구법에서는 해제와 손해배상의 양립을 인정하지 않았으나, 신법에서는 이들의 양립을 허용한다. 제325조에서는 "쌍무계약에서 손해배상을 청구할 권리는 계약의 해제에 의하여 배제되지 않는다"고 규정한다.

다섯째, 해제의 요건과 급부에 갈음하는 전보배상을 청구하기 위한 요건이 유사하게 규정되어 있다. 양자의 경우에 원칙적으로 일정한 유예기간과 함께 최고를 필요로 하게 되었다.

여섯째, 해제의 효과로서는 "당사자는 각자 수령한 급부를 반환하고 수취한 수익을 인도하여야 한다"고 하여 원물반환을 원칙으로 삼는다. 다만 원물의 반환이 목적물의 성질상 곤란한 때, 채권자가 이미 그 목적물을 소비 · 양도한 때, 목적물이 훼손 · 멸실된 때에 등의 경우에는 가액으로 상환할 수 있게 한다(동법 제346조 1항 · 2항).

(3) 스위스債務法

스위스채무법에서는 채무불이행을 이유로 하는 法定解除에 관하여만 규정하고(스債 제107조~제109조), 約定解除는 계약자유에 맡겨 놓았다. 쌍무계약에서 이행지체가 있으면 유예기간을 부여하고 그 기간이 경과할 때까지 이행하지 않으면, 채권자는 지체로 인한 손해배상과 함께 이행을 訴求하거나, 이에 갈음하여 지체 없이 의사표시를 하여 이후의 급부청구를 포기하고 불이행으로 인한 손해배상을 청구하거나 계약을 解除할 수 있다고 규정한다(스債 제107조 2항).

해제의 효과로서 계약을 해제한 자는 약속한 반대급부를 거절하고 급부한 것의 반환을 청구할 수 있다(스債 제109조 1항). 채무자가 자기에 귀책사유 없음을 입증하지 못한 경우에 계약해제자는 원상회복청구 이외에 「계약의 실효로 말미암아 발생한 손해」에 대한 배상청구권을 가진다고 규정한다(스債 제109조 2항). 이와 같이 스위스채무법은 解除와 損害賠償請求의 兩立을 허용하나, 손해배상은 信賴利益의 배상으로 제한하는 점에 특색이 있다.

效率的 契約破棄

계약의 일방당사자가 계약을 이행하는 것보다 계약을 파기하고 손해배상을 해주는 편이 더 많은 이익을 가져올 수 있는 경우에 하는 계약파기를 법경제학에서는 「효율적 계약파기」(Efficient Breach of Contract)라고 말한다.[1] 이 이론은 사회의 경제

1) Craig S. Warkol, *RESOLVING THE PARADOX BETWEEN LEGAL THEORY AND LEGAL FACT: THE*

적 효율성에 초점을 맞추어 결과적으로 사회에 이익이 되는 계약의무의 이행거절은 사회적으로 바람직하다고 본다.[1] 계약파기로부터 얻은 순이익을 다른 경제적 투자기회에의 재투자를 촉진시킴으로써 사회에 이익이 되며, 사회에 좀더 낮은 비용으로 재화와 용역의 생산 증가를 야기한다고 한다. 이는 파레토 최적의 접근방법(Paretian dogma)을 추구하는데, 그 기본명제는 한 개인에 대한 이익이 타인의 손실을 수반할지라도, 이익을 얻은 당사자가 손실을 입은 사람을 충분히 보상할 수 있고, 그 전보다 나아지는 한도에 있어서는 사회의 후생수준을 증가시킨다는 것이다.

효율적 계약파기이론은 일방당사자가 계약을 파기할 때, 타방당사자의 기대이익을 보상하고도 이익을 보유할 수 있는 상황에서는 손해배상을 지불하고 계약을 파기하는 것이 경제적으로 효율적이라는 것을 가정한다. 첫째, 이 이론은 계약파기의 모든 비용과 이익을 측정할 것을 필요로 하므로, 시장과 관계 없는 이익(사생활의 비밀 등)에 관해서도 그 가치를 측정해야 한다는 난점을 가진다. 둘째, 이 이론은 약속은 지켜져야 한다(Pacta sunt servanda)는 전통적 계약이념과 충돌된다.[2] 이 이론에서는 계약의 구제수단에 관한 법의 목적은 약속자(채무자)에게 그의 약속의 이행을 강요하는 데 있는 것이 아니라 계약의 파기로 야기된 受約者(채권자)의 손실을 보상하는 데에 있다고 반박한다.

효율적 계약파기의 접근방법은 우리 나라에서도 많이 이용되고 있다. ① 契約金: 상대방의 채무불이행 등 법정해제요건에 구애되지 않고 계약금만 포기하면 임의로 계약을 해제할 수 있게 되는 점에서 오히려 계약의 구속력을 약화시키는 요소가 강하다(제565조 참조).[3] 계약금의 수수는 그 금액을 초과하는 이익이 기대되는 경우에 각 당사자에게 상대방의 채무불이행과 관계 없이 효율적 계약파기를 할 수 있는 기회를 부여한다. ② 違約金約定: 채무불이행에 대비하여 위약금 또는 연체이자를 약정한 경우에, 그 위약금이나 연체이자는 채무자로 하여금 효율적 계약파기를 일정 범위에서 방지하는 효과를 가지지만, 그 위약금이나 연체이자보다 더 높은 이익이 기대되는 경우에는 효율적 계약파기를 하게 될 것이다. ③ 履行期 前의 履行拒絶: 계약의 일방당사자는 상대방이 이행기 전에 이행거절의 의사를 표시해 오면 이를 이유로 그 이행기 전에 계약을 해제할 수 있는데(大判 1993. 6. 25, 93다11821), 상대방으로부터 이행거절의 통보를 받은 채권자는 효율적 계약파기로서 계약해제를 할 것인가 아니면 본래의 급부청구권(또는 전보 배상청구권)을 고집할 것인가를 선택할 수 있다.[4]

JUDICIAL REJECTION OF THE THEORY OF EFFICIENT BREACH, 20 Cardozo L. Rev. 321, 322 [1998].

1) Craig S. Warkol, ibid. at 324.

2) Peter Linzer, *On the Amorality of Contract Remedies-Efficiency, Equity and the Second Restatement*, 81 COLUM. L. Rev. 114-115 [1981].

3) 민법주해(14), 137~160(沈在暾 집필부분).

4) 이는 豫見된 契約違反(anticipatory breach of contract)과 유사하다.

§13. 解除權의 發生 및 行使

1. 解除權의 發生 · 消滅

(1) 解除權者

해제권자는 계약당사자만이 될 수 있다. 계약인수, 상속 등에 의하여 당사자의 지위를 포괄적으로 인수한 사람은 계약당사자이다. 제3자를 위한 계약에서 수익자는 계약당사자가 아니므로 해제권을 행사할 수 없다. 계약당사자의 채권자는 채권자대위권의 행사로서 그 계약당사자를 대위하여 해제권을 행사할 수 있다.

(2) 解除의 對象

(가) 債權契約 계약해제권은 원칙으로 債權法上의 契約에만 인정된다. 채권계약이라면 雙務契約이든 片務契約이든 관계 없이 인정된다.[1] 雙務契約에서 법정해제권은 相換債務 사이의 履行 · 不履行의 牽連性을 유지하는 기능을 발휘한다. 片務契約에서는 해제로 계약을 종료할 필요성이 적으며, 채권자가 채무자에게 채무불이행책임으로 충분한 경우가 대부분이다(제390조, 제395조).[2]

(나) 物權行爲의 解除不可 物權的 合意를 해제하는 것은 인정되지 않는다. 물권적 합의는 處分行爲로서 이에 의하여 물권관계가 확정적으로 변동함을 목적으로 하기 때문이다. 물권적 합의에 의하여는 채무가 발생하지 않으므로 그 채무를 소멸시킨다든가 이행한 것을 원상회복시킨다든가 하는 문제도 생길 여지가 없다.[3] 물권행위에 有因性을 인정할 경우에, 채권행위의 해제를 인정하는 것으로 충분하며 그 밖에 물권행위의 해제를 인정할 실익이 없다.

---

1) 같은 취지: 郭潤直, 141; 金疇洙, 127; 金曾漢, 84.

2) 독일민법(제325조, 제326조) · 프랑스민법(제1184조) · 스위스채무법(제107조, 제109조)에서는 雙務契約에만 法定解除權을 인정한다. 金亨培, 205에서는 편무계약에도 해제를 인정하는 우리 민법에 대하여 비판한다. 250에서는 증여계약상의 채무이행을 구하거나 손해배상을 구하는 것으로 충분하므로 증여계약의 해제를 부정하는 입장을 밝힌다.

3) 郭潤直, 141; 金疇洙, 127; 金曾漢, 84; 金亨培, 205; 민법주해(13), 240(金龍德 집필부분).

註釋 債權各則 I, 379(金龍潭 집필부분)의 문헌에서는 법정해제권에 관하여는 本書와 같은 취지이나, 다만 物權的 合意에 대한 約定解除權의 留保만은 가능하다고 본다. 사견으로는 이 경우에 해제가 아니라 取消가 문제되며, 취소의 결과 거래의 안전을 해할 우려가 있고 취소권의 발생은 민법 제140조에서 제한하고 있으므로, 물권적 합의에 대한 취소권의 유보약정은 無效라고 해석된다. 물권적 합의에 대한 취소권 · 해제권의 유보약정은 물권변동에 관한 相對的 無因說에서 논의되며, 有因說에서는 이를 인정할 필요가 없다.

反對說: 金基善, 80~81에서는 물권계약 및 채권양도가 약정해제사유로 해제될 수 있다고 한다.

(다) 기타 處分行爲의 解除 與否 債權讓渡에 있어서도 그 처분행위의 해제는 인정되지 않고 그 원인이 된 채권행위의 해제만이 인정된다. 채권양도의 원인이 된 채권행위는 대개 권리의 매매이거나 소비대차계약에 기한 대물변제의 약정이 될 것이며, 매매 또는 소비대차를 해제함으로써 양도된 채권을 원상회복청구할 수 있게 된다(청산관계설에 의한 설명, 직접효과설에서는 채권이 자동복귀함).

更改, 相計, 免除도 처분행위로서 이행의 문제를 남기지 않으므로 해제할 수 없다는 견해가 있다.[1] 경개, 상계, 면제는 채권의 소멸원인으로써 그것 자체의 해제는 법리상 인정될 수 없으나 그 기초가 되는 계약을 해제함으로써 경개 등의 효과를 번복하는 결과를 초래하는 것이 원칙일 것이다. 그러나 각각의 유형에 따라 해제 여부를 판단하는 것이 타당하다. ① 更改: 경개의 경우에 처분행위이기 때문에 해제가 인정되지 않는다는 견해도 있으나, 私見으로는 경개의 경우에 구채무를 소멸시키고 신채무를 성립시키는 계약은 마치 새로운 계약의 체결행위와 같은 효과를 가져오므로, 그 신계약관계를 해제하는 것은 허용되어야 한다고 생각한다. 신계약의 해제사유는 구계약과는 별개로 정해지며, 신계약이 해제되었다고 하여 구채무가 당연히 부활하지는 않는다. ② 相計: 상계의 자동채권을 발생시킨 계약(매매, 소비대차 등)을 해제함으로써 상계로서 지급처리된 매매대금, 이자 등에 대해 원상회복청구권을 갖게 된다. 상계의 의사표시는 취소할 수 있을 뿐 해제할 수는 없다. ③ 免除: 면제는 채권자가 채무자에게 채무면제의 의사표시를 하는 것으로서 즉시 채무소멸의 효과를 가져오므로, 해제는 불가능하고 그 의사표시의 취소만이 가능하다.

(3) 解除權의 發生

계약당사자 일방 또는 쌍방의 해제의 권리는 계약이나 법률의 규정에 의하여 생긴다(제543조). 約定解除權이란 계약당사자가 해제할 수 있는 사유를 약정해 두는 등 해제권을 유보해 둠으로써 발생하는 해제권이며, 法定解除權이란 법률의 규정에 의해 정해진 해제권의 발생사유를 충족시킴으로써 취득하게 되는 해제권이다. 약정해제권과 법정해제권의 구별은 解除權의 發生原因에 기인하는 것이고, 그 解除權의 行使方法이나 效果는 원칙적으로 발생원인에 관계 없이 동일하다. 다만 약정해제권에서는 당사자의 약정으로 다르게 정할 수 있다.

(4) 解除權의 消滅

(가) 解除權의 行使期間의 經過 당사자의 약정이나 법률의 규정에 의해

1) 郭潤直, 141; 金亨培, 205; 민법주해(13), 240(金龍德 집필부분).

해제권 · 해지권의 행사기간이 정하여져 있는 경우에 해제 · 해지의 의사표시는 그 기간 내에 행하여져야 한다. 예를 들면 해약금에 의한 해제는 일방당사자가 이행에 착수하기 전까지만 할 수 있으며(제565조), 都給人은 受給人이 일을 완성하기 전까지만 해제할 수 있다(제673조).

(나) 確答催告로 인한 消滅　해제권의 행사기간을 정하지 아니한 때에 상대방은 상당한 기간을 정하여 해제권 행사 여부의 확답을 해제권자에게 최고할 수 있다. 상당한 기간 내에 해제의 통지를 받지 못한 때에는 해제권은 소멸한다(제552조). 기간의 상당성은 거래관념에 비추어 공정하게 판단되어야 한다.

(다) 消滅時效 · 除斥期間　해제권에 관하여는 일반적으로 소멸시효나 제척기간이 설정되어 있지 않다.[1] 그러나 해제권은 채권과 직접 관련을 맺는 권리이므로 채권이 시효로 소멸한 후에는 그 채권에 기한 해제권도 발생하지 않는다. 특별히 해제권에 관하여 제척기간을 설정해 놓는 경우도 있다. 예를 들어 매매에서 담보책임으로서 발생한 해제권은 그 하자를 안 날로부터 1년 또는 6월 내에 행사하여야 한다(제573조, 제582조).

(라) 解除權의 抛棄　해제권자가 계약상대방에 대하여 포기의 의사표시를 함으로써 해제권소멸의 효과가 발생한다. 해제권자는 그의 권리행사 여부를 자유로 결정할 수 있는 것과 같이 이미 발생한 그의 해제권을 포기할 수 있다. 포기는 해제권의 행사와 같이 상대방에 대한 의사표시로 한다. 해제권을 일단 포기한 후에는 동일사유(채무불이행 등)에 기초해서 다시 해제권이 생기지 않으며, 채무불이행이 계속되더라도 본래의 계약채무의 이행이나 손해배상을 요구할 수 있을 뿐이다.

(마) 目的物의 返還不能으로 인한 解除權剝奪　해제권자가 상대방으로부터 수령한 목적물을 고의 · 과실로 멸실하거나 현저히 훼손 · 변형시킨 때에는 해제권의 발생이 저지되거나 이미 발생한 해제권은 소멸된다(제553조). 그러나 목적물이 불가항력으로 멸실 · 훼손 · 변형된 경우에는 해제권의 발생 · 존속에 영향을 미치지 않는다. 해제권자가 목적물을 타인에게 양도하거나 입질하여 계약상대방에게 반환불가능하게 된 경우도 해제권이 불발생 또는 소멸한다.

(바) 信義則에 의한 解除權의 消滅　해제권의 행사에 관하여 제척기간이 설정되어 있지 않더라도, 계약당사자의 신뢰관계에 비추어 이제는 과거의 채무

1) 해제권 · 해지권은 형성권이므로 일반적으로 10년의 제척기간이 경과하기 전에 행사되어야 함을 원칙으로 하면서, 계약상 채무의 시효소멸로 법정해제권이 행사불가능하게 되므로 법정해제권에 관하여 별도의 제척기간이나 소멸시효가 필요 없다는 설명도 있다. 郭潤直, 182; 金亨培, 249.

불이행을 이유로 해제하지 않을 것이라는 기대가 형성될 만한 사정이 있었거나 채권자의 용서가 있은 후에 해제권을 행사하거나 해제의 효력을 주장하는 것은 신의칙상 금지된다.[1)]

大判 1994. 11. 25, 94다12234: 해제권의 의사표시가 있은 무렵을 기준으로 볼 때 무려 1년 4개월 가량 전에 발생한 해제권을 장기간 행사하지 아니하고 오히려 매매계약이 여전히 유효함을 전제로 잔존채무의 이행을 최고함에 따라 상대방으로서는 그 해제권이 더 이상 행사되지 아니할 것으로 신뢰하였고 그와 같이 신뢰한 데 대한 정당한 사유도 있었다면 새삼스럽게 해제권을 행사한다는 것은 신의성실의 원칙에 반하여 허용되지 않는다.

大判 1980. 7. 8, 80다1077: 계약이 해제된 후 계약당사자 일방이 그 계약목적물을 수령한 경우에 특별한 사정이 없는 한, 당사자 사이에 해제된 계약을 부활시키는 약정이 있었다고 해석함이 상당하다.

2. 約定解除權의 發生

(1) 解除權留保約定[2)]

㈎ 槪　念　계약당사자는 일정한 사유가 발생한 경우 당사자의 일방 또는 쌍방에게 해제권이 발생함을 약정할 수 있다. 이 때 약정한 해제사유가 충족되면 해제권이 발생한다. 이렇게 약정으로 해제권의 발생을 정하여 놓는 것을 「解除權留保約定」이라 하고, 특히 약관으로 해제권을 유보하는 조항을

1) 채권자가 해제권을 취득한 후 너무 장기에 걸쳐서 이를 행사하지 않고, 또한 상대방도 이제는 해제권을 행사하지 않으리라고 믿게 된 때에는 신의칙상 이제는 해제권을 행사할 수 없다고 해석하는 이론도 있다. 郭潤直, 183; 金亨培, 216, 249. 생각건대 해제권의 행사기간이 10년의 제척기간 및 계약채무의 소멸시효기간의 제한을 받고 있고 또한 상대방에게 해제권행사 여부의 최고권까지 인정되어 있으므로, 그러한 제도적 장치에 만족하는 것이 타당할 것이다. 그리고 신의칙상 인정되는 「失效의 原則」은 단순한 기간경과뿐 아니라 해제권을 행사하지 않으리라고 상대방이 믿을 만한 어떤 다른 행위(작위 또는 부작위)가 있는 때에 비로소 인정되어야 한다. 즉 채권자가 이행지체시 해제권을 행사할 수 있음에도 불구하고 계속 본래의 급부를 이행할 것만을 청구하는 경우에는 해제권을 행사할 뜻이 없다고 보여진다. 이 경우 해제권의 포기가 있었는가 없었는가의 의사해석의 문제로도 된다.

2) 참고문헌: 金炳宰, "「계약금몰수 · 배액상환」 약정의 해석," 민사판례연구 제11권, 1989년 5월, 200; 南孝淳, "계약금약정에 관한 몇 가지 쟁점," 서울대 법학 제39권 2호(제107호), 1998년 8월호, 265; 朴炳七, "계약금포기 · 배액상환의 약정 및 관련문제: 판례를 중심으로," 민사법연구 제3집, 1994년 12월, 101; 沈在暾, "부동산매매계약에 있어서 위약계약금조항에 부가된 자동해제조항의 해석," 민사재판의 제문제 제9권, 1997년 3월, 132; 李容勳, "계약금 포기 및 배액반환약정에 관한 판례연구," 곽윤직화갑기념 민법학논총, 1985, 436; 林東鎭, "해제요건을 감면하는 특약의 효력," 민사판례연구 제5권, 1983.

두는 경우를 「解除權留保約款」이라 한다. 약관에 의한 해제권유보가 채무불이행으로 인한 법정해제권의 발생요건을 强化 또는 弱化시킴으로써 사업자에게 유리한 상황을 가져오기 위한 목적으로 행해진 경우에 그러한 약관조항은 무효이다(약관법 제9조 1호·2호).

(나) 種 類 해제권유보약정은 다음의 유형으로 분류될 수 있다. ① 限定的 解除事由約定: 법정해제권의 발생을 배제하고 오로지 약정된 해제사유에 기해서만 해제권이 생김을 약정하는 경우이다. 이행지체나 이행불능의 경우에도 해제할 수 없도록 하는 약정은 경우에 따라 부당한 결과를 초래할 수 있다. ② 追加的 解除事由約定: 법정해제권은 법정사유가 충족된 경우에 자동적으로 발생하고 그 밖에 약정된 해제사유에 의해서도 해제권이 생길 것으로 하는 경우이다. 이는 장차 생길지 모르는 장애상황에 대비하여 계약구속력에서 벗어날 수 있는 안전장치를 마련해 두기 위한 목적으로 이용된다. ③ 無條件的 解除權留保: 계약당사자가 아무런 해제사유를 제시하지 않고 언제든지 계약을 해제할 수 있는 권리를 유보하는 경우를 말한다.

(다) 效 果 약정해제사유가 충족되면 해제권이 발생하는데, 이를 법률의 규정에 의해 발생한 해제권과 구별하여 約定解除權이라고 한다. 약정해제권도 해제권자의 일방적 의사표시에 의해 행사됨은 법정해제권과 같다. 해제의 의사표시를 필요로 하지 않는 경우는 解除條件으로서 해제권과 구별된다. 解除의 效果는 당사자간에 다른 약정이 없는 한 법정해제권에서와 같다.

大判 1996. 11. 15, 94다35343: 계약당사자의 일방이 계약을 해제하였을 때에는 계약은 소급하여 소멸하여 해약당사자는 각 원상회복의 의무를 지게 되나, 이 경우 계약해제로 인한 원상회복등기 등이 이루어지기 이전에 계약의 해제를 주장하는 자와 양립되지 아니하는 법률관계를 가지게 되었고 계약해제 사실을 몰랐던 제3자에 대하여는 계약해제를 주장할 수 없는바, 이러한 법리는 실권약관부 매매계약이 실권약관에 의하여 소급적으로 실효된 경우에도 같다.

(2) 契約金에 의한 解除權留保[1]

(가) 意 義 계약을 체결할 때에 일방당사자가 상대방에 대하여 금전

---

1) 참고문헌: 李容勳, "契約金抛棄 및 信賴返還約定에 관한 판례연구," 郭潤直화갑기념 民法學論叢, 1985.

기타 물건을 교부하는 경우, 그 교부된 것을 契約金이라 한다. 원래 계약금은 계약의 체결을 신중하고도 확실하게 하는 기능을 담당하지만, 매매 등의 유상계약에서 계약금이 授受된 경우는 다른 특약이 없는 한 解除權이 留保된 것으로 추정된다. 즉 계약금이 수수된 유상계약에서 당사자간의 다른 약정이 없는 한 당사자의 일방이 이행에 착수할 때까지 교부자는 이를 포기하고 수령자는 그 배액을 상환하여 계약을 해제할 수 있다(제565조). 이 경우 계약금은 解約金, 즉 解除時 損害賠償의 豫定으로 된다.

(나) 要 件 첫째, 계약금에 의한 해제권유보에는 특별한 해제사유가 요구되지 않는다. 해제하는 자가 계약금액만큼의 재산적 손실을 감수하기만 하면 자유롭게 계약을 해제할 수 있다. 둘째, 해제권의 행사시기는 「履行에 着手할 때까지」로 제한된다. 이러한 행사시기의 제한은 이미 이행된 계약관계를 불안정하게 하는 것을 방지한다. 이행의 착수는 채무의 一部履行(중도금·할부금의 지불)을 하거나 그 변제의 제공을 하는 것을 의미한다. 이행기의 약정이 있다 하더라도 당사자가 채무의 이행기 전에는 착수하지 아니하기로 하는 특약을 하는 등 특별한 사정이 없는 한 그 이행기 전에 이행에 착수할 수도 있다(大判 2002. 11. 26, 2002다43165). 셋째, 해제권의 행사는 契約金抛棄의 意思表示 또는 契約金의 倍額償還의 提供과 함께 하여야 한다(같은 취지: 大判 1966. 7. 5, 66다736).[1] 계약금포기의 의사표시는 명시적으로 하지 않아도 解除의 意思表示에 포함된 것으로 간주된다. 통상의 해제가 단순히 해제의 의사표시만으로 행해지고, 해제와 별도로 채무불이행으로 인한 손해배상의무를 지는 것과 대조적이다. 판례는 이 경우 해제의 의사표시와 함께 契約金倍額의 변제제공만 있으면 되고 상대방이 이를 수령하지 않는다고 해서 供託까지 할 필요는 없다고 한다(大判 1981. 10. 27, 80다2784). 倍額의 일부만을 제공한 경우에는 해제하지 못한다(大判 1973. 1. 30, 72다2243).

> 大判 1993. 1. 19, 92다31323: 매도인이 민법 제565조에 의하여 계약을 해제한다는 의사표시를 하고 일정한 기한까지 해약금의 수령을 최고하며 기한을 넘기면 공탁하겠다고 통지를 한 경우에, 매수인이 이행기 전에, 더욱이 매도인이 정한 해약금 수령기한 이전에 일방적으로 이행에 착수하였다고 하여도 매도인의 계약해제권 행사에 영향을 미칠 수 없다.

1) 독일민법 제359조는 해제의 의사표시까지 解除金의 지불이 없는 때에는 원칙적으로 그 해제의 의사표시는 無效라고 규정한다.

(다) 解除의 效果 　계약금에 의한 해제권유보의 경우에는 계약금 이외에 다른 급부의 원상회복의무는 생기지 않는다. 이미 지급한 계약금은 그 지급당사자의 해제와 더불어 반환을 포기했거나 또는 수령당사자의 해제와 더불어 倍額償還義務가 생긴다. 계약당사자가 아직 履行을 着手하기 전에 해제되므로 원상회복할 다른 급부는 없다. 계약금 이상의 손해가 발생하였음을 입증하여도 계약금 이외에 손해배상을 추가로 청구할 수는 없다(제565조 2항). 계약금은 다른 특약이 없는 한 損害賠償額의 豫定으로 되어 그의 抛棄 또는 倍額償還으로 모든 손해가 전보된 것으로 다루어지기 때문이다. 다만 그 계약금액이 손해배상의 예정으로서 과다한 경우에 법원은 그것을 감액할 수 있다(제398조 2항, 大判 1996. 10. 25, 95다33726).

계약금에 의한 해제권유보는 債務不履行으로 인한 法定解除權의 발생 · 행사 · 효과에 영향을 주지 않는다.[1)]

大判 1996. 6. 14, 95다54693: 유상계약을 체결함에 있어서 계약금이 수수된 경우 이를 위약금으로 하기로 하는 특약이 없는 이상 계약이 당사자 일방의 歸責事由로 해제된 때에 상대방은 계약불이행으로 입은 실제 손해만을 배상받을 수 있을 뿐이며 계약금이 위약금으로서 상대방에게 당연히 귀속되는 것은 아니다(같은 취지: 大判 1992. 11. 27, 92다23209).

大判 1996. 10. 25, 95다33726: 해약금과 손해배상예정액의 성질을 겸한 契約金에 대하여 매수인이 해약금에 기한 해제권을 행사하였다면, 그 약정에 따라 계약금은 매도인에게 곧 귀속된다고 할 것이나, 그 주장취지에 손해배상예정액으로서 과다한 부당이득반환을 구하는 취지도 포함된 것으로 볼 수 있다면 過多한 損害賠償豫定으로 인정되는 부분에 관하여는 반환을 명하여야 한다.

3. 法定解除權의 發生

민법은 해제권의 발생사유로서 債務不履行으로 인한 法定解除權과 擔保責任으로서의 法定解除權을 규정한다. 해제권을 발생시키는 채무불이행으로서는 이행지체와 이행불능만을 규정한다. 賣買나 都給 등의 有償契約에서 목적물이나 권리의 하자가 있는 때에는 일정한 요건 아래 채권자에게 해제권을 인정한

1) 매매계약에서 또는 그의 이행에 있어 매도인에게 還買權이 부여된 경우, 환매의 법적 성격을 매매계약의 해제로 보는 이론에 의하면 그것은 해제권의 유보에 해당한다고 한다. 金曾漢 · 安二濬, 新債權各論(上), 26; 金顯泰, 147. 그러나 환매의 성격을 再賣買의 豫約이라고 보는 私見에 의하면 제1의 매매계약이 해세되는 것이 아니라 그대로 존속하고 제2의 매매가 행해지는 것이다. 같은 취지: 郭潤直, 264.

다(제570조 이하, 제668조 이하, 매매에서 설명함).

(1) 履行遲滯로 인한 解除權發生

이행지체로 인한 해제권의 발생에는 「상당한 기간을 정하여 그 이행을 최고하고 그 기간 내에 이행하지 아니한 때에」 해제권이 발생함이 원칙이다(제544조). 그러나 定期行爲의 경우에는 이와 같은 최고를 요하지 않고 이행지체가 있을 때에 해제권이 발생한다(제545조).

㈎ **履行遲滯가 있을 것** 이행지체로 되기 위해서는 「채무자가 이행기에 채무의 이행을 위한 변제제공을 하지 않았을 것」이 요구된다. 이행이 불가능한 경우에는 이행기 전이든 이행기 도래 이후이든 묻지 않고 이행불능으로 취급한다(뒤에 설명). 채무자가 동시이행의 항변권에 기해 자기채무의 이행을 거절한 경우에는 이행지체로 취급하지 않는다(뒤에 설명). 채무자가 변제제공을 하였으나 채권자측의 사정으로 그 급부가 수령되지 못한 경우에는 채권자지체로 취급된다(뒤에 설명).

大判 1998. 10. 27, 98다25184: 매수인이 매매목적물에 관한 근저당권의 피담보채무를 인수하는 것으로 매매대금의 지급에 갈음하기로 약정한 경우, 매수인은 인수채무의 이행시기 등에 관하여 다른 약정이 없는 한, 그 인수채무가 가지는 본래의 내용에 따라 이행하면 족하고 그 이행을 지체함으로써 매매대금의 일부를 지급하지 않은 것과 동일하다고 평가할 수 있는 특별한 사유가 있을 때에 한하여 계약해제권을 갖는다. 매수인이 인수한 피담보채무의 이자를 납부하지 아니하였다고 하더라도, 그로 인하여 매매목적물인 부동산이나 공동담보로 제공된 다른 부동산에 설정된 담보권의 실행으로 임의경매절차가 개시되었다거나 개시될 염려가 있고, 또한 매도인측이 이를 막기 위하여 부득이 피담보채무를 변제할 필요성이 있는 경우가 아니라면, 그를 이유로 매매계약을 해제할 수는 없다.

大判 2006. 11. 23, 2006다44401: 분양권매매계약에서 수분양자 명의변경이 불가능한 사정이 있는 경우, 매도인이 매수인에게 수분양자 명의변경에 필요한 서류를 교부하였다 하더라도 매수인은 자신 앞으로의 명의변경이 가능할 때까지 잔금지급의 이행을 거절할 수 있으므로, 매도인은 매수인의 잔금지급채무의 이행지체를 이유로 분양권매매계약을 해제할 수 없다.

㈏ **履行遲滯에 관한 채무자의 過失이 요구되는가** 이행지체는 대표적인 법정해제사유이다. 민법은 계약의 일방당사자가 이행지체에 빠진 경우 상대방은 상당한 기간을 정하여 최고하여도 이행받지 못한 때에는 계약해제권을 갖는

다고 규정한다(제544조). 履行遲滯란 이행기가 도래하였고 이행이 가능함에도 불구하고 채무자가 채무를 이행하지 않은 상태로서 그 불이행을 정당화하는 사유(동시이행 항변권 등)가 없는 경우를 말한다. 그 밖에 이행지체의 요건으로서 채무자의 귀책사유를 요구할 것인가에 관해서는 학설이 대립한다.

1) 過失要件說 　해제권의 발생요건으로서의 이행지체는 채무불이행책임에서와 같이 채무자의 고의 · 과실(이행보조자의 고의 · 과실 포함)로 인하여 야기된 것이라야 한다는 견해이다. 민법 제544조가 「당사자 일방이 그 채무를 이행하지 아니하는 때」라고 규정하지만, 이행불능으로 인한 해제권발생(제546조), 채무불이행으로 인한 손해배상책임의 발생요건(제390조) 등 다른 제도와의 균형을 고려할 때 채무자의 귀책사유로 인한 이행지체의 경우에만 해제권이 생긴다고 해석한다.[1] 따라서 해제권발생요건의 하나로서의 이행지체는 채무불이행의 한 유형인 이행지체와 같은 개념으로 파악한다.

2) 過失不要說 　채무자의 귀책사유의 존부를 묻지 않고 이행의 지체사실만 있으면 해제권이 발생한다는 견해이다.[2] 첫째, 채무자의 귀책사유에 기인하지 않는 이행지체의 경우라도 그 지체가 계약의 목적이나 채권자의 이해에 중대한 영향을 미치는 경우에는 채권자로 하여금 계약의 구속력에서 벗어나게 하는 것이 타당하다고 한다. 둘째, 해제제도는 채무자에게 불이익이나 제재를 주기보다는 채권자에게 계약구속으로부터 벗어나서 새로운 거래행위를 할 수 있는 자유를 회복시키는 제도이므로, 채무자의 귀책사유를 요건으로 할 필요가 없다고 한다. 셋째, 매매의 담보책임의 한 종류로서의 해제, 도급계약에서의 해제도 채무자의 과실을 요건으로 하지 않으므로, 해제권의 발생요건으로서 채무자의 과실을 요구할 필요는 없다고 한다.

3) 私見으로서는 채무자의 귀책사유 없는 이행지체의 경우에도 계약목적달성이 곤란한 경우에는 해제권을 인정하겠다(過失不要說).[3] 첫째, 민법 제544조는 「채무를 이행하지 아니하는 때」라고만 할 뿐 채무자의 과실은 요구하지 않고 있으므로 법문에 충실하게 해석하여야 한다. 둘째, 해제와 손해배상은 별개의 제도이므로 그 요건도 별도로 고찰해야 한다(제544조와 제390조의 요건을 비교할 것). 손해배상은 채무자의 귀책사유가 있는 경우에 한해서 인정해야 하는 반면에, 해제는 契約目的達成의 不

---

1) 郭潤直, 144; 金曾漢, 81; 金疇洙, 129; 李太載, 112; 민법주해(13), 247(金龍德 집필부분).

2) 金亨培, 209.

3) 拙著, 채권각론, 1989, 164에서는 당시의 다수설에 따라 過失要件說을 취했으나 개정판(1999)부터 그 견해를 바꾸기로 한다.

能을 기준으로 판단해야 한다. 셋째, 이행지체가 있다고 해서 곧 해제를 허용하는 것이 아닌 이상 반드시 채무자의 과실을 요건으로 할 필요는 없다. 이행지체가 있더라도 유예기간을 두고 최고한 후에야 해제권이 발생하게 된다. 넷째, 계약의 해제로 상대방에게 과중한 손해를 입힐 우려가 있는 경우에는 信義則에 기해 해제권의 행사를 금지함으로써 계약당사자 사이의 이익형평을 꾀할 수 있다.

UN통일매매법과 독일채권개정

UN통일매매법은 계약 위반을 「본질적 계약 위반」(a fundamental breach of contract)과 「비본질적 계약 위반」의 두 유형으로 나누고 원칙적으로 본질적 계약 위반의 경우에만 해제권을 발생시킨다.[1] 계약의 본질적 위반이란 「상대방에게 계약상의 기대를 실질적으로 저해하는 손실을 가한 경우」를 말한다(통일매매법 제25조 본문). 계약 위반을 한 당사자가 그러한 결과를 예견하지 못하고 또한 동일한 사정에 있는 동일 업종의 합리적인 사람이 이러한 결과를 예견할 수 없었을 때에는 그러하지 아니하다(동법 제25조 단서). 즉 계약 위반을 한 당사자에 結果에 대한 豫見可能性이 있는 경우에 한해서 본질적 계약 위반이 되어 매수인이 계약을 解除할 수 있게 된다. 예견가능성이 없는 경우에는 해제는 할 수 없고 단지 손해배상과 다른 구제수단만 청구할 수 있다. 물건의 하자로 인한 해제권이 인정되기 위해서는 「상당기간 내에 통지했을 것」이 요구된다.[2)3)]

2001년 독일의 "채권법의 현대화에 관한 법률"은 해제권의 발생요건으로서 채무자의 불이행 이외에 채무자의 귀책사유를 요건으로 삼지 않았다. 즉 독일의 신채권법 제323조[급부의 불이행 또는 계약에 좇지 아니한 이행으로 인한 해제] 제1항

1) 본질적 · 비본질적 계약 위반의 개념은 코몬 로에서 유래한다. 이것은 영국매매법의 조건(condition)과 보증(warranty)의 개념과 상응한다. 우리 민법 제575조 1항의 「계약의 목적을 달성할 수 없는 경우에 한하여」 매수인은 계약을 해제할 수 있다는 것도 이와 같은 개념이라고 한다. 黃迪仁, 208.

2) 매수인은 매도인의 本質的 契約 違反이 있는 경우에 한해서 契約을 解除할 수 있다. 매수인은 다음의 경우에 契約을 解除할 수 있다. (a) 매도인이 계약이나 이 법에서 정하는 의무를 이행하지 않은 것이 본질적 계약 위반에 해당하는 경우 및 (b) 不引渡(non-delivery)의 경우에, 매수인이 제47조 1항의 유예기간 내에 매도인이 상품을 인도하지 않은 때 또는 그 기간 내에 인도하지 않을 것을 매도인이 표시한 때(제49조1항). 그렇더라도 매도인이 상품을 이미 인도한 경우에는, 매수인이 다음의 시기에 계약을 해제하지 않으면 그의 해제권은 소멸한다. (a) 지체된 인도를 이유로 하는 경우에는, 매수인이 인도가 행해진 것을 안 때로부터 상당기간 내 및 (b) 지체된 인도 이외의 계약위반을 이유로 하는 경우에는, 다음의 때로부터 상당기간 내 (i) 매수인이 그 위반을 알았거나 또는 알았어야 할 때, (ii) 매수인이 부여한 유예기간이 경과한 때(제47조 1항) 또는 그 유예기간 내에 의무의 이행을 하지 않을 것을 매도인에게 표시한 때, (iii) 매도인이 밝힌 인도기간(제48조 2항)이 경과한 때 또는 매수인이 이행을 받지 않겠다고 표시한 때(제49조 2항). 拙稿, "유엔통일매매법의 계약책임과 민법개정의견," 민사법학 제15호, 53 이하 참조.

3) 미국통일상법전 제2-601조는 「물품은 어떠한 점에서라도 계약에 적합하지 않을 때에는 매수인은 그 전부를 거절할 수 있다」고 규정하는데, 이를 「엄격이행의 원칙」(rule of strict performance)이라고 한다. 그러나 실제로는 그 물건의 시장가격이 떨어졌을 때 매수인이 계약의 구속력에서 벗어나기 위하여 구실로 이용하는 경향이 있어서 이 원칙이 비판받고 있다.

에서는 "쌍무계약에서 채무자가 이행기가 도래한 급부를 실행하지 아니하거나 계약에 좇아 실행하지 아니한 경우에, 채권자는 채무자에 대하여 급부 또는 추완을 위하여 상당한 기간을 정하였으나 그 기간이 도과된 때에는 계약을 해제할 수 있다" 고 규정한다. 다만 채권자가 그 해제권발생사유에 관하여 과실이 있는 때 또는 채권자지체중에 채무자의 책임 없이 그 사유가 생긴 때에는 채권자에게 해제권이 발생하지 않는다(동조 제6항).

(다) 同時履行의 抗辯權과 履行遲滯 쌍무계약에서 상대방의 이행지체를 이유로 계약을 해제함으로써 자기의 채무도 면하려는 자는 자기채무에 관하여 이행지체에 빠져서는 안 된다. 상대방의 채무와 자기채무가 同時履行關係에 있는 경우에 상대방 채무를 이행지체에 빠뜨리기 위해서는 자기채무의 辨濟提供을 함으로써 상대방을 債權者遲滯에 빠뜨려야 한다. 이렇게 하면 상대방은 자기채권에 관해서는 채권자지체에 빠지고 자기채무에 관해서는 이행지체에 빠지게 된다. 예를 들면 매수인이 매도인을 이행지체에 빠뜨리기 위해서는 자기가 지급해야 할 代金을 준비하여 변제제공해야 하며, 매수인이 대금을 변제제공하지 않은 때에는 매도인이 비록 목적물을 인도할 준비를 하지 않았더라도 이행지체로 인한 계약해제를 당하지 않는다.

판례도 쌍무계약에서 상대방의 채무불이행을 이유로 계약을 해제하려고 하는 자는 동시이행관계에 있는 자기채무의 이행을 제공하여야 한다는 입장을 고수하고 있다.

大判 1987. 1. 20, 85다카2197: 쌍무계약에서 채무를 이행함에 있어 상대방의 행위를 필요로 할 때에는 언제든지 현실로 이행을 할 수 있는 준비를 완료하고, 그 뜻을 상대방에게 통지하여 그 수령을 최고하여야만 상대방으로 하여금 이행지체에 빠지게 할 수 있고 단순히 이행의 준비태세를 갖추고 있는 것만으로는 부족하다.

(라) 一部遲滯와 全部解除 급부의 일부분이 이행지체된 경우, 원래 일부이행은 채무의 내용에 좇은 이행이 되지 않으므로 채권자는 원칙적으로 계약 전부를 해제할 수 있다. 그러나 可分給付의 경우 이행된 일부급부가 채권자에게 가치를 갖고 불이행부분의 계약해제만으로도 채권자의 이익이 충분히 보호될 수 있는 때, 또는 불이행부분이 아주 경미한 때에는 신의칙상 계약 전부의

해제는 인정되지 않는다.

〈全部解除가 인정되지 않은 경우〉

大判 1971. 3. 31, 71다352·353·354: 이 사안에서 총매매대금 2,000만원 중 未支給額이 불과 10만 5원일 뿐 아니라 그 미지급액에 대하여 月 5分의 延滯利子가 約定되었는바, 그러한 미지급액이 있다는 이유만으로 매매계약을 해제하는 것은 信義則에 위배되므로 인정할 수 없다.

大判 1966. 5. 31, 66다626: 매매목적물이 一部不足하여 대금감액청구권이 발생하는 경우는 그로 인한 계약 전부의 해제는 허용되지 않는다(大判 1980. 3. 12, 79다1948).

〈全部解除가 인정된 경우〉

大判 1962. 10. 11, 62다420: 계약목적물을 分割하여 이행하기로 약정한 경우 특단의 사정이 없는 한 일부의 채무불이행은 契約 全部에 대한 解除事由가 된다고 한다.

大判 1975. 11. 25, 75다1110: 쌍무계약에서 당사자의 한편이 자기채무의 변제제공을 하고 상대방의 채무이행을 최고하였을 때, 그 최고를 받은 상대방이 일부의 채무이행을 하였을 뿐이라면 그 상대방은 이행지체에 빠지는 동시에 그 후 상당기간까지 나머지 채무이행을 아니하였다면 최고를 한 채권자는 이행지체로 인한 해제권을 취득한다.

(마) 催 告 채권자는 채무자의 이행지체가 있다고 해서 즉시 해제권을 취득하는 것이 아니라 催告를 한 후 상당기간 동안 채무자의 이행이 없는 때에 비로소 해제권을 취득한다.

1) 意 義 최고는 채권자가 채무자에 대하여 채무를 일정한 유예기간 안에 이행할 것을 청구하는 것이다. 최고에는 채무자가 이행할 채무가 명시되거나 당해 채무의 최고라는 점이 주위상황으로부터 인식가능하여야 한다(채무의 동일성). 기한이 있는 채무의 경우에, 채권자는 채무자가 이행지체에 빠진 후 최고를 해야 함이 원칙이지만 이행기 직전에 하는 것도 최고로서 인정된다. 최고는 특별한 형식도 요구되지 않고, 해제에 대한 명시적 경고를 담아야 할 것도 요구되지 않는다. 그 유예기간이 경과하면 채무자의 이행이 있더라도 수령하지 않겠다는 뜻을 명시할 필요도 없다.[1] 최고하는 당사자는 변제제공을 계속할 필요는 없으

1) 大判 1996. 11. 26, 96다35590: ① 쌍무계약의 일방당사자가 이행기에 한번 이행제공을 하여서 상대방을

나 수령준비와 자신의 채무이행준비는 되어 있어야 한다(大判 1982. 6. 22, 81다카1283).

2) 過大催告와 過小催告 최고는 채무의 내용에 좇은 이행을 청구하는 내용이어야 한다. 본래의 채무내용보다 과다한 급부를 요구하는 최고(과대최고)에 의해서는 해제권이 생기지 않을 수 있다. 청구의 과다한 정도가 현저하고 그 외의 경우에는 채권자의 수령거절의사가 분명한 경우에 해제권이 부정된다(大判 1995. 9. 5, 95다19898). 그러나 사회통념에 비추어 볼 때 채무내용에 해당하는 부분에 한하여 최고를 인정해야 할 경우도 있다.[1] 채무의 일부만에 대해 이행청구를 한 경우(과소최고) 원칙적으로 청구부분에 대하여만 최고의 효과가 생긴다.

3) 定期行爲 계약의 성질이나 당사자의 의사표시에 의하여 일정한 시일 또는 일정한 기간 내에 이행하지 않으면 계약목적을 달성할 수 없는 급부를 정기행위라 한다. 정기행위의 이행지체로 즉시 채권자에게 해제권이 생긴다(제545조; 상법 제68조). 이 때 채권자의 최고나 유예기간의 경과는 요건이 아니다. 정기행위는 채무자에게 그 사실이 표시되었거나 계약의 성질에 비추어 객관적으로 추측되는 경우에만 인정된다. 채권자의 표시되지 않은 내심의 동기만으로는 정기행위가 되지 않는다.

4) 期限 없는 債務 채무이행의 기한이 없는 경우 채무자는 이행청구를 받은 때로부터 이행지체에 빠진다(제387조 2항). 해제를 위한 최고는 민법 제387조 2항의 「이행청구」와 본질적으로 같은 것이라고 파악하여 일정기간 안에 이행을 요구하면 되고 이행이 없을 때 해제한다는 표시를 필요로 하지 않는다는 견해(解除意思不要說)[2]가 있는 반면에, 해제를 위한 최고는 일반적인 이행청구와 달리 유예기간 내에 이행행위가 없으면 계약을 해제한다는 의사내용이 담겨 있어야 한다는 견해도 있다(解除意思要件說).[3] 사견으로는 최고시에 해제의사의 표

이행지체에 빠지게 한 경우, 신의성실의 원칙상 이행을 최고하는 일방당사자로서는 그 채무이행의 제공을 계속할 필요는 없다 하더라도 상대방이 최고기간 내에 이행 또는 이행제공을 하면 契約解除權은 소멸되므로 상대방의 이행을 수령하고 자신의 채무를 이행할 수 있는 정도의 준비가 되어 있으면 된다. ② 부동산 매수인이 잔대금지급기일에 잔대금의 이행제공을 하였음에도 매도인이 명도의무를 이행하지 못하여 이행지체에 빠진 경우, 매수인이 매도인에게 상당한 기간 내에 명도의무의 이행이 없을 것을 정지조건으로 하여 미리 해제의 의사표시를 함과 동시에 매도인으로서의 이행을 최고함에 있어서 현실로 이행제공하였던 잔대금으로 양도성예금증서를 구입하여 보관하고 있으면서 자신의 채무를 이행할 수 있는 준비를 하고 있었다면 이는 해제권 발생을 위한 적법한 최고라고 본다.

1) 金亨培, 211에서는 채권자의 진의가 급부되어야 할 본래의 수량을 청구한 것이라고 판단되는 한 최고는 본래의 수량의 범위 내에서 유효하다고 한다.

2) 郭潤直, 146; 金曾漢, 86; 金亨培, 212.

3) 明淳龜, "민법 제544조 본문의 최고와 제387조 제2항의 이행청구의 구별," 고대 안암법학 제3집, 1995, 436. 기한 없는 채무를 해제하기 위해서는 제1단계로서 제387조에 따라 채무자를 이행지체에 빠뜨려야 하

시는 필요하지 않다고 본다.

채무이행의 기한이 없는 경우에 채권자가 이행지체에 빠뜨리기 위하여 이행청구를 하고 나서 해제권발생을 위하여 또 한번의 이행청구(최고)를 할 필요는 없으며, 한번의 이행청구로 이행지체의 책임발생과 해제권발생이라는 두 가지의 법률효과를 얻을 수 있다. 이 때 면제되는 것은 「해제를 위한 최고」일 뿐이고 「상당한 유예기간을 부여할 것」까지 면제되는 것은 아니다. 따라서 이행청구가 있은 후 상당기간이 경과하여도 채무이행이 없는 때에야 비로소 해제권이 발생하게 된다.

(바) 猶豫期間의 經過 채권자는 최고 이후에 채무자에게 이행할 수 있도록 상당한 유예기간을 주어야 한다. 해제권을 행사할 것인가 또는 계약을 계속 유지할 것인가는 해제권자의 자유로운 결정에 맡겨져 있으므로, 채무자는 매우 불안한 위치에 놓이게 된다. 채권자의 자의적인 판단에 따라 채무자의 이익이 침해될 우려가 있으므로, 채무자를 보호하기 위해 유예기간을 부여함으로써 채무자가 그 기간 동안 계약의 준수 여부를 숙고할 수 있도록 배려하는 것이다.[1)]

상당한 기간은 채무자가 이행의 준비 및 이행을 하는 데 필요하다고 객관적으로 인정되는 기간을 말한다. 이 유예기간은 개개의 구체적인 경우에 계약의 종류 · 채무내용 · 거래관행 등을 고려하여 객관적으로 판단되어야 한다.[2)] 확정기한부채무, 불확정기한부채무, 기한 없는 채무에 따라 유예기간이 다르게 정해져야 할 것이다.

해제권은 최고 후 유예기간이 만료한 때에 발생한다. 만약 채권자가 유예기간을 두지 않았거나 너무 짧은 유예기간을 두고 최고를 한 경우에는 최고 자체는 유효하나, 그 이후 상당한 기간이 경과한 후에야 해제권이 발생한다고 해석된다.[3)] 채권자는 유예기간이 경과하여도 채무자의 이행이 없는 때에는 계약을 해제함으로써 계약구속력에서 벗어날 수 있다. 유예기간이 경과한 후에 채무자의 변제제공이 있는 경우에, 채권자는 그것을 수령하지 않고 해제의 의사

고 제2단계로 제544조 본문에 따라 최고 및 상당한 유예기간을 설정해야 하므로, 이행청구와 해제를 위한 최고는 개념상 별개의 것이라고 한다. 다만 이행청구시에 언제까지 이행하지 않으면 해제하겠다는 의사를 표시함으로써 실제로는 한번에 행해질 수 있다고 한다.

1) 같은 취지: 明淳龜, 앞의 글, 431.

2) 大判 1980. 1. 25, 79다1859에서는 부동산매매계약에서 이행지체에 빠진 殘代金의 催告時에 2日의 유예기간을 둔 것을 상당하다고 판시하였다.

3) 같은 취지: 大判 1965. 3. 30, 64다1224; 大判 1979. 9. 25, 79다1135·1136.

표시를 할 수 있다. 만약 채권자가 그것을 수령한 경우에는 해제권은 소멸한다.

(사) 履行拒絶의 경우　채무자가 미리 이행하지 아니할 의사를 표시한 경우에는 최고를 요하지 아니한다(제544조 단서). ① 辨濟期到來: 채무자의 이행거절이 있는 경우에는 변제기를 도과하여 채무자가 이행지체의 상태에 있을 필요가 없다(大判 1993. 6. 25, 93다11821). 이행거절을 제4의 채무불이행유형으로 보는 견해도 있다. ② 拒絶意思: 이행거절의 의사는 명시적으로 표시되어야 하는 것은 아니고 채무자의 행태로부터 추단될 수 있으면 충분하다. 이행거절의 의사를 밝히는 것은 의사표시가 아니라 관념의 통지로서의 성격을 띤다. 채무를 이행하지 아니할 의사의 표명 여부는 계약이행에 관한 당사자의 행동과 계약 전후의 구체적인 사정 등을 살펴서 판단하여야 한다(大判 1992. 2. 28, 91다15584). ③ 辨濟提供의 不要: 쌍무계약에서 일방당사자는 상대방을 이행지체에 빠뜨리기 위해서 자기채무의 변제제공을 하여야 함이 원칙이지만, 이행거절이 있는 경우에는 자기채무의 변제제공을 할 필요가 없다. 변제제공을 하더라도 상대방이 그것을 수령하지 않겠다는 수령거절의 의사도 함께 표명된 것으로 해석되기 때문이다. 판례도 같은 취지로 본다. 매도인과 매수인 사이에 토지매매계약을 체결하면서 매매대금의 지급방법 및 매매토지에 관한 기존의 임대차관계승계 등에 관해 특약을 했음에도 매수인이 매도인의 계속된 특약사항의 이행촉구에도 불구하고 그 특약의 존재를 부정하면서 이를 이행하지 아니한 경우에, 매수인은 그 특약사항을 이행하지 아니할 의사를 분명하게 표시하였다고 할 것이므로 매도인은 자기채무의 이행제공이 없더라도 매매계약을 해제할 수 있다(大判 1997. 2. 28, 97다30257). ④ 催告의 不要: 채무자의 이행거절이 있는 경우에, 채권자는 최고를 할 필요가 없으며 따라서 이행을 위한 유예기간을 허여할 필요도 없다. ⑤ 撤回: 채무자는 이행거절의 의사를 표명했더라도 변제기가 도래하기 전에 그 의사를 철회할 수 있다. 변제기가 도래한 후라도 채권자가 계약해제권을 행사하기 전이라면 아직 채무는 존속하는 것이므로 이행거절의사를 철회함과 동시에 변제제공을 할 수 있다고 해석된다. 이 경우 채권자는 그 제공된 급부를 수령해야 할 것이다. 이행거절의 의사표시가 적법하게 撤回된 경우 상대방으로서는 자기 채무의 "이행을 제공"하고 상당한 기간을 정하여 이행을 "최고"한 후가 아니면 채무불이행을 이유로 계약을 해제할 수 없다(大判 2003. 2. 26, 2000다40995).

(2) 履行不能으로 인한 解除權

(가) 履行不能　채무자의 귀책사유로 인한 이행불능은 해제권의 발생사유

가 된다. 민법은 "채무자의 책임 있는 사유로 이행이 불능하게 된 때에는 채권자는 계약을 해제할 수 있다"고 규정한다(제546조). 이행불능이란 채무자의 이행행위가 사회통념상 불가능하다고 판단되어 채무자에게 그 이행을 기대할 수 없는 경우를 말한다. 해제권 발생요건으로서의 이행불능은 채무불이행의 한 유형으로서의 이행불능과 같은 개념이다(제390조 참조). 채무자의 귀책사유 없는 이행불능은 危險의 문제로 되어, 쌍무계약의 경우에는 채무자위험부담의 원칙에 따라 처리된다(제537조, 제538조).

㈏ **解除權의 發生時期** 이행불능이 생긴 경우에 채권자는 그 즉시 해제권을 취득한다. 아직 채무의 이행기가 되지 않은 때에도 이행기까지 기다릴 필요가 없다. 그리고 채무자에 대한 최고도 할 필요 없다.

㈐ **有償契約의 特則** 매매 및 기타 유상계약에서의 이행불능에 관하여 하자담보책임의 내용으로서 해제권이 발생하는 경우가 있다. 타인의 권리의 매매의 경우, 그 권리이전이 불능으로 된 경우 매수인은 언제나 계약해제권을 갖는다(제570조). 그 경우 선의의 매도인도 계약해제권을 갖는다(제571조).

㈑ **一部不能** 채무의 일부만이 불능으로 된 경우에는 일부지체와 유사한 효과가 발생한다. 채권자는 원칙적으로 계약 전부를 해제할 수 있다. 그러나 可分給付의 경우 이행된 일부급부가 채권자에게 가치를 갖고 불이행부분의 계약해제만으로도 채권자의 이익이 충분히 보호될 수 있는 때, 또는 불이행부분이 아주 경미한 때에는 신의칙상 계약 전부의 해제는 인정되지 않는다.

매매 및 기타 유상계약의 경우에 담보책임에서 일부불능의 경우에 해제권 발생을 규정한다. 권리의 일부가 타인에게 속한 경우나 數量不足 · 一部滅失 등의 일부불능의 경우에는 잔존부분만의 이행이 계약목적에 적합하지 않고 매수인이 선의인 경우에 한해서 매수인에게 계약해제권이 부여된다(제572조 2항, 제574조).

(3) 不完全履行과 解除權

불완전이행의 경우에 채권자에게 해제권을 부여할 것인가에 관해서는 학설이 대립한다.[1]

㈎ **肯 定 說** 채무자의 귀책사유 있는 불완전이행이 있는 경우에 당연히

---

1) 불완전이행의 의의에 관하여 「給付義務 이외의 保護義務 또는 容態義務의 違反」이라는 귀책사유의 특성에 의해 불완전이행을 파악하는 견해가 있다. 郭潤直, 채권총론, 1994, 167; 金亨培, 채권총론, 1998, 221.

그러나 사견으로는 이행행위를 하였지만 그의 불완전성으로 말미암아 채무내용에 좇은 이행이 되지 못하는 경우, 즉 「이행행위의 존재 및 그의 불완전성」을 불완전이행의 특성으로 파악한다. 拙著, 채권총론, 1999, 235 이하.

해제권이 발생한다는 견해이다.[1] 채무불이행책임을 발생시키는 모든 유형이 곧 해제권의 발생사유가 된다는 입장에서 불완전이행도 이행지체와 마찬가지로 해제권 발생사유가 된다고 본다. 다만 민법 제544조의 催告를 요하는가에 관해서는 두 경우를 나누어 완전이행이 가능한 경우에는 최고를 요하고 완전이행이 불가능한 경우에는 최고가 필요 없다고 한다.[2]

(나) 制限的 肯定說　사견으로는 불완전이행의 경우에 원칙적으로 채권자에게 해제권이 발생하지 않지만, 그 불이행의 영향력이 계약의 목적달성을 위협할 정도에 이르른다고 판단되는 경우에 한해서 예외적으로 해제권을 인정하는 것이 타당하다고 생각한다.[3]

민법은 채무불이행책임의 발생에 관하여 포괄적 규정을 두고 있는 데에 반하여, 해제권의 발생에 관하여는 열거주의를 취하여 이행지체와 행위불능만을 해제사유로서 열거하고 있다. 만약 민법의 문언만을 갖고 반대해석을 한다면 불완전이행의 경우에 계약해제권이 발생하지 않는다고 볼 여지가 있다. 그러나 민법의 규정을 문언에만 구속되어 해석하는 것은 옳지 않고, 그 규정의 취지를 탐구하여 그 취지에 맞는 해석을 해야 한다. 민법의 취지는 이행지체나 이행불능처럼 계약당사자가 계약의 목적을 달성할 수 없을 정도로 중대한 채무불이행의 경우에 계약구속력을 푸는 해제권을 부여하려는 것이라고 해석될 수 있다. 불이행의 정도가 경미하여 그 불완전한 부분을 보완하거나 배상하면 충분하고 계약 전체를 해제할 필요는 없는 때에는 해제권을 주지 않는 것이 타당하다.

(다) 판례는 불완전이행의 경우에 계약목적을 달성할 수 없거나 특별한 약정이 있는 경우에 한해서 해제권을 인정함으로써 制限的 肯定說을 취한다. 특히 부수적 채무를 불이행한 데에 지나지 않는 때에는 해제를 허용하지 않는다(大判 2001. 11. 13, 2001다20394).

大判 1968. 11. 5, 68다1808: 계약본래의 목적은 이미 달성되었고 부수적 채무

1) 郭潤直, 154. 金亨培, 220에서는 원칙적으로 불완전이행에 의한 해제권발생을 인정하지만, 계약을 해소시킬 정도로 불완전이행의 정도가 중대하지 않은 경우에는 해제권을 부인함으로써, 제한적 긍정설에 가까운 입장을 보인다.

2) 郭潤直, 154.

3) 독일민법의 해석론으로서도 附隨的 義務의 불이행으로 해제권은 발생하지 않는다고 한다. 영미법에서도 계약의 主된 內容(condition)과 從된 內容(warranty)을 구별하여 전자의 계약위반만이 해제권을 발생시키고, 후자의 계약위반은 손해배상청구권만을 발생시킨다.

의 이행만이 지체중에 있는 때에, 그 불이행으로 인하여 채권자가 계약을 달성할 수 없는 경우 또는 특별한 약정이 있는 경우를 제외하고는 원칙적으로 계약 전체의 해제는 허용할 수 없다.[1]

大判 1976. 4. 27, 74다2151: 매매계약에 있어서 매도인측의 이장의무나 매수인측의 위 약정한 10만원의 잔금지급의무는 모두 위 매매계약에 따른 부수적인 사항들이라 할 것이고 매매당사자 일방은 상대방의 위와 같은 부수적인 사항에 대한 의무 위반을 이유로 그 계약 전체를 해제할 수는 없는 이치라 할 것인즉, 위 한○○이 위 약정한 10만원의 지급을 지체하였다 하더라도 매도인인 피고들이 위 매매계약을 해제할 수는 없다.[2]

大判 1996. 7. 9, 96다14364: 영상물 제작공급계약의 수급인이 내부적인 문제로 영상물제작 일정에 다소의 차질이 발생하여 예정된 일자에 시사회를 준비하지 못한 경우, 그와 같은 의무불이행은 그 계약의 목적이 된 주된 채무를 이행하는 과정에서의 부수된 절차적인 의무의 불이행에 불과하므로, 도급인은 그와 같은 부수적인 의무의 불이행을 이유로 계약을 해제할 수 없다.

(4) 債權者遲滯와 解除權

채권자지체를 원인으로 한 해제권을 인정할 것인가는 채권자지체의 본질을 무엇으로 볼 것인가 하는 학설대립과 연관이 있다. 채무불이행설에서는 채권자지체의 경우 채무불이행의 일반적 효과로서 해제권이 생긴다고 본다. 그러나 법정책임설에서는 채권자지체에 민법이 규정하지 않은 해제권을 인정하여서는 안 된다고 한다.

(가) 肯 定 說 채권자지체란 채권자가 부담하는 수령의무를 위반한 경우로서 채무불이행의 일종이라고 이해하는 견해(債務不履行說)에서는 채권자지체는 채무불이행과 같이 언제나 해제권을 발생시킨다고 한다.[3]

---

1) 같은 취지: 大決 1997. 4. 7, 97마575: 상가의 일부 층을 먼저 分譲하면서 그 受分讓者에게 장차 나머지 상가의 분양에 있어 상가 내 기존 업종과 중복되지 않는 업종을 지정하여 기존 受分讓者의 營業權을 보호하겠다고 約定한 경우, 그 約定에 기한 營業權 보호 債務를 分讓契約의 주된 債務로 본 사례이다.

2) 원판결이 들고 있는 증거를 종합하면 소외 한○○이 위 토지를 평당 230원씩에 매수함에 있어 매수인이 매매대금 중 10만원을 공제한 나머지 돈을 매도인측에 지급하면 매도인은 즉시 소유권이전등기절차의 의무를 이행하여 매매계약을 완결시키기로 하고 다만 대금 중에서 10만원은 매도인측의 분묘 2기의 이장을 담보하기 위하여 위 매매계약과는 별도로 매수인이 보관하고 있다가 위 분묘 2기의 이장을 확인한 후 바로 이를 지급하기로 1966. 9. 2. 매매당사자간에 특약이 있어서 위 한○○은 이에 따라 그 날 위 매매대금 1,335,380원에서 이미 계약금으로 지급한 20만원을 제외한 1,135,380원 중 위 약정한 10만원을 공제하여 보관하고 나머지 1,035,380원 전액을 피고에게 지급한 사실이 인정된다.

3) 郭潤直, 155; 同, 채권총론, 180; 金基善, 한국채권법총론, 147; 金錫宇, 채권총론, 133; 金容漢, 채권총론, 170; 金曾漢, 채권총론, 63; 李太載, 채권총론, 164 등.

(나) 制限的 肯定說 채권자지체의 성격을 법정책임설의 입장에서 파악하므로, 채권자지체는 원칙적으로 해제권 발생사유가 아니라고 하면서, 예외적으로 매매 · 도급 · 임치에서는 수령의무를 인정하고 그 위반시에는 해제권의 발생을 인정하는 견해이다.[1]

(다) 否 定 說 채권자지체란 채권자의 不受領의 경우 민법규정(제400조~제403조)에 따른 불이익을 채권자에게 부담시키는 제도일 뿐이라고 보는 견해(法定責任說)에서는 채권자지체는 해제권의 발생사유가 아니라고 한다.[2] 私見으로는 다음의 근거에서 否定說을 취한다. 첫째, 쌍무계약에서는 두 채무가 동시이행관계에 놓이므로, 하나의 채무(예: 매매목적물의 인도채무)에 관하여 채권자지체가 있는 경우 그 채권자는 다른 채무(예: 대금지급채무)에 관하여는 이행지체에 빠져 있는 것이 보통이므로, 계약상대방은 다른 채무의 이행지체를 이유로 해제권을 취득하게 되어 구태여 채권자지체를 이유로 한 해제권을 부여할 필요가 없다. 둘째, 당사자의 계약목적에 비추어 채권자의 수령 자체가 채무의 성격을 띠는 경우(철거물수거 · 재고품정리 등)에 불수령은 「채무의 이행지체」가 되어 민법 제544조에 따라 해제권이 발생한다(채무불이행에 기한 해제권인정이며 채권자지체에 기한 해제권인정이 아님). 셋째, 독일민법은 매매 · 도급 · 고용에 있어서 채권자의 引受義務(Abnahmepflicht)를 규정하고 있음에도 불구하고(독민 제433조 등) 채권자의 인수의무 위반이 해제권을 발생시키지 않음이 원칙이다. 우리 민법은 이와 같은 인수의무를 규정하지 않는데, 그 해석으로서 채권자지체로 인한 해제권을 일반적으로 인정하는 것은 부당하다.

(5) 事情變更과 解除權

계약당사자 사이에 해제권유보약정이 없는 경우에도 사정변경의 원칙을 기초로 계약해제권의 발생을 인정할 것인가에 관해서는 학설이 대립한다.[3]

(가) 肯 定 說 사정변경의 원칙은 신의성실의 원칙의 파생법리로서 우리 민법상 간접적으로 인정되고 있으며, 그에 기초하여 일정한 경우 당사자에게 해제권이 인정되어야 한다는 견해이다.[4] 이 견해는 해제권의 발생요건으로서

---

1) 金亨培, 222; 同, 채권총론, 316.

2) 崔栻, 신채권총론, 1963, 209; 拙稿, "채권자지체," 민법학논총, 1985, 370 이하.

3) 金在文, "사정변경의 원칙과 전통법 — 조선왕조의 법규정 · 판례 —," 사법행정 1991년 1월호에서는 "개화기 이전까지의 우리 전통 법제에서는 신의를 중요시하므로 사정변경에 따른 계약내용의 변경 · 해제를 인정하지 않았다"고 한다.

4) 郭潤直, 159; 金疇洙, 142; 金曾漢, 95; 李太載, 117; 黃迪仁, 175; 金容漢, "사정변경의 법리," 건국대 학술지 제12집, 280; 白泰昇, "독일 행위기초론의 발전과 최근동향," 저스티스 제25권 1호, 1992; 同, "사정변경의 원칙," 고시연구 1999년 6월호; 李英俊, "사정변경의 원칙에 관한 연구," 사법논집 제5집, 67 이하; 鄭照根, "사정변경의 원칙," 現代民法論, 고시원, 1982, 66(同著, 건국대박사학위논문(1981)도 같은 취지).

다음의 요건을 든다. ① 事情變更: 당사자가 예상하지 않았고 또한 예상할 수 없었던 현저한 사정의 변경이 생겼을 것. 객관적 사정의 변경에 한정된다. ② 歸責事由 不在: 그 사정변경은 해제권을 취득하는 당사자의 귀책사유 없이 생겼을 것, ③ 發生時期: 계약성립 후 그 이행완료 이전에 사정변경이 생길 것, ④ 信義公平에 어긋나는 結果: 계약내용대로의 구속력을 인정하면 신의칙에 어긋나는 결과가 생길 것.

(나) 否 定 說　사정변경의 원칙을 민법의 일반원칙으로 인정함으로써 계약구속력을 부인하는 것에 반대하는 견해이다.[1] 만약 전혀 예견치 못한 사회적 · 경제적 격변으로 인하여 기존의 계약관계의 불균형이 극심하게 될 경우에는 특별법의 제정에 의하여 특정된 계약유형에서 구체적인 요건 아래서만 예외적으로 인정될 수 있을 뿐이라고 한다.

(다) 制限的 肯定說　私見으로는 사정변경으로 인한 해제권의 발생요건을 戰時나 또는 그에 준하는 위기상황으로 엄격히 제한하겠다. 긍정설의 요건에 「사정변경을 인정하는 법률의 규정이 있거나, 또는 戰時 · 기타 심각한 위기상황이 발생하였을 것」이라는 요건을 추가한다. 그리고 해제제도와 별도로 「契約拘束力否認의 法理」를 신의칙상 인정하여 계약상의 채무이행을 요구하는 것이 객관적으로 부당하다고 판단될 정도의 사정변경이 생긴 경우에는 바로 (당사자의 해제권행사 여하에 좌우되지 않고) 계약구속력을 부정하여 채무를 소멸시키는 것이 타당하다.[2] 다만 일방당사자가 이미 이행을 하였거나 이행의 제공을 한 경우에는 계약구속력을 부인해서는 안 될 것이다.

제한적 긍정설의 근거로서는, 첫째 현저한 사정변경이라는 추상적 요건 아래 계약해제라는 중대한 효과를 인정하는 것은 법운영을 자의에 빠뜨리게 할 우려가 있으므로 지양되어야 한다. 해제권발생을 광범위하게 인정하는 긍정설에 따르면 당사자가 예상치 못한 현저한 사정변경이란 요건만으로는 무엇을 계약의 기초사정으로 볼 것인가, 또는 어떤 경우 현저한 사정변경이 있다고 볼 것인가의 구체적 기준을 전혀 마련해 주지 않는다. 만약 그 요건뿐이라면 계약체결 후의 인플레이션 · 지가상승 · 하락이 생긴 경우 해제권이 생기게 될 것이며, 또한 투기성 있는 거래에서 불리한 거래상황이 생긴 경우 계약의 이행을

---

1) 註釋 債權各則(I), 253~260(金旭坤 집필부분).

2) 같은 취지: 金東勳, "영미계약법에서 사정의 변경과 위험분배의 원칙," 인권과 정의 1996년 12월호, 97에서는 "계약과 사정의 변경이라는 제목하에서 다루는 영역은 계약의 위반이 아니고 계약책임으로부터의 면책이라는 점에서 접근한다"고 소개한다.

거절하는 사태가 생기게 되어 계약질서를 해치게 될 것이다. 다만 일정한 사정변경의 경우에 해제권발생을 유보해 놓는 당사자 사이의 약정이 있는 경우는 해제권의 행사를 허용해도 무방할 것이다.

둘째, 사정변경의 원칙에 기초한 법률효과로서는 꼭 필요한 경우 계약구속력을 부인하는 쪽으로 이론구성되어야 한다. 긍정설은 그 효과로서 계약해제권의 발생(단 손해배상청구권은 인정치 않음)을 인정한다. 그러나 독일의 행위기초상실이론, 프랑스 불예견이론, 영미의 계약목적 달성불능이론[1]에서는 그러한 사정변경으로 계약구속력을 유지시키는 것이 부당하다고 판단되는 경우에는 계약구속력을 부정하거나 계약관계를 해소시킨다.

㈑ 判 例 판례는 부정설 또는 제한적 긍정설을 취하는 것으로 이해된다. 판례가 사정변경으로 인한 해제권발생을 완전히 부인하는 입장을 취하는 것인지, 제한적 긍정설과 같이 戰時 및 이에 준하는 非常時에는 해제권을 발생시키는 취지인지는 분명치 않다. 판례는 "매매계약을 맺은 때와 그 잔대금을 지급할 때와의 사이에 장구한 시일이 지나서 그 동한 화폐가치의 변동이 극심하였던 탓으로 매수인이 애초에 계약할 당시의 금액표시대로 잔대금을 제공한다면, 그 동안에 앙등한 매매목적물의 가격에 비하여 그것이 현저하게 균형을 잃은 이행이 되는 경우라 할지라도 민법상 매도인으로 하여금 사정변경의 원리를 내세워 그 매매계약을 해제할 수 있는 권리는 생기지 않는다"고 함으로써 인플레이션에 따른 해제권발생을 부인한다(大判 1963. 9. 12, 63다452).[2] 그러나 계속적 계약에 관하여 "설사 보증기간이 정하여졌다 하더라도 회사퇴사와 같은 중대한 사정변경의 경우 해지권발생에 영향이 없다"고 하여 사정변경으로 인한 解止權은 인정한다(大判 1990. 2. 27, 89다카1381)(사정변경에 의한 解止權에 관하여는 뒤에 설명함).

大判 1955. 4. 14, 4286민상231: 채권을 발생시키는 법률행위 성립 후 당시 환경이 된 사정에 당사자 쌍방이 예견 못하고 또 예견할 수 없었던 변경이 발생한 결과 본래의 급부가 신의형평의 원칙상 당사자에 현저히 부당하게 된 경우에 있어서 당사자가 신의형평의 요구하는 바에 따라 그 급부의 내용을 적당히 변경할 것을 상

1) 참고문헌: 金學東, "영미법상의 Frustration 법리," 계약법의 특수문제, 私法硏究會 편, 삼영사, 1983.
2) 이 판례는 舊民法下의 동일취지의 판례인 大判 1955. 12. 8, 4288민상423을 그대로 답습한 것이다. 그 밖에 大判 1974. 4. 30, 73다1465에서는 사정변경이 있었는가의 판단은 법관의 자유판단에 속하는 것으로 上告나 再審의 사유가 되지 않는다고 한다.

대방에게 제의할 수 있고 상대방이 이를 거절하는 때에는 계약을 해제할 수 있다는 규범인 소위 사정변경의 원칙은 민법의 해석상 용납되지 않는다.

大判 1990. 2. 27, 89다카1381: 계속적 보증계약 성립 당시의 사정에 현저한 변경이 생긴 경우에는 보증인이 그 보증계약을 사정변경을 이유로 해지할 수 있다고 보아야 한다. 회사 임원 등이 회사의 요구로 회사채무의 보증인이 된 후 퇴사한 때에는 보증계약 성립 당시 사정에 현저한 변경이 생긴 경우에 해당한다.

事情變更에 의한 契約變更 · 契約解消

사정변경에 기하여 계약의 解除權 · 解止權을 인정하는 것은 계약당사자에게 계약을 유지할 것인가 종료시킬 것인가를 선택하게 해 준다. 이러한 선택권은 당사자의 의사를 존중하는 듯 하지만, 일방당사자가 자기에게 불리한 상황이 전개될 경우에 사정변경을 기화로 계약을 해제 · 해지하려는 반면에 상대방은 계약을 유지하고 싶어함으로써 분쟁을 야기한다는 부작용을 갖는다.

사정변경을 객관적으로 판단한다면, 그 법률효과에 있어서도 당사자의 의사에 좌우되지 않도록 객관적 효과를 부여해야 할 것이다. ① 契約의 變更: 계약체결 당시에 기초가 된 사정과 이행기의 상황의 변화를 고려하여 계약내용을 변경시키는 것이다. 이러한 계약변경은 법률 · 긴급명령에 의해 일률적으로 하거나 또는 법관의 판단에 따라 개개 소송사건에서 행해질 수 있다. ② 履行의 猶豫: 채무의 이행에 장애가 되는 사정이 생긴 경우에 그 장애가 사라질 때까지 이행을 유예해 주는 것을 말한다. 원래 불가항력적 사유가 있을 때에는 채무자의 불이행책임은 발생하지 않지만, 계약해제권은 발생할 수 있는데(학설대립 있음) 이를 방지하려는 것이다. ③ 契約의 解消: 사정변경이 생김으로써 계약관계를 유지하는 것이 부당하다고 판단될 때, 당사자의 해제 · 해지를 기다리지 않고 법률 · 명령 · 판결에 의해 계약관계의 종료를 선언하는 것을 말한다.

事情變更으로 인한 解除權留保約定

당사자가 계약을 체결할 때에는 그것이 명시되었든 아니든 일정한 전제조항, 즉 계약의 기초사정이 존재하기 마련이다. 당사자가 급격한 경제사정의 변화(인플레이션 등) 등 기초사정의 변화가 있을 경우 계약을 해제할 수 있다는 약정해제권을 유보해 놓은 경우에는 예정된 해제사유의 충족으로 해제권이 발생한다. 계약금이 수수된 계약에서는 상대방이 이행에 착수하기까지 해제가능하므로 계약체결 후의 사정변경에 탄력적인 작용을 한다. 건축계약에서는 건축자재의 급격한 가격인상 조달곤란으로 인한 계약변경권과 계약해제권을 유보해 놓는 경우가 많다.

4. 解除權의 行使

(1) 解除의 意思表示

(가) 一方的 意思表示　해제권자는 상대방에 대한 해제의 의사표시로 그의 해제권을 행사한다(제543조 1항). 이 의사표시는 상대방 있는(따라서 상대방에게 도달을 요하는) 일방적 의사표시로서 상대방의 동의나 승낙은 필요하지 않다.[1] 해제의 상대방은 계약의 타방당사자이다. 의사표시에 관한 행위능력, 의사와 표시와의 불일치, 도달, 대리 등의 민법총칙의 규정은 이 의사표시에 적용된다. 해제의 의사표시도 대리인에 의해 대리시킬 수 있다. 그러나 계약체결의 대리권을 가진 자가 당연히 계약해제의 대리권도 가졌다고는 볼 수 없다(같은 취지: 大判 1987. 4. 28, 85다카971).

(나) 撤回의 禁止　해제의 의사표시는 철회하지 못한다(제543조 2항). 해제권의 행사는 당사자의 계약관계에 중요한 영향을 미치는 형성권의 행사이므로, 그를 임의로 철회할 수 있도록 하면 법률관계의 불안정을 초래하게 되기 때문에 그를 금한다. 그러나 민법 제543조 2항은 강행규정이 아니므로 당사자의 합의에 의해 해제의 의사표시를 철회할 수 있다.

(다) 解除權者의 意思表示　해제의 의사표시가 효력을 갖기 위해서 표의자가 해제권을 갖고 있을 것이 요건으로 됨은 당연하다. 그 밖에 해약금에 의한 해제권행사에 있어서는 해약금의 지불도 요구된다(제565조). 약정해제권의 경우에는 별도의 행사요건을 정할 수 있다.

(라) 意思表示의 看做　상인간의 확정기매매에 있어서는 일방당사자가 이행기에 이행하지 않은 때에 상대방이 즉시 그 이행을 청구하지 아니하면 계약을 해제한 것으로 본다(상법 제68조). 그러므로 채무불이행만 있으면 해제의 의사표시는 필요하지 않다. 오히려 채권자가 계약채무를 존속시켜 늦게라도 이행을 받고 싶을 때에는 그러한 의사를 표시해야 한다.

(마) 信義則에 어긋나는 解除　해제권자가 해제권을 행사할 뜻이 없음을 간접적으로 표명하거나, 해제권이 발생한 후 상당히 오랜기간이 지나는 등의

1) 大判 1988. 10. 11, 87다카2503은 계약의무의 방치를 묵시적 해제로 해석한다.

이유로 인하여 해제권의 행사가 신의칙에 어긋난다고 판단되는 경우에는 해제할 수 없다.

大判 1990. 4. 27, 89다카14080·14097: 임야매매계약의 매수인이 계약에 따른 잔대금지급의무를 이행하지 않는 것이 매도인이 매수인의 잔대금지급의무보다 먼저 이행하여야 할 임야 위의 분묘들의 이장의무를, 대한주택공사에 의하여 분묘들이 모두 이장될 때까지 무려 5년 동안이나 지체하였기 때문에 비롯된 것으로서, 분묘들의 이장은 대한주택공사가 협의에 의하여 이 사건 토지를 취득한 뒤에 완료되어 위 임야를 택지로 개발하여 주택을 건축하려던 매수인에게는 아무런 의미도 없게 되었을 뿐만 아니라 매수인은 매도인이 이 사건 소송을 제기하여 매매계약을 해제할 때까지 매매계약의 효력이 여전히 지속되고 있다고 신뢰하여 온 점이 인정된다면, 오랫동안 선이행의무의 이행을 지체하여 온 매도인이 매매계약이 체결된 날로부터 무려 7여년이 경과한 뒤에 매수인의 위와 같은 신뢰에 반하여 매수인에게 잔대금지급의무를 이행하지 않으면 계약을 해제하겠다는 취지의 통고도 한번하지 아니한 채 바로 소송을 제기함으로써 매매계약을 해제한 것은 신의성실의 원칙에 반하는 것이라고 인정될 수 있다.

(2) 解除의 不可分性

(가) 不可分의 原則　　계약당사자의 일방 또는 쌍방이 數人인 경우에 해제 또는 해지의 의사표시는 그 전원으로부터 전원에 대하여 하여야만 해제 · 해지의 효과가 생기는데(제547조 1항), 이러한 속성을 「多數當事者의 契約에서 解除의 不可分性」(解止의 경우에도 불가분성이 요구됨)이라고 한다. 예를 들면 동업자 甲·乙이 그의 고객 丙과 매매계약을 체결한 경우 甲·乙은 공동명의로 丙에 대해 해제의 의사표시를 하여야 한다. 또 A·B가 공동으로 C의 집을 賃借한 경우 C는 임대차해지의 의사표시를 A와 B의 양자에 대하여 하여야만 해지의 효과가 생긴다. 甲이 乙의 대리인으로서 의사표시를 하거나 A가 B의 대리인으로서 의사표시를 수령하는 것은 허용된다(공동상속으로 인한 계약당사자의 다수는 제547조 적용 없음. 大判 1992. 6. 9, 92다9579.)[1].

(나) 認定根據　　해제의 불가분성은 해제권의 형성권으로서의 성질과 조화

1) 大判 1993. 2. 23, 92다50805: 매매계약의 매수인으로서 甲 외에 3인이 더 있었지만 甲이 매매계약체결시부터 계약해제통지를 받을 때까지 매수인측을 대표하였고 매매계약서에도 「甲 외 3인」으로 표시되었으며 매도인이 다른 매수인도 만난 적이 없는 경우에, 甲 외의 다른 매수인들은 甲에게 매매계약해제의 통지를 수령할 수 있는 권한을 포함한 매매계약에 관련된 모든 권한을 위임하였다고 봄이 상당하므로, 매도인으로서는 甲에 매매계약의 해제를 통고함으로써 매수인들 전원에 대한 해제의 의사표시를 적법히 하였다고 본다.

를 이루기 위해 인정된다. 하나의 계약에서 생긴 다수당사자의 권리·의무는 그 계약의 존속을 기반으로 공동운명을 갖는 것이 요구되므로, 계약의 종료를 초래하는 해제도 계약의 모든 당사자에게 동일한 영향을 미쳐야 한다. 계약의 종료와 같이 중대한 영향을 미치는 의사표시는 전원이 전원에 대하여 함으로써, 각 당사자가 계약체결에서와 마찬가지로 해제에 능동적 또는 수동적으로 참여할 기회를 주고자 하는 취지에서 해제의 불가분성이 요구된다.

(다) 異時의 意思表示　해제의 의사표시는 全員으로부터 全員에 대하여 하면 되고 반드시 共同으로 同時에 행해질 필요는 없다. 그 의사표시가 개별적으로 다른 때에 행해진 경우에는 마지막 의사표시의 도달로 해제의 효력이 생긴다. 전원의 또는 전원에 대한 의사표시가 행해지지 않은 경우, 이미 행해진 의사표시는 곧 무효가 되지 않고(流動的 無效), 나머지 사람의 의사표시를 기다려 함께 유효한 의사표시를 구성하게 된다. 그러나 나머지 사람의 의사표시를 기대할 수 없는 사정이 있거나 상당기간이 지나도 그들의 의사표시가 없는 경우에는 無效로 된다.

(라) 消滅上 不可分性　다수당사자의 계약에서 해제권이 1인의 당사자에 대하여 소멸한 때에는 다른 당사자에 대하여도 소멸한다(제547조 2항).

§14. 解除의 效果

1. 概　說

계약해제로 인하여 발생하는 고유한 효과는 「계약구속력으로부터의 해방」 및 「원상회복의무의 발생」이며, 이 밖에 해제사유인 채무불이행으로부터 발생한 「손해배상의무」가 해제 이후에도 존속하게 된다.

(1) 契約拘束力으로부터의 解放

해제의 효과 중에서 핵심을 이루는 것은 「해제로 인하여 원래의 계약구속력 및 계약채무는 소멸한다」는 것이다(계약이 소급적으로 소멸하는가에 대하여는 학설대립 있음). 해제로 말미암아 당사자가 계약을 통하여 달성하고자 하였던 목적은 포기된다. 계약상대방의 채무불이행으로 계약을 더 이상 유지하고 싶지 않은 계약당사자는 해제권을 행사하여 계약구속력에서 벗어날 수 있다. 예를 들면 동시이행의 매매계약에서 일방당사자의 채무불이행으로 변제기에 이행이 완료되지 못한 경우에, 상대방은 늦게라도 본래의 급부와 지연배상금을 수령하고 자기채무를 이행할 것인가 또는 계약을 해제하여 본래의 급부를 수령하지 않고 지연배상금만 수령하고 자기의 채무를 면할 것인가의 두 가지 진로 중 하나를 선택할 수 있다. 계약해제의 실제적 기능은 쌍무계약에서 해제권자가 자기의 채무를 면함으로써 계약구속력에서 벗어나 다른 계약상대방을 선택할 수 있는 자유를 갖게 된다는 점이다. 해제권을 가진 매도인은 매수인에게 팔 것인지 아니면 다른 구매자를 물색할 것인지를 선택할 수 있고, 해제하는 경우에 다른 매수인에게 종전보다 비싼 가격으로 매도할 수 있는 기회를 얻게 된다. 계약이 해제되었음에도 계약이 존속함을 전제로 상대방이 계약상 의무의 이행을 구하는 경우 계약을 위반한 당사자도 해제의 효과를 주장하여 이행을 거절할 수 있다(大判 2001. 6. 29, 2001다21441 · 21458).

(2) 原狀回復義務

해제는 그 이전에 급부를 수령한 당사자에게 원상회복의무를 부담시킨다(제548조 1항). 계약의 해제 이전에 이미 채무가 이행된 경우에 그 이행된 급부는 원래의 상태대로 회복되어야 한다(원상회복의무의 성격과 범위에 대하여는 학설의 대립이 있음). 예를 들면 매매계약에서 매도인이 선이행하였으나(신용매매) 매수인이 약속한 날 대금지불을 하지 않아 매도인이 해제한 경우에, 매수인은 인도받은 목적물을 매도인에게 반환하여야 하고 만약 매도인이 매수인으로부터 계약금이나 중도금을 받은 때에는 그를 반환하여야 한다. 이 때 반환할 금전에는 그것을 받은 날로부터 이자를 가하여야 한다(제548조 2항).

(3) 損害賠償義務

계약의 해제는 손해배상의 청구에 영향을 미치지 않는다(제551조). 손해배상의무는 해제 전에 이행기가 도래한 채무의 불이행으로 인해 발생한 것이다(제390조). 원상회복은 채무이행으로서 급부한 것의 반환을 청구하는 것인 반면에, 손해배상은 채무불이행으로 발생한 손해를 전보하려는 것이므로 양자는 성격을 달리한다. 이미 발생한 손해는 해제권의 행사만으로는 전보될 수 없으므로 그 손해에 대한 배상금을 지급해야 한다. 예를 들면 결혼식에 사용할 장소를 계약한 사람(임차인)은 임대인의 약속 위반으로 급히 다른 장소를 마련하기 위해 지출한 비용 및 결혼식이 원만하게 치루어지지 못함으로 받은 정신적 고통에 대한 손해배상을 청구할 수 있으며, 그 손해배상청구와 그가 선불한 장소사용료의 반환청구는 양립된다.

2. 解除의 效果에 관한 理論

(1) 獨逸의 學說

독일민법은 해제의 효과에 관하여 "각 당사자는 수령한 급부를 반환할 의무를 진다"는 원상회복의무만을 규정한다(독민 제346조 앞문장). 원상회복의무와 관련하여 勞務를 급부한 경우 및 물건을 사용시킨 경우에는 그 가치를 배상하거나 계약에서 정한 대가를 지급해야 한다고 함으로써 원상회복의 내용을 명확히 규정한다. 그러나 해제와 손해배상은 양립할 수 없는 것으로 되어 있다. 해제의 본질이 무엇인가에 관해서 독일민법은 명확히 말하고 있지 않으며 학설에 맡겨져 있다.

해제효과의 이론구성에 관한 학설대립은 19세기 말 독일민법 제정 당시의 直接效果說과 間接效果說에 기인한다. 당시 해제의 효과에 관한 독일이론의 중점은 거래의 안전을 위해 해제의 물권적 효력을 차단하는 데에 있었다.[1] 그리하여 독일민법 제1초안은 간접효과설의 입장에서 입법하였었다. 間接效果說은 해제의 효과로서 未履行債務에 대해서는 항변권이 생기고, 이미 이행된 급부에 대해서는 원상회복청구권이 생기며, 그 원상회복의무의 이행에 의해 비로소 계약관계가 소멸한다고 이해하였다.[2] 그러나 그 후 심의과정에서 간접효과설의 입장에서 벗어나 독일민법 제346조는 해제의 효과로서 각 당사자는 수령한 급부를 반환할 의무를 진다는 직접효과설에 가깝게 규정되었다. 독일민법 제정 직후에는 이 규정이 직접효과설을 취하여 해제에 의한 계약의 소급적 소멸과 그로 인한 부당이득반환청구권을 정한 것으로 해석되었다.[3] 직접효과설에 따라 해석하더라도 독일의 물권법은 물권행위의 무인성을 인정하는 결과(지배설) 해제로 인해서는 채권적 효과밖에 생기지 않으므로 거래안전은 보호된다.

그러나 독일민법 시행 이후에는 清算關係說이 독일의 다수설의 위치를 차지하게 되었다.[4] 청산관계설은 간접효과설과 같이 해제효과를 비소급적으로

1) 프랑스민법의 해제제도는 제1184조 1항에서 「쌍무계약은 항상 일방당사자가 채무를 이행하지 않은 경우의 해제조건을 포함한다」고 규정함으로써 물권적 효과를 갖는다.

2) 독일의 L. Cohn, Dernburg, Crome, Endemann에 의해 주장되었다.

3) 간접효과설은 Oertmann, Cosack, Enneccerus 등의 학자에 의해 주장되었으며, 독일민법 직후에도 계속 지배설의 위치를 차지했었다.

4) 청산관계설은 종래의 折衷說(Hellwig, Kipp, Seckel)의 일종으로서 Stoll과 E. Wolf 등에 의해 주장되었다. 返還債務關係說이라고도 한다. Stoll, Rücktritt und Schadensersatz, *AcP*. 131(1930), S. 141ff.; Ernst Wolf, Rücktritt, Vertretenmüssen und Verschulden, *AcP*. 153. 102ff. 1975년 레저 교수가 계약해제에 관한 교수자격논문을 발표하고 나서 청산관계설은 지배설로 정착하였다. Leser, *Der Rücktritt vom Vertrag, Abwicklungs-*

구성하나. 미이행채무는 해제에 의해 장래에 대하여 소멸한다고 이해하는 점에서 간접효과설과 차이를 갖는다. 그리고 해제는 원래의 계약관계를 원상회복의 채권관계인 반환채무관계(Rückgewährverhältnis)로 변형시키며, 이 반환채무관계는 부당이득반환의 법정채무관계가 아닌 原契約關係의 變形이라고 설명한다.[1)]

(2) 우리의 學說

우리 민법의 해석론으로서는 直接效果說과 淸算關係說이 대립하고 있으며, 우리 나라에서는 독일과 같은 간접효과설은 뚜렷하게 주장된 바 없다. 우리 민법 아래에서 해제의 효과를 어떻게 파악하는가 하는 문제는 해제 이전에 생긴 물권변동의 효과를 소멸시키는가 아닌가 하는 문제와 관련을 갖고 있다.

(가) 直接效果說　해제에 의하여 계약은 폐기되고 마치 처음부터 계약이 존재하지 않았던 것과 같은 상태로 되어 계약에 기초한 모든 債權關係는 遡及的으로 消滅한다는 견해이다.[2)] 그 근거로서는 첫째, 해제자의 의도가 처음부터 계약을 체결하지 않은 것처럼 모든 채권관계를 소급적으로 소멸시키려는 것이므로 그 의사에 맞게 해석해야 한다고 주장한다. 둘째, 민법 제548조는 해제로 인한 채무의 소급적 소멸을 전제로 한 것으로서 그 원상회복의무는 부당이득반환의무의 성격을 띤다고 주장한다. 특히 민법 제548조 1항 단서에 의해 이 소급효는 제3자 보호를 위하여 制限을 받는데, 이런 단서를 두는 것은 직접효과설에서 의미를 갖는다고 한다.

근래 직접효과설은 채권의 소급적 소멸에 대해 다음과 같은 예외를 인정한다(이러한 수정적 견해를 新直接效果說이라고도 하는데, 현재에는 대개 이 수정적 견해를 취한다). 첫째, 해제의 직접적 소멸효과는 旣履行給付의 返還關係까지 소멸시키는 효과를 야기하지는 않으며, 기이행급부의 반환은 다른 법리에 의해 해결되어야 한다고 설명한다.[3)] 계약당사자가 해제 이전에 채무를 이행한 경우에, 그 급부는 법률상 원인 없는 이득으로 되어 수령자는 不當利得返還義務를 부담하게 되지만, 선의의 반환범위를 현존이익에 한정하는

---

verhältnisse und Gestaltungsbefugnisse bei Leistungssorungen, 1975. 그 밖에 청산관계설은 Larenz, Esser-Schmidt, Fikentscher, Medicus 등의 학자에 의해 지지되고 있다.

1) 일본의 학설로서는 直接效果說로서 物權的 效果說(我妻, 柚木) · 債權的 效果說(末川) · 相對的 遡及效說(高森), 그리고 間接效果說로서 物權的 效果說(山中) · 債權的 效果說(篠塚)이 주장되며, 최근유력설로서 淸算關係說(川村, 山下, 松坂, 北村)이 주장되고 있다.

2) 郭潤直, 168 이하; 金旭坤, "해제의 효과에 관한 법리 소고," 황적인화갑기념 손해배상법의 제문제, 박영사, 1990, 727 이하; 梁彰洙, "해제의 효과에 관한 학설들에 대한 소감," 민법연구 제3권, 박영사, 1995, 273 이하.

3) 金旭坤, 앞의 글, 741.

민법 제748조 1항은 적용하지 않고 해제로 인한 원상회복의 경우에는 선의의 반환의무자라도 이득전부 또는 가액전부를 반환해야 한다고 설명한다.[1] 둘째, 해제로 인한 소급적 소멸은 이미 발생한 損害賠償請求權을 해하지 않는 범위로 한정된다고 한다.[2] 해제는 법률행위로서의 계약관계, 즉 계약의 법률적 효과로서 발생하는 채권관계만을 소급적 소멸시킬 뿐 채무불이행이라는 비법률적 사실은 그대로 둔다고 한다.[3] 셋째, 해제의 직접적 효과는 선의의 제3자의 권리취득을 방해하지 않는 범위 내에서 인정된다고 한다. 민법 제548조 1항 단서보다 확대하여 해제의 의사표시 이후 말소등기 이전에 생긴 선의의 제3자까지 보호할 필요가 있으므로 이 기간중에도 채권의 소급적 소멸은 제한을 받게 된다.[4]

당사자가 해제 이전에 채무의 이행으로서 등기나 인도를 완료하여 이미 소유권이 이전된 경우에, 해제의 직접적 효과로서 소유권이전의 효과도 소급하여 소멸하는가에 관해서는 직접효과설을 취하는 학자들 사이에서도 견해가 대립한다. 물권변동의 소급적 소멸을 인정하는 이론을 「物權的 效力說」, 그를 부인하는 이론을 「債權的 效力說」이라 한다.

1) 債權的 效力說　계약해제의 효과로서 소급적으로 소멸하는 것은 채권행위에 한정되며 물권행위는 이로부터 직접 영향받지 않고 존속하므로 해제 이전에 행해진 소유권이전은 해제 후에도 유효하며, 양도한 계약당사자는 양수인에 대하여 소유권을 반환하라는 채권적 청구권만을 갖게 된다는 견해이다.[5] 채권적 효력설은 物權行爲의 無因性을 인정하는 입장에 서므로, 물권행위와 그 원인행위인 채권행위는 각각 효력요건을 달리하고 채권행위의 효력상실이 물권행위에 직접 영향을 미치지 않는다고 본다. 해제의 직접적 효과로서 채무는 소급적으로 소멸하여 급부수령한 당사자에게 부당이득반환의무가 생기고, 그 반환의무의 내용은 등기나 인도에 의해 이전받은 물권을 반환하는 것이라고 한다. 당사자는 반환을 위한 물권행위를 다시 해야 할 채무를 부담할 뿐이며 해제로 직접 물권이 복귀되는 것은 아니라고 한다.

2) 物權的 效力說　계약해제의 효과로서 이미 행해진 물권변동의 효과가 소급적으로 소멸하고 따라서 목적물의 소유권은 전소유자에게 자동적으로

1) 郭潤直, 176; 金旭坤, 앞의 글, 744.
2) 郭潤直, 180; 梁彰洙, 앞의 글, 278.
3) 金旭坤, 앞의 글, 747.
4) 郭潤直, 175.
5) 金基善, 96; 金錫宇, 134; 金疇洙, 148; 金曾漢, 102; 金顯泰, 83.

복귀한다는 견해이다.[1] 물권적 효력설은 物權行爲의 有因性을 인정하는 입장이다. 물권행위의 무인성을 부정하고 채권행위와 물권행위를 유인관계로 파악하는 입장에 서므로, 해제된 계약에 기하여 이미 행하여진 이행행위와 등기·인도로 물권변동이 발생하고 있더라도 원인행위인 채권계약이 해제되면 일단 이전하였던 권리는 당연히 復歸한다고 해석한다.

(나) 淸算關係說 계약해제로 인하여 종전의 계약구속력은 소멸하고 계약은 청산관계로 변형된다는 견해이다.[2] 해제할 때까지 이행되지 않은 채무는 소멸되지만, 해제 이전에 이행된 채무는 청산관계에서 원상회복의무를 발생시킨다고 한다. 해제의 이러한 효과를 계약구속으로부터의 해방효(Befreiungswirkung)라고도 한다. 따라서 해제에 의해서 미이행채무는 장래에 향하여 소멸하게 되나, 기이행채무의 경우에는 그 계약채무는 소멸하지 않고 반환채무관계로 변형하는 기초가 된다.

직접효과설과 같이 계약의 소급적 소멸을 인정할 경우에 해제 이후의 법률관계를 부당이득반환의 법정채권관계로 파악하는 문제점이 있다고 지적하고, 청산관계설은 해제 이후에도 청산의 완료시까지 계약관계가 존속한다고 본다. 원상회복의무의 기능은 일방당사자의 채무불이행으로 계약이 해제되었으므로 이미 반대급부를 이행한 상대방이 그 반대급부에 대하여 처음부터 이행되지 않았던 상태의 회복을 구하여 급부와 반대급부 사이에 등가적 균형을 유지시키고자 하는 것에 있다고 한다. 따라서 해제시의 원상회복의무는 법률행위에 기초한 것으로서 부당이득반환의무와 같은 법정채무관계가 아니라고 한다.[3]

해제로 인하여 원래의 채권관계는 계약의 청산을 목적으로 하는 반환채권관계로 변하는데, 이는 원래의 채권관계와 연속성 내지 동일성을 가지면서 다만 내용상의 변용이 생겼을 뿐이라고 한다.[4] 청산관계설은 해제의 효과를 비소급적으로 구성함으로써 원상회복의무와 손해배상의무가 원래의 채권관계와 연속성을 가진다고 보는 결과, 손해배상책임의 근거가 채무자의 귀책사유로 인한

---

1) 郭潤直, 170 이하; 李太載, 106; 金旭坤, 앞의 글, 751.

2) 金曾漢, 100; 金亨培, 231 이하; 金龍潭, "解除의 效果에 관한 一考察," 司法行政 1983년 5월호 · 7월호 · 11월호; 同, "雙務契約을 淸算하는 여러 가지 制度에 관하여," 民事法의 諸問題, 1984; 金亨培, "解除의 效果에 관한 法理構成," 考試硏究 1978년 10월호.

3) 金龍潭, 앞의 글, 司法行政 1983년 11월호, 31.

4) 金龍潭, 앞의 글(解除의 效果…)에서는 "원계약상의 未履行義務는 청산관계상의 旣履行債務로 轉化하여 消滅하고, 또 原契約上의 旣履行義務는 淸算關係上의 未履行債務가 되어 그 이행이 있어서 비로소 소멸한다"고 설명한다.

원래채무의 채무불이행에서 기인한다는 점을 일관성 있게 설명할 수 있다. 첫째, 청산관계는 원계약의 변형이므로, 원계약의 쌍무계약관계가 청산관계에도 유지된다고 한다. 원계약에 인정되는 동시이행의 항변권은 민법의 명문규정이 없더라도 청산관계에서도 인정되어야 한다. 둘째, 원계약에 부종하는 保證債務는 특별한 사정이 없는 한 청산관계에도 미치게 된다고 한다. 셋째, 원계약이 商行爲性을 띤 경우에는 청산관계의 채무도 상행위성을 띤다고 한다.

청산관계설은 물권변동과 관련하여서는 채권적 효력설과 유사한 입장을 취한다. 해제로 인한 청산관계는 채권관계이므로 원상회복의무의 이행이 있어야 비로소 원상회복의 효과가 생긴다고 한다. 청산관계설에 의하면 해제 후 급부를 수령한 자는 원상회복의무의 한 내용으로서 소유권반환채무를 지며 그 채무의 이행으로서 등기나 인도를 완료한 때에 소유권이 원소유자에게 복귀한다고 본다.

私見으로서도 淸算關係說을 취하겠다. 해제 후 법률관계의 성격, 원상회복의 범위, 손해배상의 이론구성의 측면을 고려할 때, 직접효과설에 의해서는 원만히 설명되지 못하고 청산관계설에 의할 때에 비로소 계약당사자의 의도 및 우리 민법의 규정에 합치하는 설명이 가능하다고 생각된다.

첫째, 해제는 일단 유효하게 성립한 계약에 있어서 일방당사자의 채무불이행 등으로 인하여 계약목적을 달성할 수 없을 때에 인정되는 계약해소제도이므로, 무효·취소의 경우처럼 계약을 소급적으로 소멸시키는 것은 부당하다. 무효·취소는 계약상의 채무를 처음부터 생기지 않게 하여 당사자의 관계를 계약체결 전의 상태로 환원시키는 데에 목적이 있음에 반하여, 해제는 해제사유(일방당사자의 채무불이행 등)로 말미암아 신뢰를 기초로 한 원래의 계약관계를 유지시킬 필요가 없는 경우에 당사자간의 계약구속력을 풀어주고자 하는 제도이다. 일단 계약의 유효한 성립을 인정하고 해제 이후의 법률관계는 청산관계로 파악함으로써 무효·취소와 구분하여 이해하는 것이 타당하다.

둘째, 해제 후의 법률관계는 해제 전의 계약관계와 연속성을 띠는 것으로 파악되어야 하므로 청산관계설이 타당하다. 쌍무계약으로서의 특성, 보증채무·연대채무 등의 속성, 소비자계약인가 상인간의 계약인가 하는 등의 성격 등 원계약관계의 속성은 청산관계에서도 청산의 목적에 필요한 범위에서 유지되어야 한다.

셋째, 원상회복의 범위는 계약의 특성에 맞게 정해져야 하며, 직접효과설과 같이 계약의 부존재를 전제로 하는 부당이득의 법정채권관계를 적용하는 것은 부당하다. 특히 부당이득의 범위에 관한 선의이득자의 현존이익의 반환규정(제748조)은 해제 후의 원상회복관계에 적용해서는 안 된다.

넷째, 해제로 인하여 물권의 양수인은 양도인에 대하여 원상회복의무의 한 내용으로서 所有權返還債務를 진다고 보는 것이 타당하다. 소유권이전의 효과가 등기의 말소·물건의 반환이 없이 부정된다는 직접효과설·물권적 효과설의 주장은 부당하며, 소유권은 양수인의 반환을 위한 물권행위와 등기·인도가 있을 때에 양도인에게 복귀하게 된다고 보아야 한다. 소유권의 반환에 있어서 반환의무자는 상대방에 대하여 대금반환과 동시이행할 것을 항변할 수 있어야 한다. 직접효과설은 이 동시이행의 항변권을 이론적으로 설명할 수 없고 단지 민법규정(제549조)에 의해 부여되는 권리로 파악한다는 난점을 갖는다.[1] 청산관계설에 의할 때에 동시이행항변권의 이론적 당위성이 설명될 수 있다.

다섯째, 원계약에 붙은 계약조건 및 약관은 청산관계에서도 유지되어야 한다. 계약조건 중에는 해제사유를 정하는 것, 해제의 효과를 정하는 것이 있는데, 직접효과설에 따라 원래의 계약관계가 소급하여 소멸한다면 이들 계약조건은 적용될 여지가 없게 되어 부당하다.

여섯째, 청산관계설에 따라 원래의 계약관계가 유지된다고 보아야 원래의 채무의 불이행으로 인한 손해배상채무가 발생·존속할 이론적 근거를 제시하게 된다. 직접효과설에 의하면 채무의 소급적 소멸과 함께 채무불이행도 면책되어야 할 것이지만 민법규정(제551조)에 의해서 손해배상의무가 존속하게 된다고 설명하게 되어 이론적 근거가 박약하게 된다.

일곱째, 우리 민법의 규정은 청산관계설에 의해서 더 적절히 해석된다. 민법 제548조 1항은 직접효과설에서 주장하듯이 계약의 소급적 소멸을 가리키는 것이 아니라 원상회복의무, 즉 수령한 급부의 반환의무가 생길 뿐이라는 점을 명언하고 있다고 해석된다. 그리고 해제가 손해배상에 영향을 미치지 않는다는 규정(제551조)도 앞에서 언급했듯이 청산관계설에 의하여서만 설명된다.

(다) 判例는 "우리의 법제가 물권행위의 독자성과 무인성을 인정하고 있지 않은 점과 민법 제548조 1항 단서가 거래안전을 위한 특별규정이란 점을 생각

1) 민법주해(13), 310 주 10)(金龍德 집필부분)에서는 "物權的 效力說에 의하여 所有權이 復歸되는 경우에도 動産의 경우에는 引渡義務, 不動産의 경우에는 移轉登記의 抹消 또는 回復登記 등의 登記義務가 남게 되어 그 義務와 契約金 등 返還義務를 同時履行의 關係로 볼 수 있으므로 公平을 害하는 결과는 생기지 않는다고 생각된다"고 한다.

할 때 계약이 해제되면 그 계약의 이행으로 변동이 생겼던 물권은 당연히 그 계약이 없었던 원상태로 복귀한다고 봄이 타당하다"고 함으로써(大判 1977. 5. 24, 75다1394) 직접효과설을 기초로 하여 修正된 物權的 效力說을 취한다(뒤에 원상회복의무에서 상세히 소개함).[1)]

3. 原狀回復義務

(1) 法律關係의 性格

민법 제548조는 해제시에 "각 당사자는 그 상대방에 대하여 원상회복의 의무가 있다"고 규정하는데, 이 원상회복의무가 제741조의 不當利得返還義務와 어떤 관계에 있는가에 관하여는 학설이 대립한다. 直接效果說에 의하면 해제에 의하여 계약은 처음부터 존재하지 않았던 것과 같이 다루어지므로, 계약채무에 기초해 이미 이행된 급부는 법률상 원인을 상실하므로 부당이득으로 되고 급부의 수령자에게 부당이득반환의무가 생긴다고 한다. 계약해제를 계약의 무효·취소의 경우와 같이 부당이득반환의 법률관계로 처리하려는 입장이다. 淸算關係說에서는 해제로 계약관계가 청산관계로 변형된다고 보며 그 청산관계에 속하는 원상회복의무는 계약에 기초한 법률관계로서 법정채권관계인 부당이득반환의무와는 성질을 달리한다고 본다. 私見으로는 청산관계설에 따라 원상회복의무는 계약상의 채권관계로 파악하며, 그 성질도 청산의 목적범위에서 원래의 계약과 동일성을 갖는다고 본다.

당사자간의 계약관계에서 발생한 문제는 그의 완전한 종결에 이르기까지 계약의 법리로 해결되는 것이 바람직하다. 그러므로 성급히 계약소멸을 추론하여 법정채무관계인 부당이득반환관계로 해결하기보다는 계약관계의 연장인 청산관계로 보는 것이 타당하다. 그럼으로써 쌍무계약의 청산관계에서 채무의 상환성·등가성, 동시이행관계와 위험분담관계가 유지될 수 있다. 또한 계약채무에 부착된 보증채무는 청산관계에서의 원상회복의무와 손해배상의무도 보증한다.[2)] 원채무의 상행위성도 청산관계에 유지된다.

(2) 物權復歸를 위한 法律關係

해제 전에 채무의 이행이 완료되어 물권변동(소유권 이전 등)이 일어난 경우, 해제는 그에 대해 어떠한 영향을 미치는가에 관해서 債權的 效力說, 物權的 效力說,

1) 대판 2000. 9. 5, 2000다16169: 매계계약의 소유권이전등기청구권을 가압류한 후 그 매매계약이 해제되면 가압류도 실효된다.

2) 金錫宇, 133은 直接效果說을 취하면서 原狀回復義務와 損害賠償義務에 保證債務의 존속을 인정함.

清算關係說이 대립된다. 직접효과설은 해제로 채권행위가 소급하여 소멸한다고 보므로, 문제는 채권행위의 失效가 물권행위에 어떤 영향을 미치는가 하는 物權行爲의 有因性·無因性理論에 따라 물권적 효력설과 채권적 효력설로 나타난다.

(가) 物權的 效力說　물권행위의 有因論을 취하는 입장에서 채권행위의 소멸은 당연히 물권행위의 효력을 상실케 하므로 물권변동도 소급하여 효력을 잃게 되고 물권은 전권리자에게 당연히 복귀하게 된다고 한다. 전권리자는 해제의 의사표시만으로 물권을 회복한 후 물건의 점유반환 및 등기의 말소는 物權的 請求權에 의하여 달성할 수 있다고 한다. 해제의 상대방이 이미 물권을 탈환당했으므로, 해제권자로부터 반대급부의 반환을 받기 위해서 동시이행의 항변권을 행사할 여지가 없다는 문제점을 갖지만, 이 문제에 관해서는 점유이전 또는 등기말소와 반대급부의 반환이 동시이행의 관계에 놓일 수 있다고 설명한다.

그러나 이미 행해진 물권변동을 기초로 다시 제3자가 물권을 취득한 경우에만은 민법 제548조 1항 단서의 「제3자의 권리를 해하지 못한다」는 규정에 의해 해제권자는 제3자로부터 물권을 회복할 수 없다고 한다. 물권적 효력설에 의하면 해제에 의해 소유권은 곧 양도인에게 복귀하므로 해제 후에 등기를 믿고 양수인으로부터 소유권을 이전받은 제3자는 소유권을 취득할 수 없다는 논리적 결과에 이르지만, 민법규정이 제3자의 물권을 해할 수 없다고 하므로 제3자의 소유권은 해제에도 불구하고 보유된다고 한다. 문제는 해제 후 말소등기를 하지 않은 동안에 소유권이전등기를 경료한 제3자도 소유권을 취득할 수 있는가 하는 것인데, 물권적 효력설에서는 민법 제548조 1항의 제3자를 「해제 후 말소등기 이전의 선의의 양수인도 포함하는 것」으로 확대해석함으로써 해제 이후의 선의의 전득자까지 보호하려 한다.[1] 물권적 효력설은 보호받은 제3자를 물권의 양수인에 한정하고 채권의 양수인, 전부채권자, 압류채권자, 제3자를 위한 계약의 수익자는 포함되지 않는다고 해석한다.

(나) 債權的 效力說　물권행위의 無因論을 취하는 입장에서 채권행위의 소멸에도 불구하고 물권행위는 유효하게 존속하므로 이미 일어난 물권변동의 효과는 해제 후에도 그대로 유지되며, 물권을 양도한 자는 계약상대방에 대한 부당이득반환의 채권적 청구권을 취득할 뿐이라고 한다. 해제로 인해 발생한

1) 郭潤直, 175.

부당이득반환청구권은 채권적 청구권이므로 급부를 주고받은 당사자 사이에서 만 효력이 있고, 제3자에 대하여는 부당이득반환청구권을 가지고 물권을 반환 받을 수 없다. 이 때 반환의무자는 반환청구권자에 대하여 반대급부의 반환과 동시이행할 것을 항변할 수 있다. 제3자는 善意 또는 惡意를 묻지 않고 이미 취득한 물권을 보유할 수 있게 되어 거래의 안전에 도움이 된다. 그리고 민법 제548조 1항 단서의 제3자의 권리를 해할 수 없다는 규정은 이러한 취지를 명문화한 것으로서 만약 그 규정이 없었더라도 제3자의 물권은 보호될 것이라고 한다.

(다) 清算關係說 청산관계설은 해제에 의해서는 단지 이미 급부받은 것을 반환할 의무만이 생길 뿐이라고 보므로 당사자의 반환행위가 있기까지 물권변동은 아무 영향을 받지 않고 유효하다. 따라서 해제 후에도 양수인이 물권(소유권)을 보유하게 된다. 해제로 당사자가 취득하는 것은 원상회복청구권으로서 이는 채권적 성격을 가지므로 계약상대방에 대하여만 효력을 발휘할 수 있다. 이 때 반환의무자는 반환청구권자에 대하여 반대급부의 반환과 동시이행할 것을 항변할 수 있다.

제3자에게 물권이 양도된 경우에 그 제3자는 선의 · 악의에 관계 없이 보호받게 되어 청산관계설이 거래의 안전에 도움이 된다. 비록 해제 후라도 말소등기가 있기 전에는 양수인이 소유자로서 양도인에 대한 채권적 반환의무만을 지게 되므로, 소유자로부터 轉得한 제3자가 소유권을 승계취득함은 이론상 당연하다. 물권적 효력설에서는 해제 이후에 그 사실을 알고 양수받은 惡意의 제3자도 보호받게 되어 부당하다고 비판하지만, 청산관계설에 의하면 해제 후라도 말소등기 전에는 소유자가 등기명의인이므로 제3자가 그 해제사실을 알았다 하더라도 등기명의인이 소유자라고 믿는 것을 악의의 제3자라고 하여 보호범위에서 제외시키는 것은 옳지 않다고 여겨진다. 결국 제3자의 도덕적 비난가능성은 법이 누구를 소유자로 인정하는가에 따라 다르게 되기 때문이다. 물권적 효력설이 제3자의 권리를 해하지 못한다는 민법 제548조 1항 단서의 규정을 제3자의 선의취득을 인정하는 취지로 해석하는 것은 오히려 민법의 취지에 어긋나는 자의적 해석이라고 여겨진다.

청산관계설은 채권적 효력설과 결론을 같이하지만, 채권적 효력설이 기초로 하고 있는 직접효과설에 대하여 해제의 효과를 계약관계에 대한 고유한 시각에서 살피지 않고 물권법의 이론 논쟁의 연장에서 파악했다고 비판한다. 해제의 효과에 관하여 청산관계설을 취하는 이상 물권행위에 관하여 유인론을 취하는가 무인론을 취하는가를 묻지 않고 채권적 효력만을 인정하게 된다. 청산관계설과 채권적 효력설의 차이점은 청산관계설에서는 계약상 청구권인 원상회복청구권이 발생하는 데에 반하여 채권적 효력설에서는 법정채권인 부당이득반환청구권이 발생한다는 점이다.

물권적 효력설은 제3자가 없는 경우에 계약당사자 사이의 청산을 물권적 청구권으로 설명함으로써 원계약의 의미를 무시한다는 이론상의 약점을 갖는다. 물권적 청구권은 계약관계에 의해서 청산할 수 없는 제3자(예: 점유 침탈자)와의 관계에서 행사되어야 하며 계약관계에 기초하여 맺어진 당사자 사이에서 물권적 청구권을 행사하는 것은 부당하다.

解除로 인한 原狀回復에서 學說間의 差異點

물권적 효력설, 채권적 효력설, 청산관계설의 세 학설을 비교해 보면 다음과 같다. 우리 민법은 해제의 효과에 관하여 상세한 규정을 두고 있으므로 거래의 안전 및 계약당사자 사이의 동시이행의 항변권의 측면에서는 학설대립에 결과의 차이가 거의 없다. 계약당사자 사이의 법률관계를 어떤 이론이 더 합리적으로 설명하는가에서는 큰 차이를 보인다.

(1) 契約當事者 사이에서의 所有權歸屬 해제 이전에 매도인(A)이 매수인(B)에게 소유권을 이전해 주었으며(등기 완료) 아직 제3자에게 양도하지 않고 매수인(B)이 소유하고 있는 동안 해제된 경우에, 각 학설에 따라 다음의 법률관계가 전개된다. 채권적 효력설과 청산관계설에 의하면 해제 후에도 매수인(B)이 소유자이다. 이 때 B는 부당이득반환의무(채권적 효력설) 또는 계약상의 원상회복의무(청산관계설)에 따라 그의 소유권을 매도인(A)에게 이전해 줄 의무를 지며, 그 의무의 이행을 위하여는 말소등기에 협력하고 물건의 점유도 반환해야 한다. 결국 매수인으로부터 매도인에게로 소유권이 복귀되는 시점은 종전의 소유권이전등기가 말소되는 때이므로, 물권의 상황이 등기에 의하여 정확히 공시될 수 있다. 그러나 물권적 효력설에서는 해제의 의사표시가 행해진 때에 말소등기를 기다리지 않고 소유권이 매수인으로부터 매도인에게로 복귀한다. 매도인은 선의의 제3자를 만들지 않기 위해서 말소등기를 할 필요를 갖는다고 한다. 매도인은 매수인에게 되찾은 소유권에 기한 물권적 반환청구권을 행사하여 물건의 점유를 회복하고 말소등기에의 협력을 구할 수 있다고 한다.

(2) 제3자의 權利保護 매도인(A)이 매수인(B)에게 부동산의 소유권을 이

전해 주고 매수인이 다시 제3자(C)에게 그것을 양도하고 소유권이전등기를 완료한 경우에, 어느 학설에 의하거나 해제 후에도 제3자(C)가 소유자이다. 민법 제548조 1항 단서의 제3자보호규정은 물권적 효력설에 의하면 없어서는 안 될 법률관계 창설의 의미를 갖게 되는 반면에, 채권적 효력설과 청산관계설에서는 제3자보호가 이론적 필연의 결과로서 그 규정은 확인의 의미를 가질 뿐이다.

보호받는 제3자의 범위는 A로부터 B로의 소유권이전등기가 말소되기 이전에 그 B명의의 등기를 믿고 거래하여 소유권이전등기를 경료한 제3자라는 점에서 모든 학설이 일치하고 있다. 물권적 효력설은 이론상으로는 무리가 있지만 해제 후 말소등기 이전에 양수받은 제3자라도 해제의 사실을 몰랐던 경우에는 민법 제548조 1항 단서의 확장해석에 의하여 보호받을 수 있다고 한다. 다만 이 때에 보호받는 제3자는 해제사실을 몰랐던 善意의 제3자에 한정해야 한다고 주장한다. 채권적 효력설 및 청산관계설에 의하면 비록 해제 후라도 말소등기가 있기 전에는 매수인(B)이 소유자이므로 그로부터 소유권을 이전받은 제3자는 논리적으로 당연히 소유권을 취득하게 된다. 해제 후라도 소유자는 등기명의인인 B이므로 제3자가 그 해제사실을 알았다 하더라도 말소등기 전에는 B가 소유자라고 믿는 것이 옳으므로 해제사실을 알았던 惡意의 제3자도 보호받게 된다.

보호받는 제3자는 물권의 양수인에 한정되며 채권의 양수인, 전부채권자, 압류채권자, 제3자를 위한 계약의 수익자는 포함되지 않는다는 점에서는 일치한다.

(3) 契約當事者間의 淸算　계약당사자 사이의 청산관계에서는 차이를 보인다. 직접효과설을 기초로 하는 물권적 효력설·채권적 효력설에 의하면 A와 B 사이의 물건의 원물반환·가액반환(제3자가 소유권을 취득한 경우) 및 대금반환은 부당이득반환의 법리에 의하여 해결되는 반면에, 청산관계설에 의하면 A와 B 사이의 물건의 가액반환 및 대금반환은 계약상의 원상회복청구권에 의하는 결과 쌍무성·유상성·상행위성 등의 특성이 그대로 존속한다는 점에서 차이를 보인다. 그 반환범위는 민법 제548조 2항에서 「반환할 금전에는 그 받은 날로부터 이자를 붙여야 한다는 점」 이외에는 학설에 따라 차이를 보인다. 직접효과설에 의하면 부당이득반환의 범위에 따르게 되어 선의의 수익자는 현존이익의 범위에서 반환의무를 지게 되지만, 청산관계설에서는 반환의무자의 선의·악의에 관계 없이 이자 및 사용이익을 추가하여 반환해야 한다(그러나 최근의 직접효과설론자들은 선의·악의에 관계 없이 전부반환에 찬성함).[1] 다만 동시이행의 항변권은 어느 학설에 의하거나 민법 제549조에 의해 인정되는데, 그것이 이론적인 필연인가 아닌가 하는 설명상의 차이만이 존재한다.

1) 金旭坤, 앞의 글, 744.

㈑ 判例는 직접효과설에 입각하여 修正된 物權的 效力說을 취한다. 첫째, 계약해제는 당연히 소유권의 복귀를 가져온다는 것을 원칙으로 한다(大判 1977. 5. 24, 75다1394). 둘째, 제3자는 물권 등 대항력을 갖춘 권리를 취득한 때에 한하여 보호한다(大判 1991. 5. 28, 90다카16761). 계약해제로 인하여 소유권을 상실하게 된 임대인으로부터 주택을 임차받아 대항요건을 갖춘 임차인은 이에 해당한다(大判 2003. 8. 22, 2003다12717). 셋째, 그 제3자는 해제사실을 몰랐던 경우에 한해서(善意) 보호한다(大判 1985. 4. 9, 83다카130). 넷째, 부동산 名義信託에 관해서는 채권적 효력설을 취하는 예외를 인정한다(大判 1970. 5. 12, 70다370). 다섯째, 원상회복범위에 관하여는 부당이득규정의 적용을 배제하고 선의·악의에 관계 없이 받은 이익 전부를 반환해야 한다고 함으로써 직접효과설에 대한 예외를 인정한다(大判 1997. 12. 9, 96다47586).

大判 1977. 5. 24, 75다1394: 계약이 해제되면 그 계약의 이행으로 변동이 생겼던 물권은 당연히 그 계약이 없었던 원상태로 복귀한다고 봄이 타당하다.[1]

大判 1995. 5. 12, 94다18881: 매도인이 계약금만 지급받은 단계에서 매수인에게 소유권이전등기를 경료하여 주고 가등기를 경료받았는데 매수인이 대금지급의무를 이행하지 아니하자 판결에 의해 본등기를 경료한 사안에서(미지급된 잔금의 담보를 위한 경우라도), 계약이 적법하게 해제되면 그 계약의 이행으로 변동이 되었던 물권은 당연히 그 계약이 없었던 상태로 복귀한다.

大判 1985. 4. 9, 84다카130·131: 계약을 해제하였을 때 계약은 소급하여 소멸하여 계약당사자는 각 원상회복의무를 지게 되나, 계약해제로 인한 원상회복등기가 이루어지기 전에 계약의 해제를 주장하는 자와 양립되지 아니하는 법률관계를 가지게 되었고 계약해제사실을 몰랐던 제3자에 대하여는 계약해제를 주장할 수 없다. 이 판결의 사실관계는 피고(C)가 해제 전에 매매예약을 하고 가등기를 갖추고 본등기는 해제 후에 경료하였다. 원심은 피고의 위 가등기 목적물에 대한 이익은 해제자인 원고(A) 등과의 관계에서 보호됨이 상당하다고 인정하여 피고는 계약해제로부터 보호되어야 할 제3자로 보았다. 그러나 대법원은 피고(C)는 원고(A) 및 다른 피고(B)간의 매매계약이 해제된 사실을 알고 그 토지를 매수하였음이 증명되었으므로 C는 소유권을 보유할 수 없다고 판단하였다(A가 소유자로서 C에게 등기말소를 청구할 수 있음).

大判 1970. 5. 12, 70다370: 부동산명의신탁 계약해제의 의사표시가 있었어도

---

1) 같은 취지: 大判 1982. 7. 27, 80다2968: 부동산 매매계약이 합의해제되면 매수인에게 이전되었던 소유권은 당연히 매도인에게 복귀하는 것이므로, 합의해제에 따른 매도인의 원상회복청구권은 소유권에 기한 物權的 請求權이라 할 것이고 따라서 이는 소멸시효의 대상이 아니다.

大判 1996. 11. 8, 96다20581: 기부채납의 증여계약이 해제된 경우에, 기부자는 그의 소유재산에 대한 처분권뿐만 아니라 사용수익권까지 포함한 완전한 소유권을 회복한다.

신탁자는 그 소유권회복을 위한 이전등기 청구권이 있을 따름이고 그 소유권이 신탁자에게 당연히 귀속되는 것은 아니다.

大判 1996. 8. 20, 96다17653: 임대인이 소유권을 취득하였다가 계약해제로 소유권을 상실하게 된 경우 그 계약의 해제 전에 주택임대차보호법상 소정의 대항요건을 갖춘 임차인은 임대인의 임대권원의 바탕이 되는 계약의 해제에도 불구하고 자신의 임차권을 새로운 소유자에게 대항할 수 있다.

大判 1971. 11. 30, 71다1995: 원·피고 사이에 대금지급과 동시이행으로 소유권이전등기를 명하는 판결이 확정된 후 그 등기원인되는 매매계약이 해제된 후일지라도 이미 경유된 소유권이전등기가 계약해제로 인한 원상회복등기가 되기 전에 계쟁부동산이 제3자에게 매도되어 소유권이전등기까지 경유된 이상 계약해제를 가지고 제3자에게 주장할 수 없다.

大判 1996. 4. 12, 95다49882: 민법 제548조 제1항 단서가 규정한 제3자라 함은 등기 · 인도 등으로 완전한 권리를 취득한 자를 지칭하는 것이고 계약상의 채권을 양도받음에 불과한 자는 이에 포함되지 아니하는 것인바, 주택개량개발조합의 분양신청권을 양수받은 자는 이에 해당하지 않는다.

大判 2003. 1. 24, 2000다22850: 계약해제 이전에 해제로 인하여 소멸되는 "채권"을 양수한 자는 계약해제의 효과에 반하여 자신의 권리를 주장할 수 없음은 물론이고, 채무자로부터 이행받은 급부를 원상회복하여야 할 의무가 있다.

大判 1985. 4. 9, 84다카130: 악의의 제3자는 해제의 의사표시가 있기 전까지만 보호되고 선의의 제3자는 등기시점을 기준으로 한다.

(3) 原狀回復의 範圍

㈎ 決定基準 원상회복의 범위에 관하여 부당이득규정이 적용될 것인가에 관해서는 학설이 대립한다. 직접효과설은 해제에 따른 원상회복은 「계약체결 전의 상태로의 회복」을 의미하므로 특별한 규정이 없는 한 부당이득의 반환범위에 따라야 한다고 주장한다. 민법 제548조 2항의 규정은 부당이득에 관한 제741조의 특칙이라고 본다. 부당이득규정을 적용할 때 제일 크게 문제가 되는 것은 "선의의 수익자는 그 받은 이익이 현존한 한도에서 전조의 책임이 있다"는 민법 제748조 1항도 해제의 원상회복에 적용하게 된다는 점이다. 이 문제점을 해소하기 위하여 직접효과설을 취하면서도 해제의 원상회복에 관해서는 선의의 부당이득자의 현존이익반환에 관한 제748조 1항을 적용하지 않고, 원상회복의무자는 이익의 현존 여부에 관계 없이 받은 급부를 전부 반환하여야 한

다는 수정적 견해가 주장되는데,[1] 그 이론적 근거는 직접효과설을 취하는 한 부족하다. 판례도 직접효과설을 취하면서 원상회복의 범위에 관하여는 부당이득의 특칙을 인정하며, 그 반환범위는 이익의 현존 여부나 선의·악의에 불문하고 특단의 사유가 없는 한 받은 이익 전부라고 한다(大判 1998. 12. 23, 98다43175).

청산관계설은 해제의 원상회복은 해제 고유의 효과인 旣履行給付의 返還義務이므로 부당이득규정(제741조 이하)을 적용해서는 안 된다고 한다. 제548조 1항·2항을 적용하고도 법의 공백이 있는 경우에는 계약법의 일반원칙에 따라서 해결토록 한다. 원상회복의 범위나 내용은 쌍무계약의 相換性 및 等價性에 기초하여 정한다.

(나) 原物返還의 原則 원상회복은 원물반환을 원칙으로 한다. 채무의 이행으로서 인도받은 것이 특정물인 때에는 바로 그 물건을 반환하여야 하고, 종류물인 때에는 받은 물건 자체나 또는 동종·동질·동량의 다른 물건으로 반환하여야 한다.

1) 使用代價의 返還 반환의무자가 인도받은 물건을 사용한 때에는 인도받은 때부터 반환할 때까지의 사용대가를 반환해야 한다. 명문규정은 없으나 금전에 이자를 붙여 반환하는 것과 균형을 맞추기 위해서는 사용대가도 반환토록 해야 할 것이다. 사용대가는 계약에서 借賃 등 사용대가의 약정이 있는 경우에는 그에 따르고, 약정이 없으면 時價에 따라 결정한다.[2] 판례는 사용이익을 산정함에 있어 매수인이 투입한 현금자본의 기여분 및 운용이익은 사회통념상 매수인의 행위가 개입되지 아니하였더라도 그 목적물로부터 매도인이 당연히 취득하였으리라고 생각되는 범위 내의 것이 아닌 한 매수인이 반환하여야 할 사용이익의 범위에서 공제한다(大判 2006. 9. 8, 2006다26328·26335).

2) 果實의 返還 반환의무자는 인도받은 물건으로부터 취득한 과실을 原物과 함께 반환해야 한다. 과실에는 천연과실뿐 아니라 법정과실도 포함된다. 법정과실 중에서 이자를 반환해야 함은 이미 설명한 바와 같다.

3) 費用償還 반환의무자가 반환하여야 할 물건에 관하여 有益費를 지

---

1) 郭潤直, 176; 金旭坤, 앞의 글, 744에서는 부당이득반환제도의 원래의 취지는 반환자에게 지나치게 가혹하지 않은 범위에서 이득 전부를 반환토록 하는 것이라고 설명한다.

2) 독일민법은 해제의 경우 각 당사자가 수령한 급부를 서로 반환할 의무를 지며, 노무를 급부한 경우 및 물건을 이용시킨 경우에는 가액을 반환하여야 한다고 규정한다(제346조). 그 밖에도 해제로 발생하는 당사자의 채무는 지체없이 이행되어야 하고(제348조), 해제권자가 반환의무에 관하여 지체에 빠진 경우에 상대방은 일정기간 후에 그의 수령을 거절함으로써 해제를 무효로 할 수 있다고 규정한다(제354조).

출한 때에는 가액의 증가가 현존한 경우에 한하여 상대방의 선택에 좇아 그 지출금액이나 증가액의 상환을 청구할 수 있다(제203조의 유추적용). 그러나 필요비를 지출한 때에는 별도로 비용상환청구는 인정되지 않으며, 경우에 따라 물건의 사용이익의 반환시에 그 필요비를 공제해야 할 경우가 생긴다(구체적 사정에 따라 공제 여부가 정해짐).

大判 1993. 4. 9, 92다25946: 매매계약이 해제되면 매도인은 손해배상의무를 부담하는 반면에 매수인은 목적물반환의무 외에 목적물을 사용했으면 그 使用利益을 반환할 의무도 부담하며, 이 같은 쌍방의 의무 사이에는 동시이행관계가 있다.

大判 1991. 8. 9, 91다13267: 重機의 소유권유보부할부매매에 있어서 重機를 매수인이 인도받아 사용하던 중 그 매매계약이 해제된 경우에 매도인이 위 해제로 인하여 매수인에게 그 중기의 使用에 의한 利益의 반환을 구함은 별론으로 하고, 그 중기가 매수인에 의하여 사용됨으로 인하여 감가 내지 소모가 되는 요인이 발생하였다 하여도 그것을 훼손으로 볼 수 없는 한 그 減價費 상당은 매수인이 원상회복의무로서 반환할 성질의 것은 아니다(같은 취지 대판 2000. 2. 25, 97다30066).

(다) 價額返還　원물반환이 불가능하거나 또는 수령자에게 이익이 되지 않는 경우에는 그 급부의 가액을 금전으로서 반환해야 한다. 가액의 산정은 약정가액(代價) 또는 반환시의 시가에 의함이 원칙이다.

1) 特定物의 滅失　특정물의 가액은 반환시의 시가에 의해 정해진다. 인도받은 특정물이 멸실 · 훼손된 경우에, 반환의무자는 그의 귀책사유에 관계 없이 가액반환을 해야 하는가에 관해서는 학설이 대립한다. 반환의무자의 귀책사유가 있는 경우에만 가액반환의무를 진다는 견해와(歸責事由說)[1] 귀책사유가 없더라도 가액반환을 해야 한다는 견해(歸責事由不要說)[2]가 대립한다. 私見으로는 귀책사유를 요하지 않는다고 해석하겠다. 계약해제의 실익이 있는 경우는 대개 쌍무계약인데, 일방의 물건반환의무는 면제되고 상대방의 대금반환의무

---

1) 郭潤直, 177; 金疇洙, 154~155; 金顯泰, 81. 郭潤直, 177은 책임 없는 멸실의 경우까지 가액반환토록 하는 것은 공평하지 않다는 점을 근거로 든다. 민법주해(13), 322 주 68)(金龍德 집필부분)에서는 "귀책사유불요설에서 提起된 문제점은 雙務契約에서의 危險負擔에 관한 민 §537의 債務者主義가 그 解除로 인한 原狀回復義務 相互間에도 適用되느냐의 문제일 뿐 賣買目的物의 所有權移轉時期와는 直接的으로는 관련이 없다고 보이기 때문이다. 위에서 본 바와 같이 淸算關係說에서는 雙務契約에서의 危險負擔에 관한 理論이 그대로 原狀回復義務에서도 適用된다고 보므로, 民法上 債務者主義의 原則에 따라서 受領者가 不可抗力으로 인하여 返還義務를 免하는 경우에는, 相對方에 대한 原狀回復請求權도 消滅될 것이다"라고 한다.

2) 金基善, 96; 金亨培, 242.

만이 존속한다면 「쌍무계약의 존속상의 견련성원칙」에 위반하게 되어 부당하다. 물건을 인도받은 자는 그 때부터 물건멸실로 인한 위험도 인수한 것이라고 해석되므로 자기에게 귀책사유 없는 멸실에 대하여도 가액반환을 할 의무를 짐이 타당하다. 단 賃貸借, 任置에서와 같이 반환의무자가 물건에 관한 위험을 인수하지 않은 경우에는 귀책사유 없는 멸실에 대하여 가액반환할 필요가 없는데, 이는 해제의 법리에 따른 것이 아니라 임대차 · 임치의 속성에 따른 결과이다. 편무계약에서는 일방의 물건인도로 계약은 완전히 이행되므로 그 후에 계약을 해제할 사유가 생기는 경우는 거의 없다.

大判 1990. 3. 9, 88다카31866: 하자로 인하여 계약의 목적을 달성할 수 없어 제작물 공급계약이 해제되고 그 결과 원상회복의무가 있다고 인정되는 경우, 그 회복에 목적물의 시가보다 많은 비용이 소요된다고 해서 그 이유만으로 구체적인 원상회복의무가 없다고 할 수도 없고, 또한 채무의 이행으로 물건이 인도된 경우 원상회복의 범위는 그 수령한 원물을 반환하는 것이 원칙이나 수령한 원물이 멸실 등으로 반환할 수 없게 되었을 때에는 例外的으로 그 價格을 返還하여야 한다.

2) 勞務의 價額返還 계약의 이행으로서 노무를 수령한 경우에 수령자는 자기가 취득한 가치 또는 현존이익을 반환하는 것이 아니라 원래 약정한 報酬를 반환해야 한다. 보수약정이 없는 경우에는 시가에 따라 가액이 정해진다. 노무의 가액의 산정은 급부를 제공할 당시를 기준시점으로 한다.[1]

3) 利子의 加算 원상회복으로서 금전을 교부해야 할 경우에, 반환할 금전에는 그 받은 날로부터 이자를 가하여야 한다(제548조 2항). 원래의 계약채무에 이자부약정이 없었던 경우에도 이자가산의무가 부과된다. 이자의 기산일은 금전을 실제로 받은 날이고 종산일은 금전을 실제로 반환할 때이다. 利率은 약정이율이 있으면 이에 의하고 약정이 없으면 법정이율에 의한다(제379조).

大判 2000. 6. 9, 2000다9123: 매매계약의 법정해제의 경우에 매매대금반환의무와 등기말소의무가 동시이행관계에 있는지 여부에 관계없이 매도인의 매매대금의 반환은 민법 제548조 제2항에 의하여 이를 수령한 때로부터 연 5푼의 법정이자를 부가하여 지급하여야 한다.

1) 郭潤直, 178.

㈑ 同時履行의 抗辯權 쌍무계약에서 쌍방당사자가 각각 원상회복의무를 지는 경우에 그 두 채무는 다른 특별한 사정이 없는 한 동시이행의 관계에 있다. 일방당사자는 상대방의 변제제공이 있을 때까지 자기의 반환의무의 이행을 거절할 수 있다(제536조, 제549조).

大判 1996. 7. 26, 95다25138: ① 계약이 해제되면 계약당사자는 상대방에 대하여 원상회복의무와 손해배상의무를 부담하는데, 이 때 계약당사자가 부담하는 원상회복의무뿐만 아니라 손해배상의무도 함께 동시이행의 관계에 있다. ② 원고가 이 사건 카탈로그의 제작을 위하여 카탈로그 원부 및 사진필름 등 물품을 피고로부터 제공받은 사실은 인정되나, 원고가 부담하는 그 물품반환의무와 피고의 이 사건 손해배상의무는 쌍무계약상 고유의 대가관계에 있는 채무가 아닐 뿐 아니라, 구체적 계약관계에서 당사자 쌍방이 부담하는 채무 사이에 대가적 의미가 있어 이행상의 견련관계를 인정하여야 할 사정이 있는 경우가 아니므로 동시이행의 항변을 배척한다.

(4) 損害賠償의 請求

㈎ 解除와 損害賠償의 兩立 우리 민법은 계약의 해제와 채무불이행으로 인한 손해배상청구의 양립을 인정한다. 민법은 "계약의 해제 또는 해지는 손해배상의 청구에 영향을 미치지 아니한다"는 명문규정을 둠으로써 그 양립 가능성에 대한 의문의 여지를 없앴다. 계약상의 채무자가 채무불이행으로 채권자에게 입힌 손해는 해제에 의해 미이행채무가 면제되고 기이행급부가 원상회복된다 하더라도 전보되지 않은 채 남게 되므로, 채무자는 해제 후에도 자기의 채무불이행으로 인한 손해배상의무를 부담함이 타당하다. 다만 채무자의 귀책사유 없는 이행지체를 이유로 한 계약해제의 행사시에는(過失不要說에 따를 경우) 채무불이행책임이 발생하지 않으므로, 손해배상을 청구할 수 없다.

민법은 명문규정으로 해제와 손해배상청구의 양립가능성을 규정하므로, 해제의 효과에 관한 어느 학설을 취하거나 손해배상의 청구가능성에는 영향이 없다. 우리 나라의 직접효과설은 손해배상의 범위를 계약이 유효할 것을 믿음으로 인한 손해(신뢰이익의 배상)가 아닌 통상의 채무불이행으로 인한 손해(이행이익의 배상)로 파악하므로, 손해배상의 범위면에서도 청산관계설과 차이가 없다. 판례도 직접효과설을 취하면서 손해배상범위는 履行利益으로 파악한다(大判 1962. 2. 22, 4294민상667; 大判 1983. 5. 24, 82다카1667).

해제를 한 후에도 손해배상청구가 가능한 이론적 근거에 관해서는 학설의 대립이 있다. 直接效果說에서는 계약 및 그로부터 발생했던 채무가 소급하여 소멸하므로 채무불이행책임도 추궁할 여지가 없어지지만 민법이 당사자간의 이익형평을 위하여 기왕에 발생한 손해배상의무는 해제로 소멸하지 않음을 규정한 것이라고 이해한다.[1] 淸算關係說에 의하면 해제에 의하여 계약관계의 청산이 이루어질 뿐이고 과거의 채무불이행책임까지 면책되는 것은 아니므로 그 손해배상채무를 존속시키는 것에 이론적 무리가 없다. 이행지체에 빠져 있는 未履行債務는 장래 이행의무는 면하게 되지만 지체책임은 존속하게 되는데, 그 이유는 해제권자가 해제를 통하여 그 급부의 수령을 거절한다는 의사를 표시하였기 때문이다.

(나) 損害賠償의 要件 해제와 양립하는 손해배상의무는 통상 채무불이행으로 인하여 발생하는 것이므로, 채무불이행의 요건으로 「채무자가 귀책사유로 채무의 내용에 좇은 이행을 하지 아니한 것」이 요구된다(제390조). 채무자의 귀책사유는 채무자 자신의 고의·과실 이외에 이행보조자의 고의·과실이 포함된다(제391조). 그 밖에 불법행위로 인한 손해배상의무가 발생한 경우에 이것도 해제와 양립할 수 있다.

(다) 損害賠償의 範圍 손해배상의 범위는 채무불이행의 손해배상범위의 결정기준에 따라 채무불이행과 상당인과관계에 있는 손해만이 배상된다. 원칙적으로 통상의 손해를 그 한도로 하되, 특별한 사정으로 인한 손해는 채무자가 그 사정을 알았거나 알 수 있었을 때에 한하여 배상책임이 있다(제391조 1항·2항).[2]

손해배상은 보통 遲延賠償과 塡補賠償으로 분류되는데, 해제와 양립되는 손해배상은 통상 지연배상이다. 해제 후에는 미이행급부는 이행의무를 면하고

1) 金旭坤, "해제의 효과에 관한 법리 소고," 황적인회갑기념, 박영사 1990, 739 이하에서는 "계약해제는 법률행위로서의 계약관계, 즉 계약의 법률행위적 효과로서 발생하는 채권채무관계를 소급소멸시키는 것이지, 채무불이행이라는 비법률행위적 사실로부터 발생한 손해배상채권관계까지 소급소멸시키는 것은 아니다"라고 한다.

2) UN통일매매법에는 해제시의 손해배상에 관하여 상세한 규정이 있다.

UN통일매매법 제75조: 계약이 해제된 경우에 있어서 상당한 방법에 의하여 또한 해제 후 상당한 기간 내에 매수인이 대체물을 구입하거나 또는 매도인이 목적물을 다른 곳에 매각한 때에는 손해배상을 청구하는 당사자는 계약대금과 대체하여 행한 거래대금과의 차액 및 제74조의 규정에 기하여 그 외에 받을 수 있는 손해배상을 회복할 수 있다.

UN통일매매법 제76조: ① 계약이 해제된 경우 목적물에 시가가 있는 때에는 손해배상을 청구하는 당사자는 제75조의 규정에 의하여 구입 또는 다른 곳에의 매각을 하지 않은 경우에, 계약대금과 계약해제시에 있어서 목적물의 시가와의 차액 및 제74조의 규정에 기하여 그 외에 받을 수 있는 손해배상의 액을 회복할 수 있다. 이 경우에 손해배상을 청구하는 당사자가 목적물수령 후에 계약을 해제한 때에는 해제시의 시가에 갈음하여 목적물수령시의 시가를 적용한다. ② 전항의 적용에 있어서 시가는 목적물의 인도가 행해져야 할 장소에서 지배적인 가격으로 하고 그 장소에서 시가가 없는 때에는 합리적으로 갈음할 수 있는 다른 장소에서의 가격으로 하되, 목적물운송비용의 차액을 고려해야 한다.

기이행급부는 원물반환 또는 가액반환으로서 원상회복되므로, 채권자가 미이행급부의 수령권을 전제로 하는 전보배상을 청구할 수 없다.

손해배상은 계약의 내용에 좇은 이행이 있었더라면 얻었을 履行利益의 賠償이다(大判 2001. 11. 30, 2001다16432 차액에 의한 이행이익산정).[1] 이행이익의 산정은 채무불이행으로 인해 손해배상청구권이 발생한 때의 時價를 기준으로 함이 원칙이지만, 그 이후 시가의 앙등으로 손해액이 현저히 증가한 경우에는 그 증가액도 포함시켜야 할 것이다.[2] 소송에서는 채무불이행시 또는 사실심변론종결시의 時價에 따를 수 있다. 판례도 "채무가 이행불능으로 되거나 타인의 권리매매에 있어 매도인이 그 권리를 매수인에게 이전할 수 없게 된 경우의 손해배상은 그 불능 당시의 그 목적물의 시가를 기준으로 그 손해를 산정해야 한다"는 입장을 고수하고 있다(大判 1967. 5. 18, 66다2618; 大判 1980. 3. 11, 80다78).

판례는 예외적으로 信賴利益의 배상을 허용한다(大判 2002. 6. 11, 2002다2539). 채무불이행을 이유로 계약해제와 아울러 손해배상을 청구하는 경우에 이행이익의 배상을 구하는 것이 원칙이지만, 그에 갈음하여 그 계약이 이행되리라고 믿고 채권자가 지출한 비용 즉 신뢰이익의 배상을 구할 수도 있다. 그 신뢰이익 중 계약의 체결과 이행을 위하여 통상적으로 지출되는 비용은 통상의 손해로서 상대방이 알았거나 알 수 있었는지의 여부와는 관계없이 그 배상을 구할 수 있고, 이를 초과하여 지출되는 비용은 특별한 사정으로 인한 손해로서 상대방이 이를 알았거나 알 수 있었던 경우에 한하여 그 배상을 구할 수 있다. 다만 그 신뢰이익은 과잉배상금지의 원칙에 비추어 이행이익의 범위를 초과할 수 없다.

(라) 賠償額豫定 손해배상액이 예정되어 있는 경우에는 해제 후에도 그 약정이 그대로 유효하여 손해배상액은 예정액으로 정해진다. 배상예정의 방법은 일정액의 위약금으로 약정하는 경우, 연체이율을 약정하는 경우 등이 있다. 위약금과 연체이율 양자를 중복적으로 약정한 경우에 위약금의 발생사유가 생기면 연체이자를 중복하여 받는 것은 통상 허용되지 않는다.[3] 배상예정 금액 또는 이율이 과다한 경우에 법원은 그보다 감액하여 배상액을 정할 수 있다(제398조 2항).

---

1) 反對說: 金疇洙, 155에서는 해제와 채무불이행으로 인한 이행이익의 배상을 양립시키는 것은 이론적 모순이라고 보아, 신뢰이익의 배상에 한정하는 견해를 취한다.

2) 金亨培, 246에서는 "손해배상은 해제시를 기준으로 산정해야 하므로 해제 당시에 목적물의 가격이 이행기보다 오른 때에는 그 차액을 배상해야 한다"고 한다.

3) 매수인이 계약금만 내고 중도금과 잔금을 모두 연체하고 있으며 계약금을 위약금으로 하는 약정이 있는 경우에, 계약해제 후 손해배상은 계약금만을 몰수할 수 있을 뿐이며 미지급중도금과 미지급잔금에 대한 약정연체이자까지 청구할 수는 없다고 해석된다.

도급계약에서 지체상금의 약정이 있는 때에는 해제시에도 이 지체상금약정에 따라 손해배상한다(大判 2001. 12. 14, 99다58129). 유상계약을 체결함에 있어서 계약금이 수수된 경우라도 이를 위약금으로 하기로 하는 특약이 없는 이상 계약이 당사자 일방의 귀책사유로 인하여 해제되었다 하더라도 상대방은 계약불이행으로 입은 실제 손해만을 배상받을 수 있을 뿐 계약금이 위약금으로서 상대방에게 당연히 귀속되는 것은 아니다(大判 1992. 11. 27, 92다23209).

§15. 解 止

1. 意 義

(1) 解止의 槪念

해지란 계속적 계약에 있어서 일방당사자의 解止의 意思表示(解止通告라 고도 함)로서 장래 일정한 時點 이후의 계약채무를 소멸시키는 것을 말한다. 해지는 일방적 의사표시에 의해서 행사됨으로써 계약관계의 변동을 가져오는 形成權의 행사에 해당한다.

(가) 期限利益喪失 소비대차의 차용금반환채무, 매매 등에서 後拂의 대금지급채무를 할부금으로서 계속적으로 지급할 의무를 지는 경우에, 그 소비대차계약이나 할부금약정을 해지함으로써 채무자의 기한의 이익을 상실케 하는 경우를 「期限利益喪失의 通告」라고 하고 그 사유를 정해 놓은 것을 期限利益喪失約定(약관에 의하는 경우가 많음)이라고 한다. 소비대차에 있어서 기한이익의 상실통고는 解止의 성격을 띠지만, 매매에서의 할부금의 기한이익상실은 매매목적물의 반환채무를 발생시키므로 解除의 성격을 띤다.

(나) 卽時解止와 猶豫期間附 解止 해지에는 그 의사표시 후 즉시 계약채무의 이행을 중지시키는 卽時解止와 일정한 유예기간을 둔 후에 중지시키는 猶豫期間이 붙은 解止의 두 종류가 있다. 통상 채무불이행을 이유로 한 해지는 최고를 한 후 유예기간을 부여하고 나서 그 기간만료시까지 이행이 없을 때에 비로소 해지할 수 있음이 원칙이다. 즉시해지는 중대한 계약위반이 있어 계약관계를 조금이라도 계속하는 것이 상대방에게 커다란 불이익을 주는 경우에 인정된다.

(다) 約定解止事由와 法定解止事由　해지를 할 수 있는 권한을 해지권이라고 하는데, 해지권의 발생원인은 약정에 의하거나(約定解止權) 또는 법률의 규정에 의한다(法定解止權). 민법은 법정해지권의 발생사유에 관하여 일반조항을 두지 않고 개개의 계약에 관하여 규정할 뿐이다.

(2) 解除와 解止의 區別

(가) 民法의 態度　우리 민법은 계약의 종료제도로서 解除와 나란히 解止를 인정한다. 민법 제543조 등은 "解止 또는 解除"라고 표현함으로써 양자를 구별되는 개념으로 파악하고 있다. 제550조는 "당사자 일방이 계약을 解止한 때에는 계약은 장래에 대하여 그 효력을 잃는다"고 함으로써 해지의 효과를「장래에 대한 계약종료의 효과」로 한정한다. 그 밖에 제547조에서는 해제와 해지의 不可分性을 규정하고, 제551조에서는 해지 · 해제와 손해배상을 규정한다.

(나) 解除 · 解止의 客體　일반적으로 一回的 給付를 목적으로 하는 賣買[1] · 交換은 解除되고, 繼續的 · 回歸的 給付를 목적으로 하는 消費貸借 · 使用貸借 · 賃貸借 · 雇傭 · 委任 · 任置 · 保證 등은 解止될 수 있을 뿐이지만, 계약의 종류에 따라 해제와 해지를 구분하면 정확치 않은 경우도 생긴다. 繼續的契約에서도 아직 급부가 행해지기 전에는 解除에 의해 계약채무를 소멸시키는 것이 가능하기 때문이다.

(다) 解除와 解止의 共通點　해제와 해지는 다음의 점에서 공통점을 갖는다. 첫째, 해제와 해지는 계약에 관하여 인정되는 계약해소사유이다. 해제와 해지는 일단 유효하게 성립한 계약이 당사자 일방의 채무불이행 등을 이유로 신뢰관계가 파괴됨으로써 더 이상 유지되는 것이 타당하지 않다고 판단될 때에 인정된다. 둘째, 해제와 해지는 각각 해제권자 · 해지권자의 일방적 의사표시로 계약관계를 해소하는 形成權의 행사라는 점에서 공통점을 갖는다. 셋째, 해제와 해지는 각각 해제권 · 해지권이 발생하게 되는 사유가 법률의 규정 또는 당사자의 약정에 의해 정해진다. 解除事由 · 解止事由는 계약의 체결과 관련한 사유들이 아니라 계약의 체결 이후에 그 채무의 이행 등과 관련하여 생긴 사유라는 점에서 공통점을 갖는다. 이 점에서 계약체결시의 의사표시 등에 생긴 사유로 인하여 발생하는 취소권과는 구별된다.

(라) 解除 · 解止의 差異點　解除는 一回的 給付義務를 소멸시킴으로써 그

1) 단, 할부매매에서는 대금지불은 회귀적으로 후불되나 목적물의 인도는 일회적으로 선이행되므로 그것을 계속적 계약으로 볼 것인가는 의문이다. 원래의 계속적 계약은 매월 월세 · 임금 · 대금이 지불되는 임대차 · 고용 · 계속적 공급계약 등을 의미한다.

채무를 소멸시키거나 이행한 것을 원상회복시키는 「과거에 관한 形成權의 行使」인 반면에, 解止는 回歸的으로 이행되는 繼續的 契約에서 이전의 계약채무는 그대로 존속시킨 채 일정한 시점부터는 채무를 지지 않고 당사자의 계약관계를 終了시키는 「장래에 향해진 形成權의 行使」이다. 회귀적 급부의무를 지는 계속적 계약에서도 과거에 이행한 부분에 관하여 解除로서 그 채무를 소멸시킬 수 있다. 해제의 본질을 어떻게 보는가에 따라 해제와 해지의 차이를 설명하는 방법도 달라지는데, 直接效果說에서는 해제는 계약이 소급하여 소멸하는 것인 반면에 해지는 장래에 향하여 소멸하는 것이라고 구분한다. 淸算關係說에서는 해제가 未履行債務를 소멸시키고 旣履行給付는 원상회복토록 하는 것인 반면에 해지는 기이행급부는 그대로 보유토록 하고 장래 일정 시점 이후의 미이행채무만을 면제시키는 것이라고 구별한다.

大判 1996. 7. 26, 96다14616: 영업허가권 및 시설물 일체를 매매함에 있어 매수인이 계약금을 지급하고 그 잔금지급 이전에 그 목적물을 인도받아 이를 사용·수익하면서 매월 일정 금액 및 제세공과금, 임대료 및 관리비 등을 지급하기로 한 경우, 매매계약과 매매계약금을 임차보증금으로 하고 월 차임을 잔금에 대한 이자 상당액으로 하는 임대차계약이 혼합된 계약이다. 그 계약이 매도인의 귀책사유로 이행불능되어 매수인이 이를 해제하였다 하더라도 임대차계약의 성질을 가진 부분은 해지된 것으로서 장래에 향해서만 계약관계가 종료된다.

大判 2003. 1. 24, 2000다5336: 합의해지(해지계약)란 계약 당사자 쌍방이 합의에 의하여 계속적 계약의 효력을 해지시점 이후부터 장래를 향하여 소멸하게 하는 것을 내용으로 하는 새로운 계약이나, 여기에 해제, 해지에 관한 민법 제548조 2항의 규정은 적용되지 아니하므로, 합의해지로 인하여 반환할 금전에 그 받은 날로부터의 이자를 가하여야 할 의무가 있는 것은 아니다.

解除와 解止의 事例

(1) 一回的 契約의 事例　A(매도인)는 B(매수인)에게 어떤 중고품기계를 1천만원에 매매하기로 하고 계약금 1백만원을 받았으며, 중도금 4백만원은 10일 후에 기계를 인도하면서 받고 잔금은 그 3개월 후에 받기로 약정하였다. ① 계약금 받은 3일 후에 B가 계약을 해제하는 경우에, 이는 계약 당시 유보된 해제권의 행사로서 다른 해제사유를 제시할 필요 없이 해제의 의사표시만으로 계약은 종료한다. 다만

B가 A에게 지급한 계약금 1백만원은 解約金으로서 A에게 귀속된다. 이 경우 해제권의 발생요건과 해제의 효과는 민법 제565조 1항에 의하여 정해진다. ② B가 중도금지급기일이 지나도 중도금을 지급하지 않자, A는 B에게 그 이행을 최고하였고 그 후 상당기간이 지나도 중도금지급이 없자 B에 대해 계약을 해제하였다. 이 경우는 B의 履行遲滯로 인한 A의 해제권행사에 해당한다(제544조). A는 B에게 계약시 받았던 1백만원에서 중도금의 연체에 따른 손해배상금을 공제한 잔액을 반환해야 한다. ③ B가 중도금지급과 동시에 기계를 인도받아 사용하려 했으나 그 기계가 전혀 작동되지 않는 폐품에 불과하다는 것을 발견하였다. B는 A에 대하여 하자담보책임을 물어 계약을 해제하고 손해배상을 청구하였다. 이 경우 해제권은 賣渡人의 瑕疵擔保責任의 한 내용으로서 발생하게 된다(제580조, 제575조). A는 B에게 계약금과 중도금을 반환하고 아울러 손해배상금도 지급해야 한다. B는 A에게 그 기계를 반환하되 그 인도비용은 A에게 부담시킬 수 있다. 그러나 기계가 완전히 폐품에 불과하여 반환할 가치조차 없는 경우에는 그 기계를 A가 인수하도록 통고하는 것으로 충분할 것이다.

(2) 繼續的 契約의 事例 D(구독신청자)는 C회사(매도인)의 영어월간지를 1년간 구독신청하고 그 대금 12만원을 선납하였다. ① 解除의 경우: D가 첫 달 잡지를 받아보니 계약시의 약정과는 달리 회화테이프가 부착되어 있지 않아 회사에 이를 항의하고 테이프를 줄 것을 요구하였으나 열흘이 지나도록 소식이 없었다. D는 C회사에 계약을 해제한다는 편지와 받았던 잡지를 발송하고, 자기가 지급한 잡지대금 12만원을 예금구좌에 입금시켜 줄 것을 요구하였다. 이 경우 D는 C에 대하여 채무불이행을 이유로 계약을 해제한 것이다(제544조). ② 解止의 경우: D는 구독신청 후 3개월간은 잡지를 잘 받아보았으나, 4개월째부터 잡지가 오지 않아 C회사에 보낼 것을 독촉하였으나 회사는 발송사고라고만 할 뿐 다시 발송해 주지 않았다. D는 5개월째 잡지도 받지 못하자 C회사에 이제 잡지를 끊겠다고 편지를 보내고 3개월간의 잡지대금을 공제한 대금잔액 9만원을 지정하는 예금구좌에 입금시켜 줄 것을 요구하였다. 결국 D는 4개월째의 시점을 기점으로 하여 계약을 解止한 것이다. C와 D 사이의 계약관계는 그 대금의 반환이 모두 끝난 때에 종료되며, 해지 후 대금반환시까지는 청산관계로서 존속한다.

2. 解止權의 發生要件

(1) 解除規定의 適用 與否

법정해제권을 정하는 민법 제544조 내지 제546조에 해당하는 해지권발생에 관한 일반규정은 없다. 계속적 계약의 채무불이행의 경우에 해제에 관한 제

544조 내지 제546조를 유추적용하여 채권자의 해지권발생을 인정할 것인가에 관해서는 肯定說[1]과 否定說[2]이 대립한다.

私見으로는 否定說을 취하겠다. 주로 쌍무계약의 상환적 채무를 염두에 둔 제544조 내지 제546조를 해지에 유추적용하는 것은 타당하지 못하다. 첫째, 계속적 급부를 목적으로 하는 계약의 해지와 일회적 급부를 목적으로 하는 계약의 해제는 상호 성격을 달리하므로 그 발생요건도 각각의 경우에 다르게 파악해야 한다. 계속적 계약에서는 前回期의 채무불이행을 이유로 장래 일정시기부터 계약관계를 종료할 수 있는냐의 문제가 생긴다. 둘째, 임대차·할부매매 등 계속적 계약에서 임차인·매수인의 단 1회의 차임·할부금의 지체만으로 해지권을 부여하는 것은 부당하다. 만약 해제에 관한 제544조를 유추적용한다면 1회의 차임연체만 있어도 임대차계약을 해지할 수 있게 되어 부당한 결과로 될 것이다. 셋째, 해지권 발생요건으로서 催告 및 猶豫期間을 요구할 것인가는 각 계약의 특성에 맞게 정해져야 하며, 해제에 관한 제544조를 언제나 유추적용할 것은 아니다. 넷째, 해지사유는 각 계약의 특성에 맞게 구체적으로 정해지는 것이 타당하다. 민법은 사용대차(제675조 3항)·임대차(제625조 이하)·고용(제657조 이하)·위임(제610조)·임치(제698조 이하)·조합(제716조 이하)에 관하여 각각 고유의 해지사유를 규정한다.

(2) 解止事由

(가) 解止의 自由가 인정되는 경우 각 당사자에게 언제든지 해지할 수 있는 권리를 유보하는 경우도 있다. ① 期間의 約定이 없는 경우: 계약에서 존속기간을 약정하지 않은 경우에 언제든지 해지통고를 할 수 있지만, 이 때 상당한 유예기간(또는 법률이 정하는 유예기간)을 부여한 후 계약을 종료시켜야 한다(임대차: 제635조, 고용: 제660조). 임치계약 등 상대방의 준비가 필요 없는 경우에는 유예기간을 둘 필요가 없다(제699조). ② 期間의 約定이 있는 경우: 계약에서 기간의 약정이 있는 경우에도 당사자 일방 또는 쌍방이 그 기간 내에 해지할 권리를 유보한 때에는 유예기간을 두고 해지할 수 있지만, 상당한 유예기간을 부여한 후 계약을 종료시켜야 한다(제636조 참조). ③ 委任의 相互解止의 自由: 위임계약은 각 당사자가 언제든지 해지할 수 있으나, 당사자 일방이 부득이한 사유 없이 해지한 때에는 그 손해를 배상하여야 한다(제689조 1항·2항).[3] ④ 任置人의 解止의 自由: 임치기간의 약정이 있는

1) 郭潤直, 186; 金疇洙, 165; 金亨培, 258.

2) 金曾漢, 116; 崔栻, 94.

3) 金亨培, 263은 "이러한 해지의 자유는 연혁상 無償委任을 전제로 하여 마련된 것이므로 有償委任인 경우

경우에, 受置人은 부득이한 사유 없이 그 기간만료 전에 해지하지 못하지만 任置人은 언제든지 해지할 수 있다(제698조). ⑤ 雇傭에서 일정기간의 경과 후: 고용의 약정기간이 3년을 終身으로 약정된 경우에, 각 당사자는 3년이 경과한 후 언제든지 3개월의 유예기간을 두고 계약해지의 통고를 할 수 있다(제659조). 근로기준법에서는 근로계약기간이 1년을 경과하지 못함을 원칙으로 한다(근기법 제23조).

(나) 約定解止事由　　계약당사자가 무엇을 해지사유로 삼을 것인가는 자유로 정할 수 있음이 원칙이다. 대개의 경우 채무불이행을 해지사유로 삼지만, 그 밖의 사정을 해지사유로 삼을 수도 있다.

계속적 계약에서는 代價를 매월 또는 일정기간마다 지급하는데, 기간약정 있는 계약을 중도에 해지함에 있어서는 2회 이상에 해당하는 일정기간의 대금 연체가 계속되고 또한 해지 이전에 상당기간을 두고 최고함으로써 계약관계를 정상화하려는 노력을 하는 것이 요구된다(제544조의 유추해석). 단 1회라도 연체하면 계약을 해지한다는 것은 지나치게 가혹할 수 있다.[1] 그 밖에 경미한 계약조건의 위반으로 해지권이 발생토록 약정하는 것도 사회통념에 비추어 가혹할 경우가 있다.[2] 해지사유가 가혹한 경우에는 신의칙에 비추어 해지권행사가 不許될 수 있으며, 약관의 경우에는 그 해지사유조항이 무효로 될 수 있다(약관법 제6조 2항 1호).

(다) 法定解止事由　　민법은 법정해지사유에 관하여는 일반규정을 두지 않고 각 계약유형별로 해지사유를 정하는 입법방식을 취한다. 賃貸借에 관해서는 「임차인의 파산」(제637조), 「2期의 차임액에 달하는 연체」(제640조), 「임차물의 일부멸실의 경우에 잔존부분으로 임차의 목적을 달성할 수 없는 때」(제627조 2항), 「임대인의 동의 없는 轉貸, 讓渡」(제629조 2항), 「목적물을 성질에 의하여 정하여진 용법으로 사용 · 수익하지 않는 때」(제654조 제610조 1항) 등이 해지사유가 된다. 雇傭의 경우에는 「사용자 또는 노무자가 상대방의 동의 없이 권리나 의무를 제3자에게 양도한 경우」(제657조), 「사용자가 약정하지 않는 노무를 요구한 때」(제658조 1항), 「약정한 노무가 특수한 기능을 요하는 경우에 노무자에게 그 기능이 없는 때」(제658조 2항), 「일방당사자의 과실 없이 계약을 유지할 수 없는 부득이한 사유가 생긴 때」(제661조) 등이 해지사유로 된다.

에는 이 규정은 제한적으로 해석되는 것이 바람직하다"고 한다. 私見으로는 유상위임의 경우에도 손해배상을 하고 해지할 수 있도록 하는 것이 위임당사자의 자유의사를 존중하는 것이라고 생각한다.

1) 같은 취지: 金亨培, 258; 金疇洙, 165; 金曾漢, 112.

2) 같은 취지: 金亨培, 258에서는 "급부장애가 계속되거나 중대한 시점에 이행을 게을리하여 채권관계의 유지를 무의미하게 할 정도로 신뢰관계를 해칠 때에는 해지권이 인정되어야 할 것이다"라고 한다.

민법이나 기타 법률의 특별규정이 없는 경우에는 일방당사자의 前回期의 채무불이행이 계속적 계약의 존속기초가 되는 신뢰관계를 해칠 정도가 될 경우에 해지권을 부여한다.[1] 그 밖에 일방당사자가 신뢰관계를 파괴하는 信義則 違反行爲를 한 경우에도 해지권이 생긴다(제625조, 제658조). 당사자의 死亡이나 破産 등으로 신뢰관계가 파괴된 경우도 같다(제614조, 제637조).

大判 1990. 2. 27, 89다카1381: 이른바 계속적인 보증계약에 있어서 보증계약성립 당시의 사정에 현저한 변경이 생긴 경우에는 보증인은 보증계약을 해지할 수 있다고 보아야 할 것인바, 회사의 임원이나 직원의 지위에 있기 때문에 회사의 요구로 부득이 회사와 제3자 사이의 계속적 거래로 인한 회사의 채무에 대하여 보증인이 된 자가 그 후 회사로부터 퇴사하여 임원이나 직원의 지위를 떠난 때에는 보증계약성립 당시의 사정에 현저한 변경이 생긴 경우에 해당하므로 사정변경을 이유로 保證契約을 解止할 수 있다고 보아야 하며, 위 계속적 보증계약에서 보증기간을 정하였다고 하더라도 그것이 특히 퇴사 후에도 보증채무를 부담키로 특약한 취지라고 인정되지 않는 한 위와 같은 해지권의 발생에 영향이 없다고 할 것이다.

大判 1994. 11. 22, 93다61321: 임차인인 원고는 賃借目的物에 있는 法律的 制限으로 말미암아 賃借의 目的을 달할 수 없게 되어 賃貸人의 擔保責任을 묻는 경우에, 원고가 賃貸借契約에 따라 피고로부터 賃借目的物을 명도받아 占有를 繼續하여 온 때에는 賃貸人의 擔保責任을 묻는다 하더라도 契約의 效力을 장래에 향하여 消滅하게 하는 解止는 할 수는 있으나, 그 效力을 遡及的으로 消滅시키는 解除는 할 수는 없다.

3. 解止權의 行使

(1) 解止의 意思表示

해지는 상대방에 대한 의사표시로서 행사한다(제543조 1항).[2] 해지의 의사표시는 철회하지 못한다(제543조 2항). 그러나 그 의사표시가 아직 상대방에게 도달하기 전에 철회의 의사표시를 도달시킨 경우에 해지의 의사표시는 효력을 발생하지 못함은 의사표시의 일반원칙에 따라 추론된다.

1) 같은 취지: 金曾漢, 112.

2) 大判 1998. 10. 27, 98다1560: 임차인의 배당요구통지서를 금융기관의연체대출금에관한특례법 제8조에 의하여 임대인(소유자)의 경매신청 당시의 부동산등기부상의 주소 등으로 발송한 것만으로 賃貸借解止의 의사표시가 임대인에게 도달하였다고 볼 수 없다.

(2) 解止의 不可分性

당사자의 일방 또는 쌍방이 數人인 경우에 해지는 그 전원으로부터 또는 전원에 대하여 하여야 한다(제547조).

4. 解止의 效果

(1) 契約拘束力의 消滅

해지로 계약은 指定終了時點부터 장래에 대하여 효력을 잃는다(제550조). 지정종료시점은 해지의 의사표시 후 즉시인 경우도 있고(即時解止), 그로부터 일정기간 후 또는 일정시점부터인 경우도 있다(猶豫期間附 解止). 임대차, 고용 등에서는 해지통고 후 일정기간(유예기간)이 경과하여야 비로소 해지의 효과가 발생한다(제635조, 제660조).

해지는 계속적 계약을 어느 시점을 기준으로 그 이후 부분의 계약구속력을 소멸시키는 효과를 가져온다. 그 종료시점 이후에 당사자는 약정했던 계약채무를 지지 않으며 그 이후분에 해당하는 채권도 소멸한다. 만약 해지시점 후에 이행될 예정이던 급부에 대한 대가를 선불한 경우 그 선불금은 원상회복되어야 한다.

(2) 終了時點 以前의 契約關係

해지는 종료시점 이전의 계약채무에는 영향을 미치지 않는다. 그러므로 종료시점 전에 발생한 계약채무 중 미이행채무는 해지에 관계 없이 그대로 이행되어야 하고 기이행급부는 수령자가 그대로 보유할 권리를 갖는다. 해지에서는 종료시점 이전의 기이행급부에 대한 원상회복의무가 발생하지 않는다는 점에서 해제와 구별된다.

(3) 契約關係의 淸算

해지 이후에는 계약의 청산을 위한 법률관계가 생길 수 있다. 계약당사자가 계속적 계약관계의 존속을 전제로 하여 인도한 물건(임대차목적물, 임치물 등)이나 保證金이 있는 경우, 그것은 해지 후 원상회복되어야 한다. 종료시점 이후에 반환을 연체하고 있는 동안에는 물건의 사용이익 및 보증금의 이자를 지급해야 한다. 보증금에 그 지급시부터 반환시까지 이자를 붙여서 반환해야 하는가는 보증금의 성격 및 약정 여부에 따라 달라진다.

(4) 損害賠償

해지와 관련된 손해배상에는 「채무불이행으로 인한 손해배상」과 「해지로 인하여 발생한 손해의 배상」 두 가지가 있다. "해지는 손해배상의 청구에 영향을 미치지 않는다"는 민법 제551조의 손해배상은 해지 전의 상대방의 채무불이행으로 인한 손해배상이다. 해지 자체로 인한 손해배상으로서는 委任契約의 해지에 따른 손해배상의무를 정하는 민법 제689조가 있다. 해지 자체로 인한 손해배상은 법률의 규정 또는 특약이 없으면 인정되지 않는다.

(5) 附屬物買受請求權 등

해지의 효과에 관하여 각 계약에 개별규정이 있는 경우에는 그에 따른다. 임대차의 종료시에 부속물매수청구권이 발생한다(제646조, 제647조).

제 2 장　契約의 類型

제 2 장 契約의 類型

제 1 절 讓渡契約

§ 16. 贈 與[1]

1. 無償契約

(1) 意 義

(가) 概 念 무상계약이란 계약당사자의 일방만이 출연하고 상대방은 그것에 상응하는 대가의 출연을 하지 않는 계약의 종류를 가리킨다. 증여는 無償契約의 대표적인 유형이다. 무상계약에는 贈與 이외에 無利子消費貸借 · 使用貸借 · 無償委任 등이 있다.

無償契約의 成立에는 계약당사자가 무상의 급여를 의도하여 상대방과 그 一方的 出捐에 관한 합의를 하였을 것이 요구된다. 다시 말하면 증여자가 수증자에게 무상으로 급여하겠다는 「贈與의 意思」를 가져야 하고, 수증자도 그 증여를 받아들이겠다는 의사가 있어야 한다.[2] 현대사회생활에 있어서는 유상계약이 차지하는 비중이 크므로 그것이 계약의 통상적 형태로 되고, 무상계약은 비통상적 형태로서 이용될 뿐이다(상법은 유상계약을 전제로 규정한다).

---

1) 참고문헌: 權純漢, "사인증여의 방식과 효력," 판례월보 제324호; 權五乘, "강요에 의한 증여계약," 판례월보 1994년 3월호; 具然昌, "사인증여," 고시계 1989년 8월호; 金容漢, "증여," 고시계 1989년 7월호; 金教昌, "서면에 의하지 아니한 증여계약의 해제," 인권과 정의 제156호, 1989년 8월호; 梁彰洙, "매도증서의 교부와 서면에 의한 증여," 민법연구 제2권, 박영사, 1991; 尹喆洪, "증여에 관한 소론," 숭실대학교 법학논집 제11집; 李鍾贊, "건물을 지어 증여하는 경우에 있어서의 증여의 시기," 대법원판례해설 제13호, 1991년 11월; 李義榮, "포괄적 사인증여에 포괄유증의 효력에 관한 민법 제1078조가 적용되는지 여부," 대법원판례해설 제25호, 1996년 11월; 曺圭昌, "교회헌금채무의 법적 성질," 고려대 판례연구 제7집, 1995년 9월.

2) 같은 취지: 郭潤直, 193; 金基善, 106; 金錫宇, 153; 金疇洙, 173; 金曾漢, 124; 金顯泰, 94; 金亨培, 385; 李太載, 143. 반대설: 주관적 · 객관적 두 표준에 의하여 판정하는 견해 崔栻, 124.

(나) 法的 債務의 發生　　무상계약은 법률행위에 의해서 발생하며 그 행위 속에는 법적 구속력을 발생시키려는 의사가 포함된다. 단순히 도덕적인 의무를 부담하는 것만으로는 무상계약이라고 할 수 없다.[1] 무상계약의 이면에는 도덕 · 호의 · 예의 · 사교 등 사회적 규범의식이 바탕이 되어 있다. 무상계약의 이러한 이중구조는 그의 법률효과에도 영향을 미쳐 忘恩行爲에 의한 증여계약의 해제에서와 같이 사회적 규범이 고려되기도 한다.

(2) 特　　性

(가) 任意解除의 許容　　무상계약은 유상계약에서와 같이 엄격한 계약구속력이 부여되지 않으며, 당사자가 임의로 해제하는 것이 비교적 쉽게 허용된다. 서면에 의하지 않은 증여는 언제든지 해제할 수 있다(제555조). 이러한 계약구속력의 약화로 말미암아 비법률관계인 호의행위와의 한계가 모호하며, 자연채무와의 한계도 애매하다.

無償契約 · 自然債務 · 好意行爲[2]의 3자의 공통점은 그에 기초한 이행행위나 출연이 수령자에게 부당이득이 되지 않는다는 점이다. 무상계약은 당사자의 법적 구속의사가 존재하고 그 행위가 사회적 타당성을 갖는 경우에만 인정되며, 또한 그 효과로서 급부의무, 채무불이행책임, 담보책임 등이 발생한다는 점에서 자연채무 및 호의행위와 차이가 있다. 어떠한 행위가 무상계약의 체결인가, 단순한 호의행위인가의 구별은 결국 의사해석의 문제로서 사회관습 · 구체적 상황을 고려해서 판단하여야 한다.

(나) 擔保責任의 輕減　　무상계약에서는 채권자가 일방적으로 재산적 이득을 취득할 뿐 대가적 반대급부를 부담하지 않으므로 대가성을 전제로 한 유상계약의 하자담보책임의 원칙은 수정되어 채무자의 담보책임이 완화된다.

(다) 注意義務의 輕減　　무상계약에서는 채무자의 주의의무도 유상계약과 같이 엄격한 정도로 요구되지 않고 감경된다. 그 밖에 명문의 규정이 없더라도 유상계약에서 대가성을 기초로 한 법원리는 무상계약에는 적용되지 않는다.

---

1) 拙著, 채권총론, 40~42 참조

2) 「호의행위」란 법적 규범의식이 존재하지 않는 일반 사회생활상 타인에게 이득을 베푸는 행위를 말한다. 예를 들면 자동차운전자가 길에 가는 행인을 호의로 태워다 주는 것, 기차안에서 서로 먹을 것을 나누어 먹는 일, 비를 맞는 행인을 잠시 자기집안에서 비를 피하도록 하는 일 등이다. 독일의 학설 · 판례는 호의행위의 개념을 인정하고 그 경우에 채무불이행 또는 불법행위의 손해배상책임까지 경감한다. 호의행위에 대한 상세한 설명은, 李英俊, 민법총칙, 34~38.

2. 贈與의 意義

(1) 諾成契約

증여는 증여자의 청약에 대한 수증자의 승낙으로 성립하는 不要式의 諾成契約이다(제554조). 遺贈(제1060조 이하)은 증여가 아니라 단독행위에 속한다. 상대방에게 증여의 의사로 직접 물건을 인도하는 경우를 특히 現實贈與라고 한다.[1] 현실증여는 증여계약과 동시에 물건의 소유권을 이전하는 행위로서 관념적으로는 채권행위 후 즉시 물권행위가 행해진 것이다.[2] 증여자가 청약의 의사로 물건을 내놓은 경우 수증자는 승낙의 의사표시 후 즉석에서 그 물건을 수령할 수 있다.

(2) 讓渡契約

증여는 무상의 출연을 약속하는 양도계약이다. 그러므로 증여자는 자기의 출연으로 수증자로 하여금 물건의 소유권취득이나 채권의 취득을 가능케 해 줄 의무를 진다. 출연은 보통 물건이나 재산권(물권·채권·무체재산권)의 양도에 의해 행해지나, 그 밖에 債務免除, 제3자를 위한 계약의 형태로도 할 수 있다.

〈증여의 사례〉

판례는 부의금, 종교적 헌금을 현실증여에 해당하는 것으로 본다.

大判 1992. 8. 18, 92다2998: 부의금은 장례비용에 충당하고 남은 것에 관하여는 공동상속인들이 상속분에 응하여 권리를 취득하는 것으로 봄이 우리의 윤리감정이나 경험칙에 합치된다(결혼축의금에 대한 증여세에 관하여 서울행정법원 1999. 10. 1, 99구928).

大判 1975. 7. 30, 74다1844: 기독교신도가 그가 적을 두고 있는 교회에 대하여 특정한 재산을 "연보"하였다거나 "하나님"께 바쳤다면, 특히 그 재산권의 사용권한만을 교회에 제공하는 것이라는 명확한 표시가 없는 이상 그 재산 자체를 증여한 것이다.

---

1) 大判 1996. 8. 20, 96다13682: 유류분 산정의 기초가 되는 재산의 범위에 관한 민법 제1113조 제1항에서의 「증여재산」이란 상속개시 전에 이미 증여계약이 이행되어 소유권이 수증자에게 이전된 재산을 가리키는 것이고, 아직 증여계약이 이행되지 아니하여 소유권이 피상속인에게 남아 있는 상태로 상속이 개시된 재산은 당연히 「피상속인의 상속개시시에 있어서 가진 재산」에 포함되는 것이므로, 수증자가 공동상속인이든 제3자이든 가리지 아니하고 모두 유류분 산정의 기초가 되는 재산을 구성한다.

2) 郭潤直, 195; 金錫宇, 154; 金曾漢, 125; 金顯泰, 96; 李太載, 143, 162. 물권행위의 독자성을 부인하는 견해는 채권행위와 물권행위가 동시에 하나의 행위 속에 행해졌다고 본다. 반대설: 주석 채권각칙(I), 454(이혁주 집필부분)은 채권행위가 행해진 것이 아니라 증여자의 출연에 법률상의 원인이 증여로서 부가된 것뿐이라고 한다. 독일에서는 현실증여(Handschenkung)를 채권행위가 결여된 단순한 물권행위로 보는 이론이 있었으나, 현재에는 채권행위와 물권행위가 동시에 행해진 것으로 보는 이론이 지배적이다. 그러한 이론대립은 민법의 증여에 관한 규정을 현실증여에도 적용할 것인가의 문제로 귀결된다. Esser-Weyers,

3. 贈與者의 責任

(1) 擔保責任의 免除

증여자는 증여의 목적인 물건 또는 권리의 하자나 흠결에 대하여 책임지지 않는다(제559조 1항 앞문장).

㈎ 特定物贈與 특정물의 경우에 증여자는 유상계약에서와 같이 선량한 관리자의 보관의무(제374조)를 지는가에 관해서는 학설이 대립한다. ① 善管義務說: 주의의무 경감에 관한 규정이 없는 이상 채권 일반원칙에 따라 선관의무를 진다고 해석하는 견해이다.[1] ② 責任輕減說: 사견으로는 물건인도시까지 증여자의 선량한 관리자의 보관의무(제374조)는 무상계약의 특성을 고려하여 자기재산과 동일한 보관의무의 정도로 완화된다고 해석된다(제695조의 유추해석).[2] 따라서 증여자는 고의·중과실이 없는 한 인도시의 현상대로 인도하면 충분하며 인도된 물건에 하자가 있더라도 담보책임을 지지 않고, 목적물멸실의 경우에는 채무를 면한다.

㈏ 種類物贈與 종류물의 경우 증여자가 약속한 종류의 물건을 구입해서 수증자에게 인도하였으나 물건에 하자가 있는 경우에, 담보책임 부담의 특약이 없는 한 증여자는 자기가 악의로 고지하지 않은 것 이외에는 그 하자에 대하여 담보책임을 지지 않는다(제559조 1항).[3] 선의의 증여자는 목적물의 하자에 대하여 담보책임을 지지 않는다. 증여목적물이 증여자가 제3자로부터 매수한 것인 경우에, 수증자는 증여자가 매도인에 대하여 갖는 매매계약상의 권리를 채권자대위권으로서 행사할 수 있을 것이다.[4] 목적물이 동산이며 그 동산에 권리의 흠결이 있는 경우에, 수증자는 선의취득제도(제249조)에 의해 완전한 소유권을 취득한다.[5] 증여의 목적이 금전인 경우에는 담보책임이 발생할 여지가 없이 인도에 의하여 수증자는 그 권리를 취득한다.

Schuldrecht Ⅱ, § 12 Ⅰ.

1) 민법주해(14), 32(高永鉀 집필부분).

2) 주석민법 채권각칙(2), 171(尹喆洪 집필부분).

3) 같은 취지: 金疇洙, 178. 민법의 명문규정에도 불구하고 종류물증여에서의 담보책임을 긍정하는 견해: 郭潤直, 178; 민법주해(14), 52(高永鉀 집필부분).

4) 종류채무나 금전채무의 경우에 민법 제559조의 예외로서 완전물의 급부의무를 인정하는 학설이 있다. 郭潤直, 197; 金基善, 96; 金錫宇, 157; 金曾漢, 128; 金顯泰, 97; 李太載, 146. 반대설: 金疇洙, 177. 생각건대 민법이 명문으로 증여자의 담보책임을 면제하는데, 그에 반대되는 해석을 하는 것은 옳지 않다. 증여자 자신의 담보책임은 면제한 채 수증자가 제3자인 매도인이나 제조자에게 직접 보수청구나 완전물청구 등의 매매계약상의 권리를 행사할 수 있도록 하는 것이 바람직하다.

5) 拙著, 물권법, 305 참조. 반대설: 諸哲雄, "선의취득제도의 문제점과 개선방향," 민사법학 제16호, 1998, 126~130에서는 증여와 같은 무상계약의 경우에는 선의취득할 수 없다고 주장한다.

(2) 惡意의 贈與者의 擔保責任

증여자가 증여의 목적인 물건 또는 권리의 하자나 흠결을 알고 수증자에게 고지하지 않은 때에는 담보책임을 진다(제559조 1항 단서). 이 때의 담보책임의 내용은 매도인의 담보책임규정을 증여의 성질에 맞는 범위에서 유추적용하여 결정되어야 한다. 실제 수증자가 행사할 수 있는 권리는 완전물청구권 · 손해배상청구권 · 하자보수청구권이다. 계약해제권은 이론상은 가능하지만 수증자가 증여계약을 해제할 필요는 없을 것이다. 손해배상청구의 경우에는 배상범위의 결정에 있어서 증여의 무상성이 고려되어야 한다.

(3) 債務不履行責任 · 不法行爲責任

증여자는 담보책임은 면제받지만 채무불이행책임이나 불법행위책임은 진다. 그러나 증여의 무상성을 고려할 때 증여자에게 무거운 책임을 지우는 것은 부당하다. 그러므로 증여자의 注意義務를 유상계약의 선량한 관리자의 주의의무보다 경감하여 「자기재산과 동일한 주의의무」의 위반에 대하여만 책임지도록 하는 것이 타당하다.[1] 증여자가 손해배상책임을 지는 경우에도 그의 손해배상범위를 상당인과관계의 예상범위 내로 한정해야 한다.

4. 贈與의 解除

(1) 口頭贈與의 解除自由

증여의 의사가 서면으로 표시되지 않은 경우에는 각 당사자는 이를 해제할 수 있다(제555조).[2][3] 서면으로 표시되어야 하는 것은 증여자의 「증여의사」뿐이고, 수증자의 특정이나 수증의사가 서면으로 될 필요는 없다. 서면은 일단 계약이 성립한 이후에 작성되어도 무방하다(大判 1989. 5. 9, 88다카2271). 서면으로 작성하지 않는 증여는 계약구속력이 매우 약하므로 실제 자연채무나 호의관계와 그 효과면에서 차이가 적다.

---

1) 같은 취지: 金疇洙, 176; 金亨培, 387.

2) 이는 증여자의 경솔한 출연을 보호하고 증여의사의 명확화를 장려하기 위한 것이다. 외국의 법제(독민 제581조, 프민 제931조, 스債 제243조, 영미의 날인증서(捺印證書)(deed)제도)는 증여계약의 체결을 서면에 의하도록 요구한다. 단 독일민법은 윤리적 의무나 예의적 배려에 상응한 증여는 철회할 수 없다고 규정한다(제534조).

3) 尹喆洪, "증여에 관한 소론," 숭실대 법학논총 제11집, 29에서는 증여에 의한 해제라는 용어는 부적절하므로 "撤回할 수 있다"로 개정할 것을 제안한다. 의용민법에서 "취소할 수 있다"고 규정한 것을 현행법에서는 "해제할 수 있다"고 개정한 것이다

大判 1988. 9. 27, 86다카263: 서면 자체는 매도증서로 되어 있더라도 그것이 증여의 목적으로 작성된 경우에는 제555조의 서면에 해당한다.

大判 1989. 5. 9, 88다카2271: 민법 제555조의 서면의 작성시기에 대하여는 법률상 아무런 제한이 없으므로 증여계약이 성립한 당시에는 서면이 작성되지 않았더라도, 그 후 계약이 존속하는 동안 서면을 작성한 때에는 그 때부터는 서면에 의한 증여로서 당사자가 임의로 이를 해제할 수 없게 된다.

大判 2001. 9. 18, 2001다29643: 증여자가 사망한 후 수증자에 대한 소유권이전등기가 경료된 경우, 증여자의 상속인이 서면에 의하지 아니한 증여로서 해제하더라도 그 증여는 이미 이행된 것이므로 아무 영향이 없다.

(2) 背恩行爲로 인한 解除

수증자가 증여자 또는 그의 배우자 및 직계혈족에 대하여 범죄행위를 하였거나 증여자에 대해 부양의무 있는 수증자가 그 의무를 이행하지 않은 경우, 증여자에게 해제권이 발생한다(제556조 1항). 이 해제권은 해제원인이 있음을 안 날로부터 6개월의 제척기간에 걸리며, 그 밖에 증여자가 수증자에게 용서의 의사를 표시한 때에는 소멸한다(제556조 2항).[1]

大判 1996. 1. 26, 95다43358: 민법 제556조 제1항 제2호에 규정되어 있는 「부양의무」라 함은 민법 제974조에 규정되어 있는 직계혈족 및 그 배우자 또는 생계를 같이하는 친족간의 부양의무를 가리키는 것으로서, 친족간이 아닌 당사자 사이의 약정에 의한 부양의무는 이에 해당하지 아니하여 민법 제556조 제2항이나 민법 제558조가 적용되지 않는다.

(3) 財産狀態惡化로 인한 解除

증여계약 후에 증여자의 재산상태가 현저히 악화되어 증여계약을 이행하면 생계에 중대한 영향을 미칠 경우에는 증여자에게 해제권이 발생한다(제557조).[2] 이는 계약의 기초되는 사정의 변경으로 말미암은 해제권발생을 인정한 명문규정

1) 尹喆洪, 앞의 글, 29에서는 망은행위에 대한 해제권을 인정하는 원래 입법취지에 부합하도록 증여자가 얻은 이익이 현존하는 범위 내에서 그 이득을 반환할 수 있도록 우리 법을 개정할 것을 제안한다.

2) 판례는 증여계약 후에 증여자가 반신불수가 되어 그의 전 재산을 치료비 등으로 소비함으로써 수증자에게 약속한 부동산을 양도하면 생계에 중요한 영향을 미칠 경우 해제권을 인정하였다(大判 1976. 10. 12, 76다1833).

이다.

(4) 贈與解除의 效力制限

이상의 세 원인에 의한 증여해제는 이미 이행한 부분에 대하여 영향을 미치지 않으므로(第558條) 기이행급부에 대한 반환청구권은 발생하지 않는다.[1] 이행하였다 함은 동산의 인도(간이인도 · 점유개정 · 반환청구권의 양도 포함) 및 부동산의 등기[2]가 행해진 것을 의미한다. 일부이행의 경우 이미 이행된 부분은 해제로 반환청구당하지 않는다. 구두증여가 이미 전부이행된 경우에, 계약은 목적달성으로 소멸되므로 통상 해제의 문제가 생기지 않는다.[3]

5. 特殊한 贈與

(1) 負擔附贈與

㈎ 意 義　부담부증여란 수증자가 증여를 받는 대신 어떤 부수적 부담을 지는 특수한 형태의 증여를 말한다. 附隨的 負擔은 증여자나 그가 지정하는 제3자에 대하여 일정한 급부(출연행위 · 작위 · 부작위)를 할 것을 약속하는 것으로서 비재산적 급부를 내용으로 해도 무방하다.[4] 그러나 당사자의 계약목적은 어디까지나 증여에 중점이 두어져야 한다.

부수적 부담에 관해서도 당사자의 합의가 필요하다. 증여자가 희망하였으나 당사자의 합의에 의해 증여계약의 내용이 되지 못한 경우에, 그 증여자의 희망은 단지 계약의 행위기초를 이룰 뿐이다. 부수적 부담이 재산상의 이익을 내용으로 하는 것인 경우에, 그 부담은 증여받은 재산의 일부에 의해 이행되는 것이 보통이다. 증여한 부동산의 수익 중 일부를 자선목적에 사용케 할 것, 종

---

1) 독일민법은 배은행위나 재산상태악화로 인한 해제의 경우에는 부당이득반환범위에 따라 증여한 것의 반환을 청구할 수 있도록 규정한다(제528조, 제531조).

2) 같은 취지: 大判 1976. 2. 10, 75다2295; 大判 1977. 12. 27, 77다834. 그리고 부동산의 인도까지 완료하여야 할 필요는 없다(大判 1981. 10. 13, 81다649).

3) 구두증여의 해제효제한은 마치 불법원인급여의 효과와 유사하다. 그러나 양 제도는 목적을 달리한다. 증여계약이 선량한 풍속이나 사회질서에 어긋나는 경우에(뇌물 · 범죄대가 등), 그러한 증여는 무효이다(제103조). 그러나 무효인 증여계약에 기해서 이미 급부가 행해진 경우, 그것은 불법원인급여로 될 수 있고 이 경우 그 급여의 반환청구는 금지된다(제746조).

4) 공익사업을 위하여 특정인이나 특정기관에서 기부금을 모집하는 경우(수재민구호금 등)의 법률관계는 무엇인가. 모집인에게 증여하는 것이 아니므로 모집인에의 증여로 볼 수 없고, 다만 그에게 일정목적을 위하여 신탁되었다고 해석된다. 다만 구두증여의 해제자유(제555조)는 이 때에도 인정되어야 한다. 기부금품모집규제법(1995년 전문개정, 1998년, 1999년 개정)이 기부의 사회적 폐단을 막기 위해 기부금품의 모집 등을 규율한다.

교단체에 기부하는 대신 자신의 여생에 의탁할 것 등이 그 부담의 예이다.

(나) 效 果 ① 부담부증여에서 증여자는 그 부담의 한도에서 매도인과 같은 담보책임을 진다(제559조 2항). 또 증여물에 있는 권리 또는 물건의 하자로 말미암아 그 물건가격이 부담의 실행에 필요한 비용에 미달하는 경우에, 신의칙상 수증자는 그 부족액이 보충될 때까지 부담의 실행을 거절할 수 있다고 해석된다(독민 제526조 참조). ② 쌍무계약에 관한 규정은 부담부증여에 준용된다(제561조). 주로 동시이행의 항변권(제536조),[1] 위험부담(제537조, 제538조)과 그 밖에 계약해제 · 해지(제543조 이하)에 관한 규정이 준용된다. 상대방이 부담의무를 이행하지 아니할 때에는 증여의무가 이미 이행되었더라도 증여자는 계약을 해제할 수 있고, 그 경우 제555조와 제558조는 적용되지 않는다(大判 1997. 7. 8, 97다2177).

(2) 混合贈與

혼합증여란 증여자의 급부 중 일부는 수증자의 반대급부와 쌍무 · 유상관계에 서고 남은 일부만이 증여에 해당하는 경우를 가리킨다. 시가 2천만원의 부동산을 아들에게 1천만원만 받고 나머지 1천만원은 증여할 의사로 양도하는 경우가 혼합증여에 해당한다. 수증자의 부담이 독립적으로 하나의 반대급부로서의 성격을 갖는 출연인 경우에는 혼합증여로 보아야 한다.

혼합증여는 유상계약(매매 · 교환)과 증여의 양 요소를 가지고 있다. 이러한 양 요소를 일체적으로 파악하여 하나의 혼합계약으로 보는 이론(일체설)과 각각의 부분으로 분리하여 그 부분에 맞는 전형계약의 규정을 적용해야 한다는 이론(분리설)이 대립한다. 민법이 부담부증여에도 매매의 담보책임 및 쌍무계약규정의 준용을 규정하므로 양 이론의 대립은 큰 차이가 없다. 사견으로는 혼합증여에 관해서는 매매의 부분을 중심으로 해석함이 원칙이며, 구두증여의 해제자유(제555조)는 혼합증여 중의 무상의 부분에 한하여 계약목적의 달성을 해하지 않는 경우에만 인정될 수 있다고 해석하겠다. 一部解除에도 불구하고 잔여계약이 유효하게 존속할 것인가는 계약의 목적달성 가능성에 비추어 판단되어야 할 것이다.

(3) 定期贈與

정기증여란 회귀적으로 무상출연할 채무를 발생시키는 계약이다(매월 · 매년 일정액을 지불하는 증여). 증여기간이 수증자의 사망시까지로 정해진 경우는 終身定期金에 해당한

---

1) 부담부증여에서는 대부분 증여자가 선이행의무를 부담하므로 동시이행항변권이 생기는 경우가 적다. 그러나 수증자측에서 동시이행의 항변권을 주장하거나 또는 제536조 2항을 적용할 경우는 종종 있다.

다(제725조~제730조 적용됨). 정기증여는 다른 특약이 없는 한 증여자나 수증자의 사망으로 인하여 효력을 잃는다(제560조). 이는 증여의사가 통상 증여자와 수증자의 일신상의 관계에서 비롯한 것이므로 그들의 상속인까지 구속할 필요가 없다는 점을 고려한 규정이다. 사망으로 인한 실효규정은 종기의 정함이 있는 경우나 없는 경우나 모두 적용된다.

(4) 死因贈與

사인증여는 증여자의 사망으로 효력을 발생하는 증여를 말한다. 즉 증여자가 생전에 체결한 계약은 그의 死亡을 停止條件으로 하여 효력이 생긴다. 사인증여는 수증자의 승낙을 요하는 계약이라는 점에서 단독행위인 유증과 구별된다. 그러나 양자는 증여자의 생전재산이 아닌 상속인의 상속재산으로부터 출연된다는 점에서 공통성을 갖는다.

유증에 관한 민법규정은 사인증여의 계약적 성질과 상충되지 않는 범위에서 준용된다(제562조). 유언능력, 유언방식, 승인과 포기, 유언의 철회 등은 유언의 단독행위적 성질에 기초하는 것이므로 사인증여에 준용되지 않는다. 그러므로 유증의 효력에 관한 규정(제1073조 이하) 중 위의 사항을 제외한 부분이 사인증여에 준용된다.

大判 1996. 4. 12, 94다37714: ① 민법 제562조는 사인증여에 관하여는 유증에 관한 규정을 준용하도록 규정하고 있지만, 유증의 방식에 관한 민법 제1065조 내지 제1072조는 그것이 단독행위임을 전제로 하는 것이어서 계약인 사인증여에는 적용되지 아니한다. ② 포괄적 사인증여는 낙성·불요식의 증여계약의 일종이고, 포괄적 유증은 엄격한 방식을 요하는 단독행위이며, 방식을 위배한 포괄적 유증은 대부분 포괄적 사인증여로 보여질 것인바, 포괄적 사인증여에 민법 제1078조가 준용된다면 양자의 효과는 동일하게 되므로, 결과적으로 포괄적 유증에 엄격한 방식을 요하는 요식행위로 규정한 조항들은 무의미하게 된다. 따라서 민법 제1078조가 포괄적 사인증여에 준용된다고 하는 것은 사인증여의 성질에 반하므로 준용되지 아니한다고 해석함이 상당하다.

§17. 賣買의 槪說

1. 賣買의 意義

(1) 槪 念

매매는 당사자 일방이 재산권을 상대방에게 이전할 것을 약정하고 상대방이 그 대금을 지급할 것을 약정함으로써 그 효력이 생기는 계약이다(제563조). 물건에 대한 소유권이전, 채권양도 등 재산권양도의 목적으로 체결하는 것이 매매로서 가장 많이 이용되는 전형계약이다.

민법은 매매에 관한 총칙에서 매매의 의의(제563조) 외에 매매의 일방예약(제564조)과 매매계약의 비용부담(제566조), 해약금(제565조, 해제에서 설명했음)을 규정한다. 매매의 효력에서는 매매계약상 채무, 매도인의 담보책임에 관하여 규정한다. 채무불이행책임에 관하여는 채권총론의 일반원칙이 적용된다. 제3관에서는 환매에 관하여 규율하는데, 환매의 올바른 이해를 위해서는 「가등기담보등에관한법률」(1983)과 종합해서 이해하여야 한다. 그 밖에 상사매매에 관하여는 상법 제67조 내지 제71조가 규정한다.[1] 그리고 약관규제법도 특히 담보책임의 면책조항과 관련하여 중요한 의미를 갖는다. 할부매매와 방문판매에 관해서는 특별법에서 규율한다.

現實賣買

현실매매는 채권계약, 물건의 소유권이전, 대금지불이 동시에 행하여지는 경우를 현실매매라고 한다. 거래계에서 동산의 매매는 대부분 현실매매로 이루어진다. 첫째, 현실매매에 기하여서는 계약상의 채무가 발생함과 동시에 이행되기 때문에 채무불이행이라는 문제를 남기지 않는다. 둘째, 매매계약은 물건의 양도와 대금수령의 법적 원인을 제공하여 행위를 정당화시켜 줌으로써 부당이득반환청구권이 발생하는 것을 막아 주는 기능을 담당한다. 셋째, 현실매매에서도 매도인이 담보책임을 져야 한다는 점은 중요한 의미를 갖는다.

계속적 공급계약

기초적 공급계약에 기초하여 장래 물건을 계속적으로 인도받기로 하는 경우를

1) 崔基元, "민법에 대한 상사매매의 특수성," 민법학논총, 박영사, 1985.

계속적 공급계약이라고 한다. 공급의 방법은 정기적인 경우와 부정기적인 경우가 있고, 그때 그때 주문을 필요로 하는 경우와 미리 공급방법 · 시기 · 공급량 등이 정해져 있는 경우로 나뉜다. 신문 · 우유 · 전기 · 가스 등을 정기적으로 공급받는 계약 등 계속적 공급계약은 빈번히 이용되고 있다. 계속적 공급계약에서 매매계약은 기본계약시에 성립하는 경우도 있고, 개개의 주문시에 그 주문량만큼의 매매계약이 체결되는 경우도 있는 등 계약의 형태에 따라 다르다. 계속적 공급계약의 특색은 해지가 가능하다는 점이다(해지에 관한 설명 참조).

大判 1999. 6. 25, 99다7183: ① 계속적 거래계약에서 기본계약 외에 개개의 매매에 관한 개별계약의 체결이 예정되어 있는 경우, 거래관행에 따라 개별계약의 체결의무가 부과될 수 있다. ② 계속적 거래계약에 있어서 개별계약의 체결이 당사자의 의무로 되는 경우, 당사자 일방이 그 의무를 위반하면 상대방에 대하여 채무불이행으로 인한 손해배상책임을 지며 이 때 배상할 손해의 범위는 이행이익의 배상이다.

(2) 讓渡契約

계약당사자의 일방이 타방에게 물권, 채권 등 재산권을 양도할 것을 내용으로 하는 계약을 양도계약이라 한다. 민법은 증여 · 매매 · 교환의 세 가지를 양도계약의 전형으로서 규정한다. 贈與는 무상계약으로서 그의 사회적 비중이 낮다. 賣買와 交換은 둘다 유상계약으로서 매매는 양도의 대가가 화폐로 지불되는 것이고, 교환은 물건 또는 권리(화폐가 아닌 재화)로 반대급부가 행해지는 것을 말한다. 매매는 자유시장경제 및 화폐경제의 체제 아래서 가장 중추적인 양도계약이다.

민법 제568조는 「매도인은 매수인에 대하여 매매의 목적이 된 권리를 이전하여야 하며……」라고 표현함으로써 계약에 의해 이전의 효과가 직접 생기지 않고 이전의무만이 생길 뿐이라는 것을 시사한다. 민법은 매매에 의해 직접 소유권이전의 효과가 생김을 부정하고 있다고 해석된다. 소유권이전의 효과가 생기려면 매매계약 외에 물권행위가 행해져야 함을 제568조가 암시하고 있다. 그렇다면 제186조의 법률행위는 채권계약이 아닌 물권행위임이 분명하다. 민법은 매매계약 속에 당연히 물권행위가 포함되어 있다고 보는가라는 문제에 관하여[1] 제568조는 그렇게 보지 않는다고 해석된다. 타인소유물매매도 가능하다는

1) 이 문제를 우리 나라 민법학자들은 「물권행위의 독자성」이라는 논제 아래 물권법에서 다룬다. 생각건대 매매와 소유권이전의 관계에 관한 문제는 물권법이론만으로 고립하여 다룰 것이 아니라 매매의 법이론과의 관련 아래서 실마리를 풀어 나가야 한다.

점을 고려할 때 매매계약 속에 통상 물권적 합의까지 포함되었다고 보는 것은 무리이다.[1)]

민법 제568조는 독일민법 제433조의「매매계약으로 인하여 물건의 매도인은 매수인에게 물건을 인도하고 물건의 소유권을 이전해 줄 의무를 진다」와 매우 유사하다. 결국 민법은 독일식의 分離主義를 원칙으로 취하고 있다고 보여지며, 매도인은 매수인에 대하여 매매계약의 이행으로서 소유권이전을 위한 물권행위와 공시방법을 갖추어 줄 의무를 진다고 해석된다. 만약 매매계약에 물권행위가 포함되어 있다고 보고 매도인의 소유권이전의무를 단순히 소유권이전의 효력발생을 위하여 요구되는 공시방법(등기·인도)만을 갖출 의무로 해석한다면(물권행위 독자성부인설) 이는 민법 제568조의 취지와 어긋나는 논리가 될 것이다. 이상에서 살펴보았듯이 매매의 규정(제568조)이 매매계약과 분리된 물권행위의 개념을 상정하고 있음은 부인할 여지가 없다.

讓渡契約과 處分行爲의 관계

양도행위와 처분행위를 별개의 행위로 파악할 것인가의 문제는 매매계약과 소유권이전의 법률행위를 분리할 것인가의 문제로 연결된다. 이 점과 관련하여 分離主義(Trennungsprinzip)와 統一主義(Einheitsprinzip)의 두 가지 법제가 있다. 법률행위이론이 발달한 독일법에서는 물권행위이라는 특유한 법개념을 발전시킴으로써 분리주의의 법제를 취한다. 즉 양도계약은 채권행위일 뿐으로 그에 의하여는 소유권을 이전하여야 할 채무가 생기며, 그 채무의 이행행위인 물권행위가 있어야 비로소 공시방법(인도·등기)과 합하여 소유권이전의 물권변동효과가 생긴다고 본다. 그리고 독일법은 부동산소유권이전의 물권행위(Auflassung)는 반드시 독자적으로 행해질 것을 요구하고, 학설·판례는 나아가서 물권행위의 무인성까지 인정한다. 이러한 독일법의 분리주의는 법률관계구성을 불필요하게 복잡하게 하고 일반인과 법질서를 유리시킨다는 자성을 불러일으킨다.[2)]

소유권이전의 의사표시는 이미 양도계약에 포함되어 행해졌다고 보는 입장이 통일주의이다. 통일주의는 다시 두 가지 형태로 분류된다. 첫째는 프랑스민법과 같

---

1) 프랑스민법은 매매계약에 소유권이전효과를 인정하는 대신 타인소유물의 매매를 무효로 한다(프민 제1599조).

2) 독일의 분리주의에 대한 개혁의견은 1887년의 Strohal에 유래한다. 그 후 Bechmann 등의 많은 학자가 그를 추종하였다. 그 중에서도 Heck, Lange, Nolte, Locher는 물권행위의 무인성에 반대함으로써(독자성은 인정) 분리주의의 모순을 제거하려고 하였다. 그러나 Brandt, Krause는 분리주의에 반대하였고, Süss, M. Wolf, Hübner는 물권행위 개념 자체에 반대하였다(입법론)(이상의 설명은 Larenz, *Schuldrecht* Ⅱ, §39 참조; 최근 Larenz의 채권법 교과서 중 이 부분은 양창수 옮김, "매매계약과 소유권양도," 월간고시 1987년 11월호, 129 이하에 소개되었다).

이 매매계약의 효과로 소유권이전이라는 물권변동이 생긴다고 보는 입장이다. 즉 물권행위라는 개념 자체를 거부할 뿐 아니라 물권변동의 요건으로서 등기 · 인도를 요구하지 않는다. 이러한 입장은 프랑스 외에도 스칸디나비아, 영국(동산에 한정) 등의 로마법계에서 채택한다. 둘째는 매매계약 속에 채권행위와 물권행위가 함께 행해졌다고 보고, 이론적으로는 물권변동이 매매에 포함된 물권행위의 효력으로 생긴다고 보지만, 물권변동의 효과는 등기 · 인도시에 발생하도록 하는 입법주의이다. 독일의 중세보통법과 프로이센 일반란트법(ALR. 1794)이 이 입장을 취하였었다.

우리 민법은 과연 물권행위개념을 인정하는가. 인정한다면 그 물권행위개념을 매매계약으로부터 분리하여 인정하는가. 민법은 매매의 효력으로 매도인에게 권리이전의무가 생긴다고 하며(제568조 1항), 물권편에서는 법률행위로 인한 물권변동은 등기 또는 인도하여야 효력이 생긴다(제186조, 제188조 1항)고 규정한다. 우선 프랑스민법은 매매가 합의만으로 완성되고[1] 이에 의해 매수인은(매도인에 대한 관계에서) 소유권을 취득한다거나(프민 제1583조) 매도인의 의무는 목적물의 점유이전과 담보라고 하는 규정(프민 제1603조 이하)들로부터 우리 민법 제568조 1항과는 기본원칙을 달리함이 드러난다.

(3) 雙務 · 有償契約

매매는 대표적인 쌍무 · 유상계약이다. 매매에 의한 물건 또는 권리의 양도에는 반드시 반대급부, 즉 대가가 지불되어야 하며(쌍무성 · 상환성), 그 양도와 대가는 서로 동 가치일 것(유사성 · 대가성)이 요구된다. 계약총론의 쌍무계약에 관한 규정은 특히 매매를 염두에 두고 설치된 것이다. 민법은 매매를 유상계약의 대표적 예로 삼아 매매규정을 다른 유상계약에 준용한다(제567조).

매매의 상환채무는 재산권양도의무와 대금지급의무로서 동시에 이행될 것을 원칙으로 한다. 민법의 쌍무계약 및 매매에 관한 규정은 양 채무의 동시이행관계를 전제로 한다. 그러나 거래계에서는 신용판매의 비중이 높아지고 있다. 할부매매 · 신용카드에 의한 구입 · 팩터링 금융에 의한 구입 등 신용판매의 방법도 다양해진다. 그러나 신용판매에 대한 법의 공백으로 말미암아 그들 법률관계는 당사자간의 이익형평 및 계약정의와는 먼 방향으로 치닫는 경우가 종종 있다.

(4) 賣買의 目的

매매의 목적은 物權, 債權, 기타 財産權이다.

(가) 物件의 賣買 매매목적인 물권의 객체가 되는 物件은 계약 당시 현존

1) 프랑스민법 제1138조는 물건의 공여채무(주는 급부)는 계약당사자의 동의만으로 완성하며, 그러한 공여채무가 있으면 물건의 인도가 아직 행해지지 않았더라도 목적물이 인도되어야 할 순간부터 채권자가 소유자가 되고 또한 그 위험을 부담한다고 규정한다.

해야 하는 것은 아니고 장래 제작될 물건에 대한 매매도 가능하다. 민법은 動産賣買나 不動産賣買를 구분하지 않고 함께 규정하나, 담보책임규정 중에는 실제로 부동산매매에만 적용되는 규정이 있다(제576조, 제577조).[1] 물건의 집합 또는 물건과 권리의 집합을 매매목적으로 하는 경우도 빈번하다.

(나) 權利의 賣買 권리는 양도가능한 것에 한하여 매매의 목적이 된다. 채권은 원칙적으로 양도가능한 재산권으로서 권리매매의 객체가 된다. 장래 발생할 권리 또는 조건부권리도 매매의 객체가 될 수 있다. 포괄적 채권의 양도에서는 특정한 거래관계로 인하여 현재 발생되어 있는 채무 및 장래 발생할 채무가 함께 양도된다. 그 밖에 사업비결(know how) · 상표 · 상호 · 영업권 · 고객과의 계약관계 등이 매매의 목적이 되기도 한다. 민법의 규정은 물건의 매매를 염두에 둔 것이 대부분이다. 권리의 매매에서는 물건의 하자라는 문제가 생기지 않는 등 물건의 매매와는 법률관계에 현저한 차이가 있으므로, 권리매매에 관해 별도의 규정을 두는 것이 필요하다.

2. 賣買契約에 기한 債務

(1) 賣渡人의 義務

(가) 所有權移轉義務 물건의 매매에 있어서 매도인은 매매의 목적인 물건의 소유권을 매수인에게 취득하게 하여야 한다.[2] 이 점에서 물권의 사용 · 수익을 목적으로 하는 貸借契約과 구별된다. 소유권이전을 받을 권리를 갖는 자는 매매계약당사자인 매수인이다(大判 1989. 11. 28. 88다카30603). ① 登記協力義務: 매도인은 매수인의 소유권취득을 위하여 등기에 협력할 의무를 진다(제186조 참조).[3] 거래관행에 의하면 매도인은 등기절차에 협력할 의무를 지지만, 등기이전에 소요되는 비용은 매수인이 부담한다.[4] ② 他人所有物賣買: 타인소유물매매의 매도인은 이행

1) 민법이 동산매매와 부동산매매 중 후자에 초점을 두고 있으면서 외형상은 양자에 공통하여 적용되도록 한 점은 현대거래에 적합하지 않고, 또한 해석상의 난점을 야기한다고 비판하고 양자를 구별하여 각각 고유의 규정을 설치하는 것이 좋겠다는 입법론이 있다: 주석 채권각칙(I), 매매총설, 477(金容圭 집필부분).

2) 大判 1993. 11. 23, 92다13103: 신용장이 수출대행자를 수익자로 하여 직접 개설되었고 견적송장, 상업송장, 포장명세서, 검사증명서 등이 수출업자 내지 선적자를 수출대행자로 하여 작성되고, 수출대행자가 물품의 제조자를 위하여 금융무역 전반에서 지원을 하는 한편, 내국신용장을 개설하는 등 수출의 과정에 관여한 경우에, 수출대행자가 수입자에 대한 관계에서 매도인의 지위에 있다.

3) 大判 1969. 8. 26, 69다1045: 신의칙에 비추어 볼 때 토지 23평을 매수하여 그 중 1평의 대금미납이 있다 하여 이전등기청구권이 없다고 할 수는 없다.

4) 독일민법에는 매수인이 등기비용, Auflassung비용, 매매증서의 작성비용을 모두 부담한다는 명문의 규정이 있다(제449조).

기까지 목적물의 소유권을 취득하여 매수인에게 이전해 줄 의무를 진다(제569조). 계약 당시 매도인이 목적물을 소유하고 있어야만 하는 것은 아니다. 계약목적의 원시적 · 객관적 불능은 계약의 불성립을 초래하지만, 원시적 · 주관적 불능은 계약성립에 영향을 미치지 않는다. 언제나 매도인이 먼저 스스로 소유권을 취득하여 그것을 매수인에게 이전하여야 하는 것은 아니고, 타인(소유자)으로부터 직접 매수인에게 소유권이전을 하도록 주선하는 것도 경우에 따라서는 허용된다(예: 공장에서 직접 소비자에게 인도하도록 알선하는 경우). 동산의 매매에서는 매도인이 물건의 소유권을 취득하여 매수인에게 이전시켜 주지 않더라도 물건의 인도에 의해 매수인이 직접 소유권을 취득하게 되는 경우가 생긴다(선의취득, 제249조). ③ 制限 없는 所有權: 이전하여야 할 소유권은 다른 특약이나 특별한 사정이 없는 한 제한물권이나 임차권(대항력 있는 것에 한함)의 부담이 없는 완전한 것이어야 한다(大判 1967. 7. 11, 67다813).[1] 그러므로 제한물권이나 임차권의 부담이 있는 부동산매매에서 매도인은 이행기까지 그러한 부담을 소멸시켜서 완전한 소유권을 매수인에게 이전할 의무를 지며, 매수인은 동시이행의 항변권에 의하여 매도인이 그 의무를 이행할 때까지 잔금지급을 거절할 수 있다(大判 1988. 9. 27, 87다카1029). 목적부동산에 가등기된 채권이 있는 경우에도 같다. 단 매매의 목적이 부담 있는 소유권으로 합의된 경우에는 약속된 부담이 붙은 소유권을 그대로 양도하여도 무방하다.[2]

大判 1989. 11. 28, 88다카30603: (갑)이 매매계약서상의 매수인명의를 실질적인 매수인에게 대여한 자에 불과하고 실제로 부동산을 매수한 자가 아니라면, 실질적 매수인인 (을)이 매도인의 승낙하에 이미 그 매수인의 지위를 타에 양도한 이상, 매도인으로서는 형식적인 매수명의인에게 목적부동산에 관한 소유권이전등기 절차를 이행할 의무가 없다.

大判 1988. 9. 27, 87다카1029: 부동산매매계약에 있어 특별한 약정이 없는 한 매수인은 그 부동산에 설정된 근저당권설정등기가 있어 완전한 소유권이전을 받지 못할 우려가 있으면, 그 근저당권의 말소등기가 될 때까지 그 등기상의 담보한도금액에 상당한 대금지급을 거절할 수 있다.

---

1) 大判 1967. 7. 11, 67다813에서는 매매부동산에 세금체납으로 인한 압류등기가 되어 있는 경우도 원칙적으로 매도인의 아무 부담 없는 소유권이전의무에 어긋난다고 판시하였다.

2) 이 경우에는 매도인과 매수인간에 매매계약과 함께 또는 별도로 부담의 인수에 관한 합의가 있다고 해석된다.

(나) 目的物引渡義務 　매도인은 매수인에게 목적물을 인도함으로써 소유권을 이전받음과 함께 물건을 자유로이 사용·수익할 수 있도록 해 주어야 한다. ① 引渡方法: 인도는 현실의 인도나 간이인도 같이 매수인에게 직접점유를 마련해 주는 경우 외에도 점유개정이나 반환청구의 양도에 의해 간접점유를 마련해 주는 경우까지 포함한다(제188조~제190조). ② 動産賣買: 동산매매에서는 소유권이전의무와 목적물인도의무가 한꺼번에 이행된다. 화물상환증(상법 제128조)·창고증권(상법 제156조)·선하증권(상법 제813조)에 의한 인도는 현실의 인도와 같이 다루어진다. ③ 不動産賣買: 매도인은 소유권이전을 위한 등기이전의무 외에 목적물의 인도의무도 부담한다.[1][2] 등기만을 이전받은 매수인은 아직 점유를 이전하지 않은 매도인에 대하여 매매계약에 기초한 목적물인도청구권을 행사하여 강제집행을 받을 수 있다.

未登記 買受人과 事實上 所有者의 地位

등기보다 목적부동산의 인도가 먼저 행해진 경우에, 매수인은 그 부동산에 대하여 어떤 권리를 갖는가. 이는 물권법에서 다루어지는 「미등기 매수인의 법적 지위」에 관한 문제이지만, 그 문제의 본질은 채권법에서 찾아질 수 있다. 소유권을 매도인에게 유보해 둔 채 점유를 이전받은 割賦買受人의 경우에도 이와 유사한 지위에 있게 된다.

① 債權的 使用·收益權: 매수인은 소유권을 취득하지 못했더라도 매도인에 대한 관계에서 매매계약에 기한 사용·수익권을 가짐은 의문의 여지가 없다. 매수인은 매도인으로부터 매매계약의 이행으로서 인도받은 목적물을 사용·수익할 권리를 갖기 때문이다. 매도인은 계약의 무효·취소·해제의 사유가 없는 한 매수인에 대하여 목적물의 반환을 청구하지 못한다. 반면에 매수인은 그 목적물의 인도 및 소유권이전에 대하여 정당한 청구권을 가지며, 그 청구권의 이행으로서 급부받은 것을 정당한 권리자로서 보유한다. 만약 매도인이 자기에게 남아 있는 소유권을 기초로 매수인에 대하여 물권적 청구권인 소유물반환청구권을 행사한다면, 이 때 매수인은 제213조 단서의 「점유의 권리」로서 매매계약상의 권리를 주장하여 반환을 거부할 수 있다. 판례도 "토지의 매수인이 아직 소유권 이전등기를 경료받지 아니하였다 하여도 매매계약의 이행으로 그 토지를 인도받은 때에는 매매계약의 효력

---

1) 같은 취지: 郭潤直, 223; 金錫宇, 180; 金疇洙, 197; 金曾漢, 145; 金亨培, 303; 黃迪仁, 230.

2) 독일민법 제433조 1항은 매도인은 매수인에게 물건을 인도하고, 또 물건의 소유권을 양도할 의무를 진다고 규정한다. 프랑스민법은 매매계약에 의해 목적물의 인도 및 대금의 지불 전이라도 매수인은 매도인에 대한 관계에서 당연히 소유권을 취득하며(제1583조), 매도인은 매매계약에 의해 목적물인도의무만 부담한다(제1582조). 그리고 타인의 물건의 매매는 무효이다(제1599조).

으로서 이를 점유 · 사용할 권리가 생기게 된 것으로 보아야 하고 … 중략 … 매도인은 매매계약의 이행으로서 인도한 토지 위에 매수인이 건축한 건물을 취득한 자에 대하여 토지소유권에 기한 물권적 청구권을 행사할 수 없다"고 하였다(大判 1988. 4. 25, 87다카1682).

매수인은 그 부동산을 타인에게 임대하여 사용 · 수익하게 할 수 있다. 그 임대차로 취득한 借賃은 매수인에게 귀속한다. 다만 이러한 매수인의 사용 · 수익권은 매도인으로부터 소유권을 이전받은 讓受人에 대하여는 행사할 수 없다.

② 處分權의 制限: 매수인은 물건에 대한 사실상의 처분권한을 가지지만, 그 처분의 효과로서 제3자에게 소유권이나 제한물권을 취득하게 해 줄 수는 없다. 매도인과 매수인 사이에서는 매수인이 그 부동산을 양도하여 매각대금을 가지는 것이 정당하며 매도인이 양도하는 것은 배임행위가 된다. 저당권이나 전세권의 설정도 형식상으로는 매도인이 할 수 있지만, 매도인이 자기에게 등기가 남아 있는 것을 기화로 저당권이나 전세권을 설정하여 그 차용금이나 전세금을 착복하는 것은 부당하다. 부동산에 저당권이나 전세권을 설정하여 생긴 돈은 매수인이 갖는 것이 정당하므로, 물건의 교환가치를 획득할 사실상의 처분권은 매수인이 갖는다고 보아야 한다. 다만 등기되지 않은 매수인으로서는 그 사실상의 처분권을 제3자에 대한 관계에서 행사할 수 없다는 제한을 갖는다. 판례도 미등기 매수인의 사실상의 처분권을 인정한다(大判 1992. 7. 28, 92다10197).

③ 事實上 所有者: 이상에서 설명한 매수인의 채권적 사용 · 수익권과 제한된 처분권을 합하여 사실상 소유권이라고 표현할 수 있겠다. 매수인의 사실상 소유권은 목적물에 대한 債權的 支配權이라는 의미로 사용되는 것이며, 채권과 물권의 이분체계 속에서는 債權으로 분류될 수밖에 없다. 사실상 소유권은 매도인에 대하여 주장할 수 있지만 매도인으로부터 소유권을 이전받은 讓受人에게는 대항할 수 없는 권리이기 때문이다. 미등기 매수인이 「물권적 기대권」을 취득한다는 견해, 매수인은 매도인에 대해서 「매도되어 인도된 물건이라는 항변권」을 갖는다는 견해도 표현의 차이일 뿐 본질적으로는 같은 취지라고 이해된다. 미등기 매수인의 지위를 다른 채권자인 임차인, 가등기권리자 등과 구별하여 사실상소유자, 물권적 기대권자, 인도받은 매수인 등 고유한 명칭으로 부를 필요가 있다는 점에서 공통성을 갖는다.

大判 1992. 7. 28, 92다10197: 대지의 매수인이 아직 소유권이전등기를 받지 아니하였다 하여도 매매계약의 이행으로 그 대지를 인도받은 때에는 매매계약의 효력으로서 이를 점유 · 사용할 권리가 생기는 것으로 보아야 할 것이고, 매수인이 대지상에 건물을 소유하고 그 대지를 무상으로 사용하고 있는 상태에서 그 대지의 매매계약을 체결한 경우에도 다른 약정이 없는 한 매수인은 그 매매계약을 이행하는 과정에서 이를 점유 · 사용할 권리를 가진다고 보는 것이 상당하다.

(다) 附隨義務 매도인은 매매계약에 기한 신의칙상 부수적 의무로서 「목적물의 사용법 · 관리방법을 알려 줄 의무」, 「목적물의 위험성을 경고해 줄 의무」, 「부동산에 부과되어 있는 부담을 알려 줄 의무」, 「건물의 청소를 깨끗이 하고 고장난 곳을 수리하여 인도해야 할 의무」, 「부과된 공과금을 완납할 의무」 등이 인정될 수 있을 것이다. 당사자의 약정으로써 부수의무를 추가한 경우에는 그 의무도 이행하여야 한다. 예를 들어 목적물의 사용에 필요한 기구를 인도하기로 하는 경우(잔디깎는 기계 등), 아파트분양계약에서 주변에 도로, 상가, 학교 등의 근린시설을 마련해 주기로 약정한 경우 등 다양한 내용의 부수의무부과가 가능하다.

(라) 同時履行關係 매도인의 소유권이전의무는 특별한 약정이나 관습이 없으면 매수인의 대금지불과 동시에 이행하여야 한다(제568조 2항). 신축아파트분양에서와 같이 점유이전과 대금지급이 동시이행관계에 놓이고 등기이전은 공부정리 등의 사정으로 추후에 이행하기로 합의하는 경우도 실제로 많다. 제한물권이나 기타 부담이 설정되어 있는 부동산의 매매에서는 매도인의 부담제거의무도 대금지불과 동시이행관계에 놓인다고 해석된다(대판 2000. 11. 28, 2000다8533: 매도인의 가압류 등기 말소와 매수인의 대금지급 사이의 동시이행관계 인정).[1)]

부동산매매에서 소유권이전은 물권행위와 등기만 있으면 되고 매도인의 目的物引渡義務는 소유권이전의 요건이 아닌데, 목적물인도의무도 대금지급의무와 동시이행관계에 놓이는가에 대하여는 학설이 대립한다. ① 否定說: 등기이전의무만이 대금지급과 동시이행관계에 있고, 목적물인도는 매수인이 취득한 소유권의 물권적 청구권으로서 만족을 얻으면 된다는 견해이다.[2)] ② 肯定說: 다른 특약이 없는 한 목적물인도의무도 매수인의 대금지불과 동시이행의 관계에 있다는 견해이다.[3)] 私見으로서도 긍정설에 찬동한다. 매수인이 등기이전은 받았으나 매도인의 가족이나 그 임차인이 점유하고 있어 임의로 인도해 주지 않는 경우에, 매수인이 인도시까지 잔금지급을 거절함으로써 목적물인도를 사실상 강제할 수 있는 수단을 가지는 것이 타당하다. 만약 부정설에 의한다면 매수인은 대금지급을 거절할 수 없어 대금은 완납하고 매도인을 상대로 소유권에 기하여 明渡請求의 訴를 제기해야 구제를 받게 되는데, 그러한 결과는 쌍무계약의 이행상 견련성을 깨뜨리기 때문에 부당하다. 소유권이전과 목적

1) 大判 1973. 6. 5, 68다2342 참조. 동일한 결론이 민법 제588조의 유추해석에 의해서도 가능하다.
2) 郭潤直, 224; 金曾漢, 145.
3) 金錫宇, 180; 金疇洙, 197.

물인도가 함께 대금지불과 동시이행관계에 선다고 해석함으로써 매수인이 잔금지불거절권을 갖고 목적물인도까지 확보하도록 하는 것이 타당하다. 거래관행을 볼 때에도 매수인이 목적물인도를 받지 않으면 잔금지급을 거절한다. ③ 판례는 등기이전의무 외에 부동산의 인도의무도 잔대금지급의무와 동시이행관계에 있다고 하여 긍정설을 취하는 것으로 이해된다(大判 1980. 7. 8, 80다725 등).[1]

大判 1980. 7. 8, 80다725: 부동산매매에 있어서 당사자 사이에 다른 특약이 있는 등 특별한 사정이 없다면 매매부동산의 인도 및 명도의무도 그 잔대금지급의무와 동시이행의 관계에 있는 것이므로, 매도인이 그 명도의무의 이행을 제공하고 또 이를 상대방에게 통지한 후 그 이행을 수령할 것을 최고한 사실의 인정도 없이 피고의 잔대금지급채무 불이행만을 이유로 매도인의 매매계약해제를 인정하였음은 잘못이다.

(2) 買受人의 義務

㈎ 代金支給義務　매수인은 매도인의 목적물인도 및 소유권이전에 대한 반대급부로서 대금을 지불할 의무를 부담한다(제563조, 제568조 1항). 대금지급의무는 금전채무이므로 그에 관한 규정(제376조 이하)이 적용된다. 대금액을 확정하지 않은 경우에는 시장가격에 의한다는 뜻으로 해석한다.[2] 다른 특약이 없는 한 매수인의 대금지급은 매도인의 소유권이전의무 및 점유이전의무와 동시이행관계에 놓인다.

權利追奪危險으로 인한 대금지급거절권

매매목적물에 대하여 권리를 주장하는 자가 있는 경우, 매수인이 매수한 권리의 전부나 일부를 잃을 염려가 있는 때에는 매수인은 그 위험의 한도에서 대금의 전부나 일부의 지급을 거절할 수 있다(제588조).[3] 제3자가 소유권을 주장하는 경우, 또는 제한물권 및 임차권 등의 대항력 있는 용익권을 주장하는 경우도 이에 해당한다. 단 매도인이 상당한 담보를 제공한 때에는 대금지급거절권이 소멸한다(제588조 단서). 매수인에게 대금지급거절권이 있는 경우, 매도인은 매수인에 대하여 대금의 공탁을 청구할 수 있다(제589조).

1) 과거 판례는 등기이전의무만이 잔대금지급의무와 동시이행관계에 있다고 하였으나(大判 1976. 4. 27, 76다297) 그 후 태도를 바꾸었다.
2) 참고로 독일민법 제453조는 소매가격이나 시장가격에 의한다고 규정한다.
3) 원래 매도인의 담보책임은 로마법 이래 제3자로부터 매수인이 권리를 추탈당했을 때 매도인이 책임지는 추탈담보(Haftung wegen Eviktion)에서부터 발달되었다고 한다.

(나) 代金의 利子 목적물인도와 대금지급이 동시이행관계에 있는 경우, 매도인은 목적물을 인도할 때까지 수취한 과실을 취득하고, 매수인은 목적물을 수령하기까지 이자지급의무를 지지 않는다(제587조). 매수인이 목적물을 수령한 후에는 그 날로부터 대금의 이자를 지불하여야 한다. 단 매도인이 먼저 목적물을 인도하고(선이행 의무) 매수인의 대금지불에 대하여는 유예기간이 주어져 있는 경우에는 매수인의 대금지급기간이 지난 다음부터 연체에 대한 이자를 지급하여야 한다(제587조 단서의 해석).[1] 목적물의 인도 전이라도 매매대금을 완납한 때에는 매수인에게 과실의 귀속권이 있다고 해석된다(大判 1993. 11. 9, 93다28928).

과실수취 및 대금이자에 관한 민법 제587조는 소유권의 이전의 법리와 직접 관계 없이 매도인과 매수인의 이익을 조정하기 위한 규정이라고 해석된다.[2] 이러한 이익조정은 쌍무·유상계약의 견련성·대가성을 고려한 것이다. 매도인으로 하여금 인도시까지 과실을 취득하게 하는 것은 그 때까지 매수인이 대금의 이자를 지급하지 않는 것과 대응하는 것이다. 반면에 민법 제587조는 의용민법 제575조의 규정과 동일한 규정인데, 의용민법은 물권변동에 대하여 대항요건주의를 취하고 있으나 현행민법은 성립요건주의를 취하고 있기 때문에 민법 제587조는 존속시킬 필요가 없다고 하는 견해가 있다.[3] 매매계약에 관해서는 제587조가 우선적으로 적용되며, 제201조의 "선의의 점유자는 점유물의 과실을 취득한다. 악의의 점유자는 수취한 과실을 반환하여야 하며 소비하였거나 과실로 인하여 훼손 또는 수취하지 못한 경우에는 그 과실의 대가를 보상하여야 한다"는 규정은 제587조와 상충되는 경우에는 적용되지 않는다(물권법의 설명 참조). 제102조의 "천연과실은 그 원물로부터 분리되는 때에 이를 수취할 권리자에게 속한다"는 규정은 제587조와 상충되지 않는다.

大判 1992. 4. 28, 91다32527: 부동산매매에 있어 목적부동산을 제3자가 점유하고 있어 인도받지 아니한 매수인이 명도소송 제기의 방편으로 미리 소유권이전등

---

1) 같은 취지: 郭潤直, 258; 金亨培, 306.

2) 같은 취지: 權龍雨, 138; 金錫宇, 180; 金疇洙, 180; 金曾漢, 145; 金顯泰, 115; 南孝淳, "매매에 있어서 목적물의 과실과 대금의 이자의 관계," 법정고시 1997년 5월호. 다만, 明淳龜, "특정물채권의 목적물로부터 발생한 천연과실의 귀속," 법정고시 1996년 6월호, 67에서는 물권변동에 관하여 성립요건주의를 취하고 있는 우리 민법에서는 제587조는 당연한 규정이라고 하여 양자를 연계시킨다.

3) 郭潤直, 226. 南孝淳, 앞의 글에서는 입법론으로서 본조는 삭제하는 것이 타당하고 과실수취권이 누구에게 있느냐의 문제는 민법의 원칙을 정하는 제102조에 의하여 결정하면 된다고 한다.

기를 경료받았다고 하여도, 아직 매매대금을 지급하지 않은 이상 부동산으로부터 발생하는 과실은 매수인이 아니라 매도인에게 귀속되어야 한다.
大判 1993. 11. 9, 93다28928: 특별한 사정이 없는 한 매매계약이 있은 후에도 인도하지 아니한 목적물로부터 생긴 과실은 매도인에게 속하나, 매매목적물의 인도 전이라도 매수인이 매매대금을 완납한 때에는 그 이후의 과실수취권은 매수인에게 귀속된다.

(다) 引受의 間接義務　매도인이 이행기에 목적물을 제공하였음에도 불구하고 매수인이 그를 수령하지 않으면 매수인은 채권자지체에 빠지게 된다. 이때 매수인은 不受領으로 말미암은 保管費用 및 증가된 변제비용을 부담하여야 하며(제403조), 매도인에게 이자를 청구할 수 없게 되고(제402조), 목적물의 멸실·훼손에 대한 위험을 이전받게 된다(제538조 1항). 결국 매수인의 불수령은 자신의 불이익으로 된다. 이렇게 어떤 의무의 이행이 직접 강제되거나 그의 위반에 대한 손해배상의무가 부과되지는 않으나 그의 불이행이 의무자의 불이익으로 됨으로써 간접적으로 이행이 강제되는 경우를 가리켜 「間接義務」라 한다. 이 간접의무는 강제가능한 「채무」와는 구별된다. 즉 간접의무는 주채무가 아니므로 그의 불이행으로 말미암아 채무불이행이 되지 않는다. 결론적으로 민법에 의하면 매수인은 채권자지체와 관련해서 간접의무인 목적물인수의무만을 부담한다고 해석된다.[1]

(라) 辨濟費用負擔　매수인은 다른 약정이나 특별한 비용증가 사유가 없는 한 부동산의 소유권이전에 드는 모든 비용을 부담해야 한다(제479조). 그 밖에 상행위에서는 매수인이 매수인의 주소나 제3의 장소에의 운송비용을 부담하는 경우가 많다. 그 밖에 물건의 인도에 드는 추가비용도 매수인이 부담하는 경우가 많다.

1) 매수인에게 목적물인도의무와는 성질이 다른 「수령의무」라는 채무를 부담시킬 것인가에 대하여는 채권자지체의 성질과 관련하여 학설이 대립한다. ① 債務不履行說에서는 매수인이 신의칙상 수령의무를 진다고 보고 채무자의 귀책사유로 그에 위반한 것이 채권자지체이며, 그의 효과로서 민법 제401조 내지 제403조의 효과 외에 손해배상청구권과 계약해제권을 인정한다. ② 法定責任說에서는 수령의무를 부정하고 채권자지체를 채무자의 귀책사유와 관계 없이 채권자의 불수령에 대해 일정한 불이익만을 부담시키고자 하는 것으로 해석한다. 그리고 손해배상청구권과 계약해제권은 채권자지체의 효과로서 생기지 않는다고 한다. 사견은 법정책임설에 찬성하므로 그에 기초하여 목적물인도의무를 파악했다. 拙著, 채권총론, 402 이하 참조.

大判 1997. 11. 28, 97다32772: 매수인측에서 매매목적물을 현장에서 확인하여야 할 의무까지 있다고 할 수 없을 뿐만 아니라 매매당사자에게 중개업자가 매매목적물을 혼동한 상태에 있는지의 여부까지 미리 확인하거나 주의를 촉구할 의무까지는 없다고 할 것인 점 등 매매중개와 계약체결의 경위 및 부동산 매매중개업의 제반성질에 비추어 볼 때, 매수인이 다른 점포를 매매계약의 목적물이라고 오인한 과실이 중대한 과실이라고 단정하기는 어렵고, 매수인과 매도인 쌍방을 위하여 중개행위를 한 중개업자 스스로 매매계약의 목적물을 다른 점포로 오인한 채 매수인에게 알려 준 과실을 바로 매수인 자신의 중대한 과실이라고 평가할 수도 없다.

§18. 賣買의 豫約

1. 豫約의 意義[1]

(1) 豫約에 관한 두 制度

당사자가 어떠한 계약의 체결을 의도하고 있기는 하나 곧 계약의 효력을 발생시킬 수 없거나 또는 발생시키는 것을 원하지 않는 경우, 예약을 해 둠으로써 장래의 계약을 확보해 둘 수 있다.[2] 예약은 통상 당사자가 의도하는 본계약을 위한 법률상 또는 사실상의 기초 여건이 성숙되지 않은 경우, 잠정적으로 상대방을 구속하기 위해서 체결된다. 실제 거래계에서 예약제도는 채권의 담보목적으로서 대물변제의 예약(가등기담보 포함) 및 재매매의 예약(매매의 부분에서 설명함)에 많이 이용된다.

예약 자체도 하나의 계약으로서 계약의 일반원칙에 따라 청약과 승낙이라는 두 당사자의 의사표시의 합치에 의해 성립한다. 그러나 예약에 어떠한 효력을 인정하는가에 대해서는 두 가지의 법제가 가능하다.

㈎ 承諾義務制度 예약을 당사자간에 장래 본계약을 체결할 의무를 부

1) 참고문헌: 金東勳, "가계약," 고시연구, 1998년 9월호, 60; 金基善, "매매의 예약," 고시계 1980년 11월호; 金容漢, "매매의 예약," 고시계 1987년 6월호; 金疇洙, "계약금과 예약완결권," 월간고시 1994년 6월호; 梁承泰, "공동명의로 가등기한 수인의 매매계약자의 법률관계," 민사판례연구 제7권; 梁彰洙, "매매예약완결권의 제척기간의 기산점," 민법연구 제4권, 박영사, 1997; 趙誠民, "가등기상의 권리처분과 이전등기 허용 여부," 판례월보 1999년 1월호; 蔡奎成, "민법 제564조가 정하고 있는 매매예약에 기한 예약완결권의 법률적 성질과 그 존속(행사)기간," 법조 1993년 3월호.

2) 일반인들이 사용하는 「예약」이라는 표현은 실제로는 본계약의 체결을 의미하는 경우도 많다. 진정한 예약인가, 본계약인가의 판단은 계약해석의 문제이다.

담케 하는 계약으로 파악하는 제도를 말한다.[1] 예약에 의해 장래 일방당사자 또는 각 당사자가 본계약의 청약을 하는 경우 청약을 수령한 타방당사자는 그것을 승낙할 의무를 진다. 즉 예약에 의해 생기는 계약상의 채무는 본계약체결의무, 즉 본계약의 승낙의무이다.[2] 승낙은 의사표시로 행해지므로 만약 상대방이 승낙을 자발적으로 하지 않는 경우, 일반원칙에 따른다면 승낙의 의사표시에 갈음하는 판결을 얻어야 한다. 그러나 그러한 방법은 당사자의 법률관계를 불필요하고 복잡하게 할 뿐 아니라 예약의 실제적 효력을 약화시킴으로써 예약의 존재의의를 감소시킨다.

(나) 豫約完結權制度　예약의 효과로서 예약완결권을 부여하여 완결권자의 일방적인 완결의 의사표시만으로 곧 예약의 효력발생을 인정하는 방법이다. 따라서 본계약의 효력발생을 위하여 상대방의 의사표시는 필요로 하지 않는다. 예약완결권자는 자기의 완결권행사로 곧 계약을 성립시키고 그 효과로서 상대방에게 본계약에 의해 생길 채무의 이행을 청구할 수 있다. 예약에 의해 예약완결권이 일방당사자에게만 부여되는 경우를 「一方豫約」, 그리고 쌍방당사자 모두에게 부여되는 경우를 「雙方豫約」이라 한다.

우리 민법은 예약제도를 승낙의무제도가 아니라 예약완결권제도로 입법하였다. 민법은 매매의 일방예약에 관하여 제564조를 설치하고 있다.[3] 이 규정은 매매 이외에도 모든 유상계약에 준용된다(제567조). 제564조에 의해 당사자의 다른 특정이나 관습이 없는 한 유상계약의 예약은 일반예약으로서 효력을 갖는다.

(2) 一方豫約의 性格

(가) 契約의 特殊形態　일방예약이 맺어진 경우에, 양 당사자는 후에 본계약을 따로 체결할 필요가 없이 예약권자의 완결권행사로 계약의무를 발생시키게 된다. 예약의 합의에서 본계약에 관한 청약과 승낙이 이미 행해졌고, 다만 완결권행사를 부가적 조건으로 하였을 뿐이라고 해석된다. 예약완결권의 행사 이후에 별도로 본계약을 체결할 필요가 없다. 따라서 예약의 합의시에 승낙의

1) 스위스채무법 제22조 1항은 예약의 효력으로 승낙의무가 발생한다고 규정한다. 독일민법에는 예약에 관한 규정이 없으나 학설은 계약자유의 원칙상 예약을 인정하고, 이 때 승낙의무가 생김을 규정한다(Larenz, *Schuldrecht I*, §7 I). 우리 민법은 이러한 제도를 채택하지 않는다. 그러나 계약자유의 원칙상 당사자가 특별히 승낙의무만이 생길 뿐이라는 것을 명시하여 약정한 경우에는 유효하다.

2) 이와 같이 승낙의무를 발생시키는 예약을 종래 우리 민법학자들은 편무예약(일방당사자만이 승낙의무를 지는 경우)·쌍무예약(쌍방당사자가 승낙의무를 지는 경우)이라 불렀다. 쌍무예약과 쌍무계약은 별개의 개념이며 쌍무예약이 항상 쌍무계약(양 채무의 상환성요구)은 아니다.

3) 민법 제564조는 독일민법의 예매권제도(Vorkauf, 독일민법 제504조~제514조)와 기본적으로 같은 제도이다. 독일민법은 예매의 법률관계를 상세히 규율하고 있어 우리의 해석론에도 좋은 참고자료가 된다.

의사표시를 제외한 계약의 성립요건과 효력요건을 갖추어야 한다. 목적의 실현가능성, 확정가능성, 사회적 타당성도 예약시에 갖추어져야 한다.

> 大判 1988. 2. 23, 86다카2768: 민법 제567조에 의하여 준용되는 제564조의 일방예약은 상대방이 매매를 완결할 의사를 표시한 때에 매매의 효력이 생기는 것이므로, 적어도 일방예약이 성립하려면 그 예약에 터잡아 맺어질 본계약의 요소가 되는 내용이 확정되어 있거나 적어도 확정될 수 있어야 한다. 원고가 고령토의 판매시장을 조사하여 수지타산이 맞을 때에는 피고와 그가 생산하는 고령토의 전량에 대한 위탁판매계약을 체결하여 그 판매권을 취득하기로 하였다는 것일 뿐 그 약정에 즈음하여 본 계약의 요소를 이루는 판매가격이나 판매이율의 분배 등에 관한 합의가 없었다면, 위 약정을 두고 민법 제564조가 정하는 일방예약이 성립되었다고 할 수 없다.
>
> 大判 1993. 5. 27, 93다4908: 일방예약이 성립하려면 그 예약에 터잡아 맺어질 본계약의 요소가 되는 매매목적물, 이전방법, 매매가액 및 지급방법 등의 내용이 확정되어 있거나 확정할 수 있어야 한다. 본계약의 구성요소들이 확정되어 있다고 할 수 없고 약정의 당사자도 다른 경우에는 매매의 예약이라고 단정할 수 없다.

(나) 停止條件附 契約 일방예약의 체결은 정지조건부 계약을 성립시키는데, 정지조건 있는 계약은 조건이 성취한 때부터 그 효력이 생긴다(제147조 1항).[1] 매매의 일방예약은 예약완결의 의사가 표시된 때에 효력을 발생한다(제564조 1항). 단, 당사자가 조건성취의 효력을 완결권행사 전의 특정한 때로 소급하게 할 것을 약정한 경우에는 그 약정에 따른다(제147조 3항).

매매의 효력이 발생한다는 뜻이 무엇인가에 관해서는 해석이 분분할 수 있으나, 사견으로는 매매계약으로부터 생길 채권과 채무는 완결권행사를 정지조건으로 하여 예약시에 발생한다고 해석하겠다. 따라서 목적물인도청구권과 대금지급청구권이라는 채권은 예약시에 발생하지만 완결권행사라는 조건이 성취한 때로부터 이행청구가 가능하게 된다. 이렇게 해석하여야 예약된 매매목적물의 소유권이전청구권의 가등기가 논리적으로 가능하게 된다. 만약 본계약시에 채권이 발생한다고 해석한다면 가등기될 채권이 존재하지 않게 되어 부당하게

---

1) 다수설: 金曾漢, 142; 金顯泰, 109; 李太載, 164; 주석 채권각칙(I), §564, 507(金容圭 집필부분). 이와 다른 견해로서 郭潤直, 214; 金錫宇, 172에서는 "매매의 일방예약도 예약의 일종이며, 다만 정지조건부매매에 있어서와 같은 효과가 생기는 특수한 예약인 데 지나지 않는다"고 설명하는데, 예약이 무엇을 가리키는지 명확치 못하다. 민법 제564조와 같은 내용인 일본민법 제556조의 해석으로서는 정지조건설(柚木, 戒能, 滕本, 我妻, 廣中)과 편무계약설(末川, 松坂, 來栖)이 대립한다.

될 것이다.

(3) 去來基礎約定과의 구별

예약과 유사한 것으로 거래기초약정(Rahmenvertrag)이 있다. 이는 장래 체결될 양 당사자의 繼續的 契約을 위하여 미리 기초적인 거래조건을 정하여 놓음으로써 장래에는 중요한 거래사항에 대한 합의만으로 계약을 체결시키기 위한 기초계약을 말한다. 예를 들면 제조자가 대리점에 납품조건을 미리 거래기초약정으로 정해 놓고, 후에 대리점의 상품주문에 따라 그때 그때 공급계약을 맺을 때 그 납품조건으로 공급하기로 약속하는 경우이다.

거래기초약정은 그 성격에 따라 두 가지 유형으로 분류된다. ① 契約의 前段階인 경우: 거래기초약정에 의해서는 본계약의 급부의무가 직접 생기지도 않고 본계약을 체결할 의무도 생기지도 않는 경우가 있다. 이 경우에 거래기초약정은 계약의 전단계에 불과할 뿐 예약으로서 인정되지 않는다. ② 固有한 契約이 되는 경우: 계속적 공급을 위한 거래기초약정이 프랜차이즈계약, 기타 대리점계약 등 별개의 계약유형을 이루는 경우가 있다. 이 경우에는 그 기초약정에 의하여 구체적인 권리의무가 발생하게 된다.

옵션거래와 一方豫約

옵션거래(Option Trading)란 계약당사자간에 정하는 바에 따라 미리 약정된 가격으로 일정한 자산을 「살 수 있는 권리」(콜 옵션) 또는 「팔 수 있는 권리」(풋 옵션)를 부여하고 그 대가로서 일정한 수수료(프리미엄)를 받는 것을 말한다.[1] 금융옵션은 주식이나 채권과 같은 증권, 통화, 이자율, 주가지수 등을 옵션거래의 대상으로 삼으며, 상품옵션은 귀금속, 농산물, 상품지수 등을 거래대상으로 삼는다. 옵션권의 권리행사시기에 따라 유럽식옵션(만기일에만 권리행사가능)과 미국식옵션(만기일 될 때까지 언제라도 권리행사가능)으로 나뉜다.

옵션거래는 일정기간 동안 상대방을 계약에로 구속시키기 위한 제도로서 「매매에 관한 豫約」에 해당하는 경우가 많다. 옵션거래는 선물거래로 이루어진 기초자산을 매수·매도할 수 있는 권리를 거래대상으로 하기 때문에 「권리매매의 예약」의 성격이 강하다. 그리고 매수자(매수권리 또는 매도권리를 매수한 자)만이 예약완결권을 갖는다는 점에서 一方豫約의 성질을 갖는다.

1) 옵션거래는 옵션보유자가 상대방에게 옵션을 얻는 대가로 수수료(프리미엄)을 지급하는 쌍무적 계약으로 체결된다. 옵션보유자가 정해진 기간 내에 옵션을 행사하지 않을 경우에는 프리미엄은 상대방에게 귀속하게 된다. 이 경우 프리미엄의 성질은 옵션의무자가 부담하는 계약에의 일방적 구속과 위험부담, 옵션보유자가 일방적으로 누리는 투기의 기회에 대한 반대급부라고 볼 수 있다.

> **假契約**
>
> 본계약을 체결하기 전에 그 준비단계에서 일정한 채권과 채무를 발생시키는 계약을 체결하는 경우가 있는데, 이를 가계약이라고 한다. 예를 들어 도급계약의 체결을 위하여 도급인이 수급인에게 비용이 드는 사전조사를 의뢰하는 경우에, 수급인이 그 조사비용의 낭비를 막기 위하여 만약 계약체결이 좌절된다면 그 비용을 상환해 줄 것을 요구하여 가계약을 체결해 둘 수 있을 것이다. 이러한 합의는 본계약이 체결된 경우에는 부수적 약정에 불과하여 독자적 의미를 상실하게 되지만, 그렇지 않은 경우에는 독자적인 계약으로서 효력을 갖게 된다.[1]

2. 豫約完結權

(1) 形 成 權

예약에 의하여 예약완결권을 부여받은 자는 그의 완결의 의사표시로 계약의 효력(계약의무의 발생)을 확정적으로 생기게 하므로, 예약완결권은 형성권에 해당한다.

(2) 完結權의 假登記

부동산물권의 이전의무를 생기게 하는 계약(매매, 대물변제예약)의 예약완결권은 가등기할 수 있다(부등법 제3조). 가등기된 완결권은 순위확보의 효력을 가지므로, 그 가등기에 기해 본등기를 할 경우에 그 가등기보다 후에 등기된 물권자에 대하여 우선적 효력을 갖는다(물권법의 설명 참조).

(3) 完結權行使의 相對方

예약완결권은 계약상대방 또는 그의 법적 승계인에 대하여 행사되어야 한다. 예약완결권은 자기의 예약상대방 및 그 승계인에 대하여만 행사할 수 있는 채권이기 때문이다. 완결권이 가등기된 후 목적부동산이 제3자에게 양도된 경우에, 완결권자는 예약의 상대방에 대하여 완결의 의사를 표시하여야 한다. 만약 부동산의 양수인이 예약상대방의 지위를 양수받은 경우라면 그 양수인에 대하여 완결권행사를 할 수 있을 것이다.[2] 그러나 본등기절차와 관련하여 판례는 예약상대방(부동산 양도인)에 대하여 등기청구권을 행사하여 본등기를 한 후 양수인의 등기를 말소해야 한다는 입장(先記入說)을 취하므로 실제로는 그 절차에 따라야 할 것이다(大判[全合] 1962. 12. 24, 4294민재항675)(물권법의 설명 참조).

---

1) 金東勳, "가계약," 고시연구 1998년 9월호 참조.

2) 같은 취지: 민법주해(14), 130(沈在暾 집필부분).

(4) 豫約完結權의 讓渡

완결권이 가등기되어 있는 경우 완결권의 양도는 어떠한 대항요건을 갖출 것인가. 통상의 완결권은 채권양도의 절차에 준하여 양도된다(제450조). 즉 양도인이 예약의무자에게 통지하거나 또는 예약의무자의 승낙이 있어야 제3자에게 대항할 수 있다. 그러나 가등기된 완결권은 假登記移轉의 附記登記를 하여야 대항할 수 있으며, 채무자에 대한 통지나 승낙은 요건이 아니다.[1]

3. 完結權의 行使期間과 完結 與否의 催告權

(1) 形成權의 除斥期間

당사자는 완결권의 행사기간을 약정할 수 있으며, 이 때 약정기간의 경과로 완결권은 소멸한다. 행사기간의 약정이 없는 예약완결권은 형성권이므로 10년의 기간 내에 행사하지 않으면 소멸한다(제척기간). 예약완결권의 행사에 제척기간이 있는 것뿐이므로, 그 행사 이후에 매매계약상의 채무의 이행에 관해서는 채권의 소멸시효에 의한다. 매매계약에 기하여 등기청구권을 취득하는 경우에, 매매대금을 지급하고 점유를 이전받은 미등기 매수인의 등기청구권은 소멸시효에 걸리지 않는다(大判[全合] 1976. 11. 6, 76다148).

大判 1995. 11. 10, 94다22682: 당사자 사이에 매매예약완결권의 행사시기에 관한 합의가 있었다 해도 그 제척기간은 권리의 발생일로부터 10년이 경과되면 만료되는 것이지, 약정에 따라 권리를 행사할 수 있는 때부터 10년으로 연장된다 볼 수 없다(제척기간은 직권조사사항임. 大判 2001. 7. 27, 99다25808).[2]

大判 1992. 7. 28, 91다44766: 민법 제564조가 정하고 있는 매매의 일방예약에

1) 같은 취지: 郭潤直, 214~215; 金顯泰, 110; 註釋 債權各則(I), §564, 511. 大判 1998. 11. 19, 98다24105: 가등기는 원래 순위를 확보하는 데에 그 목적이 있으나, 순위보전의 대상이 되는 물권변동의 청구권은 그 성질상 양도될 수 있는 재산권일 뿐만 아니라 가등기로 인하여 그 권리가 공시되어 결과적으로 공시방법까지 마련된 셈이므로, 이를 양도한 경우에는 양도인과 양수인의 공동신청으로 그 가등기상의 권리의 이전등기를 가등기에 대한 부기등기의 형식으로 경료할 수 있다고 보아야 한다.

2) 梁彰洙, "매매예약완결권의 행사기간의 기산점," 인권과 정의 1996년 9월호, 112~113에서는 "형성권의 제척기간이 당연히 권리발생시부터 기산되어야 할 이유는 없다. 당사자들이 형성권자가 그 권리를 「행사할 수 있는 시기」 다시 말하면 형성권자가 그 약정에 반하여 그 시기가 도래하기 전에 권리를 행사한 경우에는 그 효력이 발생하지 못하는 바의 시기(행사가능시기)를 정한 때에는 이러한 의미에서의 행사가능시기로부터 제척기간이 기산된다고 해석하여야 할 것이다"라고 한다. 따라서 채무자가 피담보채무에 관하여 채무불이행을 하지 않은 상태인 데도 가등기한 때로부터 10년이 경과하면 그 후에는 매매예약완결권은 제척기간의 경과로 소멸하여 이제 더 이상 그 행사, 즉 담보권의 실행이 불가능하게 된다는 귀결은 부당하다고 비판한다.

서 예약자의 상대방이 매매완결의 의사를 표시하여 매매의 효력을 생기게 하는 권리(이른바 예약완결권)는 일종의 형성권으로서 당사자 사이에 그 행사기간을 약정한 때에는 그 기간 내에, 그러한 약정이 없는 때에는 예약이 성립한 때부터 10년 내에 이를 행사하여야 하고, 위 기간을 도과한 때에는 상대방이 예약목적물인 부동산을 인도받은 경우라도 예약완결권은 제척기간의 경과로 인하여 소멸된다.

(2) 豫約相對方의 催告權

예약의무자는 예약완결권자에게 상당한 기간을 정하여 매매완결 여부의 확답을 최고할 수 있으며, 예약의무자가 상당기간 내에 확답을 받지 못한 경우 예약은 효력을 상실한다(제564조 2항·3항). 완결권행사의 상대방이 10년 동안 불확실한 지위에 놓이게 된다는 점을 고려하여, 민법은 그 상대방을 보호하기 위하여 완결권행사 여부의 최고권을 부여한다. 상당기간 내에 확답이 있는 경우에는 그에 의하여 예약완결권은 행사된 것으로 되지만, 확답이 없는 경우에는 예약완결권은 소멸하게 되고 완결권자는 그 이후에는 계약을 완성시킬 수 없게 된다. 만약 당사자가 본계약이 아닌 예약을 체결한 이유가 어떠한 조건의 성취나 여건의 성숙을 기대하는 데에 있는 경우에, 예약의무자는 그 조건성취나 여건성숙을 위하여 상당기간 기다린 후에야 그 최고권을 행사할 수 있다고 해석된다. 예약완결권을 행사하기 위하여 예약권자가 일정한 급부을 이행할 것이 조건으로 되어 있는 경우에, 예약상대방은 예약완결권의 행사 여부 및 그 전제조건인 급부의 이행 여부를 함께 최고할 수 있다.

§19. 賣渡人의 擔保責任

1. 概 說

(1) 意 義

담보책임이란 매매목적물이 대가에 상응하는 가치를 갖지 않는 경우에 대금을 감액하거나 계약을 해제하는 등 매도인에게 지우는 부담을 말하며, 실정법상으로는 민법 제570조 내지 제584조에 규정된 매도인의 책임을 가리킨다.

담보책임과 채무불이행책임은 당사자의 자기구속의사에 기초한 계약으로부터 생기는 책임이라는 점에서 공통성을 가지며, 담보책임은 채무불이행책임과 더불어 계약책임을 구성하는 책임체계이다. 민법의 담보책임규정은 매매 이외의 유상계약에 준용된다.

물건의 매매에 있어서 담보책임은 권리흠결에 대한 것과 물건의 하자(「하자」라고만 하여도 이는 물건의 하자를 나타낸다)에 대한 것의 두 가지로 분류된다. 민법의 담보책임규정은 「제570조~제576조, 제578조」와 「제580조~제582조」의 두 부분으로 나누어질 수 있다. 제574조를 제외한 앞부분은 「권리흠결에 관한 담보책임」을 정한 부분이고 제574조와 제580조~제582조는 「물건의 하자로 인한 담보책임」을 정한 부분이다. 제570조 이하의 부분은 1년의 제척기간이 정해져 있고(제576조 제외), 제580조 이하의 부분은 6개월의 제척기간이 정해져 있다.[1] 담보책임규정은 원칙적으로 임의규정이다.

담보책임과 채무불이행책임은 실정법상은 별개의 책임체계를 이루며, 그 발생요건 · 책임내용 · 행사기간 등의 면에서 다음과 같은 특성을 갖는다.

(가) 無過失責任　담보책임은 매도인의 과실을 요건으로 하지 않은 채 책임이 발생하는 무과실책임의 성격을 갖는다. 매도인의 과실이 없는 경우에도 담보책임이 부과된다는 것은 담보책임이 언제나 과실 없는 때에만 발생한다는 것을 의미하지 않는다. 담보책임이 발생하는 대개의 경우 매도인의 과실이 관여되어 있으나, 매수인은 담보책임을 묻기 위하여 매도인의 과실을 주장 · 입증할 필요가 없다. 반면에 채무불이행책임에서는 채무자의 고의 · 과실을 요구하는 과실책임의 원칙을 취하지만, 그 고의 · 과실의 입증책임은 채무자에게 지움으로써 하자 · 결함에 채무자의 과실이 관여되어 있음을 추정한다.

(나) 善意 · 無過失 등에 의한 差別化　담보책임의 발생 및 내용은 매수인의 선의 · 악의(권리흠결이나 하자를 계약 당시 알았는가 몰랐는가) 및 과실 · 무과실(하자를 모른 데 대해 잘못이 있는가 없는가)에 의해 달라진다. 다만 권리흠결의 경우에는 매수인의 과실을 불문하며, 특히 제576조의 소유권상실 등의 경우는 선의 · 악의를 불문한다. 그리고 담보책임 중에서 매수인에게 손해배상청구권을 부여하는 경우는 매수인이 선의인 경우에 한정된다. 또한 매수인의 해제권은 계약목적의 달성이 불가능하게 된 경우에만 인정된다.

반면에 채무불이행책임에서는 채권자의 주관적 요소(선의·악의)는 책임발생이나

1) 독일민법은 부동산은 인도 후 1년, 동산은 인도 후 6개월로 시효소멸되도록 정하고 있다(제477조). 그렇다고 하여 우리 민법의 해석을 제570조 이하는 부동산매매에, 제580조 이하는 동산매매에 한정하는 뜻이라고 볼 수는 없다(그러한 제한의 명문규정이 없으므로).

책임내용에 영향을 미치지 않는다. 단 채권자의 과실은 손해배상의 책임 및 금액을 정하는 데 참작된다(제396조).

(다) 責任內容의 多樣性　담보책임의 내용은 대금감액청구권, 계약해제권, 손해배상청구권, 완전물청구권 등이 규정되어 있고 신의칙상 하자보수청구권도 인정된다. 이와 같이 담보책임에서는 개별적 요건에 따라 다른 효과가 발생하는 다양성을 갖는다.

반면에 채무불이행에 있어서는 손해가 생기면 언제나 손해배상청구권이 인정되고, 해제권은 이행지체와 이행불능의 경우에 인정되는데, 이행지체의 경우에는 최고를 요한다(제544조~제546조). 담보책임에서와 같은 대금감액청구권은 인정되지 않고 손해배상청구권(대금감액보다 범위가 넓음)으로 처리된다. 목적물이 종류물인 경우 완전물급부청구권이 인정되는 점은 양 책임에서 같다.

(라) 短期의 除斥期間　담보책임에는 1년 또는 6개월의 짧은 제척기간을 정하여(제573조, 제575조 3항, 제582조) 매매의 법률관계를 신속히 마무리지려 한다. 그러나 채무불이행책임에는 그런 제한이 없으므로 그의 효과로서 발생하는 손해배상청구권은 채권의 소멸시효(보통 10년, 제162조)와 함께 소멸한다.

담보책임에서의 過失相計

담보책임은 무과실책임이기는 하지만 채권자측의 과실로 인한 손해배상액의 감액을 인정하는 것이 타당하다.[1] 민법은 과실상계에 관하여 "채무불이행에 관하여 채권자에게 과실이 있는 때에는 법원은 손해배상의 책임 및 그 금액을 정함에 이를 참작하여야 한다"고 하여 책임면제와 배상액감경의 두 가지 효과를 인정한다(제396조). 과실상계의 법리 중 배상액감액의 부분은 손해배상액의 산정에 관하여 이익형평을 꾀하기 위한 제도이므로 무과실책임으로부터 발생한 손해배상의무의 경우에도 과실상계의 법리를 적용하는 것이 타당하다. 과실상계의 법리 중 손해배상책임 자체를 부정할 수 있는 부분은 채무자의 과실을 전제로 하지 않는 무과실책임에서는 적용될 수 없다. 채권자인 매수인의 과실은 하자로 인한 손해를 확대시킨 데 대한 과실로서 손해확대방지의무라는 거래상 요구되는 주의의무를 전제로 하여 인정된다. 판례도 "수급인의 하자담보책임에 관한 규정은 무과실책임으로서 민법 제396조의 과실상계규정이 준용될 수는 없더라도, 하자발생 및 그 확대에 가공한 도급인의 잘

1) 같은 취지: 金相容, "매도인의 하자담보책임 및 과실상계규정의 수급인의 하자담보책임에의 적용 여부," 민사판례연구 제13권, 55; 민법주해(14), 271~276(南孝淳 집필부분).

못을 참작하여 손해배상의 범위를 정함이 상당하다"(大判 1990. 3. 9, 88다카31866)고 하여 과실상계법리에 기한 배상액감경을 허용하는 입장을 취한다.

(2) 擔保責任의 本質[1]

(가) 權利欠缺의 경우 매도인이 매매계약으로부터 소유권이전의무를 부담하고(제568조) 이전하여야 할 소유권은 제한이 없는 완전한 것이어야 한다. 타인의 소유물을 매도한 자는 그 소유물을 취득하여 매수인에게 이전해 줄 의무를 진다(제569조). 그런데 민법의 권리흠결에 대한 담보책임은 매도인이 소유권이전의무를 전부 또는 일부 불이행한 경우를 책임발생요건으로 정한다. 이는 곧 권리흠결에 대한 담보책임이 기본적으로 계약의 채무불이행책임으로서의 본질을 갖고 있음을 말해 준다(학설일치).[2] 판례가 권리흠결의 경우에 이행이익을 인정하는 것을 당연시하는 것은 채무불이행책임의 본질을 전제한 것으로 이해된다.

大判 1967. 5. 18, 66다2618: 매매의 목적이 된 권리가 타인에게 속한 경우에 매도인이 그 권리를 취득하여 매수인에게 이전할 수 없을 때에는 매매의 목적이 된 권리가 매도인에게 속하지 아니함을 알지 못한 매수인이 매도인에게 대하여 손해배상을 청구함에는 매도인은 계약이 완전히 이행된 것과 동일한 경제적 이익을 배상

---

1) 담보책임의 본질에 관한 참고문헌: 高範俊, "매도인의 하자담보책임에 관한 연구," 대한상사중 협회, 1972; 金大貞, "매도인의 하자담보책임의 본질," 법학연구 제19집 별쇄, 전북대학교 부설 법학연구소, 1992; 同, "영미법에 있어서의 하자담보책임 — 대륙법과의 비교법적 고찰 —," 수선논집 제14집; 同, "매도인의 하자담보책임에 관한 판례의 동향," 민사법학 제15호, 1997; 金載亨, "부동산의 미등기전매가 타인의 권리매매에 해당하는지 여부," 인권과 정의 통권 제260호; 金亨培, "매도인의 담보책임 — 그 체계와 구성에 관한 기본적 이해," 고시계 1997년 1월호; 南孝淳, "담보책임의 본질론(Ⅱ)," 서울대 법학 제35권 2호; 同, "프랑스민법에서의 매도인의 담보책임(Ⅰ)," 서울대 법학 제34권 1호, 1993; 同, "프랑스민법에서의 매도인의 담보책임(Ⅱ)," 서울대 법학 제34권 2호, 1993; 徐光民, "매도인의 하자담보책임 — 민법규정상의 문제점과 해석론적 해결방법 —," 민사법학 제11·12합병호, 1995; 安法榮, "매매목적물의 하자로 인한 손해배상 — 후속손해의 배상과 책임귀속의 규준을 중심으로 —," 민사법학 제11·12호, 1995; 安正鎬, "수량부족의 경우에 있어서 매도인의 담보책임," 민사판례연구 제21권, 1999; 安春洙, "하자담보법상의 문제점 — 채무불이행설의 입장에서 특정물매매를 중심으로 —," 민사법학 제11·12호, 1995; 魚寅義, "하자담보책임에 관한 일고," 김기선고희기념 현대재산법의 제문제, 법문사, 1987; 李永煥, "하자담보책임의 본질에 관한 소고," 부산대 법학연구 제20권 1호, 1978; 李好珽, "매매의 목적물에 하자가 있는 경우의 매도인의 책임," 서울 상대경관실무 제2권 2호, 1968; 張根榮, "미국통일상법전(U.C.C.)상의 묵시적 보증책임과 제조물책임," 박길준화갑기념 기업구조의 재편과 상사법 I, 1998; 崔埈璿, "매도인의 제2의 이행제공권," 재산법연구 제9권 1호, 한국재산법학회, 1992; 拙稿, "하자로 인한 확대손해의 배상," 법률신문 1997년 5월 29일.

2) 독일민법 제434조는 매도인은 제3자가 매수인에게 주장할 수 있는 권리를 제거하고 목적물을 인도하여야 한다고 규정하며, 제440조는 권리흠결의 경우 매수인의 권리는 쌍무계약의 급부불능에 관한 규정에 따른다고 정한다.

하여야 하므로 그 손해는 매수인이 입은 손해뿐만 아니라 얻을 수 있었던 이익의 상실도 포함된다.

(나) 種類賣買에서의 物件瑕疵 종류매매의 경우에 매도인이 목적물의 하자에 대하여 담보책임을 지는 것은 본질적으로 매도인이 완전한(하자 없는) 물건을 인도하지 않은 데에 대한 채무불이행책임의 성격을 갖는다(이설 없음).[1] 매도인은 매매계약상의 의무를 다하지 않은 데 대한 계약상의 책임(계약 책임)을 지는 것이다. 매수인의 완전물청구권(제581조 2항)은 비록 행사기간이 제한되기는 하지만, 매매계약에 기초한 급부청구권의 성격을 갖는다. 다만 담보책임은 채무불이행책임의 기본성격을 가지면서도 하나의 독립한 책임체계로서 그의 요건 · 효과 · 행사기간 등을 채무불이행책임의 경우와 달리한다.

(다) 特定物賣買에서의 物件瑕疵 특정물매매에서 매도인이 목적물의 하자에 대하여 지는 담보책임이 채무불이행책임의 본질을 갖는가 아니면 이와 별도의 법정책임의 본질을 갖는가에 관하여는 학설이 대립한다. 하자담보책임의 본질에 관한 논의는 원시적 불능의 법리(제535조 참조)에 대한 도전 및 민법 제462조의 「特定物의 現狀引渡」와 관련하여 논쟁이 전개되었다. 민법 제462조는 "특정물의 인도가 채권의 목적인 때에는 채무자는 이행기의 현상대로 그 물건을 인도하여야 한다"고 규정하는데 이 규정과 하자담보책임의 본질론과 연결되어 해석에 차이가 생길 수 있었다.

1) 法定責任說 특정물매매의 경우에 매도인이 선량한 관리자의 주의의무(제374조)를 다하였으나 이행기에 그 특정물에 하자가 생기게 된 경우에, 매도인은 그 하자 있는 특정물을 인도하는 것으로서 채무를 다 이행한 것이 되는데, 이와 별도로 하자담보책임을 지우는 것은 그 책임의 성격이 「法律의 規定에 의하여 부과된 責任」이기 때문이라고 설명하는 견해이다. 민법시행 직후 하자담보책임의 본질에 관한 논의가 거의 행해지지 않은 채 법정책임설이 주장되었다.[2]

① 하자담보책임은 로마법 이래의 연혁상의 이유로, 또는 유상계약에서 대

---

1) 우리 민법 제581조와 유사한 내용을 갖는 독일민법 제480조 1항의 해석으로서도 종류매매에서의 담보책임은 채무불이행책임의 기본성격을 갖는 것으로 이행된다(통설 · 판례). 독일민법제정 전에는 판덱텐 법학자들에 의해 종류물에 있는 하자에 대해서도 매도인의 담보책임을 인정할 것인가가 논쟁되었으나 독일민법 제480조 1항은 그 문제를 입법적으로 해결하였다. 이는 마치 구민법하에서의 종류매매에도 하자담보책임을 인정할 것인가의 논쟁이 우리 민법 제581조에 의해 명문으로 해결된 것과 유사하다.

2) 이는 우리 나라 민법 교과서들이 쓰여질 당시에 일본에서 법정책임설이 압도적 다수설이었던 시절에 영향을 받은 결과라고 추측된다.

가관계의 유지를 위한 법정책적 목적에서 인정된 채무불이행책임과 무관한 책임이라고 본다.[1] ② 원시적 불능인 부분에 관하여는 어떤 경우에도 계약채무가 발생할 수 없다는 전제에 서서 "原始的 瑕疵의 부분에 관하여는 채무가 발생하지 않으므로 채무불이행책임을 물을 수 없다"라는 논리를 전개하고 민법 제580조에 규정된 하자담보책임은 법률의 규정에 의하여 부여된 책임(法定責任)이라는 논지를 폄쳤다.[2] ③ 매도인이 현상인도한 것을 채무불이행으로 볼 수는 없다고 한다. 하자가 존재하더라도 특정물의 이행의무는 그 현상의 인도로 족한 것이 되며 더 이상 채무불이행의 책임은 물을 수 없게 된다는 논리에 입각하였다. ④ 법정책임설에 의하면 원시적 하자가 있는 부분과 관련하여 매수인이 매도인에게 손해배상청구를 하는 경우에는 信賴利益의 배상청구밖에 하지 못하는 것으로 파악되었다.

2) 債務不履行說 　하자담보책임은 계약채무의 불이행에 따른 책임으로서 민법 제390조의 채무불이행책임과 본질을 같이하지만 매매 등 유상계약의 특칙으로서 좀더 풍부한 내용으로서 규정된 것이라는 이론이다. 즉 매매법의 담보책임은 본질적으로는 채무불이행의 성격을 가지나 그에 대한 특별책임으로 구성되어 요건과 효과를 달리한다고 한다. 채무불이행설은 1980년대 이후 다수 학자들에 의해 지지되고 있다.[3] 채무불이행설에서는 처음에는「原始的 不能의 법리」를 공략했고 그 다음에는「특정물의 현상인도의 법리」를 비판하였는데, 이러한 비판적 인식은「原始的 不能 도그마」,「特定物 도그마」라는 종래의 법리에 대한 냉소적 용어를 보편화시켰다.[4] 私見으로도 채무불이행설을 취하겠다.

① 有償契約에서 계약당사자는「하자 없는 특정물과 그 代價와의 等價交換의 合意」를 했기 때문에 그 합의가 존중되어야 한다는 것이다. 매도인은 대가를 받고「하자 없는 특정물」을 인도하기로 하는 채무를 부담했기 때문에, 그

1) 郭潤直, 228 이하; 金基善, 132; 金錫宇, 185; 金曾漢, 146; 金顯泰, 117; 李太載, 172.

2) 한국민법에는 種類賣買의 경우에 매도인의 擔保責任을 정하는 제581조와 제582조가 신설되어 있다. 그리고 종류매매에서의 하자담보책임의 본질은 채무불이행책임의 성격을 띤다는 점에 관하여는 학설이 대체로 일치한다.

3) 金疇洙, 199; 金亨培, 314 ; 黃迪仁, 238; 金大貞, "매도인의 담보책임에 관한 연구," 성균관대박사학위논문, 1990; 金亨培, "하자담보의 성질," 高大法律行政論集 제19집, 1981, 143 이하; 南孝淳, "담보책임 본질론(Ⅱ)," 서울대 법학 제35권 2호, 226 이하; 曺圭昌, "물건의 하자담보책임," 고대 법학논집 제21집, 256 이하; 민법주해(14), 256(南孝淳 집필부분).

4) 安法榮, "매매목적물의 하자로 인한 손해배상," 민사법학 제11·12호, 201에서는 특정물도그마가 현대의 종류물 중심의 거래현실과 잘 맞지 않는다고 지적하였다.

채무를 이행하지 못한 경우에 그 하자가 원시적 하자인가 후발적 하자인가는 채무불이행책임을 지는 데에 영향을 주지 않는다고 한다. ② 原始的 瑕疵가 있더라도 매매계약은 당사자가 합의한 부분 전부에 관하여 체결된 것이므로, 매도인은 계약한 대로 하자 없는 완전물을 인도할 채무를 지며 그 채무를 이행하지 않은 데 대한 책임이 하자담보책임이라고 설명된다. ③ 특정물에 하자가 있는 때에 매도인에게 담보책임을 지우는 제580조로부터 매매계약의 매도인은 하자 없는 물건을 인도할 의무가 있음을 추론해 낼 수 있다고 한다. 의무란 그의 위반에 대해 법적 책임을 지는 것을 말하기 때문이다. 제580조로부터 매도인의 완전물급부의무가 인정되므로 목적물에 매수인이 계약 당시 알지 못한 하자가 있는 경우, 또는 목적물이 당연히 갖추어야 할 내용 · 모습 · 성능을 갖지 않은 경우에는 그것은 채무의 내용에 좇은 이행이 되지 않는다. 채무불이행책임의 성질을 갖는다는 것은 「담보책임도 기본적으로 계약상 당사자에 의해 약정된 급부의무의 불이행에 해당된다」는 것이다. 법정책임설에서 주장하듯이 「일단 하자 있는 물건의 인도로 급부의무는 이행되었으나 법률이 따로 부여한 책임이다」라고 보아서는 안 된다는 입장이다. ④ 특정물의 현상인도규정은 채무자가 이행기의 현상대로 특정물을 인도하려고 辨濟提供을 한 경우에, 채권자는 그것에 하자 있음을 이유로 그 受領 自體를 거절할 수 없다는 취지로 해석된다.[1] 특정물의 매매에 있어서 매도인은 하자 없는 물건의 급부의무를 부담하고 있는 것이고, 민법 제462조는 특정물에 있어서의 인도의 방법만을 정한 것일 뿐 원시적으로 하자 있는 물건을 그대로 인도하였다고 해서 완전한 이행의 효과가 발생하는 것이 아니다.[2] 채권자가 그 하자 있는 물건을 수령한 경우에, 채권자는 채무자의 선관의무위반을 이유로 채무불이행책임을 묻거나 하자담보책임에 기하여 손해배상청구를 할 수 있다.[3] 無償契約의 경우에는 채무자에게 과실 없

1) 법정책임설의 전제가 되는 특정물 도그마에는 다음과 같은 문제가 있다. 즉 민법은 특정물을 인도해야 할 채무자는 이행기의 현상대로 그 물건을 인도하여야 한다고 규정한다(제462조). 다른 한편 채무자는 그 물건을 인도하기까지 선량한 관리자의 주의로 보존할 의무를 진다(제374조). 그렇다면 채무자가 선관의무를 다하지 못하여 후발적 하자가 생긴 경우 채권자는 어떻게 할 것인가. 이행기의 하자 있는 현상대로 수령할 것인가(제462조의 해석), 또는 채무자의 선관의무 위반 즉 채무불이행을 이유로 이행을 거절하거나 계약을 해제할 수 있는가(제374조의 해석). 이상에서 보듯이 채무자의 귀책사유에 의한 후발적 하자의 경우에 민법규정은 상호 모순을 드러냄을 알 수 있다. 원래 특정물 도그마는 제462조만에 충실한 이론인데, 제462조는 현대의 유상 · 쌍무계약에는 맞지 않는다. 또한 매매 기타 유상계약에는 제580조의 특별규정이 적용되는 결과, 그와 상충되는 채권총론의 제462조(일반규정)는 적용되지 않는다고 해석된다. 그러므로 법정책임설은 옳지 못한 전제에서 출발한 이론이라 생각된다.

2) 金亨培, "하자담보의 성질," 民法學硏究, 248 이하.

3) 채무자는 자신의 선관주의의무의 위반에 의해서 생긴 것이 아닌 하자가 있는 경우에도 이행기의 현상대

이 생긴 하자에 대한 손해배상청구를 할 수 없지만, 有償契約의 경우에는 일단 그 부분에 관하여 계약채무가 발생한 이상 하자에 대한 손해배상청구가 가능하다. 나아가서 채무불이행설에서는 특정물의 현상인도에 관한 민법 제462조를 폐지해야 한다는 입법의견도 제시하였다.[1] ⑤ 하자로 인한 손해배상의 범위는 履行利益의 賠償을 포함한다.[2] 담보책임에서 특칙으로 정한 요건·효과 외에는 채무불이행책임의 일반원칙에 따라야 하므로, 담보책임의 손해배상은 채무불이행의 손해배상에 관한 제393조가 적용된다.

3) 修正된 債務不履行說 근래 하자담보책임의 본질에 관하여는 채무불이행책임설을 취하면서도 손해배상의 범위에 관하여는 신뢰이익의 배상으로 한정해야 한다든가 또는 경우에 따라 신뢰이익과 이행이익 중 하나로 할 수 있다고 하여 책임본질과 배상범위를 구분하는 견해가 주장되고 있다.[3] 이 견해는 하자담보책임에 관한 논의를 本質論과 效果論으로 분리하자는 입장이다.[4] 부분적으로 信賴利益의 賠償을 주장하는 이유는 원시적 하자의 부분에 관하여 계약이 성립되지 않았다는 것이 아니라 "하자담보책임이 무과실책임이므로 그 배상범위를 과실책임에서 보다 축소해야 한다"는 것이다.[5]

로 물건을 인도할 수 있다는 것이다. 金亨培, 채권총론, 1998, 56.

1) 특정물 현상인도에 관한 제462조는 제374조의 선관주의의무 규정과 모순되므로 폐지해야 한다는 주장이 있었다. 拙著, 채권각론, 1989, 211의 주 1); 安春洙, "하자담보법상의 문제점," 민사법학 제11·12호, 1995, 423.

2) 남효순, "담보책임의 본질론(Ⅱ)," 서울대 법학 제35권 2호: 담보책임을 무과실책임으로만 이해하는 것은 실정법의 해석론으로서는 한계를 갖는다. 담보책임은 매도인의 귀책사유를 불문하고 성립한다는 과실·무과실책임설을 취하는 것이 타당하다. 매도인에게 귀책사유가 있는 경우가 대부분이고 그러한 경우에는 이행이익의 배상을 인정하여야 하는 경우가 많은데 신뢰이익배상설을 취하게 되면 위의 규정들은 담보책임으로서 적용되는 예가 사실상 거의 없게 된다는 결과가 발생하고 만다. 제571조 1항이 계약해제의 경우에서 예정하는 손해는 단순한 계약비용을 의미하는 것이 아님이 분명하다. 매도인에게 그의 과실을 묻지 않고 이행이익의 배상을 인정하는 것은 매수인을 보호하는 것이 되고 반대로 담보책임의 존속기간을 짧게 하는 것은 매도인을 보호하는 것이 되어 이 점에서는 결과적으로 양자의 이익이 조정되고 있다고도 볼 수 있다.

3) 金亨培, 348에서는 숨은 하자에 대해서 매도인에게 과실이 없는 경우에 손해배상은 신뢰이익에 한정되지만, 매도인이 無瑕疵를 보증했거나 하자의 존재를 알고 고지하지 않은 경우에는 이행이익의 배상을 해야 한다고 해석한다. 부분적으로 같은 취지: 徐光民, "매도인의 하자담보책임," 민사법학 제11·12호, 1995, 186; 安法榮, "매매목적물의 하자로 인한 손해배상," 민사법학 제11·12호, 1995, 218; 吳宗根, "특정물매매에서의 하자담보책임에 관한 학설사," 이영준화갑기념 한국민법이론의 발전, 박영사, 1999.

4) 담보책임의 본질에 관한 독일에서의 이론대립은 구체적 이익형량론에 의해 퇴색되어 가고 있다(Korintenberg). 사견으로도 어떠한 법률관계를 반드시 이론적으로 일관되게 설명하려는 시도가 가능한가, 그리고 필수불가결한가에 대해서는 의문이다. 중요한 것은 개개의 경우 당사자의 이익을 합리적이고 공정하게 조정하는 일이라고 생각한다. 그러나 개개의 해결에 대한 어느 정도의 통일성을 꾀할 필요가 있다는 점, 종래 민법학의 논쟁을 무시할 수도, 그리고 해서도 안 된다는 점을 고려할 때 법정책임설과 채무불이행설의 대립은 민법학에서 큰 의미를 갖는다고 생각한다. 담보책임의 손해배상범위를 보통의 채무불이행책임에서 보다 축소하여 인정할 필요가 있는가는 의문이다.

5) 南孝淳, 앞의 글의 비판을 참조.

4) 判 例 담보책임의 본질에 관한 논쟁은 이론논쟁이므로 판례는 정면으로 이 문제를 언급하지 않고 담보책임으로서 발생하는 손해배상의무의 범위에 관하여 의견을 밝히고 있을 뿐이다. 판례는 이행이익배상을 명함으로써 채무불이행설을 취하는 것으로 이해된다(손해배상에서 자세히 설명함).

독일과 일본의 학설

독일에서는 민법제정 전부터 법정책임설과 채무불이행설이 대립하여 왔고, 그들 이론은 특정물 도그마의 인정 여부, 하자의 판단시기와 관련하여 다양하게 발전되어 왔다.[1] 그러나 오늘날은 「있는 그대로의 채무를 진다」는 생각을 기초로 하는 법정책임설(법정책임설은 모두 특정물 도그마를 전제로 한다)보다는 「있어야 할 상태로서의 의무를 진다」고 보는 채무불이행설이 타당한 것으로 받아들여진다(지배설). 그러면서도 어느 학설도 특정물에 관한 민법규정과 담보책임규정을 논리적으로 완벽하게 설명할 수는 없다는 점이 지적된다. 또한 권리의 흠결과 물건의 하자를 명확히 구별하는 것도 곤란할 뿐 아니라 필수불가결하지도 않다는 점도 지적된다. 결국 특정물하자에 대한 담보책임은 거래의 합목적성을 위해 법정책적으로 하자 없는 급부를 요구하는 데에 지나지 않는다고 파악된다. 그리고 하자의 판단시기, 매수인의 하자 있는 물건에 대한 수령거절권 · 손해배상의 범위 등의 세부적인 문제는 본질론과 직접 관련시키지 않고 개개의 경우 양 당사자의 이익을 형량하여 타당한 결론을 끌어내면 충분하다고 본다.

독일에서의 법정책임설 · 채무불이행설의 대립은 일본에 건너가 일본민법의 특수상황(우리 민법 제581조에 해당하는 규정이 없음)과 관련하여 특유의 이론으로 전개되었다. 법정책임설[2]은 하자담보책임(일민 제570조)을 특정물매매에 한정하고, 특정물 도그마를 계약체결시에 존재하는 하자(원시적 일부불능)에 대해서 인정하고, 손해배상은 신뢰이익의 범위로 제한한다. 그에 반하여 채무불이행설[3]은 목적물의 종류에 관계 없이 매수인은 완전물청구권을 갖는다고 보며, 손해배상은 이행이익에 미친다고 설명한다. 이들 양 이론의 대립은 반드시 담보책임의 본질만을 규명하는 것 이외에도 종류물의 하자에 대한 책임을 일반의 채무불이행책임 중의 불완전이행이란 유형으로 해결할 것인가(법정책임설),

1) 법정책임설의 대표문헌으로는, Schollmeyer, Erfüllungspflicht und Gewährleistung für Fehler beim Kauf, *JJ* Bd. 49, 1905, S. 93ff.; Süß, *Wesen und Rechtsgrund der Gewährleistung für Sachmängel,* 1931. 채무불이행설로서는 Flume, *Eigenschaftsirrtum und Kauf,* 1948; Brox, *Die Einrede des nichterfüllten Vertrags beim Kauf,* 1948 (北川善太郎, 契約責任の硏究, 1963. 136 이하에 독일학설이 요약 · 소개되어 있음).

2) 柚木馨, 主釋民法(14), 171 이하; 同, 賣主瑕疵擔保責任の硏究, 1963. 그 밖에 법정책임설을 취하는 학자는 鳩山, 末弘, 末川, 我妻, 勝本, 鈴木, 下森定, 石田文次郎 등. 단 그 중에서 末川, 契約法(下), 51에서만은 법정책임설을 취하면서 종류매매에도 하자담보책임이 생긴다고 이행한다.

3) 星野英一, 民法論集(3), 214; 北川善太郎, 契約責任の硏究, 168. 그 밖에도 於保, 山下, 廣中, 石田穰 등의 학자에 의해 지지된다(金亨培, "하자담보의 성질," 고대법률행정논집 제19집, 1981, 129 이하에 일본학설이 소개되어 있음).

또는 매도인의 하자담보책임으로 규율할 것인가(하자불이행설)의 문제와 밀접한 관련을 맺는다.

(3) 다른 制度와의 競合

㈎ 債務不履行責任과 擔保責任 권리의 흠결이나 물건의 하자가 매도인의 귀책사유로 생긴 경우에, 이는 담보책임의 요건과 채무불이행책임의 요건을 동시에 충족시킬 수 있다. 이런 경우에 양 책임이 경합하는가 아니면 특칙인 담보책임만이 발생하는가가 문제될 수 있다. ① 排除說: 담보책임은 채무불이행책임의 특칙으로서의 성격을 가지므로 동일한 사실이 양 책임의 요건을 충족시키는 경우에는 특칙인 담보책임만이 발생하고 채무불이행책임의 발생은 배제한다는 견해이다.[1] 다만 어떤 사실이 담보책임으로 전보되지 않으나 채무불이행책임으로는 전보되는 경우에는 예외적으로 그 부분에 한정하여 채무불이행책임도 발생한다. 예를 들면 종류매매에서 매수인이 완전물급부청구권을 행사한 경우 담보책임으로서는 그와 함께 손해배상을 청구할 수 없으나(제581조 2항), 채무불이행책임으로서는 손해배상을 청구할 수 있다(제390조, 뒤에 설명함). 채무불이행책임과 담보책임은 요건 · 효과가 각각 다를 뿐 아니라 행사기간에 현저한 차이가 있다(제573조, 제582조). ② 競合說: 하나의 사건이 일반원칙인 채무불이행규정과 특칙인 담보책임규정을 충족시키더라도 양 규정이 상호 배척관계에 있지 않으므로 양 책임이 동시에 발생하여 경합관계에 놓인다는 견해이다.[2] 私見으로는 경합설을 취하겠다.[3] 매수인은 「채무의 내용에 좇은 이행이 없음」을 주장하여 채무불이행책임을 물을 수 있고 이 때 매도인은 자기에게 귀책사유 없음을 증명하여 채무불이행책임을 면할 수 있다. 또는 매수인은 담보책임의 특정한 규정의 요건을 충족하였음을 증명하여 그 규정에서 정하는 효과를 얻을 수 있을 것이다. 채무불이행책임은 손해배상청구권만을 발생시키는 반면에, 담보책임을 주장하면 대금감액을 받거나 완전물을 청구할 수 있는 등 다양한 효과를 얻을 수 있기 때문에 양 제도를 동시에 활용할 필요가 생길 수 있다. 다만 손해배상은 한 번밖에 받지 못하며, 여러 개의 청구권을 행사하여 중복적으로 배상받는 것은

---

1) 金大貞, "채무불이행책임설에 의한 하자담보책임의 재구성," 민사법학 제9·10호, 1993, 269.

2) 金亨培, 314~318. 독일민법 제463조는 하자에 대한 매도인의 과실이 없더라도 매도인이 목적물의 하자 없음을 보증한 경우와 악의로 하자 있음을 침묵한 경우에는 채무불이행책임을 명문으로 인정한다. 그 밖의 경우에도 해석상 양 책임이 경합된다고 해석된다.

3) 拙著, 채권각론, 1989, 212에서는 排除說을 취했으나, 1999년판부터 競合說로 바꾼다.

허용되지 않는다(채권총론 손해배상청구권의 경합을 참조). 그 밖에 제544조 이하의 계약해제권, 제565조의 해제 및 계약금몰수 등의 효과도 담보책임과 동시에 주장할 수 있으나, 해제의 효과는 한번밖에 생기지 않는다. 判例도 경합설을 취한다(大判 1993. 11. 23, 93다37328).

大判 1993. 11. 23, 93다37328: 타인의 권리를 매매의 목적으로 한 경우에 있어서 그 권리를 취득하여 매수인에게 이전하여야 할 매도인의 의무가 매도인의 귀책사유로 인하여 이행불능이 되었다면 매수인이 매도인의 담보책임에 관한 민법 제570조 단서의 규정에 의해 손해배상을 청구할 수 없다 하더라도 채무불이행 일반의 규정(제546조, 제390조)에 좇아서 계약을 해제하고 손해배상을 청구할 수 있다.

(나) 危險負擔과 擔保責任　매도인의 귀책사유 없이 목적물이 후발적으로 전부멸실한 경우에는 민법 제537조와 제538조가 적용된다. 그러나 일부멸실의 경우에는 담보책임규정이 우선적으로 적용된다.[1]

(다) 原始的 不能의 法理와 擔保責任　채권의 목적이 채권성립 당시에 불능인 경우 채권은 처음부터 그 불능부분에 관하여 성립하지 않는다는 「원시적 불능의 법리」는 담보책임에 의해 제한을 받는다. ① 主觀的 · 原始的 不能은 계약의 성립을 방해하지 않는다. 따라서 타인소유물의 매매는 아무런 하자 없이 유효하게 성립한다(제569조). ② 客觀的 · 原始的 一部不能은 계약의 성립을 방해하지 않으며, 계약은 약속한 급부 전부에 관하여 성립한다. 매매계약은 일부불능에도 불구하고 전부에 대하여 유효하게 성립하고, 다만 매도인은 그 불능부분에 대하여 담보책임을 질 뿐이다(제574조, 제580조). ③ 客觀的 · 原始的 全部不能은 계약의 성립을 방해한다. 계약은 무효로 되고, 과실 있는 당사자는 상대방에 대하여 계약체결상의 과실책임을 진다(제535조).

(라) 錯誤와 擔保責任　동일한 사실이 착오의 요건(제109조)과 담보책임의 요건을 동시에 충족하는 경우 특칙인 담보책임규정만이 적용될 것인가 또는 착오규정과 담보책임규정이 경합할 것인가에 관하여 학설이 대립한다. 매매목적물이 매도인이 아닌 타인의 소유물임을 매수인이 계약 당시 몰랐던 경우에 이러한 문제가 발생할 것이다. 착오규정이 적용될 경우 일단 성립한 계약은 매

1) 반대설: 민법주해(14), 277(南孝淳 집필부분)에서는 "매매의 목적물의 일부가 멸실된 경우, 그것이 계약체결 전에 이미 발생한 것이라면 매도인은 담보책임을 부담하게 된다. 반대로 일부멸실이 계약이 성립한 후에 발생한 것이면 위험부담의 법리가 적용된다"고 한다.

수인의 취소로 소급적으로 소멸하게 되는 반면에, 담보책임은 세분화된 유형에 따라 계약해제권 · 대금감액청구권 · 손해배상청구권 등이 발생하고 그들 권리는 단기의 제척기간이 걸린다. 사기 · 강박에 의한 취소권(제110조)은 담보책임과 더불어 행사할 수 있다는 데에 이견이 없다(양자가 요건이 다름). ① 排除說: 하나의 사실이 착오취소의 요건과 담보책임요건을 모두 충족한 경우에 특칙인 담보책임만이 발생한다는 견해이다.[1] 담보책임규정은 특별규정의 성격을 갖는 데 반하여, 착오규정은 법률행위의 일반규정의 성격을 갖기 때문이라고 한다. ② 競合說: 매수인은 착오를 주장하여 계약을 취소할 수도 있고 담보책임을 주장하여 계약해제 등을 할 수 있다는 견해이다.[2] 私見으로는 競合說을 취한다. 매수인에게 다양한 권리구제수단을 갖게 해 주기 위해서 양 책임의 경합을 인정하는 것이 타당하다.

(4) 擔保責任의 效果概觀

㈎ 契約解除權 담보책임에서는 매매목적물에 권리의 흠결이나 물건의 하자가 있어 그로 말미암아 계약의 목적을 달성할 수 없는 경우에 매수인에게 계약해제권을 부여한다. 담보책임의 해제권은 채무자의 귀책사유를 요건으로 하지 않으므로 채무불이행으로 인한 해제권이 아니며 별도의 법정해제권이다.

해제권의 행사 및 해제의 효과는 제543조 이하의 일반원칙에 따른다.[3] 즉 해제는 매수인이 매도인에 대하여 일방적 의사표시로 행사한다. 해제의 효과로서 미이행채무는 소멸하고 기이행채무에 관하여는 원상회복채무가 발생한다(제548조). 실제에 있어서 매수인은 해제의 의사표시와 동시에 자기가 이미 지불한 대금의 반환청구 및 손해배상청구를 한다.[4]

---

1) 郭潤直, 256; 金基善, 148; 金錫宇, 202; 金曾漢, 163; 金顯泰, 134.

2) 金疇洙, 222에서는 하자담보규정을 적용할 것이냐, 아니면 착오의 규정을 적용할 것이냐에 따라 커다란 차이가 발생하는 것은 타당하지 않으므로 매수인은 그 요건을 구비하는 한 어느 쪽의 주장을 하여도 무방하다고 해석하되, 착오를 주장하는 경우에도 담보책임의 경우와 마찬가지로 6개월 내지 1년의 기간제한에 걸리는 것으로 해석하는 것이 타당하다고 한다. 金亨培, 316에서는 "착오로 인한 취소와 담보책임이 경합할 때에는 담보책임규정이 우선적으로 적용되어야 할 것이다"라고 하면서도 "하자 있는 물건을 하자 없는 물건이라 잘못 믿고 매수한 경우에, 그것은 법률행위의 내용의 착오를 이루는 性狀의 착오이고, 그 물건의 성상이 법률행위의 중요부분에 해당하는 때에는 매수인은 취소권을 가진다"고 하여 경합설을 취하는 듯하다.

3) 독일민법은 일반적인 계약해제(Rücktritt)와 담보책임에서의 해제청구(Wandlung)를 별개의 개념으로 파악한다. 이는 로마법 및 독일보통법에 유래한다. 해제(Rücktritt)는 형성권으로서 상대방에 대한 일방적 의사표시로 실현되고(독민 제349조), 해제청구(Wandlung)는 매수인이 매도인에게 청구하고 매도인이 그에 동의함으로써 실현된다(독민 제465조). 그리고 해제는 제척기간에 걸리나 해제청구는 소멸시효에 걸린다(단기소멸시효 규정, 제477조). 우리 민법이 해제권뿐 아니라 대금감액청구권 · 손해배상청구권까지 모두 제척기간에 걸리도록 규정한 것과 대조적이다(제573조, 제572조).

4) 그 밖에 일부타인소유물 또는 일부멸실, 하자를 이유로 매수인이 해제의 의사표시를 한 경우, 매도인이 그럼에도 불구하고 계약목적이 달성가능하다는 이유로 해제될 수 없다고 주장하는 때에 복잡한 문제가 발

(나) 代金減額請求權 대금감액청구권은 매매목적물에 있는 권리의 흠결이나 물건의 하자에도 불구하고 계약목적을 어느 정도 달성하는 것이 가능하다고 판단되는 때에 인정된다. 즉 매매목적물과 대금 사이의 등가관계가 권리의 흠결이나 물건의 하자로 말미암아 깨졌다고 판단되는 경우, 그 부족부분만큼 대금을 감액하여 양 급부의 등가관계를 재조정하고자 하는 취지이다.[1] 그러므로 대금감액청구권은 매도인의 귀책사유나 매수인의 선의·악의를 묻지 않고 等價關係의 破壞만 있으면 인정된다.

대금감액청구권은 매수인이 매도인에 대해 일정액의 未支拂代金의 減免 또는 旣支拂代金의 一部返還을 청구하는 권리이다. 그런데 매수인이 청구한 감액부분이 과다하거나 또는 매도인이 청구받은 감액분에 대해 다툼이 있는 경우에는 어떠한가. 매수인은 권리흠결이나 물건하자에 상응하는 만큼만의 감액청구를 할 수 있을 뿐이므로 그를 초과하는 금액에 대해서는 청구권 자체가 발생하지 않는다고 해석된다. 적정한 감액분의 판단은 객관적으로(다툼이 있는 경우에는 판사의 판단에 의해) 행해져야 한다. 매수인은 계약해제권과 대금감액청구권을 동시에 행사할 수 없다. 다만 그 중 어느 하나를 예비적으로 행사하는 것은 허용된다.

(다) 損害賠償請求權 선의의 매수인은 계약해제권이나 대금감액청구권과 함께 손해배상청구권을 갖는다. 단 제576조의 소유권상실 등의 경우에는 악의의 매수인도 손해배상청구권을 가진다. 담보책임에서 손해배상은 어떤 범위까지 인정되는가에 대해서는 학설이 대립한다.

① 信賴利益說 손해배상은 계약이 유효하다고 믿었음에도 불구하고 효력이 생기지 않은 데 대한 소극적 계약이익, 즉 신뢰이익의 배상에 한정할 것을 주장하는 견해이다.[2] 담보책임이 매매목적물의 원시적 하자로 말미암아 매매계약이 일부무효로 된 데 대한 책임이라는 논지(法定責任說) 또는 담보책임이 무과실책임이라는 점을 이유로 한다.

② 履行利益說 채무불이행으로 인한 손해배상청구에서와 같이 계약이 완전히 이행되었더라면 받았을 이익을 상실한 부분을 배상청구할 수 있다는 견해이다. 담보책임의 본질에 관하여 債務不履行說을 취하는 입장과 이행이익

생한다. 실제로 해제는 매도인이 이의 없이 그것을 수락한 경우에 곧 효력을 발생한다.

1) 대금감액청구권은 본질상 목적물의 일부급부불능에 따른 쌍무계약의 위험분담의 성질을 갖는다(존속상의 견련성). 그러므로 대금감액청구권은 형성권이 아닌 이미 위험부담제도(제537조)에 의해 대금도 감액되었음을 주장하는 성격을 갖는다.

2) 郭潤直, 231~232; 金錫宇, 184; 金顯泰, 118 이하; 李太載, 176.

설이 조화를 이룬다.[1] 私見으로는 履行利益說을 취한다. 이 경우 전매이익, 확대손해 등도 상당인과관계의 범위 내에 있는 한 배상책임이 인정된다. 그 근거로서는 첫째, 담보책임에 관한 민법규정에는 손해배상청구권이 발생함만 정하고 있고 배상범위에 관하여는 언급이 없는데, 배상범위는 일반원칙인 제393조에 의한다는 뜻으로 해석된다. 그러므로 손해배상범위는 가해사실(권리흠결 및 물건하자)과 발생한 손해 사이의 인과관계 및 예견가능성을 기초로 판단하여야 할 것이다. 둘째, 통상의 손해배상이 채무자나 가해자의 과실행위와의 인과관계로 범위가 정해지는 데에 반하여, 담보책임에서는 권리흠결이나 물건하자와 손해 사이의 인과관계에 의해 배상범위가 정해진다는 점에 특색이 있을 뿐 배상범위에 차이를 두어서는 안 된다. 특히 물건의 하자로 말미암아 생긴 확대손해(이를 하자결과손해, Mangel-folgeschaden이라고도 함)는 특정물매매와 종류매매 양자에서 일반적 배상범위결정의 법리에 따라 판단되어야 한다고 생각한다. 셋째, 채무불이행의 경우와 담보책임의 경우에 배상범위에 차이를 두는 신뢰이익설 및 절충설은 그 배상범위축소의 법적 근거가 무엇인지를 설명하기 어렵다는 난점을 가진다.

③ 折 衷 說 담보책임에서의 배상범위판단은 하자담보의 규범목적에 비추어 판단되어야 한다고 주장하면서(규범목적설), 경우에 따라 신뢰이익 또는 이행이익의 배상이 이루어져야 한다는 견해이다. 첫째, 물건의 하자에 대한 담보책임과 권리의 하자에 대한 담보책임을 구별하여 각 규정의 규범목적에 따라 손해배상의 범위를 판단하는 것이 타당하다고 하며, 물건의 하자의 경우에는 매도인에게 과실이 없는 경우가 보통이므로 신뢰이익에 한정하며 권리의 하자는 매도인에게 과실이 인정될 수 있으므로 이행이익을 원칙으로 한다.[2] 둘째, 특정물매매에서 매수인이 목적물의 하자를 이유로 계약을 해제하는 경우에, 계약체결시를 기준으로 한 완전물급부의 가치가 매수인에게 인정되면 충분하므로, 매수인은 해제와 함께 매매대금채무를 면하거나 반환받는 것 이외에 계약비용(신뢰이익)을 상환받을 수 있을 뿐이라고 한다.[3]

---

1) 金疇洙, 221.

2) 金亨培, 347~348.

3) 오종근, 앞의 글에서는 매수인이 하자 있는 목적물을 그대로 보유한 채 손해배상만을 청구하는 경우에, 약정된 매매대금(계약체결시 완전물의 시가)으로부터 하자 있는 대로의 목적물의 시가를 공제한 금액을 손해로서 배상받는다고 하였다. 金亨培, "하자담보의 성질," 고대법률행정논집 제19집, 1981, 148~149에서는 구체적인 규범판단의 결과로서 특정물매매에서는 계약비용의 손해(신뢰이익)만을, 종류매매에서는 그 밖에 계약이 완전하게 이행됨으로써 얻을 수 있었던 이익(이행이익)의 배상과 적극적 채권침해에 의한 손해의 배상을 인정하였다.

④ 判例는 履行利益說을 취한다. 과거 타인소유물매매의 경우 과거 신뢰이익의 배상을 명한 적이 있었으나(大判 1960. 4. 21, 4292민상385; 大判 1965. 10. 5, 65다1433), 현재에는 이행이익의 배상을 명한다(大判[全合] 1967. 5. 18, 66다2618). 이 전원합의체 판례는 매도인은 계약이 완전히 이행된 것과 동일한 경제적 이익을 배상해야 하므로 그 손해에는 매수인이 입은 손해뿐만 아니라 얻을 수 있었던 이익의 상실도 포함된다고 한다. 다만 확대손해의 배상은 담보책임에서 제외하고 채무불이행책임으로 물을 것을 요구한다(大判 1997. 5. 7, 96다39455).

大判 1979. 4. 24, 77다2290: 타인의 권리매매의 경우 선의의 매수인이 청구할 수 있는 손해배상의 범위는 이행이익에 미친다.

大判 1993. 1. 19, 92다37727: 매매의 목적이 된 권리의 일부가 타인에게 속함으로 인하여 매도인이 그 권리를 취득하여 매수인에게 이전할 수 없게 된 때에는 선의의 매수인은 매도인에게 담보책임을 물어 이로 인한 손해배상을 청구할 수 있는바, 이 경우에 매도인이 매수인에 대하여 배상하여야 할 손해액은 원칙적으로 매도인이 매매의 목적이 된 권리의 일부를 취득하여 매수인에게 이전할 수 없게 된 때의 이행불능이 된 권리의 시가, 즉 履行利益 상당액이라고 할 것이어서, 불법등기에 대한 불법행위책임을 물어 손해배상청구를 할 경우의 손해의 범위와 같이 볼 수 없다.

大判 1995. 6. 30, 94다23920: 민법 제581조, 제580조에 기한 매도인의 하자담보책임은 법이 특별히 인정한 무과실책임으로서 여기에 민법 제396조의 과실상계 규정이 준용될 수는 없다 하더라도, 담보책임이 민법의 지도이념인 공평의 원칙에 입각한 것인 이상 하자발생 및 그 확대에 가공한 매수인의 잘못을 참작하여 손해배상의 범위를 정함이 상당하다.

大判 1997. 5. 7, 96다39455: 매매목적물의 하자로 인하여 확대손해 내지 2차 손해가 발생하였다는 이유로 매도인에게 그 확대손해에 대한 배상책임을 지우기 위하여는 채무의 내용으로 된 하자 없는 목적물을 인도하지 못한 의무 위반 사실 외에 그러한 의무 위반에 대하여 매도인에게 귀책사유가 인정될 수 있어야만 한다(과실을 요건으로 하지 않는 하자담보책임으로는 확대손해의 배상까지는 명할 수 없다는 취지).[1)]

1) 판례평석: 첫째, 대법원은 이 사건 커플링에 하자가 없다고 판단했지만, 사견으로는 원심과 같이 그 커플링은 하자 있는 부품으로 보아야 한다고 생각한다. 통상 기대되는 기능에 관하여는 특별한 품질보증은 필요없으며, 어떤 상품이 그 기능을 갖추지 못한 경우에 하자를 인정해야 할 것이다. 결국 모든 상품은 그 가격에 불구하고 통상 그 제품에 기대되는 성능을 갖추어야 하며 선택가능성은 더 우월한 기능을 보증하는 기능을 가진다고 생각된다. 둘째, 대법원은 하자로 인한 2차손해에 대하여는 채무불이행책임만을 물을 수 있다는 취지의 의견을 피력했지만 사견으로는 원심과 마찬가지로 2차손해도 담보책임으로 처리되어야 한다고 생각한다. 민법에 담보책임의 배상범위를 제한하는 규정이 없음에도 고전적 책임분리론에 따라 담보책임을

(라) 完全物給付請求權 민법은 종류매매에 관하여 매수인에게 하자 없는 물건을 청구할 권리를 규정한다(제581조 2항). 원래 매도인은 특정물매매나 종류매매의 경우를 막론하고 완전물급부의무를 진다는 채무불이행설의 입장에서 볼 때 민법의 규정은 당연한 것을 부연한 데 불과하다. 다만 특정물매매에서는 실제로 완전물의 급부가 불가능한 경우가 대부분이고, 종류매매에서는 완전물로 다시 급부하는 것이 가능하다는 점에 양자간의 차이가 있다(물건하자에서 자세히 설명함).

(마) 瑕疵補完請求權 민법은 담보책임의 내용으로 보완청구권을 규정하지 않는다. 그러나 특정물매매에서 하자 있는 물건을 인도한 매도인은 그의 완전물급부의무를 다하지 않았으므로, 그 하자가 보완가능한 경우에는 그를 보완해 줄 의무가 있다고 해석된다.[1] 따라서 매수인은 그의 선택에 따라 계약해제나 대금감액청구 대신에 하자의 보완을 청구할 수 있다(물건의 하자에서 자세히 설명함).

(바) 費用償還請求權 매수인이 담보물권이 설정된 부동산을 인수한 경우 그 후 담보물권의 실행으로 소유권상실의 위험에 직면하여 매수인의 출재로 그 소유권을 보존한 때에는 매도인에 대하여 그가 출재한 비용을 상환청구할 수 있다(제576조 2항). 이 때 아울러 손해배상도 청구할 수 있다(제576조 3항). 이 비용상환청구권은 매수인이 채무인수를 하지 않은 채 물상보증인의 지위에 있는 경우에만 허용됨은 물론이다.

2. 權利의 欠缺에 대한 擔保責任

(1) 他人權利賣買

(가) 意 義 매매의 목적이 된 권리가 계약체결 당시에 타인에게 속한 경우를 타인권리매매라고 한다(제569조). 타인권리매매에는 권리의 전부가 타인에게 속한 경우와 일부만이 타인에게 속한 경우가 있는데, 보통 타인권리매매라고 하면 전자를 가리킨다. 타인권리매매의 대표적인 경우가 他人所有物賣買로서 타인이 소유하는 물건을 매매하는 것을 말한다. 타인소유물매매는 주로 부동산매매와 관련하여 법적 분쟁화하지만 실제로는 동산매매에서도 빈번히 생

축소하는 것은 옳지 않다. 어차피 중요한 것은 「하자」의 인정이므로 실제 결과는 담보책임이든 채무불이행이든 책임성립상 차이가 없게 된다. 한 건의 손해배상사건은 담보책임이든 채무불이행책임이든 한 소송에 의해 처리되는 것이 소송경제상 바람직하다는 점도 고려해야 할 것이다(拙稿, "하자로 인한 확대손해의 배상," 법률신문 1997년 5월 29일자).

1) 단 법정책임설에 의하면 특정물의 매도인에게는 보완의무가 없다.

긴다.

타인소유물매매의 類型으로서는 ① 善意의 賣渡: 매도인이 자기의 소유물이라고 믿고 매매한 경우로서 자기가 정당한 상속인이라 믿고 매도한 경우(大判 1966. 4. 6, 66다267), 자기명의로 등기된 부동산이 법령에 의하여 국유화된 것을 모르고 매도한 경우(大判 1979. 4. 24, 77다2290), 매도인의 등기가 원인무효로 밝혀진 경우 등이 이에 속한다. ② 名義信託者의 賣渡: 신탁자 갑(대내적 소유자)이 수탁자 병의 명의로 등기되어 있는(명의신 탁된) 부동산을 을에게 매도하는 경우 ③ 詐欺의 경우: 매도인이 타인의 소유물이란 사실을 알고 매수인을 속여서 매도한 경우로서 국유인 하천부지를 점유자가 자기의 소유인 것처럼 속여 매도한 경우(大判 1963. 10. 31, 63다606 참조)가 이에 해당한다. ④ 不法去來: 타인의 물건을 절취 · 횡령하여 넘겨 줄 것을 약속한 경우처럼 쌍방이 악의인 경우로서 그 매매계약이 사회질서에 어긋나는 경우에는 무효이다(제103조).

未登記 買受人의 轉賣

B가 A의 부동산을 매수하여 아직 등기이전받지 않은 상태로 C에게 매도하는 경우와 같이 매도인(A)과 매수인(B)이 서로 그 사실을 알고 타인권리매매를 한 경우에도 담보책임이 발생할 것인가? ① 認定說: 부동산의 미등기전매는 타인의 권리매매에 해당한다고 보아 담보책임을 인정하는 견해이다.[1] 私見으로도 認定說을 취해 왔다. 첫째, 매도인이 사실상 처분권원이 있다고 해서 타인의 권리매매가 아니라고 볼 이유가 없고, 매도인이 매매를 원인으로 한 소유권이전등기의무를 이행하기 위하여 제3자로부터 이전등기를 경료받아야 할 경우에는 타인의 권리매매에 해당한다고 보아야 한다.[2] 둘째, 미등기매매에 관해 담보책임을 인정하는 경우와 부정하는 경우에 차이는 매도인의 귀책사유에 관계 없이 선의매수인의 손해배상을 인정할 것인가(제570조 뒷문장), 그리고 매도인측에서 계약을 해제할 수 있는가(제571조 2항)에 있다. 매수인의 선의 · 악의에 관계 없이 매도인에게 귀책사유가 있는 때에는 채무불이행에 기하여 손해배상청구권이 발생하며, 그 밖에 귀책사유 있는 이행불능의 경우에 계약해제권도 발생한다. ② 否定說: 판례는 미등기전매는 타인권리매매가 아니라고 하여 담보책임의 발생을 부정한다(大判 1972. 11. 28, 72다982 등).

---

1) 金載亨, "부동산의 미등기전매가 타인의 권리매매에 해당하는지 여부," 인권과 정의 통권 제260호(大判 1996. 4. 12, 95다55245에 대한 판례평석).

2) 金載亨, 앞의 글, 89에서는 그 밖에 "저당권실행시의 매도인의 담보책임을 정하고 있는 제576조는 타인의 권리매매에 해당하는 경우에도 적용된다"고 본다.

大判 1996. 4. 12, 95다55245: 부동산을 매수한 자가 그 소유권이전등기를 하지 아니한 채 이를 다시 제3자에게 매도한 경우에는 그것을 민법 제569조에서 말하는「타인의 권리매매」라고 할 수 없다. 피고가 소외인의 이름으로 건설회사로부터 이 사건 오피스텔을 분양받은 후 그 소유권이전등기를 하지 아니한 채 원고에게 이를 매도하였다면, 그 매도인인 피고는 이 사건 오피스텔을 사실상 처분할 수 있을 뿐만 아니라 법률상으로도 처분할 수 있는 권원에 의하여 원고에게 매도한 것이므로 이를 민법 제569조 소정의 타인의 권리의 매매에 해당한다고 해석할 수 없다.[1]

(나) 全部의 移轉不能　　매도인이 이행기까지 목적물의 소유권을 취득하여 매수인에게 이전할 수 없는 경우에는 민법 제570조 이하의 담보책임을 진다. 이 때의 이전불능은 사회통념상 매수인에게 해제권이나 손해배상청구권을 부여하는 것이 형평에 맞는다고 여겨질 정도의 事實上 履行困難으로 충분하다. 매도인이 목적부동산을 제3자에게 이중매매하고 등기까지 완료한 경우(大判 1982. 1. 26, 81다528), 원소유자로부터 매도인이 소유권이전등기의 말소청구를 제소받아 패소판결이 확정된 경우(大判 1975. 5. 13, 75다21; 大判 1981. 7. 7, 80다3122 등)가 이에 해당한다.[2]

大判 1982. 12. 28, 80다2750: ① 민법 제570조의 소유권의 이전불능은 채무불이행에 있어서와 같은 정도로 엄격하게 해석할 필요는 없고 사회통념상 매수인에게 해제권을 행사시키거나 손해배상을 구하게 하는 것이 형평에 타당하다고 인정되는 정도의 이행장애가 있으면 족하고, 반드시 객관적 불능에 한하는 엄격한 개념은 아니다. ② 매도인과 매수인 명의의 소유권이전등기가 모두 당연무효인 농지분배에 기하여 순차경료되었음을 이유로 국가가 매도인 · 매수인 등을 상대로 제기한 소유권이전등기말소청구사건에서, 매수인이 확정판결이 있기 전에 미리 국가와의 사이에 소유권이전등기를 경료해 주고 다시 국가로부터 이를 매수하기로 하는 법정화해를 하고 이에 따라 국가 앞으로 소유권이전등기를 경료해 준 경우, 매수인이 매매계약에 기하여 일단 이전받은 그 소유권을 진실한 소유자로부터 추급당하였고 이로

1) 판례평석: 金載亨, 앞의 글, 89에서는 "대상판결이 타인의 권리매매에 해당하는지 여부에 관하여는 이 사건의 구체적인 해결과는 무관한 부분이다. … 중략 … 매도인의 담보책임도 채무불이행책임의 일종으로 보아 양자의 요건과 효과를 통일적으로 재구성해야 할 것이다"라고 한다.

2) 崔休燮, "타인의 권리의 매매에 있어서 귀책사유 있는 매수인에 대한 매도인의 담보책임," 법조 1980년 2월호.

써 특별한 사정이 없는 한 매도인은 그 권리를 매수인에게 이전하는 것이 사회통념상 불능한 상태에 이른 경우에 해당한다. 위와 같은 사정하에서 매수인이 진실한 소유자인 국가와 법정화해하고 새로 매수하였다 하여 매도인의 소유권이전불능이 매수인의 책임 있는 사유에 인한 것이라고 볼 수 없으므로 매도인은 담보책임을 면할 수 없다.

(다) 買受人의 解除權과 損害賠償 타인소유물이란 사실을 몰랐던 善意의 매수인은 契約解除權과 損害賠償請求權을 갖는다(제570조). 이 때 손해배상의 범위는 채무불이행책임에서와 같이 履行利益에 미친다(大判 1979. 4. 24, 77다2290). 매수인이 그 물건의 소유권이 매도인에게 속하지 아니함을 알지 못한 것이 매수인의 과실에 기인한 경우에(善意·過失), 과실상계의 법리에 따라 매도인의 배상액을 산정함에 있어서 이를 참작하여야 한다(大判 1971. 12. 21, 71다218).

그러나 타인의 소유물임을 알고 계약한 惡意의 매수인은 담보책임에 의해서는 契約解除權만을 갖는다. 이 때 이전불능에 관한 매도인의 귀책사유 유무는 문제되지 않는다. 타인소유물매매는 원시적·주관적 불능의 문제이므로, 후발적 불능으로 인한 이행불능이나 위험부담의 문제와는 다르며 양자의 경합이 생기지 않는다. 전부이전불능의 경우, 매수인의 해제권·손해배상청구권이나 除斥期間이 정해져 있지 않다. 이행불능이 매도인의 귀책사유로 인한 경우에, 악의의 매수인은 채무불이행책임을 물어 손해배상청구를 할 수 있다(大判 1993. 11. 23, 93다37328).[1]

大判 1994. 6. 14, 93다29631: 부동산 매매계약서상 특약조건이라 하여 "매수인은 매도인이 대리매도한 데에 대하여 차후 민형사사건을 제기치 않기로 한다"고 되어 있는 경우, 매매계약의 경위에 비추어 위 특약의 의미는 매도인이 실질적인 소유자가 아니어서 매수인이 토지의 소유권을 유효하게 취득하지 못하는 경우에도, 매수인이 매도인에게 형사책임이나 손해배상 등의 책임을 구하지 아니하고 원상회복으로 만족하겠다는 취지로서, 이는 매수인이 그 토지가 매도인의 권리에 속하지 아니함을 안 경우(惡意)와 같이 취급받겠다는 의미라고 봄이 상당하다.

1) 과거 판례는 그 이행불능이 매도인의 귀책사유로 인한 것인가는 매수인이 입증해야 한다(大判 1970. 12. 29, 70다2449)고 판시하였으나, 사견으로는 제390조의 입증책임의 법리에 의해 매도인측이 귀책사유 없음을 증명해야 한다고 해석된다.

㈑ 賣渡人의 解除權 　계약 당시 타인의 소유물임을 모르고 자기의 소유물로 오인한 매도인은 이전불능시 계약해제권을 갖는다. 이 때 선의의 매수인에 대하여는 해제시 손해를 배상하여야 하나, 악의의 매수인에 대하여는 손해배상 없이 해제할 수 있다(제571조). 매도인의 해제권은 채무를 이행하지 않는 채무자 스스로에게 해제권을 부여한다는 점에 특색이 있다(제척기간 없음). 이는 매도인의 담보책임의 고유한 내용은 아니지만 선의의 매도인에게 담보책임을 추궁당한 것과 같은 효과를 갖는 결단을 스스로 내릴 수 있는 기회를 줌으로써 해제전의 미해결상태를 제거할 수 있도록 한다.[1)]

(2) 權利의 一部移轉不能

㈎ 一部의 移轉不能 　계약 당시부터 매도인이 목적물의 일부를 소유하지 못하였고 또 이행기까지 그 부분을 취득하여 매수인에게 이전하지 못한 경우에 권리의 일부이전불능이 생긴다. 권리의 일부불능은 목적물의 하자와는 구별된다(大判 1981. 5. 26, 80다2508). 권리의 일부불능은 원시적 · 주관적 일부불능을 말하고 목적물의 하자는 객관적 일부불능을 말하는데 이 때 원시적 하자인가 후발적 하자인가는 묻지 않는다. 공유자의 1인이 다른 공유자로부터의 위임 없이 共有物 전부를 매도하는 계약을 체결한 경우가 그 예이다.

민법 제572조는 하나의 권리목적 중 일부가 불능인 경우를 염두에 둔 규정이지만, 여러 개의 권리를 일괄하여 매매하였으나 그 중 한 개가 불능인 경우에도 유추적용될 수 있다(大判 1989. 11. 14, 88다카13547).

大判 1981. 5. 26, 80다2508: 매매목적 토지의 일부가 “국가보위에관한특별조치법 제5조 제4항에 의한 동원대상 지역 내의 토지의 수용 · 사용에 관한 특별조치령”에 의거하여 국가의 수용결정이 있었다면, 아직 그 소유권이 국가에 확정적으로 귀속되지 아니하였어도 매수인은 동 수용결정사실을 알았거나 과실로 인하여 알지 못한 여부를 불문하고 민법 제572조 제1항에 의하여 매도인에게 대금의 감액을 청구할 수 있고 이 경우에 민법 제580조 단서의 규정은 적용되지 않는다.

大判 1989. 11. 14, 88다카13547: 매매의 목적이 된 권리의 일부가 타인에게 속

1) 大判 1993. 4. 9, 92다25946: 민법 제571조에 의해 해제한 매도인은 매수인에게 損害賠償義務를 부담하는 반면에 매수인은 매도인에게 목적물을 반환하고 목적물을 사용하였으면 그 사용이익을 반환할 의무를 부담한다 할 것이다(매도인이 목적물에 관하여 사용권한을 취득하지 아니하고 따라서 매수인이 반환한 사용이익을 궁극적으로 정당한 권리자에게 반환하여야 할 입장이라 하더라도 아무런 영향이 없다). 매도인의 損害賠償義務와 매수인의 垈地引渡義務는 발생원인이 다르더라도 履行의 견련관계는 양 의무에도 그대로 존재하므로 양 의무 사이에는 同時履行關係가 있다.

한 경우의 매도인의 담보책임에 관한 민법 제572조의 규정은 단일한 권리의 일부가 타인에 속하는 경우에만 한정하여 적용되는 것이 아니라, 수개의 권리를 일괄하여 매매의 목적으로 정한 경우에도 그 가운데 이전할 수 없게 된 권리부분이 차지하는 비율에 따른 대금산출이 불가능한 경우 등 특별한 사정이 없는 한 역시 적용된다.

(나) 代金減額請求權 매수인은 선의·악의에 관계 없이 代金減額請求權을 갖는다(제572조 1항). 대금감액은 원래의 매매대금에 일부불능에 해당하는 비율을 곱하여 정한다. 惡意의 매수인이란 계약 당시 목적물의 일부가 타인에게 속한다는 사실을 알았고 매도인이 타인소유부분을 취득하여 자기에게 이전하여 줄 것을 약속받은 경우만을 가리킨다. 그러나 목적물 일부가 타인소유임을 알고 그를 감안하여 대금을 정한 경우에는 대금감액청구권이 인정될 여지가 없다.

(다) 契約解除權 善意의 매수인은 잔존부분만이면 매수하지 않았을 경우에 계약 전부를 해제할 수 있다(제572조 2항). 매수인이 잔존부분만으로 매수하였을 것인가의 판단은 결국 잔존부분만으로 계약목적을 달성할 수 있는가의 문제인데, 이는 매수인의 계약체결시의 사정을 기초로 객관적으로 판단되어야 한다. 이 때 매수인의 선의만이 요구될 뿐 무과실은 요구되지 않는다(제580조 단서와 비교).

(라) 損害賠償請求權 선의의 매수인은 일부불능으로 인하여 발생한 손해의 배상을 청구할 수 있다(제572조 3항). 이 손해배상청구권은 대금감액청구 및 계약해제권과 동시에 행사될 수 있다.

(마) 除斥期間 일부이전불능의 경우 매도인의 담보책임에는 1년의 제척기간이 정해져 있다. 선의의 매수인은 일부가 타인소유물이란 사실을 안 날로부터 1년 내에, 그리고 악의의 매수인은 계약한 날로부터 1년 내에, 이상의 권리(代金減額請求權·解除權·損害賠償請求權)를 행사하여야 한다(제573조).

(3) 數量不足·一部滅失의 特則[1)]

(가) 數量不足 수량을 지정한 매매에서 그 수량을 고려해서 대금이 정해진 경우에 인도된 물건이 지정된 수량보다 부족한 경우에, 선의의 매수인은 매도인에 대하여 담보책임을 물을 수 있다(제574조). 수량부족으로 인한 담보책임은 特定物賣買와 種類賣買 양자에서 발생한다. 어떤 경우를 「數量을 指定한 賣買」로 인정할 것인가는 계약해석의 문제인데, 판례는 사례에 따라 다르게

1) 참고문헌: 李在洪, "지적도상의 경계와 외형상의 경계가 다른 경우의 매매목적물범위의 결정," 민사판례연구 제10권, 1988.

해석한다.

목적물의 수량부족은 「권리의 일부가 타인에게 속한 경우」와 유사하므로 그에 관한 제572조와 제573조가 적용된다. 수량부족으로 인한 담보책임은 권리이전 일부불능의 경우와는 달리 매수인이 善意인 경우에만 발생한다. 수량부족의 경우에는 매도인이 그 부족부분을 구해서 완전물을 이행한다는 것이 사실상 불가능한 반면에, 권리 일부가 타인에게 속한 경우는 매도인이 그 일부분을 취득하여 매수인에게 완전물을 인도해 주는 것이 가능한 경우가 많다. 제574조의 수량부족에 대한 담보책임은 그 법적 성질상 「특정물의 원시적 하자」에 대한 담보책임(제580조)과도 유사하다.[1)]

數量을 指定한 賣買에 해당하는 경우

(I) 특정물매매에서 등기부 평수에 의해 매매대금이 정해진 경우에는 수량을 지정한 매매이다. 명시적으로 평당가격을 결정할 필요는 없다. 다만 평수에 의한 계산이 대금을 정하기 위한 방편인 경우에는 담보책임이 부정된다.

大判 1998. 6. 26, 98다13914: 매수인이 일정한 면적이 있는 것으로 믿고 매도인도 그 면적이 있는 것을 명시적 또는 묵시적으로 표시하고, 나아가 당사자들이 면적을 가격 결정 요소 중 가장 중요한 요소로 파악하고 그 객관적인 수치를 기준으로 가격을 정하였다면 그 매매는 「수량을 지정한 매매」라고 하여야 할 것이다.

大判 2002. 4. 9, 99다47396: 부동산 매매계약에 있어서 실제면적이 계약면적에 미달하는 경우에는 그 매매가 수량지정매매에 해당할 때에 한하여 대금감액청구권을 행사함은 별론으로 하고, 그 미달부분만큼 일부무효임을 들어 일반 부당이득반환청구를 하거나 그 부분의 원시적 불능을 이유로 계약체결상의 과실책임의 이행을 구할 수 없다.

大判 1991. 8. 23, 91다13120: 매매계약서에 등기부상 1필 또는 수필의 토지와 그 지상의 건물을 매매목적물로 표시하면서 평당 기준가액을 정하지 아니하고 매매목적물별로도 매매대금을 정하지 아니하고 이를 포괄하여 매매대금을 정하고 그 토지 면적을 기초로 매매대금을 정한 것으로 보이지 아니하는 사정이 있다면 이는 민법 제574조 소정의 "수량을 지정한 매매"라고 보기 어렵다.

---

1) 같은 취지: 민법주해(14), 401(南孝淳 집필부분), 반대설: 郭潤直, 214~215에서는 "목적물의 수량부족·일부멸실의 경우에 민법은 권리의 일부가 타인에게 속하여 이전불능인 경우와 같은 담보책임을 인정하였다"라고 한다.

大判 1991. 4. 9, 90다15433: 민법 제574조에서 규정하는 "수량을 지정한 매매"라 함은 당사자가 매매의 목적인 특정물이 일정한 수량을 가지고 있다는 데 주안을 두고 대금도 그 수량을 기준으로 하여 정한 경우를 말하는 것이므로, 토지의 매매에 있어 목적물을 등기부상의 평수에 따라 특정한 경우라도 당사자가 그 지정된 구획을 전체로서 평가하였고 평수에 의한 계산이 하나의 표준에 지나지 아니하여 그것이 당사자들 사이에 대상토지를 특정하고 그 대금을 결정하기 위한 방편이었다고 보일 때에는 이를 가리켜 수량을 지정한 매매라 할 수 없다(같은 취지: 大判 1996. 5. 10, 95다11733).

(2) 種類賣買에서 목적물의 면적인 계약면적과 다른 경우에 담보책임이 인정된다. 다만 아파트분양 공고시보다 공유대지면적이 감소되었고 그것이 寄附採納으로 인해 생긴 경우에는 담보책임이 발생하지 않는다.

大判 1996. 12. 10, 94다56098: ① 비록 아파트 분양계약서상의 공유대지 표기란이 공란이었다 하더라도 분양계약자들과 주택건설사업자는 당해 아파트에 대한 분양계약을 체결함에 있어서 공유대지면적에 관하여는 분양공고의 내용을 계약내용의 일부로 흡수시키기로 하는 묵시적인 합의가 있었다고 본다. ② 아파트 분양계약이 수량을 지정한 매매에 해당된다 하더라도, 이전등기된 공유대지지분이 부족하게 된 원인이 주택건설사업자가 분양계약 당시 공유지분 산정의 기초가 된 아파트 대지 중 일부를 분양계약 후에 비로소 공용시설용 대지에 편입하여 市에 기부채납하였기 때문이라면, 주택건설사업자에 대하여 민법 제574조에 의한 담보책임을 물을 수는 없다. ③ 이 경우 아파트 분양계약에 따른 공유대지지분 이전의무는 감소된 지분 범위 내에서 履行不能이 된 것으로 보아야 하므로, 분양계약자들은 해제의 의사표시로써 감소된 공유지분 범위 내에서 분양계약을 一部解除할 수 있다. 이 경우 주택건설사업자는 원상회복으로써 그들에게 감소된 공유지분에 상당하는 代金을 返還할 의무가 있다. ④ 아파트 분양계약 체결 당시에 작성된 계약서상에 "공유대지에 대한 공부 정리 결과 공유대지의 증가나 감소가 있을 경우 그에 상당한 금액을 서로 청구하지 않기로 한다"는 면책조항이 있더라도, 그 공유대지의 감소가 주택건설사업자가 아파트대지 중 일부를 분양계약 후 다른 용도로 사용함으로써 생겨난 것이라면 당해 면책조항에 의해 면책될 수 없다.[1]

1) 판례평석: 安正鎬, "수량부족의 경우에 있어서 매도인의 담보책임," 민사판례연구 제21권, 1999.

(나) 特定物賣買에서의 一部滅失　　일부멸실은 주로 특정물매매에서 생긴다. 계약 당시부터 일부멸실되어 있던 경우와 계약체결 후 일부멸실된 경우가 있으나, 양자의 경우 모두 제574조가 적용된다.[1] 민법은 일부멸실의 경우는 특정물하자와 별도로 규정하지만, 일부멸실과 특정물하자는 성질상 동일하다. 매수인은 일부멸실의 경우에 제574조의 담보책임을 묻거나 제580조의 담보책임을 물을 수 있다고 해석된다.[2] 대개 제574조의 경우가 매수인에게 유리하다. ① 책임요건에 있어서 수량부족·일부멸실의 경우는 매수인의 善意만을 요구하는데, 특정물하자의 경우는 매수인의 善意 외에도 無過失까지 요구한다는 점에 차이가 있다. ② 담보책임의 내용면에서는 제574조의 담보책임을 묻는 경우에는 代金減額請求權을 행사할 수 있으므로 편리하다. 제580조의 경우에는 계약해제권과 손해배상청구권이 발생하는데, 해제를 수반하지 않는 손해배상청구에는 대금감액부분도 포함되므로 실제에 있어서 양 조항은 차이가 없다. ③ 제척기간에 관해서 제574조의 경우는 매수인이 사실을 안 날로부터 1년 내에 행사하여야 하는 반면에(제573조), 제580조의 경우는 매수인이 사실을 안 날로부터 6개월 내에 행사하여야 한다(제582조).

(다) 擔保責任의 內容　　수량부족·일부멸실의 경우에는 권리 일부가 타인에게 속한 경우와 같이 代金減額請求權, 契約解除權, 損害賠償請求權이 인정된다(앞의 설명 참조). 제척기간은 매수인이 그 사실을 안 날로부터 1년인데(제573조), 판례는 목적물의 부족사실을 안 날이 아니라 「매도인의 부족분 인도불능이 확실함을 안 날」로 해석한다(大判 1990. 3. 27, 89다카17676). 수량을 지정한 특정물매매에서 실제수량이 지정된 수량을 초과하는 경우에, 수량부족의 경우와 같은 법리에 의하여 해결되어야 할 것이다. 아파트분양약관에서는 실제면적인 약정면적보다 감소 또는 증가하는 경우에 대금을 그 실제면적에 따라 결정할 것을 정하는 경우가 많다.

大判 1990. 3. 27, 89다카17676: 민법 제573조 소정의 권리행사기간의 기산점인 선의의 매수인이 "사실을 안 날"이라 함은 단순히 목적물이 부족되는 사실을 안 날이 아니라 매도인이 그 부족분을 취득하여 매수인에게 이전할 수 없는 것이 확

---

1) 민법주해(14), 412(南孝淳 집필부분)에서는 "계약의 체결 후에 수량이 부족하게 되거나 일부가 멸실된 경우에는 채무불이행과 위험부담의 문제가 발생한다"고 하며, 담보책임을 원시적 수량부족·일부멸실에 한정시킨다.

2) 같은 취지: 金亨培, 327; 민법주해(14), 402(南孝淳 집필부분).

실하게 된 사실을 안 날을 말하는 것이다. 그러므로, 매수인이 매도인으로부터 토지의 분할 및 임야도에서 지적도로의 등록전환에 있어 착오로 매매목적물의 지적도상 경계표시가 잘못되어 있음을 이유로 그 등록사항의 정정을 신청해 줄 것을 촉구받았다 하더라도 이는 매도인의 일방적인 요구에 불과할 뿐만 아니라 그 밖에 인접지 소유자와의 경계를 둘러싼 분쟁이 있었다면, 위와 같은 사정만으로 그 무렵에 매수인이 그 부족분에 대한 소유권이전이 불가능한 것이 확실하게 된 사실을 알게 되었다고 단정할 수는 없다(매수인은 수량부족을 안 당시에 그 부족분이 자기소유로 될 것으로 믿었음).[1]

(4) 所有權制限에 대한 擔保責任

(가) 所有權制限　매매의 목적물이 지상권, 지역권, 전세권, 질권 또는 유치권 등의 목적이 된 경우에 매수인이 이를 알지 못한 때에 매도인은 담보책임을 진다(제575조). 매도인은 다른 특약이 없는 한 대항력 있는 타인의 권리에 의해 사용 · 수익 · 처분의 권한을 제한받지 않는 완전한 소유권을 이전할 의무를 진다. 그러므로 그에 위반한 경우에는 채무불이행책임을 져야 한다. 그러나 특히 매매에 관해서는 매도인의 담보책임으로서 특칙을 규정한다(제575조).

소유권제한의 모습은 다음과 같다. ① 매매의 목적물에 지상권 · 지역권 · 전세권 · 유치권의 제한물권이 설정되어 있는 경우(제575조 1항), ② 목적부동산에 등기된 임차권이나 주택임대차보호법에 의해 대항력을 갖는 임차권(채권적 전세 포함)이 있는 경우(제575조 2항). 그 밖에 토지매매에 있어서 매도인이 토지를 임대하였는데 임차인이 지상건물을 지어 건물등기를 한 경우에도, 토지임대차에 관하여도 매수인에 대해 대항력이 생기므로(제622조) 이 경우에 해당한다. ③ 목적부동산을 위하여 있어야 할 지역권이 존재하지 않는 경우(제575조 2항), ④ 저당권이나 가등기가 설정되어 있는 경우에는 제575조의 담보책임은 발생하지 않는다. 민법 제575조는 소유권의 용익권능의 제한만을 규정하는데 저당권이나 가등기 자체는 용익을 제한하지는 않는다. 그러나 저당권이나 가등기는 소유권상실의 위험을 가져오며 물건의 가치를 하락시킬 수도 있으므로, 다른 특약이 없는 한 그러한 부담이 딸린 소유권을 이전시키는 것은 채무불이행에 해당한다. 따라서 매수인은 매도인의 귀책사유가 있는 때에 한하여 손해배상청구권을 갖는다(제390조). 그 밖에 매수인은 계약을 해제할 수 있다(제546조). 만약 담보물권의 실행으로 소유권

---

1) 판례평석: 梁彰洙, "수량지정매매와 매수인의 권리행사," 민법연구 제2권, 1991, 286 이하.

을 상실하게 된 때에는, 제576조의 담보책임을 물을 수 있다. 입법론으로서는 이 경우에도 제575조의 담보책임을 인정하는 것이 타당하다고 생각한다.[1)]

(나) 善意買受人의 權利　　소유권제한에 대한 담보책임은 선의의 매수인에 대하여만 인정된다. 계약 당시 매수인이 소유권제한을 알았던 경우에 악의의 매수인은 그 사정을 고려하여 대금을 정하였을 것이며, 또 권리가 제한된 상태로도 계약목적을 달성할 수 있는 경우이기 때문이다. 선의의 매수인은 제한된 소유권만으로도 계약목적을 달성할 수 있는 경우에 損害賠償請求權을 가진다. 이 때의 손해배상청구권은 대금감액청구권보다 그 청구범위가 넓어서, 소유권제한으로 말미암은 대금의 감소액에 기타의 손해를 포함한다. 매수인이 계약목적을 달성할 수 없는 경우에는 계약 전부의 解除權과 손해배상청구권을 갖는다. 이 때의 손해배상에는 대금의 감소액은 포함되지 않는다. 해제권과 손해배상청구권은 매수인이 그 사실을 안 날로부터 1년 내에 행사하여야 한다(제척기간 제575조 3항).

매수인은 소유권을 제한하는 타인의 권리(용익물권 · 임차권 · 담보물권 등)를 제거하여 줄 것을 청구할 권리도 갖는다. 매매의 성질상 이러한 負擔의 除去請求權이 인정되며, 제거시까지 자기의 대금지급을 거절할 수 있는 동시이행의 항변권도 인정된다.

(5) 所有權移轉不能 · 所有權喪失

(가) 所有權移轉不能　　부동산의 매매계약 후에 그 부동산에 설정되어 있는 저당권 · 전세권 등의 담보물권의 실행으로 말미암아 매도인이 그 부동산의 소유권을 상실하여 매수인에게 이전해 줄 수 없게 된 경우, 매도인은 담보책임을 진다(제576조). 민법은 저당권 · 전세권만을 열거하고 있으나 그 밖에 담보물권적 성격을 갖는 假登記擔保의 경우에도 같은 담보책임이 인정된다(大判 1992. 10. 27, 92다21784).

매수인은 선의 · 악의에 관계 없이 契約解除權과 損害賠償請求權을 갖는다(제576조 1항 · 3항). 매도인의 소유권이전불능은 후발적 · 주관적 급부불능에 해당하므로, 매도인은 그의 귀책사유가 있는 때에는 채무불이행책임도 지는데, 이 경우 담보책임에 의한 배상범위 및 소멸시효기간에 차이가 없다(제576조는 제척기간의 제한을 받지 않음). 매수인의 出財로 그 소유권을 보존한 경우에, 매수인은 매도인에 대해 費用償還請求權을 갖는다(제576조 2항). 매도인에게 소유권상실의 위험이 생겼을 때, 매수인은 매도인

1) 독일민법 제434조는 매도인의 의무로서 제3자가 매수인에게 실행할 수 있는 권리(담보물권 등)가 존재하지 않도록 할 의무를 규정한다. 따라서 매도인은 인도 전에 목적물에 설정되어 있는 물권 등의 권리를 제거하여야 하며, 실제로 존재하지는 않으나 등기부에 등기되어 있는 권리도 말소시켜야 한다. 우리 민법 아래서도 그와 같은 명문의 규정은 없으나 매매계약의 성질상 매도인에게 그러한 의무를 인정하여야 한다고 생각한다.

의 채무를 변제할 정당한 이익이 있는 자이므로, 변제로서 채권자(저당권자 · 전세권자 · 가등기담보권자)를 대위하여 그 담보물권을 행사할 수 있다(제481조).

大判 1992. 10. 27, 92다21784: 가등기의 목적이 된 부동산을 매수한 사람이 그 뒤 가등기에 기한 본등기가 경료됨으로써 그 부동산의 소유권을 상실하게 된 때에는 매매의 목적부동산에 설정된 저당권 또는 전세권의 행사로 인하여 매수인이 취득한 소유권을 상실한 경우와 유사하므로, 이와 같은 경우 민법 제576조의 규정이 준용된다고 보아 같은 조 소정의 담보책임을 진다고 보는 것이 상당하고, 민법 제570조에 의한 담보책임을 진다고 할 수 없다.
大判 1999. 6. 11, 99다11045: 매매목적물에 대하여 가압류집행이 되었다고 하여 매매에 따른 소유권이전등기가 불가능한 것이 아니므로, 이러한 경우 매수인으로서는 신의칙 등에 의해 대금지급채무의 이행을 거절할 수 있음은 별론으로 하고, 매매목적물이 가압류되었다는 사유만으로는 매도인의 계약 위반을 이유로 매매계약을 해제할 수는 없다.

(나) 所有權喪失 부동산의 매도인이 소유권이전등기와 목적물인도를 완료하여 매수인이 일단 소유권을 취득한 후에 그 부동산에 설정되어 있던 저당권 · 전세권 · 가등기담보권의 실행으로 그 부동산이 경매되어 제3자(경락인)가 소유권을 취득하고 매수인은 소유권을 상실하게 된 경우에, 매도인은 담보책임을 지며 그에 따라 매수인에게 계약해제권과 손해배상청구권이 생긴다(제576조 1항 · 3항). 매수인의 出財로 그 소유권을 보존한 경우에, 매수인은 매도인에 대해 費用償還請求權을 갖는다(제576조 2항). 이상의 담보책임에는 제척기간의 제한이 없으므로 채권의 소멸시효(10년)에 의한다.

惡意의 매수인이 債務를 引受한 경우에는 담보책임을 물을 수 없다. 매수인이 저당권의 피담보채무, 전세금반환의무 또는 가등기담보된 피담보채무를 매도인으로부터 인수한 경우에는 매도인에 대한 계약해제나 손해배상청구는 허용되지 않는다. 채무인수가 있었는가는 계약의 해석문제이다. 채무인수가 있는 경우에는 매매대금이 시가에서 인수된 채무액을 공제한 금액으로 정해진다.

大判 1998. 10. 27, 98다25184: 인수채무의 이행시기 등에 관하여 다른 약정이 없는 한, 매수인이 인수한 피담보채무의 이자를 납부하지 아니하였다고 하더라도, 그로 인하여 매매목적물인 부동산이나 공동담보로 제공된 다른 부동산에 설정된 담보권의 실행으로 임의경매절차가 개시되었다거나 개시될 염려가 있고, 또한 매도인측이 이를 막기 위하여 부득이 피담보채무를 변제할 필요성이 있는 경우가 아니라면, 그를 이유로 매매계약을 해제할 수는 없다.

(6) 競賣에 있어서 擔保責任制限

㈎ 競　賣　담보책임에 관한 제578조의 특칙이 인정되는 경매는 公競賣로서(사경매는 포함되지 않음) 국가기관이 민사소송법 · 국세징수법 등의 법률에 기초하여 목적물의 권리자의 의사를 묻지 않고 하는 매도행위를 말한다.[1] 경매에서 목적물의 소유명의인(예: 저당채무의 물상보증인)이 경락인으로 된 경우에는 제578조가 적용되지 않는다(매매의 성격을 갖지 않으므로). 경매절차 자체가 무효인 경우에는 매매계약이 무효인 경우에서와 같이 경매의 채무자나 채권자의 담보책임은 인정될 여지가 없다(大判 1993. 5. 25, 92다15574).

㈏ 權利欠缺에 대한 擔保責任　권리의 흠결에 대한 담보책임은 1차적으로 매도인에 해당하는 채무자에게 부담된다. 만약 채무자에게 자력이 없는 때에는 대금의 배당을 받는 채권자가 그 받은 범위 내에서 담보책임을 진다. 담보책임을 지는 경우는 타인소유물매매(제570조 내지 제572조), 대항력 있는 용익권 및 점유를 수반하는 담보물권에 의한 소유권제한(제575조)과 전세권 · 가등기담보권이 실행에 의한 소유물상실의 경우(제576조) 등이다. 다만 저당권은 경매에 의한 매각에 의하여 당연히 소멸되므로 그 부담으로 인해 담보책임이 발생될 여지가 없다(민집법 제91조 2항). 목적물의 수량부족 · 일부멸실에 대한 담보책임(제574조)은 경매에 있어서도 인정된다.

경매의 경우 담보책임의 내용은 다음과 같다. ① 債務者의 1次責任: 경락인은 채무자에 대하여 代金減額請求權과 契約解除權을 취득한다(제578조 1항). 매도인이 物上保證人인 경우에는 물상보증인이 1차책임을 진다(大判 1988. 4. 12, 86다카2641). ② 債權者의 2次責任: 해제에 기한 원상회복청구권 또는 대금감액청구권 중 채무자로부터 만족을 얻지 못한 부분은 채권자에 대하여 그가 배당받은 대금의 범위

1) 경매의 성격에 관하여는 과거 공법상처분행위설과 사법상매매설이 대립하였다. 또한 사법상매매설도 채권자 및 담보권자를 매도인으로 보는 견해와 채무자를 매도인으로 보는 견해, 그리고 집행기관을 매도인으로 보는 견해가 대립하였었다. 민법은 담보책임에 관한 한 私法上賣買說 중 債務者(또는 물상보증인)를 매도인으로 보는 입장을 취한다고 해석된다(제578조 1항). 같은 취지: 주석 채권각칙(I), 587.

내에서 청구할 수 있다(제578조 2항). ③ 債務者와 債權者의 連帶責任: 채무자가 물건 또는 권리의 흠결을 알고 고지하지 아니하거나 채권자가 이를 알고 경매를 청구한 경우에, 경락인은 그 흠결을 안 채무자나 채권자에 대해서 손해배상을 청구할 수 있다(제578조 3항). 이 때 채권자는 손해배상의무에 관해서 채무자와 연대해서 책임진다.[1] 이 손해배상청구권을 행사하기 위한 전제로서, 경락인은 매매계약을 해제해야 한다(大判 1996. 7. 12, 96다7106).

㈐ 物件瑕疵에 대한 擔保責任免除 경매에 있어서는 물건의 하자에 대한 담보책임은 원칙적으로 인정되지 않는다(제580조 2항). 따라서 경락인은 물건의 하자로 인한 불이익을 스스로 감수하여야 한다. 다만 惡意로 默秘한 경우에 채무자 및 채권자는 손해배상의무를 진다(제578조 3항). 경매는 특정물에 대하여 행해지므로 종류매매에 관한 제581조는 적용될 여지가 없다.

大判 1988. 4. 12, 86다카2641: 민법 제578조 제1항의 채무자에는 임의경매에 있어서의 物上保證人도 포함되는 것이므로, 경락인이 그에 대하여 적법하게 계약해제권을 행사했을 때에는 물상보증인은 경락인에 대하여 원상회복의무를 진다.
大判 1996. 7. 12, 96다7106: 경매의 목적물에 대항력 있는 賃貸借가 존재하는 경우에 경락인이 이를 알지 못한 때에는, 경락인은 이로 인하여 계약의 목적을 달성할 수 없는 경우에 한하여 계약을 解除하고 채무자 또는 채무자에게 자력이 없는 때에는 배당을 받은 채권자에게 그 代金의 전부나 일부의 返還을 구하거나, 그 계약해제와 함께 또는 그와 별도로 경매목적물에 위와 같은 흠결이 있음을 알고 고지하지 아니한 채무자나 이를 알고 경매를 신청한 채권자에게 損害賠償을 청구할 수 있을 뿐이다. 계약을 해제함이 없이 채무자나 경락대금을 배당받은 채권자들을 상대로 경매목적물상의 대항력 있는 임차인에 대한 임대차보증금에 상당하는 경락대금의 전부나 일부를 부당이득하였다고 하여 바로 그 반환을 구할 수 있는 것은 아니다.

(7) 債權賣渡人의 資力擔保

㈎ 債權讓渡契約 매수인이 매도인에게 채권을 양도하라고 하는 계약은 매매의 일종으로서, 이 경우 매매의 목적은 채권이다. 매도인은 매수인에게 목적이 된 채권을 양도해 주는 것으로 일응의 채무이행을 완료하게 된다. 그러나 매도인이 채권의 만족을 담보한 경우, 즉 채권의 매도인이 채무자의 資力을 담

1) 같은 취지: 郭潤直, 252; 金疇洙, 219. 반대설: 金曾漢, 162; 金顯泰, 130; 金亨培, 333; 李太載, 189.

보한 경우에는 그 약정에 따라 담보책임을 져야 한다.

權利의 賣買

매매의 목적이 물건이 아닌 재산권(소유권은 제외)을 목적으로 하는 경우를 가리켜 권리의 매매라 한다(앞의 설명 참조). 매매로 생기는 계약의무는 권리의 양도와 대금의 지불이다. 매도인의 권리양도의무는 권리 자체의 이전뿐 아니라, 대항요건까지 갖추어 줄 것이 포함된다. 권리의 양도는 — 법률상 다른 특별요건이 요구되지 않는 한 — 채권양도의 방법에 따른다(제450조 참조). 그러나 부동산물권의 양도는 반드시 이전등기를 하여야 한다(제186조). 저당권이 붙은 피담보채권의 양도는 채권매매의 성질을 가지지만, 저당권등기를 요한다는 점에서 보통의 채권양도와는 구별된다.

(나) 債權賣買에서의 擔保責任 채권매매에서 목적채권에 흠결이 있는 경우에는 매도인이 담보책임의 일반원칙에 따라 책임을 진다. ① 타인의 권리의 매매에 관한 제570조 내지 제573조는 직접 권리매매에 적용된다. ② 민법은 채권매매와 제한물권의 매매에 관하여는 별도의 규정을 둔다(제577조, 제579조). 그 밖의 담보책임규정은 물건의 매매를 염두에 두고 설치한 것이므로 그의 유추적용에 있어서는 채권매매의 특성을 고려하여야 한다. ③ 채권의 일부가 채무의 일부변제, 계약의 일부무효 등의 사유로 존재하지 않는 경우에는 제574조를 유추적용한다. ④ 채권이 질권의 목적인 경우에는 제575조를 유추적용한다. ⑤ 채권에 수반한다고 한 담보권이나 보증이 존재하지 않는 경우에는 제580조가 유추적용된다.[1] ⑥ 채무자가 변제에 충분한 자력을 갖는가는 채권 자체의 흠결과는 별개의 문제이다. 그러나 매도인이 채무자의 자력을 담보한 경우에는 채무자가 무자력으로 됨으로써 매수인이 채권의 만족을 얻지 못한 데 대하여 책임을 져야 한다.

(다) 債務者資力의 擔保 ① 채권의 매도인이 채무자의 資力을 담보한 때에는 賣買契約 當時의 자력을 담보한 것으로 추정한다(제579조 1항). 민법규정은 채권이 양도계약만으로 이전하므로 매매계약에 채권양도계약이 함께 행하여지는 경우만을 예상한 것이다. 그러나 양도의 처분행위가 매매계약 후에 별도로 행해진 경우에는 채권이전시의 자력을 담보한 것으로 해석하는 것이 타당하다.

---

1) 제575조가 유추적용되어야 한다는 견해도 있음. 郭潤直, 249; 金疇洙, 217; 金亨培, 334.

변제기에 도달한 채권은 채권자가 언제든지 이행청구할 수 있으므로, 채권양도시의 자력을 담보받은 매수인은 즉시 이행청구를 하여 만족을 얻어야 한다. 이행청구를 뒤로 미루다가 채무자의 자력이 악화된 경우에 매도인은 담보책임을 지지 않는다. ② 변제기에 도달하지 아니한 채권의 매도인이 채무자의 자력을 담보한 때에는 辨濟期의 資力을 담보한 것으로 추정한다(제579조 2항). 변제기에 자력이 있었으나 그 후 자력이 악화된 경우에는 담보책임이 발생하지 않는다. ③ 자력의 담보에 관한 期間制限規定은 다른 약정이 있는 경우에는 적용되지 않는다. 채권자가 변제기 이후까지, 계약체결 이후 언제까지나 채무자의 자력을 담보하는 약정을 하는 것도 허용된다. 이 경우에는 실제로 연대보증을 하는 것과 같은 효과가 날 것이다. ④ 민법은 채권매도인의 담보책임의 내용에 관해서는 규정하지 않으나 다른 담보책임의 예에 따라 契約解除權, 代金減額請求權, 損害賠償請求權을 갖는 것으로 해석된다.[1] 채무자의 변제자력이 부족한 경우에, 매수인은 매도인에 대하여 채권매매계약을 解除하거나 또는 代金減額을 청구할 權利를 갖는다. 보통 채무자의 무자력으로 말미암아 매수인이 전부를 변제받지 못한 경우에는 계약해제권을 갖고 일부만을 변제받지 못한 경우에는 대금감액청구권만을 갖지만, 채권의 목적이 금전이 아닌 경우에는 일부의 불이행에도 불구하고 계약목적이 달성가능한가도 고려하여야 한다. 매수인이 채무자로부터 변제받지 못함으로 인한 손해를 입은 경우에, 채무자의 자력을 담보한 매도인은 그 손해를 배상할 책임이 있다.

㈑ 制限物權의 賣買　抵當權附 地上權·傳貰權이 매매의 목적으로 된 경우, 저당권의 실행으로 목적권리를 취득할 수 없게 되거나 또는 이미 취득한 권리를 잃은 때에는 매수인은 계약해제권 및 손해배상청구권을 갖는다(제577조, 제576조 준용). 위 경우 매수인의 출재로 그 권리를 보존한 때에는 그의 상환청구권과 손해배상청구권을 갖는다.

3. 物件의 瑕疵에 대한 擔保責任

(1) 瑕疵의 意義

㈎ 槪　念　매매목적물에 흠이 있음으로 인하여 계약적합성을 갖지 못

1) 같은 취지: 민법주해(14), 493(南孝淳 집필부분). 손해배상청구권만을 인정하는 견해로서는 郭潤直, 250; 金疇洙, 202; 金亨培, 335.

한 경우에 그 물건에 하자가 있다고 말한다.[1] 하자를 어떤 기준에 의해서 파악할 것인가에 관해서는 학설이 대립한다. ① 主觀說: 목적물이 계약체결시 당사자 쌍방이 전제로 한 성질을 갖지 않으며, 그로 말미암아 매수인이 불이익을 입게 되는 경우 하자가 존재한다고 보는 견해이다.[2] 계약당사자의 목적설정이 중요한 기준이라고 한다. ② 客觀說: 객관적으로 보아 그 물건이 가질 것으로 기대되는 통상의 성질이 결여되어 있는 경우에 하자가 존재한다는 견해이다.[3] 그 종류의 물건이 보통 갖추어야 할 성질을 갖추지 못하여 그 일반적 용도에 적합하지 않으며 당사자의 합의내용에 관계 없이 하자가 존재한다고 본다. ③ 折衷說: 私見으로는 하자 여부를 일차적으로는 당사자의 합의에 기초하여 판단하되, 계약당사자가 계약체결 당시 물건의 용도나 전제되는 성질에 관해 언급하지 않은 경우에는 객관적 하자개념에 따라 판단하는 것이 타당하다고 생각한다. 민법은 물건에 하자가 존재하더라도 매수인이 알았거나 과실로 알지 못한 경우에는 담보책임을 발생시키지 않는데(제580조, 제581조), 이러한 민법규정을 보면 하자의 개념이 당사자의 주관적 인식보다 큰 개념으로 사용된 것임을 알 수 있다.

절충설에 따라 하자를 판단하면 다음과 같은 결과로 된다. 첫째, 물건의 물리적 성질이나 계약내용의 해석에 의해 일정기간 어떤 특성을 가질 것으로 기대됨에도 불구하고 그것을 결여한 경우에 하자가 존재한다. 둘째, 계약당사자간에 목적물이 특별한 성능을 가진 것으로 보증하고 계약체결을 한 경우에, 그 물건이 그 보증된 성능을 갖지 못하면 하자로 판단되어야 한다. 이 경우 하자개념은 주관적으로 판단되는 것이다. 셋째, 매매대금이 싸다는 것은 하자의 판단에 직접 영향을 미치지 않는다. 당사자가 흠이 있더라도 상관하지 않겠다는 약정을 하지 않은 이상, 가격할인(바겐세일 등)은 하자담보책임의 배제를 의미하지 않는다. 매수인은 정상적인 물건을 싸게 사는 것을 의욕했기 때문이다. 다만 가격이 보통보다 훨씬 싸서 모조품의 매매로 해석될 정도인 때에는(미술품의 복사물, 합성된 보석, 도금된 금반지 등) 진품이 아니라고 해서 하자라고 할 수 없다.

---

1) 우리 민법에서는 「瑕疵(하자)」라는 용어를 매매목적물인 물건의 결함에 대해서만 사용하고(제580조, 제581조), 권리의 결함에 대해서는 사용하지 않는다. 그러므로 본서에서는 「권리의 흠결」과 「물건의 하자」라는 용어로 구별해서 쓰겠다.

2) 金亨培, 337.

3) 郭潤直, 245; 金基善, 141; 金疇洙, 197; 金曾漢, 157; 李太載, 185; 林正平, 280; 黃迪仁, 258.

外國의 立法例

독일민법은 하자를 「그 가치 또는 통상의 사용이나 계약상 약정된 사용에 대한 적합성(Tauglichkeit)을 소멸시키거나 감소시키는 결점」이라고 규정한다(제459조 1항). 독일에서는 하자의 개념에 관하여 종래 객관적 하자개념(objectiver Fehlerbegriff)과 주관적 또는 구체적 하자개념(subjektiver od. konkreter Fehlerbegriff)의 논리대립이 있었다. 객관적 하자개념의 입장에서는 하자를 순수히 객관적으로만 파악하므로, 계약에서 특약된 성질을 갖지 않는 경우에 하자가 존재하지 않는다고 본다. 독일의 초기판례는 객관적 하자개념을 취하였으나, 현재의 판례 및 지배설은 주관적 하자개념을 우선하는 입장을 취한다.

프랑스민법은 명백한 하자와 숨은 하자를 구별하고, 명백한 하자에 대해서는 담보책임이 없다고 한다(제1642조). 숨은 하자란 그로 인하여 예정된 용도로 사용하기에 부적당하거나, 매수인이 그 하자를 알았더라면 매수하지 않았거나 대금을 감액하였을 정도로 용도를 담보시킨 것을 가리킨다(제1841조). 미국의 통일상법전(Uniform Commercial Code)에서는 매도인의 하자담보책임을 명시적 담보책임(§2-313), 묵시적 담보책임(§2-314), 특정목적에 대한 적합성의 담보책임(§2-315)으로 나누어 상세히 규정한다.[1]

(나) 性能保證과 見本賣買　매도인이 물건의 특성을 보증한 경우에는 그 특성의 결여가 보통 하자로까지 취급되지 않는 사소한 것이더라도 당해 계약에서는 하자로 되어 담보책임이 발생한다.[2] 예를 들면 물건이 보증된 견고성 · 성분 · 내구성을 결여한 경우에 하자로 판정된다.[3] 이 때의 보증은 그 특정의 결여에 대하여 책임을 지겠다는 구속력 있는 의사표시로 행해져야 한다. 견본에 의해 목적물의 성분 · 품질을 약정해 두는 매매를 특히 見本賣買라 한다.[4] 이 경우 매매의 목적물에 대하여 견본과 같은 성분 · 품질을 보증한다는 의사표시

1) 양명조, "미국통일상법전과 매도인의 워런티책임," 불법행위법의 제문제, 삼영사, 1985, 232 이하 수록 참조.

2) 독일민법에서는 보증된 특성(zugesicherte Eigenschaft)의 결여에 대한 담보책임을 하자담보책임의 별개의 유형으로 규정하고 특별히 매수인에게 해제나 감액청구 대신에 불이행으로 인한 손해배상청구를 인정한다(제463조). 그러나 통상의 하자담보책임은 해제 또는 감액청구만을 허용한다(제462조).

3) 약정된 종류와 다른 물건(이종물, aliud)을 급부한 경우에 하자담보책임이 생기는가에 대해서 독일의 학설은 대립한다. 긍정설이 다수설이다(Heck, Caemerer, Enneccerus-Lehmann, Larenz 등).

4) 독일민법은 매매의 특별한 종류로서 견본매매 · 시품매매를 규정하는데, 그 내용은 보증에 대해 담보책임이 발생한다는 것과 계약성립의 승낙의 특칙이다(제404조~제496조). 그러나 그러한 특별규정을 두고 있지 않은 우리 법에서 굳이 견본매매 및 시품매매를 매매의 특별한 종류로 파악할 필요는 없다. 계약성립과 담보책임에서 설명하면 충분하며, 그를 특별형태로 다루어야 할 거래상의 요청도 적다고 생각한다.

가 있는 것으로 해석된다. 견본과 다른 급부는 하자 있는 급부로서 담보책임을 발생시킨다.

大判 1995. 6. 30, 95다2616: 매매계약 당시 매수인 스스로 매도인이 제공하는 카탈로그 등에 의하여 성능과 용량이 서로 다른 여러 종류의 제품 중 특정 종류를 선택하였다면, 성능과 용량의 차이로 인한 결함을 들어 하자담보책임을 물을 수 없다(하자개념에 관하여 주관설을 취한 것으로 이해됨).

大判 1993. 11. 23, 92다38980: 신축건물의 매도인이 건물에 하자가 있을 때에는 책임지고 그에 대한 보수를 해 주기로 약정한 경우에, 매도인은 하자 없는 완전한 건물을 매매한 것을 보증하였다고 할 것이다. 매도인은 「날림공사로 인한 하자」 및 「당초의 하자로부터 확산된 하자」에 대하여 책임을 져야 한다.

大判 2000. 10. 27, 2000다30554: 매도인이 기계를 공급하면서 카탈로그나 검사성적서를 제출하였다면, 그 기재된 정도의 품질과 성능을 보증한 것이므로, 그에 미달한 경우에 기계에 하자가 있다고 본다.

(다) 法律上 瑕疵　물건 자체에 존재하는 흠은 아니지만 물건과 관련하여 법적 장애가 존재하기 때문에 계약목적을 달성할 수 없는 경우에 법률적 하자가 있다고 말한다.[1] 법률적 하자도 하자담보책임을 발생시킨다. 예를 들어 주택을 건축하기 위한 대지를 사기로 계약하였는데, 그 대지에 건축금지의 행정처분이 내려진 경우, 택시영업을 하기 위해 택시 및 그 영업권을 양수받기로 하였는데 그 택시에 대하여 영업허가가 취소된 경우가 이에 해당한다.

부동산(특정물)이 법률상의 제한으로 말미암아 사용가치가 떨어지게 된 경우에 관하여 그것을 권리의 흠결로 다루어야 할 것인가, 혹은 물건의 하자로 다룰 것인가에 관하여 학설이 대립하였다. 이는 결국 경매에 있어서 민법 제575조 1항을 적용하여 담보책임을 지울 것인가(제578조), 또는 제580조를 적용하여 담보책임을 면제할 것인가의 문제로 귀결된다. ① 權利欠缺說: 법률적 장애는 권리의 흠결로 평가되어야 하고 이에 대하여 제575조가 적용되어야 한다는 견해이다.[2] 첫째, 행정상 제한이나 부담 등의 법률적 장애는 목적물 자체에 대

1) 토지가 건축금지구역 안에 있다든가, 도로에 인접하여 주거에 적합치 못한 지역이라는 사실로 말미암아 목적물의 경제적 가치가 떨어지는 경우를 가리켜 經濟的 瑕疵라고 한다. 경제적 하자의 개념은 목적물의 시가를 기준으로 객관적으로 파악되는 것이다.

2) 郭潤直, 245; 金疇洙, 197; 金曾漢, 157; 金亨培, 338; 李太載, 185; 林正平, 280; 黃迪仁, 259.

한 부담이기보다는 소유권의 행사에 대한 제한이므로 제575조의 경우와 성격이 유사하다. 둘째, 이 경우 제575조를 적용함으로써 경매에 있어서도 담보책임을 묻는 것이 용익권에 의한 소유권제한과의 균형상 타당하다. 법률적 장애가 있는 목적물이 경매되는 경우에 그 장애를 물건의 하자로 보면 제580조 2항이 적용되어 매도인의 담보책임이 인정되지 않으므로 경락인이 부당하게 불이익을 입게 된다고 한다. ② 物件瑕疵說: 사견으로는 법률상의 장애는 제580조 1항의 물건의 하자로 보아야 한다고 생각한다.[1] 첫째, 제575조의 소유권제한은 매도인이 설정한 제한물권이나 임차권을 소멸시키지 않은 채 제한된 소유권만을 선의의 매수인에게 이전한 데 대한 채무불이행적 성격을 갖는 담보책임인데, 법률상 장애는 이와 성질을 달리하므로 제575조와 함께 다루는 것은 적합치 않다. 둘째, 제580조 2항이 하자담보책임을 경매의 경우 면제하고자 하는 입법취지를 고려할 때, 경매시 채무자의 담보책임범위에 관한 제578조를 넓게 해석하여 법률상 하자의 경우까지 담보책임을 지우는 것은 부당하다. ③ 판례는 운행정지처분, 건축허가의 불가와 같은 법률상 장애를 物件의 瑕疵로 본다(大判 1985. 4. 9, 84다카2525).

㈑ 瑕疵判斷의 基準時 어느 시점을 기준으로 하자를 판단할 것인가의 문제는 하자담보책임의 본질에 관한 학설대립과 관련이 있다. ① 契約締結時說: 法定責任說에서는 하자판단의 기준시를 계약체결시로 보는 것이 논리적 일관성을 갖는다.[2] 특정물매매는 계약에 의해 목적물이 특정되므로 계약 당시 그 목적물에 있던 하자(원시적 하자)가 이행시까지 제거되지 않는 한 담보책임을 발생시키며, 종류매매의 경우는 特定時 그 목적물에 하자가 있는 때에 담보책임이 발생한다고 한다.[3] 판례는 건축목적의 토지매매에서 법적 장애를 하자로 보며 그 판단기준시는 계약성립시라고 한다(大判 2000. 1. 18, 98다18506). ② 危險移轉時說: 채무불이행책임설에서는 매매목적물에 대한 위험의 이전시기(인도·등기 또는 채권자지체)를 기준으로 하자 여부를 판단한다.[4] 사견으로서도 위험이전시설을 취한다. 위험이전시기 전

---

1) 같은 취지: 주석 채권각칙(Ⅰ), 601(김현채 집필부분).

2) 金基善, 142; 金顯泰, 124; 李太載, 184; 민법주해(14), 504~505(南孝淳 집필부분).

3) 민법 제580조는 "매매의 목적물에 하자가 있는 때"라고만 규정하고 있고 그 기준시를 밝히지 않는다. 판례는 의용민법시대 이래로 이를 「계약 당시에 존재하는 하자」로 해석해 왔다. 大判 1958. 2. 13, 4290민상762. 같은 취지: 주석 채권각칙(Ⅰ), 601~603(김현채 집필부분). 그러나 의용민법시대의 일본판례는 하자담보책임을 종류매매에도 인정하고, 이 때의 하자판단기준시는 위험이전의 시기라고 판시한 바 있다. 日大判 8. 1. 14 민집 12·71, 같은 취지: 일최판소 36. 12. 15 민집 5·11·2852.

4) 金亨培, 338.

의 목적물의 하자(일부멸실 포함)는 그것이 원시적이든 후발적이든, 또는 매도인의 선관의무 위반으로 생긴 것이든 아니든 문제삼지 않고 하자로 인정되어 매도인의 담보책임이 발생한다.

(2) 買受人의 善意 · 無過失

매수인은 계약 당시 목적물에 하자가 있다는 사실을 몰랐으며(선의) 또한 모른 데 대해 과실이 없었어야 한다(무과실). 과실이란 만약 매수인이 일반인에게 요구되는 통상의 주의를 기울였더라면 하자를 발견하였으리라고 기대되는 경우에 인정된다. 과실의 존부에 대한 판단에 있어서는 당해 계약의 거래관행이 고려되어야 한다. 판례는 토지의 매수인의 등기부만을 열람하고 도시계획상 도로로 되어 있는지 조사하지 않은 채 도로용토지를 매수하기로 계약한 경우에 매수인에게 과실이 있다고 한다(大判 1979. 7. 24, 79다827).[1] 매도인의 欺罔이나 惡意의 默秘는 매수인의 무과실로 되는 경우가 많다. 담보책임을 주장하는 매수인은 하자의 존재만을 주장하면 되고, 매수인의 악의나 과실은 담보책임을 면하고자 하는 매도인이 주장 · 입증하여야 한다.[2]

(3) 물건의 하자에 대한 擔保責任의 내용

㈎ 槪 說 　하자에도 불구하고 매수인이 계약목적을 달성하는 데에 장애가 없는 경우에는 損害賠償만을 청구할 수 있다. 그러나 하자로 말미암아 계약목적을 달성할 수 없는 경우에는 계약을 解除함과 동시에 損害賠償을 청구할 수 있다(제580조 1항, 제575조 1항). 하자가 쉽게 그리고 비싼 비용을 들이지 않고 보완가능한 경우에는 하자에도 불구하고 계약목적을 달성할 수 있다고 해석된다. 손해배상의 범위에 관해서는 신뢰이익설, 이행이익설, 절충설이 대립하며 판례는 이행이익설을 취한다(해제권과 손해배상에 관해서는 앞에서 상세히 설명했음.).

㈏ 完全物給付請求權 　종류매매에 있어서 매수인은 계약해제나 손해배상청구 대신에 하자 없는 물건을 청구할 수 있다(제581조 2항). 종류매매의 매수인은 당연히 매도인에 대하여 「채무의 내용에 좇은 이행」(제390조 참조)을 청구할 권리가 있다. 그러므로 매수인에게는 하자 있는 급부의 수령을 거절하고 완전물의 급

---

1) 大判 1968. 11. 5, 68다1832에서는 매수인(원고)이 목포경찰서(피고)로부터 범칙 임산물을 입찰매수하면서 만일 목적물에 하자가 있으면 피고가 책임지겠다는 말만 믿고 사전에 현장에 가서 현품을 일일이 점검하지 아니한 경우, 매수인에게 과실이 없다고 하였다.

2) 만약 매수인이 하자를 알고 계약했으나 계약 당시 매도인이 하자의 제거를 약속한 경우 매도인의 약속 위반은 담보책임의 문제인가, 또는 채무불이행책임의 문제인가. 민법의 하자담보책임은 선의 · 무과실을 요건으로 하므로 이 때에는 채무불이행책임이 생긴다고 해석된다. 그러나 경우에 따라서는 그 약속이 담보책임에 관한 특약으로 해석될 수도 있을 것이다.

부를 청구할 권리가 매매의 본질로부터 당연히 추출된다. ① 完全物請求의 要件: 매수인의 완전물급부청구권은 하자 있는 급부로도 계약목적을 달성할 수 있는 경우에도 인정된다고 해석된다. 민법에서 계약목적을 달성할 수 없는 경우로 제한하고 있지 않으므로 원칙적으로 어떤 경우에나 완전물급부청구권이 인정되어야 한다. 다만 하자가 간단한 보수만으로 제거될 수 있는 경우에는 신의칙상 補修請求權을 먼저 행사하고 매도인이 보수를 해 주지 않는 경우에만 완전물급부청구권을 허용해야 한다. ② 하자 있는 물건과 完全物의 交換: 종류매매에서 매수인은 일단 수령한 하자 있는 물건을 반품하고 새로운 완전물로 다시 급부할 것을 청구할 수 있다. 하자 있는 물건의 반환과 완전물인도청구는 동시이행의 관계는 아니다. ③ 損害賠償請求와의 竝存: 매수인이 이미 하자 있는 물건으로 말미암아 또는 완전물을 입수하지 못했음으로 말미암아 손해를 입은 경우에는 어떠한가. 제581조 2항은 매수인이 "계약의 해제 또는 손해배상의 청구를 하지 아니하고" 완전물을 청구할 수 있도록 규정함으로써 완전물급부청구권과 손해배상청구권을 양립할 수 없도록 규정한다.[1] 그러나 비록 매수인이 추후에 완전물을 입수하더라도 이미 발생한 손해까지 전보되지는 않으므로 양자택일은 부당한 결과로 된다.[2] 이는 이행지체의 경우 본래의 급부청구권과 손해배상청구권(지연배상)이 공존하는 것과 균형이 맞지 않는다. 채무불이행에서의 채권자의 지위보다 매매계약불이행에서의 매수인의 지위를 특별히 불리하게 할 하등의 이유가 없다. 또 완전물급부청구권의 경우 손해배상을 배제하는 것은 거래관행과도 일치하지 않는다. 민법의 조화 있는 해석으로서 담보책임으로서는 완전물급부청구권만이 생기고, 그 밖에 매도인에게 귀책사유가 있어 채무불이행을 구성하는 경우에는 그에 따른 손해배상청구권을 인정하는 도리밖에 없다고 생각한다.[3]

(다) 補完請求權 특정물매매에서나 종류매매에서나 하자가 보수로 제거될 수 있는 경우에 매수인은 그의 선택에 따라 계약해제 · 손해배상청구 · 완전물청구 대신에 보완청구를 할 수 있다. 신의칙에 비추어 볼 때, 종류매매에서

1) 민법 제581조 2항은 입법적 과오에 의한 것이라 보여진다. 이 규정은 독일민법 제480조 1항의 종류매매의 매수인은 해제 또는 감액 대신 하자 없는 물건의 인도를 청구할 수 있다는 규정을 따른 듯하다(그 밖에 스債 제206조, 만주민법 제561조 참조).

2) 같은 취지: 金亨培, 앞의 글, 151(이 논문에서는 완전물급부에 의하여 여하한 손해배상도 배제되지 않는다고 해석하나, 그의 법적 근거는 밝히지 않는다). 大判 1977. 4. 12, 76다3056 참조.

3) 실제 소비자거래에서는 정부가 마련한 소비자피해보상기준에 의해 처리된다. 그 기준에는 단순히 완전물로의 교환뿐이 아니라 상품의 두 배 · 세 배 교환이나 교통비의 지불 등이 포함되어 있다.

하자가 경미하여 계약목적달성에 큰 지장이 없으며 완전물로의 교환으로 매도인에게 지나친 불이익을 초래할 우려가 있는 경우에는, 손해배상(대금감액 포함)이나 하자의 보완만을 청구할 수 있을 뿐이라고 해석된다. 그 밖에 특약이나 약관에 의해 매도인의 담보책임을 보완청구권에 한정하는 경우도 빈번하다(특히 종류매매의 경우).[1] 약관에서 상당한 이유 없이 사업자의 담보책임을 제한한다고 판단될 때에는 그러한 약관조항은 무효로 된다(약관법 제7조 3호).

賣渡人의 瑕疵補完權

매매당사자는 개별약정 또는 약관으로서 매도인에게 瑕疵補完權을 부여할 수 있다. 매도인이 하자보완권을 갖는 경우에, 매수인은 물건에 하자가 있다는 이유로 즉시 계약을 해제하거나 손해배상을 청구할 수 없으며, 매수인은 매도인의 瑕疵補修 또는 完全物로의 交換을 기다려 담보책임상의 권리를 행사할 수 있다. 민법은 하자 있는 물건을 인도한 매도인에게 하나의 권리로서의 제2의 이행제공권 내지 瑕疵補完權을 인정하지는 않는다. 그러나 신의칙에 기해 매수인의 완전물인도청구권에 대응하는 매도인의 완전물인도의 권리를 인정할 필요가 있다.[2] 판례도 약관에 의한 하자보완권을 인정한다(大判 1993. 7. 13, 93다14783).

大判 1993. 7. 13, 93다14783: 피고(매수인)가 원고(매도인)로부터 공급받은 프레임부품을 이용하여 자신의 책임하에 重機의 수리를 마치고 그 결과 중기의 사용에 별다른 문제가 발생하지 않으면 새로운 물건으로 교환하여 달라는 청구를 하지 않기로 약정이 된 것으로 해석된다. 重機가 수리되지 않은 상태에서 방치되고 있는 이유가, 원고가 공급한 부품으로 수리가 불가능하다는 등 원고측이 책임질 사유 때문인지 피고의 태만 등 피고측이 책임질 사유 때문인지를 밝히지 아니한 채, 원고가 피고에게 프레임부품을 공급한 것만으로는 瑕疵補修義務를 모두 이행하였다고 볼 수 없다는 이유로 원고의 주장을 배척한 원심판결은 위법하다(매수인이 매도인에게 하자 있는 매매목적물을 하자 없는 물건으로 교환하여 줄 것을 청구할 권리가 있다고 한 원심판결을 파기한 사례).

---

1) 독일민법은 매수인의 해제권 또는 대금감액청구권 대신에 보완청구권이 약정된 때에는 보완의 의무를 지는 매도인은 보수를 위하여 소요되는 제 비용 특히 운송비, 여비, 인건비 및 자재비 등을 부담하여야 한다고 규정한다(독민 제467a조 전문).

2) 참고문헌: 崔埈璿, "매도인의 제2의 이행제공권," 재산법연구 제9권 1호, 한국재산법학회, 1992.

㈑ 除斥期間　물건의 하자로 인하여 매수인에게 발생하는 권리는 매수인이 하자의 존재를 안 날로부터 6개월 안에 행사하여야 한다(제582조). 종류매매의 완전물급부청구권은 이 제척기간에 걸리지 않는다. 하자보수청구권을 묻고 나서 그 이행을 기대할 수 없어 매수인이 스스로 하자 없는 물건을 구입하고 그 대금상당액의 지급을 구하는 손해배상청구권은 완전물급부청구권의 변형이므로 제582조의 제척기간에 걸리지 않는다(大判 2000. 2. 11, 97다7202).

(4) 商事賣買의 特則

상인간의 매매에 있어서는 매수인에게 목적물수령 후 지체없이 검사하여야 할 의무(目的物檢査義務)와 하자나 수량부족을 발견하면 즉시 매도인에게 통지하여야 할 의무(瑕疵通知義務)가 부과된다. 이들 간접의무를 행하지 않은 경우, 매수인은 하자의 존재를 몰랐던 매도인에 대해서는 계약해제, 대금감액청구 또는 손해배상을 청구하지 못한다(상법 제69조). 단 완전물이행청구권은 그 의무불이행으로 상실되지 않는다고 해석된다.

그 의무불이행의 경우 매수인이 계약을 해제한 때에도 매도인의 비용으로 매매목적물을 보관 또는 공탁하여야 한다. 그러나 그 목적물이 멸실 또는 훼손될 염려가 있는 때에는 법원의 허가를 얻어 경매하여 그 대가를 보관 또는 공탁하여야 한다(상법 제70조 1항). 이는 매도인으로부터 매수인에게 인도된 물건이 매매목적물과 상위하거나 수량이 초과한 경우에 그 상위 또는 초과한 부분에 대하여 준용된다(상법 제71조). 상사매매의 이상의 특칙은 특정물매매와 종류매매에 모두 적용된다.

大判 1999. 1. 29, 98다1584: 매매의 목적물에 상인에게 통상 요구되는 객관적인 주의의무를 다하여도 즉시 발견할 수 없는 하자가 있는 경우에도, 매수인은 6월 내에 그 하자를 발견하여 지체없이 이를 통지하지 아니하면 매수인은 과실의 유무를 불문하고 매도인에게 하자담보책임을 물을 수 없다.

4. 擔保責任의 免責特約

(1) 免責特約

매도인이 권리의 흠결이나 물건의 하자를 알고도 매수인에게 고지하지 않은 경우, 그 권리흠결이나 하자에 대한 담보책임의 면책특약은 무효이다(제584조). 매도인이 스스로 제3자에게 권리를 설정 또는 양도한 행위에 대해서도 면책특약은 무효이다. 위 두 경우 責任免除뿐 아니라 責任의 制限에 관한 특약도 무효라고 해석된다. 매도인의 담보책임에 관한 민법규정은 부분적 강행규정이다.

매도인이 惡意로 默秘한 것이 아닌 권리흠결이나 하자에 대하여 매도인과 매수인의 책임면제 또는 제한에 관한 합의가 있는 경우에는 그 약정에 의한다. 이 경우에도 민법규정의 적용배제의 결과 또는 특약의 내용이 매도인과 매수인의 이익형평을 해치는 경우에는 신의칙에 어긋나게 된다. 신의칙에 어긋나는 특약은 無效로 되거나 또는 신의칙의 허용범위 내로 縮小解釋된다.

(2) 約款의 免責條項

약관에 상당한 이유 없이 사업자의 담보책임을 배제 또는 제한하거나, 고객의 담보책임에 의거한 권리의 행사요건을 가중하는 조항이 있는 경우 그러한 조항은 무효로 된다. 또한 매매목적물에 관하여 견본이 제시되거나 품질·성능 등에 관한 표시가 있는 경우, 그 보장된 내용에 대한 책임을 배제 또는 제한하는 조항도 무효이다(약관법 제7조 3호).

§20. 特殊한 賣買와 交換

1. 還　　買[1)]

(1) 意　　義

매도인이 매매계약과 동시에 매매목적물을 還買할 權利를 保有하고, 일정 기간 안에 그 환매권을 행사하여 목적물을 다시 買受하는 것을 가리켜 환매라 한다(제590조 1항). 환매는 부동산과 동산에 모두 가능하다.

---

1) 참고문헌: 權誠, "해제조건부부동산매매," 법조 제31권 1호, 1982; 金相容, "독일에서의 토지선매권과 우리 나라에서의 토지선매협의권과의 비교," 고창현화갑기념 민법학의 현대적 과제, 1987; 金容漢, "환매의 성격요건·실행," 고시연구 1987년 8월호; 金在文, "조선왕조의 환퇴(매도담보) 계약서에 관한 연구," 장경학고희기념 민법과 법학의 중요문제, 1987; 金學東, "환매권의 법률적 성질," 고시연구 1998년 12월호; 梁彰洙, "매매예약완결권의 행사기간의 기산점," 인권과 정의 1996년 9월호; 유상재, "징발재산정리에 관한 특별조치법상의 환매권에 관한 고찰," 호남민사법연구회, 제6집, 93; 李根植, "환매와 재매매의 예약," 고시계 1979년 11월호.

再賣買의 豫約과 還買의 區別

(1) 再賣買의 豫約　매도인이 매수인에게 매도한 후 다시 그 물건을 매수할 것을 예약하는 경우로서 그 예약이 환매의 요건을 갖추지 않은 경우를 재매매의 예약이라고 한다. 재매매의 예약은 제1의 매매와 동시에 행해질 것을 요건으로 하지 않는다. 원매매계약 이후에 별도로 환매특약이 행해진 경우에 원매도인에게 환매권이 생기지는 않으나 재매매예약으로 되어 재매매의 예약완결권이 생긴다. 재매매의 예약완결권은 가등기할 수 있다(부등법 제3조).[1)]

(2) 還買와의 區別　환매특약이 原賣買契約과 동시에 행해진 경우만을 환매라 하고, 그 밖의 경우는 再賣買의 豫約이라 해서 구별한다. 제2의 매매에 관한 특약이 원매매계약과 동시에 행해진 경우에도 당사자가 환매가 아닌 재매매예약임을 명시적으로 표시한 때에는 재매매예약이 됨은 물론이다. 부동산의 경우 환매권등기를 하였는가 또는 예약완결권의 가등기를 하였는가 하는 등기의 종류 차이에 의해서도 당사자의 의도가 구별된다. 환매에는 민법 제590조 내지 제595조가 적용되나, 재매매의 예약에는 제564조가 적용된다.

민법은 재매매의 예약에 관한 특별한 규정을 두지 않는다. 그러므로 환매에서와 같은 환매기한의 제한도 없다. 재매매의 대금은 당사자의 약정에 따른다. 다만 대금이 원매매대금에 이자 및 매매비용을 합산한 액을 초과하는 경우에 그 초과부분은 무효이다(제607조, 제608조). 환매에서와 같은 명문규정은 없으나 원매수인이 물건을 사용·수익하는 경우, 목적물의 과실과 대금의 이자는 특별한 약정이 없는 한 상계한 것으로 보아야 한다(제590조 3항 유추적용). 매매의 일방예약에 관한 제564조는 재매매의 예약에 그대로 적용된다(예약에 관한 설명을 참조).

(2) 賣渡擔保

채무자가 채권담보의 목적으로 물건을 채권자에게 매도하고 채무의 변제시 그 물건을 채권자로부터 다시 매수하는 變則的 擔保制度를 매도담보라 한다. 예를 들면 채무자가 자동차를 담보로 채권자로부터 100만원을 꾸고자 하는 경우, 채무자의 자동차를 채권자에게 100만원에 매도하여 소유권을 넘겨 주되 채무자가 차용금 100만원과 이자 등을 채권자에게 변제할 때에 채권자는 다시 자동차의 소유권을 채무자에게 넘겨 주기로 약속하는 경우이다. 매도담보는 환매 또는 재매매의 예약이라는 법적 형태를 취하여 행해진다. 환매나 재매매에

1) 재매매예약의 가등기는 흔히 말하는 가등기담보와는 구별된다. 통상의 가등기담보는 매도담보가 아닌 대금변제의 예약의 가등기를 말한다. 그러나 가등기담보법은 재매매예약에도 적용된다.

약은 채권담보의 목적 이외에 단순히 장래 재구입 가능성을 확보하기 위해 이용될 수도 있는데, 이러한 실례는 많지 않다.

환매나 재매매의 예약은 매매에 기초한 소유권의 이전이라는 과정을 거치므로, 채무자가 단지 채권담보의 목적으로 담보물을 제공한다는 의도를 훨씬 넘게 된다. 채권자의 입장에서도 단지 채권의 확보라는 목적을 넘어 담보물을 매수하게 된다. 환매나 재매매의 예약은 이렇게 당사자의 담보목적을 초과하는 매도의 법률구성으로 말미암아 채무자에게 불리하다. 채무자에게 소유권을 보유시키고 채무의 불이행이 있는 때에 비로소 담보물을 채권자에게 양도하게 하는 대물변제의 예약 및 가등기담보가 매도담보보다 더 자주 이용된다. 그리고 소유권이전등기와 환매권등기(또는 재매매예약의 가등기)를 하는 편이 대물변제예약의 가등기만을 하는 것보다 비용 및 세금부담도 크고 절차도 복잡하다.

(3) 還買權

㈎ 形成權　환매권은 환매권자(원매도인)의 일방적 의사표시에 의해 환매의무자(원매수인)로 하여금 매매목적물의 소유권을 환매대금과 상환하여 환매권자에게 이전하여 줄 의무를 발생시키는 형성권이다. 환매권의 행사는 환매의무자의 소유권이전의무를 발생시킨다.

㈏ 性　質　환매권의 성격에 관하여는 학설이 대립한다. ① 解除權說: 환매권을 일종의 해제권으로 보는 견해이다.[1] 해제권설은 원매매를 해제권유보부매매로 보며, 환매를 해제에 따른 원상회복관계로 파악한다. 우리 민법의 규정을 보면, 비록 구민법과 같이 환매를 해제로 보는 문언은 없으나 환매에 의하여 원매매계약이 해소되고 그 결과 매매목적물이 원매도인에게 복귀된다고 보는 데 기한 규정이 적지 않다고 한다.[2] ② 物權說: 제187조의 법률의 규정에 의한 물권변동을 일으키는 물권적 취득권으로 보는 견해이다.[3] 환매권의 행사가 의사표시로 이루어지는 법률행위임에도 불구하고 민법 제186조가 아닌 제187조를 적용하여 등기 없이 곧 소유권이전의 효과를 인정하는 것은 부당하다고 비판받는다. ③ 豫約完結權說: 일종의 예약완결권으로 보는 견해이다.[4] 예약완결권설은 원매매계약에서 매매와 동시에 재매매의 예약이 함께 행

1) 金曾漢, 172; 金錫宇, 208; 金顯泰, 147; 李太載, 203; 金容漢, "환매의 기본문제," 월간고시 1987년 6월호.

2) 金學東, "환매권의 법률적 성질," 고시연구 1998년 12월호, 127.

3) 金基善, 154.

4) 郭潤直, 271; 金疇洙, 241; 張庚鶴, 물권법, 1987, 918.

해졌다고 보고, 환매는 예약완결권의 행사에 의한 두 번째의 매매로 파악한다. ④ 折衷說: 환매의 의사표시는 예약완결권의 행사이며 동시에 이와 같은 형성권의 행사로 원매매계약 내에 약정된 조건이 성취됨으로써 환매관계(두 번째 매매관계)가 성립한다는 견해이다.[1] 환매를 정지조건부매매라고 본다는 점에서 예약완결권설과 약간의 차이가 있으며, 예약완결권설은 정지조건부매매의 특성을 반영하지 못한다고 한다. ⑤ 私見으로는 豫約完結權說을 취한다. 첫째, 첫번째의 매매를 확정적인 것으로 이해하고 두 번째의 매매의 예약이 행해졌다고 보는 편이 최장 5년의 환매기간 동안의 원매수인의 지위를 안정시키며 去來觀念에도 상응하는 해석이다. 둘째, 해제권설과 예약완결권설의 차이는 실제로 환매의 실행에 따른 소유권복귀의 경우 말소등기를 할 것인가 새로운 이전등기를 할 것인가의 차이로 나타나는데, 환매의 성질에 비추어 볼 때 이전등기를 하는 편이 타당하다. 특히 원매매계약 이후 환매등기 이전에 제3자에의 소유권이전이 행해진 경우에, 그 이전등기를 말소하는 것보다는 새로운 이전등기를 추가하는 편이 합리적이다. 셋째, 一方豫約의 법적 성질을 「예약완결권의 행사를 정지조건으로 하는 계약체결」이라고 보는 사견에 의하면 환매의 성질에 관해 절충설과 같은 결론에 도달한다(예약에 관한 설명 참조). 일방예약의 성질로 파악하면 되는 문제를 구태여 예약완결권과 차이를 둘 필요는 없다고 여겨진다.

(다) **還買權의 登記** 매매목적물이 부동산인 경우 매매등기와 동시에 환매권의 보류를 등기한 때에는 제3자에 대하여도 효력이 있다(제592조; 부등법 제43조). 등기된 환매권이 부착된 부동산을 양수한 제3자는 환매권의 실행이 있는 경우 소유권을 상실하게 된다(예약완결권의 설명 참조).

(라) **還買權의 讓渡** 환매권은 양도성이 있다. 등기되지 않은 환매권양도의 대항요건은 채권양도에 준한다. 등기된 환매권양도는 이전의 부기등기를 하여야 제3자에게 대항할 수 있다.

(마) **原賣買의 無效** 환매권유보의 특약은 원매매계약에 종된 계약이다. 따라서 원매매계약의 무효·취소는 환매권에 영향을 미친다.

(바) **債權者代位** 환매권에 대해서는 채권자대위(제404조)가 가능하다. 단 매도인의 채권자가 매도인을 대위하여 환매하고자 할 경우, 매수인은 법원이 선정한 감정인의 평가액에서 매도인이 반환할 금액을 공제한 잔액으로 매도인의 채무를 변제하고 잉여액이 있으면 이를 매도인에게 지급하여 환매권을 소멸시

1) 金亨培, 370~371.

킬 수 있다(제593조).

(4) 還買代金

환매대금은 다른 특약이 없는 한 원매매대금에 원매수인이 부담한 매매비용을 더한 금액이다(제590조 1항·2항). 이 때 목적물의 果實과 대금의 이자는 다른 특약이 없으면 상계한 것으로 본다(동조 제3항). 그러나 당사자의 약정으로 환매대금을 정한 경우에도 원매매대금, 그에 대한 이자, 매매비용의 합산액을 넘지 못한다(제607조). 그 합산액을 초과한 부분은 무효이다(제608조). 이자는 원매수인이 목적물을 사용·수익하지 않은 경우에 한하여 인정됨이 원칙이며, 사용·수익한 경우에는 이자를 청구할 수 없다.

(5) 還買期間

환매기간은 부동산이 5년, 동산은 3년을 넘지 못하며 약정기간이 이를 넘는 때에는 그 범위로 단축된다. 일단 환매기간을 정한 때에는 다시 이를 연장하지 못한다(제591조 1항·2항). 환매기간의 제한은 환매권의 행사에 관한 제척기간이며, 일단 환매권행사를 하여 환매대금을 주고 그 부동산을 매수한 이후에는 등기청구권이 발생하므로 「등기청구권의 소멸시효에 관한 법리」가 적용되어야 할 것이다. 환매권자가 대금을 완납하고 점유를 이전받은 후에는 그 등기청구권이 소멸시효에 걸리지 않는다고 해석해야 할 것이다(大判[全合] 1976. 11. 6, 76다148).

원매수인은 환매기간 동안 불안정한 지위에 놓이며, 물건(특히 부동산)을 개량하지 않고 방치할 우려가 있고, 목적물의 처분을 사실상 방해받는다. 장기의 경과로 약정한 환매대금이 현실에 맞지 않게 될 우려도 있다. 그러므로 최장기간의 제한규정이 필요하다. 환매기간의 약정이 없는 경우, 환매기간은 부동산이 5년, 동산은 3년으로 된다(제591조 3항). 환매기간은 원매매계약 및 환매특약의 날로부터 기산된다.

大判 1991. 2. 22, 90다13420: ① 징발재산정리에관한특별조치법 제20조 소정의 환매권은 일종의 형성권으로서 그 존속기간은 제척기간으로 보아야 할 것이며, 위 환매권은 재판상이든 재판외이든 위 기간 내에 이를 행사하면 이로써 매매의 효력이 생기는 것이고 반드시 위 기간 내에 재판상 행사하여야 하는 것은 아니다. ② 환매권의 행사로 발생한 소유권이전등기청구권은 위 기간 제한과는 별도로 환매권을 행사한 때로부터 일반채권과 같이 민법 제162조 소정의 10년의 소멸시효기간이

진행되는 것이지, 위 제척기간 내에 이를 행사하여야 하는 것은 아니다.[1)][2)]

(6) 還買의 實行과 效果

(가) 還買代金의 提供 환매는 환매기간 내에 하여야 한다. 환매권자가 환매의 의사를 환매기간 내에 표시하는 것만으로는 부족하고, 환매대금을 원매수인에게 제공하여야 한다(제594조 1항). 이 때의 제공은 변제의 제공(제406조 이하)을 말한다. 제공이 없는 경우 환매기간의 만료로 환매권은 소멸한다.

(나) 所有權移轉債務의 發生 환매권은 예약완결권의 일종이며(예약완결권설), 완결권행사를 정지조건으로 하는 두 번째 매매계약은 첫번째 매매계약과 동시에 성립하고, 다만 그의 효력은 환매권행사에 의해 발생한다(제564조 1항).[3)] 환매권행사에 의해서 매매계약상 의무인 소유권이전의무와 대금지불의무가 발생한다. 이 때 다른 약정이 없는 한 소유권이전과 환매대금지불은 동시이행관계에 있다고 해석된다. 소유권이전에는 물권적 합의와 등기를 필요로 한다. 이 때의 등기는 말소등기가 아니라 이전등기이다. 소유권이전으로 환매권은 목적을 달성하여 소멸하므로 이전등기시에는 환매권등기를 말소하여야 한다.

(다) 費用償還請求權 매수인이나 매매목적물의 양수인이 목적물에 대하여 비용(필요비 및 유익비)을 지출한 때에는 점유자의 회복자에 대한 비용상환청구권의 규정(제203조)에 의한 상환청구권을 갖는다.

(라) 共有持分의 還買 각 공유자는 자기의 지분을 단독으로 처분할 수 있다(제263조). 다만 공유지분의 환매에 관하여는 제595조의 특칙이 있다. 즉 환매권부공유지분이 분할되거나 경매된 경우 환매권자(원매도인)는 원매수인이 받았거나

---

1) 사견으로는 이 판례가 환매권자가 예약완결권행사를 한 후에 등기청구권이 10년의 채권소멸시효에 걸린다고 하는 것은 판례가 일반적으로 점유를 이전받은 등기청구권이 소멸시효에 걸리지 않는다고 보는 법리에 의해 제한을 받는 것으로 해석해야 할 것이다.

2) 유상재, "징발재산정리에 관한 특별조치법상의 환매권에 관한 고찰," 호남민사법연구회, 제6집, 93에서는 "징발조치법상의 환매권은 애당초 국가의 일방적인 필요에 의하여 강제로 매수된 재산을 군사상의 목적에 반하지 않는 한 이를 환매권자에게 다시 돌려주자는 차원에서 법률로써 구체화된 제도이므로 위 환매권과 관련하여 제기되는 제반문제는 법적 안정성을 해치지 않는 범위 내에서 가능하면 환매권자에게 유리한 방향으로 해석함이 바람직하다"고 한다.

3) 환매권을 일종의 계약해제권으로 이해하는 해제권설의 입장에서는 환매의 효과는 해제의 효과로 된다. 우리 나라의 해제권론자는 해제의 효과에 관해 직접효과설 — 채권적 효과설을 취하므로, 환매의 효과로서 매매목적의 반환청구권과 매매대금의 반환청구권이 생기게 된다. 그런데 해제권론자들은 대금반환에 관해서는 제548조를 적용하지 않고 제590조만이 적용된다고 한다. 결국 해제권설과 예약완결권설은 이론구성상의 차이를 제외하고는 거의 같다. 다만 등기절차로서 말소등기를 할 것인가, 이전등기를 할 것인가의 지엽적인 차이가 있을 뿐이다.

또는 장래 받을 부분 또는 대금에 대해 환매권을 행사할 수 있다(제595조 앞문장). 공유물의 분할은 협의상 분할 또는 재판상 분할의 방법에 의한다(제269조 1항). 후자의 경우 법원은 현물로 분할할 수 없거나 분할로 인하여 현저히 그 가액이 감손될 우려가 있는 때에 물건의 경매를 명할 수 있다(제269조 2항).

이상의 분할이나 경매가 있으면 원매수인은 그 사실을 곧 원매도인에게 통지하여야 한다. 통지하지 않은 경우 매수인은 그 분할이나 경매로써 매도인에게 대항하지 못한다(제595조 뒷문장). 제3자(다른 공유자 및 전득자)에 대하여도 분할이나 경매의 무효를 주장하기 위해서는 환매권이 등기되어 있어야 한다고 해석된다.[1]

大判 1998. 4. 10, 96다56405: 특별조치법 제5조 제4항에 대하여 위헌결정이 선고되어 위 법률조항에 근거한 특별조치령이 그 효력을 상실하였음에도, 그 수용처분 자체를 당연무효라 볼 수 없어 유효한 처분으로 보는 경우에, 이에 수반되어 일어나는 그 수용 법률관계에 내포된 후속 구제절차인 환매권에 관한 위 특별조치령의 규정은 그대로 적용된다.[2]

(7) 不公正한 賣渡擔保의 效果

㈎ 賣渡擔保와 消費貸借 매도담보에서는 별도의 소비대차계약이 체결되지는 않으나, 실질적으로는 消費貸借의 법률관계가 존재한다. 즉 환매나 재매매예약의 원매매대금은 소비대차금의 성격을 가지며, 환매대금이나 재매매대금은 그 대차금의 반환의 성격을 갖는다.[3] 예를 들면 갑이 을로부터 월 3%의 이자로 1,000만원을 꾸기 위해 갑 소유의 부동산(시가 1,500만원)을 을에게 1,000만원에 매도하는 형태를 취하고, 1년 후에 갑이 그로부터 1,500만원(원금 1,000만원, 이자 360만원, 등기비용 기타 140만원의 합계)에 그것을 다시 사기로 계약한 경우이다.

㈏ 民法과 假登記擔保法의 規制 민법 제608조는 차주에 불리한 약정은 환매 기타 여하한 명목이라도 무효라고 함으로써 매도담보에도 제607조와 제

1) 같은 취지: 주석 채권각칙(I), §595, 660(김정수 집필부분).

2) 이 판결에서는 "만약 위헌무효인 법률조항에 근거하여 토지를 수용당한 피수용자에게 그 토지에 대한 수용목적이 소멸한 경우에 인정되어야 할 환매권이 위헌을 이유로 부정된다면 피수용자의 재산권보호에 흠결이 생기게 되고, 수용목적이 소멸하여 이미 특별조치령 제39조에 의하여 토지의 소유권을 회복한 피수용자들과 사이에 크게 형평에 어긋나는 결과가 초래된 나머지 특별조치령의 규정이 적용되던 종전의 상태보다 더 헌법질서에 반하는 결과가 빚어지기 때문이다"라고 한다.

3) 같은 취지: 郭潤直, 物權法, 765.

608조를 적용한다.

부동산의 환매나 재매매예약에 관해서는 그 밖에도 가등기담보법(1983)이 적용된다(가담법 제2조 1호). 동법에 의하여 비록 담보부동산의 소유권이전등기가 채권자에게 경료되었더라도 소유권은 이전하지 않으며, 채권자가 청산금을 채무자에게 준 때에 비로소 소유권이 이전한다(가담법 제4조 2항). 채무자는 청산금을 지급받을 때까지 채무액(반환시까지의 이자와 손해액을 포함한다)을 채권자에게 지급하고 그 채권담보의 목적으로 경료된 소유권이전등기의 말소를 청구할 수 있다. 다만 그 채무의 변제기가 경과한 때로부터 10년이 경과하거나 또는 선의의 제3자가 소유권을 취득한 때에는 그러하지 아니하나(가담법 제11조), 환매권이 등기되었거나 재매매예약완결권이 가등기된 경우에는 등기된 환매기간이나 예약완결권의 행사기간이 만료한 때로부터 말소청구기간이 기산되고, 또한 그 때부터 제3자의 선의취득이 가능해진다고 해석된다.[1]

(다) 不公正한 賣渡擔保의 法律關係 환매대금의 약정이 있고 그 대금이 원매매대금에 이자(단 매수인이 목적물을 사용·수익한 경우는 제외)와 매매비용을 합산한 금액을 초과하는 경우에는 그 초과부분의 약정은 무효(일부무효)로서 환매대금은 그 합산액의 범위로 축소된다(제607조, 제608조). 환매의 원매매대금이 매매목적물의 시가에 상당하는 금액으로서 불공정한 매매로 볼 수 없는 경우에는 제1의 매매 및 소유권이전은 유효하고, 민법 제590조 이하의 규정이 적용된다.

불공정한 매도담보에서는 환매특약도 유효한 범위로 축소된다. 등기된 환매권은 원래의 소유권이전등기(채무자로부터 채권자에게의)가 讓渡擔保權의 성격을 가진다는 사실 및 그 채무자가 누구라는 것을 공시하는 효과를 가져온다.

(라) 原賣買代金이 時價보다 낮은 경우 부동산의 경우에는 가등기담보법이 적용되어 시가보다 싸게 매매된 제1의 매매 및 소유권이전은 일부무효로 된다. 만약 매도인과 매수인 사이의 매매 및 소유권이전의 법률관계를 처음부터 없었던 것으로 다룬다면 당사자의 의사를 완전히 무시하게 되고, 또한 채무자를 오히려 해치는 결과로 될 것이다(채무자가 받은 돈을 곧 부당이득반환해야 하기 때문). 당사자의 본래의 의도를 존중하여 양자간에 원매매대금에 해당하는 소비대차계약을 인정하고, 채권자가 목적물의 완전한 소유권은 취득하지 못하나 목적물에 대한 담보물권은 취득한다고 해석하여야 한다.[2] 그 담보물권을 讓渡擔保權이라고 하는데, 채무불이행

1) 같은 취지: 郭潤直, 物權法, 764.
2) 같은 취지: 郭潤直, 物權法, 765.

의 경우 담보목적물로부터 우선변제받을 권리와 청산금을 지급하고 목적물의 소유권을 취득할 수 있는 권리를 포함한다.[1] 채권자명의의 소유권등기는 단지 양도담보권의 공시효과만을 가질 뿐이다. 소유권은 등기에도 불구하고 채무자가 갖는다. 채권자가 청산금으로서 목적물의 시가와 원매매대금의 차액을 채무자에게 지급한 때에는 별도의 등기 없이 종전의 소유권이전등기의 상태대로 채권자는 그 물건의 소유권을 취득한다. 이 때 소유권이전시기는 원래의 소유권이전등기가 행해진 때로 소급하지 않고 청산금의 지급시이다(물권법의 가등기담보에 관한 설명 참조).

動産의 還買에서 원매매대금이 목적물의 시가보다 낮은 경우에, 채권자는 목적물에 대하여 讓渡擔保權을 갖는다고 유효한 범위로 축소해석함으로써 당사자의 의도가 법적으로 허용되는 범위 안에서 최대한 존중되어야 한다. 채권자는 청산금을 지급함으로써 제1의 매매 및 소유권이전을 유효하게 할 수 있다.

㈒ 再賣買의 豫約　　이상의 설명은 대부분 재매매의 예약에 그대로 적용된다. 단 민법 제590조 이하규정의 적용이 없다는 점과 환매권등기가 아닌 예약의 가등기라는 점에 차이가 있을 뿐이다.

2. 割賦賣買와 기타의 特殊賣買[2]

(1) 意　義

㈎ 概　念　　할부매매란 매매대금을 일정기간 동안에 분할하여 일정기마다 계속하여 지급할 특약이 붙은 매매를 말한다. 매매목적물이 대금보다 先引渡되는 할부매매는 소비자가 소비생활에 필요한 물건 · 서비스를 구입할 때

---

1) 이 양도담보권은 「대물반환의 예약」에서의 양도담보권과 실질적으로 같은 내용이다.

2) 참고문헌: 權五乘, “소유권유보부매매,” 고시연구 1986년 11월호; 同, “할부매매,” 고시연구 1988년 10월호; 同, “할부매매,” 사법행정 제385호, 1993년 1월호; 權龍雨, “할부매매의 법률관계,” 법률신문 제2244호; 金基洙, “소유권유보부매매와 소유권의 귀속,” 고시계 1976년 12월호; 金容漢, “담보제도로서의 소유권유보,” 고시연구 1986년 2월호; 梁彰洙, “할부매매법의 제정방향,” 저스티스 제22권 1호, 1989, 137 이하; 嚴英鎭, “할부판매의 법률관계,” 대왕사, 1985; 同, “할부판매에서의 철회권제도,” 사법행정 1986년 8월호; 同, “할부매매에 있어서의 소유권유보의 성질,” 고시연구 1986년 2월호; 同, “민법상의 매매와 할부매매,” 고시계 1995년 10월호; 柳順鉉, “할부매매에 관한 연구,” 청주대박사학위논문, 1987; 李根植, “할부매매에 관한 문제점,” 법조 제27권 1호, 1978; 李英俊, “소유권의 유보: 소유권유보할부매매에 있어서 매수인의 소유권 취득에 대한 기대권의 법적 성질과 그 압류방법,” 민사재판의 제문제 제6권, 1991년 11월; 李在性, “할부매매에 관하여,” 보통거래약관의 연구, 서울통합변호사회, 1983; 崔鍾吉, “소유권유보부매매의 법률관계에 관한 고찰,” 서울대 법학 제9권 2호, 1967; 拙稿, “할부매매약관,” 단대사회과학논집 창간호 및 약관규제론, 1984, 167 이하.

대금의 지불을 유예받는 消費者信用去來의 일종이다. 「할부거래에관한법률」(1991)은 그 적용대상이 되는 할부계약을 "동산의 매수인 또는 용역을 제공받는 자가 동산의 매도인 또는 용역을 제공하는 자에게 동산의 대금 또는 용역의 대가를 2월 이상의 기간에 걸쳐 3회 이상 분할하여 지급하고, 목적물의 대금의 완납 전에 동산의 인도 또는 용역의 제공을 받기로 하는 계약"으로 정의하고 부동산할부거래, 쌍방상행위가 되는 할부거래는 적용대상에서 제외한다(할부거래법 제2조 1호).

(나) 種 類 할부매매의 종류로서는 ① 매도인으로부터 직접 신용을 제공받는 경우, ② 소비자가 할부판매업자와 제휴한 금융회사로부터 대부를 받아 그 자금으로 물품을 구입하는 팩터링 할부매매, ③ 신용카드회사로부터 할부금융을 제공받고 카드이용대금의 형식으로 분납하는 신용카드 할부매매, ④ 매수인이 적금의 형태로 할부금을 일정기간 납입한 후에 물건을 인도해 주는 先拂式 割賦賣買 등이 있다.

先拂式 割賦賣買

매수인이 매매대금을 할부식으로 전부 또는 일부(2회 이상)를 지불한 후에 상품을 인도해 주는 매매형태를 말한다. 매수인이 선이행의무를 부담하므로 그에 따른 위험이 크다. 매도인의 채무불이행, 목적물의 하자(특히 선전이나 견본과의 불일치), 소유권유보, 실권약관 등에 관한 법률문제가 빈번히 생긴다.[1] 또 우리 나라의 선불식 할부매매는 대개 친목계의 형태로 행해지는데, 이 때에는 계원 상호간의 복잡한 법률문제도 발생한다. 선불식 통신판매에 관하여는 대금을 받은 날로부터 3일 이내에 상품을 인도할 것이 강제된다(전자상거래법 제15조).

分割購入

대금을 할부로 지불하는 분할구입에는 다음과 같은 형태가 있다.[2] ① 한 세트의 물건을 분할하여 일부씩 구입하고 그에 응하여 대금지불을 하지만, 최종적으로

1) 일본의 할부판매법은 제11조 이하에서 전불식 할부매매를 규율한다. 그리고 특히 결혼식이나 장례식에 관한 서비스 일체를 장래 받기 위해 할부금을 적립하는 경우를 전불식 특정거래라 하여 별도의 장에서 규율한다(일본할부판매법 제29조의 5 이하).

2) 이하의 세 유형은 독일 割賦賣買法 제1c조의 분류에 따른 것이다.

는 한 세트의 목적물 전부를 매수하는 것을 목적으로 하는 매매(백과사전을 1권씩 구입하는 경우), ② 동종의 물건을 동일한 방법으로 정기적으로 공급할 것을 목적으로 하는 매매(잡지의 정기구독 등), ③ 물건을 회귀적으로 취득하거나 이용할 의무를 목적으로 하는 경우(온수이용계약 등). 이러한 분할구입은 순수한 할부매매에는 해당하지 않으나 할부매매에 관한 법원칙이 동일하게 적용되어야 하는 경우가 많다(서식계약 · 철회권유보제도 등).

(다) 割賦賣買에 대한 規制 1986년의 도소매업진흥법에서 할부매매에 관한 사항을 부분적으로 규율하였으나, 1991년에 「割賦去來에관한법률」과 「訪問販賣등에관한법률」이 동시에 제정되면서 그 부분은 삭제되었다. 이 법률들은 특수매매의 민사법적인 법률관계를 규율하는 民事法的 强行規定이 중심이 되어 있으며, 그 밖에 판매업자에 대한 정부의 행정적 규제를 가능케 하는 행정법적 규정이 혼합되어 있다. 이 법률들은 할부매매 · 방문판매 등의 계약을 서면으로 체결하고 그 계약서에 법률이 정하는 중요한 계약내용을 명시하도록 강제하고 있는데, 그 계약내용을 적은 서면은 약관의 성격을 띠게 되어 約款規制法의 적용도 받게 된다.

외국의 입법례

독일에서는 이미 1894년에 독일민법전보다도 먼저 할부매매법(Gesetz betreffend die Abzahlungsgeschäfte)이 제정되었는데 이 법은 경제적 약자인 할부매수인의 보호를 목적으로 할부조건의 명시, 매수인의 철회권유보제도, 계약해제로 인한 매수인의 부당한 손실의 방지 등을 규정하였다. 1986년에는 방문판매등의철회에관한법률(Gesetz über Widerruf von Haustürgeschäften und ähnlichen Geschäften)이 제정되었으며, 1990년에 제정된 소비자신용법(Verbraucherkreditgesetz)이 할부매매법을 흡수하였다(소비자신용의 설명 참조). 프랑스에서는 1972년 권유행위와 방문판매에대한소비자보호법(Loi n° 72~1137 du 22 déc. 1972, Relative à la protection des consommeteurs en matiere de démarchage et de vente à domicile) 등 특별법이 제정되었다.

(2) 割賦契約의 締結

(가) 書面契約 할부계약은 법률이 정하는 기재사항을 포함한 서면으로 체결되어야 한다(신용카드거래 제외, 할부거래법 제4조). 그 서면은 약관으로서의 성질을 갖는데, 매도

인은 割賦賣買約款의 明示·說明義務를 진다. 할부매매약관은 반드시 계약체결시에 명시되어야 하며, 약관의 중요사항은 매수인이 이해할 수 있도록 설명되어야 한다(약관법 제3조 1항·2항). 이상의 명시·설명의무에 위반한 경우, 그 약관은 계약의 내용으로 되지 않는다(약관법 제3조 3항).

(나) 割賦去來의 表示와 告知 할부매매에 있어서는 상품의 인도와 동시에 매매대금의 전액(현금가)을 내는 것이 아니므로 상품의 인도시부터 현실적으로 대금지불되는 때까지에 이자가 발생할 것이고 따라서 할부가격이 현금가격보다 비쌀 것은 당연하다. 지불유예(신용)를 받았다 해서 매수인에게 부당할 정도의 비싼 이자를 부담시켜서는 안 된다. 그리고 매수인은 할부로 상품을 구입하기 전에 현금가에 비해서 얼마나 비싼가, 이는 실질적으로 어느 정도의 이율에 해당하는가 등 거래정보를 정확히 알 수 있도록 고지되어야 한다.

매도인은 할부계약을 체결하기 전에 매수인이 할부계약의 내용을 이해할 수 있도록 다음의 사항을 表示하고 이를 매수인에게 告知해야 한다(신용카드거래의 경우에는 면제됨, 할부거래법 제3조). ① 목적물의 종류 및 내용, ② 현금가격: 할부계약에 의하지 않고 매수인이 목적물의 인도를 받은 때에 매도인에게 지급해야 할 대금을 말한다. ③ 할부가격: 매수인이 매도인 또는 신용제공자에게 지급해야 할 할부금의 총합계액을 말한다. ④ 각 할부금의 금액, 지급횟수 및 시기, ⑤ 할부수수료의 實際年間料率: 이에 의하여 현금가격과 할부가격을 명확히 비교할 수 있다. ⑥ 계약금(최초 지급금, 선수금 등), ⑦ 매도인 또는 신용제공자가 할부금 지급의무의 불이행을 이유로 매수인에게 손해배상을 청구하는 경우 지연손해금 산정시 적용하는 율.

이자·수수료를 포함한 할부금의 총액은 할부횟수·변제기·매회의 금액 등을 고려하여 현금가에서 첫 회분의 불입금을 공제한(이는 현금 지불되므로) 금액에 대한 연이율로 표시되어야 한다. 이렇게 현금가에 대한 實質年率(annual percentage rate)이 명확히 표시되어야만 매수인이 자기가 구입하고자 하는 물건의 去來條件을 가늠할 수 있으며, 이러한 연이율에 대한 명시는 매수인이 기한 전에 일시불로 남은 할부대금을 지불하고자 할 때 이자공제계산의 기초를 부여한다.

(다) 買受人의 撤回權 소비자가 상품구입의 의사표시를 함에 따라 일단 계약이 체결된 후에도 소비자에게 진정한 구입의 필요가 있는가를 재고할 기간을 주고 일정기간 내에 그 의사를 철회한 경우에는 계약이 없었던 것으로 하는 것을 撤回權留保制度라고 한다. 소비자에게 일정기간의 재고기간(cooling off period)을 준다는 것, 그리고 철회 후에도 소비자에게 아무런 불이익을 주지 않

고 마치 계약이 처음부터 체결되지 않았던 것과 같은 상태로 하여 준다는 점에 특색이 있다. 이 철회권유보제도는 현대계약법의 소비자보호제도 중의 하나로서 할부매매 · 방문판매 등의 신용거래를 중심으로 발달한 것이다. 그 이유는, 첫째, 현금 없이 상품을 구입할 수 있다는 것이 소비자에게 매력을 갖게 하여 충동구매케 할 우려가 있다는 점, 둘째, 전문적인 세일즈교육을 받은 세일즈맨의 적극적인 판매공세 앞에 소비자는 약하다는 점 등 현대상품거래에서는 적극적으로 소비자를 보호하는 제도를 마련하여, 자위수단을 주지 않는다면 판매자측과 소비자는 균형을 잃는 관계에 빠지게 되기 때문이다.

1) 要 件　할부거래법에서는 매수인에게 철회권을 부여한다. 할부매수인은 계약서를 교부받은 날 또는 계약서를 교부받지 아니한 경우에는 목적물의 인도 등을 받은 날로부터 7일 이내에 할부계약에 관한 請約을 撤回할 수 있다(할부거래법 제5조). 청약의 철회는 매수인이 매도인에게 철회의 의사표시를 기재한 서면을 발송한 날에 그 효력이 발생하는 것으로 본다. 다만 목적물의 성질 또는 계약체결의 형태에 비추어 철회를 인정하는 것이 적당하지 아니한 경우(대통령령이 정하는 것) 또는 매수인에게 책임 있는 사유로 목적물이 멸실·훼손된 경우에는 철회할 수 없다.

2) 效 果　매수인의 청약철회의 경우에, 매수인은 이미 인도받은 목적물을 반환해야 하며 매도인은 이미 지급받은 할부금을 동시에 반환해야 한다(할부거래법 제6조). 이미 제공받은 용역에 관하여, 매도인은 동일한 용역의 반환이나 그 용역의 대가 또는 그 용역에 의하여 얻어진 이익에 상당하는 금액의 지급을 구할 수 있다. 목적물의 반환비용은 매도인이 부담해야 하며, 매도인은 매수인에게 위약금 또는 손해배상을 청구할 수 없다.

이러한 청약철회와 계약해제는 효과면에 차이가 있는데, 매수인의 사정으로 解除하는 때에는 계약금으로 지불한 금액을 포기하여야 하는 반면에(제565조 1항), 유보된 철회권행사의 경우에는 매수인이 이러한 손해를 입지 않고 계약관계에서 벗어날 수 있다.

(3) 割賦金債權의 確保

㈎ 代金確保方案　할부매매는 매도인이 대금을 완불받기 전에 매수인에게 미리 상품을 인도함으로써 매수인에게 상당기간 신용을 주는 것이므로(선불식 할부매매는 제외), 매도인은 대금채권의 확보에 불안을 느낀다. 원래 할부판매는 매수인의 신용상태를 신뢰하고 담보 없이 신용을 제공해야 하지만, 거래실태를 보면 매도인은 대금확보수단으로서 다음의 방법을 동원한다. ① 所有權留保: 매

도인은 채권담보의 수단으로서 소유권을 자기에게 유보한 채 물건을 인도해 준다. ② 擔保의 提供: 미납된 할부금의 지급을 담보하기 위하여 물적 담보(자동차 저당권)나 인적 담보(보증인)를 제공받는다. ③ 違約金 및 解除權留保: 매도인은 매수인이 할부금의 지불을 연체할 것에 대비하여 자기에게 유리한 거래조건을 약관으로 정해 놓는다. 해제권유보조항 · 실권조항 · 기한이익상실조항 · 위약금조항 등이 이에 해당한다. ④ 債務名義의 獲得: 매도인은 매수인의 할부금연체 등의 위약에 대비하여 自力救濟의 特約 또는 提訴前 和解調書 등을 마련해 두어 소송에 의하지 않고 집행하려 한다.

(나) **所有權留保의 法律構成** 거래계에서 통용되고 있는 할부매매약관은 점유를 공시방법으로 하는 동산에 관하여는 소유권유보조항을 두는 경우가 많다. 소유권유보조항의 법률관계에 관하여는 다음과 같은 이론대립이 있다. ① 條件附債權說: 매수인은 대금완불을 조건으로 소유권이전을 청구할 채권을 가진다는 견해이다. ② 條件附所有權移轉說: 할부매매에서 정해지는 소유권유보특약은 그 성질이 매수인이 매매대금을 완불할 것을 정지조건으로 하는 소유권이전이라고 본다.[1] 따라서 매수인이 그의 대금지급의무를 완전히 이행하면 따로이 매도인의 소유권이전에 관한 물권적 의사표시 없이도 곧 소유권은 매수인에게 귀속된다고 해석한다. 이미 매매계약에 따른 상품인도시에 정지조건부 물권적 합의가 있었다고 보기 때문이다.[2] 판례도 같은 입장으로서 물권적 합의는 목적물의 인도시 성립하지만 대금 완납을 정지조건으로 하므로 인도 후에도 매도인은 대금 완납시까지 제3자에 대하여 유보된 목적물의 소유권을 주장할 수 있다고 한다(大判 1999. 9. 7, 99다30534). ③ 物權的 期待權說: 매수인이 대금완불시까지 단순한 채권자로서만이 아니라 물권적 기대권(dingliches Anwartschaftsrecht)이라는 물권에 준하는 권리를 갖는다고 보는 견해이다.[3] 소유권유보부 매매에 있어서의 매수인의 법적 지위는 매매대금인 할부금의 미지불액이 적어지면 적어질수록 경제적으로 점차 강화되어 완전한 소유권에 시간적으로 접근되어 가고 있

---

1) 郭潤直, 287; 金基善, 166; 金疇洙, 230; 李太載, 197; 崔鍾吉, 앞의 글, 64.

2) 그러나 곽윤직 교수는 물권행위의 독자성을 부인하므로 매매계약 속에 정지조건부 물권적 합의가 포함되었다고 해석한다(郭潤直, 287).

3) 물권적 기대권이론은 원래 독일에서 발달하였다. Ludwig Raiser, Dingliche Anwartschaften, Verl, J.C.B Mohr, 1961; Hans Forkel, Grundfragen der Lehre vom privatrechtlichen Anwartschftsrecht, Verl. Duncher & Humbolt, 1962; Baur, *Sachenrecht*, 13. Aufl., 1985, §59 I 2. 우리 나라에는 金曾漢 교수에 의해(金曾漢, 물권법, 박영사, 1983, 87 이하) 이 이론이 도입되어 다수설로 지지를 받고 있다. 특히 최종길, 앞의 글, 75 이하에서 물권적 기대권에 대한 자세한 소개를 하고 있다. 단 郭潤直, 288은 미등기부동산취득자에 관해서는 물권적 기대권을 부인하나 할부매수인은 물권적 기대권을 갖는다고 한다.

으며, 소유권은 하나의 권리이지만 관념적으로는 매도인과 매수인에게 분할되어 귀속된다고 본다. 매도인은 소유권에 포함되어 있는 담보권(Sicherungsrecht)과 가치권(Verwertungsrecht)을 가지며, 매수인은 목적물에 대한 점유권과 이용권(Nutzungsrecht)을 갖는다고 한다. 이렇게 매수인이 완전한 소유권을 취득하기 전에 이미 목적물의 사용 · 수익권을 가짐으로써 물건에 대한 사실상의 소유수익을 누리고, 또 할부금의 불입에 비례하여 시간적으로 완전한 권리에 접근해 나가고 있다는 사실에 기초를 두어 물권적 기대권이라는 개념을 인정한다. 이에 의하면 매수인의 법적 지위는 채권과 물권의 중간적 지위로서 오히려 물권인 소유권에 가깝다 하겠다. 실질적으로 매수인에게 물권적 기대권을 인정하게 되면, 이는 물권에 가까운 재산권이므로 이를 양도하거나 담보로 제공할 수 있으며, 그 밖에 기대권에 대한 위법한 침해는 불법행위를 구성하게 된다. ④ 擔保物權說: 소유권유보는 그 목적이 채권담보에 있으므로 형식보다 실질을 중시하여 매도인은 소유권이 아니라 담보물권을 갖는다고 보는 견해이다.[1] 매도인은 잔대금채권을 피담보채권으로 하는 일종의 담보권을 가진다고 법적 구성한다. 사견으로는 담보물권설을 취하여, 소유권유보부매매라는 독자적인 담보유형을 인정하되 그 성질은 동산양도담보와 유사한 것으로 파악한다(물권법의 설명 참조).[2]

(4) 買受人의 抗辯權

매수인의 할부계약에 관하여 다음의 사유가 있는 때에는 할부금의 지급을 거절할 수 있다(할부거래법 제12조). ① 할부계약이 무효 · 취소 또는 해제된 경우, ② 목적물의 전부 또는 일부가 법률에 정해진 인도시까지 매수인에게 인도되지 않은 경우, ③ 매도인이 하자담보책임을 이행하지 아니한 경우, ④ 기타 매도인의 채무불이행으로 인하여 할부계약의 목적을 달성할 수 없는 경우 등이다. 이러한 할부금지급의 거절은 매도인 이외의 신용제공자(팩터링금융업자, 신용카드회사 등)에 대하여도 행사할 수 있다.

---

1) 金相容, 물권법, 912; 拙著, 물권법, 727.

2) 이상의 사견과 똑같은 이론전개를 하는 분은 없으나, 할부매매의 소유권유보를 양도담보의 성격을 갖는 것으로 이해하는 학자는 다음과 같다. 金基洙, 앞의 글, 67; 嚴英鎭, 할부판매의 법률관계, 대왕사, 1985, 144. 李根植, 앞의 글, 63에서는 "이 소유권유보에 있어서도 양도담보의 경우와 마찬가지로 소유권이 매도인과 매수인에게 분속되어 있다고 생각하여야 할 것이다. … 중략 … 즉 일단 소유권은 매수인에게 이전되고 매수인이 이를 다시 매도인을 위하여 양도담보권을 설정한 것과 동일한 법률관계로 보면 된다"고 한다. 張庚鶴, 물권법, 1987, 924도 이와 비슷한 취지이다. 일본문헌: 幾代通, "割賦賣買 — 所有權留保賣買," 契約法大系(Ⅱ), 1970; 米倉明, 所有權留保の實證的研究, 1977.

(5) 割賦契約의 解除

㈎ 賣渡人의 解除　매도인은 매수인이 할부금 지급의무를 이행하지 아니한 경우에 할부계약을 해제할 수 있다. 이 경우에 매도인은 그 계약을 해제하기 전에 14일 이상의 기간을 정하여 매수인에게 그 이행을 서면으로 최고해야 한다(할부거래법 제8조 1항). 매도인은 소유권이 자기에게 유보되었더라도 계약을 해제하지 않고는 목적물의 반환을 청구할 수 없다(할부거래법 제8조 3항).

해제권발생의 타당한 이유가 있고 해제의 의사표시가 행해진 경우, 각 당사자는 상대방에 대하여 계약성립시의 원상대로 회복할 의무를 진다(제548조). 이때 매수인에게 이미 상품이 인도되었던 경우에는 매수인은 이를 반환하여야 하며, 매도인은 이미 받은 계약금 및 할부금에서 상품의 사용료(또는 손료)를 공제한 금액을 반환하여야 한다. 이 양자의 반환의무는 동시이행의 관계에 있으므로(제549조), 매수인은 이 금액을 반환받을 때까지 상품의 반환을 거절할 수 있다.

계약해제시의 원상회복과 관련하여 매수인보호를 위하여 가장 중요한 문제는 손료(감가상각비)를 어떻게 적정하게 결정할 것인가 하는 것이다. 상품의 사용료 또는 손료는 상품의 성질 · 사용기간 · 사용방법 등을 기초로 하여 구체적으로 결정되어야 하며, 그 총액은 상품가액을 넘지 못한다. 일률적으로 매수인이 지불한 할부금 전액을 손료로 간주하겠다는 약관조항은 해제에 따른 원상회복의 원칙을 무시한 것이며, 특히 매도인이 일방적으로 사용료 · 손료를 결정할 수 있도록 하는 것은 부당하다. 객관적으로 타당성 있는 기준이 제시되어야 할 것이다. 막연하게 기지불금이 모두 이에 충당된다는 약관조항은 부당하며, 그 부당한 부분은 무효이다.

매도인이 계약을 해제한 경우 매수인에게 청구하는 손해배상액은 법률에 의해 제한된 금액을 초과하지 못한다(할부거래법 제9조). ① 물건의 반환시: 통상의 사용료액과 계약의 체결비용 · 이행비용의 합계액, ② 반환되지 못한 경우: 할부가격에 상당한 금액, ③ 물건의 인도 전: 계약비용.

㈏ 買受人의 期限利益喪失 · 抛棄　매수인은 다음의 경우에는 할부금의 지급에 대한 기한의 이익을 주장하지 못한다(할부거래법 제10조). ① 할부금을 다음 지급기일까지 연속하여 2회 이상 지급하지 아니하고, 그 지급하지 아니한 금액이 할부가격의 10분의 1을 초과하는 경우, ② 외국에 이주하는 경우이다. 이러한 조건보다 매수인에게 불리한 약정은 무효이다(할부거래법 제13조). 따라서 실권약관, 원상회복청구권의 포기약정 등은 무효로 된다(해제에 관한 설명 참조).

매수인은 기한이 도래하기 전이라도 나머지 할부금을 일시에 지급할 수 있다(할부거래법 제11조). 이 경우 일시에 지급하는 금액은 나머지 할부금에서 나머지 기간에 대한 할부수수료를 공제한 금액으로 한다.

大判 1997.8.29, 97다12990: 기한이익 상실의 특약은 그 내용에 의하여 일정한 사유가 발생하면 채권자의 청구 등을 요함이 없이 당연히 기한의 이익이 상실되어 이행기가 도래하는 것으로 하는 것(정지조건부 기한이익 상실의 특약)과 일정한 사유가 발생한 후 채권자의 통지나 청구 등 채권자의 의사행위를 기다려 비로소 이행기가 도래하는 것으로 하는 것(형성권적 기한이익 상실의 특약)의 두 가지로 대별할 수 있고, 이른바 형성권적 기한이익 상실의 특약이 있는 경우에는 그 특약은 채권자의 이익을 위한 것으로서 기한이익의 상실사유가 발생하였다고 하더라도 채권자가 나머지 전액을 일시에 청구할 것인가 또는 종래대로 할부변제를 청구할 것인가를 자유로이 선택할 수 있으므로, 이와 같은 기한이익 상실의 특약이 있는 할부채무에 있어서는 1회의 불이행이 있더라도 각 할부금에 대해 그 각 변제기의 도래시마다 그 때부터 순차로 소멸시효가 진행하고 채권자가 특히 잔존 채무 전액의 변제를 구하는 취지의 의사를 표시한 경우에 한하여 전액에 대하여 그 때부터 소멸시효가 진행한다.

(6) 기타의 特殊한 賣買契約

할부매매는 통상 매도인의 점포에서 계약이 체결되나 그 밖의 특수한 거래형태로서 「방문판매」, 「통신판매」, 「다단계판매」, 「전자상거래」, 「전화권유판매」, 「계속거래」, 「사업권유거래」 등이 이용되기도 한다. 방문판매 · 통신판매 · 다단계판매는 매매의 특수형태로서 언제나 할부로 신용 판매되는 것은 아니나, 번번히 할부매매와 결합된다. 방문판매 등에 관한 법률(2002년 전부개정)과 전자상거래 등에서의 소비자보호에 관한 법률(2002년 제정)이 이러한 특수매매를 규율한다.

(가) **訪問販賣**[1] 상품 · 용역의 판매업자가 방문의 방법으로 자기의 영업장소 이외의 장소에서 소비자에게 권유하여 계약의 청약을 받거나 계약을 체결하는 거래형태를 방문판매라고 한다. 고객의 집이나 교통이 빈번한 거리에서 소비자에게 권유하여 상품의 매매계약을 체결함으로써 충동구매의 위험이 높

---

1) 참고문헌: 朴泳珪, "방문판매등에관한법률소고," 서울시립대 법률행정논집 제1권, 1993년 12월; 嚴英鎭, "방문판매의 주요법률문제(상)(하) — 상공부의 법안을 중심으로 —," 사법행정 1986년 11월호 · 12월호; 嚴英鎭 · 金錫淳, "방문판매와 소비자보호," 법조 제37권 4호, 1988년 4월호; 洪天龍, "할부거래법과 방문판매에 대한 고찰," 한봉희화갑기념 현대민법의 과제와 전망, 1994.

고 정확한 상품정보 없이 계약하는 경우가 많다. 대부분의 방문판매는 현금판매가 아닌 외상판매이며, 그 대금도 일시불로 정하는 경우보다는 여러 번 분할하여 지불하는 「방문판매에 의한 할부매매」가 많다.

방문판매자는 계약조건의 明示義務를 지는데, 명시내용은 판매자의 성명과 주소, 상품의 종류 등 대금의 지급시기와 방법, 상품의 인도시기, 청약철회권의 존재와 행사방법 및 효과 등이다(방문판매법 제7조 등). 매수인에게 계약서의 교부 또는 상품인도일로부터 14일간의 철회기한이 부여되며(방문판매법 제8조), 계약해제에 따른 원상회복 및 손해배상의 범위가 법정한도로 제한된다(방문판매법 제10조).

㈏ **通信販賣** 판매업자가 광고물 · 우편 · 전기통신 · 신문 · 잡지 등의 매체를 이용하여 상품(용역)에 관하여 광고를 하고 우편 · 전기통신 기타 법령에 정하는 방법에 의하여 소비자의 청약을 받아 상품을 판매하는 경우를 통신판매라고 한다. 통신판매에 관하여는 전자상거래법 제12조에서 제22조에 상세한 규정이 있다. 통신판매에 의한 할부판매도 빈번히 행해진다. 특히 통신판매의 문제점으로서는 상품목록에 나타난 것과 매수인이 실제 인도받은 물건과 차이가 있는 경우가 많다는 점이다. 목록에 상품의 충분한 설명이 되어 있지 않고 매수인이 직접 상품을 보고 선택한 것이 아니므로 매수인이 배달된 물건을 보고 기대한 것과 다르다고 느끼는 경우가 많다. 그러므로 통신판매의 광고에는 상품의 종류와 내용, 가격, 대금지급의 시기 및 방법, 상품의 인도시기가 반드시 표시되어야 한다(전자상거래법 제13조). 통신판매의 매수인에게도 상품을 인도받은 날로부터 7일 이내에 청약을 철회할 수 있는 권리가 인정된다(전자상거래법 제17조). 통신판매업자는 소비자의 청약이 없는 데도 일방적으로 상품을 인도하고 대금을 청구하는 행위, 상품을 구매하도록 강요하는 행위를 해서는 안 된다(전자상거래법 제21조).

㈐ **多段階販賣** 판매업자가 특정인에게 소비자에게 판매하면 이익을 얻을 수 있다고 권유하여 판매원의 가입이 순차적 · 단계적(3단계 이상)으로 이루어진 다단계조직을 통하여 상품이 판매되는 경우를 다단계판매라고 하는데, 방문판매법 제13조에서 제27조에 이르기까지 자세한 규정이 있다. 다단계판매란 중간판매원 한 명이 몇 명의 구매자를 유인하여 물건을 구입하게 하는 경우 그 판매원에게 수당이나 물건을 주는 판매촉진방법이다. 외판원이 아닌 친구나 동료가 권유하는 물건이므로 소비자는 더욱 쉽게 유혹에 빠진다는 점을 이용한 판매전술이다. 대부분 다단계판매에도 할부판매 및 방문판매의 방법이 이용되므로 앞의 문제점이 여기에도 그대로 발생한다. 그 밖에 권유자가 판매자의 계

약체결의 대리인으로서 직접 다른 구매자와 계약하게 되는 데에 따른 법적 문제가 생긴다. 다단계판매원의 탈퇴의 자유는 보장되며 탈퇴에 대하여 어떠한 부담도 주어져서는 안 된다.

㈑ 電子商去來 방문판매법에서 전자상거래와 통신판매(전화권유판매 제외) 관련 사항을 별도로 분리하여 2002년에 제정된 「전자상거래 등에서의 소비자보호에 관한 법률」에 삽입하였다. 인터넷의 보급 확대에 따라 전자거래를 통한 경제활동의 비중이 급속히 높아지고 있는 현실에서 기존의 방문판매법으로는 소비자 보호기능을 다하기 어렵게 되었기 때문이다. 전자상거래라 함은 재화나 용역을 거래함에 있어서 그 전부 또는 일부가 전자문서에 의하여 처리되는 거래(전자거래)의 방법으로 상행위를 하는 것을 말한다(전자상거래법 제2조 제1호). 전자상거래에 있어서는 전자문서의 삭제 용이성, 소비자의 조작실수 우려, 개인정보의 보안문제, 배송과정에서의 사고염려 등의 문제가 발생할 수 있다. 이에 전자상거래법에서는 거래기록 보존 의무(동법 제6조), 보안유지조치의무(동법 제8조), 배송문제시의 분쟁해결(동법 제9조), 소비자에 관한 정보 이용시의 주의의무(동법 제11조) 등을 규정하고 있다. 한편 기존의 방문판매법에서 특수판매 중 통신판매에 관해서만 조건 없는 청약철회권(cooling-off)을 인정하지 않고 있어 소비자 보호에 많은 문제점이 노출되므로 전자상거래법에서는 소비자가 계약서나 재화 등을 공급받은 뒤 7일 이내에 철회할 수 있게 하였다(동법 제17조).

3. 交 換[1)]

(1) 意 義

교환은 당사자 쌍방이 금전 이외의 재산권을 상호 이전할 것을 약정함으로써 그 효력이 생긴다(제596조, 낙성계약). 매매에서 물건이나 권리에 양도에 대한 반대급부가 대금인 데에 반하여, 교환에서의 반대급부는 物件이나 權利의 양도이다. 그러므로 교환계약에 기초해서 두 개의 양도행위가 행해지며, 양자는 서로 相換性·代價性을 갖는다.

大判 1993. 9. 28, 93다31634: 외형적인 경계(담장)를 기준으로 하여 갑·을 사

1) 참고문헌: 宋德洙, "교환목적토지의 소유권귀속에 관한 공통의 착오와 경계의 착오," 민사판례연구 제21권, 1999.

이에 인접토지에 관한 교환계약이 이루어졌으나 그 경계가 실제의 경계와 일치하지 아니함으로써 결국 을이 그 소유대지와 교환으로 제공받은 갑의 대지 또한 그 대부분이 을의 소유인 것으로 판명되었다면, 이는 토지의 경계(소유권의 귀속)에 관한 착오로서 특단의 사정이 없는 한 법률행위의 중요부분에 관한 착오라 봄이 상당하다.[1)]

(2) 賣買法의 準用

교환은 유상계약이므로 그에는 매매의 규정이 준용된다(제567조). 다만 매매대금에 관한 규정은 교환의 반대급부의 성질에 맞게 해석되어야 한다.

(3) 補充金附 交換

교환의 일방당사자가 반대급부로서 물건 또는 권리의 양도와 더불어 금전을 보충하여 지급하기로 한 경우, 그 보충금(Aufzahlung)에 대하여는 매매대금에 관한 규정을 준용한다(제597조).

大判 1998. 7. 24, 98다13877: ① 교환계약에서 당사자의 일방이 교환 목적물의 차액에 해당하는 보충금의 지급에 갈음하여 상대방으로부터 이전받을 목적물에 관한 근저당권의 피담보채무를 인수하기로 약정한 경우, 특별한 사정이 없는 한 채무를 인수한 일방은 위 補充金을 제외한 나머지 재산권을 상대방에게 이전하여 줌으로써 교환계약상의 의무를 다한 것이 된다. ② 위의 피담보채무를 인수한 교환계약의 당사자 일방이 인수채무인 근저당권의 피담보채무의 변제를 게을리함으로써 근저당권의 실행으로 임의경매절차가 개시되었거나 개시될 염려가 있어 상대방이 이를 막기 위하여 부득이 피담보채무를 변제한 경우 등 채무를 인수한 일방이 보충금을 지급하지 아니한 것으로 평가할 수 있는 특별한 사정이 있는 경우에는, 상대방은 채무인수인에 대하여 동액 상당의 손해배상채권 또는 구상채권을 갖게 되는 것이며, 交換契約을 解除할 수도 있다. ③ 교환계약의 당사자 일방이 교환 목적물의 차액의 지급에 갈음하여 상대방으로부터 인수한 대출원리금지급의무와 상대방의 소유권이전등기의무가 모두 각각의 이행기에 이행되지 않은 채 이행기가 도과하였다면 쌍무계약인 교환계약에 기한 위 대출원리금지급의무와 소유권이전등기의무는 동시이행의 관계에 있다고 할 것이고, 따라서 상대방이 해제권유보약정에 따라 해제통고를 함에 있어서는 그 최고기간까지 자기의 반대채무인 소유권이전등기의무의 이행 또는 그 履行의 提供을 하여야 約定解除權을 적법하게 취득하고 최고기간의 만료로 해제의 효력이 발생한다.

---

1) 판례평석: 宋德洙, 앞의 글, 1 이하; 尹眞秀, "자기소유의 물건을 취득하기로 하는 계약의 효력," 고시계 1999년 9월호, 45 이하.

제 2 절 貸借契約

§ 21. 消費貸借

1. 意　　義[1)]

(1) 消費貸借의 槪念

당사자의 일방이 금전 기타 대체물의 소유권을 상대방에게 이전할 것을 약정하고, 상대방은 그와 같은 종류 · 품질 및 수량으로 반환할 것을 약정하는 것을 가리켜 소비대차계약이라고 한다(제598조). 소비대차는 대차계약(Überlassungs-verträge)의 일종이다. 민법은 대차계약으로서 消費貸借 · 使用貸借 · 賃貸借의 세 종류의 전형계약을 규정한다. 소비대차는 목적물이 대체물이라는 점, 그의 이용방법이 소비에 의해 실현된다는 점, 대차기간 만료시 차주가 종류물의 반환의무를 진다는 점(종류채무)에서 다른 대차계약과 구별된다. 대차계약은 대차에 대한 대가가 지불되는가에 따라 유상 · 쌍무계약과 무상 · 편무계약으로 구분되는데, 소비대차는 양자를 모두 포함하여 利子附消費貸借와 無利子消費貸借가 있다.

貸出者責任의 法理
영미법계 국가에서부터 은행의 대출업무와 관련한 대출자책임이 문제되기 시작하여 각국에 파급되고 있다.[2)] 예를 들어 은행이 한도거래계약(line of credit agree-ment)하에서 대출요구를 거절하였다거나, 기한의 이익을 상실시켜 대출금의 조기

1) 참고문헌: 金相容, "선이자공제의 법적 처리," 판례월보 1994년 4월호; 金鼎鉉, "민법 제607조 · 제608조의 출발점에 대한 근본적인 반성과 재구성," 민사재판의 제문제 제3권, 1985년 5월; 朴昶炫, "준소비대차와 경개," 부산판연 판례연구 제1집, 1991년 1월; 梁祥勳, "소비대차와 준소비대차 및 임대차에 관한 증명책임의 몇 가지 문제," 재판자료 제26집, 1985년 4월; 梁彰洙, "민법 제601조에 관한 소고," 고시계 1989년 8월호; 魚寅義, "선이자 공제," 고시계 1994년 8월호; 張庚鶴, "대물변제예약의 목적물처분과 채권소멸," 법률신문 1987년 6월(제1687호); 崔秉祚, "민법 제605조(준소비대차)의 규정적합성에 관한 管見," 역사의 관성과 체계정합성 사이에서, 서울대 법학 제35권 1호, 1994.

2) 李宗求, "대출자책임(Lender Liability)이론 연구 — 미국과 일본의 판례를 중심으로 —," 상사법연구 제16권 2호, 1997 참조.

상환을 요구한 경우에, 채무자가 대출자의 성실의무 위반을 주장하여 손해배상청구를 한 소송이 제기되었다. 그 밖에 성실의무에 근거한 소송은 다양하다.[1]

계약법에 기초한 대출자책임이론 중 가장 많이 논의되어 온 것은 대출자의 성실의무(Duty of Good Faith) 또는 성실과 공정한 거래의 묵시적 의무(Implied Covenants of Good Faith and Fair Dealing)에 기초한 책임이론이다. 이 이론에 의하면 계약당사자는 성실의 의무를 준수하여야 하며 어느 계약당사자도 교환의 이익(benefits of the bargain)을 누릴 수 있는 상대방의 권리를 침해하여서는 안 된다고 한다.

그 밖에 금융기관의 설명부족 또는 부적절한 설명으로 인한 설명의무 위반 여부, 금융기관의 대출거절행위나 부당경영개입, 금융기관이 담보평가를 잘못하여 채무자의 판단을 그르치게 한 책임, 그리고 독점금지법상의 우월적 지위의 남용금지 등과 관련하여 대출자책임이 문제된다.

(2) 貸借契約의 共通的 性質

㈎ 目的物의 利用權　　대차계약은 일정한 기간 동안 타인의 물건 또는 재산권으로부터 특정한 이득을 얻기 위하여 그것을 인도받고 그 기간 후 그것을 반환하는 것을 내용으로 하는 채권계약이다.[2] 타인의 물건 또는 재산권을 종국적으로 취득하는 것을 목적으로 하는 양도계약(매매·교환·증여)과 구별된다. 대차계약으로부터는 대주(또는 임대인)에게 目的物提供義務가 발생하고 차주(또는 임대인)에게는 目的物을 利用할 權利가 생긴다.

사용대차와 임대차는 목적물을 소비 이외의 방법으로 사용·수익하는 용익권을 발생시키는 반면에, 소비대차에서는 물건을 사용하는 과정에서 소비하게 된다. 사용대차와 임대차에서는 계약종료시 차주 또는 임차인은 인도받은 그 물건(특정물)을 반환하여야 하는 반면에, 소비대차에서는 종류물로서 반환한다.

㈏ 無償片務契約과 有償雙務契約　　사용대차는 무상·편무계약이나, 임대차는 용익의 대가로 차임을 지불하는 유상·편무계약이다. 소비대차는 무상

---

1) 일본에서 금융기관에 큰 관심을 일으키게 된 최초의 대출자책임 사건은 1994년 6월 10일의 마르코회사의 도산과 관련된 소송이다. 이 사건은 마르코의 해외부동산에 투자한 투자자들이 마르코의 사장, 계열금융회사, 그리고 마르코에 사업자금을 대어 준 두 은행과 부동산매매를 중개해 준 두 개의 상사를 상대로 제기한 소송이다. 이 사건에서 원고인 투자자들은 마르코가 해외부동산물건을 자기들에게 실세가격보다 훨씬 높은 가격으로 판매하였는데 은행과 부동산중개상사는 이와 같은 사실을 알면서도 이를 알리지 않음으로써 원고에게 손해를 입혔으므로 공동불법행위의 책임이 있다고 주장하면서 38억 5천만엔의 손해배상을 청구하였다.

2) Esser/Weyers, *Schuldrecht*, Bd Ⅱ, S. 119.

의 경우(무이자)와 유상의 경우(이자부)가 모두 가능하다. 대차계약이라고 하더라도 상호 조건적인 급부의무와 반대급부의무를 부담하는가를 가지고 쌍무계약과 편무계약을 구별하는 것이 타당하다.[1] 쌍무계약에는 동시이행의 항변권, 위험부담의 법리 등 양 채무의 견련성의 법리가 적용되는 것이기 때문이다. 대차계약은 보통 계속적 계약이므로 일회적 급부에 관해 만들어진 동시이행의 항변권이 그대로 적용되기는 어렵다. 그러나 前回期의 목적물사용이 제공되지 않았던 경우에 次期의 대가지급을 거절할 수는 있을 것이다. 물건의 사용이 불가능한 경우에는 그 사용에 대한 대가도 지불할 필요가 없다는 것이 채무자위험부담의 원칙을 적용한 결과이다.

大判 1996. 1. 25, 95다2337: 원본대여채무와 이자지급채무는 이자계산기간을 하나의 시점으로 환원시켜 생각하면 상환이행관계에 있다고 볼 수 있으므로 쌍무계약이다.

(다) 繼續的 契約　대차계약은 급부의 실현에 있어서 시간적 계속성을 갖는 계속적 계약이다. 즉 대차계약의 목적인 타인의 물건 또는 재산권의 이용은 일정기간에 걸쳐 행해진다. 대차계약에서는 契約의 終了로 말미암아 차주 또는 임차인의 利用權은 消滅하게 되고, 그로 말미암아 목적물은 원래의 권리자인 대주·임대인에게 반환되어야 한다. 그러므로 계약의 종료로 곧 계약은 소멸하지 않고 목적물의 반환, 밀린 이자 및 차임의 지급, 목적물의 멸실 및 훼손에 대한 손해배상, 지출된 비용의 상환, 보증금의 반환 등 清算의 法律關係가 존속된다. 이러한 청산이 완료된 때에 비로소 양 당사자의 계약관계가 소멸하게 된다.

1) 반대의견: 김형배, 510에서는 "무이자 소비대차가 무상계약이라는 데에 대해서는 별 문제가 없다. 그러나 무이자 소비대차를 편무계약이라고 하는 것은 의문이 아닐 수 없다. 무상소비대차의 경우에도 차주는 대주의 목적물의 공여가 있으면, 일정한 기간 후에 같은 내용의 목적물을 반환해야 할 채무를 지기 때문이다. 다만, 이 경우에 차주의 반환의무가 대주의 목적물공여의무와 대가관계에 서는 것은 아니다. 그렇지만 차주의 반환의무가 소비대차관계의 구성요소가 되는 채무로서의 성질을 가지지 않는다고 볼 수는 없다. 그러므로 무이자 소비대차에서 대주의 목적물공여의무와 차주의 대체물반환의무가 대가적·쌍무적 관계에 서지는 않으나, 양 당사자가 모두 채무를 부담한다는 점에서 양면적 관계에 있다는 것은 부인할 수 없다. 소비대차는 증여의 경우와 달리 순수한 편무계약이 아니다. 구민법하의 요물계약에서는 목적물의 수취(낙성계약에서의 대주에 의한 채무의 실현)와 더불어 소비대차가 성립하고 차주의 반환의무만이 남게 되므로 소비대차를 편무계약으로 파악할 수도 있으나, 이와 같은 견해가 현행민법에서 더 이상 주장될 수 없다"고 한다.

계속적 계약의 종료는 약정한 存續期間의 滿了나 解止에 의해 생긴다. 임대차 등에서는 일정한 경우(부정기임대차의 해지 등)에 즉시로 계약종료의 효과를 가져오는 해지제도를 수정하여 해지통고 후 법정의 유예기간이 경과하여야 종료의 효과를 가져오는 解止通告制度를 둔다(제635조 등). 또한 임대차에서는 계약종료 후에도 일정한 경우에는(보증금의 미반환 등) 계약의 존속을 인정하거나 法定更新의 제도를 둔다. 대주나 임대인으로부터의 해지는 그들에 비해 사회적 지위가 약한 차주나 임차인을 당혹하게 하므로 신의칙에 의한 解止의 제한이 필요하다.

㈑ 諾成契約 민법은 세 종류의 대차계약을 모두 당사자의 합의만으로 계약이 성립하는 諾成契約으로 입법하였다. 따라서 대차계약은 貸借에 관한 合意가 있는 때에 성립한다. ① 目的物提供義務: 대차계약을 낙성계약으로 구성하는 민법 아래서는 대차계약의 효과로서 우선 대주 또는 임대인의 목적물제공의무가 발생한다. ② 目的物返還義務: 차주 또는 임차인에의 목적물인도는 소유권이전을 위한 것이 아니라 일정기간 후 돌려 줄 것을 조건으로 한 것일 뿐이므로, 그 인도 후에는 목적물의 반환의무가 발생한다. 반환시기는 계약의 종료시이다. 차주의 반환의무의 이행을 확보하기 위해 담보가 제공되는 경우가 빈번하다. 실제 거래계에서는 소비대차계약을 요물계약으로 취급하여 차용금 지급 이후부터 법적 구속력이 발생하는 것으로 취급한다.

과거 의용민법은 대차계약을 당사자의 합의 외에 목적물의 인도가 있어야만 계약이 성립하는 要物契約으로 규정함으로써, 대차에 관한 당사자의 합의만은 예약으로 파악되었다. 그 결과 계약을 위한 예약이라는 계약성립에 있어서의 중첩된 단계를 불가피하게 요구하였고, 그에 따라 계약구조는 불필요하게 복잡하게 되었었다. 그것은 모든 계약성립에 엄격한 형식을 요구하고, 소송을 소권(actio)이 있는 경우로 제한하던 로마법시대에는 당연하였다. 그러나 근대 이래의 계약법에서는 당사자의 합의만에 의해 계약을 성립시키며, 민사소송법에서는 소의 이익이 있는 모든 자에게 제소를 허용함에도 불구하고 대차계약만을 요물계약으로 규정하는 것은 앞뒤가 맞지 않는 입법이라는 비판이 있었다. 현행민법이 낙성계약을 취한 것에 대하여도 입법론적 논의가 계속되고 있다.[1)]

1) 崔秉祚, "민법 제605조(준소비대차)의 규정적합성에 관한 管見 — 역사의 慣性과 體系整合性 사이에서 —," 서울대 법학 제35권 1호: 우리 민법은 소비대차의 요물계약성을 명백히 포기하고 일찍이 율리아누스가 염려하던 諾成契約으로 과감히 전환하였다. 이러한 전환이 잘된 것이었는지 여부는 별론으로 하더라도, 적어도 준소비대차에 관한 한 우리에게는 별 의미 없는 역사의 잔재(로마법시대의 학설대립)를 끌고 다니는 결과가 되지 않았는가 우려된다. 로마법에서 발견되는 준소비대차 및 소비임치를 둘러싼 학설의 대립은 다른 경우들에 있어서와 마찬가지로 로마의 계약법 체계의 내재적인 논리를 전제한, 그 체계의 틀 안

大判 1991. 4. 9, 90다14652: 민법상 소비대차는 낙성계약이므로, 차주가 현실로 금전 등을 수수하거나 현실의 수수가 있은 것과 같은 경제적 이익을 취득하여야만 소비대차가 성립하는 것은 아니다.

(마) 弱者保護 대차계약의 공통적 성질의 또 하나는 양 당사자의 사회적 지위의 우열이 전형화되어 있다는 점이다. 대부분의 계약에서 대주 · 임대인은 자본이나 부동산을 소유하고 있는 경제적 강자의 입장에 있어 계약의 체결 여부 및 계약내용을 좌우한다. 그에 반하여 차주 · 임차인은 그들이 필요로 하는 것을 소유하지 못함으로 말미암아 타인의 재력을 빌리지 않으면 안 되는 경제적 약자의 입장에 놓이며, 따라서 자신의 이익에 어긋나는 부당한 요구에 대해서도 수락할 수밖에 없다. 그러한 양 당사자의 우열은 곧 계약내용이 대주 · 임대인에게 편파적으로 이롭게 결정되는 결과로 나타난다. 그 결과는 계약법이 바라는 양 당사자의 이익형평의 원칙에 어긋나게 된다.

현대계약법은 당사자의 이익불균형을 시정하기 위하여 片面的 强行規定을 설치한다. 이러한 강행규정은 계약법이 이익형평의 모범으로써 제시하는 계약내용으로서, 계약자유의 명목하에 행해지는 불균형을 막기 위해 그 강행규정보다 차주나 임차인에게 불리하게 합의하는 것을 무효화시킨다. 주택임대차에서는 단순한 이익형평에서 한 걸음 더 나아가 주거안정과 보증금확보를 위해 더 적극적으로 사회적 약자를 배려한다(주임법 제10조 등).

2. 契約의 締結과 失效

(1) 合 意

소비대차는 청약과 승낙에 의해 성립한다. 소비대차계약에서는 借用金이나 기타 목적물, 대차기간, 이자율 등을 합의한다. 일단 성립한 소비대차는 당사자를 구속한다.

은행의 대부계약이나 사채업자의 대차계약에서 당사자는 먼저 금액 · 변제기 · 이자 · 담보 등에 관한 교섭을 통해 계약서(또는 채무증서)를 작성하고, 이와 함께

에서의 논의였다. 로마법을 계수한 서양의 민법전들은 소비대차를 기본적으로 로마법적 형태로 그대로 전수받아서 요물계약으로 규정하였다.

저당권설정계약, 대물변제의 예약, 양도담보계약을 체결하고 등기신청이나 담보물의 점유이전을 행한다. 저당권등기나 가등기가 경료된 후에 비로소 약속한 대차금이 차주에게 지급된다. 임대차에서도 마찬가지이다. 당사자 사이에 교섭을 통하여 임대차의 계약서가 작성되고(이 때 통상 계약금이 수수된다), 목적물의 인도는 일정기간 후에 하기로 약정된다.

(2) 引渡前 失效事由

소비대차계약은 합의 후 대주의 목적물인도가 있기까지는 다음과 같은 원인에 의해 효력을 상실한다. ① 當事者 一方의 破産: 당사자의 일방이 파산선고를 받은 때에는 소비대차는 당연히 효력을 상실한다(제599조). ② 無利子消費貸借의 解除權: 이자 없는 소비대차의 당사자는 목적물의 인도 전에는 언제든지 계약을 해제할 수 있다(제601조 본문). 이로 말미암아 상대방에게 손해가 생긴 때에는 해제한 당사자는 그를 배상할 의무를 진다(제601조 단서). ③ 借主의 財産狀況惡化: 차주가 파산에까지 이르지는 않았으나 재산상태가 매우 악화하여 대주의 반환청구권이 만족할 가망이 없는 경우에 대주에게 청약의 철회권을 인정하는 것이 타당하다.[1)]

3. 貸主의 目的物提供義務

(1) 目的物引渡

대주는 약정한 목적물을 차주에게 인도하여야 한다. 금전이나 그 밖의 대체물만이 소비대차의 목적물이 될 수 있다.

(가) 金錢消費貸借　금전의 소비대차에서 대주가 先利子를 공제하고 대차금을 지급한 경우에 元金은 실지급액인가 아니면 공제 전 약정액인가. 이 문제는 先利子約定이 유효한가라는 문제로 귀착되는데, 이에 관해 학설이 대립한다.[2)] ① 無制限有效說: 선이자의 약정 및 그의 공제는 유효하므로 대차원금은

---

1) 같은 취지: 郭潤直, 309; 金疇洙, 255; 金曾漢, 193. 다만 金亨培, 514~515에서는 이를 계약체결 후 사정변경에 기한 해제권으로 파악한다.

外國의 立法例는 다음과 같다. 獨逸民法 제610조: 소비대차에서 목적물인도의무를 지는 자는 상대방의 재산상태가 그의 반환청구권을 위태롭게 할 정도로 심각하게 악화된 때에 그의 채무부담약속의 철회권을 갖는 것으로 추정된다. 스위스채무법 제316조: ① 차주가 계약체결 후에 지급무능력으로 된 경우에 대주는 임대물의 인도를 거절할 수 있다. ② 대주는 지급무능력이 계약체결 전에 발생하였으나 계약체결 후에 알게 된 경우에도 전항의 권리를 가진다.

2) 拙著, 채권총론, 133~134 참조.

控除 前의 約定額이라고 보는 견해이다.[1] ② 制限的 有效說: 선이자약정은 상당한 범위(1개월분)에서만 유효하므로 이를 초과하는 선이자의 공제는 무효라고 보는 견해이다.[2] 이 경우 대차원금은 實支給額과 상당범위의 先利子를 합한 금액이 될 것이다. 판례는 이자제한법 제한이율을 초과하는 1개월분의 선이자를 공제하고 대여한 경우에 대여원금은 약정액에서 이자제한법 범위 내의 1개월 이자만을 공제한 금액이라고 한다(大判 1981. 1. 27, 80다2694). 사견으로도 제한적 유효설을 취한다.[3]

(나) 有價證券의 경우　유가증권은 보통 소비대차의 목적이 된다. 실제로 유가증권의 대차계약은 금전소비대차에 있어서 금전의 인도에 갈음하는 것으로 해석된다. 다만 금전을 소비대차의 목적물로 약정하고 대주가 금전의 인도에 갈음하여 유가증권이나 기타 물건을 차주에게 인도한 때에는 그의 引渡時價額을 차용액으로 본다(제606조, 강행규정). 수개월 이후에 지급될 어음을 인도하는 경우에 그 어음이 현재 환가가능한 것인 때에는 그 인도시에 대차금지급이 이루어졌다고 볼 것이지만, 신용상태가 부실하여 환가가 곤란한 경우에는 실제 환가된 때에 그 환가액으로 차용금이 지급되었다고 보아야 할 것이다. 예외적으로 유가증권도 번호 등에 의해 특정하여 임대차의 목적물로 할 수는 있다. 그러나 無記名유가증권을 빌려 주면서 처분될 때까지는 대주가 소유권을 유보한다는 특약을 하는 경우 그러한 특약은 무효이다. 무기명유가증권은 유통성을 갖는 無因證券이므로 금전과 유사한 성격을 갖기 때문이다.[4]

(다) 代替物의 貸借　대체물을 빌려 주고 同種, 同量의 물건을 반환받기로 하는 경우도 있다. 다만 대체물을 인도한 경우에도 반환물을 그 종류물이 아니라 금전으로 반환하기로 약정한 경우에는 금전소비대차로 보아야 할 것이다. 이 때 대차원금은 물건인도시의 그 대체물의 時價 상당액으로 보아야 한다.

(2) 代物貸借約定

금전소비대차에서 대주가 금전 대신 물건을 인도하고 그 시가를 차용액으로 하기로 하는 약정을 한 경우에 이러한 代物貸借約定은 차주에게 현저하게 불이익하지 않는 한 유효하다.

---

1) 郭潤直, 채권총론, 83 이하.
2) 金疇洙, 채권총론, 79; 金亨培, 채권총론(2판), 93.
3) 拙著, 채권총론(개정판), 1999, 134.
4) 같은 취지: 金曾漢, 191. 반면에 구민법시대의 일본판례는 그 경우 임대차계약이 유효하게 성립한 것으로 해석하였다.

대물대차약정이 유효한 경우에 대신 급부되는 유가증권이나 물건의 가액을 얼마로 평가할 것인가가 실제 문제된다. 평가는 객관적으로 그 물건의 시가에 따라 행해져야 하며. 대주가 그의 강한 지위를 악용하여 과다평가하는 것은 견제되어야 한다. 평가의 기준시는 물건의 인도시이다(제606조).

금전을 소비대차의 목적물로 약정하고 대주가 임의로 금전에 갈음하여 유가증권이나 기타 물건으로 대신 인도하는 것은 허용되지 않는다. 대물급부는 통상 차주에게 불리하고(금전과 같은 유통성이 없으므로) 또한 약정에도 어긋나므로 차주는 그 대물을 수령할 의무를 지지 않는다.

大判 1984. 5. 22, 83다카195: 백미 105가마니를 현물로 대여한 것이 아니라 백미 환산 대금 2,415,000원을 대여하고 그 이자도 백미 차용시의 보통의 이자 지급방법을 벗어나는 현금으로 수령하였다면, 달리 대여 당시의 형편과 사정에 의하여 원·피고 들의 합의 아래 현물 대신 당시의 그 시가에 상당하는 현금을 교부받은 것이라는 특별한 사정이 인정되지 않는 한, 원·피고 사이에 이루어진 위 소비대차는 대여미의 형식을 빌린 金錢貸借라고 봄이 경험칙에 부합한다.[1)]

(3) 瑕疵擔保責任

대주는 자기가 인도한 목적물의 하자에 대하여 담보책임을 진다. 대주의 담보책임의 요건과 효과는 유상소비대차와 무상소비대차에서 각각 다르다.

(가) 利子附消費貸借의 경우 이자 있는 소비대차의 목적물에 하자가 있는 경우에 매도인의 하자담보책임에 관한 제580조와 제582조의 규정이 준용된다. 차주가 대차물을 인도받을 당시에 과실 없이 하자를 몰랐던 善意·無過失의 경우에 한해서 契約解除權(계약목적의 달성이 불가능한 경우에만)과 損害賠償請求權 및 完全物請求權을 갖는다.

代物貸借의 경우 인도된 물건으로 차주가 금전적 이익을 얻지 못한 경우에 대주는 담보책임을 진다고 해석된다.[2)] 대물대차로서 특정물이 인도된 경우에는 민법 제580조가 준용되며, 이 때 완전물청구권은 인정될 여지가 없다. 담보

1) 이와 대조적인 판결: 大判 1977. 5. 24, 77다269: 백미를 대여받음에 있어서 당시의 형편과 사정에 의해서 당사자들의 합의 아래 현물 대신 그 당시 그 시가에 상당하는 현금을 교부받은 것이라고 하더라도 이로써 현물의 현실적인 수수가 있었던 것과 동일한 경제상의 이익을 얻은 이상 그 대차관계가 백미에 대한 소비대차계약이라고 판단할 수 있다.

2) 같은 취지: 郭潤直, 313; 金錫宇, 234; 金曾漢, 199; 金顯泰, 164.

책임은 6개월의 제척기간에 걸린다(제582조).

(나) 無利子消費貸借　소비대차가 무상으로 행해진 경우에는 대주가 하자를 알고 차주에게 고지하지 않은 경우에만 이자부소비대차에서와 같은 담보책임을 지며, 그 밖의 경우에는 차주가 반환시기에 하자 있는 물건의 가액만을 반환하면 된다(제602 2항).

4. 借主의 利子支給義務

(1) 利子約定

민사소비대차는 利子約定이 있는 경우에만 이자가 발생한다.[1] 그러나 상인 사이의 금전소비대차에서는 당연히 이자가 발생하며, 그에 따라 대주는 법정이자를 청구할 수 있다(상법 제55조 1항). 명시적인 이자약정이 없더라도 관행에 비추어 묵시적 이자약정이 있는 것으로 해석되는 경우도 있다. 이자약정은 소비대차를 유상으로 한다는 점을 약정하는 것이며, 그 이율을 얼마로 할 것인가를 정하는 利率約定과 개념상 구별된다. 실제로는 이자약정과 이율약정이 하나의 약정으로 행해지는 경우가 대부분이다.

(2) 利　率

이자는 대차금(원금)에 대한 일정한 비율로 계산되는데, 그러한 비율을 利率이라 한다. 約定利率이 있으면 그 이율에 의하고 약정이율이 없으면 法定利率에 의한다. 민사소비대차의 법정이율은 年 5分이며(제379조), 상사소비대차의 법정이율은 年 6分이다(상법 제54조).

借主의 채무불이행으로 말미암아 법원의 이행판결을 받게 되는 때에는 제소시부터 소송촉진등에관한특례법 제3조에 따라 대통령령에서 정하는 이율(연 25分)을 적용받을 가능성이 높다.

(3) 利子發生期間

(가) 始　期　이자는 목적물이용에 대한 대가이므로 실제로 목적물을 인도받은 때부터 그것을 반환할 때까지의 기간에 대해서만 지불한다. 금전소비

---

1) 판례: 금전소비대차에 있어서의 이자의 약정은 법률상 그 대차에 반드시 수반되어야 하는 것이 아님은 물론 거래의 통념상 그 약정이 있었음이 추정되는 것이라고도 할 수 없다(大判 1960. 2. 25, 4292민상125). 소비대차에 있어 그 변제기 후의 이자약정(엄밀한 의미로는 지연손해)이 없는 경우에는 특별한 의사표시가 없는 한 그 변제기가 지난 후에도 당초의 약정이자를 지급하기로 한 것으로 보는 것이 대차관계에 있어서의 당사자의 의사라 할 것이다(大判 1981. 9. 8, 80다2649).

대차를 약정하였음에도 불구하고 실제 인도받은 것이 유가증권이나 대체물인 경우에, 차주는 그것을 현금으로 환가한 때부터 그 환가금에 대하여 이자를 지급함이 원칙이다. 단 목적물의 인도시에 차주의 귀책사유로 수령을 지체한 때에는 대주가 이행을 제공한 때로부터 이자를 계산한다(제600조).

(나) 終 期 차주가 대주에게 목적물을 반환하는 때가 이자계산의 종기이다. 다만 대주가 목적물의 반환에 관하여 채권자지체에 빠진 경우에, 차주는 그 채권자지체의 기간에 대해서는 이자를 지급할 의무가 없다(제402조).

5. 擔保의 提供

(1) 擔保提供約定

차주가 대주에 대한 목적물반환채무 및 이자채무의 이행을 담보하기 위하여 물적 담보나 인적 담보를 제공하기로 약정하는 것을 담보제공약정이라고 한다. 담보제공약정은 소비대차계약시 또는 그 이후에 소비대차계약에 附從하여 행해진다. ① 物的 擔保: 물적 담보를 제공하기로 하는 약정은 저당권설정계약·질권설정계약에 해당한다. 가등기담보나 매도담보의 경우에는 그 담보권설정계약으로서의 성질을 가진다(물권법 참조). 동산에 관해서는 할부매매 등에서 소유권유보가 많이 이용된다. 양도담보, 매도담보나 기타 유질계약에 대해서는 제607조, 제608조가 적용된다. ② 人的 擔保: 인적 담보를 제공하기로 약정한 경우에 그의 이행으로 보증인과 대주 사이에 보증계약·연대보증계약·연대채무부담계약 등이 체결된다. ③ 債權擔保: 거래계에서는 적금담보대출·보험약관대부·주식담보 등의 다양한 담보수단이 이용된다.[1)]

(2) 擔保物의 引渡·登記

(가) 擔保가 先引渡된 경우 대주의 목적물인도는 차주의 담보제공을 조건으로 하는 경우가 많으며, 이 때 담보제공의무가 선이행되고 그 후 목적물이 인도되는 경우도 많다(특히 부동산담보 물권의 설정시). 차주가 먼저 담보를 제공한 경우 만약 대주의 목적물인도가 그 후에 행해지지 않았다면, 피담보채권의 불성립으로 인해 그 담보제공은 효력을 갖지 않는다.

(나) 借用金이 先引渡된 경우 대주가 먼저 목적물을 인도하고 그 후 차주가 담보를 제공하기로 한 경우, 차주가 담보를 제공하지 않는 것은 기한이익상

1) 李哲松, "채권담보방법에 관한 거래관행의 연구," 명대논문집 제13집, 1982, 365 이하.

실의 효과를 초래한다(제388조 2호). 대주는 차주의 담보제공의무의 불이행을 이유로 소비대차계약을 解止할 수 있다.

6. 契約의 終了

(1) 返還時期

소비대차가 종료되면 차주는 목적물을 반환하여야 한다. 즉 계약의 종료시는 목적물을 반환해야 할 시기라고도 할 수 있다(민법은 그를 반환시기로서 규정한다). ① 返還時期約定이 있는 경우: 차주는 그 약정된 시기에 반환하여야 한다. 그 시기는 확정기한이나 불확정기한으로 정해질 수 있다. 차주는 確定期限의 경우 그 기한이 도래한 때부터, 그리고 不確定期限의 경우에는 그 기한의 도래를 안 때부터 지체책임을 진다(제387조 1항). ② 返還時期約定이 없는 경우: 대주측에서 반환받고자 하는 경우 대주가 상당한 기간을 정하여 최고하면, 차주는 최고 후 그 유예기간이 만료하기까지 반환하여야 한다(제603조 1항).[1] 그러나 차주측에서 반환하고자 할 때에는 언제든지 반환하여도 무방하다(제603조 2항).

(2) 期限利益의 喪失

반환시기까지의 기한은 차주의 이익을 위한 것으로 추정된다(제153조). 그러나 다음의 경우 차주는 기한의 이익을 상실한다. ① 차주가 담보를 손상·감소·멸실하게 한 때(제388조 1호), ② 차주가 담보제공의 의무를 이행하지 아니한 때(제388조 2호), ③ 차주가 파산의 선고를 받은 때(파산법 제16조), ④ 기타 약정된 기한이익상실의 사유가 발생한 때.

신용거래에 관한 약관(은행대부약관·할부매매약관 등)에는 많은 기한이익상실사유가 열거되어 있는데, 그러한 것을 가리켜 기한이익상실조항이라 한다. 고객에게 부여된 기한의 이익을 상당한 이유 없이 박탈하는 조항은 무효이다(약관법 제11조 2호).

7. 借用物의 返還

(1) 種類物의 調達不能

차주는 차용물과 같은 종류·품질 및 수량의 물건을 반환하여야 한다(제603조 1항).

---

1) 판례는 소장의 송달도 최고로 인정한다. 그러므로 소장의 송달 후 상당기간이 경과한 때에는 차주는 이행지체책임을 져야 한다(大判 1963. 5. 9, 63다131; 大判 1969. 1. 28, 68다2313).

차용물이 금전이 아닌 경우로서 차주에게 그러한 물건의 반환이 불가능한 때에는 반환시기의 시가로 상환하여야 한다(제604조). 소비대차에서 차용물반환의무는 종류채무이므로 급부불능은 생기지 않음이 원칙이다. 다만 종류채무의 특정과 채권자지체로 인하여 급부불능의 문제가 예외적으로 생길 뿐이다. 민법 제604조에서 말하는 "그러한 물건의 반환이 불가능한 때에는"이라는 의미는 위험부담에서 말하는 급부불능이 아니라 「사실상의 조달불능」으로 해석하여야 한다. 사실상 조달불능이란 반환시기에 그 종류물이 시장에 존재하지 않게 되거나 유통이 금지되는 경우 등의 객관적 사정이 있는 경우를 말한다 사실상 조달불능의 경우에는 반환시의 시가로 환산한 금전을 반환할 수 있다. 無償消費貸借의 경우에 차용물반환이 사실상 조달불능으로 되는 때에도 차주의 반환채무(종류채무)는 소멸하지 않는다. 차용물의 반환은 소비대차의 본질에 속하는 의무이고 이 점에서 무상양도계약인 증여와 구별되기 때문이다.

(2) 瑕疵 있는 물건의 返還

無償消費貸借에서 하자 있는 물건이 인도된 경우 차주는 그와 같은 하자 있는 물건이나 또는 그의 가액으로 반환할 수 있다(제602조 2항). 이와 같은 명문규정이 없는 有償消費貸借의 경우에도 차주가 완전물급부청구권을 행사하여 하자 없는 물건을 인도받지 않았다면 하자 있는 물건의 반환이나 가액반환을 허용하는 것이 옳다.[1)]

8. 代物返還의 豫約

(1) 意　　義[2)]

차용물의 반환시기가 도래하기 전에 당사자의 합의로 차용물의 반환에 갈음하여 다른 재산권을 이전하기로 한 경우, 그러한 합의를 가리켜 「대물반환의 예약」이라 한다(예약의 설명 참조. 물권법 참조). 대물반환의 예약은 소비대차계약과 동시에 또는 그 이후에 행해지며, 이는 차주의 차용물반환채무의 불이행에 대비한 물적 담보로서의 기능을 담당한다. 그리고 채무불이행시 예약된 물건이 대주에게 양도

1) 같은 취지: 郭潤直, 317; 金基善, 177; 金錫宇, 235; 金疇洙, 259; 金曾漢, 203; 金顯泰, 165.

2) 참고문헌: 金鼎鉉, "민법 제607조 · 제608조의 출발점에 대한 근본적인 반성과 재구성," 방순원고희기념 민사법의 제문제, 1984, 117 이하; 金顯泰, "변칙담보에 관한 소고," 안이준화갑기념 민사법과 환경법의 제문제, 1986; 林正平, "민법 제607조 및 제608조의 입법론적 문제점 및 적용범위에 관한 고찰," 김증한화갑기념 현대민사법의 제문제, 1981, 492 이하.

되는 것은 물적 담보에서의 流質契約의 성격을 갖는다. 예약은 일방예약으로 추정되므로(제564조), 예약권자(통상 대주이다)의 예약완결권의 행사(일방적 의사표시)로 대물반환의 본계약이 성립하게 되고, 그에 따라 차주는 대주에게 그 물건의 소유권이전의무를 진다.

大判 1989. 4. 11, 87다카992: 채무자가 소비대차 등으로 인한 채무를 담보하기 위하여 대물변제예약을 한 후 다시 같은 채권자에 대하여 추가로 채무를 부담한 경우 그 추가채무에 관하여 별도의 담보제공이 있거나 반대의 특약이 있다는 등 특별한 사정이 없다면, 條理상 당사자 사이에는 추가채무 역시 기왕의 대물변제예약의 대상이 되는 채무범위에 포함시키려는 의사가 있었다고 해석함이 상당하다.

(2) 代物返還豫約의 一部無效

㈎ 豫約財産의 價額制限　대물반환을 예약하는 경우, 예약된 재산의 예약 당시의 가액이 차용액 및 이자의 합산액을 넘지 못한다(제607조). 이에 위반한 약정으로서 借主에게 불리한 것은 환매 기타 어떤 명목이라도 무효이다(제608조). 가등기담보, 재매매의 예약, 환매에 가등기담보법이 적용되지만, 이 법은 제607조의 법리를 전제로 하고 있다.

판례는 제607조의 「차용액」은 소비대차계약 또는 준소비대차계약에 의하여 차주가 반환할 의무가 있는 것만을 의미하는 것이고, 널리 有償行爲에 수반하여 행하여지는 경우까지 포함하는 것은 아니라고 하여(大判 1965. 9. 21, 65다1302), 「契의 경우」 또는 「代物辨濟의 경우」에는 그 적용을 제한한다.

大判 1968. 11. 26, 68다1469: 契의 청산관계로 부담하게 된 채무를 변제하기 위하여 대물변제의 예약이 이루어진 경우에는 민법 제607조, 제608조가 적용되지 않는다.

大判 1992. 2. 28, 91다25574: 채무자가 채권자 앞으로 차용물 아닌 다른 재산권을 이전한 경우에 있어 그 권리이전이 채무의 이행을 담보하기 위한 것이 아니고 그 채무에 갈음하여 상대방에게 완전히 그 권리를 이전하는 경우, 즉 代物辨濟의 경우에는 그 시가가 그 채무의 원리금을 초과하더라도 민법 제607조, 제608조가 적용되지 아니한다.

(나) 制限違反의 效果 代物의 가액이 차용액 및 이자의 합산액을 초과하는 경우에, 그 代物返還約定은 초과부분에 한하여 一部無效로 된다. 대물반환의 약정이 일부무효로 되는 결과, 貸主는 그 합산액의 범위에서만 代物에 대한 권리를 취득하고 그 초과부분에 관하여는 보유할 권리를 갖지 않게 된다. 이러한 일부무효의 효과가 담보권의 성질 및 실행에 어떤 영향을 미치는가에 대하여는 논쟁이 있었으나, 가등기담보법 시행 이후 담보목적의 소유권이전약정은 「非典型擔保物權의 설정계약」으로 축소해석된다.[1] 不動産의 대물반환의 예약에 있어서 그 재산의 예약 당시의 가액이 차용액 및 이에 붙인 이자의 합산액을 초과하는 경우에는 민법 제607조 및 608조 이외에도 담보계약과 담보목적으로 경료된 가등기 또는 소유권이전등기의 효력에 관하여 가등기담보등에관한법률(1983)이 규율한다(물권법의 가등기담보에서 자세히 설명함).

9. 準消費貸借

(1) 意 義

(가) 概 念 소비대차에 의하지 아니하고 금전 기타의 대체물을 지급할 의무가 있는 경우에 당사자가 그 목적물을 소비대차의 목적으로 할 것으로 약정하는 것을 가리켜 준소비대차라 한다(제605조). 매매에서 매도인이 목적물을 선이행하고 매수인에게 대금지급을 상당기간 유예하고 매수인의 자금이용의 대가로서 이자를 지급하기로 약정하는 경우(무이자의 경우에도 준소비대차 가능), 임대차에서 임대인이 밀린 차임을 소비대차로 전환하기로 하고 이자를 지급할 것을 약정하는 경우, 불법행위에 기한 손해배상금을 소비대차로 전환시키는 약정을 한 경우 등이 준소비대차계약의 예가 될 것이다.

준소비대차와 소비대차는 ① 준소비대차의 성립이 그 기초가 되는 계약(매매, 임대차 등) 또는 법정채권관계(부당이득, 불법행위 등)에 기한 채무를 조건으로 한다는 점, ② 기초계약이 무효 또는 취소로 되는 경우에 준소비대차관계도 소멸하게 된다는 점,[2] 기초계약과 준소비대차는 有因의 관계에 놓인다. ③ 준소비대차의 목적이

---

1) 같은 취지: 金鼎鉉, 앞의 글, 136 이하; 金曾漢, 201.

2) 판례: 원래 준소비대차의 경우라도 반드시 구채무는 소멸되고 신채무만 발생되는 것이라 할 수 없고 그 효력은 당사자의 의사를 해석하여 결정할 것이다(大判 1954. 12. 4, 4287민상213). 당사자간 소비대차로 인한 급부의무에 관하여도 준소비대차계약을 체결할 수 있고, 그 새로운 채무에 대하여 제3자가 채무자와 연대하여 그 채무를 부담할 수도 있다(大判 1957. 2. 2, 4289민상629).

되는 차용물이 별도로 인도되지 않고 기초계약상의 채무를 차용물로 합의한다는 점, ④ 준소비대차의 합의 시점부터 목적물에 대한 이용권이 발생하고 이자도 계산되기 시작한다는 점, 다만 준소비대차합의가 기초계약에 의한 채무발생 이전에 체결된 경우에는 그 채무발생시부터 이자가 계산된다.

大判 1994. 5. 13, 94다8440: ① 민법 605조 소정의 준소비대차는 구채무가 소비대차일 경우에도 성립한다. ② 준소비대차가 이루어진 경우 구채무가 당연히 소멸한다고 볼 수는 없고, 그 소멸 여부는 당사자의 의사에 따를 것이지만, 원칙으로 구채무는 동일성을 유지하면서 소비대차의 형태로 존속하고, 그 담보도 그대로 존속한다.

(나) 更改와의 差異 경개는 구채무의 요소인 채권자 · 채무자 · 목적 등을 변경하여 새로운 채무를 성립시킴과 동시에 구채무를 소멸시키는 계약이다. 따라서 경개에서는 구채무와 신채무는 동일성을 갖지 않는다고 해석된다.

그러나 준소비대차는 소비대차 이외의 발생원인(계약 등)으로부터 생긴 급부의무를 준소비대차의 차용물반환의무로 전환시킴으로써 소비대차의 법리를 그 급부의무에 적용시키고자 하는 의도에서 인정된다. 또한 준소비대차에서는 그 급부의무는 동일성을 계속 유지하며, 급부의 내용은 기초된 법률관계에 의해 결정된다. 그러므로 구채무를 소멸시키고 신채무를 발생시키고자 하는 경개와는 구별된다.[1] 판례도 경개와 준소비대차를 구별한다(大判 1989. 6. 27, 89다카2957).

만약 당사자가 구채무를 소멸시키고 신채무만을 성립시키고자 하는 경우(경개)에는 준소비대차가 아닌 독립된 소비대차가 성립한다. 당사자가 경개의 합의를 하여 독립된 소비대차계약을 체결하는 경우가 이에 해당할 것이다.[2]

大判 1989. 6. 27, 89다카2957: 경개에 있어서는 기존채무와 신채무와의 사이에 동일성이 없는 반면, 준소비대차에 있어서는 원칙적으로 동일성이 인정된다는 점에 차이가 있는바, 기존채권 · 채무의 당사자가 그 목적물을 소비대차의 목적으로 할

1) 같은 취지: 郭潤直, 310; 金基善, 180; 金錫宇, 232; 金疇洙, 262; 金顯泰, 161. 반대설: 李太載, 226.
2) 郭潤直, 310에서는 준소비대차는 경개가 아니라고 보나 당사자의 의사에 의해 준소비대차로서 경개를 성립시킬 수도 있다고 한다.

것을 약정한 경우 그 약정을 경개로 볼 것인가 또는 준소비대차로 볼 것인가는 일차적으로 당사자의 의사에 의하여 결정되고, 만약 당사자의 의사가 명백하지 않을 때에는 동일성을 상실함으로써 채권자가 담보를 잃고 채무자가 항변권을 잃게 되는 것과 같이 스스로 불이익을 초래하는 의사를 표시하였다고는 볼 수 없으므로 일반적으로 準消費貸借로 보아야 한다.

大判 2003. 9. 26, 2002다31803 · 31810: 채무자가 발행한 전환사채를 채권자가 인수하고, 채무자가 그 인수대금으로 채권자에 대한 기존의 대출금채무를 변제한 경우 전환사채와 기존의 대출금채권 사이에 동일성을 인정할 수 없다.

(2) 成立要件

㈎ 基礎債務의 存在 당사자 사이에 금전 기타의 대체물의 급부를 목적으로 하는 기초채무가 존재하여야 한다. 기초채무가 계약의 무효 · 취소 · 해제 등으로 존재하지 않게 된 경우에는 준소비대차의 효력도 생기지 않는다(大判 1962. 1. 18, 4294 민상493). 민법 제605조는 「당사자 쌍방이 소비대차에 의하지 아니하고 금전 기타의 대체물을 지급할 의무가 있는 경우」라고 하는데 이는 「쌍무계약」을 의미하는 것이고, 그 쌍무계약의 채무 중 하나만을 소비대차로 전환하는 것이 보통이다.[1] 장래의 채무를 기초로 하는 준소비대차약정도 유효하다.

㈏ 準消費貸借의 合意 기초채무의 당사자가 그 채무의 목적을 소비대차의 목적으로 한다는 합의를 하여야 한다(大判 2002. 12. 6, 2002다42278). 준소비대차는 실제로 채무의 변제기를 유예해 주는 효과를 가져오므로, 변제의 이익을 연기시키는 채권자측의 의사가 중요한 의미를 가진다. 채무자가 대여원금과 이자 및 등기비용 상당의 채무를 인정하고, 주변이 정리되는 대로 변제할 것을 표시한 것만으로는 준소비대차계약이 체결되었다고 보기에 부족하다(大判 1996. 9. 20, 96다25302).

(3) 準消費貸借의 法律關係

㈎ 消費貸借규정의 適用 준소비대차는 소비대차와 같은 성격을 가지므로 그 규정이 적용된다. 단, 대주의 목적물인도의무는 이미 이행된 것으로 본다. 대물반환의 예약에 관하여는 제607조, 제608조 및 가등기담보법이 적용된다. 판례도 제607조는 준소비대차계약에 의하여 차주가 반환할 차용물에 관하여도 적용이 있다고 한다(大判 1967. 10. 31, 67다1990).

---

1) 같은 취지: 金曾漢, 196; 주석 채권각칙(Ⅱ), 96(安二濬 집필부분).

大判 1997. 3. 11, 96다50797: 부동산 매수인이 매도인에게 잔대금 1억원 중 금 5천만원만 지급하고 나머지 금원에 대하여는 변제기를 정하여 월 2%의 이율로 차용하는 것으로 하되, 만일 매수인이 변제기까지 이를 갚지 못할 때에는 그 부동산에 대한 소유권이전등기청구권으로 대물변제하기로 약정을 한 경우에, 금원을 차용하기로 한 부분은 준소비대차에 해당하고 대물변제하기로 한 부분은 대물반환의 예약에 해당하며, 민법 제607조, 제608조는 이와 같은 준소비대차계약에 의하여 차주가 반환할 차용물에 관하여도 그 적용이 있다.

(나) 基礎債務로부터의 影響 준소비대차의 내용은 기초채무로부터 영향을 받는다. 기초계약에서 생긴 사유를 가지고 준소비대차계약에서 항변할 수 있다. 다만 동시이행의 항변권은 준소비대차에 의해 포기한 것으로 해석된다. 기초계약에 부착된 물적 담보와 인적 담보는 다른 약정이 없는 한 준소비대차를 위해서도 담보한다. 구채무와 신채무의 동일성이란 기존채무에 동반한 담보권, 항변권 등이 당사자의 의사나 그 계약의 성질에 반하지 않는 한 신채무에도 그대로 존속한다는 의미이다(大判 2007. 1. 11, 2005다47175). 연대채무자의 1인과 하는 준소비대차는 다른 연대채무자를 면책시키거나 그 성질을 변화시키지 않는다.[1)]

(다) 消滅時效 차용금반환채권의 소멸시효에 관해서는 준소비대차약정에 기하여 정해진 변제기를 기산점으로 한다.[2)] 판례도 회사에 대한 노임채권에 관하여 준소비대차계약이 체결된 경우, 그 노임채권이 민법 제164조 3호의 단기소멸시효의 적용을 받는 것이더라도 그 준소비대차계약은 상인인 회사가 영업을 위하여 한 상행위라고 추정하는 것이 상당하고, 따라서 그로부터 새로이 발생한 채권은 상사채권으로서 5년의 상사시효의 적용을 받게 된다고 한다(大判 1981. 12. 22, 80다1363).

1) 같은 취지: 金疇洙, 242; 金曾漢, 197.
2) 같은 취지: 郭潤直: 312; 金疇洙, 265; 金曾漢, 197; 金顯泰: 163.

§ 22. 消費者信用

1. 概 說[1]

(1) 意 義

(가) 槪 念 소비자신용이란 소비자(매수인)의 신용거래(대금후불의 매매)를 가능하게 하기 위해 고안된 여러 가지의 거래형태의 집합을 말한다. 현대산업사회의 대량생산·대량판매의 경제구조 아래에서 생산자는 소비자의 구매력확대 및 소비에의 유인을 위한 방안을 필요로 한다. 「소비자신용」은 그러한 거래요청을 충족시키기 위해 근래 발전된 계약영역이다. 1980년대에 들어서자 우리의 경제는 신용경제화현상을 뚜렷이 나타내기 시작하였고, 할부매매·신용카드거래·팩터링금융구매·소액대부 등의 소비자금융이 거래량의 상당부분을 차지하게 되었다. 우리 나라 소비자신용의 특색은 할부매매와 신용카드거래·리스계약·팩터링금융 등의 여러 가지의 신용형태가 밀접히 연관되어 동시에 발달되고 있다는 점이다.[2]

(나) 機 能 소비자신용은 장래의 소득에 의해 변제할 수 있는 범위 내에서 자금을 융통하여 가계의 異時點間의 자원분배를 가능케 하는 작용을 한다. 소비자는 소비자신용을 이용하여 긴급한 자금수요를 충족시키거나 高價의 내구소비재를 구입할 수 있다. 소비자신용은 소비자의 구매능력 및 구매의욕을 높여 대량생산체제에 필수적인 대량소비를 가능케 하며, 소비자의 구매력을 안정시켜 경기악화에 따른 판매량의 하락을 완화시켜 준다. 소비자신용의 유형

---

1) 참고문헌: 金建植, "미국소비자보호법제의 개관," 서울대 법학 제29권 3호·4호, 1988; 金珖伯, "소비자신용의 금리규제에 관한 법리," 연세대 연세법학연구 제2집, 1992년 8월; 同, "소비자신용정보와 소비자보호," 저스티스 제28권 1권, 1995년 7월호; 同, "독일과 미국의 소비자신용정보보호에 관한 소고," 법조 제44권 6호, 1995년 6월호; 金文換, "미국연방소비자신용보호법," 곽윤직화갑기념, 1985; 金相容, "한국에서의 소비자신용담보," 한독법학 제12호, 1996년 9월호; 安京煥, "소비자금융의 활성화와 소비자신용거래에 있어서의 소비자보호를 위한 법리의 검토 — 미국의 경우를 참고로," 서울대 법학 제29권 3호·4호, 1988; 梁彰洙, "서독소비자신용법제의 개관," 서울대 법학 제29권 3호·4호, 1988; 李昌鎬, "소비자신용보호법 중 크레디트카드에 관한 규정," 법제 제82호, 1984년 4월호; 崔性鉉, "미국의 대부자책임법리에 관한 판례동향," 李鍾祥화갑기념 현대법의 제문제, 1994; 洪天龍, "독일의 소비자신용법에 관한 고찰," 김형배화갑기념 채권법에 있어서 자유와 책임, 1994; 長尾治助, 消費者信用法の形成と課題, 1984; 籃田·長尾 編, 消費者金融の比較法的硏究, 有斐閣, 1984; 拙稿, "소비자신용의 유형과 법률관계," 기업법무 창간호 1987년 7월호.

2) 이러한 현상은 외국에서 소비자신용이 할부매매에서부터 발달하여 할부매매법의 규제를 받은 후 점차 신용카드거래·리스계약·팩터링금융 등으로 순차적으로 발전되어 온 것과 대조를 이룬다.

중 특히 신용카드에 의한 거래는 시중의 현금유통량을 감축시키고, 나아가서 예금의 증가와 화폐가치의 안정을 초래한다.

(2) 消費者信用의 法律問題

소비자신용의 거래형태는 대부분이 최근에 새로 생겨난 것으로서(신종계약), 민법이나 상법 등에서 전혀 규율하는 바가 없거나, 또는 법률규정이 거래실태에 너무 동떨어져 있어 현실의 법적 요청을 충족시키지 못한다. 그러한 법의 공백은 바람직하지 못한 법상황이므로 조속히 제거되어야 한다. 그들 신종계약에 대한 학설 · 판례 · 입법에 의한 규율을 위해서는 외국에서 1960년대 이후에 급속히 발달 · 입법화된 법제를 연구하는 것이 필요하다. 그러나 그것보다 선행되어야 할 일은 우리 나라의 거래실태를 파악하여 그들을 유형화하는 작업이라고 생각한다. 우리의 사회현실에 대한 정확한 인식 위에 선진국의 방법론 · 해석론 · 법제 등으로 체계화해야 될 것이다.

소비자신용은 여러 가지의 형태로 이용되고 있으므로 그들을 하나로 묶어 일관된 법원칙을 도출해 낸다는 것이 가능한가조차 의문시된다. 그러나 공통되는 법적 쟁점으로는 「신용가격(이자) 및 연체이자의 적정성」[1] 및 「계약체결시 약관의 明示」, 「소비자의 충동구매방지를 위한 계약철회권」, 「할부금융의 연체로 인한 해제의 법률관계」, 「3당사자관계에 있어서 소비자의 항변권보장의 문제」, 「보증책임의 제한」, 「연체금회수에 따른 위법행위의 방지」, 「소비자의 신용정보의 관리」[2] 등이 있고, 그 밖에 신용카드에는 「카드의 무권한사용」에 따른 문제(회원의 책임 및 범죄성립 여부) 등이 생긴다.

(3) 消費者信用의 分類[3]

㈎ 販賣信用과 貸付信用　판매신용은 상품신용(Warenkredit)이라고도 하며, 매도인이 즉시의 안전한 반대급부 없이 상품인도나 서비스 제공을 함으로

---

1) 安京煥, "소비자 금융의 활성화와 소비자 신용거래에 있어서의 소비자보호를 위한 법리의 검토 — 미국의 경우를 참고로 —," 서울대 법학 제29권 3호 · 4호, 1988년 12월, 190에서는 "신용의 가격은 이자와 위험수당으로 이루어진다고 볼 수 있다. 위험수당이란 채권의 회수가능성에 대한 불확실성으로 말미암은 것이다. 할부구매든 은행융자든 신용의 이용형태는 다양하지만 모두가 자금의 사용대가 즉 이자와 그 위험수당을 지불해야 한다." 그러나 "위험수당을 제외한 고율의 이자율 문제는 불공정한 거래와 신용제공자의 시장독점에서 발생하므로 독점과 불공정한 거래실정 자체의 수정 없이는 어떤 시도로도 해결할 수 없다"고 한다.

2) 鄭東潤, "신용정보의 관리," 기업법무 창간호, 1987년 7월호.

3) 이하의 분류방법이나 유형화에 있어서는 독일의 Hadding의 意見書(W. Hadding, *Gutachten zum 53. Deutschen Juristentag.* Welche Massnahmen empfehlen sich zum Schutz des Verbrauchers auf dem Gebiet des Konsumentenkredits? Berlin, 1980)와 일본 金融問題硏究會의 "我が韓における消費者信用のあり方," ジュリスト, No. 813(1984)을 참조로 우리 실정에 맞게 변형하였다.

써 매수인에게 신용을 제공하는 형태를 가리킨다. 즉 외상판매나 할부판매에서와 같이 상품판매를 계기로 하여 제공되며, 신용제공자가 상품의 매도인인 경우를 가리킨다. 판매신용에서는 원칙적으로 매도인과 매수인 사이의 매매계약에 따른 2당사자관계만이 존재한다(앞에서 설명한 할부매매 참조).

대부신용은 화폐신용(Geldkredit)이라고도 하며, 소비자가 상품의 매도인 이외의 제3자로부터 신용을 제공받아 그로 인해 생긴 구매력을 갖고 매도인과 거래하는 형태의 소비자신용을 말한다. 즉 신용제공자는 매도인이 아닌 금융기관·사채업자·신용카드회사 등이다. 대부신용에는 소비자·신용제공자·매도인의 3당사자 사이에 3면관계(Dreiecksverhältnis)가 존재한다. 소비자와 신용제공자 사이에는 금전소비대차의 법률관계가 존재하며, 소비자와 매도인 사이에는 매매의 법률관계가 존재한다. 신용제공자와 매도인 사이에는 밀접한 유대관계를 지속시키는 특수한 계약관계(가맹점 관계 등)가 존재한다.

(나) 割賦信用과 非割賦信用 소비자가 제공받은 신용(매매대금 또는 대차금)을 회귀적으로 할부상환하도록 예정된 경우를 할부신용(Ratenkredit) 또는 할부상환형 신용이라고 한다. 할부매매·적금식 할부상환대출이 대표적인 예이다. 이러한 신용형태에서는 實質年利率(effektiver jahreszins)을 정확히 산정하여 소비자에게 명시하는 것이 중요한 법률문제로 된다. 비할부신용은 소비자가 일용품을 구입할 때 신용카드, 직불카드 등을 이용하여 대금을 지불할 때에 이용된다. ① 여신전문금융업법상 "할부금융"의 정의는 "물건매매계약에 대하여 매도인(기업에 한하되, 주택매매에 있어서는 개인을 포함한다) 및 매수인과 각각 약정을 체결하여 매수인에게 융자한 물건구매자금을 매도인에게 지급하고 매수인으로부터 그 원리금을 분할하여 상환받는 방식의 금융"이라고 한다(제2조 13호). 할부금융은 할부금융업자가 매수인의 물건구매자금을 매도인에게 직접 지급하고 매수인으로부터 약정한 이자와 원리금을 상환받는 금융방식으로 할부금융업자는 할부금융이용자와 계약에 의하여 이자율, 원리금상환방법 등을 결정한다. ② 할부거래에관한법률에서는 "매수인이 신용제공자(매도인·매수인과의 각 약정에 따라 목적물의 대금에 충당하기 위하여 신용을 제공하는 자를 말한다)에게 목적물의 대금을 2월 이상의 기간에 걸쳐 3회 이상 분할하여 지급하고, 그 대금의 완납 전에 매도인으로부터 목적물의 인도 등을 받기로 하는 계약"을 할부계약으로 정의한다(제2조 1항 2호). ③ 여신전문금융업법상 할부금융업자는 할부금융거래조건에 대하여 할부금융이용자에게 알려야 하는 주지의무(할부금융업자가 정하는 이자율·연체이자율 및 각종 요율, 할부금융에 의한 대출액의 변제방법 등)가 부과된다. 할부금융업자는 할부금융이용자에게 할부금융의 대상이 되는 물건의 구매액을

초과하여 할부금융자금을 대출할 수 없으며, 할부금융업자는 할부금융자금을 할부금융의 대상이 되는 물건의 매도인에게 직접 지급하여야 한다.

(다) 金融型과 支拂型　자금을 필요로 하는 소비자에게 이자부로 자금을 융통해 줄 목적으로 신용을 제공하는 경우를 금융형 소비자신용이라 하며, 대부분의 소비자신용이 이에 속한다. 지불형 소비자신용은 현금에 대신하는 지불수단으로서의 기능이 중심이 되는 경우를 말한다. 直拂카드거래가 그 대표적인 예이며, 이 기능으로 말미암아 신용카드를 「제3의 통화」라고도 한다.[1)]

(라) 個別契約型과 包括契約型　각각의 신용제공에 관하여 신용제공액·신용제공기간·반환방법 등의 계약내용을 개별적으로 정하는 경우를 개별계약형이라 한다. 그에 반하여 미리 포괄적 신용제공계약을 체결하여 신용제공의 상한액·조건·변제방법 등을 정하여 두고, 그것에 기초하여 소비자가 자유로 반복하여 신용을 제공받을 수 있는 경우를 포괄계약형이라 한다. 신용카드거래가 후자의 대표적인 예이다.

(4) 消費者信用에 관한 法律

우리 나라에는 아직 소비자신용의 거래를 종합적으로 규율하는 법률이 없다. 민법(1958)의 채권편, 특히 매매 및 소비대차에 관한 규정이 소비자신용에 적용되는데, 이것만으로는 부족한 실정이다. 특별법 중 소비자신용과 관련되는 것으로서는 상법, 약관의규제에관한법률, 소비자보호법, 은행법, 종합금융회사에관한법률(1987), 할부거래에관한법률(1991), 여신전문금융업법(1998) 등이 있다.

각국은 소비자신용에 관한 특별법을 제정하여 그의 법률관계를 명확화하고 거래질서를 확립하기 위해 노력하고 있다. 미국의 소비자신용보호법(1968)과 통일소비자신용법전(1968)을 비롯한 10여개의 법률들, 영국의 소비자신용법(1974)과 대금업자법(1900) 등, 프랑스의 신용제공거래분야에 있어서 소비자의 정보및보호에관한법률 제22호(1978)와 고금리·금전대부및일정한권유·광고에관한법률 제1010호가 있고, 독일은 할부매매법(1894) 및 소비자신용법(1990)이 제정되었다. 일본은 할부판매법(1961), 貸金規制二法(1983) 외에 소비자신용거래법안(大藏省)이 검토중이다. 그 밖에 1984년 6월 EC에 의해 소비자신용에 관한 통일적 규제안이 작성됨으로써 유럽 각국에서 통일적 규제가능성이 열렸

1) 그 밖에 정기예금 등을 기한 전에 인출하는 대신에 그것을 담보로 신용을 제공함으로써 경제적으로 정기예금을 유동화하는 것을 가리켜 「소비신용의 유동화기능」이라고 한다.

다. 유럽 각국에서 초기의 법률들은 消費者保護를 지향하였으나, 근래의 입법들은 이와 함께 법률관계의 명확화를 꾀하고 있으며, 여러 유형의 소비자신용의 법률문제를 그들에 공통되는 원칙을 추출하여 규율하는 식으로 綜合的 規律의 입법방식을 취하는 경향이다.[1)]

2. 팩터링금융과 消費者貸付

(1) 팩터링금융의 意義[2)]

㈎ 槪　　念　　상품의 매도인이 매수인에게 신용판매를 하고, 그 외상의 대금채권은 제3자인 금융업자(팩터링회사)에게 양도하여 그 금융업자가 직접 매수인에게 청구하여 받도록 하는 새로운 소비자판매금융의 형태를 팩터링금융이라고 부른다. 팩터링회사(factor)와 팩터링고객(client)인 판매업자 사이에 맺어진 채권양도의 기본계약에 기초하여 매도인이 외상으로 판매한 상품의 대금채권을 팩터링회사가 양수받아 상품매수인에게 직접 그의 이행을 청구하는 3당사자간의 법률관계가 전개된다.

팩터링금융은 소비자가 어떤 물건을 구입하고 싶으나 현금이 없는 경우 판매자가 융자를 주선해 그 물건을 살 수 있도록 하는 소비자금융의 일종이다. 대개 그 대금을 매달 분할하여 지급하므로 소비자측에서는 할부매매와 유사한 혜택을 입는다. 이런 경우 할부거래에관한법률이 적용된다. 팩터링거래가 다른 소비자금융과 다른 특징은 매도인과 제3의 금융업자 사이에 「팩터링계약」이라는 독특한 계약관계를 기초로 계속적인 채권양도가 행하여진다는 점이다.

㈏ 機　　能　　팩터링계약을 기초로 한 3당사자간의 거래는 다음과 같은

1) 梁彰洙, "서독 소비자신용법제의 개관," 서울대 법학 제29권 304호, 1988년 12월, 139에서는 독일에서는 할부매매법 제정시에 우세한 지위를 차지하였던 "거래에 있어서의 약자 보호"라는 관점과 아울러 "금융기관과 그 이용자와의 관계"라는 다른 관점으로부터의 접근의 필요가 의식되기에 이르렀다고 한다.

2) 참고문헌: 姜吉遠, 팩터링 금융제도연구, 무역경영사, 1983; 朴鍾秀, "Factoring거래의 이론과 실제," 중재 제8권 10호, 1984년 10월호; 朴煊日, "팩터링거래의 법률관계(상)·(하)," 금융 1982년 5월·6월호; 徐敏, "채권양도에 관한 연구," 서울대법학박사학위논문, 1985; 同, "Factoring거래의 법적 고찰," 충남대 법학연구 제2권 1호, 1991년 12월; 辛宗錫, "팩터링거래에 관한 연구," 안동섭화갑기념 상거래법의 이론과 실제, 1995; 安東燮, "영업채권매수업의 법률관계," 고시연구 1998년 4월호; 同, "팩터링영업의 법률관계," 단국대 법학논총 제19집, 1993년 8월; 鄭東潤, "새로운 유형의 상행위(其二)," 안이준화갑기념 민사법과 환경법의 제문제, 1986, 832 이하; 鄭在坤, "국제팩터링제도에 관한 법적 고찰: 1988 UNIDROIT협약을 중심으로," 부산대 법학논집 창간호, 1991년 2월; 同, "국제팩터링협약에 관한 법적 고찰," 국재거래법연구 제2집: 국제거래와 법 제2집, 1993년 6월; 趙誠鍾, "팩터링의 법률문제에 관한 연구," 명지대 사회과학논총 제8집, 1993년 12월.

기능을 갖는다. 첫째, 팩터링거래는 상품매도인이 자금을 얻을 수 있는 금융제도로서 기능한다. 둘째, 상품매도인은 팩터링계약에 힘입어 신용판매를 할 수 있으므로 판매촉진의 기능을 갖는다(그 밖에 팩터링회사가 상품의 판매정보를 제공하는 경우도 많다). 셋째, 팩터링회사가 팩터링고객의 대금채권추심의 업무를 수행하므로 팩터링고객이 된 상품매도인은 상품의 판매 이외의 업무를 줄일 수 있다. 넷째, 팩터링회사가 소비자의 대금채무불이행에 따른 손실을 부담하는 경우 통상 매도인이 부담하는 신용위험(credit risk)이 팩터링회사에 이전된다(단, 부진정 팩터링계약에 있어서는 그러하지 아니하다). 다섯째, 소비자에게는 고가상품의 신용구입의 방법으로서 기능한다.

(다) 種 類 팩터링계약은 「眞正팩터링계약」과 「不眞正팩터링계약」으로 구분된다.[1] 소비자가 대금의 지급을 거절하거나, 파산 · 화의절차개시 · 회사정리절차개시 등의 사유로 대금이 변제기에 지급되지 않을 우려가 있는 때에 팩터링회사가 그러한 신용위험을 스스로 부담하는 경우를 진정팩터링계약이라고 한다. 반면에 그 때에 팩터링회사가 팩터링고객에 대하여 팩터링계약을 해제하거나, 팩터링고객의 대차금반환에 관한 기한의 이익을 상실시키거나, 그 추심불능액 팩터링고객에게 상환청구할 수 있도록 정하는 경우가 있는데, 이를 부진정팩터링계약이라 한다. 팩터링계약의 내용은 통상 약관에 의하여 정해지는데, 우리 나라에서는 팩터링고객에게 불리한 형태인 부진정팩터링계약이 약정되는 경우가 많으며, 팩터링금융의 설정시에 대금채권의 양도 외에 어음, 보증인, 기타 담보를 제공받는 경우도 있다.

팩터링의 의미

팩터링회사를 자칭하는 팩터(factor)라는 말은 원래 위탁매매인을 가리키는 말이었으나, 18세기 이후 영국에서 위탁매매인이 상품의 위탁매매뿐 아니라 금융업자의 역할까지 맡게 되자 점점 팩터의 기능이 다양해졌다. 20세기에 이르러 미국에서 현재의 팩터링계약이 비약적으로 발전 · 보급되었고, 이 거래형태는 독일과 일본에도 도입되었다.

우리 나라는 1979년에 최초로 팩터링회사가 설립된 이래 점차 팩터링계약이 보

1) 영미법에서는 팩터링회사 신용위험을 인수하는 경우를 상환청구권 없는 팩터링(non recourse factoring), 그렇지 않고 소비자로부터 대금을 지급받지 못한 때에 팩터링회사가 팩터링고객에게 그 금액의 상환을 청구할 수 있는 경우를 상환청구권 있는 팩터링(recourse factoring)이라 하여 분류한다. 그러나 독일에서는 전자를 진정팩터링(echtes Factoring), 그리고 후자를 부진정팩터링(unechtes Factoring)이라 한다.

급되었다. 팩터링회사가 팩터링전문금융회사인 경우, 일반의 금융기관인 경우, 생산자가 자기회사 제품의 판매촉진을 위하여 그의 대리점에게 팩터링금융을 제공하는 경우 등 팩터링의 실태는 다양하다.

(2) 팩터링금융의 法律關係

3당사자 사이에 팩터링거래가 이루어지는 과정은 다음과 같다. ① 팩터링계약: 팩터링고객은 팩터링회사와 「팩터링계약」이라는 기본계약을 체결한다. ② 팩터링회사는 팩터링고객의 거래상대방에 대한 신용정보를 제공한다. ③ 매매계약: 팩터링고객은 그 신용정보를 기초로 소비자에게 상품을 신용판매한다. 이 때 팩터링고객은 소비자로부터 매매대금청구권을 제3자(팩터링회사)에게 양도해도 좋다는 승낙서를 받는다. ④ 팩터링고객은 그 대금채권을 팩터링회사에게 양도한다. 이 때 소비자로부터 받은 채권양도의 승낙서도 함께 인도한다. ⑤ 팩터링회사는 팩터링고객에게 그 양도받은 채권의 대가를 지급한다. 채권양도시에 지급하는 것이 보통이지만, 매수인으로부터 대금을 추심한 후에 지급하는 경우도 있다.[1] ⑥ 팩터링회사가 소비자로부터 상품대금을 지급받는다.

(가) 팩터링계약 팩터링회사와 팩터링고객 사이의 기본계약을 「팩터링계약(factoring)」이라 한다. 팩터링계약은 포괄적 · 계속적 법률관계를 발생시킨다. 팩터링고객의 대금채권양도, 그에 대한 팩터링회사의 수수료청구권, 판매정보의 제공, 대금채권에 관한 장부작성, 회계업무, 경영지도, 수출입에 따른 신용장개설업무, 기타 서비스에 관한 내용이 포함된다.

(나) 賣買契約에 기한 商品引渡 팩터링고객과 매수인 사이에는 매매계약(또는 서비스 이용계약)이 맺어지고 상품이 인도된다. 매매대금은 매수인으로부터 받지 않고 팩터링회사로부터 지급받는다는 점에 특색이 있다.

(다) 代金債權의 讓渡 팩터링고객은 자기가 판매한 대금채권을 팩터링회사에게 양도하여 그로 하여금 추심하게 한다. 팩터링계약에서 정해진 요건을 갖춘 개개의 대금채권의 양도가 일정기간 동안 반복되는데, 그 개개의 채권양도의 법적 성격에 관해서는 다음의 학설이 대립한다. ① 債權賣買說: 채권양도를 채권의 매매로 파악하는 견해이다.[2] 그러므로 팩터링회사가 팩터링고객에게 지급하는 금전은 채권의 매수대금으로 이해한다. ② 消費貸借說: 팩터링거래는

1) 영미법에서는 전자를 선급팩터링(advance factoring), 그리고 후자를 만기팩터링(maturity factoring)이라고 분류한다.

2) 우리 나라에 이를 주장하는 학자는 없다. Schöle, *Bank-und Bösenrecht*, 2, Aufl., 1976, § 15 Ⅲ 3.

팩터링고객에 대한 금융으로서 기능하므로 그의 법적 성격도 소비대차로서 파악되어야 한다는 견해이다.[1] 이 때 대금채권의 양도는 담보의 목적으로 행해지는 양도담보의 성격을 갖는다고 본다. ③ 折衷說: 진정팩터링과 부진정팩터링을 구별하여 전자는 채권의 매매이고, 후자는 채권을 담보로 한 소비대차라고 하는 견해이다.[2] 소비자의 대금지급불이행시에도 팩터링회사에게 상환청구권이 없는 진정팩터링의 경우에는 팩터링고객이 대금채권을 팩터링회사에게 이행에 갈음하여 확정적으로 양도하고 그 대금을 받는 것이므로 매매이지만, 상환청구권이 있는 부진정팩터링의 경우에는 대금채권을 담보로 금전을 대여하는 것과 실질적인 차이가 없으므로 소비대차에 해당한다고 주장한다. ④ 私見으로서는 消費貸借說에 찬동한다. 첫째, 팩터링계약이 실제 자금융통의 금융기능을 담당한다는 것에 충실하게 해석하여야 한다. 둘째, 신용위험을 팩터링회사에 이전시키느냐(진정팩터링의 경우), 또는 그대로 팩터링고객이 부담하느냐(부진정 팩터링의 경우)의 문제는 채권양도가 매매이냐 소비대차이냐의 문제와 직접 관련이 없다. 팩터링계약에 의한 채권양도를 매매라고 보는 견해(매매계약설과 절충설)의 근거는 팩터링회사가 신용위험까지 인수하는 것은 매매계약으로 보는 것에 의해서만 설명가능하다는 데 착안한다. 그러나 민법의 채권매매에 관한 규정은 채권의 매도인이 채무자의 자력을 담보하도록 요구한다(제579조). 셋째, 양도되는 채권은 매매로 인하여 발생한 대금지급청구권으로서 그것은 목적물인도청구권과 견련성을 갖는 쌍무계약의 상환채권이므로 하나만 분리하여 제3자에게 양도하는 것은 타당하지 않다. 그러므로 그 대금채권을 담보로 제공하고 팩터링회사로부터 소비대차한 것으로 해석하는 편이 목적물의 불인도나 하자존재의 경우 합리적인 설명을 할 수 있다. 이 때 그러한 담보의 법률관계는 권리질권(제345조 이하)에 해당하여 팩터링회사는 권리질권자로서 담보물권을 취득하며(권리질권의 설정방법은 그 권리의 양도에 관한 방법에 의한다. 제346조), 권리질권자로서 직접 채무자인 소비자에게 대금지급을 청구할 수 있다(제353조 1항).[3]

㈑ 買受人의 代金支給　팩터링고객의 매수인에 대한 대금청구권을 양수

---

1) 徐敏, 앞의 책, 159; Larenz, *Schuldrecht Ⅱ*, 12. Aufl., S. 462; Canaris, *Bankvertragsrecht*, 1981, S. 850.

2) 鄭東潤, 앞의 글, 843. 독일의 다수설·판례도 같은 취지임: K. Schmidt, *Handelsrecht*, 2. Aufl., 1982, S. 759; Medicus, *Schuldrecht Ⅱ*, 2. Aufl., S. 254; Fikentscher, *Schuldrecht*, 7. Aufl., S. 370f.; BGH 58, 364, 367 등. 그 밖에 金亨培, 800에서는 팩터링거래의 다원적 계약요소를 하나의 계약관계 속에 흡수·통합(Absorption)하려는 해석방법은 정당하지 않다고 한다.

3) 거래의 실제는 채권양도시에 채권의 현시가(장래 변제기에 변제받을 금액에서 이자·비용·위험인도비 등을 공제한 금액)를 평가하여 그 금액으로 매도하는 형태를 취하지 않으며, 팩터링고객이 팩터링회사에게 채권양도시에 지급받은 융자금(양도액 상당)에 비례하여 일정비율의 수수료를 지불하는 형태로 행해진다.

받은 팩터링회사는 채권자로서 소비자에게 직접 이행청구를 하여 추심할 수 있다. 매매계약에서 발생한 목적물인도청구권과 대금지급청구권은 쌍무계약에서의 상환채무의 관계에 놓이므로 비록 대금채권만이 양도되었더라도 그 두 채권 간의 성립 · 존속 · 소멸상의 견련성이 유지된다. 다만 이행상의 견련성에서 나오는 동시이행의 항변권만은 신용판매의 속성상 배제되지만, 매수인의 대금지급이 곤란할 현저한 사유가 있는 때에는 팩터링회사측의 不安의 抗辯權이 인정된다(제536조 2항).

매수인의 대금지급의무는 일시불인 경우보다 割賦로 지급하는 경우가 많다. 이 때 소비자의 입장에서 팩터링거래는 할부매매와 유사한 기능을 하며, 또한 할부매매의 문제점도 거의 모두 그대로 팩터링거래에 존재하게 된다(할부매매 설명 참조). 할부거래법 제2조 2호는 "매수인이 신용제공자에게 대금을 2월 이상 3회 이상 분할하여 지급하고 그 완납 전에 목적물의 인도를 받기로 하는 계약의 경우에 할부계약에 관한 법리를 적용한다. 따라서 계약철회권(7일), 할부거래의 표시, 할부계약의 서면주의, 매도인의 손해배상청구금액의 제한 등에 관한 규정이 팩터링금융에 의한 할부계약에 적용된다.

매수인의 抗辯權에 관하여는 할부계약인 경우에 매수인이 신용제공자에게도 매매계약상의 항변사유를 가지고 대항하여 할부금지급을 거절하도록 규정되어 있다(할부거래법 제12조 2항). 매수인이 신용제공자에게 거절할 수 있는 금액은 할부금의 지급을 거절한 당시에 신용제공자에게 지급하지 아니한 나머지 할부금으로 한정된다.

(3) 消費者貸付

㈎ **概　　念** 　소비자대부(loan)란 소비자가 어떤 상품을 구입하기 위한 자금이 필요한 경우 매도인이 아닌 제3자(금융기관)로부터 그 매매대금을 대부받는 것을 말한다. 소비자대부가 팩터링거래와 다른 점은 소비자가 직접 금융기관으로부터 매매대금 상당액을 소비대차하여 그 돈으로 물건을 현금구입하는 형태를 취한다는 점에 있다. 반면에 팩터링거래는 소비자가 매도인으로부터 외상구입한 후에 매도인이 팩터링회사에 그 대금채권을 양도하여 팩터링회사가 채권양수인으로서 소비자에게 대금을 청구하는 형태로 된다. 그러나 소비자의 입장에서는 물건을 현금이 없이 구입한다는 점(신용구입의 측면), 대금은 매도인이 아닌 제3자에게 지급한다는 점, 제3자의 금융은 소비자의 상품구입을 조건으로 하거나 그 밖의 방법으로 직접 연결되어 있다는 점, 대개의 경우 대부금의 상환 및 대

금지급은 할부로 행해진다는 점 등의 측면에서 양자가 유사하다(신용카드거래와도 같다).

(나) 法律關係 소비자대부는 실질적으로나 외형적으로나 모두 소비자와 금융업자 사이의 직접의 消費貸借로 구성되어 있다. 실제로 소비자가 금융을 받기 위해서는 미리 매도인과 금융업자 사이에 「론(대출)제휴판매의 기본계약」이 있어야 하는 경우가 많다. 이 「론(대출)제휴계약」은 매도인이 일정한 자(신용 있는 소비자)에게 일정상품(가전제품 등의 내구소비재가 대부분이다)을 판매하는 경우에 그 대금을 소비자에게 대부해 주기로 하는 계약이다. 그러나 이 약정은 소비자와 금융업자 사이의 소비대차계약의 기초가 될 뿐 그 소비대차계약의 내용을 구성하지는 않는다.

이러한 법률관계는 다른 신용거래형태보다 소비자에게 불리하게 작용할 우려가 있다. 소비자의 입장에서는 賣買契約上의 抗辯이 단절될 가능성이 크기 때문이다. 그러나 판매를 위한 소비자신용이라면 어떠한 형태를 막론하고 매매계약상의 항변을 가능하게 하고자 하는 법리가 확산되고 있으므로, 이 법리에 따라 론제휴판매에도 매매계약상의 항변이 인정되어야 할 것이다.

3. 信用カード去來[1]

(1) 意 義

(가) 신용카드거래 신용카드거래란 카드회사와 신용카드이용계약을 맺은 회원이 그 카드회사와 가맹점계약을 맺은 점포에서 물건을 구입하거나 서비스를 이용하고는 카드를 제시함으로써 대금지불을 대신하는 거래를 총괄해서 가리킨다. 신용카드거래는 신용카드를 매개로 하여 이루어진다. 신용카드는 본래 의미로는 물품 또는 서비스의 신용구입을 위한 것이나, 이러한 목적의 단일

1) 국내 참고문헌: 郭潤直, "크레디트카드의 무단사용시 손실의 부담자," 민사재판의 제문제 제4권, 1986, 사법행정 1984년 12월호; 同, "신용카드 거래약관의 연구," 사법행정 1986년 11월호; 同, "신용정보의 관리," 기업법무 1987년 7월(창간호), 20 이하; 金文換, "크레디트카드의 도난보증책임," 변협지 1986년 4월호, 65 이하; 同, "크레디트카드의 도난보증책임 — 하급판례를 중심으로," 국민대 법정논총 제8집, 1985; 同, "미국연방소비자신용보호법," 민법학논총, 1985; 同, "크레디트카드의 실태와 문제점," 서연갑고희기념 상법학의 현대적 과제, 1985; 同, "크레디트카드의 무권한사용에 대한 책임," 기업법무 1987년 7월(창간호); 同, "크레디트카드의 실태와 문제점," 서정갑고희기념 상법학의 현대적 과제, 1985; 金鎭雨, "신용카드거래와 항변권 — 비교법적 고찰을 통한 시사 —," 소비자문제연구 제17호, 1996년 6월호, 82 이하; 安東燮, "신용카드거래의 법률관계," 월간고시 1987년 9월호; 李恭炫, "보증인의 책임제한," 기업법무 1987년 7월(창간호), 24 이하; 鄭東潤, "신용카드에 관련된 법률문제," 변협지 1987년 3월호(통권 제27호); 鄭燦亨, "수표카드와 신용카드," 고시계 1988년 10월호; 趙龍鎬, "크레디트카드의 법률문제," 사법논집 제17집, 1986; 黃鉦源, "신용카드거래에 따른 문제점," 경남대 노복연구논총 제4집, 1985; 拙稿, "크레디트카드에 관한 법적 고찰," 서울대 법학 제23권 1호(약관규제론에 수록); 同, "신용카드 거래의 입법의견," 법률신문 1987년 4월 6일; 同, "신용카드보증인의 책임범위," 민사판례연구 제9권, 1987.

목적카드와 그 밖의 다른 기능을 함께 보유하고 있는 다목적카드가 있다. 여기서는 신용카드거래를 카드에 의한 물품의 신용구입이라는 고유의 기능에 초점을 맞추어서 서술해 나가도록 한다.

신용카드거래는 시민의 법률관계의 상당부분을 차지하고 있으나 그 私法關係에 관한 규율은 부족한 실정이다(법의 空白). 회원규약이나 가맹점규약이라는 카드회사가 작성한 약관에 의해 법률관계가 정해지고 있다.

(나) 信用카드 신용카드란 카드발행회사가 그에게 가입된 크레디트회원에게 발행하여 주는 카드로서, 회원으로 하여금 그 카드를 제시하고 소정의 외상거래를 가능하게 하는 證書이다. 여신전문금융업법에서는 신용카드란「이를 제시함으로써 반복하여 신용카드가맹점에서 물품의 구입 또는 용역의 제공을 받을 수 있는 증표로서 이 법에 의해 신용카드업의 허가를 받은 신용카드업자가 발행한 것을 말한다」고 정의한다(여신법 제2조 3호).

회원은 물품구입시 카드를 제시하지 않고는 회원으로서의 권리를 행사하지 못한다. 신용카드의 소지자는 자기가 권리자임을 달리 증명할 필요 없이 간편하게 그의 회원으로서의 권리를 행사할 수 있다. 가맹점측에서는 카드의 소지자에게 판매하면 되고(회원 자신인가를 확인하도록 되어 있는 카드도 있다) 일단 진정한(위조가 아닌) 카드의 소지자에게 판매한 이상 그가 권리자가 아니었더라도 면책된다.

신용카드는 회원으로서의 권리 및 카드 회원과의 신용계약의 존재를 표창하고 있다는 점에서 證據證券性을 가지며, 다른 한편 가맹점이 외견상 유효한 카드의 소지자와 신용거래를 한 경우 설혹 그가 진정한 회원이 아니었더라도 이로 인한 책임을 부담하지 않는다는 점에서 免責證券性도 인정된다. 회원은 가맹점과의 신용거래시에 반드시 카드를 제시하여야 하며, 이 외의 방법에 의한 회원자격의 증명은 인정되지 않는다는 점에서 보통의 면책증권과는 다르다. 카드에는 1회 사용한도액과 1개월 사용한도액이 정해져 있는 것이 거의 대부분이다. 이 때 카드의 사용에는 이러한 상한액의 범위 내로의 제한이 있으므로 카드의 면책증권성은 制限的이라고 하겠다. 원칙적으로 신용카드는 회원 자신만이 사용할 수 있는 一身專屬性을 갖는다.[1]

1) 다음의 이유에서 신용카드의 유가증권성은 부정된다. 첫째, 신용카드가 표창하는 것이 재산권인가 하는 문제에 관하여는 신용카드는 권리 자체를 표시하는 증권은 아니고 다만 회원으로서의 자격을 증명할 뿐이라고 본다. 둘째, 신용카드에 의하여 증명되는 회원자격은 카드의 이전이나 배서 등의 방법으로 양도될 수 없다. 신용카드의 회원가입은 회원에 대한 신용조사를 바탕으로 하므로 원칙적으로 회원자격의 양도는 허용되지 않는다. 셋째, 착오로 발행된 카드나 유효기간이 경과한 카드 등은 회사가 카드를 회수하지 않더라도 그 카드는 효력이 없다. 신용카드는 원인관계인 신용카드 이용계약과 독립하여 존재하는 무인증권이 아

(다) 機　能　① 支給機能: 신용카드로써 대금을 결제하고, 현금을 소지하는 데 따르는 불편과 위험을 배제할 수 있다. 이 기능을 확보하기 위하여는 신용카드의 도난 · 분실이 회원에게 불이익을 가져다 주지 않도록 제도적 뒷받침이 되어야 한다. ② 金融機能: 카드의 이용으로 회원은 일정기간 동안 대금지불을 유예받음으로써 카드회사로부터 일종의 신용대부를 받는다는 경제적 혜택을 갖는다. 대금지불은 최장 57일까지 무이자로 유예되는데, 이를 신용공여기간(usance)이라 하며, 이는 팩터링(factoring)금융과 더불어 신용카드업이 소비자신용사업의 성격을 띠고 있음을 보여 준다. 신용카드 중에서 直拂카드는 이러한 신용대부의 기능은 부여되지 않고, 회원의 예금구좌에서 즉시 지급된다. ③ 信用確認機能: 매도인이 카드를 소지한 고객의 자력이나 신용상태를 직접 조사하지 않고도 신용을 주게 된다는 점에서 통상의 외상거래와 구별된다. 이는 카드발행회사를 신뢰하기 때문이며, 고객의 신용이 카드회사의 신용으로 대치되는 것이다. ④ 販賣促進機能: 가맹점의 입장에서 볼 때 신용카드거래는 소비자의 구매욕을 증대시키는 판매촉진의 역할을 담당한다. 반면에 소비자로 하여금 요긴하지 않은 물건을 충동구매케 하여 경제적 부담을 준다는 단점도 갖는데, 이를 보완하기 위하여 소비자에게 계약철회권을 부여해야 한다.

(2) 信用카드去來의 法律關係

회원과 가맹점 사이의 신용카드결제의 매매계약에 있어서는 회원과 카드회사 사이의 會員契約, 가맹점과 카드회사 사이의 加盟店契約이 전제로 된다. 신용카드거래는 다음의 순서로 행해진다. ① 회원과 카드발행회사간에 신용카드계약이 체결되고 카드가 발급된다. ② 카드 회원은 카드를 제시하고 매상표에 서명하여 가맹점으로부터 상품 및 서비스를 받는다. 이 때 가맹점은 대금의 청구에 있어서 쌍무계약의 일반적 효과인 동시이행의 항변권(제536조)을 갖지 않으며, 다만 매상표의 서명과 상품의 제공과의 동시이행만을 주장할 수 있을 뿐이다. ③ 가맹점은 이 매상표를 카드회사에 제시하고 그 대금을 그의 구좌에 입금받는다. ④ 카드회사는 회원에게 카드사용대금을 청구하고 회원은 이를 입금시킨다.[1]

니며, 회원의 권리가 카드발행에 의하여 비로소 창설되는 것이 아니므로 設權證券性도 갖지 않는다. 유가증권의 본질에 관하여서는 현재 학설이 대립하고 있으나 신용카드가 유가증권이 아니라는 사실은 어떠한 학설에 의하더라도 동일하게 추론된다. 徐燉珏, 상법강의(상), 151; 孫珠贊, 개정상법(하), 298 이하; 鄭熙喆, 신상법요론(하), 205~206.

1) 신용카드거래의 당사자는 카드의 종류에 따라 차이가 있다. 카드전문회사와 금융기관이 발급한 카드는 3當事者型으로써 카드회사 · 회원 · 가맹점이 당사자를 이룬다. 카드발행자와 판매업자가 동일인인 경우에

㈎ 代金支給의 法律關係　회원이 구입한 물품대금을 매매당사자가 아닌 카드회사가 지불하고 이를 회원에게 구상하는 3면관계의 법적 성격이 무엇인가에 관하여 다음과 같은 견해가 주장되어 왔다.

1) 債權讓渡說　카드회사는 가맹점으로부터 매상표를 송부받음으로써 가맹점이 회원에게 갖고 있던 대금채권을 양수받는다고 설명한다.[1] 이 때 카드회사가 가맹점에 지급하는 돈은 채권양도에 대한 대가이며, 카드회사가 매수인인 회원에게 청구하는 것은 매매대금이라고 보게 된다.

2) 債務引受說　회원이 가맹점에서 구입한 물품대금이 지급채무가 카드회사에 의해 인수되었다고 보는 견해로서, 다시 이 때의 채무인수의 성격을 免責的 債務引受로 보는 견해[2]와 竝存的 債務引受로 보는 견해[3]가 대립한다.

3) 直接請求權說　카드회사는 회원이 구매한 매매대금을 대부(소비대차)해 줄 의무를 지며, 회원은 물건구매시 회사에게 그 차용금을 지급할 것을 위탁하는 것이라는 견해이다.[4] 회원과 가맹점의 매매에 있어서 목적물과 회사의 대금지급약속이 교환되므로, 가맹점은 매매계약에 의하여 직접 카드회사에 대한 대금청구권을 취득한다. 매수인은 가맹점에 대해서는 아무 채무를 지지 않고 단지 카드회사에 대해서만 책임을 진다고 한다.

4) 保證債務說　회원이 가맹점에 대하여 주채무자로서 대금채무를 부담하고, 카드회사는 그에 대하여 보증채무를 부담한다는 견해이다.

5) 私見으로서는 竝存的 債務引受說에 찬동한다. 원래의 매매계약으로부터 발생한 채권관계는 그대로 회원과 가맹점간에 존재하고 카드회사는 그 대금채무를 병존적(중첩적)으로 인수하였다고 해석함이 타당하다. 단, 이 때 가맹점은 특별한 사유가 존재하지 않는 한 회원에게 직접 청구하지 않겠다는 특약을 하였다고 본다. 즉 회원은 카드회사에 채무인수하여 줄 것을 포괄적으로(크레디트계약시) 의뢰하고, 카드회사는 가맹점과 계약관계를 맺을 때 포괄적인 채무인수(병존적)

(백화점카드 등) 2當事者型으로 된다. 신용카드거래에 있어서 3당사자간의 법률관계는 그 자체가 「상호의존관계」 내지는 「목적구속관계」에 있으므로 각각의 관계는 신용거래의 불가결한 요소를 이룬다. 이 곳에서는 3당사자형을 중심으로 서술하였다.

1) 神崎克郎, 商行爲法(I), 有斐閣, 1973, 364 이하.

2) 鄭燦亨, 앞의 글, 58.

3) 金文換, "크레디트카드의 실태와 문제점," 서정갑고희기념 상법학의 현대적 과제, 1985, 68; 金星泰, "크레디트카드 거래," 고시계 1984년 11월호, 179; 吉原省三, "クレジットカード取引の現狀と法律關係," ジュリスト No. 428, 1969. 7, 115～116; 拙著, 약관규제론, 1984, 215.

4) 이는 美國의 최근 多數說이었으며, 미국의 1968년도 統一消費者信用法(Uniform Consumer Credit Code)에서는 이 견해를 취하였다. Clark & Sguillante, *The Law of Bank Deposits, Collections and Credit Card* 193, 1970; 李信燮, 앞의 글, 9도 이 견해에 동조하는 듯하다.

의 계약과 더불어 회원에의 不請求特約을 맺은 것이라고 해석할 수 있다. 이 경우 가맹점이 회원에게 물품을 매도하여 특정한 금전채권이 발생한 때에 인수의 효과도 발생한다고 해석하여야 할 것이다. 카드회사가 회원의 대금채무를 인수하는 법적 원인은 카드회사와 회원 사이의 소비대차계약(이는 신용 카드이용계약의 일부분이다)이라고 해석된다.[1] 대금채무인수는 소비대차계약의 존재를 조건으로 하며, 인수금은 곧 대차금에 해당한다.

사견으로는 다른 학설들이 다음의 문제점을 갖는다고 비판하겠다. ① 債權讓渡說에 의한다면 가맹점은 회원에 대하여 대금채권을 전혀 갖지 않으므로 카드회사가 파산 등의 이유로 지급불능인 경우에 회원에게 대금을 청구할 수 없게 되는 부당함이 있다. 또한 지명채권의 양도는 양도인이 채무자에게 통지하거나 채무자가 승낙하지 아니하면 채무자나 제3자에게 대항하지 못한다(제450조). 이 요건에 대하여는 회원이 입회신청시에 미리 포괄적으로 장래 발생할 가맹점의 채권을 양도하는 데 관한 합의를 맺은 것으로 설명할 수밖에 없다. 그러나 미발생·불확정의 채권양도에 관한 포괄적 승인이 민법 제450조에서 말하는 대항요건이 될 수 있는가는 의문이며, 또 하나 우리 나라의 회원규약에는 이러한 포괄적 승인에 관한 조항이 없는데도 이것이 있었다고 해석하는 것은 부당하다는 것 등이 지적될 수 있다. 우리 민법의 해석으로는 사전의 승낙의 경우 양도채권 및 매수인이 특정되어 있는 때에 한하여 채무자가 미리 그 양도에 동의한 때에는 그 후에 다시 통지나 승낙이 없어도 채무자에게 그 양도를 갖고 대항할 수 있다고 한다.[2] 그런데 승낙의 유추를 인정하더라도 이를 민법 제451조의 「이의를 보류하지 아니한 승낙」으로 볼 것이냐도 문제이다. 이렇게 된다면 회원의 매매계약상의 항변을 모두 부정하게 되어 부당하다고 생각된다. ② 免責的 債務引受說에 의한다면, 앞의 채권양도설에 있어서와 같은 부당함이 그대로 존재하게 된다. 즉 회원은 가맹점에 대하여 아무런 채무를 부담하지 않으므로 가맹점은 어떠한 경우에도 회원에게 대금을 청구할 수 없으며, 회원도 가맹점에 대하여 하자담보책임 등의 매매계약으로부터 발생하는 책임을 물을 수 없게 된다. 이러한 해석을 할 경우 회원이나 가맹점의 양자에게 불리하게 된다. ③ 直接請求權說은 가맹점과 회원 사이의 매매계약에 기초한 권리·의무의

---

1) 이상의 견해들 이외에 이행인수로 이해하는 경우에는 채권자인 가맹점이 카드회사에 대하여 직접 채권을 갖지 않게 되므로 카드회사측의 불이행시에 카드회사에 채무불이행책임을 묻거나 강제집행할 수 없게 되어 이러한 해석은 부당하다고 생각된다.

2) 郭潤直, 채권총론, 422; 金錫宇, 채권법총론, 321; 玄勝鍾, 채권총론, 316.

발생을 원만히 설명하지 못한다. 특히 하자담보책임을 물어 계약을 해제하거나 대금감액청구를 하고자 할 때, 회원은 가맹점에 대해 대금지급의무를 지지 않기 때문에 담보책임으로 항변할 수 없고, 또한 카드회사에 대한 관계에서도 그것을 소비대차로 보기 때문에 매매계약상의 항변을 하기가 곤란하다.[1] ④ 保證債務說에서는 가맹점에 대한 대금지급의무는 회원이 주채무와 카드회사의 보증채무의 두 개가 발생한다고 본다. 그러나 가맹점은 카드회사에 대해서만 대금을 청구하게 되므로 실제거래에 비추어 볼 때 오히려 주채무와 보증채무의 관계가 거꾸로 되어 있는 듯하여 부당하다.

(나) 賣買契約上 抗辯權　　신용카드의 대금결제는 어디까지나 카드회원과 가맹점간의 매매계약에 기한 대금지급의무의 이행수단에 해당하므로 매매계약의 무효 · 취소로 인한 채무의 부존재, 하자담보책임에 기한 계약해제권과 손해배상청구권 등을 카드회사에 대하여도 주장할 수 있어야 타당하다.[2] 신용카드거래에 割賦約定이 있는 경우에는 할부거래법에 의해 매수인의 항변권이 보장된다. 매수인은 매매계약의 무효 · 취소 · 해제, 목적물의 불인도, 매도인의 채무불이행으로 계약목적을 달성할 수 없음을 들어 未支給割賦金의 지급을 거절할 수 있다(할부거래법 제12조 1항 · 2항). 단 이 항변권은 회원이 가맹점과 분쟁해결을 위해 성실히 노력하고 있는 경우에 한하여 인정된다. 회원약관에 매매계약과 카드대금결제를 단절시켜서 매출표에 서명 · 날인하면 무조건 그 금액을 카드회사에 지불하여야 한다고 정하는 抗辯權切斷條項을 두고 있는 경우에, 그 약관은 신의성실에 어긋난 것으로서 무효가 될 수 있다. 남아 있는 문제는 회원이 첫째, 이미 상품대금을 카드회사에 지급한 경우에 대금반환청구권 및 손해배상청구권을 카드회사에 대해서도 행사할 수 있어야 한다는 것, 둘째, 一時拂去來에 있어서도 매매계약상의 항변권을 가지고 신용카드회사에 대항할 수 있어야 한다는 점인데, 아직 이에 관한 법률규정이 없다.[3]

---

1) 미국의 통일소비자신용법에서는 이 항변을 인정하는 명문규정을 둠으로써 이 문제를 입법적으로 해결하였다.

2) 「EG 소비자신용입법지침」(EG-Verbraucherkreditrichtlinie) 제11조 2항의 영향을 받은 독일의 「소비자신용법」(Verbraucherkreditgesetz, 1990 제정) 제9조 3항은 소비자의 신용제공자에 대한 항변권의 관철을 인정한다. 동법의 입법배경과 우리말 번역에 대하여는 梁彰洙, "서독 소비자신용법제의 개관," 민법연구 제1권, 1991, 422 이하.

3) 金鎭雨, "신용카드거래와 항변권 — 비교법적 고찰을 통한 시사 —," 소비자문제연구 제17호, 1996년 6월호, 83 이하에서는 "주관적 · 객관적으로 경제적 일체성을 갖는 카드거래관계에 대해 법적 분리를 강조하는 것은 타당치 못하다. 왜냐하면 만일 이러한 일체성이 분열되면, 카드회원은 그로부터 발생하는 위험을 전적으로 부담하게 되어 지극히 불공정한 상황을 맞게 되기 때문이다"라고 하며, "그와 같은 불공평을 사회적 약자인 카드회원이 일방적으로 부담하는 것을 금지하는 것은 私法의 일반조항인 신의칙이 규정하는 바

(다) 카드의 無權限使用 타인이 카드를 절도 · 습득을 통해 취득하여 권한 없이 사용한 경우에, 회원의 책임은 도난 · 분실의 신고 이전에 사용된 금액에 한정된다. 신용카드거래에 있어서 카드의 분실 · 도난으로 인한 모든 책임이 카드 회원에 귀속된다는 약관조항이 있더라도, 회원이 분실 · 도난의 사실을 은행(카드회사)에 통지하고 소정양식에 따라 지체없이 그 내용을 서면신고하였다면, 은행이 가맹점에 대한 통지를 게을리하였거나 가맹점이 분실 · 도난카드의 확인과 서명의 대조 등을 게을리하여 거래가 성립되었을 경우에까지 그 책임을 회원에게 물을 수는 없다(大判 1986. 3. 11, 85다카1490). 카드회사는 회원에게 분실 · 도난신고의 방법을 사전에 알려 주어야 한다.

여신전문금융업법에서는 이를 명문으로 규정하여 "신용카드업자는 신용카드회원 또는 직불카드회원으로부터 신용카드 또는 직불카드의 분실 · 도난 등의 통지를 받은 때에는 그 때부터 당해 신용카드회원 또는 직불카드회원에 대하여 신용카드 또는 직불카드의 사용으로 인한 책임을 진다"고 규정한다(여신법 제16조 1항). 그리고 카드회사에게 그 책임의 이행을 위하여 보험 또는 공제에 가입하거나 준비금을 적립하는 등 필요한 조치를 취할 의무를 부과한다(동조 제5항).

도난 · 분실에 의해 사용된 카드가 정당히 발행된 신용카드가 아니고 위조 · 변조된 카드이더라도 회원의 책임이 면제될 수 있다. 여신전문금융업법에서는 "신용카드업자는 신용카드회원에 대하여 위조 또는 변조된 신용카드의 사용으로 인한 책임을 진다. 다만, 신용카드업자가 신용카드 등의 위조 또는 변조에 대하여 그 신용카드회원 등의 고의 또는 중대한 과실을 입증하는 경우 그 책임의 전부 또는 일부를 신용카드회원 등의 부담으로 할 수 있다는 취지의 계약을 신용카드회원 등과 체결한 경우에는 그러하지 아니하다"고 규정한다(여신법 제18조 4항).

大判 1998. 2. 27, 97도2974: 구신용카드업법의 不正使用이라 함은 위조 · 변조 또는 도난 · 분실된 신용카드를 진정한 카드로서 신용카드의 본래의 용법에 따라 사용하는 경우를 말하는 것이다. 신용카드를 사용하여 예금을 인출할 수 있는 현금카

이다. 따라서 카드거래의 최대 수혜자라 할 수 있는 카드발행인에게 가맹점에서 발생하는 위험을 분배시킴으로써 적절한 위험분산(angemessene Risikoverteilung)을 도모해야 할 것이다. 그래서 미국에서는 소위 「밀접관계론」(Close-Connectedness-Doctrine)에 의하여, 독일에서는 이른바 「경제적 일체성론」(Die Lehre von wirtschaftlichen Einheit)이라는 이름으로 판례와 학설에 의하여 카드회원의 항변권이 인정되어 왔던 것이다"라고 한다.

드 기능은 부대업무로 볼 수 있다. 피고인이 강취한 신용카드를 온라인 현금자동지급기에 주입하고 비밀번호 등을 조작하여 피해자의 예금을 인출한 행위도 신용카드 본래 용도에 따라 사용하는 것으로 보아야 할 것이므로, 구신용카드업법 제25조 제1항 소정의 부정사용의 개념에 포함된다.

大判 1998. 9. 4, 97다9635: 신용카드 가맹점업자가 가맹점 허가증 등을 양도하고 양수인에게 신용카드대금결제계좌의 비밀번호까지 알려 준 경우, 그 양수인이 제3자의 신용카드를 위조한 다음 그 가맹점 명의의 허위매출전표를 작성하여 은행으로부터 매출금액 상당을 편취한 데 대하여 그 가맹점업자에게 귀책사유가 있다.[1]

㈑ 利率·延滯利率의 明示 회원규약(약관)에는 회원이 대금지불일까지 대금을 지불하지 않으면 일정률의 연체가산금을 내도록 정해져 있다. ① 延滯利子의 性格: 연체이자는 손해배상의 예정으로서의 성격을 가지는 한편 소비대차의 약정이자로서의 성격도 갖는다. 회원과 카드회사 사이에 대금지불일까지 대금을 지불하되 그렇지 못한 경우에는 카드회사가 일정기간 동안 일정이율로 그 금액을 대차해 줄 것을 약정했다고도 해석되기 때문이다. 따라서 연체이자를 信用價格 또는 信用代價라고도 한다. ② 信用價格의 明示: 이자율은 거래의 주요내용이므로 카드회원계약 전에 회원에게 명백하게 알려 줌으로써 회원이 타사카드와의 비교를 통해 합리적 선택을 할 수 있도록 하여야 한다(약관법 제3조 참조). ③ 延滯利子의 起算日: 연체이자의 기산점은 대금지불일이지 상품구입일이 아니다. 많은 약관에서 기산일을 명시하지 않거나 상품구입부터 기산토록 정하는데 그것은 부당하다. ④ 延滯利子의 計算方法: 며칠의 연체에 바로 1개월분의 이자를 부담시키는 경우가 많은데 이자의 계산방법을 위한 기준도 적정화되어야 한다.

㈒ 保證人의 責任制限 카드회사가 회원의 신용평가를 정확히 하지 않은 채 무리한 신용거래를 개시하거나 또는 회원의 신용불량에도 불구하고 거래를 계속하는 경우가 매우 빈번하다. 그것은 보증인(대부분 연대보증인)에게 책임을 돌릴 수 있다는 안전장치가 있기 때문이다. 우리 나라에서는 이와 같은 신용거래에서 보증

1) 하급심판결: 서울지판 1984. 11. 26, 84가단1569: 일단 회원이 카드도난을 서면으로 신고한 이상 도난통지서(무효카드일람표)가 각 가맹점에 도착하기까지 발생한 손실부담은 회원이 질 수 없으며, 이와 반대되는 約款規定은 부동문자로 인쇄된 例文에 불과하다. 서울지판 1998. 8. 19, 97가합87951: 신용카드할인 사채업자들이 신용카드회원들에게 자금을 융통하는 소위 신용카드대출을 하고 허위로 작성한 매출전표를 양수받은 경우에, 비록 신용카드회원이 카드회사에 카드대금을 납입했다 하더라도 양수받은 자는 신용카드회사에 신용카드대금의 지급을 청구할 수 없다.

인제도의 남용현상이 매우 심각하다. 판례는 신용카드 보증인은 회원의 월간카드이용한도액에 대하여만 채무를 지며(大判 1986. 1. 28, 85다카1626), 카드회사가 보증인에게 알리지 않고 불량회원과 재거래한 때에는 보증인의 책임이 감면된다(大判 1986. 2. 25, 84다카1587)고 하는 등 「보증책임제한의 원칙」을 확고히 하였다.

(바) 信用情報의 管理 개인에 대한 적정한 여신한도를 초과하여 여러 카드회사가 과도한 신용을 제공함으로써 생기는 폐단을 사전에 방지하기 위하여, 각 카드회사 및 기타 여신기관이 회원의 신용정보를 서로 교환할 필요가 있다. 소비자의 신용정보를 수집 · 제공하는 전문정보기관도 설치되어 각 카드회사의 회원신용정보를 관리하고 있다. 이러한 정보교환이나 신용정보기구의 운영에 있어서는 자칫하면 소비자의 사생활을 침해할 위험이 크다. 즉 정보의 수집단계에서 프라이버시가 침해되거나 잘못된 정보에 의해 신용불량으로 낙인찍히거나 또는 정보를 다른 목적에 이용하거나 누출시킴에 의해 피해가 생기기도 한다. 소비자에게 자기에 관한 정보를 알 권리와 잘못된 정보에 대한 정정 · 삭제청구권이 인정되어야 한다. 「신용정보의이용및보호에관한법률」(1995)에서 신용정보의 오용 · 남용으로부터 사생활의 비밀을 보호하는 규정을 둔다.[1]

(사) 延滯金回收의 副作用防止 신용제공자의 과잉광고 · 과잉여신이나 소비자의 무절제한 신용거래는 결국 악성연체의 사태를 초래한다. 연체가 생긴 경우 카드회사는 채무자 및 연체보증인에 대하여 지나친 추심행위를 할 우려가 있다. 해결사에 의한 협박 · 공갈이나 직장 · 배우자에 대한 위협 등의 수단이 동원됨으로써 이혼 · 사고 · 질병 · 자살 · 범죄의 원인이 될 수 있다. 이러한 부작용을 방지하기 위해서는 ① 소비자신용을 유인하는 광고를 제한할 것, ② 대금연체자 및 그의 보증인에 대한 위법한 추심행위에 대한 방지책을 강구할 것, ③ 신용정보교환에 의하여 사전에 과잉여신이 생기지 않도록 시스템을 구축할 것, ④ 신용카드를 사채업자로부터의 융자 등 변칙적인 방법으로 사용하지 않도록 단속할 것 등이 요구된다.

---

1) 전문적인 소비자신용기구가 정착되어 있는 미국에서는 공정신용보고법(Fair Credit Reporting Act-970)이 연방법으로 제정되었다. 외국의 법률들은 대개 다음의 사항을 규제한다. 첫째, 신용정보기구를 신고 또는 허가제로 하여 행정감독한다. 둘째, 수집 · 관리 · 제공하는 정보의 내용을 소비자신용거래에 필요한 범위 내로 제한한다. 셋째, 정보의 수집 · 관리 · 제공의 행위를 규제한다. 넷째, 소비자에게 자기에 관한 정보를 알 권리와 정정 · 삭제청구권을 인정한다. 다섯째, 소비자와 정보관리자의 원만 · 신속한 분쟁해결을 도모한다.

大判 1996. 4. 9, 95도2466: 피고인이 카드사용으로 인한 대금결제의 의사와 능력이 없으면서도 있는 것 같이 가장하여 카드회사를 기망하고, 카드회사는 이에 착오를 일으켜 일정 한도 내에서 카드사용을 허용해 줌으로써 피고인은 기망당한 카드회사의 신용공여라는 하자 있는 의사표시에 편승하여 자동지급기를 통한 현금대출도 받고, 가맹점을 통한 물품구입대금 대출도 받아 카드발급회사로 하여금 같은 액수 상당의 피해를 입게 함으로써, 카드사용으로 인한 일련의 편취행위가 포괄적으로 이루어지는 것이다. 따라서 카드사용으로 인한 카드회사의 손해는 그것이 자동지급기에 의한 인출행위이든 가맹점을 통한 물품구입행위이든 불문하고 모두가 피해자인 카드회사의 기망당한 의사표시에 따른 카드발급에 터잡아 이루어지는 사기의 포괄일죄이다(형사판례).[1]

4. 리스契約[2]

(1) 意 義

(개) 概 念 고액의 설비를 매수하고자 하는 사람(리스이용자)이 그 매수자금을 마련하는 방법으로 리스회사에 그 설비를 매수하여 자기에게 리스해 주기를 요청하면, 리스회사가 매도인으로부터 그 설비를 매수하여 이용자에게 대여해 줌으로써 이용자가 그 설비를 사용하려는 목적을 달성하게 되는 3당사자관계가 리스계약의 법률관계를 구성한다. 리스계약이란 설비의 매수를 매개로 하

---

1) 판례평석: 강동범, "자기신용카드의 부정사용행위에 대한 형사책임(위판결의 평석)," 고시계 1997년 12월, 58: 자기의 신용카드에 의한 현금인출은 타인카드에 의한 현금인출과 마찬가지로 절도죄에 해당한다고 보아야 하고, 따라서 물품구입행위와 현금인출행위는 경합범관계에 있다고 본다. 나아가 변제의사나 능력 없이 신용카드를 발급받은 행위는, 나중에 그 카드를 사용하여 물품을 구입하거나 현금자동인출기에서 현금서비스를 받는 행위의 구성부분으로서 이들과 일체가 되어 하나의 사기죄를 구성하는 것이 아니라 독자적으로 사기죄를 구성한다.

2) 참고문헌: 姜熙甲, "금융리스거래의 법적 구조에 관한 소고 — 외국의 학설과 미국의 UCC2A 및 국제금융리스 제 4 차 조약안을 중심으로 —," 인권과 정의 제195호, 1992. 11, 대한변호사협회; 高在種, "UCC상의 리스계약(Article 2A)의 특성과 그 효력," 외법논집 제 3 집, 1996; 權五乘, "금융리스의 법률관계," 인권과 정의 제195호, 1992. 11, 대한변호사협회; 同, "리스계약에 관한 연구," 경희 법학 제22권 1호, 1987; 金星泰, "리스계약," 고시계 1985년 5월호; 朴一煥, "리스거래의 법률관계," 김기선고희기념 현대재산법의 제문제, 1987; 孫健雄, "새로운 상거래유형으로서의 리스," 대한변협지 1986년 9월호; 劉甲壽, 리스 산업론(전정판), 대왕사, 1982; 李哲松, "리스계약의 법적 성질," 판례월보 제194호, 1986. 11; 鄭東潤, "새로운 유형의 상행위(공일) — 리스에 관하여 —," 서돈각정년기념 상사법논집, 1986; 鄭熙喆, "리스계약에 관한 연구," 서울대 법학 제20권 2호, 1980; 趙龍鎬, "리스거래의 법률문제," 사법논집 제16집, 1985; 同, "리스회사의 하자담보책임," 재판자료 제63집, 1994, 법원행정처; 崔基元, "금융 리스계약의 특수성에 관한 소고," 서울대 법학 제29권 2호, 1988; 黃漢式, "리스계약의 종류와 법률관계 — 판례를 중심으로 —," 石霞金基洙정년기념 21세기한양법학에 落穗, 언약 1997.

는 금융 및 시설대여를 전문으로 하는 리스회사와 시설을 대여의 형식으로 이용하는 리스이용자 사이의 계약을 말한다. 대여회사는 이용자가 선정한 특정물건을 매수하여 그 물건을 이용자에게 장기간 사용하게 하고 그 대가로 사용기간 동안 대여료를 정기적으로 받는다. 사용기간만료시 그 기간을 연장하거나 이용자로 하여금 소유권을 취득할 수 있는 매수청구권을 부여한다.[1)]

여신전문금융업법(1997) 제2조 10호에서는 施設貸與란 "물건을 새로이 취득하거나 대여받아 거래상대방에게 일정기간 이상 사용하게 하고, 그 기간에 걸쳐 일정대가를 정기적으로 분할하여 지급받으며, 그 기간 종료 후의 물건의 처분에 대하여는 당사자간의 약정으로 정하는 방식의 금융을 말한다"고 정의한다. 상법 제46조 19호는 "기계 · 시설 기타 재산의 物融에 관한 행위"를 기본적 상행위로 규정한다.

미국통일상법전상의 리스규정

미국에서는 1987년 통일상법전 제2A편으로 리스계약에 관한 규정을 새로이 추가시켰다. 이 리스규정은 부진정리스를 제외한 모든 眞正리스에 적용되는 포괄규정으로서 消費者리스도 이에 구속된다.

리스규정의 기본적인 원칙은 다음과 같다. ① 契約自由의 尊重: 리스는 자연발생적으로 형성된 거래로써 그 종류 및 기능이 다종다양할 뿐 아니라, 그 계약당사자나 당사국도 다양하기 때문에 통일상법전의 상세한 리스규정에도 불구하고 리스계약당사자 사이에서 체결되는 약정이 법에 우선하게 하고 있다. 즉 리스규정은 당사자 사이에 명시적인 약정이 없거나 그 약정이 불분명할 경우 보충적으로 적용된다(U.C.C. §2A-102(2)). ② 不公正한 契約條項의 無效: 따라서 형평의 원칙에 위배되는 불공정한 사안이 리스계약체결 당시에 존재하였거나, 리스회사의 부당한 리스계약해지로 인하여 리스이용자가 기한의 이익을 상실하는 경우 등은 무효 내지 제한을 받게 된다(U.C.C. §2A-108, 109). ③ 信義誠實의 原則: 리스계약 당사자는 계약을 이행 내지 집행함에 있어서 통일상법전 §1-203에 따라 신의성실(good faith)을 존중해야 한다. ④ 一般原則의 適用: 법의 일반원칙 내지 민사법의 일반규정들도 금융리스거래에 준용된다. 이것은 상호간에 공통점 내지 상관성으로 인하여 법적 처리의 효율화를 도모할

1) 시설대여계약은 영미법에서 발달된 독특한 계약유형이나, 최근에는 대륙법의 대부분의 국가에도 보급되었다. 원래 영미법의 시설대여계약은 금융리스(finance lease) · 운용리스(operating lease) 등 여러 가지 형태로 세분되어 발달하였다. 우리 나라에는 1970년대 초에 금융리스부터 도입되어 「시설대여계약」으로 정착하였으며, 근래에는 영미법의 운용리스와 유사한 형태로서 「대여리스」(렌탈 계약)도 많이 보급되었다.

수 있기 때문이다. 통일상법전상의 총칙규정인 제1편, 매매규정인 제2편 및 담보거래규정인 제9편의 규정이 모두 준용된다. ⑤ 類型別 配慮: 리스규정은 진정리스에 관한 포괄규정이기 때문에 특수한 리스거래형태에 따라서 배제규정을 명시하고 있다. 예를 들면 금융리스에만 적용되는 규정이 있는 반면에, 소비자리스에만 적용되는 규정을 두고 있는 경우도 있다.

(나) 種　類　리스계약은 여러 가지 유형으로 분류될 수 있다.[1] ① 金融리스: 리스회사가 목적물의 취득을 위한 금융만을 담당하고 이용자가 그의 유지·관리의 책임을 지며 중도해지가 불가능한 경우를 금융리스라고 한다. 이는 주로 장기적 설비금융의 수단으로 이용된다. 우리 나라에서 리스계약이라고 하면 금융리스를 가리키는 것으로 이해된다. ② 貸與리스: 대여리스는 랜탈계약이라고도 하는데, 動産의 賃貸借에 가까운 리스형태이다. 컴퓨터·복사기·자동차 등의 범용성(일반인에게 이용가치가 있음)이 높은 물건에 이용된다. 목적물의 유지·관리는 대여회사가 맡는다. 대여기간이 금융리스보다 단기이며 물건의 내구기간보다 짧다. 물건이 범용성을 갖기 때문에 중도해지가 허용된다. 목적물의 멸실에 대한 위험은 대여회사가 부담한다. 대여료의 산정에 있어서는 금융리스에서처럼 매매대금·이자·비용이 고려되는 외에 물건의 유지·관리비보험료·조세·공과금이 포함된다. 민법에 동산임대차규정이 미흡하므로 계약내용은 거의 약관에 맡겨져 있다. ③ 消費者리스: 매도인이 소비자에게 고가의 물건(가족용품·개인용품)을 판매하기 위해 금융을 제공하는 수단으로서 리스계약의 형태를 이용하는 경우를 소비자리스라고 한다. 예를 들어 자동차를 할부매매하는 대신 2년 동안 리스계약을 체결하고 매달 리스료를 지급하도록 하고 2년 후에 그 자동차의 재리스 또는 매수청구를 허용하는 방법을 취한다면 2년 분할의 할부금지급보다 리스료를 싸게 책정할 수 있게 된다. 소비자리스는 이용자가 시설자금을 융자받는다는 금융적 측면보다도 매도인이 이용자에 대한 상품판매의 수단으로서 이용자와 리스회사 사이의 리스계약의 형태를 빌리는 소비자신용의 성격이 강하다.[2] 미국의 소비자리스법(Consumer Leasing Act, 1976)과 영국의 소비자신용법

1) 윤창술, "Sub-lease채권의 법적 성질," 법률신문 1999년 6월 17일: Sub-lease는 리스회사가 리스물건을 구입하는 대신 제3자로부터 임차하여 다시 실수요자에 리스하는 형태를 말한다. Sub-lease채권은 상거래채권도 단순한 금융채권도 아닌 특수채권이다.

2) 伊藤進, "消費者リース," 金融法務事情 제1130호, 1986, 97 이하; 加算山茂, "消費者リースの現狀と問題(上)·(中)·(下)," 月刊消費者信用 1984년 12월호, 1985년 3월호·6월호.

(Consumer Credit Act. 1974)에서는 이러한 리스를 소비자보호의 측면에서 규제한다. 통상 소비자리스는 매도인측의 적극적인 권유에 의해 리스계약이 맺어지며, 목적물이 일반적으로 사용가능하며(범용성), 이용자의 물건의 선정과 동시에 리스계약이 체결된다. 소비자리스에 대하여는 할부매매에 관한 법원리(계약철회제도, 해제의 효과)가 적용되어야 하며, 물건의 하자로 인한 항변이 인정되어야 한다.

(2) 리스계약의 性質

리스계약(금융리스)은 하나의 독자적 계약유형으로 자리잡고 있지만,[1] 그 법적 성질이 임대차에 가까운가 소비대차에 가까운가에 관하여는 다음의 학설이 대립한다.[2]

(가) 特殊賃貸借說　리스계약(금융리스 포함)은 타인의 물건을 일정한 기간 동안 유상으로 사용·수익한다는 점에서 임대차의 성질을 가지며, 금융리스는 보통의 임대차와 몇 가지 다른 특성으로 인해 특수임대차로 파악해야 한다는 견해이다.[3] 리스료는 물건의 사용·수익에 대한 대가가 아니라는 점, 리스회사는 이용자가 물건을 사용·수익하는 것을 용인해야 할 소극적인 의무를 부담할 뿐이지 물건을 사용·수익시켜야 할 적극적인 의무는 부담하지 않는다는 점, 리스회사는 물건의 하자나 멸실·훼손에 대한 책임을 지지 않는다는 점에서 보통의 임대차와 다른 성질을 가진다고 한다.

(나) 物的金融說　금융리스계약은 그 본질이 리스회사의 리스이용자에 대한 금융적 편의의 제공에 있기 때문에 계약을 물건을 매개로 한 금전의 대부로 파악하여 물적 금융으로 보는 입장이다.[4] 판례는 리스계약을 형식에서는 임대차계약과 유사하나 그 실질은 물적 금융으로 파악하며(大判 1999. 9. 3, 99다23055), 그 결과 리스계약은 비전형계약(무명계약)이며 민법의 임대차에 관한 규정이 바로 적용되지 않는다고 한다(大判 1986. 8. 19, 84다카503 등). 물적 금융은 「물건을 매개로 하는 금전의 대부」를 말하는데, 리스계약은 본질이 물건의 사용·수익에 있지 않고 그 물건가액의 융자에 있으므로 물적 금융으로 파악한다(금융리스와 공리스를 같은 성질로 파악. 大判 2001. 3. 27, 99다13300). 대여료는 융자된 물건가액

1) 姜熙甲, 앞의 글, 561; 李哲松, 앞의 글, 30 이하.

2) 金亨培, 792은 임대차적 요소와 소비대차적 요소 및 매매적 요소가 결합된 혼합계약이라고 하는데, 어떤 요소가 주된 성질을 이루고 있는지는 말하지 않는다.

3) 權五乘, "리스계약의 법적 성질," 민사판례연구 제10권, 1988,171; 崔基元, "금융리스계약의 특수성에 관한 소고," 서울대 법학 1988년 9월, 76; von Westphalen, *Der Leasingvertrag*, 2. Aufl., 1984. S. 75f.; 壓政志, "リースの實務知識," 商事法務研究會, 1974, 252; 南部二三雄, "リースの實務," 東洋經濟新報社, 1973. 4; 서울고판 1985. 7. 2, 84나4323; 서울고판, 1985. 10. 23, 85나285.

4) 孫珠瓚, 상법(상)[제6증보판], 박영사 1997, 404; 鄭燦亨, 상법원론(상), 법문사, 1994, 413; 閔丙國, "리스계약의 법률적 성질(下)," 법률신문 제1625호, 6; 李哲松, "리스계약의 법적 성질," 판례월보 제194호, 35.

을 원본으로 하고 그의 이자와 합하여 분할상환되는 것이다. 이러한 입장에서 판례는 물건의 사용불능을 이유로 한 이용자의 대여회사에 대한 물품교환 또는 해지의 청구를 기각하고 면책조항의 유효성을 긍정하였다(大判 1986. 8. 19, 84다카503).[1]

(다) 3當事者契約說 금융리스계약을 3당사자 사이의 계약으로서 파악하고 리스이용자와 리스회사, 리스회사와 공급자뿐만 아니라 공급자와 리스이용자 사이에도 계약상의 권리의무가 성립한다고 해석함으로 금융리스거래의 3당사자관계를 하나의 완전한 법적 개념으로 인정하려는 견해이다.[2] 리스회사는 이용자에 대하여 하자담보책임과 인도지연으로 인한 손해배상책임을 면하고, 공급자가 리스이용자에 대하여 하자담보책임과 인도지연에 따른 손해배상책임을 지고, 공급자는 당연히 이용자에 대하여 물건의 인도의무를 진다고 한다.

(라) 特殊消費貸借說 私見으로는 리스계약은 消費貸借와 物的 擔保의 기능을 포함하는 독자적인 계약유형이라고 파악하겠다. 리스계약이 거래계에서 독자의 계약유형으로 발전되어 온 이상 그 관행을 존중해야겠지만, 우리 법개념에 의하여 그 본질이 파악되어야 한다. ① 리스계약은 리스회사가 이용자에게 금전을 대차해 주고 그 반환채권을 확보하기 위해 목적물의 소유권을 유보하고 목적물의 이용권을 이용자에게 남겨 두는 법률관계로 분석될 수 있다. 물적 금융이란 금전소비대차와 그 채권담보로서 所有權留保의 법률관계를 가리키는 말인데, 리스계약의 실질은 이러한 채권담보의 성격을 갖고 있다. ② 이용자는 리스기간종료 후 목적물의 소유권을 취득할 수 있는 豫約完結權을 가질 뿐 당연히 소유권을 취득하지는 않는다는 점에서 순수한 물적 담보제도와는 구별된다. ③ 리스료의 산정은 형식적으로는 임대차의 借賃인 것 같으나 실제로는 소비대차의 利子에 가깝게 산정된다. 대여료(리스료)는 원금(물건의 매매대금)과 이자, 비용을 대여기간 동안 분할하여 지급하도록 산정되는 것이 보통이다. 리스물건의 사용·수익과 리스료의 지불은 상호대가적 관계에 있는 것이 아니다.[3] ④

1) 이에 관한 판례평석은, 權五乘, "리스계약의 법적 성질," 민사판례연구 제10권, 1988; 閔丙國, "리스계약의 법률적 성질," 법률신문 1986년 9월 8일·15일에 수록. 이 판례에서는 이용자가 수입된 의료기구를 시설대여회사를 통해 구입하여 사용하고 있던 중 그 의료기구가 고장나서 사용이 불가능하게 되었다. 이용자는 대여회사에 대해 다른 물건으로 교환해 주거나 그렇지 않으면 해지하고 보증금을 반환해 달라고 청구하였다. 이 판결은 대여회사의 시설대여약관 제8조의 하자담보책임의 면책조항을 근거로 대여회사에게 책임이 없다고 판시하면서, 매도인에게 하자담보책임으로서 손해배상의무가 있다고 하였다.

2) 姜熙甲, "금융리스거래의 법적구조에 관한 소고 — 외국의 학설과 미국의 UCC2A 및 국제금융리스 제4차 조약안을 중심으로 —," 인권과 정의 제195호, 1992년 11월호.

3) 일본의 하급심판결에서는 "금융리스는 형식상 임대차의 법률관계를 이용하는 것이기는 하나, 경제적으로는 법률상 형식에 불구하고 리스회사가 이용자에 대하여 물건을 중개로 금융상의 편익을 제공하는 것을 본

이용자는 리스회사와의 관계에서는 賃借人이지만 매도인과의 관계에서는 買受人의 자격으로 하자담보책임이나 기타 매매계약상의 권리를 직접 주장할 수 있다. 이용자는 매도인과의 관계에서 스스로 매수인으로서 시장조사, 매매목적물의 선택, 가격결정, 계약교섭 등의 모든 절차를 주도하고, 리스회사가 매수인으로서 매매계약을 체결하고 매매대금을 지급한다. ⑤ 어떤 계약의 법적 성질을 결정함에 있어서는 그 계약의 외양보다는 실질에 중점을 두어야 한다. 물적 금융의 실질을 갖고 있는 리스계약을 임대차유사의 계약으로 파악하는 것은 적절치 못하다(판례도 임대차계약성을 부정함. 大判 2001. 2. 9, 2000다52929).

(3) 리스계약의 法律關係

리스계약의 체결 및 이행과정은 ① 이용자가 물건의 매도인과 교섭하여 가격 · 품질 · 인도시기 등의 계약내용을 정한다. ② 이용자가 리스회사와 그 물건에 관한 시설대여계약을 체결한다. ③ 리스회사가 미리 이용자가 매도인과 합의한 내용에 따라 매매계약을 체결한다. ④ 매도인이 이용자에게 직접 목적물을 인도한다. ⑤ 이용자가 물건을 검사한 후 물품수령증(차수증이라고도 함)을 작성하여 대여회사에 교부한다. ⑥ 대여회사가 매도인에게 매매대금을 지급한다. ⑦ 이용자가 대여회사에 정기적으로 대여료를 지불한다.[1)]

> 大判 1997. 11. 28, 97다26098: 리스이용자와 공급자 사이에서 미리 결정된 매매가격이 거래관념상 극히 고가로 이례적인 것이어서 리스회사에게 불측의 손해를 가할 염려가 있는 경우와 같은 특별한 사정이 있는 경우에는, 리스물건 공급자는 리스회사에게 그 매매가격의 내역을 고지하여 승낙을 받을 신의칙상의 주의의무를 부담하며 리스회사는 이를 고지받지 못한 경우 위 부작위에 의한 기망을 이유로 매매계약을 취소할 수 있다.

㈎ 物件의 受取 · 檢收　　리스거래에 있어서는 리스물건은 공급업자로부터 리스이용자에게 직접 인도되는 것이 보통이며, 리스이용자는 물건의 인도를

질로 하고 있는 것으로 所有權留保附賣買의 경우와 동일의 효과를 가져오는 것이다. 따라서 리스료채무는 계약시 전액 발생하지만 할부지급형식에 따라 기한의 이익이 부여된 데 불과한 것이다. 이러한 리스의 실질에 비추어 보면 리스물건의 사용 · 수익과 리스료의 지불은 상호대가적 관계에 있는 것이 아니다"라고 하였다(1981. 12. 21. 일본동경지방재판소 판결).

1) 단 수입물품의 대여에 있어서는 물건이 우리 나라에 반입되기 전에 대여회사가 대금을 신용장을 통하여 매도인에게 전액 지불한다는 점이 다르다.

받은 뒤 이를 검수하고 차수증 · 물건수령증을 작성하여 리스회사에 교부하여야 하며, 이 때부터 리스기간이 개시된다. 수령증 발급이 있어야 리스회사가 공급자에 대해 물품대금을 지급한다. 판례는 물건이 공급된 후에는 물건수령증이 교부되지 않더라도 리스회사가 공급자에게 대금을 지급해야 한다고 판시한다(大判 1998. 4. 14, 98다6565). 이용자가 대여회사에 물품수령증을 교부한 후에는 실제로 물건을 인도받지 못하였더라도(인도의 지체나 불능으로 말미암아) 대여료의 지급거절, 감액청구를 하거나 계약해제, 기불금의 반환청구, 손해배상청구를 할 수 없도록 약관에 정하는데, 그 유효성이 문제된다.

大判 2001. 11. 27, 99다61736: 리스물건 이용자가 정당한 이유 없이 리스 목적물의 검수 및 인수를 거절하고 물건수령증을 발급하지 아니한 경우에는 신의성실의 원칙상 물건수령증이 발급된 것과 같이 보아 리스물건 공급자가 리스회사에 대한 자신의 의무를 이행한 것으로 본다.

大判 1997. 11. 14, 97다6193: 공급자가 이용자에게 물건공급계약에 따른 물건을 공급한 이상 물품수령증이 없더라도 리스회사에 대하여 물건대금을 청구할 수 있는 것이고, 다만 리스회사로서는 이용자로부터 물품수령증을 발급받지 못하였음을 들어 공급자에 대하여 그 물건대금의 지급을 거절할 수 있을 뿐이라고 할 것이며, 이용자의 리스회사에 대한 물품수령증 발급의무와 리스회사의 공급자에 대한 물품대금 지급의무는 특단의 사정이 없는 한 동시이행의 관계에 있다.

(나) 物件의 使用 · 收益 · 保存 리스이용자는 리스물건을 직접점유하여 사용 · 수익할 권리를 가진다. 사용 · 수익의 정도나 방법은 계약의 내용 및 목적물의 성질에 의하여 결정된다. 리스이용자는 리스물건을 지정된 장소에 설치해 두고, 선량한 관리자의 주의로 그 물건을 사용 · 관리할 뿐만 아니라 항상 정상적인 운전상태를 유지할 수 있도록 물건을 유지하여야 한다(保存義務). 물건의 정비 · 유지 · 수리 등에 필요한 일체의 비용은 리스이용자가 부담한다. 리스회사는 물건을 사용에 적합한 상태로 유지하거나 수선할 의무를 지지 않는다(제623조의 적용배제). 리스이용자는 리스물건에 대하여 권리를 주장하는 자가 있거나, 가처분 또는 강제집행을 받은 때에는 그 침해를 방지함과 아울러 그 뜻을 리스회사에게 통지하여야 한다(報告義務).

(다) 리스料 支給 리스이용자는 리스기간중 리스회사에 약정된 리스료를

지급하여야 하는데, 이것이 리스이용자의 의무 중에서 가장 중요한 의무이다. 리스물건의 전부 또는 일부가 리스이용자나 리스회사에 책임 없는 사유로 멸실된 때에도 리스료지급의무가 감액·면제되지 않는다. 물건이 멸실된 경우 그 위험은 일반원칙에 따라 소유자인 리스회사에게 부담지워지지 않고 이용자에게 부담지워진다(위험의 전가). 그러므로 이용자는 물건의 멸실에도 불구하고 정해진 대여료를 지불하여야 하며(제537조의 적용배제), 민법 제627조의 일부멸실에 따른 감액청구권 및 계약해제권도 인정되지 않는다.

大判 1997. 10. 24, 97다27107: 리스계약은 물건의 인도를 계약성립의 요건으로 하지 않는 諾成契約으로서 리스이용자가 리스물건수령증서를 리스회사에 발급한 이상, 특별한 사정이 없는 한 현실적으로 리스물건이 인도되기 전이라고 하여도 이 때부터 리스기간이 개시된다.

(라) 瑕疵擔保責任　이용자는 물건의 하자로 인한 담보책임을 대여회사에 대해 물어 리스료의 지급을 거절하거나 감액청구할 수 없도록 약관에 정해져 있다. 판례는 이러한 면책약관은 유효하다고 한다(大判 1996. 8. 23, 95다51915). 이용자는 물건에 하자가 있는 경우에, 공급자(매도인)에 대하여 직접 하자담보책임을 물어야 할 것이나, 이용자가 매수인으로서 공급자와 계약한 것이 아니므로 법적으로 문제가 있다.[1] 현재에는 이용자가 리스회사가 공급자에 대하여 갖는 하자담보책임상의 권리를 대위행사하거나 리스회사로 하여금 그 권리를 행사하도록 촉구할 수밖에 없어서 문제이다. 리스회사로 하여금 공급자에게 하자담보책임을 물어 이용자의 불편을 해소시켜 줄 신의칙상의 의무를 부과해야 할 것이다. 리스회사의 하자담보책임면책으로 인한 리스이용자의 불이익을 구제하기 위해서 공급자와 이용자 사이에 하자보수계약이 체결되는 경우도 있다. 이용자가 공급자에게 직접 하자담보책임을 물을 수 있도록 법제화할 필요가 있다.[2]

---

1) 참고문헌: 趙龍鎬, "리스회사의 하자담보책임," 재판자료 제63집(1994), 법원행정처, 183~184; 민법주해(16), 353(金健植 집필부분).

2) 미국통일상법전에서는 금융리스에 관하여 리스회사는 리스이용자에 대하여 물건에 대한 담보책임을 지지 않으며, 이용자는 리스회사에 대하여 담보책임을 물을 수 없고 공급계약에 따라서 공급자에게 담보책임을 물을 수 있도록 하고 있다(미국통일상법전(UCC)의 §2A-211(2), 2A-212(1), 2A-213 참조). 국제금융리스협약 제10조 1항 앞문장은 "공급계약에 의한 공급자의 의무는 리스이용자가 그 계약의 당사자인 것처럼 그리고 설비가 직접 리스이용자에게 인도된 것처럼 리스이용자에게 미친다"라고 하여 공급자가 이용자에 대해서도 하자담보책임과 물건인도지연에 따른 손해배상책임을 지도록 한다.

大判 1996. 8. 23, 95다51915: ① 시설대여계약서상 시설대여회사가 물건인도시 물건이 정상적인 성능을 갖추고 있는 것을 담보하도록 되어 있으나, 다만 대여시설 이용자가 물건 引渡引受確認書를 발급하였을 때는 물건의 상태 및 성능이 정상적인 것을 확인한 것으로 간주한다고 되어 있는 경우, 시설대여계약은 그 실질이 대여시설의 취득자금에 관한 금융의 편의제공에 있음에 비추어 시설대여 회사의 담보책임은 대여시설이 공급자로부터 이용자에게 인도될 당시에서의 대여시설의 성능이 정상적임을 담보하되, 이용자가 별다른 이의 없이 리스물건 인도인수확인서를 발급하면 시설대여회사의 하자담보의무는 충족된 것으로 보는 범위 내에서의 책임이라고 봄이 상당하다. ② 시설대여계약은 법적 성격이 비전형계약으로서 민법의 임대차에 관한 규정이 적용되지 아니하는 점 및 시설대여 제도의 본질적 요청(금융적 성격) 등에 비추어, 시설대여회사의 하자담보책임을 제한하는 약정조항은 약관의규제에관한법률 제7조 2호 · 3호에 해당하지 아니한다.

(마) 標識의 附着 리스회사는 리스물건에 그 물건이 리스회사의 소유에 귀속된다는 뜻을 표시하는 표지를 부착해 두며, 리스이용자가 이것을 제거해서는 안 된다. 이 표지는 선의취득에 의한 제3자의 소유권취득을 막고, 리스회사가 제3자의 강제집행에 대한 제3자 이의의 소를 제기하거나, 리스이용자가 파산한 경우에 환취권을 행사할 때에 그 증명수단으로서의 기능을 담당한다.

大判 1997. 11. 14, 95다11009: ① 리스이용자의 계약상 채무불이행으로 인한 손해의 보상을 목적으로 한 리스保證保險의 경우, 그 보증성에 터잡아 보험금을 지급한 리스보증보험의 보험자는 변제자대위의 법리에 따라 피보험자인 리스회사가 리스이용자에 대하여 가지는 채권 및 그 담보에 관한 권리를 대위하여 행사할 수 있다. ② 리스계약에 있어서는 리스물건의 소유권이 리스회사에게 유보되는 것 자체가 리스이용자의 리스회사에 대한 계약상의 채무이행을 담보하는 기능을 가지고 있어 리스물건의 변환물이라고 할 수 있는 리스물건에 관한 리스회사의 보험금청구권 역시 그와 같은 담보적 기능을 가지고 있다.

(바) 契約更新權 또는 購買選擇權 리스이용자가 리스기간이 만료한 후에도 그 물건을 계속 사용하고자 할 때는 리스계약을 갱신하거나 혹은 그 물건을 염가로 구매할 수 있다. 리스이용자가 리스계약을 갱신하고자 하는 경우에는

리스기간이 만료하기 전에 리스회사에 통지하여 계약의 갱신을 청구할 수 있다. 갱신 후의 리스를 「재리스」라고 하는데, 재리스료는 기본리스료보다 훨씬 싼 가액(10분의 1 이하)으로 정해진다. 리스회사는 기본적인 리스기간중에 이미 투하자본의 대부분을 회수하였기 때문이다.

(사) 契約의 解除 · 解止　리스계약의 해제는 이용자가 물건을 수령하기 전에 리스회사측 또는 이용자측에서 일정한 해제사유를 갖추었을 때 할 수 있다.

이용자는 리스기간중에는 어떠한 사유로도 계약을 해지할 수 없다(解止의 片面的 制限). 그러나 리스회사측에서는 이용자가 리스료의 지불을 연체한 경우 계약을 해지할 수 있다. 해지의 효과로서 이용자는 장래 지불할 리스료에 관한 기한의 이익을 상실하여 즉시 그 금액을 지불하여야 하고 동시에 물건도 반환하여야 한다(期限利益喪失).

(아) 物件의 返還　리스기간의 만료 또는 재리스기간의 종료에 의하여 혹은 리스회사의 계약해제로 인하여 리스회사가 리스물건의 반환을 청구하는 경우에, 리스이용자는 자기의 비용으로 리스물건을 리스회사가 지정하는 장소에 인도할 의무를 부담한다. 그리고 반환된 물건에 통상의 손모가 아닌 현저한 손괴가 생긴 경우에는 리스이용자는 원상회복을 하거나 손해배상을 하여야 한다.[1]

大判 1999. 9. 3, 98다22260: 금융리스에 있어서 리스회사가 리스기간의 도중에 리스이용자로부터 리스물건을 반환받는 경우에는 그 원인이 리스이용자의 채무불이행에 있다고 하여도, 특별한 사정이 없는 한, 그 반환에 의하여 취득한 이익을 반환하거나 또는 리스채권의 지급에 충당하는 등으로 이를 청산할 필요가 있다. 이 때 청산의 대상이 되는 것은 리스물건의 반환시에 그 물건이 가지고 있던 가치와 본래의 리스기간의 만료시에 있어서 가지는 리스물건의 잔존가치의 차액이다. 청산금액을 구체적으로 산정함에 있어서는 리스물건은 범용성이나 시장성이 없는 경우가 많고 교환가치의 확정이 곤란한 경우가 많으므로 범용성이나 시장성이 없이 거래가격에 의한 교환가치의 평가가 불가능한 경우에는 교환가치를 영으로 볼 수밖에

1) 大判 1992. 7. 14, 91다25598: 리스회사와 리스이용자 사이에 체결된 리스계약이 리스기간이 開始되기 전에 解除되어 리스회사가 지급한 물건의 취득자금 등을 리스이용자가 변상할 경우에, 리스회사는 리스물건의 소유권도 취득하고 그 취득자금도 변상받게 되는 이중이익이 생기므로 리스이용자의 변상액에서 리스물건의 현존가액을 공제하는 것이 형평의 통념에 맞는다. 리스물건의 현존가액은 그 교환가치의 평가액으로서, 범용성이나 시장성이 없어 거래가격에 의한 교환가치의 평가가 불가능한 경우에는 교환가치는 영으로 볼 수밖에 없다. 리스물건의 취득원가에서 공제할, 리스물건의 현존가액 또는 처분가액에 관한 주장입증책임은 그 공제를 주장하는 리스이용자측에 있다.

없고 리스회사가 실제로 그 물건을 他에 처분한 때에는 그 처분가액으로 청산할 수 밖에 없다.

§23. 使用貸借와 賃貸借

1. 使用貸借

(1) 意 義

사용대차란 대주가 차주에게 물건을 인도하여 무상으로 사용·수익하게 하고 그것을 용익한 후에 반환하도록 하는 계약이다(제609조). 사용대차는 무상·편무계약이므로 차주에게 용익에 대한 대가를 지급할 의무가 생기지 않는다.[1] 다만 대가에 해당하지 않은 부담(공과금의 부담, 부동산의 관리)이 딸려 있는 경우에는 부담부사용대차가 성립하는데, 그 성격은 부담부증여와 유사하다. 사용대차에는 소비대차에서와 같이 목적물을 소비하거나 처분할 권한이 부여되지 않으며, 임대차에서와 마찬가지로 목적물을 사용·수익할 수 있을 뿐이다. 그러므로 차주는 계약이 종료한 때에 대주로부터 인도받은 바로 그 물건을 반환할 의무를 진다(특정물채무).[2] 사용대차계약도 다른 대차계약과 같이 합의만으로 성립하고(낙성계약), 그에 의하여 대주에게 목적물제공의무가 생긴다.

大判 1999.5.11, 98다61746: 집합건물의 구분소유자들이 공용부분 중 일부에 대하여 제3자에게 무상사용권을 부여한 경우, 이는 민법상 사용대차의 성질을 갖는다.
大判 1991.9.24, 91다9756·9763: 대지의 매매계약을 체결하면서 매도인이 매수인들에게 대지사용을 승인한 경우에, 그 대지사용은 매매계약의 유효한 존속을

---

1) 무상·편무계약에 관하여는 증여의 설명을 참조.

2) 종래의 다수설은 양도담보(매도담보의 의미)에서 채무자가 물건의 소유권을 채권자에게 양도했음에도 불구하고 물건을 계속 용익하는 법률관계를 사용대차로 파악하였다(郭潤直, 322; 金疇洙, 269). 김주수, 269은 "양도담보권설정자(채무자)가 담보목적물을 사용·수익하기 위하여 사용대차권을 설정하는 일이 있다. 이와 같은 사용대차는 법형식은 사용대차이지만, 실질적으로는 담보를 위한 용익이므로 무상이라고는 할 수 없는 것이다. 따라서, 사용대차의 규정을 그것에 대하여 무비판적으로 적용할 것이 아니다"라고 한다. 생각건대 제607조에 위반하는 매도담보는 그 소유권이전의 효과가 생기지 않으므로, 그 경우 채무자가 계속 물건의 소유권을 보유하게 되고 그의 용익도 소유권의 행사에 해당하여 사용대차가 존재할 여지가 없다(환매에 관한 설명 참조).

전제로 이에 터잡은 附隨的 使用貸借이다. 주된 계약인 매매계약이 해제된 이상 부수적인 사용대차계약인 대지사용승인의 약정도 그와 함께 실효되었다.

(2) 使用貸借의 內容

㈎ 貸主의 目的物提供義務 대주는 차주에게 차용물을 용익할 수 있도록 제공하여야 한다. 제공의무의 내용으로서 대주는 우선 목적물을 차주에게 인도하여야 한다. 대주의 제공의무는 사용대차가 無償이라는 점을 고려하여 임대인의 목적물제공의무보다 훨씬 약한 내용을 갖는다.[1] 즉 임대차에서와 같은 차용물의 유지·수선의무는 대주에게는 부과되지 않는다. 또한 차용물의 하자나 권리의 흠결에 대해서도 담보책임을 지지 않는다. 그러나 대주가 그 하자나 흠결을 알고 있으면서 차주에게 고지하지 않은 경우에는 책임을 진다(제612조, 제559조 1항). 단 負擔附使用貸借에서는 그 부담의 한도에서 임대인과 동일한 담보책임을 진다(제612조, 제559조 2항).

㈏ 借主의 用益權 차주는 차용물의 용익권을 갖는다. 용익권의 행사는 계약 또는 목적물의 성질에 의하여 정하는 용법에 따른 용익에 제한된다(제610조 1항). 차주는 대주의 승낙이 있는 경우에만 전대하거나 용익권을 양도할 수 있다(제610조 2항). 사용대차에 있어서 대주의 승낙 없이 차주의 권리를 양도받은 자는 대주에게 대항할 수 없다(大判 1999. 5. 11, 98다61746). 용법에 어긋난 용익이나 무단전대·양도의 경우에 대주는 계약을 해지할 수 있다(제610조 3항). 이 때 그로 말미암아 손해가 생긴 경우에 대주는 목적물을 반환받은 날로부터 6개월 이내에 손해배상을 청구할 수 있다(제617조).

㈐ 借主의 保管義務 차주는 선량한 관리자의 주의를 가지고 차용물을 보관할 의무를 진다(제374조). 차주는 임차인과는 달리 차용물에 대한 필요비를 부담한다(제611조 1항).

(3) 契約의 終了

㈎ 終了事由

1) 契約解除 사용대차는 무상계약이므로 계약의 구속력이 약하다. 즉 대주가 차주에게 목적물을 인도하기 전에는 사용대차의 당사자는 언제든지 계약을 해제할 수 있다(제612조, 제601조). 해제에 의해 대주는 목적물의 인도의무를 면한

1) 대주의 약한 목적물제공의무를 학자에 따라서는 용익허용의무라고도 한다. 郭潤直, 322.

다. 단 해제로 말미암아 상대방에게 손해가 생긴 때에는 해제한 당사자는 그의 배상의무를 진다.

2) 存續期間의 滿了　기간을 정한 사용대차는 약정기간의 만료로 계약이 종료한다(제613조 1항). 사용대차에는 임대차에서와 같은 법정갱신이 인정되지 않는다.

3) 用益의 終了　기간을 정하지 않은 사용대차에서는 계약 또는 목적물의 성질에 의한 사용·수익이 종료한 때 사용대차도 종료한다(제613조 2항).

大判 1976. 1. 27, 75다1828: 사용대차계약에 있어서 그 목적물이 도로부지라 하더라도 그 사용·수익에 족한 기간이 경과되었을 때에는 대주는 언제든지 계약을 해지할 수 있고 차주인 지방자치단체가 사용대차계약해지 이후 부동산을 점유하고 있는 것은 불법점유이므로 이로 인한 손해배상책임을 면할 수 없다.

4) 貸主의 解止　다음의 경우에는 대주에게 해지권이 생긴다. ① 차주가 용법에 어긋난 용익을 하거나 무단전대·양도한 경우(제610조 3항), ② 기간을 정하지 않은 사용대차에서 용익에 충분한 기간이 경과한 때(제613조 2항 단서), ③ 차주가 사망하거나 파산선고를 받은 때(제614조). 판례는 건물소유를 목적으로 하는 토지의 사용대차에서는 차주가 사망하더라도 사용대차계약을 해지할 수 없도록 제한한다(大判 1993. 11. 26, 93다36806).

5) 借主의 解止　차주는 다른 특약이 없는 한 언제든지 해지할 수 있다. 차주측에서 하는 해지는 용익권의 포기에 해당한다.

大判 1995. 3. 14, 94다56371: 민법 제613조 제2항 소정의 사용·수익에 충분한 기간이 경과하였는지의 여부는 사용대차계약 당시의 사정, 차주의 사용기간 및 이용상황, 대주가 반환을 필요로 하는 사정 등을 종합적으로 고려하여 공평의 입장에서 대주에게 해지권을 인정하는 것이 타당한가의 여부에 의하여 판단하여야 한다.
大判 1993. 11. 26, 93다36806: 일반으로 건물의 소유를 목적으로 하는 토지 사용대차에 있어서는, 당해 토지의 사용·수익의 필요는 당해 지상건물의 사용·수익의 필요가 있는 한 그대로 존속하는 것이고, 이는 특별한 사정이 없는 한 차주 본인이 사망하더라도 당연히 상실되는 것이 아니어서 그로 인하여 곧바로 계약의 목적을 달성하게 되는 것은 아니라고 봄이 통상의 의사해석에도 합치되므로, 이러한 경우에는 민법 제614조의 규정에 불구하고 대주가 차주의 사망사실을 사유로 들어 사용대차계약을 해지할 수는 없다.

大判 1978. 11. 28, 78사13: 사용대차에 있어 기간의 약정이 없는 경우는 차주는 그 사용대차 또는 그 사용대차 목적물의 성질에 따른 사용수익이 종료된 때에는 목적물을 반환하여야 하나 현실로 사용 · 수익에 족한 기간이 경과한 때에는 대주는 언제든지 사용대차계약을 해지할 수 있다.

㈏ 終了에 따른 淸算

1) 目的物返還 · 原狀回復義務 차주는 계약이 종료하는 때에 차용물을 반환하여야 할 의무를 진다. 차용물은 원상으로 회복하여야 하며, 이 때 부속시킨 물건은 철거할 수 있다(제615조).

2) 費用償還 차주가 차용물에 관하여 유익비를 지출한 경우에는 민법 제594조 2항(환매목적물에 관한 비용상환청구권)의 규정에 따라 대주에게 목적물반환으로부터 6개월 이내에 그의 상환을 청구할 수 있다(제611조 2항).

3) 損害賠償請求 차주의 보관의무 위반 또는 용법 위반의 사용으로 인하여 손해가 생긴 경우 대주는 6개월의 제척기간 내에 손해배상청구를 할 수 있다(제617조).

4) 共同借主의 連帶義務 수인이 공동으로 물건을 차용하는 경우에 다른 약정이 없는 한 그들 차주는 연대하여 의무를 부담한다(제616조). 차주가 연대하여 부담할 의무는 주로 계약종료에 따른 목적물반환의무, 원상회복의무, 손해배상의무이다. 이 공동차주의 의무에 관해서는 연대채무에 관한 규정이 준용된다(제413조). 공동차주의 연대의무는 민법 제408조의 분할채권관계의 원칙에 중요한 예외가 된다. 특히 이는 임대차에도 준용되어 공동임차인의 연대채무를 발생시키므로 의의가 크다.

2. 賃貸借의 意義[1)]

(1) 槪　念

㈎ 用益을 위한 有償契約 당사자 일방이 상대방에게 목적물을 사용 · 수

1) 참고문헌: 高翔龍, "민법상 임대차에 관한 개정방안," 민사법학 제15호, 1997; 權五坤, "임차인의 채무불

익하게 할 것을 약정하고 상대방이 이에 대하여 차임을 지급할 것을 약정하는 경우에 임대차계약이 성립한다(제618조). 임대인이 임차인에게 물건을 사용·수익하도록 제공하는 것은 借賃의 수령을 목적으로 행해진다는 有償性을 띤다.

(나) 諾成契約 임대차계약은 당사자의 합의로 성립하는 諾成契約이다. 임차물의 인도는 계약의 성립요건이 아니고(요물계약이 아님), 단지 임대인의 목적물제공의무의 일부로서 구성되어 있다. 임차물인도에 대하여 기한이 정해지거나 임차인의 차임선불이나 보증금지불과 동시이행할 것이 약정된 경우에는 기한이 도래하거나 그 약정된 채무의 변제제공이 있어야만 목적물의 인도를 강제할 수 있다.

(다) 繼續的 契約 임대차계약은 1회의 급부행위로 채무의 이행이 완료되지 않으며, 임대인은 임대차기간 동안 繼續的 目的物提供義務를 진다. 즉 임대차계약은 임대인에게 목적물제공의 계속적 채무를 발생시키는 계약이다. 용익의 대가인 借賃은 매월·매년 등의 回歸的 債務로 된다. 그러나 일시불로 선불 또는 후불되어도 무방하다.

계속적 채권·채무는 원칙적으로 약정된 存續期間 동안 계속하여 존재하며, 解止의 일방적 의사표시에 의해 장래에 향해서 효력을 상실하게 할 수 있다. 특히 임대차의 경우에는 당사자의 의사표시가 곧 계약종료의 효과를 가져오는가, 또는 일정한 유예기간의 경과 후에야 효과가 생기는가에 따라 卽時解止와 解止通告가 구별되며 각각 별개의 제도로서 활용된다. 다만 임대차계약이

이행으로 인하여 임대차계약이 해지된 경우의 건물임차인의 부속물매수청구권," 민사판례연구 제13권; 金相容, "부동산임차권의 무단양도제한의 완화," 민사판례평석(1), 1995년 3월; 同, "담보를 위한 부동산임차권의 양도," 민사판례연구 제18권; 金淑, "건물소유를 목적으로 한 토지임대차의 무단양도에 있어서 계약해지권을 제한하는 이른바 배신행위이론을 적용한 사례," 대법원판례해설 제19-1호, 1993년 12월; 金泰佑, "타인의 물건을 임대한 임대인이 임대차계약 종료 후에 임차인에 대하여 차임상당액의 부당이득반환을 청구할 수 있는가," 부산판연 재판연구 제7집; 成樂松, "우선변제권을 행사한 임차인의 경락인에 대한 지위," 민사판례연구 제20권, 1998; 宋基錫, "임차인이 제기한 토지인도 및 건물철거청구소송에서 임차인이 건물매수청구권을 행사하지 아니한 채 패소확정된 후, 임차인이 별소로써 4건물매수청구권을 행사할 수 있는지 여부," 재판실무연구 1996년, 1997년 1월; 梁慶承, "대지권의 법적 성질과 관련문제," 사법논집 제24집, 1993년 12월호; 嚴英鎭/李松姬, "영업용건물임대차의 권리금의 법리," 이명구화갑기념(I) Ⅲ 현대법학이론, 1996; 尹寅台, "임차지상의 건물을 경락받은 자에 대한 임대차계약의 해지," 부산판연 판례연구 제5집, 1995; 同, "임차인의 채무불이행으로 인한 토지임대차계약의 해지와 매수청구권," 부산판연 판례연구 제3집, 1993; 李雨龍, "건물임차인이 자신의 비용을 들여 증축한 부분의 소유권을 임대인에게 귀속시키기로 하는 약정의 효력," 재판실무연구 1996년, 1997년 1월; 全元烈, "토지임차인 소유건물이 그 임차토지 외에 임차인 또는 제3자 소유의 토지 위에도 걸쳐 있는 경우, 임차인의 건물매수청구권," 민사판례연구 제16권; 趙悅來, "임대차에 있어서의 매수청구권," 김용희고희기념, 1993; 趙胤新, "임차권의 무단양도·전대와 해지권의 제한," 재판과 판례 제6집, 1997년 12월; 黃迪仁, "한국 전세권·임차권의 법률구성," 토지법학 1992년 12월호; 拙稿, "실화시의 임차인의 손해배상범위," 민사판례연구 제10권.

체결된 후 아직 임대인이 임차인에게 목적물을 인도하기 전에는 그 계약은 해제에 의해 청산 · 소멸된다.

㈑ 使用賃貸借와 收益賃貸借 임차물의 사용만을 목적으로 하는 경우와 임차물로부터의 수익을 목적으로 하는 경우를 구별하여 각각 사용임대차 · 수익임대차라고도 한다. 외국법제에서는 이들을 구분하여 각각 별개의 전형계약으로 파악하기도 한다(독민 · 스債 등).[1] 우리 민법은 양자를 포괄하는 전형계약으로서 임대차를 규정한다(제618조). 원칙적으로는 양자를 포괄하도록 되어 있으나 대부분의 임대차규정은 사용임대차만을 염두에 둔 것이다. 수익임대차를 규율하기에는 민법의 배려가 부족하다. 대표적 수익임대차로는 농지임대차가 있는데, 이는 農地法(1994)에 의해 규율된다.

(2) 다른 契約과의 區別

㈎ 消費貸借와의 區別 대차계약은 消費貸借와 用益貸借로 나뉘는데, 통상 전자는 대체물 · 소비재를 목적물로 하는 데에 반하여, 후자는 비대체물 · 내구재를 목적물로 한다. 법적 효력면에서 볼 때, 대차계약종료시 대차물의 반환의무가 소비대차에서는 종류채무 또는 금전채무이고, 용익대차에서는 특정물채무라는 점에 차이가 있다. 용익대차에는 賃貸借와 使用貸借가 있는데, 전자는 용익의 대가로 차임을 지불해야 하는 유상계약이고, 후자는 대가지불의무가 생기지 않는 무상계약이라는 점에 차이가 있다.

㈏ 讓渡契約과의 區別 용익대차계약은 양도계약과 기본적인 성질을 달리한다. 양도계약인 매매 · 증여 · 교환의 주된 급부의무는 목적물의 소유권양도 및 인도이다. 그러나 용익대차계약에서의 주된 급부의무는 목적물을 사용 · 수익을 위해 제공할 것이며, 그 제공의 한 내용으로서 목적물의 인도를 필요로 한다. 이 때 목적물의 소유권이전은 필요하지 않으므로 임대인 · 사용대주가 반드시 목적물의 소유자일 필요는 없다.

㈐ 任置와의 差異 임대차계약에서 임차인은 제공된 임차물을 선량한 관리자의 주의의무로서 보관하였다가 계약종료시 반환할 의무를 진다. 이러한 선관의무 및 반환의무를 진다는 점에서 임치와 유사하다. 다른 한편 임차인은 용익권을 가지므로 목적물을 용익하면서 보관하고, 또한 반환시 통상의 용익으

1) 그러한 외국법제에서는 어떠한 임대차가 사용임대차이냐, 수익임대차이냐의 구분이 까다롭다는 단점이 있다. 독일에서는 어업권 · 광업권 등의 권리의 임대차는 사용임대차로 해석된다. 그리고 건물의 임대차는 통상 사용임대차로 보나, 특별히 轉貸만을 목적으로 한 경우에는 수익임대차로 본다. 이상과 같은 양 개념의 구분이 반드시 필요한가는 의문이다.

로 인한 가치감소에 대해서는 책임지지 않는다. 그러나 수치인은 목적물의 용익권을 갖지 않으므로 그의 선관의무 · 반환의무의 내용도 임차인의 그것과는 다르다.

(3) 賃貸借의 目的

(가) 物件賃貸借와 權利賃貸借 민법은 임대차의 목적을 목적물이라 표현함으로써 물건에 한정하는 듯이 규정하나(제618조), 실제로는 그 밖에도 광업권 · 특허권 같은 권리나 영업허가 등도 임대차의 목적으로 한다. 이들 권리 등의 임대차는 그것의 대차가 법률이나 사회질서에 위반하지 않는 한 유효라고 보여지며, 이 때에도 민법의 임대차규정이 그의 특성에 어긋나지 않는 한 일반원칙으로 적용되어야 한다.[1)]

(나) 不動産賃貸借 임대차에서 가장 중요한 비중을 차지하는 것은 부동산임대차이다. 부동산임대차는 土地賃貸借와 建物賃貸借로 나누어질 수 있다. 토지임대차는 농업을 목적으로 하는 농지임대차, 건물 기타 공작물의 소유를 목적으로 하는 경우, 그리고 그 밖의 경우로 나누어질 수 있다. 건물 등의 소유를 목적으로 하는 임대차는 계약목적이 지상권에서와 같으나, 다만 제한물권이 아닌 채권으로 구성된다는 점에 차이가 있다. 이 때 건축물의 소유자인 임차인을 보호하기 위해 임차권의 대항력 부여(제622조), 매수청구권(제643조) 등의 강행규정을 설치하였다. 건물임대차는 주거를 목적으로 하는 住宅賃貸借와 그 밖의 경우로 구분되어 각각 법적 효과가 다르게 된다.

(다) 動産賃貸借 실제로 동산임대차가 많이 이용됨에도 불구하고, 동산임대차에 관한 민법규정은 매우 적다. 항공기 · 선박 · 산업용기계 · 사무기구 · 의료기구 · 농기구 · 자동차 등의 고가의 내구재가 임대차의 목적이 된다. 서민생활에서도 의상 · 식기 · 관상목 · 텐트 등 생활용품의 임대차가 널리 이용된다. 그 중에서 산업용기계의 임대는 소비대차와 결합하여 리스(lease)계약이라는 새로운 계약유형으로 독립하여 임대차에 속하지 않게 되었다. 그 밖의 동산임대차는 법적 규율대상의 밖에 방치되어 있다. 특히 동산임대차에서는 임차물의 제공 외에 기술자 · 운전사 · 보조원 등의 서비스가 부수되는 경우가 많으며, 그에 따른 법적 분쟁도 빈번하다. 점차적인 특별법제정에 의해 그러한 동산임대차에 관해서도 계약해석기준 및 이익형평기준을 제시하는 것이 바람직하다.

---

1) 같은 취지: 金亨培, 409.

3. 賃貸借契約의 義務

(1) 賃借物提供義務

임대인은 임차인에게 목적물을 사용·수익할 수 있도록 제공할 의무를 진다(제618조). 임대인의 목적물제공의무는 두 부분으로 나누어지는데, 하나는 계약체결 후 임차인에게 목적물을 인도할 의무이고, 다른 하나는 임대차존속기간 동안 목적물을 사용·수익에 적합한 상태로 유지시켜 줄 의무이다. 즉 임대인은 목적물을 임차인에게 인도하고 계약존속중 그 사용·수익에 필요한 상태를 유지하게 할 의무를 부담한다(제623조).

賃借權

임차권은 임대인에 대하여 임차물을 사용·수익할 수 있도록 하여 줄 것을 요구할 수 있는 청구권이다. 임차권은 임대인의 임차물제공의무에 상응하는 권리이다. 원래의 임차권은 임차물의 용익권만을 가리키는 것이나, 근래에는 임차권이 광의로 이해되어 임차인이 임대차의 계약관계 및 그에 부종하는 보증금계약관계에서 갖는 모든 권리로 파악된다. 이 경우 임대인의 부수의무 및 보증금반환의무도 모두 포함된다. 임차권은 원래 임대인에 대해서만 청구할 수 있는 채권이나, 법률이 요구하는 대항조건을 갖춘 경우에는 임대인 이외의 제3자에 대하여도 임차권을 관철시킬 수 있다.

不動産賃貸借의 登記

(1) 登記로 인한 對抗力取得　부동산임대차는 등기할 수 있으며, 등기된 임대차는 제3자에 대하여 효력이 생긴다(제621조 2항).[1] 轉貸借도 등기될 수 있다. 임차권의 設定登記 또는 轉貸登記에는 임대인, 임차인, 차임액, 차임의 지급시기, 존속기간, 양도·전대의 허용 등이 기재된다(부등법 제156조). 주택임차권이 등기된 경우에는 주택임대차보호법에 의한 대항력과 우선변제권이 인정된다(주임법 제3조의 4 제1항).

(2) 有效한 賃借權　등기에 의해 대항력을 취득할 수 있기 위해서는 등기된 부동산임대차가 유효하게 존재하여야 한다. 임대차의 등기는 공신력을 갖지 않으므로 무효의 임대차를 유효로 만들지 못한다. 계약체결에 있어서의 당사자의 무능력,

1) 임대차를 등기할 수 있도록 하고, 등기된 임대차에 대항력을 부여하는 제도는 스위스채무법 제260조, 제282조, 일본민법 제605조 등의 입법례를 본받은 것이다.

의사의 흠결, 대리권흠결 등의 사유로 무효로 되거나 취소된 경우에, 등기가 말소되지 않았더라도 임대차는 효력을 잃는다. 임대인의 동의 없는 양도 · 전대로 말미암아 임대차 또는 전대차가 해지된 경우에도 같다.

(3) 賃貸人의 登記協力義務 부동산임차인은 당사자간에 반대약정이 없으면 임대인에 대하여 그 임대차등기에 협력할 것을 청구할 수 있다(제621조 1항). 임대차의 등기는 임대인과 임차인의 공동신청에 의하여야 하므로 임대인의 협력 없이는 등기할 수 없다(제27조 1항). 민법 제621조 1항의 문언에 비추어 임대인이 협력하지 않는 경우에 임차인은 반대약정이 없는 한 그 협력을 소송상 청구할 수 있다고 해석된다.[1)]

(4) 建物登記 있는 借地權 건물의 소유를 목적으로 한 토지임대차는 이를 등기하지 아니하여도 임차인이 그 지상건물을 등기한 때에는 대항력을 갖는다(제622조 1항). 借地權이 대항력을 갖기 위해서는 다음의 요건을 갖추어야 한다. ① 借地權(토지임차권)이 유효하게 존재하여야 한다. 대지에 관하여 적법한 임대차계약 없이 그 대지상의 건물에 관하여 등기를 하였더라도 민법 제622조는 적용될 여지가 없다. 토지임차인으로부터 토지임차권과 함께 건물을 양수한 자가 그 토지임차권의 대항력을 얻으려면, 토지소유자의 동의를 얻어 그 土地賃借權을 讓受한 경우라야 한다(大判 1966. 9. 27, 66다1224; 大判 1993. 4. 13, 92다24950).[2)] ② 건물의 소유를 목적으로 하는 차지권이어야 한다. ③ 임차지 위에 건물이 존재하여야 한다. 만약 건물이 임대차기간만료 전에 멸실 또는 朽廢(후폐)한 때에는 대항력을 갖지 못한다(제622조 2항). ④ 토지임차인이 그 지상건물을 소유권보존등기하였어야 한다.[3)]

(가) 目的物引渡義務 임대인은 목적물을 약정된 사용목적에 적합한 상태

1) 반대설: 김형배, 412, 주 2)에서는 "임대인에게 법률상의 등기협력의무가 있는 것으로 해석되지는 않는다. 따라서 임대인이 협력을 거부한다고 하여 임차인이 등기협력의무의 이행을 소송상 청구할 수 있다고 생각되지 않는다"고 한다.

2) 大判 1996. 2. 27, 95다29345: ① 민법 제622조 제1항은 임차인으로부터 건물의 소유권과 함께 건물의 소유를 목적으로 한 토지의 임차권을 취득한 사람이 토지의 임대인에 대한 관계에서 임차권의 양도에 관한 그의 동의가 없어도 임차권의 취득을 대항할 수 있다는 것까지 규정한 것은 아니다. ② 토지임대차에 있어서 토지임차인의 차임연체 등 채무불이행을 이유로 그 임대차계약이 해지되는 경우, 토지임차인으로서는 토지임대인에 대하여 그 지상건물의 매수를 청구할 수는 없다. 大判 1993. 4. 13, 92다24950: 민법 제622조 제1항은 건물의 소유를 목적으로 한 토지임대차는 이를 등기하지 아니한 경우에도 임차인이 그 지상건물을 등기한 때에는 토지에 관하여 권리를 취득한 제3자에 대하여 임대차의 효력을 주장할 수 있음을 규정한 취지임에 불과할 뿐, 건물의 소유권과 함께 건물의 소유를 목적으로 한 토지의 임차권을 취득한 사람이 토지의 임대인에 대한 관계에서 그의 동의가 없어도 임차권의 취득을 대항할 수 있는 것까지 규정한 것이라고는 볼 수 없다

3) 같은 취지: 주석 채권각칙(Ⅱ), §622, 214(金鍾華 집필부분). 이에 대하여는 토지임차권과 건물을 양도하여 이전등기(매매 · 경락 등의 원인)를 한 경우까지 포함하는 것으로 새기는 반대설이 있다. 金錫宇, 270; 金顯泰, 193; 金容閣, "건물 및 대지임차권의 항변력," 사법논집 제1집, 40.

로 임차인에게 인도하여야 한다.[1] 목적물인도의무는 主物뿐 아니라 從物에도 미친다(제100조). 그 밖에 특별한 목적물의 상태(상가의 조성, 진입로의 확장, 주위환경의 정비 등)가 약정된 경우에는 그러한 상태를 만들어 줄 의무를 진다.

(나) 狀態維持義務 임대인은 계약존속중 목적물을 사용 · 수익에 필요한 상태로 유지시킬 의무를 진다. 어떠한 상태가 사용 · 수익에 적합한 상태이냐는 임대차의 유형, 거래관습, 특약에 기초한 계약해석의 문제이다. 임대인으로서는 그 목적물이 통상의 사용 · 수익에 필요한 상태를 유지하여 주면 족하고 임차인의 특별한 용도(단란주점영업)를 위한 사용 · 수익에 적합한 구조나 상태를 유지하게 할 의무는 없다(大判 1996. 11. 26, 96다28172).

1) 妨害排除 제3자에 의하여 목적물에 대한 점유침탈이나 사용 · 수익의 방해가 행해진 경우, 임대인은 임차인을 위하여 그러한 방해상태를 제거해 줄 의무를 진다.[2] 이러한 임대인의 방해제거의무는 임차인이 스스로 방해배제청구권을 갖거나(대항력 있는 임대차의 경우) 또는 점유보호청구권에 의해 구제될 수 있는 경우에도 부과된다.

2) 目的物의 修繕 목적물이 사용 · 수익에 적합치 못한 상태로 된 경우(불가항력으로 인한 때에도) 임대인은 목적물을 수선해 줄 의무를 진다. 임차인의 귀책사유로 사용 · 수익에 부적합한 상태가 야기된 경우에도 임대인은 수선의무를 부담하는가. 임차인은 목적물을 선량한 관리자의 주의로 보관할 의무를 지며(제374조), 그 보관의무에 위반한 임차인은 스스로 그에 대한 수선의무 및 채무불이행책임을 지므로 이 때 임대인은 수선해 줄 필요가 없다고 해석된다.[3] 수선이 긴급히 필요한 경우 또는 임대인이 즉시 수선해 줄 상태에 있지 못한 경우에, 임차인은 자기의 비용으로 수선하고 임대인에 대하여 그 비용상환을 청구할 수 있다.[4] 임대인의 수선의무는 특약에 의하여 면제하거나 임차인의 부담으로 돌릴 수 있으나, 이는 통상 생길 수 있는 파손의 수선 등 소규모의 수선에 한정되며, 대파손의 수리, 건물의 주요 구성부분에 대한 대수선, 기본적 설비부분의 교체 등과 같은 대규모의 수선은 임대인이 그 수선의무를 부담한다(大判 1994. 12. 9, 94다34692).

---

1) 독일민법 제536조 참조.

2) 같은 취지: 郭潤直, 353; 金基善, 198; 金錫宇, 263; 金疇洙, 288; 金曾漢, 238; 金顯泰, 187; 李太載, 247.

3) 같은 취지: 주석 채권각칙(Ⅱ), §623, 218(金鍾華 집필부분). 그러나 임대인의 수선의무를 긍정하면서 다른 한편 임차인에게 보관의무 위반에 따른 손해배상의무를 인정하는 견해(金基善, 197)도 있다.

4) 같은 취지: 金疇洙, 265; 金亨培, 431; 李太載, 246; 주석 채권각칙(Ⅱ), 218(金鍾華 집필부분).

大判 1987. 4. 14, 86다카1705: 가옥임대차에 있어서 임대인은 임차인으로 하여금 그 목적물을 사용 · 수익하게 할 의무가 있고 그 의무내용에는 목적물의 수선의무도 포함되는 것인바, 가옥임차인이 건물의 부엌벽의 균열을 발견하고 임대인에게 보수를 요구하고 임대인도 그 위험을 인식하여 곧 보수하여 주겠다고 약속하고서 그 이행을 지체하고 있던 중 그 벽이 무너짐으로 말미암아 인명사고가 발생하였다면, 공작물의 직접점유자인 임차인으로서는 손해의 방지에 필요한 주의를 해태하지 아니하였다고 볼 것이므로 결국 그 소유자인 임대인이 위 사고에 대한 손해배상책임을 질 수밖에 없다.

3) 目的物不適合으로 인한 借賃支給拒絶 임차인은 목적물의 부적합성을 이유로 차임의 지급을 거절할 수 있다. 목적물의 제공과 차임지급은 서로 대가관계에 있는 채무이므로, 사용에 방해를 받은 비율로 차임이 감액된다(大判 1989. 6. 13, 88다카13332). 차임은 매월 後給으로 지급함이 원칙인데, 임차인은 지난 달 동안 사용에 방해를 받은 만큼 공제한 잔액을 지급하면 된다. 先給인 때에는 부적합성이 제거될 때까지 그 차임의 지급을 거절할 권리가 있다.[1)]

大判 1989. 6. 13, 88다카13332: ① 임대차계약에 있어서 목적물을 사용 · 수익케 할 임대인의 의무와 임차인의 차임지급의무는 상호 대응관계에 있다. 수선의무불이행으로 인하여 부분적으로 지장이 있는 상태에서 그 사용 · 수익이 가능할 경우에는 그 지장이 있는 한도 내에서만 차임의 지급을 거절할 수 있을 뿐 그 전부의 지급을 거절할 수는 없으므로 그 한도를 넘는 차임의 지급거절은 채무불이행이 된다. ② 임차목적물인 건물지하실부분의 사용불능으로 인하여 그 차임의 차액이 감액되었다면 보증금 중 지하실부분 상당액의 반환청구나 그 지연손해금청구는 허용될 수 없다. ③ 건물을 병원 용도로 임차한다는 것을 임대차계약내용으로 한 경우, 건물의 준공이 54일이나 지연되어 그 동안 임차인이 병원업을 하지 못하였다면 임대인의 귀책사유로 인한 영업수익손실이 없었다고 할 수 없다.

4) 契約의 解除 · 解止 임차인은 임대인의 목적물제공의무 또는 수선의

1) 차임지급거절권은 차임이 선급인 때에는 실질적으로 동시이행의 항변과 같다고 하는 견해도 있다. 金疇洙, 266; 金曾漢, 236; 金亨培, 432; 李太載, 246. 私見으로는 계속적 급부에 대한 대가에 관해서는 일회적 급부에서와 같은 동시이행이 곤란하며, 이 경우에는 修繕이 먼저 이행되고 借賃의 先給이 그 뒤를 따르는 것이 타당할 것이다. 같은 취지: 郭潤直 355; 金顯泰 188.

무의 불이행을 이유로 목적물인도 전에는 계약을 해제할 수 있고 인도받아 사용중인 경우에는 계약을 해지할 수 있다. 목적물의 부적합성이 임대인의 방해제거 또는 수선으로 쉽게 치유될 수 있는 것인 때에는, 우선 임대인에게 방해제거나 수선을 최고하고 그래도 부적합성이 제거되지 않는 때에 한하여 계약을 解除·解止하는 것이 信義則에 적합할 것이다.

(2) 借賃支給義務

(가) **借賃의 意義** 임차인은 임대인의 목적물의(사용·수익을 위한) 제공에 대하여 차임을 지급할 의무를 진다(제618조). 차임지급의무는 임대인의 목적물제공의무에 대한 代價(반대급부)이다.[1] 임대물에 대한 공과는 임대인이 부담한다.[2]

1) **支給方法** 차임은 금전 또는 기타의 물건(곡물 등)으로 지급된다. 차임액 및 지급방법의 결정은 원칙적으로 당사자의 자유로운 합의에 맡겨져 있으나, 특별법에 의해 제한되기도 한다(농지법 제25조).

2) **借賃의 支給時期** 동산, 건물 및 대지에 대하여는 매월 말, 기타 토지에 대하여는 매년 말이고, 수확기 있는 것에 대하여는 그 수확의 직후이다(임의규정 제633조). 이와 같이 민법은 後給을 원칙으로 하지만, 그와 다른 규정·관습·약정이 있는 경우 그에 따른다.

3) **一部不能으로 인한 借賃減額** 목적물의 사용·수익에의 제공이 전부 또는 일부 행하여지지 않은 경우에 그것에 상응하여 차임이 감액되어야 함은 차임의 성격으로 볼 때 당연하다. 민법 제627조의 일부멸실 등에 따른 차임감액청구권은 이러한 목적물제공과 차임 사이의 견련관계를 염두에 둔 규정이다.

大判 1995. 7. 14, 94다38342: ① 건물 일부의 임대차계약을 체결함에 있어 임차인이 건물 면적의 일정한 수량이 있는 것으로 믿고 계약을 체결하였고, 임대인도 그 일정 수량이 있는 것으로 명시적 또는 묵시적으로 표시하였으며, 또한 임대차보증금과 월임료 등도 그 수량을 기초로 하여 정하여진 경우에는, 그 임대차는 수량을 지정한 임대차라고 봄이 타당하다. ② 임대차계약에서 임대차면적에 따른 임

---

1) 大判 1966. 5. 10, 66다284: 임대차계약에 있어서 목적물을 사용·수익케 하는 임대인의 채무와 임차인의 임료지급의무와는 서로 의존관계에 있으므로, 타인의 불법점거로 임차인에게 목적물을 사용시키지 못한 이상 그 사람으로부터 임료명목으로 돈을 받았다 하여도 이는 아무런 권리 없이 받은 것으로서 법률상 임료를 받았다고 할 수 없다.

2) 독일민법 제546조는 임대물에 대한 부담은 임대인이 지는 것으로 명문의 규정을 둔다. 우리 민법 제628조도 이를 전제로 한 것으로 해석된다. 단 농지에 관한 여러 분과금의 부담은 관습에 의한다.

대차보증금(전세금)을 일단 계산한 후 그 금액의 15% 내외의 금액을 임대차 보증금으로 지급하고 그 나머지 금액에 월 2%를 곱한 금액을 월임료로 지급하기로 약정한 경우, 임차인은 임대인에게 귀책사유가 있는 목적물의 면적 부족분에 해당하는 임대차 보증금 과다 지급분에 대하여는, 그 금액에 월 2%를 곱한 금액만큼의 임료를 지급하지 않아도 될 것임에도 불구하고 그에 상당한 금액을 임료로 과다 지급함으로써 손해를 입었다고 할 것이므로, 그 과다 지급 임대차 보증금에 2%를 곱하여 임대차 보증금의 과다 지급으로 인한 손해를 산정하는 것이 정당하다.[1]

4) 借賃延滯　　임대차는 계속적인 급부(목적물제공)가 행해지는 특성을 가지므로 그에 대한 대가인 차임이 엄격히 동시에 이행되는 것은 불가능하다. 또한 차임은 원칙적으로 후불되므로 임대인이 차임의 지불과 동시이행이 아니라는 이유로 목적물제공을 거절하는 것은 허용되지 않는다(그와 다른 규정·판습·약정이 없는 한). 전기분의 차임연체를 이유로 하여 차기분의 목적물제공을 거절하는 것은 부동산임대차에서는 2기분의 연체가 있는 경우에만 인정된다고 해석된다(제640조, 제641조의 유추해석).

(나) 借賃의 增減請求

1) 增減請求權　　임차물에 대한 공과부담의 증감 기타 경제사정의 변동으로 인하여 약정한 차임이 상당하지 아니하게 된 때에는 당사자는 장래에 대한 차임의 증감을 청구할 수 있다(제628조).[2] 차임증감청구권은 일방당사자가 상대방에 대하여 차임의 증감을 청구하는 경우이며, 합의에 의한 차임증감과는 다르다.

임대인이 임차인에게 차임증감청구를 하거나 임차인이 임대인에게 차임감액청구를 하기 위해서는 ① 차임약정시와 증감청구시 사이에 경제사정의 변동이 있을 것, ② 청구시 종래 약정된 차임이 상당하지 아니할 것, ③ 일시사용을 위한 임대차가 아닐 것(제653조), ④ 증액청구의 금지약정이 없을 것을 요건으로

---

1) 大判[全合] 1993. 12. 21, 92다46226: 토지의 소유자가 법률상 원인 없이 토지를 점유하고 있는 자를 상대로 장래의 이행을 청구하는 소로서, 그 점유자가 토지를 인도할 때까지 토지를 사용·수익함으로 인하여 얻을 토지의 임료에 상당하는 부당이득금의 반환을 청구하여, 그 청구의 전부나 일부를 인용하는 판결이 확정된 경우에, 그 소송의 사실심변론종결 후에 토지의 가격이 현저하게 앙등하고 조세 등의 공적인 부담이 증대되었을 뿐더러 그 인근 토지의 임료와 비교하더라도 그 소송의 판결에서 인용된 임료액이 상당하지 아니하게 되는 등 경제적 사정의 변경으로 당사자간의 형평을 심하게 해할 특별한 사정이 생긴 때에는, 토지의 소유자는 점유자를 상대로 새로 소를 제기하여 전소 판결에서 인용된 임료액과 적정한 임료액의 차액에 상당하는 부당이득금의 반환을 청구할 수 있다고 봄이 상당하다.

2) 민법 제628조는 의용민법에 없던 신설규정이다. 일본법에는 차지법 제12조, 차가법 제7조에 우리와 같은 규정이 있다.

한다. 감액청구의 금지약정은 임차인에게 불리하게 제628조를 회피하는 약정이므로 무효이다(제652조).

大判 1992. 11. 24, 92다31163: 임대차계약 체결시에 임대인이 일방적으로 차임을 인상할 수 있고 상대방은 이의를 할 수 없다고 약정하였다면, 이는 강제규정인 민법 제628조에 위반하는 약정으로서 임차인에게 불리한 것이므로 민법 제652조에 의하여 효력이 없다.

大判 1993. 12. 7, 93다30532: 주택임대차보호법 제7조(차임 등의 증감청구권)의 규정은 임대차계약의 존속중 당사자 일방이 약정한 차임 등의 증감을 청구한 때에 한하여 적용되고, 임대차계약이 종료된 후 재계약을 하거나 또는 임대차계약 종료 전이라도 당사자의 합의로 차임 등이 증액된 경우에는 적용되지 않는다.

2) 經濟事情의 變動 경제사정의 변동이 있었는가, 또는 종래의 차임이 상당하지 않은가의 문제는 객관적으로 결정되어야 한다. 증감청구를 한 당사자의 恣意에 의해 판단되어서는 안 된다. 얼마의 차임증감이 현재의 경제사정에 상당한가 하는 적정액의 결정도 어려운 문제이다. 당사자간에 차임증감의 필요성 여부 및 그 증감액에 관하여 의견의 대립이 있는 경우에는 소송절차를 거쳐 법원의 판단을 따르는 수밖에 없는데, 당사자가 소송절차를 거치지 않고 적정액을 판단받을 수 있는 簡易節次가 요망된다.

大判 1985. 11. 12, 85누219: 임대인이 임차인과의 사이에 체결한 당초의 전세계약에서 정한 전세금액이 당시의 정기예금이자율에 비추어 적정하게 책정된 금액인 이상, 그 전세계약기간중 정기예금이자율이 인하되었다고 하여 임대인으로서 임차인에게 인하된 이자율에 상응한 전세금의 증액 또는 이에 상당한 임차액의 추가지급을 당연히 요구할 수 있는 계약상 권리가 있다고 볼 수 없다.

3) 請求의 形成的 效果 당사자의 증감청구가 있고 그 청구 및 청구액이 적정한 경우, 청구의 효과로서 청구시부터 장래에 향하여 차임의 변경이 생긴다. 당사자의 청구에 의해 즉시 법률관계의 변동효과가 생긴다고 보는 것이 타당하며, 소송절차 또는 기타 절차를 통해 확인받아야 하는 것은 아니다. 결국

차임증감청구권은 形成權으로서의 성질을 갖는 것이라고 해석된다.[1] 당사자의 청구가 없는 경우에는 비록 경제사정의 변화가 없더라도 종전과 같은 차임지급 의무가 존재할 뿐이다. 이는 차임증감청구권의 행사에 의하여 이익을 받을 수 있는 당사자가 그 이익의 주장을 포기한 것이라고 여겨지므로, 청구하지 않은 경우까지 당연한 증감효과를 부여할 필요는 없을 것이다.

당사자 사이에 증감 여부 또는 증감액에 대하여 다툼이 있고, 그를 인용하는 판결이 확정된 경우에도 차임증감의 효과는 재판외 청구시에 소급하여 생긴다.[2] 판례는 임차인의 차임감액청구권은 그 성질이 私法上의 形成權에 속하는 것이고 법원에 대하여 형성결정을 구할 수 있는 권리가 아니라고 한다(大判 1968. 11. 19, 68다1882).

4) 住宅賃貸借의 特則 주택의 임대차에서 임대인의 차임증액청구는 대통령령으로 정하는 기준에 따른 비율을 넘지 못한다(주임법 제7조). 차임의 증액에 한해서 상한선을 정할 수 있고, 감액에 관해서는 규정이 없다.

(다) 借賃債權의 確保 임대인의 차임채권을 확보하기 위하여 다음의 법정담보물권 및 연대채무가 인정된다.

1) *法定質權* 토지임대인이 임대차에 관한 채권에 의거하여 임차지에 부속 또는 그 사용의 용익에 공용한 임차인 소유의 동산 및 그 토지의 과실을 압류한 때에는 질권과 동일한 효력이 있다(제648조). 건물 기타 공작물의 임대인이 임대차에 관한 채권에 의하여 그 건물 기타 공작물에 부속한 임차인소유의 동산을 압류한 때에도 질권과 동일한 효력이 있다(제650조). 단 일시임대차에서는 이들 법정질권이 인정되지 않는다(제653조).

2) *法定抵當權* 토지임대인이 변제기를 경과한 최후 2년의 차임채권에 의거하여 그 지상에 있는 임차인소유의 건물을 압류한 때는 저당권과 동일한

---

1) 같은 취지: 郭潤直, 380; 金基善, 206; 金疇洙, 314; 金曾漢, 269; 金顯泰, 198; 李太載, 254; 黃迪仁, 304.

일본에서는 1996년 차지차가법개정 전까지는 차임증액청구권의 성질에 관하여 형성권설(戒能, 後藤, 我妻, 水本 등)과 권리변경청구권설(杉浦, 中村, 篠塚, 牛山 등)이 대립하였었다. 그러나 1966년의 개정에서 차지법 제12조 2항, 차가법 제7조 2항에 다음과 같이 추가되었다. 임료증액에 대해 당사자간에 협의가 이루어지지 않은 때에는 증액을 정당하게 하는 재판이 확정될 때까지 상당하다고 인정하는 임료를 지불하면 충분하고, 그 재판이 확정된 경우 이미 지불한 액이 부족한 때에는 부족액에 연 1할의 利息을 붙여 지불하여야 한다고 규정한다. 개정 후에도 일부 학설의 대립이 있으나 논의의 실익이 없다는 견해가 유력하다(星野, 鈴木 등).

2) 같은 취지: 大判 1974. 8. 30, 74다1124은 임대인의 차임증액청구는 재판 외의 방법에 의하여도 가능하며, 위의 증감청구가 상당하다고 인정되는 이상 청구시에 그 효력이 발생한다고 한다.

효력이 있다(제649조). 그 건물 위에 다른 약정저당권이 이미 설정되어 있는 경우 그들 순위는 성립의 시기를 기준으로 결정되므로 임대인의 법정저당권은 후순위가 된다.

3) 連帶債務　수인이 공동하여 물건을 임차한 경우, 그들 공동임차인은 연대하여 의무를 부담한다(제654조·제616조).

㈑ 借賃延滯로 인한 解止

1) 不動産賃貸借　건물 기타 공작물의 임대차에는 임차인의 차임연체액이 2기의 차임액에 달하는 때에는 임대인은 계약을 해지할 수 있다(제640조). 건물 기타 공작물의 소유 또는 식목·채염·목축을 목적으로 한 토지임대차에서도 같다(제641조). 이는 연속해서 2기의 차임을 연체하지 않았더라도 연체액이 모두 2기분에 도달한 때도 해당한다. 이 경우 임대인은 계약해지권의 행사에 있어서 상당기간을 정하여 최고할 필요는 없다(大判 1977. 3. 8, 75다2032). 이와 다른 약정으로서 부동산임차인에게 불리한 것은 무효이다(제652조). 위의 토지임대차의 해지에 있어서 그 지상에 있는 건물 기타 공작물이 담보물권의 목적이 된 때에는 그 담보물권자에게 통지한 후 상당한 기간이 경과하여야 해지의 효력이 생긴다(제642조·제288조). 단 일시임대차에는 차임연체로 인한 해지제한규정이 적용되지 않는다(제653조).

2) 動産賃貸借　동산임대차에 관하여는 해지제한규정이 없다. 그러므로 임대인이 1기의 차임연체를 이유로 해지할 수 있는가 의문이다. 생각건대 단 1기의 차임연체로 즉시 해지권을 인정하는 것은 이행지체로 인한 해제를 규정한 제544조와 균형이 맞지 않으므로, 이 경우 임대인은 상당한 기간을 정하여 그 이행을 최고하고 그 기간 내에 이행하지 아니한 때에 비로소 계약을 해지할 수 있다고 해석된다. 그리고 거래관행상 회귀적 급부의무에 관해서는 2기분의 이행지체가 있을 때 비로소 해지가 가능하다는 점도 고려되어야 한다.

3) 失權約款　차임의 1회(동산의 경우) 또는 2회(부동산의 경우) 이상의 연체가 있으면 해지의 의사표시 없이도 임대차는 당연히 종료할 것을 정한 약관조항을 「실권약관」이라 한다. 이러한 실권약관은 임대인에게 해지권의 행사요건을 완화하여 임차인에게 부당한 불이익을 줄 우려가 있는 조항이므로 무효이다(약관법 제9조 2호). 차임연체를 이유로 임대인이 임차인에게 해지의 의사표시를 하여야만 해지의 효과가 생긴다.

(3) 附隨義務

(가) 賃貸人의 義務

1) 登記協力義務　임대인은 임차권의 등기에 협력하여 줄 의무를 진다(제621조). 단 특약으로 이 의무를 면제할 수 있다. 면제의 특약은 명시적으로 하여야 한다고 해석된다(임차인보호를 위하여).

2) 費用償還義務　임차인이 임차물에 지출한 필요비 및 유익비에 대하여 임대인은 일정 범위에서 상환의무를 진다(제626조, 임대차의 종료에서 설명함). 이 중에서 필요비상환의무는 임대인의 임차물제공의무의 일부를 구성한다.

3) 附屬物買受義務　임차인이나 전차인이 임대인의 동의를 얻어 임차물에 부착한 물건은 임대차종료시에 임대인이 매수하여야 한다(제646조, 제647조, 임대차종료에서 설명함).

4) 安全配慮義務　임대인은 임대차기간중 임차인이나 그의 가족에게 임대물의 용익에 있어 위험이 발생하지 않토록 배려할 의무를 진다. 계단 · 난간 등 임차물 자체가 안고 있는 위험을 미리 제거하여야 한다. 그 밖에 임차물의 용익에 있어 임차인이 주의하여야 할 안전수칙을 설명 · 경고하여야 한다. 안전배려의무 위반의 경우에는 불법행위책임이 발생할 수 있다.

서울地判 1996. 7. 18, 96나3325: 한증막 내 쑥찜시설을 타인에게 임대해 주었다 해도 쑥찜실 손님이 쑥불에서 튄 불씨로 화상을 입은 경우 한증막운영자는 한증막내 편의시설인 쑥찜실의 안전에 관해 쑥찜실임차인을 지휘 · 감독할 권한을 가졌다고 봐야 할 것이므로 위 사고에 대한 손배책임이 있다.

大判 1993. 2. 9, 92다31668: ① 공작물의 임차인인 직접점유자나 그와 같은 지위에 있는 것으로 볼 수 있는 자가 공작물의 설치 또는 보존의 하자로 인하여 피해를 입은 경우에는 그 가옥의 소유자는 민법 제758조 제1항 소정의 책임자로서 이에 대하여 손해를 배상할 책임이 있는 것이고 그 피해자에게 보존상의 과실이 있더라도 과실상계의 사유가 될 뿐이다. ② 임차인과 함께 임차방실에 기거하던 직장동료가 연통에서 새어나온 연탄가스에 중독 사망한 사고에 대하여 가옥소유자의 손해배상책임을 인정한다.[1]

---

1) 大判 1989. 9. 26, 89도703: 임차목적물인 방에 약간의 실금형태로 균열이 있고 외벽에 금이 가 있을 정도라면 그 방을 사용할 수 없을 정도의 파손상태라고 할 수 없고, 반드시 임대인에게 수선의무가 있는 대규모의 것이라고도 할 수 없어 임차인의 통상의 수선 및 관리의무에 속하므로, 위 균열로 스며든 연탄가스에 피해자가 중독되어 사망한 사고는 임대인의 과실로 인한 것이라고 볼 수 없다.

(나) 賃借人의 義務

1) 賃借物의 保管·返還義務　임차인은 계약종료시 임차물을 반환하여야 할 특정물의 인도채무를 진다. 그러므로 임차인은 임차물을 인도할 때까지 선량한 관리자의 주의로 보관하여야 한다(제374조).[1] 임차인의 과실(선관의무위반)로 인하여 임차물이 멸실·훼손된 경우에는 그에 대한 채무불이행책임, 즉 손해배상책임을 진다. 임차인이 배상하여야 할 손해배상금은 임차인이 맡긴 보증금과 상계된다.

大判 1994. 2. 8, 93다22227: 임차인의 임차물반환채무가 이행불능이 된 경우에 임차인이 그 이행불능으로 인한 손해배상책임을 면하려면 그 이행불능이 임차인의 귀책사유에 의하지 아니한 것임을 입증할 책임이 있으며, 임차물이 화재로 소실된 경우에 그 화재발생 원인이 불명인 때에도 임차인이 그 책임을 면하려면 그 임차건물의 보존에 관하여 선량한 관리자의 주의의무를 다하였음을 입증하여야 한다.[2]

2) 瑕疵通知義務　임차물이 수리를 요하거나 임차물에 대하여 권리를 주장하는 자가 있는 때에는 임차인은 지체없이 임대인에게 이를 통지하여야 한다. 그러나 임대인이 이미 이를 안 때에는 그러하지 아니하다(제634조). 임차물이 수리를 필요로 하는 경우란 임차물에 수선가능한 하자가 생긴 경우와 예상되는 위험에 대한 예방책을 강구할 필요가 있는 경우를 포함한다. 임차물에 대하여 권리를 주장하는 자가 있는 경우란 제3자가 임차물에 대하여 물권·채권·상속권 등 기타의 권리를 주장하는 것을 말하며, 그 주장방법이 소송외이든 소송상이든 관계 없다. 임차인의 통지의무는 임차물보관의무로부터 생기는 부수의무이다.[3] 만약 임차인이 귀속사유로 말미암아 통지를 게을리한 경우, 임대인은 그 통지의 해태로 말미암아 증가된 손해의 배상을 임차인에게 청구할 수 있다

1) 특히 임차건물이 소실된 경우 임차인의 귀책사유가 문제된다. 大判 1966. 9. 20, 66다758·739; 大判 1969. 3. 18, 69다56; 大判 1977. 3. 8, 76다2611; 大判 1980. 11. 25, 80다508.

2) 판례평석: 문흥수, "임차건물이 화재로 인하여 소실된 경우에 있어서의 임대인과 임차인 사이의 법률관계," 인권과 정의 제268호, 148: 첫째, 임차건물이 소실된 경우에 관한 채무불이행책임이 요건사실을 혼동함으로써 입증책임의 소재를 잘못 정하고 있는 것이라고 할 것이고, 둘째, 그 결과 발화지점이 불분명한 경우에까지 임차인에게 오히려 가혹하게 되는 결과가 되었고, 셋째, 위 대법원판례와 같은 논리에서 입증책임을 분배할 경우 화재원인이 불분명한 데도 임대인과 임차인이 서로에 대하여 책임을 물을 수도 있다는 기이한 결과가 되어 버린다는 점 등에서 대법원판례의 변경이 요구된다고 한다.

3) 임차인에게 하자통지의무를 부과한 이유는 임차인이 수리기간중 불편을 겪을 것을 꺼려하여 하자를 방지한 채 임대인에게 통지하지 않음으로써 목적물을 황폐하게 할 우려가 있기 때문이다.

(독민 제545조 비교).[1]

3) 忍容義務 임대인이 임차물의 보존에 필요한 행위를 하는 경우 임차인은 이를 거절하지 못한다(제624조). 단 임대인이 임차인의 의사에 반하여 보존행위를 하는 경우에 임차인이 이로 인하여 임차의 목적을 달성할 수 없는 때에는 계약을 해지할 수 있다(제625조). 임대인의 보존행위(건물수리 등)로 말미암아 임차의 목적을 달성할 수 없었던 기간 동안에도 임차인은 차임을 지불하여야 하는가. 임차인의 인용의무는 단지 보존을 위한 임차물의 용익방해를 배제하지 못한다는 데에 한정된다고 해석된다. 차임의 지급은 임차물의 용익대가인데, 만약 보존행위로 말미암아 용익이 불가능하였다면 그에 대한 차임지급의무도 당연히 발생하지 않는다. 임대인의 보존행위는 어떠한 성질의 것이든, 그리고 아무 예고가 없었더라도 무조건 인용되어야 하는가. 이에 대하여는 신의칙상의 제한이 필요하다.[2]

(4) 賃貸人의 擔保責任

임대차는 유상계약이므로 매매에 관한 규정이 준용되어(제567조) 임대인은 매도인과 같은 담보책임을 부담한다.[3] 임대차에서 임대인이 지는 채무불이행책임과 담보책임은 엄격히 구별되지 않는다.[4] 임대인은 목적물의 상태유지의무와 그에 의거한 수선의무를 부담하므로, 목적물의 하자는 그러한 임대인의 의무 위반이 됨과 동시에 하자담보책임의 발생원인이 되기 때문이다.

(가) 目的物의 瑕疵에 대한 責任 임차인에게 목적물이 인도된 때 또는 임대차기간중 목적물의 사용·수익에 적합치 못한 흠결이 있는 때에는 임대인은 그의 귀책사유를 불문하고 하자담보책임을 진다(제580조 준용). 단 임차인이 계약 당시 하자 있는 것을 알았거나 과실로 인하여 알지 못한 때에는 그러하지 아니하다. ① 契約解除權: 하자로 인하여 계약의 목적을 달성할 수 없는 경우에 한하

1) 金亨培, 443: 임차인이 임차물의 중대한 수리를 요하는 상태를 알리지 아니하여 목적물의 보존이 위태롭게 되는 경우에는 결과적으로 임차인이 사용·수익상의 의무를 제대로 이행하지 않은 것과 다를 바 없다. 따라서 이로 인하여 더 이상 임대차관계의 유지를 기대할 수 없게 된 때에는 임대인이 계약관계를 해지할 수 있다고 해야 한다. 임차물에 대하여 권리를 주장하는 자가 있는 때에도 역시 마찬가지이다.

2) 독일민법은 임대인의 보존행위에 대해 일정한 제한을 가하고 있고 이 규정은 1983년 개정되었다. 즉 독일민법 제541b조 2항에 의하면 임대인은 보존행위의 개시 2개월 전에 그의 종류, 범위, 예상기간, 예상되는 차임인상 등을 임차인에게 통지해 줄 의무가 있다. 그 외 상세한 내용은, 金曾漢, "1983년 서독신임대차법," 안이준화갑기념 민사법과 환경법의 제문제, 1986 참조.

3) 매매와 임대차는 모두 유상계약이기는 하지만 계약의 내용이 양도계약과 대차계약이라는 점에서 현저히 다르므로 매매의 규정이 임대차에 적합하지 않은 경우가 허다하다. 그러므로 입법론으로서는 독일민법 제537조 이하와 같이 임대인의 담보책임을 구체적으로 규정하는 것이 바람직하다고 생각한다.

4) 같은 취지: Wesser/Weyers, § 15 I, 2.

여 임차인은 계약을 해제 · 해지할 수 있다. ② 損害賠償請求權: 하자에도 불구하고 계약목적의 달성에 지장이 없는 경우에는 손해배상만을 청구할 수 있다. 임차인의 손해배상청구권은 그가 지불할 차임(사용분 또는 차기사용분)과 상계할 수 있다.

(나) 一部滅失로 인한 責任　　민법 제627조는 목적물의 일부멸실에 따른 차임감액청구권과 계약해지권을 규정한다. ① 借賃減額請求權: 임차물의 일부가 임차인의 과실 없이 멸실 기타 사유로 인하여 사용 · 수익할 수 없는 때에는 임차인은 그 부분의 비율에 의한 차임의 감액을 청구할 수 있다. ② 契約解止權: 이 경우 잔존부분으로 임차의 목적을 달성할 수 없는 때에는 임차인은 계약을 해지할 수 있다.

제627조의 적용범위는 어떠한가. 첫째, 임차인의 과실로 인한 하자의 경우에 적용되지 않음은 법문상 명백하다. 둘째, 임대인이 담보책임을 져야 할 하자의 경우에도 적용되지 않는다고 해석된다. 특별히 임차인의 권리를 담보책임규정에서보다 약화시킬 이유가 없기 때문이다. 그러므로 임차인은 담보책임규정에 따라 계약해제권과 손해배상청구권을 갖는다. 손해배상청구권은 대금감액청구권보다 범위가 넓다. 셋째, 이상의 두 경우를 제외한 나머지 경우에만 제627조가 적용된다. 즉 임차인이 계약 당시의 목적물의 하자를 알았거나 과실로 인하여 알지 못한 때에는 임대인의 담보책임이 생기지 않으며, 임차인은 단지 제627조에 의거하여 대금감액청구권 또는 계약해지권을 갖는다고 해석된다.[1] 제627조는 편면적 강행규정이다(제652조). 임차인이 목적물에 수리를 요하는 하자가 있음을 발견한 때에는 지체없이 임대인에게 통지하여야 한다(제634조). 그러나 임차인이 이 통지의무를 게을리했다고 하여 임대인에게 담보책임을 추궁하거나 제627조의 대금감액청구를 할 권리가 박탈되지 않는다(통지의무 위반에 대하여는 뒤에 설명함).

(다) 他人所有物의 賃貸　　타인의 물건을 임대하는 계약도 유효함은 물론이다. 타인소유물의 임대인도 임차인에게 목적물을 사용 · 수익하도록 인도하고 필요한 상태를 유지시킬 의무를 진다(제623조).

1) 惡意의 賃借人　　타인소유물임을 알고 계약한 임차인은 목적물이 타인소유물이라는 사실만을 이유로 하여 계약을 해제할 수 없다. 그러나 임대인이 약정기일에 목적물을 인도할 수 없는 때에는 계약을 해제할 수 있으며, 인

1) 임대차의 존속중에 드러난 하자는 두 가지로 분류될 수 있다. 계약 당시 갖고 있던 하자가 일정기간 후에 드러난 경우(하수시설의 불비로 장마철에 물이 넘치는 경우 등)와 계약 당시는 없었으나 계약존속중 비로소 생긴 하자이다. 전자의 경우 임차인이 그 잠재적 하자를 알고 계약한 경우에는 임대인에게 하자담보책임이 생기지 않는다.

도받아 사용 · 수익하는 도중 진정한 권리자에게 목적물을 빼앗긴 경우에는 그 때부터 契約을 解止할 권한이 생긴다.[1] 이 때 악의의 임차인은 손해배상을 청구하지 못한다(제570조 준용).

2) 善意의 賃借人　임차인이 선의인 때에도 매매의 담보책임규정(제571조, 제572조)이 적용되는가. 생각건대 매매와 임대차는 기본적인 계약의무가 다르므로 이 경우에 매매의 담보책임규정을 적용하는 것은 부당하게 여겨진다. 매도인은 소유권이전의무를 부담하지만 임대인은 임차인에게 소유권을 이전시키는 것이 아니라 단지 사용 · 수익을 위한 목적물인도의 의무만을 부담한다. 임대인은 타인소유물인 채로 목적물인도의무를 충분히 이행할 수 있다.

타인소유물임을 모른 것은 임대차계약에서 임차인의 動機의 錯誤에 해당한다. 임대인이 목적물의 소유자일 것이 계약의 중요부분을 이루는 경우 임차인은 중대한 과실이 없는 한 계약의사(청약 또는 승낙)를 취소할 수 있다(제109조).[2] 타인소유물이라는 사실이 계약의 중요부분인가의 판단은 계약의 해석문제이다. 채권적 전세나 상당한 보증금이 지불되는 임대차에서는 임대인이 목적물소유자임에 의해 그 목적물에 대한 채권담보효과를 기대하는 것이 통상이므로 임대인의 목적물소유가 계약의 중요부분을 이룬다고 해석된다.

임대인이 목적물을 인도할 수 없거나 인도 후 빼앗긴 경우, 선의의 임차인은 임대인에게 채무불이행책임(손해배상청구와 계약해제 · 해지 등)을 물을 수 있다.

大判 1996. 9. 6, 94다54641: ① 임대인이 임대차 목적물에 대한 소유권 기타 이를 임대할 권한이 없다고 하더라도 임대차계약은 유효하게 성립한다. 그러나 임차인이 진실한 소유자로부터 목적물의 반환청구나 임료 내지 그 해당액의 지급요구를 받는 등의 이유로 임대인이 임차인으로 하여금 사용 · 수익케 할 수가 없게 되었다면, 임대인의 채무는 이행불능으로 되고 임차인은 이행불능으로 인한 임대차의 종료를 이유로 그 때 이후의 임대인의 借賃支給請求를 拒絶할 수 있다. ② 임대인

1) 大判 1978. 9. 12, 78다1103에서는 "임차인이 진실한 소유자로부터 목적물의 반환청구나 임료지급요구를 받아 임대인이 임차인으로 하여금 목적물을 사용 · 수익시킬 수 없게 하면 임대인의 사용 · 수익시킬 채무는 이행불능이 되므로 임차인도 이를 목적물임대차의 종료를 이유로 그 후 임대인에게 차임지급을 거절할 수 있다"고 한다.

2) 같은 취지: 金曾漢, 229에서 "소유권이 임대인에게 속하는 것을 특히 중요한 것으로 한 경우에는 착오로 보아야 한다. 그러나 당사자가 조건으로 한 경우 이외에 착오를 인정할 이유는 없다 하겠다"고 한다. 大判 1975. 1. 28, 68다2069에서도 "타인소유의 부동산을 임대한 것이 임대차계약의 해지사유는 될 수 없고 반드시 임대인의 소유일 것을 특히 계약의 내용으로 삼은 경우라야 착오를 이유로 임차인이 임대차계약을 취소할 수 있다"고 한다.

이 국가 소유의 부동산을 임대하였는데 임차인의 차임연체로 인하여 그 임대차계약이 해지되었다면, 특별한 사정이 없는 한 임차인은 임대인에게 그 부동산을 명도하고 해지로 인한 임대차 종료시까지의 연체차임 및 그 이후부터 명도 완료일까지 그 부동산을 점유·사용함에 따른 차임 상당의 부당이득금을 반환할 의무가 있다.

4. 賃貸借의 存續期間

(1) 賃貸借의 存續保障

㈎ 存續保障의 必要性 임차인은 그의 임차권에 기초하여 주거하거나 상업·농업·임업·채염업·목축업·광업 등의 사업을 영위한다. 그러므로 임차인에게 있어서 임대차의 존속을 보장받는 것은 그의 주거의 안정을 얻거나 사업의 지속성을 꾀하기 위한 필수불가결의 요건이다. 반면에 임대인은 임대차기간을 단기로 함으로써 그의 물건에 대한 처분가능성을 확보해 두고 계약갱신에 의해 차임을 올릴 수 있는 길을 열어 두려고 한다. 이와 같이 임차인과 임대인의 이해는 상반되는데, 임차인의 사회적·경제적 지위는 임대인보다 낮으므로 실제로 임대차계약은 6개월·1년 정도의 단기로 체결된다.

㈏ 法律의 介入 임대차의 존속보장은 당사자의 자유로운 합의에 맡겨서는 이루어질 수 없으므로, 법률이 최단기의 법정기간, 법정갱신, 임대인의 해지제한 등의 제도를 설치하여 계약에 개입한다. 민법은 존속보장과 관련하여 단기임대차의 법정갱신, 토지임차인의 갱신청구권, 부정기임대차에서 해지의 유예기간의 제도를 설치하고 있다. 민법은 임대차의 존속기간에 관하여 최장기간의 제한규정은 두면서도(제651조) 최단기간에 관하여는 아무 언급이 없다. 즉 석조·석회조·연와조 또는 이와 유사한 견고한 건물 기타 공작물의 소유를 목적으로 하는 토지임대차나 식목·채염을 목적으로 하는 토지임대차의 경우를 제외하고는 임대차의 존속기간이 20년을 넘지 못한다(강행규정. 大判 2003. 8. 22, 2003다19961). 당사자의 약정기간이 20년을 넘는 때에는 이를 20년으로 단축한다. 이상의 기간은 갱신할 수 있으나 갱신한 날로부터 10년을 넘지 못한다. 민법의 존속기간에 관한 규정들만으로 충분한 존속보장의 효과를 거두기는 어렵다.

(2) 契約의 更新

㈎ 法定更新 임대차기간이 만료한 후 임차인이 임차물의 사용·수익을

계속하는 경우에 임대인이 상당한 기간 내에 이의를 하지 아니한 때에는 전임대차와 동일한 조건으로 다시 임대차한 것으로 본다. 그러나 당사자는 제635조의 규정에 의하여 해지의 통고를 할 수 있다(제639조 1항). 기간이 정해진 임대차에서는 갱신의 합의가 없으면 기간의 만료로 임대차관계가 종료되어야 할 것이지만, 민법은 임차인을 위해 임대차를 가급적 존속시키고자 하는 배려와 기간만료 후 상당기간이 지난 후에 임차물의 사용·수익의 관계를 소급적으로 처리하는 것은 법률관계를 복잡하게 한다는 점을 고려하여 일정한 요건하에 계약의 갱신을 인정한다. ① 법정갱신이 인정되기 위해서 임차인은 기간만료 후에도 임차물을 계속해서 사용·수익하여야 한다.[1] 임차물의 반환을 지체하고 있다는 사실만으로는 법정갱신이 인정되지 않는다. ② 임대인이 상당한 기간 내에 이의를 하지 않았어야 한다. ③ 갱신된 임대차는 존속기간만을 제외하고는 전임대차와 동일한 내용을 갖는다. 즉 임차물, 차임, 사용·수익의 방법 등이 모두 같다. ④ 갱신된 임대차는 기간의 약정이 없는 것으로 된다(大判 1966. 10. 25, 66다1467). ⑤ 법정갱신이 된 경우 제3자가 전임대차에 대하여 제공한 담보(질권·저당권·보증인 등)는 기간의 만료로 소멸한다(제639조 2항). 당사자가 제공한 담보(임대차보증금 등)는 갱신 후에도 계속 효력을 갖는다.

제639조의 성격에 관해서는 任意規定說[2]과 强行規定說[3]이 대립하며 판례는 강행규정으로 본다(大判 1972. 6. 27, 71누8). 사견으로도 강행규정설을 취하겠다. 민법은 이를 묵시의 갱신이라 표현하지만(의용민법 제619조의 제목을 그대로 답습한 데에 기인함), 제639조의 갱신은 임대인이 상당기간 후 갱신의 의사가 전혀 없었음을 이의하더라도 그에 상관 없이 갱신의 효과가 계속된다는 점에서 묵시의 의사표시에 의한 갱신과는 다르다. 즉 법률의 규정에 의해 갱신의 의사가 의제되고 나아가서 일정한 요건을 갖춘 경우 갱신이 강제된다. 제639조가 제652조의 편면적 강행규정에는 속하지 않으나, 양 당사자의 반대의 의사표시에도 불구하고 갱신의 의사가 의제된다는 점에서(단순한 추정이 아님) 쌍방당사자에게 강행규정의 기능을 담당한다. 그러므로 제639조의 갱신을 부인하는 특약은 무효이다. 그러나 임대인은 미리 약정기간의 만

---

1) 그 밖에 임대인이 임차인의 용익의 사실을 적극적으로 알면서 이의를 하지 않을 것을 요건으로 하는 견해도 있다(주석 채권각론(Ⅱ), §639, 243, 金鍾華 집필부분). 그러나 법정갱신제도의 취지를 고려할 때 민법이 요구하지 않는 다른 요건을 추가함으로써 법정갱신을 어렵게 하는 것은 부당하다고 생각한다.

2) 郭潤直, 349; 金疇洙, 328.

3) 金亨培, 488; 주석 채권각론, §639, 243; 大判 1972. 6. 27, 71누8은 구민법하에서의 임대차계약의 묵시적 갱신에 관한 추정규정을 현행민법이 의제규정으로 개정한 취지에 비추어 볼 때에 본조는 기간을 정한 임대차계약인 이상 당사자간에 그 계약갱신에 관한 특약의 유무를 불문하고 일반적으로 적용되는 강행규정이라 본다.

료로 계약을 종료시키겠다는 의사를 표시해 둠으로써 계약해지의 효과를 피할 수는 있다.

㈏ 土地賃借人의 更新請求權 건물, 기타의 공작물의 소유 또는 식목·채염·목축을 목적으로 한 토지임대차에서 기간이 만료한 때에 건물·수목 기타의 토지시설이 현존한 경우에는 임대인은 계약의 갱신을 청구할 수 있다(제634조, 제238조). 임차인의 갱신청구로 곧 계약갱신의 효과가 발행하지 않으며, 그에 응하여 임대인이 갱신계약을 맺음으로써 갱신의 효과가 생긴다. 임대인에게 갱신계약을 승낙할 직접적인 체약의무는 생기지 않는다. 그러나 만약 임대인이 계약의 갱신을 원하지 않는 때에는 임차인은 상당한 가격으로 그 공작물이나 수목의 매수를 청구할 수 있다(제283조). 결국 임대인은 갱신계약을 체결하든지, 토지시설물을 매수하든지 양자택일을 해야 하므로 갱신계약의 체결이 간접적으로 강제된다(제643조는 편면적 강행규정임, 제652조).

大判 1989. 4. 25, 88다카4253: ① 임대인이 보증금반환청구채권의 양도통지를 받은 후에는 임대인과 임차인 사이에 임대차계약의 갱신이나 계약기간연장에 관하여 명시적 또는 묵시적 합의가 있더라도 그 합의의 효과는 보증금반환채권의 양수인에 대하여는 미칠 수 없다. ② 임대차보증금반환채권을 양수한 채권자가 그 이행을 청구하기 위하여 임차인의 가옥명도가 선이행되어야 할 필요가 있어서 그 명도를 구하는 경우에는, 그 채권의 보전과 채무자인 임대인의 자력유무는 관계가 없는 일이므로 무자력을 요건으로 하지 않는다.[1]

(3) 期間約定 없는 賃貸借의 猶豫期間

㈎ 解止通告의 猶豫期間 민법은 임대차의 해지에 관하여 해지의 의사표시와 그의 효과발생 사이에 일정한 유예기간을 부여함으로써 계약종료에 따른 준비를 할 수 있도록 시간적 여유를 준다. 이러한 유예기간이 달린 해지를 즉시해지와 구별하여 「解止通告」라 한다. 기간의 약정이 없는 임대차는 언제라도 일방의 해지의 의사표시가 있으면 종료하게 될 것이다. 그러나 계속적 채권

1) 판례평석: 양창수, "임차보증금반환채권의 양도와 임대차계약의 묵시적 갱신," 서울대 법학 제31권 1호·2호, 1990, 197: 임대인의 목적물반환청구 여부는 그의 의사에 달린 것이고, 보증금반환채권양수인이 임차인에 대하여 임대인에게 목적물을 인도하라고 청구할 수는 없다. 임대인의 인도청구권을 행사하는 것이 자신이 양수한 보증금반환채권의 보전을 위하여 필요하다면 임대인에 대한 채권자로서 민법 제404조의 요건을 갖추는 한도 내에서 이를 대위행사할 수 있을 뿐이라고 비판한다.

관계인 임대차를 일방적 의사표시만으로 즉시 종료시킨다는 것은 상대방을 당황하게 만들 것이며, 특히 물건을 용익하고 있던 임차인이 해지당하는 경우에는 가혹한 결과로 될 것이다.

(나) 猶豫期間의 差別化 민법은 유예기간을 임대인측에서 해지한 경우와 임차인측에서 해지한 경우를 각각 달리 정한다. 토지, 건물 기타 공작물의 임대차에서는 임대인이 해지를 통고한 경우 6개월, 임차인이 해지를 통고한 경우에는 1개월의 유예기간이 주어진다. 동산임대차는 누가 해지통고를 하든 5일간의 유예기간이 주어진다.

一時賃貸借의 適用制外

일시임대차란 당사자의 임대차계약의 목적이 보통과는 달리 일정한 短期로 한정되는 경우를 말하며, 일시임대차에는 민법의 임차인보호규정 및 주택임대차보호법의 규정이 적용배제된다(제653조, 주임법 제11조). 여름휴가를 보내기 위해 방을 빌린다든가, 자기집 수리가 끝날 때까지만 세든다든가, 어떤 행사기간 동안 점포를 차리는 등 당사자의 계약목적이 임차물의 통상적 차임목적과는 달리 일시적으로 한정되는 경우를 민법은 특히 일시임대차라고 한다. 그 일시성은 당사자의 주관적 목적과 객관적 사정을 함께 고려하여 사회통념에 비추어 판단되어야 한다. 단 일시임대차에는 민법이 여러 임차인보호규정이 적용되지 않는다는 점도 고려하여 그의 인정범위를 좁게 해석하여야 한다. 판례는 숙박업을 일시임대차의 일종으로 파악하였다(大判 1994. 1. 28, 93다43590).

일시임대차에는 제628조(차임증감청구권), 제638조(해지통고의 전차인에 대한 통지), 제640조(차임연체와 해지), 제646조(임차인의 부속물매수청구권), 제647조(전차인의 부속물매수청구권), 제648조(임차지의 부속물 · 과실등에 대한 법정질권), 제650조(임차건물등의 부속물에 대한 법정질권), 제652조(강행규정)가 적용되지 않는다. 일시사용을 위한 임대차임이 명백한 주택임대차에는 住宅賃貸借保護法도 적용되지 않는다(주임법 제11조). 결국 일시임대차에 관하여는 임차인보호규정 중 상당부분을 적용배제하고, 임대차의 강행규정을 임의규정으로 바꾸어 놓음으로써 당사자의 합의에 맡기고 있다.

短期賃貸借

민법은 처분권 없는 자의 장기임대차계약체결을 제한하기 위하여 다음의 규정을 둔다. 처분의 능력이나 권한이 없는 자는 다음의 단기의 임대차계약만을 체결할 수 있다(제619조). 즉 식목 · 채염을 하기 위하거나 돌 · 콘크리트 · 벽돌의 건물을 세우기 위한 토지임대차는 10년, 그 밖의 토지임대차는 5년, 건물 기타 공작물의 임대차는 3년, 동산임대차는 6월로 제한된다. 부재자재산관리인(제25조 참조), 권한이 정해지지 않은 대리인(제118조 참조), 후견인(제950조, 제946조), 상속재산관리인(제1023조 2항, 제1047조 2항, 제1053조 2항 참조) 등이 이에 해당한다. 이 제한기간은 갱신에 의해 연장될 수 있다. 그러나 갱신은 토지에 대하여는 기간만료의 1년 전, 건물 기타 공작물에 대하여는 3개월 전, 동산에 대하여는 1개월 전 이후에 행해져야 한다(제620조). 제한기간을 넘는 약정은 제한기간으로 단축된다고 해석된다.

5. 賃借權의 讓渡와 轉貸

(1) 讓渡 · 轉貸의 制限主義

임차인은 임대인의 동의 없이 그 권리를 양도하거나 임차물을 전대하지 못하며(제629조 1항), 임차인이 그에 위반하여 무단양도 · 무단전대한 경우 임대인은 계약을 해지할 수 있다(제629조 2항).

임차인이 임차인으로서의 권리 · 의무를 타인에게 讓渡하거나 자기의 임차권에 기초하여 또 하나의 임차권을 설정하는 것(轉貸)을 자유롭게 허용할 것인지에 대하여는 입법주의가 대립한다. 임차인의 양도 · 전대의 자유를 넓게 인정하는 법제가 있는가 하면(프민 제1717조; 오민 제1098조; 스債 제264조 1항 등),[1] 임차인의 양도· 전대를 임대인의 승낙이 있는 경우 등으로 제한하는 법제가 있다(독민 제549조; 일민 제612조 등).[2] 우리 민법은 후자의 제한주의를 취한다.

임차권의 양도 · 전대에 관한 제한주의에 대하여는 찬성과 반대가 엇갈린다. ① 批判論: 민법규정은 임대인의 이익보호에 치우쳐 있다고 비판하고, 임대인의 동의가 있는 때에만 임차권의 양도 · 전대를 허용하는 것은 임차인이 임차물에 투하한 자본의 회수를 곤란하게 하므로, 임차권의 양도· 전대의 자유를 인정하여야 한다는 입법론을 주장한다.[3] 현행민법의 해석론 아래에서도 무단양수인 · 무단전차인에게 동의 있는 양도 · 전대에서와 동일한 법적 지위를 부여하고자 시도한다.[4] ② 贊成論: 사견으로서는 임차권의 양도 · 전대는 합리적

1) 단 자유주의를 취하는 법제에서도 「금지특약이 없는 한」(프민 제1717조 2항), 「소유자에게 불이익을 끼침이 없이 가능한 경우에는」(오민 제1098조), 「임대인에게 불이익한 변경이 발생하지 않을 것을 전제로」(스債 제264조 1항)라는 단서를 둔다. 또한 스위스채무법은 용익임차권만은 제한주의를 취한다(제289조).

2) 독일민법은 임차권의 양도에 관하여는 제한규정을 두지 않는다.

3) 郭潤直, 364.

4) 高翔龍, "임차권의 무단양도 · 전대와 민법 제629조," 고시계 1986년 1월호, 89. 그러나 동 논문에서는 그

으로 제한되어야 하며, 임차인과 양수인 · 전대인의 지위의 안정성을 위하여는 양도의 자유보다는 임차권의 존속을 보장하는 편이 효과적이라고 생각한다. 양도 · 전대의 자유는 중간이윤을 높여 양수인 · 전대인의 부담을 높이는 결과로 된다. 특히 권리금의 수수관행을 고려할 때 양도 · 전대의 자유는 부동산임차권에 투기의 바람을 일으켜 실수요자의 부담을 가중시키는 원인이 될 수 있다. 양도 · 전대의 자유는 임대인의 이익에 어긋나며 동시에 경제적 약자인 양수인 · 전대인을 울리는 결과로 될 것이다.

양도 · 전대의 3당사자인 임대인(소유자인 경우가 보통임) · 임차인 · 양수인 또는 전차인 중에서 가장 보호되어야 할 약자는 양수인 또는 전차인이다. 그런데 우리의 거래실태는 어떠한가. 우리의 임대차는 그 존속기간이 1년 정도의 단기이거나 기한이 없는 경우가 대부분이다.[1] 그러므로 임차권 자체의 존속보장이 강화되지 않고는 임차권의 양도 · 전대의 자유란 공허한 것이며, 양수인 · 전차인의 지위만(그에게 남겨진 존속기간의 단기 또는 기한 없음으로 말미암아) 불안정하게 한다. 그런데 실제로는 그러한 불안정성에도 불구하고 임차권의 양도 · 전대가 상당한 금액의 권리금의 수수와 함께 행해진다. 특히 상업용 건물의 경우에는 여러 번의 양도 · 전대가 행해짐으로써 중간임차인인 부동산 브로커들의 중간착취의 피해가 심하다(특히 신축상가건물의 임대 분양에서 그 폐해가 심함). 결국 그 결과 경제적 부담이 가중되는 것은 양수인 · 전대인이며, 이들은 상당한 자본을 투하했음에도 그 투하자본의 회수는 물론 존속의 보장조차 받지 못한다는 이중의 불리함을 감수하여야 한다. 양도 · 전대의 자유가 곧 경제적 약자의 이익보호와 통한다는 주장, 양도 · 전대의 제한은 단지 임대인의 이익보호를 위한 것이라는 주장은 옳지 않다.

(2) 賃貸人의 同意 있는 轉貸借

轉貸借契約은 전대인(임차인)과 전차인 사이의 임대차 또는 사용대차의 계약이며, 따라서 임대차 또는 사용대차계약에서와 같은 요건 아래 성립한다.

(가) 賃貸人의 同意 임대인의 동의란 임차물의 轉貸를 許諾하는 의사의 표시이다. 동의의 상대방은 임차인 또는 전차인이다. 전대차계약의 체결 전이든 후이든 묻지 않는다. 동의는 반드시 특정의 전대차에 대하여 행해져야 하는

러한 해석론을 시도한 일본의 위법성조각사유의 이론, 권리남용의 이론 등을 소개하고 저자의 견해는 과제로 남겨 두었다. 그리고 임차인의 양도 · 전대행위가 임대인에게 배신행위(인적 · 물적 신뢰관계의 파괴)에 해당되지 않는 한 임대인의 해지권을 제한하여 임차인 및 전차인을 보호하는 방법으로 판례 · 학설은 전개되어야 한다고 한다.

1) 이 점에서 독일 · 일본 등의 외국과 우리 나라는 사정이 매우 다르다.

가. 그럴 필요는 없으며, 임차인에게 포괄적으로 전대해도 좋음을 표시한 경우도 동의에 해당한다. 동의는 반드시 명시적으로 표시되어야 하는 것은 아니며 묵시적으로 표시될 수도 있고, 임대인의 일정행위(예: 전차인에 대한 차액청구)에 의해 추단된 것으로도 충분하다.

임대인의 同意는 撤回될 수 있는가. 일단 준 임차권의 양도성을 빼앗는 것은 임차인의 재산권에 중대한 이해를 미치게 되므로 동의의 철회는 원칙적으로 인정되지 않는다.[1] 다만, 임대인이 동의할 때 철회권을 유보한 경우, 또는 기타 철회를 하여야 할 중대한 사유가 있는 경우에 한해서 철회할 수 있다고 해석된다. 철회를 해야 할 중대사유란 전차인이 될 자가 임대인과 경쟁적인 영업을 하려고 하는 등 임대인의 이익에 중대한 위협이 되는 경우를 가리킨다.

(나) 轉貸借의 法律關係　전대차계약이 유효하게 성립하면 임대인 · 임차인 · 전차인의 3당사자 사이에 임대차관계가 존속하게 된다. ① 임대인과 임차인 사이에는 임대차계약의 법률관계가 존재하며, 이에 기초한 권리 · 의무는 전대차에 의해 영향받지 않는다. ② 임차인과 전차인 사이에는 전대차계약의 법률관계가 존재한다. 그 계약의 내용(차임 · 존속기간 등)은 원래의 임대차와 다르게 합의될 수 있다. ③ 임대인과 전차인 사이에는 직접적인 계약관계가 존재하지 않지만, 민법은 「전차인은 직접 임대인에 대하여 의무를 부담한다」고 규정함으로써 직접적인 채권관계로 양자를 묶는다(제630조). 단 전차인의 의무는 전대차계약에서 정해진 범위를 초과하지 않으며, 또한 원래의 임대차계약에서의 임차인의 의무범위를 초과하지 않는다고 해석된다.[2] ④ 전차인은 임대인과 임차인(轉貸人) 양자에 대하여 차임지급의무를 부담하는데, 1차적인 차임청구권자는 전대차계약의 당사자인 임차인이다. 임대인과 임차인은 모두 전차인에 대하여 목적물제공의무를 지는데, 1차적인 의무자는 임차인이다. 다른 약정이 없는 한 임대인은 전차인에 대하여 임차인의 채무불이행이 있는 때에 보충적 급부청구권을 청구할 수 있으며, 전차인도 임대인에 대하여 보충적인 급부청구권을 가질 뿐이라고 해석된다.

임대인은 전차인에 대하여 아무런 직접적인 의무를 부담하지 않는가. 민법은 이에 대하여 침묵을 지킨다. ① 否定說: 전차인은 임대인에 대한 관계에서 전대차상의 의무는 부담하나 권리는 갖지 않는다는 견해이다. 따라서 임대인에

---

1) 郭潤直, 366; 金錫宇, 273; 金疇洙, 301; 金曾漢, 251.

2) 같은 취지: 郭潤直, 371; 金錫宇, 278; 金疇洙, 305; 金曾漢, 255; 黃迪仁, 303.

대하여 수선이나 비용상환을 청구하지 못한다고 한다.[1] ② 肯定說: 私見으로는 전차인이 임대인에 대하여 부담하는 차임지급의무와 상응하여 목적물제공, 수선, 방해배제 등을 청구할 권리도 갖는다고 해석된다. 전차인이 임대인에 대하여 직접 부담하는 차임지불의무는 임대인의 목적물제공에 대한 대가이며, 차임지불의무와 목적물제공의무는 서로 대가관계에 있다. 그러므로 비록 민법에 명문규정은 없더라도 임대인이 목적물제공의무를 행하지 않고, 그의 반대급부인 차임만을 청구하는 것은 허용될 수 없다. 그리고 임대인이 목적물제공의무에 포함되는 상태유지의무(제623조)로서 방해배제의무와 수선의무도 부담함이 타당하다.

(다) 借賃支給 ① 전차인은 전대차계약에 기초해 임차인에게 차임지급의무를 부담하며, 그 차임은 원래의 임대차에서보다 다액이거나 소액이어도 무방하다.[2] ② 전차인은 민법규정에 의해 직접 임대인에 대하여 차임지불의무를 부담한다. 이 때의 청구금액은 원래 임대차의 차임이나 전대차의 차임 중의 어느 하나라도 초과하지 못한다. 청구시기는 임대차의 차임변제기와 전대차의 차임변제기가 모두 도래한 때이다. 이 경우, 전차인은 임차인에 대한 차임의 지급으로서 임대인에게 대항하지 못한다(제630조 1항).[3] ③ 다른 한편 임대인은 임차인에게도 차임지불청구를 할 수 있다(제630조 2항).

서울地判 1998. 2. 13, 97나41904: 소액임차인의 최우선변제권은 당해 임대인에 대해 임차보증금의 반환을 청구할 수 있는 것을 전제한 것이므로, 전차인은 전대인에게 그 보증금의 반환을 구할 수 있고 임대인에 대해서는 보증금반환을 구할 수 없다.

(라) 轉貸借의 存續期間 기간이 정해진 전대차는 그 기간의 만료로 종료하고, 전대차의 기간만료시 상당기간 임차인의 이의가 없는 때에는 법정갱신이

---

1) 郭潤直, 371; 金基善, 218; 金疇洙, 305. 민법주해(15), 123(閔日榮 집필부분).

2) 예를 들어 원래의 차임이 월 5만원이고 전대차에서의 차임이 월 6만원인 경우를 생각해 보자. 전차인은 임차인에게 매달 6만원의 지불의무를 지며, 동시에 임대인에 대하여 매달 5만원의 지불의무를 진다. 이들의 관계는 5만원의 범위에서 임차인과 임대인이 연대채권을 갖는 경우와 유사하다. 임대인의 입장에서는 전차인이 5만원의 연대채무를 지는 경우와 유사하다(그러나 진정한 연대채무의 관계는 아님).

3) 전차인의 차임 이중지급을 가급적 면하게 하기 위해 학설은 임대인에게 대항하지 못하는 임차지불을 전대차의 차임변제기 전의 지급으로 한정한다. 郭潤直, 372.

인정된다(제639조). 기간의 약정 없는 전대차는 임차인의 해지통지(제635조)로 종료함이 원칙이다.

전대차의 존속은 원래의 임대차의 존속을 전제조건으로 하고 있으므로, 임대차가 종료하면 전대차도 함께 종료하는 것이 원칙이지만, 민법은 전대차의 존속보장을 위하여 다음의 특칙을 규정한다. ① 임대차계약이 해지통지로 인하여 종료된 경우에도 임대인은(동의한 전대차의) 전차인에게 그 사유를 통지하지 아니하면 해지로서 전차인에게 대항하지 못한다(제638조 1항). 전차인이 그 통지를 받은 때에는 법정의 해지기간(부동산 6개월, 동산 5일)의 경과로 전대차는 종료한다(제638조 2항, 제635조 2항).[1] ② 임대인과 임차인의 합의로(일방의 해지통고가 아님) 계약을 종료한 때에도 전차인 권리(목적물의 사용·수익권 등)는 소멸하지 않는다(제631조, 강행규정, 제652조). 합의로 계약을 종료시키는 경우란 임대차의 약정존속기간이 아직 남아 있음에도 불구하고 임대인과 임차인이 미리 임대차의 종료를 약정하는 것을 말한다. 그러나 임대인이 전대차의 전대인의 지위를 승계할 것을 조건으로 임대차를 종료시키는 것은 전차인에게 이익이 되므로 유효하다. 이 때에는 임대인과 전차인 사이에 임대차가 존재하게 되며, 종래의 임차인은 계약관계에서 탈퇴하게 된다. 민법의 「전차인의 권리는 소멸하지 아니한다」는 것은 그러한 합의에도 불구하고 전차인은 임대인에게 목적물제공을 요구할 수 있다고 해석된다.[2] ③ 토지전차인은 임대차와 전대차가 동시에 만료되고, 건물 · 수목 기타 지상건물이 현존한 경우 직접 임대인에 대하여 前전대차와 같은 조건으로 임대할 것을 청구할 수 있다(제644조 1항, 강행규정, 제652조). 이 때 임대인이 임대를 원하지 않는 경우에는 전차인은 임대인에 대해 상당한 가격으로 건물 · 수목 · 기타 지상건물을 매수할 것을 청구할 수 있다(제644조 2항, 제283조 2항).

(마) 目的物의 返還　전차인은 전대차종료시 임차인에 대하여 목적물반환의무를 진다. 전대차와 임대차가 동시에 종료하는 경우에는 전차인은 임대인에 대해서도 목적물반환의무를 진다(제630조 1항). 이 때 전차인은 임대인에 대해서도 보증금을 반환받을 때까지 목적물의 반환을 거절할 수 있다고 해석된다. 전차인은 전대차종료시 임차인에 대하여 부속물매수청구권을 갖는다(제646조). 전차인은 직접 임대인에 대하여도 자기가 부착한 부속물 또는 임차인으로부터 매수한 부속물을 매수할 것을 청구할 수 있다(제647조, 강행규정, 제652조).

1) 그러므로 임대인이 임차물을 도로 찾기 위해서는 임차인과 전차인에게 모두 해지통고를 하고 해지기간의 경과를 기다려야 비로소 가능하다.

2) 郭潤直, 372은 "전차인의 전차권의 기초를 잃지 않게 하는 한도에서 임대인 · 전대인 사이의 관계를 존속시키면 충분하므로 그 이외의 관계에서는 임대인 · 전대인 사이의 임대차관계는 종료한다"고 해석한다.

전차인이 그의 목적물보관의무에 위반하여 목적물을 멸실 · 훼손시킨 경우, 임대인은 그에 관하여 임차인에게 책임을 물을 수 있는가. 전차인은 임차인의 이행보조자이므로 임차인의 과실과 같이 다루어져서 임차인도 그에 대하여 채무불이행책임을 진다(제391조).[1)]

(3) 無斷轉貸

㈎ 轉貸借關係 임대인의 동의가 없었더라도 임차인과 전차인 사이의 전대차관계는 당사자간의 채권관계로서 유효하게 성립한다. 임대인의 동의는 전대차의 유효요건이 아니다.[2)] 賃借人은 轉借人에 대하여 目的物提供義務와 擔保責任을 진다. 임차인은 전차인이 전대차기간 동안 계약내용대로 사용 · 수익하는 데에 지장이 없도록 하여 줄 의무를 진다.

전차인은 그의 轉借權에 기초하여 목적물을 使用 · 收益할 權利를 갖는다. 이 사용 · 수익권은 전대차계약의 상대방인 임차인에 대하여만 행사할 수 있는 채권적 권리이다. 임대인이 전차인에 대하여 소유물반환청구권을 행사하면 어떻게 되는가. 이는 임대인의 동의 없는 전차인도 제213조의 「물건을 점유할 권리」로 인정되는가의 문제로 연결된다. ① 返還說: 임대인은 임대차를 해지하지 않고도 전차인에게 소유물반환청구를 할 수 있으나, 직접 자기에게 반환할 것을 청구하지 못하고 임차인에게 반환할 것을 청구할 수 있을 뿐이라고 새기는 견해가 있다.[3)] 임대인이 임대차관계를 해지하지 않고서는 전차인에게 목적물의 반환을 청구할 수 없다고 하면 결과적으로 무단전대를 인정하거나 임대차관계의 해지를 강제하는 것이 되어 불합리하다고 한다. ② 返還否定說: 사견으로는 임대인이 전차인에게 반환청구를 한 경우에, 전차인은 임차인의 사용 · 수익권을 행사하는 자로서 임차인의 권리를 주장하여 그 반환을 거절할 수 있다고 해석하겠다. 즉, 전차인은 임차인의 「물건을 점유할 권리」를 가지고 소유물반환청구권에 대항할 수 있다.[4)] 전차인은 임차인의 점유를 매개로 하여 직접점유

---

1) 임대인의 동의 있는 전대차에서 임차인은 선임 · 감독에 과실이 없으면 책임을 지지 않는다는 견해도 있다. 郭潤直, 371; 金錫宇, 277; 金曾漢, 254; 金顯泰, 203; 李太載, 263. 사견으로는 임차인은 전대차에 관계 없이 임대인에 대하여 채무자로서 의무를 지므로 이행보조자에 관한 제391조가 적용된다고 해석한다. 임대인의 동의에 임차인의 책임감면의 의사가 포함되었다고 해석하는 것은 곤란하다.

2) 郭潤直, 367~368. 이설 없음. 같은 취지: 大判 1959. 9. 24, 4291민상788.

3) 郭潤直, 368; 金疇洙, 303~304; 金曾漢, 252; 金亨培, 464.

4) 임대인이 소유물반환청구권을 행사하되 임차인에게 반환할 것을 청구할 수 있다는 논지는 소유물반환청구권의 성질과 어긋난다. 간접점유자의 점유회수청구권에는 직접점유자에의 반환을 정하는 규정이 있을 뿐 아니라(제204조, 제207조 2항) 점유침탈 전의 상태로 복귀하는 데에 목적이 있으므로 우선 직접점유자에의 반환을 요구하는 것이 당연하다. 그러나 소유물반환청구권에는 그러한 규정도 없을 뿐 아니라 당 청구권의 성질로 보아 소유자 이외의 자에게 반환청구하는 것은 허락되지 않는다.

를 하는 자이므로, 임차인의 점유는 문제삼지 않고 전차인의 점유에 대하여만 반환청구를 하는 것은 물권적 청구권의 본질상 허용될 수 없다(제194조 참조). 임대인은 먼저 임차인에 대하여 무단전대를 이유로 계약을 해지하고 나서야 임차인에 대한 채권적 반환청구권과 전차인에 대한 물권적 반환청구권을 갖게 된다. 임대인이 임차인을 신뢰하여 임대차계약을 맺었으므로, 그 계약 위반에 대한 제재로서 계약해지 및 손해배상청구를 하는 등 당사자 사이에서 해결하도록 함이 타당하다. 전차인은 임차인에 대한 관계에서 보증금과 차임을 내고 정당하게 물건을 사용하는 자이므로, 임대인이 임차인에게 계약 위반의 책임을 묻지 않고 전차인만을 배제하도록 허용하는 것은 바람직하지 못하다.

임차인은 전차인에 대한 관계에서 다른 특약이 없는 한 賃貸人의 同意를 얻어 줄 義務를 진다.[1] 전차인의 사용·수익의 보장을 위해서 임대인의 동의가 필요하기 때문이다. 전차인은 임차인이 임대인의 동의를 얻지 못했다는 것을 이유로 전대차계약을 해제 또는 해지할 수 있다(제570조를 유추적용: 大判 1972. 1. 31, 71다2400).

(나) 賃貸借에의 影響 전대차되었다는 사실만에 의해 임대인·임차인 사이의 임대차관계가 변형되지 않는다. 임대인과 임차인은 종전과 같은 권리·의무를 갖는다. 다만 무단전대를 이유로 해지될 수 있는 위험을 안게 된다.

(다) 賃貸人과 無斷轉借人의 關係 무단전대에서는 임대인과 전차인 사이에 채권관계가 발생하지 않는다. 임대인은 전차인에게 자기에게 借賃을 지급할 것을 청구할 수 없다. 다만 임대인이 임차인의 차임청구권을 대위행사할 수는 있다(제404조).

임대인은 전차인에게 不法行爲에 기초한 손해배상청구를 할 수 있는가. 임차물이 전대차되었다는 사실만으로 곧 임대인에게 손해가 생겼다고 볼 수 없다. 전차인의 계약(임대차 계약) 위반의 사용·수익으로 말미암아 임대인에게 손해가 생긴 경우(임차물의 파손·변경 등)에 비로소 배상청구할 수 있다.

(라) 無斷轉貸로 인한 賃貸人의 解止 임대인은 동의 없이 轉貸한 임차인에 대하여 임대차계약을 해지할 수 있다(제629조 2항).[2] ① 無斷轉貸: 무단전대란 임

---

1) 임대인의 동의를 얻어 줄 의무는 「채무의 성질이 강제이행을 할 수 있는 경우」(민소법 제639조)에 해당하지 않으므로 이행의 강제는(간접강제도) 불가능하다. 權五坤, "건물임대차명의변경청구와 소의 이익," 민사판례연구 제9권, 1987, 234.

2) 일본민법학은 임대인의 해지를 제한하기 위하여(특히 소작관계와 관련하여) 권리남용설·신의칙설·정당사유설·신뢰관계설 등의 여러 가지 이론구성을 시도한다. 또한 일본판례는 임차인이 임대인의 승낙 없이 제3자에게 임차물을 사용·수익하게 한 경우에도 임차인의 당해 행위가 임대인에 대한 배신적 행위로 인정되는 데에 충분하지 않은 특단의 사정이 있는 경우에는 계약의 해제권은 발생하지 않는다고 한다(最判

차인이 제3자에게 임차물을 독립적으로 사용·수익하도록 인도하는 경우를 가리킨다. 독립적인 사용·수익이란 제3자가 새로운 독립의 가정을 차리거나 제3자에게 독립의 경작권을 주는 등 임차인과 동등한 정도의 용익권을 갖게 되는 경우를 가리킨다. 제3자가 임차인의 지시에 따라 사용·수익하는 경우나 임차인이 가족·친지·사용인을 동거케 하는 것은 전대가 아니다. 사무실이나 상업용 건물을 임차한 자가 회사명칭이나 상호를 변경하거나 동업자를 들이는 것만으로는 전대에 해당하지 않는다. 무단전대인가의 판단에 있어서 轉貸가 유상인가 무상인가는 문제되지 않는다. ② 解止權制限: 판례는 전대차가 행해진 경우에도「배신적 행위라고 볼 수 없는 특별한 사정이 있는 경우」에는 임대인에게 해지권이 발생하지 않는다고 한다(大判 1993. 4. 27, 92다45308). 전대차가 이미 종료한 후에는 임대인이 과거의 무단전대를 이유로 임대차를 해지할 수 없다고 해석된다. 임대인에게 통상 과거의 무단전대를 이유로 장래의 임대차를 해지할 실익이 없으므로 이 때의 해지는 권리남용에 해당한다. ③ 解止의 效果: 전대인이 임대인의 동의를 얻지 못함으로 말미암아 임대인으로부터 해지통고를 받은 경우, 전차인은 어떻게 되는가. 임대차관계가 종료하므로 임차인(전대인)은 임대인에 대하여 목적물반환의무를 진다. 임차인은 이 의무를 이행하기 위하여 전차인에게 목적물을 자기 또는 임대인에게 반환해 줄 것을 청구하게 된다. 전차인은 임차인에 대하여 전대차의 존속기간이 남아 있다는 이유로 반환을 거절할 권리가 있는가. 전대차의 기초가 되는 임차권의 소멸로 전대차도 종료하게 되므로, 전차인은 임차인에게 목적물을 반환해야 하고, 임차인에 대하여 그로 인한 손해의 배상을 청구할 수 있다. 전차인이 목적물반환의무가 있음에도 반환을 거절하고 있는 경우에, 임차인은 그 반환청구권자로서 강제집행을 청구할 수 있다. 임대인이 목적물의 소유자인 경우에는 소유권에 기한 반환청구권(제213조)을 행사할 수 있으나, 소유자가 아닌 경우에는 임차인의 반환청구권을 代位行使할 수 있을 뿐이다. 임대인은 전차인에 대하여 계약상의 반환청구권을 갖지 않기 때문이다.

大判 1993. 4. 27, 92다45308: ① 민법 제629조는 임차인이 임대인의 승낙 없이 제3자에게 임차물을 사용·수익시키는 것은 임대인에게 임대차관계를 계속시키

昭 28. 9. 25 民集 7-9-979 # Ⅲ 181).

기 어려운 배신적 행위가 될 수 있는 것이기 때문에 임대인에게 일방적으로 임대차 관계를 종지시킬 수 있도록 하고자 함에 있다. ② 임차인이 임대인으로부터 별도의 승낙을 얻은 바 없이 제3자에게 임차물을 사용·수익하도록 한 경우에 있어서도 임차인의 당해 행위가 임대인에 대한 배신적 행위라고 인정할 수 없는 특별한 사정이 있는 경우에는 위 법조항에 의한 해지권은 발생하지 않는다. ③ 임차권의 양수인이 임차인과 부부로서 임차건물에 동거하면서 함께 가구점을 경영하고 있는 등의 사정은 배신적 행위라고 인정할 수 없는 특별한 사정에 해당한다.

(마) 小部分轉貸 건물의 임차인이 그 건물의 소부분을 타인에게 사용하게 하는 경우는 「소부분전대」로서 여러 가지 예외가 인정된다(제632조). ① 임대인의 동의 없이 전대하여도 임대인에게 임대차의 해지권(제629조 2항)이 발생하지 않는다. ② 동의 있는 전대의 경우도 임대인과 전차인 사이에 직접적인 법정채권관계(제630조)가 발생하지 않는다. ③ 임대인과 임차인이 합의하여 임대차를 종료시킨 경우에는 소부분전대도 함께 종료된다(제631조의 반대해석).

(4) 賃借權의 讓渡

(가) 契約讓渡 임차권의 양도는 단순한 채권양도가 아니라 임차인의 임대차계약의 권리·의무 모두를 양수인에게 승계이전시키는 일종의 契約讓渡이다. 쌍무계약에서 상환채무의 견련성으로 말미암아, 임차인이 임차권만을 차임채무와 분리하여 제3자에게 양도하는 것은 불가능하다. 점포 임차인이 그 영업을 양도하면서 점포도 넘겨주기로 하는 계약은 점포에 대한 전대차계약이 아니라 임차권 양도계약이다(大判 2001. 9. 28, 2001다10960).

(나) 賃貸人의 同意 임대차의 계약양도는 임대인·임차인(양도인)·양수인의 3자가 동시에 합의하거나(동시적 3면계약) 또는 양도인과 양수인이 합의하고 추후 임대인의 동의를 얻어 방법(이시적 3면계약)을 취하여야 한다. 민법은 임차인이 임대인의 동의 없이 임차권을 양도하지 못한다고 규정한다(제629조 1항). 이러한 민법규정은 계약양도의 요건에 비추어 볼 때 타당하다. 임차권의 양도는 임대인의 동의를 효력요건으로 한다. 결국 임차권양도는 3당사자의 합의가 있어야만 효력이 있다.[1] 임차권양도계약의 당사자인 임차인은 임대인의 동의를 얻어서 양수인의 임차권취득을 가능하게 해 줄 채무를 지며, 동의를 얻지 못한 때에는 채권

---

1) 임차권의 양도를 지명채권의 양도(준물권계약)로 파악하는 것이 종래의 다수설이다. 郭潤直, 362; 金基善, 211; 金錫宇, 271; 金疇洙, 298; 金曾漢, 248; 李太載, 258; 黃迪仁, 299.

매도인으로서의 담보책임을 진다. 양수인은 계약을 해제할 수 있고 손해배상을 청구할 수도 있다.

大判 1996. 6. 14, 94다41003: 임차권의 양도에 있어서 그 임차권의 존속기간, 임대기간 종료 후의 재계약 여부, 임대인의 동의 여부는 그 계약의 중요한 요소를 이루는 것이므로 양도인으로서는 이에 관계되는 모든 사정을 양수인에게 알려 주어야 할 신의칙상의 의무가 있는데, 임차권양도계약이 체결될 당시에 임차건물에 대한 임대차기간의 연장이나 임차권 양도에 대한 임대인의 동의 여부가 확실하지 않은 상태에서 몇 차례에 걸쳐 명도요구를 받고 있었던 임차권 양도인이 그 여부를 확인하여 양수인에게 설명하지 아니한 채 임차권을 양도한 행위는 欺罔行爲에 해당한다.

㈐ 同意 있는 讓渡의 效果　임대차계약의 양도가 임대인의 동의를 얻어 행해졌을 때에는, 양수인은 임차인의 계약상 지위를 승계받고 종전의 임차인(양도인)은 임대차관계에서 탈퇴한다. 다만 임대차보증금반환채권이 압류된 후 임차권이 양도되었고 임대인이 이를 승낙한 경우에, 구임차인의 보증금에 관한 권리는 신임차인에게 승계되지 않는다(大判 1998. 7. 14, 96다17202).

㈑ 無斷讓渡　임차인이 제3자와 임차권의 양도계약을 체결하였더라도 임대인의 동의가 없는 경우에는 양도의 효력이 생기지 않는다.[1] 임차인은 임대차계약에서 탈퇴할 수 없으며 제3자는 임차인의 지위를 승계할 수 없다. 임대차 당사자 사이의 약정에 의해 임차권의 양도가 금지된 경우 임차권 양도인은 임대인으로부터 양도동의를 받아줄 의무를 지며, 이의 불이행시 양수인이 계약을 해제하거나 손해배상청구를 할 수 있다. 양도계약에서 임대인의 동의를 받아주겠다는 약정을 명시하지 않았어도 같다(大判 2001. 7. 24, 2001다16418).

임대인은 임차인과 제3자 사이의 양도계약이 있었다는 것을 이유로 제629조 2항에 기해 계약을 해지할 수 있는가. 양도계약만으로는 임차권이 양도되지 않으므로 그러한 계약의 체결 자체를 이유로 해지하는 것은 부당하다고 해석된다.[2] 그러나 양도계약 후에 제3자가 실제로 임차물을 인도받아 사용·수익한다면 계약에 어긋나는 사용으로 되어 임대인은 계약을 해지할 수 있다고

1) 같은 취지: 李太載, 258. 그러나 종래의 다수설은 양도계약은 당사자 사이에서는 유효하고, 양수인은 임차권을 취득하나 임대인에게 대항할 수 없을 뿐이라고 한다. 郭潤直, 366~367; 金錫宇, 274; 金疇洙, 301; 金曾漢, 252.

2) 같은 취지: 金疇洙, 278; 金亨培, 460.

해석된다. 무단양수인이 임차물을 사용하는 경우 無斷轉貸의 법률관계가 그대로 적용된다(앞의 설명 참조).

6. 賃貸借의 終了

(1) 賃貸借의 終了原因

(가) 存續期間滿了로 인한 終了　임대차의 존속기간이 약정된 경우에는 그 기간의 만료로 임대차가 종료될 수 있다. 그러나 기간의 만료로 당연히 종료되는 것은 아니고 임차인이 임차물의 사용·수익을 중지하거나 임대인의 이의가 없는 경우에만 종료된다. 임대차기간이 만료한 후에라도 임차인이 계속 임차물을 사용·수익하고 임대인이 상당기간 내에 이의하지 않으면 法定更新된 것으로 간주되기 때문이다(제639조).

(나) 解止通告로 인한 終了　임대차에는 「해지의 통고」제도가 설치되어 있다. 해지는 해지권자의 일방적 의사표시로 계속적 계약관계를 장래에 향하여 소멸시키는 형성권의 행사이다. 해지통고는 그러한 형성권을 행사하는 점에서는 해지와 같으나, 다만 해지통고 후 법정기간이 경과하여야 비로소 계약종료의 효과를 발생시킬 수 있다는 점에서 차이가 있다.[1] 해지통고를 할 수 있는 사유는 법률로 정해져 있다.

1) 期間約定 없는 賃貸借　기간의 약정 없는 임대차에 대하여는 임대인이나 임차인이 언제든지 계약해지의 통고를 할 수 있다(제635조 1항).[2] 해지의 효력은 상대방이 해지통고를 받은 날로부터 법정기간이 경과하여야 발생한다. 토지·건물 기타 공작물의 임대차에 관하여는 임대인이 해지통고한 경우 6개월, 그리고 임차인이 해지통고한 경우 1개월이 법정기간이다. 동산임대차는 누가 해지통고를 하든 상관 없이 5일의 법정기간의 경과로 종료한다(제635조 2항).

2) 解止權의 留保　기간의 약정 있는 임대차에서도 당사자의 일방 또는 쌍방이 그 기간 내에 해지할 권리를 가지는 때에는 기간약정 없는 임대차의 해

---

1) 大判 1983. 9. 13, 83다카856: 임대계약의 해지를 원인으로 하여 건물의 철거를 구하는 소송에 있어서는 가사 특별히 해지의 통고를 한 증거가 없다 하더라도 위 소송의 제기 자체가 해지의 통고라고 볼 것이므로 소제기 후 변론종결시까지 법정의 기한이 경과된 이상 위 임대차계약의 해지의 효력을 저지할 사유가 인정되지 아니하는 한 위 임대차계약은 종결된 것이다.

2) 임대차계약기간을 「임차인에게 매도할 때까지」로 정한 경우에는 기간을 정한 것이라고 볼 수 없다(大判 1975. 5. 14, 73다631).

지통고규정이 준용된다(제636조).[1] 유보된 해지권은 통상 즉시해지의 권리가 아니라 해지통고를 할 수 있는 권리라고 해석된다. 그러나 특약으로 법정기간의 경과를 필요로 하지 않고 즉시 임대차종료의 효과를 가져올 수 있는 해지권을 유보하는 것도 가능하다(제636조는 강행규정이 아니므로). 단 그 경우 해지의 즉시효력발생이 신의칙에 어긋나는 결과를 초래해서는 안 된다.

3) 賃借人의 破産宣告　기간의 약정 있는 임대차에서도 임차인이 파산선고를 받은 때에는 임대인이나 파산관재인이 해지통고를 할 수 있다. 단 이 때 해지로 인한 손해배상은 청구할 수 없다(제637조). 파산관재인의 해지통고에 대하여는 임차인이 해지통고한 경우의 법정기간이 적용된다. 또한 임대인이나 파산관재인은 상대방에 대해 임대차관계를 계속 유지할 것인지를 상당기간을 정해 최고할 수 있으며, 그 기간 내에 확답을 받지 못한 때에는 계약을 해지한 것으로 본다(파산법 제53조, 제50조).

4) 解止通告의 轉借人에 대한 通知　임대차계약이 해지통고로 인하여 종료된 경우에 그 임차물이 적법하게 전대되었을 때에는 임대인은 전차인에 대하여 그 사유를 통지하지 아니하면 해지로서 전차인에게 대항하지 못한다. 전차인이 그 통지를 받은 경우 그 때부터 제635조 2항의 법정기간이 경과하여야 해지의 효력이 생긴다(제638조, 제652조, 강행규정). 즉 임대인이 임대차를 종료시키고자 하는 경우에는 임차인과 전차인에 대하여 각각 해지통고를 하여야 하며, 해지의 효력은 각각에 대하여 각각의 법정기간(부동산 6개월, 동산 5일)이 경과한 때에 생긴다. 임차인이 임대인에 대하여 해지통고를 한 경우에도 임대인은 그 사실을 전차인에게 통지하여야 하는가. 이 때에도 임대인이 그 사실을 전차인에게 통지하고 법정기간이 경과하여야만 임차물의 반환을 청구할 수 있다고 해석된다. 다만 임차인이 이미 전차인에게 그 사실을 통지한 경우에는 그러하지 아니하다.

(다) 卽時解止로 인한 終了　민법은 일정한 경우 기간의 약정유무에 관계없이 즉시 해지할 수 있도록 규정한다. 이 경우 해지의 효과는 해지권자의 해지의 의사표시가 상대방에게 도달한 때로부터 생긴다.

1) 賃貸人의 卽時解止權　임차인이 임대인의 동의 없이 임차권을 양도하거나 또는 임차물을 전대한 경우(제629조), 부동산임대차에서 임차인이 2기분 이상

---

1) 기간만료 전에 유보된 해지권을 행사하였으나 그의 법정기간이 경과하기 전에 약정된 존속기간이 만료한 경우에는 법정기간의 경과를 기다리지 않고 임대차가 종료될 수 있다. 같은 취지: 주석 채권각칙(Ⅱ), 239(金鍾華 집필부분).

의 차임을 연체한 경우(제640조, 제641조),[1] 임차인이 보증금지급의무를 이행하지 않은 경우에 임대인에게 즉시해지권이 인정된다.[2] 판례는 임차인이 임대인의 가족묘소가 있는 환경을 훼손한 경우에 임대인의 즉시해지권을 인정하였다(大判 1994. 12. 2, 93다31672).

2) 賃借人의 卽時解止權 임대인이 임차인의 의사에 반하여 보존행위를 함으로 말미암아 임차의 목적을 달성할 수 없는 때(제625조), 임차인의 과실 없는 임차물 一部滅失로 말미암아 임차의 목적을 달성할 수 없는 때(제627조 2항), 임대인이 목적물을 사용 · 수익에 제공하지 않은 경우(임차물인도의무 위반 및 상태유지의무 위반, 제623조), 임대인이 등기에 협력하지 않은 경우(제621조 참조)에 임차인은 즉시해지권을 갖는다.

임대인은 임차인의 동의 없이 그 목적물을 제3자에게 양도할 수 있으나, 임차인이 임차권의 승계를 원하지 않으면 곧 이의를 제기하여 보증금반환채무 등의 승계를 막을 수 있고 임대차관계를 해지할 수 있다(大判 2002. 3. 29, 2002다4887). 임대인이 임대차 목적물의 소유권을 제3자에게 양도하고 제3자가 임차인에게 목적물의 인도를 요구하여 인도하였다면 임대차는 당사자의 해지를 기다릴 필요 없이 종료된 것이다(大判 1996. 3. 8, 95다15087).

(2) 賃貸借終了에 따른 清算關係

(가) 賃借物의 返還 임대차의 종료로 말미암아 임차인은 사용 · 수익을 위하여 임차물을 점유할 권리를 상실하며, 임차물을 임대인에게 반환할 의무를 진다. 단 임대인이 보증금을 반환할 때까지 임차인도 임차물의 반환을 거절할 수 있다. 주택임대차의 경우 임차인이 보증금을 반환받을 때까지는 임대차관계가 존속하는 것으로 간주된다(주임법 제4조 2항).

임차물의 반환시에는 임차물을 인도받은 原狀대로 回復시켜 반환하여야 한다.[3] 임대인의 귀책사유로 임대차계약이 해지된 경우에도 임차인이 원상회복의무를 부담한다(大判 2002. 12. 6, 2001다2846). 그러나 임차물의 사용 · 수익에 따른 자연적 소

---

1) 大判 1994. 9. 9, 94다4417: 임대인와 임차인 사이에 임대차계약의 기간, 목적물 등에 관하여 분쟁이 있었고, 그 분쟁중에 임대인이 임대차계약의 성립을 일시 부인한 사실이 있었다고 하더라도, 그 사실만으로 2기 이상의 차임연체를 이유로 한 임대차계약 해지의 의사표시가 금반언의 원칙에 위배된다고 할 수 없다.

2) 그 밖에 임차인이 임차물을 약정방법 이외로 사용 · 수익하는 경우 임대인에게 즉시해지권이 생기는가. 계약위반의 사용시에는 임대인에게 해지권이 생긴다고 약정하는 경우에, 그 해지권은 제636조의 해지통고권으로 해석되어야 한다. 단 계약위반사용시 즉시로 해지의 효과가 생긴다는 약정이 있는 경우에는 즉시해지권이 발생한다. 참고로 독일민법 제550조는 이 때 임대인은 부작위를 소구할 수 있다고 규정한다.

3) 大判 1981. 11. 24, 80다320 · 321: 임차인이 임차건물을 증 · 개축 기타 필요한 시설을 하되 임대인에게 그 투입비용의 변상이나 일체의 권리주장을 포기하기로 특약하였다면 이는 임차인이 임차건물을 반환시에 비용상환청구 등 일체의 권리를 포기하는 대신 원상복구의무도 부담하지 아니한다는 내용을 포함하는 약정으로 볼 것이다.

모에 관해서는 그러하지 아니하다. 임차인이 선량한 관리자의 주의로서 임차물을 보관하지 않았음으로 말미암아 임차물이 멸실·훼손된 때에는 그로 인한 손해를 배상할 의무를 진다(제374조).[1] 계약 또는 목적물의 성질에 위반한 용익으로 인하여 생긴 손해배상청구는 목적물을 반환받은 날부터 6개월 내에 하여야 한다(제654조, 제617조).

(나) 保證金의 返還 임대차가 종료하면 임대인은 임차인으로부터 받은 보증금을 반환하여야 한다. 임대차계약이 기간만료, 해지, 해제, 취소 또는 무효 등 어떠한 사유로든지 효력을 상실하게 되는 때에는 계약에 기초하여서 또는 원상회복, 부당이득으로 그 임대차보증금의 반환채무가 발생한다(大判 2001. 10. 12, 2001다7865). 이 때 임대인은 자기가 반환할 보증금에서 임차인에 대한 연체차임청구·손해배상청구 등을 상계한 잔액만의 지급의무를 진다(주택임대차에 관련하여 자세히 설명함).

(다) 費用의 償還 임차인은 다른 특약이 없는 한 임차물에 들인 비용을 상환청구할 수 있다. ① 必要費: 임차인이 임차물의 보존에 관한 필요비를 지출한 때에는 임대인에 대하여 그 상환을 청구할 수 있다(제626조 1항). 필요비의 상환청구는 임대차종료를 기다릴 필요 없이 지출 후 즉시 할 수 있다고 해석된다.[2] 그 필요비가 관행에 비추어 임차인이 부담하여야 할 성질의 것인 때에는 임대인에게 상환청구할 수 없다. ② 有益費: 임차인이 유익비를 지출한 경우 임대인은 임대차종료시에 그 가액의 증가가 존재한 때에 한하여 임차인이 지출한 금액이나 그 증가액을 상환하여야 한다(제626조 2항 앞문장). 이 때 선택채권이 발생하며, 선택권은 임대인에게 부여된다. 임대인의 청구가 있는 경우 법원은 상당한 상환기간을 허여할 수 있다(제626조 2항 뒷문장).[3] 유익비란 임차인이 임차물의 객관적 가치를 증가시키기 위하여 투입한 비용을 말한다(大判 1991. 8. 27, 91다15591). ③ 除斥期間: 필요비 및 유익비의 상환청구권은 임대인이 목적물을 반환받은 날로부터 6개월 이내에 행사하여야 한다(제654조, 제617조). 단 법원으로부터 상환기간을 허여받은 때에는 그 기간이 경과한 때로부터 기산한다. ④ 留置權: 임차인은 임차물에 지출한 비용의 상환청구권에 관하여 유치권을 갖는다(제320조). 단 법원으로부터 유익비상환을 유예받은 경우에는 유치권이 생기지 않으며, 임차인은 임대인에게 목적물을

1) 大判 1999. 9. 21, 99다36273: 임차인의 임차물반환채무가 이행불능이 된 경우 임차인이 그 이행불능으로 인한 손해배상책임을 면하려면 그 이행불능이 임차인의 귀책사유로 말미암은 것이 아님을 입증할 책임이 있으며, 임차건물이 화재로 소훼된 경우에 있어서 그 화재의 발생원인이 불명인 때에도 임차인이 그 책임을 면하려면 그 임차건물의 보존에 관하여 선량한 관리자의 주의의무를 다하였음을 입증하여야 한다.

2) 같은 취지: 郭潤直, 355; 金基善, 199; 金疇洙, 290; 黃迪仁, 294.

3) 李孝鍾, "임차인의 비용상환청구권," 법원행정처 재판자료 제32집, 357 참조.

먼저 반환하여야 한다. ⑤ 拋棄約定: 임차인의 비용상환청구권에 관한 민법규정(제626조)은 임의규정이므로, 당사자의 약정에 의해 포기될 수 있다(大判 1981. 11. 24, 80다320). 단 약관에 의한 포기는 상당한 이유가 없는 경우 법률의 규정에 의한 고객의 권리를 배제하는 것으로 되어 무효이다(약관법 제11조 1호).

(라) 附屬物의 撤去 또는 買受請求

1) 附屬物의 所有權 임차인이 그의 비용으로 임차물에 부가한 것이 독립한 존재를 갖는 때에는 그 부속물의 소유권은 임차인에게 있다(제256조 단서). 그러나 부동산에의 부속물이 독립한 존재를 갖지 못하는 경우에는 임대인의 부동산 소유권에 부합된다(제256조). 동산에의 부속물은 분리가 사실상 곤란한 경우 주된 동산에 부합됨이 원칙이다(제257조).

2) 附屬物撤去權 임차인은 자기가 그의 임차권에 기초해 부속시킨 물건을 임차물반환시에 철거할 권리를 갖는다(제654조, 제615조). 임대인의 동의 없이 부착시킨 물건에 대해서는 부속물매수청구권은 인정되지 않고 철거권만이 인정된다.

3) 附屬物買受請求權 ① 의의: 임차인이 임대차종료시 자신의 임대목적물에 부속한 물건을 매수할 것을 임대인에 대하여 청구할 수 있는 권리이다(제646조). 임대차종료시 부속물을 분리, 철거할 경우에 그 경제적 가치가 크게 감소됨으로써 임차인의 이익을 해하게 되는 것을 막기 위한 제도이다. ② 요건: 첫째, 청구인은 건물 기타 공작물에 대한 임대인이다. 적법한 전차인도 임대인에 대해 이 권리를 갖는다. 둘째, 청구의 상대방은 임대인이다. 임대인으로부터 목적물을 양수받은 제3자는 그 임대차계약을 승계받지 않았다면 청구의 상대방이 아니다. 셋째, 목적물은 임차인이 임대목적물의 사용의 편의를 위하여 부속시킨 물건이어야 하며, 부속물의 존재가 임대목적물의 객관적 이용가치를 증대시켜야 한다. 그리고 부속물은 어느 정도 독립성을 가져야 한다. 건물의 구성부분에 불과한 물건은 비용상환청구의 대상이다. 임차인이 자신의 특수한 용도나 사업을 위하여 부착한 물건은 매수청구의 대상에 포함되지 않는다. 넷째, 임대인의 동의를 얻거나 임대인으로부터 매수하여 부속시켰을 것. 다섯째, 임대차가 종료하였을 것. 판례는 임대차계약이 임차인의 채무불이행으로 인하여 해지된 때에는 부속물매수청구권을 부정한다. 여섯째, 민법 제646조에 위반한 약정으로서 임차인이나 전차인에게 불리한 것은 효력이 없다(편면적 강행규정). ③ 효과: 부속물에 대한 매매계약이 체결된 것과 같은 효과가 발생한다. 임차인은 지상

물매수청구권을 행사하고 그 매수대금을 지급받을 때까지 동시이행항변권에 기해 목적물의 명도를 거절할 수 있다. 그러나 임차인이 그 목적물을 사용할 권리는 없다. 사용시 그 사용이익은 부당이득으로서 임대인에게 반환해야 한다(大判 2001. 6. 1, 99다60535). 임차인에게 임대목적물에 대한 유치권은 인정되지 않는다(大判 2003. 4. 22, 2003다7685).

4) 地上物買受請求權 ① 의의: 토지임차인(또는 전차인)이 임대인에 대하여 그 토지 위에 건물, 수목, 기타 지상시설의 매수를 청구하는 권리이다. ② 요건: 부속물매수청구권과 유사하다. 임대차의 존속기간이 만료한 경우에 인정된다. 기간의 정함이 없는 임대차가 임대인의 해지통고로 인하여 종료한 경우에 인정된다. 임차인의 채무불이행으로 인한 해지시에는 인정되지 않는다. 행정관청의 허가를 받지 않은 무허가건물에 대하여도 인정된다(大判 1997. 12. 23, 97다37753). 임차인소유의 건물이 임대인과 제3자의 토지 위에 걸쳐 있는 경우에, 임차지상에 서 있는 건물부분이 구분소유의 객체가 되는 경우에만 매수청구가 인정된다(大判[全合] 1996. 3. 21, 93다42634). ③ 효과: 지상물매수청구권을 행사하면 그 청구 당시의 건물시가를 대금으로 하는 매매계약이 체결된 것과 같은 효과가 발생한다(大判 2002. 11. 13, 2002다46003). 지상물매수청구권이 행사되면 임대인은 건물철거청구를 할 수 없다. 임차인이 기간만료시 건물을 철거하거나 임대인에게 양도하기로 약정했더라도 이는 제643조에 위반하여 임차인에게 불리한 것으로 무효이다(大判 1993. 7. 27, 93다6386).

§24. 住宅賃借權의 保護

1. 住宅賃貸借法의 社會法的 性格[1)]

(1) 住宅賃借人保護의 必要性

주택은 인간이 인간다운 생활을 영위하기 위하여 필수적으로 요구되는 것

---

1) 참고문헌: 姜信仲, "대항력 있는 주택임차인의 우선변제권," 재판실무연구 1997, 1998년 1월; 同, "집행절차에 있어서의 주택임차인의 지위," 재판자료 제71집, 1996; 高翔龍, "제3차 주택임대차보호법중개정법률(안)의 문제점," 민사법학 제17호, 1999; 高龍吉, "주택임대차보호법에 관한 연구," 충남대논문집 제16권, 1988년 12월; 金相容, "주택임대차에 있어서의 순위에 의한 우선특권," 민사판례평석(1), 1995년 3월; 同, "임차보증금의 증액과 경락인에 대한 대항력," 민사판례평석, 1995년 3월; 金聖滿, "소액임차보증금의 우선변제권에 있어서의 문제점," 판례월보 1985년 12월호; 金榮一, "임대차에 있어서의 권리금을 둘러싼 제

으로 주택문제는 국민의 생존문제와 직결되는 것이다. 따라서 국가는 국민에게 인간다운 생활을 보장하여 주고자 하는 사회복지의 차원에서 주택문제를 접근해야 한다. 인구의 도시집중과 주거용 건물의 절대수의 부족으로 주택문제는 날로 심화되어 가고 있다. 우리 나라에는 아직 임대전용 아파트의 건설이 미흡하고 임대주택에 대한 국가정책적 배려가 소홀하여 주택부족현상이 쉽게 개선될 것 같지 않다.

주택임대차는 국민이 생존하는 데 꼭 필요한 주거의 이용권이라는 점을 생각할 때 계약자유의 원칙이 지배하는 시민법의 원리만에 의하여 규율되는 것은 적당치 않다. 무주택자가 임대인과 자유롭고 공평한 계약을 맺는다는 것은 환상에 불과하다. 외국에서는 이미 오래 전부터 임대차계약을「대다수의 국민이 체결하는 계속적 계약으로서 강한 사회성을 갖는 법률관계」라고 인식하여 왔다. 현대산업사회에서 노동관계가 이미 시민법의 원리를 넘어서서 노동법이라는 독자적 영역을 형성하고 고유의 법원리로서 규율되고 있음은 주지의 사실이다. 마찬가지로 주택임대차계약도 시민법의 차원에서가 아니라 사회법적인 차원에서 임차인보호를 위한 고유의 법원리에 의하여 규율되어야 한다.[1] 노동계약에서는 노동자들이 단결권 · 단체교섭권 · 단체행동권을 가짐으로써 부당한

문제," 법원행정처 재판자료 제32집, 1986; 金忠源, "대항력을 갖춘 주택임차인의 임차기간만료 전 배당요구," 서울지변 판례연구 제11집; 金鎭鉉, "우리 주택임대차제도의 문제점에 관한 비교법적 연구," 민사법학 제13·14호, 1996; 金忠源, "주택임대차보호법상의 우선변제권," 판례연구 제9집, 1996; 金學東, "독일에서의 임대차법의 변천(상)·(하)," 사법행정 1982년 3월호 · 4월호; 閔日榮, "주택임차인의 우선변제를 위한 대항요건의 종기," 판례월보 제338호, 1998년 11월호; 同, "임대주택의 양수인에 대한 임차보증금의 반환청구," 민사판례연구 제9권; 同, "주택임대차보호법에 관한 제문제," 민사판례연구 제12권; 同, "주택임대차보증금의 우선변제를 둘러싼 문제점에 관한 소고," 곽윤직고희기념 민법학논총 제2, 1995; 蘇在先, "임대차등기명령제도 신설의 과제와 문제점 — 개정주택임대차보호법 제3조의 3을 중심으로 — ," 경희 법학 제33호 1호; 尹弘根, "주택임대차보호법에 의한 우선변제권의 발생시기," 민사판례연구 제16권; 李均釜, "대항력 있는 주택임차인의 우선변제권 행사," 민사판례연구 제19권; 李範柱, "주택임차권의 대항력," 방순원고희기념 민사법의 제문제; 李相仁, "주택임대차보호법 제8조의 소액보증금보호에 관련된 실무상 문제," 사법연구자료 제16집; 李胤承, "주택임대차에 있어서 소액임차인의 보호," 사법논집 제19호; 李銀熙, "저당권과 임차권의 관계에 관한 연구," 서울대학교박사학위논문, 1998; 李載厚, "임대차에 있어서 보증금반환의무와 임차목적물반환의무와의 동시이행관계," 민사판례연구 제1권; 李柱興, "주택임대차보증금회수를 위한 우선변제권의 행사와 경매절차상 취급," 법조 1994년 11월호; 李漢吉, "주택임대차보호법에 관한 소고," 입법조사월보, 1985년 5월호; 李海鎭, "소액보증금보호에 관한 소고," 변호사 제15권, 1985; 張誠原, "대항력 있는 임차인의 배당요구," 법조 제46권 7호, 1997년 7월; 鄭承烈, "주택임차보증금 회수청구권의 보장과 문제점," 법조 제46권 12호, 1997년 12월호; 趙容元, "임대차의 대항력," 재판자료 제32집; 河良明, "임차권의 승계에 따른 권리금의 지급실태," 법원행정처 재판자료 제7집; 韓騎澤, "임차보증금반환청구채권을 양수한 자의 임대인에 대한 목적물명도청구권의 대위행사," 민사판례연구 제12권; 拙稿, "주택임대차보호법의 개정에 관한 연구," 법조 1982년 4월호.

1) 임대차계약은 현대산업사회하의 노동관계와 여러 면에서 유사성을 지니고 있다고 한다. Esser, *Schuldrecht*, Bd. Ⅱ, Besonderer Teil Teilband Ⅰ, 5. Aufl., 1977, S. 169 이하.

계약조건에 대항할 수 있는 가능성이 부여되어 있으나 임대차계약에서는 임차인에게 이와 유사한 수단이 부여되기 어렵다. 이러한 점을 생각할 때 국가가 임대차관계에 적극적으로 개입할 것이 요구된다.

(2) 外國의 賃貸借法[1)]

서구 각국은 제1차 세계대전 이후 주택의 부족현상이 심각하게 되자 국가가 주택문제, 특히 임대차관계에 적극적으로 개입할 필요를 느끼고 임대차에 관한 특별법을 제정하였다. 이로써 종래 계약자유가 지배하는 시민법원리에 기초하였던 임대차법은 사회법화하여 「계약법의 강행법화 현상」을 나타내었다.

독일에서는 1917년과 1918년에 두 개의 임차인보호령을 제정하여 임대차의 해지통고와 차임인상에 관청의 동의를 얻도록 한 이후 1923년에는 주택결핍법 · 임차인보호법 등의 특별법을 제정하여 주거강제경제의 정책을 펼쳤다. 그것은 차임의 통제, 해지의 제한, 주거의 배분, 주거건물의 파괴제한 등을 통한 주거의 국가관리를 말한다. 그러한 전후의 공법적 제한은 주거상황이 호전됨에 따라 점차 폐지되었으며, 당시의 임대차존속보장에 관한 사법적 제한법규는 소위 사회조항(Sozialklausel)으로서 독일민법에 삽입되었다(독민 제556a조, 제556b조, 제556c조). 프랑스도 1918년, 1923년, 1926년의 특별법의 제정에 의해 해지제한, 차임의 전부 또는 일부면제, 기간연장 등의 강행규정을 두었다. 1948년 이후에도 이들 특별법을 계속 정정 · 발전시켜 1982년 임차인과 임대인의 권리 · 의무에 관한 법률(Loi Quiliot로 약칭됨)이 제정되기에 이르렀다. 이 법률은 주택임대차를 규율대상으로 하는데, 임대인 · 임차인의 권리의무는 그들의 개인적인 관계에 있어서도 그들의 집단적 관계에서처럼 균형이 유지되어야 한다고 선언한 점에 특징이 있다. 즉 임차인에 대하여 근로자의 단결권 · 단체교섭권에 유사한 권리를 보장함으로써 그를 통하여 임대인과의 힘의 균형을 갖고 임대차관계의 형성 · 발전에 관여하도록 한다. 또한 임대차계약증서의 작성의무, 3년 이상의 계약기간, 해지사유 등 임대차에 관한 사법적 조항 외에도 불법의 차임을 수령한 경우 등에는 임대인에게 벌금을 부과한다는 형벌조항까지 설치하였다.

영국에서도 1915년의 「차임및저당이자인상에관한법률」 이래 종래 코먼 로(common law) 아래의 계약자유가 제한되었다. 그러한 법발전은 1968년의 임대차법(Rent Act)에 의해 집대성되었다. 영국 임대차법의 특색은 고급가옥에 대해

---

1) 참고문헌: 주석 채권각칙(Ⅱ), 167 이하; 高翔龍, "전세제도의 재검토," 김증한화갑기념 현대민법학의 제문제, 340 이하; 金學東, "독일에서의 임대차법의 변천(상)·(하)," 사법행정 1982년 3월호 · 4월호.

서는 그 법의 적용을 배제하고 서민주택에 대해서만 규율한다는 점이다. 이 법은 법정임차권(statutory tenancy)제도를 두어 임대인의 해지통고나 임차주택의 반환청구에 합리성이 없는 경우에 그에도 불구하고 임대차관계를 법정임대차로서 존속시킨다. 일본민법의 임대차규정은 우리 민법과 매우 유사하며, 시민법적 성격을 갖는다. 그런데 일본에서는 1921년 차지법과 차가법을 제정함으로써 임차인보호에 관한 특별입법을 시작하였다. 이들 법률에서는 임차물의 인도만으로 임차권에 대항력을 부여하는 것을 골자로 하였는데, 그 후 1941년, 1966년의 정정으로 임차권의 존속보장에 관한 사회조항이 보완되었다.

이상의 외국입법례를 보면 이미 주택임대차관계는 임대인과 임차인의 자유로운 합의의 영역을 벗어났음을 알 수 있다. 어떠한 주거공간은 이미 개인에 의해 독점되어서도 안 되고, 개인에게 처분의 자유가 주어지지도 않는다. 주거공간은 투자나 또는 이윤추구의 수단으로만 이용되어서도 안 된다. 임대인과 임차인 사이에 적정한 분배원리에 따라 차임이 결정되고, 그것을 매개로 하여 안정된 계약관계가 존속되어야 한다.

(3) 民法規定의 補强必要性

현행민법의 임대차와 관련된 규정은 다음의 특징을 가진다. ① 현행민법은 의용민법에 20개 정도의 조문을 신설 또는 첨가하여 임대차의 권리관계를 과거보다 명확하게 하였으며, 임차권의 강화를 위해 임차인의 갱신청구권 · 부속물매수청구권 등을 신설하였다.[1] ② 현행민법은 종래의 관습법상 전세를 傳貰權이라는 制限物權으로서 격상시켰다. 용익권자의 보호를 위해 관습상의 전세를 용익물권으로 입법하였으나, 그것을 채권계약으로 유지시키고자 하는 부동산소유자의 의도에 따라 용익물권인 전세권보다 임차권이 더 많이 이용되고 있다. 그 결과 관습상의 전세는 전세권과 채권적 전세로 이분되었다. 주택임대차보호법에서는 채권적 전세에 대하여 대항력을 부여함으로써 실제 주택의 채권적 전세는 전세권과 다름없이 강화되었다. ③ 관행상 수수되는 보증금 · 권리금의 법률관계에 관하여는 현행민법에서도 명확한 규정을 두지 않고 있다. 주택임대차보호법에서는 임차인이 임대차종료시 보증금을 반환받을 수 있게 하기 위하여 우선변제권과 우선특권을 부여한다.

민법의 임대차규정은 아직도 다음과 같은 문제점을 안고 있다. ① 임차권

---

1) 일제하 의용민법시대에 朝鮮借地借家調停令(1940년 제령 제46호)이 제정되었었으나 임차인보호에는 기여하지 못했다.

의 존속보장이란 측면에서는 우리 법규정이 외국의 임대차법에 비해 미흡하다. 주택임대차보호법에서 2년의 존속기간을 보장하지만 그 기간은 임차인이 안정적인 주거생활을 영위하기에는 부족하다. ② 임차권의 대항력 취득요건을 인도가 아닌 등기로 함으로써 실제로 대항력을 취득할 수 있는 길이 매우 제한되어 있다. 이 문제는 주택임대차보호법에 의해 보완되고 있다. ③ 관행상 임대차에 부수하여 제공되는 보증금·전세금·권리금 등의 금전수수에 관하여 민법에 규정을 두지 않아 법률의 흠결이 존재하고, 그 결과 그에 관한 법률관계의 혼란과 임차인의 피해가 속수무책으로 방치되어 있다는 점이다. 주택임대차의 보증금과 전세금에 관하여는 주택임대차보호법에서 특별한 보호를 하고 있다. ④ 건물임대차에서 영세상인들이 과다한 차임·보증금·권리금으로 고통을 겪고 있고, 짧은 존속기간약정과 갱신에 대한 불안감으로 영업활동에 지장을 받고 있는데, 이에 관한 배려가 부족하다.

(4) 住宅賃貸借保護法

민법의 임대차규정의 미비점은 특히 주택의 임대차에서 두드러지게 나타났다. 1970년대에 들어 대도시에의 인구집중이 심각하게 되자, 대도시에서 주택난이 극심하게 되고 그에 따라 임대인의 횡포도 빈번하였다. 가장 관심을 집중시켰던 법률문제는 임차주택이 양도됨에 따라 임차인이 그의 전 재산인 보증금을 돌려받지도 못하고 거리로 내쫓긴다는 문제였다. 민법에서 임대인에게 등기협력의무를 부과함에도 불구하고, 실제로 임차인이 민법이 요구하는 등기라는 대항요건을 갖추는 것은 매우 어려웠다. 그러므로 임차인에게 등기 없이 부동산양수인에 대하여 임차권을 갖고 대항할 수 있으며, 또한 전임대인에게 지불했던 보증금·전세금의 반환을 보장받을 수 있는 길을 열어 주는 것이 시급했다.

이와 같은 서민의 요망에 따라 1981년 주택임대차보호법이 제정되었다. 이 법은 임차권의 대항력 취득요건을 등기 대신에 인도와 주민등록(또는 전입신고)으로 완화하는 것을 주요 내용으로 하였다. 그러나 이 법의 제정 후에도 대항력의 내용이 무엇인가(보증금에 관한 권리도 포함하는가), 채권적 전세에도 이 법이 적용되는가의 의문이 계속 남았다. 그리고 소액보증금에 우선특권을 인정하고, 임차인사망에 따른 승계제도를 신설할 것 등이 요망되었다. 그러한 요청은 1983년의 제1차개정에서 반영되었다. 그 후 1989년 제2차개정에 의해서 대항력을 갖춘 임차인이 후순위권리자보다 보증금을 우선변제 받을 권리, 기간의 2년보장, 보증금 중의 일정액의 보호에 관한 규정이 삽입되었다. 그러나 제2차개정 이후에 오히려 임대차문제는 더욱 심각한 양상을 띠게 되었다. 임차인보호에 필수적인 차임과 존속기간에 대한 본질적인 개선이 없이 부수적인 계약조건만 강화함으로써 대량의 해지통고와 전·월세금의 대폭인상이 초래되었다. 그 후 1997년의 제3차개정에서는 보증금의 우선변제와 관련된 경매절차에 관한 규정을 신설하였고, 1999년의 제4차개정에서는 임차권등기명령제, 묵시적 갱신의 경우의 계약해제에 관한 규정을 신설하였다.

주택임대차보호법은 다음의 점에서 아직 임차인보호에 미흡하다. 첫째, 차임 및 보증금의 금액을 서민생활에 위협을 주지 않는 적정한 범위로 제한할 수 있는 법적 장치가 부족하다. 둘째, 주택임대차에서 가장 중요한 임대차의 장기존속보장, 즉 임차인의 안정된 주거생활의 보장이란 측면은 아직 충분치 못하다.

農地賃貸借

(1) 일제 말기에 가장 심각했던 사회문제는 농지의 소작관계에 관한 것이었다. 해방 후 우리 정부는 농지를 농민에게 분배함으로써 경자유전의 원칙을 실현하기 위해 農地改革法(1949)을 제정하였다. 이 법에 의해 종래의 소작인들에게 농지가 분배되었고, 동시에 농지의 임대차는 어떠한 법적 형태를 취하든 — 지상권 · 전세권의 용익물권이든, 임차권의 채권이든 형태를 문제삼지 않고 — 엄격히 금지되었다. 농지개혁법은 자작농지제를 창설하기 위한 사업법이며 시한법이었기 때문에, 그러한 개혁성과를 유지하기 위해서는 농지법의 입법으로 뒷받침되어야 했다.[1] 당시 농지법부재하에서 비농민의 농지소유와 농가의 농지임차는 증가하였으며, 그들의 법률관계는 농지개혁법 전의 소작관계와 유사하게 되었다. 현행민법의 제정시에는 농지의 임대차가 전면적으로 금지되었으므로 수익을 위한 임대차는 매우 간략하게 다루어졌다. 그러므로 농지임대차는 그러한 수익임대차관계를 규율하는 기본법조차 없는 법규범의 밖에 버려진 상태로 방치되었다. 이와 같은 법규범(강행법규이든 임의법규이든)의 외면은 결국 계약자유라는 명분 아래 농지소유자의 횡포를 초래하였고, 소작인의 종속화 및 이농현상을 심화시켰다.

1) 일본에서는 農地法(1952), 農地調整法(1938), 農用地利用增進法이, 대만에서는 土地法, 耕者有其田條例, 農業發展條例가 제정되었다. 독일에서는 제1차대전 후 경제적 약자인 농지임차인(소작인)을 보호하기 위하여 — 특히 해지통고와 차임인상에 대비한 — 특별입법이 많이 행하여졌었다. 농장(Landgut)의 소작에 관하여는 1952. 6. 25.의 농지소작법(Landpachtgesetz, BGBI, I 343)에 소작인보호를 위한 규정을 두고 있다.

(2) 1986년 12월 31일 農地賃貸借管理法이 제정되었다. 이 법은 경자유전의 원칙을 재실현하기 위한 농지제도개선책 중의 하나로 마련되었다. 이 법의 제정에 의해 임차농에게 임차권이라는 법적 권리를 부여하고 차임액을 제한하는 것을 목적으로 하였다.[1] 다른 한편 이 법은 농지구입자금의 지원에 의해 농민이 농지를 소유하고 부재지주를 축출하여 경자유전을 실현하기까지 賃借農을 보호한다는 과도기적 입법의 성격과 아울러 장래 농민간의 賃借農의 규율이라는 목적도 함께 지녔다. 이 법에서는 서면계약의 원칙, 임대차계약의 신고제도, 3년의 최단기간 · 기간연장 · 법정갱신, 임차료의 상한제한 · 감면청구 · 조정, 해지의 제한, 임대인의 지위승계, 양도 및 전대의 제한, 위탁경영에 관한 사법적 규정을 두었다. 그 밖에 농지 및 그 임대차의 효율적인 관리를 위하여 시·구·읍·면에 농지관리위원회를 설치하여 임차료상한의 심의와 임대차에 관한 조정을 담당하도록 하였다. 그러나 농지임대차관리법은 종래 그늘에 숨어 있던 농지임대차를 양성화하였다는 점에서 일단 의의를 찾을 수 있었으나, 임차농민의 보호에는 매우 미흡하고 또한 시대에 뒤떨어진 입법으로 평가되었다.

(3) 1994년 12월 22일 農地法이 제정되어 농지의 소유 · 이용 · 보전 등에 관한 사항이 규정되고, 과거의 농지임대차관리법은 농지법 제22조 이하로 흡수되었다. 임차료의 상한을 지역별 농지관리위원회의 심의를 거쳐 시·군의 條例로 정하도록 하고, 그 상한을 초과한 약정은 그 초과부분에 한해서 무효로 규정한 것에 특색이 있다(농지법 제25조). 이 법의 제정에도 불구하고 농지임대차에 관하여 다음과 같은 문제점이 남아 있다. 첫째, 수익임대차에 관한 민법규정이 부족함에도 불구하고 동법에서 임대차의 법률관계에 관하여 매우 간략히 규율할 뿐이므로 실제의 법률분쟁에 상세한 지침을 제공하지 못한다. 둘째, 최단기간인 1년 또는 3년은 농지개량을 도모하기 위해서 또는 임차인보호라는 측면에서 볼 때 지나치게 짧다.

2. 住宅賃貸借의 存續保障

(1) 存續保障의 必要性

주택임대차에서 임대주택은 임차인의 생활근거가 된다. 인간은 누구나 자의에 의하지 않고는 거주를 옮기지 않기를 염원한다. 이러한 영속적 거주에 대한 염원은 비록 임차인의 것이더라도 존중되고 배려되어야 한다. 그러나 우리 나라에서는 영속거주에 대한 국가정책적인 배려가 거의 행해지지 않고 있으며, 임대차의 존속은 짧은 임대차기간중에밖에는 보장되기 어려운 형편이

1) 농지임대차재정립을 위한 조사연구, 한국농촌경제연구원 연구보고 제135호, 1986. 12.

다. 임대차에 관한 국가정책의 부재로 말미암아 우리 나라 서민들은 자기소유의 가옥을 갖고자 하는 강박관념에 사로잡히게 되었다. 영구임대주택의 확보와 함께, 한번 임차한 주택을 영구히 자기의 거주로 삼을 수 있는 계약법적 강제가 필요하다.

기간을 정한 임대차는 법정갱신의 요건을 갖추지 못한 경우에는 기간의 만료로 종료한다. 계약자유의 시각에서 보면 약정기간의 만료로 계약이 종료하는 것은 당연하게 보이나, 사회법적 시각에서 보면 임차인의 주거의 변동을 가져오는 종료사유는 제한되어야 한다. 또한 기간약정 없는 임대차에 있어서도 언제든지 임대인의 해지통고로 계약이 종료한다는 것은 — 비록 해지통고 후 상당한 유예기간이 지나야 계약이 종료한다 하더라도 — 임차인을 불안하게 만든다. 선진제국의 임대차법은 임대인의 해지를 극도로 제한하여 임차인측에서 해지하지 않는 한 임차권을 거의 영구적인 권리로서 존속시킨다.

外國法의 存續保障

(1) 獨逸法　독일민법은 주택임대차에 관하여 「임대인의 해지권제한」과 「사회조항에 의한 임차권의 존속」이라는 두 측면에서 규정한다. 즉 임대인은 임대차관계의 종료에 관하여 그가 정당한 이익을 갖는 경우에 한해서 해지통고를 할 수 있다. 독일민법은 이 때의 정당한 이익이 있는 경우로서, 첫째, 임차인이 그의 계약상 의무를 과실로 위반했을 때, 둘째, 임대인이 그 주택을 자기나 가족의 주거로서 필요로 할 때(임대인의 양수인은 이를 양도 후 3년간 행사할 수 없다), 셋째, 임차권의 존속으로 그 부동산의 환가가 곤란하여 임대인이 현저한 손해를 입을 우려가 있을 때의 세 가지 경우를 들고 이에 관한 상세한 규정을 두고 있다(독민 제564b조). 이와 다른 당사자간의 합의로서 임차인에게 불리한 것은 무효이다. 또 주택임대차의 해지의 의사표시는 반드시 서면으로 하여야 하며, 그에는 해지의 이유를 밝혀야 한다. 해지의 정당한 이익이 있는가는 그 서면에 밝힌 이유와 그 이후에 발생한 사유만을 가지고 심사한다(독민 제564a조). 이러한 규정은 임대인이 해지통고를 차임을 인상하기 위한 압력수단으로 이용하는 것을 막기 위한 것이다.

임차인은 만일 계약에 따른 임대차의 종료가 자기나 가족에게 가혹한 결과를 가져오는 경우에는 비록 임대인에게 해지의 정당사유가 존재하더라도 임대인의 해지통고에 이의를 제기하고 임차권의 존속을 요구할 권리가 있다(독민 제556a조). 예를 들면 당시의 조건하에서 다른 적당한 주거를 찾기 어렵다고 추측될 때 그러한 가혹함이 존재한다고 할 수 있다. 그러나 임차인측에서 해지통고를 하였거나 임대인이 유예기간 없이 해지할 수 있는 근거를 갖고 있는 경우에는 임차인의 이 권리는 인정될 여지가 없다(동조 4항). 당사자간에 계약의 존속이나 계약조건에 관하여 합의가 이루어지지 않는 경우에는 임대차법원(Mietgericht)의 판결에 따른다.

(2) 英 國 法 영국의 임대차법(Rent Act, 1968)에서 임대인은 法定明渡事由(grounds for possession)가 존재하는 경우에 한해서 법원으로부터 소송절차에 의한 건물명도명령을 받을 수 있고, 그에 의해서만 임차인을 퇴거시킬 수 있다. 이는 기간약정 있는 임대차의 계약기간이 만료한 경우에도 같다. 명도사유로서는, 첫째, 임대인이 적절한 대체주택을 제공하는 경우, 둘째, 임차인이 제한차임을 초과하여 전대한 경우, 셋째, 그 밖의 법원명도사유로서 차임지불 및 그 외의 의무 위반(건물수선 등 특약), 반사회적 행위, 임차인의 해지통고, 임대인의 승낙 없는 주택 전부에 대한 임차권의 양도 및 전대 등이 있으며, 임대인 자신의 거주, 임대인의 18세 이상된 자식의 거주, 임대인의 부모의 거주로서 건물을 사용해야 할 정당한 필요가 있을 경우에도 명도사유가 된다. 임대인이 위와 같은 명도사유에 기하여 해지통고를 하고 건물명도청구소송을 제기할 때에는 법원은 명도명령·판결을 하는 것이 합리적인가의 여부를 판단한 후에 임대인의 명도청구의 인용 여부를 결정한다.

(3) 日 本 法 일본의 借家法에서도 기간약정 있는 임대차의 기간만료시 임대인의 갱신거절이 없는 한 법정갱신된 것으로 보며, 임대인의 갱신거절은 자기사용의 필요, 기타 정당한 사유가 있는 경우에 한하여 인정한다(日차가법 제1조의2). 기간약정 없는 임대차의 해지통고도 정당사유가 있는 경우에만 허용된다. 그러나 정당사유가 무엇인가에 대한 구체적 판시규정은 없으며, 판례는 「임대차 당사자 쌍방의 이해관계, 기타 제반사정을 고려하여 사회통념에 비추어 타당하다고 인정할 수 있는 이유를 말한다」고 한다.

(2) 住宅賃貸借保護法의 存續保障

주택임대차보호법은 임차권의 존속보장에 관해서는 외국입법례와 비교해 볼 때 매우 소홀히 다루고 있다. 외국입법례의 해지제한제도와는 달리, 우리 법에서는 賃貸人의 解止自由가 그대로 인정되고 있다.

(가) 最短法定期間의 保障 기간의 정함이 없거나 기간을 2년 미만으로 정한 주택의 임대차는 그 기간을 2년으로 본다(주임법 제4조 1항). 이 규정은 편면적 강행규정으로서, 주택임대차의 최단기간을 2년으로 간주하여 단기의 임대차관행을 시정하려 한다. 2년 미만의 기간을 약정한 경우 그 기간약정은 효력이 없고, 임대인은 그 기간만료를 이유로 주택의 반환(명도)을 청구할 수 없다.

다음의 경우에는 예외가 인정된다. ① 임차인은 2년 미만으로 정한 기간이 유효함을 주장할 수 있다(주임법 제4조 1항 단서). 임대차 기간을 2년 미만으로 정한 임대차의 임차인이 스스로 그 약정 임대차 기간이 만료되었음을 이유로 임차보증금의 반환을 구하는 것은 가능하다(大判 1995. 10. 12, 95다22283). ② 일시사용을 위한 임대차임이 명백한 경우에는 이 규정이 적용되지 않는다(주임법 제11조).

㈏ 法定更新　주택임대차에 있어서는 임대인이 임대차기간만료 전 6월부터 1월까지에 임차인에 대하여 갱신거절의 통지 또는 조건을 변경하지 아니하면 갱신하지 아니한다는 뜻의 통지를 하지 아니한 경우에는 그 기간이 만료된 때에 전임대차와 동일한 조건으로 다시 임대차한 것으로 본다. 임차인이 임대차만료 전 1월까지 통지하지 아니한 때에도 같다(주임법 제6조 1항). 2기의 차임액에 달하도록 차임을 연체하거나 기타 임차인으로서의 의무를 현저히 위반한 임차인에 대하여는 법정갱신이 인정되지 않는다(제6조 3항).

법정갱신이 된 경우에 임대차의 존속기간은 그 정함이 없는 것으로 간주되고(주임법 제6조 2항), 기간의 정함이 없는 임대차는 그 기간이 2년으로 간주된다.[1] 다만 임차인은 2년 미만으로 정한 기간이 유효함을 주장할 수 있다(주임법 제4조 1항 단서).

주택임대차법의 법정갱신과 민법의 법정갱신과의 사이에는 갱신거절 또는 조건변경의 이의를 제기할 수 있는 기간에 차이가 있다. 주택임대차법은 임대인측이 갱신거절할 경우 기간만료 전 6개월부터 1월까지에 거절통지를 해야 하는 데 반해서, 민법 제639조는 상당한 기간이라고 규정할 뿐이다. 주택임대차의 쪽이 민법에서보다 강하게 임차인을 보호한다. 그러나 임대인에게 갱신거절의 자유가 인정된다는 점에서는 같다.

㈐ 保證金未返還으로 인한 契約存續　임대차가 종료한 경우에도 임차인이 보증금을 반환받을 때까지는 임대차관계가 존속하는 것으로 본다(주임법 제4조 2항, 보증금 부분에서 자세히 설명함).

(3) 同居家族의 賃借權承繼

㈎ 賃借權의 承繼制度　임차인의 사망은 임대차의 종료사유가 아니므로 임차권은 상속인에게 상속됨이 원칙이다. 그러나 상속의 일반원칙에 따를 경우 임차인과 동거하던 상속권 없는 가족(사실혼배우자, 사실상의 양자, 직계존속 등)은 그 의 주거를 잃는

1) 大判 1992. 1. 17, 91다25017: 임대차기간 만료일이 1989. 12. 30인 주택임대차계약이 묵시적으로 갱신된 경우에 있어 묵시적으로 갱신된 임대차계약은 전의 임대차와 동일한 조건(존속기간은 제외)으로 다시 임대차를 한 것으로 보아야 하므로, 종래의 임대차계약과는 별개의 임대차계약이 개시된 것이다. 이에 대하여는 개정된 주택임대차보호법(1989. 12. 30 개정) 제4조의 규정이 적용되어 위 계약은 기간의 정함이 없는 임대차계약으로서 그 임대차기간은 2년으로 의제된다.

가혹한 결과가 생긴다. 그러므로 주택임차권에 한해서는 동거가족에게 임차권의 승계가 인정되어야 한다.[1] 이러한 승계제도는 임차인에 대한 존속보장제도는 아니나 그의 동거가족의 계속적 주거를 보장하는 제도이므로 그와 맥락을 같이한다

주택임대차보호법은 1983년의 개정시에 제 9 조를 신설하여 외국의 입법례(독민 제569a조, 제569b조; 영국의 주택임대차법 제12조; 일차가법 제 7 조의 2 등)에서와 같이 임차권의 승계제도를 마련하였다. 우리법의 승계제도는 영국 및 독일과 같은 상속법에 대한 「전면적 제한형」도 아니고 일본의 「일부제한형」도 아닌 상속법의 원리와 임대차의 사회법적 원리를 혼합한 「혼합형」이라 평가된다.[2]

(나) 承繼의 要件 동거가족으로서 임차권을 승계하기 위해서는 다음의 요건을 갖추어야 한다. ① 賃借人과의 身分關係: 임차권을 승계하는 자는 임차인과의 사이에 일정한 신분상의 관계가 있어야 한다. 임차권의 승계제도는 원래 동거가족이 임차인과 일정한 신분관계에 있지만, 민법의 일반상속법의 원리에 의해서는 보호되지 않는 경우를 구제하기 위해 존재하기 때문이다. 신분관계의 범위는 법정되어 있다. 임차인이 상속권자 없이 사망한 경우에 사실상의 혼인관계에 있는 자(주임법 제 9 조 1 항), 임차인의 사망 당시 동거상속인이 없는 경우에 사실상의 혼인관계에 있는 자와 2 촌 이내의 친족이 공동으로(주임법 제 9 조 2 항) 임차권을 승계할 수 있다. 임차인의 사망 당시 동거하던 상속인이 있는 경우에는 그 동거상속인이 사실혼배우자에 우선하여 임차권을 승계한다. ② 賃借人과의 家庭共同生活關係: 임차권을 승계하는 자는 임차인의 사망 당시 임차인과 그 가족공동생활을 영위하였어야 한다(주임법 제 9 조 1 항 · 2 항). 이 때의 가정공동생활이란 단순히 한 집에 사는 것만으로는 충분치 않고 어느 정도의 공동의 생계가 따른 동거이어야 한다. 또한 가정공동생활로 인정되기 위해서는 상당기간 동안의 동거를 필요로 한다. ③ 承繼權의 抛棄: 승계권자는 임차인의 사망 후 1 개월 이내에 임대인에 대하여 반대의사(즉 승계권의 포기의사)를 표시할 수 있다(주임법 제 9 조 3 항).

(다) 承繼의 效果 임대차의 승계로 임대차관계에서 생긴 채권 · 채무는 승계인에게 귀속한다(제 9 조 4 항). 이를 구체적으로 설명하면 다음과 같다. ① 임차부동산에 거주할 권리는 승계인에게 귀속한다. ② 승계 전에 발생한 연체차임 · 손해배상의 의무도 이전하는가. 이에 관하여는 승계인의 가정공동생활 전에 발생

1) 高翔龍, "임차권의 승계," 민사법학 제 2 호(또는 법조 제28권 1 호).

2) 주석 채권각칙(Ⅱ), 324(高翔龍 집필부분).

한 채무와 그 이후에 발생한 채무를 구분하여 전자에 대해서는 승계인과 상속인이 일단 연대채무를 지되 궁극적으로는 상속인이 채무를 부담하며, 후자에 대하여는 승계인만이 채무를 진다고 해석하는 견해가 있다.[1] 생각건대 이 문제는 승계인이 보증금반환청구권도 승계하는가의 문제와 관련해서 이해되어야 한다. 만약 보증금도 승계한다면 임차인의 채무도 인수하는 것으로 하고, 그렇지 않은 경우에는 가급적 인수하는 채무의 범위를 축소하여 해석하여야 한다. 보증금의 승계도 인정하는 사견으로서는 임대차관계에서 생긴 모든 채무가 승계인에게 이전된다고 새긴다. ③ 보증금반환청구권도 승계인에게 이전되는가. 승계제도의 입법 당시에 외국의 임대차관습과 우리의 관습의 차이를 고려하여 이 점에 관한 명문규정을 두었더라면 좋을 것이나, 현재 아무 규정이 없으므로 해석론으로 극복하는 수밖에 없다. 임차권의 존속보장이 불충분한 우리 나라에서 임차권의 승계는 외국과는 다르게 이해되어야 한다. 외국에서는 임차인측에서 해지하지 않는 한 임차권의 존속은 거의 영구적으로 보장되므로, 그러한 임차권만의 승계가 중요한 의의를 갖는다. 그러나 우리 나라의 주택임대차는 통상 1년의 단기로 체결되므로 임차권만의 승계는 상속개시에 의해 동거가족이 당장 쫓겨나지 않는다는 의미 이상을 갖기 어렵다. 또한 우리 나라에서 비교적 안정된 주거를 찾기 위해서는 보증금이 필수적으로 요구된다. 그 밖에 법리상으로도 보증금계약은 임대차에 부종하는 것으로 파악된다(이설 없음). 이상의 점을 감안할 때 임차권의 승계에는 당연히 보증금의 권리·의무도 부종하여 승계된다고 해석된다. 그렇지 않다면 임대차관계는 임대인과 승계인 사이에, 그리고 보증금관계는 임대인과 상속인 사이로 분해되는 불합리가 초래될 것이다.

이에 대하여는 임차인과 가족공동생활을 했다는 이유로 당해 주택에서 주거를 계속하고 그 위에 재산상의 이익까지 받는다는 것은 타당치 못하므로, 보증금의 권리의무는 승계인에게 이전하지 않는다는 반대설이 있다.[2] 이 때 보증금반환청구권의 상속인은 계약기간 동안 승계인이 당해 주택에서 거주를 계속하는 한 그의 상속권을 행사할 수 없다고 한다.[3]

---

1) 주석 채권각칙(Ⅱ), 333(高翔龍 집필부분). 전자의 경우 승계인이 그 채무를 변제한 때에는 상속인에 대하여 구상권을 행사할 수 있다고 해석한다.

2) 주석 채권각칙(Ⅱ), 332~333(高翔龍 집필부분).

3) 보증금반환청구권의 승계 여부의 문제는 과연 상속제도 외에 임차권승계제도를 설치하여 법률관계를 이원화할 필요가 있는가의 의문을 던진다. 가장 바람직하기는 상속제도를 합리화하여 그 안에 임차권의 승계를 필요로 하는 동거가족의 문제로 배려될 수 있도록 하는 입법이 행해지는 것이라고 생각한다.

3. 保證金의 法律關係

(1) 保證金慣行의 立法

㈎ 賃貸借保證金　우리 나라에서는 종래부터 부동산의 임대차에 보증금이 수수되는 관습이 있어 왔다. 우리 나라의 보증금관습은 독일의 보증금(Kaution)이나 일본의 부금에서와는 성격이 다른 고유한 내용을 갖고 보급되었다.[1] 우리의 보증금은 임차물훼손시 임차인의 손해배상채무를 담보하는 기능과 차임연체시 차임에의 충당금으로서의 기능을 담당하는 외에 借賃(월세)의 變則的 支給方法으로 이용된다. 임차인에게 무거운 월세의 부담을 주지 않기 위하여 차임의 일부는 임차물제공시에 목돈으로 지불한 보증금의 이자로 충당하도록 약정하고, 차임의 다른 일부는 월세로서 다달이 지불하도록 약정한다. 이 때 월세보증금은 마치 전세금과 마찬가지로 차임지급의 기능을 담당하며 임대인은 보증금의 수령으로서 차임의 일부를 만족받는다. 이러한 보증금의 借賃支給機能은 — 전세관행이 우리 나라에 고유하듯이 — 우리 나라에 고유한 제도이다.[2] 보증금의 법률관계는 이러한 고유관습을 기초로 이해되어야 한다. 민법에는 보증금에 관한 규정이 없으나 주택임대차보호법에 보증금의 반환에 관한 규정이 있다.

㈏ 債權的 傳貰　우리 나라 구관습의 전세는 제한물권인 전세권으로 입법되었다. 현행민법의 제정으로 전세권자의 지위가 물권자로서 강화된 반면에, 전세권등기를 하지 못한 자의 법적 지위가 모호하게 되었다. 종래의 학설·판례는 등기되지 않은 전세의 법률관계를 「채권적 전세」라고 부르고, 그의 부동산용익관계는 임대차의 성질을 가지며 전세금의 법률관계는 보증금에서와 같다고 파악하였다.[3]

---

1) 독일의 보증금은 약 1개월의 차임 상당액이고 차임물훼손시의 손해배상의무를 담보하는 기능을 담당한다. 일본의 부금은 약 1~2개월의 차임 상당액으로서 차임의 연체 및 임차물훼손의 경우 임차인의 채무를 담보하는 기능을 담당한다. 일본에는 임차인이 입주시 부금 외에 별도로 임대인에게 예금(1~2개월의 차임 상당액)을 증여하는 관습이 있다.

2) 그 밖에 임차인이 보증금을 지불함으로써 일정기간의 월세를 선불한 것으로 계산하여 매달 월세지불의무를 지지 않는 방법도 이용되나, 이 방법은 임차인에게 매우 가혹하여 점차 이용이 줄어들고 있다. 이 경우 임차인은 임대차종료시 보증금에서 그 간의 월세를 공제한 잔액(전액공제되고 잔액이 없는 경우가 대부분이다)만을 반환받는다.

3) 郭潤直, 물권법(재전정판), 416 이하; 金曾漢, 물권법강의, 294; 李輔煥, "전세권에 관한 소고," 사법논집 제6집; 大判 1955. 1. 27 판결집 1·10·39는 근래 항간에 유행하는 가옥의 전세계약은 일종의 임대차계약이며, 그 해약에 관한 특별한 관습이 있음을 인정할 수 없으므로 특별한 사정이 없는 한 해약에 관하여는 민법 제617조(현행민법 제635조)를 적용함이 타당하다고 한다.

1983년의 주택임대차보호법개정에서는 제12조를 신설하여 「주택의 등기하지 아니한 傳貰契約」에 동법을 준용하며, 그 때 전세금은 임대차의 보증금으로 본다는 명문규정을 두었다. 그러나 주택 이외의 사무실 · 점포의 전세에 관해서는 입법이 행해지지 않았다. 그에 관해서는 종래의 학설 · 판례에 따라 해석하는 수밖에 없다. 결국 전세금이 임대차보증금으로 다루어진다는 점에서는 주택이나 그 밖의 경우나 차이가 없다.

거래관습을 살펴보면 임대차는 월세, 전세 및 양자의 혼합형태로 분류된다. 월세는 다달이 차임을 지불하는 경우이고, 전세는 임대물제공시 전세금이라는 목돈(통상 부동산시가의 4~7할에 해당하는 금액)을 냄으로써 매달의 차임을 면제받는 경우이며, 혼합형태인 보증금부월세는 임차물제공시 일정액의 목돈을 보증금으로 내고 또 매달 차임도 내는 경우이다. 이 때의 차임은 순수한 월세의 차임에서 보증금의 월이자 상당액을 공제한 금액이다.

(2) 保證金契約

(가) 賃貸借에 附從하는 契約 보증금수수에 관한 약정은 「보증금계약」이라는 별개의 계약이지만, 임대차에 부종하는 성격을 가진다.[1] 보증금계약은 임대차계약의 유효한 성립을 전제로 하여 성립하며, 임대차계약이 무효 · 취소된 경우에는 보증금계약도 그 부종성으로 인해 함께 소멸한다. 계약당사자는 임대차계약시 임차물 · 차임의 약정과 함께 보증금지급 여부 및 보증금액 등에 관하여 합의한다. 그러나 보증금계약은 반드시 임대차계약과 동시에 맺어질 필요는 없다. 임대차계약 이후에 차임지급방법의 변경과 함께 보증금계약이 맺어지는 경우도 있다. 보증금계약의 성질에 관해서는 要物契約說[2]과 諾成契約說[3]이 대립한다. 사견으로는 보증금계약에 의하여 보증금지급의무가 생기는 것으로서 임대차계약과 마찬가지로 낙성계약이라고 파악하겠다. 임대차계약이 法定更新되는 경우에는 자동적으로 보증금도 갱신된 임대차를 위한 것으로 된다(제639조 2항의 반대해석).

(나) 保證金의 支給 보증금지급의무는 임대차계약으로부터 당연히 생기는 의무가 아니고 보증금계약에 의해 발생한다. 임대차계약이 체결되었더라도 월세만으로 지급하기로 한 경우에는 보증금지급의무가 생기지 않는다. 보증금

1) 郭潤直, 386; 金基善, 223; 金錫宇, 291; 金疇洙, 321; 金曾漢, 278; 金顯泰, 209; 李太載, 264; 黃迪仁, 306.

2) 金疇洙, 320; 金曾漢, 278; 金顯泰, 209; 李太載, 264; 黃迪仁, 306.

3) 郭潤直, 352.

지급의무를 지는 자는 임차인이다(다른 특약이 없는 한). 민법 제639조 2항은 「제3자가 제공한 담보」에 대하여 규정하는데, 실제로 제3자가 보증금을 지불하는 경우는 극히 드물다. 보증금의 지급은 다른 특약이 없는 한 임대인의 임차물인도와 동시에 이행된다. 임대인은 임차인의 보증금의 불이행을 이유로 임차물인도를 거절하거나, 상당기간을 두고 최고한 후 임대차를 해제할 수 있다(제544조). 차지·차가관계에서 생기는 보증금에 관한 분쟁에 관하여 당사자는 민사조정법(1990)에 의하여 조정을 신청할 수 있다(종전의 차지차가조정법은 민사조정법에 흡수되었음).

(3) 保證金으로 擔保되는 義務

㈎ 賃貸借에 관한 債權　임대인은 임대차에 기초하여 임차인에게 갖는 채권을 모두 보증금반환채무와 상계할 수 있다. 임차인이 연체한 차임 및 그로 인한 遲延賠償金, 임차인의 과실로 인한 임차물의 멸실·훼손에 대한 손해배상책임 등이 임대차로 인한 채권에 해당한다. 임차인의 채무는 임대차계약의 성립시부터 계약종료 후 임차물이 반환될 때까지 발생한 모든 채무이다. 보증금액이 임대인의 채권액에 미달하는 때에는 보증금은 임차인의 지정에 따라서 또는 지정이 없는 경우, 법정의 순서에 따라 충당된다(제476조, 제477조). 그 밖에 임대인이 임대차계약과 관계 없는 사유로 임차인에게 갖는 채권은 보증금으로부터 우선 변제받지 못한다. 단 양 채권이 상계적상에 있는 때에는 임대차종료 후 상계할 수 있다.

大判 1987. 6. 23, 87다카98: 임대인의 보증금반환의무는 임대차관계가 종료되는 경우에 그 보증금 중에서 목적물을 반환받을 때까지 생긴 지체차임 등 임차인의 모든 채무를 공제한 나머지 금액에 관하여서만 비로소 이행기에 도달하여 임차인의 목적물반환의무와 서로 동시이행의 관계에 있다.

㈏ 保證金과 延滯借賃과의 相計時期　임대인은 임대차가 종료한 후에 보증금반환채무와 임차인에 대한 채권을 상계할 수 있음이 원칙이다. 연체된 차임은 보증금에서 중간공제하기로 약정되어 있는 경우에 한하여(朔月貰 約定) 임대차존속중에 공제할 수 있다. 공제로 인하여 보증금이 감액된 경우에는 차임이 감액된 것과 유사한 결과가 되지만, 그 경우에도 임대인이 임차인에게 차임의 증액을 청구하지 못한다.

삭월세 약정이 없는 경우에, 임대인은 연체된 월세에 대한 지급청구권을 가진다. 임차인이 2기 이상의 차임을 연체한 경우에 임대인이 임대차를 解止할 수 있다. 임대차가 해지되면 보증금반환채권이 변제기에 도달하게 되므로 연체된 차임과 상계가 가능하게 된다. 임대인은 임대차를 해지하지 않고 보증금에서 중간공제할 것을 제안할 수 있다. 임차인측에서는 임대차존속중 보증금에서 중간공제할 것을 요구할 수 없다. 보증금의 감소는 차임의 경감효과를 초래하여 임대인에게 불리하게 되기 때문이다. 결국 임대인만이 보증금은 그대로 두고 차임 및 지연배상금을 청구할 것인가 또는 보증금에서 중간공제할 것인가를 임의로 선택할 수 있다.[1)]

大判 1994. 9. 9, 94다4417: 임대보증금으로 연체차임 등 임대차관계에서 발생하는 임차인의 모든 채무가 담보된다 하여, 임차인이 그 보증금의 존재를 이유로 차임의 지급을 거절하거나 그 연체에 따른 채무불이행책임을 면할 수는 없다.

大判 1987. 6. 23, 86다카2865: 기한의 이익의 상실로 인한 임대인의 명도청구권은 임대인의 권리이지 의무가 아니므로, 임차인이 월임료를 2회 지급하지 아니하였을 때 임대인이 화해조서에 기하여 즉시 명도집행을 하지 아니하였다 하여 그 사유만으로 2개월분의 임료를 넘는 임료부분을 보증금에서 공제할 수 없는 것은 아니다.

(4) 保證金의 增減請求權

주택임대차의 보증금은 차임과 마찬가지로 임차주택에 관한 조세 · 공과금 기타 부담의 증감이나 경제사정의 변동으로 인하여 상당하지 않게 된 때에 당사자에 의해 증감청구될 수 있다. 단 증액의 경우에는 대통령령이 정하는 기준에 따른 비율을 초과하지 못한다(주임법 제7조).[2)] 주택임대차 이외의 임대차에 있어서도 장기의 존속기간이 약정된 경우에는 당사자에게 경제사정의 변동에 따른 보증금의 증감청구권이 인정되며, 이 때 증감비율에 관한 법적 제한은 없다(제628조).

(5) 保證金의 返還

(가) 解除條件附 返還債務 임대차계약이 종료되면 임대인은 보증금에서

1) 같은 취지: 郭潤直, 386; 金基善, 225; 金錫宇, 292; 金疇洙, 320~321; 金顯泰, 210; 李太載, 264; 黃迪仁, 307.

2) 주택임대차보호법시행령 제2조에서는 보증금의 증감청구가 약정된 보증금의 20분의 1을 넘지 못하도록 규정한다. 그리고 지난번 증감청구가 있은 지 1년 이내에는 청구할 수 없다고 한다.

임차인이 불이행한 차임과 손해배상금을 공제한 금액을 임차인에게 반환할 의무를 지는데, 보증금반환청구권은 임대차종료시에 임차인의 반대채무가 없을 것을 停止條件으로 하는가, 또는 임차인의 반대채무의 존재를 解除條件으로 하는가에 관해서는 학설이 대립한다. 반대채무의 부존재를 정지조건으로 할 경우, 임차인의 보증금반환청구권이 발생하기 위해서는(특히 소송상 청구할 때) 우선 임차인측에서(임대인의 반대주장이 없더라도) 정지조건의 성취, 즉 반대채무의 부존재를 주장·입증하여야 한다.[1] 그러나 해제조건으로 보는 경우에는 일단 보증금반환청구권이 발생하고 그를 저지하기 위해서는 임대인이 해제조건(반대채무의 존재)의 성취를 주장·입증해야 한다.

停止條件說은 이 문제를 보증금의 성질의 문제로서 파악하고, 보증금을 정지조건부 반환채무를 수반하는 금전소유권의 이전으로 이해한다.[2][3] 私見으로는 解除條件說을 취해 왔다. 우리 나라의 보증금은 외국의 그것과 비교할 때 훨씬 高額으로서 보통 임차인의 반대채무를 초과하는 금액이라는 점을 고려할 때, 일단 임차인의 보증금반환청구권을 인정하고 임대인에게 그에 대한 상계주장을 하도록 하는 편이 거래관념과 상응한다. 즉 임대차의 보증금은 임대차종료시 임대인의 반대채권의 존재를 해제조건으로 하여 반환된다고 해석하는 편이 타당하다.[4]

判例는 解除條件說을 취하여,[5] "건물임대차에 있어서의 임차보증금은 임대차존속중의 임료뿐만 아니라 건물명도의무이행에 이르기까지 발생한 손해배

1) 정지조건으로 보는 것을 불합리하다고 지적한 문헌은, 吳錫洛, 입증책임론, 319; 주석 채권각칙(Ⅱ), 264(朴駿緒 집필부분).

2) 郭潤直, 385; 金基善, 223; 金錫宇, 291; 金疇洙, 319~320; 金曾漢, 275; 金顯泰, 208; 李太載, 264; 黃迪仁, 306.

3) 일본의 다수설은 정지조건설을 취한다. 또한 일본에는 보증금의 법률관계를 질권·신탁적 소유권양도 등의 이론에 의해 물권관계로 설명하려는 경향이 있으나, 보증금계약에 의한 금전지불의 채권관계를 특정물을 주대상으로 하는 물권관계로 파악하고자 하는 것은 넌센스라고 생각된다.

4) 같은 취지: 金亨培, 477.

5) 건물임대차에 있어서의 임차보증금은 임대차존속중의 임료뿐만 아니라 건물명도의무이행에 이르기까지 발생한 손해배상채권 등 임대차계약에 의하여 임대인이 임차인에 대하여 갖는 일체의 채권을 담보하는 것으로서 임대차종료 후에 임차건물을 임대인에게 명도할 때에 체불임료 등 모든 피담보채무를 공제한 잔액이 있을 것을 조건으로 하여 그 잔액에 관한 임차인의 보증금반환청구권이 발생한다(大判 1976. 8. 24, 76다1032). 임차보증금을 피전부채권으로 하여 전부명령이 있은 경우에도 제3채무자인 임대인은 임차인에게 대항할 수 있는 사유로써 전부채권자에게 대항할 수 있다(大判 1964. 11. 24, 64다864). 건물임대차보증금의 반환채권에 대한 전부명령의 효력이 그 송달에 의하여 발생한다고 하여도 위 보증금반환채권은 임대인의 채권이 발생하는 것을 해제조건으로 하는 것이므로 임대인의 채권을 공제한 잔액에 관하여서만 전부명령이 유효하다(大判 1987. 6. 9, 87다68). 단 전술한 大判 1976. 8. 24, 76다1032에서는 임차인이 임대인에게 임차물의 명도는 물론 위와 같은 청산을 거치지 않은 경우에는 당장 임차보증금반환청구를 할 수 없다고 한다.

상채권 등 임대차계약에 의하여 임대인이 임차인에 대하여 갖는 일체의 채권을 담보하는 것으로서 임대차종료 후에 임대인에게 명도할 때 체불임료 등 모든 피담보채무를 공제한 잔액이 있을 것을 조건으로 하여 그 잔액에 관한 임차인의 보증금반환청구권이 발생한다"고 한다(大判 1988. 1. 19, 87다카1315).

大判 1988. 1. 19, 87다카1315: 보증금반환채권은 임대인의 채권이 발생하는 것을 해제조건으로 하는 것이므로 임대인의 채권을 공제한 잔액에 관하여서만 전부명령이 유효하다.

㈏ 保證金返還과 賃借物返還의 同時履行　계약의 종료로 임대인은 보증금반환의무를 지고 임차인은 임차물을 임대인에게 반환할 의무를 진다. 양 채무를 엄격히 분석하면 보증금계약상의 의무와 임대차계약상의 의무로서 하나의 쌍무계약의 상환채무는 아니다. 그러나 보증금계약은 임대차와 불가분의 관계로 부종하므로 양 채무를 분리하여 취급함은 부당하다. 만약 임차인이 임차물을 먼저 반환하게 되면 임대인으로부터의 보증금반환을 확보하기가 곤란하다. 양 채무의 동시이행을 인정할 때, 임차인의 보증금반환청구가 보장된다. 판례도 양 채무의 동시이행관계를 긍정한다.[1)]

보증금반환과 임차물의 동시이행의 문제는 종래 보증금반환청구권의 발생시기와 관련되어 논의되었다. ① 賃借物返還時說: 임대차종료 후 임차인이 임차물을 실제로 반환한 때에 비로소 보증금반환채무가 발생한다는 견해이다.[2)] 그 근거로서는 만약 임대차종료시에 보증금반환청구권이 생긴다면 종료 후 임차물반환 사이에 생긴 손해배상채무는 보증금으로부터 공제되지 못하게 되어 임대인의 보호에 불충분하다는 점을 든다. ② 賃貸借終了時說: 임대인은 임대차가 종료했을 때 보증금반환채무를 진다는 견해이다.[3)] 私見으로는 임대차종

1) 대법원판례는 종래 양 채무의 동시이행관계를 긍정하기도 하고(大判 1962. 2. 15, 4295민상837), 부정하기도 하는(大判 1962. 3. 29, 4294민상939) 엇갈린 태도를 보였으나, 근래에는 전원합의체판결로서 긍정의 입장을 확고히 하였다(大判 1977. 9. 28, 77다1241·1242). 최근에도 「임대인의 보증금반환의무가 종료되는 경우에 그 보증금 중에서 목적물을 반환받을 때까지 생긴 연체차임 등 임차인의 모든 채무를 공제한 나머지 금액에 관하여서만 비로소 이행기에 도달하여 임차인의 목적물반환의무와 서로 동시이행의 관계에 있다」(大判 1987. 6. 23, 87다카98)고 한다.

2) 郭潤直, 387; 金錫宇, 293; 金疇洙, 321; 金顯泰, 211; 黃迪仁, 310.

3) 崔栻, 174; 金基善, 226도 비슷한 취지임; 민법주해(15), 188(閔日榮 집필부분)은 임대차가 종료하면 임차인은 당연히 임차보증금의 반환을 청구할 수 있는 것이며, 그 청구에 응하여 반환하여야 할 보증금의 범

료시설에 찬동한다. 첫째, 보증금계약은 임차인이 임대차존속 동안 임대인에게 보증금을 맡겨 두었다가 임대차가 종료하면 반환할 것을 약정하는 것이며, 임대차의 종료로 말미암아 임대차존속을 전제로 한 모든 법률관계가 원상회복 및 청산되는 것이 논리적으로 당연하다. 둘째, 임대차종료 후 임차물반환 사이에 생긴 손해배상채무는 임대차종료시설에 의하더라도 임대인의 임차물반환과 동시이행할 때에 상계할 수 있다.[1] 그러나 임차물반환시설은 임차물반환의무가 언제나 임차인에게 매우 불리하게 해석한다.[2] 셋째, 거래실태를 고려할 때나 임차인의 보증금반환청구의 실효성확보를 위해서나 양 채무를 同時履行關係로 파악함이 타당하다. 보증금의 법률관계를 합당하게 이론구성한다는 점에서도 임대물종료시설이 타당하다.

判例도 賃貸借終了時說을 기초로 양 채무의 동시이행관계를 인정한다(大判 1977. 9. 28, 77다1241·1242 등).

大判 1977. 9. 28, 77다1241·1242: 임대차계약의 기간이 만료된 경우에 임차인이 임차목적물을 명도할 의무와 임대인이 보증금 중 연체차임 등 당해 임대차에 관하여 명도시까지 생긴 모든 채무를 청산한 나머지를 반환할 의무는 모두 이행기에 도달하고 이들 의무 상호간에는 동시이행의 관계가 있다.

임차인이 보증금반환채권을 확보하기 위해 목적물반환을 거절하고 있는 동안은 동시이행의 항변권에서 파생된 履行拒絶權의 행사에 해당하므로(제536조), 이행지체에 빠지지 않는다. 임차인은 임대인에 대하여 채무불이행책임은 물론 불법행위책임도 부담하지 않는다. 다만 그 기간 동안 목적물을 점유함으로 인하여 부당이득을 한 것으로 되는가에 대하여는 의문이 있다. 판례는 임차인이 순수히 반환거절의 목적으로 점유한 때에는 부당이득반환의무도 없다고 한다(大判 1992. 4. 14, 92다45202). 그러나 목적물을 사용하는 등 실질적 이익을 얻은 경우에는 그것을 부당이득으로서 임대인에게 반환해야 한다(大判 1981. 1. 13, 80다1201).

위는 별개라고 한다.

1) 같은 취지: 李載厚, "임대차에 있어서 보증금반환의무와 임차목적물반환의무와의 동시이행관계(판례연구)," 법조 제27권 9호(민사판례연구 제1권 수록).

2) 임차물반환시설에서는 보증금반환청구권의 발생시기의 문제와 보증금으로 담보되는 채무의 문제를 같은 것으로 본다. 그러나 두 문제는 별개의 것으로 보증금은 보증금지급 전에 생긴 임대차성립 후의 채무도 담보하고, 또한 보증금반환청구권의 발생 후 임차물반환시까지의 채무도 담보한다고 생각한다.

大判 1998. 5. 29, 98다6497: 임대차계약의 종료에 의하여 발생된 임차인의 목적물반환의무와 임대인의 연체차임을 공제한 나머지 보증금의 반환의무는 동시이행의 관계에 있으므로, 임대차계약종료 후에도 임차인이 동시이행의 항변권을 행사하여 임차건물을 계속 점유하여 온 것이라면, 임대인이 임차인에게 보증금반환의무를 이행하였다거나 현실적인 이행의 제공을 하여 임차인의 건물명도의무가 지체에 빠지는 등의 사유로 동시이행의 항변권을 상실하지 않는 이상, 임차인의 건물에 대한 점유는 불법점유라고 할 수 없으며, 따라서 임차인으로서는 이에 대한 손해배상의무도 없다.

大判 1992. 4. 14, 92다45202: 법률상 원인 없이 건물을 점유하고 있다 하여도 이를 사용 · 수익하지 않았다면 이익을 얻은 것이라고 볼 수 없는 것인바, 임차인이 임대차계약종료 이후에도 동시이행의 항변권을 행사하는 방법으로 목적물의 반환을 거부하기 위하여 임차건물부분을 계속 점유하기는 하였으나 이를 본래의 임대차계약상의 목적에 따라 사용 · 수익하지 아니하여 실질적인 이득을 얻은 바 없는 경우에는 그로 인하여 임대인에게 손해가 발생하였다 하더라도 임차인의 부당이득반환의무는 성립되지 않는다.

㈐ 賃貸借承繼와 保證金返還　제3자가 임대인의 지위를 승계한 때에는 그와 함께 보증금반환의무도 인수하였다고 해석한다.[1] 이 때 보증금반환채무의 인수가 별도로 행해질 필요는 없다. 임대차에 부종하여 당연히 이전되기 때문이다. 또한 임대차승계의 법률행위가 없더라도 다음과 같은 경우에는 임대차승계 및 보증금반환채무인수가 행해진 것으로 간주된다. ① 부동산의 임대차가 등기되어 있으면 임차인은 그 후의 부동산양수인에 대하여 임대차의 승계 및 보증금반환채무의 인수를 주장할 수 있다(제621조). ② 건물의 소유를 목적으로 한 토지임대차에서 임차인이 그 지상건물을 등기하면 그 후의 토지양수인에게 임대차의 승계 및 보증금반환채무의 인수를 주장할 수 있다(제622조). ③ 임대주택의 양수인 및 기타 임대할 권리를 승계한 자는 임대인의 지위를 승계한 것으로 간주되며(주임법 제3조 2항), 아울러 보증금반환의무도 인수한 것으로 된다. ④ 임차인의

1) 같은 취지: 郭潤直, 387; 金錫宇, 293; 金疇洙, 321; 金曾漢, 279; 金顯泰, 210; 黃迪仁, 310. 大判 1987. 3. 10, 84다카1114에서는 주택임대차보호법 제3조의 해석에 있어서 대항력 있는 주택임차권의 경우 "임대부동산의 소유권이 이전되고 그 양수인이 임대인의 지위를 승계한다고 할 때 임대차보증금의 반환채무도 부동산의 소유권과 결합하여 일체로서 이전하는 것이며, 이에 따라 양도인의 보증금반환의무는 소멸하는 것으로 보아야 옳다"고 판시한다. 이 판결에 대한 비판적 견해로서는, 李在性, "임대주택을 양도한 자의 임차인에 대한 보증금반환책임," 사법행정 1987년 11월호, 82.

지위를 승계받은 자는 보증금반환청구도 양수받은 것으로 간주된다. 주택임대차의 경우에 사망한 임차인의 사실상 배우자는 일정한 요건 아래 임차권을 승계받는다(주임법 제9조).

㈑ 住宅賃貸借保證金의 返還確保　주택임대차에 있어서는 보증금의 반환이 임차인의 생존에 중대한 영향을 미치므로, 주택임대차법에 특별규정이 설치되어 있다. 임대차가 종료한 경우에도 임차인이 보증금을 반환받을 때까지는 임대차관계가 존속하는 것으로 본다(주임법 제4조 2항). 이 규정은 특히 임대차종료 후 임대인이 보증금을 반환하지 않은 채 목적부동산을 제3자에게 양도한 경우에 실익이 있다. 이 때 양수인은 임대인의 지위를 승계하며(주임법 제3조 2항), 임차인은 양수인이 보증금을 반환할 때까지 당해 주택에 계속 주거함으로써 보증금반환을 간접적으로 강제한다. 이 때에는 기한의 정함이 없는 법정임대차관계가 존속한다. 임차인이 임대차계약을 해지하고 경매에 참가했으나, 보증금의 전부 또는 일부를 변제받지 못한 경우에, 임차인은 그 주택에 거주하지 않더라도 경락인에 대하여 보증금반환청구권확보를 위한 임차권승계를 주장할 수 있는데, 이러한 경우를 擬制賃貸借라고 한다(大判 1998. 7. 10, 98다15545). 의제임차권의 성질은 용익권 없는 담보물권만의 임차권이라고 파악될 수 있다.

㈒ 保證金返還債權의 讓渡　보증금반환채권이 제3자에게 양도되더라도, 그 채권이 임대차와 분리되는 것은 아니다. 채권양수인은 임대차계약의 종료시에 연체된 차임·손해배상금과 청산하고 남은 잔액에 대한 반환청구권을 취득할 뿐이다.

> 大判 1993. 6. 25, 93다13131: 임차권의 양도가 금지된다 하더라도 임차보증금반환채권의 양도마저 금지되는 것은 아니므로 양도인은 양수인에 대하여 그 채권의 양도에 관하여 임대인에게 통지를 하거나 그에 대한 승낙을 받아 주어야 할 의무를 부담한다.

(6) 權 利 金

㈎ 意　義　우리 나라에는 임차권의 양도나 임차물의 전대에 있어서 양수인이나 전차인이 보증금(전세금 포함)이나 월세 외에 별도로 원임차인에게 권리금을 지불하는 관행이 있다.[1] 권리금의 관행은 주로 도시중심가의 점포임차권

---

1) 그 밖에 권리금은 — 임대차와 관련하지 않고도 — 영업허가나 국유지사용권, 기타의 권리의 양도시에

양도에서 나타났으나, 근래에는 사무실·토지·공공주택의 임차권의 양도·전대에 확대되어 수요가 높은 임차공간이라면 어디든 권리금이 수수된다(그 중에서 특히 신축 전물의 임대분양시에 붙는 권리금을 프리미엄이라고도 한다). 임차인은 자기가 임대인에게 지불했던 보증금의 반환청구권을 임차권의 양수인(또는 전차인)에게 채권양도하면서, 그와는 별도로 임차권양도(또는 전대차설정)에 대한 사례금으로서 권리금을 받는다. 권리금은 보증금과 유사하게 권리금계약에 의해 지급되며, 권리금계약은 임차권양도계약(또는 전대차계약)에 부종한다고 해석된다. 단 보증금은 임대차종료시에 임대인으로부터 반환되는 데에 반하여, 권리금은 그를 수령한 임차인이나 또는 임대인으로부터 반환받지 못하는 것이 관행이다.[1] 그러나 상당한 금액의 권리금을 단순한 사례금으로 볼 수는 없다. 결국 권리금은 무엇에 대한 반대급부인가가 규명되어야 한다.

(나) 權利金의 反對給付　권리금의 반대급부가 무엇인가를 하나로 설명하기는 어렵다. 거래실태에 나타난 권리금수수의 모습을 분석하면 다음과 같다. 다음의 요소들은 상호 명백히 분리되기보다는 몇 가지가 복합적으로 밀착되어 있다. ① 권리금은 임차권의 양도(전대)에 대한 대가인 경우가 많다. 즉 양수인이 당해 임차물을 사용·수익할 수 있게 해 준 데 대한 반대급부라고 볼 수 있다. 이 때 원임차인이 특별한 존속보장의 약속을 하지 않았더라도 상당기간의 임차권존속이 양도계약 및 권리금지불의 전제조건을 구성한다고 해석된다. ② 권리금은 임차물에 부착된 원임차인의 부속물을 소유권이전해 주는 대금을 포함하는 경우가 많다. 흔히 영업장소의 임차권양도시에 실내장치·비품·주방용품이 함께 양도되는데, 그들의 매매대금을 별도로 계산하지 않고 권리금에 포함해서 지불된다. ③ 영업허가권, 대리점계약자의 지위 등의 일정한 권리의 양도(또는 이용)에 대한 대가가 권리금에 포함되어 지불된다. ④ 특정점포가 갖고 있는 고객·명성의 대가가 권리금에 포함되는 경우도 있다. 그러므로 원임차인이 자기와 거래하는 고객을 넘겨 주는 대가로 권리금을 받고 나서 근처에서 종종 영업을 개시하는 것은 계약 위반이다.

수수되기도 한다.

1) 실제로는 임차인이 변경될 때에 임대인이 전임차인이 신임차인으로부터 받는 권리금을 알면서 묵인하고, 다만 신임차인과의 갱신계약 또는 양도의 동의시에 장래 임대차계약종료시에는 모든 부속시설을 철거하여 원상회복시킬 것과 권리금을 임대인에게 주장하지 아니할 것을 각서로 받는다. 金榮一, "임대차에 있어서 권리금을 둘러싼 제문제," 법원행정처 재판자료 제32집(은행거래·임대차사건의 제문제, 1986); 河良明, "임차권의 승계에 따른 권리금의 지급실태," 법원행정처 재판자료 제7집. 大判 1989. 2. 28, 87다카823(반환의무부정).

大判 2000. 9. 22, 2000다26326: 영업용 건물임대차에서 임대인이 임대차의 종료에 즈음하여 권리금 상당인 재산적 가치를 양수한다든지, 임대인의 사정으로 임대차계약을 중도해지함으로써 약정기간 동안 재산적 가치를 이용하게 해주지 못하였다는 등의 특별한 사정이 있을 때만 임대인은 권리금반환의무를 진다.

大判 1994. 10. 14, 93다62119: 건물명도시 권리금을 반환하기로 하는 약정이 있었다 하더라도 그 권리금반환청구권은 건물에 관하여 생긴 채권이라 할 수 없으므로 그 채권을 가지고 건물에 대한 유치권을 행사할 수 없다.

大判 2001. 4. 10, 2000다59050: 권리금 수수 후 일정한 기간 이상으로 그 임대차를 존속시켜 그 가치를 이용케 하기로 약정하였음에도 임대인의 사정으로 중도 해지됨으로써 약정기간 동안의 그 재산적 가치를 이용케 해주지 못하였다는 등의 특별한 사정이 있을 때에만 임대인은 그 권리금 전부 또는 일부의 반환의무를 진다.

㈐ 權利金의 法律關係

1) 讓渡人에 대한 權利 임차권을 양수받은 신임차인은 전임차인에 대하여 약정한 내용대로 임차권자의 지위를 승계받을 수 있도록 협력해 줄 것(양도의 승낙, 임대차계약의 경개 등)을 청구할 수 있다.[1] 권리금의 반대급부로서 부속물의 양도 등이 포함된 경우에는 그의 이행도 청구할 수 있다. 전임차인이 그의 계약의무를 제대로 이행하지 않은 경우에는 채무불이행책임 및 매도인의 담보책임을 진다. 만약 임대인의 동의를 얻지 못해 임차권을 유효하게 양수받지 못한 경우에는 지불한 권리금을 부당이득반환청구하고, 손해배상도 청구할 수 있다.

2) 賃貸人의 免責 임차권의 양수인은 그의 권리금에 대한 반대급부를 임대인에게는 청구할 수 없다. 임대인은 권리금반환의무를 지지 않는다. 단 권리금의 반대급부로 인수한 부속물은 임대차종료시 매수청구할 수 있다(제646조). 권리금을 내고 전차권을 설정받은 전차인도 권리금에 대한 반대급부는 임차인(전대인)에 대해서만 청구할 수 있다. 임대인에 대한 관계에서는 권리금에 관한 주장을 하거나 반환청구할 수 없다.

---

1) 권리금에 관한 분쟁은 고액의 권리금을 지급하고 임차권을 양수받은 신임차인이 투자한 돈을 충분히 회수하기도 전에 임대인으로부터의 해지 등의 사유로 임차권이 종료하게 되는 경우에 빈번히 발생한다. 金榮一, 앞의 글, 331 이하에 하급심판결이 소개되어 있다.

大判 1989. 2. 28, 87다카823·824: 상가개발업자인 甲은 상가건물소유주인 乙을 대리하여 점포분양 희망자들과 임대차 계약을 체결하고 그들로부터 임대보증금을 수령할 수 있는 지위와 다른 한편으로는 상가개발업자의 지위에서 상가개발비용과 수익 등을 고려하여 권리금 액수를 책정하고 분양희망자들과 절충하여 합의된 권리금을 수수하는 양면의 지위를 가졌다고 볼 수 있다. 임대보증금 수령의 효과가 소유주에게 미치는 것과는 달리 개발업자와 임차인 사이에 수수된 權利金은 당연히 소유주에게 그 효력을 미치는 것이 아니므로 임대차 해지시에 소유주가 이를 반환키로 하였다는 등 특별한 사정이 없으면 소유주에게 그 권리금을 반환할 의무가 없다.

大判 1994. 9. 9, 94다28598: 임대차계약서상의 「권리금은 임대인이 인정하되, 임대인이 점포를 요구시는 권리금을 임차인에게 변제한다」라는 기재에 관하여, 임대인이 임차인에게 점포의 명도를 요구하거나 특별한 사유도 없이 점포에 대한 임대차계약의 갱신을 거절하고 타인에게 처분하면서 권리금을 지급받지 못하도록 하는 등 점포에 대한 임차인의 權利金回收를 妨害하는 경우에 임대인이 임차인에게 직접 권리금을 지급하겠다는 취지로 보일 뿐이다. 점포의 임대차기간이 만료된다고 하여 당연히 임차인에게 권리금을 지급하겠다고 약정한 것으로는 볼 수 없다.

4. 住宅賃借權의 對抗力

(1) 住宅賃借權의 物權化

주택임대차보호법은 임차인의 존속보장과 보증금반환청구권의 확보를 위하여 독자적인 대항력제도를 입법하고, 민법의 대항력취득원칙에 대한 예외를 인정하였다. 원래 민법은 부동산물권의 공시방법으로 등기만을 인정하는 원칙에 따라 부동산임대차의 경우에도 대항력취득의 요건으로 등기를 요구함으로써 부동산에 관한 권리공시를 일원화하였다. 그러나 임차권의 등기는 민법 제621조에 "반대특약이 없으면 임대인에 대하여 등기절차에 협력할 것을 청구할 수 있다"고 규정하고 있음에도 불구하고 쉽게 행하여지지 못하였다. 이 문제점을 개선하기 위하여 주택임대차보호법에서는 주택의 인도와 주민등록을 이전시킴으로써 제3자에 대하여도 효력이 있다고 규정한다.

주택임대차보호법의 대항력제도는 민법의 규정보다 임차인보호라는 면에서 훨씬 앞선 것이기는 하지만 미흡하다는 지적이 있었다. 첫째, 주택임대차보호법의 시행이 있은 후에도 임차인이 건물의 인도와 주민등록(즉 전입신고시) 사이에 생긴 제3자로 인하여 피해를 입는 경우가 많다는 점, 둘째, 주민등록은 건물의 인도, 즉 입주와는 직접 관련이 없는 행정편의를 위한 제도로서 이를 민사관계에 도입하는 데에는 무리가 있다는 점, 셋째, 주민등록과 임차인의 주거가 일치하지 않는 경우가 많으며 주민등록을 다른 필요에 의하여 주거와 관계 없이 이전시키는 경우도 있다는 점, 넷째, 우리 임대차관행상 특유한 제도인 보증금(전세금 포함)의 수수는 주민등록에 의해 공시되지 않는다는 점(1990년 이후 확정일자의 계약서로 보완가능함) 등을 들 수 있다. 그 후 주택임대차보호법의 대항력제도는 1989년, 1997년, 1999년의 개정을 통해 확정일자를 갖춘 임차인에 대한 우선변제권의 부여제도(주임법 제3조의2), 임차권등기명령제도(주임법 제3조의3) 등이 추가되었다.

賃借權의 物權化傾向

근래에는 사회적 약자인 임차인을 보호하자는 이념 아래 임차권에 점차 물권적인 효력을 부여하는 입법경향이 있다. 로마법에서는 임차권을 순수한 채권으로 파악함으로써 "매매는 임대차를 깨뜨린다"는 원칙을 취했었다. 그러나 19세기에 들어 프랑스민법(1804)에서 부동산양수인은 공정증서에 의해 체결된 임대차계약의 임차인을 퇴거시킬 수 없다는 것을 규정함으로써(프민 제1743조) "매매는 임대차를 깨뜨리지 못한다"는 근대법의 원칙을 선언하였다. 그 후 이 원칙은 독일민법, 스위스민법 등의 근대민법전의 공통된 내용으로 되었다. 단 일본민법에서는 등기된 임차권에 한하여 대항력을 부여하였으나, 1909년의 건물보호법, 1921년의 차가법, 1938년의 농지조정법에 의해 광범위한 대항력을 부여한다. 독일민법을 비롯한 많은 근대민법전에서는 임차인이 임차부동산의 점유를 인도받은 후에 부동산이 제3자에게 양도되면 양수인은 그 임대차관계에서 발생하는 모든 권리·의무를 갖고 종래의 임대인의 위치에 들어 앉도록 규정한다(독민 제51조 등).

(2) 對抗力의 取得要件

주택임대차는 등기되지 않은 경우에도 임차인이 주택의 인도와 주민등록을 마친 때에는 다음 날부터 제3자에 대하여 효력이 생긴다. 이 경우 전입신고를 한 때에 주민등록이 된 것으로 본다(주임법 제3조 1항). 주택임차권이 대항력을 갖기 위한 요건을 상술하면 다음과 같다.

㈎ **住宅賃借權의 存在**　임대인과 임차인 사이에 임대차계약이 유효하게 존재해야 한다. 임대인은 그 주택의 소유자, 또는 처분권을 가진 자이어야 한

다. 임차권의 대항력이란 제3자에 대하여 임차권을 주장하는 것이므로, 임대인이 처분권을 갖지 않은 자일 때에는 그로부터 임차권을 설정받은 임차인도 대항력을 가질 수 없다. 주택의 소유자는 아니지만 주택에 관하여 적법하게 임대차계약을 체결할 수 있는 권한(적법한 임대 권한)을 가진 임대인과 사이에 임대차계약이 체결된 경우도 주택임대차보호법이 적용된다(大判 1995. 10. 12, 95다22283). 그러나 임대인이 적법한 임대권한을 갖지 않은 경우에는 임차인이 주택인도와 주민등록 등의 요건을 갖추었더라도 대항력을 갖지 못한다(大判 1995. 12. 12, 95다32037).[1] 미등기 건물인 임차주택은 임대차보호법이 적용되지 않는다(大判 2001. 10. 30, 2001다39657).

大判 2001. 5. 8, 2001다14733: 임대차계약의 주된 목적이 주택을 사용 · 수익하려는 데 있는 것이 아니고 소액임차인으로 보호받아 기존채권을 회수하려는 데에 있는 경우, 주택임대차보호법상의 소액임차인으로 보호받을 수 없다.

大判 2002. 1. 8, 2001다47535: 기존 채권을 임대차보증금으로 전환하여 임대차계약을 체결했더라도 통정허위표시가 아닌 한 임차인은 대항력을 취득할 수 있다.

大判 1995. 12. 12, 95다32037: 매수인이 주택을 임대한 후 매도인과 매수인 사이의 매매계약이 해제됨으로써 해제조건이 성취되어 그 때부터 매수인이 주택을 전세놓을 권한을 상실하게 되었다면, 임차인은 주택임대차보호법의 대항요건을 구비했더라도 매도인의 명도청구에 대항할 수 없다.

임대차의 목적물은 住居用 建物이어야 한다. 주거용 건물에 대한 임대차이면 건물의 일부에 대한 임대차에도 주택임대차보호법이 적용된다. 그리고 그 임차주택의 일부가 주거의 목적으로 사용되는 경우에도 같다(주임법 제2조). 주택임대차보호법은 자연인인 서민들의 주거생활의 안정을 보호하려는 취지에서 제정된 것이지 법인을 그 보호대상으로 삼고 있다고는 할 수 없으며, 法人은 주민등록을 구비할 수 없으므로, 법인의 주택임차는 이 법에 의해 대항력을 취득할 수 없다.[2]

---

1) 大判 1999. 4. 23, 98다32939: 등기부상 소유자로 되어 있는 상태에서는 주민등록이 주택임대차보호법 제3조 제1항 소정의 대항력 인정의 요건이 되는 적법한 공시방법으로서의 효력이 없다.

2) 大判 1997. 7. 11, 96다7236: 법인의 직원이 주민등록을 마쳤다 하여 이를 법인의 주민등록으로 볼 수는 없으므로, 법인이 임차 주택을 인도받고 임대차계약서상의 확정일자를 구비하였다 하더라도 우선변제권을 주장할 수는 없다.

大判 1996. 6. 14, 96다7596: 임차주택의 환가대금 및 주택가액에 건물뿐만 아니라 대지의 환가대금 및 가액도 포함된다고 규정하고 있는 주택임대차보호법 제3조의2 제1항 및 제8조 제3항의 각 규정과 같은 법의 입법 취지 및 통상적으로 건물의 임대차에는 당연히 그 부지 부분의 이용을 수반하는 것인 점 등을 종합하여 보면, 주택임대차보호법 제2조에서 같은 법의 적용 대상으로 규정하고 있는 「주거용 건물」의 임대차라 함은 임차목적물 중 건물의 용도가 점포나 사무실 등이 아닌 주거용인 경우의 임대차를 뜻하는 것일 뿐이지, 같은 법의 적용 대상을 대지를 제외한 건물에만 한정하는 취지는 아니다.[1]

大判 1996. 5. 31, 96다5971: 이 사건 건물 중 1층이 공부상으로는 소매점으로 표시되어 있으나 실제로 그 면적의 절반은 방(2칸)으로, 나머지 절반은 소매점 등 영업을 하기 위한 홀로 이루어져 있고, 피고가 이를 임차하여 가족들과 함께 거주하면서 음식점영업을 하며 방부분은 영업시에는 손님을 받는 곳으로 사용하고 그 때 외에는 주거용으로 사용하여 왔다면 위 건물은 주택임대차보호법의 보호대상인 주거용 건물에 해당한다.[2]

(나) 住宅의 引渡　임대차계약이 체결된 것만으로는 부족하고 임대인으로부터 임차인에게 목적물인 주택의 인도가 완료되었어야 대항력을 취득한다(주임법 제3조 1항). 인도는 임차인의 임차주택에 이전거주한다든가, 이삿짐을 옮긴다든가, 열쇠를 넘겨 받는 現實의 引渡가 보통이다. 그 밖에도 사용차주나 전차인이 새로 임대차계약을 체결하여 임차인으로 된 경우 또는 소유자가 사용하던

1) 주거용 건물에 해당하는지의 판단 기준은 다음과 같다. ① 그 면적의 광협이나 건물용도의 주종을 불문하고 일정부분이 주거용으로 사용되면 전체적으로 주거용 건물로 보는 견해(金聖滿, "소액임차보증금의 우선변제권에 있어서의 문제점," 판례월보 1985년 12월호, 36), ② 임차주택의 전면적으로 주거용 부분과 비주거용 부분으로 구분하여 그 면적이 전자보다 후자가 적을 경우를 일부라고 하는 견해(高翔龍, "주택임대차보호법의 제문제," 판례월보 1982년 12월호), ③ 임대차의 목적, 건물의 위치와 구조, 실질용도 기타 구체적 상황을 참작하여 결정하여야 한다는 견해(李鎭江, 주택임대차보호법령 해설, 29; 裵龍範, "주택임대차보호법상의 대항력(1)," 법률신문 1987년 5월 4일) 등으로 나누어진다.

2) 大判 1996. 3. 12, 95다51953: 방 2개와 주방이 딸린 다방이 영업용으로서 비주거용 건물이라고 보여지고, 설사 그 중 방 및 다방의 주방을 주거목적에 사용한다고 하더라도 이는 어디까지나 다방의 영업에 부수적인 것으로서 그러한 주거목적 사용은 비주거용 건물의 일부가 주거 목적으로 사용되는 것일 뿐, 주택임대차보호법 제2조 후문에서 말하는 「주거용 건물의 일부가 주거 외의 목적으로 사용되는 경우」에 해당한다고 볼 수 없다.

大判 1987. 4. 28, 86다카2407: 비주거용 건물에 주거의 목적으로 일부를 사용하는 경우에는 동법 제2조가 말하는 일부라는 범위를 벗어나 이를 주거용 건물이라고 할 수 없고 이러한 건물은 위 법률의 보호대상에서 제외된다. 즉 원고가 경락으로 소유권을 취득한 이 사건 건물은 당초부터 여관, 여인숙의 형태로 건축되었고 피고는 전소유자인 경남으로부터 여인숙을 경영할 목적으로 임차하여 방 10개 중 현관 앞의 방은 피고가 내실로 사용하면서 여관, 여인숙이란 간판을 걸고 여인숙업을 경영하여 온 사실을 인정하고 피고의 그 점유부분은 주택임대차보호법상의 주거용 건물에 해당하지 아니한다.

주택을 타인에게 양도하면서 그 양수인으로부터 임차하는 경우 등과 같이 簡易引渡의 방법에 의하여도 무방하다.

返還請求權의 讓渡에 의한 인도(전차주택의 임차권을 양수한 경우 등)나 占有改定에 의한 인도만으로도 대항력을 취득할 수 있는가. ① 肯定說: 주택임차인의 대항요건으로서의 인도와 물권편의 인도를 다르게 해석할 이유가 없으므로, 반환청구권의 양도와 점유개정에 의한 인도도 대항력취득요건을 충족시킨다고 하는 견해이다.[1] ② 制限的 肯定說: 주택임대차보호법 제3조 1항에서 말하는 「인도」란 임차인이 직접점유를 취득하여 실제로 주거하는 경우만을 가리키는 것으로 좁게 해석하며, 반환청구권의 양도나 점유개정에 의한 인도는 그에 해당하지 않지만, 전차인이 전입신고까지 마쳐 대항력을 취득한 경우에는 전차권의 존속을 위한 범위에서 임차권도 대항력을 갖는다고 해석하는 견해이다.[2] 사견으로는 제한적 긍정설을 취한다. 임차인이 직접점유를 취득하지 않은 채 만약 주민등록만 하였다면, 그것은 주거 없는 주민등록, 즉 허위의 주민등록이 될 것이며, 결국 그로 말미암아 임차인은 대항력을 취득하지 못함이 원칙이다. 임대인에게 점유를 남겨 두는 점유개정에 의한 인도방법으로는 대항력취득을 할 수 없다. 전차인에게 계속 직접점유를 시키는 반환청구권의 양도에 의한 인도는 전차인이 대항요건을 갖춘 경우에 한하여 임차인의 임차권도 대항력을 갖는다.

大判 1994. 6. 24, 94다3155: 주택임차인이 임차주택을 직접 점유하여 거주하지 않고, 간접 점유하여 자신의 주민등록을 이전하지 아니한 경우라 하더라도, 임대인의 승낙을 받아 임차주택을 전대하고 그 전차인이 주택을 인도받아 자신의 주민등록을 마친 때에는 그 때로부터 임차인은 제3자에 대하여 대항력을 취득한다.[3]

---

1) 尹天熙, 신주택임대차보호법, 80; 高翔龍, "주택임대차보호법의 제문제," 판례월보 제147호, 1982년 12월호, 17; 高龍喆, "주택임대차보호법에 관한 연구," 충남대논문집 제16권, 1988년 12월, 338; 金聖滿, "소액임차보증금의 우선변제권에 있어서의 문제점," 판례월보 1985년 12월호, 40; 李範柱, "주택임차권의 대항력," 방순원고희기념 민사법의 제문제, 170; 李英大, "주택임차권의 대항력," 제15기 사법연수생논문집, 1985, 70; 趙容完, "임대차의 대항력," 재판자료 제32집, 468.

2) 李鎭江, 주택임대차보호법령 · 가등기담보등에관한법률 해설(증보판), 1985, 36; 李相仁, "주택임대차보호법 제8조의 소액보증금보호에 관련된 실무상 문제," 사법연구자료 제16집, 423; 李胤承, "주택임대차에 있어서 소액임차인의 보호," 사법논집 제19집, 159; 李漢吉, "주택임대차보호법에 관한 소고," 입법조사월보, 1985년 5월호, 43; 拙稿, "주택임대차보호법의 개정에 관한 연구," 법조 1982년 4월호, 20.

3) 그리고 판례는 임대인의 동의를 얻은 주택임차권의 양도 · 전대는 양수인 · 전차인의 주민등록과 인도로 원래 임차인의 대항력을 승계받는다고 한다(大判 1988. 4. 25, 87다카2509).

㈐ 賃借人의 住民登錄 임차인은 주민등록을 하여야 대항력을 취득하는데, 轉入申告를 한 때에 주민등록이 된 것으로 본다(주임법 제3조 1항). 주민등록법(1962)에 의하면 30일 이상 거주할 목적으로 그 관할구역 안에 주소 또는 거소를 가진 자는 주민등록을 해야 하며(주민등록법 제6조), 거주지를 이전할 때에는(신거주지에 전입한 날로부터 14일 이내에) 신거주지의 시장·군수 또는 구청장에게 전입신고를 하여야 한다(주민등록법 제14조).

주민등록은 거래의 안전을 위하여 임대차의 존재를 제3자가 명백히 인식할 수 있게 하는 공시방법으로 마련된 것이고, 그 주민등록이 어떤 임대차를 공시하는 효력이 있는가의 여부는 일반사회통념상 그 주민등록이 당해 임대차 건물에 임차인이 주소 또는 거소를 가진 자로 등록되어 있는지를 인식할 수 있는가의 여부에 따라 결정된다(大判 1999. 4. 13, 99다4207).

임차권의 대항력을 부여하기 위한 요건으로서의 주민등록 또는 전입신고는 적법한 것이어야 하는가. 생각건대 부실한 주민등록(허위 또는 이중의 등록)은 결국 직권말소될 것이고(주민등록법 제17조의2) 또한 범죄행위(주민등록법 제21조)에 해당하는데, 그에 불구하고 어떤 사법상의 효력을 인정하는 것은 부당하다. 또한 주택임차권의 대항력부여는 다른 이해관계인을 희생하면서까지 임차인의 안정된 주거생활을 보호하려는 사회정책적 배려인데, 이러한 특별보호를 실제 주거하지 않는 임차인에게 부여하는 것을 옳지 않다. 그러므로 주민등록 및 전입신고는 적법한 것인 때에 한하여 임차권의 대항력취득요건을 충족시킨다고 해석된다.[1] 판례는 「달리 공시방법이 없는 주택임대차에 있어서 주택인도 및 주민등록이라는 대항요건은 그 대항력취득시에만 구비하면 족한 것이 아니고 그 대항력을 유지하기」 위하여서도 계속해서 존속하고 있어야 한다고 판시한다(大判 1987. 2. 24, 86다카1695).[2]

大判 2001. 1. 19, 2000다61855: 임차인이 대항력을 취득하기 위하여 새로운 이해관계인이 생기기 전까지 보증금을 전부 지급하여야 하는 것은 아니다.
大判 2003. 5. 16, 2003다10940: 건축중인 주택을 임차하여 주민등록을 마친 임차인의 주민등록상의 주소기재가 당시 주택현황과 일치하였으나 그 후 사정변경

1) 같은 취지: 李範柱, 앞의 글, 169. 단 주요한 사실에 허위가 있는 경우에만 부실의 주민등록이라 볼 것이며, 퇴거·전입신고를 조금 미리하는 것 등의 사소한 것은 제외되어야 한다.

2) 이에 대하여는 임차인이 주민등록을 다른 곳으로 이동시켰다가 이를 거주사실과 부합되게 이동 전 상태로 다시 이동시켰다면 그 부실하자가 이동 전 상태로 소급치유되어 유효하게 계속 존속하는 것으로 보아야 한다는 반대견해가 있다. 尹天熙, "동 판례평석," 법률신문 제1678호, 1987년 4월 13일, 15. 최근 大判 1987. 10. 26, 87다카14은 임차인의 배우자나 자녀의 주민등록도 이 대항요건을 구비한 것이라고 한다. 그 밖에 입법론으로서 임차권공시는 거주만으로 하자는 주장도 있다. 高翔龍, 법률신문 1988년 10월 3일자 연구논단.

으로 등기부상 주택의 표시가 달라진 경우, 그 주민등록은 유효한 임대차의 공시방법이 될 수 없고, 입찰절차의 이해관계인 등이 그러한 사정을 알고 있었다 하더라도 마찬가지이다.

大判 1988. 6. 14, 87다카3093: 주택임대차보호법 제3조 제1항에서 규정하고 있는 주민등록이라는 대항요건은 임차인 본인뿐 아니라 그 배우자나 자녀 등 가족의 주민등록을 포함한다.

大判 1987. 2. 24, 86다카1695: 주택의 인도 및 주민등록이라는 대항요건은 그 대항력 취득시에만 구비하면 족한 것이 아니고, 그 대항력을 유지하기 위하여서도 계속 존속하고 있어야 한다.

(라) 確定日字　주택인도 · 주민등록의 대항요건과 임대차계약증서상의 확정일자를 갖춘 임차인은 민사소송법에 의한 경매 또는 국세징수법에 의한 公賣時 임차주택의 환가대금에서 후순위권리자 기타 채권자보다 우선하여 保證金을 변제받을 권리가 있다(주임법 제3조의2 제2항). 여기서 확정일자의 요건을 규정한 것은 임대인과 임차인 사이의 담합으로 임차보증금의 액수를 사후에 변경하는 것을 방지하고자 하는 취지일 뿐, 대항요건으로 규정된 주민등록과 같이 당해 임대차의 존재 사실을 제3자에게 공시하고자 하는 것은 아니다.

大判 1999. 6. 11, 99다7992: 확정일자를 받은 임대차계약서가 당사자 사이에 체결된 당해 임대차계약에 관한 것으로서 진정하게 작성된 이상, 임대차계약서에 임대차목적물을 표시하면서 아파트의 명칭과 그 전유부분의 동·호수의 기재를 누락하였다는 사유만으로는 주택임대차보호법 제3조의 2 제2항에 규정된 확정일자의 요건을 갖추지 못하였다고 볼 수는 없다.

(마) 對抗力의 發生時期　임차인이 주택의 인도와 전입신고를 마친 때에는 그 다음 날로부터 제3자에 대해 효력이 생긴다(주임법 제3조 1항). 다음 날부터 대항력이 발생한다고 규정한 것은 인도나 주민등록이 등기와 달리 간이한 공시방법이어서 인도 및 주민등록과 제3자 명의의 등기가 같은 날 이루어진 경우에 그 선후관계를 밝혀 선순위권리자를 정하는 것이 사실상 곤란한 데다가, 제3자가 인도와 주민등록을 마친 임차인이 없음을 확인하고 등기까지 경료하였음에도

그 후 같은 날 임차인이 인도와 주민등록을 마침으로 인하여 입을 수 있는 불측의 피해를 방지하기 위하여 임차인보다 등기를 경료한 권리자를 우선시키고자 하는 취지이다. 임차인의 퇴거신고가 행정적으로 늦게 처리됨으로써 전입신고가 늦어지는 때에 임차인이 대항력을 취득하는 데에 어려움이 생기지만, 轉入申告는 제3자에 대한 공시방법이므로 이 공시요건을 갖추지 않고 대항력을 부여하는 것은 곤란하다.[1] 주택인도· 전입신고만에 의해 취득하는 대항력은 임차권의 존속을 제3자에 대하여 주장할 수 있기 위한 대항력에 한정된다.

경매에서 우선변제권을 취득하기 위한 대항요건은 주택인도 · 전입신고 이외에 確定日字까지 모두 갖추어야 취득된다. 이 대항요건은 그 대항력취득일자에 따라 다른 채권자와의 우선변제의 순위가 결정되기 때문에 그 日字가 매우 중요한 의미를 갖는다. 주택인도 · 전입신고 · 확정일자 중 어느 하나가 중도에 효력을 잃은 때에는 대항력도 소멸하게 되며, 다시 세 가지 요건을 모두 갖춘 때에 그 시점부터 새로운 대항요건을 갖춘 것으로 된다. 확정일자를 입주 및 주민등록일과 같은 날 또는 그 이전에 갖춘 경우에는 우선변제적 효력은 대항력과 마찬가지로 인도와 주민등록을 마친 다음 날을 기준으로 발생한다(大判 1997. 12. 12, 97다22393).

大判 1998. 1. 23, 97다43468: 주택의 임차인이 전입신고를 마치고 그 주택에 입주함으로써 일단 임차권의 대항력을 취득한 후 가족과 함께 일시적이나마 다른 곳으로 주민등록을 이전하였다면, 이는 전체적 · 종국적 주민등록이탈이므로 그 대항력은 그 전출 당시 대항요건상실로 소멸된다. 그 후 그 임차인이 얼마 있지 않아 원래의 주소지로 주민등록을 再轉入하였더라도 대항력이 소급하여 회복되는 것이 아니라 그 재전입한 때부터 그와는 동일성이 없는 새로운 대항력이 재차 발생하는 것이다.

大判 1998. 12. 11, 98다34584: 주택임차인이 재전입한 때로부터 새로운 대항력이 다시 발생하더라도, 전출 이전에 임대차계약서상에 확정일자를 갖추었고 임대차계약도 재전입 전후를 통하여 그 동일성을 유지한다면 다시 확정일자를 받을 필요 없이 재전입 때부터 대항력을 갖는다. 따라서 재전입 이후에 그 주택에 관하여 담보물권을 취득한 자보다 우선하여 보증금을 변제받을 수 있다.

1) 실제 전입신고일이 아니라 주민등록표상 기재되어야 할 전입일의 다음 날로 해석하는 견해(尹天熙, 앞의 책, 85), 주민등록법소송의 기간 내에 전입신고를 이행하지 아니함을 해제조건으로 하여 주택인도의 다음 날로 해석하는 견해(서울高判 1982. 5. 28, 82나231: 高翔龍, "동 판례평석," 법률신문 제14354호, 1982년 7월 26일, 11)도 주장된다.

(바) 對抗要件의 終期　주택임대차에 있어서 주택의 인도와 주민등록이라는 우선변제의 요건은 그 우선변제권 취득시에만 구비하면 족한 것이 아니고, 배당요구의 종기인 競落期日까지 계속 존속하고 있어야 한다(大判 1997. 10. 10, 95다44597).[1]

(3) 對抗力의 內容

(가) 賃借權의 存續主張　대항력이란 「임대차가 제3자에 대하여 효력이 생긴다」(주임법 제3조 1항)는 것을 의미한다. 임차주택이 제3자에게 양도되는 경우에, 임차인은 그 양수인에 대한 관계에서도 임차권을 주장할 수 있다.[2] 임차주택의 양수인은 賃貸人의 地位를 承繼한 것으로 간주된다(주임법 제3조 2항). 임대인지위의 승계를 위하여는 계약양도의 합의가 행해져야 하지만, 그러한 법률행위가 없이도 임차부동산의 양도만에 의해 法定承繼된다. 임차인에 대한 통지나 임차인의 승낙을 필요로 하지 않는다. 임대인과 양수인이 임대차를 승계하지 않기로 합의했더라도 그 합의는 임차인에 대한 관계에서는 효력이 없다. 주택임대차보호법은 임대인의 지위의 승계를 간주하기 때문이다. 다만 합의의 당사자 사이에서 이행인수로서의 효력을 가질 뿐이다.

법정승계의 효과를 상술하면 다음과 같다.

1) 賃貸借의 存續　임대차는 약정된 존속기간 동안 종전과 동일한 내용(동일보조금·동일차액 등)으로 존속한다. 기간의 정함이 없는 임대차는 지위승계 후에도 기간이 정함이 없는 것으로 다루어지므로 양수인(현임대인)은 법정유예기간을 두고 해지통고할 수 있다(제635조). 승계 후에도 기간만료시의 법정갱신이 가능하다(제639조).

2) 前賃貸人과의 特約　차액감액이나 차임의 대물변제 등의 임차인과 전임대인과의 합의가 통상의 임대차관행에서 현저히 벗어나 현임대인에게 불리한 경우에는 그러한 합의는 승계되지 않는다고 해석된다. 그러나 그러하지 않은 통상적인 합의(임차물의 사용방법, 영업종목, 차액지급시기 등)는 현임대인에게 승계되므로 임차인은 그

---

1) 판례평석: 閔日榮, "주택임차인의 우선변제를 위한 대항요건의 종기," 판례월보 제338호, 1998년 11월호, 24: 다른 담보권자 기타 이해관계인의 보호와 조화를 이루기 위하여는 경락기일설을 취할 수밖에 없으므로, 대법원판결의 입론에 찬성한다. 경락기일설을 위하는 경우에는 새로운 임차인이나 가장임차인의 발생에 의하여 경매절차상의 다른 담보권자 기타 이해관계인에게 피해를 주는 것을 막을 수 있다. 경락기일이 지나면 새로운 임차인에 의한 배당요구가 불가능해지기 때문이다. 대항요건의 終期와 관련하여 종래 ① 경매개시결정 기입등기설, ② 배당요구시설, ③ 경락대금 납부시설, ④ 배당기일설, ⑤ 경락기일설 등이 대립하였다. 李銀熙, "저당권과 임차권의 관계에 관한 연구," 서울대학교박사학위논문, 1998, 126도 경락기일설을 취한다.

2) 郭潤直, 339~341; 金疇洙, 295; 金曾漢, 224; 李範柱, 앞의 글, 172. 大判 1999. 4. 23, 98다49753: 주택의 명의신탁자가 임대차계약을 체결한 후 명의수탁자가 명의신탁자로부터 그 주택의 처분권한을 종국적으로 이전받은 경우, 명의수탁자는 주택임대차보호법 제3조 제2항 소정의 임차주택의 양수인에 해당한다.

러한 합의를 기초로 현임대인에게 대항할 수 있다. 그 밖에 전임대인이 한 임차권양도, 전대의 허가 · 승낙은 현임대인에게 승계된다.

3) 借賃受領權　전임대인과 현임대인과의 다른 합의가 없는 한 그들은 각각 부동산소유권이전시기를 기준점으로 하여 차임수령권을 갖는다. 즉 양도전의 연체차임은 채권양도의 합의가 없는 한 현임차인에게 양도되지 않는다. 양도 후의 차임을 임차인이 전임대인에게 지급한 때에는 어떻게 되는가. 원칙적으로 그것은 수령권한 없는 자에 대한 지급이므로 변제의 효과가 생기지 않겠지만, 임차인이 과실 없이 소유권이 양도된 사실을 알지 못한 경우에는 채권의 준점유자에 대한 변제로 보아 변제의 효력을 인정하여야 한다(제470조).[1]

4) 目的物引渡請求 不可　양수인이 소유자의 지위에서 임차인에 대하여 물권적 청구권을 행사하더라도 임차인은 그 임차권을 가지고 대항하여 임차물의 인도를 거절할 수 있다.

5) 保證金返還義務의 引受　보증금에 관하여는 양수인의 선의 · 악의에 관계 없이, 그리고 양도인 · 양수인의 채무인수계약의 유무에 관계 없이 채무가 당연히 양수인에게 이전된다. 임대차종료시 임차인은 양수인에 대하여 보증금의 반환을 청구할 수 있다. 임차인은 양수인의 보증금반환이 있을 때까지 임차물의 반환을 거절할 수 있다. 보증금관계는 임대차에 부종한다는 점, 특히 주택임대차에서 보증금은 임차인의 주거기반이자 전 재산이라는 점을 고려하여 보증금에 대하여도 대항력이 미치도록 규정한다. 이 때의 채무이전은 면책적 채무인수의 성격을 갖는가, 또는 병존적 채무인수의 성격을 갖는가. 생각건대 임대차보호법의 시행에 따라 거래관행은 보증금반환의무를 양수인이 인수하도록 변천되어 부동산의 매매대금의 책정시에 보증금액이 미리 공제되곤 한다. 양도인이 보증금액을 공제한 잔대금만을 받았음에도 불구하고 병존적 채무인수가 되었다고 보는 것은 부당하므로, 결국 免責的 債務引受가 행해졌다고 해석된다(大判 1996. 11. 22, 96다38216).[2][3]

1) 같은 취지: 李範柱, 앞의 글, 179.

2) 반대설은 병존적 채무인수로 해석하는 편이 임차인에게 유리하므로 주택임대차보호법의 임대차보호정신에 비추어 그렇게 해석할 것을 주장한다. 閔日榮, "임대주택의 양도인에 대한 임차보증금의 반환청구," 민사판례연구 제9권, 1987, 96 이하.

3) 독일민법 제571조 2항은 부동산양수인이 임대인으로서의 의무를 이행하지 않은 때에는 일정요건 아래 양도인(전임대인)은 그 불이행의무에 대하여 양수인과 연대보증채무를 진다고 규정한다. 그러나 그와 같은 규정이 없는 우리 나라 법의 해석으로서 양도인의 보증채무가 당연히 발생한다고 하는 것은 곤란하다. 다만 양도인이 임차인에 대하여 부동산양도에도 불구하고 임차인의 권리행사에 아무 지장이 없으리라고 담보한 경우에는 묵시의 의사표시에 의한 보증채무의 성립을 인정하여도 무방하다고 생각한다.

大判 1996. 11. 22, 96다38216: 대항력을 갖춘 임차인이 당해 주택을 양수한 때에도 임대인의 보증금반환채무는 소멸하고 양수인인 임차인이 임대인의 자신에 대한 보증금반환채무를 인수하게 되어, 결국 임차인의 보증금반환채권은 혼동으로 인하여 소멸하게 된다.

大判 1996. 7. 12, 96다7106: 경매의 목적물에 대항력 있는 임대차가 존재하는 경우에 경락인이 이를 알지 못한 때에는 경락인은 이로 인하여 계약의 목적을 달성할 수 없는 경우에 한하여 계약을 해제하고 채무자 또는 채무자에게 자력이 없는 때에는 배당을 받은 채권자에게 그 대금의 전부나 일부의 반환을 구하거나, 그 계약해제와 함께 또는 그와 별도로 경매목적물에 위와 같은 흠결이 있음을 알고 고지하지 아니한 채무자나 이를 알고 경매를 신청한 채권자에게 손해배상을 청구할 수 있을 뿐, 계약을 해제함이 없이 채무자나 경락대금을 배당받은 채권자들을 상대로 경매목적물상의 대항력 있는 임차인에 대한 임대차보증금에 상당하는 경락대금의 전부나 일부를 부당이득하였다고 하여 바로 그 반환을 구할 수 있는 것은 아니다.

6) 附屬物買受請求權 등 임차인은 임대차종료시 비용상환청구권 · 부속물매수청구권을 신임대인에 대하여 행사할 수 있다. 이들 권리는 임대차종료 후에 부동산소유권이전이 행해진 경우에도 인정되는가. 임대차가 종료하였더라도 임대차에 기초한 권리 · 의무는 청산과정이 완료되기까지는 존속하므로, 그러한 청산과정에 있어서의 임대인의 권리 · 의무는 양수인에게 승계된다(大判 1977. 4. 26, 75다348). 임대차종료 후 비용상환이나 부속물매매대금을 받지 못한 채 소유권이 양도된 경우, 양수인에 대하여도 그들 채무의 이행이 있을 때까지 자기의 임차물반환의무의 이행을 거절할 수 있다(동시이행의 항변권).

7) 賃借人의 承繼拒否 임차인은 임대인지위의 승계를 거부하고 임대차를 해지할 수 있다(大決 1998. 9. 2, 98마100). 임대인지위의 승계제도는 임차인을 위하여 마련된 제도이므로, 임차인이 그 승계를 원하지 않음을 표시한 경우에까지 승계를 강제할 필요는 없다. 임차인은 승계를 거부하고 임대차를 종료시킴으로써, 그 보증금반환청구권을 가지고 경매에서 우선변제받거나 전임대인으로부터 보증금반환을 받는 등 자신에게 유리한 상황을 택할 수 있다.

大判 1989. 10. 24, 88다카13172: 양수인이 임대인의 지위를 승계하게 되는 경우에 임대차보증금반환채무도 주택의 소유권과 결합하여 일체로서 이전하는 것이며 이에 따라 양도인의 임차보증금반환채무는 소멸하는 것이다.

大判 2003. 8. 22, 2003다12717: 주택에 대한 매매계약의 해제로 인해 소유권을 상실하게 된 임대인으로부터 그 계약이 해제되기 전에 주택을 임차하고 주임법상 대항요건을 갖춘 임차인은 계약해제로 인해 권리를 침해받지 않는 제3자에 해당하고, 이 경우 해제로 소유권을 회복한 제3자는 주임법 제3조 제2항에 따라 임대인의 지위를 승계한다.

大決 1998. 9. 2, 98마100: 임차인이 원하지 아니하면 임대차의 승계를 임차인에게 강요할 수는 없는 것이어서 스스로 임대차를 종료시킬 수 있어야 한다는 공평의 원칙 및 신의성실의 원칙에 따라 임차인이 곧 이의를 제기함으로써 승계되는 임대차관계의 구속을 면할 수 있고, 임대인과의 임대차관계도 해지할 수 있다고 보아야 한다.

大判 1988. 4. 25, 87다카2509: 주택의 임차인이 제3자에게 전대한 이후에도 그의 임차권의 대항력이 소멸되지 아니하고 그대로 존속하고 있다면 임차인은 그의 임차권의 대항력을 취득한 후에 경료된 근저당권의 실행으로 소유권을 취득하게 된 자에 대하여 임대보증금반환청구권에 기한 동시이행항변권을 행사하여 그 반환을 받을 때까지는 위 주택을 적법하게 점유할 권리를 갖게 되는 것이고, 따라서 그로부터 위 주택을 전차한 제3자 또한 그의 동시이행항변권을 원용하여 위 임차인이 보증금의 반환을 받을 때까지 위 주택을 적법하게 점유·사용할 권리를 갖게 된다.

㈏ 保證金의 優先辨濟權 주택인도·주민등록의 대항요건과 임대차계약증서상의 확정일자를 갖춘 임차인은 경매 등의 환가대금에서 후순위권리자 기타 채권자보다 우선하여 보증금을 변제받을 권리가 있다(주임법 제3조의 2 제2항). 임차권은 우선변제권이 인정된다는 점에서 담보물권과 유사성을 가지지만, 경매권이 인정되지 않는다는 점에서 담보물권과 차이가 있다. 임차권(특히 채권적 전세)은 한편으로는 목적물에 대한 용익권이면서 다른 한편으로 그 보증금반환청구권에 관하여 담보물권과 유사한 성질을 가짐으로써, 傳貰權이 용익물권성과 담보물권성을 공유하고 있는 것과 실제 매우 유사하다. 이와 같이 대항력 있는 임차권은 물권은 아니지만, 제한물권 — 그 중에서도 전세권 — 에 매우 가까운 「物權化된 債權」이라고 파악된다.[1)]

1) 優先特權 보증금 중 대통령령으로 정하는 일정액에 대하여는 공시방

---

1) 대항력 있는 임차권을 물권으로 파악하는 반대설 있음. 金基善, "임차권의 본질에 관하여," 법조 1963년 3월호, 29 이하.

법의 선후에 관계 없이 우선하여 변제받을 수 있는 특권이 인정된다. 임차인은 보증금 중 일정액을 다른 담보물권자보다 우선하여 변제받을 권리가 있다. 이 경우 임차인은 주택에 대한 경매신청의 등기 전에 제3조 1항의 요건(주택인도와 주민등록)을 갖추어야 한다(주임법 제8조 1항). 일정액의 범위와 기준은 주택가액(대지의 가액 포함)의 2분의 1의 범위 안에서 대통령령으로 정한다(주임법 제8조 3항).[1] 이러한 우선특권은 등기하지 아니한 전세계약의 전세금반환채권에 관하여도 인정된다(주임법 제12조).[2] 우선특권은 임차주택으로부터 금전적 만족을 얻을 것을 목적으로 하는 담보물권의 성격을 가지므로 저당권의 경우와 마찬가지로 경매로 인하여 소멸한다.

일정액보증금의 우선특권은 물권의 성립순위에 구애받지 않고 언제나 우선변제권을 갖는다. 즉 임차인은 임대차성립 이전에 설정된 담보물권의 권리자보다도 우선한다. 이 규정은 물권과 채권의 효력관계에 관한 법리를 변용시킨 사회정책적 입법이라 여겨진다.[3] 이 우선특권은 국민의 주거생활의 안정을 보장하기 위하여 임차인의 일정액보증금반환채권을 보호하려는 사회정책적 배려에 기초한 것이므로 당사자는 미리 그 성립을 배척할 수 없다(주임법 제10조).

大判 1996. 6. 14, 96다7595: 다가구용 단독주택의 대지 및 건물에 관한 근저당권자가 그 대지 및 건물에 관한 경매를 신청하였다가 그 중 건물에 대한 경매신청만을 취하함으로써 이를 제외한 대지 부분만이 낙찰되었더라도, 그 주택의 소액임차인은 그 대지에 관한 낙찰대금 중에서 소액보증금을 담보물권자보다 우선하여 변제받을 수 있다.

---

1) 2001년 주택임대차보호법시행령의 개정에 따르면 보증금 중 담보물권보다 우선하여 변제받을 수 있는 금액이 종전에 특별시 및 광역시는 1천 2백만원 이하, 기타 지역은 8백만원 이하에서 수도권 중 과밀억제권역은 1천 6백만원 이하, 광역시(인천광역시 제외)는 1천 4백만원 이하, 그 밖의 지역은 1천 2백만원 이하로 인상되었다.

또 우선변제받을 수 있는 임차인의 범위를 종전에는 특별시 및 광역시는 보증금이 3천만원 이하, 기타 지역은 2천만원 이하이던 것을 수도권 중 과밀억제권역은 보증금 4천만원 이하, 광역시(인천광역시 제외)는 3천 5백만원 이하, 그 밖의 지역은 3천만원 이하인 임차인으로 확대되었다.

2) 담보물권의 실행으로 보증금을 반환받지 못한 채 임차주택에서 쫓겨나는 임차인들은 대개 그들의 전 재산에 가까운 돈을 보증금으로 하여 주택을 임차한 영세서민이므로, 한번 그와 같은 피해를 입는다면 다시 살집을 마련하는 것이 거의 불가능하게 된다. 그러한 사건이 빈번히 일어나 사회문제로 되자 1981년 주택임대차보호법이 제정된 후에도 소액보증금만은 특별히 보호해야 한다는 의견이 각계에서 제시되고, 그와 같은 의견은 1983년 12월 30일 주택임대차보호법이 개정될 때 제8조의 신설로 실현되었으며 1990년 보증금 중 일정액으로 변경.

3) 일정액보증금우선특권은 이와 같이 영세임차인의 일정액보증금반환채권의 보호를 목적으로 하는 것이지만, 일반채권자 사이의 평등을 깨뜨리고 담보물권의 순위확정의 원칙을 제한하여 물적 담보거래의 안전을 위협한다는 난점을 지닌다.

2) 優先辨濟權의 順位　임차인의 우선변제권은 임차부동산의 저당권자·용익물권자·다른 채권자에 대한 관계에서 등기 및 대항요건을 갖춘 시기의 선후에 의해 순위가 결정된다.

① 順位의 決定　우선변제의 순위를 정할 때, 주택임차권은 주택인도·주민등록을 갖춘 翌日과 확정일자의 일시 중 늦은 시점(세 요건을 모두 갖춘 때)을 기준으로 우선순위를 취득한다. 임대차가 갱신된 경우(법정갱신·갱신계약 포함)에도 임차권의 대항력취득시기는 갱신 전 원래의 취득시점으로 다루어진다. 판례 중에는 禁反言의 원칙을 근거로 주택임차인의 우선순위에 기한 배당요구를 부인한 사례가 있다(大判 1997. 6. 27, 97다12211).

大判 1997. 6. 27, 97다12211: 근저당권자가 담보로 제공된 건물에 대한 담보가치를 조사할 당시 대항력을 갖춘 임차인이 그 임대차 사실을 부인하고 임차보증금에 대한 권리주장을 않겠다는 내용의 確認書를 작성해 준 경우, 그 후 그 건물에 대한 경매절차에서 이를 번복하여 대항력 있는 임대차의 존재를 주장함과 아울러 근저당권자보다 우선적 지위를 가지는 확정일자부 임차인임을 주장하여 그 임차보증금반환채권에 대한 배당요구를 하는 것은 특별한 사정이 없는 한 禁反言 및 信義則에 위반되어 허용될 수 없다.

② 債權額　주택임차인이 다른 채권자들과 순위에 따라서 우선변제받는 금액은 보증금액에서 우선특권의 일정액을 공제한 금액이다. 保證金額은 대항력을 갖춘 때의 확정일자를 갖춘 계약서에 나타난 범위에 한정된다(추가 증액은 제외됨).[1] 경매의 경우에 보증금액이 공시되므로 경락인은 그를 고려하여 입찰대금을 결정한다(민집법 제106조 3호).

③ 抵當權者와의 關係　주택임차인이 주택인도·주민등록·확정일자의 세 요건을 모두 갖춘 때와 저당권자의 설정등기시를 비교하여 우선변제의 순위를 정한다. 선순위저당권자의 경매신청이 있으면 임차권은 종료하고 임차인은 그 보증금 중 우선특권이 인정되는 일정액은 먼저 변제받고 그 잔액은 선

---

1) 大判 1990. 8. 24, 90다카11377: 대항력을 갖춘 임차인이 저당권설정등기 이후에 임대인과 보증금을 증액하기로 합의하고 초과부분을 지급한 경우에, 그 합의는 저당권자에게 대항할 수 없다. 임차인은 위 저당권에 기하여 건물을 경락받은 소유자의 건물명도청구에 대하여 증액 전 임차보증금을 상환받을 때까지 그 건물을 명도할 수 없다고 주장할 수 있을 뿐이다.

순위저당권자의 다음으로 변제받는다. 후순위저당권자의 경매신청이 있는 때에, 임차권자는 경락인에게 승계되어 약정기간까지 존속한다. 임차인은 임대차를 해지하고 경매에 참가할 수도 있는데(뒤의 설명 참조), 이 때에는 우선특권의 일정액과 그 잔액을 모두 후순위저당권자보다 먼저 변제받을 수 있다.

中間賃借人의 地位

제1순위저당권과 제2순위저당권 사이에 대항력(확정일자 포함)을 취득한 임차권이 있는 경우, 제2순위저당권의 실행에 의해 제1순위저당권은 소멸하게 되는데, 이 때 임차권도 함께 소멸하게 되는가? 판례는 "후순위저당권의 실행으로 목적부동산이 경락되어 그 선순위저당권이 함께 소멸한 경우에, 두 등기 사이에 대항요건을 갖춘 임차권은 함께 소멸하므로 경락인에 대하여 그 임차권의 효력을 주장할 수 없다"고 한다(大判 1987. 2. 24, 86다카1936). 따라서 중간임차인은 그의 보증금반환청구권을 갖고 경락대금의 배당에 참가해야 한다. 임차인은 제1저당권자보다 먼저 우선특권 있는 보증금 중 일정액을 변제받고, 그 나머지 보증금에 관해서는 제1저당권자의 후에 2순위로 배당받게 된다. 임차인이 확정일자는 갖추지 않고 주택인도와 주민등록만 갖추었을 경우에는, 배당에 참가할 경우 우선특권까지는 인정되지만, 그 보증금잔액에 관한 우선변제권은 인정되지 않는다. 선순위담보권자가 있는 중간임차인의 경우에는 대항요건을 갖추었더라도 그보다 후순위담보물권자가 경매신청의 결과 임차권의 존속을 주장할 수도 없고 보증금 전액의 반환을 받지 못하게 될 수 있다.

④ 假登記擔保權者와의 關係 가등기담보권자와의 관계에 있어서도 가등기일자와 임차권의 대항요건취득시기의 선후에 의해 우선순위가 정해진다. 담보가등기 후에 대항력 있는 임차권을 취득한 자는 본등기로 소유권을 취득한 자에 대하여 임차권의 승계를 주장할 수 없다. 그러나 청산금의 범위 안에서 보증금을 반환해 줄 것을 목적물반환과의 동시이행으로 청구할 수 있다(가담법 제5조 5항). 선순위가등기담보권자가 채무자(전소유자·임대인)에게 줄 청산금을 임차인에게 보증금반환의 명목으로 지급해 줄 것을 청구할 수 있으며, 그의 지급이 있을 때까지 임차물의 반환을 거절할 수 있다.[1] 그 청산금에 관하여 다른 담보물

1) 주택임대차보호법의 적용을 받는 부동산에 제3자가 가등기를 하고, 그 가등기에 기하여 본등기가 마쳐진 경우에 있어서는 임대인과 임차인 사이에 그 가등기 후 보증금인상의 약정을 하였더라도 그 인상분에 대해서는 등기권리자에게 대항하지 못한다(大判 1986. 9. 9, 86다757).

권자가 있는 경우에는 일정액의 우선특권을 먼저 변제받고 그 잔액은 다른 담보물권자와의 순위에 따라 변제받는다.

⑤ 다른 用益權者와의 관계 동일임차물에 전세권 · 지상권 · 지역권이 설정된 경우에는 그들의 등기일과 임차권의 대항력취득일의 선후에 의해 우열이 정해진다. 임대차 상호간에도(이중임대차나 한 건물의 다른 부분의 임대차의 경우) 대항력취득시기에 의해 우열이 정해진다. 후순위용익권자는 선순위의 용익권행사에 방해가 되지 않는 범위에 한해서 효력을 갖는다. 대항요건을 먼저 갖춘 임차인의 보증금반환청구권은 후순위의 또는 대항력 없는 임차인의 그것보다 우선변제권을 갖는다. 다만 주택에 대하여 전세권을 갖고 있는 전세권자는 주택인도·주민등록을 갖춘 임차권으로서의 보호를 동시에 받을 수 있다(大判 1993. 11. 23, 93다10552).

3) 賃貸借의 解止 임차인의 保證金返還請求權은 임대차가 종료되어야 현실화된다. 임차인이 경매절차에 참가하여 보증금액을 우선변제받으려면, 그 존속기간이 만료하였거나 또는 임차인측에서 경락인에의 임차권승계를 거절하고 임대차계약을 해지하겠다는 뜻을 밝혀야 한다. 임차인이 解止의 意思表示를 하면 경매에 참가할 때에 임차주택을 반환하지 않고 있더라도 무방하다. 경락이 되어 보증금을 우선변제받을 때에 주택반환과 동시이행하는 것으로 충분하다.

4) 解止撤回 또는 擬制賃貸借 경매에 참가했으나 保證金의 全部 또는 一部를 변제받지 못한 경우에, 임차인은 등기명령제도를 활용하여 그 보증금반환청구권의 우선순위를 확보해 둘 수 있다. 그 밖에 임차인은 경매에 참가하기 위하여 했던 解止를 撤回하고 그 주택에 계속 거주하며 임차권의 존속을 경락인에 대하여 주장할 수 있다고 해석된다.

주택임대차에서는 임대차가 종료한 경우에도 임차인이 보증금을 반환받을 때까지 임대차관계가 존속하는 것으로 간주된다(주임법 제4조 2항). 임차인이 보증금의 반환을 받을 목적으로 임차권의 존속을 주장하는 경우에는, 임대차는 그 목적의 범위에서 존속하는데, 이를 擬制賃貸借라고 한다(大判 1998. 6. 26, 98다2754). 의제임대차의 경우에 임차인은 그 주택에 거주하지 않아도 무방하다. 의제임차인은 경락인에 대하여 보증금반환청구권을 갖는다.

大判 1998. 6. 26, 98다2754: 주택임대차보호법상의 대항력과 우선변제권의 두 가지 권리를 겸유하고 있는 임차인이 먼저 우선변제권을 선택하여 임차주택에 대하여 진행되고 있는 경매절차에서 보증금 전액에 대하여 배당요구를 하였으나 그 순위가 늦은 까닭으로 보증금 전액을 배당받을 수 없었던 때에는, 보증금 중 경매절차에서 배당받을 수 있었던 금액을 뺀 나머지에 관하여 경락인에게 대항하여 이를 반환받을 때까지 임대차관계의 존속을 주장할 수 있다. 이 경우 임차인의 배당요구에 의하여 임대차는 해지되어 종료되며, 다만 같은 법 제4조 제2항에 의하여 임차인이 보증금의 잔액을 반환받을 때까지 임대차관계가 존속하는 것으로 擬制될 뿐이어서, 경락인은 같은 법 제3조 제2항에 의하여 임대차가 종료된 상태에서의 임대인의 지위를 승계하고, 임차인의 우선변제권은 경락으로 인하여 소멸하는 것이다.

5) 登記命令制度　임차권등기명령제도는 보증금을 반환받지 못한 임차인이 주거를 옮겨 다른 곳으로 이사할 필요가 있을 때, 점유를 상실하더라도 대항요건을 새로 갖추거나 또는 종전에 취득한 대항력 및 우선변제의 순위를 그대로 보존할 수 있는 방안으로서 강구된 제도이다.[1] 임대차가 종료된 후 보증금을 반환받지 못한 임차인은 임차주택의 소재지를 관할하는 지방법원 · 지방법원지원 또는 시·군법원에 임차권 등기명령을 신청할 수 있다(주임법 제3조의3 제1항).[2] 임차권 등기명령의 집행에 의한 임차권등기가 경료되면, 임차인은 주택임대차법 제3조 1항의 규정에 의한 對抗力 및 제3조의2 제2항의 규정에 의한 優先辨濟權을 취득한다. 다만 임차인이 임차권등기 이전에 이미 대항력 또는 우선변제권을 취득한 경우에는 그 대항력 또는 우선변제권은 그대로 유지되며, 임차

1) 임대차가 종료되었음에도 임차인이 임대인으로부터 임차보증금을 반환받지 못하는 경우가 빈발하고, 근무지 변경 등으로 이주할 필요가 있는 경우에도 보증금을 반환받지 못할 것을 우려한 나머지 이주를 하지 못하고 주민등록을 이전할 수 없어 부부가 별거를 하거나 자녀들을 전학시키지 못하는 상황이 속출하는 등 기존 주택임대차제도의 문제점이 나타남에 따라, 임차인이 경매를 신청하는 경우에도 임차주택에 계속 거주할 수 있도록 관련규정을 정비하고 임차인 단독으로 임차권등기를 할 수 있도록 임차권등기명령제도를 도입함으로써 사회적 약자인 임차인의 권익보호에 충실을 기하는 등 현행제도의 운영상 나타난 일부 미비점을 개선 · 보완하려는 것이 법무부의 제안이유였다(1998년).

2) 高翔龍, "주택임대차보호법개정안의 제문제 상·하," 법률신문 1998년 11월 16일 · 19일자에서는 임차권등기명령제도의 문제점으로서 ① 주택임대차법은 임차권의 등기 없이도 임차인을 보호하기 위하여 특별법으로 만든 것인데, 다시 등기제도를 도입한다는 것은 법률의 일관성을 결여케 하는 것이 아니겠는가. ② 설령 등기명령제도를 취한다 하여도 가압류에 관한 규정을 준용하는 것이 가능한가, ③ 복잡한 절차를 요하는 등기명령제도의 실효성은 있겠는가 등을 지적하였다. 蘇在先, "임대차등기명령제도 신설의 과제와 문제점 — 개정주택임대차보호법 제3조의 3을 중심으로 —," 경희 법학 제33권 1호, 경희대학교법학연구소, 192에서도 등기명령제도에 대해 비판하였다. 반면에 金祥洙, "절차법에서 본 주택임대차," 법률신문 1998년 12월 10일자에서는 "계약 자체에 등기부를 첨부서류로 하는 不動産質權 設定契約의 형태로 거래관행화하는 것도 좋은 방법이 될 것이다"라고 하였다.

권등기 이후에는 제3조 1항의 대항요건을 상실하더라도 이미 취득한 대항력 또는 우선변제권을 상실하지 아니한다(주임법 제3조의3 제5항). 임차권등기는 임차인으로 하여금 기왕의 대항력이나 우선변제권을 유지하도록 해 주는 담보적 기능만을 주목적으로 하는 점 등에 비추어 볼 때, 임대인의 임대차보증금의 반환의무가 임차인의 임차권등기 말소의무보다 먼저 이행되어야 할 의무이다(大判 2005. 6. 9, 2005다4529).

(다) 妨害排除請求權 대항력을 갖춘 주택임차인은 임차인의 사용·수익을 방해하는 자에 대해서 방해배제청구권을 행사할 수 있다. ① 占有保護請求權: 대항력 있는 주택임차인은 주택인도를 받아서 점유를 취득한 자이므로 그 점유권에 기해 방해배제를 청구할 수 있다(제205조). ② 賃貸人의 所有物返還請求權의 代位行使: 불법점거하고 있는 제3자가 임대인의 허락 없이 점유하고 있는 경우에, 임차인은 임대인이 갖는 소유권에 기한 물권적 청구권을 대위행사하여 그 제3자를 배제할 수 있다. ③ 賃借權에 기한 妨害排除請求權: 임대인으로부터 점유의 허락을 받은 제3자가 임차물을 점유하고 있는 경우에, 대항력을 갖춘 임차인은 그 제3자를 임차권에 기한 방해배제청구권으로서 배제할 수 있다.[1] 다만 자기에게 직접 점유의 인도를 청구할 반환청구권은 갖지 않는다. 그 제3자가 임차권에 우선하는 권리를 가진 경우에는 방해배제가 인정되지 않는다.[2]

---

1) 같은 취지: 郭潤直, 123; 金基善, 173; 金錫宇, 101; 金容漢, 118; 金曾漢·金學東, 72; 金亨培, 340; 林正平, 47; 鄭淇雄, 184; 拙著, 채권각론, 1989, 337에서는 대항력 있는 임차권의 방해배제청구권을 부인했으나, 물권법, 채권총론을 쓰면서 긍정하는 쪽으로 변경하였다.

郭潤直, 342; 金曾漢, 225에서 말하는 대항력 있는 임차권이란 주로 등기된 임차권을 의미하며, 방해배제의 문제를 임차권에 대한 침해시 손해배상의 청구가 가능한가의 문제와 물권적 청구권에 의해 방해자를 배척할 수 있는가의 문제의 두 가지를 포함하는 의미로 파악한다. 생각건대 우리 민법 제750조에 의해서는 채권침해에 대한 불법행위책임을 인정하는 데에 아무런 문제가 없으며(이 점은 의용민법에서 절대권침해에 한정한 것과 다름), 방해배제는 방해의 저지라는 물권적 청구권의 한 내용이므로 불법행위와는 구별해서 다루어져야 한다.

2) 원래 임차권에 의거한 방해배제청구권이론은 일본민법학에 유래한다. 독일이나 스위스 등 다른 대륙법제는 임차권에 점유보호청구권 외에 물권적 청구권을 부여하지 않는다. 戰前의 일본학설은 임차권물권설(岡村玄治) 또는 임차권지배권설(村教三)을 제창하여 임차권의 물건에 대한 직접지배가능성을 인정하고, 그에 기초하여 물권적 청구권도 부여하였다. 그러나 그 후 임차권은 단지 물권화되는 권리일 뿐이며, 부동산임차권이 점유 등의 공시방법을 갖추어 인식가능한 경우에만 방해배제청구권을 인정하여야 한다는 주장이 유력설로 되었다(我妻榮 등). 이 유력설의 견해가 전후 최고재판소에 받아들여지자 근래에는 다수의 학자가 그에 지지하게 되었다(幾代通, 好美清光 등). 참고로 일본민법에는 우리 민법에서와 같은 물권적 청구권에 관한 규정이 없어 학설로서만 물권적 청구권이 물권자에게 부여되어야 한다고 주장된다(이상 好美清光, "賃借權に基づく妨害排除請求權," 契約法大系(Ⅲ), 184 이하 참조).

상가건물임대차보호법

(1) 의　　의

상가임대차보호법(2001년 제정, 2002년부터 시행)은 상가건물의 임차인의 보호를 위한 사회정책적 입법이다. 이 법은 대통령령이 정하는 보증금액을 초과하는 상가 임대차에 대하여는 적용되지 아니한다(동법 제2조 1항). 이 법의 규정에 위반된 약정으로서 임차인에게 불리한 것은 그 효력이 없다.

(2) 대항력의 취득

상가임차권은 등기가 없더라도 건물이 임차인에게 인도되고 사업자 등록이 신청된 다음 날부터 제3자에 대하여 효력이 발생한다(동법 제3조 1항). 임차건물의 양수인은 임대인의 지위를 승계한 것으로 본다(동조 제2항).

(3) 우선변제권

이상의 대항요건 이외에 관할세무서장으로부터 임대차계약서상의 확정일자를 받은 임차인은 경매나 공매시 임차한 대지를 포함한 상가건물의 환가대금에서 후순위권리자 그 밖의 채권자보다 우선하여 변제받을 권리를 갖는다(제5조). 또한 소액임차인의 경우에는 임대건물가액의 3분의 1의 범위 안에서 보증금중 일정액을 다른 담보물권자보다 우선하여 변제받을 권리를 갖는다(제14조). 건물의 임대차와 이해관계가 있는 자는 자료의 열람 또는 제공청구권을 갖는다(제4조).

(4) 등기명령

임대차가 종료된 후 보증금을 반환받지 못한 임차인은 임차건물의 소재지를 관할하는 지방법원 · 지방법원지원 또는 시·군법원에 임차권등기명령을 신청할 수 있다(제6조).

(5) 계약의 갱신

임대인의 해지의 자유가 극도로 제한되고 임대차기간을 5년 미만으로 하는 것은 사실상 곤란하다. 임차인의 계약갱신요구에 대하여 임대인은 이 법에 규정된 정당한 사유 없이는 이를 거절하지 못하게 하고, 임차인의 갱신요구권은 최초의 임대차기간을 포함한 전체 임대차기간이 5년을 초과하지 않는 범위 내에서만 행사할 수 있다(제10조).

(6) 차임의 증감청구

차임 또는 보증금이 임차건물에 관한 조세, 공과금 그 밖에 부담의 증감이나 경제사정의 변동으로 인하여 상당하지 아니하게 된 때에는 당사자는 장래에 대하여 그 증감을 청구할 수 있다(제11조).

(7) 전 대 차

계약갱신요구권, 차임 등의 증감청구권, 월차임 전환시 산정률의 제한규정은 전대인과 전차인의 전대차관계에 적용하고, 임대인의 동의를 받고 전대차 계약을 체결한 전차인은 임대인의 계약갱신요구권 행사기간 범위 내에서 임차인을 대위하여 임대인에게 계약갱신요구권을 행사할 수 있다(제13조).

제 3 절　勞務供給契約

§ 25. 雇　傭

1. 意　義[1]

(1) 槪　念

고용은 당사자 일방이 상대방에 대하여 勞務를 제공할 것을 약정하고 상대방이 이에 대하여 報酬를 지급할 것을 약정하는 내용의 계약을 말한다(제655조). 고용은 계약상대방의 노무를 제공받을 것을 목적으로 하는 노무공급계약이며, 노무의 대가로서 보수를 지급해야 하는 有償契約이며, 급부의 제공이 일정기간 계속적으로 이루어지는 繼續的 契約의 성질을 갖는다.

(2) 勞務供給契約

㈎ 勞務契約의 擴大　　계약의 목적이 상대방의 노무의 이용에 있는 계약을 노무공급계약이라 한다. 경제발전에 따른 산업구조의 변천으로 3차산업인 서비스업의 비중이 높아지자, 노무공급계약의 사회적 기능이 다양하게 되고 이용도도 높게 되었다. 과거에 단순노무를 목적으로 하는 계약이 중심이었던 것이 근래에는 전문성을 갖는 숙련노무를 목적으로 하는 계약이 증가하였다.

민법의 전형계약 중에서 고용 · 도급 · 현상광고 · 위임 · 임치가 노무공급계약에 속한다. 이외에 여행계약 · 의료계약 · 변호사계약 · 부동산중개계약 · 교육계약 · 예금계약 · 지로계약 등 거래에 빈번히 이용되는 非典型契約들도 많이 이용된다. 민법의 계약유형이 한정적이고 규정의 내용도 빈약하고 거래실정에 부합하지 않아서 법적 분쟁을 해결해 주는 지침의 기능을 충분히 수행하지 못

---

1) 참고문헌: 金裕盛, "사용자의 안전배려의무, 상," 사법행정 1992년 5월호; 同, "사용자의 안전배려의무, 하," 사법행정 1992년 6월호; 尹寅台, "부교수임용계약의 성질," 대법원판례해설 제27호, 1996년 하반기, 1997년 9월; 李達烋, "프랑스 근로계약의 성질," 한국해사법학회 법학연구 제6호, 1994년 12월; 李尙遠, "안전배려의무에 관하여," 사법연구자료 제17집, 1990년 5월; 李乙珩, "국제노동법상의 고용," 숭실대 법학논총 제11집, 1998년 1월; 李鍾馥, "고용관계에 있어서 위험분배의 조정," 한국법학의 회고와 전망, 1991; 李興在, "고용보장의 법적 구조에 관한 시론," 서울대 법학 제32권 1호 · 2호, 1991년 8월; 河京孝, "아파트 관리업체 변경시 고용승계 여부," 판례월보 1998년 9월호; 同, "고용계약에 있어서의 반대급부위험의 부담," 민사법학 제9 · 10호, 1993; 拙稿, "동일노동-동일임금의 원칙과 남녀고용평등," 배경숙화갑기념 한국민사법학의 현대적 전망, 1991.

하고 있다. 해석론에 의한 법의 보충이 절실히 요구되며, 입법적인 개선도 요망된다.

(나) 債務者의 誠實義務 계약당사자가 제공하는 노무는 채무자의 능력 및 성실 여부에 크게 좌우되므로 다음과 같은 것들이 요구된다.

1) 資質의 保有 계약내용에 좇은 이행이 되기 위해서는 專門性 등 계약상 요구되는 자질을 갖출 것.

2) 誠實한 勞務提供 채무자가 성실하게 노무를 제공할 것.

3) 代行의 制限 다른 약정이나 관습이 없는 한 채무자 스스로(제3자에게 대행시키지 말고) 노무를 제공할 것.

4) 債務者의 安全配慮義務 노무의 제공에 있어서 채권자의 재산·신체에 해를 끼치지 않도록 주의할 의무를 지며, 나아가서 제3자에 대하여도 재산·신체의 손해를 입히지 않을 주의의무를 진다.

5) 債權者의 協力義務 채권자는 약정에 따라 채무자에 대하여 채무자의 노무공급에 필요한 재료·작업지시 등을 행할 것.

6) 債權者의 安全配慮義務 채권자는 재료제공·작업지시 등에 있어서 채무자의 안전을 배려할 것 등이다. 채무자 및 채권자의 안전배려의무는 불법행위책임에서의 과실판단의 기준이 된다.

(3) 無效·取消의 遡及效制限

노무공급계약의 무효·취소로 노무제공의 법적 원인이 소멸하더라도 일단 제공된 노무는 소급하여 없었던 것이 되지 않는다. 노무가 소급적으로 소멸하지 않는 사실관계에 상응하여 보수지급청구권도 소급적으로 소멸되지 않는다고 해석된다. 소급효란 실제로 원상복귀가 가능한 물건반환의 경우에 인정되는 것이며, 원상복귀가 불가능한 노무에 관해서는 허용될 수 없기 때문이다. 노무계약의 무효·취소에도 불구하고 이미 제공된 노무 및 그 보수지급의무에 대하여는 소급효가 미치지 않는 것으로 소급효제한이 이루어져야 한다.

소급효를 제한하기 위하여 이 때 계약은 소급적으로 소멸하지만, 당사자 사이에는 사실상의 계약관계가 존재하는 것으로 의제하는 이론이 바로 事實契約理論이다(앞에 설명한 사실적 계약이론 참조). 생각건대 소급효의 제한은 반드시 계약관계를 전제로 해야 하는 것은 아니다. 무능력자의 행위를 취소하는 경우, 무능력자는 그 행위로 인하여 받은 이익이 현존하는 한도에서 상환할 책임이 있다든가(제141조), 착오로 인한 취소는 선의의 제3자에게 대항할 수 없다는 규정(제109조 2항)은 정책적인 소급효제한의 예이다.

(4) 都給 · 委任 · 任置와의 區別

㈎ 從屬的 勞動의 여부 고용계약에 의해 제공되어야 할 노무는 사용자의 지휘 · 명령에 따른 종속된 노무이며, 고용계약의 존속중 사용자와 노무자 사이에는 고용관계라는 종속적 노무관계가 존재한다. 이에 반해서 도급 · 위임 · 임치의 노무는 채권자에게 종속되지 않는 채무자의 자주적인 노무이며, 채권자와 채무자 사이에는 계약의무의 이행, 즉 약정된 노무의 제공이라는 채무관계가 존재할 뿐이다.

大判 1988. 11. 8, 87다카683: 광고외근원이 근무시간과 장소에 대한 구속이 없고 광고유치활동에 관해 구체적 지시를 받지 않더라도 회사에 대해 위임이 아닌 고용의 관계에 있다고 인정된다.

㈏ 勞務의 內容 雇傭에서는 근로자가 사용자의 지시에 따른 일을 한다는 것이 중요하며 특정한 일의 완성이 노무의 중심을 이루지 않는다. 반면에 都給은 어떠한 「일의 완성」을 목적으로 하며 약정한 일이 미완인 경우에 수급인은 채무불이행책임을 질 뿐 아니라 도급인에 대하여 보수청구권을 갖지 못함이 원칙이다(단 중도해지의 경우에는 예외 인정). 그러나 委任은 「사무의 처리」를 목적으로 하며 어떤 일의 완성에 집착하지 않는다. 그러므로 수임인은 위임인에 대하여 사무처리에 필요한 비용 및 유상위임의 경우에는 일의 성패에 관계 없이 제공한 노무에 대한 보수를 청구할 수 있다. 실제로 계약이 어떠한 일의 수행(소송사건의 처리, 환자의 완치, 부동산거래중개의 성사 등)을 목적으로 하는 경우, 그 계약이 도급인가 위임인가 구별하는 것은 쉽지 않다. 민법의 도급규정(특히 하자담보책임 규정)은 주로 어떤 재료를 갖고 주문한 물건을 만든다든가, 또는 어떤 물건을 수리 · 가공 · 개조하는 경우에 적합하다. 그러므로 그러한 유형적인 작업이 아닌 무형적인 사무의 완성을 목적으로 하는 경우에는 위임규정을 적용하는 편이 타당하다고 생각된다.

任置는 타인의 금전, 유가증권 기타 물건을 보관하는 한정된 노무를 목적으로 한다. 보관은 타인의 사무를 처리하는 한 형태이므로, 임치는 위임의 특수형태라고도 할 수 있다. 임치에는 다수의 위임규정이 준용된다(제701조). 단 消費任置는 임치와 소비대차의 혼합형태로서 원칙적으로 소비대차규정이 적용되는 독자의 계약유형이다.

懸賞廣告는 광고자의 광고(청약에 해당)에 대하여 응모자가 응모 및 지정행위를 완료함(승낙에 해당)으로써 계약이 성립하는 독특한 계약형태이다(단독행위설은 현상광고를 계약 외의 채권발생원인으로 파악함). 즉 응모자의 노무제공이 계약성립의 전제조건인 要物契約의 성격을 갖는다. 이 점에서 같은 일의 완성을 목적으로 하는 도급과 구별된다. 특히 우수현상광고는 다수의 지정행위종료자 중에서 우수한 자에 한하여 보수를 지급한다.

(다) 報酬의 支給 與否 민법은 고용, 도급 및 현상광고에 관하여는 보수청구권이 당연히 발생할 것을 규정한다(제655조, 제664조, 제675조, 有償의 원칙). 반면에 위임과 임치에 있어서는 특별한 약정이 있는 경우에만 보수를 청구할 수 있도록 규정한다(제686조, 제701조, 무상의 원칙). 그러나 이러한 민법규정은 모두 임의규정이므로 결국 약정 및 거래관습에 따르게 되는데, 실제의 거래관습은 대부분의 노무공급계약을 유상으로 체결하므로 이상의 유상원칙·무상원칙의 구별은 각 전형계약의 한계를 정하는 결정적인 기준이 되지 않는다.[1)2)]

2. 民法과 勤勞基準法의 관계

(1) 近代法에서의 雇傭契約

민법상의 고용은 근대법상의 법리에 기초하여 만들어졌으며, 그 이후에 야기된 사회의 변화에 상응하는 개정은 이루어지지 않은 채이다. 근대법은 계약자유를 기초로 하여 봉건적 근로관계도 부정하고 공법적 간섭도 부정하였다. 근대법에서 고용은 상업자본에 의한 공장제 수공업의 발달에 의해 보편적으로 발전하는 계기를 얻었는데,[3)] 이는 수공업 생산체제를 붕괴시키고 독립의 노무를 제공하던 수공업자를 대자본에 종속된 근대적 노동자로 전락시키는 결과를 초래하였다. 근대에 접어들어 경제활동에 대한 국가의 규제를 반대하는 경제적 자유주의(법적으로는 계약자유로 표현되었음)와 시민의 법적 평등을 지향하는 정치적 민주주의의 이

1) 이 점은 독일민법의 고용·도급을 유상, 위임을 무상으로 한정한 것과 다르다. 독일민법 제662조는 수임인이 무상으로 사무처리할 의무를 짐을 규정한다. 그러므로 독일민법 아래서는 우리 민법상 위임으로 분류될 경우도 고용 또는 도급으로 분류한다.

2) 네덜란드계약법은 고용, 도급, 위임을 통합하여 하나의 노무공급계약으로 파악하였고, 독일에서도 이러한 통합안이 제출되고 있다.

3) 중세도시를 중심으로 성장한 상업자본에 의한 수공업은 생산수단, 즉 작업도구를 스스로 보유하고 있는 소생산자로 하여금 독립적인 노무를 제공토록 하고 보수는 성과급으로 지급되는 도급에 유사한 노무제공관계이었다. 독립된 노무가 아닌 종속적 노무의 제공을 목적으로 하는 노무계약관계는 사용자가 노동과정을 완전히 통제할 수 있는 공장제생산의 단계에 이르러 정착되었다.

념을 바탕으로 한 시민사회가 형성되었다. 고용계약은 근대민법전의 제정을 통하여 시민법의 원리에 따라 「합의에 기초한 계약관계」로서 성문화되었다.

(2) 社會法原理의 出現

산업화로 인해 불평등한 사회로 치닫게 되자, 이를 시정하기 위해 사회법이 출현하였다. 사회법은 법률관계의 형성을 당사자간의 자유의사에 전적으로 맡기지 않고, 일정한 기준의 준수를 요구하는 등 근로관계에 대한 법적·행정적 규제를 가한다. 노동법의 영역에서는 국가가 당사자 사이의 실질적 균형을 이루기 위하여 개인간의 법률관계에 간섭한다.

사회법사상에 기초한 노동법의 특징을 시민법에 대비하여 설명하면 다음과 같다.[1] 첫째, 노동법은 인간본체의 추상적 상태에 대해서 책임을 지는 것이 아니고 인간생존의 특정한 「구체적 상태」에 대하여 책임을 진다. 노동법은 일체의 권리를 획득하는 능력을 인간에게 보증하는 것이 아니고 「특정한」 권리를 획득할 능력을 보증한다. 둘째, 노동법에 있어서는 인간의 경험적 조건이 표준으로 된다. 그리하여 노동법은 인간존재에 있어서 본질적인 일정한 법률효과의 발생을 「意思」가 아니라 그의 「상태」(Zustand)에 결부시킨다. 시민법의 기초개념인 「의사표시」가 경험적 조건에서 해방된 의사표시 자체를 문제삼는 것과 대조적이다. 셋째, 인간은 그가 소유자인 까닭에서가 아니라 그가 인간인 까닭에 생존권을 가져야 한다고 본다. 그러므로 노동법에서는 근로자에게 민법적 권리(소유권·계약법상 권리 등)에 기초하지 않고도 그가 인간이라는 이유만으로 일정한 권리를 부여한다.

(3) 勤勞基準法

사회법원리에 기초한 노동법의 출범으로 말미암아 종래 시민법상의 고용계약은 대부분 노동법의 근로계약으로 흡수되었다. 노동법 중에서 근로관계의 최저기준을 정하는 勤勞基準法(제1953년 제정)은 「근로자가 사용자에게 근로를 제공하고 사용자는 이에 대하여 임금을 지급함을 목적으로 체결된 계약」을 「근로계약」이라 하며, 동법은 이 근로계약을 주요한 규율대상으로 한다.[2] 근로기준법은 민법의 특별법이다.

1) 金麗洙, "사회법의 개념," 성균관대논문집 제6집, 1961, 103 이하.

2) 근로기준법은 개별적 근로관계를 규율대상으로 한다. 그러나 노동법 중에서도 노동쟁의조정법·노동조합법·노사협의회법 등은 집단적 노사관계를 규율대상으로 하므로 그 곳에서 다루는 노사관계는 근로계약에 국한하지 않는 보다 넓은 개념이다.

(4) 雇傭契約과 勤勞契約

근로기준법상의 「근로계약」과 민법상의 「고용계약」이 본질적으로 다른 계약유형인지를 놓고 종래 同一說과 峻別說이 대립하였다. 준별설은 다시 양자가 본질적인 차이를 갖고 있다고 이해하는 本質的 差異說과 단지 실정법상 별개의 계약유형으로 다루어질 뿐이라는 實定法區別說로 구분되었다.

(가) 同 一 說　민법의 고용은 모두 노동자가 그의 자주성을 잃게 되는 것이어서 노동법원리에 의하여 규율되는 근로계약과 같은 성질의 것으로서 표현을 달리했을 뿐이라고 보는 견해이다.[1] 과거 일정한 고용에는 근로기준법의 적용이 배제됨으로써 근로고용이 되지 못하고 민법상의 고용임에 머무르게 되었다. 고용계약의 본질은 合意, 人的 從屬, 有償의 勞務給付인데 이들은 근로계약에서도 공통된다. 근로계약은 민법제정 당시 민법입법자들이 고용계약을 이해하고 있던 것과 본질적으로 변질된 것도 없고 첨부된 것도 없는 동일한 계약일 뿐이다.

판례는 同一說에 따라 근로계약과 고용계약은 모두 종속노동에 관한 것으로서 실질적으로 같은 것으로 파악한다.

> 大判 1996. 7. 30, 96도732: 근로기준법상의 근로자에 해당하는지 여부를 판단함에 있어서는 그 계약이 민법상의 고용계약이든 또는 도급계약이든 그 계약의 형식에 관계 없이 그 實質에 있어 근로자가 사업 또는 사업장에 임금을 목적으로 종속적인 관계에서 사용자에게 근로를 제공하였는지 여부에 따라 판단하여야 한다.
>
> 大判 1998. 5. 8, 98다6084: 산업재해보상보험법의 규정에 의한 보험급여의 대상자가 되기 위하여서는 재해 당시에 근로기준법의 규정에 의한 근로자이어야 할 것이고, 근로기준법상의 근로자에 해당하는지 여부를 판단함에 있어서는 그 계약의 형식이 민법상의 고용계약인지 또는 도급계약인지에 관계 없이 그 실질에 있어 근로자가 사업 또는 사업장에 임금을 목적으로 종속적인 관계에서 사용자에게 근로를 제공하였는지 여부에 따라 판단하여야 한다.

(나) 本質的 差異說　고용은 시민법인 민법상의 개념으로서 사회법인 노

---

1) 李鍾馥, "해지와 해고제한의 법원리," 김진웅화갑기념 노동법과 노동정책, 1985, 102; 민법주해(15), 310(南孝淳 집필부분). 郭潤直, 412~414에서는 독일민법상의 고용 및 위임의 개념은 우리 민법의 그것과 위임의 유상성의 면에서 다르다고 지적하면서, 유상위임을 허용하는 우리 민법의 해석으로서는 독일민법에서와 같이 고용과 근로계약의 준별설을 취할 이유가 없다고 설명한다.

동법상의 개념인 근로계약과 엄격히 구별된다고 보는 견해이다.[1] 근로계약은 노동법이 시민법에 대항하여 독자적인 지위를 차지함에 따라 고용과 구별되는 독자적인 법률개념으로 성립하게 되었다고 본다. 고용의 성질은 일체의 사회적·경제적 차이가 사상(捨象)된 자유·평등한 추상적·법적 인격자간의 자유계약인 반면에, 근로계약의 성질은, 첫째, 근로계약의 당사자는 생산수단소유자로서의 사용자와 급료생활자 사이의 구체적 관계라는 점, 둘째, 근로계약이 노동력과 임금의 등가교환을 목적으로 하는 계약이란 본질은 고용과 다르지 않지만 근로계약의 채권법적 요소는 노사의 집단의사나 국가의사에 의해 크게 제한받는다는 점, 셋째, 고용중에 사실로 존재하는 신분적·조직적 요소를 근로계약에서는 법적 계기로서 받아들인다는 점에 있다고 한다.[2] 同一說에 대하여 근로계약을 노동법의 발전과정중에서 파악하지 않고 고용과 동등한 차원으로 파악하여 고용의 법률개념 속에 묶어두려는 오류를 범하고 있다고 비판한다.

㈐ 實定法區別說 근로관계는 채권적 계약관계로서는 민법의 고용관계에 속하는 것이지만, 근로자보호를 위한 근로기준법과 기타 계약의 자유를 제약하는 제반법령의 적용을 받는다는 의미에서 특수한 법률관계라고 보는 견해이다.[3] 근로계약은 법개념의 독자적인 역사적 자기전개에 의해 대두된 것이 아니라 자본주의적 고용관계의 발전과 더불어 사회경제적으로 형성·발전되어 나온 것이라고 한다. 근로계약의 특징은 기본적으로 조직적 종속에서 찾아져야 하되 그 종속노동의 의미는 사용자에 의한 노동과정의 적극적 주도와 노동분업적인 생산체제에 있다고 한다. 그러나 노동보호법적인 관점에 있어서는 양자가 준별되어야 할 실제적 이유는 없고, 오히려 근로계약은 더 광의의 개념으로 이해되어야 한다고 주장한다.[4]

---

1) 金致善, 노동법강의, 1981, 202.

2) 앞의 책, 204~225.

3) 金亨培, 노동법(제10판), 1998, 181: 고용을 독일에서와 같이 의사에 의한 병의 치료나 변호사에 의한 소송사건의 처리까지 포함하는 넓은 의미로 파악하기 때문에 이들의 법률관계는 고용에는 속하나 근로관계는 아니라고 본다. 그 밖의 대부분의 고용관계는 근로관계의 성질을 갖는다고 한다. 李永熙, "근로계약의 법적 성격과 制約構造에 관한 연구," 1987년 서울대박사학위논문, 59 이하(同著, 근로계약론, 인하대출판부, 1988로 간행되었음)에서는 실정법구별설 중에도 고용의 범위를 앞의 견해보다는 좁게 해석하면서도 근로계약을 독자의 계약유형으로 파악한다.

4) 근로관계의 성질에 관해서 우리 노동법학계는 人法的 共同關係說(이영희, 앞의 책, 128)과 債權關係說(김형배, 앞의 책, 193)이 대립한다. 전자는 근로자가 인적 노무제공을 하는 과정에서 직접 사용자의 지배영역에 유기적으로 편입되던 그 근로관계는 사실관계로서 인법적 공동체관계로서의 성격을 갖는다고 한다. 후자는 근로관계가 법률상의 공동관계 또는 조합관계에 해당하지 않는 한 그러한 주장은 타당하지 않다고 한다.

㈑ 私 見 다음과 같은 이유에서 동일설에 찬동한다. 첫째, 사용자와 노무자의 경제적 · 사회적 지위가 대등하므로 양자간의 합의를 존중하여야 한다는 자유로운 고용계약의 원리는 근대시민법시대의 법사상이었지만, 현대민법학은 고용에 있어서 양 당사자의 불균형을 고려하고 있고 실제적 이익형평이 이루어지는 공정한 고용계약관계를 추구하고 있으므로 근로계약과의 본질적 차이는 없어졌다.[1] 임대차에서 임대인과 임차인이 사회정형적인 강자 · 약자의 관계에 있듯이 고용에서의 사용자와 노무자도 그러한 정형화된 강자 · 약자로 분류되어야 한다는 점이 충분히 인식되고 있다.[2] 그렇다면 근로계약에서나 고용에서나 사용자와 근로자 · 노동자는 사용자의 업무지시에 따라 노동을 제공한다는 사실을 살펴볼 때, 양 개념이 본질적으로 동일하다. 둘째, 독일민법에서 고용 · 위임의 구분(독일민법은 위임을 유상노무만에 한정)으로 말미암아 불가피했던 독일의 준별설을 우리 민법하에서는 받아들일 필요가 없다. 우리 민법의 고용에는 의사의 치료나 변호사의 소송업무 등의 獨立的 有償勞務는 포함되지 않고, 이들은 위임이나 도급으로 처리된다.

勤勞契約에의 民法適用

근로계약에 관하여 근로기준법에 규정이 없는 사항은 어떻게 해결할 것인가에 대하여는 학설이 대립한다. 동일설의 입장에서는 근로계약과 고용은 용어의 차이에도 불구하고 본질적으로 같은 계약관계이므로 근로기준법의 특별규정이 없는 경우에는 민법의 일반규정이 적용된다고 해석한다.[3] 그러나 본질적 차이설에서는 근로계약은 고용과는 본질을 달리하므로 비록 근로기준법에 규정이 없더라도 근로계약의 독자적 원리에 비추어 해석으로 보충하여야 하지 시민법적 원리에 기초한 민법을 적용하여서는 안 된다고 한다.[4] 실정법구별설에서는 동일설과 마찬가지로 근로관계에 대해서 민법규정이 보충적으로 적용된다고 한다.[5] 동일설을 취하는 사견으로서는 민법의 보충적 적용을 인정한다. 단 민법의 고용규정은 외국법에서처럼 사용자 · 노무자의 법률관계를 세심하게 규율하고 있지 못하며, 고용에 관한 9개 조문

1) 노동법학에서는 종속노동의 인식에 관해서 학설이 대립한다. 즉 종속노동을 근로자의 생산수단의 비소유라는 경제적 이유에서 찾는 견해가 있는가 하면(金致善, 노동법강의, 202), 사용자에 의한 노동과정의 적극적 주도와 노동분업적인 생산체제에서 찾는 견해(金亨培, 노동법(제10판), 183 이하; 李永熙, 앞의 책, 59)도 있다.

2) 郭潤直, 414; 金錫宇, 304; 金疇洙, 345; 金曾漢, 288~289.

3) 郭潤直, 413. 민법주해(15), 310(南孝淳 집필부분).

4) 金致善 교수는 이를 명백히 밝히고 있지 않으나 그의 이론의 취지로부터 그와 같은 결론이 유추된다.

5) 金亨培, 노동법(제10판), 182.

의 대부분에 관하여 근로기준법의 특별규정이 있기 때문에 쓸모가 적다. 그러나 법률행위, 계약의 성립, 계약의 효과, 채무불이행 등에 관한 민법규정은 근로계약의 특성에 어긋나지 않는 한 일반법으로서 적용된다.

3. 雇傭의 法律關係

(1) 勞務의 提供

㈎ 從屬的 勞動　고용계약은 노무자의 노무의 제공을 목적으로 한다. 제공되어야 할 노무는 사용자의 지휘 · 명령에 따른 종속된 노무이다.[1] 노무의 개괄적 내용(사무원 · 점원 · 청소원의 노무 등)은 당사자의 합의에 의해 결정된다. 처음에 정한 노무의 종류나 내용을 변경 · 확장하기 위해서는 당사자의 새로운 합의를 필요로 한다.[2]

大判 1994. 8. 26, 94다15479: 사립학교 교원의 임용을 위한 계약은 사립학교법 소정 절차에 의하여 이루어지는 것이지만, 그 법적 성질은 私法上 雇傭契約에 다름 아닌 것으로 그 계약체결에 관한 당사자들의 의사표시에 무효 또는 취소의 사유가 있으면 그 상대방은 이를 이유로 당연히 그 임용계약의 무효 취소를 주장하여 그에 따른 법률효과의 발생을 부정하거나 소멸시킬 수 있고, 또한 이러한 계약에 조건을 붙일 수도 있는 것이고, 그 계약이 조건부일 때에는 당연히 그 조건의 성취 여부에 따라 그 계약의 효력이 좌우된다.

大判 1996. 7. 30, 96도732: ① 從屬的인 關係가 있는지 여부를 판단함에 있어서는 업무의 내용이 사용자에 의하여 정하여지고, 취업규칙 · 복무규정 · 인사규정 등의 적용을 받으며, 업무수행과정에 있어서도 사용자로부터 구체적이고 직접적인 지휘 · 감독을 받는지 여부, 사용자에 의하여 근무시간과 근무장소가 지정되고 이에 구속을 받는지 여부, 근로자 스스로가 제3자를 고용하여 업무를 대행케 하는 등 업무의 대체성 유무, 비품 · 원자재 · 작업도구 등의 소유관계, 보수가 근로 자체의 대상적(대상적) 성격을 갖고 있는지 여부와 기본급이나 고정급이 정하여져 있는지 여부 및 근로소득세의 원천징수 여부 등 보수에 관한 사항, 근로제공관계의 계속성과 사용자에의 전속성의 유무와 정도, 사회보장제도에 관한 법령 등 다른 법령에 의하

1) 金喆源, "종속노동의 본질에 관한 연구," 이재철화갑기념 현대민상법의 연구, 1984, 643 이하: 徐禮教, "근로계약의 특수성," 기업법무 제3호, 1987년 9월호.

2) 같은 취지: 주석 채권각칙(Ⅱ), 350(정권섭 집필부분).

여 근로자로서의 지위를 인정받는지 여부, 양 당사자의 경제 · 사회적 조건 등을 종합적으로 고려하여 판단하여야 한다. ② 입시학원 운영자의 시설 내에서 수강생에게 강의를 하고 매월 수강료 수입금의 일정비율을 배분받기로 한 입시학원 단과반 강사는 학원측에 대하여 사용종속관계하에서 임금을 목적으로 근로를 제공하는 근로자로 볼 수 없다는 이유로 이를 근로기준법상의 근로자로 보아 유죄를 인정한 원심판결을 파기한다.[1)]

(나) 約定範圍 밖의 勞務拒絶 사용자가 노무자에 대하여 약정하지 아니한 노무의 제공을 요구할 때에는 노무자는 계약을 해지할 수 있다(제658조 1항).

(다) 機能不足 약정한 노무가 특수한 기능을 요하는 경우에 노무자가 기능이 없는 때에는 사용자는 계약을 해지할 수 있다(제658조 2항).

(라) 勞務提供義務의 一身專屬性 노무자의 노무는 통상 일신전속성을 가지므로 노무자는 사용자의 동의 없이 제3자로 하여금 자기에 갈음하여 노무를 제공하게 하지 못한다. 만약 노무자가 이에 위반한 때에는 사용자는 계약을 해지할 수 있다(제657조 2항 · 3항).

(마) 使用者의 權利讓渡制限 사용자는 노무를 청구하는 고용계약상의 권리를 노무자의 동의 없이 제3자에게 양도하지 못한다. 만약 사용자가 이에 위반하면 노무자는 계약을 해지할 수 있다(제657조 1항 · 3항).

(바) 事業讓渡와 雇傭關係 사용자가 그의 사업을 영업양도에 의해 제3자에게 포괄적 이전한 경우에 사용자와 노무자의 고용관계의 운명은 어떻게 되는가. 독일민법에는 사업 또는 사업부분이 다른 사업주에게 양도되는 경우, 매수인은 양수 당시 존재하는 고용관계에서 발생하는 권리 · 의무를 인수한다는 명문의 규정을 둔다(독민 제613a조). 그러한 법률규정이 없는 우리 나라에서는 해석론에 의할 수밖에 없다.

1) 自動引受說 영업양도로 양수인이 기존의 노동관계를 자동적으로 인수한다고 해석하는 견해이다. 노동법학자들은 근로기준법 제30조 1항의 해고를 정당한 이유가 있는 경우로 제한하는 규정을 기초로 하여 근로관계의 자동인수설을 지지한다.[2)] 즉 사업의 양도란 단순한 개개의 재산을 양도하는 것이

---

1) 판례는 관현악단장과 전속계약을 체결한 경우는 KBS의 근로자라고 본다(大判 1998. 2. 27, 96다54294).

2) 金致善, 노동법강의, 285; 金亨培, 노동법(제10판), 400; 林鍾律, "사업의 양도와 노동관계," 숭전대 법학논총 창간호, 1985, 73; 李相德, "영업의 양도와 노동관계," 전북대 법학연구 제12집, 1985, 253 이하.

아니고 노동기술상의 목적을 가진 조직체로서 기업 또는 그 일부분을 양도하는 것이므로, 사업양도는 정당한 해고사유가 되지 못한다고 한다. 단 자동인수설을 취하는 학자 중에서도 중소기업에서와 같이 사용자 개인과 근로자 개인의 인적 결합관계가 짙은 경우에는 특약을 요한다고 보는 견해[1]와 근로기준법이 적용되지 않는 고용관계에 관하여는 양도당사자간의 특약을 요한다고 보는 견해[2]가 있다.

2) 特約要件說 노무자의 동의는 별론으로 하더라도 사업의 양도인과 양수인 사이에 특약이 있는 때에만 양수인이 노동관계를 인수한다고 해석하는 견해이다.[3] 사견으로서는 특약요건설에 찬동한다. 고용관계에 해고제한에 관한 근로기준법 제30조 1항은 적용되지 않고 또한 주택임대차에 있어서와 같이 임차주택의 양수인이 임대인의 지위를 승계한 것으로 본다는 규정(주임법 제3조 2항)도 없으므로 자동인수설을 취하는 것은 무리라고 생각된다. 결국 사업양도당사자간의 특약을 필요로 한다고 해석할 수밖에 없다. 그러나 입법론으로서는 독일민법에서와 같은 명문규정을 신설하는 것이 바람직하다.

(2) 報酬의 支給

㈎ 報酬支給義務의 發生 고용계약은 언제나 有償契約으로서 사용자에게 보수지급의무가 발생한다(제655조). 보수의 종류(금전 또는 기타의 물건, 재산권)나 금액은 당사자의 합의, 단체협약(사용자와 근로자단체 사이에 체결되는 협정), 취업규칙(사용자에 의해 미리 마련된 노동조건)에 의해 정해진다. 만약 이상에 정함 없는 경우에는 관습에 의하여 지급하여야 한다(제656조)(묵시적 합의시에는 관습에 의해 결정: 大判 1999. 7. 9. 97다58767). 고용계약상의 보수는 근로기준법의 임금과 마찬가지로 고용관계에 대한 보상의 성격을 가지며, 퇴직금 · 가족수당 · 휴직수당 등 현실적 노동과 직결되지 않는 부분도 포함된다.

㈏ 支給時期 보수는 약정한 시기에 지급하여야 하며, 시기의 약정이 없으면 관습에 의하고, 관습이 없으면 약정한 노무를 종료한 후 지체없이 지급하여야 한다(報酬後給의 원칙; 제656조 2항). 고용관행에 의하면 매월 1회 이상의 지급일을 정하여 보수를 지급한다.

㈐ 報酬의 受領權限 無能力者가 노무를 제공하는 경우 고용계약의 체

---

1) 金亨培, 노동법, 400~401.

2) 林鍾律, 앞의 글, 73.

3) 독일민법 제613a조가 삽입된 1972년까지 독일의 학설은 특약필요설(Heuck-Nipperdey, Staudinger-Mohnen 등)과 자동인수설(Nikisch, Esser, Soergel-Volze 등)이 대립하였다. 林鍾律, "사업의 양도와 노동관계," 숭전대 법학논총 창간호, 1985, 61 이하에 그에 관한 설명이 있다.

결에는 법정대리인의 동의를 필요로 하지만, 일단 제공한 노무의 대가인 보수의 수령권한은 무능력자 본인이 갖는다고 해석된다. 근로기준법 제66조도 미성년자도 독자적으로 임금을 청구할 수 있다고 규정한다. 고용계약의 동의에는 노무제공뿐 아니라 보수수령에 관한 것까지 포함되기 때문이다. 금치산자가 보수청구권을 소송상 행사하기 위해서는 법정대리인의 소송상 대리를 필요로 하지만, 미성년자와 한정치산자는 자신이 소송행위를 할 수 있다(민소법 제55조).

㈑ 押留 · 相計의 制限 보수는 근로자의 생존의 기초가 되므로 그 금액의 2분의 1을 초과하는 부분에 대한 압류는 제한된다. 민사소송법에서는 급료 · 연금 · 봉급 · 상여금 · 퇴직금 · 퇴직연금 기타 유사한 성질을 가지는 급여채권의 2분의 1 상당액은 압류하지 못하도록 규정한다(민집법 제246조 4호). 이 압류금지의 범위 내에서는 사용자가 노무자의 보수청구권을 수동채권으로 하고 자기가 갖는 채권(假拂金 등)을 자동채권으로 하여 상계할 수 없다(제497조).

㈒ 債權者遲滯時 報酬請求權 노무자의 노무제공이 사용자의 귀책사유로 급부불능이 된 경우나 노무자가 사용자의 채권자지체로 말미암아 노무를 제공하지 못한 경우에는 노무자는 실제로 노무를 제공하지 않았음에도 불구하고 사용자에 대하여 보수청구권을 갖는다(제538조 1항). 이 때 노무자는 추후에 그 때 제공하지 못한 노무를 다시 제공할 필요는 없다.[1] 만약 노무자가 노무의 제공을 면함으로써 이익을 얻은 때에는 이를 사용자에게 상환하여야 한다(제538조 2항). 동력 · 원료 · 기계 · 기술자 등이 결핍하여 노무를 시키지 못하는 사용자측에서 생긴 경영위험은 사용자의 귀책사유로 인하여 급부불능에 해당한다고 해석된다(위험분담에 관한 설명 참조).[2] 그 당시에 제공되지 않은 노무자의 노무는 사장되어 소멸한다고 해석된다(후일에 제공되는 노무는 그 날분의 노무이지 전일분의 노무는 아니다).[3]

---

1) 같은 취지: 郭潤直, 429; 金錫宇, 313; 金疇洙, 365; 金曾漢, 301; 金顯泰, 228; 金亨培, 573. 반대설: 李太載, 283.

2) 金亨培, 채권총론, 312도 결론에 있어서는 같으나 이론구성에 차이가 있다.

3) 근로기준법은 「사용자의 귀책사유로 인하여 휴업하는 경우에는 사용자는 휴업기간중 당해 근로자에 대하여 평균임금의 100분의 70 이상의 수당을 지급하여야 한다」고 규정하고 있다(동법 제45조). 이 규정과 민법 제538조와의 관계에 대하여 문제가 있다. 우리 나라에서는 근로기준법 제45조의 귀책사유에는 민법상의 귀책사유에 해당할 수 없는 것, 즉 경영장애 등과 같이 사용자의 세력범위에 속하는 사유도 포함되어 있다고 보며, 따라서 사용자의 고의 · 과실이 인정되는 사유에 의한 휴업의 경우에는 근로기준법 제45조에 의한 휴업수당청구권과 민법의 규정에 의한 임금 전액에 대한 청구권이 동시에 발생되어 이 두 청구권이 경합관계에 있다고 보는 견해가 유력하다(金亨培, 노동법, 254). 이 경우에 휴업수당지급의 한도 내에서는 민법상의 청구권은 소멸하고, 임금지급이 평균임금의 100분의 70 이상이 되는 부분에 관해서는 휴업수당청구권이 소멸된다고 해석하여야 할 것이다. 독일민법 제615조(수령지체)는 노무의 권리자가 노무의 수령에 관하여 지체에 빠지는 때에는 의무자는 추완납부를 할 의무를 지지 아니하고 그 지체로 인하여 급부할 수 없었던 노무에 대하여 약정된 보수를 청구할 수 있다. 그러나 의무자는 노무를 급부하지 아니함으로써 절약할 수

㈓ 契約의 無效 · 取消와 報酬請求權　일단 체결된 고용계약에 기초하여 노무자가 노무를 제공한 후에 그 계약이 무효임이 밝혀졌거나(무권대리 등) 취소된 경우(착오, 사기, 강박 등)라도 근로자는 이미 제공한 노무에 대한 보수를 청구할 수 있는가. 이미 제공한 노무 및 그에 대한 보수지급의 법률관계를 없었던 것과 같이 소급적으로 소멸시킨다는 것은 부당하므로, 노무공급계약에 있어서는 이미 제공된 노무의 부분에 대해서까지 무효 · 취소의 소급효를 주장하는 것이 제한되어야 한다. 그 이론적 근거로서 과거에는 「사실적 계약이론」이 주장되었으나, 근래에는 「노무공급계약의 무효 · 취소의 경우 소급효제한이론」으로 설명된다(앞의 설명 참조).[1] 사용자는 이미 수령한 노무에 대해서는 고용계약의 무효 · 취소에도 불구하고 보수지급의무를 진다.

(3) 信義則上 附隨義務

고용에 의해 발생하는 계약의무로서 노무제공의무와 보수지급의무 외에 대표적으로 誠實義務와 安全配慮義務가 신의칙에 기해 인정된다.[2] 계약관계는 단순한 급부의 교환만으로 인정되지 않고, 계약당사자는 신의칙상 부수의무를 함께 부담한다(앞의 설명 참조).

1) 誠實義務　성실의무란 근로자가 노무의 제공에 있어서 부담하는 업무상 비밀의 엄수, 물자의 절약, 기계의 주의 깊은 관리 등 업무를 성실하게 수행하여야 할 의무로 이해된다.[3]

2) 安全配慮義務　사용자가 근로자의 생명 · 건강 · 재산 등에 침해가 생기지 않도록 안전 · 위생시설을 하거나 기타의 조치를 강구하여야 할 의무를 안전배려의무라고 한다.[4]

大判 1999. 2. 23, 97다12082: 사용자는 근로계약에 수반되는 신의칙상의 부수

있었던 것 또는 그 노무를 다르게 사용함으로써 취득하거나 또는 악의로 취득을 태만히 하는 것의 가격을 공제하여야 한다고 규정한다. 大判 1981. 12. 22, 81다626 에서는 사용자의 부당한 해고처분이 무효이거나 취소된 때에는 그 동안 피해고자의 근로자로서의 지위는 계속되고 단지 사용자의 귀책사유로 근로를 제공하지 못했으므로 그 기간 동안의 임금의 전부를 청구할 수 있다고 한다.

1) 같은 취지: 金疇洙, 353.

2) 郭潤直, 425, 429; 金疇洙, 359; 金曾漢, 301. 성실의무 · 보호의무는 노동법학에서도 근로계약에 관해 인정한다. 金基善, 노동법강의, 208.

3) 大判 1997. 10. 24, 97다24603: 증권회사 직원이 과당매매행위를 한 것인지 여부는 주식매매의 반복이 전문가로서 합리적인 선택이라고 볼 수 있는지의 여부를 기준으로 판단하여야 하며 무리한 회전매매는 충실의무 위반이 될 수 있다.

4) 拙稿, "산업재해의 안전의무," 인권과 정의, 변협, 1991년 9월호, 16 이하.

적 의무로서 피용자가 노무를 제공하는 과정에서 생명, 신체, 건강을 해치는 일이 없도록 물적 환경을 정비하는 등 필요한 조치를 강구하여야 할 보호의무를 부담하고, 이러한 보호의무를 위반함으로써 피용자가 손해를 입은 경우 이를 배상할 책임이 있다.

독일의 논의

성실의무(Treupflicht)와 배려의무(Fürsorgepflicht)의 독일게르만법에서 유래하는 것으로서 독일법학에서는 그의 인정 여부 및 인정근거에 관해 독일민법제정 당시 이래 논쟁이 있어 왔다.[1] 인정설[2]에서는 근로자의 성실의무를 "최선을 다하여 사용자와 그의 경영의 이익을 도모하고 이러한 이익에 해가 되는 어떤 일도 행하지 않을 의무"로 파악하고 사용자의 배려의무는 "근로관계의 범위 내에서 근로자를 위하여 노력하고, 그에게 보호와 배려를 배풀고 근로자의 이익에 해로운 일체의 일을 행하지 않을 의무"로 이해한다. 인정설은 근로계약의 독자적인 의무로서 인정했다. 그러나 인정론에 대해서는 성실 · 배려의무의 존재 자체를 부인하는 절대적 부인설[3]과 성실 · 배려의무는 신의성실의 원칙적 파생원리로서 채권관계에 따르는 부수의무에 불과하며 근로계약 특유의 독자적인 의무는 아니라는 견해[4]로부터의 비판이 행해졌다. 특히 절대적 부인설에서는 노무급부에 관한 근로자의 성실의무는 법적으로 불가능하며 노무급부와 직접 관련 없는 성실의무로서 사용자의 경영의 이익을 최선을 다하여 지키고 이익에 해가 되지 않도록 행동할 의무를 근로자에게 부과하는 것은 근로자에 대한 무제한한 인적 속박을 의미하므로 불가능하다고 한다. 독일민법은 사용자에게 노무자의 건강 등을 배려할 의무를 명문으로 규정한다.[5]

---

1) Gierke, *die Wurzeln des Dienstvertrags, Festschrift für Hans Brauner,* 1914, S. 54f.; 李永熙, 10 이하.

2) Hueck-Nipperdey, *Lehrbuch des Arbeitsrechts,* Bd. Ⅰ, 7. Aufl., 1963, S. 242, 390; 李永熙, 앞의 책, 183 이하.

3) E. Wolf, *Das Arbeitsverhältnis-Personnenrechtilches Gemeinschaftsverhältnis oder Schuldverhältnis,* Marburg, 1970, S. 30.

4) P. Schwerdtner, *Vom Sinn und Unsinn einer Kodifikation des Allgemeinen Arbeitsvertragsrechts, ZfA,* 1979, S. 81f.

5) 독일민법 제617조는 노무자의 생업활동의 전부 또는 주요한 부분을 필요로 하는 계속적 고용관계에 있어서 노무자가 가족공동체에 가입한 때에는 사용자는 노무자의 질병의 경우에 6주일의 기간까지 필요한 급식과 의료를 제공하여야 한다고 규정한다. 그 밖에 제618조는 다음과 같은 노무자보호규정을 둔다.

① 노무권리자는 노무급부의 성질상 허락할 수 있는 한도에서 생명 및 건강의 위험으로부터 의무자를 보호하기 위하여 노무집행을 위하여 공여한 장소 · 장치 또는 기구를 적당히 설비 및 유지하며 또 자기의 명령 또는 지시하에 할 노무급부를 적당히 규율하여야 한다.

② 의무자가 가정협동체에 가입한 때에는 노무권리자는 거실과 침실, 급식 및 노무시간과 휴식시간에 관하여 의무자의 건강 · 풍습 및 종교상 필요한 시설 및 규율을 하여야 한다.

③ 노무권리자가 의무자의 생명 및 건강에 관하여 부담하는 의무를 이행하지 아니하는 때에는 그 자의 손해배상의무에 관하여 불법행위에 관한 제842조 내지 제846의 규정을 준용한다.

4. 雇傭의 存續期間과 終了

(1) 存續期間

(가) 기간의 약정이 있는 경우　고용계약에서는 일정한 존속기간을 정해 줄 수 있으나 그 上限은 3년이다(제659조 1항). 다른 한편 근로기준법 제23조는 "근로계약은 기간의 정함이 없는 것과 일정한 사업완료에 필요한 기간을 정한 것을 제외하고는 그 기간은 1년을 초과하지 못한다"고 규정하고 있어서 민법 제659조 1항의 3년이란 기간제한은 실제로 거의 적용이 없다. 이렇게 근로계약기간에 관하여 최장기의 제한을 둔 취지는 장기근로계약으로 인한 인신구속의 폐단을 배제하고 퇴직의 자유를 보장하기 위해서이다. 그러나 최장기간의 제한은 근로계약을 단기로 체결하도록 종용하는 효과를 가져오므로, 근로관계를 계속하고 싶어하는 근로자로서는 신분의 불안정을 느끼게 된다. 계약기간 종료 후 계약이 갱신될 것인가가 불분명하기 때문에 안정적인 근로관계를 지속할 수 없다는 단점이 있다. 근로기준법의 최장기간제한규정으로부터 이익을 얻는 측은 근로자가 아니라 오히려 사용자인 경우가 많다.[1)]

법률이 정하는 最長期間의 한계를 초과하는 기간약정이 무효로 되는 것은 아니고, 그 기간약정 자체는 有效하되 최장기간 경과 이후에 근로자는 계약을 해지할 권리를 가질 뿐이다. 사용자는 법정최장기간(1년)의 경과를 이유로 근로계약이 당연히 종료되었음을 주장할 수 없다. 법정기간보다 긴 계약기간(예: 2년)이 만료하면 특별한 사정이 없는 한 사용자의 해고 등 별도의 조치를 기다릴 것 없이 계약이 종료된다(大判[全合] 1996. 8. 29, 95다5783).[2)]

大判 1996. 8. 29, 95다5783: 근로기준법 제21조(현행법 제23조)의 입법취지는 장기의 근로기간을 정함으로 인하여 근로자가 퇴직의 자유를 제한당하게 됨으로써 장기간 근로의 계속을 강요당하는 것을 방지할 목적으로 근로자 보호를 위하여 1년을 초과하는 근로계약기간 부분의 근로관계에 있어서 근로자에게 퇴직의 자유를 보장하려는 것에 있고, 근로계약기간은 단지 근로계약의 존속기간에 불과할 뿐 「근로관계에 있어서 임금 · 근로시간 · 후생 · 해고 등 근로자의 대우에 관하여 정한 조건」을 의미하

---

1) 같은 취지: 조성혜, "근로계약기간 제한의 문제점," 노동법률 1996년 1월호.

2) 拙稿, "임시직근로자의 계속근로와 퇴직금산정 — 근로계약의 기간 및 갱신을 중심으로 —," 민사판례연구 제17권, 1995 참조.

는 근로기준법 제20조(현행법 제24조) 소정의 근로조건에 해당하지 아니하므로, 근로계약 당사자는 원칙적으로 이를 임의로 정할 수 있으며, 따라서 1년을 초과하는 근로계약기간을 정하여 근로계약을 체결하였다 하더라도 그 계약기간의 정함 자체는 유효하므로 약정기간 범위 내에서는 사용자는 근로기준법 제21조(현행법 제23조)를 근거로 단순히 근로자에게 1년의 기간이 경과하였음을 이유로 근로관계의 종료를 주장할 수 없고 다만 근로자로서는 1년이 경과한 후에는 언제든지 당해 근로계약을 해지할 수 있다 할 것이며, 한편 근로계약기간을 정한 경우에 있어서 근로계약 당사자 사이의 근로관계는 특별한 사정이 없는 한 그 기간이 만료함에 따라 사용자의 해고 등 별도의 조처를 기다릴 것 없이 당연히 종료된다.

(나) 法定更新 고용기간이 만료한 후 근로자가 계속하여 그 노무를 제공하는 경우에 사용자가 상당한 기간 내에 이의를 하지 아니한 때에는 전고용과 동일한 조건으로 다시 고용한 것으로 본다(제662조 1항 앞문장). 이 때 자동적으로 갱신된 고용은 기간을 정하지 않는 고용으로 되어 당사자는 언제든지 해지통고를 할 수 있고 그 후 1개월의 경과로 해지의 효력이 발생한다(제662조 1항 뒷문장, 제660조). 그러나 갱신할 때에 계약기간을 정한 때에는 기간의 약정 있는 고용으로 된다. 판례는 자동적인 계약갱신의 경우에 종전과 동일한 조건으로 동일한 기간으로 계약한 것으로 추정한다. 법정갱신의 경우 전고용에 대하여 제3자가 제공한 담보(신원보증금 등)는 기간의 만료로 인하여 소멸한다(제622조 2항).[1]

大判 1986. 2. 25, 85다카2096: 민법 제662조에 의하면 고용기간이 만료된 후 노무자가 계속하여 노무를 제공한 경우에 사용자가 상당한 기간 내에 이의를 하지 아니한 때에는 앞의 고용계약과 동일한 조건으로 고용한 것으로 보게 되어 있으므로, 원·피고간의 이 사건 해외취업 연장계약기간은 특단의 사정이 없는 한, 당초의 해외취업 계약기간과 동일한 기간으로 연장되었다고 보아야 한다.

大判 1998. 1. 23, 97다42489: 1년간 계약기간이 종료할 때마다 그 즉시 1년분 퇴직금을 지급함으로써 그 때마다 종전의 근로관계를 정산하여 온 점과 근로자가 외국인으로서 행정당국으로부터 단기간의 체류허가를 받아 국내에 거주하면서 재임용계약이 체결될 때마다 그에 맞추어 체류기간의 연장허가를 받아 온 점들에 비추어 볼 때, 근로자와 사용자 사이의 임용계약이 반복되어 갱신되었고 그 동안 재

1) 신원보증금에 관하여는, 주석 채권각칙(Ⅱ), 357 참조.

계약 신청을 거부당한 강사가 없으며, 임용계약서에 기존의 근로자가 기간만료 전 2개월 전까지 재계약 신청을 하면 자동으로 임용계약이 갱신된다는 조항이 포함되어 있다는 사정만으로는 사실상 기간의 정함이 없는 근로자의 지위에 있었다고 보기 어렵다.

㈐ 기간의 약정이 없는 경우　고용계약은 기간의 정함이 없이 체결될 수 있으며, 이 경우에는 쌍방당사자에게 해지의 자유가 인정된다(제660조 1항).

(2) 解　止

㈎ 契約의 終了事由　고용계약은 다른 계속적 계약에서와 같이 約定期間 滿了, 解止通告, 卽時解止, 또는 당사자의 사망(제657조의 유추해석)으로 인하여 종료한다. 사용자측에서 한 고용의 해지를 解雇라고 하며, 근로기준법 제30조는 해고의 제한에 관해 구체적으로 규정한다.[1]

㈏ 解止通告　해지통고란 해지의 의사표시를 한 후 일정기간이 지난 후에 계약종료의 효과가 발생하는 경우를 말한다. 고용의 약정기간이 3년을 넘거나 당사자의 일방 또는 제3자의 종신까지로 된 때에는 각 당사자는 3년을 경과한 후 언제든지 계약해지의 통고를 할 수 있다(제659조 1항). 이 경우 해지의 효력은 상대방이 해지통고를 받은 날로부터 3개월이 경과한 때로부터 생긴다(제695조 2항). 고용기간의 약정이 없을 때에 당사자는 언제든지 계약해지의 통고를 할 수 있다(제660조 1항). 이 경우 해지의 효력은 상대방이 해지통고를 받은 날로부터 1개월이 경과한 때로부터 생긴다(제660조 2항). 그러나 기간으로 보수를 정한 때에는 상대방이 해지통고를 받은 당기 후의 1기를 경과함으로써 해지의 효력이 생긴다(제660조 3항).

㈐ 卽時解止　해지의 효력이 해지의 의사표시 후 즉시 생기는 해지권의 발생사유는 다음과 같다. 민법은 즉시해지의 경우에 계약종료시까지 유예기간을 부여하지 않으나, 고용관행에 비추어 볼 때 한두 달 정도의 유예기간을 부여하여 근로자로 하여금 다른 일자리를 찾도록 배려한다.

근로자에게 해지권이 생기는 경우는 다음과 같다. ① 사용자가 근로자의 동의 없이 그 권리를 제3자에게 양도한 때(제657조 1항), ② 사용자가 근로자에 대하여 약정하지 않은 노무의 제공을 요구한 때(제658조 1항), ③ 근로자에게 노무를 계속

1) 李鍾馥, "해지와 해고제한의 법원리," 김진웅화갑기념 노동법과 노동정책, 1985 참조.

제공할 수 없는 부득이한 사유(질병, 가정사정 등)가 있을 때, 이 경우 부득이한 사유가 사용자의 과실로 인하여 생긴 때에는 해지와 함께 손해배상을 청구할 수 있다(제661조). 판례는 "부득이한 사유란 고용계약을 계속하여 존속시켜 그 이행을 강제하는 것이 사회통념상 불가능한 경우를 말하고, 고용은 계속적 계약으로 당사자 사이의 특별한 신뢰관계를 전제로 하므로 고용관계를 계속하여 유지하는 데 필요한 신뢰관계를 파괴하거나 해치는 사실도 이에 포함되므로, 고용계약상 의무의 중대한 위반이 있는 경우에도 부득이한 사유에 포함된다"고 하였다(大判 2004. 2. 27, 2003다51675). ④ 사용자가 파산선고를 받을 때, 단 이 경우에는 사용자에 대한 해지와 함께 손해배상을 청구할 수 없다(제663조). 제 663조 2항은 "각 당사자는 계약해지로 인한 손해의 배상를 청구하지 못한다"고 규정한다. 그러나 근로자가 제663조 1항에 의해 적법하게 부여된 해지권를 행사하는 경우, 그 해지를 이유로 사용자가 근로자에 대하여 손해배상청구권을 가질 여지가 없다. 그러므로 제663조 2항은 근로자가 사용자에게 대해 해지와 함께 손해배상을 청구할 수 없다는 뜻으로 해석하는 것이 옳다.

사용자측에서 해지권을 갖게 되는 경우는 다음과 같다. ① 근로자가 사용자의 동의 없이 제3자로 하여금 자기를 갈음하여 노무를 제공하게 한 때(제657조 2항), ② 약정한 노무가 특수한 기능을 요하는 경우에 노무자가 그 기능이 없을 때(제658조 2항), ③ 사용자에게 고용을 계속할 수 없는 부득이한 사유가 있을 때, 이 경우 그 사유가 노무자의 과실로 인하여 생긴 때에는 해지와 함께 손해배상을 청구할 수 있다. ④ 사용자가 파산선고를 받을 경우, 파산관재인은 근로자에 대하여 계약을 해지할 수 있다(제663조 1항). 이 경우 각 당사자는 계약해제로 인한 손해배상을 청구하지 못한다.

㈑ 解雇의 制限　근로기준법 제30조는 "사용자는 근로자에 대하여 정당한 이유 없이 해고, 휴직, 정직, 전직, 감봉, 기타 징벌을 하지 못한다"고 규정한다. 그리고 업무상 질병으로 인한 요양기간이나 산전산후휴가 경과 후 30일 이내에는 해고하지 못한다. 경영상 이유로 인한 해고의 경우에도 긴박한 경영상의 필요가 있을 것, 사용자가 해고를 피하기 위한 노력을 다하였을 것, 합리적이고 공정한 기준을 정하여 해고대상자를 선정하였을 것, 남녀차별을 하지 않았을 것 등이 요구된다(근기법 제31조).

§26. 都　給

1. 意　義[1]

(1) 概　念

도급은 당사자 일방이 어느 일을 완성할 것을 약정하고 상대방이 그 일의 결과에 대하여 보수를 지급할 것을 약정함으로써 그 효력이 생긴다(제664조). 도급의 목적이 되는 것은 勞務인데, 그 노무는 「일의 완성」 및 「소기한 일의 결과」를 이루어 내야만 하는 것이라는 점에 도급의 특색이 있다. 도급은 有償契約으로서 일의 완성에 대하여 報酬가 지급되는 대신 수급인은 하자담보책임을 진다(제667조).

특별법의 적용을 받는 도급계약이 점차 증가하고 있다. 運送은 도급의 성질을 갖지만, 상법상 독립의 계약유형으로 다루어지고 철도법 · 여객자동차운수사업법 · 해상운송사업법 · 항공법 등의 특별법에 의한 규율을 받는다. 어떤 기업의 청소 · 경비 · 주차장관리 등 일정범위의 일만을 맡아서 하는 경우는 用役

---

1) 참고문헌: 金東勳, "독일의 채무불이행법의 개정논의에 관한 비판적 고찰 (상)·(하)," 사법행정 1994년 6월호 · 7월호; 同, "최근 판례상의 몇 가지 특수한 도급계약: 소프트웨어공급계약, 영상물제작공급계약, 자동화설비공사계약," 고홍법학 제2권, 1997년 10월; 金秉祚, "건물신축계약의 약정해제와 지체상금약정의 효과," 민사판례연구 제12권, 1990년 5월; 金相容, "도급금액 중 노임상당액에 대한 압류금지의 법리와 판례비판," 민사판례평석(1), 1995년 3월; 同, "매도인의 하자담보책임 및 과실상계규정의 수급인의 하자담보책임에의 적용 여부," 민사판례연구 제13권, 1991년 3월; 金亨培, "독일채권법개정위원회의 민법개정안," 고시연구 1992년 10월호; 同, "수급인의 보수청구권의 보전과 유치권의 성립," 고시연구 1995년 6월호; 同, "매매 · 도급 · 제조물책임," 고시계 1994년 4월호; 노영보, "공사의 미완성과 하자의 구별기준," 민사판례연구, 1999; 閔庚道, "수급인이 신축한 건물에 하자가 있는 경우 도급인의 위자료청구권," 사법행정 제402호, 1994년 6월호; 朴永複, "도급계약," 한국외대 외법논집 제1집, 1994; 申有哲, "도급계약상의 검수," 사법행정 제403호, 1996년 10월호; 李相泰, "도급계약에 관한 판례의 동향," 민사법학 제15호, 한국민사법학회, 1997; 同, "완성건물의 소유권귀속," 민사판례연구 제19권, 1997년 2월; 同, "수급인의 하자담보책임의 성질," 민사법학 제11·12호, 1995년; 同, "민법 제668조 단서의 해석론," 고시연구 1994년 10월호; 同, "도급인에 대한 건축하수급인의 채권담보," 건국대 법대논총 제3집, 1993년 12월; 李秀基, "건축공사도급계약에 있어서 지체임금약정의 효력: 지체상금발생의 시기와 종기를 중심으로," 부산판연 판례연구 제5집, 1995년 1월; 李準珩, "독일의 도급계약법 개정안," 법조 제47권 7호, 1998년 7월호; 정광수, "도급계약에 있어서의 위험부담," 강원대논문집(사회과학연구) 제31집, 1991; 정종휴, "독일민법의 문제점과 개정제안 (상)·(하)," 사법행정 1992년 7월호 · 8월호; 趙圭昌, "수급인의 중과실책임: 서울지방법원 위자료판결의 법리구성," 고시연구 제23권 9호, 1996년 9월호; 趙誠民, "도급계약법의 문제점과 그 개정방향," 민사법학 제15호, 한국민사법학회; 同, "도급계약상 하자담보책임," 고시계 1994년 8월호; 同, "하자담보책임과 불완전이행: 도급계약을 중심으로," 한양대 법학논총 제14집, 1997년 10월; 趙龍鎬, "하도급거래공정에 관한 법률에 있어서 해석상 몇 가지 문제점," 인권과 정의 제232호, 1995년 12월호; 趙正來, "건축도급계약이 중도 해제된 경우 수급인의 보수청구권," 부산판연 판례연구 제2집, 1992년 2월; 拙稿, "하도급에 대한 책임," 법률신문 제2371호, 1994년 12월.

業務 또는 派遣勤勞라고 하고 그 노사관계에 관하여는 파견근로법이 적용된다.

(2) 製作物供給契約

(가) 槪 念 계약당사자가 주문 · 지시에 따라 자기의 재료로 물건을 제작하여 상대방에게 공급할 의무를 지는 계약을 「제작물공급계약」이라고 한다. 제작물공급계약에서 제작자는 상대방의 주문에 응하여 자기의 재료로 물건을 제작하여 주문자에게 인도하여야 한다. 도급계약에서는 수급인이 도급인으로부터 제공받은 재료에 도급인의 지시에 따라 일을 완성할 작업의무만을 지는 것이 통상적이므로, 수급인이 작업의무뿐 아니라 재료조달의무까지 지는 경우는 일반적인 도급계약과 구별하여 제작물공급계약이라고 부른다. 제작물공급계약에서 주문자가 지급하여야 하는 대가에는 재료비와 작업보수가 함께 포함된다.

제작되어 인도되는 물건은 種類物이지만 汎用性을 갖지 않고 주문자 특유의 용도에 적합하게 제작되는 것이 보통이고, 목적물이 特定物인 때에는 도급계약으로 되는 경우가 많다.

제작물공급계약의 개념을 넓게 인정할 것인가 좁게 인정할 것인가에 관하여 학설이 대립한다.

1) 廣 義 說 제작물공급계약을 주문판매까지 포함하는 개념으로 넓게 이해하는 견해이다.[1] 광의설을 취하면서 제작물공급계약의 성질을 매매의 성질을 가진 것과 도급의 성질을 가진 것으로 분류하는 입장을 취하면 결과적으로 협의설을 취하면서 도급으로 파악하는 경우와 같아진다.

2) 狹 義 說 제작물공급계약(Werklieferungsvertrag)과 주문판매계약(Lieferungskauf)을 별개의 계약유형으로 보고, 제작물공급계약을 주문판매계약을 제외한 경우로 파악하는 견해이다.[2] 私見으로도 狹義說을 취하겠다. 주문판매는 주문에 응해 제작되어야 할 제품이 대체물로서 매매의 특성이 강한 경우로서 그것은 賣買에 속한다. 이 때 매수인의 주문은 매매목적물(상품)의 구체화나 특성의 부여로서 기능할 뿐이다. 매도인이 인도한 목적물이 계약목적에 적합한가 아닌가는 주문에 기초하여 판단되며, 적합치 못한 때에는 매도인에게 하자담보책임이 발생한다. 주문판매계약은 대개 종류매매로 다루어진다. 반면에 제작물공급계약은 양복맞춤 · 초상화제작 · 특수기계제작 등의 非代替物을 목적으로 하며 도급의 성격이 강하다. 그러나 대체물의 제작을 목적으로 하는

1) 郭潤直, 408; 金疇洙, 359; 李太載, 297.

2) Esser-Weyers, *Schuldercht* Ⅱ, §§ 31, 3, S. 226. 金亨培, 593~594에서도 같은 견해를 취한다.

경우에도 도급의 특성이 강하게 나타나는 경우에는 예외적으로 제작물공급계약이 된다. 부동산의 건축을 목적으로 하는 건설계약은 일반적으로 도급계약으로 다루어진다. 단 아파트 분양계약은 대체물의 주문판매, 즉 매매에 속한다.

(나) 製作物供給契約의 性格　　제작물공급계약이 賣買에 속하는가 都給에 속하는가에 관하여는 학설이 대립한다.[1]

1) 都給說　　제작자가 제작의무 외에 지는 소유권이전의무는 매매의 규정을 꼭 유추적용하여야만 인정될 수 있는 것은 아니고, 도급계약의 내용으로서도 인정할 수 있으므로 제품공급계약은 도급이라고 보는 견해이다.[2] 원래 도급은 어디까지나 일의 완성이 목적이고 매매와 같이 재산권의 이전을 목적으로 하는 것은 아니지만, 수급인이 주로 자기의 재료로 부대체물을 제작 · 공급하는 경우에는 수급인은 인도의무 외에 소유권이전의무도 부담한다고 보아야 하며, 이를 인정하여도 도급의 본질이 어긋나지 않는다고 한다.

2) 分類說　　제작물이 대체물인 경우에는 매매의 성격을 가지며 부대체물인 때에는 도급의 성격을 가진다고 보는 견해이다.[3] 제작물공급계약을 주문판매계약을 포함하는 넓은 의미로 이해하는 견해(廣義說)와 조화를 이룬다.

3) 混合契約說　　제작물공급계약은 물건의 제작이라는 면에서 도급의 성격을 갖고 제작물의 공급이라는 면에서는 매매의 성격을 가지므로 도급과 매매의 혼합계약이라고 보는 견해이다.[4] 私見으로는 제작물공급계약을 좁게 인정하면서도(狹義說) 그 성질은 도급의 성격이 강하지만 매매의 성격도 포함된 것으로 이해하는 混合契約說을 취하겠다. 첫째, 제작물의 소유권이전의무는 매매로서의 성질에서 기인하고, 주문자의 지시에 따라 일을 완성할 의무는 도급으로서의 성질에서 기인하므로, 제작물공급계약에는 양 계약의 성질이 혼재되어 있다. 둘째, 도급계약에 의하여 수급인에게 소유권이전의무가 발생한다고 보는 것은 도급의 본질을 제대로 파악하지 못한 결과이다. 민법의 도급에 관한 규정

1) 독일민법 개정안은 제조물공급계약과 관련하여 도급계약에서 「수급인이 그의 재료를 사용하여 일을 완성한 경우, 도급인에게 그 물건을 인도하고 소유권을 이전해야 한다. 그리고 대체물의 경우에는 매매에 관한 규정을 적용한다」라고 규정한다(독민 개정안 제631조 2항). 개정안에서는 대체물과 부대체물을 구별하여 대체물에는 매매에 관한 규정을 적용하고, 부대체물은 부분적으로 주로 도급에 관한 규정을 적용하려 한다. 현행 독일민법은 매매와 도급의 담보책임에 차이를 두고 있다. 재이행청구, 상당한 기간설정 후의 해제와 보수감액 등은 매매계약에서는 인정되지 않고 도급계약에서만 인정되므로, 제조물공급계약을 매매로 볼 것인가 도급으로 볼 것인가가 문제된다. 그러나 개정안에서는 매매과 도급의 담보책임을 일치시킨다. Abschlußbericht der Kommissionzur Überarbeitung des Schuldrechts, 1992, Bundesanzeiger.

2) 주석 채권각칙(Ⅱ), 374.

3) 郭潤直, 444; 金疇洙, 381; 민법주해(15), 433(金龍潭 집필부분).

4) 金顯泰, 234; 金亨培, 642; 黃迪仁, 319.

도 수급인에게 일의 완성이나 목적물인도의 의무밖에는 규율하지 않는다. 判例도 혼합계약설을 취하는 것으로 이해된다(大判 1996. 2. 28, 94다42976. 동지 大判 2006. 10. 13, 2004다21862).

大判 1996. 2. 28, 94다42976: 당사자의 일방이 상대방의 주문에 따라 자기소유의 재료를 사용하여 만든 물건을 공급할 것을 약정하고 이에 대하여 상대방이 대가를 지급하기로 약정하는 이른바 제작물공급계약은, 그 제작의 측면에서는 도급의 성질이 있고 공급의 측면에서는 매매의 성질이 있어 이러한 계약은 대체로 매매와 도급의 성질을 함께 가지고 있는 것으로서, 그 적용 법률은 계약에 의하여 제작·공급하여야 할 물건이 대체물인 경우에는 매매로 보아서 매매에 관한 규정이 적용된다고 할 것이나, 물건이 특정의 주문자의 수요를 만족시키기 위한 不代替物인 경우에는 당해 물건의 공급과 함께 그 제작이 계약의 주목적이 되어 都給의 성질을 띠는 것이다.[1]

大判 1995. 6. 30, 94다23920: 제작자의 재료에 의하여 주문자가 제시한 견본에 따른 제품을 제작·공급하기로 한 계약에 있어서는 제작자는 당연히 계약 내용에 따른 하자 없는 완전한 제품을 제작·공급할 의무가 있는 것이므로, 제작과정에서의 하자에 대하여 기술상의 이유 등 특수한 사정으로 주문자가 하자 발견 의무를 부담하는 특약을 하지 않은 이상 하자를 발견하지 못한 데 대하여 주문자에게 과실이 있다고 말할 수는 없고, 제품의 선적시 주문자측 직원의 검사가 이루어졌으나 이 검사는 대금지급을 위한 신용장상의 지급조건으로 명시되어 있어 이에 따라 이루어진 것으로서 신용장상의 이런 지급조건은 주문자로서 일단 검사해 보고 인수할 수 있다는 권한 유보의 규정이라고 해석될 뿐 아니라, 그 제품의 하자는 육안으로도 쉽게 확인될 수 있는 정도의 간단한 것도 아니고 제품을 해체하여 보지 않으면 발견하기 어려운 성질의 것이어서 그와 같은 숨은 하자를 발견하지 못한 점에 과실이 있다고 할 수도 없으므로, 주문자측이 하자의 발생이나 확대에 영향을 미쳤다고 볼 수 없어 이를 과실상계의 사유로 삼을 수 없다(주문자상표부착 OEM방식에 따라 등산화를 제작·납품하기로 한 계약에 賣買에 관한 제590조, 제581조를 적용한 사례).

㈐ 法律關係

1) 適用法規　제작물공급계약의 법률관계는 각각의 특성에 맞게 매매 또는 도급의 규정이 적용되어야 한다. 제작자의 소유권이전의무에 관해서는 매

1) 유사한 취지: 大判 1987. 7. 21, 86다카2446: 제작물공급계약에는 도급의 성질과 매매의 성질이 병존하고 있는바, 제작물공급계약의 목적물이 대체물일 때에는 매매로 보아 이에 매매에 관한 규정이 적용된다고 보아도 무방할 것이나, 그 목적물이 특정 주문자의 수요를 충족시키기 위한 부대체물인 때에는 그 제조가 계약의 주목적이 되어 도급의 성질이 강하므로 이에는 매매의 규정이 당연히 적용된다고 할 수 없다. 부대체물의 제작물공급계약에는 상법 제69조 1항에 따라 거래관계를 신속하게 결속지어야 할 필요성이 없으므로 동조는 적용되지 않는다. 판례평석: 姜渭斗, "상인간의 매매," 법률신문 1988년 6월 18일, 11.

매규정을, 그리고 하자담보책임에 관해서는 도급규정을 적용함이 타당하다.

2) 製作義務와 所有權移轉義務　제작물공급계약에서 제작자는 재료조달, 제작, 제작물의 소유권이전(인도 포함) 등의 의무를 진다. 도급계약에 의하여 수급인은 도급인이 제공한 재료에 도급인의 지시대로 약속한 일을 완성할 의무(즉 작업의무)만을 지는 것이 원칙이며, 도급에서는 완성물의 소유권이 도급인에게 원시적으로 귀속하므로(예외도 있음) 수급인으로부터 도급인에게로의 소유권이전의 문제는 생기지 않는다. 그러나 제작물공급계약에서 제작자가 만든 물건은 제작자의 소유로 되며(이설 없음), 제작자는 그것을 주문자에게 인도함으로써 소유권을 이전해 준다. 이때 목적물의 인도는 완성된 목적물에 대한 단순한 점유의 이전만을 의미하는 것이 아니라 도급인이 목적물을 검사한 후 그 목적물이 계약내용대로 완성되었음을 명시적 또는 묵시적으로 시인하는 것까지 포함하는 의미이다(大判 2006. 10. 13, 2004다21862).

3) 任意의 解除權　도급인의 완성 전의 임의의 解除權(제673조)을 제작물공급계약의 주문자에게도 부여할 것인가는 의문이다.

① 肯 定 說　제작물공급계약에 제637조를 적용하여 제작자가 일을 완성하기 전에 주문자는 손해를 배상하고 계약을 해제할 수 있다고 보는 견해이다.[1)]

② 制限的 肯定說　사견으로서는 제작자가 이미 이행에 착수한 후에는 장래 작업분에 대하여만 계약을 해제할 수 있다고 해석하겠다. 만약 이미 제작한 부분에 대하여도 주문자에게 임의의 해제권을 부여한다면 자기의 재료로 제작하고 있는 제작자의 이익을 해칠 우려가 있으므로, 제작부분에 대하여는 제673조의 적용을 부정하는 것이 타당하다. 계약금이 수수된 경우에는 매매의 계약금에 관한 제565조를 적용하는 것이 공평에 맞는다고 생각된다.[2)]

大判 1996. 7. 30, 95다7932: 「소프트웨어 개발 · 공급계약」은 일종의 都給契約으로서 도급인 회사가 그 프로그램의 내용에 대하여 불만을 표시하며 수급인의 수정 · 보완 제의를 거부하고 계약해제의 통보를 하였다면, 그 계약관계는 도급인의

---

1) 金疇洙, 382.

2) 같은 취지: 민법주해(15), 433(金龍潭 집필부분)은 "혼합계약설에 의하더라도, 제작물공급계약의 주문자에게는 「公平의 原則上」 완성 전의 도급인의 해제권을 규정한 민법 제673조의 규정의 적용이 부정되며, 매매의 계약금에 관한 민법 제565조가 적용된다"라고 한다.

해제통보로 중도에 해소되었고 수급인은 당시까지의 보수를 청구할 수 있다.
大判 1996. 7. 9, 96다14364·14371: 도급인의 영상물제작에 대한 협력의 거부로 수급인이 독자적으로 성의껏 제작하여 납품한 영상물이 도급인의 의도에 부합되지 아니하게 됨으로써 결과적으로 도급인의 의도에 부합하는 영상물을 기한 내에 제작하여 납품하여야 할 수급인의 채무가 이행불능케 된 경우, 이는 계약상의 협력의무의 이행을 거부한 도급인의 귀책사유로 인한 것이므로 수급인은 약정대금 전부의 지급을 청구할 수 있다.

2. 受給人의 義務

(1) 일의 完成義務

(가) 일의 完成　도급계약에 의해 수급인은 약속한 작업을 완료할 의무(일의 완성의무)를 진다(제664조). 수급인이 하여야 할 일은 어떠한 재료에 제작·변경·수선 등의 작업을 하여 완성물을 만드는 경우와 통역·출연·출판·업무대행 등 서비스 자체를 목적으로 하는 경우로 구분된다. 실제로 후자의 경우는 위임으로 분류되는 경우도 많지만 어떤 일의 완성을 목적으로 하는 경우에는 도급으로 처리된다. 전자의 경우에는 다른 특약이나 관행이 없는 한 수급인은 도급인이 제공한 재료에 작업을 할 의무만을 부담한다. 도급인이 수급인의 작업착수 전에 재료비를 지급함으로써 재료제공에 대신하는 경우도 많다.

(나) 獨立的 勞務　수급인의 작업은 고용에서와 같은 종속성이 없으며 수급인은 경제적·사회적으로 독립하여 일을 수행한다. 종속적인 고용관계에서 다만 보수의 지급을 일정양의 일의 대가인 완성급으로 지불하는 경우에 도급을 준다고 표현하기도 하지만, 이 경우는 도급이 아니라 고용에 해당한다.

(다) 都給人의 指示　도급인이 작업의 방법, 완성물의 모습 등에 관하여 지시한 때에는 수급인은 그 지시에 따라서 작업해야 한다. 수급인이 도급인의 지시가 부적절함을 안 때에는 도급인에게 그 사실을 고지하여야 한다. 고지하지 않는 경우에는 수급인이 그로 인한 하자에 대해서 담보책임을 진다(제669조). 수급인이 전문가로서 지시의 부적절을 알 수 있었을 경우에도 그것을 고지할 신의칙상의 의무를 진다고 해석된다.

(라) 履行補助者·履行代行者　수급인은 직업의 성질상 그것을 허용하는

경우에는 이행보조자를 사용할 수 있다. 수급인이 자기의 지휘 아래 작업을 진행하지 않고 제3자에게 독립적으로 작업하도록 일의 전부 또는 일부를 떼어 주는 경우에 그 제3자는 履行補助者가 아니라 履行代行者이다. 이행대행자의 사용이 허용될 것인가는 개개계약의 해석문제이지만, 원칙적으로 작업 전부에 관하여 이행대행자를 사용하는 것은 금지된다고 보아야 한다. 수급인이 이행대행자에게 그의 작업의무의 전부 또는 일부를 맡기는 것을 下都給이라고 한다(뒤에 설명함).

(마) 不可抗力으로 인한 履行遲滯　　수급인은 이행기까지 일을 완성하여야 한다. 이행기에 완료되지 않으면 수급인은 채무불이행(이행 지체)책임을 진다. 그러나 지체가 불가항력에 의한 경우(폭설로 인한 공사중단 등으로), 또는 도급인의 귀책사유로 인한 경우(재료비, 착수금의 지급연장, 작업지시의 잘못 등)에는 그러하지 아니하다.

(바) 主張 · 立證責任　　도급계약에 있어 일의 완성에 관한 주장 · 입증책임은 일의 결과에 대한 보수의 지급을 청구하는 수급인에게 있다. 판례는 제작물 공급계약의 경우 수급인이 그 목적물 제작에 관하여 계약에서 정해진 최후 공정을 일단 종료하였다는 점뿐만 아니라 그 목적물의 주요구조 부분이 약정된 대로 시공되어 사회통념상 일반적으로 요구되는 성능을 갖추고 있다는 점까지 주장 · 입증하여야 한다고 한다(大判 2006. 10. 13, 2004다21862).

(2) 完成物引渡義務

(가) 都給人에게의 引渡　　수급인은 완성된 목적물을 도급인에게 인도하고 도급인이 그 완성물을 검사하고 계약에 적합한 것으로서 인정하고 수령할 때(檢受)에 채무이행을 완료하게 된다.[1] 수급인이 도급인에게 인도하는 목적물은 일응 계약목적에 적합하게 완성되어 있어야 하며, 미완성인 경우에는 이행지체로 된다. 일응 완성된 물건에 하자가 발견되거나 사용중에 하자가 발생하는 경우에는 하자담보책임의 문제로 된다. 급부가 미완성인가 완성물에 하자가 있는 데에 불과한가의 판단은 쉽지 않다(뒤에 설명함).

(나) 完成物의 所有權　　도급계약에 따라 수급인이 완성한 물건의 소유권

1) 독일민법 제640조는 「도급인이 계약에 따라 완성된 일의 결과를 收取해야 할 의무가 있다」고 규정하고 있는데 여기서 收取(Abnahme)가 의미하는 바에 관하여 견해의 대립이 있다. 과거에는 점유변경설(Besitzänderungstheorie)이 收取를 도급목적물의 사실상의 수령 즉 점유의 취득으로 파악했으나 현재의 통설인 변제수령설(Theorie der Annahme als Erfüllung)은 단순한 점유의 이전이 아니라 수급인이 변제로서 제공한 일의 결과를 도급인이 채무의 내용에 좇은 이행으로 승인(Billigung)하는 데 그 요지가 있다고 보고 있다. 따라서 우리 민법에서도 立法論으로 제665조의 「인도」를 「검수」로 대치할 것이 주장되기도 한다. 金東勳, "소프트웨어 공급계약 등에 관한 판례연구," 민사법학 제15호, 1997.

은 都給人에게 原始的으로 귀속함이 원칙이다. 도급계약이 있는 경우에는 加工에 관한 제259조는 적용되지 않는다. 이미 계약에 의해 수급인은 도급인의 소유물을 만들어 주고 대신 보수를 지급받을 것으로 약정했으며, 또한 도급인이 완성물의 재료나 재료비를 이미 제공하였으므로 그 물건의 소유권은 도급인에게 귀속시켜야 타당하다. 수급인이 재료를 제공하고 또한 수급인이 취득한 소유권을 도급인에게 이전하기로 약정된 계약은 도급계약이 아닌 제작물공급계약이라는 독자적인 계약유형에 속한다(앞에 설명함).

(다) 報酬와 同時履行　수급인은 작업이 완료되면 완성물을 도급인에게 인도하여 할 의무를 지지만, 도급인이 보수를 지급할 때까지 그 인도를 거절할 동시이행의 항변권을 갖는다(제536조, 제665조). 보수지급의 변제제공이 없으면, 수급인이 완성물을 인도하지 않더라도 이행지체에 빠지지 않는다.

(라) 受給人의 留置權　수급인이 완성물을 점유하고 있는 동안은 보수의 완급을 받을 때까지 그 물건의 인도를 거절할 유치권을 갖는다(제320조). 도급인 이외의 제3자(완성물의 소유자)가 수급인에 대하여 소유권에 기한 물권적 청구권을 행사하는 경우에, 수급인은 보수를 지급받을 때까지 그 물건에 대하여 留置權을 갖고 대항할 수 있다.

(3) 都給人의 義務

(가) 報酬支給義務　도급인은 수급인의 일의 결과에 대하여 보수를 지급할 의무를 진다. 도급인의 보수지급의무는 수급인의 일이 완성의무의 대가이며, 양 의무는 쌍무계약의 상환채무이다.

1) 後拂의 原則　보수의 지급시기에 관해서는 후불을 원칙으로 한다. 즉 완성물의 인도와 상환하여 지급하거나, 또는 목적물의 인도를 요하지 않는 경우에는 일의 완성 후 지체없이 지급하여야 한다(제665조 1항). 그러나 약정된 지급시기가 있거나 다른 관습이 있는 때에는 그 약정이나 관습에 의한다(제665조 2항, 제656조 2항). 거래유형에 따라서는 착수금을 지급하거나 일의 진전에 따라 여러 차례 분할하여 지급하는 관행이 있는 경우가 많다. 완성물을 분할하여 인수하는 경우 각회의 인수분에 대한 보수를 지급하는 관행도 있다.

2) 報酬額을 정하지 않은 경우　보수약정이 없는 경우에는 실제 지출된 비용·노무·가치 등을 고려하여 거래관행에 따라 지급시에 결정된다.[1]

(나) 報酬의 決定方法　보수를 약정하는 방법에는 일정액으로 확정시키는

---

1) 大判 1965. 11. 16, 65다1176.

경우(정액도급)와 산출기준액만을 정해 두는 경우(개산도급)가 있다.

1) 定額都給　도급계약체결시에 수급인의 일의 완성에 대한 보수가 확정적으로 정해진 경우를 말한다. 보수책정의 기초가 되었던 예상비용(인건비 등), 예상작업기간이 다소 달라지더라도 계약시 정해진 보수액이 유지된다. 보수가 사전에 정액으로 정하여진 경우에는 수급인은 그 금액으로 일을 완성할 의무가 있으며, 예견한 것보다 많은 노무 또는 다액의 경비를 지출한 때에도 증액을 청구할 수 없다. 도급인은 일의 완성에 예견한 것보다 적은 노무가 소요되는 경우에도 보수 전액을 지급하여야 한다(スイ債 제373조 참조).

2) 概算都給　보수액이 계약 당시 확정되지 않은 채 개괄적인 금액만이 기준으로 제시되고 작업의 진행에 따라 또는 작업종료 후 소유된 비용·기간 등을 고려하여 확정하기로 하는 경우를 말한다. 이 때 계약 당시의 개산액은 실제 지급할 보수산정의 기초가 될 뿐이다.[1)]

事情變更에 따른 報酬增減과 契約解除

도급계약의 경우에는 재료·인력의 수급상황악화, 천재지변 등 불가항력적 사유로 인하여 계약의 이행이 현저하게 곤란해지거나 또는 보수약정을 변경할 필요가 생긴다. 각국은 도급계약에 관하여 사정변경에 의한 보수증감청구권과 계약해제권을 명문으로 규정한다. 定額都給의 경우에 예상하지 못한 경제사정의 급변 기타 불가항력적 사유로 말미암아 약정보수로의 이행이 현저히 부당하다고 판단되는 경우에, 事情變更의 원칙에 따라 수급인에게 報酬增額請求權 또는 契約解除權을 인정하는 것이 옳다.[2)] 스위스채무법은 "예견할 수 없었으나 양 당사자가 인정한 요건에 의하여 배제되었던 특별한 사정으로 완성이 방해되거나 과도하게 곤란케 되는 경우에는 법관은 자유재량으로 가격의 증액 또는 계약의 해제를 허용할 수 있다"고 하여 도급의 보수결정에 관한 사정변경의 원칙을 명문으로 규정하고 있다(スイ債 제373조 2항, 제974조 3호).
概算都給의 경우에도 실제 소요되는 비용이 수급인과 약정된 개산기준보다 현저하게 초과 또는 미달되는 경우에, 당사자는 보수증감청구권을 가지며 이로 인하여 계약의 유지가 곤란한 경우에는 계약해제권도 갖는다.[3)]

1) 참고로 스위스채무법 제374조는 가액이 사전에 전혀 정하여지지 아니하였거나 개산액만으로 정하여진 경우에는 노무의 가치 및 수급인의 지출비용에 따라 정하도록 한다.
2) 같은 취지: 郭潤直, 459; 金錫宇, 339; 金疇洙, 403; 金亨培, 617.
3) 같은 취지: 郭潤直, 459. 참고: 독일민법 제650조, 스위스채무법 제375조.

㈐ 危險發生과 報酬　完成物이 引渡 前에 災害 등의 불가항력으로 멸실된 경우에 수급인은 쌍무계약의 위험분담의 법리에 따라 보수청구권을 상실한다(제537조). 그러나 그 멸실이 도급인이 제공한 재료의 하자나 지시의 오류로 말미암아 생긴 경우 등 도급인의 귀책사유에 의한 때에는 보수청구권을 상실하지 않는다(제538조 1항). 도급인이 완성물의 수령을 지체하는중에 생긴 불가항력적 멸실의 경우에도 보수청구권은 존속한다(제538조 1항 단서).

㈑ 都給人의 協力義務　도급인이 수급인이 계획된 공정에 따라 일을 진행할 수 있도록 재료를 제공하고 작업방법을 지시하거나 법적 장애를 제거해 줄 의무를 진다. 이 의무는 간접의무로서 도급인이 협력의무를 이행하지 않은 때에는 수급인에 대하여 채무불이행책임을 물을 수 없게 되는 경우가 많다. 도급인의 협력의무는 계약에서 명시적으로 정한 것 이외에도 관습이나 신의칙에 의해 부과되는 것도 있다.

3. 受給人의 瑕疵擔保責任

(1) 擔保責任의 性質

수급인은 완성된 목적물 또는 완성 전의 성취된 부분에 하자가 있는 때에 도급인에 대하여 담보책임을 진다(제667조). 수급인의 담보책임이 그의 과실에 연관되지 않고 완성물이나 작업에 나타난 하자에 연관되어 있다는 점에서 채무불이행과는 별개의 책임체계를 이룬다.[1] 그러나 수급인의 담보책임은 수급인이 계약내용에 좇은 급부의무를 다하지 못한 데에 대한 책임이므로 본질적으로는 채무불이행책임(불완전이행에 해당)의 성격을 갖는다(이 점은 매도인의 담보책임과 같다). 도급계약에는 매도인의 담보책임에 비하여 특칙인 수급인의 담보책임규정(제667조 이하)이 우선적으로 적용되고 보충적으로 매매의 담보책임규정이 적용되는데(제567조), 실제로 매도인의 담보책임규정이 적용될 여지는 적다.[2]

(2) 債務不履行責任과 競合 與否

완성물이나 작업에 하자가 있고 그 하자가 수급인의 귀책사유로 인하여 생긴 경우에 채무불이행규정도 적용되는가 하는 문제에 관하여는 부정설과 긍정

1) 담보책임에서 채무자의 과실을 문제삼지 않은 이유는 유상계약에서는 무엇보다도 양 당사자의 급부가 등가의 균형을 이루어야 한다는 점에서 찾을 수 있다.

2) 같은 취지: 金亨培, 803.

설이 대립된다. 독일과 스위스에서는 적용을 긍정하는 명문규정을 둔다.[1)2)]

㈎ 否 定 說　제667조 이하의 규정은 하자가 생긴 이유의 여하를 묻지 않고 하자의 종류나 정도에 따라서 요건과 하자를 정한 것이라고 보아야 하며, 따라서 이들 규정에 의하여 불완전이행의 일반논리는 배제된다는 견해이다.[3)] 제668조가 계약의 목적을 달할 수 없는 정도의 중대한 하자가 없으면 해제할 수 없다고 규정하여 해제권의 발생요건을 따로 정하고 있다는 점, 수급인의 담보책임을 무과실책임으로 하고, 한편 채무불이행의 일반논리를 배제함에 의하여 공평을 유지하려는 것으로 보는 것이 독일민법 제635조에 해당하는 규정이 없는 우리 민법의 해석에 합당하다는 점 등을 근거로 든다.

㈏ 肯 定 說　수급인이 하자담보책임에 의하여 도급인의 손해가 충분히 전보되지 않는 범위에서 수급인의 불완전이행의 책임을 인정하는 것이 타당하다는 견해이다.[4)] 법정책임설에서는 하자담보책임은 무과실책임이고 그 손해배상의 범위는 신뢰이익에 한한다고 새겨야 하므로 수급인의 귀책사유에 의한 하자의 경우에는 불완전이행을 이유로 이행이익의 배상을 도급인에게 인정하는 것이 타당하다는 것을 그 근거로 든다.

私見으로서는 肯定說에 찬동한다.[5)] 첫째, 담보책임의 제척기간이 경과한 후에도 수급인의 귀책사유 있는 하자에 대하여는 채무불이행책임을 물을 수 있어야 한다. 둘째, 채무불이행설을 취하는 입장에서는 담보책임과 채무불이행책임 사이에 손해배상의 범위에 관해서는 차이가 생기지 않는다. 이행이익 및 확대손해도 상당인과관계의 범위 내에서는 담보책임으로 물을 수 있다. 셋째, 목

---

1) 독일민법 제635조: 일의 하자가 수급인의 귀책사유에 기인하는 때에는 도급인은 해제 또는 감액에 갈음하여 불이행으로 인한 손해배상(Schadensersatz wegen Nichterfüllung)을 청구할 수 있다. 스위스채무법 제368조도 손해배상청구는 수급인의 귀책사유가 있는 경우에만 할 수 있도록 한다.

2) 독일민법에서 도급인은 먼저 하자의 보수만을(경우에 따라서는 재생산까지도) 요구할 수 있다. 그러나 수급인이 이를 지체하면 스스로 하자를 제거하고 소요된 비용의 담보를 청구할 수 있다(독민 제633조). 하자보수의 법정기간이 경과하면 도급인이 계약의 해제(Wandlung)나 보수의 감액을 청구할 수 있다. 하자의 제거가 불가능하거나 수급인이 이를 거절한 때에는 유예기간은 필요 없다(독민 제634조). 물건의 하자가 수급인의 고의·과실에 기인하는 경우, 도급인은 계약해제나 보수감액 대신 채무불이행에 기한 손해배상을 청구할 수 있다(독민 제635조). 독일의 판례는 건축물의 하자 자체로 인한 손해(Mangelschaden)와 그 하자로 인하여 다른 법익(신체나 기타 재산)에 생긴 손해(Mangelfolgeschaden)를 구별하고 후자의 경우 하자담보책임(계약해제나 보수감액 대신 채무불이행에 기한 손해배상청구, 독민 제635조)과는 별도로 적극적 채권침해로 인한 손해배상청구를 허용한다(RGZ 62, 121; 64, 43; 66, 16; 71,175; 95, 3; 115, 125; BGHZ 35, 130; 37, 342; 46, 238). 학설은 양 책임의 경합을 긍정하는 견해(Larenz, *Schuldrecht Ⅱ*, § 53 Ⅱ, S. 262)와 부정하는 견해(Esser Weyers, *Schuldercht Ⅱ*, § 32 Ⅱ 6, S. 241)로 나뉜다.

3) 金疇洙, 397.

4) 郭潤直, 454; 金錫宇, 335.

5) 拙著, 채권각론, 1989, 389에서는 부정설을 취했으나, 1999년판부터 긍정설로 바뀌었다.

적물의 하자로 인한 계약해제권에 관해서는 제668조 단서의 해제권제한이 우선적으로 적용되어야 한다. 계약해제권은 일반적으로 이행지체와 이행불능의 경우에만 인정되며 불완전이행에 관해서는 규정이 없고 학설에 의해 계약목적을 달성할 수 없는 때에 한하여 해제권이 인정된다(앞의 설명 참조).

(3) 責任要件

(가) 完成物에의 瑕疵 작업이 완료되었음에도 불구하고 완성된 목적물에 하자가 있는 때에 비로소 담보책임을 물을 수 있는 것이 원칙이다. 그러나 완성 전의 성취된 부분에 하자가 있는 때에도 하자보수청구권은 발생한다(제667조 1항). 이 때에도 그 하자 있는 부분만은 작업이 완료된 상태이어야 한다. 작업중인 부분(미완성)에 대하여 작업지시를 하거나 이행지체로 인한 채무불이행책임을 물어 손해배상(지체상금, 기타 위약금)을 청구할 수 있지만, 담보책임을 묻지는 못한다. 일단 완성되었으나 하자가 존재할 뿐인 때에는 채무불이행으로 인한 지연손해배상(遲滯償金)을 청구할 수 없다.

瑕疵의 概念 및 그 判斷基準은 완성된 물건이 가져야 할 객관적 성질과 당사자에 의해 정해진 성질의 양자를 고려하여 판단되어야 한다(매매의 설명 참조). 완성물이 객관적으로 볼 때에는 충분하다고 보여지더라도 수급인이 보증한 특성을 갖추지 못한 경우에는 하자로 인정된다. 하자는 그 원인이 재료에서 비롯되는가, 또는 작업과정에서 비롯되는가에 따라 「재료의 하자」와 「작업의 하자」로 구별되는데, 이 구별은 수급인의 담보책임발생과 관련된다(뒤에 설명함). 물건에 존재하는 하자 이외에 서비스급부에 존재하는 불충분성도 하자로 인정되어 담보책임을 발생시킨다.

大判 1994. 9. 30, 94다32986: 건물신축공사가 도중에 중단되어 예정된 최후의 공정을 종료하지 못한 경우에는 공사가 未完成된 것이지만, 예정된 최후의 공정까지 종료하고 주요구조부분이 약정된 대로 시공되어 사회통념상 건물로서 완성되었으나 불완전하여 보수를 하여야 할 경우에는 공사가 完成되었으나 목적물에 瑕疵가 있는 것이다.

(나) 瑕疵의 發生原因 하자가 都給人의 材料·指示나 受給人의 惡意의 묵비에 기인한 것이 아닌 경우에만 담보책임을 물을 수 있다. 목적물의 하자가

도급인이 제공한 재료의 성질 또는 도급인의 지시에 기인한 때는 수급인의 담보책임은 발생하지 않는다(제669조 앞문장). 이 때 그 하자가 도급인의 재료나 지시에 기인한 것이라는 입증책임은 수급인이 진다.

수급인은 도급인의 재료 또는 지시가 부적당함을 안 때에는 도급인에게 告知할 義務를 지는데, 이 고지를 게을리한 때에는 수급인이 스스로 그로 인한 하자에 대해 담보책임을 진다(제669조 단서). 수급인이 재료 또는 지시의 부적절함을 몰랐던 경우로서 수급인이 그 부적절함을 알았어야 할 경우에는 作業의 瑕疵로 분류되어 수급인에게 책임이 돌아간다(大判 1995. 10. 13, 94다31747). 수급인이 거래상 요구되는 기술이나 주의를 갖추었음에도 불구하고 그의 부적절함을 작업 당시 찾아낼 수 없었던 경우에, 수급인은 도급인이 제공한 재료나 지시에 기인한 하자에 대해서 책임지지 않는다. 그리고 수급인이 도급인에게 재료나 지시의 부적절성을 고지했음에도 불구하고 도급인이 그대로 할 것을 고집하여 하자가 생긴 경우에, 수급인은 담보책임을 지지 않는다.

大判 1995. 10. 13, 94다31747: ① 도급인의 지시에 따라 건축공사를 하는 수급인은 그 지시가 부적당함을 알면서도 이를 도급인에게 고지하지 아니한 경우에는 완성된 건물의 하자가 도급인의 지시에 기인한 것이라 하더라도 그에 대한 담보책임을 면할 수 없다. ② 수급인이 공사 도중에 발생한 사정을 감리인에게 고하고 그의 지시에 따라 원래의 설계도서대로 공사를 계속한 것이라면, 가사 완성된 건물에 설계도서의 결함으로 인한 하자가 발생하였다 하더라도 수급인이 설계도서의 부적당함을 알면서 이를 고지하지 아니한 것이라고 할 수 없다.

(다) 歸責事由의 不要　　수급인의 하자담보책임은 그의 과실에 관계 없이 부과되는 무과실책임이다(학설 일치). 수급인이 직업상 요구되는 기능을 갖추고 있으며 그가 최선을 다하였음에도 불구하고 당시의 기술한계상 불가피하게 결함이 생겼다면 어떻게 되는가. 실제로는 이 때 수급인에게 담보책임을 물을 수 없는 경우가 대부분이다. 그러나 그 이유는 수급인에게 귀책사유가 없기 때문이 아니라, 그러한 결함은 하자담보책임을 발생시키는 요건으로서의 하자라고 볼 수 없기 때문이다. 이미 하자의 개념 속에는 객관적으로 요구될 수 있는 기술수준의 한계가 포함되어 있기 때문이다.[1)]

1) 일본에는 매도인의 담보책임이나 수급인의 하자담보책임을 기본적으로는 무과실책임이라고 파악하나, 단

㈑ 免責特約 수급인이 하자담보책임을 지지 않는다는 특약을 한 경우에, 그 특약은 다음의 경우을 제외하고는 유효하다. ① 수급인이 알고 고지하지 아니한 사실에 대하여는 면책특약은 무효이다(제672조). ② 약관에 의한 면책약정(면책약관조항)의 경우 상당한 이유 없이 수급인(사업자)의 담보책임을 배제 또는 제한하거나 그 담보책임에 따르는 도급인의 권리행사의 요건을 가중하는 조항, 또는 계약목적물에 관하여 견본이 제시되거나 품질·성질 등에 관한 표시가 있는 경우 그 보장된 내용에 대한 책임을 배제 또는 제한하는 조항은 무효이다(약관법 제7조 3호).

大判 1999. 9. 21, 99다9032: 민법 제672조가 수급인이 담보책임이 없음을 약정한 경우에도 알고 고지하지 아니한 사실에 대하여는 그 책임을 면하지 못한다고 규정한 취지는 그와 같은 경우에도 담보책임을 면하게 하는 것은 신의성실의 원칙에 위배된다는 데 있으므로, 담보책임을 면제하는 약정을 한 경우뿐만 아니라 담보책임기간을 단축하는 등 법에 규정된 담보책임을 제한하는 약정을 한 경우에도 수급인이 알고 고지하지 아니한 사실에 대하여 그 책임을 제한하는 것이 신의성실의 원칙에 위배된다면 위 규정의 취지를 유추하여 그 사실에 대하여는 담보책임이 제한되지 않는다.

㈒ 責任의 發生時期 목적물을 도급인에게 인도하여야 하는 경우, 수급인의 담보책임은 그 인도시부터 발생한다.[1)] 목적물인도를 필요로 하지 않는 경우에는 수급인이 일을 완성한 때부터 담보책임이 발생한다. 그리고 수급인이 일의 전부를 완성하기 전이라도 부분적으로 완성된 부분에 하자가 있으면 그에 대한 담보책임을 물을 수 있다(제667조).

㈓ 除斥期間 하자담보책임에 기한 도급인의 권리는 도급인이 목적물의 인도를 받은 날로부터 1년 내에 행사하여야 한다(제670조 1항).[2)] 목적물의 인도를 요하지 아니하는 경우에 그 기간은 일이 종결된 날로부터 기간된다(제670조 2항). 토지·건물·기타 공작물의 수급인은 5년 또는 10년(석조 등의 경우)간 담보책임을 진다(제671조 1항). 토지·건물·기타 공작물의 하자로 인하여 목적물이 멸실·훼손된 때

매도인이나 수급인이 그 하자가 불가항력에 기인한 것임을 증명한다면 면책시켜야 한다고 주장하는 견해도 있다. 星野英一, "瑕疵擔保の硏究(日本)" 비교법연구 제23호, 53頁.

1) 같은 취지: 주석 채권각칙(Ⅱ), 388(金滉植 집필부분).

2) 단 보수와 함께 청구하는 손해배상만은 보수에 갈음한 손해배상과는 달리 보통의 손해배상채권이므로 10년의 소멸시효에 걸린다고 보는 견해도 있다. 주석 채권각칙(Ⅱ), §670.

에는 그 날부터 1년 내에 하자보수청구권이나 손해배상청구권을 행사해야 한다(제671조 2항).

(4) 責任內容

수급인의 하자담보책임에 기초하여 도급인에게 발생하는 권리는 다음 세 가지이다.

(가) 瑕疵補修請求權과 損害賠償請求權 도급인은 수급인에게 상당한 기간을 정하여 하자의 보수를 청구할 수 있으며, 그와 함께 하자로 인하여 도급인이 입은 손해의 배상도 청구할 수 있다(제667조 1항·2항). 하자보수를 청구할 때에는 상당기간을 유예기간으로서 허여해야 한다. 하자보수와 함께 배상청구하는 손해란 하자보수를 하더라도 남게 되는 손해를 가리킨다. 즉 일의 완성이 연장되거나 하자보수에 의하여도 완전한 것이 되지 않음에 의해 생긴 손해 등이다.

도급인은 수급인이 하자보수를 완료하고 손해배상금을 지급할 때까지 수급인에 대한 보수의 지급을 거절할 수 있다(제667조 3항, 제536조).[1] 도급인은 同時履行의 抗辯權에 의하여 보수 전액을 지급거절할 수 없음이 원칙이다. 양 당사자의 이익형평의 법리에 비추어 도급인이 지급거절할 수 있는 보수는 하자 및 손해에 상응하는 금액에 한정됨이 원칙이다.[2] 그러나 하자가 중대하여 보수되지 않는다면 계약목적의 달성까지 위협되는 경우에는, 도급인이 계약을 해제할 수도 있으므로(제668조) 보수 전액의 지불을 거절할 수 있다고 해석된다.

(나) 瑕疵補修에 갈음하는 損害賠償請求 도급인은 하자보수를 청구할 수 있는 경우에도 그것을 청구하지 않고 대신 손해배상을 청구할 수 있다.[3] 도급인이 이미 하자보수청구를 한 경우에는 수급인이 상당한 기간이 지나도 보수하지 않는 때에만 보수에 갈음하는 손해배상을 청구할 수 있다. 하자가 중요하지 않을 경우 그 하자보수에 과다한 비용이 드는 때에는 보수청구는 할 수 없고 단지 손해배상만을 청구할 수 있다(제667조 1항 단서).

도급인은 이 손해배상청구와 관련하여 同時履行의 抗辯權을 행사할 수 있다. 도급인은 손해배상이 있을 때까지 수급인에 대하여 그에 상응하는 보수의 지급을 거절할 수 있다(제667조 2항). 손해배상액이 확정될 수 있는 경우에, 도급인은

1) 같은 취지: 大判 1962. 2. 28, 4294민상256·257; 大判 1965. 11. 16, 65다1711.

2) 大判 1965. 4. 6, 64다1802: 「건물 기타 토지의 공작물에 대한 도급계약에 있어 완성된 공사결과에 관하여는 도급계약을 해제할 수 없고, 또 그 목적물에 하자가 있는 경우에 도급인은 하자보수 등 책임을 묻지도 않고 도급보수를 지급치 않을 수는 없다」.

3) 같은 취지: 주석 채권각칙(Ⅱ), 389.

그 금액의 배상채권을 자동채권으로 하여 미지급의 보수와 상계할 수 있다. 이 때의 손해배상청구는 실질적으로 하자에 상응하는 보수감액청구권(매매에서의 대금감액청구권에 해당)의 성질을 갖는다.

大判 1990. 5. 22, 90다카230: 도급인의 손해배상채권과 동시이행관계에 있는 수급인의 공사금채권은 공사잔대금채권 중 위 손해배상채권액과 동액의 금원뿐이고 그 나머지 공사잔대금채권은 위 손해배상채권과 동시이행관계에 있다고 할 수 없다.
大判 2001. 1. 30, 2000다56112: 수급인이 완공기한 내에 공사를 완공하지 못한 채 완공기한을 넘겨 도급계약이 해제된 경우에 있어서 그 지체상금 발생의 시기(始期)는 완공기한 다음날이고, 종기(終期)는 수급인이 공사를 중단하거나 기타 해제사유가 있어 도급인이 이를 해제할 수 있었을 때를 기준으로 하여 도급인이 다른 업자에게 의뢰하여 같은 건물을 완공할 수 있었던 시점이다.

도급인의 담보책임에 기한 손해배상의 범위에 관해서는 매매의 담보책임에서와 약간 다르게 설명하는 견해가 있다.

① 履行利益說 채무불이행의 손해배상에서와 같이 이행이익도 배상된다는 견해이다.[1] 수급인의 손해배상책임을 매도인의 담보책임에서보다 더 넓게 해석하여 하자결과손해(확대손해)에까지 미친다고 한다.[2] 하자결과손해란 하자 있는 일의 결과에 직접적으로 연관되어 있거나 일의 하자와 밀접한 상관관계에 있는 손해를 말한다고 한다.

② 折衷說 수급인의 담보책임상의 손해배상을 무과실책임이라는 이유로 信賴利益의 배상에 한정하되 수급인의 과실이 있는 경우에는 이행이익을 배상시키자는 견해이다.[3]

③ 私見으로도 履行利益說에 찬동한다. 사견으로는 매도인의 담보책임에서와 같이 손해배상의 범위는 제393조에 따라 상당인과관계의 범위 내로 한정된다(매매의 담보책임에 관한 설명 참조)고 본다. 신뢰이익·이행이익 이외에 하자결과손해도 상당성이 인정되는 경우에는 배상범위에 포함된다. 실제로 하자결과손해는 불법행위에 기한 손해배상청구권에 의하여 처리되는 경우가 많다.[4] 손해액의 산정시

1) 金顯泰, 241; 金疇洙, 397; 金亨培, 609; 李太載, 303.
2) 金亨培, 609.
3) 郭潤直, 453; 金錫宇, 335.
4) Esser-Weyers, *Schuldrecht* Ⅱ, § 32 Ⅱ 6, S. 240ff. 참조.

기는 하자보수 또는 손해배상을 청구하는 시점을 기준으로 한다.[1]

大判 1980. 11. 11, 80다923: 하자담보책임은 법이 특별히 인정한 무과실책임으로서 여기에 민법 제396조의 과실상계규정이 준용될 수 없더라도, 위 담보책임이 민법의 지도이념인 공평의 원리에 입각한 것일진대 하자의 정도확대에 가공한 원고의 잘못을 손해액산정에서 참작하였음은 정당하다.
大判 1999. 7. 13, 99다12888: 하자담보책임으로 인한 손해배상사건에 있어서는 배상 권리자에게 그 하자를 발견하지 못한 잘못으로 손해를 확대시킨 과실이 인정된다면 법원은 손해배상의 범위를 정함에 있어서 이를 직권으로 참작하여야 한다.
大判 1998. 3. 13, 95다30345: 하자가 중요한 경우의 그 손해배상의 액수 즉 하자보수비는 목적물의 완성시가 아니라 하자보수청구시 또는 손해배상청구시를 기준으로 산정함이 상당하나, 하자가 중요하지 아니하면서 그 보수에 과다한 비용을 요하는 경우의 그 하자로 인한 손해인 교환가치의 평가는 재조달원가에 감가수정을 하는 복성식평가법에 의하는 것이 합리적이고(감정평가에 관한 규칙 제4조, 제18조 등 참조), 감가수정을 하는 것이 적당하지 않은 경우에는 건물 완공시의 재조달원가를 산정 비교하는 방법에 의하여 평가하는 것이 합리적이다.

(다) 解除權과 損害賠償請求權　민법은 도급인이 완성된 목적물의 하자로 인하여 계약의 목적을 달성할 수 없는 때에는 계약을 해제할 수 있도록 한다(제668조). 건설도급에서는 해제가 제한된다(뒤에 설명함). 계약목적을 달성할 수 없는 경우란 하자가 중대할 뿐 아니라 그 보수가 불가능하거나, 수급인이 보수를 거절하거나, 또는 보수가 가능하더라도 장기간을 요하므로 해제권을 행사하는 것이 정당하다고 인정되는 때이다.[2] 해제권행사에 상당기간을 둔 催告가 필요한가에 관해서는 학설이 대립한다. 민법 제544조에 따라 상당기간을 둔 최고를 하고 그 기간 내에 보수가 되지 않는 때에 해제할 수 있다는 견해가 있다.[3] 私見으로는 이러한 최고와 유예기간은 필요하지 않다고 생각된다. 첫째, 수급인의 담보책임상의 해제권은 제544조의 이행지체로 인한 해제권과 발생원인을 달리하기 때문에 이행지체로 인한 해제의 규정을 담보책임상의 해제에 적용하는 것

---

1) 같은 취지: 주석 채권각칙(Ⅱ), 392; 大判 1980. 11. 11, 80다923·924: 「하자보수비는 하자보수청구시 또는 보수에 갈음한 손해배상청구시를 기준으로 산정함이 합당하다」.
2) 같은 취지: 주석 채권각칙(Ⅱ), §688. 이러한 요건을 충족하는 경우에도 보수가 가능한 한 해제하지 않고 보수 및 손해배상을 청구할 수 있음은 물론이다.
3) 郭潤直, 456; 金疇洙, 378; 金亨培, 613; 林正平, 444.

은 부당하다. 둘째, 하자의 중대성, 보수의 곤란성 등으로 말미암아 최고나 유예기간을 부여하더라도 신속한 보수가 불가능한 때에만 계약목적달성이 불가능하다고 판단될 것이므로, 최고나 유예기간부여를 하지 않더라도 불합리한 결과가 생기지 않는다.

도급인이 계약을 해제한 경우에는 報酬支給義務를 免하며, 이미 지불한 보수는 반환청구할 수 있다. 도급인이 수급인으로부터 받은 물건은 수급인에게 반환해야 한다.

이미 작업한 부분에 관해서는 解除의 遡及效나 原狀回復請求는 인정되지 않는다. 수급인이 한 일이 무형의 서비스로서 도급인이 이미 일부를 수령한 경우에 그 부분에 대하여는 해제의 효력이 미치지 않고, 도급인은 이미 수행한 부분에 대하여 보수지급의무를 진다고 해석된다. 이는 고용 등의 다른 노무공급계약에서 이미 제공된 노무에 관해서는 해제가 인정되지 않고 단지 장래를 향한 解止만이 허용되는 법리가 동일하다. 도급인이 제공한 재료에 수급인이 가공한 경우 수급인이 해제 후 그 완성품을 원래의 재료로 회복시키는 것이 불가능한 경우가 많다. 만약 원상회복이 가능한 경우라도 수급인이 자기가 작업한 것을 원상으로 돌리기 위해 다시 작업을 할(노무 공급) 의무를 부담하는가는 의문이다.

해제에도 불구하고 도급인에게 남는 손해에 관해서는 민법 제551조에 의해 損害賠償請求할 수 있다. 이 때의 손해배상청구권은 민법 제667조 2항의 보수와 함께 하는 손해배상청구와 같은 성질을 갖는다.

受給人의 技術不足으로 인한 解除權

도급계약에서의 담보책임상 인정되는 해제권은 완성물에 하자가 있는 때에 인정되는데(제668조), 완성 전이라도 수급인이 자질이나 기술을 갖추지 못하여 일의 완성이 불가능하다고 판단되는 경우에는 도급인의 契約解除權 및 損害賠償請求權을 인정해야 한다. 예를 들어 자동차수리를 맡겼는데, 수급인이 정비기술이나 정비사업허가를 갖지 않은 경우에, 도급인은 그 사실을 안 직후 일의 완성 전에 해제함으로써 신속히 다른 정비업소에서 수리받을 수 있고, 수급인도 일을 다해 놓고 해제를 당하는 것보다 그 전에 해제당함으로써 쓸데없는 수고를 덜 수 있어 나쁘지 않다.

(5) 損害賠償의 擔保

(가) 保證金과 擔保物　수급인의 채무이행이나 하자담보책임의 이행을 담

보하기 위해 수급인이 도급인에게 담보물을 제공하거나 보증금을 지급하는 관행이 있다. 이러한 담보제공이나 보증금의 제공은 도급계약에 종속된 損害擔保契約의 성격을 갖는다. 이는 장래 수급인이 이행지체나 하자 있는 이행으로 말미암아 손해배상의무를 지게 되는 경우에 대비하여 그 배상금지급을 확보하기 위함이다.

1) 損害賠償에의 充當　수급인이 이행지체에 빠진 경우에, 도급인은 그의 손해배상청구권에 관해 예치된 보증금으로부터 직접 만족을 얻거나 또는 담보물로부터 우선변제받을 수 있다. 수급인의 이행지체에 대비하여 遲滯償金 등 위약금이 약정되어 있는 경우에는 손해배상금을 산정하는 어려움이 없이 그 위약금액을 보증금과 상계할 수 있다.

2) 受給人의 返還請求　수급인은 일을 완성하고 완성물을 도급인에게 인도하는 경우, 도급인에 대해 담보물이나 보증금의 返還請求權을 행사할 수 있다. 도급인은 완성물에 하자가 있는가를 확인해 보고 하자가 발견되지 않은 경우(하자담보책임 기간 내일 것) 또는 하자가 발견된 경우에도 수급인이 위 계약에 따른 하자보수의무를 이행한 경우에는 담보물이나 보증금을 반환해야 한다. 목적물에 하자가 있어 도급인이 하자담보책임상의 권리를 행사하고 있는 동안은 반환청구할 수 없다.

(나) 瑕疵補修保證金　수급인이 법령에 따라 하자보수기간의 하자보수 및 손해배상을 담보하기 위하여 瑕疵報酬保證金을 제공한 때에는, 도급인은 종전에 제공한 담보물이나 보증금을 반환하고 보수도 전부 지급해야 한다. 하자보수보증금은 수급인의 하자보수책임의 이행을 간접적으로 강제하고 불이행시 그 금액을 도급인에게 귀속시키는 違約罰의 성격을 갖는다(大判 1998. 1. 23, 97다38329). 법령에 정하는 하자담보책임의 제척기간이 경과하면 그 보증금은 수급인에게 반환된다.

大判 1974. 6. 25, 73다1986: 준공검사 후에 하자가 발견되어 공사도급인이 수리비를 지출하였다면, 도급인은 수급인으로부터 보관하고 있는 하자보증금 중에서 이를 지출하고, 이와 별도로 수리비 상당금액을 바로 공사수급인에게 청구할 수 없다.
大判 1998. 1. 23, 97다38329: 건설회사가 지방자치단체와 체결한 공사도급계약에서 약정한 하자보수보증금은 위 도급계약상의 수급인의 하자보수책임의 이행을 간접적으로 강제하고 수급인이 동 책임을 이행하지 아니하는 경우에는 그에 대한 제재로서 동 금원을 지방자치단체의 소유로 귀속시키기로 하는 이른바 違約罰 내지 制裁金에 해당하므로, 수급인의 하자보증금 반환채권은 하자담보책임기간 내에 하자가 발생하지 아니하거나 혹은 그 기간 내에 하자가 발생한 경우에도 수급인이 위 계약에 따른 하자보수의무를 이행하는 조건으로 하여 발생한다.

4. 都給의 終了

(1) 都給人의 任意解除權

㈎ 概　說　수급인이 일을 완성하기 전에는 도급인이 손해를 배상하고 계약을 해제할 수 있다(제673조). 도급인은 해제사유의 구속을 받지 않고 해제할 수 있는 解除의 自由를 부여받는다. 그 입법취지에 관해서는 찬반이 대립한다.[1]

1) 贊成論　도급계약에 있어서의 일은 도급인을 위하여 행하여지는 것이므로 그 도급인에게 필요 없게 된 일을 중지시킬 수 있는 권한을 도급인에게 인정할 필요가 있다고 한다.[2]

2) 反對論　사견으로는 민법 제673조의 임의해제권은 부당한 입법이라고 생각한다. 첫째, 도급계약은 수급인과 도급인 양 당사자를 구속해야 하는데, 수급인만을 구속하고 도급인에게는 해제의 자유를 주는 것은 부당하다. 둘째, 도급계약에서의 작업은 수급인이 보수를 얻는 수단이므로 수급인의 보수청구권을 소멸시키는 임의해제는 부당하다.[3]

3) 折衷的 見解　수급인의 계약상의 목적은 일의 완성 자체가 아니라 보수를 받는 데 있으므로, 도급인이 일의 완성 전에 계약을 해제하더라도 수급인에게 채무이행을 통하여 얻을 수 있는 보수(이익)를 배상해 주면 된다는 입장이다.[4]

㈏ 要　件　해제권의 행사는 상대방에 대한 일방적 의사표시로 한다.

---

1) 임의해제권은 프랑스민법에서 유래한다. 프랑스민법 제1794조는 "도급인은 일이 이미 착수된 경우에도 그 단순한 의사에 의하여 수급인에게 모든 비용, 공사비 및 도급으로 인하여 얻을 수 있었을 모든 이익을 배상하고 도급계약을 해제할 수 있다"고 규정한다. 일본민법 제641조는 우리 민법 제673조와 동일하다. 일본민법의 수정안이유서는 "계약은 당사자 일방이 임의로 이를 해제할 수 없음에도 불구하고 도급계약만은 실제상의 편의를 터잡아 수급인이 일을 완성하지 아니한 동안 도급인은 언제라도 해약할 수 있는 것으로 함은 제국의 입법례로서 흔히 보인다"는 것을 입법이유로 들었다.

2) 郭潤直, 467; 金基善, 264; 金錫宇, 345; 金疇洙, 407; 金曾漢, 314; 金亨培, 632.

3) 독일민법 제649조는 수급인에게 약정된 보수청구를 인정하되, 단 수급인이 계약의 소멸로 인하여 절약한 비용이나 자기노동력을 다른 곳에 사용함으로써 얻은 이득을 공제한다.

4) 金亨培, 633.

1) 任意의 解除　해제권을 발생시키기 위한 요건으로서 해제사유에 제한을 두지 않는다. 도급인은 해제시에 해제사유를 밝힐 필요가 없다. 해석론으로서 도급인측의 부득이한 사유가 있어 도급인의 해제가 사회통념에 비추어 타당한 경우에 한해서 해제를 허용해야 할 것이며, 그렇지 않은 경우에는 權利濫用으로서 해제를 제한하는 것이 타당하다.[1)]

2) 一方的 解除權　임의의 해제권은 도급인만이 가지며, 수급인은 계약을 준수할 의무를 진다. 고용·위임에 관하여 상호해지의 자유를 인정하는 것과 대조적으로(제661조, 제689조), 도급에서는 도급인에게만 임의해제권을 부여한다.

3) 일의 完成 前　해제는 수급인이 일을 완성하기 전에만 할 수 있다. 일이 완성되었으면 완성물이 아직 도급인에게 인도되기 전이라도 해제할 수 없다.[2)] 일이 분할하여 완성될 수 있는 성질의 것인 때(두 벌의 양복맞춤)에 그 완성부분에 대하여는 해제할 수 없다.[3)]

4) 契約金抛棄에 의한 契約解除　도급은 유상계약이므로 해약금에 관한 제565조도 준용되어 도급인은 수급인이 이행에 착수하기까지 그가 제공한 계약금(해약금)을 포기하고 계약을 해제할 수 있다. 이러한 이행착수 전의 임의해제권 외에 도급인에게 일의 완성 전의 임의해제권을 반드시 인정할 필요가 있는가는 의문이다. 결국 도급인에게 이렇게 지나친 형성권을 부여하는 것은 반사적으로 수급인의 정당한 이익을 해치게 되며, 또한 계약의 구속력을 약화시킨다.

5) 履行遲滯·不能으로 인한 解除權　도급인은 수급인의 이행지체나 이행불능이 있는 때에는 제544조 내지 제546조에 의하여 계약해제권을 가진다.

6) 瑕疵擔保責任上 解除權　도급인은 완성된 목적물에 하자가 있는 때에도 건물이 아닌 한 해제권을 갖는다(제668조).

㈐ 效　果　도급계약의 해제는 노무공급계약의 특성상 매매계약의 해제와는 그 효과를 약간 달리한다. 해제는 도급인과 수급인에게 다음과 같은 효과를 발생시킨다.

1) 作業의 中斷　수급인은 해제가 있으면 즉시 작업을 중단해야 한다.

---

1) 같은 취지: 津曲藏之丞, "請負契約の 解除," 法學 제18권 3호, 27; 內山尙三, 現代建設請負契約法, 9; 趙誠民, "도급계약법의 문제점과 그 개정방향," 민사법학, 제15호, 1997에서도 수급인이 일을 완성하기 전에는 "부득이한 사유가 있는 때에" 계약을 해제할 수 있도록 할 것을 제안하였다.

2) 郭潤直, 467; 金基善, 265; 金錫宇, 346; 金疇洙, 407; 李太載, 307.

3) 같은 취지: 金亨培, 635; 주석 채권각칙(Ⅱ), 403.

2) 原狀復舊 해제 이후 수급인이 그 동안 작업한 것을 철거하는 등 원상으로 복구할 의무를 지는가는 의문이다. 원상복귀에 관하여 별도의 약정을 하지 않는 한 원상복귀를 위한 작업의무는 지지 않는다.

3) 目的物의 返還 수급인은 미완성인 채 기성부분만을 도급인으로부터 인도받은 재료 등과 점유하고 있던 토지 등과 함께 인도해야 한다.

4) 旣成部分의 報酬支給 수급인은 자기가 이미 제공한 노무에 대하여는 보수를 청구할 수 있다.[1] 이미 제공한 노무는 없었던 것으로 할 수 없기 때문에, 해제에 의하여 그 보수지급의무를 소급적으로 소멸시키지 않는다(노무공급계약의 공통성).

5) 損害賠償 수급인은 도급인에 대하여 손해배상청구권을 갖는다. 배상범위는 계약에 관한 모든 사정을 고려하여 상당한 범위로 결정되어야 하며, 이 때 제393조가 적용된다. 수급인이 이미 지출한 인건비 및 기타 비용, 계약이 해제되지 않았더라면 얻었을 이익은 손해배상액에 산입된다. 손해배상에 언제나 일의 완성에 따른 보수 전액이 포함되지는 않는다고 해석된다.[2]

解止의 성격이 복합된 解除

도급계약을 중도에 그만두려는 경우를 解除로 불러야 할 것인지 解止로 불러야 할 것인지 의문이다.[3] 구민법은 해지라는 용어를 모르며 「해제」라는 표현 속에 「소급효 있는 해제」와 「소급효 없는 해제」(우리 민법의 해지)를 포함하는데(구민 제620조 제630조 등), 우리 민법의 제정 당시 구민법의 「해제」 중에서 소급효 없는 해제는 모두 「해지」라는 표현으로 바꾸면서 제673조(구민 제641조)의 「해제」만은 「해지」로 바꾸지 않았다.[4] 외국의 입법례를 살펴보면 독일민법은 「해지」로 규정하지만(독민 제649조), 스위스채무법은 해제로 규정한

1) 같은 취지: 金亨培, 635; 주석 채권각칙(Ⅱ), 408.

2) 金亨培, 633에 의하면 이 경우 보수 전액을 손해배상으로서 청구할 수 있을 것이다.

3) 金亨培, 634은 "제637조의 해제는 해지로 이해해야 한다. 도급인의 계약해소권에 대하여 장래에 대한 소멸적 효력만을 갖게 한 것은 그 해소권 자체의 성질에서 기인하는 것이다. 도급인의 이해관계만을 고려하여 중도해제를 인정하는 경우에 소급적 효력을 가지는 해제권을 도급인에게 부여하는 것은 부당하기 때문이다"라고 한다. 민법주해(15), 469(金龍潭 집필부분)은 "도급을 고용·위임·임치 등과 같이 채무자가 계속적으로 노무를 제공하여야 하는 계약으로 보면, 이미 제공된 노무에 대해서 소급적으로 소멸시킨다는 일은 있을 수 없고, 또한 도급인이 제공한 재료에 이미 작업을 진행하고 있는 경우 해제의 효과로써 수급인이 원상회복의무를 진다는 것은 부당하게 된다"고 하여 본조의 「해제」라는 표현에 대하여 의문을 제기하고 있다.

4) 그 이유는 당시 일본의 다수설이 청부(請負)(우리 법상의 도급)가 노무의 결과를 공급하는 것을 목적으로 하는 점에서 임대차나 고용 등의 계속적 계약과는 다르다고 보았기 때문이라고 추측된다(末弘, 債權各論, 236; 末川, 契約法(下), 189; 廣中, 債權各論, 245; 打田, 注民 16, 134). 그러나 최근의 유력설은 청부를 계속적 채권관계로 파악하며, 소급적 효력을 갖는 해제의 가능성을 부인한다(高橋三知雄, "解除とその效果," 法時 제42권 95호; 津曲藏之丞, "請負契約と解除," 法學 제18권 3호; 內山尚三, 現代建設請負契約法, 一粒社, 1979, 10).

다(民債 제377조). 私見으로는 도급계약 당시에 합의한 것을 부정한다는 점에서 解除의 성격을 가지지만, 기왕에 제공된 노무와 그 보수청구권을 소멸시키지 않는다는 점에서는 解止의 성격을 갖는다고 이해하겠다. 민법은 解除라고 부르므로 이에 따라야 할 것이지만, 그 성격은 解除와 解止가 합성된 것이라고 보여진다.

損失補償의 성격을 가진 損害賠償

제673조는 손해를 배상하고 계약을 해제할 수 있다고 함으로써 도급인에게 임의해제시 손해배상의무가 생김을 규정한다. 도급인의 해제권은 아무런 해제사유를 요하지 않고 임의로 행사가능한 것이므로, 이 때의 손해배상은 수급인의 채무불이행에 기초한 것이 아니다. 민법은 손해배상청구권의 발생에 관하여 과실책임주의를 취하고 있는데, 본조의 손해배상에 있어서만은 도급인의 과실을 요건으로 하지 않는다. 이 때 도급인이 부담하는 채무는 損失補償의 성격을 갖는다. 그러므로 입법론으로서는 「손해를 보상하고」로 바꾸는 것이 바람직하다.

(2) 契約當事者의 破産

(가) 都給人의 破産　도급인이 파산선고를 받은 때에는 수급인 또는 파산관재인은 계약을 해제할 수 있다. 이 경우 수급인은 일의 완성된 부분에 대한 보수 및 보수에 포함되지 아니한 비용에 관하여 파산재단의 배당에 가입할 수 있다(제674조 1항). 이 때 각 당사자는 상대방에 대하여 계약해제로 인한 손해의 배상을 청구하지 못한다(제674조 2항). 수급인이 토지·건물·기타 목적물을 점유하는 경우에 자기의 보수청구권을 피담보채권으로 하는 留置權을 가지고 파산관재인 및 양수인에 대항할 수 있다.

(나) 受給人의 破産　수급인의 파산시에는 파산법의 「雙務契約의 解除 또는 履行」에 관한 규정이 적용된다. 즉 당사자 쌍방이 모두 이행을 완료하지 않은 상태에서 파산이 되면, 파산관재인은 계약을 해제하든가, 아니면 파산자의 채무를 이행하고 상대방의 채무이행을 청구할 것인가를 선택할 수 있다(파산법 제50조 1항). 이행을 청구한 경우에 그 급부청구권은 재단채권이 되고(파산법 제38조 7호), 계약을 해제한 경우에 상대방이 가진 손해배상청구권은 파산채권이 된다(파산법 제51조). 그 밖에 도급에 관해서는 특칙이 있어 파산재단이 필요한 재료를 제공하여 파산자(수급인)로 하여금 일을 완성케 하거나 제3자를 시켜 일을 완성케 할 수 있도록 한다(파산법 제55조).

5. 建設契約의 特則

(1) 槪 說

건설계약은 도급인의 부동산(또는 도급인이 이용권을 갖는 부동산) 위에 수급인이 건물 기타 공작물을 건축하여 줄 것을 약정하는 도급계약의 일종으로서 건설계약의 수급인은 대개의 경우 건설업자이다. 도급 중에서 계약규모가 가장 크고 또한 국민경제상 차지하는 비중도 가장 높은 것은 건설계약이다. 이에 관해서는 민법의 도급규정상의 특칙 외에도 建設産業基本法(1996)은 서면에 의한 건설공사도급계약의 체결(건설산업기본법 제22조 2항), 일괄 하도급의 금지(건설산업기본법 제29조 1항), 장기의 하자담보책임(건설산업기본법 제28조)에 관한 민사법적 규정을 두고 있다. 거래계에서는 표준약관인 「민간공사 표준도급계약서」가 이용된다.

(2) 契約의 締結

건설계약은 발주자와 건설업자 사이의 합의에 의해 성립하는데, 건설산업기본법(1996)은 「시공능력의 평가 및 공시」와 「수급인의 자격제한」 등을 통해 건설계약을 규제한다(건설산업기본법 제23조, 제25조). 계약의 체결에 있어서는 일정한 견적기간을 가진 후(건설산업기본법 제27조) 도급금액 · 공사기간 등을 명시한 서면에 서명날인함으로써 체결한다(건설산업기본법 제22조 2항). 이러한 건설업법의 서면체결의 요구는 사법적 효력규정이 아니므로 구두계약을 무효로 하지 않는다고 해석된다.[1] 건설계약에는 이행지체에 대비하여 遲滯償金約定의 체결과 함께 계약보증금이 지급되는 것이 관행인데, 이 약정은 위약벌 또는 손해배상의 예정의 성격을 갖는다.[2]

(3) 都給金額

(가) 都給金額의 明示　　건설계약의 체결에 있어서는 도급금액이 서면에 의해 명시되어야 하는데, 이 도급금액에는 재료비, 인건비, 기타 비용, 수급인의 보수가 포함된다. 민법규정에 의하면 일의 완성과 보수지급은 동시이행관계로 되지만(제665조), 실제로는 공사비의 후불은 이례적이고 대개 先給, 分割給 및 준공인도시 청산의 방법에 의한다.

(나) 都給金額의 變更　　표준약관에는 공사의 변경 또는 추가가 있는 때

---

1) 같은 취지: 郭潤直, 446.

2) 大判 1999. 1. 26, 96다6158: ① 공사도급계약에서 계약보증금을 위약벌이나 손해배상액의 예정으로 하는 특약이 없는 경우, 수급인의 채무불이행으로 도급계약이 해제되었다고 하여 곧바로 도급인이 계약보증금 전액을 청구할 수 없다. ② 지체상금약정은 수급인이 약정한 기간 내에 공사를 완공하지 아니한 경우는 물론 수급인의 귀책사유로 인하여 도급계약이 해제되고 그에 따라 도급인이 수급인을 다시 선정하여 공사를 완공하느라 완공이 지체된 경우에도 적용된다.

와 재료의 품목, 수량, 인도장소의 변경이 있는 때에 한하여 도급금액의 변경을 요구할 수 있으며, 그 경우 증감액의 산정은 공사의 감소부분에 대하여 공사도급내역서에 의하고 증가부분에 대하여는 시가에 의하도록 한다. 공기(工期) 내의 물가 · 임금 등의 앙등이 도급금액에 현저한 영향을 끼친 때도 변경을 요구할 수 있도록 정한다. 후자의 경우에는 사정변경의 법리에 따른 도급금액의 변경에 해당한다.

㈐ 抵當權의 設定請求　　부동산공사의 수급인은 도급금액(보수포함)에 관한 채권을 담보하기 위하여 그 부동산 위에 저당권을 설정해 줄 것을 청구할 수 있다(제666조).[1] 이 때 저당권의 객체가 되는 부동산은 일의 목적물인 부동산, 즉 건물이다. 공사의 목적이 토지의 개량인 때에는 토지에 대하여 저당권을 설정받을 수 있다. 도급인은 이 청구를 받으면 먼저 건물을 자기명의로 보존등기를 한 후 그 위에 수급인명의의 저당권등기를 하여야 한다.

㈑ 受給人의 留置權　　건설공사의 수급인은 도급금액을 완급받을 때까지 건물에 대하여 유치권을 행사할 수 있다(제320조).

(4) 建築物의 所有權歸屬

도급계약이 도급인의 대지 위에 건물을 건축하는 것을 목적으로 하는 경우(건축도급), 수급인이 그 계약에 기초해 건축한 건물은 건축재료를 도급인이 제공한 경우 의문의 여지 없이 도급인의 소유물로 된다. 그러나 「건축재료를 수급인이 제공한 경우」에는 건축과 동시에 건축물의 소유권이 수급인에게 귀속하는지 또는 도급인에게 귀속하는지에 관해 학설이 대립한다.[2] 단 당사자가 건물의 소유권을 수급인이 원시적으로 취득할 것으로 명시적 특약을 한 경우에는 그에 따른다.

㈎ 受給人歸屬說　　수급인이 재료의 전부 또는 주요부분을 제공한 경우에 완성물의 소유권은 동산이든 부동산이든 관계 없이 언제나 수급인에게 원시적으로 귀속한다고 보는 견해이다.[3] 수급인이 취득한 건물소유권은 인도만에 의하여 도급인에게 이전한다고 본다.

---

1) 민법 제666조는 의용민법에는 없었던 신설조문이다. 독일민법 제648조 1항은 「건축물 또는 건축물의 각 부분의 수급인은 계약에 의한 자기채권에 관하여 도급인의 토지에 보전저당(Sicherungshypothek)의 설정을 청구할 수 있다」고 규정하는데, 독일법에서는 건물이 독립의 부동산이 되지 않고 토지와 함께 하나의 부동산을 이룬다.

2) 아파트 분양계약은 대개의 경우 도급이 아니라 종류매매이다. 李相泰, "건물공급계약," 숙대논문집 제26집, 1985, 123 이하.

3) 金基善, 243; 金顯泰, 235; 李太載, 295.

(나) **都給人歸屬說** 도급건축물의 소유권은 누가 재료를 제공하는가를 묻지 않고 도급인에게 원시적으로 귀속한다고 보는 견해이다.[1] ① 도급계약의 특성은 도급인을 위하여 건축한다는 데에 있으며, 수급인의 관심은 보수를 받는 데 있지 건물의 소유권을 취득하는 것이 아니다.[2] 수급인의 보수청구권을 확보하려는 목적은 유치권, 동시이행의 항변권, 저당권 등으로 달성되며 건물의 소유권까지 취득시킬 필요는 없다. 민법 제666조(신설)는 수급인에게 보수채권의 담보목적으로 저당권설정청구권을 인정하는데, 그것은 도급인의 소유권확보를 전제로 한 규정이라고 해석된다. ② 수급인이 소유권을 취득하여 도급인에게 이전해 준다는 수급인귀속론은 다음과 같은 모순을 갖는다.[3] 수급인에서 도급인에게로의 소유권이전은 법률행위에 의한 물권변동에 해당하게 되므로 등기이전 없이는 불가능하게 되는데(제186조), 수급인이 건물의 보존등기를 한 후 도급인에게 이전등기를 해 주는 것이 거래의 실제와 맞지도 않으며 그러한 이론은 도급인의 보존등기를 원인무효로 만들므로 거래의 안전을 해친다. 등기의 실제상 건축허가가 도급인명의로 나 있으므로 수급인이 보존등기하는 것이 곤란하다. 수급인이 소유권을 취득한다면 대지의 이용권 없는 건물소유권이 생기게 되어 바람직하지 않다. 私見으로서도 都給人歸屬說에 찬동한다.

(다) 판례는 수급인귀속을 원칙으로 한다. 당사자의 합의가 없는 경우에 수급인을 건물소유자로 본다.[4] 그러나 1985년 판례가 「그 소유권의 귀속을 가리려면 도급인과 수급인의 약정내용을 살펴보아야 하고, 도급계약이란 사실만으로 그 소유권이 수급인에게 귀속한다고 할 수 없다」고 하여 도급인귀속설에 기울어진 이후(大判 1985. 5. 28, 84다카2234) 도급인귀속을 인정한 판례가 증가하고 있다.[5] 도급인명의로 건설허가를 받은 경우에는 수급인이 재료와 노력을 투입했더라도 그 건물은 도급인의 소유로 보아야 한다는 도급인귀속설에 입각한 판결이 계속 나오는 반면에(大判 1992. 3. 27, 91다34790; 大判 1996. 9. 20, 96다24804), 수급인의 재료와 노력으로 건축된 독립한

---

1) 郭潤直, 452; 金錫宇, 333; 金疇洙, 390; 金亨培, 602; 黃迪仁, 319; 金曾漢, "도급건축물의 소유권," 민법논집, 371 이하; 李清朝 "도급건축물의 소유권귀속에 관한 연구," 동아법학 제2집, 1986; 張庚鶴, "도급계약에 있어서 완성물의 소유권의 귀속," 사법행정 1988년 9월호; 민법주해(15), 442(金龍潭 집필부분).

2) 郭潤直, 452.

3) 金曾漢, 앞의 글, 372.

4) 大判 1963. 1. 17, 62다743; 大判 1971. 7. 13, 71다979·980; 大判 1972. 2. 29, 71다2541·2542; 大判 1973. 1. 3, 72다2204; 大判 1980. 7. 8, 80다1014. 大判 1962. 10. 11, 62다460은 수급인이 소유권을 원시적으로 취득한다고 보면서 도급인에게 소유권이 이전하기 위해서는 제186조에 따라 반드시 등기하여야 한다고 판시하였다. 같은 취지: 大判 1990. 2. 13, 89다카11401.

5) 판례평석: 金龍潭, "도급건축물의 소유권귀속," 민사판례연구 제8권, 1986.

건물에 대해 수급인의 소유권을 전제로 한 판례도 나왔다(大判 1993. 3. 26, 91다14116).

大判 1992. 3. 27, 91다34790: ① 도급계약에 있어서는 수급인이 자기의 노력과 재료를 들여 건물을 완성하더라도 도급인과 수급인 사이에 도급인명의로 건설허가를 받아 소유권보존등기를 하기로 하는 등 완성된 건물의 소유권을 도급인에게 귀속시키기로 합의한 것으로 보여질 경우에는 그 건물의 소유권은 도급인에게 원시적으로 귀속된다. ② 건물 신축공사에 있어서 그 건축허가 명의가 도급인측으로 되어 있고 공사도급계약상 도급인이 공사대금을 미지급할 때에는 그 미지급한 금액에 대하여 완성된 건물로 대물변제하거나 또는 수급인에게 그 건물 소유권에 대한 가등기를 하여 주기로 하는 등 도급인이 완성된 건물의 소유권을 취득함을 전제로 한 약정이 있다면, 수급인이 그의 노력과 재료를 들여 위 공사를 80% 가량 진행하고 중단할 당시 사회통념상 독립한 건물의 형태를 갖추고 있었다 하더라도 그 건물의 원시적 소유권은 그 인도 여부나 공사대금의 지급 여부에 관계 없이 도급인에게 귀속시키기로 합의한 것이다.

大判 1996. 9. 20, 96다24804: 일반적으로 자기의 노력과 재료를 들여 건물을 건축한 사람은 그 건물의 소유권을 원시취득하고, 다만 도급계약에 있어서는 수급인이 자기의 노력과 재료를 들여 건물을 완성하더라도 도급인과 수급인 사이에 도급인명의로 건축허가를 받아 소유권보존등기를 하기로 하는 등 완성된 건물의 소유권을 도급인에게 귀속시키기로 합의한 것으로 보여질 경우에는 그 건물의 소유권은 도급인에게 원시적으로 귀속된다.

大判 1993. 3. 26, 91다14116: 유치권이 타물권인 점에 비추어 볼 때 수급인의 재료와 노력으로 건축되었고 독립한 건물에 해당되는 기성부분은 수급인의 소유라 할 것이므로 수급인은 공사대금을 지급받을 때까지 이에 대하여 유치권을 가질 수 없다.

(5) 瑕疵擔保責任

(가) 解除의 制限　　건설계약의 수급인의 담보책임의 요건은 보통의 도급에서와 같다. 담보책임의 내용에 있어서는 하자보수청구권이나 손해배상청구권은 인정되나, 계약의 해제는 허용되지 않는다(제668조).

(나) 擔保責任期間　　건설계약의 수급인은 목적물 또는 지반공사의 하자에 대하여 인도 후 5년간 담보책임을 진다. 목적물이 석조, 석회조, 연와조, 금속 기타 이와 유사한 재료로 조성된 것인 때에는 10년간 담보책임을 진다(제671조 1항). 하자로 인하여 목적물이 멸실 또는 훼손된 때에는 도급인은 멸실 · 훼손된 날로

부터 1년 내에 담보책임상의 청구권을 행사하여야 한다(제671조 2항). 실제로 건설업자가 제시하는 약관에서는 책임기간을 1년 내지 2년으로 단축하는데, 그 이유로서 시공 후 오래 지나면 시공상의 하자인지 사용상의 하자인지 구별하기 어려워 분쟁의 여지가 있다는 점을 든다. 그러나 건축업자의 편의만을 위해 민법의 책임기간을 5분의 1로 단축하는 것은 부당하며, 견고한 건축물에서 1~2년간의 사용으로 시공상의 하자가 드러나지 않는 경우가 대부분이다.[1] 상당한 이유 없이 건축업자의 담보책임을 단축하는 약관조항은 무효로 된다(약관법 제7조 3호).[2]

大判 1997. 12. 23, 97다44768: ① 건물 신축공사의 미완성과 하자를 구별하는 기준은 공사가 도중에 중단되어 예정된 최후의 공정을 종료하지 못한 경우에는 공사가 미완성된 것으로 볼 것이지만, 그것이 당초 예정된 최후의 공정까지 일단 종료하고 그 주요 구조 부분이 약정된 대로 시공되어 사회통념상 건물로서 완성되고, 다만 그것이 불완전하여 보수를 하여야 할 경우에는 공사가 완성되었으나 목적물에 하자가 있는 것에 지나지 않는다고 해석함이 상당하고, 개별적 사건에 있어서 예정된 최후의 공정이 일단 종료하였는지 여부는 당해 건물 신축공사 도급계약의 구체적 내용과 신의성실의 원칙에 비추어 객관적으로 판단할 수밖에 없다. ② 신축 건물의 남측 2층 계단, 발코니, 처마와 인접 대지 경계로부터 두어야 할 거리가 30cm 모자란다는 이유로 그 사용승인이 나지 아니하고 있다고 하여도, 수급인이 인접 대지 경계와 두어야 할 거리를 확보하기 위하여 1층 계단과 발코니 부분을 절단하였으나, 2층 계단과 발코니 부분은 도급인이 더 이상 절단 작업을 못하게 하여 그 거리를 확보하지 못하였고, 보일러, 2층의 수도, 세면기, 양변기 등 설치 공사를 남겨 둔 상태에서 도급인이 수급인으로 하여금 더 이상 공사를 못하게 한 후 직접 그 공사를 하여 입주하였으며, 수급인이 그 건물의 신축공사를 금 101,696,720원에 도급받았는데, 위 수도 등 공사비로는 금 1,168,000원이, 보일러 설치비로는 금 2,860, 000원이 소요될 뿐이라면, 사회통념상 그 건물은 완성되었다고 본다.

(6) 危險의 負擔

건설계약에서는 천재지변 기타 불가항력에 의해 공사의 기성부분이나 검사완료된 공사재료가 멸실 · 훼손되는 경우가 종종 있다. 이 경우 표준약관은

1) 프랑스민법 제1792조, 제1792조의 2, 제1792조의 3 에서는 건물을 구성하는 각 구성부분이 견고하냐 아니냐에 따라 책임존속기간을 다르게 정한다.

2) 같은 취지: 金容圭, "건설업법상의 도급계약," 이재철화갑기념 현대민상법의 연구, 1984, 210; 李相泰, 앞의 글, 137; 洪天龍, "건설공사에 대한 사법적 구제," 민사법학 제4·5호, 1985.

불가항력에 의한 손해가 발생한 때에는 수급인이 지체없이 그 사항을 도급인에게 통지하여야 하며, 그 손해가 발생하였을 때 수급인이 선량한 관리자로서의 주의의무를 다하였다고 인정되는 경우에는 도급인의 부담으로 하되 그 손해액은 양 당사자가 협의하여 결정한다고 정한다.[1)]

건설공사에 있어서 불가항력에 의한 재해 등으로써 공사목적물이 멸실한 경우와 같은 때에 재공사가 불가능한 경우(급부불능)는 거의 없다. 불가항력에 의한 사고 때문에 목적물이 훼손된 때라도 채무자위험부담의 원칙에 의하면 수급인은 공사를 완성하여야 하고 그 경비는 모두 수급인이 부담하지 않으면 안 된다. 그러나 공사의 규모가 크고 복잡하면 공사기간도 장기간이라는 건설공사의 특수성을 고려할 때 예측할 수 없는 불가항력에 의한 손해발생의 위험을 모두 수급인에게 부담시키는 것은 가혹하다. 그러므로 불가항력에 의한 손해는 도급인도 위험을 나누어 부담함으로써 손해의 합리적인 분담을 꾀하여야 한다.[2)]

(7) 都給人의 제3자에 대한 責任

건설공사로 말미암아 제3자의 재산이나 신체에 손해를 가하는 경우에, 제3자가 도급인에 대하여 손해배상책임을 물을 수 있는가에 관하여 민법 제757조는 "도급인은 수급인이 그 일에 관하여 제3자에게 가한 손해를 배상할 책임이 없다. 그러나 도급 또는 지시에 관하여 도급인에게 중대한 과실이 있는 때에는 그러하지 아니하다"고 규정한다. 구체적으로는 다음과 같은 문제가 발생한다.

1) 소음 · 진동 · 지반붕괴 · 지하수단절 등의 생활방해를 이웃주민에게 끼치는 경우　그 방해가 공사의 시공상 불가피한 것인 때에는 도급인이 책임지고, 시공의 잘못으로 말미암은 때에는 수급인이 책임을 진다. 그러한 생활방해는 수인한도를 넘는 위법한 것인 때에만 불법행위에 기한 손해배상의무나 제217조에 의한 적당한 조처를 할 의무를 발생시킨다.

2) 受給人이나 그의 被用者가 제3자에게 損害를 가한 경우　이 때에는 수급인의 그러한 가해행위가 도급인의 지시와 관련이 있는가에 따라 도급인의 책임부담 여부가 달라진다. 판례는 "형식상 도급계약이 체결된 경우에도 수급인이 그 업무수행에 관하여 도급인의 지시 · 감독을 받는 경우에는 그 범위 내에서

---

1) 스위스채무법 제373조 2항은 "예견할 수 없었거나 양 당사자가 인정한 요건에서 배제되었던 특별한 사정으로 인하여 완성이 방해되거나 과도하게 곤란케 된 경우에 법관이 자유재량으로 보수의 증액 또는 계약의 해제를 허용할 수 있다"고 규정한다.

2) 같은 취지: 郭潤直, 466; 金疇洙, 395; 金容圭, 앞의 글, 213.

실질적으로 사용자관계에 있다고 볼 것이므로 도급인은 수급인의 행위에 대하여 사용자로서의 배상책임을 면할 수 없는 것"이라고 판시한다(大判 1983. 11. 22, 83다카1153).

3) 工作物로 인한 責任　건축중 공작물의 설치의 하자로 인하여 제3자에게 손해가 생긴 때에는 수급인이 책임을 진다. 그러나 수급인이 손해의 방지에 필요한 주의를 다 하였음에도 손해가 생긴 때에는 공작물의 소유자(도급인)가 책임을 진다(제758조). 약관에는 "제3자손해에 관하여는 수급인이 그 배상책임을 지며, 수급인만으로는 해결하기 어려운 때에는 도급인은 이에 협력하고 그 손해가 수급인의 책임에 속하지 아니하는 사유로써 발생한 때에는 도급인이 책임을 진다"고 정한다. 그러나 피해를 입은 제3자는 이러한 규정과는 관계 없이 도급인과 수급인의 어느 편에 대해서나 또는 양편에 대해서 민사책임을 물을 수 있으며, 당사자는 이 규정이 있다고 해서 피해자에 대한 손해배상책임을 면할 수는 없다. 이 규정은 민사책임과는 관계 없이 공사에 수반하며 제3자에게 손해를 미친 경우의 당사자의 책임의 내부적 분담방법을 규정한 것이라고 해석된다.[1]

(8) 解除의 遡及效制限

판례는 "건축도급계약에 있어서 미완성부분이 있는 경우라도 공사가 상당한 정도로 진척되어 그 원상회복이 중대한 사회적·경제적 손실을 초래하게 되고 완성된 부분이 도급인에게 이익이 되는 경우에 수급인의 채무불이행을 이유로 도급인이 그 도급계약을 해제한 때에는 그 미완성부분에 대하여서만 도급계약이 실효된다고 보아야 할 것이고, 따라서 이 경우 수급인은 해제한 때의 상태 그대로 그 건물을 도급인에게 인도하고 도급인은 그 건물의 완성도 등을 참작하여 인도받은 건물에 상당한 보수를 지급하여야 할 의무가 있다"고 판시함으로써 건설계약의 해제의 경우에는 해제의 소급효를 제한한다(大判 1986. 9. 9, 85다카1751).[2] 사견으로서 노무공급계약에 있어서 이미 제공된 노무의 효과를 소급적으로 소멸시키는 것은 허용될 수 없다고 생각함은 전술하였다.

---

1) 같은 취지: 金容圭, 앞의 글, 213.

2) 이에 관한 판례평석: 張庚鶴, "건축도급계약상 보수지급 및 계약해제의 특수성," 법률신문 1987년 4월 6일, 15. 이 판결에서는 천재지변 등 불가피한 사유가 아닌 소외회사의 고의로 공사가 중단되었을 때는 피고들이 임의로 이 계약을 해약할 수 있으며, 그 때까지 그 공사에 투입된 일체의 공사비는 포기하고 소외회사는 변제를 청구할 수 없다는 내용의 회관건축도급계약이 체결되었는데, 이 특약이 무효로 다루어졌다.

大判 1989. 12. 26, 88다카32470: 건축공사도급계약에 있어서 수급인이 공사를 완성하지 못한 상태에서 도급인의 채무불이행을 이유로 계약을 해제한 경우에 공사가 상당한 정도로 진척되어 그 원상회복이 중대한 사회적 · 경제적 손실을 초래하게 되고 완성된 부분이 도급인에게 이익이 되는 때에는 도급계약은 未完成部分에 대해서만 失效된다. 이 경우 수급인은 해제한 상태 그대로 그 건물을 도급인에게 인도하고 도급인은 인도받은 건물에 대한 보수를 지급하여야 할 의무가 있으며, 그 보수의 액수는 다른 특별한 사정이 없는 한 당사자 사이에 약정된 총공사비를 기준으로 하여 그 금액에서 수급인이 공사를 중단할 당시의 공사기성고비율에 의한 금액이다.

大判 1998. 8. 25, 97다22737: 수급인이 공사를 완성하지 못한 채 공사도급계약이 해제되어 기성고에 따른 공사비를 정산할 경우에, 그 공사비는 이미 완성된 부분에 소요된 공사비에 미시공 부분을 완성하는 데 소요될 공사비를 합친 전체 공사비 가운데 이미 완성된 부분에 소요된 비용이 차지하는 기성고비율을 약정공사비에 적용 산정해야 한다.

大判 1992. 12. 22, 92다30160: ① 건축공사가 상당한 정도로 진척되어 원상회복이 중대한 사회적 · 경제적 손실을 초래하게 되고, 완성된 부분이 도급인에게 이익이 되는 경우에는 도급인이 도급계약을 해제하는 경우에도 계약은 미완성 부분에 대하여서만 실효되고 수급인은 해제한 때의 상태 그대로 건물을 도급인에게 인도하고 도급인은 완성부분에 상당한 보수를 지급하여야 한다. ② 건물의 완성부분이 도급인에게 이익이 되지 아니하고, 원상회복이 중대한 사회적 · 경제적 손실을 초래하지 않는다고 보아 계약해제의 소급효를 인정한다.

(9) 下 都 給

㈎ 下都給의 意義　수급인이 맡은 일의 전부나 일부를 다시 제3자가 하수급인으로서 맡는 것을 「하도급」이라 한다.[1] 하도급은 건설업자의 건설계약에서 빈번히 이용되며, 그 밖에 제조업 운송업 기타 기업에서도 많이 행해진다. 하도급은 수급인(원수급인·하도급인)과 하수급인 사이의 계약에 의해 발생한다.

㈏ 建設契約의 下都給　건설계약의 하도급은 건설업법과 동 시행령에 의해 규율된다. 건설업의 하도급은 부분하도급에 제한된다. 즉 건설계약에 있어서 수급인인 건설업자는 그가 도급받은 건설공사의 전부 또는 대통령령이 정하는 주요부분의 대부분을 다른 건설업자에게 하도급할 수 없다(건설산업기본법 제29조).

하수급인과 도급인 사이에는 직접 계약관계는 존재하지 않으나, 다음과 같

1) 일반적으로 하도급 외에 「하청」이라는 용어도 빈번히 사용된다.

은 법정채권관계가 존재한다. 하수급인은 그가 하도급받은 건설공사의 시공에 있어서는 도급인(발주자라 고도 함)에 대하여 수급인과 동일한 의무를 진다(건설산업기본법 제32조). 수급인은 하수급인이 고의 또는 과실로 하도급받은 건설공사의 시공을 조잡하게 하여 타인에게 손해를 가한 때에는 하수급인과 연대하여 그 손해를 배상할 책임이 있다(건설산업기본법 제44조 3항). 수급인은 도급받은 건설공사에 대한 준공금을 받은 때에는 하도급대금을, 기성금을 받은 때에는 하수급인이 시공한 분에 상당한 금액을 각각 지급받은 날로부터 15일 이내에 하수급인에게 현금으로 지급하여야 한다(건설산업기본법 제34조 1항). 또한 도급인은 하수급인에게 직접 그의 시공분에 대하여 보수를 지급할 수 있다(건설산업기본법 제35조 1항).

(다) 勤勞者의 賃金請求權 사업이 수차의 도급에 의하여 행하여지는 경우에 하수급인이 수급인(直上受 給人)의 귀책사유로 근로자에게 현금을 지급하지 못한 때에 그 수급인은 하수급인과 연대하여 책임을 진다(근기법 제43조, 1980년 신설).

(라) 下都給의 公正性 수급인과 하수급인 사이의 관계는 경제력 · 사업규모 · 시장지배율 등의 우열로 말미암아 지배 · 복종의 귀속관계로 되는 경우가 빈번하다. 그러므로 하도급은 임금의 중간착취 등의 많은 사회문제를 야기한다. 근로기준법에서는 "누구든지 법률에 의하지 아니하고는 영리로 타인의 취업에 개입하거나 중간인으로서 이익을 취득하지 못한다"고 규정한다(근기법 제8조). 「하도급거래공정화에관한법률」에 의하여 하도급에서 통상 지급되는 보수보다 현저하게 낮은 하도급대금을 결정하는 것이 금지되며(하도급공정법 제4조), 하수급인에게 정당한 사유 없이 수급인이 지정하는 물품 · 장비 등을 매수하거나 사용하도록 강요하여서도 안 된다(하도급공정법 제5조). 그 밖에 부당반품의 금지, 부당감액의 금지, 부당한 대물변제의 금지, 부당한 경영간섭의 금지 등을 규정한다. 또한 하수급인이 적시에 정당한 보수(하도급 대금)를 받도록 보장한다.

설계시공일괄계약

설계시공일괄계약(턴키 계약)이란 특수시설의 설치계약 등에서 수급인이 건물 및 기계의 설계 · 시공을 모두 책임짐으로써 소유자는 그 시설을 이용하기 위하여 「열쇠를 돌리는」(turn the key) 일만 하면 되고 그외 어떤 추가적 작업도 필요하지 않도록 배려해 주는 경우를 말한다. 산업설비나 플랜트건설, 또는 각종 자동화설비 등 공사 일체를 기술력과 노하우를 가진 기업 등에 총액으로 보수를 계산하기로 하고 맡기며 수급인은 설계단계부터 시작하여 시설의 가동가능상태까지 이르는 복합적 급부의무를 진다. 설계시공일괄입찰(Turn-Key Base) 방식에 의한 도급계약에서 수급인은 도급인이 의욕하는 공사목적물의 설치목적을 이해한 후 그 설치목적에 맞는 설계도서를 작성하고 이를 토대로 스스로 공사를 시행하며 그 성능을 보장하여 결과적으로 도급인이 의욕한 공사목적을 이루게 하여야 할 의무를 진다. 자동화설비에 중대한 하자가 있어 시운전 성공 여부가 불투명하게 된 때에는 도급인으로서는 자신의 대금지급의무와 대가관계에 있는 시운전 성공시까지는 중도금지급의무의 이행을 거부할 수 있고, 그 하자가 중대하고 보수가 불가능하거나 보수가 가능하더라도 장기간을 요하여 계약의 본래의 목적을 달성할 수 없는 경우에는 중도금채무의 이행을 제공하지 않고 바로 계약을 해제할 수 있다(大判 1996. 8. 23, 96다16650). 턴키계약에서는 건축, 기계의 구입, 기계설비의 조립과 시공 등이 총체적으로 하나의 계약으로 취급됨으로써 보수산정, 이행지체 여부, 하자담보책임 등에서 상호 연관성을 갖게 된다는 점에 특색이 있다. 설계시공일괄입찰(Turn-Key Base) 방식으로 입찰함에 있어 도급인이 공고한 공사예산이 과소하게 책정되고 수급인이 그를 믿고 이를 기준으로 공사도급계약을 체결함으로써 손해를 입은 경우 도급인에게 손해배상책임이 없다(大判 2003. 5. 30, 2002다7824).

§27. 旅行契約 · 情報提供契約

1. 旅行契約[1]

(1) 意　義

여행업자가 일정기간 동안의 여행을 총괄적으로 조직 · 운영하여 주는 여행서비스를 제공하고 그의 대가로서 여행요금을 받는데, 이러한 여행자과 여행

1) 참고문헌: 姜信雄, "여행계약 — 불가항력으로 인한 해지를 중심으로 — ," 사법행정 1995년 12월호; 同, "여행계약에 관한 연구 — 여행급부의 하자와 그 효과 — ," 사법행정 1997년 5월호(민사법학 제16호); 權純姬, "독일 여행계약법의 역사적 발전에 관한 소고," 박길준화갑기념, 기업구조의 재편과 상사법 I, 1998; 金允求, "여행계약의 연구," 법학연구(충북대학교) 제4권, 1992; 同, "여행업자의 책임과 책임제한," 법학연구(충북대학교) 제7권 1호, 1995; 朴永馥, "독일에서의 여행계약법의 발전," 송천이시윤화갑기념, 민사재판의 제문제(上) 1995; 徐敏, 여행계약, 민사판례연구 제11권, 1989; 同, "여행계약의 법률문제," 사법행정 1994년 11월호; 同, "여행계약법의 입법의견," 민사법학 제16호, 1998; 李承吉, "여행계약에 관한 기본개념의 고찰," 법학논문집(중앙대학교) 제20집, 1995; 鄭光洙, "주최여행계약상의 하자담보책임," 안암법학 제3호, 1995; 崔光濬, "독일 여행계약법의 구조와 문제점," 부산대 법학연구 제35권 1호, 1994.

업자 사이의 노무(서비스)공급계약을 여행계약이라고 한다. 여행자가 스스로 계획을 세우고 여행기간 동안의 교통 · 숙박 · 식사 · 휴식 · 관광 등을 배려하는 수고를 덜기 위해 여행업자가 마련한 단체여행 프로그램에 동참하거나 여행업자가 여행자를 위하여 프로그램을 짜주는 서비스가 증가하게 되었다. 여행급부의 구체적 내용은 운송 · 숙박 · 식사 · 관광안내 등이며, 여행계약이라고 하기 위해서는 이들 여러 가지 급부 중 적어도 두 가지 이상이 포함되어야 한다.

契約의 公正性確保를 위한 立法

여행계약은 도급에 유사하지만 민법의 도급규정은 주로 물건의 제작을 염두에 둔 것으로서 여행계약 같은 종합 서비스계약을 규율하기에 미흡하다. 여행계약의 세부적인 내용은 거의 전부 여행업자가 작성한 약관에 맡겨져 있는데, 여행객의 서비스에 대한 불만이나 계약의 해제 등을 둘러싼 분쟁이 빈번하여지고 있다.

각국에서는 여행업자의 공정거래를 확보하기 위해 여행업을 규제하거나[1] 여행업자와 여행객 사이의 이익형평을 꾀하기 위해 여행계약에 관한 사법규정을 신설하는 추세에 있다. 독일민법은 여행계약(Reisevertrag)을 전형계약의 하나로서 민법전에서 규율한다.[2] 우리 나라에서도 여행계약의 체결 · 변경 · 하자담보 · 해제 · 해지 등에 따른 법률관계를 규율할 입법이 요망된다.

(2) 種　類

거래계에서는 여러 종류의 여행계약이 이용되고 있다.

(가) 企劃旅行　여행업자가 미리 여행목적지 · 관광일정 · 운송 및 숙식서비스내용 · 여행요금을 정하여 광고 또는 기타의 방법으로 여행자를 모집하여 실시하는 여행을 말한다. 主催旅行이라고도 하는데, 보통 여행계약이라고 하면 기획여행을 가리킨다.[3] 이 중에서 여행업자가 사전에 여행조건별로 요금을 정하여 여행자를 모집하고 행사를 집행하는 경우를 募集旅行이라고 한다.

(나) 希望旅行　여행업자가 여행자의 위탁에 따라 여행자가 운송 · 숙식 ·

---

1) 여행업법으로서는 호주의 「Travel Agents Bill」, 벨기에의 「Statute on Travel Agencies」, 네덜란드의 「Travel Agents Act」, 일본의 여행업법 등이 있다.

2) 1979년 5월 4일 민법개정으로 독일민법 제651a조부터 제651k조의 11개 조문이 도급계약의 뒤에 삽입되었다. Bartl, *Reisevertragsrecht*, 2. Aufl., 1981; Löwe, *Das neue Pauschalreiserecht,* 1981; Tonner, *Kommentar zum Reisevertragsgesetz*, 1979; 黃迪仁 · 李銀榮, 독일법, 박영사, 287.

3) 같은 취지: 金亨培, 831.

관광 등 여행에 관한 서비스를 받을 수 있도록 수배하는 경우를 말한다. 手配旅行이라고도 부른다. 여행업자는 교통수단, 숙박시설의 알선에 그치는 경우가 있고, 기획여행에서처럼 상당부분의 급부의무를 스스로 지는 경우가 있다.

(3) 性 質

㈎ 都給契約說 여행계약을 여행이라는 무형적 결과의 실현을 목적으로 하는 도급계약으로 보는 견해이다.[1] ① 여행업자는 여행서비스의 제공에 대하여 독립적인 지위를 가진 전문가로서 여행자의 지시를 받지 않고 여행가액, 여행내용을 일방적으로 정하는 것에 대하여 책임을 지게 되며, 여행업자는 그러한 급부의 이행에 있어서 개개의 서비스에 관해 적당한 운송업자 · 공중접객업자(서비스 제공자) 등에게 하도급을 주게 되는데, 이 때 서비스 제공자와 계약을 맺는 당사자는 여행업자이지 여행자가 아니므로 여행업자는 자기가 계약한 서비스 제공자에 대해서도 계약당사자로서의 채무와 책임을 지게 된다고 한다. ② 거래의 실태를 살펴볼 때 여행자와 여행업자 사이의 계약은 단순히 알선(주선)을 목적으로 체결되었다고는 보기 어려우며, 이것은 여행자가 교통 · 숙박 · 식사 등을 제공한 운송업자나 공중접객업자에게 직접 그 서비스에 대한 대금을 치르고 여행업자에게는 알선수수료만 지급하는 것이 아니고, 여행자와 여행업자 사이에는 여행업자가 제공할 종합적인 여행서비스에 대한 계약이 체결되는 것이라고 한다. ③ 여행계약이 계속적 채권관계와 유사한 요소들을 가지고 있다고 하더라도, 그로 인하여 일의 완성과 보수가 대가관계에 있다는 것, 즉 도급인은 완성된 결과에 대하여만 보수를 지급한다는 도급계약으로서의 성질이 여행계약으로부터 배제되는 것이라고 해석할 필요는 없다고 한다. ④ 일의 완성에 해당하는 여행의 완료를 위한 일(준비)을 수급인(여행업자)이 반드시 스스로 해야만 하는 것은 아니기 때문에 여행계약은 도급계약에 해당하는 것으로 보는 것이 타당하다고 주장한다.

㈏ 獨自類型說 여행계약은 도급계약과 유사한 점은 있으나 전적으로 도급계약이라고는 할 수 없고 독립된 계약유형으로 파악해야 한다는 견해이다.[2] ① 여행계약의 급부내용은 다수의 서로 다른 급부로 이루어져 있고, 이들

---

1) 金允求, 앞의 글(여행계약의 연구), 111.

2) 姜信雄, "여행계약," 사법행정 1995년 12월호; 민법주해(16), 274(徐敏 집필부분). 金亨培, 822은 구체적으로 여행업자의 채무불이행책임 내지 담보책임과 관련해서 그 성질을 규명하는 데 있어서는 여행계약을 독자적 성질을 가진 일종의 혼합계약(위임, 매매, 임대차, 도급계약의 요소가 혼합된)으로 보아야 한다고 설명한다.

상이한 부분 급부의 실현이 시간적 · 장소적 · 기능적으로 전체급부(이행)와 결부되어 이루어지고, 일의 결과가 개개의 급부 및 그 시간적 연속과 불가분의 관계에 있어서 일정한 시점에 집중되지 아니한다. ② 여행계약은 여행업자에 의하여 미리 제작된 개별급부의 총체로서, 그 이행이 일정기간에 걸쳐서 순차로 또한 적시에 이행하지 않으면 안 되고, 적시에 이행하지 않은 급부는 추완과 수선이 불가능하며 불확실성이 높은 현물전시 및 재고 불능한 무형의 상품이기 때문에 도급계약의 본질에 꼭 맞는다고 할 수 없다. ③ 여행계약은 도급계약과 비슷하지만 도급계약 자체와는 독립된 모습의 계약에 관하여 따로 규율하고 있지 않으므로 여행계약의 내용과 가장 가까운 계약유형이 도급계약에 관한 규정을 유추적용하는 것이 바람직하다고 한다.

私見으로는 獨自類型說에 찬동한다.[1] 여행객과 여행업자 사이에는 여행업자가 제공할「종합적인 여행서비스에 대한 계약」이 체결되며, 그 성질은 도급의 특수형태라고 할 수 있다. 여행계약은 거래계에서 이미 독자적인 계약유형으로 자리잡았다. 민법에 규정되어 있지 않은 비전형계약이라도 전형계약 유형에서 전적으로 벗어난 창조는 실제로 매우 드물며 최소한 부분적으로라도 전형계약적 요소를 띠기 마련인데,[2] 여행계약은 도급계약에 가깝다고 여겨진다. 독일에서 여행계약을 민법에 규정하면서 도급에 관한 규정들 내에 삽입한 것은 이러한 배려에 의한 것이다.[3]

(4) 內 容

(가) 構成要素 여행계약의 내용이 무엇이며, 어떤 법적 성질을 갖는가에 대한 종래의 논쟁의 실익은 여행업자가 교통 · 숙박 · 식사 등을 제공해야 할 제3채무자와 여행객 사이의 계약체결을 중개 또는 알선해 줌에 불과한 여행알선자인가, 아니면 여행업자가 스스로 교통 · 숙박 · 식사 등의 급부를 하여야 할 계약상의 채무자인가에 있었다. 현재의 거래실태를 살펴볼 때 여행서비스는 여행알선을 하는 부분과 스스로 급부의무를 지는 부분의 두 부분으로 분류될 수 있다.

1) 旅行斡旋部分 여행업자가 여행자를 위하여 항공사와 운송계약을 알

---

1) 拙著, 채권각론, 1989, 409에서 여행계약을 도급계약의 뒷부분에 설명한 것을 가지고 도급계약설로 분류하는 경우가 있는데, 이는 잘못된 분류이다. 여행계약이 도급에 가까운 독자적 계약유형이라는 인식 아래 도급의 절에 서술한 것이다.

2) 金東勳, "비전형계약의 이론과 판례," 국민대학교 법학논총 제9집, 231.

3) 朴永馥, 앞의 글, 417.

선해 주는 경우에, 계약당사자는 여행자와 항공사이다. 여행자는 항공서비스를 변경하는 등 스스로 그 운송계약의 당사자로서의 권리의무를 취득한다. 수화물 분실, 인체사고 등의 항공사고가 난 경우에도 여행자가 직접 항공사에 대하여 손해배상청구권을 가진다. 항공사와의 운송계약 이외에 어떤 부분까지 여행알선으로 보아야 할 것인가는 구체적인 사정에 맞게 계약해석을 해야 할 것이다. 여행업자는 알선자로서 예약 · 대금지급 등을 대행해 준다.

2) 債務負擔部分　여행업자는 스스로 도급계약에서의 수급인으로서 여행객에 대하여 채무를 지는 경우가 많다. 여행객이 지역교통 · 숙박 · 식사 등을 제공한 운송업자나 공중접객업자 개개인과의 계약내용을 알지 못하고 여행업자가 안내하는 대로 이용하는 것뿐이므로 계약당사자라고 보기는 어렵다. 숙박업자 등 서비스 제공자와 계약을 맺는 당사자는 여행업자이지 여행객이 아니다. 여행업자가 채무자로서 여행자에 대하여 계약에서 정해진 급부를 이행하여야 할 의무를 지며, 그 급부의 이행에 있어서 개개의 서비스에 관해 적당한 운송업자 · 공중접객업자 등 서비스 제공자에게 하도급을 준 것이라고 해석된다. 여행업자는 서비스 제공자의 이행지체나 불완전이행에 대하여 여행자에게 손해배상책임을 진다.

㈏ 契約締結時 明示 · 說明義務　여행업자는 계약체결시 서비스내용을 구체적으로 명시하고 여행약관을 명시 · 설명해야 한다. 계약체결시 과다한 계약금을 받아 그것을 위약금 및 해약금으로 하는 것은 부당하므로, 그 금액은 적정한 범위로 제한된다.

㈐ 旅行者의 契約解除權　여행계약의 특수성에 비추어 다음의 경우 여행자는 취소료를 부담하지 않고 여행개시 전에 여행계약을 해제할 수 있도록 배려되어야 한다. ① 출국 및 귀국일자, 여행목적지 등 계약내용이 변경된 경우, ② 천재지변, 전란폭동, 운송기관의 파업 등으로 원활한 여행실시가 불가능하다고 판단될 때, ③ 여행업자가 출발 전 서비스(여권 · 비자 대행 등)에 대한 약속을 불이행한 경우, ④ 여행자에게 생긴 불가항력적 사유로 여행을 할 수 없을 때 등이다.

㈑ 募集旅行의 人員制限　여행업자가 사전에 여행조건에 따라 요금을 정하여 여행자를 모집하고 행사를 집행하는 募集旅行의 경우에, 여행업자와 여행자가 여행계약 체결시 자율적으로 최저인원 및 최다인원을 정하는 것이 바람직하다. 사전에 정해진 요금에 의하여 모집된 인원이 요금산출기준에 미달된 경우에 여행업자는 그대로 여행을 진행시키거나 최저인원미달로 인하여 계약

을 해제할 수 있다. 그러나 모집인원초과로 요금이 절약된 경우에, 그 정산액을 여행자들에게 환급해야 한다.

(마) 旅行計劃의 變更 여행중에 계획의 변동이 있는 경우에 그 사실을 알리고 여행자로 하여금 적절한 선택을 할 수 있도록 배려해야 한다.[1] 여행조건변경으로 인하여 여행요금의 변경이 있는 경우 여행업자로 하여금 여행자에게 그 내용을 설명하여야 한다. 여행조건변경으로 인하여 여행의 목적을 달성할 수 없는 경우 여행자로 하여금 여행계약을 해지할 수 있도록 하며, 이 경우 잔여일정에 해당하는 여행요금을 환급해야 한다.

(바) 旅行業者의 安全配慮義務 여행업자는 여행계획의 수립이나 여행의 실시에 있어서 여행객의 인체 및 재산상의 안전을 배려할 의무를 지며, 그러한 주의의무해태로 인한 손해에 대해 배상책임을 진다. 나아가서 외국법에서는 여행객이 여행중에 입은 인체배상(사망·부상)에 대해서도 여행업자에게 무과실책임을 부과하기도 한다. 판례도 기획여행계약의 부수의무로서 여행업자의 안전배려의무를 인정하며, 여행인솔자를 이행보조자로 보아 그 과실에 대하여 여행업자가 손해배상책임을 져야 한다고 판시하였다(大判 1998. 11. 24, 98다25061).

大判 1998. 11. 24, 98다25061: ① 여행업자는 목적지의 자연적 · 사회적 조건에 관하여 전문적 지식을 가진 자로서 우월적 지위에서 행선지나 여행시설의 이용 등에 관한 계약 내용을 일방적으로 결정하는 반면, 여행자는 그 안전성을 신뢰하고 여행업자가 제시하는 조건에 따라 여행계약을 체결하게 되는 점을 감안할 때, 여행업자는 기획여행계약의 상대방인 여행자에 대하여 기획여행계약상의 부수의무로서, 여행자의 생명 · 신체 · 재산 등의 안전을 확보하기 위하여, 여행목적지 · 여행일정 · 여행행정 · 여행서비스기관의 선택 등에 관하여 미리 충분히 조사 · 검토하여 전문업자로서의 합리적인 판단을 하고, 또한 그 계약 내용의 실시에 관하여 조우할지 모르는 위험을 미리 제거할 수단을 강구하거나 또는 여행자에게 그 뜻을 고지하여 여행자 스스로 그 위험을 수용할지 여부에 관하여 선택의 기회를 주는 등의 합리적 조치를 취할 신의칙상의 주의의무를 진다. ② 여행업자가 내국인의 국외여행시에 그 인솔을 위하여 두는 관광진흥법 제16조의3 소정의 국외여행인솔자는 여행업자의 여행자에 대한 안전배려의무의 이행보조자로서 당해 여행의 구체적인 상황에 따라 여행자의 안전을 확보하기 위하여 적절한 조치를 강구할 주의의무를 진다.

---

1) 鄭光洙, "주최여행계약상의 하자담보책임," 안암법학 제3집(1995)에서는 부수의무로서 설명의무 · 보호의무를 인정한다.

③ 기획여행에 참여한 여행자가 여행지에서 놀이시설을 이용하다가 다른 여행자의 과실에 의한 행위로 인하여 상해를 입은 사안에서, 국외여행인솔자의 과실이 있다고 보아 여행업자 및 위 국외여행인솔자의 손해배상책임을 인정한다.[1)]

(5) 瑕疵擔保責任

여행업자가 계약체결시 명시한 서비스급부의 내용과 질이 약속된 것보다 낮은 경우에, 여행업자는 계약당사자로서 담보책임을 져야 한다. 수급인의 담보책임에 관한 제667조 이하는 여행계약에 적합하지 않은 경우가 있으므로, 여행업에 적합한 법리가 연구되고 있다.

㈎ 解　止　　여행업자를 믿고 여행지에 도착한 여행객은 약속보다 낮은 숙박시설이나 음식이 제공된 경우 그의 시정이 이루어지지 않는 경우에는 여행계약을 해지하거나 스스로 다른 숙박시설 등을 이용하고 그의 대금상당액을 손해배상으로서 청구할 수 있다.

㈏ 代金減額請求權　　여행자가 어쩔 수 없이 그 하자 있는 서비스를 제공받은 경우에, 여행자는 대금감액청구권을 행사할 수 있다고 해석된다.

㈐ 損害賠償請求權　　여행업자는 여행서비스의 하자로 여행자에게 생긴 손해를 배상하여야 한다. 여행이 실패로 되거나 현저히 침해됨으로써 귀중한 휴가기간을 무익하게 허비한 경우에, 여행자는 그 비재산적 손해도 상당인과관계의 범위 내에서 배상청구할 수 있다(慰藉料請求可能). 그 손해배상액은 여행자가 아직 휴가기간을 활용할 가능성이 있느냐의 여부 등을 참작하여 정하여질 것이다.[2)]

㈑ 歸路手配義務　　여행계약이 중도에 해지된 경우에, 여행업자는 여행

---

1) 사실관계: 여행업자인 피고 신동아관광 주식회사(이하 「피고 회사」라 한다)는 5박 6일 동안 태국 · 싱가포르 · 말레이지아를 관광하는 기획여행을 마련하여 모집한 결과 원고 이○숙 · 최○원 부부가 단체의 일원으로 이에 참가하였다. 여행 5일째인 1996. 1. 27. 원고 일행은 태국의 파타야시에서 가까운 산호섬 해변에서 휴식 및 자유시간을 가지게 되어 있었는데 원고 이○숙과 그 일행 중 한 사람인 피고 김○규 등이 피고 회사의 직원으로 원고 일행을 인솔한 여행안내원인 피고 임○호 및 피고 회사와 태국 현지의 여행안내원인 소외 김○희의 권유에 따라 제트스키나 바나나보트와 같은 놀이시설을 이용한 사실, 그 당시 피고 임○호나 위 김○희는 피고 김○규에게 모터보트의 기기조작법, 안전수칙, 사고위험성 등에 대하여 충분한 교육을 시키지 아니한 사실, 원고 이○숙은 태국 현지인이 운전하는 모터보트에 매달린 바나나보트 앞쪽에 앉았는데 바나나보트가 시계 방향으로 돌면서 해변으로 나오려고 할 때, 반대 방향에서 피고 김○규가 운전하는 모터보트가 빠른 속력으로 마주 진행하여 오다가 운전미숙으로 속력을 줄이지 못하고 그 운전의 모터보트 앞 부분으로 바나나보트 우측 앞부분을 들이받았고, 그 충격으로 위 원고가 바다로 떨어져 약 2개월 이상의 치료를 요하는 전후방십자인대파열상 등의 상해를 입었다.

2) 姜信雄, "여행계약에 관한 연구," 사법행정 1997년 5월호. 실제 금강산관광에서 북한측의 사정으로 여행이 도중에 중단되거나 단축된 경우에 여행자에게 여행요금의 환불과 함께 약간의 위자료를 지불한 사례가 있다.

자가 출발지로 돌아갈 수 있도록 안전하고 신속하게 귀로를 수배하여야 한다. 이 귀로수배의무는 신의칙상 부과되는 여행업자의 의무이다. 그 경비부담은 누구의 귀책사유로 계약이 해지되었는가에 따라 달라지게 된다. 여행자의 개인사정으로 해지된 경우에도 여행업자는 귀로수배의무를 지는데, 이 때의 비용은 여행자가 부담한다.

㈎ 不可抗力으로 인한 免責　여행목적지의 예상곤란한 전쟁·폭동·총파업으로 인한 여행중단 및 서비스 하자에 대해서는 여행업자의 책임을 면제하는 것이 타당하다.

2. 情報提供契約

(1) 槪　說

정보제공계약이란 계약당사자 일방이 타방에게 일정한 범위의 정보를 제공하기로 하는 계약으로서, 정보제공계약이 단독으로 체결되는 경우도 있으나 전문가와의 위임계약에 부수하여 체결되는 경우가 많다. 근래에는 정보 그 자체가 상품으로서 거래의 대상이 되는 경우가 급격히 증가하고 있으며, 정보상품의 종류도 「전문가가 제공하는 정보」, 「인쇄물이나 전파 등의 매체를 통하여 제공하는 정보」, 「컴퓨터 통신을 이용하여 제공하는 정보」 등 다양하다.

정보상품의 거래에 관해서는 그 정보상품의 품질·성능이 불충분한 경우에 매도인이나 수급인의 하자담보책임이 문제될 수 있다. 결함상품이 야기한 확대손해에 대해서도 계약책임으로서 손해배상받는 것이 가능하다. 그러나 정보의 이용자와 제공자 사이에 직접적인 거래가 존재하지 않는 경우에는 계약책임으로 추궁하는 것은 곤란하며, 불법행위책임에 의해 손해를 배상받는 방법이 강구되어야 할 것이다. 불법행위책임을 추궁하는 경우에 인과관계 및 과실의 입증이 곤란하다는 점, 소비자소송에 난관이 많다는 점 등이 장애요인으로 작용할 것이다. 하자 있는 정보에 의한 손해를 배상해 주는 간편한 법적 구제시스템이 필요하다.

(2) 專門家의 情報提供

㈎ 情報提供契約의 性質　정보제공계약의 성질에 관하여 그 급부의 성질상 도급계약의 일종으로 보는 견해(都給契約說)[1]가 있으나, 사견으로는 「도급·

1) 岡孝, "情報提供者の責任," 現代契約法大系(7), 1984, 306 이하; 同, "情報商品の取引と消費者保護," ジ

위임계약에 유사한 독자적 계약유형」으로 파악하겠다(獨自類型說). 다만 정보제공계약이 도급 · 위임에 부수하여 체결되는 경우에는 「主된 계약」의 성격이 강하게 작용하게 될 것이다.

(나) 擔保責任과 債務不履行責任　변호사 · 공인회계사 등 정보제공을 직업으로 삼는 전문가가 대가를 받고 정보를 제공한 경우에, 정보제공자는 그 정보의 오류에 대하여 담보책임을 져야 한다.

都給契約說을 취하게 되면, 제공된 정보에 오류가 있는 경우에 그 오류가 민법 제667조 및 제668조의 "완성된 목적물의 하자"로 다루어지게 된다. 그 결과 완성된 목적물 또는 완성 전에 성취된 부분에 하자가 있는 때에는 도급인은 수급인에 대하여 상당한 기간을 정하여 그 하자의 보수를 청구할 수 있으며, 도급인이 완성된 목적물의 하자로 인하여 계약의 목적을 달성할 수 없을 때에는 계약을 해제할 수 있게 된다. 獨自類型說을 취하더라도 도급계약규정을 유추적용하면 같은 결론에 도달할 수 있다. 문제는 도급계약규정을 적용할 경우에 민법 제670조에 따라 손해배상의 청구 및 계약의 해제는 목적물의 인도를 받은 날로부터 1년 내에 해야 한다는 담보책임 존속기간의 제한을 받게 된다는 점이다. 이 경우에는 채무불이행책임을 물어 손해배상을 청구하거나 계약을 해제하고 원상회복을 청구할 수 있다고 해석되어야 한다. 정보수령자는 제공된 정보에 따라 행동하고 그 행동 후에야 정보의 하자를 인지하게 된다. 정보의 성격에 따라서는 정보제공이 있은 지 1년 이상이 경과한 후에야 하자의 존부를 인지할 수 있는 경우도 빈번하다. 만약 정보하자에 대한 담보책임을 1년 이내로 제한한다면 정보수령자가 담보책임을 물을 수 없는 경우가 자주 발생하게 될 것이다. 담보책임의 제척기간이 경과한 후에는 정보수령자의 손해를 배상받을 수 없다는 것은 부당하므로 채무불이행책임을 묻도록 해야 한다.[1)]

ュリスト 1984. 9增刊, 218 이하.

1) 독일의 판례(BGH URT. V. 10. 6. 1976: BGHZ 67. 1)를 보면, A로부터 토지를 매입하기 위한 융자를 신청받은 X은행은 건축사 Y에게 본건 토지의 담보가치를 평가해 주도록 요청하였다. Y가 작성한 감정서에는 그 가치를 잘못하여 과다하게 평가하였는데 X은행은 그 잘못된 감정서에 의거하여 본건 토지에 저당권을 설정하고 융자를 해 주었다. A가 채무를 변재하지 않으므로 X은행은 저당권을 실행하였는데 그를 통해서 채권이 충분한 만족을 얻을 수 없었다. X는 Y에게 그 감정으로부터 약 8년이 경과한 후에(저당권실행에 의해 채권회수가 충분히 될 수 없음이 판명된 때로부터 1년 이상이 경과한 후) 잘못된 감정에 의한 손해배상을 청구하였다. 독일연방대법원은 원심판결과 같이 정보제공시로부터 6개월이 경과하였으므로 Y의 도급으로 인한 하자담보책임의 소멸시효가 완성하였다는 항변을 배척하고 손해배상책임을 인정하였다(독일민법 제638조는 6개월의 시효를 규정한다). 이 판결은 본건의 정보하자에 대한 책임은 적극적 계약침해의 문제로 처리하여 일반적인 채권의 소멸시효(독일민법 제195조에 의하여 30년)에 따라야 한다고 판시하였다. 그 근거로서 드는 것은 입법자는 독일민법 제638조의 도급계약의 담보책임의 소멸시효에 관련해서 유체물

㈐ 免責約定　정보제공계약에 있어서는 개별약정 또는 약관으로서 면책특약을 두는 경우가 많은데, 그러한 면책특약은 경우에 따라 무효로 될 수 있다. 특약이 있더라도 채무자의 고의에 대한 책임을 사전에 면책하는 것은 허용되지 않는다. 채무자는 담보책임을 지지 않음을 약정한 경우에도 알고 고지하지 아니한 사실에 대하여는 그 책임을 면하지 못한다(제672조). 경과실에 대한 면책은 그것이 신의칙에 위반되는 경우에 한해서 면책효과가 부정된다. 약관조항에 면책조항이 인쇄되어 있는 경우에는 약관규제법의 적용을 받는다. 약관규제법에 의하면 상당한 이유 없이 사업자의 담보책임을 배제 또는 제한하거나 그 담보책임에 따르는 고객의 권리행사의 요건을 가중하는 조항은 무효이며(약관법 제7조 3호), 채무불이행책임에 관해서도 「사업자, 이행보조자 또는 피용자의 고의 또는 중대한 과실로 인한 법률상의 책임을 배제하는 조항」은 무효로 된다(약관법 제7조 1호). 정보제공계약의 유형에 비추어 엄격한 책임을 인정하는 것이 요망되는 경우에 잘못된 정보로 인한 손해배상책임을 면책하도록 약정하는 것은 신의성실의 원칙에 어긋나서 무효로 된다고 해석된다.

㈑ 제3자에 대한 責任　계약관계가 없는 제3자에 대하여 정보제공자가 책임을 질 것인가 하는 점도 문제된다. 경우에 따라서는 제3자라도 불법행위책임에 기해 정보의 하자로 인하여 발생한 손해를 배상청구할 수 있으며, 이 경우 정보제공자는 상품제조자와 유사한 지위에서 책임을 지게 될 것이다. 그러나 정보는 여러 사람에게 광범위하게 전파되기 쉬운 특성을 가지므로, 어떤 잘못된 정보를 이용함으로써 손해를 입는 피해자도 광범위하게 발생할 수 있다. 만약 정보제공자가 계약 상대방이 아닌 일반 정보사용자에 대해서까지 손해배상책임을 져야 한다면 피해자의 범위 및 정보제공자의 손해배상범위는 무한정 확대될 가능성이 있게 되어 부당한 결과로 될 것이다. 정보제공자의 책임을 일정한 범위로 한정하는 것이 필요하다.

미국 불법행위법 리스테이트먼트는 「제3자」의 범위를 「정보제공자가 특정의 제3자를 알고 있었던 경우 및 제3자에게 정보제공이라는 정보수령자의 직접적 의도를 알고 있었던 경우」로 제한하고, 정보가 이용된 상황을 「지침을 마련하기 위해 정보가 제공된 거래, 또는 실질적으로 그와 유사한 거래에서 정보

특히 공작물의 하자를 염두에 두고 규정했으며 정보의 경우처럼 하자 있는 정보에 의거하여 행동함으로 인한 손해가 통상 시효기간의 완료 후에 생기는 하자로 야기되는 손해로 됨은 입법 당시에 고려되지 않았다고 하였다. 본건과 같은 정보의 하자는 금전의 차주가 이행을 지체함에 따라 담보책임을 실행한 후에야 판명된 것으로서 도급계약의 담보책임규정을 적용하는 것은 타당하지 않다고 하였다.

가 이용된 경우」로 한정하는 등 책임발생요건을 법률로 규정한다(Restatemaent Second of Torts 352). 독일에서는 제3자에 대한 정보제공자의 손해배상책임을 신뢰책임으로 구성하는 이론이 주장된다.

(3) 서적 등을 통한 정보제공

잡지, 서적 등의 인쇄매체를 통해서 소비자에게 정보가 전달된 경우에 그 정보에 오류가 있음으로 인한 손해에 대하여 책임이 발생할 것인가가 문제될 수 있다. 주로 인쇄매체를 통하여 전달된 정보의 하자에 대하여 논의가 행해진다. 텔레비전, 라디오 등 전파매체의 경우에도 유사한 문제가 발생하지만, 이러한 매체에 의한 정보는 인쇄매체와는 달리 기록성이 떨어지기 때문에 약간 성질을 달리한다.[1)]

(가) 誤謬에 대한 책임 서적에 誤植 등이 있으므로 인하여 정보가 잘못 전달되어 독자에게 손해를 입힌 경우에 출판사가 독자에 대하여 책임을 질 것인가가 논의되는데, 아직 이러한 책임을 인정한 예는 거의 없다. 독일에서는 이 문제가 법학자들의 쟁점이 되었으며,[2)] 의학서 중에 식염수의 농도 2.5%가 25%로 오식(誤植)되었고 그에 의해 주사를 맞은 환자가 손해를 입은 사건에서, 의사측의 책임보험회사가 출판사를 상대로 불법행위에 기한 손해배상청구를 하여 그 손해배상이 인정된 판례가 있었다.[3)]

외국의 저자의 서적이 번역자에 의해 잘못 번역되어 독자에게 손해를 입힌 경우에, 출판사 · 번역자가 독자에 대하여 그 誤譯으로 인한 손해배상책임을 지는가도 논의되었으나, 아직 그러한 책임을 인정한 사례는 없다.[4)5)]

---

1) 매체를 통하여 제공된 정보가 사실과 어긋나는 결과 특정인의 명예 · 신용을 훼손한 경우가 있다. 신문사나 잡지사 등 매체의 사업주는 이 경우 불법행위책임을 지는데, 이것은 통상 정보제공에 의한 책임과는 구별하여 다루어진다.

2) Rohl, Fehler in Druckwerken, *JZ* 1979, 369.

3) 원심은 손해배상의무를 긍정하였지만, 독일연방대법원은 원심을 파기하였다. 업계의 거래관습으로서 교정을 저자에게 위임하는 것이 허용되고 있으므로 교정에 있어서 저자가 출판사의 피용자로 보는 것은 불가능하기 때문에 출판사에게는 과실이 인정되지 않는다고 하였다. BGH URT. V. 7. 7. 1970, *JZ* 1971, 63.

4) 일본하급심판결(態本地判 昭和 53. 12. 22 判決, 判例タイムズ 제374호, 82)은 원서의 번역서로서는 빠진 부분이나 오역된 것이 많고, 오역이 숫자와 고유명사에 미친 번역서(분을 초라고 한다든가 하천이름을 잘못 옮기고 빠진 부분이 2할 정도됨)에 대하여 發賣元(발행자와 별개의 법인)이 품질보증의 책임을 질 것인가가 쟁점이 된 사건에서, 발매원의 책임을 부정하였다. 이 판결에서는 그 책에 오역이 많은 등 흠결이 있지만 이것은 번역자와 발행자의 책임으로서 검토되어야 할 것이므로 발매원은 책임을 지지 않는다고 한다. 그러나 이 판결은 오역 등이 매매의 하자담보책임을 발생시키는 매매목적물의 하자인가에 대해서는 판단하지 않았다.

5) 이와 같은 오역, 오식, 등에 대한 책임은 헌법상의 표현의 자유와의 관계에서 그 한계가 문제될 수 있다. 독일판례 중에 교재용으로 세계사연표를 견본에 의하여 주문한 서베를린시가 연표에 「공산주의적 · 반교회적 · 반독일적 경향」이라는 표현이 있다는 이유로 대금지불을 거절한 사건에서, 그 서적의 내용이 구입자의

(나) 投資推薦에 대한 責任 투자정보를 제공하는 정기구독용 서적이 독자에게 잘못된 정보를 제공하여 손해를 입힌 경우에 그 서적의 전문성 · 신뢰성에 따라 출판인에게 책임이 지워질 수 있다. 근래 인터넷 정보망을 통해 특정 회사가 부도에 직면했다는 잘못된 투자정보가 전달됨으로써 그 회사가 피해를 입은 경우에, 정보제공자의 책임을 긍정하는 논의가 있었다.

독일판례에 증권거래정보지에 게재된 잘못된 우량주의 투자권유에 기해서 투자를 하여 손해를 입은 정기 구독자가 손해배상을 청구한 사건이 있었다.[1] 본건 주식의 추천에 관련하여 정보잡지의 편집자는 「투자대상회사가 그 기초자본금의 3분의 2에 상당하는 보증채무를 부담하게 된 점(이것은 그 회사의 파산 원인이 되었다) 등」을 독자에게 알리지 않았는데 이에 관하여 편집자의 중과실이 인정되었다. 본건과 같은 경우에 우량주의 추천과 같은 정보는 매우 한정된 기간에 가치를 갖는 것으로 정기 구독자가 그 이외의 자에 대하여 정보의 우위를 차지하지 않게 되고 곧 그 정보의 가치가 상실된다고 하는 정보의 특수성이 있다. 독일연방대법원은 본건의 정기구독계약은 매매와 조언계약의 혼합계약이라고 보고, 조언의무에 위반하여 잘못된 투자추천에 의한 손해배상책임에 관하여는 매도인의 하자담보책임을 적용할 것이 아니라 채무불이행책임을 지워서 소멸시효기간을 일반 채권의 30년으로 보아야 한다고 판시하였다. 결국 이 사건에서는 증권거래정보지측의 손해배상의무가 인정되었다.

(다) 責任의 主體 매매목적물의 하자에 관해서 소비자는 매도인에 대해서는 하자담보책임을 물을 수 있는 것이 원칙이다.

출판사와 소비자 사이에 계약관계가 인정되지 않는 경우에, 상품의 결함에 대한 제조자의 책임이 발생할 수 있으나, 실제 사건에서는 과실 및 인과관계의 입증이 매우 어렵다. 예를 들어 열차 시각표의 오류로 인하여 기차를 놓치게 되어 중요한 계약을 체결하지 못하는 등 경제적 손해를 입게 된 경우에까지 출판사에 대하여 정보제공의 오류로 인한 손해배상책임을 인정하는 것은 곤란하다.

저자의 잘못된 정보제공에 대한 책임은 원칙적으로 서적의 구매자에 대한 직접적인 책임이 아니라 출판사에 대하여 지는 구상책임에 해당한다. 출판사 또는 매도인이 소비자에 대하여 손해배상을 한 경우에 그 출판사 또는 매도인

기호에 어긋난다 하더라도 서적의 내용이 현저한 착오가 없는 경우에는 그것은 원칙적으로 하자라고는 말할 수 없다고 판시한 바 있다(BGH URT. V. 26. 11. 1957, NJW 1958, 138).

1) BGH URT. V. 8. 2. 1978, BGHZ 70, 356.

은 그 원인을 제공한 저자에 대하여 그 과실의 범위에서 구상책임을 물을 수 있을 것이다. 전문서적의 내용상의 오류에 의해 독자에게 손해가 발생한 경우에 독자가 직접 저자에 대하여 책임을 묻는 것은 곤란하다고 해석된다. 미국 불법행위법은 「과학자와 연구자가 특정의 거래의 지침으로서 제공한 것이 아니라면 독자에 대해서는 원칙적으로 책임이 없다」고 한다.

(4) 개인신용정보의 제공

근래 신용정보제공업자가 자기와 계약한 회원(소매상 등)에게 고객에 관한 신용조회 등 신용정보를 제공하기로 하는 계약이 빈번히 이용된다. 소비자 금융에 관한 개인신용정보기관은 계약자가 요청한 특정인의 신용정보를 제공하는 것을 업으로 한다. 우리 나라에서도 1995년부터 「신용정보업」이 허용되고 있으며, 이를 규제하기 위하여 「신용정보의이용및보호에관한법률」(1998)이 제정되었다. 신용정보업자는 소비자의 프라이버시를 보호하고 정확한 정보수집을 위해 노력해야 한다. 정보제공자가 회원에 대하여 조회대상자와 다른 사람의 정보를 회답하는 등 신용정보제공에 있어서 잘못을 범한 경우에, 정보제공자는 그로 인하여 손해를 입은 정보계약상대방에 대해 손해배상책임을 져야 한다. 「회원은 정보제공자가 제공한 정보에 의해 자기의 여신판단에 구속을 받지 않는다」는 내용의 약관을 두는 경우에, 정보기관이 면책되는가는 의문이다. 비록 면책조항이 있는 경우에도 잘못된 신용정보를 제공한 정보기관은 회원 및 소비자에 대하여 자기의 과실에 대한 책임을 져야 할 것이다.

§28. 懸賞廣告

1. 意　義[1)]

(1) 槪　念

현상광고란 광고자가 어느 행위를 한 자에게 일정한 보수를 지급할 의사를 표시하고, 이에 응한 자(응모자)가 그 광고에 정한 행위를 완료함으로써 효력이 생기는 계약이다(제675조). 미아 · 범인 · 유실물 등을 찾아 주는 사람에게 일정액

1) 金基善, "현상광고," 고시계 제27권 1호, 1982년 1월호; 玄勝鍾, "현상광고의 법률적 성질," 법정(구) 제20권 5호, 1965년 5월호.

의 보수(현상금)를 지급하겠다는 광고를 내는 경우가 현상광고에 해당한다.

(2) 性　質

현상광고가 계약인가 단독행위인가에 관하여 학설이 대립한다.[1] 현행민법하의 계약설과 단독행위설 사이에 해석상의 차이는 크지 않다.[2] 다만 보수청구권이 광고자의 지정행위완료의 認知時에 생기는가(계약설) 아니면 응모자의 指定行爲完了時에 생기는가(단독행위설)에 관해 차이가 있다.

(가) 契 約 說　　현상광고를 양 당사자의 의사의 합치에 의해 성립하는 계약의 본질을 갖는 것으로 파악하는 견해이다.[3] 광고자의 의사표시(광고)는 불특정다수인에 대한 請約에 해당하고, 응모자의 그에 대한 응모 및 지정행위의 완료는 承諾에 해당한다고 이해한다. 단 광고가 있음을 알지 못하고 지정행위를 한 자는 제677조의 법률규정에 의해 응모자와 같은 보수청구권을 갖는다고 본다. 이 때의 법률관계는 계약이 아닌 準懸賞廣告로 파악한다.

계약설이 드는 근거는 다음과 같다. 첫째, 민법이 현상광고를 채권편 제2장 계약의 도급과 위임 사이에 규정함으로써 전형계약의 하나로 취급한다는 점, 둘째, 현상광고의 의의를 규정한 제675조는 「이에 응한 자가 그 광고에 정한 행위를 완료함으로써」라고 하여 응모자의 응모를 효력요건으로 정하고 있는데, 이는 계약설에 따른 것이라고 해석된다는 점, 셋째, 법률에 특별한 규정이 없는 한 단독행위에 의하여 타인에게 채권·채무가 발생하지 않는다는 점 등이다.

(나) 單獨行爲說　　현상광고는 광고자가 광고라는 단독행위에 의해 정지조건부채무를 부담하는 계약 외의 채권발생원인이라고 파악하는 견해이다.[4] 지정행위의 완료는 정지조건의 성취에 해당하여 행위자는 광고에 정한 보수를 청

1) 현상광고(Auslobung)의 법적 성질에 관하여서는 독일보통법시대 이래로 계약설(Vertragstheorie; Windsheid가 이 이론의 대표자이다)과 단독행위설(Pollizitationstheorie)이 대립되어 왔다. 구민법에서는 현상광고규정의 위치 및 불완전성으로 말미암아 학설의 대립이 극심했었다. 신민법의 제정에 있어서는 구민법하의 학설대립의 여지를 없애고자 계약설에 입각하여 규정의 위치변경과 내용보안을 하였다. 그럼에도 불구하고 신민법에서도 여전히 계약설과 단독행위설의 대립은 계속되고 있다.

2) 과거 현상광고의 법적 성질에 관한 계약설과 단독행위설의 다툼의 실익은, 현상광고를 알지 못하고 지정행위를 완료한 자에게 보수청구권을 인정할 것인지, 광고 있기 전에 이미 지정행위를 완료한 자에게도 보수청구권을 인정할 것인지, 지정행위를 완료한 자가 무능력자인 경우에도 유효하게 보수청구권을 취득하는지 등에 있었다. 원칙적으로 이들 경우에 契約說은 보수청구권의 성립을 부인함에 반하여, 單獨行爲說은 이를 인정한다. 그러나 現行民法은 제677조를 두고 있기 때문에 계약설을 취하든 단독행위설을 취하든 실제 결과에 있어서 큰 차이가 없다. 민법주해(15), 486(吳宗根 집필부분).

3) 金錫宇, 349; 金曾漢, 316; 金顯泰, 249; 金亨培, 701; 李太載, 311; 민법주해(15), 487(吳宗根 집필부분).

4) 郭潤直, 471; 金疇洙, 412.

구할 수 있게 된다고 해석한다.

단독행위설의 논거는 다음과 같다. 첫째, 현상광고규정의 법전상의 위치는 그것이 계약으로 규율된다는 보충적 근거는 되어도 결정적 근거는 되지 못한다. 그리고 채권편 제2장 계약은 반드시 계약에 관하여서만 규정하지 않고 제2장 이하에 주요한 채권의 발생원인을 정하는 것이라고 본다. 둘째, 제675조의 문언은 현상광고를 계약으로서 규정하는 듯 보인다. 그러나 제677조의 광고가 있었음을 알지 못하고 지정행위를 한 자에게도 보수청구권이 있다는 규정은 현상광고가 단독행위임을 전제로 한 것이다. 양 규정을 종합하여 현상광고를 단독행위로 파악하는 것이 논리적으로 타당하다. 그러므로 제675조는 지정행위를 한 자에게 보수청구권이 발생하는 시기를 정할 뿐이라고 해석되어야 한다. 셋째, 제679조는 현상광고의 철회를 인정하는데, 계약설에 의할 경우 청약(광고)은 구속력을 가지므로 함부로 철회할 수 없다는 법리와 어긋나게 되며 단독행위설을 취하는 때에 설명이 가능하다.

㈐ 私見으로는 契約說을 취한다. 현상광고는 계약성립의 형태가 특수하기는 하지만, 당사자의 계약구속의사에 기초해 당사자간에 채권 · 채무가 발생하는 계약의 본질을 갖는다고 생각된다. 계약설을 지지하는 근거는 다음과 같다. ① 민법 제675조는 광고에 응한 자가 지정행위를 완료함으로써 현상광고의 효력이 생김을 규정한다. 즉 광고만에 의해 광고자의 보수지불채무가 발생하는 것이 아니라 응모자의 지정행위완료가 있어야 비로소 광고자와 응모자 사이에 채권채무관계가 생긴다는 명문의 규정을 둔다. 이는 현상광고가 광고자와 응모자 사이의 의사합치에 의한 계약관계를 발생시킨다는 것을 전제로 한다. 그러므로 이러한 명문규정이 없는 독일민법이나 의용민법 아래서의 단독행위설의 타당성은 현행민법 아래서는 존재하지 않는다. ② 현상광고의 본질은 계약에 가깝다. 광고자의 보수지급의무는 그의 계약구속의사에 기초한 것이며(이 점에서 증여의 의사와 유사하다), 그의 보수지급은 응모자의 지정행위완료에 대한 대가이다. 현상광고에서 광고자의 광고는 계약체결을 위한 청약에 해당하고, 응모자의 지정행위완료는 승낙에 해당한다. 다만 청약이 특정상대방이 아닌 불특정다수인에게 행해진다는 점, 응모자의 지정행위완료는 도급계약에서 수급인의 일의 완성의무처럼 계약에 의해 구속되거나 강제되는 의무가 아니라는 점, 그리고 계약성립시 이미 지정행위가 완료되어야 한다는 점에 현상광고의 특색이 있다. 이러한 사실에 비추어 볼 때, 현상광고는 유상 · 편무 · 요물계약이라 해석된다. 그러나 현상광고를 단순히 광

고자가 불특정다수인에게 정지조건부보수지급의 일방적 의사표시를 하는 단독행위로 보는 경우, 광고자와 응모자 사이의 법률관계의 설명이나 상호 이해관계의 조정이 어렵다. 이들 당사자 사이에는 이익형평 · 계약공정 등의 계약법원리나, 계약의 성립, 하자담보 등의 계약법리도 적용될 필요가 있기 때문이다. 결국 단독행위설은 응모자가 지정행위를 한 대가로서 보수를 취득할 권리를 갖는다는 상호관계를 가볍게 처리하는 오류를 범한다고 생각한다. 또한 만약 현상광고를 단독행위로 볼 경우 채권의 발생원인 중 사실행위에 기초한 사무관리, 부당이득, 불법행위 외에 법률행위에 기초한 계약, 현상광고의 5종류의 채권발생원인을 인정하여야 하는 점에서 채권법체계의 혼란을 초래하게 될 것이다. ③ 제679조의 현상광고의 철회는 현상광고의 특수성(광고자의 청약기간이 길고, 응모자의 행위완료에 의해 계약이 확정적으로 성립한다는 점)에 비추어 광고자에게 청약의 구속력(제527조)을 일정한 경우 완화해 줄 필요가 있어 특칙으로서 규정한 것이다. 그러한 필요성이 있는 경우 계약설 · 단독행위설에 관계 없이 특칙으로서 허용할 수 있으므로 철회의 문제는 현상광고의 성질을 계약으로 볼 것인가, 단독행위로 볼 것인가의 문제와는 직접 관련이 없다.

現行民法에서의 懸賞廣告規定

현행민법의 대폭적인 개편은 현상광고를 의문의 여지 없이 계약으로서 규율하고자 하는 입법자의도를 명백히 나타낸다. 구민법시대에도 계약설과 단독행위설이 대립하고 있었으며, 당시 단독행위설의 논거 중의 하나는 "만약 계약이라면 증여 · 매매 등과 나란히 청부(현행민법의 도급)의 다음 절에 규정하였을 것이다. 계약의 성립부분에 규정한 것은 채권발생원인의 특수한 것으로서 취급하고자 하는 편의상 고려에 의한 것이리라"는 것이었다.[1] 그러나 신민법의 제정에 있어서는 현상광고규정의 위치를 구민법의 제1절 총칙, 제1관 계약의 성립으로부터, 제2장 계약, 제10절 현상광고에 독립의 전형계약으로서 규정하였다. 또한 제675조의 현상광고의 의의를 새로운 내용으로 변경하여 광고자의 의사표시와 이에 응한 자의 행위완료로 효력이 생긴다고 규정하여 계약의 성격을 분명히 하였으며, 구민법하의 계약설의 약점을 보완하기 위해 광고 부지(不知)의 행위에도 현상광고 규정을 준용한다는 제677조를 신설하였다.[2]

---

1) 末川博, 契約法(下), 193頁.

2) 민법안심의록(상)에 나타난 심의경과에는 "초안이 현행법(구민법을 가리킴)에서 계약 · 총칙에 규정하였던 현상광고를 他의 유명계약과 같이 獨民 · 滿民의 입법례에 따라 각칙에 一節을 設하여 규정한 것은 타당하다"고 하며, "계약총칙에 규정한 현행법하에서는 양설로 나뉘어 있으며 단독행위설에 의하면 승낙의 의사 없이 행위를 완료한 경우도 이에 해당한다는 결론에 도달하나 다수설인 계약설에 의하면 주관적 합치,

이러한 입법의도는 법해석을 절대적으로 지배하는가. 반드시 그렇지는 않다고 생각한다. 비록 어떤 법규정의 입법의도가 명백하더라도 그것이 현재의 법현실과 맞지 않아 수정이 불가피하게 요구되는 때에는 해석에 의한 수정 · 보완이 필요하다. 그러나 현상광고의 법적 성질의 문제는 그러한 경우에 해당하지 않는다. 왜냐하면 현행민법하의 계약설과 단독행위설은 현상광고의 법적 성질에 관한 이론적 대립의 소지가 크고 구체적인 해석결과에서는 차이가 적기 때문이다. 이 점에서 의용민법 당시의 학설대립과는 상황이 다르다. 의용민법에는 민법 제677조에 해당하는 규정이 없었기 때문에 학설대립은 광고부지의 행위자에게 보수청구권을 인정할 것인가의 문제로 귀결되었었기 때문이다. 그러나 현재의 단독행위설이 민법의 입법의도를 뒤엎는 주장을 하는 것은 계약설에 기초한 현입법상황하에서는 무의미하다고 판단된다. 또한 계약설을 취함을 명백히 하면서도 광고를 알지 못한 행위자에게 보수청구권을 인정한 우리 민법의 현상광고규정은 비교법적으로 볼 때에도 우수한 입법으로 평가된다. 독일민법은 지정행위자의 보수청구권을 규정하되 우리 민법 제675조와 같은 "이에 응한 자가"라는 표현이 없고, 廣告無知의 행위자에게도 보수청구권을 인정한다(독민 제657조~제661조). 그러므로 독일보통법 이래의 계약설과 단독행위설의 대립의 소지는 현재까지 남아 있다.[1] 스위스채무법(스債 제8조)의 해석이나 프랑스민법(명문규정 없음)의 해석에 있어서도 상황은 비슷하다.[2] 영미법에서는 현상광고가 불특정다수인에 대한 청약(general offer) 또는 광고에 의한 청약(promise by advertisement)의 형태에 의한 계약체결의 문제로서 다루어진다.[3]

즉 승낙의 의사를 가지고 행위를 완료하여야 된다는 결론에 도달한다. 현행법(구민법)하에 있어서도 제529조 이하의 규정은 단지 특수의 요청방법(청약방법)에 의한 계약으로 현상광고를 해석함이 타당하였던바, 초안은 이를 계약각칙에 규정함으로써 계약의 일종임을 밝힌 관계로 더욱 주관적 일치, 즉 승낙의 의사를 가지고 행위를 완료하여야 한다는 결론에 도달한다. 따라서 요청(광고) 있음을 알지 못하고 행위를 한 경우에는 본조(제677조)와 같은 특별규정이 필요하게 된 것이다"고 밝혀져 있다(민법초안심의록(상), 394~395). 民法案意見書, 민사법연구회, 1957, 175에도 초안이 현상광고를 독립적으로 규정하여 전형계약의 일종으로 한 점에 찬성한다는 玄勝鍾 교수의 의견이 실려 있다.

1) 독일의 현재 다수설은 단독행위설이다. Larenz, *Schuldrecht Ⅱ*, §55, S. 293; Esser Weyers, *Schuldrecht Ⅱ*, §37, S. 291 등.

2) 주석 채권각칙(Ⅱ), 419 참조.

3) 영미법에서는 현상광고를 편무계약(unilateral contract)의 청약으로 본다. 영미법상의 편무계약이란 상대방의 행위나 현실의 이행과 상환하여 일방당사자가 채무부담의 약속(promise)을 하는 것이며, 계약의 효력으로서는 약속한 일방당사자에게 채무가 발생할 뿐이다. Restatement, Second §§ 23, 53, 55.

2. 廣告와 指定行爲完了

(1) 廣 告

광고는 불특정다수인에 대한 청약의 의사표시이다. 광고로 인정되기 위한 요건은 다음과 같다. ① 광고에는 광고자의 현상광고계약을 체결하고자 하는 확정적인 계약구속의사가 포함되어야 한다. 상품선전광고 · 구인광고 등은 현상광고에 해당하지 않는다. ② 광고에는 응모자가 해야 할 행위가 무엇인지 지정되어 있어야 한다. 그 지정행위의 완료에 조건을 붙일 수 있다(大判 2000. 8. 22, 2000다3675). ③ 광고에는 지정행위를 한 자에게 일정한 보수를 준다는 내용이 포함되어야 한다. ④ 광고는 신문 · 잡지 · 라디오 · 텔레비전 등의 대중매체에 의하든, 현수막 · 개별적인 서신 · 구두표현에 의하든 방법에는 제한이 없다.

(2) 指定行爲完了

지정행위의 내용은 광고의 해석에 의해 정해진다. 실제로 어떠한 행위가 광고에서 지정된 행위에 해당하는가에 관해 다툼이 생기는 경우가 많다. 지정행위는 착수한 것만으로는 충분치 않으며 완료되어야 한다. 지정행위는 행위자가 광고에 응하여서 함을 원칙으로 한다(제675조).

행위자가 광고 있음을 알지 못하고 한 경우를 準懸賞廣告라고 한다. 준현상광고에는 현상광고의 규정이 준용된다(제677조). 지정행위를 한 자가 광고자에게 그 완료의 사실을 알리거나 또는 광고자가 다른 사유로 그 사실을 알게 된 경우에만 보수지급의무가 생긴다고 보는 사견으로서는 지정행위자가 광고를 알고 행위했는가, 또는 모르고 했는가라는 주관적 행위의도는 중요하지 않다고 여겨진다. 그러므로 지정행위자가 행위 당시 광고를 몰랐더라도 행위완료 후 광고를 알고 그에 따른 보수를 청구하는 경우에는 그에 의해 현상광고계약이 성립한다고 해석된다.

(3) 廣告의 有效期間

지정행위의 완료기간을 정한 경우, 그 기간은 승낙기간으로 본다. 광고자가 그 기간 내에 지정행위를 완료한 자의 통지를 받지 않으면 광고는 효력을 잃는 것으로 추정된다(제528조). 기간이 정해지지 않은 경우 상당기간 내에 지정행위를 한 자가 나타나지 않는 때에도 광고는 효력을 잃는다(제529조). 광고는 광고자와 최초로 지정행위를 완료한 자와의 사이에 계약이 체결됨에 의하여 타인에 대한 관계에서는 효력을 잃는다.[1] 그러나 광고자의 의사표시에 의하여 여러 사람에 대하여 계약체결의 효과가 나타나는 경우도 있다.

(4) 廣告의 撤回

광고에 지정행위의 완료기간을 정한 경우에 광고자는 그 기간완료 전에 광고를 철회하지 못한다(제679조 1항). 완료기간을 정하지 않은 경우 지정행위를 완료한 자가 있기 전에는 광고와 동일한 방법으로 광고를 철회할 수 있다(제679조 2항). 광고철회에 관한 제679조 2항은 청약의 철회를 금지하는 제527조의 특칙이다. 광고와 동일한 방법으로 철회할 수 없는 때에는 그와 유사한 방법으로 철회할 수 있다. 유사방법에 의한 철회는 그 철회사실을 안 자에 대하여만 효력이 있다(제679조 3항).

3. 報酬의 支給

(1) 報酬支給義務의 發生

광고자의 보수지급의무가 발생하는 요건 및 시점에 관하여는 학설이 대립한다. ① 行爲完了時說: 단독행위설에서는 지정행위의 완료라는 조건성취로 행위자에게 곧 보수청구권이 발생한다고 해석한다.[2] ② 認知時說: 계약설에서는 응모자가 지정행위를 완료하고 그 사실을 광고자에게 통지한 때 또는 광고자가 그 사실을 알게 된 때에 광고자는 보수지급의무를 진다고 해석된다.[3] 사견으로서는 계약설을 취한다. 지정행위완료만으로는 광고자가 그 사실을 전혀 알 수 없음에도 불구하고 그에 의해 채무를 부담한다는 것은 부당하다. 그러나 광고자가 지정행위의 완료를 응모자의 통지 없이 알게 된 때에는 그 때로부터 보수지급의무를 진다.

광고에 정한 행위의 완료에 조건이나 기한을 붙인 경우에 그 조건 · 기한도 성취되어야 한다(대판 2000. 8. 22, 2000다3675 신창원 신고자 현상금 사건).

(2) 報酬請求權者

광고에 정한 행위를 완료한 자가 수인인 경우에 먼저 그 행위를 완료한 자가 보수를 받을 권리가 있다(제676조 1항). 수인이 동시에 완료한 경우에는 각각 균

1) 같은 취지: Lancaster V. Walsh(1838, 4 M. & W. 16).
2) 郭潤直, 474; 金疇洙, 414.
3) 같은 취지: 金亨培, 703.

등한 비율로 보수를 받을 권리가 있다. 그러나 보수를 분할할 수 없거나 광고에 1인만이 보수를 받을 것으로 정한 때에는 추첨에 의하여 결정한다(제676조 2항).

報酬는 금전 · 물건 · 여행서비스 등의 방법으로 지급된다. 광고자는 자기가 지급한 보수에 대해 매도인과 같은 담보책임을 진다(현상광고는 유상계약이므로).[1)]

4. 優秀懸賞廣告

(1) 意　義

우수현상광고란 일정기간(응모기간) 내에 지정행위를 완료한 자 가운데서 우수한 자에게만 보수를 지급하겠다고 광고에 정하는 경우를 가리키는데, 이는 현상광고의 특수형태이다. 판정을 거쳐 응모자 중 우수하다고 뽑인 당선자에게만 보수를 지급한다는 점에 특색이 있다. ① 契約說에서는 우수현상광고에 있어서는 광고가 請約의 誘引에 지나지 않으며, 응모자의 응모가 청약에 해당하고, 판정에 의한 당선자의 결정이 승낙에 해당한다고 해석된다. ② 單獨行爲說에서는 광고자는 광고에 의하여 일정한 정지조건부채무를 부담하며, 지정행위를 완료한 자 가운데 우수한 자가 있다는 판정이 있으면 광고자가 보수지급의 채무를 현실로 부담하게 된다고 설명한다.[2)]

(2) 應　募

지정행위를 완료한(또는 완료할) 자는 광고자에게 그 사실을 통지(응모)하여야만 한다. 응모는 응모기간만료 전에 광고자에게 도달되어야만 효력을 갖는다(제111조 1항). 광고를 알지 못하고 지정행위를 한 자에게는 우수현상광고의 규정이 준용되지 않는다.

응모에는 지정행위로 생긴 작품에 관한 소유권 · 특허권 · 저작권 등의 권리에 관한 응모자의 처분의사는 포함되지 않은 것으로 해석된다. 또한 광고자도 다른 특약이 없는 한 응모자에게 권리이전을 청구할 권리가 없다.[3)]

(3) 判　定

우수의 판정은 광고 중에 정한 자가 한다. 광고 중에 판정자를 정하지 아

---

1) 같은 취지: 주석 채권각칙(Ⅱ), 676, 429(윤진수 집필부분); 민법주해(15), 494(吳宗根 집필부분); Münch-Komm-Seiler, § 657 Rn. 21.

2) 주석 채권각칙(Ⅱ), 436.

3) 같은 취지: 郭潤直, 477; 金疇洙, 417; 金曾漢, 321; 金顯泰, 259; 金亨培, 707. 독일민법 제661조 4항에는 광고자가 광고에서 작품에 대한 소유권이전을 정한 때에만 작품의 양도를 청구할 수 있다고 규정한다.

니 한 때에는 광고자가 판정한다(제678조 2항). 우수한 자가 없다는 판정은 할 수 없다. 단 광고 중에 다른 의사표시가 있거나 광고의 성질상 판정의 표준이 정하여져 있는 때에는 그러하지 아니하다(제678조 3항). 수인의 행위가 동등으로 판정된 때에는 다수의 보수청구권자에 관한 제676조 2항이 준용된다(제678조 5항).

§29. 委　任

1. 概　說

(1) 概　念

위임은 위임인의 위탁에 의해 수임인이 위임사무를 처리해 주는 것을 내용으로 하는 계약이다(제680조). 수임인이 사무처리에 대한 보수를 받는 경우 위임은 유상 · 쌍무계약이나, 무보수로 일하는 경우에는 무상 · 편무계약이다. 대리인에게 계약체결을 맡기는 것, 사원의 의결권을 다른 사원에게 맡겨 행사케 하는 것, 변호사에게 소송대리인으로서 소송수행을 해 줄 것을 부탁하는 것, 법무사에게 소송서류의 작성이나 등기의 신청을 부탁하는 것, 채무자가 채권의 추심를 채권자에게 맡기는 것, 주식의 양도인이 주식명의의 개서를 양수인에게 부탁하는 것이 위임의 대표적인 예이다(대판 2000. 8. 22, 2000다19342: 공사감리계약은 건축계약과 별개의 위임계약이다).

立法例

유상의 사무처리에 관한 계약인 有償委任은 도급과 고용 중 어느 것에 더 가까운가. 독일민법개정논의에서는 유상사무처리는 고용에 가깝다고 보았으며, 유상사무처리를 고용계약의 한 유형으로 규정할 것이 제안되었다. 왜냐하면 타인의 재산적 이익의 배려는 결과에 관한(erfolgsbezogen) 것이 아니고, 주로 활동에 관한(tätigkeitsbezogen) 것이기 때문이라고 하였다. 이러한 제안에 대하여 사무처리자가 급부의 결과에 대해 채무를 부담하는 사무처리적 도급계약을 인정할 가능성이 닫혀져 버리게 된다는 비판이 있었다. 고용과 도급이 연관된 혼합적인 계약유형을 인정하자는 제안도 있었다(스債도 이런 방식을 채택함).[1)]

1) 金聖天, "유상사무처리계약에 관한 독일민법 개정논의," 한국외대 외법논집 제2집, 1995, 341~377 참조.

(2) 委任과 代理

(가) 概念上 分離　위임과 대리는 개념상 구별된다. 위임은 수임인에게 사무처리를 맡기는 계약이고 그 사무처리에는 법률행위와 사실행위가 포함된다. 위임과 대리가 결합하는 경우는 직접대리의 경우뿐이고, 간접대리 또는 사실행위의 위임의 경우에는 위임계약은 있으나 대리와는 관계 없다.

대리는 대리인이 한 법률행위의 효과가 직접 본인에게 생기는 면의 법률관계를 가리키며, 대리인이 이러한 효과를 갖는 법률행위를 할 수 있는 권한을 대리권이라 한다. 대리권은 통상 위임 · 고용 · 도급의 노무공급계약을 기초로 하거나, 본인과 대리인 사이의 부자 · 모자관계(제911조), 후견인 · 피후견인관계(제938조), 부부관계(제827조)를 기초로 발생한다.

(나) 直接代理와 間接代理　수임인은 법률행위인 위임사무를 다음의 방법에 의해 처리할 수 있다.

1) 直接代理　위임인의 대리인으로서 행위하여 그 법률행위인 위임사무를 직접 위임인에게 귀속시키는 직접대리의 방법을 사용할 수 있다. 예를 들어 위임인 소유의 부동산의 매도를 위탁받은 수임인이 대리인으로서 매매계약을 체결하여 직접 위임인과 매수인 사이에 매매계약이 성립하도록 하는 경우가 이에 해당한다.

2) 間接代理　수임인이 자기의 이름으로 행위하고 그 법률행위의 결과 생긴 이득 · 권리 · 채무 등을 위임인에게 이전하는 방법을 사용할 수 있다. 예를 들어 위임인이 팔아달라고 맡긴 동산을 수임인이 자기이름으로 제3자에게 매도하고 인도까지한 후 받은 매매대금을 위임인에게 넘겨 주는 경우(위탁매매)가 이에 해당한다.

(다) 代理와 委任의 關係　대리권이 위임 등의 계약에 기초하여 발생하는 경우에 대리와 위임과의 관계를 어떻게 파악할 것인가에 관하여는 입법주의가 대립한다.

1) 一元主義　프랑스민법 제1984조는 "위임 또는 위임장은 당사자 일방이 상대방에 대하여 위임인을 위하여 위임인명의로 어떤 일을 행할 권한을 부여하는 행위이다. 위임계약은 수임인의 승낙이 있어야만 성립한다"라고 하여 위임계약과 대리권수여를 일체로 파악한다. 영미법에서도 위임과 대리를 하나의 개념(agency)으로 파악하며, agency에는 직접대리와 간접대리가 포함된다.[1)]

1) A. G. Guest, *Chitty on Contracts*, 25th ed. London, Sweet & Maxwell, 1983, p. 48.

2) 二元主義　독일민법 제167조는 "대리권의 수여는 대리인 또는 대리할 행위의 상대방이 될 제3자에 대한 의사표시로서 행한다"고 하며, 제168조에서는 "위임대리권의 소멸은 수권의 원인인 법률관계에 따라서 정해진다"고 하며, 위임(Auftrag)과 대리권(Vollmacht)을 별개의 개념으로 파악한다.

우리 민법은 의용민법과 같이 위임과 대리를 각각 채권편 계약의 장과 총칙편 법률행위의 장에 나누어 규율함으로써 二元主義를 취하는 듯이 보인다. 그러나 위임계약과 대리와의 관계를 명확이 설명해 주는 규정은 없다. 다만 제116조 2항의 「특정한 법률행위를 위임한 경우에」, 제120조의 「대리권이 법률행위에 의하여 부여된 경우에는」, 제128조의 「법률행위에 의하여 수여된 대리권은, …그 원인된 법률행위의 종료에 의하여 소멸한다」 등의 규정의 해택에 의해 그 관계를 밝히는 수밖에 없다.

㈑ 委任과 授權行爲　위임의 계약관계와 별개의 수권행위의 개념을 인정할 것인가에 관하여는 授權行爲認定說[1]과 授權行爲否定說[2]이 대립하는데, 사견으로는 수권행위인정설을 취한다.[3] 대리관계를 위임계약으로부터 이론상 독립한 법률관계로 파악하며, 위임은 대리의 기초적 내부관계에 해당한다고 이해된다. 이와 같이 수권행위개념을 위임과 별도로 인정한다면 어떤 성격의 것으로 이해할 것인가에 대하여도 학설이 대립한다.

1) 單獨行爲說　대리권은 대리권수여를 목적으로 하는 법률행위(수권행위)라는 독자적인 법률행위에 의해 부여되며, 이 수권행위는 본인이 대리인에 대하여 일방적 의사표시를 하는 것 즉 단독행위의 성격을 갖는다고 한다.[4]

2) 契 約 說　수권행위의 개념을 인정하나 그것은 단독행위가 아니라 대리인의 승낙을 필요하는 계약의 성질을 갖는다고 하는 견해이다.[5] 私見으로는 단독행위설을 취한다(민법총칙의 설명 참조).

수권행위의 개념을 인정하는 경우에, 대리권의 발생·존속·소멸은 위임 등의 기초되는 계약에 의해 직접 영향을 받는가에 대해서 유인설과 무인설이 대립된다.

---

1) 郭潤直, 민법총칙, 372.

2) 수권행위라는 개념 자체를 부정하고 대리권은 위임 기타의 내부적인 계약관계에 의해 직접 발생한다고 이해하는 견해이다. 金容漢, 민법총칙, 341.

3) 拙著, 민법총칙, 599.

4) 高翔龍, 민법총칙, 495; 郭潤直, 민법총칙, 372; 金相容, 민법총칙, 622; 金曾漢, 민법총칙, 276; 李英俊, 민법총칙, 477.

5) 金基善, 한국민법총칙, 302.

1) 有因說 내부적 기초계약(위임, 도급, 고용등)이 무효·취소·해제·해지되면 수권행위도 효력을 상실하게 된다는 견해이다.[1]

2) 無因說 기초계약이 무효·취소·해제·해지되더라도 수권행위는 유효하게 존속할 수 있다는 견해이다.[2]

3) 折衷說 내부적 수권행위는 유인성을 띠고 외부적 수권행위(제125조의 경우)는 무인성을 띤다는 견해이다.[3] 私見으로서는 유인설에 찬동한다.

대리권수여는 대리인이 아닌 거래의 상대방에 대하여도 가능한가. 즉 외부적 수권행위를 인정할 것인가에 대해서도 논의되는데,[4] 사견으로서는 거래상대방에 대한 대리권수여의 의사표시는 表見代理의 법률관계가 생기게 할 뿐 대리권 자체를 생기게 하지는 않는다고 생각한다.

(3) 白地委任狀

거래계에서는 일정한 경우 위임인이 수임인을 특정하지 않은 백지위임장을 작성하고, 그 백지위임장이 여러 사람에게 인도된 후 최종점유자가 자기이름을 수임인란에 기재하고 위임사무를 처리하는 관행이 있는데, 이러한 백지위임장은 「위임인에 의한 백지의 대리권수여의 증표」로서의 성격도 함께 갖는다.

백지위임장의 법률관계를 어떻게 파악할 것인가에 관하여는 학설이 대립한다.

1) 委任說 백지위임장의 작성·교부는 위임의 청약에 해당하고, 수임인으로서 그 백지위임장에 기명날인하는 것은 그 청약에 대한 승낙이 되어 위임계약이 이 때 체결된다고 해석한다. 이 때 위임계약은 예외적으로 요식계약의 성격을 갖는다고 한다.[5][6]

2) 複代理說 사견으로는 위임인과 최초의 백지위임장의 수령자 사이에 委任契約의 체결과 代理權授與가 행해짐과 더불어 그 수임인에게 複任權 및 複

---

1) 郭潤直, 민법총칙, 373.

2) 金疇洙, 348; 金曾漢·金學東, 민법총칙, 393.

3) 李英俊, 민법총칙, 483.

4) 인정설: 李英俊, 민법총칙, 491.

5) 金疇洙, 402; 金亨培, 653; 주석 채권각칙(Ⅱ), §680, 456(조관행 집필부분). 이 이론은 日大判 大正 7. 10. 30, 민 2087에서 유래한다.

6) 李英俊, 민법총칙, 497에서는 백지위임장의 최후의 취득자가 자기이름을 기입하는 때에 대리권수여의 단독행위가 행해진다고 해석한다. 사견으로서는 단독행위(일방적 의사표시)인 대리권수여가 수임인의 동의(백지위임장에의 기재)에 의해 성립한다고 보는 것은 이론상 모순된다고 여겨진다. 대리권을 위임계약의 정당한 수임인에게 부여한다는 뜻이 백지위임장에 포함된 것이라고 해석하여야 한다.

代理權授與의 권한이 부여되는 것이라고 해석하겠다. 첫째, 위임장의 제시는 대리권행사의 요건은 될 수 있으나 위임계약의 체결의 요건은 아니라고 생각한다. 위임장의 교부는 낙성계약인 위임계약이 체결되었다는 증거방법에 지나지 않는다. 둘째, 중요한 것은 백지위임장에 자기의 이름을 기재하는 사실 자체가 아니라 양수인이 단독으로 개서를 할 수 있도록 해 주는 백지위임의 계약 및 대리권수여의 의사표시(기명주식의 양도와 함께 행해지는)가 존재한다는 사실이다. 그러므로 주식양도가 효력을 잃게 되는 경우, 그와 함께 행한 위임도 효력을 잃는다. 이 때에는 대리와 위임의 무인성 · 유인성의 문제 및 표현대리의 문제로 처리된다.

백지위임장을 정당한 과정을 거쳐 인도받은 자는 계속되는 복위임 및 복대리권수여의 결과 수임인 및 대리인의 지위와 권한을 갖게 된다. 실례로는 기명주식의 양도 등에 첨부되는 명의개서의 백지위임, 주주총회에서의 결의권행사의 백지위임 등이 빈번히 행해진다. 그러나 채권자가 채무자에게 담보부로 금전을 대여해 주면서 채무자로부터 대리인선임의 백지위임장을 받아두었다가 불이행시에 채권자가 그 백지위임장에 기초해 대리인을 멋대로 선임한 후 그 자와 담보물에 의한 대물변제의 제소전화해를 한 경우, 그러한 백지위임은 제607조, 제608조에 의해 무효인 대물변제의 약정을 목적으로 하므로 무효라고 해석된다(제103조).[1)]

(4) 商事委任

위임계약의 내용이 상행위의 대리의 인수 · 중개에 관한 행위, 위탁매매 기타의 주선에 관한 행위인 경우에 그것을 영업으로 하는 때에는 기본적 상행위가 된다(상법 제46조). 이렇게 상사위임의 성격을 갖는 전형적인 계약형태로서는 대리상계약(상법 제87조 이하) · 상사중개계약(상법 제93조 이하) · 위탁매매계약(상법 제101조 이하) · 운송주선계약(상법 제114조 이하)이 있다. 그 밖에 은행업무 중의 송금위탁도 상사위임의 성격을 갖는다.

(5) 信　託[2)]

신탁이란 위탁자가 특별한 신탁관계에 있는 수탁자에게 특정의 재산권을

---

1) 같은 취지: 주석 채권각칙(Ⅱ), §680, 456; 李時潤, 민사소송법, 632; 주석 민사소송법(하), 5354.
판례는 반대견해: 大判 1973. 10. 23, 73다437; 大判 1974. 3. 26, 73다1859(이러한 대리인과의 제소전화해를 유효하다고 해석했음).

2) 참고문헌: 장형룡, 신탁법개론, 한학사, 1985; 金起永, "영국에서의 유언제도와 신탁제도의 관련성에 관한 소고," 김홍규화갑기념 Ⅱ 사법의 제문제, 1992; 金英世, "신탁행위와 농지(1)·(2)," 사법행정 1963년 2월호 · 3월호; 金鍾華, "영국신탁법상의 법정신탁," 재판자료 제3집, 법원행정처, 1979; 金俊鎬, "독일에 있어 신탁행위의 기초," 한봉희화갑기념 현대민법의 과제와 전망, 1994; 同, "우리 민법학상의 신탁행위이론

이전 또는 처분하고, 수탁자로 하여금 특정인(수익자)의 이익이나 특정목적을 위하여 그 재산권을 관리 · 처분하게 하는 법률관계를 가리킨다(신탁법 제1조 2항). 신탁과 명의신탁은 다른 제도이다. 신탁은 위임과는 별개의 독립한 계약유형을 이루며, 채권과 물권의 법률관계가 결합된 독특한 제도이다.

신탁에 관한 사법적 법률관계는 신탁법(1961)에 의해 규율되고 신탁의 인수를 업으로 하는 경우(상행위에 해당)는 신탁업법[1]에 의해 규율된다. 그 밖에 담보부사채의 발행에 관한 신탁업무를 규율하는 담보부사채신탁법(1962)이 있다. 근래 금전신탁 · 증권투자신탁 · 설비신탁 · 연금신탁 등 다양한 신탁제도가 이용되고 있으며, 신탁회사도 여럿 설립되어 있다. 우리의 신탁제도는 영미신탁법을 대륙법체계에 맞추어 재구성한 것으로서 계약관계로 구성되어 있다는 점에 특색이 있다. 이는 영미법에서는 신탁(trust)이 물권적 양도행위(property disposition)로 되어 있다는 점과 대조적이다. 영미법에서는 위탁자가 일단 신탁관계를 설정한 후에는 그 신탁관계에서 퇴장하게 되고, 오로지 수탁자와 수익자의 관계만으로 전개된다는 점도 우리와 다르다.

(가) 信託의 設定 신탁은 위탁자와 수탁자 사이의 계약이나 위탁자의 유언에 의해 설정되며(신탁법 제2조), 부동산등기 · 증권 · 주주명부 등에 공시방법을 갖춤으로써 제3자에게 대항할 수 있다(신탁법 제3조).

(나) 受託者의 善管義務 수탁자는 신탁의 본지에 따라 선량한 관리자의 주의로서 신탁재산을 관리 또는 처분하여야 한다(신탁법 제28조). 수탁자는 보수청구권(특약이 있거나 영업으로 신탁을 인수한 경우) · 비용상환청구권 · 손해보상청구권을 가지며 반면에 재산의 관리소홀의 경우에는 손해배상의무를 진다(신탁법 제38조, 제41조, 제42조).

(다) 受益者의 權利 신탁행위에 의하여 수익자로 지정된 자는 신탁이익의 향수를 승낙한 것으로 규정하여 신탁이익을 향수한다(신탁법 제51조). 수탁자가 신탁의 본지에 위반하여 신탁재산을 처분한 경우 수익자는 일정한 요건 아래 상대방 또는 전득자에 대하여 그 처분을 취소할 수 있다(신탁법 제52조). 신탁은 약정한 종료사유의 발생, 신탁의 목적의 달성, 계약의 해지 등에 의해 종료된다(신탁법 제55조 이하).

에 대한 평가," 김형배화갑기념 채권법에 있어서 자유와 책임, 1994; 李英俊, "신탁행위 · 비신탁행위(1) · (2)," 사법행정 1987년 4월호 · 5월호; 李濬成, "신탁법상 공익신탁과 법적 구성," 한봉희화갑기념 현대민법의 과제와 전망, 1994; 鄭泰雄, "신탁행위," 사법논집 제9집, 법원행정처, 1978; 許奎, "신탁행위와 신탁법상의 신탁," 사법논집 제5집, 법원행정처, 1975; 洪裕碩, "한국신탁법의 계보와 특색," 장경학고희기념 민법과 법학의 주요문제, 1987, 487 이하.

1) 우리 나라 신탁법은 의용신탁법(1931년 제령 제9호)을 이어 받아 1961년 12월 30일, 법률 제900호로서 공포 · 시행되었다.

2. 委任事務의 處理

(1) 委任事務

위임사무란 위임인으로부터 수임인에게 위탁된 사무를 말하는데, 그 내용은 계약의 합의사항, 계약의 종류 · 목적 등에 의해 정해진다. 위임사무는 법률행위인 경우(물건의 매입 · 처분의뢰, 의결권의 행사의뢰)도 있고 사실행위인 경우(회계관계의 정리, 자녀의 교육 등)도 있으며, 그 밖에 법률행위와 사실행위가 결합된 경우(변호사에의 소송위임 등)도 많다.

(2) 事務의 處理

수임인은 위임의 본지에 따라 선량한 관리자의 주의로서 위임사무를 처리하여야 한다(제681조).

(가) 善管義務의 內容 선량한 관리자의 주의란 위임사무의 성격, 수임인의 직업 및 전문성, 거래관행 등에 비추어 일반적으로 수임인에게 요구되는 정도의 주의를 말한다. 선관주의의무의 내용 및 그 위반 여부는 客觀的으로 판단되며 과실인정의 근거가 된다.

(나) 委任人의 指示 · 協力義務 위임인은 수임인에게 사무처리를 위한 방법이나 방향 등을 지시해야 한다. 위임인은 수임인에게 사무처리에 필요한 정보 등을 제공할 의무를 지며, 자신의 묵비 또는 방관으로 인하여 야기된 결과에 대하여 수임인의 책임을 묻지 못한다(大判 1987. 10. 13, 87다카1345).

大判 1987. 10. 13, 87다카1345: ① 관광회사가 관광단지조성을 위한 용지의 매수업무를 군(郡)에게 위탁하였다면 이와 같은 업무의 위탁은 민법상의 위임계약의 성질을 가진다. 이 경우 그 용지의 매수사무는 위탁자 자신의 사무로서 토지를 위탁자의 자금으로 매수하는 것이다. ② 비록 토지매수와 관련된 일체의 업무는 군이 담당하기로 협약이 되었다 하더라도 그 위임사무의 성질상 만약 위탁자가 토지매수 당시에 그 토지에 근저당권이 설정되어 있음을 알고 있다면 마땅히 그 매수업무를 담당한 수임인과 근저당권의 말소대책 및 그 대금지급 여부를 협의하여 처리할 것이 신의칙상 요청된다. ③ 위탁자가 이와 같은 조치를 취하지 아니한 채 수임인으로 하여금 매매대금을 소유자에게 지급하도록 방임하였다면 거기에 합리적인 이유가 없는 한 위탁자에게 그 책임의 일단이 있다 할 것이므로, 이는 過失相計의 법리에 좇아 군의 배상책임과 그 수액산정에 있어 참작사유가 된다. ④ 수임인이 위임의 본지에 좇은 업무처리를 하지 아니함으로써 위탁자가 얻게 된 손해액은 수임인이 본지에 좇은 업무처리를 하였다면 지급하지 아니하여도 될 비용을 지급한 경우에 그 지급한 비용이 이에 해당한다.

(다) 受任人의 指示逸脫權 수임인은 위임인의 指示에 服從해야 할 의무가 일반적으로 인정된다. 그러나 근래에는 수임인이 위임인의 이익을 보호하기 위하여 그의 指示로부터 逸脫할 수 있는 權利가 부여된다. 수임인에게 사무처리에 충분한 자유영역이 부여됨으로써, 상황의 변화에 대응해서 본인의 이익을 위해 적절하게 사무처리할 수 있다. ① 수임인의 지식이나 경험에 비추어 그 지시가 적합하지 못하거나, 위임인에게 불리한 결과를 초래한다고 판단될 때에는 그 사실을 위임인에게 알리고 지시의 변경을 요구하거나 또는 사정이 급박한 때에는 지시에 어긋나는 임기응변의 조치를 취하는 편이 수임인의 선관의무를 다하는 일이 된다.[1] ② 수임인이 특별한 전문적 지식 및 능력에 의해 이행해야 하는 경우, 본인의 지시할 권리는 제한되어야 한다.[2] 본인은 사무처리에 의해 달성되어야 하는 목표를 상세히 기술할 수 있고, 사무처리자는 그 목표를 달성하기 위한 방법을 전문가로서 독자적으로 선택할 수 있다. ③ 사무처리자가 그에게 행해진 지시가 실질적으로 부적절함을 인식하거나 인식하여야 했음에도 불구하고 본인의 지시를 받지 않고 종전의 지시에 따른 경우, 사무처리자는 본인의 이익을 배려할 의무를 위반하게 된다. ④ 본인의 지시가 불가능한 경우 또는 본인에 대해 불이익의 위태가 임박한 경우 사무처리자는 그의 재량에 따라 행동해야 한다.

(라) 秘密維持義務 수임인은 위임사무처리로 인하여 알게 된 위임인에 관한 사항을 외부에 노출시키지 않을 주의의무를 진다. 이 비밀유지의무는 신의칙상 부과되는 주의의무로서 그 위반시에는 사생활노출로 인한 손해배상의무(불법행위책임)를 발생시킨다. 비밀유지의무는 영업 및 업무비밀에 한정되지 않고, 개인적 사항도 그 대상에 포함된다. 비밀유지의무는 법률이 공개의무를 부과하는 경우 또는 본인이 수임인에게 그 의무를 면제해 준 경우에는 배제된다.

1) 같은 취지: 郭潤直, 485; 金錫宇, 362; 金疇洙, 426; 李太載, 324. 독일민법 제665조, 스위스민법 제397조에는 명문규정 있음.

2) 이는 현재 독일민법의 해석론으로서도 인정되고 있다. Vgl. RGRK/Steffen, BGB, 12. Aufl., 1978, § 675 Rdnr. 20; Staudinger/Wittman, *a.a.O.*, § 675 Rdnr. 9; Joerges, in: AK BGB(Reihe Alternativkommentar, Kommentar zum Bürgerlichen Gesetzbuch, Band 3, 1979), § 665 Rdnr. 2, 7.

(마) 無償委任의 경우　무상수임인도 유상수임인과 같이 선관의무를 지는가에 대하여는 민법에 언급이 없다. 이는 무상수취인의 주의의무를 경감하는 제695조와는 대조적이다. 사견으로는 무상위임의 경우에는 선관의무보다 약한 정도의 주의의무를 진다고 해석된다(제695조 유추적용). 그 주의의 정도는 무상위임에 관한 관행에 비추어 판단되어야 할 것이다.[1]

(3) 專門家의 責任[2]

專門家責任의 問題點

(1) 專門家의 意義　전문가의 업무에 있어서의 특성은 ① 업무의 공공성, ② 업무의 전문성, ③ 의뢰인의 전문가에 대한 특별한 신뢰관계, ④ 전문가의 재량적 판단의 여지, ⑤ 전문가의 집단성이라고 할 수 있다. 知的 專門家로서는 사회과학분야에서의 변호사, 공인회계사, 세무사, 관세사, 변리사, 법무사, 감정평가사 등과 자연과학분야에서의 의사, 약사, 건축사 등이 있다. 技能的 專門家로서는 기술자격고시 등에 의하여 자격을 취득한 각종 기사, 영양사, 간호사 등이 있다.

(2) 專門家의 損害賠償責任　전문가의 과실로 인하여 의뢰인이 손해를 입었을 경우 민사책임을 추궁하는 방법에는 두 가지가 있다. ① 債務不履行責任: 委任契約의 不履行을 이유로 채무불이행책임을 물을 수 있다(제390조 및 제680조). 전문가의 귀책사유의 유무에 관한 판단에 있어서는 「채무자의 직업 · 지위 등에 비추어 보아서 일반적으로 요구되는 정도의 주의」라고 하는 통상적인 「선관주의의무」를 그 기준으로 할 것인가 아니면 이에 대한 수정 또는 확대가 필요한가가 문제된다. 전문가의 직무보조자의 고의 · 과실은 전문가의 고의 · 과실과 동일하게 취급된다. 채무불이행의 경우 채무자가 배상하여야 할 금액을 미리 당사자간에 계약으로 정하여 두는 「손해배상액의 예정」이 가능하다(제398조 1항). ② 不法行爲責任: 전문가의 행위에 있어서의 과실 및 위법성을 이유로 不法行爲責任을 묻는 경우가 많다(제750조). ③ 過失相計: 의뢰인의 손해가 전문가의 임무 해태만이 아니라 의뢰인의 과실에서도 비롯되는 경우에,

1) 무상수임인의 선관의무를 무상수취인의 그것처럼 경감해야 된다고 주장하는 견해도 있다. 於保不二, "無償契約の特質," 契約法大系(I), 85.

2) 참고문헌: 金敏圭, "변호사의 직무행위로 인한 민사과실 책임법리: 전문가책임의 관점에서, 上·中·下," 인권과 정의 제248호~제250호, 1977년 4월호 · 5월호 · 6월호; 金容旭, "한국의 법률전문가에 대한 연구," 부산대 법학연구 제35권 1호, 1994; 蘇在先, "일본에 있어서 전문가로서 변호사의 민사책임," 비교사법 제2권 1호; 同, "전문가로서 변호사의 민사책임," 법조 제44권 11호(제470호), 1995년 11월호; 李淸助, "변호사와 의뢰인 관계의 기초적 법리," 동아대법학연구, 1998; 崔星根, "전문가책임의 입법에 관한 연구," 한국법제연구원, 연구보고 97-4; 崔興燮, "전문가의 제3자에 대한 정보책임," 재산법연구 제11권 1호, 1994년 12월; 한상희, "법률전문직의 의의와 성격 — 법사회학적 분석을 위한 서설," 경성대학교 법학연구소, 경성 법학 제5호 연구논문, 1996년 9월호; 松浦馨 著 · 김상수 옮김, "법률행위의 법령위반 등과 공증인의 조사의무," 인권과 정의 통권 제272호, 1999년 4월호; 엄동섭 · 김천수 · 박영규 · 오종근 · 정태윤(공저), "변호사 책임론," 소화출판, 1996.

전문가의 책임을 축소·면제해 줄 필요가 있다. 의뢰인이 전문가에게 사무처리를 의뢰할 때 충분한 정보를 제공하지 않은 경우, 중요한 정보의 일부를 은폐한 경우, 의뢰인이 전문가에게 탈법적인 방법에 의한 사무처리를 의뢰한 경우에 이러한 문제가 발생한다.

(3) 證明의 困難 등 전문가의 업무 중 발생한 손해에 관하여 불법행위책임을 물으려면 의뢰인이 전문가의 고의·과실에 의한 위법행위로 자신에게 손해가 발생하였음을 입증하여야 하는데, 의뢰인이 전문가의 고의·과실 및 인과관계를 증명하는 것이 실제 매우 곤란하다. 어떤 유형의 손해이든 이를 유발한 가해행위의 진행과정에 관하여 전문가가 그 정보를 독점한다는 특색이 있다. 업무의 고도의 전문성과 함께 사무처리과정상의 행정사무의 경직성 때문에 이러한 독점현상은 더욱 현저해진다. 경우에 따라서는 계약체결의 불명확성·책임범위의 모호성이 더하여져서 의뢰인이 가해사실을 인지하는 것을 어렵게 한다.

大判 1997. 10. 24, 97다24603: 증권회사가 고객과 포괄적 일임매매 약정을 하였음을 기화로 그 직원이 忠實義務를 위반하여 고객의 이익을 무시하고 회사의 영업 실적만을 증대시키기 위하여 무리하게 빈번한 회전매매를 함으로써 고객에게 손해를 입힌 경우에는 과당매매행위로서 不法行爲가 성립된다.[1)]

(가) 辯護士 변호사는 당사자 기타 관계인의 위임 또는 공무소의 위촉 등에 의하여 소송에 관한 행위 및 행정처분의 청구에 관한 대리행위와 일반법률사무를 행함을 그 직무로 한다(변호사법 제3조). 변호사는 공공성을 지닌 법률전문직

1) 증권회사 직원이 고객과의 포괄적인 일임매매의 약정을 한 이래 고객이 거래 중단을 요청한 때까지 1년 남짓한 사이에 무려 총 678회의 매수·매도행위를 반복하였고, 그 거래의 대부분은 매수한 당일 또는 3일 이내의 단기간에 매도가 이루어졌으며, 매도 후에도 다른 종목의 주식을 매수하는 것이 아니라 며칠 이내에 같은 회사의 주식을 다시 매수하는 방법을 취한 경우가 많았고, 거래가격에 관하여도 매수한 가격보다 낮거나 동일한 가격으로 단기간에 매도하거나, 매도한 가격보다 높거나 동일한 가격으로 매수하고, 매수한 가격보다 높은 가격이라고 하더라도 거래수수료와 거래세액을 공제하면 고객에게는 거의 이익이 없거나 오히려 손해가 발생할 정도로 가격 상승이 소폭인 수익성 없는 거래행위를 한 경우가 많았으며, 증권회사 직원이 처음 고객의 계좌를 관리할 당시 고객이 보유하던 주식의 가치는 금 190,523,308원 상당이었는데 거래 중단 요청시에는 시가 합계 금 33,396,000원 상당의 주식과 예탁금 175,191원만 남게 되었으며, 그 반면 같은 운용기간 동안 고객은 증권회사에게 무려 합계 금 95,489,550원의 거래수수료를 부담하였고, 거래세액도 합계 금 17,947,285원을 부담하게 되었으며, 한편 기록상 단기매매가 그와 같이 다수 이루어져야 할 특별한 사정이 있다고 인정할 자료도 없다면, 비록 증권 거래가 본래 여러 불확정 요소에 의한 위험성을 동반할 수밖에 없고 당시 증시 침체로 인하여 전반적으로 거의 모든 주식의 주가가 하락하고 있었다는 사정을 고려한다고 하더라도, 증권회사 직원의 위와 같은 주식매매행위는 전문가로서의 합리적인 선택이라고는 도저히 볼 수 없다고 할 것이어서 증권회사 직원이 고객에 대한 충실의무에 위반하여 고객의 이익을 무시하고 회사의 영업 실적만을 증대시키기 위하여 무리하게 과당매매행위를 함으로써 고객에게 손해를 입힌 것이라고 인정할 여지가 충분히 있다고 본 사례.

으로서 독립하여 자유롭게 그 직무를 행한다(변호사법 제2조).

1) 雙方代理의 禁止 등 변호사는 수임하고 있는 사건의 상대방이 위임하는 사건(당해소송에 한함), 자기가 공무원 · 조정위원 · 중재인으로서 직무상 취급한 사건에 관하여는 직무를 행할 수 없다(변호사법 제24조).[1)]

2) 善管義務 변호사는 위임인을 위하여 선량한 관리자의 주의로서 사무를 처리하여야 한다. 소송수행의 사무처리를 위임받은 변호사가 구두변론기일에 2회 불출석하여 공소취하로 간주되고 위임자의 패소판결이 확정되기에 이른 경우(大判 1959. 11. 26, 4292민상271),[2)] 소송의뢰인에게 상고제기기간을 잘못 알려 주어 상고기회를 잃게 한 경우(大判 1997. 5. 28, 97다1822) 등에 선관의무 위반으로 인한 손해배상의무를 인정한다.

3) 損害賠償請求權 소송대리인이 항소기간을 도과함으로 말미암아 본인이 입은 損害의 範圍는 적법하게 항소를 제기했더라면 본인에게 유리하게 변경되었을 정도를 심리하여 결정하여야 한다(大判 1972. 4. 25, 72다56).

> 大判 1997. 5. 28, 97다1822: 소송위임이 대법원까지로 되어 있다면, 변호사는 소송이 종료된 후에도 상급심의 판단을 받을 기회를 상실하는 일이 없도록 세심한 주의를 하여야 할 업무상 주의의무가 있으므로, 변호사 사무실 직원이 소송의뢰인에게 상고제기 기간을 잘못 고지하는 바람에 소송의뢰인이 기간을 도과하여 상고의 기회를 잃게 된 경우, 변호사는 이로 인하여 소송의뢰인이 입은 손해를 배상할 책임이 있다.
> 大判 2002. 11. 22, 2002다9479: 승소판결금을 회수하는 실효성있는 방안을 위임인에게 설명하고 필요한 정보를 제공하여 위임인이 그 회수를 위하여 필요한 수단을 구체적으로 강구할 것인지를 결정하도록 하기 위한 법률적 조언을 하여야 할 보호의무가 있다.

(나) 法 務 士 법무사는 타인의 위촉에 의하여 보수를 받고 법원에 제출하는 서류 및 등기서류 등을 작성 · 제출할 것을 업무로 한다(법무사법 제2조 1항). 채권자와 채무자 쌍방으로부터 저당권설정등기절차의 위임을 받은 법무사가 채무자 일방의 말만 듣고 그 등기서류를 채무자에게 반환한 경우(大判 1962. 2. 15, 4294민상291), 위조된 서류에 의한 등기신청으로 근저당권설정등기가 말소된 경우(大判 1997. 11. 25, 97다35771) 등에

1) 이러한 직무금지사항을 목적으로 하는 위임계약도 상대방이 이의하지 아니하면 유효하다는 것이 판례 · 다수설의 입장이다. 大判 1975. 5. 13, 72다1183; 大判 1973. 10. 23, 73다437; 이시윤, 민사소송법, 164; 주석 민사소송법(상), 382.

2) 그러나 상고인의 소송대리인이 상고이유서 제출기간을 도과하여 상고인패소로 확정된 경우에도 설사 이를 도과하지 않더라도 그 상고이유가 이유 없이 배척될 것이었던 경우에는 소송대리인에게 손해배상책임이 없다(大判 1973. 1. 16, 72다2035).

법무사의 선관의무 위반으로 인한 손해배상책임을 인정하였다. 법무사가 의뢰인의 지시에 따르는 것이 위임의 취지에 적합하지 않거나 오히려 의뢰인에게 불이익한 결과가 되는 경우, 법무사법에 정한 직무의 처리와 관련되는 범위 안에서 그러한 내용을 의뢰인에게 알리고 의뢰인의 진정한 의사를 확인함과 아울러 적절한 방법으로 의뢰인이 진정으로 의도하는 등기가 적정하게 되도록 설명 내지 조언을 할 의무가 있으며 그 위반시 손해배상책임을 진다(大判 2006. 9. 28, 2004다55162).

大判 1999. 2. 12, 98다23928: 원고로부터 그 채권 확보를 위한 유일한 재산에 대한 가압류 신청업무를 위임받은 법무사가 이를 즉시 처리하지 않고 미루다가 그 소유권이 제3자에게 이전됨으로써 원고가 임차보증금채권을 확보하지 못하는 손해를 입게 된 경우에, 원고의 손해액은 임차보증금 상당액이다.

(다) 不動産仲介業[1] 부동산중개업은 공인중개사가 중개업의 허가를 얻어 행하는 것으로서, 중개업자와 의뢰인 사이에는 委任契約이 체결된다. 부동산중개는 계약이 체결되는 경우에만 소개료를 지불하는 경우가 많은데, 이 때에는 都給의 성격도 함께 갖는다.

1) 善管義務 중개업자는 품위를 유지하고 신의와 성실로서 공정하게 중개행위를 하여야 한다. 중개업자는 중개대상물에 관하여 거래가 완성된 때에는 필요한 사항을 빠뜨리지 아니하고 확인하여 거래계약서를 작정해야 하며, 거래금액 등 거래내용을 허위로 기재해서는 안 된다(공인중개사의 업무 및 부동산 거래신고에 관한 법률 제26조). 그 확인사항에는 물건의 권리관계, 법령의 규정에 의한 거래 또는 이용제한사항 등이 포함된다. 무료로 중개하였다고 하여 중개업자의 확인 · 설명의무가 면제되는 것은 아니다(大判 2002. 2. 5, 2001다71484).

2) 損害賠償義務 중개행위를 함에 있어서 고의 또는 과실로 인하여 거래당사자에게 재산상의 손해를 발생케 한 때에는 그 손해를 배상할 책임을 진다(공인중개사의 업무 및 부동산 거래신고에 관한 법률 제30조). 중개보조원도 거래당사자에게 과실로 인한 손해배상책임을 진다(大判 2006. 9. 14, 2006다29945).

---

1) 참고문헌: 姜仁秀, "부동산중개업법의 경과와 전망," 김기수화갑기념 부동산법학의 제문제, 1992; 金基洙, "부동산중개계약의 정형화론," 부동산법학 제1권, 1987; 金天卿, "부동산중개계약의 문제점과 그 개선방향," 사법행정 제317호, 1987; 蘇星圭, "부동산중개업자의 주의의무," 한양법학 제4집·제5집, 1994; 同, "부동산중개업자의 보수청구권," 김기수화갑기념 부동산법학의 제문제, 1992; 李浩一, "부동산중개업법의 문제점 및 개선방안," 김기수화갑기념 부동산법학의 제문제, 1992; 洪性戊, "부동산중개업자의 의뢰인에 대한 주의의무," 대법원판례해설 19-1호, 1993.

大判 1993. 5. 11, 92다55350: 부동산중개업자와 중개의뢰인과의 법률관계는 민법상의 위임관계와 같으므로, 중개업자는 중개의뢰의 본지에 따라 선량한 관리자의 주의로써 의뢰받은 중개업무를 처리하여야 할 의무가 있을 뿐 아니라, 구부동산중개업법(1989 개정 전) 제17조 제1항은 중개의뢰를 받은 중개업자는 중개물건의 권리관계, 법령의 규정에 의한 거래 또는 이용제한사항 등을 확인하여 중개의뢰인에게 설명할 의무가 있음을 명시하고 있고, 위 권리관계 중에는 중개대상물의 권리자에 관한 사항도 포함된다. 중개업자는 매도 등 처분을 하려는 자가 진정한 권리자와 동일인인지의 여부를 부동산등기부와 주민등록증 등에 의하여 조사확인할 의무가 있다.

大判 1999. 5. 14, 98다30667: 부동산중개업자는 중개대상 물건에 근저당이 설정된 경우에는 그 채권최고액을 조사 · 확인하여 의뢰인에게 설명하면 족하고, 실제의 피담보채무액까지 조사 · 확인하여 설명할 의무까지 있다고 할 수는 없으나, 부동산중개업자가 이에 그치지 않고 실제의 피담보채무액에 관한 그릇된 정보를 제대로 확인하지도 않은 채, 마치 그것이 진실인 것처럼 의뢰인에게 그대로 전달하여 의뢰인이 그 정보를 믿고 상대방과 계약에 이르게 되었다면, 부동산중개업자의 그러한 행위는 선량한 관리자의 주의로 신의를 지켜 성실하게 중개행위를 하여야 할 중개업자의 의무에 위반된다.

㈑ 金錢貸與 斡旋業者　토지에 대한 저당권설정 등의 알선소개행위를 업으로 하는 자는 선량한 관리자의 주의를 다하여 계약이 아무 지장 없이 맺어지고 이행되어 그 목적을 달성할 수 있도록 알선사무를 처리할 의무가 있다. 제3자에의 금전대차 및 그의 담보를 위한 저당권설정을 알선한 소개업자는 그 제3자가 담보부동산의 소유자가 아님을 몰랐더라도(과실 인정) 그로 인한 위임인의 손해를 배상할 책임(당 사례에서는 불법행위책임)을 진다(大判 1969. 7. 8, 69다604).

㈒ 債權推尋委任　채권추심의 수임인은 채권을 추심하여야 할 의무 외에 그 추심한 것을 위임인에게 인도하여야 할 의무가 있다. 수임인이 아직 채권를 추심하지 않은 경우에 위임인은 장래 추심한 것을 청구받을 추상적 권리만을 가질 뿐이며, 수임인이 채무자로부터 추심을 받은 후에야 그것을 위임인에게 인도하여야 할 구체적 의무를 진다(大判 1963. 9. 26, 63다423). 약속어음의 추심의뢰를 받은 자가 그 어음을 분실하여 위임인으로 하여금 어음상의 권리를 행사할 수 없게 한 것은 선관의무에 어긋나 채무불이행에 해당하므로 수임인은 어음의 액면상당액의 손해를 배상하여야 한다(大判 1975. 2. 10, 74다597).[1]

1) 그러나 추심과정에서의 우송 도중 분실한 경우, 그 사후처리를 위해 충분이 노력하였다면 책임 없다(大判

(바) 公認會計士　공인회계사는 의뢰인뿐 아니라 제3자에 대하여도 과실로 인한 손해를 배상할 책임을 진다. 주식회사의외부감사에관한법률(제17조 내지 제17조의4)에서 공인회계사인 외부감사인의 손해배상책임에 관한 특칙을 두고 있다. 감사인이 중대한 사항에 관하여 감사보고서에 기재하지 아니하거나 허위의 기재를 함으로써 이를 믿고 이용한 제3자에게 손해를 발생하게 한 경우에는 그 감사인은 제3자에 대하여 손해를 배상할 책임이 있다. 손해배상청구권자인 「제3자」란 회사의 주식이나 채권을 매수한 투자자, 회사에 대출이나 지급보증을 제공한 채권자 또는 기타 회사의 직·간접적으로 거래관계에 있는 자를 말한다. 공인회계사법 제40조 2항에 근거하여 회계법인의 사원인 공인회계사는 유한책임을 부담한다.

(사) 鑑定評價士　감정평가업자가 타인의 의뢰에 의하여 감정평가를 함에 있어서 고의 또는 과실로 「감정평가 당시의 적정가격과 현저한 차이가 있게 감정평가」하거나 「감정평가서류에 허위의 기재」를 함으로써 감정평가 「의뢰인이나 선의의 제3자」에게 손해를 발생하게 한 때에는 감정평가업자가 그 손해를 배상할 책임이 있다(지가공시및토지등의평가에관한법률은 제26조)(大判 1999. 5. 25, 98다56416 : 大判 2000. 4. 21, 99다66618).

(4) 復任權의 制限

(가) 自己服務 原則　수임인은 위임인의 승낙이나 부득이한 사유 없이 제3자로 하여금 자기에 갈음하여 위임사무를 처리하게 하지 못한다(제682조 1항).[1] 수임인은 무단으로 제3자(복수임인)에게 사무처리를 위탁하거나 또는 자기의 수임인으로서 계약상 지위를 제3자에게 양도하지 못한다.[2] 그러나 이행보조자를 사용하여 사무를 처리하는 것은 수임인에 갈음하는 사무처리가 아니므로 허용됨이 원칙이다.

(나) 復委任이 허용되는 경우　① 복위임에 관하여 위임인의 승낙이 있는 경우: 승낙은 사전동의와 사후승낙이 포함된다. 이 경우에 복수임인을 특정해서 승낙을 얻을 필요는 없다. ② 복위임을 위임인의 승낙 없이 하여야 할 부득이한 사유가 있는 경우: 수임인이 질병, 여행 등으로 사무처리를 할 수 없게 되었을 뿐 아니라 위임인의 여행 등으로 승낙을 얻을 시간여유가 없을 만큼 급

1978. 10. 31, 78다1758).

1) 제682조 1항은 의용민법 아래서 학설로만 인정되었던 자기복무의 원칙을 외국의 입법례(독민 제664조; 중민 제537조)를 본받아 신설한 규정이다.

2) 지위양도는 결국 제3자에 의한 계약인수에 해당하므로 위임인 · 수임인 · 제3자(양수인) 사이의 3면계약을 필요로 한다. 徐敏, "계약인수," 곽윤직화갑기념 민법학논총, 1985.

박한 사정이 있는 경우가 부득이한 사유에 해당한다. ③ 계약의 성질이나 당해 계약의 거래이행에 비추어 복위임이 자유롭게 허용되는 경우에 유효한 복위임 계약이 체결된다.

(다) 復受任人의 地位 복수임인은 위임인이나 제3자에 대하여 수임인과 동일한 권리의무가 있다(제123조 2항, 제682조 2항).[1] 따라서 위임인과 수임인 사이(위임계약), 수임인과 복수임인 사이(복위임계약), 위임인과 복수임인 사이에 각각 위임의 법률관계가 존재하게 된다. 단 위임인과 복수임인의 법률관계는 위임계약 및 복위임계약의 범위로 제한된다. 복수임인이 위탁받은 사무처리가 법률행위에 관한 것일 때에는 복위임계약에서 복대리권의 수여도 함께 행해진 것으로 해석된다. 이 때 복대리인은 그 권한 내에서 본인을 대리한다(제123조 1항). 이러한 복대리권은 제123조 1항에 의해 직접 생기는 것이며, 대리권과 위임계약을 개념상 구별하는 우리 민법 아래서는 제682조 2항에 의해 제123조 1항을 준용할 여지가 없다.[2]

(라) 受任人의 責任 수임인은 위임인에 대하여 복수임인의 선임 · 감독에 관해 책임진다. 그러나 위임인의 지명에 의해 복수임인을 선임한 경우에는 그의 부적임 또는 불성실함을 알고도 위임인에게 통지나 해임을 게을리한 때에만 책임진다(제121조 1항 · 2항, 제682조 2항).

(마) 無斷復委任 무단으로 제3자에게 자기에 갈음하여 위임사무를 처리케 한 수임인은 위임인에 대하여 의무 위반을 행하였으므로 고의 · 과실을 묻지 않고「복위임을 하지 않았더라면 생기지 않았을 손해」를 배상하여야 한다. 자격 없는 제3자가 복수임인으로서 이미 위임사무를 처리한 경우에는 무권대리에 관한 제130조를 유추적용하여 위임인의 추인이 있는 경우, 위임인에 대하여도 위임사무처리로서 효력이 생긴다고 해석된다.

(5) 受任人의 報告義務

수임인은 위임인의 청구가 있는 때에는 위임사무의 처리사항을 보고하고 위임이 종료한 때에는 지체없이 그 전말을 보고하여야 한다(제683조). 보고의무의 해태는 수임인의 채무불이행으로 되므로 위임인은 이 경우 報告의 强制履行請求(간접강제) · 손해배상청구 · 계약해제의 권리를 행사할 수 있다.

(6) 取得物 등의 引渡 · 移轉義務

(가) 取得物引渡義務 수임인은 위임사무의 처리로 인하여 받은 금전 기

---

1) 같은 취지: 金亨培, 655.

2) 같은 취지: 郭潤直, 486; 金錫宇, 362.

타의 물건 및 그가 수취한 과실을 위임인에게 인도하여야 한다(제684조 1항). 수임인이 위임인을 위하여 취득한 물건의 소유권은 누구에게 귀속하는가. 수임인이 위임인을 대리하여 체결한 계약의 효과로서 취득한 물건은 직접 위임인의 소유로 된다(제114조). 그러나 금전이나 수임인의 이름으로 취득한 물건은 수임인의 소유로 되고, 이 때 수임인은 위임인에게 그 물건의 소유권과 함께 점유를 이전할 의무를 진다(제684조 2항). 판례는 수임인이 사무처리로 인하여 받은 물건으로서 위임인에게 인도할 목적물은 그것이 대체물이더라도 당사자간에 있어서는 特定物로 본다(大判 1969. 12. 16, 67다1525). 그 밖에 수임인은 위임인을 위하여 자기의 명의로 취득한 권리를 위임인에게 이전할 의무를 진다(제684조 2항).

(나) 金錢消費의 責任 수임인이 위임인에게 인도할 금전 또는 위임인의 이익을 위하여 사용할 금전을 자기를 위하여 소비한 때에는 소비한 날 이후의 이자를 지급하여야 하며, 그 밖의 손해가 있으면 배상하여야 한다(제685조).[1] 이는 금전채무불이행의 손해배상액을 법정이율 또는 약정이율에 한정하는 제397조에 대한 특칙이다.

3. 報酬 및 費用의 支給

(1) 受任人의 報酬請求權

(가) 有償委任의 要件 민사위임에서는 당연히 수임인의 보수청구권이 발생하지는 않는다(제686조 1항). 유상위임은 다음의 경우에 성립한다. ① 보수의 약정

---

1) 형사판례로서 수임인의 금전횡령을 인정한 판례가 있는데, 금전의 소유권에 관한 법리에는 약간의 무리가 있는 듯하다. 大判 1996. 6. 14, 96도106: ① 금전의 수수를 수반하는 사무처리를 위임받은 자가 그 행위에 기하여 위임자를 위하여 제3자로부터 수령한 金錢은, 목적이나 용도를 한정하여 위탁된 금전과 마찬가지로 달리 특별한 사정이 없는 한 그 수령과 동시에 委任者의 所有에 속하고, 위임을 받은 자는 이를 위임자를 위하여 보관하는 관계에 있다고 보아야 한다. ② 피해자로부터 토지를 타에 담보로 제공하여 금원을 대출받아 달라는 요청을 받고 토지를 신협에 담보로 제공하고 금원을 수령하였다면, 그 대출금의 소유를 우선 피고인에게 귀속시키기로 약정하는 등 특별한 사정이 없는 한, 이는 당초부터 피해자에게 권리를 취득하게 하려는 것을 목적으로 한 것이므로, 비록 피고인이 자신 또는 남편 등을 채무자로 하여 금원을 대출받았고 또한 그 대출금의 일부인 금 3천만원을 피해자로부터 차용하기로 하는 약속이 있었다고 하더라도 수임자인 피고인이 신협으로부터 수령함과 동시에 피고인의 별도의 권리이전의 의사표시 없이 그 대출금은 당연히 피해자에게 귀속된다. 나아가 제2차로 대출금 4천만원이 나온 후 피고인이 피해자와 대출금 일부인 금 3천만원의 처리문제로 서로 언쟁을 벌이다가 위 대출건은 없었던 일로 하고 신협과 대출건을 해지하기로 하며 피고인이 대출받은 금 4천만원을 신협에 그대로 반환하기로 하였다면, 피고인은 여전히 피해자와의 위 합의에 따라 위 금원을 신협에 그대로 반환한다는 목적하에 피해자를 위하여 이를 보관하는 관계에 있었다고 보아야 할 것이므로, 피고인이 그 대출금을 임의로 자신의 채무변제 등에 소비함은 금전위탁의 취지에 반하는 것으로서 横領罪를 구성한다.

(명시적 및 묵시적 합의)이 있는 경우, ② 법률에 보수지급의 규정이 있는 경우(변호사법 제19조; 공증인법 제7조, 제16조; 부동산중개업법 제20조 등), ③ 수임인이 상인으로서 영업범위 내에서 위임사무를 처리한 경우(상법 제61조), ④ 거래관행상 수임인에게 보수청구권이 인정되는 경우 등이다.

(나) 報酬請求權者　보수청구권은 위임관계에 있는 계약당사자 사이에만 발생한다.[1] 권한 있는 複受任人은 위임인에 대하여 직접 보수청구권을 갖는다(제123조 2항, 제682조 2항).

(다) 事務處理의 代價　보수는 사무처리에 대한 대가이다. 그러므로 위임인이 기대한 목표를 달성하지 못했더라도 수임인이 성실히 사무를 처리한 때에는 보수를 지불하여야 한다. 통상의 보수에 추가하여 成功報酬를 약속하는 것도 무방하다. 부동산매매중개인은 매매를 성립시킨 경우에만 보수청구권를 가지며, 그렇지 못한 경우 노력에 대한 보수를 청구할 수 없음이 원칙이다(大判 1956. 4. 12, 4280 민상 81).

(라) 報 酬 額　보수액에 관한 약정이 없으면 거래관행에 비추어 상당한 금액이 지급되어야 한다.

1) 辯護士의 報酬　변호사협회에서 보수의 기준을 제시하고 있다. 민사사건은 착수금과 성공보수의 합산액이 전 심급을 통하여 사건대상의 경제적 이익가액의 일정한 퍼센트(40%)를 초과할 수 없도록 기준이 설정되어 있다. 판례는 변호사의 보수약정이 없는 경우에는 사건위임의 경위, 사건의 경과와 난이정도, 소송물가액, 승소로 인하여 당사자가 얻은 구체적 이익, 소속 변호사회의 보수규정 및 의뢰인과 변호사의 관계 기타 변론에 나타난 제반사정을 고려하여 법원이 결정한다고 판시한다(大判 1981. 1. 28, 80다2485). 변호사가 소송사건을 위임하면서 받은 着手金은 일반적으로 위임사무의 처리비용 외에 보수 일부의 先給金으로서의 성질을 갖는다(大判 1982. 9. 14, 82다125 · 82다카284).

2) 不動產仲介業者의 報酬　중개업자의 고의 · 과실로 인하여 중개의뢰인간의 거래행위가 무효 · 취소된 경우는 보수를 청구하지 못한다. 중개업자의 보수(수수료)는 서울특별시 · 광역시 · 도의 조례로 정해진 최고액의 한도로 제한된다(부동산중개업법 제20조 3항). 법률에 의한 상한액을 초과하는 보수약정은 제103조에 의

1) 부동산중개업자가 중개위탁을 하지 않는 자를 위해 거래를 성립시킨 경우, 그에 대해 보수를 청구할 수 있는가에 대해서는 논란이 있다. 朴奉圭, "부동산중개업자의 보수청구권," 사법논집 제5집, 401; 주석 채권각칙(Ⅱ), §686, 482. 생각건대 부동산중개업법 제20조는 「중개의뢰인으로부터 소정의 수수료」를 받는다고 규정하는 점, 부동산중개는 민사위임에 속한다는 점(상법 제61조, 제100조 비교) 등의 근거로 의뢰가 없던 자에 대하여는 보수청구권를 부인하는 것이 타당하다.

해 무효라고 해석된다.

(마) 後給의 原則 민법은 위임의 보수도 고용·도급에서와 같이 후급을 원칙으로 하므로, 수임인은 위임사무를 완료한 후에야 보수를 청구할 수 있다. 그러나 기간으로 보수를 정한 때에는 그 기간이 경과한 후에 이를 청구할 수 있다(제686조 2항).

(바) 委任의 中途終了와 比率報酬 수임인이 위임사무를 처리하는 중에 수임인의 책임 없는 사유로 인하여 위임이 종료된 때에는 수임인은 이미 처리한 사무의 비율에 따른 보수를 청구할 수 있다(제686조 3항).

(2) 受任人의 費用償還請求權 등

무상위임·유상위임에 관계 없이 수임인에게 비용선급청구권·필요비상환청구권·채무의 대변제청구권·손해배상청구권이 인정된다.

(가) 費用先給請求 위임사무처리에 비용이 필요한 경우, 위임인은 수임인의 청구에 의하여 그를 선급하여야 한다(제687조).

(나) 必要費償還請求 수임인이 위임사무의 처리에 관하여 필요비를 지출한 때에는 위임인에 대하여 지출한 날 이후의 이자를 청구할 수 있다(제688조 1항).

(다) 債務辨濟의 請求 수임인이 위임사무의 처리에 필요한 채무를 부담한 때에는 위임인에게 자기에 갈음하여 이를 변제하게 할 수 있고, 그 채무가 변제기에 있지 아니한 때에는 상당한 담보를 제공하게 할 수 있다(제688조 2항). 수임인이 대리인으로서가 아닌 자기의 명의로 제3자와 거래한 경우에 이러한 문제가 생긴다.

(라) 損害賠償請求[1] 수임인이 위임사무의 처리를 위하여 과실 없이 손해를 받은 때에는 위임인에 대하여 그 손해의 배상을 청구할 수 있다(제688조 3항).

4. 委任의 終了

(1) 委任의 終了原因

(가) 終了事由 위임은 「위임사무의 종료」, 「존속기간의 만료」와 같이 계약목적을 달성한 경우 외에 「당사자 일방의 사망」, 「당사자 일방의 파산」, 「수임인에 대한 금치산선고」로 말미암아 종료한다(제690조).

(나) 相互解止의 自由 위임은 계속적인 노무공급계약이므로 解止에 의해

1) 康鳳洙, "위임사무처리상의 불법행위에 대한 손해배상책임," 법률 제31권 5호, 1982 참조.

종료하는데, 민법은 위임의 해지사유를 전혀 제한하지 않고「委任의 相互解止의 自由」를 인정한다(제689조 1항). 따라서 해지는 상대방의 채무불이행 등의 귀책사유를 요건으로 하지 않고 계약당사자의 편의에 따라 임의로 행사할 수 있다.

다음의 경우에는 해지가 제한된다. ① 당사자간에 해지의 제한 또는 금지의 특약이 있거나 민법과 다른 거래관행이 있는 경우에는 그러하지 아니하다. ② 期間約定 있는 경우: 위임계약에 존속기간이 약정되어 있는 경우에는 그 기간중에 임의의 해지권은 배제되어 있다고 해석된다. 그러나 기한의 약정이 없는 위임에 있어서 해지를 금지하는 것은 부당하다.[1] ③ 有償委任의 경우에 해지의 자유가 제한된다고 해석할 것인가가 논의된다. 유상위임의 경우에는 원칙적으로 해지권불행사의 특약이 체결되어 있다고 해석하는 견해도 있다.[2] 사견으로서는 해지를 제한하는 거래관행이 있는 거래종목 이외에 일반적으로 유상위임이라고 해서 해지를 제한하는 것은 부당하다고 생각한다. ④ 不利益한 時期의 解止制限: 민법은 위임계약의 해지의 시기에 제한을 두고 있다. 해지는 상대방이 그로 말미암아 불이익을 받을 시기에는 원칙적으로 행하여져서는 안된다. 그러나 해지자에게 그 시기에 하여야 할 부득이한 사유가 있는 때에는 해지가 허용된다. 부득이한 사유 없이 상대방의 불리한 시기에 해지를 한 자는 상대방이 그로 인해 입은 손해를 배상하여야 한다(제689조 2항). 이 때 손해배상의무의 귀책근거는 해지자가 해지권을 금지된 시기에 행사했다는 사실에서 찾을 수 있다. 손해배상의 범위는 적당한 시기에 해지되었더라면 입지 않았을 손해에 한정된다. 판례는 유상위임계약에 있어서는 수임인의 사무처리 완료 전에 해지한 것만으로 수임인에게 불리한 시기에 해지한 것으로 보지 않는다(大判 2000. 6. 9, 98다64202).

相互解止의 自由에 대한 批判

민법 제689조가 규정하는 위임의 상호해지의 자유에 대하여는 입법론적으로 많은 비판이 있다. 都給과 雇傭의 任意解除 · 解止權(제673조, 제661조)과 비교할 때「손해를 배상하고」해제할 수 있도록 함에 반하여 위임계약의 해지에 관하여는 손해배상을 규정하지 않음으로써 해지자유를 더욱 강하게 인정한다. 손해배상을 요구하면 해지

1) 같은 취지: 金學代, "수임자의 이익을 수임계약의 해지," 법조 1988년 2월호, 111(大判 1987. 9. 22, 85다카2263 판례평석).

2) 金疇洙, 436. 그리고 그 특약에도 불구하고 해지한 경우는 해지는 유효하되 해지한 자는 손해배상의무를 진다고 한다.

가 자유롭지 못할 것을 우려한 결과라고 추측된다. 雇傭의 解止는 기간의 약정이 없는 경우, 상대방의 계약 위반이 있는 경우에 인정하는 등 상세한 규정을 두고 있는 것(제658조~제661조)과 비교할 때에 위임의 해지규정은 지나치게 간단하다. 다른 한편 로마법, 독일민법에서의 무상위임제도 아래 특유한 해지자유를 유상위임을 허용하는 법제에 무분별하게 도입하였다는 비난이 있다.[1] 입법론으로서는 해지의 자유를 합리적인 범위로 제한하도록 개정할 필요가 있다고 생각된다.

(2) 委任終了時의 緊急處理

당사자의 사망이나 파산, 수임인에 대한 금치산선고, 일방당사자에 의한 계약해지가 있는 경우, 위임계약은 그 사유가 생긴 때로부터 곧 종료하고, 위임사무를 위한 물건 · 서류의 반환이나 비용상환청구 등의 청산의 문제만 남게 된다. 그러나 위임의 계약관계를 종료시켜서는 안 되는 급박한 사정이 있는 때에는 다른 특약이 없는 한 종료사유에도 불구하고 위임의 존속이 강제된다. 이 때 수임인(그의 유고시에는 그의 상속인이나 법정대리인)은 위임인(그의 유고시에는 그의 상속인이나 법정대리인)이 위임사무를 처리할 수 있을 때까지 그 사무처리를 계속하여야 한다(제691조). 따라서 이 때 위임은 긴급처리가 끝난 때에 비로소 종료한다.

(3) 委任終了의 對抗要件

위임의 종료사유는 이를 상대방에게 통지하거나 상대방이 이를 안 때가 아니면 이로써 상대방에게 대항하지 못한다(제692조). 단 해지는 상대방에 대한 의사표시로서 행하므로 상대방의 부지라는 문제는 생길 여지가 없다. 「대항하지 못한다」는 것은 종료사유가 자기에게 발생한 자가 상대방에 대하여 종료의 효과를 주장할 수 없다는 의미이다. 그 결과 위임인의 사망을 모르고 사무처리를 계속한 수임인은 사망 후의 사무처리에 대한 보수를 청구할 수 있으며, 위임인의 사망을 알리지 않는 상속인은 그의 지급을 거절할 수 없다.

---

1) 민법 제689조와 동일한 내용의 일본민법 제651조에 관하여도 같은 비판이 행해진다. 일본의 판례·다수설은 이러한 약점을 보완하기 위하여 위임이 수임인의 이익으로 되는 경우는 불해제의 특약을 추정한다. 소수설로서 일본민법 제651조를 유상위임에는 적용시키지 말자는 견해도 있다. 廣中俊雄, "委任契約の解除," 契約法の研究, 228 이하(同, 契約法大系(Ⅳ), 130 이하)

§30. 任　置

1. 概　說

(1) 意　義

임치는 임치인이 수치인에게 금전, 유가증권, 물건의 보관을 위탁하는 것을 내용으로 하는 계약이다(제693조). 주차장에 차를 주차하는 것, 호텔·여관에서 손님이 주인에게 물건을 맡기는 것, 수영장·목욕탕에서 옷을 맡기는 것, 채무자가 채권자를 위해 채무이행의 수단으로서 물건을 공탁하는 것(금전의 공탁은 소비임치이다), 타인의 창고에 물건(특히 곡식 등)을 보관시키는 것, 증권회사에서 고객의 증권을 보관해 주는 것 등은 임치에 해당된다.[1)]

임치의 목적물은 金錢, 有價證券 기타의 物件이다. 금전은 통상 소비임치의 대상이 된다. 물건에는 동산과 부동산이 포함되나 부동산에 대하여는 임대차·사용대차·위임이 이용되며, 단순한 보관만을 목적으로 하는 임치는 거의 이용되지 않는다(명의신탁은 부동산의 임치가 아니다). 임치는 수치인의 노무제공을 목적으로 하는 계약이며, 임치물의 소유권은 수치인에게 이전되지 않는다.

大判 1955. 3. 10, 4287민상128: 임치인은 그의 소유물이 아니더라도 임치할 수 있고, 수치인에 대하여 계약상의 채권으로서의 반환청구권을 가진다.
大判 1992. 2. 11, 91다21800[2)]: ① 상법 제152조 제1항의 규정에 의한 임치가 성립하려면 우선 공중접객업자와 客 사이에 공중접객업자가 자기의 지배영역 내에서 목적물보관의 채무를 부담하기로 하는 명시적 또는 묵시적 합의가 있음을 필요로 한다. ② 주차장 출입과 주차사실을 통제하거나 확인하는 시설이나 조치가 되어

---

1) 은행의 貸與金庫의 이용계약은 은행의 금고 중 하나에 고객이 유가증권·귀중품을 넣고 잠근 후 열쇠를 갖고 스스로 내용물을 꺼내거나 넣을 수 있어 임치보다는 임대차에 가깝다. 같은 취지: 주석 채권각칙(Ⅱ), 532.

2) 판례평석: ① 대상판결이 상법 제152조 제1항의 책임 유무의 판단의 사실상의 기준으로 제시하고 있는 「주차장에의 출입과 주차사실의 통제나 확인」이라는 징표만으로는 「임치의 합의」, 즉 보존의무(또는 감시의무)의 인수를 인정하기에 충분하지 못하고, ② 특히 주차장에 시정장치가 된 출입문이 설치되어 있다는 사정이나 출입을 통제하는 관리인이 있다는 사정만에 의하여 당연히 「임치의 합의」가 인정될 수는 없으며, ③ "단지 주차의 장소만을 제공한 데 불과한 경우"에 "고객이 접객업자측에 주차사실을 고지"하였다면 상법 제152조 제1항의 책임요건이 충족된다고 하는 판단은 적절하지 아니한 것으로 생각된다(梁彰洙, "투숙객의 자동차 도난에 대한 숙박업자의 책임," 저스티스 1996년 9월호).

있지 않은 채 단지 주차의 장소만을 제공하는 데에 불과하여 그 주차장 출입과 주차사실을 여관측에서 통제하거나 확인하지 않고 있는 상황이라면, 부설주차장 관리자로서의 주의의무 위배 여부는 별론으로 하고 그러한 주차장에 주차한 것만으로 여관업자와 투숙객 사이에 임치의 합의가 있는 것으로 볼 수 없고, 투숙객이 여관측에 주차시설을 고지하거나 차량열쇠를 맡겨 차량의 보관을 위탁한 경우에만 임치의 성립을 인정할 수 있다.

大判 1998. 12. 8, 98다37507: 여관 부설주차장에 시정장치가 된 출입문이 설치되어 있거나 출입을 통제하는 관리인이 배치되어 있는 등 여관 측에서 그 주차장에의 출입과 주차시설을 통제하거나 확인할 수 있는 조치가 되어 있다면, 그러한 주차장에 여관투숙객이 주차한 차량에 관하여는 명시적인 위탁의 의사표시가 없어도 여관업자와 투숙객 사이에 任置의 合意가 있는 것으로 볼 수 있다.

(2) 商事任置

倉庫業은 타인을 위하여 창고에 물건을 보관해 주는 영업을 말하는데, 상사임치의 대표적인 예이다. 상법 제155조 이하에 창고증권, 창고업자의 책임가중, 보관료청구권 등의 특칙이 규정되어 있다. 公衆接客業(여관·음식점·목욕탕 등)을 하는 자가 고객으로부터 임치를 받는 경우는 상사임치로 되어 민사임치보다 책임이 가중된다(상법 제152조 1항). 즉 공중접객업자가 물건의 멸실·훼손이 불가항력으로 인한 것임을 증명하지 못하면 그에 대해 손해배상책임을 진다. 그리고 고객의 시설 내에 휴대·반입한 물건에 대해서도 공중접객업자는 수치인과 유사한 법정책임(과실책임)을 진다(상법 제152조 2항). 단 화폐·유가증권 기타 고가물에 대하여는 고객이 그 종류와 가액을 명시하여 임치한 경우 외에는 면책된다(상법 제153조). 상인이 그 營業範圍 內에서 물건의 任置를 받은 경우에는 보수를 받지 아니하는 때에도 선량한 관리자의 주의를 하여야 한다(상법 제62조).

(3) 供 託

공탁은 채무의 소멸원인으로서 供託法에 정하는 절차에 의하여 행해진다. 공탁사무는 지방법원에서 담당하며, 채무자는 지정된 은행이나 창고업자에게 금전·유가증권 기타 물품을 보관시킨다(공탁법 제2조, 제3조). 수치인은 일정한 경우 공탁물인 유가증권의 상환금, 이자 또는 배당금을 수령하여 보관한다(공탁법 제6조). 수치인에게는 保管料請求權이 인정된다(상법 제7조). 공탁물의 수령권자는 임치인이 아닌 제3자(임치인의 채권자 등)인 점에 특색이 있으며, 공탁은 「제3자를 위한 계약」의 성격을 갖는다.

2. 任置契約의 內容

(1) 任置物의 引渡

(개) 任置人의 引渡義務 與否　임치계약은 당사자의 합의만으로 성립하는 諾成契約이다. 그런데 이 임치계약에 의해 수치할 자가 임치할 자에 대해 임치물의 인도청구권을 갖느냐에 관해서는 학설이 대립한다.

1) 肯 定 說　임치인이 유상 · 무상에 관계 없이 임치물인도의무를 진다고 해석한다.[1)]

2) 否 定 說　임치인은 임치물인도의무를 지지 않는다는 견해이다.[2)] 임치인은 목적물인도 후에도 언제든지 해지할 수 있는 만큼(제698조 단서 참조) 목적물인도 전에도 언제든지 해제할 수 있다고 해석하는 것이 타당하다는 것을 근거로 든다.

3) 折 衷 說　무상임치의 경우는 수치인에게 수치의 이익이 없으므로 임치물인도의무를 부정하고, 유상임치의 경우는 수치인에게 목적물보관에 관한 경제적 이익이 있다는 이유로 임치물인도의무를 인정하는 견해이다.[3)]

4) 私見으로서는 否定說에 찬동하나 그 논거는 종래의 부정설과 달리한다. 임치물인도의무에 대한 명문규정도 없이 하나의 채무로 인정하는 것, 그리고 이에 기한 강제집행 및 손해배상까지 인정하는 것은 부당하다. 첫째, 有償任置는 쌍무계약으로서 수치인의 보관의무와 임치인의 보수지급의무를 발생시킨다. 수치인은 報酬支給請求權을 가질 뿐 目的物引渡請求權은 갖지 않는다. 無償任置에서도 편무계약으로서 수치인의 보관의무를 발생시킬 뿐 임치인의 목적물인도의무는 발생시키지 않는다. 둘째, 임치의 본질적 내용은 임치인이 자기물건의 보관을 청구하는 권리이며, 수치인에게 그 물건의 점유 자체에 대하여 어떤 권리를 부여하는 것은 아니다. 반면에 임대차계약에서는 제623조에 임대인의 임차물인도의무에 관한 명문규정이 있을 뿐 아니라 임대차의 본질적 내용인 임차권은 임차물을 사용 · 수익하는 권리로서 목적물의 점유권(따라서 인도청구권)을 내포한다. 셋째, 임치인이 임치계약을 체결하고 보관할 물건을 인도하지 않는 경우에, 수치인은 보수청구권을 행사하는 것으로 충분하며 물건의 인도청구권까지 가짐으로써 인도를 강제집행하거나 손해배상청구를 할

---

1) 李太載, 340~341.

2) 金曾漢 · 安二濬, 547~548.

3) 郭潤直, 510; 金錫宇, 376; 金疇洙, 450; 金亨培, 683.

실익이 없다.[1)]

(나) 不引渡에 따른 效果 임치인이 목적물을 인도하지 않았음으로 말미암아 수치인이 보관할 수 없음은 債權者遲滯(제400조) 및 쌍무계약에서는 채권자의 귀책사유로 이행할 수 없게 된 給付不能(제538조)에 해당된다. 채권자지체의 효과로서 수치인은 불이행에 관한 책임을 지지 않고(제401조), 이자부소비임치의 경우에도 수치인은 채권자지체중에 이자를 지급할 의무가 없으며(제402조), 채권자지체로 인하여 임치에 드는 비용이 증가한 때에는 그 증가액은 임치인의 부담으로 한다(제403조). 또한 유상임치에서 임치인이 목적물을 인도하지 않음으로 말미암아 수치인이 보관할 수 없었던 경우에 수치인은 임치인에게 약정된 보수의 지급을 청구할 수 있으나(제538조 1항), 수치인이 보관을 면함으로 말미암아 이익을 얻은 때에는 그를 임치인에게 상환하여야 한다(제538조 2항).[2)]

거래실태를 보면 임치인이 任置物引渡와 함께 확정적인 체약의사(청약 또는 승낙)를 교환하는 것이 관례이며, 낙성의 임치계약은 드물게 이용된다. 또한 諾成任置의 경우에도 임치인에게 임치물인도를 강제하는 경우는 없으며, 약정된 보관기간 동안의 임치료는 청구한다. 예를 들어 1개월 단위로 주차장이용계약을 체결한 자는 실제 주차시키지 않았더라도 그 달의 이용료를 지불하여야 한다.

(2) 任置物保管義務

(가) 保管義務 수치인은 임치계약에 의하여 임치물의 보관의무를 부담한다. 실제로 수치인이 그 보관의무를 이행하여야 하는 것은 임치인으로부터 수취인에게로 임치물이 인도된 때부터이다. 수치인이 임치인의 주소나 영업소로부터 임치물을 운반해다가 보관해야 하는 경우는 그 운반이 허락된 때부터 보관의무를 진다. 당사자의 약정, 임치물의 성격, 거래관습 등에 의해 그 보관방법이 정해진다. 예를 들어 실내에서 보관해야 할 물건을 야외에 보관함으로써 훼손된 경우, 냉장보관해야 함에도 상온에서 보관한 경우에는 보관의무를 다하지 않은 것이 된다.

混藏任置
임치물을 특정하지 않고 다른 동종·동질의 물건과 섞어서 보관하도록 약정한

1) 같은 취지: 민법주해(15), 628(全孝淑 집필부분).
2) 참고문헌: 李商永, "임치계약상 수치인의 법적 책임," 저스티스 제32권 3호, 43면 이하.

경우를 「혼장임치」라 한다. 혼장임치는 보통의 임치와 보관방법을 달리한다. 그러나 수치인에게 물건의 소유권이 이전되는 것은 아니고 혼장된 임치물은 수인의 임치인의 공유로 된다. 혼장임치의 수치인은 임치의 종료시에 종류물을 반환해야 한다.

(나) 保管에 필요한 注意 유상임치에 있어서 수치인은 특정물의 인도의 무자로서 그 물건을 인도하기까지 선량한 관리자의 주의로 보존하여야 한다(제374조). 단 商事任置에서는 수치인의 책임이 가중된다(상법 제152조, 제160조). 無償任置에 있어서 수치인의 주의의무는 자기재산과 동일한 주의의 정도로 경감된다(제695조). 단 상사임치에서는 무상임치라도 선관의무로서 보관해야 한다(상법 제62조).

(다) 目的物의 使用禁止 수치인은 임치인의 동의 없이 임치물을 사용하지 못한다(제694조). 수치인의 無斷使用은 부당이득반환의 대상이 되며, 그로 인한 임치물훼손의 경우에는 손해배상의무도 발생한다.

(라) 復任置의 制限 수치인이 제3자와 복임치계약을 체결하여 그 제3자로 하여금 임치물을 보관케 하는 경우를 複任置라고 한다. 수치인은 임치인의 승낙이나 부득이한 사유 없이 제3자로 하여금 자기에 갈음하여 임치물을 보관하게 하지 못한다(제701조, 제682조 1항). 복임치의 경우 수치인의 책임과 복수치인의 지위는 복위임의 경우와 같다(제701조, 제682조 2항).

(마) 受置人의 通知義務 임치물에 관한 권리(소유권 · 담보물권 · 금전채권 등)를 주장하는 제3자가 수치인에 대하여 訴를 提起하거나 임치물을 押留(가압류 · 가처분 포함)한 경우에, 수치인은 지체없이 이 사실을 임치인에게 통지하여야 한다(제696조). 통지의무는 부수의무로서 임치인으로 하여금 방어조치를 취할 수 있는 기회를 놓치지 않게 하기 위하여 부과되는 것이므로, 임치인이 그 사실을 다른 경로로 알게 된 때에는 통지하지 않아도 무방하다.

(3) 報酬支給義務

임치계약은 無償 또는 有償으로 체결될 수 있다. 임치인은 보수지급에 관한 특약 · 거래관습이 있는 경우에만 보수지급의무를 지므로, 이러한 사정이 없으면 무상임치로 된다(제701조, 제686조). 보수지급의무의 내용에 관해서는 위임의 규정이 준용된다. 임치에 대한 보수를 任置期間(임차물의 인도시부터 반환시까지)에 비례하여 정해지는 것이 관례이다.

수치인은 보수청구권을 확보하기 위해 임치계약종료시 임치물의 반환을 거절하거나(제536조, 동시이행의 항변권) 임치물에 대해 留置權을 행사할 수 있다(제320조 1항).

(4) 損害賠償義務

㈎ 受置人의 損害賠償義務 수치인이 보관상의 주의의무를 다하지 않았거나, 제3자에게 무단으로 복임치하였거나, 임치물을 무단으로 사용함으로 말미암아 임치물이 멸실·훼손된 경우에 수치인은 채무불이행으로 인한 손해배상의무를 진다. 같은 이유로 불법행위책임이 발생하는 경우도 많다.

㈏ 任置人의 損害賠償義務 임치인은 임치물의 성질 또는 하자로 인하여 수치인에게 생긴 손해에 대하여 배상의무를 진다(무과실책임). 단 수치인이 그러한 성질이나 하자를 안 때에는 배상책임이 없다(제697조, 입증책임의 전환). 임치물이 폭발성·유해성을 가짐으로써 수치인의 창고를 파손시킨 경우가 이에 해당한다.

3. 任置의 終了

(1) 終了原因

㈎ 期間約定 있는 任置 임치는 약정된 존속기간의 만료에 의해 종료한다. 기간만료 전에도 임치인은 언제든지 계약을 해지할 수 있으나 수치인은 부득이한 사유 없이 기간만료 전에 해지하지 못한다(제698조).

㈏ 期間約定 없는 任置 기간약정이 없는 임치는 해지에 의해 종료하는데, 각 당사자는 언제든지 해지할 수 있다(제699조).

㈐ 目的物滅失 임치물이 멸실된 경우 계약은 목적달성불능으로 되어 종료된다. 수치인의 귀책사유(주의의무위반)로 멸실된 경우에는 수치인이 손해배상의무를 진다.

(2) 任置物의 返還

임치가 종료하면 수치인은 임치물을 현상대로 임치인에게 반환하여야 할 계약상의 의무를 진다(제462조). 임치물의 반환은 보관한 장소에서 함이 원칙이나, 수치인이 정당한 사유로 임치물을 옮겨 보관한(轉置) 때에는 임치종료 당시 보관하는 장소에서 반환할 수 있다(제700조). 판례는 임치계약상 수치인이 반환할 목적물은 당사자간에 특단의 사정이 없는 한 수치한 물건 그 자체(特定物)이고, 그 물건이 전부 멸실한 때에는 그것이 누구의 귀책사유로 인한 것이든 임치물 반환의무는 이행불능이 되며(손해배상책임은 별론), 임치한 물건이 대체물의 경우라도 그와 동종·동량의 물건을 인도할 의무는 없다고 한다(大判 1967. 4. 25, 67다2).

§31. 消費任置 · 預金契約

1. 消費任置

(1) 意　義

㈎ 概　　念　　소비임치란 임치인이 금전 기타의 대체물의 소유권을 수치인에게 이전하여 수치인이 그것을 용익 · 처분할 수 있도록 하고, 임치계약종료시 동종 · 동질 · 동량의 물건을 반환할 것을 내용으로 하는 계약이다. 소비임치는 임치인을 위해서는 금전 또는 물건의 보관이란 이익을, 그리고 수치인을 위해서는 금전 또는 물건의 용익이란 이익을 줌으로써, 계약상의 이익을 양 당사자에게 부여해 주는 특수한 계약형태이다.

㈏ 任置와의 區別　　소비임치는 통상의 임치와는 내용이 다른 별개의 계약유형이다. 任置는 임치인의 물건을 保管해 주는 것을 주된 목적으로 하는 데에 반하여, 消費任置는 차주에게 금전이나 대체물을 融通해 주는 것을 주목적으로 한다. 소비임치를 임치의 일종으로 이해하는 견해는 소비임치에서 목적물을 수치인에게 주는 것은 바로 보관을 위한 것이며 수치인의 소비는 보관의 한 수단에 지나지 않는다고 파악하는데,[1] 이는 소비임치의 보관의 측면만을 본 것이고 실제와는 다르다. 소비임치를 보관의 측면에서만 고찰하는 것은 소비임치의 대표적인 예인 예금계약의 거래현실과 맞지 않는다.

㈐ 消費貸借와의 類似性　　소비임치에서는 유상임치에서와 같이 임치인이 수치인에게 보관의 대가로서 보수를 지급한다는 일은 생기지 않으며, 오히려 수치인이 임치인에게 용익의 대가로서 이자를 지급하는 일이 통상이므로 실제로는 임치보다 消費貸借에 가깝다. 이 점을 고려하여 민법도 소비임치에 소비대차에 관한 규정을 준용토록 한다(제702조). 단 임치기간에 관한 기한의 이익만은 소비대차에서와는 다르며, 임치에서와 같이 임치인을 위한 것으로 추정되어야 한다.

(2) 返還時期의 特則

㈎ 返還時期의 約定이 없는 경우　　소비임치에는 원칙적으로 소비대차규

---

1) 郭潤直, 516; 金基善, 296; 金錫宇, 379; 金疇洙, 453; 金曾漢, 337; 金顯泰, 283; 李太載, 344.

정이 준용되나 반환시기에 관해서만은 소비임치의 특칙이 있다. 즉 소비임치에서는 반환시기의 약정이 없는 때에는 임치인은 언제든지 그 반환을 청구할 수 있다(제702조 단서).[1] 즉 이러한 소비임치의 특칙으로 말미암아 실제 대주의 지위에 있는 임치인은 소비대차에서와 같은 상당한 유예기간을 두지 않고 바로 반환청구할 수 있다. 한편 소비임치의 수치인(차주의 기능담당)은 임치인의 반환청구가 있어야만 반환할 수 있는가, 또는 언제든지 임의로 반환할 수 있는가. 제702조 단서의 규정은 모호하나 소비대차에서나 임치에서나 차주 또는 수치인의 반환은 언제든지 허용된다는 점을 고려할 때, 소비임치에서도 다른 특약이나 거래관습이 없는 한 수치인은 언제든지 반환할 수 있다고 해석된다(제603조 2항. 제699조 참조). 그러나 거래실정(특히 예금계약)은 수치인의 반환을 제한한다.

(나) 返還時期의 約定이 있는 경우　이 경우에 소비대차규정이 준용된다면 기한의 이익은 차주를 위한 것으로 추정되고 차주는 언제든지 그를 포기할 수 있으므로(제153조), 소비임치의 수치인도 언제든지 반환할 수 있다고 해석된다. 그러나 소비임치에서는 기한의 이익이 임치인을 위한 것이 통상이므로(이 점은 임치와 같다. 제698조 참조) 위와 같은 해석은 거래실정에 맞지 않는다. 입법론으로서는 반환시기의 약정이 있는 경우에는 임치에 관한 제698조를 준용하도록 개정하는 것이 바람직하다.

2. 預金契約[2]

(1) 意　　義

(가) 槪　　念　예금계약이란 예금자가 은행 기타의 금융기관에 대하여 금전의 보관을 위임하고 금융기관은 예입금의 소유권을 취득하여 그를 소비한

---

1) 소비대차에서 반환시기의 약정이 없는 때에는 대주는 상당한 기간을 정하여 반환을 최고하여야 하나, 차주는 언제든지 반환할 수 있다(제603조 2항). 반면에 임치에서 기간의 약정이 없는 때에는 각 당사자는 언제든지 계약을 해지할 수 있다(제699조).

2) 참고문헌: 金敎昌, "은행이 압류경합의 예금을 인출하여 준 경우," 판례월보 제324호; 同, "타점권의 예입에 의한 예금계약," 저스티스 제28권 2호, 1995; 全炳宰, "기명식예금에 있어서의 예금채권자의 판정기준," 민사판례연구 제9권; 朴哲煥, "예금계약의 법적 성질 및 성립에 관하여," 호남민사법연구 제5집, 1995; 송덕수, "금융실명제하에 있어서 예금계약의 당사자 내지 예금채권자의 결정," 이화여대 법학논집 제2권 2호, 1998년 2월; 李容勳, "은행대리의 대리흠결과 예금계약의 성립," 민사판례연구 제10권; 李宗求, "대출자책임(Lender Liability)이론 연구 — 미국과 일본의 판례를 중심으로 —," 상사법연구 제16권 2호, 1997; 최준선, "타점권입금의 경우 예금계약의 성립시기," 법률신문 제2601호, 1997년 5월; 黃迪仁/겸기부, "예금계약에 관한 판례: 신용카드 관련 법률문제," 경제법판례연구, 1997년 8월.

후 반환시기에 그와 같은 금액을 반환할 것을 내용으로 하는 계약이다. 예금계약은 예금의 종류에 따라 그 내용이 달라진다.

(나) 性　　格　　대체로 예금계약은「消費任置에 가까운 獨自的 契約類型」으로 파악된다.[1] 통상의 예금계약은 金錢의 消費任置(제702조)와 消費貸借가 결합된 형태이다. 금융기관이 상대방을 위하여 금전을 보관할 것을 약정하지만, 수치인인 금융기관이 임치물인 금전을 임의로 소비하여 후일 동액의 금액 및 그 이자를 반환하면 되므로 이 점에서는 금전의 利子附消費貸借와 유사하다. 예금계약은 통상 소비임치이므로 민법 제702조 및 소비대차규정이 적용되나, 이들은 대부분이 임의규정이고 은행거래에는 은행거래약관이 통용되므로 구체적인 계약내용은 그 약관에 의해 정해진다.[2]

大判 1985. 12. 24, 85다카880: 예금은 은행 등 법률이 정하는 금융기관을 수치인으로 하는 금전의 소비임치계약으로서 수치인은 임치물인 금전 등을 보관하고 그 기간중 이를 소비할 수 있고 임치인의 청구에 따라 동종, 동액의 금전을 반환할 것을 약정함으로써 성립하는 것이므로 소비대차에 관한 민법상의 규정이 준용되나 사실상 그 계약의 내용은 약관에 의하여 정하여질 따름이다.

憲裁決 1999. 7. 22, 98헌가3: 예금자가 금융기관의 규정에 정해진 이자 이외의 이익을 받는 행위에 대하여 형사처벌을 가하도록 한 특정경제범죄가중처벌등에관한법률 제9조 제1항 등이 과잉금지의 원칙 및 평등의 원칙 등에 위배되지 않는다. 금융기관은 사기업이지만, 국민경제와 국민생활에 중대한 영향을 미치는 금융업무를 담당하고 있어 고도의 공공성을 지니며, 금융기관의 임직원과 예금자가 결탁하여 법령 또는 약관의 규정을 위반하여 고율의 이자 등을 수수(授受)하는 것을 방치한다면 국가의 금리정책이 관철될 수 없고, 금융거래질서가 흐트러지고, 금융기관의 부실을 초래하여, 궁극적으로 선량한 예금자 및 국민 전체에게 피해를 끼치게

---

1) 같은 취지: 朴英植, "예금계약의 법적 성질," 곽윤직화갑기념 민법학논총, 1985, 530; 李容勳, "은행대리의 대리의사흠결과 예금계약의 성립," 민사판례연구 제10권, 115~117. 朴哲煥, "예금계약의 법적 성질 및 성립에 관하여," 민사법연구, 호남민사법연구회, 1996, 188에서도 예금계약을 민법이 그 반환시기만을 제외하고는 주로 차주를 위하여 규정하고 있는 소비대차규정이 그대로 준용되는 소비임치의 성격을 갖는다고 한정시키기는 것보다는 임치인의 보호에 초점을 맞춘 소비임치 유사의 특수한 계약으로 파악하는 것이 좋으며, 그 구체적인 내용은 금융기관과 예금주 사이에 맺은 계약〔약관〕에 의하여 예금의 종류에 따라 개별적으로 정하여지는 특수한 계약유형이라고 파악한다.

과거에는 예금채권을 발생시키는 합의로서 예금계약의 법적 성질은 소비임치라고 하는 것이 多數說이었다. 郭潤直, 471; 金會漢 · 安二濬, 551; 金顯泰, 285; 李太載, 344; 金滉植, "예금에 관한 법적 문제," 재판자료 32, 57; 朴英植, "예금계약의 법적 성질," 곽윤직화갑기념 민법학논총, 530.

2) 金教昌, "은행거래약관의 제문제," 법조 1980년 7월호; 宋永煌, "은행거래약관의 종합적 연구," 보통거래약관의 연구, 서울통합변호사회, 1983.

될 우려가 있으므로, 계약의 자유 등 사익보다 우월한 공익의 요청에 의하여, 이 사건 조항과 같은 규제가 하나의 방안으로서 필요하다.

(다) 當座預金 당좌예금에서는 예금자가 당좌예금을 자금으로 하여 자기가 발행한 수표의 지급을 위탁한다. 당좌예금계약은 수표의 지급사무처리를 목적으로 하는 委任契約과 수표지급자금의 예입을 목적으로 하는 消費任置契約이 포함된 混合契約이라고 이해된다.[1] 지급인인 금융기관이 수표금액을 지급할 때에는 금융기관 내부의 계산은 각개 수표의 지급시마다 지급액을 당해 예금에서 차감하나, 내용상은 해당예금을 인출하는 것이 아니라 금융기관이 수표계약에 의한 수임사무를 처리하기 위한 비용을 지급한 것이 되는 것이므로, 발행인과의 관계에서는 일정한 시기에 당좌계정 결산통지서 승인장을 예금주에게 송부하여 지급사무처리에 의한 구상채권과 당해 예금반환채무를 일괄하여 상계할 것을 약속하기 때문이다.

(라) 積金契約 적금계약은 월불입금납입이라는 장래의 불확실한 사실의 성립으로 금융기관의 적금계약액 지급채무가 발생하게 되는 「정지조건부 채무를 발생시키는 預金契約의 일종」으로 파악될 수 있다. 적금의 가입자와 은행 사이에는 얼마를 납입하면 얼마를 지급한다는 계약이 체결된다. 금융기관의 적금지급액은 보통예금의 경우와 같이 예입금액의 지급이라는 성질을 갖는 것이 아니다. 적금가입자는 1회의 불입금의 지급과 함께 적금계약을 체결하며, 장래 자기가 불입금을 완납할 것을 조건으로 하는 約定額의 債權을 취득한다.[2]

(마) 自動移替契約[3] 위임인이 자기의 채권자인 제3자에게 금전을 지급하는 방법으로서 자기의 거래은행(수임인)으로 하여금 위임인의 예금구좌에서 지정금액을 인출하여 지정한 제3자의 구좌에 그 금액을 입금시킬 것을 위탁하는 것을 자동이체계약(지로계약)이라고 한다. 이 법률관계는 제3자의 구좌에 일정액을 예금시킬 것을 指示한다는 측면에서 「제3자를 위한 消費任置에 유사한 독자적 계약유형」이다. 현재 지로 거래는 지로 관리소의 지로업무규약에 의해

1) 당좌거래에 관한 상호계산계약은 별개의 계약으로 파악된다. 같은 취지: 민법주해(15), 676(全孝淑 집필부분). 반면에 상호계산계약을 당좌거래에 포함시키는 견해도 있다: 洪幸南, 예금 · 적금의 법률실무, 협동출판사, 1984, 20~22.

2) 李俊相, 다이알로그 예금거래법, 399~401.

3) 참고문헌: 鄭熙喆, "Giro 거래의 법적 구조," 월간고시 1986년 4월호, 58 이하.

규율된다(제3자를 위한 계약에서 설명하였음).

서울地判 1997. 4. 4, 96가합15331: 송금수취인인 예금주와 지급은행 사이에는 온라인에 의한 타행송금거래에 의하여 금원이 송금되는 경우 그 입금 처리가 완료한 때에 그 금원에 대한 예금계약이 성립되는 것으로 하되, 당일 영업시간 내에 송금의뢰은행에 의하여 취소 처리되는 경우에는 그 송금거래가 명백한 오조작에 의한 거래인지 여부를 불문하고 그 예금계약은 처음부터 성립하지 않았던 것으로 보기로 하는 내용의 합의가 있는 것으로 보는 것이 상당하고, 따라서 송금된 금원은 당일 은행 영업시간 내에 취소 처리되는 것을 해제조건으로 하여 그 입금 처리가 완료된 때에 예금으로 성립한다.

(2) 預金契約의 締結

㈎ 要物契約 與否 예금계약의 성격 및 성립요건에 관해서는 학설이 대립한다.

1) 諾成契約說 현행민법에서는 소비임치가 요물성을 요하지 않는 낙성계약으로 구성된 만큼 예금계약도 금융기관을 수치인으로 하는 소비임치로서 낙성계약인 민법상의 전형계약으로 보는 견해이다.[1]

2) 要物契約說 예금계약의 본래의 성질이 요물계약이라는 견해이다.[2] 예금을 하는 예금자나 은행은 「예금이란 돈을 갖다 은행에 맡기고 은행이 이를 보관하였다가 이자를 붙여서 돌려주는 거래」라는 생각으로 거래를 하고 있는 것이 실정이므로 예금자와 은행 사이의 의사의 합치만으로서 예금계약이 성립한다는 것은 예금거래의 실정이나 오랜 관행 및 당사자의 의사와는 전혀 부합되지 않는 견해라고 비판한다. 私見으로도 요물계약설을 취한다. 거래계에서도 예금계약에 관해서는 민법의 낙성계약의 원칙이 지켜지지 않고 要物契約으로서 체결되는 경우가 대부분이다.

3) 判例는 요물계약설을 취한다. 예금계약은 예금자가 예금의 의사를 표시하면서 금융기관에 금전을 제공하고 금융기관(창구직원)이 그 의사에 따라서 그 금전을 받아 확인하는 때에 성립한다고 한다(大判 1977. 4. 26, 74다646).

---

1) 金曾漢 · 安二濬, 신채권각론(하), 552, 554; 朴鏞一, 금융거래법률의 이론과 실무, 227, 228, 239; 安二濬 · 金容圭, 학설판례 주석민법(하), 449. .

2) 朴英植, 앞의 책, 531. 朴哲煥, 앞의 책, 198. 李俊相, 금융판례연구 1973~1981, 19~21; 洪幸男, 앞의 책, 18.

㈏ 預金契約의 成立要件 예금계약은 대개 예입금의 전부 또는 일부의 지급과 동시에 성립한다. 예를 들어 500만원의 예금계약이 성립하기 위하여는 보통 500만원의 현금 또는 유가증권을 은행측에 인도하여야 한다. 금융기관이 직원이 받은 돈을 금융기관에 입금하지 않고 횡령 또는 유용하였더라도 예금계약의 성립에는 영향이 없다(大判 1975. 11. 11, 75다1224, 大判 1984. 8. 14, 84도1139).[1)2)]

大判 1996. 1. 26, 95다26919: 예금계약은 예금자가 예금의 의사를 표시하면서 금융기관에 돈을 제공하고 금융기관이 그 의사에 따라 그 돈을 받아 확인을 하면 그로써 성립하며 금융기관의 직원이 그 받은 돈을 금융기관에 입금하지 아니하고 이를 횡령하였다고 하더라도 예금계약의 성립에는 아무런 지장이 없으며, 예금주가 예금에 있어 그 대가로 은행 소정금리 외에 예금유치인을 통하여 추가금리를 지급받기로 하였다 하더라도 그것이 은행직원과 예금유치인간에 은행의 예금고를 높임으로써 그 은행직원의 실적을 올리기 위한 방편으로 이루어진 것으로서 예금주에게 통장까지 전달된 것이라면 예금주와 은행간의 예금계약의 성립을 부인할 수는 없다.

㈐ 預金契約의 成立時期 예금계약을 요물계약으로 파악하는 경우에도 구체적으로 어느 단계에서 예금계약이 성립하느냐는 문제가 된다.

1) 現金入金의 경우 예금의 경우의 통상의 절차는 은행창구에 현금을 내밀면 창구계원이 이를 수취하여 금액을 확인하고 수납한 뒤 통장 · 증서에 기입 · 기장하고 통장 · 증서를 교부 · 반환한다. 이와 같이 은행창구에서 현금을

1) 大判 1984. 8. 14, 84도1139에서는 그 밖에도 통장은 예금계약사실을 증빙하는 증표일 뿐이므로 그 통장이 수기식(手記式)이라고 하여 이미 성립한 예금계약이 소급하여 무효가 되지 않는다고 한다.

2) 금원의 점유이전이 필요한가에 대한 일본판례의 변화를 살펴보면, ① 일·대심원 1923. 11. 20 판결 "임치관계성립이 있다고 하자면 소비임치이든 단순임치이든 불문하고 당사자간에 임치물의 인도 즉 점유의 이전이 있음을 요한다." ② 일·대판고재 1962. 12. 18 판결 "설사 고객이 제공한 금원을 전기 창구계원이 수령의 권한에 기하여 현실로 이를 수령한 경우에 있어서도, 당해 금원수수의 취지에 응하여 소정의 수입절차가 아직 완료하지 아니한 동안에는, 단순한 금전소유권의 이동이 발생하였을 뿐이지, 구체적인 경우의 금전수수의 취지목적에 따른 수입이 있었다고는 해석할 수 없다. … 그리고 일반적으로 은행거래상 정기예금이 성립하자면, 정기예금이 법률상으로는 소비임치계약인 성질을 가진 것이므로, 예금할 현금 기타 이와 동시할 수 있는 현실적 경제가치를 예수자인 당해 금융기관이 그 조직상 예정된 절차에 따라 현실로 수입함을 요한다고 해석된다." ③ 일·동경지재 1970. 5. 30 판결 "정기예금의 수납에 관한 피고내부의 사무처리절차가 어떻게 정해져 있었다 하더라도, 예금의 수입을 할 직무권한이 수여된 피고의 직원이, 정기예금으로 할 취지로 고객으로부터 금원을 수령한 이상, 이로써 곧 정기예금계약이 성립되었다고 해석함이 상당하며, 이후의 금원수납에 관한 처리 및 정기예금증서의 발행이 피고의 내규에 따라 적정하게 이루어졌느냐 아니냐는, 위 효과에 하등의 영향도 미치지 아니한다고 할 것이다." 위 판례의 변화를 살펴보면 구체적으로 은행예금수입 실무절차의 어느 단계에서 점유이전이 있다고 볼 것인지를 구체화하는 과정이라고 할 것이며, ③의 판례는 大判 1977. 4. 26, 74다646과 일치한다.

입금하는 경우에 언제 예금계약이 성립하느냐에 관하여, 예금자가 예금의사에 따라 금융기관에 돈을 교부한 때(점유 이전시) 예금계약이 성립한다는 交付說[1] 및 은행직원이 예금자로부터 교부받은 돈을 확인하는 때에 예금계약이 성립한다는 確認說[2]이 대립한다. 판례는 확인설을 취하고 있다(大判 1977. 4. 26, 74다646; 大判 1987. 12. 22, 87도2168). 교부설을 취하는 입장에서는 승낙의 의사표시는 원칙적으로 금융기관의 대표자나 그로부터 권한을 부여받은 대리인이 하여야 할 것이므로, 은행 창구직원은 이러한 의사표시를 전달하는 사자와 같은 지위에 있을 뿐이지 본인의 의사표시를 대리할 수 있는 자라고는 할 수 없으므로 은행창구직원이 돈을 건네받아 확인을 하는 때에 예금계약이 성립되었다고 보는 것은 의사표시의 일반원칙에 비추어 볼 때 납득하기 어렵다고 한다.[3] 私見으로는 交付說에 찬동한다. 첫째로 금전의 인도는 교부자로부터 떠나서 수령인의 지배영역에 도달한 때에 이루어졌다고 보아야 한다는 점, 둘째로 예금자가 은행측에 돈을 교부하였으나 은행측에서 그것을 확인하기 전에 분실된 경우 등에 있어서 그러한 위험은 은행측이 부담해야 한다는 점 등의 근거에서 交付說이 타당하다고 생각한다.

2) 어음 · 手票에 의한 入金의 경우 自店券(자점발행의 자기앞수표 등)의 경우에는 그것이 진정한 것인 한 특별한 의사표시가 없으면 즉시 예금계약의 성립이 있다고 해석된다. 다른 은행 또는 다른 점포가 지급장소로 되어 있는 어음 · 수표 즉 他店券에 의한 입금의 경우에 언제 예금계약이 성립한다고 볼 것이냐에 관해서는 학설이 나누어져 있다. 推尋委任說은 타점권에 의한 입금은 숨은 추심위임이고, 추심의 종료를 기다려 추심금을 예금으로 하는 예금계약이 성립한다고 한다. 따라서 금융기관이 타점권으로 입금된 계좌에서 그 교환결제 전에 그 수표금상당액을 지급하여 준 때에는 예금자에 대한 대출이 된다고 한다.[4] 현실적으로 부도가 빈번하여 그 신용도가 낮은 어음이나 당좌수표의 경우 등을 현금과 동일시할 수는 없다고 한다. 讓渡說은 수표가 현금과 마찬가지의 경제적 기능을 영위하는 점을 중시하여, 수표에 의한 입금은 수표가 은행에 양도된 것으

1) 來栖三郎, 契約法(法律學全集), 1974, 609.

2) 朴英植, 앞의 책, 532~533; 朴哲煥, 앞의 책, 190~191; 洪幸男, 앞의 책, 24~28. 그 근거로서는 예금계약에 있어서 예금자로서는 금융기관에 예금의 의사로 돈을 제공한 것이 곧바로 청약이라고 할 것이나 금융기관으로서는 청약의 객관적 요소라고 할 수 있는 금액을 세어 [얼마입니다] 또는 예금자가 미리 [얼마입니다] 말할 때 [얼마임에 틀림없습니다]라고 말하여 예금자가 말한 금액과 일치되었음을 확인하였을 때에 승낙의 의사표시가 종료되었다고 보아야 하므로 인식설이 타당하다고 보며, 요물성의 인식이라는 측면에서도 타당하다고 한다.

3) 李容勳, 앞의 책, 123.

4) 李俊相, 금융판례연구 1966~1972, 23, 52; 朴英植, 앞의 글, 534.

로서 수표의 수령과 동시에 즉시 예금계약이 성립한다고 한다. 판례는 다른 은행이 지급하여야 할 어음 · 수표(타점권이라 한다)에 의한 입금의 경우 그의 인도로써 은행은 어음 · 수표상의 권리를 양도받으며, 예금계약은 그 인도시 성립한다고 해석된다(大判 1966. 2. 22, 65다2505, 大判 1970. 4. 14, 69도2461)고 하여 讓渡說을 취한다.[1] 사견으로도 양도설에 찬동한다.[2] 양도설에 의하면 어음 · 수표의 수령시 은행이 선의이면 그 후 결제 전까지는 악의가 되더라도 선의취득 및 인적 항변절단의 보호를 받을 수 있고, 은행이 교환결제 전에 지급한 수입수표가 부도된 경우 은행은 그 수표상의 권리를 행사하여 채무자(수표 발행인)에게 소구할 수 있는 이점이 있고, 처음부터 수표상의 권리가 이전하고 예금이 성립한다고 봄으로써 수표의 원활한 유통과 거래의 신속을 도모할 수 있다.

大判 1999. 2. 5, 97다34822: ① 은행수신거래기본약관 제4조 제1항 제1호 소정의 "증권으로 입금하는 경우에는 은행이 교환에 돌려 부도반환시한이 지나고 결제를 확인한 때, 다만 개설점이 지급장소인 증권이면 그 날 안에 결제를 확인한 때에 예금이 완료된다"는 규정은, 다른 점포에서 지급될 약속어음 등 증권으로 입금하는 경우에는 이를 교환에 돌려 지급지 점포에서 액면금을 추심하여 그 결제를 확인한 때에 예금계약이 체결된 것으로 본다는 의미이다. ② 증권을 예입받은 은행이 예금주의 대리인의 기망행위로 인하여 그 증권의 결제자금을 출연한 경우, 예입된 증권이 정상적으로 추심완료된 것이 아니라는 이유로 예금계약이 성립하지 않았다고 본 사례. ⓗ 예금계약에 기한 예금반환청구소송에서 예금주의 예금행위자에 대한 감독상의 과실을 이유로 과실상계할 수 없다.

1) 大判 1966. 2. 22, 65다2505은 "은행에 보통예금구좌를 갖고 있는 자가 소지인출급식 수표를 은행에 예입한 경우에는 그 인도로서 은행은 수표상의 권리를 양도받은 것이고 만일 이 수표가 부도가 된 경우에는 원고은행은 수표상의 권리자로서 그 수표채무자에게 상환청구를 하든가 혹은 즉시 당해 수표를 예금자에게 반려하고 그 대신 금원을 청구하는 것은 원고은행의 선택에 따를 것"이라고 판시하여 양도설을 취하고 있다. 같은 취지 大判 1970. 4. 14, 69도2461, 일 · 동경지재 1952. 10. 30 판결은 타점권입금시의 예금계약관계를 수표양도+해제조건부소비임치계약으로 본다.

2) 그 밖에 入質說은 수표에 의한 입금은 일반적으로는 추심위임이나, 수표의 추심종료 전에 예금자에게 지급을 한 때에는 금융기관으로부터 예금자에 대하여 대출이 된 것이고, 그 경우 수표는 대출금의 담보로서 숨은 입질로 변한다고 한다. 折衷說은 타점권입금이 원칙적으로는 추심위임을 선행조건으로 하는 소비임치계약이지만, 예외적으로 수입은행이 예금주의 신용상태 등을 고려하여 추심을 조건으로 하지 않고 지급청구권을 인정한다는 합의를 할 때에는 수표의 매매 또는 체당지급이 있다고 해석하여 부도시에도 수입은행이 정당소지인으로서 수표상 권리를 행사하거나 지급대전의 상환청구를 할 수 있다고 한다(日 · 大阪地裁 1959. 2. 23 판결).

(라) 他人名義의 契約　예금계약에 있어서 예금의 출연자, 실제 예금계약을 체결한 자, 그리고 예금의 명의자가 서로 다를 때에 누구를 예금주로 보아야 하는가 하는 문제가 제기된다. 이 문제는 원래 계약당사자의 확정문제로서 법률행위의 해석이론에 따라야 할 것이지만, 1993년 이래 「금융실명거래 및 비밀보장에 관한 긴급재정경제명령」이 시행되고 있으므로 이 명령의 취지를 살려서 해석하여야 할 것이다. 판례는 금융실명제 실시 후에 예금주는 預金契約 名義者이며, 자금의 실소유자는 계약당사자가 아니라고 판시하였다(서울地判 1997. 7. 22, 97가합56).[1]

大判 1996. 4. 23, 95다55986: 금융기관으로서는 자기가 주민등록증을 통하여 실명확인을 한 예금명의자를 위 재정명령 제3조에서 규정한 거래자로 보아 그와 예금계약을 체결할 의도를 가지고 있었다고 보아야 할 것이므로, 예금명의자가 아니고 예금통장도 소지하지 않은 예금행위자에 불과한 자는 금융실명제가 시행된 후에는 극히 예외적인 특별한 사정이 없는 한 예금채권의 준점유자에 해당할 수 없다.
大判 1998. 6. 12, 96다18455: 재정명령이 시행된 후에는 금융기관으로서는 예금명의인 아닌 자에게 예금채권을 귀속시키기로 하는 명시적 또는 묵시적 약정이 없는 한 자기의 주민등록증을 통하여 실명확인을 한 預金名義者를 위 긴급명령 제3조 제1항 소정의 거래자로 보아 그와 예금계약을 체결할 의도라고 보아야 한다.

(3) 銀行側의 注意義務

예금계약에서는 은행측의 과실로 인하여 예금주가 아닌 제3자에게 예금한 돈이 부정인출되는 사례가 종종 발생한다. 이와 관련하여 은행측의 印鑑對照義務, 本人確認義務, 預金證書確認義務 등 주의의무에 해태가 있었는가가 문제된다.

大判 1996. 12. 10, 95다51281: 어음발행인과 당좌거래약정을 체결하고 지급위탁약정에 따라 적법한 어음소지인에게 어음금을 지급하던 은행이, 어음발행자를 상대로 어음금청구소송의 승소판결을 받은 정당한 어음소지인에 대하여 이미 압류 및 가압류가 이루어진 어음발행인의 별도의 예금계좌에서 실수로 금원을 인출하여 어음금을 지급한 경우, 어음소지인은 어음발행인이 발행한 약속어음을 적법하게 취득

1) 금융실명제 실시 이전에 판례는 타인명의를 모용하여 은행과 예금계약을 체결한 경우, 계약당사자는 실제로 예입금을 지불한 자라고 하였다(大判 1972. 5. 9, 72다266; 大判 1973. 2. 26, 72다2448).

한 다음 그 지급은행에 이를 제시하여 어음금을 지급받은 것뿐이므로 권한 없이 어음금을 수령하였다고 볼 수 없고, 한편 어음소지인이 압류 또는 가압류가 이루어진 예금계좌에서 인출된 금원으로 어음금을 지급받았다는 사실만으로는 법률상의 원인 없이 어음금을 지급받은 것이라고 단정할 수도 없으며, 가사 은행의 어음금 지급 전에 어음발행인의 부도로 이미 당좌거래약정이 해지되었다 하더라도 어음발행인에 의하여 지급위탁이 취소되지 않은 이상, 은행은 어음발행인의 계산으로 어음소지인에게 어음금을 지급할 권한이 있고, 어음소지인으로서는 그 어음금 채권을 행사하여 수령한 어음금을 정당하게 보유할 수 있다.

大判 1996. 8. 23, 95다39472: 예금주가 주식회사인데 구인감이 없는 경우의 인감변경신고를 한 자가 상무이사로서 평소 신고된 인감을 사용하는 거래의 담당책임자임을 확인하는 것만으로는 예금주 본인임을 확인한 것으로 볼 수 없고, 인감변경신고를 수리하려는 은행으로서는 예금규정에 따라 적절한 방법으로 회사의 대표이사에 대하여 확인을 하는 등 예금주의 의사에 의하지 아니한 인감 변경으로 인한 부정행위의 발생을 방지할 주의의무가 있다.

大判 2001. 1. 5, 2000다35597: 인감변경신고를 수리하려는 피고 은행으로서는 단체의 대표자나 간부직원에게 전화를 걸어 확인하거나 연대보증인을 입보케 하는 등 적절한 방법으로 예금주의 의사를 확인함으로써 예금주의 의사에 의하지 아니한 인감의 변경으로 인한 부정행위의 발생을 방지할 주의의무가 있다.

§32. 組　　合

1. 槪　　說[1)]

(1) 意　　義

(가) 槪　　念　　2인 이상이 상호출자하여 공동사업을 경영할 것을 약정하

1) 참고문헌: 金載亨, "조합에 대한 법적 규율," 민사판례연구 제19권 1997; 同, "조합 해산시의 잔여재산분배청구권," 민사판례연구 제18권 1996; 同, "조합채무," 곽윤직고희기념 민법학논총 제2, 1995; 裵豪根, "익명조합, 민법상의 조합 및 내적 조합의 구별," 상사판례연구 제1권; 安榮文, "민법상의 조합과 비법인사단의 구별표준 및 비법인사단의 채무의 귀속," 법조 제42권 9호, 1993년 9월; 尹喆洪, "조합의 재산관계," 김형배화갑기념, 채권법에 있어서 자유와 책임, 1994; 李容勳, "조합재산의 처분과 민법 제272조, 제273조," 김용철고희기념, 법학논집, 1993; 鄭圭相, "민사상 조합의 비법인사단성 인정문제에 관한 소고," 고시연구 1995년 3월호; 鄭在勳, "2인 조합의 해체사유와 해체시 조합원간의 법률관계," 재판과 판례 제5집, 1996년 12월; 崔文基, "합유관계인 조합의 당사자적격," 민사판례해설(2): 물권법, 1992년 8월.

는 것을 조합이라고 한다(제703조).

1) 多者間契約　조합원들은 서로 출자한 금전이나 노무를 바탕으로 공동사업을 경영해 나가는 다자간 계약관계로 맺어지게 된다.[1)]

2) 合手的 共同體　조합원은 공동의 목적을 갖고 공동으로 참여하는 공동체를 이루게 된다.[2)] 조합에 의해 구성된 단체적 결합은 공동재산을 갖는 財産共同體의 성격을 가지는 동시에 공동사업을 경영하는 利益共同體의 성질도 동시에 갖는다.

몇 명이 돈을 모아 함께 여행하거나, 사무실을 임차하거나, 레슨을 받는 경우 등 조합계약의 실례는 일상생활에서 많이 찾아 볼 수 있다. 수인이 공동으로 상업 · 농업 · 광업[3)] · 어업 · 변호사업 · 부동산중개업 등의 영업을 하는 경우, 아파트 수분양자의 수습대책위(大判 2001. 9. 28, 99다27705) 등 경제생활에 있어서 빈번히 이용되는 동업계약은 조합계약의 성격을 띤다. 다만 수인이 공동으로 회사를 설립하는 경우는 合名會社가 되며, 이 때 민법의 조합규정이 준용된다(상법 제195조).

大判 1998. 10. 25, 86다카175: 두 사람이 동업계약을 체결한 후 한 사람의 명의로 사업자등록을 하고 그의 책임하에 경영해 왔다면, 내부적으로는 민법상 조합이지만 대외적으로는 그 경영자만이 권리 · 의무를 취득한다.[4)]

(나) 組合과 合有　조합원들이 물건을 소유하는 형태를 가리켜 合有라고 한다(제271조). 합유는 조합관계에서 물건의 소유관계만 개념상 분리하여 파악한 개념이다. 합유에는 조합원 상호간의 소유관계뿐 아니라 제3자에 대한 물권관계가 함께 포함되어 있다.

조합의 계약관계는 원칙적으로 조합원 상호간의 채권관계를 중심으로 규율되며, 이에는 조합원 사이의 물건의 소유를 둘러싼 채권관계 이외에 채무의 부담, 채권의 추심, 공동사업의 경영 등 다른 업무가 많이 있다. 이와 같이 조합은 합유보다 더욱 포괄적인 내용을 갖는 공동체관계를 이룬다.

---

1) 같은 취지: Larenz, *Schuldrecht* Ⅱ, §60 I.

2) 조합계약은 게르만법상의 합수적 조합(Gemeinschaft zur gesamten Hand)에서 유래한다. 金曾漢, "공정소유형태의 유형론," 민법논집, 224에 수록.

3) 광업법은 2인 이상이 공동으로 광업권설정의 출원을 하는 경우 그들 공동광업출원인 사이에(동법 제19조 6항), 그리고 공동광업권자 사이에(동법 제34조 1항) 조합계약이 체결된 것으로 간주한다.

4) 상법상의 익명조합(상법 제78조)은 당사자 일방이 상대방의 영업을 위하여 출자하고 그 영업으로 얻은 이익을 분배받는 계약관계로서, 2인 이상이 공동사업을 경영하는 조합에 해당하지 않는다.

(다) 組合共同體의 團體性缺如 조합공동체는 각 조합원의 개인사업이나 개인재산과 뚜렷이 구별되는 조합사업 및 조합재산이 존재한다는 점에서는 그 실체가 있지만, 법인과 같은 단체성이 인정되는 것은 아니다.

1) 內部關係 조합원 상호간의 내부관계에 있어서도 조합원의 개성은 스스로의 의사결정이나 의무집행을 통하여 강하게 표현되므로, 조합원의 개성을 초월한 독립의 단체성은 존재하지 않는다. 다만 조합원 사이에 조합사업 및 조합재산을 둘러싼 공동체관계가 형성되어, 각 조합원은 상호간에 출자의무를 부담하고, 공동으로 업무를 집행함이 원칙이며, 그 밖에 조합에 불이익한 행위를 하지 않을 성실의무를 부담한다.

2) 外部關係 조합원 이외의 제3자에 대한 관계에 있어서는 조합이라는 공동체의 존재는 인정되지 않는다. 조합에는 법인격이 부여되지 않으므로 조합 스스로의 권리능력과 행위능력을 갖지 못하며, 또한 조합의사도 인정되지 않는다. 대외관계에 있어서는 전 조합원의 집합만이 존재할 뿐 그들을 대표하는 어떤 단체도 존재하지 않는다. 그러므로 조합의 대외적 법률행위는 전 조합원의 이름으로 행하여야 하고, 조합재산은 전 조합원의 명의로 등기 · 등록되어야 하며, 조합채무는 전 조합원이 분할하여 부담한다. 또한 조합에 관한 소송에 있어서도 전 조합원이 소송당사자가 되어야 한다. 이와 같이 조합의 단체성은 대외적으로는 전혀 인정되지 않으며, 단지 조합원들 상호간의 결속관계에 지나지 않는다.

(라) 社團과의 區別 대다수의 사람이 모여서 단체를 결성하고 단체의 의사결정기관인 사원총회와 업무집행기관인 이사회에 의해 단체고유의 활동을 해나간다면 그 단체는 이미 조합이 아니고 社團이다. 노동조합 · 농업협동조합 · 소비자협동조합과 같이 어떤 단체의 명칭에 비록 조합이라는 표현이 있더라도 그 단체가 그 실체에 비추어 사단성을 갖는 경우에는 사단으로 분류된다. 반면에 조합은 소규모의 인적 결합으로서 각 조합원의 개성이 존중된다.

사단과 조합은 특히 그의 재산소유의 법률관계에 큰 차이가 있다. 사단의 재산은 법인인 사단의 경우에는 그 社團所有로 되며, 법인 아닌 사단의 경우에는 전 사원의 總有로 된다. 반면에 조합의 재산은 전 조합원의 合有로 되며, 대외적인 관계에서 조합원의 자격을 떠난 조합재산은 인정되지 않는다.

사단을 설립하는 경우에는 통상 그 단체의 이름으로 장기적인 사업 및 광범위한 활동을 도모하는 반면에, 조합은 비교적 단기간의 인적 결합에 쉽게 이

용되며 특정한 사업에 한정된 활동을 하는 경우가 많으나, 이러한 구별은 절대적인 것은 아니다.[1)]

> 大判 1999.4.23, 99다4504: ① 조합과 비법인사단은 일반적으로 그 단체성의 강약을 기준으로 판단되어야 한다. 조합은 2인 이상이 상호간에 금전 기타 재산 또는 노무를 출자하여 공동사업을 경영할 것을 약정하는 계약관계에 의하여 성립하므로 어느 정도 단체성에서 오는 제약을 받게 되는 것이지만 구성원의 개인성이 강하게 드러나는 인적 결합체이다. ② 부도난 회사의 채권자들이 조직한 채권단이 비법인사단으로서의 실체를 갖추지 못했다는 이유로 민사소송법 제48조의 당사자능력을 부인한 사례.

(2) 組合契約의 法律關係

㈎ 契約의 締結　조합은 2인 이상이 상호출자하여 공동사업을 경영할 것을 약정하는 계약이다. 조합은 2인 사이의 계약인 경우도 있지만 3인 이상의 계약인 경우가 빈번하다. 3인 이상이 조합계약을 체결하는 경우에, 그 법률행위의 성격이 무엇인가에 대하여 학설이 대립한다.

1) 契約說　조합계약이 다자간에 체결됨에도 불구하고 계약으로서의 기본적 성격을 잃지 않는다고 보는 견해이다.[2)]

2) 特殊行爲說　조합계약은 계약적 성질과 합동행위적 성질을 모두 갖는 특수한 법률행위라고 이해하는 견해이다.[3)]

3) 私見으로는 契約說에 찬동한다. 첫째, 당사자의 자발적인 의사에 의해 스스로 채무를 부담하고, 그를 기초로 당사자 상호간에 법적 구속력 있는 권리·의무의 채권관계를 발생시키는 법률행위는 계약이라고 파악됨이 옳다. 둘째, 조합이 보통의 계약과 다른 특성을 갖는다 하더라도 사적 자치에 의한 자기구속의 법리에서 벗어나는 것이 아닌 이상 계약이라는 범주 안에서 이해하여야지 새로운 개념인 합동행위 또는 계약과 합동행위의 복합체를 만들 필요는 없다.[4)]

---

1) 독일민법학에서는 이러한 일시적 사업을 위한 조합을 일시적 조합(Gelegenheitsgesellschaft)이라 하며, 조합의 한 형태로 본다.

2) 金基善, 281; 金錫宇, 383; 金疇洙, 462; 金曾漢, 347; 金亨培, 713; 金顯泰, 287; 李太載, 349; 민법주해(16), 33(金載亨 집필부분).

3) 郭潤直, 525.

4) 민법총칙의 법률행위이론에서도 합동행위라는 제3의 법률행위유형을 부정하는 경향이 있다. 金曾漢, 민

(나) 相互的 債務負擔 조합계약은 조합원간에 공동체관계를 형성시킨다는 다른 계약에서 볼 수 없는 특성을 갖는다. 3인 이상의 조합에서 각 조합원은 다른 조합원에 대하여 출자의무 · 업무집행의무 등을 부담하고, 대신 자기의 지분 및 이익분배청구권 등의 권리를 갖는다. 이러한 3인 이상의 조합의 법률관계는 통상의 2인계약에서 양 당사자의 상호적 이익교환의 관계와는 양상을 달리한다. 즉 각 조합원은 조합사업이라는 공동목적을 향해서 함께 일을 하는 관계에 있고, 그 목적을 위해 출자하여 공동의 조합재산을 마련한다. 매매에서는 매도인과 매수인이 동일가치의 물건과 금전을 교환하는 것을 목적으로 하는 반면에, 조합에서는 개인적 이익의 교환이 목적이 아니라 개인의 집합인 공동체의 재산을 증식시킴에 의해 간접적으로 개인의 재산적 이익을 증가시킨다. 다만 2인조합의 경우 각 조합원은 상대방에 대하여 상호적인 출자의무 및 업무집행의 의무(이는 면제받을 수도 있다) 등을 부담하므로 쌍무계약의 성격도 함께 갖는다. 이상의 조합계약의 특성에 비추어 볼 때, 계약총칙(제527조 이하)의 일부규정은 조합에의 적용이 제한될 필요가 있다.

(다) 同時履行의 抗辯權의 制限 출자의무의 이행청구를 받은 조합원은 청구인인 조합원의 미이행을 이유로 이행거절의 항변권(제536조)을 갖는가에 관하여 학설이 대립한다.

1) 肯 定 說 조합에서도 동시이행의 항변권이 인정된다는 견해이다. 출자의무의 이행청구는 각 조합원이 할 수 있고, 만약 이행청구를 하는 조합원이 자기채무를 이행하지 않는 경우 피청구인에게 동시이행의 항변권을 인정한다. 다만 자기의 출자의무를 이행하지 않은 業務執行組合員이 이행청구를 하는 경우에는 피청구인인 조합원은 동시이행의 항변을 할 수 없다고 제한하는 견해가 있다.[1] 동시이행항변권의 인정근거에 관해서는 ① 조합은 쌍무계약이므로 당연히 제536조가 적용된다는 견해[2]와 ② 조합은 합동행위적 성격을 가지므로 제536조가 적용되지는 않으나 공평의 견지에서 이 경우 동시이행의 항변권을 인정하는 견해[3]로 나뉜다.[4]

법총칙, 183, 214; 李英俊, 민법총칙, 154; 拙著, 민법총칙, 258.

1) 郭潤直, 527; 金疇洙, 460.

2) 金疇洙, 460; 金顯泰, 287; 李太載, 349.

3) 郭潤直, 527.

4) 독일민법학에서도 동시이행의 항변권을 인정하는 견해(Enneccerus-Lehmann, Oertmann, Hueck, Fikentscher 등)와 동시이행의 항변권은 교환계약(Austauschvertrag)에만 적합하므로 조합에는 인정하지 않는 견해(Larenz, Esser, Staudinger Komm 등)가 대립한다.

2) 制限的 肯定說　사견으로는 2인조합의 경우에 한해서 동시이행의 항변권을 인정하고, 多者間 組合의 경우에는 출자의무에 관하여 동시이행의 항변권이 인정되지 않는다고 해석하겠다. 첫째, 동시이행의 항변권이나 채무자위험부담법리는 쌍무 · 유상계약에서 1대 1의 등가적 교환에 적합한 것이며, 다자간 조합계약과 같은 이익공동체관계에는 적합하지 않다. 각 조합원은 자기개인을 위하여 다른 조합원에게 출자의 이행을 청구하거나 다른 조합원으로부터 조합출자로서 수령한 것을 자기개인의 소유로 할 수 없다는 점을 고려하면 일반적 쌍무계약과의 차이가 명료히 드러날 것이다. 둘째, 조합에서 출자의무의 이행청구를 하는 것은 조합의 업무집행이므로 그 업무집행을 하는 자의 개인적 사유를 이유로 이행거절의 항변권을 인정하는 것은 부당하다.[1] 아직 출자의무를 이행하지 않은 조합원에 대한 이행청구나 그의 추심은 조합의 업무로 되며, 출자로서 수령한 것은 당연히 조합재산에 속한다.

㈑ 危險負擔規定의 適用 與否　어떤 조합원이 물건으로서 출자하기로 한 경우에, 그 물건인도의무가 그에게 책임 없는 사유로 급부불능이 된 경우 그 조합원은 출자의무를 면하는가 하는 문제가 발생한다.

1) 適 用 說　조합계약을 쌍무계약으로 보아 그 위험부담규정(제537조, 제538조)을 적용하는 견해이다. 한 조합원채무의 귀책사유 없는 급부불능으로 다른 조합원은 그에 대한 관계에서 출자의무를 면한다고 한다.[2]

2) 否 定 說　쌍무계약의 위험부담규정(제537조, 제538조)은 조합에 적용되지 않는다고 보는 견해이다.[3] 부정설에 의하면 특정물을 출자하기로 하였으나 그것이 불가항력으로 급부불능이 된 경우, 그에 대응하여 다른 조합원의 출자의무가 소멸하지 않는다. 불가항력으로 출자하지 못한 경우에도 다른 특약이 없는 한 그 조합원은 출자의무 불이행에 따른 책임을 진다.

3) 制限的 適用說　私見으로는 2인조합의 경우에는 쌍무계약의 위험부담규정을 적용하고 3인 이상의 조합인 때에는 그 적용을 부정하는 입장을 취하겠다. 3인 이상의 조합에서 한 조합원의 출자의무가 그의 귀책사유 없이 급부불능으로 된 경우에, 그 조합원은 代替給付로서 출자할 것을 허락받을 수는 있으나, 출자를 하지 않는 한 조합원으로서의 권리를 취득할 수 없다고 본다.

---

1) 같은 취지: 金亨培, 714.
2) 金錫宇, 385; 金疇洙, 461; 金顯泰, 287; 李太載, 350.
3) 郭潤直, 528; 金基善, 300; 金曾漢, 347; 金亨培, 714.

2인조합의 경우에는 1인의 출자의무가 급부불능으로 되면 나머지 1인의 출자만으로 조합을 결성할 수 없게 될 것이므로, 결과적으로 민법 제537조의 채무자위험부담주의와 같은 결과로 될 것이다.

(마) 解除 · 解止規定의 適用 與否 조합계약에 관해서는 임의탈퇴(제716조) · 제명(제718조) · 해산청구(제720조)의 규정이 있고, 이들 규정은 해제 · 해지의 특칙으로서의 성격을 가진다. 그러므로 해제 · 해지의 규정(제543조~제553조)은 조합계약의 특칙이 있는 경우에는 적용이 배제된다(이설 없음). 판례도 "조합계약에 있어서는 조합의 해산청구를 하거나 조합으로부터 탈퇴를 하거나 또는 다른 조합원을 제명할 수 있을 뿐 일반계약에 있어서와 같이 조합계약을 해제하고 상대방에게 원상회복의 의무를 지울 수는 없다"고 한다(大判 1987. 5. 12, 86도2566).[1]

(바) 賣買規定의 適用 與否 매매의 규정(제563조 이하)은 양 당사자의 출연에 의한 대가적 교환을 전제로 한 것이므로, 조합의 특성에 맞지 않는 부분이 많다. 다만 조합원이 현물출자하였는데 출자한 재산에 권리의 흠결이나 물건의 하자가 존재하는 경우에, 매매의 담보책임규정이 유추적용될 것인가에 대하여는 학설이 대립한다.

1) 適 用 說 현물출자시의 담보책임에 관하여 조합에 규정이 없으므로, 조합특성과 상반되지 않는 한 매매의 擔保責任規定을 적용해야 한다는 견해이다.[2] 조합원의 출자가 無償으로 행해지는 것이라고는 볼 수 없기 때문이다.

2) 否 定 說 출자한 것에 하자가 있더라도 그 조합원은 매도인과 같은 담보책임을 부담하지 않는다는 견해가 있다.[3] 담보책임 중 계약의 해제권은 생기지 않으며, 대금감액청구권은 출자의 재평가로 해결되며, 조합원은 하자에 대해 과실책임만을 부담한다고 한다.

3) 私見으로는 適用說을 취한다. 민법은 조합원의 출자의무(제703조)와 금전출자지체의 책임(제705조)에 관한 규정을 둘 뿐 현물출자시의 담보책임에 관한 규정을 두지 않으므로, 매매의 규정 중 조합의 성격에 어긋나지 않는 규정은 조합에도 적용할 수밖에 없다. 조합원이 출자한 현물에 권리흠결이나 물건의 하자가 있고 그로 인해 계약목적을 달성할 수 없는 경우에, 다른 조합원은 그 현물을 출자한 조합원에게 반환하고 출자를 부인할 수 있다(解除와 유사함). 하자가 중대

---

1) 같은 취지: 大判 1962. 8. 2, 4294민상1606; 大判 1969. 11. 25, 64다1057; 大判 1980. 6. 24, 80다861.

2) 金基善, 300; 金錫宇, 385; 金顯泰, 287; 李太載, 350.

3) 郭潤直, 529; 金亨培, 715.

하지 않은 경우에는 출자평가액을 減額하거나 또는 그 하자로 인한 손해배상청구를 할 수 있다고 해석된다.

2. 組合의 業務執行

(1) 業務執行의 內部關係

㈎ 共同의 業務遂行 　조합의 업무는 각 조합원 공동으로 행함을 원칙으로 한다. 조합은 사단과 같이 구성원이 다수가 아니며, 각 조합원이 대등한 지위로 참여하는 것이 보통이기 때문이다.

㈏ 業務執行者의 選任 　조합원은 필요한 경우에는 업무집행자를 선임하여 그에게 조합의 업무를 맡길 수 있다. 이 경우 업무집행자로 선임되지 않은 조합원은 업무집행의 권한이 없다. 업무집행자의 선임은 조합계약의 체결시에 행하여질 수 있다. 그렇지 않은 경우에는 모든 조합원이 업무집행자의 선임권을 가지며, 조합원의 3분의 2 이상의 찬성으로써 선임한다(제706조 1항).

㈐ 業務執行者의 資格 　업무집행자는 조합원 또는 제3자가 될 수 있다.[1] 조합원과 제3자가 함께 업무집행자로 선임되는 것도 허용된다. 이 때 업무집행조합원은 조합원으로서 자기의 사무를 처리하는 것이 되나, 업무집행자로 선임된 제3자는 타인으로부터 위탁받은 사무를 처리하는 수임인이 된다(제680조). 조합원이 업무집행자로 선임된 경우에도 위임에 관한 규정(제681조 내지 제688조)이 준용된다(제707조). 업무집행자인 조합원은 정당한 사유 없이 사임하지 못한다(제708조 앞문장).

제3자만이 업무집행자로 선임된 경우 제3자가 행할 수 있는 업무란 조합으로부터 위임받은 수임사무일 뿐이고, 이의 배경에는 이 제3자와 위임계약을 체결하는 계약당사자로서의 조합 및 위임계약체결이라는 조합업무가 존재한다. 이 조합업무는 조합원의 과반수로서 결정될 사항이며(제706조 2항), 이 때 조합내의 업무집행자는 선임되지 않은 것으로 해석된다.

㈑ 業務執行方法 　1인의 조합원만이 업무집행자로 선임된 경우에, 그는 단독으로 업무를 수행한다. 업무집행의 권한 있는 자가 2인 이상인 경우 또는 업무집행자가 선임되지 않은 경우에는 다음의 방법으로 업무를 수행한다. ① 조합 통상사무는 각자가 단독으로 전행할 수 있으나, 이 때 다른 업무집행의 권한 있는 자가 그 사무의 완료 전에 異議를 제기하면 곧 중지하여야 한다

1) 같은 취지: 郭潤直, 536.

(제706조 3항). ② 통상사무가 아닌 업무나 다른 업무집행자의 이의가 있는 통상사무는 업무집행의 권한 있는 자의 과반수의 결정으로서 집행한다(제706조 2항). ③ 그 밖에 조합의 업무집행에 관하여는 위임사무처리에 관한 제681조 내지 제688조가 적용된다(제707조). 수임인의 취득물인도의무에 관한 제684조가 준용되므로, 조합의 업무집행자가 업무처리중 자기의 이름으로 취득한 부동산에 관하여 다른 조합원이 조합 앞으로 이전할 것을 청구할 수 있다(大判 1997. 5. 30, 95다4957).

大判 1997. 5. 30, 95다4957: 조합에서는 조합계약이나 조합원의 3분의 2 이상의 찬성으로써 업무집행자를 정할 수 있고, 조합의 업무를 집행하는 조합원은 조합업무의 처리로 인하여 받은 금전 기타의 물건 및 그 수취한 과실을 조합에 인도하여야 하고, 조합을 위하여 자기의 명의로 취득한 권리는 조합에게 이전하도록 되어 있다. 갑과 을이 각자 자금을 출자하고 공동으로 공사를 시공하여 그 이익을 반분하기로 하되 갑은 공사시공과 관계되는 일을 맡고 을은 자금관리와 대외적 업무처리를 맡기로 하는 내용의 동업약정을 맺고 위와 같은 동업관계를 유지하면서 건물의 신축공사를 진행한 경우에, 을은 적어도 자금관리와 대외적 업무처리에 관한 한 갑·을로 구성된 조합의 업무집행자라고 할 것이고, 조합의 업무집행자인 을이 조합의 대외적 업무처리를 하면서 자기의 이름으로 건물에 관한 공유지분을 취득하였다면, 그것은 조합의 업무집행자로서의 권리취득이 되어 특약이 없는 한 공유지분을 조합 앞으로 이전하여 줄 의무가 있다. 조합원 중의 1인인 갑으로서도 갑·을 사이의 조합계약에 기하여 조합의 업무집행자인 을이 취득한 공유지분을 조합 앞으로 이전할 것을 청구할 수 있다.

(마) 業務의 範圍 　조합의 공동사업을 위하여 필요한 모든 행위는 업무의 범위로 추정된다. 그러나 조합계약의 변경, 조합원의 제명, 조합의 해산과 같이 조합의 존립 및 조합원의 자격에 관한 중요문제는 조합의 업무에 속하지 않으며 조합원의 전원일치로 행하여야 한다. 업무집행자를 선임하는 경우에는 그에게 위임되는 업무범위를 제한할 수 있다. 이러한 업무의 제한은 곧 대리권의 제한의 효과를 갖는다. 업무집행자가 허용된 업무범위를 넘어서 제3자와 법률행위를 한 경우에는 표현대리 또는 무권대리의 문제로 된다.

(바) 業務執行者 아닌 組合員의 權利 　각 조합원은 업무집행자가 아니라도 조합의 업무 및 재산상태를 검사할 수 있다(제710조). 각 조합원은 업무집행자

선임권 이외에 선출된 업무집행자의 업무감독의 권한을 갖는다고 해석된다. 업무집행자는 조합원에게 사무처리상황을 보고할 의무를 진다(제683조). 업무집행자가 업무를 제대로 행하지 않아 손해를 입힌 경우에, 조합원은 그 업무집행자에 대하여 조합을 위한 손해배상청구를 할 수 있다.

大判 1999. 6. 8, 98다60484: 조합원이 출자한 동업자금이 집행조합원의 운영잘못으로 모두 허비된 경우, 그 손해의 주체는 조합원으로 구성된 동업체이므로 피해자인 조합원으로서는 조합관계를 벗어난 개인의 지위에서 그 손해의 배상을 구할 수 없다.

(사) 業務執行者의 解任　업무집행자인 조합원은 그의 선임과는 달리 다른 조합원의 일치가 아니면 해임하지 못한다(제708조). 제3자가 업무집행자로 선임된 경우, 그의 해임에 관하여는 규정이 없다. 제3자와 조합원과의 관계는 위임이므로 그 위임은 다른 특약이 없는 한 언제든지 解止할 수 있고, 이 해지는 조합업무 중 특별사무에 해당하므로 업무집행의 권한 있는 자의 과반수로써 결정된다고 해석된다(제706조 2항).

(2) 組合의 對外業務

(가) 組合의 法律行爲　조합의 법률행위는 전 조합원이 당사자로서 행하여야 한다. 조합은 법인격을 갖지 못하므로 권리의 주체가 되지 못하며, 대표기관도 있을 수 없다. 실제로 매 법률행위마다 전 조합원이 참석하여 제3자와 거래하는 것은 번잡하므로, 조합의 대외업무에는 代理制度가 활용된다. 대리인의 선임에 의하여 전 조합원이 참여하지 않고도 간편하게 제3자와 거래할 수 있다. 조합의 통상사무가 아닌 법률행위를 제3자와 행함에 있어서는 사전에 소정의 決定過程(제706조 2항)을 거쳐야 한다.

(나) 組合業務의 代理　조합업무의 대리인은 조합원 또는 제3자가 될 수 있다. ① 조합원인 업무집행자는 조합을 위하여 그 업무집행에 필요한 법률행위를 제3자와 행할 대리권을 갖는다고 추정된다(제709조). ② 조합원이 아닌 업무집행자에 대하여는 명문규정이 없으나, 그의 업무집행에 관하여 위임과 대리권수여가 함께 행하여졌다고 해석된다. ③ 업무집행권한 없는 조합원은 대리권이 없다. 업무집행자가 선임된 경우에 업무집행자가 아닌 조합원이 이에 해

당한다. ④ 조합원 전원의 동의를 얻도록 대리권을 제한할 수 있다(大判 2002. 1. 25, 99다62838). ⑤ 代理權授與의 법률행위는 通常事務에 관해서는 업무집행자 선임시 또는 그를 선임하지 않은 때에는 조합계약시 각각 선임 또는 계약체결과 함께 행해지며, 特別事務에 관해서는 업무집행자 또는 그가 선임되지 않은 경우, 전 조합원의 과반수의 결정에 의해 행해진다고 해석된다.

대리인은 조합사무에 관해 제3자와 법률행위를 함에 있어서 그것이 본인을 위한 것임을 표시하여야 한다(제114조 1항. 顯名主義). 그러나 그 조합사무가 상행위에 속하는 때에는 현명하지 않아도 대리의 효과가 생긴다(상법 제48조). 거래관행에 따르면 대리인이 전 조합원의 성명을 열거하는 대신에 조합명칭을 사용하여 제3자와 계약한다. 이 경우 조합명칭의 사용 속에는 전 조합원의 대리인으로 행위한다는 뜻이 포함된다고 해석된다.

(3) 組合의 訴訟業務

㈎ 訴訟當事者能力 조합업무에 관한 소송은 조합원 전원의 이름으로 수행함이 원칙이다. 그 밖에 조합의 명칭을 사용하여 소송을 수행할 수 있는가에 관하여는 학설이 대립한다.

1) 否 定 說 조합은 공동사업을 위한 조합원간의 기속관계에 지나지 않기 때문에 권리능력 없는 사단과는 달리 조합 스스로 소송행위를 할 수 있는 소송상의 당사자능력이 없다는 견해이다(민소법 제52조 참조).[1)]

2) 肯 定 說 대표자가 정해진 조합은 민사소송법 제48조에서 말하는「법인 아닌 사단 또는 재단」과 실질적으로 차이가 없다는 이유로, 조합의 소송상 당사자능력을 인정하는 견해이다.[2)]

3) 私見으로서는 否定說을 취한다. 대표자가 정해져 실질적으로 권리능력 없는 사단과 같은 기능을 하는 조합은 그 명칭에도 불구하고 조합이 아닌 권리능력 없는 사단이 될 것이며, 그러한 단체성을 갖지 못한 소규모의 조합원관계만이 조합을 이루므로 그의 소송상 당사자능력은 부여될 수 없다. 당사자능력이 인정되지 않음으로 말미암아 전 조합원이 소송에 관여하여야 하는 불편은 선정당사자제도(민소법 제49조)를 이용하면 피할 수 있다.

㈏ 訴訟代理人 업무집행권한 있는 자는 그의 업무에 관한 소송행위에

---

1) 같은 취지: 金洪奎, 민사소송법, 127; 方順元, 민사소송법(상), 108; 宋相現, 민사소송법, 81; 李時潤, 민사소송법, 140; 李英燮, 민사소송법, 74; 郭潤直, 540; 金錫宇, 397; 金曾漢, 356; 金亨培, 728. 大判 1984. 2. 14, 83다카1815.

2) 姜玹中, 민사소송법, 박영사, 1988, 133; 金基善, 309; 金疇洙, 473; 金顯泰, 295; 李太載 360.

관하여도 업무권한 및 소송대리권이 있다고 볼 것인가에 관하여 肯定說[1]과 否定說[2]이 대립한다. 私見으로는 制限的 肯定說을 취한다. 업무집행자가 1인인 경우에 반대의 의사가 없었던 한 소송대리권도 갖는다고 해석된다. 그러나 업무집행권한 있는 자가 수인인 경우에, 조합의 소송업무는 특별사무에 속하므로 제706조 2항의 절차(업무집행의 권한 있는 자의 과반수결정)를 거쳐 행하여야 하며, 소송대리권도 그 절차를 거쳐 수여된다. 조합의 업무집행자를 민사소송법 제87조의「법률에 따라 재판상의 행위를 할 수 있는 대리인」으로 볼 것인가는 의문이나, 그를 이 법령상의 대리인으로 인정하여 조합의 소송절차를 간편히 함이 타당하다.[3]

3. 組合의 財産關係

(1) 組合財産

조합재산은 조합원의 合有로 한다(제704조). 다만 조합원들의 합의에 의해 공유로 하는 것도 허용된다.[4] 조합재산은 각 조합원의 개인재산과는 구별되는 조합계약상의 공동사업을 위해 따로 분리된「특별재산」이다. 즉 조합재산인 특별재산은 각 조합원의 일반재산과 구별된다. 그러므로 조합의 채무자는 그 채무와 조합원에 대한 채권으로 상계하지 못한다(제715조). 각 조합원의 일반재산으로부터 분리된다는「조합재산의 특별성」은 사단에 있어서처럼 명백하지 않다.

조합재산은 ① 조합원이 출자한 재산, ② 조합의 업무집행으로 취득한 재산, ③ 조합재산으로부터 생긴 果實, ④ 조합재산에 갈음하여 생긴 재산: 토지수용의 보상금, 제3자에 대한 손해배상청구권,[5] 보험금 등, ⑤ 조합의 채무(소극재산) 등으로 구성된다.

大判 1996. 9. 20, 94다52881: 동업계약에 따라 각자의 출자금으로 공동으로 매

1) 金基善, 309; 金疇洙, 474; 金顯泰, 295; 金亨培, 729; 李太載, 359.
2) 郭潤直, 540(당연히 소송대리권까지 있다고 볼 수 없다); 金錫宇, 397; 金曾漢, 356.
3) 같은 취지: 李時潤, 민사소송법, 140. 만약 이를 부인한다면 업무집행자는 단독판사의 사건에서만 법원의 허가를 얻어 소송대리할 수 있게 될 것이다(민소법 제80조).
4) 같은 취지: 郭潤直, 566. 독일민법학에서는 이를 공유지분의 조합(Gesellschaft nach Bruchteil)이라 한다.
5) 大判 1963. 9. 5, 63다330. 제3자가 불법하게 조합재산을 침해한 경우 이로 인하여 발생한 손해배상청구권은 조합재산으로 조합원의 합유에 속하는 것이고, 그 채권이 지분의 비율에 의하여 조합원에게 분할되어 귀속하는 것은 아니므로, 조합이 해산되어 청산의 방법으로 조합채권을 분할귀속키로 하였다면 별문제이지만, 그렇지 아니한 경우 조합원의 한 사람은 그 채권을 직접청구할 수 없다.

수한 부동산은 조합재산이고, 일부 조합원이 출자자금 마련을 위해 그 조합재산을 담보로 제공하였다가 경매로 인하여 소유권을 상실하게 되었다 하더라도, 이로 인하여 손해를 입은 것은 조합재산을 상실한 조합체이다. 위 담보제공행위를 일부 조합원 및 피해자 조합원 사이의 개인적 이익을 위한 개인간의 거래에 불과하다고 할 수 없다. 이로 인하여 피해자 조합원이 그 부동산에 대한 合有持分을 喪失하였다고 하여도 이는 개인으로서 입은 손해가 아니라 조합원의 지위에서 입은 손해에 지나지 아니하므로, 결국 피해자 조합원으로서는 조합관계를 벗어난 개인의 지위에서 손해배상을 구할 수는 없다.

大判 1997. 8. 26, 97다4401: 조합의 債權은 조합원 전원에게 合有的으로 歸屬하는 것이어서, 특별한 사정이 없는 한 조합원 중 1인이 임의로 조합의 채무자에 대하여 출자지분의 비율에 따른 급부를 청구할 수 없다. 조합원 중 1인의 채권자가 그 조합원 개인을 집행채무자로 하여 조합의 채권에 대하여 강제집행하는 경우, 다른 조합원으로서는 보존행위로서 제3자이의의 소를 제기하여 그 강제집행의 불허를 구할 수 있다.

(2) 組合員의 出資義務

(가) 出資義務의 負擔 조합계약의 당사자는 누구나 조합원으로서 출자의무를 부담한다(제703조 1항). 출자의무를 부담하지 않는 구성원이 있는 단체결성은 조합이 될 수 없다. ① 출자는 금전 기타 재산(동산·부동산·물권·채권·무체재산권 등) 또는 노무(기술제공 포함)로 할 수 있다(제703조 2항). 각 조합원의 출자비율에 관해 약정이 없는 경우에는 균등한 것으로 추정된다. ② 출자액 및 출자시기는 약정에 의하거나 그 밖에 조합의 업무집행결정에 따라 사업에 필요한 금액을 수시로 출자하여야 한다. ③ 조합계약의 체결에 의해 각 조합원에 대한 출자청구권은 조합재산에 귀속된다.

(나) 出資義務의 不履行 출자의무를 변제기까지 이행하지 않은 조합원은 채무불이행책임을 진다. 금전을 출자하여야 할 조합원이 이행지체에 빠진 때에는 제397조(금전채무불이행에 대한 특칙) 1항에도 불구하고 연체이자를 지급하는 외에 손해를 배상하여야 한다(제705조). 이 때 연체이자 이외의 손해발생 및 손해액에 관해서는 손해배상청구권자인 다른 조합원이 입증하여야 하며, 연체한 조합원은 자기의 귀책사유 없음을 항변할 수 있다.[1]

조합원 중 1인이 이행기가 도래했음에도 출자의무를 이행하지 않는 경우에 다른 조합원은 일치된 결정에 의해 그를 조합에서 脫退시킬 수 있다(제718조 1항).

1) 같은 취지: 金亨培, 730; 주석 채권각칙(Ⅱ), §705.

이 때 출자의무의 불이행은 除名의 정당한 사유가 된다고 해석된다.

(3) 組合員의 持分

(가) 持分의 意義　각 조합원은 조합재산에 관하여 일정 비율의 지분을 갖는다. 즉 각 조합원은 조합의 적극재산을 공동으로 소유하며, 소극재산(채무)을 공동으로 부담한다. 각 조합원의 지분의 비율은 약정에 의해 정해지나, 약정이 없는 경우에는 각자의 출자가액에 비례한다고 해석된다(제711조 1항의 유추해석). 이익분배 또는 손실분담 중 어느 하나에 대하여만 각자의 비율을 정한 경우, 그 비율은 양자에 공통된 것으로 추정된다(제711조 2항). 이러한 손익비율은 출자비율을 추정하는 기준이 될 수 있다(大判 1986. 3. 11, 85다카2317).

> 大判 1986. 3. 11, 85다카2317: 동업자 중 1인의 부동산을 담보로 한 융자금을 전체출자금으로 삼아 위 차용금으로서 동업체의 운영경비 일체에 충당키로 약정한 외에 출자약정을 한 바 없으나 동업자간의 손익분배비율을 균등하게 정하고 있다면, 위 차용금액에 의한 출자비율은 균등한 것으로 추정된다.
> 大判 2000. 2. 25, 98다36474: 전문건설 공제조합에 가입한 조합원의 출자지분이 담보권실행 등의 이유로 영이 된 零座業體는 별도의 절차를 거칠 필요 없이 조합원으로서의 지위를 상실한다.

(나) 組合員地位와 持分의 一體性　조합재산에 대한 지분은 조합원의 지위와 불가분의 일체를 이룬다. 그러므로 조합원은 자기의 지분만을 조합원자격과 분리하여 처분할 수 없다. 지분 및 조합원지위를 제3자에게 양도하는 것은 전 조합원의 동의가 있는 때에 한하여 허용된다.[1]

(다) 持分에 기한 權利　조합원은 그의 지분에 기초해 조합사업으로 인한 수익을 분배받을 利益配當請求權을 갖는다. 그러나 조합계약으로 이익을 분배하지 않고 조합재산에 포함시킬 것으로 약정한 경우에는 그러하지 아니하다. 조합원의 지분은 조합으로부터 탈퇴시에는 持分還給請求權으로 변하며, 조합의 해산시에는 殘餘財産分配請求權으로 변한다(제719조, 제724조 2항). 어떤 조합원이 조합지분에 대한 압류는 그 조합원의 장래의 이익배당 및 지분의 반환을 받을 권리에 대하여 효력이 있다(제714조). 이 때 조합은 압류받은 채무자인 조합원에 대해 이익배당이나 재산분배를 해 주어서는 안 된다. 조합원의 지분 내지 지분권은

---

1) 같은 취지: 郭潤直, 562; 金錫宇, 411; 金疇洙, 491; 金曾漢, 375; 李太載, 369; 大判 1958. 1. 6, 4290민상693.

금전채권이 아니므로 전부명령의 객체가 될 적격이 없음이 원칙이지만,[1] 잔여재산이 금전으로 남아 있고 따로 청산절차를 밟을 필요 없이 곧바로 분배청구를 할 수 있는 경우라면, 그와 같은 분배청구권에 대하여는 전부명령도 가능하다(大判 1995. 2. 24, 94다13749).

(4) 組合財産의 管理 · 保存

조합재산의 관리(조합건물의 임대관리 등)는 조합의 통상사무에 속하므로 업무집행의 권한 있는 자(각 조합원 또는 선임된 업무집행자)가 행하며, 업무집행의 권한 있는 자가 數人인 경우에도 각자가 단독으로 행할 수 있다(제706조 3항). 그러나 조합재산의 보존행위는 어느 조합원이나 그의 업무집행권한의 유무에 관계 없이 단독으로 할 수 있다(제272조 단서). 각 조합원은 언제든지 조합재산의 관리 · 보존의 업무상황이나 재산상태를 검사할 수 있다(제710조).

(5) 組合財産의 處分

조합재산의 처분(매도 · 입질 등)이 조합의 업무에 속하는 경우에 그 처분행위는 업무집행권한 있는 자가 행한다. 처분행위는 대개의 경우 특별사무에 속하므로 업무집행권한 있는 자가 수인인 때에는[2] 과반수로써 결정하는데(제706조 2항), 이러한 과반수의 결정은 특정의 조합재산을 처분할 것인가에 대한 조합의 의사결정 및 대리권수여의 의미를 갖는다. 업무집행권한 있는 자는(필요한 경우 과반수결정을 거쳐) 제3자와 매매계약 · 담보설정계약 등의 조합재산의 처분을 목적으로 하는 계약을 체결할 권한이 있다(대리권 인정). 그러나 그러한 계약에 있어서도 대리가 허용된다는 것 뿐이며, 全 組合員이 계약당사자로서 제3자와 법률행위를 하여야 한다. 업무집행권한 있는 자에게 조합의 대표권이 부여되지 않기 때문이다(앞에서 설명한 조합의 대외업무 참조할 것).

민법 제272조는 합유물의 처분에 합유자 전원의 동의를 필요로 한다고 규정하는데, 이의 적용범위에 관해서는 다음의 견해가 대립한다. ① 조합의 업무집행방법에 관한 제706조는 합유물의 처분에 관한 제272조의 특별규정이므로, 제272조는 조합재산의 처분이 조합의 업무집행으로 인정될 수 없는 경우에만

---

1) 大判 1979. 12. 11, 79다1487: 건설공제조합은 건설공제조합법에 의하여 설립된 특수법인으로서 동 조합법과 위 조합의 정관과 각 규정 등을 보면 조합원의 출자는 출자증권에 표상된 조합원의 지분이라 할 것이며 이런 조합의 조합원의 지분 내지 지분권은 민사소송법 제563조 제1항에서 말하는 금전채권이라 할 수 없음이 명백하니 피전부채권의 적격이 없다.

2) 여기에서 문제되는 조합재산이란 주로 부동산, 등록된 동산, 무체재산권, 채권 등이며, 단순한 동산은 크게 문제되지 않는다. 특히 조합의 통상업무가 상품판매인 경우, 그 상품의 처분은 업무집행권한 있는 자가 각자 행할 수 있다.

적용된다고 보는 견해가 있다.[1] ② 제272조의 전원동의 규정은 제706조 2항 전단의 업무집행자를 선임하지 않은 경우 조합원의 과반수결정에 대한 특별규정이므로 제272조는 업무집행자를 선임하지 않은 경우의 조합재산의 처분에 널리 적용된다고 보는 견해가 있다.[2] ③ 사견으로서는 제272조의 합유물처분에 관한 부분과 제706조는 규율대상이 다르므로 서로 일반법 · 특별법의 관계에 있지 않다고 해석한다. 합유물처분에 관하여는 제272조가 적용되며, 제706조는 조합업무의 내부적 수임관계 및 대리권수여관계를 규율함에 불과하다. 제272조가 말하는 同意란 조합원들 사이의 내부적 합의가 아니고, 합유물처분의 법률행위는 합유자 전원이 제3자에 대하여 행하여야 한다는 것을 의미한다. 이는 공유물의 처분에 다른 공유자의 동의를 요구하는 제264조와 유사하다. 예를 들어 조합소유의 부동산은 전 조합원의 공동명의로 등기되어야 하며, 그의 매도에 있어서는 전 조합원과 매수인 사이에 매매계약이 체결되어야 하고, 이전등기에는 전 조합원의 인감증명을 필요로 한다. 즉 합유물의 처분에는 합유자 전원의 처분의 의사표시가 있어야 한다. 이러한 제272조의 해석결과는 조합의 대외업무의 집행에서 전 조합원의 법률행위를 요하는 것과 일치한다. 전 조합원의 처분행위를 요한다는 점에 관하여 민법에 명문규정이 없으나 조합에 법인격이 인정되지 않는 결과 그러한 방법에 의할 수밖에 없다. 판례도 단독으로 한 조합채권 양도행위를 무효라고 한다(大判 1990. 2. 27, 88다카11534).

大判 1990. 2. 27, 88다카11534: 이 사건 채권이 조합채권이라면 다른 조합원의 동의 없이 한 양도임이 기록상 명백하여 그 양도행위가 무효라 할 것이다.
大決 1991. 5. 15, 91마186: 공동으로 공유수면매립면허를 받아 매립공사를 동업하는 두 회사 중 한 회사가 조합재산인 위 면허권 전부를 다른 회사의 동의 없이 타인에게 양도하였다면 이는 합유물을 합유자 전원의 동의 없이 처분한 것이 되어 무효이다.

(6) 組合債務

㈎ 分割債務와 辨濟資力의 補充　　조합사업으로 말미암아 조합이 제3자에게 부담하는 채무를 조합채무라 한다. 그러나 조합은 대외적인 관계에서는

1) 金曾漢, 361; 金亨培, 737도 조합재산의 처분 · 변경에 관한 한 제706조가 제272조에 대하여 특별규정의 지위에 있다고 해야 한다고 한다.
2) 郭潤直, 547; 金疇洙, 482; 민법주해(16), 60(金載亨 집필부분); 李容勳, "조합재산의 처분과 민법 제272조, 제273조," 김용철고희기념, 법학논집, 1993.

전 조합원의 집합일 뿐이므로 제3자에 대하여 채무를 지는 것은 조합이 아니라 전 조합원이다. 즉 다수의 채무자와 채권자(제3자) 사이의 법률관계가 생긴다. 이 때 연대의 특약에 의해 연대채무가 발생하거나, 채무의 성질이나 당사자의 의사표시에 의해 불가분채무가 발생하는 경우를 제외하고는 분할채무로 다루어진다(제408조).[1] 각 조합원은 자기의 지분의 비율에 따라(또는 손실부담비율이 정해져 있는 때에는 그에 따라) 분할하여 채무를 부담한다. 채권자가 그 채권의 발생 당시에 그 비율을 알지 못한 때에는 각 조합원에게 균분하여 그 권리를 행사할 수 있다(제712조).

분할채무의 원칙은 채권자에게는 불리하므로,[2] 이를 보완하기 위하여 민법은 조합원 중에 변제할 자력이 없는 자가 있는 때에 그 변제할 수 없는 부분은 다른 조합원이 균분하여 변제하도록 규정한다(제713조). 이로써 각 조합원은 자기지분의 비율로 분할된 채무를 1차적으로 부담하고, 그 위에 무자력조합원의 채무에 대하여도 2차적인 책임을 부담하게 되어 채권자의 만족은 어느 정도 확보된다.

大判 1985. 11. 12, 85다카1499: 조합의 채무는 각 조합원의 채무로서 특약이 없는 한 조합채권자는 각 조합원에 대하여 지분의 비율에 따라 또는 균일적으로 변제의 청구를 할 수 있을 뿐이다(분할채무).

大判 1999. 9. 17, 99다1765: 조합채무가 특히 조합원 전원을 위하여 商行爲가 되는 행위로 인하여 부담하게 된 것이라면, 그 채무에 관하여 조합원들에 대하여 상법 제57조 1항을 적용하여 연대책임을 인정함이 마땅하다.

大判 1998. 3. 13, 97다6919: ① 조합의 채무는 조합원의 채무로서 특별한 사정이 없는 한 조합채권자는 각 조합원에 대하여 지분의 비율에 따라 또는 균일적으로 변제의 청구를 할 수 있을 뿐이나, 조합채무가 특히 조합원 전원을 위하여 상행위가 되는 행위로 인하여 부담하게 된 것이라면 상법 제57조 제1항을 적용하여 조합원들의 연대책임을 인정함이 상당하다. ② 조합에 대한 채무자는 그 채무와 조합원에 대한 채권으로 相計할 수는 없는 것이므로(제715조), 조합으로부터 부동산을 매수하여 잔대금 채무를 지고 있는 자가 조합원 중의 1인에 대하여 개인 채권을 가지고 있다고 하더라도 그 채권과 조합과의 매매계약으로 인한 잔대금 채무를 서로 대등액에서 상계할 수는 없다.

---

1) 반대 견해: 곽윤직, 549; 김증한, 364; 김주수, 458; 민법주해(16), 110 이하(金載亨 집필부분): 조합채무는 그것이 가분급부를 목적으로 하는 경우에도, 분할되지 않고 전체로서 모든 조합원에게 귀속하고, 조합재산이 그에 대하여 책임을 져야만 한다고 주장한다.

2) 스위스채무법은 이 경우 조합원의 연대책임을 인정한다(동법 제544조 3항).

(나) 內部關係　　조합채무는 조합원들 사이의 내부관계에서는 조합재산으로 변제함이 원칙이다. 그러나 이러한 내부관계를 기초로 채권자에게 조합재산으로 변제받을 것을 항변할 수 없다. 어떤 조합원이 자기의 개인재산으로 조합채무를 변제한 경우에는 조합재산으로부터 구상받을 권리를 갖게 된다.

4. 脫退와 解散

(1) 組合員의 脫退

(가) 脫退事由　　조합원이 조합계약관계로부터 벗어나는 탈퇴에는 탈퇴조합원의 자발적인 탈퇴의사에 의한 任意脫退와 그렇지 않은 경우, 즉 非任意脫退가 있다.

1) 任意脫退　　조합계약으로 조합의 존속기간을 정하지 않았거나 조합원의 종신까지 존속할 것으로 정한 때에 각 조합원은 언제든지 탈퇴할 수 있다. 그러나 부득이한 사유 없이 조합에 불리한 시기에 탈퇴하지 못한다(제716조 1항). 조합의 존속기간을 정한 때에도 조합원은 부득이한 사유가 있으면 탈퇴할 수 있다. 부득이한 사유에 해당하는지 여부는 조합원 개개인의 이익뿐만 아니라 조합원 전체의 이익을 종합적으로 고려하여 판단한다(大判 1997. 1. 24, 96다26305).

2) 組合員의 死亡　　조합원이 사망하면 당연히 탈퇴하는 것이 되고(제717조 1호), 조합계약에 그와 다른 약정이 없는 한 그의 상속인이 조합원의 지위를 승계하지 않는다.[1)]

3) 組合員의 破産　　조합원의 파산은 탈퇴사유이다(제717조 2호). 조합원이 파산하더라도 조합에서 탈퇴하지 않기로 한 약정은 무효이다(大判 2004. 9. 13, 2003다26020).

4) 禁治産宣告　　조합원에 대한 금치산선고로 탈퇴된다(제717조 3호).

5) 除名決議　　어느 조합원에 대한 다른 조합원의 만장일치의 제명결정은 정당한 사유가 있는 때에만 탈퇴사유가 된다(제717조 4호, 제718조 1항). 이 제명결정은 제명된 조합원에 대한 관계에서는 그에게 통지한 경우에만 대항할 수 있다(제718조 2항).

(나) 脫退의 效果　　① 탈퇴자는 탈퇴시부터 조합원으로서의 권리 · 의무를 상실한다. ② 탈퇴자를 제외한 다른 조합원들 상호간의 조합계약은 그대로 유효하게 존속한다. 단 남은 조합원이 한 명뿐인 때에는 조합계약은 그 탈퇴로 말미

1) 같은 취지: 大判 1981. 7. 28, 81다145.

암아 종료하고 남은 조합원 1인의 사업으로 된다(大判 1996. 9. 6, 96다19208).[1] ③ 탈퇴조합원이 조합원으로서 갖고 있던 조합재산에 대한 합유지분은 탈퇴로 당연히 소멸하는 것이 아니라 持分還給請求權으로 변한다. 탈퇴자의 합유지분의 환급은 그 조합원이 한 출자의 종류에 관계 없이 금전으로 계산하여 반환될 수 있다(제719조 2항). 이렇게 금전반환을 허용하는 이유는 일부조합원의 탈퇴에도 불구하고 조합사업이 계속될 수 있도록 배려되어야 하며, 출자한 현물이나 노무를 그대로 반환하는 것이 곤란하기 때문이다. ④ 탈퇴자와 잔존조합원 사이의 持分計算은 탈퇴 당시의 조합재산상태에 따라 행하여야 한다(제719조 1항). 탈퇴 당시에 완결되지 않은 사항에 관해서는 그 사항이 완결된 때까지 그에 관한 계산을 유보할 수 있다(제719조 3항). ⑤ 탈퇴자는 탈퇴 당시의 조합채무에 대하여 그의 지분의 비율로 채무를 부담하며, 그의 탈퇴로 채무에서 면제되지 않는다. ⑥ 2인 조합에서 조합원 1인이 탈퇴하는 경우, 조합의 탈퇴자에 대한 채권은 잔존자에게 귀속되므로 잔존자는 이를 자동채권으로 하여 탈퇴자에 대한 지분 상당의 조합재산 반환채무와 상계할 수 있다(大判 2006. 3. 9, 2004다49693 · 49709). ⑦ 환급 후의 잔존조합재산은 남은 조합원의 합유로 된다(大判 1997. 10. 14, 96다22511). 따라서 남은 조합원의 지분비율은 확대된다. 조합채권자는 잔존조합원에게 여전히 그 조합채무 전부에 대한 이행을 청구할 수 있다(大判 1999. 5. 11, 99다1284).

大判 1996. 9. 6, 96다19208: 2인으로 된 동업관계, 즉 조합관계에 있어 그 가운데 한 사람이 탈퇴하면 조합관계는 종료되나 특별한 사정이 없는 한 조합은 해산되지 아니하고 따라서 청산이 뒤따르지 아니하며, 다만 조합원의 합유에 속한 조합재산은 남은 조합원의 단독소유에 속하여 탈퇴자와 남은 자 사이에는 탈퇴로 인한 계산을 하는 데 불과하다.

大判 1999. 5. 11, 99다1284: 조합채무는 조합원들이 조합재산에 의하여 합유적으로 부담하는 채무이고, 두 사람으로 이루어진 조합관계에 있어 그 중 1인이 탈퇴하면 탈퇴자와의 사이에 조합관계는 종료된다 할 것이나 특별한 사정이 없는 한 조합은 해산되지 아니하고, 조합원들의 합유에 속한 조합재산은 남은 조합원에게 귀속하게 되므로, 이 경우 조합채권자는 잔존 조합원에게 여전히 그 조합채무 전부

1) 大判 1961. 12. 28, 4293민상302: 2인으로 된 조합에서 1인이 탈퇴하면 공동이라는 조합의 성립 및 존속요건이 소멸하므로 조합 자체는 종료한다. 그러나 이미 이루어진 사업은 유지 · 존속시키는 것이 국가적 · 경제적 견지로서나 당사자의 의사에도 합치하므로 조합원 1인이 탈퇴의 의사를 표시한 경우에는 조합 자체는 그 성질상 종료한다 하더라도 해산은 되지 아니하고, 따라서 청산은 개시되지 않는다. 남은 조합재산은 잔존자의 단독재산으로 귀속하여 그 사업을 계속 유지케 하는 반면, 탈퇴자와 잔존자 사이에는 탈퇴로 인한 계산을 하는 데 불과하다(단 조합원의 1인이 해산을 청구한 때에는 별 문제이다). 같은 취지: 大判 1972. 12. 12, 72다1651; 大判 1987. 11. 24, 86다카2484; 大判 1988. 6. 14, 86다카617; 大判 1996. 9. 6, 96다19208.

에 대한 이행을 청구할 수 있다.
大判 1998.6.26, 97다39124: 조합이 정당한 이유 없이 조합아파트추첨에서 배제하는 등 조합원의 지위를 부인하므로 조합원의 지위를 갖는 것이 무의미하다고 판단하여 조합을 탈퇴하기에 이른 경우까지, 조합이 이미 납부된 분담금의 반환을 거부할 수 있다고 볼 것은 아니다.

(2) 組合의 解散

㈎ 解散의 意義　조합계약의 종료로 말미암아 조합의 사업을 중지하고(또는 완료하고) 조합재산을 정리하여 조합채무를 변제한 잔여재산을 각 조합원이 환급받는 것을 조합의 해산이라 한다. 조합의 법률관계는 해산결정 이후에는 清算의 범위로 축소되고 청산이 완료되면 조합도 소멸한다.

㈏ 解散事由　조합의 해산사유로서는 ① 조합계약에서 정한 해산사유(사업의 완료 등)의 충족, ② 약정된 존속기간의 만료, ③ 조합을 존속시킬 수 없는 부득이한 사유의 존재[1](제720조) 등이다. 이러한 해산사유가 없더라도 전 조합원의 합의로 조합을 해산시킬 수 있음은 물론이다.

㈐ 解散請求　각 조합원은 해산사유가 있으면 다른 조합원에 대하여 해산의 청구를 할 수 있다.

大判 1993.2.9, 92다21098: 민법 제720조에 규정된 조합의 해산사유인 부득이한 사유에는 경제계의 사정변경이나 조합의 재산상태의 악화 또는 영업부진 등으로 조합의 목적달성이 현저히 곤란하게 된 경우 외에 조합원 사이의 반목·불화로 인한 대립으로 신뢰관계가 파괴되어 조합의 원만한 공동운영을 기대할 수 없게 된 경우도 포함되며, 위와 같이 공동사업의 계속이 현저히 곤란하게 된 이상 신뢰관계의 파괴에 책임이 있는 당사자도 조합의 해산청구권이 있다.

㈑ 清算事務　조합이 해산하는 때에 청산사무는 全 組合員이 공동으로

---

1) 大判 1964.12.22, 63다831: 조합원의 출자가 제대로 이행되지 않은 경우 자기의 출자의무를 이행한 조합원은 부득이한 사유가 있다고 하여 조합의 해산을 청구할 수 있으며, 조합의 잔무로서 잔여재산의 분배만이 남아 있으면 따로 청산절차를 밟을 필요 없이 출자의무를 이행한 조합원은 자기가 출자한 재산의 반환을 바로 청구할 수 있다. 大判 1959.12.3, 4292민상84: 장기간 조합원의 심한 반목불화로 조합업무를 수행하기 곤란한 경우, 해산청구의 「부득이한 사유」가 있다고 본다.

행하거나, 또는 조합원의 과반수결정으로 선임된 清算人이 행한다(제721조). 청산인이 數人인 때에는 그의 과반수결정으로서 청산사무를 행한다(제722조, 제706조 2항 뒷문장). 조합원 중에서 청산인을 정한 경우 그는 정당한 사유 없이 사임하지 못하며, 다른 조합원의 일치가 아니면 해임되지 않는다(제723조, 제708조). 청산인의 직무는 ① 현존사무의 종결, ② 채권의 추심 및 채무의 변제, ③ 잔여재산의 인도이며, 청산인은 이들 직무를 행하기 위하여 필요한 모든 행위를 할 권한이 있다(제724조 1항, 제87조).

大判 1996. 1. 26, 94다36919: 동업관계에 있던 갑과 을이 동업관계를 청산함에 있어서, 병이 작성한 계산서에 기재된 개별 항목의 가액 평가나 계산에 부정확하거나 잘못된 점이 있다고 하더라도 이를 일일이 문제삼지는 아니하고 그 계산서에 의한 산출의 결과로 나타난 을의 지분 가액의 총액이 정산대금으로 적절하다고 보아 그 금액의 수수로써 同業關係를 清算, 終結한다는 의사가 있었다고 볼 수 있는 경우에는, 설사 그 계산서의 기재 내용에 계산의 착오가 있어 일부 過多計上된 부분이 있다고 하더라도 을이 이를 알면서 정산대금을 수령하였거나 또는 그 과다계상된 부분을 그대로 보유하는 것이 신의성실의 원칙에 위배된다고 볼 만한 사정이 없는 한, 을은 갑에게 이를 반환할 의무가 없다.

(마) 殘餘財產의 分配 조합재산에서 조합채무를 변제한 잔여재산은 각 조합원에게 그의 출자가액에 비례하여 분배된다(제724조 2항). 그러나 조합재산이 채무변제에 부족한 경우, 다른 약정이 없는 한 잔여조합채무가 각 조합원에게 그의 출자가액에 비례하여 분배된다(제711조 2항). 잔여재산분배는 청산절차가 종료되었거나 청산절차가 필요 없는 때에 가능하다(大判 2002. 3. 29, 2002다427). 조합의 청산에 관한 규정은 제3자에게 미치는 영향이 없으므로 임의규정으로 보아야 한다(大判 1985. 2. 26, 84다카1921).

大判 1998. 12. 8, 97다31472: 원칙적으로 청산절차가 종료되지 아니한 상태에서 잔여재산의 분배를 청구할 수는 없는 것이지만, 조합의 잔무로서 처리할 일이 없고, 다만 잔여재산의 분배만이 남아 있을 때에는 따로 청산절차를 밟을 필요가 없이 각 조합원은 자신의 잔여재산분배비율의 범위 내에서 그 분배비율을 초과하여 잔여재산을 보유하고 있는 조합원에 대하여 바로 잔여재산의 분배를 청구할 수 있다.

大判 2000. 4. 21, 99다35713: 잔여재산분배청구권은 각 조합원이 초과재산을 보유한 조합원을 상대로 개별적으로 행사할 수 있다(모든 조합원의 공동행사를 요건으로 하지 않음).

5. 內的 組合과 契

(1) 內的 組合

㈎ 意　　義　　2인 이상이 상호 출자하여 공동사업을 경영하지만, 조합재산이란 공동재산을 만들어 합유함이 없이 각자의 재산적 분담만에 의존하여 공동사업을 경영하는 것을 내적 조합(Innengesellschaft)이라 한다. 대외관계에 있어서는 조합원들의 공동사업이란 사실이 전혀 나타나지 않고 조합원 1인의 개인사업인 것처럼 보인다. 그러나 조합원 상호간의 내부관계는 조합재산을 합유하지 않는다는 사실을 제외하고는 일반의 조합에서와 같다.

내적 조합과 상법상의 匿名組合(상법 제78조)은 조합재산이나 대외적인 조합활동이 없다는 점에서는 같으나, 내적 조합에서는 모든 조합원이 공동사업을 경영하는 데 반하여, 익명조합에서는 익명조합원이 출자 및 그에 따른 이익배당만을 받을 뿐 사업경영에는 참여하지 않는다는 점에 차이가 있다.

㈏ 內部關係　　조합원 상호간의 관계는 조합계약에 의해 정해지며, 그 밖에 조합에 관한 규정이 유추적용된다. 단 조합재산에 대한 합유라는 공동소유관계는 존재하지 않는다.

㈐ 對外關係　　내적 조합의 대외관계는 조합원 중의 1인만이 담당하거나 또는 각 조합원이 대외관계 중 일부씩을 분담하여 행한다. 그러므로 제3자는 내적 조합이 존재함을 알 수 없고, 그와 거래한 자의 개인사업으로 알게 된다. 이 때 문제되는 것은 조합사업을 위해 진 채무는 거래당사자인 조합원만이 개인적으로 부담하는가, 또는 당사자가 아닌 조합원도 공동사업자로서 책임지는가이다. 특히 무자력조합원의 채무에 관해 다른 조합원의 변제책임을 인정한 민법 제713조가 내적 조합에도 적용되는가가 문제된다. 판례는 제713조의 적용을 부정하고 제3자에 대하여는 거래당사자만이 책임진다고 한다(大判 1983. 5. 10, 81다650).

大判 1983. 5. 10, 81다650: 갑과 을이 중국음식점을 공동경영하기로 하되 갑은 영업장소 및 세금 · 공과금을 부담하기로 하고, 을은 음식재료와 종업원을 조달하기로 약정하였다. 또한 조합의 대외적 법률행위는 을이 단독으로 하고, 매일 총매상액을 갑·을이 반씩 나누어 갖기로 하였다. 그런데 을이 사업에 실패하자 어음을 부도내고 외국으로 도피하였다. 이 때 을의 채권자 병(음식재료 공급자)은 갑을 상대로 이행청구하였다. 대법원은 갑·을의 관계는 통상의 조합과는 구별되는 특수한 조합이며, 이 경우 대외적으로는 오로지 영업을 경영하는 소외인 을만이 권리를 취득하고 채무를 부담하는 것으로서 민법 제713조가 적용될 여지가 없다고 판시하였다.[1)]

(2) 契[2)]

㈎ 意 義 다수인이 정기적으로 소액의 출자를 하여 자금을 마련하고, 그 자금으로부터 계원에게 순차적으로 또는 약정사유가 생긴 때에 목돈을 지불하는 이익공동체관계를 「계」라고 부른다. 계는 역사상 오랜 뿌리를 갖고 있는 관습법상의 상부상조의 공동체관계인데,[3)] 민법제정 당시 하나의 전형계약으로서 입법되지 못한 채 관습법의 영역에 남아 있게 되었다.[4)] 계는 「독자적인 계약유형」으로서 계의 종류에 따라 그 성격 및 내용을 조금씩 달리한다. 금융계는 소비대차 및 소비임치의 성격이 강하고, 협동계 및 친목계는 조합의 성격이 강하다.

大判 1967. 7. 18, 67다1052: 소위 계는 다 같이 금전을 급부물로 하더라도 조직목적과 방법, 급부물의 급여방법, 급부 전이나 후의 계금지급방법, 계주의 유무, 계주와 계원의 관계, 계원 상호간의 관계, 그 밖의 태양에 따라 그 법률적 성질을 달리하므로 특정의 계가 組合的 性格을 띤 것인가, 消費貸借的 性質을 지닌 것인

1) 판례평석: 李尙遠, "내적 조합과 민법 제713조의 유추적용 여부," 사법행정 1983년 8월호, 47 이하.

2) 참고문헌: 金三守, "계·소멸론," 숙명여대논문집 제12집, 1972; 金然泰, "계의 운영실태와 그 관행," 법원행정처 재판자료 제12집, 관습실태조사(3), 1982; 金容晋, "계의 법률적 성질," 법조 1963년 2월호; 孟千鎬, "서민금융의 수단으로서의 계," 재판자료 제12집, 1982; 李英範, "계의 법적 성질," 사법연구자료 제2집, 1975; 林正平, "계의 사법적 성격에 관한 검토," 고황법학 제2권, 1997년 10월, 157; 張東燮, "전근대사회에 있어서 서민협동사로서의 계에 관한 연구," 전남대논문집 제15집, 1969; 崔栻, "계주와 계원들 사이의 관계," 사법행정 1973년 10월호; 崔在律, "한국농촌의 향약계연구," 전남대논문집 제19집, 1973.

3) 계의 기원에 관해서는 ① 상고시대에서 유래한다는 설, ② 신라시대에 유래한다는 설, ③ 고려시대의 호포계 또는 군포계에 기원한다는 설이 대립한다. 金三守, 한국사회경제사연구, 1964; 文定昌, 한국농촌단체사, 일조각, 1961.

4) 계를 채권법의 밖에 방치해서는 안 된다는 입법의견이 있었다. 민사법연구회, 민법안의견서, 193.

가, 그렇지 않으면 無名契約的인 性質의 것인가는 이상의 여러 점을 심리한 후 그 것들을 종합고찰하여 판단해야 한다(같은 취지: 大判 1982. 6. 22, 81다카1257).

㈏ 種　類　계는 그의 기능에 따라 다음과 같이 분류된다.

1) 金融契　금융의 목적으로 행해지는 서민들 사이의 자금동원방법이다. 법률문제가 빈번히 발생하는 경우는 금융계이다.

2) 協同契　결혼 · 초상 · 질병 등 뜻밖의 금전수요에 대비한 위험분산의 목적으로 행해지는 경우이다. 혼수 · 가전제품 · 농기구 · 어구 등의 구입을 위한 계를 조직하고 그의 협동구입 · 판매사업을 운영하는 경우, 또는 부상 · 질병 · 사망 등의 불의의 사고에 대비하여 그에 대한 위로금을 지불하기 위한 계가 협동계에 해당한다. 후자의 경우는 私保險의 성격도 갖는데, 근래에는 종교단체를 중심으로 이러한 계가 증가한다.

3) 親睦契　계원간의 회식 · 여행비용의 마련을 위한 경우이다.

4) 시중에서 이용되는 계 중에서는 落札契와 같이 계라는 이름을 달고 있을 뿐 그 실질에 해당하는 이익공동체를 구성하지 않고 개인사업으로 영위되는 경우가 종종 있다(大判 1982. 12. 28, 81도3140).[1)]

㈐ 金融契의 法律關係　계원이 정기적으로 출자한 돈을 모아 매기마다 1인의 계원에게 줌으로써 계금을 탄 계원은 융자를 받은 것과 같은 효과를 누리도록 하는 경우를 금융계라고 하며 가장 보편적인 유형이다. 금융계에는 순번계 · 추첨계 · 정액계 · 일수계 등의 여러 형태가 있으며 각각 운영방법이 다르다. 각 계원에 대한 출자의 이행청구는 계주가 행하고, 계원은 계주에 대하여 계금을 지급할 것을 청구한다.

금융계는 消費貸借 및 消費任置의 성격이 강한 독자적 계약유형이다. 금융계에서 계원이 매기의 부금을 지불하는 것은 預金의 성격을 가지며, 계원이 계금을 계주로부터 받는 것은 貸付의 성격을 갖는다. 여러 명의 계원이 돈을 모아 한 계원에게 목돈을 마련해 주는 관계는 組合과 유사하지만, 금융계에는 공동사업의 경영, 조합재산의 합유, 업무집행자의 대리, 이익분배청구권 등의 조합의 본질적 요소가 결여되어 있으므로 조합규정의 유추적용은 곤란하다. 판례

---

1) 大判 1982. 12. 28, 81도3140: 소위 落札契는 민법상 조합계약을 띤 것이 아니라 계주의 개인사업으로 조직 운영되는 것으로 보아야 한다(같은 취지: 大判 1983. 3. 22, 82다카1686).

는 과거에 금융계를 소비대차가 아니고 조합계약의 일종이라고 하였으나(大判 1965. 12. 21, 65다1886),[1] 근래에는 無名契約으로서 파악하고 있다(大判 1979. 12. 26, 79다1750).

大判 1979. 12. 26, 79다1750: 계가 계주와 계원간의 종적인 관계에서 가입운영되고, 계원 상호간에는 누가 계원인지조차 알 수 없을 만큼 횡적인 친분이나 신용관계가 전혀 없는 경우에는 상호신용금고법 제2조 소정의 상호신용계에 유사한 無名契約으로 보아야 한다.

大判 1998. 3. 13, 97다57191: ① 계는 다 같이 금전을 급부물로 하는 것이라도 그것을 조직한 목적과 방법, 급부물의 급여 방법과 급부 전 또는 그 후의 계금 지급 방법, 계주의 유·무 및 계주와 계 또는 계원과의 관계나 계원 상호간의 관계, 기타의 점에 관한 태양에 따라 그 법률적 성질을 달리하여, 組合契約이나 消費貸借契約 또는 無名契約의 성질을 가지고 있어 그 성질에 따라 계원 또는 계주의 책임을 달리한다. ② 갑과 을이 공동 계주로서 각각 계원을 모집하여 만든 계의 계원들 중 갑이 직접 모집한 계원들은 갑에게 직접 계불입금을 지급하거나 갑의 예금구좌로 계불입금을 송금하고 갑으로부터 계금을 수령하였으며, 을의 권유로 계에 가입한 계원들은 을에게 계불입금을 지급하고 을로부터 계금을 수령하였고, 곗날 계불입금을 지급하거나 계금을 수령하기 위하여 음식점에 모인 계원들은 갑이 모집한 계원들과 을이 모집한 계원들이 서로 다른 식탁에 떨어져 앉아 식사를 하는 등 유대관계가 없었고, 개인적으로 아는 경우를 제외하고는 상대방 계원들에 대하여 전혀 몰랐다면, 갑과 을이 계불입금을 납부함에 있어 이익을 누려 왔다는 점만으로 갑과 을이 계의 공동계주로서 자신들이 모집하지 아니한 계원들에 대하여도 계금을 지급할 의무가 있다고 단정하기는 어렵다.

㈑ 協同契와 親睦契의 法律關係 협동계와 친목계는 組合의 성격이 강하다. 계주가 따로 정해지지 않고 모든 계원 또는 몇몇 업무집행자가 공동재산을 관리하고 경우에 따라 공동사업을 운영하기도 한다. 업무집행자는 조합계약(또는 계계약)에 정해진 목적에 조합재산을 사용해야 한다. 계원은 출자의무를 부담하며, 계원이 출자한 재산은 조합재산을 이룬다. 이 조합재산은 계원의 개인재산과 구별된다. 통상 계주가 계규약에 따라 조합재산을 관리한다. 계원의 가입·

1) 大判 1965. 12. 21, 65다1886: 계는 계원의 집합으로서 계원 전체가 일정한 시기마다 일정한 순번에 따라 계원에게 계금을 교부할 것을 약정하여 조직되고 계주 또는 계장이 계원의 위임에 의하여 계에 관한 업무를 처리하는 계원상호간의 金融貯蓄을 목적으로 하는 일종의 組合契約이라고 봄이 타당하므로, 각 계원의 계금 채권채무에 관하여는 이자제한법이 적용되지 않는다.

탈퇴도 계규약 또는 계관습에 의해 행해진다.

6. 會員契約[1)]

(1) 會員契約의 問題點

콘도미니엄 및 레저시설 또는 골프장 및 체육시설에 고액의 목돈을 지불하고 회원권을 취득하는 회원계약은 그 이용이 1980년대 이후 급속히 확대되고 있다. 초기의 회원권제도는 회원의 그 시설의 所有持分을 인정받는 物權과 같은 배타적 권리로서 시작되었으나 점차 회원의 권리가 약화되어 현재에는 일정기간의 施設利用權으로 전락하고 있다.

계약의 내용에 관하여 법률이 전혀 없는 상황에서 회원계약은 각 업종에 따라 사업자가 작성한 約款에 전적으로 의존하고 있다. 계약의 성격 및 약관의 내용도 초기 회원모집이 어려웠던 때에는 회원에게 소유권등기까지 경료해 주며 영구적인 권리를 인정해 주던 것에서 근래에는 회원들에게 인기가 있는 업종에서는 약관의 변경을 통해 회원의 권리를 대폭 감소시키고 시설규모에 비해 지나치게 많은 회원을 모집함으로써 원만한 시설이용조차 어렵게 된 경우까지 생겼다.

회원계약에서는 거래의 대상이 되는 상품인 회원권의 실체가 정확히 파악되지 않는 것이 무엇보다 중요한 문제점이라고 할 수 있다. 회원계약을 맺는 고객은 사업자의 과대광고에 의존하여 시설의 현상이나 회원의 권리를 추측할 뿐 정확한 정보를 얻지 못한 채 계약을 체결하는 경우가 많다. 고액의 보증금 또는 예탁금을 지급하고 또한 매월 · 매년의 회비를 내는 대가로 취득하는 회원의 지위가 과연 어떤 내용을 갖는 것인지는 누구도 명확하게 말해 줄 수 없다. 회원권의 내용은 회원약관을 통하여 일차적으로 설명될 수 있지만 다수의 불공정한 약관조항으로 인하여 부분적으로 무효가 되는 약관을 가지고는 그 실체를

---

1) 참고문헌: 韓縞亨, "골프회원권의 法的 性質 및 會則의 效力," 人權과 正義 1992년 10월호, 통권 제194호, 大韓辯協刊, 82~90.

일본에서는 1992년 「골프장등에관한會員契約의適正化에관한법률」을 제정하였다. 이 법의 규제대상이 되는 會員契約은 당사자 일방이 상대방에 대하여 골프장 그 밖의 스포츠시설 또는 保養施設로서 서비스를 계속적으로 제공하고 그 대가를 받는 계약이다. 회원계약에 기한 서비스를 제공하는 사업자는 주무관청에 회원계약에 관한 법정사항을 신고해야 한다. 이 법은 시설이 개설되기 전에 회원계약을 체결하는 것을 금지하며 계약시에는 중요한 계약조건을 기재한 약관을 교부해야 할 것을 요구한다. 계약체결시로부터 8일 이내에 계약을 철회할 수 있는 제도를 법으로 정하고, 또한 과대광고나 계약해제를 막는 부당행위를 금지한다.

정확히 파악하기 어렵다. 결국 거래관행에 대한 사회조사 및 법이론, 판례, 외국의 입법례 등의 법률자료를 통하여 회원권의 내용을 객관적으로 형성해 나갈 필요가 있다.

大判 1996. 2. 27, 95다35098: 일반적으로 회원제체육시설이용계약은 체육시설의 주체가 다수의 회원을 모집하여 회원들로 하여금 그 시설주체가 설치한 각종 체육시설 등을 이용할 수 있도록 서비스를 제공하고 회원들은 그 대가로 대금을 지급하는 일종의 무명계약이라고 할 수 있는바, 원고들이 피고와의 이 사건 클럽이용계약체결시 피고에게 지급한 일정금액의 입회보증금과 가입비 외에, 위 계약에 따라 매년 지급하는 연회비도 위 계약상의 시설이용의 대가라고 할 것이다. 따라서 피고가 공과금, 물가인상 기타 경제적 요인을 고려하여 연회비를 임의조절할 수 있도록 클럽규약에 규정되어 있다 하더라도 객관적으로 합리적인 범위 내에서만 그 연회비의 인상 여부 및 그 인상범위를 정할 수 있다고 보아야 할 것이나, 피고가 합리적인 범위를 벗어나 부당하게 이 사건 연회비를 인상하였다고 할 수는 없는 이상, 연회비를 납부하지 아니하는 회원에 대하여 이 사건 클럽시설이용계약을 해지한다는 의미에서 제명처분한 것은 정당하고, 비록 원고들이 위 인상결정에 항의하며 피고를 상대로 법원에 조정신청을 하였으며 원고들이 자신들이 적정하다고 생각하는 연회비를 피고의 예금계좌에 입금하였다는 등의 사정이 있다고 하여 해지권행사가 신의칙에 위배된다고 할 수 없다고 판시하였다.

(2) 會員의 權利義務

골프회원 약관, 스포츠시설 이용약관 등에 나타난 회원의 권리의무는 다음과 같다.

(가) 施設利用權　　회원은 회원규약에 정하는 모든 시설의 이용권을 갖는다. 사업자측에서는 시설을 회원의 이용에 제공하기 위해 물리적 시설을 관리하고 유지하는 책임을 진다.

(나) 會員名簿閱覽權　　모든 회원은 클럽의 회원명부를 열람할 권리를 갖는다. 회원의 수 및 변경은 각 회원에게 이해관계가 있기 때문이다.

(다) 會員總會의 出席議決權　　클럽의 회원은 사단법인의 구성원과 유사한 지위에 있으므로 총회를 구성하여 클럽의 운영에 관한 사항을 의결할 권한을 갖는다.

(라) 會費 등의 支給義務　　회원의 자격은 有償으로 부여되는 것이므로 회

원은 총회에서 정한 會費를 납부할 의무를 지며, 그 밖에 회원에게 가입시에 보증금 또는 예치금을 지급토록 정해져 있는 경우에는 그 금액을 납입하여야 한다. 보증금 또는 예치금은 사업자에게 영구적으로 귀속되는 것이 아니라 회원의 가입시에 클럽에 납입하였다가 탈퇴시에 반환받을 것을 조건으로 지급한 것이므로, 사업자는 예치금의 반환의무를 진다. 사업자는 회원들의 예치금을 반환할 재력을 확보해 두어야 하며 필요한 경우에는 담보를 제공하거나 보증보험에 가입해 두어야 한다.

(3) 골프會員契約

골프회원권의 대부분은 예탁금회원제로 운영되고 있다. 예탁금회원제는 골프장의 건설경영을 담당하는 회사가 골프클럽에의 가입을 전제로 회원으로부터 입회금을 예탁받고 회원의 자격을 인정하는 제도이나, 회사는 회원에게 회사가 소유, 경영하는 골프장시설을 우선적인 조건으로 계속 이용하는 권리를 인정하지만, 그 클럽의 경영면에는 일체 간섭할 수 없게 하고 경영은 오로지 회사가 행하고 그에 따른 책임을 짐으로써 골프장의 소유, 경영은 회사가 하고 골프장의 이용은 클럽에 소속된 회원이 하는 것이다. [1]

大判 1989. 11. 10, 88다카19606: 예탁금제회원권에 관하여 피고(골프장 경영회사)가 운영하는 컨트리클럽의 골프개인회원권은 그 회원이 되기를 희망하는 자가 피고에게 위 컨트리클럽의 입회를 신청하고 위 클럽의 규칙이 정하는 바에 따라 피고회사 이사회의 입회승인을 얻어 입회금(예치금)을 납입함으로써 성립하며, 그 회원권은 회원의 피고회사에 대한 회원가입 계약상의 지위 내지 회원가입 계약에 의한 채권적 법률관계를 총체적으로 가리키는 것으로서 주된 내용은 회원이 피고가 소유, 경영하는 통도사컨트리클럽 골프장시설을 우선적으로 이용하고, 이미 납입한 입회금을 3년간의 거치기간 경과 후에 퇴회하는 경우 또는 컨트리클럽의 운영이 중단되는 경우에 반환받을 수 있는 권리로서 나아가 그 회칙에 의하면 이러한 회원권은 재산적 가치를 갖는 계약상의 지위로서 자유로이 양도할 수 있으나 회원자격심사위원회의 심의와 피고회사 이사회의 승인을 얻은 후 소정의 수수료를 납부하도록 하고 있다.

1) 島袋鐵男, ゴルフワラブ入會託金返還請求權ノ成否, ジュリスト 제926호, 110.

제4절 기타의 契約

§33. 終身定期金

1. 意　義

정기금채무자가 자기, 상대방 또는 제3자의 종신까지 정기로 금전 기타의 물건을 상대방 또는 제3자에게 지급할 것을 약속함으로써 생기는 채권관계를 종신정기금계약이라고 말한다(제725조). 종신정기금계약은 근래에 와서 보험회사가 손해배상금을 지급하는 경우에 그 손해배상의 지급방법으로서 이용되거나, 연금보험이나 연금을 위한 공제회가입에 따라 종신정기금이 지급되는 등 이용범위가 넓어지고 있다. 종신정기금계약은 無償으로 행해지는 경우도 있으나, 대개 채권자가 加入金 · 定期的 拂入金 · 元金 등을 지급한 데 대한 反對給付로서 정기금지급채무가 발생하게 되는 雙務 · 有償契約이 많다.

2. 契約의 締結

(1) 請約과 承諾

종신정기금계약이란 종신정기금채무를 발생시키는 것을 목적으로 하는 채무자와 채권자 사이의 합의에 의해 성립한다. 이 합의에서 중요한 것은 채무자의 자발적인 채무부담의사이다. 근래에는 종신정기금의 채무자는 기업이나 공제회 등으로서 계약체결에 약관을 사용하는 경우가 많다.

(2) 遺言에 의한 終身定期金

예외적으로 계약의 형태가 아닌 채무자의 일방적 의사표시로도 채권이 발생할 수 있는데, 그것은 유언에 의해 종신정기금채무가 부담되는 경우이다. 이 경우는 遺贈에 해당하게 되어 민법 제1073조 이하의 규정이 종신정기금계약에 우선하여 적용될 것이지만, 종신정기금에 관한 제726조 이하의 규정이 준용된다(제730조).

(3) 終身定期金의 法的 原因

채무자의 채무부담에는 정당한 법적 원인이 존재하여야 하며, 종신정기금계약의 효력은 그 법적 원인에 좌우된다.[1] 즉 종신정기금은 그 법적 원인에 의하여 효력이 좌우되는 有因行爲이다.

㈎ 贈與를 위한 終身定期金 채무자가 증여의 의사로서 종신정기금을 부담하는 의사를 표시하는 경우가 있다. 이 때 종신정기금계약은 무상계약으로 되어 증여에 관한 민법 제554조 이하의 규정이 준용된다.

㈏ 債務의 履行手段으로서 終身定期金 종신정기금의 법적 원인은 매매에 기초한 대금지급의무 또는 소비대차에 기초한 대차금반환의무 등의 이행수단이 될 수도 있다. 이 때 종신정기금계약은 그의 기초가 되는 유상 · 쌍무계약에서 생기는 하나의 채무의 이행방법에 관한 합의의 성격을 갖는다. 그러므로 종신정기금계약은 기본계약인 매매 · 소비대차 등의 무효 · 취소 · 해제에 의해 직접 영향을 받는다(有因性). 또한 종신정기금채무의 반대급부에 해당하는 매매목적물의 인도, 대차금의 지급(貸付)과 견련성을 갖는다.

㈐ 損害賠償金의 支給方法 종신정기금계약은 채무자가 상대방에 대해서 지는 손해배상채무의 이행방법으로서 합의될 수 있다. 가해자와 피해자가 채무불이행이나 불법행위로 인한 손해배상의 방법을 종신정기금으로 약정하는 것이다. 특히 人體事故의 경우 불치의 병에 걸렸거나 불구로 된 피해자에 대해 계속적으로 치료비 · 간병비 · 생활비 · 위자료를 지급하는 방법으로 이용될 여지가 크다. 이 때 종신정기금계약의 효력은 손해배상채무의 유효한 성립을 조건으로 한다.

㈑ 社會保障金의 支給方法 종신정기금계약은 연금 등의 사회보장금이나 보험금의 지급방법으로 이용될 수 있다. 이 때에는 그 기초가 되는 사회보장제도나 보험제도를 규율하는 법률이나 약관이 우선적으로 적용되고, 민법규정은 특별규정이나 약관에서 정해지지 않은 사항에 관하여 적용된다.

3. 契約의 法律關係

(1) 給付請求權者

종신정기금계약에 의해서 채무자는 직접 계약상대방인 채권자에게 급부할

---

1) 같은 취지: 郭潤直, 574; 金基善, 325; 金錫宇, 416; 金曾漢, 380; 李太載, 376.

의무를 지기도 하고, 그 밖에 채권자가 지정하는 제3자(수익자)에게 급부할 것을 약정할 수도 있다. 후자의 경우는 제3자를 위한 계약에 해당하여 민법 제539조 이하의 규정이 적용된다.

종신정기금계약의 급부의무는 채무자, 채권자 또는 제3자의 종신까지 존속하는 것을 내용으로 한다. 비록 정기금급부에 관한 약정이 있었더라도 그것이 어느 한 당사자나 제3자의 종신을 해제조건으로 하지 않은 때에는 종신정기금계약에 해당하지 않는다. 이 때 제3자란 계약당사자 이외의 임의의 제3자이면 언제나 무방한 것이 아니라, 종신정기금계약이 제3자를 위한 계약으로서 체결된 경우에 그 제3수익자를 가리키는 것이라고 한정적으로 해석함이 본 제도의 취지에 비추어 타당하다.[1)]

(2) 給付義務

급부의 목적물은 金錢 기타의 物件이다. 이 때 물건은 정기적인 급부의 목적이 될 수 있는 종류물이라고 해석된다. 급부는 定期的으로 행하여야 한다. 종신정기금계약에 의해서는 장래의 모든 정기급부의무를 발생시키는 채무가 발생한다. 채무자의 채무는 每期分의 給付의 集合으로 구성된다. 급부의 기간은 약정에 의해 매월·매년 등 임의로 정해진다. 每期分給付(지분채무라고도 함)는 약정한 이행기(매일·매월 말 매년 말 등)에 이행되어야 하며, 그 이행기를 도과한 때에 채권자는 지체책임을 물을 수 있다. 종신을 조건으로 한 자가 어느 기간의 중도에 사망한 경우에 생존기간에 상당하는 급부액은 일수로 계산한다(제726조).

4. 終身定期金契約의 終了

(1) 解　除

㈎ 元本에 기한 終身定期金의 경우　채무자가 채권자로부터 정기금채무의 元本을 받은 경우에, 채무자가 그 정기금채무의 지급을 해태하거나 기타 의무를 이행하지 아니한 때에는, 정기금채권자는 元本의 返還을 청구할 수 있다(제727조 1항 앞문장). 그러나 이자 지급을 받은 채무액에서 그 원본의 이자를 공제한 잔액을 정기금채무자에게 반환해야 한다(제727조 1항 단서). 채권자는 해제와 동시에 손해배상을 청구할 수 있다(제727조 2항).

---

1) 반대견해: 민법주해(16), 199(崔秉祚 집필부분)에서는 文理上으로나 논리상으로나 그와 같이 제한해석할 이유는 없다고 한다.

(나) 拂入金에 기한 終身定期金의 경우　채무자가 채권자로부터 매월·매년 등 정기적으로 불입금을 받은 경우에, 채무자가 약정한 정기금채무의 지급을 해태하거나 기타 의무를 이행하지 않은 때에, 채권자는 그 계약을 해제하고 지급한 불입금과 이자 등에서 기왕의 지급금을 공제한 淸算金을 지급할 것을 청구할 수 있다고 해석된다. 이 법리는 종신정기금계약이 쌍무계약의 하나의 채무의 이행방법으로서 합의된 경우, 그리고 일시적 손해배상금 대신에 정기금으로 지급받을 것을 약정한 경우에도 적용된다.

(다) 無償의 終身定期金의 경우　종신정기금계약이 무상으로, 즉 증여의 목적으로 체결된 경우에는 증여의 규정이 적용된다. 즉 서면에 의하지 않은 구두계약은 양 당사자가 언제든지 해제할 수 있으며(제555조), 채무자는 채권자의 배은행위가 있거나(제556조) 자신의 재산상태가 생계를 위협할 정도로 악화된 경우(제557조)에 해제할 수 있다.

(2) 債權者의 死亡

종신정기금계약은 그의 사망을 해제조건으로 한 채권자 또는 제3자의 사망으로 종료한다. 단 그의 사망이 채무자의 책임 있는 사유로 인한 때에는 법원은 채권자나 그의 상속인의 청구에 의하여 상당한 기간 채권의 존속을 선고할 수 있다(제729조 1항). 이 때에 채권자는 계약을 해제하고 청산금의 지급 등 원상회복을 청구할 수도 있다(제729조 2항, 제727조).

§34. 和　解

1. 槪　說[1)]

(1) 意　義

(가) 槪　念　화해는 계약당사자 사이에 있는 분쟁을 서로 양보하여 종

1) 참고문헌: 康承俊, "불법행위로 인한 손해배상에 관한 합의와 민법 제733조," 민사판례연구 제20권, 1998; 姜玹中, "한국에서의 조정·화해의 실무," 고시연구 제18권 3호, 1991년 3월호; 金相容, "화해계약," 고시계 제37권 9호, 1992년 9월호; 金永圭, "인신사고로 인한 손해배상에 관한 합의(화해)와 취소 여부," 판례월보 제337호, 1998년 10월호; 朴昶炫, "재판상 화해와 창설적 효력: 민법상 화해계약과 관련하여," 부산판연 판례연구 제2집, 1992년 2월; 宋德洙, "화해기초에 관한 공통의 착오," 법률신문 제2134호; 李秀基, "민법상 화해와 착오," 부산판연 판례연구 제4집, 1994년 1월; 田炳西, "소송상 화해의 효력," 고시계 1998년 12월호; 崔成豪, "제소전화해의 본질과 창설적 효력," 판례월보 제331호.

지시키고, 새로운 계약관계로 代置시킬 것을 내용으로 하는 계약이다(제731조). 화해는 계약에 의하여 성립하며, 그 계약은 書式에 의할 필요도 없고 要物性도 띠지 않으므로 口頭의 諾成契約으로 할 수 있다. 거래계에서는 손해배상금을 지급하면서 화해계약을 맺는다든가(要物契約), 합의서를 작성하고 공증을 받는 등의 형식을 갖추어 행하는 경우가 많다. 화해의 전제가 되는 분쟁은 재판 외의 것일 수도 있고 재판상의 것일 수도 있다. 재판 외의 분쟁은 화해계약의 체결에 의하여 종지될 수 있으나, 재판상의 분쟁은 소송상 화해에 의해서만 종결된다(민소법 제145조).

(나) 性 格 화해계약의 성격은 그 계약에 의해 생기는 채무가 하나인가, 둘인가, 그리고 둘인 경우 상환성 · 대가성을 갖는가에 의하여 결정된다. 화해계약에 의하여 양 당사자가 급부와 반대급부를 교환하는 경우에는 쌍무·유상계약에 해당한다. 실제로 화해계약은 화해전법률관계(쌍무계약)의 쌍무채무 중에서 하나의 채무의 내용(예: 매매대금·소비대차금 등)에 관해서만 체결되는 경우가 많다. 이 때에는 화해전계약 중 확정된 하나의 채무는 그대로 존속하고, 다른 불확정한 채무만이 화해에 의한 법률관계로 대체된다. 반면에 증여계약의 내용에 대한 분쟁의 화해를 위하여 화해계약이 체결된 경우에는 편무 · 무상계약일 수도 있다. 손해배상금의 합의를 위해서 화해계약을 체결한 경우에, 그 화해계약은 편무계약의 성격을 갖게 될 것이다.

화해계약에서는 양 당사자의 상호 양보가 있으므로 언제나 그 자체가 쌍무 · 유상계약이라고 하는 견해가 있다.[1] 私見으로는 불확정한 법률관계에 있어서 각자가 자기의 주장으로부터 양보했다고 해서 그것 자체가 화해계약에 쌍무성이나 유상성을 부여하지는 않는다고 생각한다. 분쟁의 대상이 된 법률관계가 객관적으로 명확하지 않은 경우에, 화해당사자의 양보는 어디까지나 주관적인 것이며, 또한 각자의 양보는 화해계약체결의 동기는 될 수 있으나 화해의 결과 체결되는 계약의 채무가 되는 것은 아니기 때문이다.

(2) 다른 制度와의 區別

(가) 訴訟上 和解와의 區別 민법상의 화해계약은 분쟁당사자 사이의 계약으로서 양 당사자만을 구속하는 반면에, 소송상 화해는 소송당사자뿐 아니라 법원을 기속하는 힘을 가진다. 소송상 화해는 소송계속중 소송물인 권리관계에 대하여 당사자 쌍방이 양보하여 합의한 결과를 법원에 진술하는 것이며, 이것

1) 郭潤直, 578; 金錫宇, 420; 金疇洙, 504; 金曾漢, 385; 金顯泰, 306; 민법주해(16), 212(胡文赫 집필부분).

이 조서화됨으로써(화해조서) 소송은 판결에 의하지 않고 종료된다. 이 때 소송상 화해는 확정판결과 동일한 효력을 갖는다(민소법 제220조). 소송의 계속중인 분쟁은 민법상의 화해계약만으로는 종료되지 않고, 그 합의내용이 법원에서 진술됨으로써 소송상 화해의 요건을 갖추어야만 분쟁이 종료된다. 소송상 화해의 전제가 되는 진술내용은 화해의 본질상 당사자 쌍방의 상호 양보가 필요하므로 단순히 소송종료의 합의만 하는 경우는 소취하의 합의로 된다.

소송상 화해는 다음과 같은 소송법상 효력을 갖는다.

1) 訴訟終了效　소송상 화해는 확정판결과 동일한 효력을 가지므로, 소송상 화해가 성립하면 그 화해의 범위에서 소송은 당연히 종료한다.

2) 旣 判 力　소송상 화해(화해조서)에 기판력이 인정되는가에 관하여 긍정설, 부정설, 제한적 긍정설이 대립하고 있다. 판례는 기판력을 긍정한다.

3) 執 行 力　화해조서의 기재가 화해당사자의 일정한 구체적인 이행의무를 규정하고 있는 때에는 집행력이 인정되어 화해조서가 채무명의로 된다(제520조).

(나) 提訴前和解와의 구별　제소전화해는 재판상 화해의 일종으로서 민법상 화해계약과 요건 · 효과면에서 엄격히 구별된다. 제소전화해는 어느 분쟁에 관한 소송이 제기되기 전에 분쟁당사자의 일방이 지방법원단독판사에게 화해신청을 하여 그 판사의 주재 아래 화해를 성립시키는 것으로써 이 제소전화해도 확정판결과 동일한 효력을 갖는다. 실제로 제소전화해는 채권자가 채무자의 채무불이행시에 양도담보계약에 기초해 담보물을 소송절차에 의하지 않고 소유권이전받기 위한 목적으로 악용된다.

(다) 不提訴의 合意와의 구별　실제로 화해계약을 체결함에 있어서 그와 함께 화해전법률관계에 관하여 부제소의 합의를 하는 관행이 있다. 특히 불법행위에 기초한 손해배상액의 합의(교통사고 손해배상금합의 등)에 있어서는 가해자가 피해자로부터 「민·형사상의 일체의 청구를 포기한다」는 서약서를 받는다. 이러한 부제소의 합의는 실체법상은 별다른 법적 효과를 갖지 않으나 절차법상 의의가 있다. 화해계약이 유효하게 성립하면 자동적으로 화해전법률관계는 소멸하게 되어 그에 기초한 소송으로 권리구제는 받을 수 없게 되며, 그러한 사실은 본안판결에 의해 청구기각의 실체판결을 받게 된다. 이에 반하여 부제소의 합의가 있는 사항에 관하여 소송이 제기된 경우에는 소송요건을 충족하지 못하므로 소각하판결(소송판결)을 받게 된다.

㈑ 調停과의 구별　그 밖에 화해와 유사하지만 구별되어야 할 제도로서 조정이 있다. 조정은 법관과 민간인인 조정위원으로 구성되는 조정위원회가 분쟁당사자로 하여금 어떠한 해결책에 합의하도록 하는 절차이다. 조정이 성립되어 조정조서가 작성되면 재판상 화해와 같은 효력이 생긴다. 조정은 소송에 비하여 비용이 적게 들어 분쟁이 간이·신속하게 처리되는 장점이 있다. 가사조정(가소법 제49조 이하)·노동쟁의조정(노조및조정법 제53조 이하)·의료조정(의료법 제54조의2)·광업조정(광업법 제107조) 등의 제도가 현재 설치되어 있다.[1)]

㈒ 仲裁와의 구별　중재는 당사자의 상호 양보에 의해 합의에 이르는 화해와 본질적으로 다르고 재판과 유사한 성격을 띤다. 중재는 당사자의 합의에 의하여 선출된 중재인의 중재판정으로 분쟁을 해결하는 절차이며, 중재판결은 확정판결과 같은 효력을 갖는다. 중재는 사적 재판기관에 의한 재판이며, 그 점에서 당사자의 호양(互讓)에 의한 자주적 분쟁해결인 재판상 화해나 조정과 본질을 달리한다. 중재에 관하여는 중재법(1966년, 법률 제1767호) 및 상사중재규칙(1973. 4. 3, 대법원승인)이 규율한다.

2. 和解契約의 成立要件

(1) 當事者의 合意

㈎ 合　意　화해는 당사자 사이의 자발적인 합의에 의해 성립하며, 국가기관의 관여에 의해 성립될 것을 요하지 않는다. 화해의 합의에는 아무런 형식을 요하지 않으며, 그의 내용에 관해서도 원칙적으로 아무 제약이 없다. 어떠한 계약체결에서 합의되지 않았던 사항을 보충하기 위한 당사자의 사후 합의는 화해가 아니고 契約의 追加約定에 해당한다.

화해계약의 체결에 있어서 청약이나 승낙의 의사표시에 의사와 표시의 불일치가 있거나 하자가 있는 경우에 의사표시에 관한 민법 제107조 이하의 규정이 적용됨은 당연하다. 단 착오로 인한 의사표시에 관한 제109조는 제733조의 특별규정에 의한 적용제한을 받는다.

㈏ 意思表示의 錯誤　화해계약은 착오를 이유로 하여 취소하지 못함을

1) 大判 1980. 12. 9, 80다1616: 근로자와 사용자측이 해외주재노무관의 조정으로 분쟁사항을 종결하기로 약정하였다면, 이는 노동쟁의조정법상의 알선이나 조정 또는 중재가 아니라 노무관의 개입으로 당사자간에 화해계약이 성립된 것으로 보아야 한다.

원칙으로 하되, 화해당사자의 자격 또는 화해의 목적인 분쟁 이외의 사항에 착오가 있는 때에는 그러하지 아니하다(제733조).[1] 화해계약은 그 본질적인 성격상 「비록 계약당사자가 화해계약으로 합의한 사항이 후에 진실과 다르다고 밝혀지더라도 화해계약에 구속되겠음」을 선언한 것이라고 이해된다. 그렇다면 화해계약의 전제가 된 분쟁사항에 관하여 후에 진실이 밝혀져 자신이 화해계약 당시 그 화해전법률관계를 진실과 다르게 생각했음(착오)을 깨달았다 하더라도 그것을 이유로 계약을 취소할 수 없도록 함이 타당하다.

다음의 경우에는 착오에 기한 취소가 가능하다. 당사자 사이에 불확실하여 화해계약으로 확정하고자 하였던 법률관계를 제외한 나머지 부분에 해당하는 법률관계에 관한 착오는 이러한 화해제도의 특성에 의한 제한을 받지 않는 것이 타당하다.

1) 紛爭事項의 反對給付　　예를 들어 매매대금에 관한 분쟁해결의 화해계약에서 매매목적물에 관한 사항이 이에 해당한다.

2) 紛爭의 前提가 된 法律關係　　예를 들면 매매대금에 관한 분쟁해결의 화해계약에서 매매계약의 무효 또는 시효소멸의 경우, 또는 불법행위에 기초한 손해배상액의 확정에 관한 화해에서 양 당사자가 의심 없이 믿었던 가해자의 과실이 후에 부존재했음으로 판명된 경우가 이에 해당한다.[2] 판례는 "그것이 다툼의 대상인 사항의 전제 내지 기초로서 양 당사자가 예정한 것이어서 상호 양보의 내용으로 되지 않고 다툼도, 의심도 없는 사실로서 양해된 사항에 관한 것인 때에는 민법 제733조 단서 소정의 화해의 목적인 분쟁 이외의 사항에 관한 것이므로 특별한 사정이 없는 한 착오를 이유로 그 화해계약을 취소할 수 있다. 화해계약에서 결정된 사항과 진실과의 차이의 정도가 당사자의 주장범위를 현저히 넘고, 당사자가 그 주장범위를 넘는 부분에 대하여는 별로 의문을 갖지 아니하여 다툼의 대상으로 삼지 아니하고, 따라서 상호 양보의 내용으로 한 바도 없었음이 명백하게 인정된다면, 그 주장 범위를 넘는 사항에 관하여 착오가 있는 것은 화해의 전제 내지 기초에 착오가 있는 경우에 해당된다"고 한다(大判 1989. 8. 8, 88다카15413).

---

1) 제733조는 현대민법의 제정에 있어서 구민법에 없던 조항을 신설한 것이다. 구민법 당시의 학설 및 입법이유에 관하여는, 梁彰洙, "민법 제733조에 관한 단편," 고시계 1988년 9월호, 85 이하 참조.

2) 같은 취지: 大判 1964. 9. 15, 64다500: 화해계약의 의사표시에 착오가 있는 경우 그 착오가 분쟁의 목적이던 법률관계 자체에 관한 것인 때에는 그 취소를 논할 수 없으며, 그 착오가 분쟁의 목적사항이 아닌 것으로 화해의 전제 또는 기초되는 사항에 관한 것인 때에는 취소할 수 있다. 大判 1989. 8. 8, 88다카15412; 大判 1989. 9. 12, 88다카10050도 같은 취지임.

3) 和解當事者의 代理權 · 處分權 · 기타 資格　예를 들면 상대방이 분쟁 부동산의 소유자라고 믿었으나 알고 보니 지상권자였던 경우가 그러하다.

4) 기타 화해계약과 관련된 사항 등이다. 피해자가 과실을 자인한 경우에 과실의 존부는 분쟁의 대상이 되지 않을 수 있으나 과실비율은 일반적으로 다툼의 대상이 된다. 이들에 관하여 착오가 있었던 경우에는 제109조에 따라 그것이 법률행위의 중요부분에 해당하고, 그에 관해 표의자의 중대한 과실이 없는 경우에 한해서 취소할 수 있다.

분쟁사항에 관한 착오는 그것이 어떤 종류의 것이라도 취소할 수 없는가. 私見으로서는 취소가 제한되어야 할 것은 분쟁사항의 내용에 관한 착오(일정범위의 동기의 착오도 포함됨)이므로 表示上의 錯誤와 共通의 錯誤는 제외됨이 타당하다고 생각한다. 예를 들어 A는 채무액이 100만원이라고 믿고 B는 60만원이라고 믿고 있어 분쟁이 있었으나, A가 90만원에 화해하자고 청약하는 편지를 비서에게 시켜 타자치는 과정에서 잘못 60만원으로 기재된 경우, 또는 양자 모두 80만원으로 화해하기로 마음먹고 약정서를 대서인을 시켜 작성하는 과정에서 대서인이 90만원이라고 쓴 서류에 A와 B가 무심코 서명날인한 경우가 그러하다. 분쟁사항의 내용에 관한 착오라도 그것이 상대방의 詐欺나 强迫으로 인하여 야기된 경우에는 제110조에 따라 취소할 수 있다. 판례는 근래 취소의 허용범위를 넓힘으로써 구체적 타당성을 추구하려 한다.

大判 1992. 7. 14, 91다47208: 피해자측이 가해자의 사용자와 사이에 사고가 오로지 피해자의 과실로 인하여 발생한 것을 자인하고 치료비를 포함한 합의금 2,500,000만원만을 받고 일체의 손해배상청구권을 포기하기로 합의한 경우 「위 사고가 피해자의 과실로 인하여 발생하였다는 사실」은 쌍방당사자 사이에 다툼이 없어 양보의 대상이 되지 않았던 사실로서 화해의 전제가 되는 사항에 해당하는 것이므로, 위 사고발생에 가해자의 과실이 경합되어 있는데도 피해자측이 피해자의 일방적 과실에 의한 것으로 착각하여 위와 같은 합의를 한 것이라면 <u>착오를 이유로 위 합의, 즉 화해계약을 취소할 수 있다</u>.

大判 1992. 3. 10, 92다589: 배상액합의에 있어 사고에 대한 당사자 쌍방의 過失比率이 어느 정도인가 하는 것은 화해의 목적인 분쟁사항 그 자체라고 볼 수 있어 <u>그에 관한 착오를 이유로 이 화해계약을 취소할 수는 없다</u>.

大判 1997. 4. 11, 95다48414: ①「화해의 목적인 분쟁 이외의 사항」이라 함은 분쟁의 대상이 아니라 분쟁의 전제 또는 기초가 된 사항으로서, 쌍방당사자가 예정한 것이어서 상호 양보의 내용으로 되지 않고 다툼이 없는 사실로 양해된 사항을 말한다. ② 교통사고에 가해자의 과실이 경합되어 있는데도 오로지 피해자의 과실로 인하여 발생한 것으로 착각하고 치료비를 포함한 합의금으로 실제 입은 손해액보다 훨씬 적은 금원인 금 7,000,000원만을 받고 일체의 손해배상청구권을 포기하기로 합의한 경우, 그 사고가 피해자의 전적인 과실로 인하여 발생하였다는 사실은 쌍방당사자 사이에 다툼이 없어 양보의 대상이 되지 않았던 사실로서 화해의 목적인 분쟁의 대상이 아니라 그 분쟁의 전제가 되는 사항에 해당하는 것이므로 피해자 측은 착오를 이유로 화해계약을 취소할 수 있다.

大判 1995. 10. 12, 94다42846: 계약당사자 사이에 수술 후 발생한 새로운 증세에 관하여 그 책임 소재와 손해의 전보를 둘러싸고 분쟁이 있어 오다가 이를 종결짓기 위하여 합의에 이른 것이라면, 가해자의 수술행위와 피해자의 수술 후의 증세 사이의 인과관계의 유무 및 그에 대한 가해자의 귀책사유의 유무는 분쟁의 대상인 법률관계 자체에 관한 것으로서, 가해자는 피해자의 수술 후의 증세가 가해자의 수술행위로 인한 것이 아니라거나 그에 대하여 가해자에게 귀책사유가 없다는 등의 이유를 들어 그 합의를 취소할 수 없다.

(2) 紛爭의 存在

(가) 和解前法律關係　화해계약은 당사자 사이에 분쟁을 종지할 것을 목적으로 하는 계약이므로 이론상 필연적으로 분쟁의 존재를 요건으로 한다. 그러므로 화해계약에는 분쟁의 대상이 되었던 「화해전법률관계」와 화해계약에 의해 비로소 생기는 「화해에 의한 법률관계」의 두 개의 법률관계가 문제된다. 그 화해전법률관계의 실체는 당사자 사이에 불확정한 것이어야 한다(주관적 불확정성). 예를 들면 채무의 존부의 불분명, 소유권귀속의 불분명, 손해배상의무 및 배상액의 불분명 등이 이에 해당한다. 화해전법률관계가 양 당사자에게 명확하였음에도 불구하고 상대방의 요청에 응하여 채무의 면제·감액을 해 주거나 자기의 소유권 등의 권리를 포기하는 의사를 표시하는 경우는 엄격히 화해와는 구별된다. 그리고 자기의 주장이 진실과 달랐음을 시인하는 경우는 자백이 된다.

확정판결로 확정된 법률관계도 당사자 사이에 계속 다툼이 있으면 화해의 대상이 될 수 있다. 이 때 화해전법률관계에 관해서는 제소할 수 없으나 화해계약의 불이행에 관해서는 제소할 수 있다.

(나) 紛爭의 意味　분쟁은 당사자 사이에 법적 문제에 관하여 의견을 달리

하는 것을 말하며, 당사자 사이에 소송이 계속할 것을 요건으로 하지 않는다. 분쟁의 의미에 관하여는 협의설과 광의설이 대립한다.

1) 狹 義 說 분쟁을 좁게 해석하여 「법률관계의 존부·범위·태양 등에 관하여 당사자가 서로 다른 주장(다툼)을 하는 것」으로 보는 견해이다.[1]

2) 廣 義 說 분쟁을 넓게 해석하여 "쌍방에게 모두 불명확한 법률관계를 이러이러한 관계로 확인합시다"라고 하는 것도 「비록 진실과 다르더라도」라는 생각이라면 장래에 향해서 다투지 않는다는 뜻에서 화해라고 보는 견해이다.[2]

3) 사견으로서는 廣義說에 찬동한다. 양 당사자 사이의 외형적인 다툼의 존재는 그리 중요한 요소가 아니며, 오히려 화해계약의 중점은 화해 전의 불분명한 법률관계를 종지시키고 화해에 의해 그에 갈음하는 새로운 법률관계를 창설함에 있으므로 광의설이 타당하다.

양 견해의 차이는 당사자 사이에 외형상의 다툼은 존재하지 않으나 법률관계가 불명확한 상태에 있어 쌍방당사자가 그 법률관계를 확정시키는 합의를 한 경우에 그것을 화해계약으로 볼 것인가, 즉 민법 제732조와 제733조를 적용시킬 것인가에서 나타난다. 실제로는 가해자와 피해자가 손해배상액에 관하여 합의를 하는 경우가 빈번한데, 그 배상액합의의 성격이 문제된다. 협의설에서는 그 경우 다툼이 없었기 때문에 비록 구법률관계를 종지시키는 계약을 맺었더라도 화해가 아니며 일종의 무명계약이라고 보는 반면에, 광의설에서는 이를 화해계약으로 본다.

(3) 當事者의 相互 讓步

민법은 화해의 약정에 있어서 당사자의 상호 양보를 요건으로 규정한다(제731조). 이 상호 양보란 무엇을 의미하는가에 관해서도 견해차이가 있다.

㈎ 狹 義 說 어떠한 법률관계에 관하여 양 당사자가 각각 다른 주장을 하고 각 당사자가 자기의 주장에서 조금씩 양보하여 화해계약으로서 새로운 법률관계를 발생시키는 경우로 한정하여 상호 양보를 해석하는 견해이다. 예를 들어 갑은 을에게 100만원의 채무의 존재를 주장하고 을은 채무의 부존재를 주장하는 경우에, 을이 50만원의 채무를 지는 것으로 합의하는 경우가 이에 해당할 것이다.

---

1) 郭潤直, 578; 金基善, 332; 金錫宇, 421; 金顯泰, 306; 민법주해(16), 218~219(胡文赫 집필부분).

2) 金曾漢, 384; 金亨培, 770.

(나) 廣義說 사견으로서는 당사자가 화해전법률관계의 실체가 설혹 화해에 의한 법률관계와 다르더라도(특히 전자가 후자보다 자기에게 유리할지라도) 후자를 받아들이겠다는 의도로 화해계약을 체결했다면 그것으로 상호 양보는 행해졌다고 해석하겠다.[1] 피해자가 가해자가 제시하는 손해배상액을 듣고 내심으로는 좀더 받았으면 하면서도 그대로 수락한 경우도 이에 해당한다. 그렇게 해석하는 것이 분쟁의 의미를 넓게 해석하는 광의설과 상응한다. 각 당사자의 주장은 단지 그가 그렇다고 말했다는 것을 의미할 뿐이며, 화해전법률관계의 실체와 일치하는 것도 아니고, 그 밖의 어떤 법률효과를 갖는 것이어서도 안 된다. 그러므로 각 당사자가 자기의 주장에서 일보 양보했다는 사실은 법적으로 큰 의미를 갖는 것도 아니고 또한 쉽게 입증될 수도 없다.

(4) 當事者의 資格

화해계약의 당사자는 분쟁의 대상이 된 법률문제(화해전 법률관계)의 當事者이어야 하며, 각자는 그에 관해 處分權을 갖고 있어야 한다. 갑·을의 채무의 액에 관하여 갑·병이 화해계약을 맺을 수는 없다. 단 병이 을의 대리인인 경우는 가능하다.

(5) 새로운 法律關係의 創設意圖

(가) 債務負擔行爲 화해계약은 종전의 법률관계에 갈음하여 새로운 법률관계를 발생시킬 것을 의욕하는 행위이다. 그 새로운 법률관계란 화해로 인한 계약상 채무의 발생이다. 실제로는 화해계약의 체결과 동시에 그 계약상 채무가 이행되는 경우도 많다.

(나) 財産的 法律關係 화해전법률관계는 財産的 法律關係에 한정된다. 가족법의 규율을 받는 신분적 법률관계는 당사자의 자유로운 처분이 금지되는 경우가 많다(예: 친자관계 존부에 관한 다툼). 가족법의 적용을 받더라도 재산적 법률관계에 해당하는 이혼시 위자료 및 재산분할청구, 상속재산분할 등에 관하여는 화해계약이 가능하다.

(다) 反社會的 和解의 禁止 화해계약에 의해 발생하는 법률관계는 선량한 풍속 기타 사회질서에 위반하는 사항을 내용으로 하여서는 안 되며(제103조), 객

---

1) 같은 취지: 高梨公之, "和解," 契約法大系(Ⅴ), 214 이하. 반대설: 민법주해(16), 221(胡文赫 집필부분)에서는 "구체적으로 분쟁이 있고 이를 종지하기 위하여 당사자들이 상호 양보하는 것을 화해의 본질로 하고, 당사자들이 주장하는 권리의무는 일단 존재하는 것으로 상정하여 서로 양보한 내용대로 법률관계가 형성되는 것으로 하는 화해제도의 성질상 분쟁을 넓게 보는 견해는 타당하지 않고, 따라서 이를 전제로 양보의 의미를 퇴색시키는 이 견해도 타당치 않다고 한다.

관적으로 볼 때 화해 전의 법률관계와 화해에 의한 법률관계가 현저하게 균형을 잃어 불공정한 것으로 판단되어서는 안 된다(제104조). 화해계약 당시에는 화해 전의 법률관계가 주관적으로 불명확하므로 그러한 객관적 불공정성을 판단하기 어려울 것이나, 시일이 지난 후에 당사자가 그를 깨닫게 되는 경우가 생긴다.

3. 和解의 效力

(1) 和解의 創設的 效力

화해계약은 당사자 일방이 화해를 통해 양보한 권리가 소멸되고 상대방이 그 권리를 취득하는 효력이 있다(제732조). 즉 화해계약은 화해전법률관계를 소멸시키고 화해계약의 법률관계를 발생시키는 효력이 있다. 이렇게 구법률관계를 확정적으로 소멸시키고, 그 대신에 신법률관계를 발생시키는 것을 화해의 창설적 효력이라 한다.[1)]

㈎ 和解前法律關係의 消滅 화해계약의 전제가 되었던 불확실한 법률관계는 계약의 체결로 말미암아 소멸한다. 이 때 소멸하는 것은 화해의 전제가 된 법률관계뿐이며 그 밖의 확실한 부분은 그대로 존속한다. 예를 들어 매매계약의 체결 자체나 목적물에 관하여는 다툼이 없고, 단지 대금액에 대해서만 다툼이 있어 그를 확정하는 화해계약을 체결한 경우에는 종전 매매계약의 대금부분만이 화해계약의 내용대로 대치된다. 화해전법률관계가 소멸하는 이유는 그것이 당사자의 의사이기 때문이다. 즉 화해계약 속에는 「만약 화해전법률관계에 의해 나에게 더 많은 권리가 있더라도 나는 그것을 포기하겠다」는 의사가 포함되어 있다고 해석된다. 그러므로 화해에 의해서 확정된 사항에 관해서는 화해계약체결 후에 화해의 내용과 다른 내용의 증거가 나타나더라도 그것에 의해 화해 전의 법률관계가 부활하지는 않는다.

㈏ 和解에 의한 法律關係創設 화해계약은 새로운 법률관계를 발생시킴을 내용으로 한다. 화해계약에서 당사자(쌍방 또는 일방)는 새로운 채무를 부담한다.[2)] 재판

---

1) 구민법시대에는 화해의 효력에 관하여 창설적 효력설 외에 인정적 효력설이 주장되었었다. 인정적 효력설은 새로운 법률관계도 종전의 것과 동일성을 상실하지 않으므로 화해 후에 화해 전에 행해진 부동산매각행위를 사해행위로 취소하는 것이 가능하다는 내용의 판례에서 유래한다(日大判 昭 2. 10. 27 新聞 2775-14# Ⅲ519). 그 밖에 불법행위의 경우 손해배상에 대해 화해가 행해져도 소멸시효는 본래의 불법행위채무의 3년으로 된다는 판결도 있었다(日大判 昭 7. 9. 30 民集 11-1868). 그에 대하여 학설은 화해의 효력이 창설적인가 인정적인가를 구별하는 것은 의미가 없다고 한다(我妻, 松坂, 廣中, 來栖, 星野 등).

2) 반대설: 민법주해(16), 230(胡文赫 집필부분)에서는 "본조가 창설적 효력이라는 표제 아래에 소멸과 취

상 화해 등의 창설적 효력이 미치는 범위는 당사자가 서로 양보하여 확정하기로 합의한 사항에 한하며, 당사자가 다툰 사실이 없었던 사항은 물론 화해의 전제로서 서로 양해하고 있는 사항에 관해서는 그 효력이 생기지 않는다(大判 2001. 4. 27, 99다17319).

㈐ 和解와 관계 없는 法律關係의 存續　화해 전의 법률관계 중 화해의 전제가 된 분쟁에 해당하지 않는 것은 화해계약 후에도 그대로 존속한다. 그 존속되는 법률관계는 화해계약에 의해서 영향받지 않는다.

불법행위에 기초한 손해배상액의 합의에 있어서 소멸하는 것은 화해계약 당사자(피해자)의 손해배상의 추가청구의 권리뿐이며, 불법행위의 사실관계나 그 채권이 손해배상청구권의 성격을 가짐은 그대로 존속한다. 그러므로 당사자 사이에 다른 특약(예: 손해배상금을 일반채무로 하여 5년 후에 지불한다는 등)이 없으면 화해계약은 손해배상청구권의 소멸시효진행에 영향을 미치지 않는다고 해석된다(제766조).

大判 1992. 9. 22, 92다25335: 화해계약의 의사표시에 착오가 있더라도 이것이 당사자의 자격이나 목적인 분쟁 이외의 사항에 관한 것이 아니고 분쟁의 대상인 법률관계 자체에 관한 것인 때에는 이를 취소할 수 없다.

㈑ 條件附和解　화해의 창설적 효력에 관한 제732조는 임의규정이라고 해석된다.[1] 당사자의 의사로서 만일 후에 화해전법률관계에 관한 명백한 증거가 나타나면 화해계약을 소멸시키고 그 종전의 법률관계에 따를 것을 약정한 경우에 그러한 화해계약은 유효하며, 이 때 그러한 것은 해제조건부법률행위로서 이해될 수 있다.

(2) 紛爭終止의 債權的 效力

화해계약의 전제가 된 분쟁의 해결수단으로 체결된 화해계약은 단지 계약당사자 사이에서만 효력을 갖는다. 예를 들어 A와 B 사이에 어느 부동산의 소유권귀속을 두고 분쟁이 있었는데, 화해계약으로 A와 B가 그 부동산을 공유하기로 하고 그를 등기하였더라도 그 후에 진정한 권리자인 C가 나타나 그것

득을 언급한 것은 「변경」에 대한 종래의 고정관념에서 온 것이며, 이는 「변경」을 그렇게 표현한 것이라고 새기는 것이 타당하다. 본조의 입법취지가 화해 전에 어떠한 법률관계가 있었는지와는 아무 관계 없이 화해의 내용대로 법률관계가 변동된다고 보고, 계약체결 후에 혹시 화해의 내용이 진실에 맞지 않거나 반대사실의 확증이 나타나더라도 이미 서로 상대방의 양보를 얻어 낸 당사자들에게 계약의 준수를 요구할 수 있도록 하자는 것이라면 이처럼 법률관계의 내용이 화해의 내용대로 변경되었다고 보는 것으로 충분하지, 구태여 무엇이 소멸되고, 무엇을 취득하였다고 보아야 할 이유는 없는 것이다"라고 한다.

1) 같은 취지: 郭潤直, 579; 金錫宇, 424; 金疇洙, 507; 金曾漢, 385.

이 자기의 소유물임을 입증한다면 A·B는 그들 사이의 화해계약의 내용을 갖고 제3자인 C에게 대항할 수 없다. A와 B는 각각 자기가 전소유자로부터 매매 등의 법적 원인에 의하여 정당하게 소유권을 취득했음을 증명하여 C를 물리칠 수 있다. 이 때 등기에 권리추정력이 부여되므로 입증책임은 C에게 있다. 이와 같이 화해의 효력은 계약당사자가 아닌 제3자에게는 미치지 않으나 계약당사자는 그에 구속된다.[1] 그리고 화해의 효력은 계약당사자의 특별승계인에게도 미친다.

大判 1997. 1. 24, 95다32273: 제소전화해는 재판상 화해로서 확정판결과 동일한 효력이 있고 창설적 효력을 가지는 것이므로 화해가 이루어지면 종전의 법률관계를 바탕으로 한 권리 · 의무관계는 소멸하는 것이나, 제소전화해의 창설적 효력은 당사자간에 다투어졌던 권리관계 즉 계쟁 권리관계에만 미치는 것이지 당사자간에 다툼이 없었던 사항에 관하여서까지 미치는 것은 아니므로, 제소전화해가 있다고 하더라도 그것에 의하여 화해의 대상이 되지 않은 종전의 다른 법률관계까지 소멸하는 것은 아니고 제소전화해가 가지는 확정판결과 동일한 효력도 소송물인 권리관계의 존부에 관한 판단에만 미친다.

4. 賠償額合意의 特殊問題[2]

(1) 意 義

불법행위 또는 채무불이행 등으로 말미암아 손해배상의무가 발생한 경우에, 가해자와 피해자가 손해배상액을 일정액으로 합의하여 그것으로 손해배상의 문제를 종결짓는 것을 배상액합의라 한다.[3] 배상액합의는 화해계약의 일종

---

1) 大判 1988. 8. 9, 88다카2332: 재판상의 화해가 성립되면 그것은 확정판결과 같은 효력이 있는 것이므로 그것을 취소 · 변경하려면 재심의 소에 의해서만 가능하다 할 것이나, 재판상의 화해의 내용은 당사자의 합의에 따라 자유로 정할 수 있는 것이므로 화해조항 자체로서 특정한 제3자의 이의가 있을 때에는 화해의 효력을 실효시키기로 하는 내용의 재판상의 화해가 성립되었다면 그 조건의 성취로써 화해의 효력은 당연히 소멸된다 할 것이고, 그 실효의 효력은 언제라도 주장할 수 있다.

2) 참고문헌: 淡路剛久, "不眞正連帶債務概念についたの一考察—共同不法行爲の場合を 中心として," 民法學の現代的課題, 201; 同, "使用者の責任と被用者の責任との關係について — 續不眞正連帶債務の各論的研究," 立敎法學 제13호, 108; 同, "交通事故と示談," 交通法研究 제3호, 22; 野村好弘, "共同不法行爲と示談の效力 — 運行供用者(使用者) または運轉者(被用者)の一方と被害者との間の時談の他方に對する效力," ジュリスト 제428호, 119; 高森八四郎, "損害賠償と示談の拘束力," 現代損害賠償法構座 제1권; 同, 示談契約における免除の效力 — 示談當事者以外の者に對する拘束力," 法律時報 제47권 10호 · 11호.

3) 拙稿, 채권총론, 54 참조.

이다.[1] 관행상 배상액합의와 함께 不提訴의 特約이 동시에 행해지는 경우가 많다. 교통사고로 인한 배상금합의는 일정한 경우 소제기를 저지하는 효과를 가진다. 교통사고처리특례법(1981) 제3조 2항은 일정한 경우 피해자의 명시한 의사에 반하여(전액보상보험 · 공제에 가입한 경우도 이에 준함) 운전자에 대한 공소를 제기할 수 없다고 규정한다.

(2) 賠償額合意의 成立

배상액합의는 대개의 경우 가해자가 불법행위 또는 채무불이행의 구성요건을 충족시킨다는 사실, 즉 손해배상청구권의 발생원인에 관하여는 당사자 사이에 의문의 여지 없이 확실하고, 단지 얼마의 배상액이 적정한가에 관하여만 다툼이 있는 경우가 많다. 배상액산정의 기초가 되는 손해(사망 · 부상 등)에 대해서도 통상 의문의 여지 없이 확실하다.

예외적으로 손해배상청구권의 발생 자체(특히 가해자의 과실 여부 · 인과관계의 존부 등)나 배상되어야 할 손해의 범위(예: 피해자의 실직이 그 사고 및 그로 인한 부상에 기인하는 것인가)에 관하여 분쟁(불확실 포함)이 있고 그 쟁점을 명확히 하기 위해 합의하는 경우도 있다. 어떠한 합의가 위의 두 경우 중 어떤 것에 해당하는가는 의사해석, 즉 화해계약의 해석의 문제이다. 만약 해석에 의해서도 분명치 않은 경우에는 전자로 보는 편이 타당하다.

大判 1994. 10. 14, 94다14018: 불법행위의 가해자에 대한 수사과정이나 형사재판과정에서 피해자가 가해자로부터 합의금 명목의 금원을 지급받고 가해자에 대한 처벌을 원치 않는다는 내용의 합의를 한 경우에 그 합의 당시 지급받은 금원을 특히 위자료 명목으로 지급받는 것임을 명시하였다는 등의 특별한 사정이 없는 한 그 금원은 재산상 손해배상금의 일부로 지급되었다고 봄이 상당하다.

大判 1975. 6. 24, 74다1929: 친권자 본인이 부상을 입어 가해자측과 손해배상에 관한 합의를 하는 경우 특별한 사정이 없는 한 미성년자인 자녀들 고유의 위자료에 관하여도 그 친권자가 법정대리인으로서의 합의도 함께 하였다고 보는 것이 우리의 경험칙에 합당하다.

(3) 賠償額合意의 效力

㈎ 確定的 效力 배상액합의는 가해자가 일정액을 손해배상금으로 지급

---

1) 郭潤直, 581은 당사자가 서로 양보하고 있는지의 유무에 따라서 민법상의 화해이거나 또는 그것에 비슷한 무명계약이라고 해석한다.

할 것과 피해자가 그의 수령과 동시에 그 밖의 손해배상청구는 하지 않을 것을 내용으로 하므로, 피해자가 합의 당시 손해의 평가를 너무 낮게 함으로 말미암아 그러한 합의에 이르렀다는 사정이 있더라도 그 착오를 이유로 배상액합의를 취소할 수 없음이 원칙이다(제733조).

(나) 後發損害에 관한 例外 배상액합의 이후에 심각한 후유증이 생기는 등 새로운 사정이 전개되어 후발손해가 발생한 경우에 피해자를 그러한 배상액합의에 구속시켜 추가의 배상금청구를 불가능하게 하는 것은 부당하며, 이 때 추가의 배상청구를 인정하는 것이 타당하다. 그 이론구성에 대하여는 논쟁이 있다.

1) 和解의 效力制限으로 처리하는 입장 후유증에 대한 배상청구를 화해계약의 효력범위에 관한 해석문제로 파악하는 견해이다.[1] 전 손해를 정확하게 파악하기 어려운 상황하에서 성급하게 소액의 배상금으로 합의를 한 경우에, 권리포기조항은 합의 당시에 예상한 손해만에 관한 것이고 불측의 수술이나 후유증과 같은 그 후에 발생한 손해에 관한 청구권까지도 포기하겠다는 취지로 새기는 것은 당사자의 합리적 의사에 합치한다고 할 수 없다고 해석하고, 그 후발손해에 대한 배상청구권을 인정한다. 판례도 대체로 위와 같은 견해를 취한다(大判 1970. 8. 31, 70다1284 등 다수판결).

2) 信義則에 기해 인정하는 입장 후발손해가 발생한 경우에 피해자를 구제하기 위해서 신의성실의 원칙을 적용하는 것이 가장 바람직하다고 보고, 피해자를 합의에 구속시키는 것이 신의성실의 원칙에 반할 때에는 권리남용으로 보아 이를 인정하지 않아야 한다는 견해이다.[2] 신의성실의 원칙을 적용하는 경우에는 합의의 전부가 무효로 되지 않고 모든 사정의 고려하에 합의의 어떤 부분이 신의성실의 원칙하에 피해자에 대하여 기대될 수 없는가가 검토되어야 하고 그리하여 그러한 부분에 한하여 유효를 주장하지 못한다고 한다.

3) 私見으로도 배상액합의를 화해계약의 일종으로 파악하는 이상 그 효력범위를 제한하는 방법으로 후발손해를 배상토록 하는 것이 타당하다고 생각한다.

화해계약에 의해서 피해자가 표시한 합의액과의 손해배상청구를 하지 않겠다는 약속은 피해자가 화해 당시 예상할 수 있었던 손해의 범위 내에서만 효

1) 郭潤直, 582.
2) 金亨培, 778; 宋德洙, "손해배상에 관한 합의의 효력," 고시연구 1990년 3월호, 109.

력을 갖는다. 그러므로 배상액합의가 있었음에도 후발손해의 배상을 追加請求할 수 있기 위해서는 다음의 要件을 갖추어야 한다. ① 배상액의 합의 당시에 당사자 사이에 배상범위 내의 손해에 관하여 명시적 또는 묵시적인 의사일치가 있었을 것, ② 후발손해는 합의 당시의 사정에 비추어 볼 때 피해자에게 예견불능하였을 것(가해자는 그 후발손해를 예견하였더라도 의도적으로 배상액을 낮추기 위해 침묵하였을 가능성도 있다), ③ 그 후발손해는 객관적으로 볼 때 피해자가 그 사실을 당시에 알았더라면 그러한 금액으로 합의하지 않았을 것이라고 판단될 정도로 중대한 것이어야 한다.

大判 1970. 8. 31, 70다1284: 원고와 피고 사이에 「피해자가 입원 수술가료중 경과가 호전으로 보아 퇴원함에 있어 퇴원 후 향후 치료비 및 일체의 비용으로 금 11,100원정으로 한다… 위의 금액을 정히 영수하고 본건을 상호 원만히 해결하며, 겸하여 본건에 관한 민형사상 일체의 소송을 제기하지 않을 것을 확약한다…」라는 합의를 할 당시에 원고는 위와 같은 영구적 불구자가 되는 후유증이 있으리라는 점은 전연 예측하지 못하였고, 따라서 이러한 점을 배려한 바 없이 다만 퇴원할 당시 위 원고의 치료경과가 호전되었으므로 그것을 전제로 하여 위와 같은 합의를 한 것에 불과하고 합의할 당시 위 원고로서는 전연 예상할 수 없었던 불측의 후유증발생 등으로 인한 영구불구가 될 경우에 있어서의 손해배상청구권까지를 포기하는 취지로 위와 같은 합의를 한 것이라고는 볼 수 없다.
大判 1997. 4. 11, 97다423: 불법행위로 인한 손해배상에 관하여 가해자와 피해자 사이에 피해자가 일정한 금액을 지급받고 그 나머지 청구를 포기하기로 합의가 이루어진 때에는 그 후 그 이상의 손해가 발생하였다 하여 다시 그 배상을 청구할 수 없는 것이나 다만 그 합의가 손해발생의 원인인 사고 후 얼마 지나지 아니하여 손해의 범위를 정확히 확인하기 어려운 상황에서 이루어진 것이고 후발손해가 합의 당시의 사정으로 보아 예상이 불가능한 것으로서 당사자가 후발손해를 예상하였더라면 사회통념상 그 합의금액으로는 화해하지 않았을 것이라고 보는 것이 상당할 만큼 그 손해가 중대한 것일 때에는, 당사자의 의사가 이러한 손해에까지 그 배상청구권을 포기한 것이라고 볼 수 없으므로 다시 그 배상을 청구할 수 있다고 보아야 한다.

(다) 不眞正連帶債務에서의 相對的 效力　수인의 공동불법행위자가 있는 경우 피해자가 그 중 한 명의 가해자와 배상책임면제의 합의를 하였거나 또는 일정액의 배상액합의를 한 경우에 그들 합의는 다른 가해자에 대해서는 어떠한

효력을 갖는가. 공동불법행위자들의 손해배상책임을 부진정연대채무라고 이해하므로 연대채무에 관한 제419조(면제의 절대적 효력인정)는 적용되지 않으며, 배상액합의는 합의당사자 사이에서 채권적 효력만을 가진다. 그러므로 피해자는 합의당사자가 아닌 가해자에 대해서는 그 합의에 구애됨이 없이 손해배상을 청구할 수 있다. 단 이미 변제받은 금액은 이중으로 변제받을 수 없다. 그러나 그 배상액합의가 다른 가해자에 대한 배상청구권의 포기를 조건으로 한 경우에는 그에 따라 다른 가해자는 면제된다.[1)]

(라) 過少賠償額合意 피해자가 그의 궁박, 경솔 또는 무경험으로 인하여 적정한 배상액보다 현저하게 소액의 배상액을 합의한 경우에 그 합의는 不公正한 契約으로서 無效이다(제104조). 피해자가 가해자와 배상액의 합의를 하고 즉시 그 금액을 받지 않는다면 가해자를 상대로 손해배상청구소송을 제기하여 판결을 받을 때까지 손해배상금을 받는 것을 미루어야 하는데, 치료비 · 장례비 등이 급히 필요한 피해자는 소송이 종결되기까지 기다릴 수 없어 부득이 소액으로 합의하는 실례가 많다.

大判 1969. 5. 27, 69다392: 원고가 피고회사의 피용자인 운전사의 불법행위를 내세워 상실수익(1,081,758원) 및 위자료(100,000원)의 지급을 구하는 경우에 원고와 피고회사 사이에 원고의 손해에 관하여 그 중 치료비를 제외한 손해의 배상조로 금 50,000원을 지급받기로 하는 내용의 화해가 성립되었다고 인정함에 있어 본소와 같은 청구를 할 수 있었던 원고가 특단의 사정 없이 금 50,000원을 받고 화해를 한다는 것은 이례에 속하는 사실이라 할 것이고, 원심이 피해자인 원고의 화해 당시의 사정이나 그 경위 및 화해가 계약서의 작성도 없이 이루어지게 되었던 이유 등의 특단의 사정에 관하여 아무런 심리판단을 하지 아니하였음은 심리미진으로 인한 이유불비의 위법이 있다.

大判 1966. 10. 18, 66다1573: 원고 등은 국가배상심의회에 원고 등의 아들이 사망으로 인하여 입은 위자료로서 각각 금 15만원의 지급을 구하는 배상금지급신청을 하여 법무부로부터 그 청구금액 중 금 1만 5천원씩 위자료의 지급을 인용하는 결정을 받고, 그 결정에 동의하고 그 때에 후일 이 사건을 원인으로 하는 일체의 다른 손해배상을 청구하지 아니한다는 각서를 작성하였다 하더라도, 이는 위자료수령에 따르는 것으로 잘못 알았다면 타인의 불법행위로 인하여 아들을 잃은 부모가 도

---

1) 같은 취지: 淡路剛久, "交通事故と示談," 交通法研究 제3호, 22. 이 문제에 관하여 일본에서는 그 밖에도 여러 학설이 주장된다.

합 금 3만원에 불과한 위자료만을 지급받고 다른 재산상의 일체의 손해배상청구를 포기한다 함은 일반경험칙에 어긋나는 것이라 할 것이니 원고 등이 다른 일체의 손해배상을 청구하지 않겠다는 의사표시는 법률행위의 내용의 중요한 부분에 착오가 있다고 할 것이고, 이는 오로지 원고 등이 청구한 위자료에 관한 것에 불과하여 다른 손해의 청구에 관한 착오는 제733조 단서에 정한 화해의 목적인 분쟁 이외의 사항에 관한 것이라고 볼 것이므로 착오를 이유로 취소할 수 있다.

제 3 장　事務管理

제 3 장 事務管理

§ 35. 事務管理의 一般論

1. 意　　義[1)]

(1) 概　　念

사무관리란 관리자가 법률상 또는 계약상의 채무 없이 타인(본인이라 칭한다)을 위하여 그의 사무를 처리해 줌으로써 생기는 管理者와 本人 사이의 法定債權關係를 말한다. 사무관리는 관리자가 타인의 사무를 처리하는 사실을 기초로 법률이 관리자와 본인 사이에 포괄적인 채권관계를 발생시키는 것인데, 그 포괄적인 채권관계의 내용은 관리자의 손해배상의무(제734조 3항, 제735조), 통지의무(제736조), 관리계속의무(제737조), 보고의무(제738조, 제683조), 취득물 등의 인도·이전의무(제738조, 제684조), 금전소비의 책임(제738조, 제685조)과 본인의 비용상환의무(제739조), 손해보상의무(제740조) 등이다.

事務管理法의 立法例

고전시대의 로마법은 채권의 발생원인으로서 「계약」(contractus)과 「불법행위」(delictum)를 인정할 뿐이었다. 고전시대 이후에는 계약이나 불법행위에 속하지 않는 부당이득(condictio)·사무관리(negotiorum gestio) 등의 채권의 발생원인을 통틀어서 「準契約」(obligationes quasi ex contractus)이라고 불렀다. 유스티니아누스법은 그 밖에 「準不法行爲」(obligationes quasi ex delicto)를 보태어 결국 채권의 발생원인은 계약·불법행위·준계약·준불법행위의 넷으로 되었다.

프랑스민법은 이러한 로마법을 본받아서 「準契約」(quasi-contrat)이라는 개념을 인정하고(프민 제1371조), 준계약이라는 장을 따로 두어 사무관리(프민 제1372조~제1375조)와 비채변

---

1) 참고문헌: 金相容, "사무관리: 민법의 쟁점문제," 고시연구 1997년 11월호; 趙誠民, "긴급사무관리의 효과," 고시계 1998년 8월호.

제(프민 제1376조~제1381조)에 관하여 규정하고 있다.

독일민법(독민 제677조~제188조)과 스위스채무법(스債 제419조~제424조)은 모두 위임(Auftrag)의 규정 다음에 「委任 없는 事務의 管理」(Geschätsführung ohne Auftrag)라 하여 사무관리를 규정하고 있다. 우리 민법은 사무관리를 별개의 채권발생원인으로 규정한다는 점 외 기본적인 골격은 독일민법과 유사하나, 개개의 규정이 조금씩 차이를 보여 사무관리법의 해석에 따라서는 독일과 상당히 달라질 수도 있다.

(2) 事務管理制度의 目的

사무관리법의 목적은 무엇이며 이는 다른 채권발생원인과 어떻게 구별되는가 하는 문제에 관하여 종래 社會扶助說이 지배하였으나 근래에는 歸屬性說이 주장되고 있다. 사회부조설과 귀속성설 중 어느 견해를 취하는가에 따라 「사무관리법과 다른 제도 사이의 한계」가 다르게 설정된다. 그리고 사무관리의 요건과 관련하여 「관리자의 주관적 관리의사」를 필요로 하는가 하는 문제 등에서 차이를 보인다.

㈎ 社會扶助說　　사무관리가 인정되는 것은 타인의 이익을 증진하는 것이 사회연대 · 사호부조의 이상에 부합하기 때문이라고 이해하는 견해이다.[1] 민법은 사회생활에 있어서의 상부상조를 도모하기 위해서 의무 없이 타인의 사무를 관리하는 행위를 적법한 것으로 인정하고 관리자에 대하여 지출한 비용의 충분한 상환청구권을 인정하는 동시에, 다른 한편으로는 관리자에게 이왕 시작한 그 관리를 적절하게 수행할 의무를 부과함으로써 관리자의 가해적 간섭으로부터 본인을 보호하도록 하여 본인과 관리인의 관계를 타당하게 규율하려고 한다고 설명한다. 타인의 사무에 간섭하여 이를 처리하는 것이 결과적으로는 그 타인(본인)의 이익이 되는 경우라도 타인의 사무에 관여하는 것이 위법한 행위가 된다면 누구도 타인이 긴급한 사정하에 있을 때 그를 도우려고 하지 않을 것인데, 이것은 명백히 본인의 이익에 반할 뿐만 아니라 사회의 이익에도 반하게 된다. 사회공동생활에 있어서 서로 돕는 이른바 상호부조의 이상에서 본다면, 각자가 서로 의지하고 서로 도와서 타인의 손해를 막고 타인의 이익을 증진하는 것이 필요하며 또한 요망되는데, 그것은 본인의 이익이 될 뿐만 아니라 동시에 사회 전체의 복리가 된다. 사회공동생활에 있어서 각 개인은 각각 그들에게 고유한 생활영역을 가지고 있으므로 남의 영역을 침범해서는 안 되며, 본

1) 郭潤直, 585; 金疇洙, 514; 金曾漢, 388.

인의 허락이나 부탁이 없음에도 불구하고「남의 일에 간섭하는 것은 위법이 됨」(culpa est im-miscere se rei ad se non pertinenti)이 원칙이지만, 법률은 예외적으로 권리 · 의무 없는 자가 일정한 조건하에 타인을 위하여 사무를 관리할 수 있게 하고 그것을 적법한 것으로 하고 있는데, 그 제도가 사무관리라고 한다.

(나) 歸屬性說　私見으로서는 사무관리법은 계약상 의무나 법률상 의무 없이 행하여진 타인사무의 관리의 결과 야기되는「관리인과 본인 사이의 재산관계」를 정의에 맞게 조정할 목적으로 만들어졌다고 이해된다.[1] 첫째, 민법의

獨逸의 學說

독일에서는 1887년 코울러(Kohler)가 社會扶助說을 주장한 이후 이 학설이 지배설로 되었다.[2] 1976년 보울슐래거(Wollschläger)는 사회부조설이 입법이유나 판례의 발달과 조화를 이루지 못한다고 비판하였다.[3] 그는 사무관리법은 계약 등의 권한 없이 행한 사무의 타인성을 기초로 재화의 부담이나 손실의 정당한 귀속을 보장하는 제도라는 歸屬性說(Zuständigkeitstheorie)을 주장하였다. 사무관리법을 타인을 위하여 행하여진「위탁 없는 행위」로부터 생기는 부당한 재산상태를 교정하는 법적인 이익조정이라고 파악하였다. 사무관리법은「사무의 타인성」을 기초로 부당이득법과 같은 포괄적인 이익조정의 기능을 담당해야 한다고 주장하였다. 그 후 이 논의는 헬름(Helm)에 의하여 채권법개정의견으로 정리되었고, 이를 계기로 사무관리법의 기능과 타제도와의 한계에 관한 논의가 재차 행해졌다.[4] 다른 한편 독일의 판례는 사무관리법의 영역을 매우 확장하여 왔는데, 판례의 이러한 태도는 사무관리법의 고유기능을 왜곡하고 부당이득법이나 불법행위법과의 한계를 모호하게 한다는 비판을 받고 있다.[5]

1) 같은 취지: 金相容(下), 4. 김상용 교수는 "그러므로 사무관리제도의 사상적 기초는 사회부조설에 입각해 있으나, 그 내용은 타인사무의 처리로 인하여 발생한 재산의 귀속관계의 규율로 구성되어 있다. 따라서 사무관리는 사무처리로 인한 관리자와 본인 사이의 채권법적 조정을 규율함을 목적으로 하고 있다"라고 한다.

2) Kohler, Die Menschenhilfe im Privatrecht, *Jherings Jahrbücher für die Dogmatik des Bürgerlichen Rechts,* Bd. 25, 1887, S. 1.

3) Wollschläger, *Die Geschäftsführung ohne Auftrag,* Habilitationsschrift, 1976. 이 견해에 대해서는 그 후 Wittmann의 반론이 제기되었다. Wittmann은 타인사무관리의사를 사무관리의 핵심으로 파악하였다. Wittmann, *Begriff und Funktionen der Geschäftsführung ohne* Auftrag, 1981.

4) Helm, Geschäftsführung ohne Auftrag, *Gutachten und Vorschläge zur Überarbeitung des Schuldrechts,* Bd. Ⅲ, 1983, S. 335~411.

5) Grunsky, Die Ausweitung des Anwendungsbereichs der Geschäftsführung ohne Auftrag ohne Auftrag in der neueren Rechtsprechung, *Juristische Analysen* 1969, S. 111: Schubert, Der Tatbestand der Geschäftsführung ohne Auftrag, *AcP,* 178(1978), S. 441.

사무관리규정은 각자에게 귀속될 것을 그의 진정한 주인에게 돌리는 것(인도·상환)에 중점이 놓여 있다. "재화를 궁극적으로 누구에게 귀속시킬 것인가"의 결정은 상위의 규범과 조화를 이루도록 판단되어야 한다. 사무관리의 채권관계는 관리자의 관리행위로 얻어진 취득물을 원래 주인인 본인에게 귀속시키는 取得物引渡義務에 그 핵심이 있다고 본다. 사무관리행위는 언제나 無償勞務提供으로서 노무에 대한 報酬請求權은 인정되지 않고 사무관리에 들인 비용의 상환청구권만이 인정되는데, 이 비용상환청구권은 원래 본인이 부담해야 할 것을 부담시키는 재산관계의 이익조정에 해당한다. 둘째, 사무관리법이 사회부조의 이타적 행위를 장려하는 측면이 있음은 사실이지만, 그렇다고 하여 사무관리법의 목적이나 과제를 그것에 제한한다면 거래의 요청을 충족시키기에도 미흡하고 민법규정의 내용과도 일치하지 않는다. 만약 사무관리법의 목적이 이타적 행위의 장려에만 있다면 관리자에게 비용상환청구권 이외에도 보수청구권을 인정하였을 것이나 우리 민법은 보수청구권을 인정하지 않는다. 그리고 민법 제734조 2항과 제740조는 관리행위와 관련하여 관리인 및 본인에게 생긴 손해의 보상에 관해서 무조건 관리인을 보호하는 것이 아니라 양자의 이익이 형평을 이루도록 조정하려고 노력한다. 셋째, 우리 민법은 독일민법에서와 같이 권한 없이 행해진 타인사무의 간섭이란 측면을 강조하지 않는다. 민법은 의무 없이 행해진 타인사무처리의 법률관계를 본인의 의사·이익에 적합한 경우와 그렇지 않은 경우로 나누어 효과를 달리 규율한다.

2. 事務管理의 補充性

사무관리는 당사자 사이에 다른 법률관계가 성립하지 않는 경우에 보충적으로 적용되는 「法適用에서의 補充性」을 띤다. 사무관리는 계약에 기한 의무 또는 법률의 규정에 의해 발생한 의무 없이 타인사무를 처리한 경우에 적용되는 보충적 법규범이다. 法定債權關係라는 점에서 사무관리는 부당이득 및 불법행위와 어깨를 나란히 한다. 그러나 이들 세 제도는 각각 목적 및 기능을 달리함을 원칙으로 한다

(1) 契約規範의 補充

당사자 사이에 계약이 존재하는 경우에는 계약법에 따라 규율되며 사무관리규정이 적용될 여지가 없다. 사무관리는 관리자의 사무처리가 계약(위임·고용·도급 등)

상의 의무 없이 개시된다는 점, 그리고 관리자와 본인의 채권관계의 내용이 당사자의 의사에 기초하지 않고 법률의 규정에 의해 정해진다는 점에서 계약관계와는 엄격히 구별된다. 그리고 관리자가 본인에 대하여 자기의 노무제공에 대한 반대급부(보수)를 청구할 수 없다는 점에서 노무제공계약과 구별된다(위임계약은 無償으로도 체결될 수 있다). 사무관리와 가장 유사한 내용의 계약은 委任이다. 민법은 사무관리에 위임의 규정을 준용하므로(제738조), 양자의 법률관계는 유사한 내용을 갖는다.

(2) 不法行為規範의 補充

(가) 事務管理와 不法行為의 差異 불법행위책임은 가해자의 위법한 법익침해로 인한 손해를 배상해 주는 데에 목적이 있는 반면에, 사무관리규정은 사무처리로 야기되는 법률관계의 정리에 목적이 있으므로 양 제도는 그 목적을 달리한다. 사무관리규정에서도 관리인이나 본인에게 생긴 손해의 배상 또는 보상을 규율하는데(제734조 3항, 제735조, 제740조), 그 요건과 효과가 불법행위책임의 경우와는 다르다. 손해배상청구권(또는 보상청구권)의 요건은 사무관리제도 고유의 이익조정에 맞게 정해지는데, 위법한 가해행위만을 대상으로 하지 않으며 또한 가해자의 과실도 요건으로 하지 않는다는 점에서 불법행위책임과 다르다. 그리고 관리자가 관리행위중에 입은 손해에 대하여 본인의 현존이익을 보상한도로 함으로써 효과도 달리한다(제740조).

(나) 損害賠償請求權의 競合 손해배상청구권의 발생과 관련하여 사무관리규정과 불법행위규정 사이에 경합이 생기게 된다. 본인이 사무관리자에 대하여 그 사무관리상의 과실 및 위법성을 이유로 손해배상을 청구하여 만족을 얻은 경우에, 본인은 같은 사실관계에 기하여 다시 사무관리규정에 기한 손해배상청구를 할 수 없다. 반대의 경우도 같다. 본인은 손해배상의무가 한번 이행된 것으로 손해의 전보를 받은 셈이기 때문에 이중적인 만족은 허용되지 않는다.

管理行為로 인한 不法行為責任의 發生

사무관리규정이 관리자의 모든 관리행위를 적법한 것으로 만드는가에 관해서 견해가 대립한다. 社會扶助說에서는 사무관리의 효과로서 他人事務干涉의 適法化를 으뜸으로 드는 반면에, 歸屬性說에서는 이에 반대한다. 관리자의 관리행위는 그것이 과실 없이 행해진 경우에만 적법하고, 관리자가 과실로 인하여 본인에게 손해를 입힌 경우에는 불법행위책임을 발생시킨다고 해석한다(私見).[1] 다만 사무관리자는 유상의 노무공급계약(고용·도급·위임 등)에서보다 가벼운 注意義務를 진다고 보아야 할 것이다. 그리고 「본인의 의사에 반하는 관리행위」도 사무관리에 포함시키는 사견으로서는 이 경우 관리자의 주의의무는 그렇지 않은 경우보다 무겁다고 해석한다. 민법은 본인의 의사·이익에 반한 관리행위로 인한 손해에 대하여는 관리자에게 無過失責任을 지운다(제734조 3항). 이 경우에도 순수한 불가항력으로 인한 손해, 즉 관리행위가 없었더라도 본인이 입었으리라는 손해에 대하여는 관리자에게 손해배상의무가 발생하지 않는다고 해석하여야 공평하다.

(3) 不當利得規範의 補充

㈎ 不當利得과 事務管理의 區別　부당이득법은 타인의 손해로 말미암아 얻은 부당한 이득을 정당한 권리자에게 환원시킴을 목적으로 한다는 점, 즉 정당한 권리자에게 귀속되어야 할 재산을 타인이 갖고 있는 경우에 권리자에게 되돌려 준다는 점에서 사무관리법과 기능면에서 유사성을 가지므로, 부당이득법과 사무관리법의 한계를 설정하기가 어렵다. 社會扶助說에서는 부당이득법과 사무관리법을 그에 의해 발생하는 채권관계의 성격에 의해 구분하지 않고, 단지 사무관리법은 타인을 위한 이타적 행위에만 적용된다는 적용범위의 문제로 이해하는 듯하다. 그러나 歸屬性說을 취하는 사견으로서는 양자는 채권관계의 성질이 다르다고 본다.

1) 給付不當利得과의 區別　계약의 무효·취소 등으로 급부수령자의 수령권한이 없었던 경우에, 급부제공자가 계약이 존재하지 않음에도 계속 급부를 제공한 것이 급부수령자에게 부당이득이 된다. 그 밖에 이 경우에 급부제공자와 급부수령자 사이에 타인의 사무의 관리라는 사무관리관계를 인정할 수 있는가 의문이 생긴다.[2] 사견으로서는 이 때 부당이득관계만이 존재한다고 해석한다. 급부제공자가 상대방에게 제공한 급부는 스스로 의무의 이행으로서 행한 것인데, 사무관리는 의무 없이 이행한 것을 대상으로 하며, 이 때 「의무 없이」란 「의무의 이행과 관계 없이」라는 뜻으로 해석하는 것이 사무관계법의 목적에

1) 郭潤直, 591~592은 이 때 관리자의 관리행위는 적법행위가 되므로 불법행위책임은 지지 않으나 관리자가 관리방법을 잘못한 때에는 채무불이행책임을 진다고 한다. 생각건대 채무불이행책임은 계약당사자 사이에서만 발생하므로 이상의 이론구성은 옳지 않다고 여겨진다.

2) 독일의 판례는 이 때 사무관리를 인정한다. 즉 미성년자가 국내편의 항공권으로 국제선에 부정탑승한 경우(BGH NJW 1971, 609=BGHZ 55, 128)와 법률상담남용금지법에 의해 자격 없는 자를 법률고문으로 위임하여 일하도록 한 경우(BGHZ 37, 258, 1962년)에 사무관리를 기초로 그의 반대급부의 지급을 명하였다.

적합하다. 그리고 제공된 급부는 그것이 물건이든 노무이든 그것의 수령 자체가 부당이득이 되어 원물 또는 가액으로 급부수령자에게 반환되어야 한다. 사무관리법은 관리자가 본인을 위하여 한 사무처리의 노무제공 자체는 본인에게 무상으로 수령하도록 하며(보수청구권이 인정되지 않음), 단지 그 사무처리의 과정에서 관리인이 제공하였던 재료·비용이나 관리인의 손실을 본인으로 하여금 상환·보상해 주도록 하고, 관리인이 사무처리과정에서 취득한 것은 본인에게 인도·이전하도록 한다. 채무가 있다고 믿고 그것의 이행으로서 노무를 제공한 경우에, 부당이득법에 따라 급부수령자는 제공자에게 그 노무를 금전으로서 가액반환하도록 함이 타당하다. 만약 이 경우를 사무관리법에 의해 규율한다면 본인이 무상으로 그 노무를 수령할 수 있게 되므로 부당한 결과로 될 것이다.

2) 費用不當利得과의 구별　　사무관리에서 관리인의 費用償還請求權도 부당이득법에서의 비용상환과는 성격을 달리한다. 부당이득법에서는 이득자의 이득을 기초로 그 이득부분을 비용지급자에게 반환토록 하므로 이득자의 이득범위로 반환범위가 정해진다(제748조). 그러나 사무관리법은 관리자에게 보수를 주지는 못하지만 원칙적으로 관리자가 지출한 비용은 전액상환하여 주도록 한다(제739조).

(나) 返還請求權의 競合　　관리자의 본인에 대한 비용상환청구권이나, 본인의 관리자에 대한 취득물인도청구권은 부당이득반환청구권에 의하여서도 실현이 가능하다(청구권의 경합). 이 때 양 청구권의 요건 및 반환범위는 각각 다르게 된다. 본인이 사무관리자에 대하여 부당이득규정에 따라 사무관리중 얻은 이익의 반환을 청구하여 이행을 받은 경우에, 본인이 다시 사무관리규정에 따라 취득물의 인도를 청구하거나(제738조, 제684조) 금전소비에 대한 책임을 묻는 것(제738조, 제685조)은 허용되지 않는다.

3. 管理行爲의 性格

관리행위 자체는 사실행위인 경우도 있고 법률행위인 경우도 있는데, 이러한 관리행위의 성격은 직접 사무관리의 성립에 큰 영향을 미치지 않는다.

(1) 法律行爲로서의 事務管理

사무관리가 법률행위로서 행해지는 경우도 있다. 이웃사람이 부재중인 집의 깨진 유리를 갈아 끼우기 위해 유리창가게와 계약을 맺은 경우, 가게주인이 이웃 점포의 주인이 잠깐 자리를 비운 사이에 이웃 가게의 상품을 손님에게 팔아 준 경우, 갑자기 졸도한 사람을 병원에 옮겨 치료받도록 진료계약을 체결하는 행위, 친구가 평소 원하던 계약의 청약마감일을 놓치지 않기 위해 대신 청약서를 제출하는 행위 등이 그 예가 될 것이다. 사무관리는 약정채권관계가 아니기 때문에 그의 성립에 있어서 법률행위나 계약에 관한 법리가 직접 적용되지 않으며, 사무관리고유의 성립요건을 충족시키기만 하면 된다. 관리행위가 법률행위인 경우에 그 행위에 대해서는 행위능력 · 의사표시 · 대리 등의 법률행위의 법리가 유추적용되어 그에 따른 유효요건이 요구되지만, 관리행위시에 존재하는 행위능력 · 의사표시 · 대리 등의 하자는 원칙적으로 관리자와 제3자 사이의 문제이며, 이것들이 직접 사무관리에 영향을 미치지 않는다.[1]

(2) 事實行爲로서의 事務管理

길잃은 아이를 보호해 주는 경우, 손님이 흘리고 간 물건을 보관해 주는 경우 등과 같이 관리행위가 사실행위로서 행해지는 것이 보통이다. 관리행위가 사실행위인 경우에 관리자의 행위능력유무는 사무관리의 성립에 영향을 미치지 않는다.

事務管理者의 代理權의 認定 與否

관리자가 본인의 이름으로 제3자와 법률행위를 한 경우에 그 행위의 효력은 어떠한가. 그 행위는 대리권 있는 대리행위가 되는가, 표현대리가 되는가, 또는 무권대리가 되는가에 관하여는 학설이 대립한다. ① 無權代理說: 관리자가 본인의 이름으로 제3자와 법률행위를 한 경우에는 대리권 없는 대리행위가 되어 무권대리의 성격을 가진다는 견해이다. 본인이 후에 그 무권대리행위를 추인하면 본인에 대하여 효과가 생기게 된다고 한다(제130조).[2] 사무관리가 본인과 관리인 사이에서 채권관계를 발생시킬 뿐이고, 관리자가 대외적으로 행위하는 데 관한 대리권을 발생시키지 않기 때문이라고 한다. ② 有權代理說: 사견으로서는 관리자에게 일정한 범위 내의 관리행위(제734조 1항과 2항에 적합한 관리행위를 한 경우)에 관해서는 대리권을 부여하여 대리행위의 본인에 대한 효력을 인정함이 옳다고 생각한다.[3] 관리인이 본인의 의사 및 이익에 적합하

1) 같은 취지: 郭潤直, 587; 金疇洙, 516; 金曾漢, 390.

2) 郭潤直, 592; 金曾漢, 395.

3) 같은 취지: 三宅正男, "事務管理者の行爲の本人に對する效力," 不當利得 · 事務管理の硏究 (1) 수록(同, 注釋民法(18), 370); 平田春二, "事務管理の成立と不法干涉との限界," 不當利得 · 事務管理の硏究 (2) 수록. 일본에서는 그 근거로서 그 밖에도 日本民法 제702조 2항(우리 민법 제739조 2항에 해당)을 든다; 金疇洙, 534은 원칙적으로 무권대리설을 취하고, 「그러나 사태가 긴급하고 더욱이 관리자의 법률행위의 효과를 본

게 관리하였고 그 관리행위가 본인의 이름으로 행해진 법률행위인 경우에, 대리의 효과를 인정하여 본인과 거래상대방 사이의 계약을 인정해야 한다. 다만 관리자가 자기의 이름으로 제3자와 법률행위를 한 경우에는 대리관계가 발생하지 않음은 당연하다. 첫째, 사무관리에 위임의 규정을 준용하는 취지를 살려서 위임의 외부관계에 해당하는 代理權도 인정하여, 사무관리자와 본인 사이에 법정의 대리관계를 인정하는 것이 타당하다. 사무의 관리내용이 본인을 위하여 제3자와 법률행위를 하는 것일 때에 만약 관리자에게 대리권을 부여하지 않는다면 사무관리를 법정채권관계로서 인정한 의의가 없게 될 것이다. 예를 들어 중환자를 병원에 옮겨 진료계약을 체결하도록 하는 경우, 관리자가 본인의 이름으로 의료계약을 체결할 것을 원하고 병원도 본인과 계약을 체결하는 것으로 믿고 승낙했음에도 불구하고 그것이 불가능하다는 것은 사회통념에 맞지 않는다. 무권대리설을 취할 경우에, 본인이 그 행위를 추인할 수 없는 상황에 있는 때에는(환자가 계속 의식을 회복하지 못하는 경우) 계속 무권대리로서 남아 있게 되어 그 법률효과를 직접 본인에게 귀속시키지 못하게 되는 불합리한 결과가 생기게 된다. 둘째, 사무관리자의 대리행위를 통해 본인과 거래한 제3자를 보호하기 위해서 유권대리관계를 인정하고 제3자와 본인 사이의 계약관계를 인정할 필요가 있다. 예를 들어 이웃 가게의 물건을 대신 팔아 준 경우에도 만약 대리권을 인정하지 않는다면, 고객은 사무관리인(팔아 준 사람)과 매매계약을 체결한 것이 될 것이고 본인(가게 주인)과의 사이에는 매매계약상의 항변권(물건의 교환 등의 하자담보책임)을 행사할 수 없게 되어 부당하다. 무권대리설은 대리권의 부인으로 거래상대방인 제3자의 신뢰를 해치게 되며, 관리인의 관리행위의 효과를 본인에게 귀속시키고자 하는 사무관리법의 근본취지에도 어긋나게 된다. 셋째, 사무관리자가 권한을 넘은 대리행위를 한 때에는 表見代理의 法理를 적용하여 거래상대방을 보호할 필요가 있다. 表見代理에 관한 제126조(권한을 넘은 표현대리)와 제129조(대리권소멸 후의 표현대리)는 사무관리자의 대리행위에 유추적용되어야 한다.

4. 事務管理의 類型

민법의 사무관리규정은 관리행위가 본인의 의사 · 이익에 적합하게 행해진 경우와 그렇지 않은 경우에 효과를 달리한다. 그 밖에도 학설에 의해 다른 사무관리의 유형이 논의된다.

인에게 직접 귀속시킬 필요가 있을 경우(예컨대, 사고로 의식을 잃은 본인 A를 운행인 B가 C병원에 운반하여 치료를 부탁한 경우, 독신의 청과점주인 A가 뇌일혈로 쓰러져서, 이웃사람 B가 무단으로 청과물을 C에게 파는 경우)에는 처음부터 A(본인)에 의한 대리권수여나 수권이 있었던 것과 같은 효과를 인정할 필요가 있을 것이다」라고 하여 일정한 경우에는 관리자의 대리행위의 본인에 대한 효력을 인정하고 있다.

(1) 正當事務管理

관리자가 의무 없이 타인의 사무처리를 개시하였고, 그 사무의 개시가 본인의 이익 및 의사에 합치하는 경우를 말한다. 이 때 관리자는 본인·상속인·법정대리인이 인수할 때까지 계속해서 본인의 이익 및 의사에 적합하게 관리할 의무를 진다(제737조). 이 때 관리자에게는 費用(必要費 및 有益費) 全額의 償還請求가 인정되고, 관리자가 사무처리과정에서 부담한 채무는 본인에게 변제토록 한다(제739조 1항·2항).

(2) 不當事務管理

사무처리의 개시 및 그 사무처리방법이 본인의 이익 및 의사에 반하는 경우를 말한다. 부당사무관리는 원칙적으로 해서는 안 되는 관리행위로서, 無斷事務管理로 되는 경우가 많다. 본인의 의사에 반하는 경우라도 자살자를 구조하는 경우 또는 주인이 방화한 건물을 소화하는 경우처럼 관리행위가 본인의 의사에는 어긋나지만, 공공의 이익에 적합한 때에는 정당사무관리로 된다. 사무처리의 개시가 본인의 의사에 어긋났더라도 후에 본인이 追認하면 정당사무관리와 같이 다루어진다.

부당사무관리자는 사무관리로 인하여 본인이 입은 손해를 그의 과실에 관계 없이 배상할 책임이 있다(제734조 3항, 無過失損害賠償責任). 그리고 이 경우 관리자의 비용상환청구권은 본인의 현존이익의 한도에서 인정된다(제739조 3항). 이와 같이 부당사무관리에서 관리인은 정당사무관리에서보다 매우 불이익한 위치에 놓이게 되며, 관리인의 무과실손해배상책임은 간접적으로 본인의 이익·의사에 반하는 타인의 사무간섭을 저지하는 효과를 갖는다.

(3) 緊急事務管理

관리자가 본인의 생명·신체·명예·재산에 대한 급박한 위험을 면하게 하기 위해 관리행위를 개시한 경우를 말한다. 이 때에 관리행위가 본인의 이익·의사에 적합했는가에 관계 없이 관리자는 故意·重過失로 인한 損害 외에는 본인에 대하여 배상책임이 없다(제735조).

(4) 誤想事務管理

타인의 사무를 자기의 사무로 오신하여 처리한 경우를 말한다. 즉 관리자가 事務의 他人性에 대한 인식이 없었던 경우이다. A의 관리인 B가 C의 사무를 A의 사무로 잘못 알고 처리한 경우에, 관리인에게 사무의 타인성에 대한 인식이 있었으므로 오상사무관리에 해당하지 않는다. 사무관리의 성립요건으로서 관리자의 타인사무의 관리의사를 요구하는 主觀說에 의하면 오상사무관리의 경우에는 사무관리는 성립하지 않으며, 이 때 관리인과 본인의 법률관계는 부당이득법이나 불법행위법에 의하여 규율된다. 그러나 타인사무의 관리의사를 요구하지 않는 客觀說에 의하면 이 경우에도 사무관리가 성립한다(뒤에 설명함).[1)]

(5) 無斷事務管理

관리자가 타인의 사무라는 사실을 알면서도 그것을 자기 또는 제3자의 것으로 하겠다는 의사로 처리한 경우를 말한다. 타인의 건물을 무단으로 점거(自主占有)하고 있는 자가 그 건물을 제3자에게 임대하여 차임을 받는 경우, 또는 타인의 물건을 자기 것으로 삼고 그것을 매각처분하는 경우가 이에 해당한다. 이러한 무단사무관리에도 사무관리의 성립을 인정할 것인가에 관하여는 학설이 대립한다.

> **입법례**
>
> 무단사무관리에 관하여 독일민법 제687조 2항은 자기가 그에 관한 권한이 없음을 알면서도 他人의 事務를 자기의 사무로서 관리한 경우 본인은 사무관리의 효과를 주장할 수 있다고 규정하며, 학설은 이 경우를 不眞正事務管理(unechte Geschäftsführung ohne Auftrag)라고 한다. 스위스채무법 제423조도 사무관리가 본인의 이익을 고려하여 개시되지 않은 경우에도 본인은 자기의 사무처리로부터 발생하는 이익을 취득할 권리가 있으며, 그 이익의 범위에만 관리자에 대한 비용상환의무를 진다고 규정한다. 일본민법이나 우리 민법은 이러한 경우에 관하여 아무런 규정을 두지 않아서 해석상의 의문점을 남기고 있다.

㈎ **準事務管理說** 무단사무관리의 경우에도 사무관리의 효과를 인정하되, 독일민법학에서와 같이 통상의 사무관리와 구별되는 준사무관리로서의 채권관계로 설명하는 견해이다.[2)] 통상의 사무관리의 성립요건으로서 관리자의 타인을 위한 의사라는 主觀的 要素의 존재가 요구된다고 보므로, 이 경우는 통상의 사무관리에 포함되지 않는다고 한다. 이 경우에 사무관리의 효과를 인정해야 하는 이유는 사무관리의 경우에만 관리자가 사무의 처리결과 얻은 금전·

---

1) 독일민법은 이 경우를 제687조 1항에 규정하여 사무관리규정의 적용을 배제한다. 학설은 이를 오상사무관리(vermeintliche Geschäftsführung)라 하여 동조 제2항의 부진정사무관리와 구별한다.

2) 金錫宇, 438; 金疇洙, 541; 金顯泰, 324, 金疇洙, "準事務管理," 考試硏究 1987년 4월호.

물건 · 권리를 전부 본인에게 귀속되어야 할 것으로 하고 본인에게의 引渡 · 移轉義務를 부과할 수 있기 때문이라고 한다. 이 경우 그것을 얻기 위해 不當利得返還請求權이나 不法行爲에 기초한 損害賠償請求權을 행사할 수도 있지만, 부당이득의 반환이나 불법행위에 의한 손해의 배상이나 모두 본인의 손실을 한도로 하므로 관리자의 이득이 언제나 모두 본인의 손실이라고는 할 수 없고, 그 증명이 매우 곤란하여 관리자의 반환의무가 그의 이득의 전부에 미치지 못하는 경우가 있게 된다. 그러나 事務管理의 取得物引渡義務는 특히 관리자가 무단으로 타인의 사무를 관리함에 있어 그의 호기나 재능으로 말미암아 본인이 관리했을 경우보다 많은 수익(이를 特別收益, 運用利益이라 함)을 거둔 경우에 실효가 있다고 한다. 이러한 특별수익은 비록 관리자의 재능에 의해 얻어진 것이라 하더라도 관리자의 것으로 정당화될 수는 없으며, 사무관리의 효과에 따라 본인에게 귀속시킴이 타당하다고 한다.[1]

(나) 事務管理否定說　무단사무관리의 경우에 본인은 자기이익을 보호하기 위해서 불법행위에 기한 손해배상청구를 하거나 부당이득을 반환청구하는 것으로 충분하며 이 경우를 準事務管理로서 인정할 필요가 없다는 견해이다(이 견해는 사무관리의 성립에 타인을 위한 의사를 요건으로 한다고 해석하므로 물론 위 경우 사무관리의 성립도 부정한다).[2] 그 근거로서는 다음의 세 가지가 주장된다.

첫째, 불법행위나 부당이득에 있어서의 「손실」이라고 하는 것은 그 사실이 없었으면 확실히 재산이 증가하였으리라는 것이 증명되어야 하는 것이 아니라, 널리 그 사실이 없었으면 재산의 증가가 있었으리라고 客觀的 可能性이 있으면 얻을 수 있었을 이득의 손해가 있는 것이라고 새기고, 본인의 손실이라는 관념을 이렇게 새긴다면 굳이 준사무관리의 개념을 인정하지 않더라도 불법행위 또는 부당이득으로서 손해배상 또는 이득반환을 청구함으로써 같은 목적을 달성할 수 있다고 한다.[3]

둘째, 관리자의 뛰어난 재능에 의하여 본인으로서는 도저히 거두지 못할 이익을 얻은 경우에는 오히려 이득 전부의 상환을 부정하는 것이 형평에 맞는다는 것이다. 즉 준사무관리의 성립을 인정하는 설은 본인의 보호를 그 중심으로 하는데, 본인의 보호라는 것이 관리자가 얻은 이득을 전적으로 본인에게 반

1) 金疇洙, 앞의 책, 541; 同, 앞의 글, 68.
2) 郭潤直, 598; 金相容(下), 19; 金曾漢, 400; 李太載, 407.
3) 金曾漢, 400.

환케 한다는 것을 꼭 의미한다고는 할 수 없다고 한다. 예컨대 관리자의 특수한 재능으로 얻게 된 것까지를 반환케 하는 것은 본인의 보호임에는 틀림 없으나, 본인의 능력만으로는 결코 그러한 이익을 올릴 수 없다고 인정되는 경우에는 오히려 본인을 부당히 지나치게 보호하는 것이 된다고 한다. 그러므로 본인이 그 사무를 관리하였더라면 얻었으리라고 객관적으로 인정되는 범위의 것만을 본인에게 돌려주면 되며, 그것은 부당이득 또는 불법행위에 의한 손해배상의 이론으로 충분히 이룰 수 있고, 특별히 준사무관리의 성립을 문제삼을 필요는 없다고 한다.[1]

셋째, 사무관리는 적법행위이나 이른바 준사무관리의 경우에는 원칙적으로 불법행위가 있게 되는데, 특별한 법률적 근거도 없이 그러한 「不法」한 행위를 「適法」한 행위로 다루는 점도 마땅치 못하므로 우리 민법상 준사무관리의 관념을 인정할 필요가 없다고 한다.[2]

(다) 事務管理說 사견으로는 무단사무관리도 경우에 따라서 사무관리에 포함되어 사무처리에 의해 얻은 이득은 본인에게 인도되어야 한다고 해석하겠다.

첫째, 무단사무관리의 성격과 관련하여 가장 문제가 되는 것은 특별수익(운용이익)의 본인에의 반환 여부인데, 이 경우 사무관리의 법률관계를 인정하여 모든 취득물을 본인에게 인도시키고 관리인에게 사무처리과정 및 결과를 보고시킴이 타당하다. 관리인에 의한 特別收益을 본인에게 귀속시킬 것인가 또는 관리인에게 귀속시킬 것인가를 고려할 때, 본인에게 귀속되는 것이 타당하다고 생각된다. 관리인이 비록 자기가 수익을 올릴 목적으로 행위를 했다 하더라도 그것은 법적으로 추인될 수 없는 불법의 행위동기일 뿐이고 객관적으로 볼 때에는 권한 없는 타인사무처리일 뿐이다. 그 타인사무집행의 기초에는 위임계약이 존재하지 않으므로 관리인과 본인과의 관계를 청산할 수 있는 방법은 법정의 채권관계인 사무관리뿐이다. 否定說이 주장하는 바와 같이 관리인의 재능에 의해 추가된 수익을 관리인의 것으로 하는 것은 정당하지 못한 이익을 불법한 행위를 한 자에게 귀속시켜서 관리인의 의도대로의 법률효과를 부여하는 것은 부당하다.

둘째, 무단사무관리의 본인에게 부당이득법이나 불법행위법에 의한 구제

1) 郭潤直, 598; 李太載, 407.
2) 郭潤直, 598; 金相容, 19.

외에 사무관리법에 의한 구제의 길을 열어 주어야 한다. 관리인이 관리행위 결과 취득한 금전 · 물건 · 권리를 부당이득법이나 불법행위법에 의해 본인에게 환원시키는 것이 불가능하거나 바람직하지 못한 경우가 있다. 사무관리의 경우는 본인이 그 취득물이 본인의 사무처리 결과 얻은 것이라는 사실만 입증하면 인도청구할 수 있다. 그러나 부당이득의 반환청구나 불법행위에서는 그 수익으로 인하여 본인에게 손해를 가하였을 것(즉 본인의 손해와 인과관계)을 입증하여야 하며 청구요건이 훨씬 까다롭다. 특히 불법행위법에 의할 경우 본인은 응당 자기에게 귀속할 취득물을 받음에 있어 손해를 배상받는 형식을 취하게 되어 바람직하지 못하다. 결국 그 사무처리의 취득물은 사무관리법에 의하여 본인에게 인도되는 것이 바람직하다.

셋째, 사무관리가 利他的 行爲에 한정된다고 보는 부정설의 주장은 옳지 못하며, 사무관리는 계약관계 없는 타인사무처리에 있어 양 당사자의 이익을 조정하기 위한 法定債權關係라고 이해되어야 한다. 그렇게 이해한다면 이익조정의 필요성은 이타적 행위의 경우뿐 아니라 無斷管理의 경우에도 똑같이 있게 된다.

넷째, 민법에는 준사무관리를 따로 규정하지도 않으며 또 그렇게 해석할 필요도 없다. 민법은 사무관리에 타인을 위한 의사라는 主觀的 要件을 요구하지 않으며, 단지 타인의 사무라는 客觀的 要件으로 충분하도록 규정한다. 그러므로 무단관리를 위해 따로 준사무관리의 개념을 마련할 필요 없이 사무관리의 범주 내에서 규율할 수 있다.[1)]

無體財産權과 事務管理

무단사무관리를 준사무관리 또는 사무관리로서 인정할 것인가의 문제는 특히 特許權이나 著作權이 침해된 경우에 그 논쟁의 실익이 있었으나 현재에는 입법에 의하여 많은 부분 해결되었으나 아직도 문제의 소재는 남아 있다.[2)] ① 特許法(1990)에서는 특허권자 또는 전용실시권자에게 침해예방청구권, 침해금지청구권, 손해배상청구권을 인정하면서 손해배상청구시에 "권리를 침해하는 자가 그 침해행위에 의

1) 같은 취지: 小池隆一, 準契約及びの事務管理の研究(新版), 287.

2) 독일민법에 있어서의 준사무관리의 규정이 처음 적용된 것은 특허권침해사건에 대한 것이었으며, 그 후 독일에서 부진정사무관리라는 제도가 가장 실효를 거두는 경우는 타인의 특허권이나 실용신안권을 권한 없음을 알면서 멋대로 행사한 경우라고 한다. 본인은 사무관리법에 따라 잠칭관리자로 하여금 계산의무를 부담지워 이득을 계산시켜 그 이득의 인도를 청구할 수 있다.

하여 이익을 받은 때에는 그 이익액을 손해액으로 추정하거나" 또는 "그 특허발명의 실시에 대하여 통상 받을 수 있는 금액에 상당하는 액을 손해액으로 하여" 배상청구할 수 있다고 규정한다(특허법 제126조~제128조). ② 著作權法(전부개정 2006. 12. 28)에 의하면 저작재산권자는 침해의 예방, 손해배상의 담보를 요청하거나 고의 또는 과실로 그 권리를 침해한 자에 대하여 손해배상을 청구할 수 있다. 그 손해배상청구시에 그 권리를 침해한 자가 침해행위에 의하여 이익을 받았을 때에는 그 이익의 액을 손해액으로 추정하며, 그 밖에 그 권리행사로 통상 얻을 수 있는 금액을 손해액으로 하여 배상청구할 수 있다(저작권법 제123조~제125조). ③ 지적재산권 중에서 특별법에 의하여 손해액이 추정되지 않는 경우에는 사무관리의 법리에 따라 무단관리자가 얻은 이익을 본인에게 인도하도록 하는 것이 특허권, 저작권의 경우와 균형이 맞게 된다.[1)]

§36. 事務管理의 要件과 效果

1. 要 件

(1) 事務의 管理

(가) 管理行爲 사무관리가 성립하기 위해서는 관리자가 사무의 관리행위를 하였어야 한다. 사무의 관리란 사람의 생활에 있어 재산적 이익을 주는 모든 행위를 말한다. ① 재산적 이익을 제공하는 행위란 반드시 그 행위가 금전으로 가액이 산정될 수 있다는 것은 아니며(제373조), 채권의 목적이 될 수 있을 정도의 재산성을 갖는 것으로 충분하다. 서비스(노무)의 제공, 어린이·병자·노인의 부양도 사무에 해당한다. ② 타인의 채무를 변제하는 것(제469조, 제3자의 변제)도 변제자와 타인인 채무자 사이에는 사무관리가 성립한다(제742조, 변제자와 수령한 채권자 사이에서는 선의의 변제자만이 제742조, 변제자와 수령한 채권자 사이에서는 선의의 변제자만이 不當利得返還請求權을 갖는다).[2)] ③ 사무관리행위는 事實行爲인 경우도 있고 法

---

1) 이 문제에 관하여 事務管理否定說에서는 무체재산권의 문제는 특별법에 의하여 해결해야 한다고 주장하였다. 金曾漢, 399. 반면에 준사무관리설에서는 저작권에 관하여 저작재산권침해의 경우에는 준사무관리의 이론에 의할 필요가 없게 되었으나 가해자에게 침해행위의 전말을 보고시키는 의무를 부과시키기 위해서 준사무관리의 이론에 의존할 필요성은 남아 있다고 하였다. 金疇洙, 543; 同, 앞의 글, 70. 事務管理說을 취하는 사견으로서는 특별법으로 보호되지 않는 지적재산권의 경우를 위하여 사무관리법의 적용이 필요할 뿐 아니라, 지적재산권에 관한 특별법의 이론적 기초를 부여하기 위하여도 사무관리의 법리가 필요하다고 생각한다.

2) 大判 1961. 11. 9, 4293민상729; 연대보증인이 그 보증기간 이전의 채무에 관하여 채무의 변제를 하였다면 이에 관하여 연대보증인의 변제로서의 효력이 발생하지 아니하며, 대위변제도 성립되지 아니한다 하여도 제3자의 변제는 그 자체가 채무자를 위하여 유익한 것이므로 반증이 없는 한 채무자에게 유익하고 또한 그

律行爲인 경우도 있다. 법률행위의 경우에 채무부담행위(예: 옆집의 전선불량을 보고 제3자에게 수리토록 계약한 경우)와 처분행위(예: 가게주인이 잠깐 자리를 비운 사이 이웃 가게주인이 고객에게 물건을 대신 팔아 주는 것은 처분행위이다)가 있다. 사실행위 중에는 물건 등의 보존 · 개량의 관리행위가 포함된다.[1)]

大判 1957. 7. 25, 4290민상290: 몰수할 수 있는 압류물에 대한 국가기관의 환가처분은 그 경제적 가치를 보존하기 위한 형사소송법상 처분이라 할지라도 당해 물건이 몰수되지 아니하는 경우도 있으므로 위 처분은 한편 당해 물건소유자를 위한 사무관리에 준할 행위라고 할 수 있고, 따라서 국가기관이 위 환가를 위하여 체결한 계약에 관하여 계약자의 의무불이행으로 인하여 국가가 취득할 보증금은 일응 국고에 귀속되는 것이나, 당해 물건 또는 그 후 환가처분으로 생긴 대금을 몰수하지 아니하게 되는 경우에는 국가기관은 관리자로서 그 취득한 보증금을 당해 물건 소유자에게 인도할 의무가 있다.

大判 1962. 4. 4, 4294행상158: 광업권 공동출원자의 대표자가 소정기간 내에 일정한 절차를 밟을 수 없는 처지에 놓여 있다면 그 절차를 밟지 못함으로써 권리를 상실하게 될 다른 공동출원인들은 자기의 공동출원권을 보전하고, 아울러 위 대표자의 권리까지 함께 보전하기 위하여 대표자의 동의가 없더라도 대표자명의로 필요한 절차를 밟을 수 있다고 할 것이고, 이 경우에 대표자를 위하여는 본인의 의사에 적합한 사무관리가 된다.

大判 1981. 5. 26, 80다2515: 제3자인 원고가 피고의 혼인외 출생자를 양육 및 교육하면서 그 비용을 지출하였다고 하여도 피고가 동 혼인외 출생자를 인지하거나 부모의 결혼으로 그 혼인중의 출생자로 간주되지 않는 한 실부인 피고는 동 혼인외 출생자를 부양할 법률상 의무는 없으므로 피고가 원고의 위 행위로 인하여 부당이득을 하였다거나 원고가 피고의 사무를 관리하였다고 볼 수 없다.

(나) 管理者의 行爲能力 사무관리의 성립에 있어서 관리자의 행위능력을 요건으로 하는가에 관하여는 학설이 대립한다.[2)]

의사에 반하지 아니한 것으로 인정하여야 할 것이며, 그 변제는 일종의 사무관리라고 보아야 할 것이므로 채무를 변제한 연대보증인은 채무자에 대하여 사무관리의 법리에 따라 동 변제액의 상환청구권이 있다 할 것이다.

1) 독일의 판례는 교통법규에 맞게 운전하고 있는 승용차에 어린이의 자전거가 뛰어들어 그를 피하기 위해 핸들을 반대로 꺾어 가로수를 들이받아 손해가 발생한 경우에 사무관리를 인정하여 비용상환청구를 인용하였다. BGHZ 38, 270. 이 경우 우리 민법에 의한다면 제735조의 손해배상청구권이 인정될 것이다.

2) 독일민법은 관리자가 무능력자인 때에는 불법행위 및 부당이득에 관한 규정에 의해서만 책임을 지는 것으로 한다(독민 제682조). 스위스채무법은 무능력자의 경우 이득이 있거나 악의로 이득을 양도한 범위에서만 사무관리에 의하여 책임을 지며, 그 밖에 불법행위책임은 지지 않도록 한다(스債 제421조).

1) 行爲能力要件說　　위임에 있어서와 마찬가지로 사무관리에 있어서도 관리자가 행위능력을 가지고 있을 것이 요구된다고 해석하는 견해이다.[1] 그 근거로서는 첫째로, 관리자에게 상당히 무거운 의무와 책임이 지워져 있기 때문에 만일 행위능력이나 정상적인 의사능력을 요구하지 않는다면, 무능력자인 관리자까지 무거운 의무와 책임을 지게 되어 무능력자의 보호라는 민법의 정신에 어긋나게 된다고 한다. 둘째, 사무관리는 위임관계에 서지 않는 관리자에게 위임에 있어서와 비슷한 책임을 인정하려는 것이며, 그것은 이른바 「위임 없는 타인사무의 처리」이므로 행위능력도 동일하게 요구되어야 한다는 점을 든다. 관리자에게 행위능력이 요구되는 결과 무능력자는 관리자로서의 특별책임을 지지 않으며, 다만 불법행위 또는 부당이득에 의한 책임을 질 뿐이라고 해석한다.

2) 行爲能力不要說　　사무관리는 법률행위가 아니기 때문에 행위능력에 관한 규정은 적용되지 않는다고 보는 견해이다.[2] 관리자나 본인이나 행위능력을 필요로 하지 않고, 다만 관리자가 본인을 위하여 할 의사능력만 있으면 된다고 한다. 관리자에게 행위능력이 필요 없다고 하는 결과 무능력자인 관리자도 그 책임능력이 경감되지 않고 관리계속의무와 같은 무거운 책임을 진다고 하는 것은 民法의 無能力者保護의 정신에 어긋나는 것이 되므로, 무능력자는 관리자로서의 특별책임은 지지 않고 단지 불법행위 또는 부당이득에 의한 책임을 질 뿐이라는 예외를 인정한다(독일법, 스위스법 도 같은 취지임). 그 근거로서 민법 제135조 2항 후단의 규정을 유추적용할 것을 제안한다.

3) 私見으로서는 사무관리의 성립을 위하여 타인사무관리행위만 있으면 충분하고 그 관리행위 당시에 관리자에게 행위능력이 있을 것은 필요하지 않다고 생각하므로 行爲能力不要說에 찬동한다. 다만 민법총칙의 無能力者保護制度의 기본취지는 사무관리법에서도 사회적 타당성이 있는 범위 내에서 존중되어야 한다고 생각한다. 무능력자제도는 무능력자의 채무부담을 경감시켜 주는 데에 그 목적이 있으므로 사무관리에서도 무능력자가 관리자로서 채무를 부담하게 되는 경우, 그를 경감시켜 줌이 타당하다고 생각한다. 그러므로 관리자가 본인에 대하여 손해배상의무를 지는 경우에 관리자가 미성년자로서 그 행위의 책임을 변식할 지능이 없는 때, 또는 심신상실중에 타인에게 손해를 가한 때에는 제753조 내지 제755조를 유추적용하여 무능력자에게 배상책임을 지우지 않

1) 郭潤直, 588; 金錫宇, 427; 金疇洙, 518.

2) 金相容(下), 11; 金曾漢, 391.

고, 그의 감독자에게 배상책임이 발생한다고 해석함이 타당하다. 물론 관리자가 무권대리인으로서 관리행위(법률행위인 경우에 한함)로 인한 채무를 스스로 부담하여야 할 경우에는 제135조 2항 후단의 적용을 받게 된다. 그 밖에 관리자가 사무처리중에 취득한 금전이나 물건을 소비 또는 처분한 경우에 본인에 대한 취득물 인도의무에 대해서도 현존이익의 범위로 제한하는 것이 타당하다고 생각한다(제141조의 유추적용).

(2) 事務의 他人性

㈎ 他人事務의 管理意思의 與否　관리자의 사무처리는 반드시 타인의 사무로서 처리하고자 하는 의사를 기초로 행하여졌어야 하는가, 즉 사무관리의 성립에는 「管理意思의 存在」라는 주관적 요건을 갖추어야 하는가에 대하여는 학설이 대립한다. 학설대립은 자기의 사무라고 믿고 처리한 경우(誤想事務管理: 자기의 집이라고 믿고 수선한 경우)에는 사무관리가 성립하지 않는가, 그리고 타인의 사무인 줄을 알면서 그것을 자기의 사무로 삼을 의도로서 처리한 경우(무단사무관리: 타인의 건물을 자기가 불법점거하여 임대하고 차임을 받는 경우)에는 어떠한가 하는 점에서 차이를 보인다. 민법은 「타인을 위하여 사무를 관리하는 자」라고만 함으로써(제734조 1항) 「타인을 위하여」가 객관적으로 판단되어야 할 것인지, 아니면 관리자의 주관적 의사를 기초로 정해질 것인지에 관해 명백한 결론을 제시하지 않는다.

1) 主 觀 說　이 「타인을 위하여」는 관리자가 타인의 사무로서 관리하는 의사, 즉 관리의 사실상의 이익을 타인에게 귀속시키려는 의사(이는 법률효과를 본인에게 귀속시키려는 대리의사와는 구별된다고 한다)가 존재하여야 함을 의미한다고 해석한다.[1] 그러므로 단순히 자기의 이익만을 꾀하려는 의사만을 가진 때에는 사무관리가 성립하지 못한다고 한다. 단 이 관리의사는 관리자 자신의 이익을 위한 의사와 병존하여도 상관 없다고 한다(예컨대 공유자의 한 사람이 각 공유자의 부담에 돌아갈 비용의 전부를 지급하는 경우). 이 관리의사는 표시될 필요도 없고 그 사무를 관리할 당시에 확정되어 있을 필요도 없으며(주인을 잃은 개를 기르는 경우), 따라서 본인에 관하여 착오가 있더라도 상관 없다고 한다(이 때에는 진정한 본인에 관하여 사무관리가 성립한다. 갑 소유의 가옥을 을의 것으로 오신하여 수선한 자는 갑의 사무관리자이고, 을의 사무관리자가 아니다). 判例는 주관설을 취한다.

> 大判 1994. 12. 22, 94다41072·41089: 사무관리가 성립하기 위하여는 우선 그 사무가 타인의 사무이고, 타인을 위하여 사무를 처리하는 의사, 즉 관리의 사실상의

1) 郭潤直, 590; 金相容(下) 9, 10; 金錫宇, 428; 金疇洙 524; 金曾漢, 391; 金顯泰, 315; 李太載, 398; 黃迪仁, 322.

이익을 타인에게 귀속시키려는 의사가 있어야 함은 물론, 나아가 그 사무의 처리가 본인에게 불리하거나 본인의 의사에 반한다는 것이 명백하지 않을 것을 요한다.

大判 1995. 9. 15, 94다59943: 사무관리라 함은 의무 없이 타인을 위하여 그의 사무를 처리하는 행위를 말하는 것이므로, 만약 그 사무가 타인의 사무가 아니라거나 또는 사무를 처리한 자에게 타인을 위하여 처리한다는 관리의사가 없는 경우에는 사무관리가 성립될 수 없다(부당이득금반환을 청구한 사건으로서 급여자가 이득자에 대한 부당이득반환청구가 부인되자 무리하게 사무관리에 기한 손해배상청구를 하였으나 이 판결은 그 손해배상청구도 기각하였음).

2) 客觀說 사견으로는 사무관리가 성립하기 위하여는 사무가 객관적으로 타인의 것으로 귀속됨이 타당하다고 판단됨이 필요할 뿐 관리의사는 요건이 아니라고 생각한다. 민법이 말하는 타인을 위한 사무의 관리란 관리의 객체가 되는 사무가 타인의 것이므로 관리자의 관리행위가 궁극적으로 타인을 위하는 일이 됨을 말하는 것이다. 따라서 사무관리의 성립에 관리자의 타인사무처리의 주관적 의도나 사무의 타인성에 대한 인식은 필요하지 않다. 그 이유는 첫째, 사무관리는 관리자가 타인을 위해서 베푸는 이타적 행위에 한정될 필요가 없고, 사무관리법은 계약 없는 타인사무처리로 생기는 당사자의 재산적 이익을 조정하는 제도로 이해되어야 한다는 점, 둘째, 가해자에게 우발적인 가해행위에 대한 책임을 묻는 경우에는 그 자의 주관적 요소인 故意·過失의 존부를 중요시 여길 필요가 있지만 2인 사이의 사무처리의 채권관계를 적정하게 규율함을 목적하는 사무관리법에서는 그 채권관계는 객관적인 측면에서 타당하게 규율되어야지 관리자의 주관적 의도에 좌우되어야 할 필요는 없다는 점, 셋째, 독일민법은 통상의 사무관리와 별도로 誤想事務管理와 無斷事務管理를 규정하므로 통상의 사무관리는 관리의사가 있는 경우로 한정함이 타당할 수 있지만 우리 민법은 그들 두 제도를 별도로 규정하지 않으므로 사무관리에서 모두 함께 포섭하여 규율하여야 한다는 점, 그리고 무단사무관리를 준사무관리로서라도 인정하여 사무관리법을 적용시켜야 할 필요성이 있다면(앞에 설명하였음) 그것을 民法規定 밖의 제도로 두기보다는 民法이 규율하는 사무관리 안에 두는 것이 좋다는 점을 들 수 있다.

(나) 他人性의 判斷 관리자는 타인의 사무를 처리하였어야 한다. 무엇을 기준으로 관리자가 처리한 사무가 자신의 것인지 타인의 것인지를 판단하여야

하는가 하는 문제에 관하여도 주관설과 객관설의 입장이 다르다.

1) 主 觀 說 주관설에서는 사무의 성질에 따라 분류한 후 관리의사의 존부라는 요건을 추가하여 판단한다. 사무 자체를 그의 성질에 따라 ① 객관적으로 타인의 사무인 것(타인의 집의 수리), ② 객관적으로 자기의 사무인 것(자기집의 수리), ③ 그 성질상 중성이어서 특정인과 관계가 없는 것(식료품 · 약품 · 건축자재의 구입)의 세 가지로 나누어, ①의 경우에는 사무관리가 성립하고, ②의 경우는 사무관리가 성립하지 않으며 ③의 경우는 관리자의 의사에 의하여 주관적으로 결정되므로 관리자가 본인을 위하여 하는 의사를 가지고 행한 경우에는 타인의 사무가 된다는 견해가 있다.[1)]

2) 客 觀 說 私見으로서는 타인의 사무처리 여부는 일관성 있게 객관적으로 판단되어야 한다고 생각된다. 첫째, 어떠한 사무 자체를 위 견해에서와 같이 3分하는 것은 실제로 불가능하며 불필요하다. 예를 들어 타인의 집을 수리하는 행위에는 그를 위한 건축자재의 구입, 노무자의 고용 등의 소위 중성적인 행위가 포함되어 있기 때문이다. 또한 후에 본인에게 수리 비용을 상환청구한 경우에도 개개의 행위가 진정 타인의 사무처리이었는가가 개별적으로 고찰되어야 한다. 둘째, 타인의 사무를 처리한 것이냐 아니냐는 제3자가 객관적으로 판단하여야 할 것이지 관리자의 주관적 의사와는 직접 관련이 없다. 위 예에서 건축자재가 비록 자기를 위하여 구입했던 것이라도 이웃집 수리에 쓰여졌다면 비용상환의 청구가 가능하며, 이웃집 수리를 위해 구입한 물건이 남아 자기가 사용했다면 그 부분은 비용상환의 대상이 될 수 없다. 셋째, 위 견해는 사무관리의 성립요건으로 문제되는 「他人을 위한 意思」(뒤에 설명)와 「他人의 事務」의 개념을 혼합시킨 것으로 추측되는데, 이 두 개념은 분리되어 고찰되어야 한다. 위 견해에 의할 경우에는 「타인을 위한 의사」만 존재하면 「타인의 사무」가 아니더라도 사무관리가 성립하게 되어 부당하다. 「타인의 사무」라는 객관적 요건은 절대 빠뜨릴 수 없는 사무관리의 본질적 요소이다.

타인이라 함은 관리자 이외의 자로서 사무관리의 이익이 귀속하는 자를 말한다. 관리자가 그 타인(본인이라 한다)의 당해 사무를 처리할 계약상 또는 법률상의 대리권을 갖는 경우에는 이 곳에서 말하는 타인성은 없다. 공동소유자 상호간에도 타인성은 존재한다.

(3) 義務의 不存在

의무의 존재 여부는 관리자와 본인 사이를 기준으로 결정한다.

---

1) 郭潤直, 589.

(가) 契約關係의 不存在 관리자가 본인에 대하여 당해 사무를 처리할 계약상의 의무를 지지 않는 경우에만 사무관리관계가 성립한다. 그 계약은 위임 · 도급 · 고용 등 어떤 것이라도 사무처리의 의무를 발생시키는 것이면 무방하다.

관리자가 본인에 대하여 계약상의 의무를 지고 있었으나 그 계약이 무효 · 취소 · 해제 · 종료되었음에도 불구하고 급부행위를 한 경우, 계약상 의무의 범위를 넘어서 급부한 경우, 의무가 있다고 잘못 믿고 급부한 경우에 사무관리관계가 성립하는가에 관하여는 학설이 대립한다. 채무자가 계약이 유효하게 존재하는 것으로 믿고 한 행위(대개의 경우 채무자의 급부행위가 문제된다)가 사무관리법의 적용을 받는가가 문제된다.

1) 肯定說 계약이 유효한 것으로 믿고 급부행위를 한 경우에 사무관리의 성립을 인정하는 견해이다.[1] 만약 사무관리의 성립을 인정한다면 이 때 채무 없이 급부한 채무자는 급부수령자에 대하여 그 급부를 부당이득으로서 반환청구할 수 있는 동시에(이 때 급부부당이득의 유형에 해당함) 사무관리에 기초한 청구권도 갖는다.

2) 否定說 사견으로는 계약이 유효한 것으로 믿고 한 급부행위의 경우에는 給付不當利得에 해당하므로 그 법리에 따라 해결하도록 하고 사무관리관계는 성립시키지 않는 것이 타당하다고 생각한다(事務管理의 補充性).[2] 판례도 부정설을 취하는 것으로 이해된다. 첫째, 사무관리는 본인을 위하여 제3자가 본인의 사무를 처리한 경우를 규율하기 위한 제도이고 부당이득(특히 급부부당이득)은 급부를 한 자와 그의 수령자 사이에서 급부수령에 법률상 원인 없는 때에 그를 원래의 권리자에게 반환함을 목적으로 하는 제도이므로, 급부부당이득에 해당하는 사례에 관해서는 부당이득법으로 해결하는 것이 적절하다. 둘째, 사무관리법에는 잘못 행해진 급부를 반환청구할 수 있는 청구권은 발생되지 않고 단지 관리자에게 비용상환청구권만이 인정되는데, 잘못된 급부를 비용상환청구권에 의해 반환청구하는 것은 부당하다. 셋째, 사무관리법과 부당이득법은 계약법과 불법행위법이 포섭하지 못하는 나머지 채권발생영역을 규율하는 제도라는 점에서는 공통성이 있지만 각 제도는 고유의 기능이 부여되어 있으므로 그들의 한계는 그들 각자의 고유의 기능에 맞추어 설정되어야 한다.[3]

1) 郭潤直, 590; 金疇洙 526; 金曾漢, 393.

2) 金相容(下), 12: 판례도 이러한 사례에 대해 사무관리의 성립을 부정한다. 그러나 그 이유로서 주관적으로 타인을 위한다는 의사가 없었고, 객관적으로 타인의 의사에 반함이 명백하다는 점을 든다.

3) 다른 한편 부당이득법에는 근본적인 약점이 있다. 즉 선의의 수익자는 받은 이익이 현존하는 한도에서 반

大判 1981. 10. 24, 81다563: 공유수면매립면허가 그 준공기한의 경과로 자동 실효된 사실이 통지된 후에 원고가 동 매립면허자와 동업계약을 체결하고 공사비 1,700만원을 투입하여 매립공사를 완료하였다고 하더라도, 원고의 위 매립공사는 주관적으로 타인을 위한다는 의사가 있었다고 볼 수 없고 객관적으로 타인의 피고인 나라(공유수면 소유자)나 도(그 관리자)의 의사에 반하는 것임이 명백하므로 위 공사비 1,700만원은 피고들을 위한 사무관리로 지출한 필요비라고 할 수 없다고 한다.

(나) 제3자에 대한 義務負擔의 경우　관리자가 제3자에 대하여 사무를 관리할 의무를 지는 것은 사무관리의 성립에 방해가 되지 않는다. 관리자가 본인에 대해서는 당해 사무처리의 의무를 지지 않으므로 그 당사자 사이에서는 사무관리가 성립할 수 있다.[1)]

(다) 法律上 義務의 不存在　관리자가 법률의 규정(친권·후견 등)에 의한 의무를 지는 경우에는 사무관리가 성립하지 않는다.

사례연구

〈사례 1: 제3자를 위한 계약〉

A·B 사이의 제3자를 위한 계약에 의해 채무자 A가 제3자 C에게 직접 급부하는 경우에, A의 급부행위는 B에 대한 관계에서는 계약채무의 이행이 된다. 이 때 A는 B로부터 반대급부를 받는다(쌍무계약인 경우에만). 통상 B는 C가 수령한 급부에 대한 대가를 C로부터 받는다(제3자를 위한 계약의 원인관계). 이 때 A·B·C 3자의 관계는 모두 계약관계로 되어 사무관리는 성립하지 않는다. 그러나 이러한 B·C 사이의 원인관계가 존재하지 않은 경우에 A는 C에 대해 사무관리의 성립을 주장할 수 있을 것이다.

〈사례 2: 부탁 없는 保證債務〉

X가 주채무자인 Z의 부탁 없이 채권자 Y와 보증계약을 체결하고 그 채무액을

환의무가 있다는 규정(제748조 1항)이 그것이다. 사무관리성립설은 이러한 부당이득법의 약점을 피하기 위하여 위 경우를 무리하게 사무관리의 영역으로 끌어들인 것으로 추측된다. 그러나 부당이득법의 약점은 법개정이나 해석론에 의해 부당이득법의 영역 안에서 해결해 나가도록 하여야 하며, 본질적으로 부당이득에 속하는 문제를 사무관리라는 다른 취지의 제도에 편입시키는 것은 채권법체계를 혼란시키는 결과를 초래하므로 피해야 한다.

1) 金曾漢, 393; 郭潤直, 590에서는 원칙적으로 관리자가 본인에 대하여서는 법률상 아무런 의무도 없으나, 제3자에 대한 관계에 있어서는 사무를 관리할 의무를 부담하는 경우에 그 의무의 내용이 본인의 사무를 처리하는 것인 때에는 사무관리는 성립하지 않는다고 말한다. 그러나 사례해설에서 갑의 수임인 을이 위임의 내용에 따라 병의 집을 수리하였다면 을·병 사이에서 사무관리는 성립하지 않으며, 을은 갑으로부터의 위임사무를 처리한 것에 지나지 않지만 갑이 병과의 사이에 아무런 의무 없이 을에게 그러한 사무를 위임하였다면 갑과 병 사이에서는 사무관리가 성립한다고 함으로써 위 견해와 실제로 같은 결론에 도달한다.

변제한 경우에, X·Y의 관계에서 X의 급부는 보증채무의 이행이 되지만 X·Z의 관계에서 X의 급부행위는 어떤 성격을 갖는가. 이 때 X는 관리자로서 Z의 사무를 처리한 것이 되어 사무관리가 성립한다. 부탁 없는 보증인의 청구권에 관한 제444조의 규정은 부당이득 및 사무관리의 비용상환청구권의 범위에 관한 특칙으로 해석된다.

〈사례 3: 給付不當利得〉

A는 경찰 B와의 사이에 교통의 원활한 소통을 위해 일정한 구역 내에서 발생한 사고차량을 경찰의 통지 후 즉시 근처의 수리공장까지 운반할 의무를 지고 있다. A는 B의 통지를 받고 C의 사고차를 자신의 견인차로 수리공장에 운반하고 그 비용을 C에게 청구하였다(만약 A가 경찰 B로부터 견인비용을 받는 경우라면 사례 1과 동일하다). 이 때 A의 행위는 사무관리에 해당하는가. 생각건대 C가 A로부터 취득한 이득은 A·C 사이에 행해진 노무급부로서 그것은 법률상 원인 없는 부당이득이 되어 다시 A에게 반환되어야 한다. 그러므로 이 사례는 급부부당이득의 반환청구권에 의해서 처리됨이 타당하다.[1)]

(4) 本人의 意思 · 利益

㈎ 本人의 意思 · 利益에 反하는 경우　관리행위가 처음부터 명백히 본인을 위하여 불리하거나 본인의 의사에 반하는 경우에, 사무관리의 성립 여부에 관하여 학설이 대립한다.

1) 否 定 說　사무관리가 처음부터 객관적으로 보아서 본인에게 불리하거나 본인의 의사에 반한다는 것이 명백한 경우에는 비록 관리자가 본인의 이익을 꾀할 의사이더라도 사무관리는 성립하지 않는다는 견해이다.[2)] 관리의 계속이 본인의 의사에 반하거나 본인에게 불리함이 명백한 때에는 관리를 중지하도록 하는 민법 제737조 단서를 유추해석하여 이러한 결론을 도출한다.

2) 肯 定 說　사견으로서는 본인의 의사에 반하지 않을 것은 사무관리관계의 요건이 아니라고 생각한다. 관리자에게 본인의 이익되는 방법으로 관리할 의무를 부과하는 제734조, 본인의 반대의사 · 불이익을 이유로 한 관리중단의 제737조 단서, 본인의 의사에 반한 관리시의 비용상환청구권에 관한 제739조 3항의 규정을 살펴보면, 민법이 사무관리의 성립에 있어서는 본인의 의사나 이

1) 독일의 판례는 이 경우에 사무관리의 성립을 인정하여 A가 C에 대하여 견인의 비용을 상환청구할 수 있다고 한다. LG München I NJW 1976, 898.

2) 郭潤直, 591; 金相容(下) 13; 金疇洙, 527; 金曾漢, 394. 이 때 본인의 의사는 강행규정 또는 사회질서에 위반하는 것이어서는 안 된다고 한다(예컨대 체납의사 있는 본인을 위하여 납세의무를 대신 이행하거나 또는 자살자를 살리기 위하여 의사를 부르는 경우 등).

익을 문제삼지 않는다는 점을 알 수 있다. 물론 관리자가 본인의 이익을 해할 의사를 갖고 행위하거나 또는 부주의로 본인에게 손해를 입힌 경우에는 고의·과실로 인하여 불법행위책임을 지게 되며, 그런 경우에까지 사무관리가 성립하지는 않는다. 그러나 이렇게 불법행위책임이 발생하는 경우가 아니라면 폭넓게 사무관리를 성립시킨 후에 그의 효과면에서 차등을 두는 편이 옳다고 생각한다.

(나) 本人의 追認이 있는 경우 관리자가 사무관리를 개시한 후에 본인이 그에 대하여 추인한 경우에는 비록 관리개시가 본인의 의사에 반했더라도 그러한 결함은 소급적으로 치유된다.[1] 단 본인의 추인이 장래에 향하여만 효력을 가지며, 과거의 결함까지 치유하지는 않는다는 것을 조건으로 한 경우에는 그에 따른다.[2]

본인은 추인과 동시에 관리자와 委任契約을 체결함으로써 장래에 향해서는 관리자가 수임인으로서 사무의 관리를 계속해 줄 것을 요구할 수 있다. 이 경우에 종래의 사무관리는 종료하고 위임의 계약관계가 성립한다.[3] 본인의 의사가 단순한 사무관리의 추인인지 위임계약의 체결의사인지는 법률행위해석의 문제이다.

2. 事務管理의 效果

(1) 管理者의 義務

(가) 本人의 意思·利益의 尊重義務 관리자는 그 사무의 성질에 좇아 가장 본인에게 이익이 되는 방법으로 관리하여야 하며(제734조 1항), 관리자가 본인의 의사를 알거나 알 수 있는 때에는 그 의사에 적합하도록 관리하여야 한다(제734조 2항). 본인의 의사와 객관적인 본인의 이익이 서로 다른 경우에는 원칙적으로 본인의 의사에 따라야 한다. 이 원칙은 그의 위반이 바로 무과실의 손해배상책임으로 이어진다는 점을 고려할 때 엄격히 해석되어서는 안 된다. 관리인이 양자 중 어느 하나를 존중하였다면 책임은 면책되어야 한다. 본인의 의사

1) 같은 취지: 金疇洙, 530.

2) 반대설: 郭潤直, 592은 추인이 있은 후에는 본인의 의사에 반하지 않는 것으로서 효력이 있을 뿐이라고 한다. 사견으로서는 추인은 본래 흠결 있는 행위를 사후에 소급적으로 유효하게 만듦을 원칙으로 한다고 생각한다.

3) 大判 1975. 4. 8, 75다254: 사무관리의 목적이었던 사무를 본인이 직접 관리하려면 사무관리자에게 그 관리를 종료하여 줄 것을 내용으로 하는 의사표시를 하여야 하는 것이 아니며, 본인 자신이 직접 관리하겠다는 의사가 외부적으로 명백히 표현된 경우에는 사무관리가 그 이상 성립할 수 없다.

가 선량한 풍속 또는 사회질서에 반하는 내용의 것인 때에는 그에 따라서는 안 된다.

1) 管理者의 注意義務 관리자의 주의의무는 수임인의 것보다 경감된 정도의 것이라고 해석된다. 민법은 관리자에게 수임인과 같은 선량한 관리자로서의 주의의무를 부과한 것인가에 관하여 이를 긍정하는 견해가 있으나,[1] 사견으로서는 사무관리에 수임인의 선관의무에 관한 제681조가 준용되지 않는다는 점, 사무관리의 任意性(계약상 또는 법률상 의무 없음을 의미함)·無償性(관리인에게는 보수청구권이 없음)에 비추어 그러한 무거운 주의의무를 지우는 것은 부당하다는 점을 근거로 그를 부정하겠다.

2) 損害賠償義務 관리자가 본인의 의사·이익의 존중의무에 위반하여 사무를 관리한 경우에는 그 관리행위 자체에 과실 없는 때에도 이로 인한 손해를 배상할 책임이 있다(제734조 3항 앞문장). 관리자에게 이러한 무과실책임을 지우는 것은 사무관리의 장려에 의한 상부상조의 이상에 역행하므로 부당하다는 견해가 있다.[2] 생각건대 사무관리에 의한 상부상조의 이상은 관리자가 본인의 의사·이익을 진정으로 존중할 때에 이루어지는 것이지 그를 무시할 때에는 도달될 수 없다. 그러므로 사무관리의 으뜸되는 목적은 본인의 의사 및 이익의 존중에 있다고 생각한다. 다만 본인의 의사에 어긋나되 본인의 이익을 존중한 경우가 문제될 수 있으나 실제로 그 때에는 손해배상의무는 발생할 여지가 적다(본인의 이익을 존중했으므로).

무리한 손해배상의무가 부과되지 않도록 해석함으로써 문제를 적게 할 수 있다(앞에 설명했음). 본 손해배상의무는 사무관리에 고유한 관리인의 책임으로서 불법행위책임과는 요건을 달리한다. 관리자에게 손해배상의무가 발생하기 위해서는 다음의 요건을 충족하여야 한다(제734조 3항). ① 관리자가 사무의 관리에 있어서 본인의 의사·이익을 무시하고 자의로 행위하였을 것, ② 그로 말미암아 본인에게 부당한 손해를 입혔을 것, ③ 그 관리행위에 있어 관리자의 주의의무해태(과실)는 이 책임의 요건이 아니다, ④ 관리행위가 공공의 이익에 적합한 때에는 중대한 과실이 없는 한 면책된다, ⑤ 관리자가 타인의 생명·신체·명예 또는 재산에 대한 급박한 위해를 면하게 하기 위하여 그 사무를 관리한 때에는 고의·중과실이 없는 한 면책된다(제735조).

(나) 管理開始의 通知義務 관리자가 관리를 개시한 때에는 그 사실을 지체없이 본인에게 통지하여야 한다. 그러나 본인이 이미 이를 안 때에는 그러하

1) 金基善, 345; 金錫宇, 432; 金疇洙, 530; 金曾漢, 397; 金顯泰, 318; 李太載, 401; 黃迪仁, 323.
2) 郭潤直, 594; 金疇洙, 529~530; 金曾漢, 397.

지 아니하다(제736조). 이러한 통지의무의 부과는 본인으로 하여금 사무를 인계받아 스스로 관리하거나 또는 관리자에게 적당한 작업지시를 하도록 기회를 부여하기 위함이다. 관리자가 통지의무를 해태함으로 인하여 본인에게 손해가 발생한 경우에 관리자는 그에 대한 손해배상의무를 진다.[1]

(다) 管理繼續의 義務　어느 누구도 계약상 또는 법률상 의무 없이 타인의 사무를 관리할 의무를 지지 않음이 원칙이다. 그러나 일단 사무관리를 개시한 자는 그 때부터 본인과의 사이에 법정채무관계가 존재하게 되어 사무관리법에 따른 법률상 의무를 진다. 사무관리법은 그에게 위임계약에서의 수임인과 유사한 의무를 부과함으로써 관리관계의 계속을 요구한다. 관리자는 본인, 그 상속인이나 법정대리인이 그 사무를 관리하는 때까지 관리를 계속하여야 한다(제737조 앞문장). 이러한 관리계속의 의무는 사무의 성질이 1회의 행위로 완료되지 않고 계속성을 요구하는 경우에만 부과된다. 관리자에게 관리를 계속할 수 없는 부득이한 사유가 있는 경우에도 이 관리계속의무는 면제된다고 해석된다.

관리의 계속이 본인의 의사에 반하거나 본인에게 불리함이 명백한 때에는 관리자는 관리행위를 중지하여야 한다(제737조 단서). 본인의 반대의사란 본인이 관리자에게 관리행위의 중지를 요청하거나, 자기 또는 제3자(본인의 수임인 등)에게 사무를 인계해 달라고 요청한 경우를 말한다. 그러나 본인의 반대의사에도 불구하고 관리를 계속함이 선량한 풍속이나 사회질서에 적합한 경우(예: 자살자의 반대의사에도 불구하고 치료를 계속함)에는 관리를 계속하여야 한다. 본인에게 불리함이 명백하다는 것은 관리의 방법이 아니라 관리계속의 사실을 말한다(예: 범죄현장을 보존하기 위해 방치해 둔 물건을 그 사정을 모르고 깨끗이 치우는 일). 그러나 관리자의 관리방법이 나쁘기 때문에 그런 방법으로 계속하는 것이 본인에게 불리한 경우에는 이에 포함된다.

(라) 報告義務　관리자는 본인의 청구가 있는 때에는 사무의 처리상황을 보고하고, 사무관리가 종료한 때에는 지체없이 그 전말을 보고하여야 한다(제738조, 제683조 준용).

(마) 取得物의 引渡·移轉義務　관리자는 사무처리로 인하여 받은 금전, 물건, 수취한 과실, 그리고 자기의 명의로 취득한 권리를 본인에게 인도 및 이전하여야 한다(제738조, 제684조 준용). 관리자가 본인에게 인도할 금전 또는 본인을 위하여

1) 같은 취지: 金曾漢, 396 참조; 大判 1975. 2. 25, 73다1326: 원고가 사무관리로서 피고의 채무를 변제한 경우 원고가 이를 피고에게 통지하지 아니함으로써 무슨 손해가 발생하였다고 볼 수 없다면 원고는 채무변제를 위하여 지출한 비용 전액의 상환청구권이 있다.

사용할 금전을 소비한 때에는 소비한 날 이후의 이자를 지급하여야 하며, 그 밖의 손해가 있으면 배상하여야 한다(제738조, 제685조 준용).

관리자의 취득물 등의 인도 · 이전의무는 법률상 원인 없이 관리하는 타인의 재산이나 권리로 인하여 이익을 얻고 그로 인하여 그 타인에게 손해를 가한 것을 이유로 하는 취득물 또는 권리의 반환의무, 즉 부당이득반환의무의 일종이라고 이해하는 견해가 있다.[1] 이 견해는 관리자의 취득물 등의 인도 · 이전의무의 범위를 본인의 손해에 대한 전보의 한도 내로 제한하며, 그 결과 관리자의 특별한 기량으로 인하여 본인의 손실을 초과하는 이득을 취득한 경우에 관리자는 그 초과부분을 본인에게 반환할 의무가 없다고 한다. 사견으로서는 이러한 인도범위제한설은 옳지 않다고 생각한다. 사무관리제도는 관리자가 타인의 사무를 관리해 주는 것을 대상으로 하므로 그 관리 도중 생긴 취득물은 모두 본인에게 귀속되어야 할 것이며, 관리인은 단지 본인에게 인도할 때까지 임시로 보관하고 있는 데에 불과하다. 사무관리는 결코 관리인 스스로 타인의 사무관리중에 이득을 얻도록 보장하는 제도는 아니다. 한편 사무관리와 부당이득은 제도의 취지가 엄연히 다르므로 사무관리의 법률관계는 그의 고유한 기능에 비추어 독자적으로 탐구해야 한다. 사무관리에서 관리자의 취득물인도의무는 위임이나 임치의 경우에서와 같이 원래 본인에게 귀속하여야 할 물건을 본인에게 돌려 주는 것뿐이며, 그것과 본인의 손실과는 직접 관련이 없다(예:이웃 가게의 물건을 주인이 잠깐 비운 사이에 고객에게 통상가격보다 비싸게 팔아 준 경우 통상가격보다 초과하는 대금도 그 가게주인에게 돌려 주어야 한다).

(2) 本人의 義務

(가) 費用償還義務 관리자가 본인의 사무를 관리하는 과정에서 비용을 지출한 경우에 관리자는 본인에 대하여 그 비용의 상환을 청구할 수 있다. 관리자의 費用償還請求權은 관리자의 측면에서 그가 지출한 비용을 갚아 주는 데에 목적이 있으며, 본인의 그로 인한 이득을 관리자에게 반환시키는 것(부당이득법은 이득반환을 내용으로 한다)이 아님을 주의하여야 한다. 그러므로 원칙적으로 상환액은 필요비인가 유익비인가에 관계 없이 관리자가 지출한 금액에 의하여 정해지며, 본인의 그로 인한 이득분이 아니다. 단 예외적으로 관리자가 본인의 의사에 반하여 관리한 때에는 본인의 현존이익의 범위로 상환액이 감액된다.

1) 通常의 費用償還範圍 본인은 관리자가 지출한 필요비와 유익비의 전액을 상환하여야 한다(제739조 1항). 유익비도 전액청구할 수 있다는 점에서 점유

---

1) 李太載, "타인사무관리자의 취득물 등 인도 · 이전의무," 고시계 1987년 2월호, 96.

자의 회복자에 대한 비용상환청구권(제203조. 이 경우 유익비에 관하여는 가액의 증가가 현존하는 경우에만 상환받을 수 있다)과 성질을 달리한다. 점유자의 비용상환청구권은 부당이득반환의 성질을 갖는다.

관리자가 본인을 위하여 필요 또는 유익한 채무를 부담한 때에는 위임인이 채무를 부담한 경우와 같은 효과가 발생한다(제739조 2항, 제688조 2항 준용). 즉 관리자는 본인에게 자기에 갈음하여 그 채무를 변제하게 할 수 있고, 그 채무가 변제기에 있지 아니한 때에는 상당한 담보를 제공하게 할 수 있다.

2) 本人의 意思에 反하여 管理한 때 관리자가 사무관리를 개시하는 것 자체가 본인의 적법한(그리고 선량한 풍속기타 사회질서에 적합한) 의사에 어긋나는 경우와 관리자의 관리방법이 본인의 의사에 어긋나는 경우가 모두 이에 해당한다. 후자의 경우는 관리자가 본인의 의사를 알거나 알 수 있는 때에 한하여 문제된다(제734조 2항 참조). 이상의 경우에 본인은 관리행위로 생긴 현존이익의 한도에서만 必要費·有益費를 상환하거나, 관리인의 채무를 변제하거나, 또는 담보제공을 한다(제739조 3항). 실제로 필요비에 관해서는 그것이 지출되지 않았더라면 본인에게 손해가 생겼을 것이므로 언제나 현존이익이 있다고 하여야 한다. 관리자가 지출한 비용보다 본인의 현존이익이 큰 경우에는 어떠한가. 사무관리의 費用償還請求權은 지출한 비용을 최고한도로 하므로 그 이상의 이득이 생겼더라도 청구할 수 없다고 해석된다.[1]

(나) 損害補償義務 관리자가 타인의 사무를 관리하던 중에 손해를 입은 경우에 그 손해는 본인이 그 손해발생에 아무런 과실이 없었더라도 본인에게 부담시키는 것이 社會通念에 적합한 이익조정이다. 그러므로 민법은 구민법에는 없던 관리자의 손해보상청구권을 신설하였다(제740조).[2] 이 손해보상청구권은 비용상환청구권과는 달리 손해의 전액이 아닌 본인의 현존이익의 범위 내로 한정된다. 실제로 손해와 비용의 구별은 쉽지 않으나, 그 사무의 관리에 있어서 필요하다고 예상되는 금전지출(그러나 반드시 금전에 한정되지는 않는다)이 비용이고, 그 사무의 관리로 말미암아 야기된 예상 밖의 재산상·인체상 피해가 손해라고 설명될 수 있을 것이다(예: 물에 빠진 자를 구출하기 위해 뛰어든 자의 양복이 젖어서 못쓰게 된 것은 費用의 문제이며, 그 자가 물에 빠진 자를 구출하였으나 자기는 사망한 경우에 그 자의 사망은 손해이다).

1) 要 件 이 손해보상청구권의 요건은, 첫째, 관리자가 손해를 입었

---

1) 이 때 관리자는 본인에 대하여 그 초과이득을 부당이득반환청구할 수 없다. 그 이득은 원래부터 본인이 취득하여야 할 것이므로 법률상 원인 없는 이득이 되지 않기 때문이다. 또한 사무관리는 관리자에게 이득을 생기게 하는 제도가 아니다.

2) 이 때 발생한 손해는 누구의 귀책사유를 이유로 하지 않으므로 엄밀한 의미에서는 손실이라고 표현해야 할 것이지만, 민법은 손실과 손해를 엄밀히 구별하지 않고 모두 손실로서 표현한다(제740조).

을 것, 둘째, 그 손해는 관리행위와 관련하여 발생하였을 것, 셋째, 그 손해의 발생에 관해 관리자의 과실이 없었을 것(입법론으로서는 重過失로 경감함이 타당하다고 생각한다), 넷째, 본인이 관리행위로 말미암아 이득을 얻었으며 그 이득이 현존할 것(입법론으로서는 「現存」의 요건은 필요하지 않다고 생각한다)이다.

2) 效 果 보상범위는 본인의 현존이익을 한도로 함으로써 불법행위나 채무불이행으로 인한 손해배상의 경우보다 본인의 책임을 경감시킨다.

(다) 報酬請求權 민법은 관리자가 사무관리의 노무제공에 대한 보수를 본인에게 청구할 수 있다는 규정을 두지 않는데, 이는 관리자에게 보수청구권을 부여하지 않으려는 취지로 해석된다. 그러므로 본인은 관리자의 노무에 대해 보수를 지불할 법적 의무는 없다. 그러나 본인이 관리자의 노고에 보답하기 위하여 사례금을 지불할 수는 있다. 본인이 자기에게 보수지급의무가 있는 것으로 잘못 알고 보수를 지급한 경우에도 그것은 道義觀念에 適合한 非債辨濟가 되어 반환을 청구할 수 없다고 해석된다(제744조). 특별법에서는 유실물을 습득하여 인도한 자(유실물법 제4조), 표류물 또는 침몰품을 습득하여 인도한 자(수난구호법 제28조), 항해선 또는 그 積荷를 救助한 者(상법 제849조)에게 보수청구권을 인정한다.

제 4 장 不當利得

제 4 장 不當利得

§ 37. 不當利得 一般論

1. 不當利得法의 意義[1)]

(1) 槪 念

(가) 法律에 의한 債權發生原因 부당이득이란 법률상 원인 없이 타인의 재산이나 노무로 인하여 얻은 이득을 말하며, 이 부당이득으로 말미암아 타인에게 손해를 가한 자는 그의 반환의무를 진다(제741조). 부당이득은 사무관리, 불법행위와 같이 법률에 의한 채권발생원인 중 하나이다. 부당이득은 손실자에게 「수익자에 대한 不當利得返還請求權」을 발생시키는 원인이 되는데, 그 청구권은 계약에 의하여 발생하는 것이 아니라 일정한 요건하에 법률이 부여하는 것이다.[2)]

---

1) 權龍雨, "부당이득의 성립요건," 월간고시 제20권 6호, 1993년 6월호; 金相容, "비통일설에 의한 부당이득법리의 구성," 법조 제46권 12호, 1997년 12월호; 金允求, "민법 제741조와 부당이득 유형론," 홍신희화갑기념 현대법학의 제문제, 1990; 金鎭興, "부당이득반환청구권과 손해배상청구권의 경합," 서울지변판례연구 제8집, 1995년 2월; 金周元, "부당이득의 범위," 서울지변판례연구 제10집, 1997년 1월; 南潤鳳, "부당이득반환에 관한 소고," 재산법연구 제8권 1호, 1991년 12월; 徐光民, "부당이득반환청구," 고시연구 제21권 6호, 1994년 6월; 梁彰洙, "본권의 소에서 패소한 점유자의 사용이익반환의무," 대한변호사협회지 제144호, 1988년 8월; 鄭光洙, "침해부당이득에 관한 고찰," 강원대 사회과학연구 제33집, 1993년 12월; 鄭淇雄, "부당이득법에 있어서의 급부개념에 대한 고찰," 민사법학 제9·10호, 1993년 7월; 諸哲雄, "유동적 무효인 매매계약이 확정적 무효로 된 경우의 부당이득반환의무," 판례월보 제320호, 1997년 5월호; 河京孝, "반환목적물의 멸실과 반환이득의 내용," 고시연구 제21권 8호, 1994년 8월호; 玄炳哲, "민법 제201조와 제741조의 적용상 문제," 성균관대 성균관법학 제5호, 1994년 12월; 同, "급부부당이득반환청구권," 민사법학 제9·10호, 1993년 7월; 同, "부당이득효과에 관한 일고찰," 김홍규화갑기념 사법의 제문제 Ⅱ, 1992.

2) 부당이득반환청구의 당사자를 「손실자」와 「수익자」로 부르겠다. 본래 손실자는 의용민법 제703조의 「손실」이란 표현에 유래하며, 우리 민법 제741조는 이를 「손해」라는 표현으로 바꾸었다. 그러나 부당이득의 당사자를 피해자라고 부른다면 불법행위의 당사자와 혼동될 우려가 있으므로 의용민법시대의 용어인 「손실자」를 그대로 쓰겠다.

(나) 利益調整의 手段　본래 타인의 재화로부터 이익을 얻기 위해서는 그 이익의 취득을 위한 정당한 권리가 있어야 한다. 그 정당한 권리는 채권·물권·가족법상의 권리·상속법상의 권리·무체재산권 등이다. 그러한 정당한 권리 없이 남의 것을 소유하거나 또는 무단으로 이용하는 행위는 금지되고 응징받아야 마땅하다. 나아가서 그와 같이 정당한 권리 없는 이득은 원래의 정당한 권리자에게 돌려 주어야 한다. 아리스토텔레스는 「니코마코스 윤리학」에서 "누구도 타인의 손실에 의하여 이득을 얻지 못하도록 배려하는 것이 平均的 正義의 임무이다"라고 하였으며, 타인의 손실로부터 얻은 이득은 수익자로부터 박탈하여 손실자에게 반환되어야 한다고 설시한 바 있다. 이와 같이 법률상 원인 없는 이득을 원래의 권리자에게 환원시키는 제도가 不當利得返還이며, 이에 관한 법규범을 「不當利得法」이라 한다.

不當利得法의 思想的 基礎

부당이득법을 총괄하는 사상적 기초가 무엇인가가 학자들에 의해 모색되어 왔다. 부당이득법은 公平, 正義 또는 正法 등의 추상적 당위규범과 실정법 사이의 모순을 제거하기 위한 調整的 機能을 담당하는 법제라고 이해하는 견해가 지배적이다.[1] 이에 대하여 모든 부당이득의 유형을 총괄적으로 설명하는 것은 불가능하므로, 급부부당이득과 기타의 경우로 나우어 전자는 「급부행위의 기초가 된 법률관계의 부존재」, 그리고 후자는 「권리자에게 부여될 재화 또는 그의 이용의 권리가 침해됨에 따른 그 권리의 계속적 효과」에 부당이득법의 근거가 있다는 견해가 있다.[2] 이 이론은 후에 설명하는 비통일주의 및 유형적 해석론과 일맥상통한다. 생각건대 이상의 두 견해는 반드시 상충하는 것은 아니고 부당이득법의 기초를 설명하는 차원이 다를 뿐이라고 여겨진다. 또한 부당이득반환청구권이 발생하는 실정법적 근거로서 제741조 이하의 명문규정이 있으므로 이상의 사상적 기초에 관한 견해의 차이는 그리 중요하지 않다. 중요한 것은 후술하는 반환청구권의 발생요건 및 효과를 유형적으로 고찰함으로써 종래의 법해석에서는 모호하게 처리되었던 것을 명료화하여 具體的 妥當性을 꾀하는 일이라 생각된다.

1) 이 견해는 독일의 종래의 지배설이었다(Enneccerus-Lehmann, Planck-Landois, Oertmann 등). 우리 나라에서도 종래 이 견해가 다수설이었다. 郭潤直, 606; 金基善, 357; 金錫宇, 452; 金顯泰, 327; 李太載, 414.

2) Wilburg, Die Lehre von der ungerechtfertigten Bereicherung nach österreichschen und deutschen Recht, *Kritik und Aufbau*, 1934.

(다) 不當利得法의 未備點 매매와 같은 유상·쌍무계약에 있어서 일방급부 또는 쌍방급부가 이행된 후의 계약소멸에 따른 청산관계에 종래의 부당이득 반환법리가 타당한가는 의문이다. 선의의 수익자의 반환범위를 「받은 이익이 현존하는 한도」로 축소시키는 법리(제748조 1항)는 계약해제시 반환할 금전에 받은 날로부터의 이자를 가하여야 한다는 법리(제548조 2항)와 정면으로 모순된다. 최근에는 쌍무계약관계의 청산으로서의 부당이득반환청구권은 역시 雙務性을 띠며, 그 결과 쌍무계약의 효력에 관한 민법의 제규정(특히 제536조, 제537조, 제538조)의 적용을 받아야 한다는 新理論이 주장되고 있다.[1)]

(2) 不當利得法의 補充性

(가) 契約法의 補充規範 부당이득법은 계약법의 보충규범으로서의 기능을 담당한다. 즉 재산권의 이전은 통상 계약에 기초하여 행해지게 되는데, 재산권의 移轉時에 존재했던(또는 존재한다고 생각되었던) 계약이 취소(또는 무효)되어 재산권이전이 법률상 원인이 없어진 경우에 부당이득법에 의해 급부 전의 상태로 환원시킨다. ① 부당이득법은 계약법의 보충규범이므로 계약의무의 이행청구권으로 목적을 달성할 수 있는 경우에는 부당이득반환청구권은 발생하지 않는다. 예를 들어 매매계약에서 매도인이 先履行하였으나 아직 매수인이 대금을 지급하지 않은 경우 계약이 존속하는 한 매도인은 매매계약에 기초한 대금지급청구권만을 갖는다. ② 예외적으로 계약관계에 있어서도 계약의무로 해결되지 않는 利益調整은 부당이득법에 의한다. 예를 들어 매수인이 착오로 대금을 이중지급한 경우 후에 지급한 대금에 관해서는 부당이득반환청구권이 발생한다. 그 밖에 계약법에 부당이득의 특칙을 규정하는 경우도 있다. 임차인의 비용상환청구권을 정한 제626조는 그 하나의 예이다.

(나) 不法行爲 등과의 競合 하나의 사실이 동시에 사무관리, 부당이득, 불법행위의 요건을 각각 충족시키는 경우가 있는데, 이는 하나의 사실을 법적으로 각각 다른 측면에서 고찰한 결과이다. 예를 들어 타인의 빈 집에 들어가 거주하는 사실이 "빈 집을 관리해 준다"는 측면에서 사무관리가 되고, "거주의 권리 없이 타인의 물건을 무단사용함으로써 이익을 얻는다"는 측면에서 부당이득이 되며, "무단사용으로 인해 타인에게 손해를 입힌다"는 측면에서 불법행위가 될 수 있다. 부당이득과 불법행위의 요건을 동시에 충족하는 경우는 매우

1) 金龍潭, "쌍무계약을 청산하는 여러 가지 제도에 관하여 — 제도상의 비교를 중심으로 —," 방순원고희기념 민사법의 제문제, 박영사, 189 이하.

빈번하며(侵害不當利得의 경우), 이 때 부당이득반환청구권과 불법행위로 인한 손해배상청구권이 경합한다.[1] 그리고 사무관리에 있어서 관리자의 비용상환청구권(제739조)은 부당이득반환청구권의 성격을 갖는다.

(다) 物權的 請求權과의 關係 물권적 청구권이 발생하는 경우에 동일한 내용을 갖는 부당이득반환청구권이 경합하여 발생하는가, 또는 물권적 청구권이나 부당이득반환청구권 중 어느 하나만이 단독으로 발생하는가에 관하여 논쟁이 되고 있다. 물권적 청구권 중에서도 특히 문제되는 경우는 소유권에 기초한 所有物返還請求權이 부당이득반환청구권과 경합하는 경우이다. 이러한 문제가 생기는 구체적 사례는 ① 물권행위가 무효·취소된 경우: 예를 들어 국유지의 매매 등과 같이 소유권이전이 금지되는 경우, 또는 물권행위를 미성년자가 행한 경우 등이 이에 해당한다. ② 채권행위가 무효·취소되고 그 결과 물권행위도 효력을 잃게 된 경우: 물권행위의 유인론을 취할 경우에만 양 청구권이 경합된다. ③ 동산의 절도범이 그 물건을 점유하는 경우, ④ 계약이 해제된 경우: 해제 이전에 계약의 이행으로서 인도된 물건의 반환을 어떤 청구권에 의하여 할 것인가가 문제된다. 해제의 효과에 관한 直接效果說에 의하면 부당이득반환청구권과 물권적 청구권의 경합이 생기지만, 淸算關係說을 취하는 사견에 의하면 이 경우 물권적 청구권은 발생하지 않으며 제548조의 원상회복청구권은 부당이득반환청구권의 특칙이라고 보므로 이러한 경합의 문제는 생기지 않는다.

1) 競 合 說 소유자가 물건의 점유자에 대하여 소유물반환청구권을 갖는 때에도 그와 함께 점유의 부당이득반환청구권을 가지며, 소유자는 어느 청구권에 의해서든 소유물의 점유회복이라는 목적을 달성할 수 있다는 견해가 있다.[2] 이 견해는 수익자가 비록 본권을 취득하지 않았다 하더라도 점유를 갖는 이상 점유권 및 그에 따르는 여러 법률효과를 통해 유리한 법적 지위를 얻게 되기 때문에 占有의 不當利得을 인정해야 한다고 주장한다.

2) 修正競合說 이론상은 경합설과 같이 양 청구권의 경합을 인정하되, 이 때의 물권적 청구권은 부당이득반환청구권의 성격을 가지므로 실제로는 부당이득반환의 관계 하나만이 존재한다고 보는 견해가 있다.[3] 이 때의 부당이득

---

1) 같은 취지: 大判 1970. 9. 29, 70다1815(토지의 불법점거 및 사용의 경우 양 청구권의 경합을 인정함); 大判 1988. 6. 28, 88다카4291(부당이득반환청구와 불법행위로 인한 손해배상청구를 선택적으로 한 경우 이유 있는 청구 하나만 골라 인용하면 된다고 함).

2) 金錫宇, 443; 金顯泰, 329; 李太載, 415.

3) 郭潤直, 612.

의 반환범위는 물권적 청구권의 행사에 따른 점유자와 회복자 사이의 이익조정 규정(제201조 내지 제203조)에 의하여 결정된다고 한다. 왜냐하면 수익자가 법률상 원인 없이 단순히 점유만을 취득한 경우의 수익자와 손실자 사이의 이익조정은 부당이득법에 의하지만, 그 조정이 現物返還으로 행해지는 경우에 반환범위는 물권적 청구권의 특칙에 따르며 價額返還으로 행해지는 경우에는 부당이득의 일반원칙에 따르는 것이 타당하기 때문이라고 한다.

3) 單一請求權說 私見으로서는 문제가 되는 경우를 유형별로 고찰하여 다음과 같은 원칙에 따라 청구권은 하나만 발생한다고 해석한다.[1)]

첫째 契約關係의 淸算에 따른 물건반환은 不當利得返還請求權으로 해야 한다. 물권변동에 있어서 채권행위 · 물권행위 · 등기 또는 인도까지 완료된 후에 물권행위가 무효 · 취소로 된 경우 또는 채권행위가 무효 · 취소 · 계약해제된 경우에는 부당이득반환청구권만이 발생한다. 후자는 종래 물권행위의 무인성 · 유인성 여부에 따라 부당이득반환(無因說) 또는 소유물반환(有因說)으로 대립되어 왔던 부분이다.[2)] 私見으로는 물권행위의 무인설 · 유인설 중 어느 학설을 취하느냐의 문제를 떠나 법률관계소멸에 따른 청산문제는 기본적으로 부당이득반환의 성격을 갖는다고 생각한다. 종래 有因說에서 계약관계의 청산 중 목적물의 소유권 회복에 따른 목적물 반환 및 등기말소를 물권적 청구권으로 할 수 있다고 본 것은 수정되어야 할 것이다.[3)] 소유물반환의 물권적 청구권제도는 계약관계의 청산을 위한 제도가 아니다. 법률관계의 성질상 이상의 경우는 당연히 부당이득반환의 문제로 다루어져야 한다.[4)] 이 때 부당이득의 성질은 급부부당이득에 해당한다.[5)]

둘째, 占有侵奪로 인한 물건반환은 物權的 請求權으로 해야 한다. 소유물반환청구권은 물건을 침탈당했거나 불법점거당한 경우에 소유자로 하여금 물건의 점유를 회복하게 하는 제도이다. 소유권이 청구자에게 있는 경우에 침탈

1) 拙稿, "소유물반환청구권," 고시연구 1986년 11월호 참조.

2) 金學東, "물권적 청구권과 부당이득반환청구권과의 관계," 판례월보 제341호, 1998(무인설의 입장). 독일법에서는 물권행위의 무인성이 인정되므로 그들 경우 부당이득반환청구권으로 처리된다. 특기할 만한 것은 그 반환은 물권적 처분행위로서 공시방법(등기 · 점유이전)을 수반하여야 한다고 해석된다.

3) 拙稿, 물권법, 1998, 146에서의 유인설의 법적 효과는 재검토되어야 할 것이다.

4) 그를 위한 물권행위이론은 물권법영역에 미루고 이 곳에서는 제시하지 않겠다.

5) 생각건대 종래의 평면적인 부당이득법리만에 의해 계약이 무효 · 취소 · 해제된 경우를 규율하고자 했던 이론이나 또 그들 문제를 물권적 반환청구권으로 해결해 보고자 했던 이론은 모두 이러한 계약의 雙務性을 간과한 현실적 합리성이 없는 이론이라고 평가한다. 특히 쌍무계약의 청산에 선의점유자보호에 치중한 민법 제201조 내지 제203조를 적용시키고자 하는 이론구성은 시대착오적이라고 생각된다. 거래실정에 맞는 부당이득반환법리를 구성하여 타당성 있는 당사자의 이익조정을 꾀할 필요가 있다.

상대방에 대하여 점유회복만을 청구하는 수단으로 이용된다. 점유침탈과 불법점거의 경우에 구태여 점유를 부당이득으로 봄으로써 양 청구권의 경합을 인정할 필요가 없다고 생각된다.[1] 이 경우 단지 소유물반환청구권에 의해 원물을 반환받을 수 있을 뿐이며, 이 때 민법 제201조 내지 제203조의 규정이 적용된다고 해석하여야 한다.[2] 점유침탈이나 불법점거의 경우 물건이 정당한 소유자에게 귀속되도록 규율하는 법은 물권법이지 부당이득법은 아니기 때문이다. 이 경우에는 계약관계의 청산 때와는 달리 반대급부의 반환이란 또 하나의 법률관계는 존재하지 않으므로 물권적 청구권의 규정에 의해 깨끗이 처리된다.[3]

2. 統一主義에 의한 立法

(1) 立法主義의 對立

부당이득반환청구권이 생기는 경우는 다른 채권발생원인에서와는 달리 다양하다. 그러므로 부당이득법에 관해서는 역사적 발전과정에 있어서나 현재의 입법례에 있어서나 다양한 부당이득의 모습을 일원적으로 규율할 것인가, 또는 각각의 모습마다 구분하여 다원적으로 규율할 것인가의 立法主義의 對立이 있어 왔다. 이러한 입법주의 중에서 전자를 통일주의, 그리고 후자를 비통일주의라고 한다.

(2) 非統一主義의 法制

부당이득법은 로마법의 콘딕치오(condictio)라는 不當利得返還請求의 訴權에서 유래하는데, 로마법에는 다양한 콘딕치오가 존재했다. 로마법은 채권의 발생원인을 계약과 불법행위의 두 가지를 원칙으로 하고, 그 밖의 것은 準契約으로서 포섭하였는데 부당이득은 이에 해당하였다. 로마법은 준계약에 의한 부당이득반환소권에 관하여 非統一主義를 취하였고 「비채변제의 부당이득반환소

---

1) 점유침탈이나 불법점거의 경우 소유자는 동시에 상대방에 대해 부당이득반환청구를 할 수 있는가 하는 문제를 우리 나라와 일본에서는 거꾸로 점유도 부당이득반환의 대상이 되는가 하는 문제로 일반화하여 다루고 있다. 그러나 우리 나라나 일본의 논점은 주로 물권행위의 무인성 · 유인성 논쟁과의 관련문제에 집중되어 있다.

2) 참고: 독일의 통설 · 판례도 같은 취지로 해석한다. Baur, *Sachenrecht,* 13. Aufl., B Ⅱ, § 11; RGE 137, 206; BGH LM § 985 Nr. 8.

3) 이상의 私見은 점유의 부당이득 자체를 전면적으로 부정하는 것은 아니다. 타인의 소유물을 악의로 사용하고 있는 자는 그 물건의 소유자로부터 소유물반환의 청구(제213조)와 함께 그 물건의 사용이익에 관하여 부당이득반환(가액반환의 형태로)의 청구를 받게 된다. 특히 임대차종료 후에도 정당한 이유 없이 임차물을 반환하지 않는 임차인은 그 기간 동안 차임상당액을 부당이득한 것이 된다.

권」, 「불법원인의 부당이득반환소권」, 「급부원인 불계속의 부당이득반환소권」 등이 개별적인 소권으로서 허용되었다.

근대에 접어들어 부당이득법은 자연법학파의 統一主義[1]와 역사법학파의 非統一主義의 대립양상을 보이게 되었다. 1794년의 프로이센 일반란트법(ALR)과 1811년의 오스트리아민법(ABGB)과 같은 초기의 근대민법전은 역사법학파의 로마법연구에 기초한 비통일주의의 영향을 받아 개개의 부당이득반환의 경우에 관해서 個別條項을 두었을 뿐 부당이득의 一般條項은 설치하지 않았다. 프랑스민법(1804)은 준계약의 장에 비채변제 및 기타 급부부당이득으로 인한 부당이득반환의 법률관계에 관하여만 규율한다(제1376조~제1381조).[2]

(3) 統一主義의 法制

통일주의를 취한 대표적인 입법례는 독일민법이다. 독일민법은 "타인의 급여 또는 기타의 방법에 의하여 법률상의 원인 없이 타인의 손실로 이득을 취득한 자는 그 타인에게 이득을 반환할 의무를 진다"는 일반조항을 설치하였다(독민 제812조 1항). 이를 본받아 스위스채무법(1911), 일본민법(1896) 및 우리 민법도 통일주의를 취하게 되었다.[3]

(4) 統一主義에서 不當利得의 類型化

부당이득의 입법에 관한 통일주의와 비통일주의의 대립은 각국의 민법전 제정으로 일단락되었지만 각 법제의 해석론으로 연장되기에 이르렀다. 비통일주의를 취한 프랑스민법의 해석으로서는 독일과 같은 「法律上 原因 없는 利得」의 통일적 파악이 모색되며, 통일주의를 취한 독일민법의 해석에 있어서는 개개의 사례별 이론구성이라는 유형론적 해석방법이 지배한다. 근래 독일에서는 부당이득법을 비통일주의에 따라 재구성하자는 개정안이 제기되어 있다.[4]

우리 민법은 統一主義에 입각한 부당이득법을 갖고 있다. 부당이득은 제741조에 의하면, 「타인의 손실에 기인한 법률상 원인 없는 이득」을 말하는데,

---

1) 특히 Boehmer는 로마법상의 부당이득반환소권(condictio)을 "누구도 타인의 손실로 인하여 부당한 이득을 얻어서는 안 된다"라는 법명제 아래 통일적인 법제로 발전시켰다.

2) 영미법에서도 부당이득은 common-law상의 준계약(quasi-contract)으로서 사무관리 · 자연채무 등과 함께 편제된다. 金相容, "준계약," 고시연구 1988년 2월호, 114.

3) 참고문헌: 梁彰洙, "독일부당이득론의 역사적 전개," 곽윤직화갑기념 민법학논총, 1985; 同, "서독부당이득법의 입법론적 전개," 서울대 법학 제26권 4호, 1985; 李鍾馥, "부당이득," 민사법학 제4·5합병호, 1985; 丁玉泰, "부당이득의 반환범위에 관한 一考察," 민법학논총, 1985; 玄炳哲, "부당이득론," 한양대 법학논총 제3집, 1986.

4) König, Ungerechtfertigte Bereicherung, *Gutachten und Vorschläge zur Überarbeitung des Schuldrechts*, Bd Ⅱ, S. 1515f.; 양창수, 앞의 글(서독부당이득법의 입법론적 전개), 166 이하.

이러한 정의는 매우 추상적이어서 해석에 의해 보충되어야 한다. 종래 우리의 학설은 독일민법 제812조의 해석에 따라 「법률상 원인 없는 이득」을 이득의 손실자의 급부행위에 의한 경우와 기타의 방법으로 인한 경우의 두 가지로 분류하여 설명하여 왔다.[1] 그러나 최근에는 법률상 원인 없는 이득을 좀더 多元的으로 類型化하여 설명하고자 하는 시도가 행해진다.[2] 부당이득반환청구권의 발생요건 및 효과를 명확히 설명하기 위해서는 유형화작업이 필요하다.[3]

§38. 不當利得의 要件과 效果

1. 要　　件

(1) 法律上 原因 없는 利得[4]

㈎ 給付不當利得　　채무의 이행을 위하여 타인에게 재산적 이득 있는 출연행위를 한 자는 채권자라고 믿었던 자로부터 그 급부이득을 반환받음이 옳으며, 이 문제를 다루는 것이 급부부당이득이다. 그 출연행위의 법률상 원인이 되어야 할 채권이 존재하지 않음으로 말미암아 수령자에게는 급부이득을 취득할 권리가 인정되지 않고, 따라서 그 잘못된 급부는 원래의 권리자에게 반환되어야 한다. 어떠한 급부가 법률상 원인을 결여하는가, 즉 어떠한 경우 채권이 존재하지 않는가는 채권법 및 민법총칙, 친족상속법, 상법 등 부당이득법 이외의 다른 법체계에서 찾아진다. 그 중에 가장 중요한 것은 계약법이다. 여기서 계약법이란 계약과 관련된 민법총칙 · 채권총론 · 채권각론을 포괄하는 개념이다. 부당이득법에서 급부부당이득반환이 차지하는 비중은 매우 높으며, 이 부분에서 부당이득법은 계약법의 補充機能을 담당한다. 급부부당이득의 반환청구

---

1) 郭潤直, 623 이하.

2) 金疇洙, "부당이득의 성립요건에 대한 유형론적 검토," 고시연구 1988년 4월호; 金曾漢, "부당이득의 유형," 법조 제27권 2호, 1978.

3) 같은 취지: 金相容, 40은 「그러므로 부당이득은 그것을 유형화할 필요가 있으며, 각 유형별 부당이득의 성립요건을 따로따로 논함이 합리적이라고 생각된다」라고 하며 김주수, 552은 「일반부당이득법의 일반조항적인 성격을 두지 않고 구체적으로 어떤 수익이 왜 「부당」한가를 따져서 부당이득의 제유형을 만들어 냄으로써 비로소 법의 기능의 예측가능성이라는 자본주의적 요청에 따른 타당하고 적절한 법적용을 확보할 수 있을 것이다」라고 하여 유형화작업의 필요를 지지하고 있다.

4) 金龍潭, "쌍무계약을 청산하는 여러 가지 제도에 관하여 — 제도상의 비교를 중심으로 —," 방순원고희기념 민사법의 제문제, 박영사, 189 이하.

는 잘못된 급부를 한 자가 그 급부로 이득을 얻은 상대방에 대하여 행사한다.

大判 1996. 9. 6, 94다54641: 임대인이 국가 소유의 부동산을 임대하였는데 임차인의 차임 연체로 인하여 그 임대차계약이 해지되었다면, 특별한 사정이 없는 한 임차인은 임대인에게 그 부동산을 명도하고 해지로 인한 임대차 종료시까지의 연체 차임 및 그 이후부터 명도 완료일까지 그 부동산을 점유 · 사용함에 따른 借賃 상당의 부당이득금을 반환할 의무가 있다(임차인은 임대인에 대하여 부당이득반환의무를 지는 것이며, 국가에 대하여 지는 것은 아님).[1)]

給付不當利得의 모습은 다음과 같다.

1) 契約의 無效 · 取消　급부의 기초였던 계약이 무효 · 취소로 존재하지 않게 되면 이미 이행하였던 급부는 부당이득이 된다. 무효 · 취소의 사유 중에는 그 사유를 가지고 선의의 제3자에게 대항할 수 없는 상대적 효력사유가 있고(非眞意表示 · 虛僞表示 · 錯誤 · 詐欺 등), 누구에게든 그의 효과를 주장할 수 있는 절대적 효력사유(反社會秩序의 法律行爲, 無能力者의 法律行爲)가 있다. 급부수령자가 상대적 효력사유의 「선의의 제3자」에 해당하는 경우에는 부당이득반환청구권이 차단된다. 그리고 反社會的 法律行爲에 있어서도 제746조의 불법원인규정에 의해 부당이득반환청구가 배제된다. 계약이 해제된 경우의 효과에 관하여는 제548조에 원상회복의무를 규정하는데, 그 원상회복청구권은 본질적으로 부당이득반환의 성질을 갖지만, 제548조는 부당이득규정(제741조 이하)의 특칙이라고 해석된다(「계약의 해제」에서 설명).

2) 非債辨濟　채무의 변제로서 급부하였으나 채무가 없는 경우에는 비채변제가 되며, 수령한 것은 부당이득이 된다. 채무를 이중변제한 경우, 채권자가 아닌 자를 채권자로 믿고 변제한 경우(단 채권의 준점유자나 영수증 소지자에 대한 변제는 예외), 손해배상책임이 없음에도 있다고 믿고 배상한 경우에 부당이득반환청구권이 발생한다. 그러나 채무 없음을 알고 이를 변제한 경우(제742조), 도의관념에 적합한 비채변제의 경우(제744조), 타인의 채무를 착오로 변제하였고 채권자가 채권의 행사가 어렵게 된 때(제745조)에 관하여는 부당이득반환청구를 금지하는 특별규정이 있다(뒤에 설명함).

변제기 전의 변제는 채무 있는 변제이므로 비채변제가 아니며, 이 때 채무

1) 판례평석: 諸哲雄, "소유물반환청구권자 및 그 밖의 반환청구권자에 대한 권원 없는 점유자 책임," 민사판례연구 제21권, 1999. 권원 없는 악의의 점유자 일반이 부당이득법에 의해 보호받는 것이 아니라 급부부당이득반환관계가 있을 때에만 대상판결의 법률론에 의해 보호받을 수 있으며 침해부당이득반환관계가 적용될 사안의 경우에는 그 자는 부당이득법에 의한 보호는 향유할 수 없다는 것이라고 한다.

자는 변제기가 도래하지 않았다는 이유로 이미 변제한 것을 반환청구할 수 없다(제743조 앞문장). 단 채무자가 변제기가 도래하지 않았음을 착오로 알지 못하고 미리 변제한 경우에는 채권자는 그 기한 전 변제로 인하여 얻은 이익을 반환하여야 한다(제743조 뒷문장). 이 때 채권자의 반환의무는 급부이득의 반환의무의 성격을 갖는다.

3) 雙務契約에서 一方의 給付不能 특정물매매에서 대금을 선불하였으나 목적물이 불가항력으로 멸실된 경우에, 급부의무와 함께 그 반대급부인 대금채무도 소멸하므로(제537조) 매도인은 선불받았던 대금을 매수인에게 부당이득으로서 반환하여야 한다. 그 밖에 고용 · 도급 · 위임 · 임치 등의 노무공급계약에서 채무자의 노무제공이 불가능하게 된 경우, 대차계약에서 목적물이 멸실된 경우 등 쌍무계약의 일방급부가 불능하게 된 경우에도 같다.

4) 잘못된 租稅徵收, 土地收用 등의 不當行爲로 인한 利得[1] 판례는 세관이 적법한 통고처분 없이 가납금을 벌금 또는 추징금에 충당하여 국고에 귀속시킨 경우(大判 1970. 9. 22, 70다1605), 무효인 구법인세법시행령규칙에 기초해 세금을 징수한 경우(大判 1970. 11. 24, 70다2167), 중과세처분을 할 수 없는 물품에 대한 중과세나 과세대상이 아닌 물품에 대한 과세의 경우(大判 1981. 6. 9, 81다400)에 국가의 부당이득을 인정한다.

5) 競賣節次에서 잘못 配當된 경우 담보물권에 기한 경매절차에서 잘못 배당된 경우는 직접 손실자의 급부행위에서 비롯된 것은 아니지만 그에 준하여 다루어진다. 선순위권리자를 제쳐놓고 후순위권리자가 배당받는 경우 선순위자는 배당받은 후순위자에 대하여 부당이득을 청구할 수 있다(大判 1965. 2. 16, 64다1544; 大判 1999. 5. 25, 98다410).[2] 저당권실행을 위한 경매를 행한 경우, 실제 저당권이 존재하지 않았던 경우에는 비록 경매절차가 형식상 유효하게 행하여졌더라도 경락인은 목적부동산의 소유권을 취득하지 못한다. 이 때 경락인은 대금을 배당받은 채권자에 대하여 그 대금을 부당이득으로서 반환청구할 수 있다(大判 1973. 3. 13, 72다1073.). 저당채권에 우선하는 국세채권이 있음에도 불구하고 저당채권자가 경락대금 전액을 배당받았으면 국세채권액을 부당이득한 것이다(大判 1972. 6. 13, 72다503; 大判 1996. 12. 20, 95다28304).[3]

---

1) 金先錫, "공법상의 부당이득," 법조 제35권 10호.

2) 大判 1999. 5. 25, 98다410: 확정된 배당표에 의해 배당을 실시하는 것은 실체법상의 권리를 확정하는 것이 아니므로, 배당을 받아야 할 자가 배당을 받지 못하고 배당을 받지 못할 자가 배당을 받은 경우에, 배당에 관하여 이의를 한 여부 또는 형식상 배당절차가 확정되었는가의 여부에 관계 없이 배당을 받지 못한 우선채권자는 부당이득반환청구권이 있다.

3) 大判 1996. 12. 20, 95다28304: 민사소송법 제728조에 의하여 준용되는 제605조 제 1 항에서 규정하는 배당요구 채권자는 경락기일까지 배당요구를 한 경우에 한하여 비로소 배당을 받을 수 있고, 적법한 배당요구를 하지 아니한 경우에는 임금채권과 같이 실체법상 우선변제청구권이 있는 채권자라 하더라도 그 경락대금으로부터 배당을 받을 수는 없을 것이므로, 이러한 배당요구 채권자가 적법한 배당요구를 하지 아니하여 그를

3者關係에서의 不當利得問題

갑과 을은 갑소유부동산을 1,000만원에 매매하기로 계약을 체결하면서 을이 갑에게 100만원의 계약금을 지급하였다. 그 후 매수인 을은 제3자인 병에게 지시하여 갑에게 400만원의 중도금을 지급하였다. 그러나 얼마 후 갑의 법정대리인 「갑'」가 갑이 미성년자임을 이유로 계약을 취소하였다.

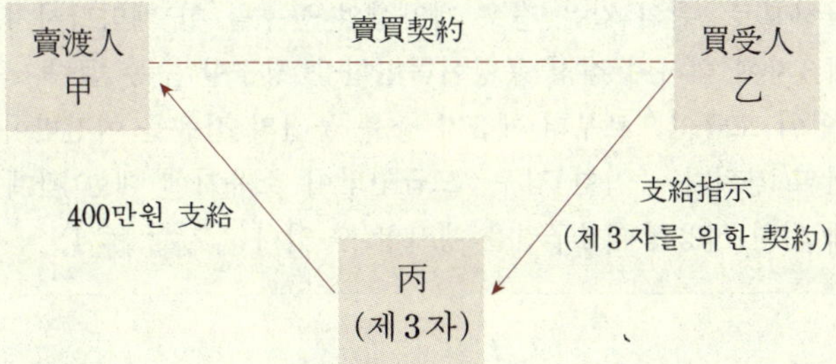

위 사례의 3자관계에서 부당이득반환은 누구와 누구 사이에 행해지게 되는가. 법률상 원인 없이 이득을 한 자가 갑임은 명백하다. 갑의 이득은 부당이득의 유형 중 급부이득에 해당한다. 잘못된 급부이득의 조정은 급부의 기초가 되었던 계약의 당사자 사이에서 이루어져야 하며, 제3자와의 관계에서 생긴 사유를 가지고 항변할 수 없다. 갑·을 사이의 매매계약의 취소로 말미암아 을은 갑에게 이미 급부한 것에 대한 부당이득반환청구권을 갖는다(이 때 계약금에 관하여는 제565조가 적용됨). 그러나 병은 비록 갑에게 400만원을 직접 지급하기는 하였지만, 갑·을간의 계약소멸을 이유로 갑에 대하여 400만원을 부당이득반환청구할 수 없다. 병은 을에 대하여 400만원의 채권을 가질 뿐이다. 만약 갑이 500만원을 모두 유흥비로 탕진했고 무자력상태에 있다면 을의 갑에 대한 부당이득반환청구는 만족을 얻지 못하게 될 것이다(제141조). 그렇다고 해서 을은 병에 대하여 그를 이유로 400만원의 채무변제를 거절할 수 없다. 병은 을과의 지시관계를 기초로 해서 을을 위하여, 그리고 을의 資力을 믿고 갑에게 지급하였기 때문이다.[1]

판례는 계약상의 급부가 계약의 상대방뿐만 아니라 제3자의 이익으로 된 경우

배당에서 제외하는 것으로 배당표가 작성 · 확정되고 그 확정된 배당표에 따라 배당이 실시되었다면, 집행목적물의 교환가치에 대하여서만 우선변제권을 가지고 있는 법정담보물권자의 경우와는 달리 채권자가 적법한 배당요구를 한 경우에 배당받을 수 있었던 금액 상당의 금원이 후순위채권자에게 배당되었다 하여 이를 법률상 원인이 없는 것이라고 할 수 없다.

1) 이상의 사례해결은 독일민법학자인 Canaris의 이론에 의거하여 풀이한 것이다. 그의 이론이란, 첫째, 하자 있는 원인관계의 당사자는 상대방에 대한 항변권을 보유한다. 둘째, 각 당사자는 제3자에 대해서 갖는 항변권을 갖고 상대방에게 주장할 수 없다. 셋째, 각 당사자는 자신의 선택한 상대방의 무자력에 관하여만 그로 인한 불이익을 부담한다. "Canaris, *Abschied von Leistungsbegriff," in Festschrift für Larenz aun 70. Geburtstag*, S. 799ff.(李鍾馥, "부당이득— 3자관계를 중심으로," 민사법학 제4·5합병호, 198에서 재인용).

에 급부를 한 계약당사자가 계약 상대방에 대하여 계약상의 반대급부를 청구할 수 있는 이외에 그 제3자에 대하여 직접 부당이득반환청구를 할 수 있다고 보면, 자기 책임하에 체결된 계약에 따른 위험부담을 제3자에게 전가시키는 것이 되어 계약법의 기본원리에 반하는 결과를 초래할 뿐만 아니라, 채권자인 계약당사자가 채무자인 계약 상대방의 일반채권자에 비하여 우대받는 결과가 되어 일반채권자의 이익을 해치게 되고, 수익자인 제3자가 계약 상대방에 대하여 가지는 항변권 등을 침해하게 되어 부당하므로, 위와 같은 경우 계약상의 급부를 한 계약당사자는 이익의 귀속 주체인 제3자에 대하여 직접 부당이득반환을 청구할 수는 없다. 즉 도급계약에 기하여 수급인이 도급인으로부터 제3자 소유 물건의 점유를 이전받아 이를 수리한 결과 그 물건의 가치가 증가한 경우, 도급인만이 소유자에 대한 관계에 있어서 민법 제203조에 의한 비용상환청구권을 행사할 수 있다(大判 2002. 8. 23, 99다66564·66571).

(나) 侵害不當利得　무권리자가 타인의 물건이나 재산권을 사용·수익·처분함에 의하여 얻은 이득은 부당이득이 되므로 원래의 권리자에게 반환되어야 하는데, 이 경우를 침해부당이득이라고 한다. 타인의 토지나 건물을 불법점거하여(사실행위에 의한 침해) 용익한 경우에는 차임상당액의 부당이득을 취한 것이고(大判 2001. 3. 9, 2000다70828),[1] 타인의 물건을 제3자에게 매도하고(법률행위에 의한 침해) 대금을 받은 경우에는 대금상당액의 부당이득을 취한 것이다. 타인의 특허권·저작권 등의 무체재산권을 침해하는 무단복제행위로 얻은 이득도 침해부당이득에 해당한다.[2]

侵害利得의 返還은 불법행위에 기한 손해배상청구와 유사한 기능을 갖는다. 손해배상은 피해자인 원래의 권리자에게 생긴 손해를 전보해 주는 제도이지만, 부당이득반환은 법률상 허용되지 않는 이득을 얻은 자로 하여금 그 침해이득을 원래의 권리자에게 돌려 주도록 하는 제도이다. 또한 손해배상은 가해자의 고의·과실을 요건으로 하지만, 부당이득반환은 법률상 원인 없는 이득을 요건으로 하는 점에 양 제도의 차이가 있다. 침해이득과 급부이득은 전자가 권리자의 의사에 의하지 아니하고 부당이득이 취득된 데에 반하여, 후자는 급부행위자의 의사에 의하여 부당이득이 야기되었다는 점에 차이가 있다.

賃貸借·使用貸借·消費貸借 등에 기초해 타인의 물건을 점유 및 사용하였으나 그 기초된 계약이 기간만료나 해지 등의 사유로 소멸한 경우에(계속적 계약의 종료), 다

1) 판례는 유치권자가 유치물을 사용한 경우 차임상당의 부당이득을 인정한다(大判 1962. 8. 30, 62다294).

2) 諸哲雄, "소유물반환청구권자 및 그 밖의 반환청구권자에 대한 권원 없는 점유자의 책임," 민사판례연구 제21권, 1999(大判 1997. 6. 27, 96다51332 판례평석).

음과 같은 두 가지의 법률문제가 생긴다. 하나는 인도받은 물건을 반환받는 법률관계로서 이는 계약 본래의 권리인 「계약종료시의 목적물반환청구권」에 의하여 처리된다. 다른 하나는 계약종료 후에 임차인 · 차주가 목적물을 계속 용익함에 의해 얻는 이득인데, 이 이득은 그를 정당하게 하는 권리(임대차보증금의 반환에 관한 동시이행의 항변권 등)가 없는 한 부당이득으로서 반환되어야 한다. 후자의 부당이득이 급부부당이득으로 분류되어야 하는가, 또는 침해부당이득으로 분류되어야 하는가는 의문이다.

㈐ 支出不當利得 손실자가 급부 이외의 목적으로 금전지출 등의 출연행위를 한 경우, 이득자로부터 그 지출이득을 반환받을 수 있는데, 이 경우를 지출부당이득이라고 한다. ① 타인의 물건에 비용을 지출하였거나 자기의 물건을 부합시켰거나 자기의 노무로 가공한 경우에는 점유자의 상환청구권(제203조), 유치권자의 상환청구권(제325조), 사용차주 · 임차인 · 수치인의 상환청구권(제627조, 제626조, 제701조) 등의 특칙이 적용되나, 이러한 명문규정이 없는 경우에는 일반법인 부당이득법(제741조)에 의해 반환되어야 한다. ② 타인의 사무를 처리하기 위해 비용을 지출한 경우에는 수임인의 상환청구권(제688조)이나 사무관리자의 비용상환청구권(제739조)이 특칙으로서 우선적으로 적용된다. ③ 타인이 궁극적으로 부담하여야 할 채무를 자기가 변제함으로써 그 타인에게 채무소멸 등의 이득을 준 자는 그 타인에게 자기의 지출이득을 구상청구할 수 있다. 연대채무나 보증채무에 있어서의 구상청구에 관하여는 민법에 특칙이 있다(제452조 이하, 제441조 이하). 피해자에게 손해배상을 한 공동불법행위자나 사용자는 다른 공동불법행위자나 피해자에 대하여 자기의 지출로 인한 이득을 부당이득법에 의해 반환청구할 수 있다.

(2) 收 益

㈎ 收益의 意義 수익자의 이득은 타인의 재산이나 노무로 인하여 생긴 것이어야 한다. 수익은 법률행위나 사실행위 기타 자연적 사실에 의해 행해진다. 수익자의 收益의 意思는 필요하지 않으며, 수익의 결과로서 충분하다. 부당이득법은 잘못된 재화의 귀속을 바로잡는 데에 목적이 있으며, 수익자의 과실행위나 위법행위에 대해 제재하고자 하는 목적은 없기 때문에 수익의 의사는 중요하게 다루어지지 않는다(제재의 목적은 불법행위법에 의해 달성됨).

㈏ 收益의 類型 사람에게 현실적인 재산상의 이익을 주는 것은 원칙적으로 부당이득으로 될 수 있다.

1) 財産權의 取得 물권 · 채권 · 무체재산권 등 재산권의 취득은 부당이득으로 될 수 있다. 단 채권은 그의 원인이 된 채권양도나 채권행위가 무효 또

는 취소된 경우에는 이득이 될 수 없으므로 무인행위(어음행위 등)에 의한 채권취득의 경우에만 부당이득의 반환문제가 생긴다.

2) 他人에게 歸屬될 財産 타인의 재산으로부터 이득을 얻는다는 것은 이미 타인에게 귀속되어 있는 재산으로부터 이익을 얻는 경우뿐 아니라 당연히 타인에게 귀속되어야 할 재산으로 인하여 이익을 얻고 그로 인하여 타인의 재산이 증가하지 못한 경우도 포함된다(계약명의신탁에서 부동산의 반환의무 인정 大判 2002. 12. 26, 2000다21123).[1)]

3) 占有, 使用利益 타인의 물건을 점유[2)]하여 사용·수익하는 것은 부당이득으로 될 수 있다.[3)] 불법점유가 없더라도 임료상당의 이득이 발생할 여지가 없었으면 부당이득이 되지 않는다(大判 2002. 12. 6, 2000다57375).

4) 債務免除 채무의 면제, 자기 물건에 대한 부담(제한물권·변칙담보권)의 소멸 등도 부당이득이 될 수 있다.

5) 勞務로 인한 利得 타인의 노무로부터의 이득에 관련하여 판례는 "하천에 대한 수해복구 제방공사는 그 관리청이 시행하여야 할 것인데, 원고가 이를 완공하였다면 관리청인 피고는 그가 부담할 제방공사비 상당액을 부당이득한 것"이라고 한다.[4)]

6) 將來의 利益 장래 취득될 이익도 미리 부당이득반환청구할 소의 이익이 있으면 소송상 청구할 수 있다(민소법 제251조).[5)]

(3) 損　害

(가) 損害의 發生 반환청구권자는 타인의 부당이득으로 말미암아 손해를 입은 자이므로, 부당이득반환청구권의 발생요건으로서 「청구권자가 손해를 입었을 것」이 포함된다. 부당이득법은 수익자와 손실자 사이의 구체적 이익조정을 목적으로 하는 제도이므로, 반환의무자는 법률상 원인 없는 이득을 얻었을 뿐만 아니라 「그로 인하여 타인에게 손해를 가한 자」(제741조)일 것이 요건이다. 손해의 요건은 「법률상 원인 없는 이득」의 요건보다는 중요성이 적다.

---

1) 大判 1971. 12. 14, 71다1610; 大判 1981. 1. 13, 80다380.

2) 판례는 이득은 실질적 이익만을 가리키므로 법률상 원인 없이 건물을 점유하였더라도 이를 이용·수익하지 못하였다면 부당이득이 되지 않는다고 한다(大判 1981. 11. 10, 80다378).

3) 大判 1998. 4. 10, 97다58552: 지방자치단체가 타인 소유의 토지를 아무런 권원 없이 하천부지로 점유·사용하고 있는 경우, 토지의 점유자로서의 지방자치단체의 이득 및 토지소유자의 손해의 범위는 일반적으로 토지가 하천부지로 편입되어 이용되고 있는 사정을 고려하지 않고 그 편입될 당시의 현실적 이용 상황을 고려하여 산정한 임대료에서 개발이익을 공제한 금액 상당이다.

4) 大判 1973. 7. 24, 72다2331.

5) 같은 취지: 大判[全合] 1975. 4. 22, 74다1184. 이 판결은 종전의 "장래 취득할 것이 예상되는 이익의 반환을 미리 청구할 수 없다"는 판례(大判 1960. 10. 6, 4293민상260 등)의 취지를 변경한 것이다.

부당이득법에서 「손해를 입었다는 것」, 즉 「피해」란 불법행위법에서 말하는 가해 또는 피해보다는 넓은 개념이다. 불법행위법에서 말하는 피해는 대개 가해자의 과실행위와 인과관계를 갖는 것인 반면에, 부당이득법에서의 손해는 재산의 감소 또는 기대이익의 상실 등 재산상태를 말하며, 수익자의 과실이 그 원인이 되었음은 요구되지 않는다. 그러므로 부당이득법에서 말하는 손해는 과실과 무관한 「손실」의 개념에 가깝다.

(나) **利得과 損害 사이의 因果關係** 타인의 부당이득은 자신의 손해와 관련을 가져야 한다. 누구도 단순히 타인의 정당치 못한 이득을 얻었다는 사실만을 이유로 그 이득을 자기에게 나누어 달라고 요구할 수 없음은 당연하다. 부당이득법에서 손해란 손실자가 현실로 그 재산을 이용할 수 있었는가를 묻지 않고 사회관념상 그 이익이 손실자에게 당연히 귀속되어야 할 것이라고 판단되는 경우에 인정된다.[1]

이득과 손해 사이의 관계는 하나의 사실(급부·침해·지출 등)로부터 어떤 사람에게는 이득이 생기고, 다른 사람에게는 그에 상응하는 손해가 생겼다는 것(상대적 손해 또는 추정적 손해로도 충분)으로서 충분하다. 이득과 손해는 내용이 같은 것일 필요도 없으며, 그 평가액이 같을 필요도 없다. 손실액이 이득액보다 적은 경우에 손실액의 범위에서만 반환의무가 발생한다.[2] 給付不當利得이나 支出不當利得의 경우에는 피해자의 급부행위, 비용지출, 변제 등의 자발적인 출연행위에 의해 이득이 야기된 것이고, 이는 곧 출연행위자의 재산적 감소와 직접 관련되는 것이다. 그러므로 급부부당이득이나 지출부당이득에 있어서는 그 이득으로 인하여 출연행위자에게 손해를 가하였음이 추정된다. 侵害不當利得의 경우에도 침해자가 타인의 권리에 대한 침해로부터 이득을 얻었으면 그에 상응하는 손해가 권리자에게 발생하였다고 추정된다.

2. 效 果

부당이득의 요건을 충족하면 원칙적으로 「손실자의 이득자에 대한 不當利得返還請求權」이 발생한다. 예외적으로 부당이득이 있더라도 손실자에게 반환청구권이 발생하지 않음으로써 이득자가 그 이득을 보유할 반사적 이익을 누리는 경우도 생긴다.

---

1) 같은 취지: 郭潤直, 618 이하; 金疇洙, 566; 金曾漢, 412; 金顯泰, 332; 李太載, 420; 주석 채권각칙(Ⅲ), §748, 233.

2) 같은 취지: 大判 1974. 7. 26, 73다1637.

(1) 返還할 利得

(가) 槪 念 부당이득법에 의하여 반환되어야 하는 것은 수익자가 불법원인으로 취득한 이득이다. 부당이득법에서 문제되는 이득은 개념상 取得利得과 返還利得의 두 가지로 구별될 수 있다. 전자는 부당이득반환청구권의 성립요건이 되며, 후자는 부당이득의 효과로서 반환의무의 범위를 결정한다. 이득반환을 청구하는 자는 수익자의 취득이득액이 얼마이며, 그것이 자신의 손해와 관련되었음을 입증해야 한다. 수익자의 부당이득 중 일부만이 자신의 손해와 관련이 있는 경우에는, 그 관련부분을 입증하여야 한다. 자신의 손해가 수익자의 이득보다 많은 경우에는 수익자가 악의인 때에 한하여 손해배상을 청구할 수 있다(제748조 2항).

(나) 返還利得의 算定 부당이득법에 의하여 반환되어야 할 이득(반환이득)의 산정에 관하여는 서로 다른 두 견해가 있다.[1]

1) 財産差額說 수익자가 법률상 원인 없는 이득을 취함에 의해 생긴 재산의 증가가 반환되어야 할 이득이라고 이해하는 견해이다. 반환이득은 수익자가 얻었던 취득이익과는 별개로 파악된다. 반환이익의 산정은 부당이득 이후의 수익자의 재산상태에서 부당이득이 없었더라면 존재하였을 재산상태를 빼는 방법에 의한다. 특히 선의수익자의 반환범위는 수익과 인과관계 있는 모든 손해를 공제하고도 남아 있는 現存利益이라고 한다. 이 견해에 의하면 남의 자동차를 선의로 수익한 자는 자동차의 반환시에 그 동안의 사용이득에서 그 자동차의 사고로 입었던 손해를 뺀 금액을 반환한다고 해석한다.

2) 取得利益說 반환되어야 할 이득은 수익자가 얻은 취득이익 그 자체 또는 그의 가액을 원칙으로 한다.[2] 첫째, 구체적 사안을 다룸에 있어서 법원은 당사자가 부당이득발생과정에서 구체적으로 이행받은 계약목적물 또는 부당하게 자기의 지배영역 내로 끌어들인 타인의 권리내용 등만을 문제삼는다. 둘째, 일정한 시점에 있어서 현실로 존재하는 부당이득자의 재산총액을 개개의 재산품목 전부를 망라하여 산정한다는 것은 어려우며, 특히 어떤 사실이 없었다고

---

1) 이득개념에 관한 재산차액설과 취득이득설의 대립은 독일민법학에서 논의되는 것이며, 우리 민법학에서는 종래 이 문제가 깊이 있게 다루어지지 않았었다. 독일민법학에서는 19세기 이래 재산차액설이 지배설이었으며, 이것이 은연중에 우리 민법학에도 영향을 미쳐 왔었다. 그러나 von Caemmerer가 그를 비판하고 취득이익설을 주장한 이래 현재에는 많은 지지자를 얻고 있다. von Caemmerer, "*Bereicherung und unerlaubte Handlung,*" *in Festschtift für Ernst Rabel,* Bd. I, 1954; 梁彰洙, "독일민법상 이득개념의 형성과 그 구체적 적용," 법조 제34권 3호.

2) 金疇洙, 앞의 글, 34; 梁彰洙, 앞의 글, 39 이하.

가정한 경우에 예상되는 재산총액을 추정하는 것은 정확치 않다. 셋째, 민법이 선의수익자에게 현존이익만으로 반환범위를 줄여주는 것은 취득이익의 전액반환이 가혹한 결과를 가져올 것을 우려한 예외적인 배려일 뿐이다. 그러므로 선의수익자라도 수익과 인과관계 있는 모든 손해를 공제하는 것이 허락되지 않으며, 현존이익의 산정에 있어서는 선의수익자배려의 입법취지와 거래관념을 고려하여 적정한 금액으로 계산되어야 한다. 넷째, 재산차액설을 취하면 운용이익의 반환을 긍정해야 논리적인데, 차액설을 주장하고도 운용이익의 반환을 부정하는 것은 모순이라고 비판된다.

私見으로서는 取得利益說에 찬동한다. 그 이유는 첫째, 민법 제741조는 수익자의 재산차액이 아닌 「그 이익」을 반환하여야 한다고 했는데, 「그 이익」이란 법률상 원인 없이 타인의 재산 또는 노무로 인하여 얻은 이익, 즉 취득이익을 가리키는 것이다. 제748조는 선의수익자는 현존이익의 한도에서 제747조의 책임을 진다고 하며, 제747조는 수익자가 원물반환을 할 수 없는 경우를 말하므로, 결국 선의수익자에게 현존이익의 한도로 책임경감을 해 주는 것은 원물반환불능의 경우(즉 가액반환의 경우)에 한정된다.[1] 이상에서 보듯이 민법은 취득이익을 가급적 원물 그대로 반환할 것을 원칙으로 정하고 있다. 둘째, 재산차액설에 의하면 원물반환의 경우에도 수익한 물건으로 말미암은 손해를 공제하고 남은 차액만 반환하게 되는데, 그렇게 할 경우 반환범위가 너무 축소되어 부당이득제도의 취지에 맞지 않는다. 부당이득반환은 손실자가 누렸어야 할 이득을 돌려받는 데에 목적이 있으며, 특히 부당이득의 중요부분을 이루는 급부이득이나 지출이득의 반환청구에 있어서는 손실자가 급부하였거나 지출한 그대로를 반환시키는 것이 바람직하다. 그러므로 선의수익자의 責任輕減에 있어서도 수익자에게 가혹함이 있어서는 안 된다는 정도로 반환범위를 축소하면 충분하고, 수익자에게 생긴 모든 지출액을 공제할 필요는 없다. 예를 들어 수익자가 부당이득한 금전을 제3자에게 소비대차하였으나 제3자의 무자력으로 회수불능하게 된 경우에 취득이익설에 의해 취득한 금액을 반환시키는 것이 옳다.

1) 다수설은 선의수익자의 현존이익반환을 원물반환과 가액반환 모두의 경우에 인정한다. 그러나 그러한 해석은 제748조 1항을 잘못 해석한 것이다. 독일민법 제818조 3항은 원물반환이나 가액반환의 의무는 수익자에게 이득이 없게 된 한도에서 소멸한다고 규정하며, 구민법 제703조는 부당이득은 그 이익이 현존하는 한도에서 반환할 의무를 발생시킨다고 규정함으로써 독일민법과 구민법은 모두 현행민법과는 입법태도를 달리한다. 다수설은 아마도 이러한 입법례에서의 해석론을 우리 민법규정과 비교함이 없이 무분별하게 도입한 것이 아닌가 추측된다. 다수설: 郭潤直, 648 이하; 金基善, 361; 金相容(下), 88; 金錫宇, 457~459; 金疇洙, 578; 金顯泰, 336~337; 李太載, 425~427.

(다) 運用利益의 返還 與否　수익자가 취득이익에 자기의 노력·비용·물건 등을 첨가하여 얻은 이익을 운용이익이라고 한다(追加利益이라고도 함). 예를 들어 농지를 경작하여 얻은 농작물, 건물을 임대하여 얻은 차임, 돈을 투자하여 얻은 수익(예: 고객의 돈을 빼돌린 증권회사직원이 그 돈을 투자하여 몇 배로 늘려 놓은 경우), 저작물을 출판·판매하여 얻은 이익금 등이 이에 포함된다. 운용이익은 원래의 부당이득한 목적물(또는 금전, 정보, 저작물 등)에 부당이득자의 운영능력을 추가하여 얻은 것이므로 그 전부를 손실자에게 반환시킬 것인지를 결정함이 쉽지 않다.

1) 全部返還說　부당이득은 반환되어야 하므로 운용이익을 얻는 데 들인 비용만을 공제하고 잔액 전부를 반환해야 한다는 견해가 있을 수 있다. 운용이익은 원물이 있었기 때문에 생길 수 있었던 것이므로 원물을 반환할 때 같이 반환해야 하며 또한 반환을 명하여야 운용이익을 노리는 침해행위가 근절될 수 있다고 본다.

2) 返還否定說　운용이익은 수익자의 노력과 비용으로 얻어진 것이므로 반환될 필요가 없다는 견해이다.[1] 만약 운용이익을 모두 손실자에게 반환하게 되면, 손실자는 타인의 노력에 의한 이익을 가지게 되는 부당한 결과로 될 것이라고 전부반환설을 비판한다.

3) 一部返還說　私見으로는 수익자의 운용이 없었더라도 손실자의 운용에 의하여 얻었으리라고 추정되는 通常的 運用利益의 범위에서 반환의무를 진다고 해석하겠다. 이득자는 자기가 만들어 낸 운용이익이 자기만의 특별한 노력과 재능에 의하여 얻어진 것이라는 것을 증명하여 그 부분의 반환의무를 면할 수 있다고 본다. 예를 들어 건물의 불법점거 당시에 손실자가 건물을 사용하지도 않고 임대하지도 않고 있던 상태라도 통상의 임대료 상당액은 그 손실자도 얻었을 것으로 기대되므로 부당이득으로서 반환되어야 한다. 判例도 一部返還說을 취하는 것으로 이해된다.

大判 1995. 5. 12, 94다25551: 일반적으로 수익자가 법률상 원인 없이 이득한 재산을 처분함으로 인하여 원물반환이 불가능한 경우에 있어서 반환하여야 할 가액은 특별한 사정이 없는 한 그 처분 당시의 대가이나, 이 경우에 수익자가 그 법률상 원인 없는 이득을 얻기 위하여 지출한 費用은 수익자가 반환하여야 할 이득의 범위에

---

1) 같은 취지: 郭潤直, 647. 그러나 그 이론구성에 있어서는 반환이득은 손실자의 손실액을 상한으로 하기 때문이라고 설명한다.

서 控除되어야 하고, 수익자가 자신의 노력 등으로 부당이득한 재산을 이용하여 남긴 운용이익도 그것이 사회통념상 수익자의 행위가 개입되지 아니하였더라도 부당이득된 재산으로부터 손실자가 당연히 취득하였으리라고 생각되는 범위 내의 것이 아닌 한 수익자가 반환하여야 할 이득의 범위에서 공제되어야 한다(정당한 권원 없이 타인 소유 임야에서 굴취한 토석을 제방 성토작업장에 운반하여 사용하고 그 재료비 · 노무비 · 경비 등을 합하여 토석 성토대금으로 받은 경우에, 노무비 · 경비를 공제하고 반환을 명하였음).

(2) 原物返還

(가) 原物返還의 原則 부당이득의 반환은 수익자가 받은 이득의 모습 그대로 반환함이 원칙이다. 이득의 내용이 물건(부동산·동산)인 때에는 그 받은 물건 자체를 반환하여야 한다. 수익한 물건이 대체물이었는데, 수익자가 그것을 처분 또는 멸실한 경우에는 동종의 물건을 구해서 반환할 필요 없이 가액으로 반환하면 충분하다.[1] 비록 대체물이더라도 부당이득반환의 대상이 되는 것은 수익자가 얻은 그 물건, 즉 특정물이기 때문이다.

(나) 原物返還의 範圍 원물반환에 있어서는 수익자가 받은 목적물 자체뿐 아니라 그로부터 생긴 果實도 함께 반환하여야 한다.[2] 단 과실이 부당이득으로 얻은 물건 자체에서뿐 아니라 수익자의 투자나 노동의 결과 얻어진 경우에 그 운용이익부분은 반환범위에서 공제되어야 한다.

(다) 善意占有者의 返還範圍 매매계약이 무효 · 취소되어 買受人이 인도받은 목적물을 매도인에게 반환해야 할 경우에, 물권법의 점유자와 회복자 사이의 반환범위에 따를 것인가 아니면 부당이득의 반환범위에 따를 것인가가 논의된다. 논의의 실익은 선의의 매수인이 과실도 함께 반환하여야 하는가와 관련되어 있다.

1) 果實返還說 부당이득법의 반환범위에 따라, 선의매수인이 취득한 과실 중 현존하는 것은 원물반환하고 소비 또는 처분한 것은 가액반환하여야 한다는 견해이다.[3]

2) 果實返還不要說 과실반환설에서와 같이 부당이득법에 의해 반환범위를 정하면 제201조 1항의 선의점유자의 과실수취권에도 불구하고 과실까지

1) 같은 취지: 郭潤直, 646; 金相容(下), 77; 大判 1965. 4. 27, 65다181; 大判 1981. 8. 11, 80다2885. 金疇洙, 574은 「가액으로 반환하든 동종 · 동량의 다른 물건으로 반환하든 어느 쪽을 선택해도 상관 없다고 보는 것이 타당할 것이다」라고 한다.

2) 같은 취지: 주석 채권각칙(Ⅲ), §747.

3) 주석 채권각칙(Ⅲ), 236.

반환하게 되어 선의수익자에게 불리하게 되므로, 이 때에는 제201조 1항을 적용하여 반환할 필요가 없다고 해석하는 견해이다.[1]

3) 私見으로는 果實返還說을 취하겠다. 제201조 내지 제203조의 규정은 점유자와 회복자 사이의 일반적인 관계에서의 利益調整을 목적으로 하는 규정이지만, 계약의 무효·취소로 인한 급부의 반환은 계약을 전제로 급부한 물건의 반환청구라는 점에서 일반적인 점유자·회복자의 관계보다는 특수성을 띤다고 생각된다. 그러므로 이 때 부당이득법이 제201조에 우선해서 적용되어야 한다. 그 적용결과를 비교해 보더라도 매수인에게 과실수취권을 인정하여 매수인의 이익만을 보호하고 매도인에게 손해를 입히는 것보다는 매수인이 목적물과 그의 과실을 반환하는 대신 자기가 지불한 대금과 그의 이자를 반환청구토록 하는 것이 바람직하므로(제587조의 취지에도 적합함) 부당이득법에 따라 선의수익자도 과실을 반환토록 해야 한다. 매매계약이 매도인의 무능력을 이유로 취소한 경우에는 제141조의 특칙이 적용되어 무능력자인 수익자는 그의 선의·악의 또는 원물반환·가액반환을 묻지 않고 현존이익의 범위 내에서만 반환하면 된다.

(라) 費用償還請求 원물반환시 수익자가 그 물건에 들인 비용은 부당이득으로서 반환청구할 수 있다. 이 비용상환청구에 관하여 부당이득법에는 규정을 두지 않으나, 부당이득의 법리상 그 비용은 지출부당이득으로서 반환되어야 할 성질의 것이다. 이에 관해서는 점유자·회복자의 관계에 관한 제203조가 유추적용될 수 있을 것이다.

(마) 惡意受益者의 責任加重 대체물의 반환에 있어서 악의수익자는 이자를 붙여서 반환해야 한다(제748조 2항).[2] 그리고 악의수익자는 원물반환에 추가하여 손실자에게 부당이득으로 말미암아 생긴 손해를 배상할 의무를 진다(제748조 2항).

(3) 價額返還

(가) 價額返還의 경우 수익자가 받은 목적물을 반환할 수 없는 때에는 그 가액을 반환하여야 한다(제747조 1항). 원물반환 대신 가액반환이 허용되는 경우는 ① 수익자가 받은 목적물을 소비·처분·멸실 등의 사유로 반환할 수 없게 된 경우,[3] ② 수익자가 얻은 이득이 금전, 노무, 타인의 물건의 사용 등 성질상 원

1) 郭潤直, 652; 金相容(下), 86; 金錫宇, 458; 李太載, 426.

2) 반대설: 악의수익자는 가액반환의 경우에만 이자를 부가하고 원물반환의 경우에는 과실이나 사용이익의 반환만으로 충분하다고 보는 견해가 있다. 주석 채권각칙(Ⅲ), §748, 245. 생각건대 대체물에는 과실이나 사용이익을 반환해야 하는 경우는 드물며, 제748조 2항은 이자부가의무를 가액반환에 한정하지 않으므로 원물반환에도 이자부가의무를 부과하여야 한다.

3) 독일민법 제818조 1항은 목적물의 멸실·훼손 또는 공용징수에 대한 배상으로서 얻은 대위물(손해배상

물반환이 적합치 않은 경우, ③ 수익자가 얻은 목적물을 제3자의 물건에 附合·混和시킴으로써 제3자의 소유로 된 경우(제256조, 제257조, 제258조)이다. 원물반환의 불능이 수익자의 귀책사유에 의한 것인가는 묻지 않는다.

大判 1997. 9. 26, 96다54997: 매매계약이 무효인 때의 매도인의 매매대금반환의무는 성질상 부당이득반환의무로서 그 반환범위에 관하여는 민법 제748조가 적용된다 할 것이고, 명문의 규정이 없는 이상 그에 관한 특칙인 민법 제548조 제2항이 당연히 유추적용 또는 준용된다고 할 수 없다(토지거래허가를 받지 못해 매매계약이 무효로 된 사안에서, 민법 제548조 2항을 준용하여 매도인은 매매대금을 받은 날로부터의 이자를 가산하여 지급하여야 한다는 매수인의 주장을 배척한 사례).

(나) 善意受益者의 價額返還範圍

1) 善意受益者의 返還免除 민법은 선의수익자의 반환범위를 현존이익의 범위로 경감시킴으로써 선의수익자를 보호하려 한다(제748조 1항). 예를 들어 케이크가 다른 집으로 잘못 배달되어 수령자가 그것을 자기에게 온 선물로 오해하고 먹은 경우에, 그 수익자에게 케이크 값을 물어내도록 하는 것은 가혹하므로 가액반환이 제한된다.

이러한 반환의무의 면제는 선의수익자가 자기가 권리자라고 믿고 행동한 결과를 어느 정도 인정해 주고자 하는 信賴保護思想에 기인한다. 다른 한편 선의수익자의 반환면제는 정당한 권리자에게 손해를 감수하도록 요구하는 결과로 된다. 손실자와 선의수익자 사이의 이익조정을 올바르게 하기 위해서는 선의수익자의 반환면제를 신뢰보호의 목적범위 내로 제한하여야 할 것이다.

2) 善意受益者 자기가 얻은 이익이 법률상 원인 없음을 알지 못한 수익자가 선의수익자이다. 계약의 무효를 알지 못하고 급부를 수령한 채권자, 취소 이전에 급부를 수령한 채권자, 기타 채무 없음을 모르고 변제받은 채권자가 선의수익자에 해당한다. 타인의 물건이나 재산권을 자기의 것으로 오인하고 용익·처분한 자도 그 오인할 근거가 있었던 경우에는 선의수익자로 된다.

선의수익자라도 이익을 받은 후 그 이득이 법률상 원인 없음을 안 때에는 그 때부터 악의수익자로 된다(제749조 1항). 그리고 부당이득반환청구의 소송에서 패

금, 수용보상금, 보험금 및 이들에 대한 청구권)을 원물반환에 준하는 것으로 다루지만, 우리 민법에는 이런 규정이 없으므로 가액반환으로 처리되는 수밖에 없다. 그러나 환지처분의 경우에는 그 받은 토지에 대하여 부당이득반환청구가 가능하다고 해석된다.

소한 때에는 그 소송의 제기 당시에 소급하여 악의의 수익자로서의 반환책임을 지게 된다.[1)]

3) 現存利益의 返還 원물반환을 못하는 선의의 수익자는 그 받은 이익이 현존한 한도에서 가액반환의 책임이 있다(제748조 1항). 받은 이익이 현존하는가를 판단하는 기준은 명확하지 않다. 高價의 물건을 소비한 선의수익자는 그것이 없었더라면 통상 사용하였을 물건의 가액만큼은 이익이 현존한 것으로 해석된다. 취득이익으로 말미암아 수익자가 지불하여야 할 다른 지출을 면한 경우에는 그 면한 지출만큼의 현존이익이 있다고 해석된다.

취득이익이 金錢인 경우에는 소비했더라도 현존이익이 있는 것으로 된다. 금전은 어떤 목적으로 소비하였든간에 그에 상응하는 재화를 취득케 하므로, 그 취득금액 전부를 현존이익으로 인정해야 한다(단 제748조 1항의 현존이익과 제141조의 현존이익은 별개로 해석되어야 한다). 판례도 "취득한 이익이 금전상의 이익인 때에는 그 금전의 취득자가 그를 소비하였는가를 묻지 않고 그 취득한 금전상의 이득은 현존한 것으로 추정하여 그 금전을 반환해야 한다"고 한다(大判 1969. 9. 30, 69다1093).

4) 立證責任 수익자의 선의는 추정되지 않으므로 자기가 선의라고 주장하는 수익자가 그 사실을 입증하여야 한다. 수익자가 물건을 점유하는 경우에는 선의점유자로 추정되는데(제197조 1항), 이에 의하여 동시에 선의수익자로도 추정된다고 해석된다. 현존이익에 관하여는 선의수익자가 자기에게 현존이익이 없음을 입증하여야 한다.[2)]

(다) 惡意受益者의 價額返還範圍

1) 惡意受益者 법률상 원인 없음을 알면서 타인의 재산이나 노무로부터 이득을 얻은 자를 악의수익자라 한다. 계약이 무효임을 알고 급부받은 자, 기타 채무 없음을 알고도 변제받은 자, 남의 물건을 무단으로 사용하는 자 등이다. 계약의 취소에 있어서 수익자는 취소의 의사표시가 있기 전까지는 선의이며, 취소 후부터는 악의수익자로 된다. 수익자가 취소사유가 있다는 것을 아는 것만으로는 악의수익자가 되지 않는다(제109조 등의 선의의 제 3 자와 다름).

---

1) 같은 취지: 大判 1974. 7. 16, 74다525; 大判 1987. 1. 20, 86다카1372은 본권의 소에서 패소한 점유자는 그 소제기시부터 악의의 점유자이자 악의의 수익자도 된다고 한다(梁彰洙, 동 판례평석, 대한변호사협회지 1988년 4월호); 주석 채권각칙(Ⅲ), §749. 독일민법 제818조 4항은 「소송계속시부터」 악의수익자로 한다.

2) 같은 취지: 주석 채권각칙(Ⅲ), 241; 大判 1970. 10. 30, 70다1390. 원고가 피고로부터 벼 33섬을 받았다면 다른 특별한 사정이 없는 한 아직도 원고가 이를 소지하고 있다고 보아야 하므로, 이것이 현재 원고에게 존재하지 아니한다는 점은 원고가 입증할 책임을 진다.

2) 目的物滅失에 대한 責任　악의수익자는 수익한 목적물이 멸실한 경우, 그 멸실이 수익자의 귀책사유로 인한 때에는 물론이고 불가항력으로 인한 때에도 그에 상당하는 가액을 반환하여야 한다. 단 그 멸실이 목적물의 성질(부패하기 쉬움 등)에 기인한 때, 기타 손실자가 가지고 있었더라도 멸실하였을 경우에는 가액반환할 필요가 없다고 해석하는 편이 타당하다(제392조 단서 유추적용).

3) 利子의 附加返還　취득이익이 금전인 경우에 악의수익자는 그 원금에 법정이자를 붙여 반환해야 한다(제748조 2항). 원물 대신에 가액반환하는 경우에도 악의수익자는 그 원물반환불능의 시점부터 그 가액에 이자를 붙여 반환해야 한다.

4) 損害의 賠償　악의수익자의 부당이득으로 인하여 손실자에게 손해가 발생하였다면 악의수익자는 그 손해를 배상할 의무를 진다(제748조 2항). 불법점거로 임대인이 그 물건을 임차인에게 인도하지 못하였고, 그로 인해 채무불이행책임을 지게 된 경우가 이에 해당한다(토지임료 상당액 부당이득은 기대이율로 산정함: 大判 2000. 6. 23, 2000다12020).

㈑ 價額의 算定時期

1) 취득이익이 물건인 경우, 그 물건을 소비 · 처분 · 멸실 · 부합 · 혼화하여 반환불능으로 만든 시점의 시가를 기준으로 반환할 가액을 산정한다.[1] 그 시점 이후에 생긴 가액증가는 수익자가 실제로 이득할 수 없었기 때문이다.

2) 노무나 타인의 물건의 사용이익과 같이 성질상 반환에 적합치 않은 이득을 얻은 경우에는 그 이득을 얻은 시점을 기준으로 가액을 산정한다.

(4) 惡意轉得者의 返還責任

㈎ 意　義　민법은 손실자의 부당이득반환청구권이 수익자의 반환불능의 경우에도 실효성을 갖게 하기 위해 무상취득한 악의전득자에 대하여도 부당이득반환청구권을 인정한다(제747조 2항, 신설규정). 이 청구권은 악의전득자 자신이 부당이득의 요건을 충족하지 않은 경우(즉 정당이득의 경우)에도 인정된다는 점에서 일반적인 부당이득반환청구권과 다르다. 제747조 2항의 적용에 있어서는 전득자의 이익도 고려하여 신중을 기하여야 한다.

㈏ 要　件

1) 受益者의 返還不能　수익자가 받은 이익은 원물이든 가액이든 반환

---

1) 같은 취지: 주석 채권각칙(Ⅲ), §747, 229; 大判 1956. 6. 14, 4289민상31. 大判 1965. 4. 27, 65다181도 반환의무의 범위는 특별한 사정이 없는 한 그 매각대금이며, 그 후의 물건가격의 앙등은 이득에 포함되지 않는다고 한다.

할 수 없는 경우에 한해서 전득자에 대한 반환청구가 인정된다. 수익자의 무자력, 소재불명의 경우, 선의수익자가 현존이익을 남김이 없이 소비·처분·멸실한 경우 등이 이에 해당한다.

2) 惡意의 無償轉得者　　전득자는 수익자로부터 그 이익의 목적물을 무상으로 양수받은 제3자이어야 한다. 또한 전득자는 수익자가 그 이익의 목적물을 법률상 원인 없이 취득하였음을 알아야 한다. 이 때 수익자의 악의는 문제되지 않는다.

3) 立證責任　　수익자의 반환불능 및 전득자의 악의, 무상성은 부당이득반환청구를 하는 자가 입증하여야 한다.

㈐ 效　果　　손실자는 직접적인 수익자가 아닌 전득자에 대하여도 不當利得返還請求權을 가진다. 악의의 무상전득자는 원물반환을 하거나 또는 그것이 불가능하면 가액반환을 하여야 한다.

§39. 返還請求制限의 特例

1. 返還請求가 제한되는 非債辨濟

(1) 返還制限의 例外

채무의 변제로서 급부하였으나 채무가 존재하지 않았던 경우를 非債辨濟라 하는데, 비채변제는 변제수령자에게 법률상 원인 없는 이익을 얻게 하므로 제741조에 의해 부당이득으로서 반환되어야 함이 원칙이다. 비채변제는 수익자가 급부이득의 모습으로 부당이득을 취하는 대표적인 예이다. 예외적으로 비채변제의 반환청구가 제한되는 경우는 ① 惡意의 비채변제, ② 도의관념에 적합한 비채변제, ③ 불법원인급여 등이다.[1)]

(2) 惡意의 非債辨濟

㈎ 適用의 限界　　채무 없음을 알고 이를 변제한 때에는 그의 반환을 청구하지 못한다(제742조). 민법은 악의의 비채변제는 반환청구를 할 수 없다고 규정하는데, 그 입법취지가 무엇인지는 의심스럽다. 변제자가 악의라고 해서 수익

1) 참고로 독일민법 제814조는 「채무이행의 목적을 급부한 것은 급부자가 급부의무가 없음을 안 때 또는 급부가 도의상 의무 또는 의례상의 고려에 상응하는 때에는 그 반환을 청구할 수 없다」고 규정한다.

자가 수령한 「법률상 원인 없는 이익」이 「정당한 이익」으로 바뀌는 것은 아니다. 악의의 비채변제자가 그 반환을 청구하는 것이 부도덕하지 않은 경우도 많다. 악의의 비채변제 속에 「증여의 의사」가 포함되어 있어 상대방에게 그 급부를 귀속시키려는 경우에는 반환청구를 부정하여야 하겠지만 그렇지 않은 경우에는 반환청구를 금지할 이유가 없다. 악의의 비채변제에 관한 민법 제742조는 축소해석함으로써 이 규정의 적용에 따른 불합리를 줄여야 할 것이다.[1] 판례도 "지급자가 채무 없음을 알았더라도 임의로 지급한 것이 아니라 부득이한 사정으로서 자기의 진의에 반하여 지급한 경우까지를 포함하는 것은 아니다"라고 하여 부득이한 악의의 비채변제는 반환청구할 수 있는 것으로 제742조를 축소해석한다(大判 1960. 9. 29, 4293민상208).

大判 1997. 7. 25, 97다5541: 채무 없는 자가 착오로 인하여 변제한 것이 아니라면 비채변제는 지급자가 채무 없음을 알면서도 임의로 지급한 경우에만 성립하고, 채무 없음을 알고 있었다 하더라도 변제를 강제당한 경우나 변제거절로 인한 사실상의 손해를 피하기 위하여 부득이 변제하게 된 경우 등 그 변제가 자기의 자유로운 의사에 반하여 이루어진 것으로 볼 수 있는 사정이 있는 때에는 지급자가 그 반환청구권을 상실하지 않는다.

(나) 要 件 악의의 비채변제의 요건은 다음과 같다.

1) 辨濟時 債務의 不存在 변제자가 급부행위를 할 당시에 채무가 존재하지 않았을 것이 비채변제가 되기 위한 요건이다. 계약이 무효 · 취소 · 해제됨에 의해 채무가 소멸한 경우, 또는 변제 · 공탁 · 상계 · 면제 등으로 이미 채무가 소멸한 경우가 이에 해당한다.

2) 任意의 給付行爲 변제로서 급부하였을 것, 변제자의 임의의 급부행위가 있었을 것이 요건이다. 대물변제(제466조)나 제3자의 변제(제469조)도 변제로서

---

1) 같은 취지: Brox, *Besonderes Schuldrecht,* 20. Aufl., S. 306, Rdnr 398에서는 "사실관계 및 법률관계에 대한 적극적 인식〔positive Kenntnis〕의 경우에만 반환청구가 배제되며 중과실에 의해 인식하지 못한 경우나 혹은 의심을 품은 데 불과한 경우에는 그러하지 아니하다. 채무자가 유보하에 지급한 경우에도 제814조가 적용되지 않는다"고 한다. Medicus, *Schuldrecht Ⅱ* (Besonderes Schuldrecht), 7. Aufl., S. 309, Rdnr 656에서는 "제814조의 첫번째 경우(악의에 의한 비채변제를 말함)는 「모순되는 거동의 금지」를 그 근거로 한다. 따라서 급여자가 반환청구권을 유보해 둔 경우에는 동 조항이 적용될 수 없는데, 왜냐하면 이 때 급여자는 이 반환청구와 모순되는 거동을 취한 것이 아니기 때문이다"라고 한다.

의 급부에 해당한다. 채권자라고 칭하는 자로부터 강제집행을 당할 염려가 있기 때문에 그를 피하기 위하여 변제한 경우, 강박에 의해 그로 인한 피해를 받지 않기 위해 변제한 경우, 변제가 강제집행에 의해 이루어진 경우(大判 1976. 12. 14, 76다2212), 가집행선고 있는 패소판결을 받고 어쩔 수 없이 지급한 경우(大判 1967. 9. 26, 67다1863), 기타 부득이한 사정이 있어 자기의 진의에 반하여 지급한 경우(大判 1960. 9. 9, 4293민상208)는 임의의 급부행위에 해당하지 않으므로 제741조에 의해 반환청구할 수 있다.

3) 辨濟者의 惡意 변제자가 변제 당시 채무 없음을 알았을 것이 요건이다. 소멸시효의 완성으로 채무가 없어졌음(절대적 소멸설에 의할 경우)을 알았음에도 불구하고 변제의사로서 급부한 경우, 자기에게 불법행위책임이 없음을 알면서도 손해배상을 해 준 경우가 이에 해당한다. 채권자가 변제 수령시 악의나 중과실 없이 단순히 과실만 있는 경우에는 부당이득이 되지 않는다(大判 2003. 6. 13, 2003다8862). 변제자의 악의나 중과실은 부당이득반환을 거절하는 변제수령자가 입증하여야 한다.[1] 다만 사실상의 손해를 회피할 목적의 악의변제는 반환청구가 가능하다(大判 2003. 7. 25, 2003다22813).

(3) 道義觀念에 適合한 非債辨濟

(가) 意 義 채무 없는 자가 착오로 인하여 변제한 경우에 그 변제가 도의관념에 적합한 때에는 그 반환을 청구하지 못한다(제744조, 신설규정). 이것은 법규정의 엄격한 적용결과 道德과 法 사이에 괴리현상이 나타나는 것을 방지하기 위해서 둔 규정이다. 도덕규범에 의하여 어떤 의무가 부과되는 경우에, 그 의무의 이행을 법으로서 강제할 수는 없지만 의무자가 도덕상 의무를 이행한 결과는 법적 정당성을 부여하는 것이 타당하다.

(나) 要 件 도의관념에 적합한 비채변제의 요건은 다음과 같다.

1) 변제시에 채무가 존재하지 않았을 것

2) 任意의 給付行爲가 있었을 것

3) 錯誤로 인한 辨濟 변제자가 변제 당시 채무의 존재를 믿었을 것(착오)이 요구된다. 변제자가 채무 없음을 알았음에도 불구하고 변제하였는데, 그 변제가 도의관념에 적합한 경우는 제742조의 악의의 비채변제에 해당한다.

4) 변제가 도의관념에 적합할 것 소멸시효가 완성한 채무를 변제한 경우(절대적 소멸설에 의한 해석), 법률상 부양의무가 없는 자를 부양한 경우, 축의금 · 부의금 · 봉사료(팁) · 위로금 등 관습적인 금전의 지급이 행해진 경우가 이에 해당한다.

---

1) 같은 취지: 大判 1962. 6. 28, 4294민상1453.

(4) 他人의 債務의 辨濟

(가) 返還請求의 制限 제3자가 착오로 타인의 채무를 변제한 경우에 그 급부는 유효한 변제가 되지 못하므로 부당이득으로서 제3자에게 반환되어야 한다. 이 경우 채무의 변제로서 믿고 수령한 채권자는 뜻밖에 반환청구당함으로써 손해를 입을 우려가 있다. 민법 제745조는 이러한 채권자의 신뢰보호를 위하여 일정한 경우 반환청구를 제한한다. 채무자가 아닌 자가 타인의 채무임을 알면서 그 채무소멸을 위하여 변제한 경우는 제3자의 변제가 되므로(제469조 1항), 제3자는 그가 한 급부를 반환청구할 수 없다.

제3자의 변제는 채무의 성질 또는 당사자의 의사표시로 그것이 허용되지 않는 경우를 제외하고는 변제로서의 효력을 갖는다(제469조). 제3자의 변제가 금지된 경우에 제3자가 변제로서 급부한 것은 유효한 변제가 되지 않으므로 제3자는 채권자에게 그의 반환을 청구할 수 있다. 또한 이해관계 없는 제3자가 채무자의 의사에 반하여 변제한 경우에도 유효한 변제가 되지 않는다(제469조 2항). 이상과 같이 제3자의 급부행위가 유효한 변제가 되지 못하는 경우에도 제745조 1항과 같은 반환청구제한이 필요하다고 생각한다.

(나) 要 件 반환청구가 금지되기 위하여는 다음의 요건을 갖추어야 한다.

1) 錯誤에 의한 他人債務辨濟 채무자 아닌 자가 착오로 타인의 채무를 변제하였을 것이 요건이다. 채무자 아닌 제3자가 타인의 채무를 변제할 의사 없이 자기의 채무로 오인하고 변제한 경우를 말한다.[1] 채권자의 강요나 그 밖의 사기 · 강박에 의해 타인의 채무를 변제한 경우는 이에 해당하지 않는다.

2) 善意의 權利喪失 채권자가 선의로 증서를 훼멸하였거나 담보를 포기하거나 또는 시효로 인하여 그 채권을 잃었을 것이 요건이다. 증서란 채권의 존재를 증명하는 서면을 말한다. 담보에는 물적 담보와 인적 담보가 포함된다.

(다) 效 果 이상의 요건을 갖춘 경우에는 다음의 효과가 생긴다.

1) 返還請求의 禁止 변제자는 채권자에 대하여 그가 착오로 제공한 급부의 반환청구를 할 수 없다(제745조 1항). 이러한 반환청구금지의 반사적 효과로서 채권자는 그가 수령한 급부를 보유할 권리를 가지게 되며, 반환청구금지의 요건이 충족되면 급부수령시에 채권이 소멸한 것으로 간주된다.

---

1) 보증인이 아닌 자가 보증인이라고 오신하고 변제한 경우, 연대채무자가 아닌 자가 연대채무자라고 믿고 변제한 경우에도 제745조를 적용하자는 견해가 있다. 주석 채권각칙(Ⅲ), §745, 193.

2) 求償權의 許容　변제자가 입은 손실은 채무자에게 구상권을 행사함(부당이득반환 청구에 해당함)에 의하여 보상될 수 있다(제745조 2항). 채무자는 제3자의 변제로 인하여 채무를 면하는 이득을 얻었으므로 그 이득을 변제자에게 반환할 의무를 진다.

3) 任意의 返還許容　채권자가 변제자에게 자진해서 그 급부를 반환하는 것은 허용된다. 이 때 그 반환은 부당이득반환의 성격을 갖는다. 제3자의 착오변제 이후에 채무자가 변제제공을 한 경우에, 채권자는 그 제공된 급부를 수령하고 제3자에게 종전의 급부를 반환하는 것도 허용된다.

2. 不法原因給與[1]

(1) 意　義

(가) 槪　念　선량한 풍속 기타 사회질서에 위반한 사항을 내용으로 하는 법률행위는 무효이며(제103조), 이미 그 법률행위를 기초로 급부한 것이 있으면 법률상 원인 없는 이득이 되어 반환되어야 함이 원칙이다. 그러나 민법은 이러한 불법원인급여의 반환청구를 원칙적으로 제한하고, 예외적으로 불법원인이 수익자에게만 있는 때에 반환청구를 허용한다(제746조). 불법원인급여의 반환청구 금지는 불법원인에 가담한 급여자의 반환청구에 법이 협력하지 않겠다는 의미이며, 수익자가 임의로 반환하는 것을 금지하거나 그 반환한 것의 수령이 다시 부당이득이 된다는 뜻은 결코 아니다.[2]

1) 참고문헌: 高翔龍, "不法原因給與와 反射的所有權取得論" 考試硏究 제16권 9호(제186호), 1989년 9월호, 209 이하; 權五乘, "불법원인급여," 고시연구 1989년 4월호, 93 이하; 權龍雨, "不法原因給付와 物權的 請求權," 司法行政 제288호, 1984년 12월호, 42 이하; 金錫宇, "不法原因給與," 法政(새) 제2권 11호(제21호), 1972년 11월호, 22 이하; 文興洙, "불법원인급여제도의 새로운 해석(상)·(하)," 사법행정 1982년 8월호·9월호; 徐晟, "物權的 請求權의 行使에 있어 民法 第746條(不法原因給與)의 適用 與否," 민사판례연구 제3권, 1981년 4월호, 61 이하; 宋德秀, "민법 제746조의 적용에 있어서 불법성의 비교," 민사판례연구 제18권, 1996, 316 이하; 同, "불법원인급여," 곽윤직고희기념 民法學論叢 第二, 박영사, 1995, 423 이하; 同, "名義信託·反社會秩序行爲·不法原因給與," 考試硏究 제22권 9호(제258호), 1995년 9월호, 120 이하; 嚴東燮, "불법원인급여의 임의반환약정," 민사판례연구 제19권, 1997년 2월, 241 이하; 李容勳, "反社會的 法律行爲로 인한 給付의 回收와 不法原因給與," 민사판례연구 제6권, 1984년 4월, 18 이하; 同, "반사회적 이중양도와 불법원인급여," 방순원고희기념 민사법의 제문제, 박영사, 1984, 22 이하; 李好珽, "不法原因給與와 給與者의 物權的 請求權의 行使," 判例回顧 제6호, 1979년 2월호, 33 이하; 鄭相鉉, "불법원인급여에 관한 연구," 성균관대박사논문, 1999; 崔秉祚, "로마법상의 불법원인급여," 서울대 법학 제30권 3호·4호, 1989, 146 이하; 崔鍾吉, "民法 第746條의 適用範圍: 특히 當事者 一方이 先履行한 경우를 中心으로," 法政(舊) 제20권 12호(제186호), 1965년 12월호, 23 이하; 玄炳哲, "불법원인급여에 관한 연구," 한양대 법학논총 제11집, 1994년 10월호, 223 이하; 黃迪仁, "不法原因給與(上)·(下)," 法政 제7권 1호(제71호), 1977년 1월호·2월호.

2) König, Ungerechtfertigte Bereicherung, *Gutacten und Vorschläge zur Überarbeitung des Schuldrechts*, Bd Ⅱ. S. 1515f.에서는 반환청구를 넓게 인정하는 독일판례의 태도를 비판하고 독일민법의 불법원인급여반환금지

大判 1964. 10. 27, 64다798·799: 제746조는 불법원인급여자의 급여물반환청구를 법률상 보호하지 않는 데 입법취지가 있을 뿐이므로 수령자가 임의로 급여물이나 그의 대상물을 반환하는 것까지 선량한 풍속 기타의 사회질서에 위배된다고 하는 취지가 아니다. 임의반환은 현실적인 반환을 하였을 경우만을 가리키며, 반환의 약정과 같이 그 약정의 이행청구에서 약정원인인 불법원인급여에 관한 사실을 주장하게 되는 경우는 포함되지 않는다.

(나) 制限의 根據　불법원인급여에서 부당이득의 반환청구가 제한되는 이유는 다음과 같다.

1) 法的 保護의 拒絶　법률은 한편에서는 사회적 타당성이 없는 행위를 한 자가 그 실현을 바랄 때에 이에 협력할 것을 거절하고 다른 한편으로 사회적 타당성 없는 행위의 결과를 복구하려는 자에 대하여도 협력을 거절하려고 한다.[1]

2) 不法原因給與에 대한 制裁　불법원인급여를 한 자로 하여금 급여한 것의 반환을 청구할 수 없도록 함으로써 선량한 풍속 및 사회질서에 어긋나는 행위에 대해 제재를 가한다.[2]

3) 反信義的 訴訟行爲의 禁止　스스로의 불법한 행위를 그 주장의 근거로 한다는 것은 신의칙 위반이라는 점, 구체적인 소송과정에서 자신의 불법한 행위를 원용하는 자는 오히려 불법원인급여의 항변을 제출하는 피고라는 점, 그리고 불법원인급여의 반환청구금지는 제103조의 취지와 모순되는 결과를 낳는다는 점을 지적하면서, 본 제도의 본래 취지는 반신의적 소송행위를 배척하는 데에서 찾아야 한다는 지적도 있다.[3]

(다) 副 作 用　불법원인급여의 반환청구제한은 그 적용의 결과 다음과 같은 부작용을 낳는다.

1) 不法利得의 保有　불법원인에 가담한 수익자가 법률상 원인 없는 급부를 수령할 수 있게 되어 법이 불법원인에 의한 불법이득을 보유할 反射的 權利를 부여하는 결과로 된다. 이것은 불공평의 시정이라는 채권법의 목적에 어

규정(제817조)을 삭제하거나 축소시킬 것을 제안하였다.

1) 郭潤直, 636; 金錫宇, 468; 金疇洙, 589; 金曾漢, 431; 金顯泰, 345; 李太載, 434; 黃迪仁, 339.

2) 주석 채권각칙(Ⅲ), 197.

3) 文興洙, "불법원인급여제도의 새로운 해석(하)," 사법행정 1982년 9월호, 36 참조.

긋난다.

2) 暴力에 의한 해결 급여자가 자기가 제공한 급여를 반환받는 데에 법의 조력을 구할 수 없다는 것을 알게 되면, 폭력 등을 이용하여 그 급여를 반환받으려 획책하게 될 것이다. 그렇게 되면 사법절차가 외면당하고, 폭력조직에 의한 채권추심행위가 날뛰게 되어 질서가 교란되는 부작용이 생긴다.

불법원인급여의 반환청구제한은 법의 목적에 비추어 꼭 필요한 최소한의 범위로 제한되어야 한다. 비록 우리 민법은 반환청구가 제한됨을 원칙으로 하고, 예외적으로 반환청구를 허용하는 형태를 취하지만(독일민법과는 반대임),[1] 제746조의 운용에 있어서는 본문과 단서를 종합적으로 이해하고 또한 제한범위도 급여자의 불법성이 뚜렷하여 수익자의 불법이득을 방치하더라도 급여자를 징계함이 꼭 요망되는 경우로 제한되어야 한다.

(2) 返還制限의 要件

(가) 給 付 財産을 급여하거나 勞務를 제공하였을 것(給付)이 요건이다. 불법원인급여의 반환청구제한은 부당이득의 유형 중에서 급부이득의 반환청구를 제한하려는 제도이다. 그러므로 수익자가 "법률상 원인 없이 타인의 재산 또는 노무로 인하여 이익을 얻고 이로 인하여 타인에게 손해를 가하였을 것"이라는 일반부당이득의 요건을 충족한 경우에만 논의의 실익이 있다(제741조). 손실자가 채무의 이행으로 급부하였으나 계약의 무효 등으로 말미암아 수익자가 수령한 급부이득이 부당이득으로 된 경우에 그 급부가 불법원인급여인가가 문제된다.

(나) 終局的 歸屬 손실자가 한 불법원인급여는 종국적인 것이어야 하며, 수익자가 급여받은 이익의 향수를 위하여 등기청구, 소송상의 청구, 관청의 인가 등의 절차를 거쳐야만 현실적인 이득을 얻을 수 있는 경우는 해당되지 않는다(이 점은 일반부당이득의 요건과 다름). 예를 들면 수익자가 부동산을 양수받기로 하였으나 현재 명도받았을 뿐 소유권이전등기를 완료하지 않은 경우, 수익자가 손실자로부터 약속어음을 받은 경우(단 제3자에게 유통시킨 경우에는 어음의 무인증권성에 의해 불법원인이 차단됨), 수익자가 부동산의 소유권이전등기를 완료하였으나 그 양수에 필요한 농지개혁법 제19조 2항 소정의 소재지관서의 증명(현재에는 농지법 제9조의 농지취득자격 증명)을 받지 않아 등기원인무효로서 소유권이전의 효과가 부인되어야 할 경우(大判 1966. 5. 31, 66다531) 등은 불법원인급여의 문제로 다루어지지

1) 독일민법 제817조는 우리 민법 제746조와는 반대로 불법원인급여도 반환의무 있다고 정하고, 급여자에게 선량한 풍속 기타 사회질서위반의 책임이 있는 때에는 반환청구할 수 없다고 정한다.

않는다. 만약 이 때 수익자의 등기청구나 소송상 청구 등에 법이 협력한다면 불법원인의 법률행위를 강제하는 결과가 되어 불법원인급여의 반환청구를 제한한 입법논지와 모순되는 결과로 되기 때문이다.

大判 1994. 12. 22, 93다55234: 민법 제746조가 불법의 원인으로 인하여 재산을 급여하거나 노무를 제공한 때에 그 이익의 반환을 청구하지 못하도록 규정한 것은 그에 대한 법적 보호를 거절함으로써 소극적으로 법적 정의를 유지하려고 하는 취지이므로, 위 법조항에서 말하는 이익에는 사실상의 이익도 포함되나 그 이익은 재산상 가치가 있는 종국적인 것이어야 하고, 그것이 종속적인 것에 불과하여 수령자가 그 이익을 향수하려면 경매신청을 하는 것과 같이 별도의 조치를 취하여야 하는 것은 이에 해당하지 않는다.

大判 1995. 8. 11, 94다54108: ① 민법 제746조에서 불법의 원인으로 인하여 급여함으로써 그 반환을 청구하지 못하는 이익은 終局的인 것을 말한다. ② 도박자금으로 금원을 대여함으로 인하여 발생한 채권을 담보하기 위한 근저당권설정등기가 경료되었을 뿐인 경우와 같이 수령자가 그 이익을 향수하려면 경매신청을 하는 등 별도의 조치를 취하여야 하는 경우에는, 그 불법원인급여로 인한 이익이 종국적인 것이 아니므로 등기설정자는 무효인 근저당권설정등기의 말소를 구할 수 있다.

(다) 不法의 原因　　급부가 불법의 원인에 기인할 것이 요구된다. 不法原因은 두 가지 의미로 사용되고 있다. 첫째, 제746조 본문의 "불법의 원인으로 재산을 급여하거나 노무를 제공한 때"에서의 불법원인은 민법 제103조의 反社會的 法律行爲에 해당하는 不法契約인 경우가 대부분이다. 마약의 밀매, 도박 등 사행행위, 범죄행위를 내용으로 하는 계약 등이 이에 해당한다. 거래질서에 어긋나는 계약도 이 원인행위에 속할 수 있지만, 이 경우는 대개 불법원인이 수익자에게만 있거나 수익자의 불법성이 급여자의 것보다 큰 경우가 대부분이어서 급여의 반환이 금지되지 않는 경우가 많다. 둘째, 제746조 단서에서 말하는 "불법원인이 수익자에게만 있는 때"에서 불법원인은 불법계약 자체를 의미하는 것이 아니라 「그 계약을 불법으로 만드는 요인」을 의미하는 것으로 해석된다.

不法原因의 認定範圍는 민법 제103조 및 제104조와 관련을 갖는데, 민법 제103조와 제104조는 어떤 계약의 이행을 위하여 강제력을 부여할 것인가의 측면에서 고찰한 것이고, 제746조는 이미 행해진 급부를 반환청구하는 데에 강제력을 부여할 것인가의 측면에서 문제를 다루는 것이므로 약간의 차이가 생긴다. 그 인정범위에 관하여는 다음의 학설이 대립한다.

1) 狹義說　불법의 범위를 한층 더 좁혀서 선량한 풍속위반의 경우에 한정하는 견해이다.[1] 그 근거로서 첫째, 비교법적으로 볼 때 각국에서는 불법원인급여의 반환제한을 선량한 풍속위반에 한정하여 해석하는 경향이 있고, 둘째, 인격에 대한 비난이 가장 강한 선량한 풍속위반의 경우에만 반환청구금지의 형벌을 받아 마땅하다고 한다[2].

2) 廣義說　불법은 선량한 풍속 기타 사회질서에 위반하는 것만을 의미하고 강행법규위반은 포함되지 않는다는 견해이다.[3] 그 근거로서 첫째, 제746조는 제103조에 대응하는 규정이므로 제103조의 선량한 풍속 기타 사회질서의 위반만이 해당하고, 둘째, 강행법규는 주로 국가의 정책적 입장에서 정해지며 시대의 논리사상에 바탕을 두는 것이 아니므로 불법원인급여제도의 입법논지에 비추어 강행법규위반을 제외하는 것이 옳다고 한다.

3) 修正廣義說　사견으로서는 제103조의 선량한 풍속 기타 사회질서에 위반하는 경우에는 제746조의 불법에 해당함이 원칙이지만(이 부분은 광의설과 같음), 강행규정위반의 경우는 그 강행규정의 정책적 목적에 따라 반환금지 또는 반환허용의 경우로 구분될 수 있다고 해석하겠다(이 부분은 광의설과 다름).[4] 첫째, 효력규정에 위반한 계약이 무효라는 문제와 그 계약에 기해 급부한 것의 반환을 허용할 것인가 금지할 것인가의 문제는 구별해서 보아야 한다. 名義信託의 예를 들어 보면 이해될 수 있을 것이다. 부동산실명등기에관한법률의 시행으로 명의신탁계약은 원칙적으로 무효로 되는데, 신탁자가 수탁자에 대하여 무효인 명의신탁계약에 기해 급여한 것의 반환을 청구하는 것은 허용되어야 한다. 명의신탁을 무효로 하는 문제와 그 부동산을 수탁자에게 보유시킬 것인가 신탁자에게 반환시킬 것인가

---

1) 鄭相鉉, 앞의 글, 207; 주석 채권각칙(Ⅲ), §746, 199(김선석 집필부분).

2) 제746조의 「불법」 개념은 제103조에 구애됨이 없이 독자적으로 판단되어야 하며, 따라서 비록 양속위반의 경우라 할지라도 급여자의 불법성이 상대적으로 경미하다면 반환을 인정해야 한다는 주장도 있다(最狹義說). 비록 급여자와 수령자 모두에게 불법성이 존재한다 하더라도 법의 보호 범위 내에서 적정한 「財貨割當의 調整」을 기하여야 한다고 지적한다(최금숙, 이영준화갑기념 한국민법이론의 변천, 1999).

3) 郭潤直, 637; 金基善, 369; 金錫宇, 469; 金疇洙, 590; 金曾漢, 432; 金顯泰, 346; 李太載, 435; 黃迪仁, 346. 玄炳哲, "불법원인급여에 관한 연구," 한양대 법학논총 제11집, 1994년 10월호.

4) 강행규정은 임의규정과 대립되는 용어로서 私法的 效力을 가지는데(단속규정은 행정법규정임), 그 효력에 따라 效力規定과 內容强制規定으로 나뉘고, 불법원인급여와 관련이 있는 것은 效力規定에 한정된다. 拙著, 민법총칙, 1996, 390.

의 문제는 다른 정책적 판단이며, 그 부동산은 원래의 소유자인 신탁자에게 반환시키는 것이 정의관념에 합당한 결과로 된다. 과거 판례는 부동산의 신탁이 강제집행을 면하려는 의도에서 행해진 것으로서 법률행위의 목적이 위법하더라도 원소유자가 신탁해지를 원인으로 그의 반환을 청구하는 것을 허용했는데(大判 1980. 4. 8, 80다1), 이와 같은 취지라고 이해된다. 둘째, 실제로 선량한 풍속과 사회질서를 엄격히 구별하는 것은 불가능하며 또한 실익도 적으므로 협의설은 타당하지 않다고 여겨진다.[1] 불법원인급여의 반환청구금지가 갖는 부작용을 우려하여 금지범위를 축소하고자 하는 의도에는 찬동하나, 그의 이론적 구성을 불법개념의 축소에 의하기보다는 「손실자 · 수익자간의 불법원인의 差等性」 등 다른 요건에서 구하는 편이 바람직하다고 여겨진다.

판례도 修正廣義說을 취하는 것으로 이해된다. 판례는 긴급통화조치법에 위반하여 교부된 목적물(大判 1966. 2. 15, 65다2286)과 관세법의 적용을 피하기 위한 탈법계약에 기초하여 교부된 목적물(大判 1969. 9. 30, 69다1139)은 불법원인급여라 하여 반환청구를 금지한다. 그러나 외국환관리법[2]이나 직업안정법[3]에 위반한 금전수여는 불법원인급여에 해당하지 않으므로 반환청구할 수 있다고 한다. 그 밖에 단속법규에 위반하는 행위는 유효이므로 불법원인급여가 되지 않으며, 따라서 그의 반환청구도 특별히 문제되지 않는다.

大判 1960. 12. 27, 4293민상359: 민법 제746조가 규정하는 불법원인이란 그 원인될 행위가 선량한 풍속 기타 사회질서에 위반하는 경우를 말하는 것으로서, 설사 법률의 禁止規定에 반하는 경우라 할지라도 그것이 선량한 풍속 기타 사회질서에 위반하지 않는 경우에는 이에 해당하지 아니한다(같은 취지: 大判 1983. 11. 22, 83다430)(이 판결에서 말하는 금지규정은 효력규정이 아니라 단속규정을 말하는 것으로 이해됨).

大判 1983. 11. 22, 83다430: 무허가로 해외취업알선업을 하는 사람에게 미리 그 보수를 지급한 사람이 그 취업알선이 이루어지지 아니하였음을 이유로 이미 지급한 보수의 반환을 청구하는 것은 민법 제746조에 해당하지 아니한다.

大判 1995. 9. 29, 94다29126: 민법 제746조 소정의 불법의 원인이라 함은 재산을 급여한 원인이 선량한 풍속 기타 사회질서에 위반하는 경우를 가리키는 것으로

---

1) 선량한 풍속과 사회질서의 관계에 관하여는 ① 사회질서와 선량한 풍속을 구별하지 않고 사회적 타당성으로 파악하는 包括概念說(高翔龍, 金疇洙, 金曾漢, 張庚鶴), ② 사회질서는 선량한 풍속보다 상위개념으로서 제103조의 중심개념을 이룬다는 上位概念說(郭潤直, 金容漢), ③ 선량한 풍속은 윤리개념이고 사회질서는 공익개념이라고 양자를 대립하는 개념으로 파악하는 對立概念說(李英俊)이 주장되고 있으나, 私見으로는 포괄개념설에 찬동한다. 拙著, 민법총칙, 1997, 367.

2) 大判 1969. 11. 11, 69다925.

3) 大判 1983. 11. 22, 83다430.

서 강제집행을 면할 목적으로 재산을 타인에게 이전하여 두는 것이 모두 위와 같은 불법원인급여에 해당한다고 볼 수 없다.[1)]

㈑ 不法의 認識 손실자가 급여함에 있어서 不法의 認識을 필요로 하는가에 관하여는 필요설과 불요설이 대립한다.

1) 必 要 說 불법원인급여의 반환청구금지의 취지가 급여자의 비난받을 만한 심정에 대한 제재에 있으므로 급여자에게 불법의 인식 또는 인식가능성이 있는 경우에만 위반청구가 금지된다는 견해이다.[2)] 단 행위 자체가 도덕률에 어긋나는 경우에는 도덕률은 누구나 알 수 있으므로 비록 급여자가 그 불법성을 인식하지 못한 때에도 반환청구가 금지된다고 한다.

2) 不 要 說 급여가 객관적으로 불법원인에 기한 것이라고 판단되면 충분하며, 급여자에게 주관적인 불법의 인식이 있어 그에 의해 불법원인급여가 행해졌을 것은 요건이 아니라고 한다.[3)] 私見으로서는 不要說에 찬동한다. 그 근거로서는 첫째, 제103조의 반사회질서행위도 행위자의 불법의 인식을 묻지 않고 무효로 한다는 점, 둘째, 급여자가 수익자에게 급여의 반환청구를 하는 경우 수익자가 그것을 저지하기 위하여 급여가 객관적으로 불법의 원인으로 행해졌다는 사실 외에 급여자의 주관적 사유인 불법의 인식까지 입증하도록 요구하는 것은 실제 제746조의 기능을 지나치게 위축시키는 결과가 되므로 부당하다는 점을 들 수 있다.

(3) 不法原因의 提供者에 따른 返還請求의 可否

㈎ 返還請求가 制限되는 경우 불법원인급여를 반환청구할 수 없는 경우 다음의 두 경우이다.

1) 불법원인이 손실자에게만 있는 경우 실제로 수익자에게는 불법원인이 전혀 없고 손실자에게만 있는 경우란 매우 드물다. 손실자가 수익자에게 몰래 뇌물이 든 봉투를 양복주머니에 넣어 준 경우가 이에 해당할 것이다.

2) 불법원인이 손실자와 수익자에게 모두 있는 경우 손실자와 수익자

---

1) 大判 1992. 12. 11, 92다33169: ① 불법의 원인으로 인하여 금원을 급여한 사람이 그 금원의 교부가 송금위탁계약에 기한 것으로 이의 解除를 전제로 返還을 구하는 것도 허용되지 아니한다. ② 송금액에 해당하는 수입품에 대한 관세포탈의 범죄를 저지르기 위하여 환전상 인가를 받지 아니한 자에게 비밀송금을 위탁한 행위는 선량한 풍속 기타 사회질서에 반하는 행위로서 민법 제746조 소정의 불법원인급여에 해당한다.

2) 金顯泰, 346.

3) 郭潤直, 638.

가 불법계약을 체결한 경우 원칙적으로 양자에게 모두 불법원인이 있는 것으로 추정된다. 공무원에게 뇌물을 주고 청탁을 하는 행위, 마약을 밀매하는 행위 등이 이에 해당한다.

① 賭博資金　도박자금임을 알면서 한 금전대여는 사회질서에 위반된 무효의 법률행위이므로 그 대여금[1]이나 이자[2]의 반환을 청구할 수 없다. 도박으로 인한 급부는 사기도박인 경우에도 급여자가 반환청구할 수 없다.[3]

② 非倫理的 給付　일부일처제에 어긋나는 불륜관계의 대가로서 금전이나 동산을 양도한 것은 반환청구가 제한된다.

③ 反社會的 給付　공무원에게 취직청탁의 교제비명목으로 교부한 금전은 불법원인급여이므로 비록 그 원금과 이자를 반환하기로 하는 약정이 있더라도 반환청구가 허용되지 않는다(大判 1973. 1. 30, 72다2321).

大判 1991. 3. 22, 91다520: 도지사에게 청탁하여 택시운송사업면허를 받아 줄 것을 부탁하면서 도지사에 대한 청탁 교제비조로 금원을 교부한 것은 변호사법 제78조 1호에 해당되는 행위로서 민법 제746조 소정의 불법원인급여에 해당하고, 위 법조 제746조 단서의 "그 불법원인이 수익자에게만 있는 때"에 해당한다고 할 수 없다. 위 금원을 교부할 당시에 그 면허를 취득하지 못하게 될 경우 금원을 반환하여 주기로 약정하였다 하더라도 이와 같은 약정은 결국 불법원인 급여물의 반환을 구하는 범주에 속하는 약정이라 할 것이며, 이는 사회질서에 반하는 법률행위로서 무효라 할 것이다.

大判 2004. 9. 3, 2004다27488 · 27495: 윤락행위를 하는 자에 대하여 가지는 선불금채권은 계약의 형식에 관계없이 무효이다. 따라서 윤락행위를 할 자를 고용 · 모집함에 있어 성매매의 유인 · 강요의 수단으로 이용되는 선불금등 명목으로 제공된 금품이나 그 밖의 재산상 이익 등은 불법원인급여에 해당하여 그 반환을 청구할 수 없다.

(나) 返還請求가 許容되는 경우　다음의 경우에는 불법계약에 기한 급여라도 반환청구할 수 있다.

1) 불법원인이 수익자에게만 있는 때　불법원인이 손실자에게는 없으나

1) 大判 1959. 7. 16, 4291민상260.
2) 大判 1961. 11. 23, 4294민상105.
3) 大判 1959. 7. 23, 4291민상665 · 666.

수익자에게만 있는 경우에는 손실자의 부당이득반환청구가 금지될 이유가 없다(제746조 단서). 손실자가 경제적 · 사회적 약자이고 수익자가 강자인 경우 손실자는 불법임을 알면서도 그에 가담할 수밖에 없으므로, 불법원인은 수익자에게만 있다고 판단된다.

2) 수익자의 불법성이 손실자의 것보다 현저하게 큰 경우 수익자와 손실자의 불법성을 비교하여 수익자측의 불법성이 압도적으로 짙을 때에는 손실자에게 조금의 불법성이 있더라도 그를 무시하고 반환청구를 허용하여야 한다.[1] 이러한 不法性比較의 法理는 민법에는 규정되어 있지 않으나 정의의 관념에 비추어 인정되어야 한다. 판례도 "불법급여의 원인이 수익자와 급부자의 쌍방에 있더라도 수익자의 불법성이 급부자의 불법성보다 현저히 큰 경우에는 그 급부를 반환청구할 수 있다"고 함으로써(大判 1993. 12. 10, 93다12947) 불법성비교의 법리를 채택하고 있다. 경제적 약자측에서 목적의 이익을 놓치지 않기 위해 강자가 주도하는 불법계약에 동참한 경우에 이 법리가 적용될 수 있을 것이다. 불법의 雙務契約의 경우 불법성비교의 법리에 따르면 일방당사자(약자)의 급여는 반환청구될 수 있는 반면에 상대방(강자)의 급여는 반환청구될 수 없다는 불균형이 초래된다.

不法性比較의 事例로서 다음의 경우를 들 수 있다.

1) 代物辨濟의 豫約 소비대차의 차용물의 반환에 관해 대물변제의 예약이 이루어진 경우 차용액과 이자의 합산액을 초과하는 부분은 무효이며(제607조, 제608조), 무효인 대물변제예약에 기초해 물건을 양도한 경우에 그 초과부분의 반환을 청구할 수 있다(제746조 단서). 양도된 물건이 부동산으로서 소유권이전등기가 완료된 경우에 소유권은 양수인에게 이전하지 않으며, 채무자는 선의의 전득자가 없는 한 그 등기의 말소를 청구할 수 있다(가담법 제11조).

2) 背任的 二重讓渡 판례는 부동산의 이중양도에서 제2의 양수인이 양도인의 배임행위에 가담하여 소유권이전등기까지 받은 경우, 제1의 매수인은 양도인을 대위하여 그 등기의 말소를 청구할 수 있다고 하는데(大判 1980. 5. 27, 80다565; 大判 1984. 4. 26, 83다카57), 이는 불법원인급여라도 손실자의 채권자가 대위청구를 하는 것을 허용하는 법리이다.

---

1) 같은 취지: 주석 채권각칙(Ⅲ), 207.

大判 1997. 10. 24, 95다49530: ① 민법 제746조에 의하면 급여가 불법원인급여에 해당하고 급여자에게 불법원인이 있는 경우에는 수익자에게 불법원인이 있는지의 여부나 수익자의 불법원인의 정도 내지 불법성이 급여자의 그것보다 큰지의 여부를 막론하고 급여자는 그 불법원인급여의 반환을 구할 수 없는 것이 원칙이나, 수익자의 불법성이 급여자의 그것보다 현저히 크고 그에 비하면 급여자의 불법성은 미약한 경우에도 급여자의 반환청구가 허용되지 않는다고 하는 것은 공평에 반하고 신의성실의 원칙에도 어긋나므로 이러한 경우에는 민법 제746조 본문의 적용이 배제되어 급여자의 반환청구는 허용된다고 해석함이 상당하다. ② 급여자가 수익자에 대한 도박채무의 변제를 위하여 급여자의 주택을 수익자에게 양도하기로 한 것이지만 내기바둑에의 계획적인 유인, 내기바둑에서의 사기적 행태, 도박자금 대여 및 회수과정에서의 폭리성과 갈취성 등에서 드러나는 수익자의 불법성의 정도가 내기바둑에의 수동적인 가담, 도박채무의 누증으로 인한 도박의 지속, 도박채무 변제를 위한 유일한 재산인 주택의 양도 등으로 인한 급여자의 불법성보다 훨씬 크다고 보아 급여자로서는 그 주택의 반환을 구할 수 있다.

不法의 雙務契約과 返還禁止

雙務契約의 一方當事者가 자기의 給付를 先履行한 경우에 그 급부가 불법원인급여라도 반환청구가 허용되어야 한다는 견해가 있다.[1] 당사자가 불법을 행하였거나 용인했다는 이유만으로 당사자간에 不義가 실현되는 것을 방치해서는 안 되며, 불법을 범한 당사자 사이에도 공평과 정의에 따라 이익조정을 해 주어야 하기 때문이라고 한다. 원래 쌍무계약에서 각 급부는 代價的 相換關係에 있으므로 불법원인의 급부라고 하여 수익자가 그의 대가를 지급하지 않고 보유함은 부당하므로, 제746조 대신 제741조를 적용하여 부당이득반환청구를 허용해야 한다는 것이다. 私見으로서는 그러한 배려는 오히려 제746조의 법의 목적에 어긋나는 것이므로 불법원인급여는 쌍무계약의무의 선이행이라 하더라도 손실자에게 불법원인이 있는 경우에는 반환청구가 금지되어야 한다고 생각한다. 마약의 매매에서 매도인이 매수인에게 마약을 외상으로 공급한 경우, 그의 반환청구를 법이 협력할 수 없음은 명백하다. 만약 위 견해와 같이 해석한다면 실제로 증여 이외의 경우에는 제746조가 적용될 여지가 없게 될 것이다. 다만 쌍무계약이 무효로 되더라도 반환제한을 할 필요가 없는 경우는 많을 것인데, 그 반환청구허용의 법리는 「불법원인의 인정범위」, 「불법원인이 누구에게 있는가」 하는 등의 민법상의 요건사실을 중심으로 전개하여야 할 것이다.

1) 崔鍾吉, "민법 제746조의 적용범위," 법정 1965년 12월, 13 이하; 주석 채권각칙(Ⅲ), 211.

(4) 返還請求制限의 效果

불법원인급여의 반환에 관한 급여자 자신의 청구는 물론이고 그의 상속인의 청구도 금지된다. 반환청구가 금지되는 것은 원물반환뿐만 아니라 가액반환에 관하여도 같다.[1)]

(가) 不法原因給與와 物權的 請求權 　제746조에 의해 반환청구가 금지되는 것은 부당이득의 반환청구에 한정되는가, 또는 소유권에 기한 반환청구(제213조)도 포함되는가. 이 문제는 물권행위와 채권행위 사이에 유인성을 인정하는 경우에 생긴다. 채권행위가 민법 제103조에 의해 무효로 된 경우에 물권행위도 무효로 되어 수익자는 소유권을 취득하지 못하고 손실자는 소유권을 그대로 보유한다.[2)] 손실자가 그 소유권을 기초로 물권적 청구권을 행사하여 불법원인의 급여물을 반환청구할 수 있다고 해석할 것인가, 또는 그 경우에도 반환청구가 제한된다고 해석할 것인가에 대해 학설이 대립한다.

1) 請求許容說 　부당이득반환청구권과 소유물반환청구권은 근거를 달리하는 제도이므로 제746조는 부당이득반환에 관해서만 적용된다는 견해이다.[3)] 그리고 소유물반환청구를 하는 자는 자신의 소유권만을 주장하며, 불법원인의 급여를 하였다는 사실은 주장하지 않기 때문에 제746조의 제한을 받지 않는다고 한다.

2) 請求制限說 　제746조는 물권적 청구권에도 적용되어 손실자가 그의 소유권을 기초로 불법원인의 급여물을 반환청구하는 것도 제한된다는 견해이다.[4)] 판례는 1979년 전원합의체판결로서 종전의 청구허용설을 버리고 청구제한설을 취하였다(大判[全合] 1979. 11. 13, 79다483).[5)] 청구제한설의 근거로서는 첫째, 제746조는 제103조와 함께 사법의 대원칙의 표현이므로 제746조가 부당이득의 장에 있다고 해서 적용범위를 부당이득반환의 경우에 한정해서는 안 된다. 둘째, 만약 소유물반환청구를 허용한다면 제746조는 입법목적을 달성할 수 없게 된다. 셋째, 손실자가 소유권이 자기에게 있다는 사실을 주장하려면 그 전제로서 채권행위

---

1) 大判 1964. 7. 21, 64다389: 불법원인급여물의 대상으로 다른 물품의 지급을 받기로 한 경우라도 불법원인급여의 반환청구의 범주에 속한다(같은 취지: 大判 1966. 12. 27, 66다2145).

2) 물권행위의 무인설을 취하는 경우에는 채권행위가 제103조에 위반하여 무효이더라도 물권행위는 유효하여 수익자가 소유권을 취득하는 데 지장을 받지 않는다.

3) 과거의 판례가 이 견해를 취하였었다. 大判 1960. 9. 15, 4293민상57; 大判 1977. 6. 28, 77다728; 大判[全合] 1979. 11. 13, 79다483. 이 전원합의체판결의 소수의견도 그와 같은 견해를 취했다.

4) 郭潤直, 643; 金相容(下), 74; 金錫宇, 472; 金疇洙, 593; 金曾漢, 436; 金顯泰, 347; 李太載, 437.

5) 이 판결의 평석: 徐晟, "불법원인급여와 물권적 청구권," 사법연구자료 제18집, 275 이하 ; 權龍雨, "불법원인급여와 물권적 청구권," 사법행정 1984년 12월호, 42 이하.

가 제103조에 위반하여 무효임을 주장하지 않을 수 없다는 것이다.

私見으로서도 이상의 이유가 타당하다고 생각되므로 請求制限說에 찬동한다. 이 때 물권적 청구권에 의한 반환청구도 제한되는 경우는 제746조 본문에 해당하는 때에 한정됨은 물론이다. 이상과 같이 불법원인급여의 부당이득반환청구나 소유물반환청구가 금지되는 결과, 그의 反射的 效果로서 급여한 물건의 所有權은 수익자에게 귀속하게 된다.[1] 수익자에게 반사적 소유권을 인정함으로써 수익자로부터 그 부동산을 매수하여 등기를 경료한 전득자도 소유권을 취득하게 되어 거래안전에 기여하게 된다.

大判[全合] 1979. 11. 13, 79다483: 민법 제746조는 비록 채권적 부당이득의 장에 규정되어 있기는 하나 이는 일반적으로 사회적 타당성이 없는 행위의 복구가 부당이득의 반환청구라는 형식으로 주장되는 일이 많기 때문이고 그 근본에 있어서는 단지 부당이득제도만을 제한하는 이론으로 그치는 것이 아니라 보다 큰 사법의 기본이념으로 군림하여 결국 사회적 타당성이 없는 행위를 한 사람은 스스로 불법한 행위를 주장하여 복구를 그 형식 여하에 불구하고 소구할 수 없다는 이상을 표현하고 있는 것이다. 따라서 급여를 한 사람은 그 원인행위가 법률상 무효라 하여 상대방에게 부당이득을 원인으로 한 반환청구를 할 수 없음은 물론 급여한 물건의 소유권은 여전히 자기에게 있다고 하여 소유권에 기한 반환청구도 할 수 없는 것이고, 그리하여 그 반사적 효과로서 급여한 물건의 소유권은 급여를 받은 상대방에게 귀속하게 되는 것이다.

(나) 不法原因給與와 損害賠償請求　반환청구가 제한되는 불법원인급여는 「불법행위에 기한 손해배상청구」라는 우회적인 방법으로도 그 반환의 목적을 달성할 수 없다(학설일치). 불법행위소송에서 가해행위가 피해자의 불법원인급여에 기인하고 피해자도 불법원인에 가담했음이 드러난 경우에는 그 손해배상청구를 기각하여야 한다.

(다) 不法原因給與返還의 特約　불법원인급여로서 법률상 반환청구가 제한되는 것을 반드시 반환하겠다는 특약을 당사자 사이에서 체결한 경우에, 이러한 특약이 유효한가에 관하여는 학설이 대립한다.

1) 制限的 有效說　불법원인급여반환의 특약은 원칙적으로 유효하다고

1) 같은 취지: 大判[全合] 1979. 11. 13, 79다483.

보며 다만 불법한 목적이 달성되지 않는 경우에는 반환한다고 약정하는 때에는 특약은 무효라고 본다.[1)]

2) 無效說 불법원인급여의 반환특약은 법의 회피에 해당하여 무효라고 하는 견해이다.[2)] 私見으로도 반환특약은 반사회적 행위에 해당하여 무효이며 법률에 의해 이행강제될 수 없다고 본다. 첫째, 만약 그 특약에 법적 강제력을 부여한다면 제746조에 의해 금지하고자 하는 결과를 특약을 통해 달성하는 법의 회피가 행해지기 때문에, 그러한 특약은 무효로 되어야 한다. 둘째, 그 특약은 무효이지만 당사자가 그 특약에 따라 불법원인급여를 임의로 반환한 경우에, 손실자는 그 반환받은 급여를 보유할 권리를 가진다. 제746조는 반환청구를 제한할 뿐이지 임의의 반환까지 금지하여 그 목적물을 반드시 수익자에게 보유시키겠다는 의도는 아니기 때문이다.

판례도 불법원인급여의 반환특약이 무효라고 한다(大判 1964. 7. 21, 64다798·799; 大判 1966. 12. 27, 66다2145). 수령자가 임의로 반환한 경우에는 수령자가 다시 반환을 청구할 수 없게 되어 결과적으로 그 반환은 유효하지만 그렇다고 반환특약이 유효한 것은 아니라고 한다(大判 1964. 10. 27, 64다798·799).

> 大判 1995. 7. 14, 94다51994: 당사자의 일방이 상대방에게 공무원의 직무에 관한 사항에 관하여 특별한 청탁을 하게 하고 그에 대한 보수로 돈을 지급할 것을 내용으로 한 약정은 사회질서에 반하는 무효의 계약이고, 따라서 민법 제746조에 의하여 그 대가의 반환을 청구할 수 없으며, 나아가 그 돈을 返還하여 주기로 한 約定도 결국 불법원인 급여물의 반환을 구하는 범주에 속하는 것으로서 無效이고, 그 반환약정에 기하여 약속어음을 발행하였다 하더라도 채권자는 그 이행을 청구할 수 없다.

㈑ 惡意의 非債辨濟에 대한 特則 불법원인으로 채무가 존재하지 않는 경우는 채무부존재의 경우 중에서 특수한 경우이므로 제746조는 제742조의 특칙으로 해석된다. 손실자가 계약이 반사회성으로 인해 무효가 되므로 자기에게 채무가 없다는 것을 알면서도 채무의 이행을 한 경우에, 그 급부는 제746조의 불법원인급여가 되는 동시에 제742조의 악의의 비채변제가 되지만, 이 경우에

1) 郭潤直, 645; 金疇洙, 595; 金相容(下), 73.
2) 金基善, 373; 金錫宇, 476; 金顯泰, 350; 黃迪仁, 355.

제746조의 규정만이 적용된다(학설 일치).

불법원인이 수익자에게만 있는 경우에는 악의의 비채변제라도 제746조 단서에 의해 반환청구가 허용된다. 손실자가 불법계약이어서 자기에게 법적 의무가 없다는 것을 알면서도 어쩔 수 없이 급부한 경우에, 제742조를 적용하여 반환청구를 부인하는 것보다 제746조 단서를 적용하여 반환청구를 허용하는 것이 옳다. 예를 들어 채무자가 대차금을 변제하기 위해 채무액을 훨씬 초과하는 물건을 채권자에게 양도한 경우(제607조)에 악의의 비채변제라도 그 초과부분을 반환청구(또는 청산청구)하는 것이 허용되어야 한다.

제 5 장　不法行爲責任

제 5 장 不法行爲責任

제 1 절 不法行爲責任 一般論

§ 40. 不法行爲責任의 意義

1. 不法行爲法의 意義

(1) 社會의 變化와 不法行爲法

(가) 損害의 增加　인간의 사회생활은 서로 이익을 주는 한편 서로 손해를 입히기도 하는 이율배반적 특성을 갖는다. 생산활동이라도 유익한 재화를 생산하는 반면에 이에 부수하여 물건이나 인체에 대한 손해를 초래하기도 한다. 현대산업사회에 접어들어 이러한 사회적 피해는 급속도로 증가하게 되었다. 공장가동이나 산업폐기물로 인한 환경오염피해, 제품의 설계 · 생산 · 유통의 과정에서 생기는 결함상품에 의한 제조물피해, 자동차의 운행에 의해 야기된 자동차사고피해, 의료시혜의 과정에서 부주의로 생긴 의료과오피해, 대중홍보매체의 보도로 말미암은 명예훼손 및 사생활침해 등이 현대산업사회의 전형적인 불법행위유형으로 등장하게 되었다.

(나) 損害類型의 變化　가해의 모습은 회피가능한 가해(타인을 구타하는 행위 등)와 불가피한 가해(건축으로 인한 소음 등)로 구분되어질 수 있다. 산업사회에 접어들어 후자의 비율이 점차 높아지고 있다. 피해의 모습은 한두 사람이 입은 개별피해와 동일한 위험에 노출된 다수의 사람이 입은 집단피해로 구분되며,[1] 후자의 비율 및 사회적 영향력이 높아지고 있다. 집단피해의 경우에는 집단소송을 위한 민사소송

---

1) 이와 유사한 불법행위의 구분유형은 현대적 불법행위형태인 大量不法行爲(mass exposure torts)와 전통적인 불법행위형태인 散發的 不法行爲(sporadic accidents)로 나눌 수 있다.

절차의 정비가 요망된다.

(다) 不法行爲法의 肥大化 사회적 손해의 증가로 불법행위책임과 관련된 사건이 증가하게 되었고, 민사소송에서 불법행위사건의 비율이 높아지게 되었다. 불법행위법은 법규정의 수가 적고 추상적으로 규정되어 있음에도 불구하고 그 적용되어야 할 사건의 숫자는 증가하고 있다. 이러한 불법행위책임의 비대화현상에 대한 법학계의 반응은 여러 가지이다. 계약법의 기능이 감소함을 우려하는 견해도 있는 반면에, 현행 불법행위법은 사회적 손해를 적절히 전보시키지 못한다는 점을 비판하는 견해도 있다.[1]

(2) 不法行爲法의 目的

(가) 應懲에서 損害塡補로의 目的變化 현대법에서는 근대법에서 목적으로 삼았던 불법행위법의 「응징적 기능」은 감소되고 「손해전보의 기능」이 중심으로 되었다. 근대법에서는 가해자가 그 가해행위를 회피할 수 있었음에도 불구하고 고의나 부주의로 그를 감행한 데 대한 도덕적 비난이 불법행위법의 중심을 이루었다. 그러나 현대산업사회에 접어들어 가해행위의 모습이 현저히 변화하였고, 가해의 원인이 개인의 부도덕에서부터 기업활동에 따르는 위험성으로 옮겨지게 되었다.

이러한 기능적 변화는 법이론에도 변화를 가져왔다. 근대 초기의 행위자에 대한 도덕적 비난을 요소로 삼았던 주관적 과실개념은 퇴색하고, 현대법에서는 행위 자체에 대한 사회적 비난을 요소로 하는 객관적 과실개념이 들어서게 되었다.

(나) 損害의 正義로운 分配 불법행위법의 목적은 「사회생활에서 생기는 손해를 정의에 맞게 분배하는 것」이다. 피해자는 자기가 입은 손해를 배상받기 원하고 가해자는 기업활동의 자유를 요망하는데, 불법행위법의 임무는 이러한 상반된 요청 사이에서 합리적인 조화점을 찾아내는 것이다.[2] 불법행위법은 보호법익, 과실, 위법성의 판단을 통해 가해자에게 손해배상시킬 것인지 또는 피해자로 하여금 손해를 감수하게 할 것인지를 판단한다.

「가해자의 비윤리성에 대한 응징」은 형사책임이 담당하도록 하고, 불법행

---

1) Abel, R. L., The Crisis is Injuries, Not Liability, in *New Directions in Liability Law*, ed. Olson W., Proceedings of The Academy of Political Science, 1988.

2) 같은 취지: Prosser & Keeton, *The Law of Torts*, 5th ed., p. 6(金學東, "불법행위법 서설," 사법행정 1986년 4월호에 요약 소개되었음).

위책임의 법리는 손해배분기능을 목적으로 하여 구성되어야 한다.[1] 민법은 고의와 과실에 따라 손해배상의 범위에 차이를 두지 않는데, 이러한 규율태도에서 민사책임은 행위자에 대한 윤리적 비난보다 손해의 분배에 그 목적을 두고 있음을 알 수 있다.

(3) 不法行爲法에 內包된 正義

(가) 責任成立과 正當性判斷 　불법행위책임은 타인에 대한 가해가 부당할 것, 다시 말해서 그 가해를 정당화하는 사유가 없을 것을 기초로 한다. 가해행위가 부당한가 정당한가를 판단하는 것은 가해자에게 불법행위책임을 부과할 것인가 아닌가, 즉 책임성립의 문제로 된다. 어떤 가해행위가 부당하다고 판단되는 것은 그것이 정의에 어긋나기 때문이다. 그러므로 책임성립을 결정하기 위해서는 그 선결과제로서 무엇이 정의에 합당한 일인가가 규명되어야 한다.

반면에 계약책임에서 正義는 2차적으로 고려된다. 계약책임은 계약당사자의 계약체결행위 · 계약구속의사 및 계약상대방에게 야기한 신뢰를 기초로 발생하며, 당사자의 행위는 원칙적으로 정당한 것으로 인정되고 사회질서에 어긋나는 경우에 한해서 예외적으로 정의롭지 못한 것으로서 그 효력이 부인된다.

(나) 不法行爲法의 正義 　불법행위법이 추구하는 정의관은 민법규정이나 법이론 자체에서 형성되어지는 것이 아니라, 사회적으로 형성되어 있는 것을 법률에서 원용하고 있는 데에 불과하다.

롤스(Rawls)에 의하면 正義觀이란 구성원들에의 분배를 결정해 주는 사회적 체제들 가운데에서 어느 하나를 선택하고 적절한 「분배의 몫에 관한 합의」를 보증해 줄 일련의 원칙들을 가리킨다고 한다.[2] 사회는 공통된 정의관에 의해 규율되고 그 구성원들의 善의 증진을 목표로 하는 自足的 集團으로 이루어진다. 사회는 구성원들이 서로의 이익을 추구하는 상호협동체로서 이해관계가 일치되는 측면과 상충되는 측면을 갖는다. 각자가 사회적 협동을 통하여 나은 생활을 할 수 있다는 점에서 이익이 일치되며, 동시에 공동작업에 의해 산출된 이득의 분배에 있어서는 서로 많은 몫을 차지하고자 하므로 이익이 상충된다.

(다) 正義에 기초한 法的 判斷 　불법행위책임에서는 다음 두 단계에서의

---

1) 영미법에서 가해자에 대한 제재를 목적으로 하는 징벌적 손해의 배상의 제도(examplary damages, punitive damages, smart money 등으로 불리움)도 있다.

2) 롤스 著, 황경식 옮김, "분배적 정의," 사회정의론 2, 서광사, 1979, 241 이하 수록: Rawls, J., *A Theory of Justice*, Havard University Press, 1971. 롤스의 분배적 정의론에 대해 부정적인 시각에서 비판하는 견해로서, Nozick, R., *Anarchy, State and Utopia*, Oxford: Blackwell, 1974.

법적 판단에 있어서 "무엇이 정의로운가"가 판단된다.

1) 加害行爲의 不當性　　불법행위책임은 어떤 행위가 社會的 正義觀念에 어긋났다는 점에 기초를 둔다. 불법행위책임에서 가해행위의 정당·부당을 판단하는 기준은 당사자의 의사가 아니라 당사자의 밖에 존재하는 객관적인 사회규범이다. 그러므로 불법행위책임은 가해행위에 대한 사회적 판단에 의존한다.

2) 賠償責任의 正當性　　손해배상책임은 사회적으로 볼 때 그 손해를 그 가해자에게 부과시키는 것이 옳다는 판단이 기초로 되어야 한다.

(라) 矯正的 正義와 配分的 正義　　민사책임에서는 당사자 사이의 이익조정을 위한 교정적 정의뿐 아니라 사회적 이익집단 사이의 이익조정인 배분적 정의도 고려되어야 한다. 불법행위책임은 형평이냐 효율이냐,[1] 분배냐 성장이냐 하는 이념적 대립과도 관련되기 때문이다. 종래의 불법행위법은 가해자와 피해자의 당사자 사이에서 피해자의 손해를 어떻게 처리할 것인가, 즉 피해자에게 감수시킬 것인가 또는 가해자에게 배상시킬 것인가를 개별적인 당사자 사이의 이익조정의 문제로서만 파악하였으며, 그 이익조정의 가치판단의 기초는 矯正的 正義(corrective justice)에서 찾았다.

현대불법행위법에서는 사회구성원의 전체적인 이익조정인 分配的 正義(distributive justice)가 중요한 가치로 등장하였다.[2] 현대에 들어 불법행위법은 서로 다른 집단 사이의 상충하는 이해를 조정하는 역할을 담당하게 되었다. 나아가서 불법행위법은 그러한 이익조정을 통해 사회적인 부를 재분배하는 기능까지 담당하게 되었다. 산업재해에서의 사업주와 근로자, 환경오염에서 공장주와 인근주민, 제조물피해에서 산업자와 소비자들은 불법행위법이 그로 인한 피해에 관하여 가해기업에 배상책임을 부과할 것인가, 그리고 어느 범위의 배상책임을 부과할 것인가에 의해 직접 그들의 이해관계가 좌우된다. 상반된 집단의 이익은 결국 불법행위책임의 축소론과 확대론이라는 이론적 대립을 초래하였다.

1) 효율과 형평에 관한 코스의 이론 및 그에 대한 비판은, 朴世逸, "코스정리(Coase Theorem)의 법정책학적 의의," 서울대 법학 제27권 2호·3호, 1986.

2) 矯正的 正義와 分配的 正義의 구별은 최초로 Aristotle, *Nicomachean Ethics*(M. Ostwaldtrans. 1962), 115~123에서 볼 수 있다. 법과 정치를 구별하는 법형식주의자에 의하면 불법행위법은 교정적 정의에만 근거하고, 배분적 정의는 정치에 의한다고 하며(E. J., Weinrib, Legal Formalism: On the Immanent Rationality of Laws, *Yale Law Journal*, vol. 97, 1988, p. 976), 법경제학자나 비판법학자에 있어서 교정적 정의와 배분적 정의는 통일적으로 파악되어야 한다(J. L., Coleman, The Structure of Tort Laws (Book Reviews), *Yale Law Journal*, Vol. 97, 1988, p. 1233).

불법행위법은 국가적 차원에서 기업의 이익보호 및 자본확장을 지원할 것인가, 다수시민의 안전 및 복지를 조장할 것인가의 고도의 정책적 판단으로 연결된다. 현대산업사회에서는 개인 사이의 손해배상분쟁이 단순히 그 분쟁당사자 사이의 문제로 국한되지 않고 배후에 잠재적 다수분쟁당사자를 숨기고 있는 분쟁이 됨에 따라 그 안에 사회적 이익이 내포되는 전형적인 사회적 이익대립의 형태를 취하게 되었다. 판사는 불법행위사건의 판결에 있어서 당사자의 구체적 이익조정뿐만 아니라 공공정책에 합당한가 하는 점을 음미해야 한다. 판사는 그가 내릴 판결이 장래에 바람직한 사회적 결과를 낳을 것인가를 고려해야 하기 때문이다.[1)]

(4) 不法行爲責任의 一般條項主義

(가) 保護法益의 多樣性 불법행위법은 보호법익에 대한 위법한 침해가 있을 때 그로 인한 손해에 대해 금전배상의 私法的 救濟를 보장하는 실체법이다. 사회에서 존중되어야 할 개인적 이익은 법질서에 의해서도 보장되어야 한다. 보호법익은 매우 다양하며 이에 대한 침해의 모습도 또한 다양하다.

불법행위법은 당사자 사이의 계약의 존부에 관계 없이 예기치 않은 손해를 입은 피해자에게 그 손해를 전보시켜 줌을 목적으로 한다. 당사자 사이에 계약이 존재하고 그 가해가 그 계약의 이행과 관련하여 야기된 경우에는 계약책임(책무불이행책임·하자담보책임)으로 처리되지만, 그렇지 않은 경우에는 불법행위책임으로 처리된다.

(나) 一般條項主義 우리 민법의 불법행위법은 다양한 보호법익침해를 원칙적으로 한 개의 일반원리(제750조의 일반조항)로서 규율하고자 한다. 일반조항주의를 채택한 것은 변화하는 사회에 따른 각종의 가해행위를 탄력적으로 포용할 수 있는 장점이 있으며, 책임발생과 손해배상에 관하여 각각 다른 정책적 고려를 가능하게 한다.[2)] 일반조항주의 결과 불법행위법에서는 다른 분야에서라면 입법론에서 다루어질 정책적 논의도 해석론으로 다루어질 수 있다는 특색을 갖는다.[3)]

---

1) 불법행위법에 대한 정책적 배려는 경제학적 접근·사회학적 접근 등의 방법으로 행해진다. Posner, *The Economics of Justice*, Harvard University Press, 1981; Kairys. *The Politics of Law-A Progressive Critique*, New York, 1982; Handler, *Social Movements and the Legal System — A Theory of Law Reform and Social Change*, Academic Press, 1978; Black, *Toward a General Theory of Social Control*, Vol. 1, Academic Press, 1984.

2) Prosser/keeton, *The Law of Torts*, 5th ed., 15. 원래 개개유행의 불법행위소송을 집합한 영미불법행위법도 최근에는 그들 유형을 포괄하여 이론구성하는 일반이론주의로 기울고 있다.

3) 같은 취지: 平井宜雄, "法政策學序說 (1)," ジュリスト 1976. 6. 1, No. 913, 62 이하.

다른 한편 현대사회의 다양한 침해모습 및 복잡한 배상법리를 하나의 단일한 법리로 규율할 수 없다는 비판이 제기되기도 한다. 이러한 비판을 감안하여 불법행위를 유형화하여 각 유형별로 법이론을 세분화하고 위험책임 등의 다른 책임원리를 보충하는 해석론적 시도가 모색되고 있다.

(5) 民事責任과 刑事責任

(가) 民事責任과 刑事責任의 分離　18세기 이후의 근대법에서 민사책임과 형사책임은 완전히 분리되기에 이르렀다.[1] 로마법을 비롯한 고대법에서는 민사책임과 형사책임이 엄격히 분리되지 않았었다. 민사책임과 형사책임은 反規範的 行爲를 억제함으로써 사회질서를 유지하고자 하는 점에서 공통점을 갖는다. 그러나 근대법 이후에 민사책임과 형사책임은 침해된 보호법익, 구제방법, 구제절차 등에서 차이를 보이게 되었다.

> **民事責任과 刑事責任의 差異**
>
> 형사책임의 원인이 되는 범죄는 피해자에 대한 침해임과 동시에 公衆·公益에 대한 침해이며, 국가가 공익의 대표자로서 형사소송을 통해 범죄자를 처벌한다. 민사책임(특히 불법행위책임)에서는 피해자의 私益에 대한 침해를 책임원인으로 하며, 구제절차인 민사소송도 피해자에 의해 제기·수행되고, 그 구제방법은 가해자의 비용으로 피해자의 손해를 배상하도록 하는 것이다.
>
> 형사처벌의 대상이 되는 범죄행위는 죄형법정주의에 따라 제한적으로 열거되어 규정되어야 하며, 그러한 법규의 해석에 있어서도 엄격한 해석원리에 따라야 한다. 반면에 민사책임은 개개의 유형을 제시함이 없이 일반조항에 의해 포괄적인 원칙을 제시하는 것도 허용되며, 법규의 해석도 시대나 상황에 맞게 탄력적으로 할 수 있다.

(나) 民事責任과 刑事責任의 接近　근래에 들어 예외적으로 민사책임과 형사책임의 절차적 통합을 인정하거나 상호 영향을 인정하는 경우가 증가하게 되었다. 하나의 위법행위가 공익과 사익을 동시에 침해하는 경우에 양 책임의 접근이 시도된다. 이러한 사례에 있어 민사소송과 형사소송의 두 소송절차가

1) 金星泰, "고전적 배상관념의 특성에 관한 일고찰," 서돈각정년기념 상사법논집, 법문사, 1986, 303 이하. 이 논문에서는 고대법의 배상책임제도의 특색으로서 (i) 공동체책임주의, (ii) 민·형사책임의 미분화, (iii) 자력구제의 일반적 허용, (iv) 결과책임주의, (v) 동물·무생물의 의인화, (vi) 委付的 사고방식 등을 든다.

진행됨은 많은 비용과 불편을 야기하므로 소송경제를 위하여 그 절차가 하나로 통합될 필요가 있다. 또한 민사책임에 따라 피해자에게 손해배상을 한 경우에 이와 중복하여 형사책임을 부과할 필요가 없다고 판단되거나 형사책임을 경감할 필요가 있다고 여겨지는 사례도 증가하게 되었다.

양 책임의 소송절차를 통합한 대표적인 예가 「訴訟促進등에관한特別法」(1981년 제정)에 설치된 배상명령제도이다(동법 제25조). 과실에 의해 야기된 교통사고의 경우에, 피해자는 형사소송절차에 부대하여 불법행위에 기한 손해배상을 형사법원에 신청하는 방법으로 분쟁을 일회적으로 해결할 수 있다. 이 배상명령제도는 附帶訴訟의 형식으로 불법행위에 의한 배상청구를 일정한 조건하에 형사소송절차에 끌어들여 병합심리하는 것이다. 다만 배상범위를 「범죄행위로 인하여 발생한 직접적 · 물적 피해 및 치료비손해의 배상」에 한정함으로써 정신적 손해의 배상(위자료)은 제외시킨다. 그 결과 피해자는 충분한 손해배상을 받기 위하여 다시 민사소송을 제기하게 되므로 이 배상명령제도는 양 책임의 일시해결이라는 목적을 달성하기에 취약점을 지니게 된다.[1]

양 책임의 상호영향을 허용하는 대표적인 예는 交通事故處理特例法(1981년 제정)의 형사처벌면책에 관한 규정이다. 이 특례법은 과실에 의한 자동차사고에 있어서 피해자의 불처벌의 의사가 있거나(이는 실제로 피해자에 대해 충분한 손해배상을 해 주었음을 의미한다) 또는 자동차사고차가 전액의 손해배상을 해 주는 책임보험에 가입된 경우에는 가해자에 대한 형사처벌의 공소제기를 금지한다(동법 제3조 2항, 제4조).[2] 그 결과 민사책임법에 의한 손해배상이 형사적 제재까지 면제시키는 효과를 갖게 된다.

2. 不法行爲法의 變遷[3]

(1) 로마법의 結果責任主義 · 個別要件主義

로마법에서는 실질적으로 형사책임과 민사책임이 미분화된 상태에 있었다. 로마법에서는 초기(古典期)에 결과책임주의를 취하여 불법손해(damuum iniuria

1) 기타 배상명령제도의 문제점에 관하여는, 方順元, 민사소송법(상), 1987, 713; 李時潤, 민사소송법, 1984, 368~369;

2) 그러나 이 제도가 보험가입의 대가로 형사제재까지 면제시키는 것은 범죄자에 대한 지나친 혜택을 주는 것이며, 또한 이 제도는 보험회사에 대해 과다한 보상요구를 하도록 유발한다는 점 등에서 부작용이 있다고 비판된다. 孫基植, "교통범죄에 관한 연구," 서울대법학박사학위논문, 31.

3) 金錫宇, "로마법과 게르만법에 있어서의 불법행위로 인한 손해배상의 본질," 중앙대논문집 제12집, 1974, 375 이하; 金相容, "불법행위법의 변천," 불법행위법의 제문제, 삼영사, 1985, 34 이하; 鄭淇雄, "불법행위법상 과실개념에 대한 역사적 고찰," 법조 제24권 2호 · 3호, 1985.

datum)의 구성요건에 해당하는 경우에는 고의가 없는 경우에도 불법행위책임을 인정했다. 불법행위의 법적 효과로서 「lex Aquilia」[1]의 경우를 제외하고는 벌금을 주로 한 형벌이 가해졌었다.

로마의 불법행위법의 특색은 개별적 구성요건주의를 취했다는 점에 있다.[2] 개개의 불법행위의 유형이 설정되어 있어 어떤 특정형태의 침해로부터 어떤 특정의 법익을 보호하도록 구성되어 있었다. 비잔틴 법학시대에 와서는 의사를 기초로 한 의사주의적 이론이 형성됨으로써 과실(culpa)의 개념이 명확하게 이론화되었다.

(2) 近代法의 一般條項主義

17세기 이후의 계몽사상과 자연법사상은 로마법에 반대하는 비판적 시각을 갖게 하였다. 불법행위법도 이러한 변화에 맞추어 과거의 로마법에서와는 달리 포괄적 · 일반적 구성요건을 규정하는 불법행위일반조항(die deliktische Generalklausel)에 의해 모든 침해가능한 법익을 보호하는 입법형태를 지향하게 되었다.[3] 프로이센란트법(Preußische Landrecht, 1974) 제10조 이하, 오스트리아 민법(ABGB, 1811) 제1295조, 제1306조 등, 프랑스민법(Code Civil, 1804) 제1382조, 제1383조에 불법행위에 관한 일반조항이 설치되었다.

(3) 過失責任主義의 確立

근대의 자연법사상은 자유주의(Liberalismus)와 결합함에 따라 「자기책임하에 행동하는 개인」이라는 인간관과 더불어 과실책임주의를 정착시켰다. 자유주의에 의하면 행위자에게 주관적으로 비난할 만한 사정이 없는 한 개인의 행위는 자유롭게 허용되어야 했다. 자유주의는 개인의 자기결정을 존중하였으므로 契約 外의 손해배상책임에 있어서도 개인적 의사를 전제로 한 과실책임을 요망하였고, 개인적 의사의 개입 없는 사고에 관해서는 원칙적으로 손해배상책임이 부정되었다. 다만 법률에 규정이 있는 경우에 한해서 예외적으로 법정책임이 인정되었다.

과실책임주의는 개인의 자유로운 영업활동을 권장했던 산업혁명 직후의 사회적 요청에 합당하였다. 독일민법학자 예링(Jehring)은 "손해배상책임은 손

1) 崔秉祚, "로마불법행위법연구: Lex Aquilia," 서울대 법학 제29권 1호, 1988.

2) Kötz, *Deliktrecht*, Frankfurt, 1976, S. 25; Kaser, *Das römische Privatrecht I* (1971), §41, 118, 142ff.; Hausmaniger, *Das Schadenersatzrecht der lex Aquilia*, 1976 참조.

3) Wieacker, *Privatrechtsgeschichte der Neuzeit*, 2. Aufl., 1967, S. 323f. 1791년의 프랑스 인권선언 제4조에서는 「각인의 자연권의 행사에는 사회의 다른 구성원이 같은 권리를 향수하는 것을 보상한다고 하는 한계가 있다」고 규정하였는데, 이것이 자연법 사상 아래의 불법행위법에 기초가 되었다.

해로 인하여 발생하는 것이 아니고 과실로 인하여 발생한다"고 함으로써 "과실 없는 곳에 책임 없다"는 손해배상이론을 정립하였다. 이 이론에 따라 19세기 민법전은 모두 과실책임주의를 기초로 하게 되었다. 독일민법학자 에써(Esser)는 과실책임주의를 채택한 동기가 선량한 풍속에 따른 것이 아니라 산업발전을 위한 경제정책에 입각한 것이었다고 평한 바 있다.[1]

(4) 過失責任主義의 修正

산업혁명 이후 19세기 말에 이르자 고전적 자유주의는 쇠퇴하고 사회적 법치국가(sozialer Rechtsstaat)의 이념이 부상되기 시작하였다. 국가는 그 구성원으로 하여금 인간으로서의 존엄성에 합당한 생존을 배려해 주어야 한다는 이념이다. 국가는 시민의 생존을 위하여 필요한 경우에는 사적 자치를 제한하거나 공권력을 동원할 권리 · 의무를 진다고 보았다.

사회적 법치국가의 이념에 따라 「불법행위법(Deliktrecht)에서 事故責任法(Unfallrecht)으로의 변천」이 요망되었다. 과실책임주의하의 "우연한 사고(과실이 개재하지 않은)는 소유자가 부담한다"(casum sentit dominus)라는 원칙이 비판되었다. 일정한 사고에 대해서는 위험책임(Gefährdungshaftung)의 법리에 따라 가해자의 과실에 대한 증명이 필요 없게 규정이 설치되었다.[2] 위험책임은 근로자재해 · 학교사고 · 교통사고에서 점차 다른 분야로 확장되어 나갔다.

英美法에서의 不法行爲責任

영미법에 있어서도 고대에는 민사책임과 형사책임이 미분화되었다. 중세 이래 영국에서는 인체나 물건의 손해에 대한 구제수단으로서 不法侵害訴訟(trespass의 訴)이 인정되었다.[3] 불법침해소송은 영미불법행위소송제도의 모체로서 초기에는 적용범위가 극히 좁고 구성요건도 엄격하였으나 점차로 적용범위가 확대되어 나갔다.

근대에 이르러 과실(fault) 또는 행위자에 대한 도덕적 책임(moral responsibility)이 불법행위법의 기본원칙을 이루게 되었다.[4] 여기의 과실은 도덕적 비난과 반드시

1) Esser/Schmidt, *Schuldrecht Allgemeiner*, Teil Ⅱ. 5. Aufl., S. 2~3; Kötz, *Deliktrecht*, S. 33.

2) Kötz, *a.a.O.*, S. 35.

3) Prosser & Keeton, *Law of Torts*, 5th ed.(St. Paul West Publishing Co., 1984); Atiyah, *Accidents, Compensation and the Law*, 3. ed., London, 1980; Wiliams & Hepple, *Foundation of the Law of Torts*, London, 1976. 우리 나라의 論文으로서는, 金相容, "危險責任과 嚴格責任의 比較," 考試界 1986년 12월호; 尹庸碩, "現代私法의 無過失責任的 傾向," 釜山大 法學硏究 제26권 1호, 1983년 8월; 鄭權燮, "英美判例에서 본 不法行爲小考," 釜山大 法學硏究 제11권 1호, 1969년 5월에서 英美不法行爲法에 관해 자세히 소개하고 있다.

4) 이 당시에도 아직은 전통적으로 내려 온 엄격책임인 무과실책임이 부분적으로 인정되고 있었다고 한다. 鄭權燮, 앞의 글, 301.

동의어는 아니고 이상적 행위로 나아가지 못했음, 즉 사회가 각인에게 요구하는 행위기준(a standard of conduct)의 일탈을 의미한다고 하였다.

19세기 후반에 이르러 동물의 점유자의 책임, 방화책임, 비정상적으로 위험한 물건이나 행위에 대한 책임, 代位責任 등에 嚴格責任(strict liability)이 인정되었다. 1868년의 영국의 Rylands v. Fletcher 사건[1]의 판례에서는 "…만약 離脫한다면 손해를 끼칠 우려가 있는 물건을 자기를 위한 목적으로 자신의 토지에 가져다가 거기에 集積하고 管理하는 자는 자신의 위험하(at his peril)에 관리하여야 되고, 그렇지 않은 경우 그 離脫로부터 야기되는 모든 자연적 결과에 대해서 특별한 사정이 없는 한 책임을 져야 한다"는 법리가 펼쳐졌다. 이 판결에서 인정된 엄격책임은 그 후의 영국·미국의 판례[2]에서 받아들여졌다.

그에 따라 보통법(common law)도 수정되어 "사물 그 자체가 과실을 말한다"(res ipsa loquitur)는 원칙이 도입되고 엄격책임의 적용이 확대되었다. 그 후 엄격책임은 제조물책임(products liability)과 의료과오(medical malpractice)의 영역에서 문제되었다.

3. 賠償責任의 社會分散

(1) 槪　說

㈎ 損害賠償의 分散必要性　　손해배상의 경제적 부담을 가해자 개인이 전적으로 지지 않고 사회적으로 분산하는 방법이 모색되고 있는데, 그 이유는 다음과 같다. 첫째, 사회생활에서 생기는 손해가 어느 정도 필연적이고 그 손해배상책임이 과실과 관계 없이 부과되는 사례가 증가하게 되자 한 사람에게 그 손해를 전적으로 부담시키는 것이 부당하다는 주장이 대두되었다. 손해배상을 각 개인의 관점에서 파악할 것이 아니라 사회적 관점에서 파악해야 하며, 사회적 위험으로부터 비롯된 사고의 경우에는 그 배상책임도 사회에 분산되어야 한다고 보게 되었다. 둘째, 민사책임은 가해자가 損害賠償의 財力을 갖고 있는 경우에만 현실적 의미를 갖는다는 한계를 갖는다. 피해자에게 손해배상청구를 확보해 주기 위해서 종래의 개인주의적 자기책임의 제도에서 탈피하여 공동체적 책임배상제도를 마련해야 할 필요가 생겼다. 셋째, 가해자의 손해배상에 따른 과중한 부담을 덜어 주기 위하여 보험제도, 공제제도, 부조제도 등을

1) Fletcher v. Rylands, Exchequer Chamber, 1866, L. R. I. Exch. 265, Rylands v. Fletcher, House of Lords, 1868, L. R. 3 H. L. 330.

2) Green v. General Petroleum Corp., 1928, 205 Cal, 328, 270, p. 952; Perry v. Shell Petrollum Co., 1934, 140 Kon, 94, 33p. 2d, 953; Prosser & Keeton, *op. cit.*, p. 548.

통해 경제적 부담을 분산시키는 제도적 장치를 필요로 하게 되었다.

(나) 損害賠償의 分散方法 그 분산방법은 가해자 그룹 사이에 보험료부담의 형태로 분산시키는 私保險과 국민 전체에 조세와 같은 방법으로 분산시키는 국가·공공단체의 사회보장제도의 두 종류로 분류될 수 있다. 손해배상의 분산제도가 보급되면서 민사책임은 보험법 및 사회보장법과 상호 관련성을 갖고 변화되어 가고 있다.

(2) 責任保險에 의한 分散[1)]

20세기에 들어 위험기업 또는 위험을 유발 또는 관리하는 자에게 무과실의 손해배상책임[2)]을 부담시키는 입법이 증가하게 되자, 이 영역에서 손해배상책임과 책임보험제도가 결합하는 추세를 보인다. 책임보험제도는 거액의 손해발생시 기업의 자력이 불충분하여 배상능력이 없는 때에 피해자의 구제를 확보해주고 배상부담으로 인하여 기업이 도산하는 것을 막아 준다.

(가) 責任保險의 種類 책임보험제도는 任意保險과 强制保險의 두 형태로 발전하고 있다.

1) 任意保險은 잠재적 가해자들이 자발적으로 결합하는 책임보험의 유형이다. 임의보험에서는 손해의 분산기능이 보험가입자 사이에 한정된다는 약점을 갖는다.

2) 强制保險은 잠재적 가해자들에게 손해배상의무의 이행을 위하여 보험에 가입할 것을 강제하는 책임보험제도이다. 기업측에서 부담하여야 할 손해배상책임을 강화하고 그의 이행을 확보하기 위한 조치로서 배상의무자에게 책임보험의 체결의무를 지운다. 자동차사고에 의한 손해배상(自動車損害賠償保障法)과 노동자의 산업재해에 대한 보상(産業災害補償保險法)에 관해서 강제보험제도를 취한다.

(나) 民事責任의 履行手段 책임보험은 민법상의 불법행위책임 또는 특별법상의 민사책임이 존재할 것을 전제로 한다. 책임보험에서 보험사업자는 가입

---

1) 책임보험은 피보험자가 제3자에 대하여 일정한 재산적 급부를 하여야 할 법적 책임을 부담함으로써 입게 되는 손해를 전보하는 것을 목적으로 하는 보험이다(상법 제719조~제726조). 참고문헌: 金星泰, "책임보험제도가 불법행위법리에 미친 影響點描," 鄭熙喆정년기념 상법논총; 同, "불법행위법리와 보험제도 — 불법행위법의 역사적 전개과정을 중심으로 —," 경희 법학 제18권 1호, 1983; 宋相現, "보험금지급의무와 불법행위손해배상의무와의 관계," 鄭熙喆정년기념 상법논총, 1985; 鄭熙喆, "기업의 법률적 책임 — 무과실책임과 책임보험과 관련하여," 민사판례연구 제3권, 1981.

2) 이는 위험책임의 경우 가해자에 대한 비난가능성이 없으므로 엄격한 의미에서는 보상책임이라 하여야 할 것이나, 종래 불법행위에서 총괄적으로 배상책임이라 불러왔으므로 그 용어를 그대로 쓰기로 한다.

자가 지는 민사법상의 손해배상책임의 이행을 위하여 직접 피해자에게 배상금을 지급한다. 가입자가 손해배상책임을 지지 않는다는 것이 확인되면 보험자가 피해자에게 손해배상금을 지급할 필요도 없게 된다.

(다) 責任保險의 影響力强化 책임보험이 여러 영역에 확대되자, 이제는 책임보험사의 이익을 위하여 민사책임을 축소시키려고 영향력을 발휘하는 사례도 생기게 되었다. 보험회사는 보험금의 지출을 절약하기 위하여 민법이나 특별법의 해석을 자기에게 이익이 되게 하려고 시도한다. 원래 책임보험은 과실책임에서 위험책임으로 변천함과 더불어 피해자의 배상금확보를 보장해 주려는 의도에서 출발했다. 그러나 책임보험은 반대로 위험책임에서 과실책임으로 복귀시켜 기업의 책임을 축소시키려는 의도를 드러내고 있어, 원래의 설립의도와는 다르게 운영되어 가고 있다. 책임보험이 실시되는 영역에서는 민사책임규정이 가해자와 피해자 사이의 분쟁해결수단으로 작용하지 못하고, 보험금이 지급되기 위한 수단적 법리로 퇴화하는 현상까지 보이고 있다.[1)]

(3) 社會保障制度에 의한 分散

(가) 損失補償의 社會保障制 사회보장제도는 社會連帶의 思想을 기반으로 해서 사회생활의 여러 가지 불이익을 국가적 규모로 제거하고자 한다. 근대초기에 사회보장제도는 경제적 · 사회적 약자에 대한 국가적 보호의 수단에 불과했다. 현재에는 사회보장제도가 손실보상의 수단으로도 이용되고 있다. 사회보장제도는 사고로 인한 손해가 발생했을 것만을 손실보상의 기초로 삼으며, 가해자가 법률상 손해배상책임을 질 것을 전제로 하지 않는다. 이 점에서 법적책임을 전제로 하는 책임보험제도와 기본구조를 달리한다. 손실보상을 위한 사회보장제도는 보험제도보다 일보 진전된 제도라고 평가되고 있다. 사회보장제도에 의한 손실보상이 확대될 경우에 민법상의 불법행위책임은 적용영역이 축소될 것이다.[2)]

(나) 뉴질랜드 事故補償法 손실보장을 위한 사회보장제도를 취한 立法으로서 「뉴질랜드의 事故補償法」(Accident Compensation Act. 1972)을 들 수 있다. 뉴질랜드에서는 사고에 의하여 생명 · 신체에 해를 입은 경우 가해자의 과실유무에 관계 없이 뉴질랜드의 사고보상 시스템에 따른 보상청구가 가능하다. 인

---

1) Fritz Baur, Einige Bemerkungen zum Stand des Schadensausgleichrechts, *Festschrift für Raiser*, Tübingen, 1974, S. 119~139.

2) Tunc, *International Encyclopaedia of Comparative Law*, Vol, XI. 1, 1974, pp. 18~19에서는 장래에 사회보장제도가 확장되고 불법행위제도는 축소할 것이라고 전망한다.

체에 관한 사고의 경우에는 국가(事故補償委員會)가 개입하여 보상하도록 하는 반면 피해자의 가해자에 대한 손해배상청구소송은 금지된다. 사고보상은 「근로자재해보상시스템」, 「자동차사고보상시스템」, 「기타 사고보상시스템」의 세 체계로 나누어져 운영된다. 이 뉴질랜드법은 사고보상제도의 훌륭한 모범으로 평가되고 있다.[1)]

4. 不法行爲法에 대한 經濟學的 接近

(1) 概 說

㈎ 法經濟學의 發端 1960년 초부터 미국법학계를 중심으로 근대경제학적 분석방법을 법률문제해결에 도입하고자 하는 새로운 시도가 행해져 왔다. 이는 「법에 대한 경제학적 접근」(the economic approach to law) 또는 법경제학(Law and Economics, Economics of Law)이라고 불리는 경향[2)]으로서 1970년대에 와서는 미국에서 이러한 방법론이 절정을 이루었다. 현재 이 방법론은 캐나다를 비롯한 여러 영미법국가에 확산되어 있다. 법경제학의 연구대상은 私法分野에서 출발했는데 불법행위법, 물권법, 계약법 등의 문제영역이며, 그 밖에도 절차법과 형법 등에도 그 연구대상이 확장되고 있다.

㈏ 經濟理論의 導入 법에 대한 경제학적 접근은 "개인은 자기의 만족(효용)이 최대화되도록 행동한다"고 하는 근대경제학의 기본명제가 모든 생활영역에서의 인간의 행동을 설명하기 위한 유력한 도구가 된다[3)]고 하는 效用最大化假定을 그 이론적 배경으로 하고 있다. 근대경제학은 기성의 제도를 전제로 하여 그 제도 아래에서 자원분배, 특히 가격기구의 기능 등에 관심을 집중시켜 왔을 뿐 그 제도 자체에 대해서는 문제삼지 않았었다. 그러나 환경오염·도시문제 등의 사회문제가 등장하게 되자 경제학자들은 시장을 둘러싼 제도에 대해서 관심을 보이기 시작하고, 그 제도와 경제적 이해의 상관관계를 수리적으로 분석하기 시작했고 이에 의하여 법경제학이라는 새로운 경제학분야가 탄

1) 前田達明, 民法 Ⅳ2(不法行爲法)(東京: 青林書院新社, 1980), 15; 金澤理, "人身損害賠償制度 保險制度理念 課題," ジュリスト, No. 691, 1979. 5, 30.

2) 1960년대에 미국의 「법과 경제학」에 관한 대표적인 저술로서는, G. Becker, *The Economics of Discrimination*, 1959; Calabresi, *Some Thoughts on Rick Distribution and the Law of Torts*, 70 Yale L. J. 499, 1961; Coase, *The Problem of social Cost*, 3 J. L. & Econ. 1, 1960의 3자가 높이 평가되고 있다. Polinsky 著, 宋相現·丁相朝 共譯, 법경제학입문, 경문사, 1984.

3) Posner, *Some Uses and Abuses of Economics in Law*, University Chi. L. Rev., v. 46, 1979, pp. 281~282; Landes & Posner, *The Economic Structure of Tort Law*, Cambridge: Harvard University Press, 1987.

생했다.

(다) 制度에 대한 影響力　법경제학은 법제도 자체에 시선을 돌리고 효율적인 제도의 신설을 스스로 모색하게 되었다. 법경제학은 법규범이 경제에 미치는 영향 및 경제의 논리가 법규범의 생성 · 변화 · 발전에 미치는 영향을 연구 · 분석하여 법의 발전과정을 통찰하고 입법론이나 해석론의 지침을 마련한다. 이를 위하여 新古典派의 가격이론을 이용한 분석방법, 수리경제학의 불확실성의 경제학을 법률연구에 적용하는 방법, 그리고 공공선택의 이론과 재산권 접근의 이론을 법제도에 적용하는 방법 등이 이용된다.[1)]

(2) 不法行爲法의 經濟分析

(가) 經濟分析의 動機　불법행위법에 경제학적 방법론의 도입이 가능하게 된 것은 미국불법행위법 스스로가 그 기능 및 목표를 전환시킨 데에도 이유가 있다. 미국법상의 「과실(negligence)에 기한 불법행위소송」에서 과실의 개념이 종래의 주관적 과실에서 객관적 과실의 개념으로 변천되었다. 그렇게 되자 가해자에 대한 도덕적 비난가능성은 의미가 적어지고 합리적 인간(reasonable man)이라는 기준으로 대치되게 되었다. 그 결과 불법행위소송은 발생한 손해를 사회적 관점에 따른 정책적 고려하에서 적절하게 분배하는 기능을 담당하게 되었고, 그 정책적 고려의 한 측면으로서 경제적인 고려가 시도되었다.

2차 세계대전 후 자동차사고를 비롯한 사고의 급증으로 피해자에 대한 충실한 보상을 요구하는 사회적 압력이 생기게 되었고 그 결과 책임보험이 광범위하게 보급되었다. 이에 따라 불법행위소송은 책임보험에로의 교량역할을 담당하게 되었다. 불법행위책임법의 운영은 직접 책임보험회사에 지대한 경제적 영향을 미치게 되었으며, 불법행위책임을 더 이상 가해자와 피해자의 개인적 법률문제로서 방치할 수 없게 되었다.

(나) 칼라브레시의 理論　불법행위법에 경제학적 분석을 도입함으로써 손해배상의 법률문제를 국가경제 또는 보험회사의 차원에서 고찰하고, 사고억제 및 총배상금의 감액을 새로운 각도에서 모색해 보고자 하는 시도가 경제학자에 의해 행해지게 되었다. 이 이론의 대표자 중의 한 사람인 칼라브레시(Calabresi)의 이론[2)]을 간단히 소개하면 다음과 같다.[3)]

---

1) 朴世逸, "미국에서의 법경제학의 연구동향," 서울대 법학 제25권 2호 · 3호, 1984, 157, 158.

2) Calabresi, *The Costs of Accidents, A Legal and Economic Analysis*, 1970.

3) 이 Calabresi의 이론은 특히 근래 일본에서 관심을 보이고 있는데, 개중에는 이 이론을 일본에 도입하고자 하는 시도도 있다. 森島昭夫, "損害賠償責任ルールに關するカラブレイ理論," 我妻榮先生追悼論文集 私法

칼라브레시는 事故法(accident law)의 목표는 정의(justice), 공정(fairness) 및 사고비용의 절약(reduction of accident costs)에 있다고 하고, 후자는 사고로부터 발생하는 손실비용과 사고를 방지하기 위해 드는 비용과의 합계를 최소화하는 것이라고 설명한다. 칼라브레시의 이론에 의하면 손해를 발생시킬 가능성이 있는 특정종류의 활동을 하는 자 전체에 대하여 그 활동으로 인하여 생길 것으로 예상되는 손실비용을 미리 분배하여 부담시키면, 당해 활동의 코스트가 높아져 사람들은 그 활동에 종사하는 것을 피하고 보다 안전한 따라서 손실에 의한 코스트가 보다 적게 드는 활동을 선택하게 된다고 한다.

사고비용의 최소화는 다음의 방법에 의하여 달성될 수 있다. ① 제1차 사고비용절약: 사고의 빈도와 심각성을 낮추는 것이다. 그것은 시장기구를 사용하는 방법과 정치적 · 법적 규제를 취하는 방법에 의해 달성된다. ② 제2차 사고비용절약: 사고로부터 발생하는 손실을 어떤 특정의 개인에게 일시에 집중시켜 부담시키는 것으로부터 생기는 사회적 비용을 낮추는 것이다. 그것은 사고로부터 생기는 비용을 인적 및 시간적으로 분산시키는 「손실분산」(loss spreading)의 방법과 충분한 자력을 갖고 있는 자(deep pocket)의 부담으로 하는 방법에 의해 달성된다. ③ 제3차 사고비용절약: 제1차 사고비용절약, 제2차 사고비용절약을 위한 시스템을 실제로 운영하는 데 드는 비용을 절약하는 것이다. 다만 어떤 사회적 비용을 절약하는 법제라도 정의 · 공정이라는 제약조건을 충족시키지 않으면 채택될 수 없다.

(3) 法經濟學에 대한 批判

1970년대에 절정을 이루었던 미국의 법경제학은 1980년대에 들어 여러 측면에서 비판을 받게 되었다. 첫째, 법경제학이 추구하는 유일한 가치인 효율성의 측면만이 강조된다는 법경제학의 한계가 지적되었다.[1] 둘째, 법경제학의 분석에 있어서 의도적으로 사회학 · 인류학 · 심리학 등의 관련영역이 배제되었다는 점은 그 결론의 타당성을 의심하게 만든다.[2] 셋째, 불법행위법이 추구하는

學の新たな展開, 有斐閣, 1975, 407 이하; 浜田宏一, 損害賠償の經濟分析, 東京大學出版會, 1977; 小林秀文, "アナリカ不法行爲法における新潮流 (1)," 法學志林 제80권 20호, 1982, 1 이하; 同, "Coaseの定理とCalabresiの事故法理論," 法學志林 제73권 2호, 1977, 120. 우리 나라에서는, 李明甲, "손해행위억제의 수단으로서의 손해배상론의 기본구조(상)," 사법행정 1986년 3월호에서 그의 도입을 주장한다.

1) 朴世逸, "코스정리(Coase Theorem)의 법정책학적 의의," 서울대 법학 제27권 2호 · 3호, 1986, 96.

2) A. A. Leff, "Economic Analysis of Law: Some Realism about Nomibalism," 60 *Virginia Law Review* 451~482(1974); 朴世逸, 앞의 글(미국에서의 법경제학…), 175 이하. 박교수는 결국 법경제학은 종래의 법학에 대한 하나의 도전이라고 하기보다는 종래의 법학의 내용을 보다 풍성하고 윤택하게 하는 협조자로서 이해되어야 한다고 결론짓는다(177).

목적은 당사자 사이의 이익조정인 矯正的 正義(corrective justise)에 있으므로 책임의 근거도 그 곳에서 찾아야 한다는 측면에서 법경제학을 비판하는 이론이 있다.[1] 전통적인 불법행위의 법학을 승인하면서 그들의 약점을 보완하여 새로운 법리를 재구성해야 한다는 것이다.[2]

§41. 過失責任原則과 危險責任의 特則

1. 過失責任

(1) 過失責任의 原則[3]

(가) 民事責任의 基本原則　과실책임주의(Verschuldensgrundsatz)는 가해자가 자기의 귀책사유(고의 또는 과실)에 의하여 타인에게 손해를 입힌 경우에만 손해배상의무를 진다는 법원칙이다. 과실책임의 원칙은 불법행위책임에 국한되지 않고 채무불이행책임 등 민사책임 전반에 걸치는 손해배상책임의 기본원칙으로 자리잡고 있다.

(나) 過失責任의 抑制的 機能　과실책임주의는 불법행위로 인한 피해를 사전에 예방하는 억제적 기능을 갖는다. 손해가 발생하지 않도록 주의를 충분히 하였다면 책임을 지지 않도록 함으로써 각자 사고 및 손해의 발생을 예방하도록 노력할 동기를 부여한다. 그러나 사고의 발생이 불가피한 위험산업에서는 과실책임이 사고를 억제하는 기능을 하지 못한다.

不法行爲判例와 抑制的 機能

불법행위에 관한 판례들을 살펴보면 법원이 사고억제를 위한 정책적 배려를 하고 있음을 알 수 있다. 특히 교통사고에 관한 판례에서 운전자 또는 기타 교통관계

1) G. P. Fletcher, *Fairness and Utility in Tort Theory*, 85 Harv. L. Rev. 537(1972); R. A. Epstein, *Nuisance Law: Corrective Justice and its Utilitatian Constraints*, 8J. Legal Stud. 49(1979).

2) 최근에 이와 관련된 새로운 견해는, Weinrif, *Legal Formalism: On the Immanent of Law*, 97 Law L. J. 949(1988); Colemann, *The Structure of Law*, 97 Yale L. J. 233(1988).

3) 拙稿, "불법행위법 일반론," 불법행위법의 제문제(사법연구회, 삼영사, 1985); 金相容, "불법행위법의 변천," 앞의 책; 金星泰, "과실책임주의에 대한 비판적 고찰," 앞의 책; Abel 著 · 金星泰 옮김, "불법행위법의 이데올로기적 조명," 앞의 책; 李明甲, "불법행위법이념으로서의 가해행위억제," 사법행정 1986년 2월호.

자로 하여금 주의를 촉구하기 위한 정책적 목적을 가지고 결론을 도출하는 경우가 자주 발견된다. 이러한 판례들은 당해소송사건의 분쟁을 해결함과 더불어 일반인에게 일정한 주의의무를 부과하여 행위규범을 설정하는 기능을 한다.

① 交通事故判決의 例: "단속경찰관이 운전자의 혈중 알콜농도가 0.09%의 주취상태에 있음을 확인하고도 주취운전을 하지 못하도록 구체적이고 적절한 조치를 취함이 없이 보관중이던 차량열쇠를 교부하자 운전자가 단속경찰관의 감시가 소홀한 틈을 타 검문소를 이탈하여 운전하고 가다가 사고를 야기하였다면 주취상태에 있는 운전자가 운전하도록 방치한 경찰관의 과실과 사고발생 사이에는 인과관계가 있다"(大判 1998. 5. 8. 97다54482)고 하는 판결은 경찰관이 음주운전을 단속할 때에 음주운전자로부터 차량열쇠를 빼어 운전을 할 수 없도록 조치할 주의의무를 부과함으로써 음주운전사고를 줄이는 기능을 한다.

② 醫療過誤判決의 例: "의사는 치료에 앞서 실시하는 검사가 특히 신체의 손상을 가져올 우려가 있는 경우에는 불필요한 검사를 실시하지 아니할 주의의무가 있다. 정기검사 시기에 맞추어 자궁암검사를 의뢰하기 위하여 처음 찾아 온 의뢰인에게 세포진검사와 질확대경검사를 실시하였을 뿐 아니라 조직검사로 인하여 발생할지도 모른 후유증에 대하여 아무 설명도 없이 조직검사까지 실시한 의사의 행위는 과잉진료 내지 설명의무 위반의 불법행위에 해당할 여지가 있다"(大判 1998. 3. 27. 97다56761)는 판결은 과잉진료의 관행에 경종을 울리고 의료인에게 「환자에 대한 설명의무」를 준수할 것을 촉구한다.

(다) **過失責任의 制裁的 機能** 과실책임주의는 행위자의 과실을 매개로 하여 손해배상책임을 지움으로써 가해자에게 응징을 가하는 기능도 수행하고 있다. 민사책임의 영역에서도 어느 정도의 징벌적 기능은 존재한다. 명예훼손이나 의료행위의 분야에서는 과실책임에 의한 제재의 효과가 크지만, 다른 영역에서는 징벌적 기능이 점차 쇠퇴하고 있다. 그러나 책임보험이나 사회보장제도가 마련되어 있는 영역에서는 손해배상에 의한 징벌적 효과는 기대하기 어렵다.

懲罰的 損害賠償

가해자가 故意 또는 이와 같은 정도의 非難可能한 상황에서 불법행위를 행한 경우에, 그 가해자를 응징하기 위하여 실제 발생한 손해액 이상으로 배상액의 지급을 명하는 경우를 징벌적 손해배상이라고 한다. 징벌적 손해배상은 塡補的 내지 名

目的 손해배상과는 달리, 무도한(outrageous) 행위를 한 사람을 처벌하고 장래에 있어서 그 자나 다른 자가 그와 유사한 행위를 하지 못하게 억제하기 위하여 인정된다.[1] 고의적 불법행위, 제조물책임, 명예훼손, 음주운전, 억압행위 등에 관해서 인정되며, 계약책임에서는 징벌적 손해배상이 인정되지 않음이 원칙이다.

징벌적 손해배상은 영미법에서 부과된다. 영국에서는 가해자가 그의 불법행위로부터 얻어지는 수익이 피해자에게 지급하여야 할 전보적 손해배상보다 초과할 것이라는 계산하에서(가해자의 수익의 의도), 그리고 그 행위가 위법적이며 방종한 것임을 알면서 불법행위를 한 경우에만 부과된다. 미국에서 징벌적 손해배상은 타인의 권리에 대한 피고의 악의(evilmotive) 또는 부주의한 무관심(reckless indifference)을 이유로 무도한 행위에 대하여 인정된다. 징벌적 손해배상을 산정함에 있어서는 행위의 성격, 원고에게 생긴 손해 또는 생기게 하려고 의도되었던 손해의 성격과 범위 및 피고의 재산 등이 고려될 수 있다. 피해자가 징벌적 손해배상을 받기 위하여는 일반적 손해배상을 받을 수 있는 요건을 갖추어야 하며 징벌적 손해배상만을 청구하는 소송은 성립될 수 없다.

우리 민법에는 징벌적 손해배상을 부과하는 규정이 없고, 판례도 이를 인정하지 않는다.[2]

(라) 過失責任主義의 産業奬勵效果 과실책임주의는 사업자들에게 "과실 없으면 책임 없다"는 미명 아래 그들의 손해배상책임을 면제해 주는 혜택을 부여했다. 과실책임은 산업혁명에 따른 산업의 확대·발전에 기여했고 기업의 이윤추구를 위해 그들의 책임을 축소시키는 역할을 하였다.[3]

(마) 過失責任主義의 問題點 산업화로 인해 위험이 급속히 증가되자 「손해의 공평분담」이라는 차원에서 과실책임주의가 부분적으로 배척되었고, 그 결과 "과실 없이도 책임져야 한다"는 새로운 책임개념을 탄생시켰다. 첫째, 과실책임의 원칙은 아무 잘못 없는 피해자에게 손해를 감수하도록 요구하는데, 손해를 야기하지 않은 피해자가 희생되는 것은 부당하다. 기업이 사업상 사고

1) 미국의 restatement(Second) of Torts, 제908조에서 징벌적 손해배상을 이와 같이 정의하고 있다.

2) 金載國, "징벌적 손해배상," 호남민사법연구 제5집, 1996에서는 위자료의 산정에 간접적으로 도입 적용함으로써 특히 사회적 비난가능성이 높은 불법행위를 제재하여 억제시키는 효과를 달성할 수 있을 것이라고 주장한다. 尹正煥, "징벌적 손해배상에 관한 연구," 민사법학 제17호(1999)에서는 입법론으로서 일반적 불법행위와 사용자책임에 관하여 징벌적 손해배상을 명할 수 있는 규정을 신설할 것을 제안한다.

3) J. Fleming, *The Law of Torts*, 4. ed., 1974, p. 103. 그 밖에도 영미법에서 엄격책임을 거부하는 이유로서 그것이 발전하는 문명(an expending civilization)에 적합치 못하다는 것이 주장되었다. 즉 위험한 기업은 국가의 상업적·산업적 발전에 불가결한 것으로 이러한 기업의 주변에 있는 사람들의 이익은 기업을 위해 양보하여야 하고, 그러한 기업들에게 과중한 부담을 지워서는 안 된다고 생각된 때가 있었다. Prosser & Keeton, *op. cit.*, p. 547; 尹庸碩, 앞의 글, 9.

를 야기한 때에는 피해자의 숙명으로 돌리면서, 그 사업과 관련하여 이익을 창출한 때에는 기업에 귀속시키는 것은 「불행은 피해자에게, 행운은 기업에게」라는 결과로 되어 불공평하다. 둘째, 사고에 의한 손해의 분배는 평균적 정의에 의할 것이 아니라 배분적 정의에 따라, 그리고 사고발생의 후가 아니라 사전에 사고위험을 누가 분담할 것인가의 문제로서 파악되어야 한다.[1] 이러한 관점에서 볼 때 과실책임주의가 적절하지 않은 영역이 생긴다. 셋째, 근대시민사회에 있어서는 오늘의 가해자가 내일의 피해자일 수 있는 가능성이 높지만, 현대산업사회에서는 가해자가 과학기술을 구사하여 이윤을 추구하는 기업이고 피해자는 노동자나 시민으로써 그들 상호간에 지위의 교환가능성이 없다.[2] 따라서 당사자의 호환가능성을 염두에 둔 과실책임주의는 수정되어야 한다. 넷째, 사회적 위험의 확대와 산업기술의 복잡화로 과실의 입증이 어렵게 되어 과실책임운영상의 문제점이 노출되었다. 산업화 이전의 靜的 社會에서는 손해가 일방당사자의 과실로 인하여 야기되었고 그 과실의 입증도 쉬웠다. 산업활동과 관련된 사고는 피해자가 그 생산과정이나 기술적 결함을 알기 어려워 기업측의 과실을 입증할 수 없다. 다섯째, 과실의 유무를 판단하기 위한 전제로서 산업현장에서 어떤 주의를 기울여야 하는가에 관한 행위준칙이 마련되어 있어야 하는데, 규범이 산업의 발전을 따라가기 어렵다는 문제점도 있다.[3]

(2) 過失의 意義[4]

가해자가 법규범상 자기에게 부과된 주의의무를 해태함으로써 타인에게 손해를 입힌 경우에 과실이 인정된다.[5] 종래의 과실이론은 과실을 행위자의 심리상태로써 파악하고 행위자에게 결과발생에 대한 예견가능성과 회피가능성이 있는가를 기초로 판단하였다. 그러나 행위자(특히 부작위의 경우)의 예견가능성이나 회피가능성이 있다고 해서 언제나 주의의무에 해태가 있다고 볼 수도 없으며, 또한

---

1) *a.a.O.*, S. 69~74.

2) 前田達明, 民法 Ⅳ2(不法行爲法), 青林書院新社, 1980, 12.

3) P. S. Atiyah, *Accidents, Compensation and the Law*, 2nd ed., Weidenfeld & Nicolson 1975, p. 506.

4) 金容圭, "손해배상의 본질," 부산대논문집 제10집, 1969; 金允求, "불법행위에 있어서 과실이론의 재검토," 김기선고희기념, 1987; 金亨培, "과실개념과 불법행위책임체계," 김증한화갑기념, 박영사, 1981; 徐光民, "민법상의 과실개념에 대한 비판적 고찰," 강원대사회과학연구 제16집, 1982; 同, "불법행위성립요건으로서의 고의·과실," 고창현화갑기념, 1987; 尹庸碩, "불법행위법상의 이른바 Verkehrspflicht에 관하여," 재산법연구 제2권 1호, 1985; 李命甲, "과실개념에 대한 비판·학설의 진전과 변용," 대한변호사협회지 1987년 9월호; 張庚鶴, "부작위불법행위의 특질," 고시계 1983년 7월호; 鄭淇雄, "불법행위법상과실개념에 대한 역사적 고찰," 법조 제24권 2호·3호, 1985; 崔栻, "불법행위 있어서의 고의·과실의 구체적 사례," 법조 제12권 2호, 1963; 同, "불법행위법상의 「과실」개념 재구성에의 제언," 성대 법학 제15집, 1973;

5) 같은 취지: 沈憲燮, "과실범에 관한 연구," 저스티스 제10권 1호, 한국법학원, 1972, 157 이하.

과실이 있다고 볼 수도 없다(예: 풀장에서 생긴 익사사고의 책임을 곁에 있던 손님에게 물을 수는 없다. 그러나 직무태만의 안전책임자에게는 책임이 있다). 예견가능성과 회피가능성은 주의의무의 결정단계 안에 흡수되어 참작된다.

행위자에게 부과되는 주의의무의 정도는 일반인의 능력을 기준으로 객관적으로 결정되는가, 또는 특정행위자의 능력을 기준으로 주관적으로 결정되는가에 관하여 객관적 과실설과 주관적 과실설이 대립한다.

㈎ 客觀的 過失說 불법행위책임에 있어서의 과실이라 함은 통상적인 사람을 기준으로 하여 마땅히 하여야 할 의무를 태만히 하였거나 또는 하여서는 아니 될 의무에 위반하여 그것을 행한 경우를 뜻하는 것이라고 이해하는 견해로서 다수설이다.[1] 과실의 유무와 그 과실의 경중에 관한 표준은 그 개인에 관한 구체적 사정에 의하여 결정되는 것이 아니고 일반적인 보통인으로서 할 수 있는 주의의 정도를 표준으로 하여야 할 것이며, 위의 일반적 보통인이라 함은 추상적인 일반인을 말함이 아니고 그때 그때의 구체적 사례에 있어서의 표준인 · 보통인을 의미한다. 따라서 과실유무는 그와 같은 의무와 직무에 종사하는 사람으로서는 보통 누구나 할 수 있는 주의의 정도를 표준으로 하여 판단된다. 그리고 사고로부터 생기는 위험의 대소 내지 피침해이익의 대소에 의하여 주의의무의 정도가 변하게 된다. 예를 들면 생명 · 신체에 직접 피해를 줄 위험이 큰 의사 · 운수사업자 · 식품제조판매업자 등에게는 무거운 주의의무를 지운다. 判例는 객관적 과실설을 취한다(大判 1967. 7. 18, 66다1938 등 다수판례).

大判 1994. 11. 8, 94다34036: 철도 건널목을 통과하려던 차량이 운행중인 열차와 충돌한 사고에서, 국가가 「건널목의설치및설비기준규정」에 따라 입간판 표시와 경보기 등 설비를 구비하고 당시 정상 작동하고 있었다면 건널목 설치 · 보존상의 하자가 있다거나 사고 발생과의 사이에 상당인과관계가 있다고 볼 수 없다. 사고차량이 그 안전설비에 따른 지시나 도로교통법상의 일단정지의무를 무시한 채 그대로 건널목을 통과하려 하였다면, 기관사가 사고차량을 발견하자마자 경적을 울리고 비상 제동조치를 취한 이상 기관사에게 어떤 과실이 인정된다고 할 수 없다.

㈏ 主觀的 過失說 과실을 행위자에 대한 비난가능성, 즉 유책성(Ver-

1) 郭潤直, 686; 金基善, 386; 金錫宇, 498; 金曾漢, 458; 金顯泰, 365; 李太載, 458. 독일의 다수설이기도 하다.

schulden)으로 파악하는 견해이다.[1] 과실이란 일정한 지식과 능력을 가진 개인이 일정한 상황하에서 발생가능한 결과나 그의 행태의 불법을 알 수 있었음에도 불구하고 알지 못한 것이라고 한다. 고의나 과실은 그 내용상 개인적인 것이므로 과실의 유무는 행위자 개인의 지식이나 능력과 개별적 상황에 따라 개인적 인식가능성 및 결정가능성 여하에 좌우된다고 한다. 법률이 의무로 정한 주의의 척도는 객관적이고 추상적인 것으로서 행위자의 개인적인 견해나 관습에 의하여 정하여지는 것이 아니라 사회생활을 위하여 필요로 하는 기준에 의하여 정하여지는 것이지만, 이 객관적 척도에 따라 필요한 주의를 태만히 한 것에 대하여 당해 행위자에게 책임이 돌아가는 것은 그의 정신적·육체적 능력에 비추어 필요한 주의를 인식하고 지킬 수 있는 경우에 한하는 것이므로 과실은 유책성의 한 종류라고 한다. 과실의 전제조건으로서 책임능력의 존재를 요구하는 것은 원래 귀책의 근거를 행위자에 대한 개인적 비난가능성(유책성)에서 구하는 것을 의미한다고 한다. 책임능력이란 미성년자(제753조 참조)나 심신상실자(제754조)와 같은 개인적 능력에 관련된 개념이기 때문이라고 한다.

주관적 과실설은 과실의 본래적인 개념은 책임능력을 전제로 하는 유책성 관련하에서 파악되는 주관적 과실로 구성하고, 다수설이 말하는 객관적 과실의 경우는 행위의 危險性, 거래안전의무(Verkehrsicherungspflicht) 또는 거래상의 기대를 기초로 하는 危險負擔原理 등 과실과 별개의 귀책근거로 파악한다. 광대한 불법행위를 민법 제750조에 모두 포섭시키면 불법행위의 책임귀속근거를 제대로 밝힐 수 없는 문제가 생기기 때문에 불법행위의 유형에 따라 책임의 귀

1) 金亨培, "불법행위에 있어서의 책임귀속의 근거와 손해배상의 범위," 고대 법률행정논집 제18집, 1980. 독일에서는 Sieber, von Tuhr, Nipperdey, von Caemmerer, Ernst Wolf가 주관적 과실론을 주장한다: von Caemmerer, Wandlung des Deliktsrechts, *Hundert Jahre deutsches Rechtslebens, Festschrift zum hundertjährigen Bestehen des Deutschen Juristentages.* 1860~1960, Bd. Ⅱ, 1960, in: *Gesammelt Schriften*, 1968, S. 548; Ernst Wolf, *Allg. Teil des bürgerlichen Rechts*, 2. Aufl., 1976. S. 177.

주관적 과실설에서는 객관적 과실설을 다음과 같이 비판한다. 즉 과실개념을 객관적 과실로 구성하면서 그 전제조건으로서 책임능력을 요구한다는 것은 그 귀책근거를 개인적 비난가능성에서 찾으려 하면서 다른 한편 과실의 유무에 관한 판단에 있어서는 평균인에게 요구되는 주의의무를 기준으로 하고 그 행위자를 문제삼지 않는다는 점에서 모순이라고 한다. 따라서 이 때의 귀책근거는 행위자의 의사에 있는 것이 아니라 행위의 위험성에 있다고 해야 하고, 그와 같은 책임은 담보책임이나 위험책임이라고 할 수밖에 없다고 한다. 또한 행위자는 개인적 능력에 따라 행위를 하더라도 면책되지 아니하고 평균인에게 요구되는 행위를 하므로 부당하다고 한다. 행위자개인의 능력이 평균인의 그것보다 월등히 높은 경우에도 평균인에게 요구되는 주의의무를 기준으로 하여 판단한다면 행위자를 비난할 수 있는 경우라 하더라도 과실이 없는 것이 되기 때문에 책임을 물을 수가 없게 되어 부당한 결과로 된다고 한다. 그리고 고의와 과실을 다같이 불법행위의 주관적 요건이라고 하면서 과실의 개념을 유책성과 단절시킨다는 것은 고의의 불법행위에 대해서는 유책성을 요구하면서 과실의 불법행위에서는 객관적 용태만으로 만족하는 것이 되어 체계상 일관성이 없게 된다. 이와 같은 결과는 과실개념을 불법개념 내지는 위법개념으로 변용하는 것이라고 비판한다.

속근거를 재구성해야 한다고 주장한다. 산업화로 불법행위의 태양이 변모하고 손해야기행위 자체의 성질이 달라졌으므로, 불법행위의 책임귀속의 근거는 의사의 자유라는 유책성관련의 하나의 원리만에서 파악할 수 없게 되었다. 새로운 유형의 불법행위가 문제시되면서 유책성관련하에서 파악해야 할 불법행위와 유책성 이외의 다른 요소에서 그 귀책근거를 찾아야 할 불법행위로 구별되어야 한다.

(다) 私見으로서는 다음과 같은 이유에서 客觀的 過失說에 찬동한다.

첫째, 현행법의 해석론으로서는 객관적 과실설에 의지하여서 현대사회에 급격히 증가하고 있는 피해를 구제할 수밖에 없다. 주관적 과실설이 주장하는 이론적 근거는 객관적 과실설보다 논리적이고 민법입법 당시의 의도와도 부합되는 듯하다. 그러나 주관적 과실설은 제750조의 과실책임체계 외에 그에 대적할 만한 위험책임체계가 입법화된 경우에만 타당성을 가질 수 있을 것이다. 만약 위험체계가 과실책임과 나란히 민법전에 입법화된다면 손해배상책임체계는 과실불법행위책임과 위험책임의 두 종류로 분류될 것이며, 그 때 전자는 행위자의 가해행위에 대한 비난으로서, 그리고 후자는 가해자의 위험야기에 대한 귀책으로서 구성될 수 있을 것이다. 위험책임이 입법될 경우, 이는 객관적 주의의무의 위반에 대한 책임으로 구성될 수는 없으며, 객관적 주의의무의 위반은 과실의 영역으로 포섭될 수밖에 없다. 그러나 현재 과실책임의 단일한 책임체계 아래서 주관적 과실설을 갖고, 우리 사회의 손해배상법률관계를 제대로 규율할 수 없다는 점은 분명하다. 현행법 아래에서는 객관적 과실설을 취함으로써 제조물의 결함, 위험한 동물 · 공작물의 방치, 환경오염물질의 배출 등 위험야기요소들을 주의의무 위반의 측면에서 다룸으로써 그 가해자에게 손해배상의무를 부과할 수밖에 없다.

둘째, 책임능력이나 과실이나 본래의 취지는 가해자 개인에 대한 주관적 비난가능성에서 출발하였지만, 실제 운용에 있어서 책임능력 및 과실의 존부는 일정한 객관적 기준에 의해 판단되는 것이 바람직하므로, 책임능력제도와 객관적 과실설은 현재 그 운용실태를 볼 때 조화를 이루고 있다. 객관적 과실설과 책임능력제도의 양립이 불가능하다는 주관적 과실설의 비판은 옳지 않다. 만약 주관적 과실설의 논지를 관철시킨다면 각 미성년자의 성장상태를 조사하여 그 성숙도에 비추어 행위시에 판단능력이 있었는가를 구체적으로 결정하여야 하는데, 그것은 실제로 곤란하다. 책임능력은 어떤 사람이 판단능력을 갖는가를 객관적인 시각에 의거하여 연령을 기준으로 결정되는데, 이러한 운용방법은 객관적 과실개념에 상응하는 관점이다.

셋째, 객관적 과실설에 의할 경우 객관적 주의의무 속에 위법성의 요소가 용해되어 있다는 주관적 과실설의 지적은 사실이지만, 그렇다고 해서 과실과 위법성의 혼합이 부당하다고는 생각지 않는다. 왜냐하면 이미 어떤 상황에서 어떤 자에게 주의의무를 부과하는 것은 법률 · 계약 등의 규범이기 때문이다. 법규범 특히 그 중에서도 손해배상법의 가장 중요한 목표는 체계의 명료화가 아니라 손해의 적정한 전보이다. 설혹 근대 초에 상정한 불법행위의 체계론에 다소 혼란이 온다 하더라도 그것 자체는 두려워할 필요가 없다. 중요한 것은 현대 손해배상법의 이론 및 실무가 과실과 위법성을 일원화하는 쪽으로 변천해 가는 추세에 있다는 점이다. 책임이론은 그때 그때의 시대적 요청에 상응해서 구성됨이 바람직하다.

2. 危險責任

(1) 意　義[1)]

㈎ 槪　念　위험책임은 어떤 사람이 자기의 지배영역에서 타인에게 위험을 야기한 것에 대한 책임이다. 위험책임은 가해자의 「위험야기」 또는 「위험원의 방치」를 요건으로 할 뿐 가해자의 과실을 요건으로 하지 않으므로, 무과실책임의 영역에 속한다. 현대산업사회의 위험사회(Risk Society)로서의 그 특징은 다음 5가지로 요약된다. 첫째, 현대의 위험은 방사선 같이 인간의 평상적 지각능력을 완전히 벗어난다. 둘째, 어떤 사람들은 다른 사람들보다 위험의 분배 및 성장에서 더 큰 영향을 받는다. 즉 위험의 사회적 지위가 나타난다. 셋

---

1) 참고문헌: 金玟中, "위험책임의 새로운 체계," 사법행정 1991년 12월호; 金相容, "유전공학 위험책임," 고시계 1996년 4월호; 金幸南, "무과실책임론," 법조 제18권 6호, 1969; 金亨培, "위험책임: 불법행위법 개정안 의견서," 민사법학 제15호 1997; 同, "위험책임론," 민법전시행30주년기념 민법학의 회고와 전망, 1993; 同, "위험책임에 있어서의 사용자책임," 안암 법학 제1집, 1993년 8월; 朴昌健, "무과실책임론," 중앙대 법정논총 제10권 2호, 1965; 徐光民, "위험책임의 요건과 그 인정방법," 사법행정 1989년 11월호; 辛英善, "불법행위로 인한 손해배상제도," 중앙대 법정논총 제10권 2호, 1965; 延基榮, "과실책임과 위험책임의 구조적 관계," 재산법연구 제3권 1호, 1986; 同, "위험책임법리의 기본문제," 김기선고희기념, 1987; 吳世卓, "무과실책임의 해석론적 연구," 충북대논문집 제15집, 1977; 尹庸碩, "현대사법의 무과실책임적 경향(영미법을 중심으로)," 부산대 법학연구 제26권 1호, 1983; 同, "서독의 위험책임입법과 그 개정동향," 김기선고희기념, 1987; 同, "위험책임의 입법론적 과제," 영남대 영남법학 제4권 1호 · 2호, 1998; 鄭泰煥, "독일에 있어서의 위험책임법리의 신경향에 관한 일고," 법조 제27권 12호, 1978; 趙敬熙, "무과실손해배상책임에 관한 연구," 영남대 사회과학 제3집, 1971.

째, 위험의 확산과 상업화는 자본주의의 발전논리를 완전히 종식시키는 대신에 자본주의를 새로운 단계로 끌어올린다. 넷째, 부는 소유할 수 있지만 위험으로부터는 그저 영향을 받을 뿐이다. 다섯째, 사회적으로 공인된 위험은 특수한 정치적 폭발력을 지닌다. 원자력발전은 비정치적이지만 원전사고는 정치적 문제가 될 수 있는 것과 같다. 지금까지 비정치적으로 여겨졌던 것들이 정치적인 것으로 변한다.[1)]

無過失責任과 危險責任

(1) 歸責根據　위험책임은 손해배상책임의 근거가 위험의 야기에 있음을 나타내 준다. 반면에 무과실책임이란 가해자의 행위로 인하여 타인에게 손해가 발생한 사실이 있는 경우에, 가해자에게 고의 · 과실이 없더라도 손해배상책임을 인정하는 책임법리라는 점만을 말한다. 무과실책임이란 용어에는 행위자가 어떤 근거로 손해배상책임을 지는가 하는 귀책근거가 나타나 있지 않다. 다만 과실책임이 아니라는 점만이 명확할 뿐이다. 무과실책임이란 용어는 고대나 중세시대의 결과책임과 구별을 어렵게 한다는 약점을 갖는다.

(2) 領　域　무과실책임은 위험책임보다 그 적용영역이 훨씬 넓다. 위험책임은 무과실책임 중에서 사회적인 위험야기의 경우(불법행위와 인접한 경우)에 한정해서 가리킨다.[2)] 위험책임은 계약과 관련된 채무불이행책임에 관해서는 인정될 여지가 없다. 위험책임은 사회적으로 위험요소를 제공했다는 것을 문제삼기 때문에, 계약당사자의 의무와 직접 관련을 갖지 않는다. 무과실책임은 고의 · 과실에 관계 없이 인정되는 손해배상의무를 모두 포함하는 넓은 의미로 사용된다. 하자담보책임, 무체재산권의 침해에 대한 책임, 불공정거래로 인한 책임 등은 무과실책임의 성격을 띠지만 위험책임은 아니다.

(나) 危險責任의 要件　위험책임이 인정되기 위해서는 과실책임에서와 달리 다음의 요건을 충족시켜야 한다.[3)] ① 위험상태는 공작물 · 동물 등 물건에 기인하는 경우 또는 기업활동에 기인하는 경우도 있다. ② 위험책임의 책임범위는 기업에 의해 인수된 위험영역에 한정되며, 전적으로 불가항력에 기인한 사고에 대해서는 면책된다. ③ 위험책임은 위험의 인수를 계기로 하기 때문에

1) 울리히 벡 著 · 홍성태 옮김, 위험사회 — 새로운 근대(성)을 향하여, 새물결출판사, 1997.
2) 이는 독일에서 과실책임으로 되어 있는 「불법행위」(unerlaubte Handlung)와 행위의 유책성을 요건으로 하지 않는 「위험책임」(Gefährdungshaftung)의 둘로 엄격히 구분함을 염두에 둔 것이기도 한다.
3) Esser, *a.a.O.*, S. 105~119.

행위자의 책임능력 또는 법인의 불법행위능력과는 직접 관계가 없다. ④ 위험책임은 손해분배의 문제가 전면에 대두되어 있으므로, 가해자 · 피해자 사이의 이익형평을 고려할 것이 요구된다.

(다) 危險責任의 適用領域 위험책임은 과실책임을 완전히 몰아내고 이에 대신하는 책임법리로 들어설 것인가? 이에 대해서는 부정할 수밖에 없다. 위험책임은 모든 유형의 사고에 적용될 법리는 아니다. 행위자의 과실유무를 묻지 않고 손해배상을 명하여야 할 「적극적인 사유」가 있는 경우에 한해서 적용되어야 한다. 통상의 사회생활에서 야기되는 손해에 관해서는 과실책임이 유지되어야 한다.[1]

위험책임의 적용영역은 ① 어떤 침해행위가 있었으나 과실 또는 인과관계의 부존재로 인하여 불운의 사고로 보여지는 경우, ② 침해행위에 의한 것이 아니라 그의 지배영역하에 놓여 있는 물건 · 시설 등에 의한 사고, ③ 이러한 위험에 접한 자가 앞의 손해를 피하기 위하여 야기한 사고 등이다.

(2) 危險責任의 歸屬根據

(가) 學 說 과실책임과 별도의 책임원리로서 「위험책임」의 이론이 확립된 이후 위험책임을 부과하는 근거가 무엇인가를 규명해 보고자 여러 측면에서 시도되고 있다.

1) 利益說 가해자측이 가해행위를 통해서 얻은 이익이 책임발생의 원인이 된다는 이론이다. 報償責任說이라고 부르기도 한다. 利益說(Interessen-theotie)에서는 "자기의 이익을 위하여 행동하는 자는 그에 의해서 생기는 손해도 부담하여야 한다" 또는 "이익이 있는 곳에 손실도 또한 돌아간다"고 한다.[2] 첫째, 私人의 이윤추구활동은 그에 따른 불이익(즉 손해)을 부담하는 한 사회적으

---

1) 같은 취지: 郭潤直, 671. 일본의 石田穰은 장래의 불법행위법을 가해자에 대한 개인적 비난가능성을 귀책의 근거로 하는 「의사책임적 불법행위」와 위험한 행위를 귀책의 근거로 하는 「행위책임적 불법행위」로 나누고, 후자는 다시 「객관책임적 불법행위」와 「결과책임적 불법행위」로 구분하는 것을 골자로 하는 재구성을 시도하고 있다. 즉 일반시민의 일상생활에서 우발적으로 생긴 사건들은 — 예컨대 말싸움 끝에 상대를 때려 부상을 입혔다는 등 — 대부분 가해자가 개인적 능력에 따라 손해방지를 하면 발생하지 않을 것이므로, 이 경우 가해자에 대한 개인적 비난으로 손해배상책임을 부담시키는 것이 타당하기 때문이라고 한다. 石田穰, 損害賠償法の再構成, 東京大學出版會, 1977. 참고로 石田은 객관책임적 불법행위는 가해자가 평균적 업무행위자에게 요구되는 손해방지행위를 한다면 면책되는 것으로서 의료사고가 여기에 속한다고 한다. 결과책임적 불법행위는 가해자가 평균적 업무행위자에게 요구되는 손해방지행위를 하였더라도 면책되지 않는 것으로서 공해사고가 여기에 속한다고 한다.

2) 이익설에 관한 대표적 저서로서는, 독일의 R. Merkel, *Die Kollision rechtmäßiger Interessen und die Schadensersatzpflicht bei rechtmäßigen Handlung*, 1985과 오스트리아의 J. Unger, *Handeln auf eigene Gefahr*, 1983이 있었다.

로 허용된다고 한다. 사유재산제도에서 기업가에게 속하는 기업의 이윤은 기업활동으로 인하여 발생한 사회적 불이익을 전보하고 남은 잔여부분에 한정되어야 한다. 그렇지 않으면 타인의 손해 위에 부당한 이익을 향유하는 모순이 초래되기 때문이다. 둘째, 사회적 이익보다 사회적 손실이 더 큰 경제활동은 사회적인 관점에서 볼 때 무의미한 것으로 평가될 수밖에 없다고 한다. 利益說의 문제점으로서는, 첫째 보상책임설에 따르는 경우 어떠한 이윤추구행위라도 그로 인한 손해에 대해서는 무과실책임을 부담하여야 하게 된다는 점, 둘째 무엇을 가지고 이익이라고 할 것이며 그 이익이 누구를 위한 것인가를 결정하는 것이 매우 어렵다는 점, 셋째 손해가 이익을 초과하는 경우에는 피해자를 보호할 수가 없다는 점 등이 지적되었다.[1)]

2) 危 險 說 　자기의 기업활동으로 인하여 타인에게 비통상적인 위험을 야기시키는 자는 과실이 없어도 그의 기업으로부터 생기는 손해에 대한 책임을 부담하여야 하고, 그 위험은 기업의 코스트에 전가되어야 한다는 이론이다.[2)] 무과실책임의 근거에 관하여 "위험물을 관리하는 자는 그로부터 발생한 손해에 대하여 배상책임을 부담하여야 한다"고 설명하는 견해는 위험설을 따르는 것으로 이해된다.[3)] 고속교통기관의 증가로 위험이 폭증하게 되자 책임의 기초를 위험의 창조에 두는 위험설(Gefährdungstheorie)이 우세하게 되고 앞의 이익설은 후퇴하게 되었다.[4)] 私見으로도 위험설이 타당하다고 생각한다.

(나) 歸責根據 　위험책임은 「그가 야기한 위험상태」 즉 「손해발생에 밀접히 관련되어 있다는 사실」에 기하여 책임을 지운다. 위험책임의 유책근거는 「행위」뿐 아니라 「歸責領域」(Verantwortungsbereich)으로부터도 형성된다.[5)] 어떤 자의 행위(허용된 사업인 경우가 많음)와 밀착된 특별위험으로 인하여 손해가 야기했다는 점, 그

---

1) 金基洙, "무과실책임론과 민법의 규정," 새법정 1971년 5월호, 39; 郭潤直, "현대법상의 무과실책임주의," 고시계 1969년 1월호, 58.

2) 위험설에 관한 초기의 대표적인 저술로서는, Rümeln, *Schadensersatz ohne Verschulden*, 1910과 Müller-Erzbach, Gefährdungshaftung und Gefährhaftung, *AcP* 1911, S. 347, 413ff.가 있다.

3) 郭潤直, 앞의 글, 58; 金基善, "불법행위," 고시계 1959년 8월호, 22; 金容漢, "민법상의 무과실책임," 사법행정 1969년 9월호, 24에서는 "무과실책임은 위험책임이나 보상책임 중 어느 하나만에 의하여 일원적으로 설명되어야 할 것이 아니고 양자의 종합으로서 성립되는 것"이라고 한다. 같은 취지: 郭潤直, 669; 金基洙, 앞의 글, 39.

4) 이 외에도 프랑스의 民法學者 Boris Starck는 過失責任과 危險責任을 加害者의 行爲에 초점을 둔 법이론이라고 비판하면서, 法이 被害者의 權利를 보장하도록 이론구성해야 한다는 保障理論(theorie de la garantie)을 제시하여 民事責任을 재구성하였다. 이에 대해 자세한 것은, 淡路剛久, "スタルク教授の民事責任論—保障理論を中心にして—," 日拂法學 第10號, 1979, 日拂法學會(東京).

5) Larenz, *Schuldrecht* Ⅱ, 11. Aufl., 1977, §77m S. 617.

리고 그 손해를 그가 배상하도록 법이 요구하고 있다는 점이 책임발생요건이다. 위험책임에서는 행위자의 고의 · 과실은 요건이 되지 않는다.[1]

첫째, 위험책임은 추상적인 위험을 띠는 행위를 하는 자가 위험행위를 개시하는 때에 인수하는 책임이다.[2] 특히 기술위험에 대해서는 위험원을 지배·이용하는 자에게 그 위험으로 인한 손해를 부담시킨다.[3] 이 위험책임은 위험사업의 개시 등으로 인한 위험의 인수를 계기로 하여 발생하며,[4] 그 결과 침해행위를 기점으로 하는 과실책임과는 책임발생의 기점에서도 차이를 보인다. 둘째, 과실책임은 비난받아야 할 加害者의 不法(Unrecht)을 대상으로 하고 있으나, 현대산업사회의 사고는 종종 아무도 비난할 수 없는 不運(Ungluck)에 관한 것으로 이는 위험책임에 의하여 해결되어야 한다.[5] 셋째, 위험책임에서 대상으로 하는 위험야기행위 중 상당부분은 사회적으로 허용된 위험이 차지한다. 이 허용된 위험은 형사책임을 면제할 수는 있으나 민사책임까지 면제해서는 안 된다.

(3) 危險責任의 解釋論的 構成

민법은 과실책임의 원칙을 취하고 있지만(제750조), 현행법 아래에서 위험책임의 목적을 달성하기 위하여 여러 방법이 모색된다.

㈎ 迂廻理論 민법의 과실책임의 원칙을 수긍하면서 「과실개념의 객관화」, 「과실의 추정」, 「면책의 제한」 등의 우회적인 방법으로 위험책임과 같은 효과를 꾀한다.[6]

㈏ 二元體系論 특별법이 취하는 위험책임의 법리를 또 하나의 책임원리로서 一般化시켜 과실책임과 위험책임의 두 책임체계로 구성한다(해석론을 의미함).[7] 타인의 권익을 침해할 수 있는 위험한 용태에 대하여 인정되는 책임은 그 귀책근거를 행위의 위험성에서 찾아야 하며, 위험성을 귀책근거로 하여 재판할 수 있는 法源은 각개 특별법에서, 특별법에 규정되어 있지 않는 것은 유사한 불법행위를 규정하는 특별법들을 유추해서 그 法源性을 인정해야 할 것이라고 주장

1) 독일판례도 위험책임은 위법한 행위와 관련될 필요가 없다는 견해를 취한다(BGHZ 24, 26; 34, 361).
2) Deutsch, "Gefahr, Gefährdung, Gefahrerhöhung," *Festschrift für Karl Larenz zum* 70. Geburstag, 1973, S. 885ff.
3) von Caemmerer, Haftung für besondere Gefahr, *AcP.* 1970, S. 1ff.
4) Esser, *Grundlagen und Entwicklung der Gefährdungshaftung*, 2. Aufl., 1969. 이 책은 1940年代에 들어 독일의 危險責任에 관한 이론을 확립한 중요저서이다.
5) Esser, 앞의 책, 42.
6) 多數說과 判例가 취하고 있는 입장이다.
7) 金亨培, "과실개념과 불법행위책임체계," 김증한화갑기념 현대민법학의 제문제, 박영사, 1981, 541; 徐光民, "불법행위의 책임귀속구조에 관한 연구," 고대박사학위논문, 1987.

한다.

(다) 私見으로서는 현행법하에서는 우회적 방법을 취할 수밖에 없다고 생각한다. 이원체계로의 해석방법은 정면으로 두 개의 책임체계를 인정함으로써 행위의 위험성에 기초한 책임법리를 관철한다는 장점이 있지만, 다음과 같은 점에서 무리한 이론적 구성이 행해졌다고 생각된다. 첫째, 현재 우리 사회에서 일어나고 있는 가해원인을 모두 意思責任的 加害와 危險責任的 加害로 엄격히 분류할 수 있다는 전제는 옳지 않다. 우리 사회는 현재에도 경제규모 및 산업구조의 변천, 재해에 대한 의식의 변천 등 많은 변화요인을 갖고 있다. 이러한 변천과정에 있어 아직 사회관념이 정착되지 않은 현시점에서 어떠한 가해사실을 놓고 행위자에 대한 비난이냐 또는 행위의 위험성에 기초한 귀책이냐를 명확히 분류해서 전혀 다른 책임원리를 적용하는 것은 일반인의 법의식과 맞지 않는다. 둘째, 이원체계로의 해석방법은 과실을 구체적 과실로서 제한함으로써 과실책임의 영역을 매우 좁게 구성하고 현대의 대부분의 가해사실을 위험책임으로서 포섭한다. 그러나 과실책임을 행위자 개인의 게으름에 대한 비난으로서 구성하는 것은 옳지 못하며, 행위자의 직업과 사회적 지위 등에 비추어 객관적으로 판단함으로써 과실책임의 영역을 이원체계론에서보다 확대함이 타당하다. 셋째, 특별법의 이념들에서 유추하여 하나의 기본원리를 만들고 그것을 민법의 기본원리에 대립하는 또 하나의 법리로서 인정하는 것은 논리적으로 타당하지 않다. 특별법의 규정은 원래 민법의 기본원리의 범주를 승인하면서 그에 대한 예외의 인정으로서 기능하도록 되어 있다. 그러므로 만약 특별법의 이념이 예외적 법리로서가 아닌 기본적 법리로서 승격되어야 할 정도로 일반적 법관념 등의 지지를 얻고 있다면, 그것의 기본원리성은 특별법이 아닌 일반적 법개념 등에서 찾아져야 한다. 다시 말해서 위험책임적 특별법규정이 있다는 사실 자체로부터 그것이 민법 외의 또 하나의 기본원리로서 승인받아야 한다는 논지는 유추될 수 없다. 넷째, 피해자가 가해자를 상대로 손해배상청구의 소송을 제기하는 경우에 학설상의 위험책임법리가 민법 제750조의 적용을 배제하고 재판규범으로서 작용할 수 없다고 생각된다. 당해 사건에서 그 학설은 민법규정을 보충해 주는 역할을 하는 것이 아니라 그를 폐기하는 작용을 하기 때문이다. 그러므로 어느 학설이 입법론이 아닌 해석론으로서 행위규범 및 재판규범의 기능을 하기 위해서는 현행법의 테두리 안에서 받아들여질 수 있는 논리를 전개해야 한다.

判例의 態度

판례는 1960년대 후반부터 위험행위자나 위험원지배자에게 엄격한 손해배상책임을 인정함으로써 진보적인 태도를 취하고 있다. 업무상의 주의의무도 그 내용은 抽象的인 危險防止義務의 성격을 가지며(단, 의료과오 책임은 제외), 그 밖에 제조물책임 · 환경오염책임 · 공작물책임에 관한 판례까지 종합해서 고찰한다면 우리 판례는 이미 상당수의 판결에서 위험책임을 인정하고 있다. 「누구든 타인의 과실행위에 의하지 않은 재난은 스스로 감수해야 된다는 과실책임의 법사상」은 현대사회에 맞지 않는 것임을 간파하고, 「사회생활에서 빈번히 부딪칠 수밖에 없는 위험으로 인한 손해도 전보되어야 한다는 현대책임법의 사상」을 수용하고 있다고 여겨진다. 물론 판례가 지향하고자 하는 이러한 현대책임법사상은 어쩔 수 없이 민법 제750조라는 테두리 내에서의 이론구성이라는 한계를 갖는다. 그러한 한계를 허물기 위해서는 판례법의 발달만으로는 부족하고 새로운 입법이 행해져야만 한다. 결국 판례는 위험책임을 정면으로 인정하는 입법이 행해질 때까지 暫定的 先導機能을 담당하는 셈이다.

(4) 危險責任에 관한 立法論

㈎ 導入 與否에 관한 理論　위험책임을 민법의 책임체계로서 도입할 것인가에 관한 立法論的 論議가 행해지고 있다.

1) 導入否定說　기업의 자유로운 생산활동을 위하여 위험책임의 도입을 기피하는 입장이 있다. 위험책임은 무과실책임의 일종으로서 기업의 손해배상의무를 확장시켜 기업활동을 위축시키는 결과를 가져온다고 경고한다. 과실책임주의 옹호론자들은 위험책임의 도입에 대해 반대하며, 과실을 요건으로 하지 않는 책임원리는 손해억제기능이나 징벌적 기능을 수행하지 못하므로 가해행위를 증가시키게 될 것이라고 비판한다.

2) 導入肯定說　위험책임을 새로운 책임체계로서 도입해야 한다는 입장이다. 부정설의 비판에 대해 다음과 같은 反論을 편다. 첫째, 배상책임의 위협만이 행위자의 안전한 행동을 강제할 수 있는 것은 아니다. 형사상의 제재, 기업이나 직업인(의사 등)의 신용 · 명예의 실추, 자동차운행에서 자기나 가족의 사고위험, 영업허가나 면허취소 등의 다른 억제요인도 많다. 둘째, 현대사회에서는 사고를 유발하는 모든 행위가 사전에 회피가능하지는 않은데, 이 부분에 대하여는 과실책임도 손해억제기능을 수행할 수 없다. 셋째, 고도의 기술사회에서 피해자가 가해자의 과실을 입증하기 어려우며 이러한 입증곤란은 가해자의 태

만을 초래하므로, 과실책임이 행위자의 주의를 촉구하는 행위규범으로 작용하기 어렵다. 오히려 위험책임이 기업이나 전문직업인에 대해 위험요소의 제거를 위한 행위규범을 부여하는 기능을 한다.

3) 制限的 肯定說　위험책임을 최소한의 영역에 한정하여 도입하자는 이론이다. 현행법은 기본법인 민법에서는 과실책임의 원칙을 고수하면서, 특별법에 의하여 매우 제한적으로 위험책임의 법리를 도입하고 있다.

(나) 危險責任의 認定範圍　위험책임제도를 도입할 경우에 어떤 영역에 위험책임의 법리를 도입할 것인가에 관해서 다음의 세 가지 입장이 있다.

1) 過失責任의 原則 固守　민사책임은 과실책임을 기본원리로 하고, 위험책임은 예외적인 경우에 보충적 법리로 적용하는 입장이다.[1] 우리 민법은 이 입장을 취한다.

2) 二元責任　민사책임을 과실책임과 위험책임의 두 가지 책임원리로 구성하고 양 책임 사이에 우열을 두지 않는다.[2] 우리 나라에서 立法論으로서 이러한 입장을 취할 것이 요망되고 있다.

3) 危險責任의 優位　위험책임이 현대불법행위법의 으뜸 법리가 되어야 하며, 과실책임은 근대적인 개인간의 분쟁의 좁은 영역에서만 예외적으로 적용되어야 한다는 입장이다.

4) 私見으로는 과실책임에 의해 손해의 공평분담이 이루어지지 않은 영역에는 위험책임을 인정해야 한다고 생각하므로 二元責任體系가 바람직하다고 생각한다(입법론). 과실책임과 위험책임은 서로 적용영역을 달리함으로써 양립가능하며, 이들은 상호 보완적 기능을 수행할 수 있다. 위험책임은 과실과 관계 없이 위험사업의 개시에 따른 손해발생의 가능성 부여에 대해 책임을 지우는 것이므로, 위험책임은 특별한 위험을 야기하거나 스스로 위험행위를 하는 자에게 부과되어야 한다.

---

1) 危險을 二次的 原理로 보는 프랑스의 견해로서는, R. Savatier, *Règles généales de la responsabilité civile*, Rev. crit. légis et juris., 1934, p. 409(n° 1) ; R. Savatier, *Traité de la responsabilité civile*, Tom. 1er , 2e éd., 1951, p. 354 et s. (n° 280 et s.).

2) 윤용석, "재난으로 인한 재산 및 인명피해에 대한 법적 구제수단," 한남대 과학기술법연구 제4집, 1998. 12. 이런 견해로서는 프랑스에서 L. Josserand, *Cours de droit civil positif francais*, Ⅱ, 2e éd, 1933, p. 217(n° 418)이 있고, 영미법계에서도 과실책임과 엄격책임의 구별에 관해서 같은 견해를 제시하는 학자도 있다. Vernon Palmer, *A General Theory of the Inner Structure of Strict Liability: Common Law, Civil Law, and Comparative Law*, Tulane law review, Vol. 62, 1988, p. 1303.

(5) 特別法에 의한 危險責任

우리 나라에서 위험책임은 현재 특별법에 의해 제한된 일부영역에만 규정되어 있다. 민법은 과실책임의 원칙을 취하고 있다.

㈎ 環境政策基本法　사업장 등에서 발생되는 오염물질로 인하여 사람의 생명 또는 신체에 피해가 발생한 때에는 당해 사업자는 과실과 관계 없이 그 피해를 배상하도록 「환경오염으로 인한 위험책임」을 규정한다(동법 제31조 1항). 사업장 등이 두 개 이상 있는 경우에 어느 사업장에 의하여 그 피해가 발생한 것인지 알 수 없을 때에는 각 사업자는 연대하여 배상하여야 한다(동법 제31조 2항).

㈏ 原子力損害賠償法　원자로의 운전 등으로 인한 원자력손해에 대해서 불가항력(이례적으로 심대한 천재 · 지변 · 전쟁 등)에 의한 경우 외에는 원자력사업자에게 무과실책임을 지우며, 그 밖의 자에게는 책임이 없다고 한다(책임의 집중. 동법 제3조 1항). 원자력사업자 사이에 핵연료물질이나 그에 의해 오염된 것의 운반으로 인하여 생긴 사고의 경우에는 다른 특약이 없는 한 발송인만 책임진다(동법 제3조 2항).

㈐ 自動車損害賠償保障法　자동차운행자에게 그 운행중에 승객이 사망하거나 손상된 경우에 있어서 그 사망 또는 손상이 그 승객의 고의나 자살행위로 인한 것인 때에만 면책하고 그 밖에는 승객에 대하여 사실상의 무과실의 책임을 부과한다(동법 제3조 2호). 승객이 아닌 자에 대한 인체손해에 관하여도 자동차운행자에게 보통의 과실책임보다 훨씬 무거운 책임요건을 부과함으로써 위험책임에 접근하고 있다(동법 제3조 1호).

㈑ 國家賠償法　국가나 지방자치단체는 일정한 경우에 무과실책임을 진다. 도로 · 하천 기타 공공의 영조물의 설치 또는 관리에 하자가 있기 때문에 타인의 재산에 손해를 생기게 한 때에는 과실에 관계 없이 손해배상책임을 진다(동법 제5조). 그리고 영조물의 설치 · 관리를 맡은 자와 그 설치 · 관리의 비용부담자가 동일하지 않은 때에는 그 비용부담자도 국가 · 지방자치단체를 민법의 사용자책임(중간책임)에 대한 예외로서, 그의 감독 여하에 관계 없이 손해배상의무를 진다(동법 제6조 1항). 다만 공무원이 그 직무를 집행함에 당하여 고의 · 과실로 법령에 위반하여 타인에게 손해를 가한 경우에 국가가 손해배상책임을 지는 경우에는 과실책임의 원칙에 따른다(동법 제2조 1항).

㈒ 勤勞基準法　근로기준법에서는 재해보상제도를 규정하고 있는데, 이에 의하면 업무상 재해가 생긴 경우 사용자는 그의 과실유무에 관계 없이 일정한 보상의무를 지도록 하고 있다(동법 제81조~제95조). 단 휴업보상과 장해보상에 관하

여는 근로자에게 중과실이 있는 경우 예외가 인정된다(동법 제84조, 産業災害補償保險法 참조).

中間責任

(1) 中間責任의 意義 현행법의 과실책임의 원칙 아래서 위험책임의 법리는 「위험요소를 흡수한 과실개념의 구성」 등 우회적 방법으로 시도될 수밖에 없다. 이러한 책임원리를 종래의 전통적인 과실책임과 구별하여 중간책임이라고 한다. 중간책임을 「과실책임의 가면을 쓴 위험책임」이라고 혹평하는 입장도 있다. 장래 중간책임은 과실책임과 위험책임의 장점을 고루 갖추어 「과실책임과 위험책임 사이의 절충적 책임체계」로서 자리잡을 가능성이 높다.

(2) 中間責任의 法理 과실책임주의하에서 중간책임은 다음과 같은 이론구성을 통하여 시도된다.

① 過失槪念의 客觀化: 원래 가해자의 주관적 귀책으로 구성되어 있던 과실책임을 객관화한다. 과실의 개념을 객관적으로 정함으로써 행위자의 주의의무를 확대시키는 것이다. 특히 환경오염책임과 제조물책임에서는 제3자에게 손해를 입히지 않을 조치를 취할 의무(危險防止義務)를 확대시키는 쪽으로 이론구성된다.

② 過失의 推定: 제조물의 결함, 오염물질의 배출 등 외부적 가해원인이 있는 경우에 그의 원인제공자의 과실을 추정함으로써 피해자의 입증책임을 경감시킨다. 이에 관한 「過失推定의 이론」이나 「間接反證의 이론」 등은 법관의 심증형성과정의 문제이나, 그 결과 실제상으로는 입증책임이 전환되고 가해자는 사실상 반증이 곤란하게 된다. 과실의 추정이 행해지게 되는 경우, 배상책임은 거의 무과실책임에 가깝게 운영된다.

③ 因果關係의 事實上 推定: 인과관계에 관한 입증책임을 경감시킨다. 특히 환경오염피해나 藥害, 의료사고 등에서 시행되고 있다. 이에 관해서는 「蓋然性說」, 「間接反證의 理論」 등이 해석론으로 전개되고 있다. 그 밖에 공동불법행위에 관하여는 법률의 규정에 의해 인과관계의 추정이 행해지고 있다(제760조 2항).

④ 使用者責任의 擴大: 사용자책임의 면책을 사실상 배제하여 기업의 책임을 무겁게 인정한다. 민법 제756조의 사용자책임규정에 따를 경우 사용자는 피용자의 선임 · 감독에 주의를 다하였음을 이유로 면책될 수 있다. 기업(또는 국가 · 공공단체)은 피용자의 선임 · 감독의무를 태만히 한 데 대한 책임을 지는 것이 아니라, 기업 스스로의 가해행위에 대하여 손해배상책임을 지는 것이라고 볼 수 있다.

⑤ 監督者責任의 重複認定: 미성년자나 심신상실자를 감독할 의무를 지는 자의 책임(제755조)을 그 행위를 한 미성년자와 연대하여 손해배상책임을 지도록 이론구성한다. 그리고 이러한 감독자의 책임을 감독의무의 위반에 대한 책임으로서가 아니라 자기의 영역에서 발생한 위험요소에 대한 책임으로서 사용자책임과 유사하게

구성한다.

⑥ 工作物責任의 擴大: 공작물의 설치 · 보존의 하자로 인한 손해에 대하여 점유자 · 소유자가 지는 공작물책임(제758조)에 있어서 공작물의 의미를 넓게 해석하여 그의 적용범위를 확대한다. 아울러 도급인의 책임(제757조)도 엄격히 추궁함으로써 공작물과 관련한 사고에 관해 위험책임과 유사한 효과를 꾀한다.

제 2 절 不法行爲責任의 要件과 效果

§42. 加害行爲

1. 自己責任의 原則

(1) 近代法의 原則

일반불법행위책임(제750조)이 성립하기 위해서는 가해자 자신이 피해자에게 손해를 야기시키는 행위를 하였어야 한다. 근대법 이래의 불법행위책임은 자기의 고의 · 과실로 야기된 손해에 대해서 스스로 배상책임을 지는 것을 원칙으로 해 왔으며, 이를 가리켜 「자기책임의 원칙」이라 한다. 고대· 중세법에서는 노예 · 가족의 가해행위가 주인 · 家長의 손해배상책임을 발생시켰으며, 이 책임은 고의 · 과실이라는 비난요소는 별로 문제되지 않는 結果責任이었다. 그러나 근대법에 들어서는 책임의 성립을 고의 · 과실이 입증된 경우에 한정시키는 過失責任主義와 더불어 손해배상책임을 가해자 개인에게만 귀속시키는 自己責任의 原則이 확립되었다. 이 두 가지의 법리는 굳게 결합되어 근대자본주의사회에서 산업육성을 위해 생산자 및 사용자의 책임을 가볍게 하는 역할을 담당하였다.

(2) 自己責任原則의 補完

산업화 이후 위험책임의 법리가 도입됨과 더불어 자기책임원칙의 영역도 점점 축소되고 있다. 무능력자의 행위에 대한 監督者責任 및 피용자의 행위에 대한 使用者責任이 광범위하게 인정됨으로써 근대 초 개인주의적 자기책임의 원칙은 수정 · 보완되게 되었다. 원래 감독자책임 및 사용자책임도 자기책임원칙과 보조를 맞추어 감독의무자나 사용자가 감독상의 주의의무를 게을리한 데 대한 책임이라고 구성되었다. 그러나 학설과 판례는 감독상 주의의무를 다하였다는 것을 이유로 하는 免責을 극히 제한하고 있고, 이에 따라 감독자책임과 사용자책임은 실제의 운용에 있어서 위험책임과 유사하게 다루어지고 있다. 만약 감독의무자나 사용자가 감독의무를 게을리 한 때에는 제755조나 제756조의 책임 이외에 제750조의 일반불법행위책임도 진다.[1)]

---

1) 朴禹東, "책임무능력자를 감독하는 자의 손해배상책임," 김증한화갑기념, 1981, 566 이하. 大判 1966. 10.

2. 行爲의 意味

(1) 社會的 意味를 갖는 結果指向

불법행위책임을 성립시키기 위한 가해행위는 법률상의 행위개념을 의미한다. 행위개념에 관한 연구는 형법학에서 발달하였는데, 행위를 「외적인 결과를 야기시키는 의식 있는 거동」으로 파악하는 견해(인과적 행위론), 행위를 「목적의 설정·수단의 선택·목적의 실현과 같은 일련의 목적적 활동의 수행」으로 파악하는 견해(목적적 행위론), 행위를 「외부세계에 대한 의식 있는 사회적 행태」로 파악하는 견해(사회적 행위론), 행위를 「의사에 의해 지배가능한 결과를 수반하는 유책적이고 의미부합적인 현실의 형식」으로 파악하는 견해(인격적 행위론) 등이 주장된다. 사견으로서는 민사책임의 시발점이 되는 행위를 社會的 行爲論에 따라 파악하겠다.[1] 사회적 행위론은 행위의 존재론적 구조와 규범적 구조를 관련시킨 사회적 의미 속에서 행위개념을 찾으려 하기 때문에, 행위에 대한 사회적 책임으로서의 손해배상책임을 잘 설명해 준다. 불법행위책임에서의 행위란 「행위자의 意識 있는 結果指向行態로서 사회적으로 중요성을 갖는 것」을 가리킨다고 파악하겠다.

(2) 作爲와 不作爲

가해행위에는 작위와 부작위가 모두 포함된다.[2] 작위는 법에 의해 금지된 행위를 하는 것이고, 부작위는 법에 의해 명령된 행위를 하지 않는 것이라 설명될 수 있다. 과실을 주의의무의 해태로 파악하는 경우 작위와 부작위의 구별은 큰 의미를 갖지 않는다. 과실불법행위의 영역에는 부작위에 의한 가해도 상당한 비중을 차지한다. 부작위에 의한 가해의 경우에 행위와 손해 사이의 인과관계의 입증이 쉽지 않은데, 법(명령규범)에서 기대하는 작위를 하였더라면 법이 원하지 않는 결과발생(손해)을 피할 수 있었으리라는 것이 경험칙상 기대되는 경우에 인과관계가 인정된다.

4, 66다1535는 피용자의 위법행위가 사용자의 감독태만행위에 의한 것이고, 또한 사용자에게 고의·과실이 있는 경우에는 사용자는 자신의 불법행위로서 제750조의 책임을 진다고 한다.

1) 같은 취지: 李在祥, 형법총론, 1995, 81; 李炯國, 형법총론연구, 1984, 133; 鄭盛根, 형법총론, 1985, 198. 독일학자로서는 H. Jescheck, E. Schmidt, E. Engisch 등이 이 학설을 지지한다. H. Jescheck, *Lehrbuch des Strafrechts*, 2. Aufl., S.168.

2) 우리 민법은 불법행위성립에 작위·부작위를 가리지 않고 모두 제750조로 처리한다. 그러므로 독일에서와 같은 부작위불법행위를 둘러싼 논의는 우리에게는 불필요하다. 작위와 부작위는 개념상 구분하는 것조차 불가능하다는 비판도 있다. 즉 붐비는 스키코스에서 타인과 충돌한 경우 그 스키선수는 너무 빨리 달렸다든가(작위), 또는 빨리 정지하지 않았다는(부작위) 둘 중의 어느 것에 관해서도 책임이 연결될 수 있다고 한다.

(3) 他人을 道具로서 이용한 行爲

타인의 적법한 행위 또는 기계적 · 무의식적 행위가 개입된 경우에 그것은 타인의 행위로 되지 않으며, 타인을 도구로서 이용한 자의 행위로 된다. 타인의 적법행위를 이용하여 제3자에게 손해를 가한 경우에도 같다. 예를 들어 실제 채권을 갖지 않는 자가 가상채무자에 대하여 가압류나 가처분을 집행토록 함으로써 손해를 입힌 경우, 그에게 고의 · 과실이 추정되어 불법행위책임이 인정된다(大判 1965. 6. 15, 65다687).

> 大判 1992. 12. 11, 92다18627: 집행행위가 불법행위가 되기 위하여는 부정한 방법으로 실제의 권리관계와 다른 내용의 확정판결을 취득하여 그 집행을 하는 것과 같은 특별한 사정이 있어야 한다. 확정판결의 내용이 단순히 실체적 권리관계에 배치되어 부당하고 또한 그 확정판결에 기한 집행채권자가 이를 알고 있었다는 것만으로는 집행행위가 불법행위가 되지 않는다.

3. 法人의 不法行爲

(1) 法人과 代表機關의 連帶責任

㈎ 法人의 責任　법인은 대표기관(이사 · 임시이사 · 특별대리인 · 청산인)이 그 목적범위 내에서 직무에 관하여 타인에게 가한 손해를 배상할 책임을 지며, 이 때 대표기관 자신도 병행하여 손해배상책임을 진다(제35조 1항). 하나의 사건에 관하여 법인과 대표기관이 병행하여 손해배상의무를 지는 경우에, 그들은 부진정연대채무를 부담하는 관계에 놓인다고 해석된다. 법인의 불법행위책임에 관한 제35조 1항의 입법취지에 관하여는 그것이 法人實在說에 입각한 규정이라는 견해[1]와 法人擬制說에 입각한 규정이라는 견해[2]가 대립한다. 사견으로서는 법인의제설을 취한다.[3]

기관에 의한 가해행위는 법인의 목적범위 내에서 행해진 것으로서 직무에 관련된 것일 때에만 법인의 행위로서 의제되며, 그 경우 법인은 기관개인과 병

1) 郭潤直, 민법총칙, 179; 金基善, 한국민법총칙, 132; 金曾漢, 신고 민법총칙, 117; 金顯泰, 민법총칙, 153; 李英燮, 신민법총칙강의, 244; 張庚鶴, 신민법총칙, 164.

2) 李英俊, 민법총칙, 1995, 867; 鄭煥淡, "법인의 불법행위에 관한 고찰 — 비교법적 및 유형적 접근을 중심으로 —," 사법행정 1988년 10월호, 33.

3) 拙著, 민법총칙, 234~236.

행하여 손해배상의무를 진다. 이사의 직무상 가해행위는 법인의 불법행위책임과 이사 개인의 불법행위책임이라는 두 개의 책임을 발생시킨다는 점에서 使用者責任과 구조적으로 類似하다. 또한 법인의 책임이 「직무에 관한」 가해행위에 한정되고, 사용자책임은 「사무집행에 관한」 가해행위에 한정된다는 점에서 유사하며, 양자 모두 外形理論에 의하여 파악된다. 그러나 법인책임에는 사용자책임에서와 같은 免責事由가 허용되지 않으며, 법인의 이사에 대한 求償權이 규정되지 않은 점에 양 책임의 차이가 있다. 법인의 피용자가 제3자에게 가해행위를 한 경우, 법인은 사용자로서 책임을 진다(제756조). 이 때 법인의 기관인 이사는 제756조 2항의 사무감독자로서 책임진다.[1)]

(나) 代表機關의 個人責任 민법은 법인의 책임 외에 대표기관 자신도 개인적으로 불법행위책임을 지도록 한다. 이를 법인실재설에서는 피해자를 두텁게 보호하기 위하여 기관의 행위를 한편으로는 법인의 행위로 보며, 동시에 다른 한편으로는 개인의 행위로 구성한다고 설명한다. 그러나 법인의제설에서는 기관의 개인적 책임을 규정한 제35조는 기관의 행위를 통하여 법인이 스스로 행위하는 것으로 파악하는 법인실재설에 의해서는 설명될 수 없으며, 법률이 기관의 행위에 대한 법인의 책임을 부과하는 것이므로 바로 민법이 법인의제설을 취하였다는 징표라고 주장한다.

(다) 代表機關의 代理人의 違法行爲 이사가 선임한 대리인(지배인 · 임의대리인 등)의 행위는 법인의 불법행위를 구성하는가. 법인실재설에 의하면 대표기관의 행위가 아니므로 법인은 불법행위책임은 지지 않고 사용자책임만을 진다. 그러나 법인의제설에 의하면 대표기관에 의한 법인의 행위도 본질적으로는 대리의 성격을 가지므로 대표기관의 대리인의 행위도 법인의 행위로 되며, 따라서 법인의 불법행위책임이 인정된다. 사용자책임과 법인의 불법행위책임은 법률요건상 전자가 후자보다 면책가능성이 높다. 그러나 실제로는 양자가 동일하게 운용된다.

(라) 代表機關에 대한 求償權 법인이 피해자에게 손해배상을 해 준 경우에 법인은 기관의 임무해태를 이유로 기관개인에 대하여 구상권을 행사할 수 있다(제65조). 법인실재설에 의할 경우 법인의 책임은 자신의 행위로 인한 고유의 책임으로 이해되어야 하므로 구상권에 대한 설명이 어렵다. 그러나 법인의제설

1) 같은 취지: 주석 민법총칙(상), §35, 400. 반대: 金顯泰, "민법 제35조와 민법 제756조와의 비교," 법정 제217호, 43.

에 의할 때에는 기관의 행위가 법인의 행위로 의제된 것뿐이므로 법인고유의 책임이 아니라 의제된 책임으로서 궁극적으로 기관개인에게 추궁할 수 있게 된다.

(2) 行爲의 職務關聯性

법인에게 불법행위책임이 귀속되기 위해서는 대표기관 또는 그의 대리인의 행위와 법인의 직무와 관련을 갖는 것이어야 한다. 행위의 직무관련성은 外形理論에 따라 파악된다(사용자책임에서 설명). 즉 「직무에 관하여」란 행위의 외형상 기관의 직무수행행위라 볼 수 있는 행위 및 직무행위와 사회관념상 견련성을 갖는 행위라고 이해된다. 단 기관이 자신의 개인적 이익을 꾀할 목적으로 권한을 남용하여 대표행위(제3자와 거래행위)를 한 경우에 어떤 법리에 의하여 처리할 것인가에 관해서는 학설이 대립한다.

1) 不法行爲說 대표기관의 권한남용에 대하여 법인에게 불법행위책임을 묻자는 견해이다.[1)]

2) 表見代理說 이 경우 법인에게 표현대리에 따른 채무를 지우자는 견해이다.[2)]

3) 競 合 說 사견으로서는 거래상대방이 표현대리로서 거래행위의 유효를 주장하거나 또는 거래행위의 무효를 주장하여 불법행위에 기초한 손해배상청구를 하거나 자유로 선택하여 권리행사를 할 수 있다고 해석한다. 생각건대 기관이 외부적으로 대표권한 내에서 행한 행위라면 비록 그것이 내부적으로 볼 때 권한남용에 해당하더라도 대표행위 자체를 무효로 판정할 수는 없다는 점, 표현대리책임에 따라 법인에게 채무의 이행을 강제하는 편이 불법행위책임으로서 상대방에게 생긴 손해만을 배상하게 하는 편보다 거래상대방을 두텁게 보호한다는 점,[3)] 법인의제설에 의할 경우 정당한 대표행위 자체도 본질적으로는 대리에 해당하므로 표현대리규정을 준용하는 것이 부당하지 않다는 점 등을 고려할 필요가 있다.

---

1) 李英俊, 민법총칙, 869; 판례는 법인의 불법행위책임을 인정한다. 大判 1969. 8. 26, 68다2320 등 다수.

2) 郭潤直, 민법총칙, 211.

3) 양 책임의 차이는 ① 표현대리는 계약에 따른 채무의 이행청구를, 그리고 불법행위책임은 손해배상청구권을 인정한다. ② 표현대리는 그 권한이 있다고 믿을 만한 정당한 사유가 있는 선의의 상대방에 대해서 적용되나(제126조), 불법행위책임은 모든 피해자에게 인정되는 반면에 과실상계(제396조)의 법리가 적용된다. ③ 표현대리가 인정되는 경우에는 대리인 자신의 책임은 발생하지 않으나, 불법행위의 경우에는 법인과 기관의 양자의 책임이 동시에 발생한다(제35조 1항). ④ 표현대리의 채무이행기간은 10년이지만(제162조 1항), 불법행위의 손해배상기간은 피해자가 그를 안 때로부터 3년으로 단축될 수 있다(제766조 1항).

企業責任[1]

최근 「기업책임」이란 용어가 「기업활동의 과정에서 행해지는 가해에 대한 책임」이란 의미로 자주 사용된다.[2] 기업의 법적 책임으로서는 민사책임 · 형사책임 · 행정법상 책임을 들 수 있다. 민사책임과 관련하여서는 기업의 가해행위로서 오염물질방출 · 결함 있는 제조물의 생산과 유통 · 운송사고 · 산업재해 · 위험시설의 관리하자 · 사생활침해 등이 빈번히 문제된다. 최근 논의되는 기업책임론의 골자는 다음과 같다. ① 기업의 이름으로 행위하는 과정에서 가해진 손해에 대하여는 기업의 행위로 보아 불법행위책임을 지워야 한다. 기업의 손해배상책임의 부과를 위하여 사용자책임의 법리를 적용하는 경우가 많은데, 이보다는 기업 스스로의 불법행위로서 파악해야 한다. ② 사용자책임을 인정하는 경우에 있어서 피용자의 과실이나 책임능력을 전제로 하지 않고 피용자의 직무상 가해행위를 곧 사용자의 책임으로 연결시켜야 한다. 그리고 만약 피해가 그 기업활동중에 생긴 것이 확실하다면, 피해자가 가해행위를 한 피용자를 구체적으로 적시할 책임을 지지 않고 기업측에서 그 가해자가 자기의 직원이 아님을 증명토록 해야 한다. ③ 기업활동중에 발생하는 피용자(특히 말단직원의 경우)의 가해행위를 가지고 법인책임이나 사용자책임 외에 피용자 자신을 가해자로 파악하는 것을 제한해야 한다. 피용자에게 사익추구의 의도가 없었던 경우 또는 고의 · 중과실이 없었던 경우에는 기업의 행위 자체로 보고 피용자에 대한 책임추궁은 하지 말아야 한다. ④ 기업활동중에 생기는 피해는 산업구조적인 것이 많으므로 사회통념상 기업의 가해행위라고 인정될 경우에는 과실과 인과관계를 사실상 추정함으로써 기업측에서 과실 및 손해와의 인과관계가 없음을 증명토록 하는 것이 타당하다. ⑤ 기업의 부담은 책임보험을 통해 동업자 사이에 분산시키는 것이 소비자나 기타 개인에게 전가하는 것보다 바람직하다.

1) 참고문헌: 鄭熙喆, "기업의 법률적 책임," 민사판례연구 제3권, 1981, 241; 乾昭三 · 平井宣雄 編, 企業責任(3版), 有斐閣, 1981.

2) 1960년대 이래 미국의 판례가 제조물과 서비스 분야에서 발생하는 인적 손해에 대한 불법행위책임을 확장한 이래 영미법에서는 "기업책임"(enterprise liability)을 확립하기 시작했다. Priest, *The Invention of Enterprise Liability: A Critical History of the Intellectual Foundations of Modern Tort Law*, J. Legal Stud. Vol. 14(1985), p. 461.

§43. 損害·因果關係

1. 責任成立要件과 損害發生

(1) 損害의 發生

불법행위책임이 성립하기 위해서는 가해자의 가해행위로 말미암아 피해자에게 손해가 발생하였어야 한다(제750조). 이 때의 손해란 피해자가 누리고 있던 보호법익에 대한 침해를 말한다. 피해자의 생명·신체에 가해진 침해를 人體損害라고 하며, 자유·명예·사생활·가족관계 등 정신적 安穩性에 가해진 침해를 精神的 損害, 피해자소유의 물건이나 기타의 권리에 가해진 財産損害, 피해자의 안정된 생활환경에 가해진 生活妨害 등 우리의 사회생활에는 일일이 열거할 수 없을 정도의 손해의 유형이 있다.

손해는 그것이 보호법익에 관한 침해인 경우에만 불법행위책임이 발생한다. 생명침해로 말미암은 정신적 고통의 경우 그것이 배우자나 부모로서 가족을 상실한 고통인 때에는 보호법익의 범위 내이므로 불법행위책임이 발생하나, 그것이 친구를 잃은 고통인 때에는 보호법익의 범위 밖이므로 책임이 발생하지 않는다. 소음으로 인한 생활방해의 경우에도 그것이 사회적으로 용인되어야 할 정도(受忍限度)인 경우에는 책임이 발생하지 않는다. 이와 같이 어떠한 손해가 책임을 발생시킬 것인가는 그것이 보호법익에 해당하는가에 좌우되고, 이것은 곧 과실 및 위법성의 판단과도 관련을 갖는다.

(2) 損害의 現實性

손해는 이미 현실적으로 발생하였어야 한다. 단순히 발생할 우려가 있는 침해는 손해배상의무를 발생시키지 않음이 원칙이다. 책임성립요건인 손해는 자연적 피해사실을 의미하는 것이므로, 이미 사망·상해·신용훼손·양식장오염·樹木枯死 등의 피해가 생겼다면 그 사실만으로 현실적 손해는 발생한 것이고, 그 손해를 얼마로 산정하느냐의 과정에서는 장래의 예상이득액(逸失利益)이 현재의 금액으로 계산(利子控除)되어야 한다. 이 장래의 예상이득액은 장래 발생할 손해와 다른 개념이다.

불법행위책임을 확대하여 장래의 손해에 대비한 不作爲義務와 侵害豫防請求를 인정하는 경우가 있는데, 이 때에 법원은 부작위명령 또는 침해물제거명령을 발하면서 그 위반에 대비한 배상금의 지급을 명할 수 있다. 이러한 부작위명령의 제도는 특히 명예훼손 · 사생활침해 · 환경오염침해 등과 관련하여 이용된다.

(3) 損害의 抽象性

책임성립의 단계에서의 손해는 피해자에게 생긴 자연적인 손해를 가리키며, 이것은 아직 배상범위 · 배상액에 의해 구체화되지 않은 추상적 손해개념이다. 피해자가 입은 부상은 그 자체도 하나의 추상적 손해개념을 이루고 그것만으로 불법행위책임 성립요건을 충족한다. 이 추상적 손해개념에는 인체손해 · 재산손해뿐 아니라 정신적 손해도 포함되므로, 민법 제750조의 손해개념 속에는 제751조의 정신적 손해도 포함된다고 해석된다. 실제로 손해배상이 행해지기 위해서는 배상액의 확정이 필요하다. 부상으로 인한 치료비, 일실이익(소득의 상실분), 정신적 고통 등으로 배상범위가 확정되고 각각의 항목에 관하여 금전으로 산정된 배상액이 정해져야 한다. 制限賠償主義를 취하는 우리 법제 아래서는 被害額과 賠償額이 반드시 일치하지 않으며, 손해배상법에서 중요한 것은 피해액이 아니라 배상액이다. 피해액은 배상액결정의 기초가 되는 중요자료로서 역할한다.

2. 精神的 損害의 賠償

(1) 慰藉料의 意義[1)]

위자료란 불법행위 또는 기타의 불법원인으로 피해자가 입은 고통 · 충격 · 절망 등의 정신적 손해를 금전으로 배상해 주는 것을 말한다. 재산적 손해와 정신적 손해는 비록 하나의 사건에서 비롯된 것이라도 개념상 별개의 손해로 다루어진다. 위자료청구권은 불법행위책임에 한정되어 발생하는 것도 아니고, 또한 인체손해를 입은 경우에 한정되지도 않으므로 그 운영 여하에 따라 폭넓게 기능할 수 있다.

피해자의 정신적 손해가 금전으로 塡補可能할 것인가 하는 문제는 근대법 이래 논의되어 왔다. 독일민법학자 기르케(V. Gierke)는 "금전이 심적인 감정과

1) 참고문헌: 金學洙, "위자료청구권에 관한 일고찰," 민법학논총, 박영사, 1985; 裵慶淑, "위자료청구권이 상속성에 관한 논점과 실질론(일본학설 판례)," 고창현화갑기념, 1987; 李命甲, "제재적 위자료의 입론," 사법행정 1987년 3월호 · 5월호; 鄭貴鎬, "생명침해로 인한 손해배상청구에 관하여," 민사판례연구 제3권, 1981; 曺圭昌, "채무불이행과 정신적 손해배상," 월간고시 1986년 3월호; 韓琫熙, "위자료청구권의 제문제," 민사법과 환경법의 제문제, 박영사, 1986; 同, "민법 제752조의 해석상의 제문제," 장경학고희기념, 1987.

동 가치일 수는 없다. 그러나 금전은 정신적인 낙의 열쇠이며, 침해로 인하여 생긴 불쾌한 감정을 유쾌한 감정으로서 전보하는 것은 결코 나쁜 일이 아니다"는 견해를 취했다.[1] 비록 피해자의 정신적 고통이 금전에 의해 완전히 전보될 수 없는 것이더라도 민법상 손해배상의 방법으로서 금전배상을 원칙으로 하고 있는 이상(제394조) 정신적 손해도 금전으로 산정되어 배상될 수밖에 없다.[2] 명예훼손의 경우에는 그 밖에 명예회복에 적당한 수단을 취함으로써 보상될 수 있다(제764조).

위자료는 재산적 손해와 달리 그를 인정할 것인가, 또는 얼마로 산정할 것인가가 모호하다. 정신적 고통의 정도는 본인만이 알 수 있는 것이지만, 위자료의 인정 여부나 산정은 객관적으로 사회통념에 기초해 행해질 수밖에 없다. 그러므로 위자료에 관한 문제는 법원의 規範的 判斷에 맡겨지는데, 그것은 곧 손해배상에 관한 정책적 판단이기도 하다. 판례는 위자료액의 결정에 있어서「피해자측의 사정」외에「가해자측의 사정」도 고려할 뿐 아니라「피해자가 재산적 손해를 제대로 계산해 받았는가」도 고려한다. 이는 바로 위자료가 전체 손해배상금의 적정화를 위한 調整的 機能도 담당함을 나타낸다. 그 밖에 위자료를 고액으로 정함으로써 가해자에 대한 制裁的 機能도 실제 담당하고 있다.[3] 현대사회에서의 인간관계의 비정함을 반성하고 인간성회복을 꾀하고자 하는 추세에 발맞추어 위자료의 인정범위가 확대되고 금액도 고액화되는 경향에 있다.[4]

大判 1984. 11. 13, 84다카722: ① 법원은 재산상 손해의 발생이 인정되는데도 입증곤란 등의 이유로 그 손해액의 확정이 불가능하여 그 배상을 받을 수 없는 경

1) V. Gierke, *Deutsches Privatrescht Ⅲ*, S. 93. 반면에 독일의 Hartmann은 "가장 신성한 감정을 더러운 금전으로 측량하고 유책의 정신적 가해를 금전급부에 의해 전보하는 것은 독일인의 감각에 모순된다"고 독일민법 초안을 비판한 바 있다.

2) 의용민법시대에는 위자료의 본질에 관하여 損害賠償說과 加害者制裁說이 대립했었다. 그것은 위자료산정에 있어서 가해자의 사정(악성 · 재산상태 등)을 고려하는 판례의 취지를 어떻게 이론구성할 것인가의 문제와 관련되었었다. 그러나 현재에 우리 나라의 학설은 위자료를 정신적 손해의 배상으로 파악하는 데에 일치되어 있다. 생각건대 손해배상의 범위결정이나 산정은 판사의 규범적 판단에 맡겨져 있으며, 그에 있어서 여러 가지 주위사정을 고려함은 재산적 손해배상에 있어서나 정신적 손해배상에 있어서나 같으며, 그러한 제사정의 고려에도 불구하고 손해배상제도가 근본적으로 손해의 전보에 목적이 있음도 재산적 손해배상이나 정신적 손해배상에서 같다.

3) 李命甲, 앞의 글에서는 위자료정액화 경향에 반대하고 위자료는 영미법에서와 같이 가해행위억제를 위해 고액으로 책정됨으로써 가해자에게 실손해보다 훨씬 무거운 배상의무를 지워야 한다고 주장한다.

4) 1964년 제45차 독일 법조인대회에서는 위자료문제가 다루어졌으며, 이 때 위자료확대의 경향이 두드러지게 나타났다. H. Stoll, *Empfiehlt sich eine Neuregelung der Verpflichtung zum Geldersatz für Immateriellen Schaden?*, Gutachten fur den 45. Deutschen Juristentrag, 1964.

우에 이러한 사정을 위자료의 증액사유로 참작할 수 있다. ② 이러한 위자료의 보완적 기능을 확장하여 그 재산상 손해액의 확정이 가능함에도 불구하고 편의한 방법으로 위자료의 명목 아래 사실상 재산상 손해의 전보를 꾀하는 것과 같은 일은 허용되어서는 안 될 것이다.

(2) 제751조의 要件

㈎ 責任成立要件의 充足　　민법 제751조는 "타인의 신체 · 자유 또는 명예를 해하거나 기타 정신상 고통을 가한 자는 재산 이외의 손해에 대하여도 배상할 책임이 있다"고 규정하여 마치 自己充足的인 요건을 규정하는 듯하지만, 이 규정이 불법행위책임규정에 이어서 있다는 규정의 위치를 고려하거나 책임원리를 고려할 때 손해배상청구권의 발생요건(책임원인)을 충족시키는 것을 전제로 하고 있다.

1) 不法行爲責任　　위자료청구권을 발생시키는 대표적인 책임요건은 불법행위이다. 不法行爲責任의 성립요건인 고의 또는 과실 · 책임능력 · 위법성 · 인과관계 등을 충족시켜야 위자료청구권이 발생한다.

2) 特別法上 危險責任　　제751조의 위자료청구권은 가해자가 제750조의 불법행위책임을 지는 경우에 한해서 인정되는가, 또는 가해자가 특별법상의 위험책임을 지는 경우에도 인정될 것인가. 가해자에게 손해배상의무가 인정된다면 그것이 과실책임이든 위험책임이든 묻지 않고 상당한 범위 내의 위자료지급의무가 그 안에 포함되어 있다고 해석된다. 다만 위자료청구를 배제하는 특별규정이 있는 경우에는 그러하지 아니하다.

3) 債務不履行責任　　채무불이행의 경우에도 위자료청구권이 인정된다. 채무불이행으로 채권자에게 신체 · 자유 또는 명예를 해하거나 기타 정신상 고통을 가한 경우에 위자료청구권이 발생한다. 사망 · 부상 등의 인체손해를 수반하지 않고 물건 · 기타 재산에 대한 손해를 야기한 경우에도 이에 수반하여 위자료청구가 인정될 것인가에 관해서는 긍정설과 부정설이 대립하였다. 우리 민법은 독일민법에서처럼 법률에 특별한 규정이 있는 경우에 한하여만 위자료를 인정한다는(독민 제253조) 규정이 없기 때문에 채무불이행이든 불법행위든 관계 없이 위자료를 인정하는 뜻으로 해석하는 肯定說이 지배적이다.[1] 반면에 否定說은

1) 같은 취지: 郭潤直, 채권총론, 197; 金容漢, 채권총론, 194; 金疇洙, 채권총론, 145; 金曾漢, 채권총론, 76; 金亨培, 채권총론, 243; 玄勝鍾, 채권총론, 156. 拙著, 채권총론, 308에서도 긍정설을 취했음.

불법행위피해자의 정신적 고통은 본인이 예상하지 못한 불의의 고통임에 반하여 채무불이행으로 인한 채권자의 고통은 본인이 자초한 이른바 사회통념상 허용된 고통이므로 손해배상청구의 대상이 될 수 없다고 주장한다.[1] 私見으로는 재산손해에 수반된 정신적 고통은 「기타 정신상 고통을 가한 경우」에 해당한다고 보아 긍정설을 취하겠다. 보호법익에 대한 침해와 그로 인한 정신적 고통이 있는 경우에는 그의 책임구성이 채무불이행이든 불법행위이든 묻지 않고 그에 대한 보상이 이루어져야 한다. 의료계약 · 여객운송계약 · 위험시설관리계약 등 인신손해를 야기할 위험이 큰 계약유형의 경우에 채무불이행책임과 불법행위책임을 내용상 평준화시키는 것이 필요하다.[2] 判例도 수급인의 과실로 인한 건물붕괴의 경우(大判 1993. 12. 24, 93다45213), 임차물의 不引渡에 특별한 사정이 겹쳐서 정신적 고통을 준 경우(大判 1994. 12. 13, 93다59779)에 위자료청구를 인정하였다. 단 이 경우에 정신적 손해는 특별사정으로 인한 손해로서 채무자의 예견가능성이 있는 경우에 한해서 배상된다.[3]

4) 家族法上 責任要件　　가족법은 위자료청구권이 발생하는 경우를 사례별로 개별적 책임요건으로서 규정한다. 그 중에서 대표적인 것은 破婚 · 離婚 · 罷養으로 인한 위자료청구권(제806조 2항, 제843조, 제908조)이다.

(나) 身體 · 自由 · 名譽의 侵害　　피해자가 자신의 신체 · 자유 · 명예를 침해받았거나 기타 정신적 고통을 받은 경우에는 위자료청구권을 갖는다(제751조). 그렇다고 해서 타인에 의해 가해진 정신적 고통이 모두 금전으로 배상되는 것은 아니다. 첫째, 정신적 손해의 발생이 뚜렷하며 직접적일 것(간접침해는 제외됨), 둘째, 정신적 고통이 보호법익에 대한 침해에서 비롯되었을 것, 셋째, 정신적 고통이 사회통념상 인내의 정도를 초과할 것의 세 가지 요건을 갖춘 경우에만 위자료청구권이 발생한다. 幼兒(大判 1971. 3. 9, 70다2992), 식물인간, 卽死者(大判 1973. 9. 25, 73다1100)에게도 위자료청구권이 인정된다.

1) 身　體　　신체의 침해에 대하여 가해자는 치료비 · 일실이익 · 노동력상실 등의 재산적 손해를 금전으로 배상받는 외에 신체불구 · 미적 상실로 인

---

1) 그리고 민법의 위자료청구권이 불법행위법에 규정된 것은 채무불이행에는 비록 정신적 고통이 발생하였을 경우에도 그에 대한 위자료는 인정하지 않겠다는 입법의도를 나타낸 것이며, 계약법과 불법행위법체계의 이원적 특수성을 간과하고 계약법의 불법행위화를 촉진하여 양 책임의 평준화를 시도해서는 안 된다고 주장했다. 曺圭昌, "채무불이행과 정신적 손해배상," 월간고시 1986년 3월호; 同, "채무불이행과 불법행위 ― 불법행위판례 비대화의 원인 ―," 고대법학연구소 판례연구, 1984, 43 이하.

2) 拙稿, "계약책임과 불법행위책임의 경합," 법조 제34권 12호, 제35권 1호.

3) 같은 취지: 郭潤直, 채권총론, 197.

한 정신적 고통에 대한 위자료 또는 육체적 고통에 대한 위자료를 추가로 받을 수 있다.

2) 自　由　체포 · 구금 등의 방법으로 행동의 자유를 침해한 경우나 건강한 사람을 정신병원에 입원시킨 경우에, 이로 인한 재산적 손해의 배상 외에 자유침해에 대한 위자료도 지불되어야 한다. 판례는 誣告로 인하여 기소되었던 자에게 무고자(형사고소인)에 대한 위자료청구권을 인정한다(大判 1982. 3. 23, 80다2692, 이 경우는 명예훼손에도 해당함).

3) 名　譽　명예란 사람이 그의 인격 · 덕행 · 명성 · 신용 등에 관하여 사회적으로 인정받는 외부적 평가를 말한다. 명예훼손이란 이러한 사회적 평가를 저하시키는 것을 가리키며, 명예훼손의 경우에 재산손해의 배상과 별도로 위자료청구권이 발생한다.

4) 性的 自己決定權　폭행, 협박 · 사술(혼인빙자 등), 지위의 남용, 경제적 압력 등을 이용하여 성희롱을 하거나 성폭력을 가하는 경우에 성적 자기결정권의 침해가 있다.

大判 1998. 2. 10, 95다39533: 가해자가 기기의 조작 방법을 지도하는 과정에서 피해자(조교)의 어깨, 등, 손 등을 가해자의 손이나 팔로 무수히 접촉하였고, 피해자가 정식 임용된 후에는 단둘이서 입방식을 하자고 제의하기도 하고, 수시로 불러들여 위아래로 훑어 보면서 몸매를 감상하는 듯한 태도를 취하여 피해자가 불쾌하고 곤혹스러운 느낌을 가졌다면, 그러한 성적인 언동은 사회통념상 일상생활에서 허용되는 언동으로 볼 수 없고 피해자로 하여금 성적 굴욕감이나 혐오감을 느끼게 하는 것으로서 피해자의 인격권을 침해한 것이며, 이러한 침해행위는 선량한 풍속 또는 사회질서에 위반하는 위법한 행위이고, 이로써 피해자가 정신적으로 고통을 입었음은 경험칙상 명백하다.

5) 私 生 活(privacy)　개인의 사적 영역에 무단으로 침입하거나 개인의 가족관계, 애정관계, 내면적 사고 등을 본인의 의사에 의하지 않고 일반인에게 노출시키는 것을 사생활침해라 한다. 개인문서(일기 · 서신 등)의 열람 · 공표, 전화나 대화의 도청, 소지품의 수색, 개인공간을 엿봄, 미행 등이 사생활침해에 해당하며, 무단촬영, 사진의 무단공표 및 광고에의 이용을 특히 초상침해라고 한다. 근래에는 개인의 재산, 거래, 신용의 상황 및 정보의 무단노출도 사생활침해로 다루어진다. 이러한 사생활침해는 위자료청구권을 발생시킨다.

6) 騷音 · 振動　항공기 · 공사장 · 공장 등에서 비롯한 소음 · 진동으로 작업능률이 저하되거나 안면을 취하기 어려운 경우 위자료로 보상될 수 있다.[1)]

7) 財 産 權　재산권이 침해된 경우에는 특별한 사정이 있는 경우에 한해서 위자료청구권이 인정된다.[2)] 재산권침해는 통상 재산적 손해의 배상으로서 전보되므로 위자료청구권까지 인정되기 위하여는 고의 · 악성의 침해, 부당한 공권력의 행사,[3)] 피해자의 궁박 등 정신적 고통을 야기하였으리라는 특별한 사정이 요구된다.[4)]

8) 婚姻 · 入養의 破綻　약혼해제(제806조), 혼인의 무효 · 취소(제825조), 재판상 이혼(제843조), 그 밖에 사실혼관계를 부당하게 파탄시킨 경우에 위자료청구권이 인정된다. 그리고 입양의 무효 · 취소(제897조) 및 재판상 파양(제908조)의 경우에도 위자료청구권이 발생한다.

㈐ 間接侵害의 경우　가해자의 불법행위는 직접 피해자의 신체 · 재산 · 정신에 손해를 입히는 외에, 그로 말미암아 피해자가족에게 친자관계 · 부부관계 등 가족생활이 파괴되는 슬픔 또는 가족으로서의 연민의 고통을 야기하는 경우가 있다. 이러한 경우 가해자의 불법행위는 간접피해자인 피해자가족의 보호법익을 침해하는 것이 되며, 가해자는 피해자가족에게 그에 대한 위자료를 지불해야 한다. 보호법익의 간접침해가 문제되는 경우는 다음과 같다.

1) 生命侵害　민법은 생명침해의 경우 피해자의 직계존속 · 직계비속 · 배우자에게 위자료청구권을 인정한다(제752조).[5)] 생명침해의 경우 이상에 열거한 자 이외의 자에게는 인정될 수 없는가. 사실혼배우자, 未認知의 子, 형제, 자매 등의 경우에 이러한 문제가 제기된다.

① 擴大認定說　제752조에 규정된 친족 이외의 친족도 그의 정신적 고통을 입증하면 일반원칙인 제750조, 제751조에 의하여 위자료를 청구할 수 있다고 하는 견해이다.[6)] 즉 제752조의 열거는 위자료청구권자의 예시이며, 아

---

1) 판례는 일조권침해(직사광선의 차단)에 대한 위자료를 인정하지 않는다(大判 1982. 9. 14, 80다2859)

2) 같은 취지: 郭潤直, 823; 金相容(下), 455; 金疇洙, 801; 金亨培, 채권총론, 243.

大判 1970. 3. 31, 69다2016: 재산권의 침해로 인한 정신적 고통에 대한 위자료는 특별사정으로 인한 손해로써 침해자가 그 특별사정을 알았다거나 그 사정을 예견할 수 있었을 것이라고 인정되는 경우에 한하여 이를 인용할 것이다(不法伐採事件).

3) 시가 위법하게 건물을 수거한 경우(大判 1967. 9. 26, 67다985) 불법집행(大判 1967. 9. 29, 67다1464).

4) 건물화재로 인한 위자료 인정(大判 1982. 9. 14, 81다447).

5) 大判 1967. 10. 31, 66다2472. 생명침해의 경우 피해자 부모의 위자료청구권 및 장례비 등의 손해배상청구권과 사망한 피해자가 갖는 장래이익의 상실에 대한 손해배상청구권은 별개의 권리로서 그 행사 또는 소멸에 있어 반드시 운명을 같이하지 않는다.

6) 郭潤直, 830; 金相容(下), 455; 金錫宇, 557; 金曾漢, 527; 李太載, 520; 주석 채권각칙(Ⅳ), 199; 金容

울러 이들 열거된 자에 대하여는 정신적 손해에 대한 입증책임을 면제해 준다는 의미를 갖는다고 한다. 그러므로 그 이외의 자(형제, 자매 등)도 피해자와 특별한 관계에 있음과 그로 말미암은 그들의 정신적 손해를 입증한 때에는 위자료를 청구할 수 있다고 한다.

② 限 定 說 제752조를 제한적 열거로 이해하여 기타의 친족은 위자료를 청구할 수 없다고 하는 견해이다.[1] 우리 민법이 의용민법(제711조)보다 위자료청구권자를 넓게 규정한 것은 제752조를 제한적 열거로 하려는 입법의도를 추정케 한다는 점과, 확대인정설에 의하면 위자료청구권자가 지나치게 확대되어 가해자에게 가혹하다는 점을 그 근거로 든다. 그리고 제751조는 직접 피해자의 위자료청구권만을 규정한 것으로 해석한다.

③ 判例는 확대인정설을 취한다(大判 1967. 9. 19, 67다1307). 사실상 혼인관계에 있는 배우자,[2] 내연관계에 있는 배우자,[3] 친생자 아닌 자,[4] 시어머니[5]에게 위자료청구권을 인정한 판례들이 있다. 아직 학설대립의 중심이 되는 형제 · 자매에게 위자료를 인정한 예는 없다.

④ 私見으로서는 확대인정설에 찬동한다. 첫째, 제752조를 제한적 열거로 해석한다면 피해자를 부모와 같이 양육한 자(외할머니, 형, 언니, 삼촌 등)에게 위자료청구권을 인정할 여지가 없게 되어 부당하다. 다만 실제운영에 있어서는 한정설의 취지를 살려 기타의 자에 대하여는 엄격한 요건 아래 위자료청구권을 인정해야 할 것이다. 둘째, 제751조를 직접피해자의 위자료청구만으로 축소해석한다면 후술하는 상해 · 유괴 등의 경우에 간접피해자에게 위자료를 인정할 수 없게 되어 부당하다. 셋째, 피해자의 근친자의 정신적 고통을 스스로 입증하는 것은 곤란하므로 제752조를 추정규정으로 해석함으로써 근친자의 입증책임을 경감하는 것이 타당하다.

2) 傷 害 생명침해에 관한 위자료의 확대인정설과 보조를 맞추어 생명침해 이외의 상해 · 불구의 경우에도 피해자가족에게 위자료청구권을 인정

漢, "생명침해 경우의 위자료청구권자," 법조 1968년 5월호; 金忠煥, "불법행위로 인한 피해자의 형제의 위자료청구권," 법조 1978년 12월호.

1) 權龍雨, "민법 제752조 소정의 위자료청구권," 법조 1974년 1월호, 42; 李英燮, "생명침해에 대한 손해배상," 법정 제183호, 1965, 33; 朴禹東, "민법 제752조의 의의," 법조 1967년 7월호(인신사고소송, 232 이하).

2) 大判 1969. 7. 22, 69다684.

3) 大判 1967. 1. 31, 66다2216.

4) 大判 1975. 12. 23, 74다413.

5) 大判 1967. 12. 28, 67다2047.

하는 것이 타당하다. 판례도 상해의 경우 부모 · 배우자 · 자식에 대해 위자료를 인정하며,[1] 호적이 같고 가족공동생활을 영위하는 외조부에 대해서 인정한 예도 있다.[2]

3) 誘 拐 자녀가 유괴된 경우 부모가 정신적 고통은 매우 극심하므로, 이 때 부모나 기타 양육을 하는 자(조부모 · 외조부모 등)에게 위자료청구권을 인정하여야 한다.[3]

4) 貞 操 夫는 妻와의 간통자[4] 및 처의 강간자에 대하여,[5] 그리고 妻는 夫와 간통한 자에 대하여[6] 배우자로서의(사실혼관계도 포함) 정신적 고통에 대한 위자료를 청구할 수 있다.

㈑ 立證責任 정신적 고통은 재산적 손해처럼 그 손해 있음을 구체적으로 증명해 보이는 것이 곤란하다. 그러므로 정신적 손해의 존재는 피해자의 손해의 종류 · 과정 및 기타 상황을 고려하여 객관적으로 판단되는 수밖에 없다. 제751조에 규정된 신체 · 자유 · 명예에 대한 침해의 경우에는 언제나 위자료청구권이 발생하는가. 가벼운 침해까지 반드시 위자료를 인정할 필요는 없다고 생각한다. 위자료인정의 필요성은 판사의 규범적 판단사항이다.

생명침해의 경우 제752조에 열거된 자의 정신적 손해의 존재는 추정된다고 해석된다. 기타의 자는 피해자와의 친족관계 · 가족공동체 · 부양관계 등을 증명함으로써 간접적으로 정신적 손해의 존재를 입증하여야 한다.

(3) 慰藉料額의 算定 및 支給

㈎ 算 定 위자료의 액수는 법원이 제반사정을 참작하여 직권으로 자유재량에 의하여 결정한다.[7] 위자료액의 결정에 있어서 그 산정근거를 증거에 의해 입증할 필요는 없다.[8] 소송 외에서 지급되는 위자료액은 당사자의 합의로 결정되는 경우가 대부분이다. 교통사고 손해배상소송이나 보험회사의 손해배상금지급기준표에서는 위자료액도 사망 또는 상해정도(상해등급)에 따른 정액

1) 大判 1965. 8. 24, 65다1083 등 다수.
2) 大判 1967. 12. 26, 67다2460.
3) 같은 취지: 郭潤直, 827.
4) 大判 1959. 2. 19, 4290민상749.
5) 판례는 강간미수자에 대해서까지 인정함. 大判 1962. 3. 8, 4294민상1028 등.
6) 大判 1967. 10. 6, 67다1134.
7) 大判 1959. 8. 27, 4292민상12 등. 그러나 大判 1962. 4. 4, 4294민상1355에서는 원심의 위자료액수가 과소하다는 이유로 위자료신청의 법리를 잘못 적용하였다고 판단하였다. 이 판결은 위자료산정이 법관의 자유재량이라는 판례의 취지와 어긋나는 것으로 판례의 일관성 없음을 드러낸다.
8) 大判 1959. 8. 27, 4292민상29.

으로 정해지는 추세에 있다(損害賠償額의 定額化).[1]

판례에 나타난 위자료산정에서 참작하여야 할 제반사정은 다음과 같다.

1) 傷害의 경우 피해자의 상해정도, 연령, 직업, 가족, 생활상태 및 과실의 유무를 참작할 것은 물론 가해자의 과실정도 및 자력, 배상책임자의 업태 등 제반사정이 참작되어야 한다(大判 1957. 2. 9, 4298민상676). 그 밖에 상해의 부위, 입원기간, 후유장해의 부위 및 정도, 피해자가 본건사고로 입은 재산상 손해에 관한 청구를 포기한 사정(大判 1980. 7. 8, 79다2204), 피해자가 상해의 후유증으로 입게 된 일실수익금 상당의 재산상 손해에 관한 청구를 포기한 사정(大判 1980. 11. 11, 80다1924) 등이 참작된다.

2) 近親者에 대한 위자료 生命侵害의 遺族에 대한 위자료는 각자에 대하여 개별적으로 각자의 정신적 고통에 상응하여 산정되며, 근친자 모두에 대한 위자료 총액의 범위 내에서 비율로서 산정되지 않는다.[2] 가해 당시 그들이 입은 정신충격뿐만 아니라 장래에 입게 될 정신적 고통까지 참작되어야 한다(大判 1965. 9. 28, 65다1628). 그 밖에 가해자가 유족에게 준 조위금(大判 1971. 7. 17, 71다1158)·전몰군경유자녀 학비보조금(大判 1970. 3. 24, 68다1699)은 위자료 자체는 아니고 위자료산정의 참작사유가 된다.

3) 남편이 자기의 처와 간통한 자에 대한 위자료청구소송에 있어서는 피고의 불법행위의 정도, 당사자의 사회적 지위, 재산정도 외에 원고가 다른 여자와 내연의 관계를 맺은 여부, 피고가 간통죄로 형벌을 받은 여부 등도 참작되어야 한다(大判 1959. 11. 5, 4291민상771).

(나) 支 給 법원은 위자료를 定期金債務로 지급하도록 명할 수 있고, 이 때 그 이행을 확보하기 위해 상당한 담보의 제공을 함께 명할 수 있다(제751조 2항).

(4) 慰藉料請求權의 相續

생존자에게 상해나 기타의 사유로 위자료청구권이 발생한 후에 그가 사망한 경우에 위자료청구권은 다른 재산과 함께 상속되는가. 생명침해의 경우(특히 즉사한 경우) 피해자인 사자에게도 재산상 손해의 배상청구권과 함께 위자료청구권이 발생

---

1) 1978년 서울 고등법원은 내부적인 위자료산정기준을 마련하였는데 다음과 같다. 위자료산정액은 각종 사고 등으로 본인이 사망을 하거나 노동능력을 100% 완전상실했을 때는 8백만원을 인정키로 했으며, 그 외 노동능력의 일부상실시는 그 상실비율에 따른 액수를 피해자의 과실이 인정될 때는 과실비율에 맞춰 적용키로 했다. 또한 피해자 본인이 아닌 가족의 위자료는 보다 세분화했는데 피해자의 배우자나 미혼인 피해자의 부모는 피해자의 반액을 인정토록 했으며, 배우자 있는 피해자의 부모나 자녀의 경우는 4분의 1을 피해자의 형제자매나 조부모는 각 8분의 1을 인정토록 하고 있다. 특히 이 기준은 피해자 본인이 세대주일 경우에는 산정액의 50%를 증액토록 했으며, 본인의 연령이 10세 이하거나 60세 이상일 경우에는 반대로 20%를 감액토록 하고 위자료가 1백만원 이상으로 산출되면 그 조정은 50만원단위로 하도록 했다.

2) 같은 취지: 郭潤直, 831.

하고, 그 후 피해자의 사망으로 그 청구권들이 모두 상속인에게 상속되는가. 상속법에서는 상속인이 피상속인의 재산에 관한 포괄적 권리의무를 승계하지만 피상속인의 일신에 전속한 것은 승계되지 않는다고 규정하므로(제1005조), 위자료의 상속 여부는 위자료청구권이 일신전속권인가 하는 문제로 된다. 이상의 의문들에 대하여 다음과 같이 학설이 대립한다.

(가) 當然相續說　위자료청구권은 보통의 금전채권으로서 일신전속권이 아니므로 당연히 상속된다는 견해이다.[1] 피해자가 중상으로 의식불명이 된 채 사망한 경우 또는 사고 당시 즉사한 경우에도 피해자의 위자료청구의 의사표시 여부에 관계 없이 그에게 위자료청구권이 발생한다고 본다. 피해자의 상속인은 상속받은 피해자의 위자료청구권과 제752조에 의한 상속인 고유의 위자료청구권 두 청구권을 동시에 행사할 수 있다고 한다. 전자는 피해자 자신이 입은 정신적 고통에 대한 배상이고, 후자는 상속인이 피해자의 사망으로 말미암아 입은 정신적 고통에 대한 배상이므로 양 청구권은 보호법익이 다르기 때문이라고 한다.

判例는 1966년 위자료청구권의 일신전속성을 부인하고 "위자료청구권은 피해자가 이를 포기하거나 면제했다고 볼 수 있는 특별한 사정이 없는 한 원칙적으로 당연히 상속된다"(大判 1966. 10. 18, 66다1335)고 판시한 이래 계속하여 같은 취지의 판시를 하고 있다. 위자료청구권을 재산상의 손해배상청구권과 구별하여 취급할 근거가 없다는 것을 그 이유로 든다. "피해자의 상속인이 민법 제752조 소정의 유족인 경우라 하여도 그 유족이 민법 제752조 소정 고유의 위자료청구권과 피해자로부터 상속받은 위자료청구권을 함께 행사할 수 있다 하여 그것이 부당하다고 할 수 없고, 피해자의 위자료청구권은 감각적인 고통에 대한 것뿐만 아니라 피해자가 불법행위로 인하여 상실한 정신적 이익을 비재산적 손해의 내용으로 할 수 있는 것이어서 피해자가 즉사한 경우라 하여도 피해자가 치명상을 받은 때와 사망 사이에도 이론상 시간적 간격이 인정될 수 있는 것이므로 피해자의 위자료청구권은 상속의 대상이 된다"(大判 1969. 4. 15, 69다268)고 한다.[2] 그리고 판례는 위자료청구권이 일신전속권이 아니라는 이유로 타인에의 債權讓渡도 유효하다고 본다(大判 1976. 4. 13, 75다396).

(나) 相續否定說　위자료는 정신적 고통에 대한 보상이므로 피해자 본인

1) 郭潤直, 843; 金相容(下), 479; 金錫宇, 567; 李太載, 513.

2) 같은 취지: 大判 1969. 10. 23, 69다1380; 大判 1970. 11. 14, 70다2242; 大判 1979. 1. 23, 78다1756.

에게 지급되어야 할 일신전속권이므로 상속의 대상이 될 수 없다는 견해이다.[1] 卽死者 자신이 사망을 원인으로 하는 위자료청구권을 취득하고 그것이 상속인에게 상속되는 것은 이론적으로 모순이라고 한다. 그리고 제752조가 근친자에게 고유의 위자료청구권을 부여한 것은 위자료청구권의 상속을 부인한 것으로 유추해석한다. 즉 제752조는 피해자의 사망으로 제752조 내지 제751조의 권리주체가 없어지는 경우의 부당성을 배제하기 위한 규정이라 해석한다.

私見으로서는 상속부정설에 찬동한다. 피해자를 보호하기 위한 목적이 있더라도 위자료청구권까지 상속의 대상으로 하는 것은 이론적으로나 실제에 있어서나 부당하다고 생각한다.

精神的 衝擊으로 인한 損害

어떤 가해사건이 피해자의 심리에 쇼크라는 형태로 작용함으로써 보호법익의 침해가 발생한 경우를 「정신적 충격으로 인한 손해」, 「쇼크손해」라고 부른다.[2] 쇼크피해자의 손해는 가해행위 이외에 被害者의 心理가 인과관계의 진행에 개입하여 발생하기 때문에 그러한 법익침해는 間接侵害에 해당한다. 쇼크손해는 손해가 가해행위의 직접적인 결과로서가 아니라 심리에 의해 매개되어 발생된다는 점에 특징이 있다.[3] 심리를 통해 매개되는 원인 · 결과 사이의 인과성은 개인차가 크기 때문에 그 정도와 내용을 객관화하는 것이 어렵다. 간접손해는 作爲義務 또는 不作爲義務에 위반한 경우에 과실과 위법성이 인정된다.[4]

---

1) 金疇洙, 820; 權龍雨, "민법 제752조 소정의 위자료청구권," 법조 1974년 1월; 金疇洙, "위자료청구권의 상속성과 민법 제752조," 행정 1970년 2월호; 朴禹東, "민법 제752조의 의의," 인신사고소송, 244; 裵慶淑, "위자료청구권의 상속성에 관한 분쟁과 실질론," 고창현화갑기념, 1987, 850; 鄭貴鎬, "생명침해로 인한 손해배상청구에 관하여," 민사판례연구 제3권, 1981.

2) 독일판례는 부모가 아이의 교통사고를 목격함으로써 충격을 받아 생긴 쇼크손해(OLG Karlsruhe Soergel Rspr., 30. Jhrg., §259 Nr. 1), 배우자의 사고사망에 의해 다른 배우자가 입은 쇼크손해(RG JW 1934, 2973; RG DR 1940, 163 Nr. 16), 성년인 아들의 사고로 인한 사망소식을 접한 부모가 받은 쇼크손해(RGZ 157, 11)에 대해 배상책임을 인정하였다.

3) 그러나 위법한 가해행위가 중상 등의 직접적 법익침해 이외에도 사망에의 두려움으로 정신적 충격을 받아 시력의 상실이나 불면증, 견비통 등의 또 다른 정신적 장애를 갖게 된 경우(BGH NJW 1963, 1672; LG Limberg ZfS 1986, 359; AG Offenberg ZfS 1990, 299; OLG Düsseldorf DAR 1991, 147 등의 판례참조)에 생기는 손해는 이미 1차로 다른 법익에 대해 성립된 불법행위에 의해 계속되는 후속손해에 해당한다. 이러한 후속손해가 가해자에게 귀속될 수 있는지의 여부는 불법행위책임의 성립 여부에서 가려지는 것이 아니라 위법한 가해행위로부터 멀리 떨어진 손해까지 가해자의 책임범위에 포함되어야 하는가를 논하는 손해배상범위에 관한 문제로 다루어지는 것이다.

4) 朴東瑱, "독일불법행위법구조의 재조명," 민사법학 제17권, 1999, 141 이하.

3. 責任成立의 因果關係

(1) 因果關係의 必要性

불법행위에 기초한 손해배상청구권이 성립하기 위해서는 고의·과실의 가해행위와 발생한 손해 사이에 인과관계가 있을 것이 요구된다. 이를 「책임성립요건으로서의 인과관계」라 한다. 다른 한편 책임이 성립된 경우에도 발생한 손해 중에서 어느 범위까지를 가해자에게 배상시킬 것인가의 판단문제가 남게 되는데(제393조), 이를 「손해배상의 범위결정의 문제」라 한다. 이상의 두 인과관계를 「책임성립의 인과관계」와 「배상범위의 인과관계」로 개념상 구별하여 부른다. 실제 손해배상소송에서는 양자가 엄격히 구별되기 어려운 경우도 많다.[1] 우리 민법은 다른 입법례와는 달리 불법행위책임의 경우에도 책임성립과 배상범위 결정이 두 단계로 구분하는 책임관계를 채택하였다(제763조. 제393조). 그러므로 책임성립의 인과관계는 제750조의 배상책임발생의 단계에서 심사되고, 배상범위의 인과관계는 제393조, 제765조의 배상범위결정의 단계에서 심사된다.[2]

(2) 因果關係의 規範 判斷 與否

책임성립의 인과관계는 사실적 판단인가 아니면 규범적 판단이 개재되는가에 관하여 논의된다. 민법은 책임성립의 인과관계에 관하여는 아무런 규정을 두지 않아 해석론에 맡겨져 있다. 상당인과관계설과 사실적 인과관계설의 이론대립은 책임성립의 인과관계에 관한 독자적인 학설대립이 아니라 「손해배상범위에 관한 상당인과관계설과 규범목적설의 대립」으로부터 파생된 것이다. 과거 이 논점은 책임성립과 배상범위결정을 통합하여 처리할 것인가(상당인과관계설), 또는 두 개의 단계로 엄격히 구분하여 처리할 것인가(규범목적설)에 집약되어 있었다.

㈎ 相當因果關係說 상당인과관계설은 불법행위책임성립을 위한 인과관계의 판단은 사실문제가 아니라 규범판단의 문제라고 이해하는 法的 因果關

1) 독일법에서는 완전배상주의를 취하고 있으므로 우리 민법 아래에서와 같은 독자적인 배상범위결정의 단계는 존재하지 않는다. 그러나 학설상 책임성립의 단계를 두 단계로 구분하는데, 하나는 책임설정적 인과관계(haftungsbegründende Kausalität), 다른 하나는 책임충족적 인과관계(haftungsausfüllende Kausalität)라고 한다. Lange, *Schadensersatz*, 1979, S. 54; Deutsch, *Haftungsrecht*, Bd. I, 1976, S. 140f.; Erwin Deutsch 著·梁彰洙 옮김, "독일법에서의 인과관계의 증명과 입증경감," 저스티스 제23권 2호, 한국법학원, 1990. 1.

2) 같은 취지: 金相容(下), 183; 金亨培, 민법학연구(1986), 322에서는 가해행위로 인한 직접적인 법익침해를 제1차 손해라 하고, 그 가해행위와 제1차 손해간의 인과관계를 「책임설정적 인과관계」로 이해하며, 제1차 손해로부터 파생된 확대손해를 제2차 손해 또는 후속손해라 하고 제1차 손해와 제2차 손해간의 인과관계를 「책임충족적 인과관계」로 설명한다.

係說과 통한다. 우리 나라에서는 책임성립의 인과관계문제를 배상범위의 인과관계와 구별하지 않고 양자 모두 相當因果關係說로 해결해 왔다.[1] 상당인과관계설은 원인 · 결과의 관계에 있는 무한한 사실 가운데에서 객관적으로 보아 어떤 전행사실로부터 보통 일반적으로 초래되는 후행사실이 있는 때에 양자 사이에 상당인과관계가 있다고 인정한다. 즉 상당인과관계설은 단순히 개개의 경우에 관하여 구체적으로 원인 · 결과의 관계를 고찰하는 데에 그치지 않고 다시 이를 일반적으로 고찰하여 동일한 조건이 존재하는 경우에는 동일한 결과를 발생케 하는 것이 보통이라는 경우에만 인과관계를 인정함으로써 우연한 사정이나 특수한 사정은 책임에서 제외한다. 우리 나라에서는 상당인과관계설 중에서 절충적 입장만이 주장되었는데,[2] 상당인과관계의 판단에 있어서는 가해행위 당시에 보통인이 알 수 있었던 사정과 채무자가 특히 알고 있었던 사정을 함께 고찰의 대상으로 한다. 判例도 상당인과관계설에 따라 책임발생의 인과관계를 규범적으로 판단한다.

大判 1966. 6. 28, 66다890: 버스운전사가 승객이 탄 버스를 열쇠를 꽂아 둔 채 세워두고 식사하러 간 사이 운전면허도 없는 술취한 사람이 그 버스를 운전하려다 사고를 낸 경우 그 손해와 운전사의 행위 사이에 상당인과관계가 있다.

大判 1971. 7. 27, 71다1087: 도급자인 마포구청이 부정한 금품을 받고 부실공사에 관해 감독소홀 및 묵인을 한 것은 그 건축물의 붕괴사실과 상당인과관계가 있다

大判 1978. 7. 25, 78다659: 초소의 야간근무병이 근무시간 도중 술에 취한 자에게 근무를 무단으로 인계하고 실탄과 소총을 건네 준 것은 그 인수인이 초소를 이탈하여 아무 이유 없이 총을 난사하여 사람을 사살한 행위와 상당인과관계가 있다.

(나) 事實的 因果關係說 책임성립에 요구되는 인과관계는 사실적 인과관계뿐이며 그 인과관계판단에 규범적인 고려는 필요하지 않다는 견해이다.[3] 그

---

1) 과거 다수설과 판례는 손해배상책임에 있어서 책임성립 · 배상범위결정 · 배상액산정의 세 단계를 엄격히 구분하지 않고 모두 상당인과관계설에 의하여 일괄적으로 해결해 왔다. 郭潤直, 채권총론, 210; 金容漢, 채권총론, 202; 金曾漢, 채권총론, 78; 金顯泰, 채권총론, 128; 玄勝鍾, 채권총론, 160.

2) 독일의 상당인과관계설은 주관적 상당인과관계설 · 객관적 상당인과관계설 · 절충설로 나누어지는 반면에, 우리 나라에서는 절충설만 주장된다.

3) 金先錫, "민사법상의 인과관계론에 대한 재음미," 대한변호사협회지 1985년 10월호; 金亨培, "인과관계," 민법학연구, 박영사, 1986; 梁三承, "손해배상의 범위 및 방법에 관한 독일 · 일본 및 우리 나라 민법의 비교," 방순원고희기념 민사법의 제문제, 1984. 위 3인의 견해는 각자 그 내용을 조금씩 달리한다. 金亨培 교수는 책임설정적 인과관계와 책임충족적 인과관계의 두 가지 인과관계개념을 인정하고 각각의 고찰대상을

리고 배상범위결정은 인과관계의 존부에 관한 판단에 의해서가 아니라 규범목적에 비추어 판단되어야 한다고 주장한다(規範目的說). 규범적 판단은 인과관계의 존부확정을 위해서는 필요하지 않으며 배상될 손해의 규범목적의 적부판단을 위해서만 필요하다고 한다.[1] 사실적 인과관계란 가해행위와 손해 사이에 존재하는 「원인 · 결과의 관계」(condicio sine qua non)를 가리킨다고 한다. 이는 A라는 조건이 없었더라면 B라는 결과가 발생하지 않았으리라는 관계, 즉 「피고의 行爲가 없었더라면 배상을 구하고 있는 당해 損害는 발생하지 않았을 것이다」라는 不可缺한 條件의 公式으로서의 관계를 말한다고 한다.

(다) 私見으로는 相當因果關係說에 찬동한다. 첫째, 책임성립의 인과관계는 법적 인과관계의 문제로 파악되어 그 단계에서 손해배상청구권을 인정함이 타당한가라는 제1단계의 규범적 판단이 행해져야 한다. 둘째, 책임성립단계의 인과관계는 자연적인 원인 · 결과관계의 존부에 관한 事實的 判斷과 일치하는 경우가 대부분이지만, 規範的 判斷에 의해 인정될 수도 있다. 예를 들면 의료과오나 환경오염피해에서 가해자측의 입증방해나 정보독점으로 자연적 인과관계를 명확히 밝혀 내기 곤란한 경우에, 규범적 판단에 의해 그 蓋然性만에 의해 인과관계가 인정될 수도 있다. 셋째, 인과관계의 규범적 판단에 있어서는 折衷的 相當因果關係說에 따라 가해행위 당시의 보통인이 알 수 있었던 사정과 채무자가 특히 알고 있었던 사정을 함께 고려하여야 한다. 넷째, 책임성립의 인과관계는 배상범위의 인과관계와는 개념상 별개의 것으로 파악되는 것이 옳다. 종래의 상당인과관계설은 상당성이라는 하나의 도구로 책임성립과 배상범위결정을 모두 처리함에 있어 개념상의 명확성을 꾀하지 못하였다는 점, 현대의 복잡한 산업구조 아래에서 자연적인 인과관계의 중요성을 깨닫지 못하고 상당성이라는 모호한 기준에 지나치게 의존하였다는 점에서 비판되어야 한다. 이 점에 대한 규범목적설의 비판은 경청할 만한 것으로서 상당인과관계설은 그 이론적 구성을 좀더 치밀하게 정비할 필요가 있다(채권총론 참조).

달리한다.

1) 상당인과관계설에서 주장되는 법적 인과관계의 이론은 완전배상주의를 취하는 독일민법 아래서만 타당하며, 제한배상주의의 우리 민법 아래서는 책임성립의 단계에서 상당성이라는 법적 인과관계의 심사는 필요

事實的 因果關係論에 대한 批判

사실적 인과관계설 및 규범목적설은 법적 인과개념을 부정함으로써 민사책임의 성부의 문제를 자연과학상의 인과개념과 동일시한다는 점에서 비판받아야 한다. 일정한 선행사실이 없었더라면 결과도 발생하지 않았을 것이라는 조건관계만 있으면 양자 사이의 인과관계를 인정하는 條件說과 유사한 약점을 갖는다. 결과발생에 대하여 하나의 원인이 되었으면 결과발생에 이르는 과정에서 예상 외의 다른 원인이나 피해자의 과실이 경합하여 결과가 발생된 경우(非類型的 因果過程)에도 선행된 원인에 전적인 인과관계를 인정하게 되는 잘못이 생긴다. 예를 들어 경상을 입어 병원으로 가던 중 교통사고로 사망한 경우 경상을 입힌 자에게 사망에 대한 책임을 인정한다면 부당하다. 이 약점을 인식하고 원인 · 결과관계원칙의 예외를 인정하여 경합하는 원인들을 각각 분리하여 손해와 인과관계를 검토함으로써 구체적인 해결책을 모색해 보는데,[1] 이러한 모색 자체가 규범적 판단으로서 법적 인과관계론을 도입하는 작업이라는 점을 깨닫지는 못하는 듯하다.

우리의 불법행위규정에서 사실적 인과관계설은 다음의 이유로 타당성을 갖지 않는다. 독일이나 일본에서 주장되는 사실적 인과관계설 및 규범목적설은 불법행위책임에 있어서 배상범위의 결정단계(제393조)를 별도로 인정하지 않는 법제 아래서의 이론이다. 독일이나 일본에서는 불법행위에 기한 손해배상청구권의 인정을 책임원인과 책임귀속의 두 단계로 나누어 전자에서는 사실적 인과관계를, 후자에서는 규범목적을 고찰하며,[2] 이 두 단계는 합쳐서 우리 나라 법에서의 제750조의 책임성립의 단계에 속한다. 그러므로 만약 우리 법의 해석론으로서 독일 · 일본[3]과 같은 규범목적설을 주장하려면 한 단계 더 늘려서 모두 세 단계의 분류방법을 취하여야 타당하다. 즉 책임성립에 있어서 사실적 원인관계와 규범목적판단의 두 단계, 그리고 배상범위결정에 있어서의 또 하나의 규범판단이 필요하다. 그런데 우리의 규범목적설은 책임성립의 두 번째 단계를 빠뜨리고 그것과 배상범위결정의 단계를 혼동함으로써 중대한 오류를 범한다. 따라서 어떤 결과(사망)에 대한 사실적 인과관계의 연속만 있으면 그 결과(사망)에 대한 손해배상청구권을 일단 인정하게 되는데, 그러한 결론은 비유형적 인과과정 · 중첩적 인과관계 · 추월적 인과관계 등의 경우에 부당한 결과로 된다.

---

1) 金亨培, 앞의 글, 339 이하; 梁三承, "손해배상과 후발적 사정," 법조 제29권 1호, 1980; 同, "가정적 인과관계론에 대한 고찰," 법조 제30권 1호, 1981; 李永煥, "사실적 인과관계론," 월간고시 1988년 1월호; 崔鍾吉, "손해배상과 후발적 사정," 서울대 법학 제16권 2호, 1968.

2) 이 점은 형법학에서 책임인정을 위해 구성요건단계와 책임귀속단계로 나누어 고찰하는 객관적 귀속의 이론(Die Lehre von der objektiven Zurechnung: Jeschech, Roxin 등의 학자에 의해 주장됨)과 이론전개과정이 유사하다.

3) 일본민법은 불법행위책임에 관하여는 배상범위결정에 관한 규정(日民 제416조, 우리 민법 제393조에 해당)을 준용하지 않는다.

(3) 因果關係의 特殊問題

㈎ 複數行爲의 重疊的 競合 주관적 공동 없는 복수의 원인행위가 경합하여 결과를 야기시켰지만, 각각의 단독원인만으로도 충분히 그 결과를 초래할 수 있었던 경우를 「복수행위의 중첩적 경합」이라고 한다. 각 행위자 사이에 공모 내지 공동의 인식이 있는 경우에는 「主觀的 共同의 복수원인행위」(제760조 1항)로 다루어지며 인과관계의 특수문제로서 다루어지지는 않는다. 예를 들면 A가 먹인 독약과 B가 먹인 독약이 각각 X를 사망케 할 정도의 치사량이었던 경우이다. 만약 원인 · 결과관계 공식(X가 없었더라면 Y도 발생하지 않았을 것이다)에 대입한다면, A의 행위가 없었더라도 X는 B의 독약에 의해 사망했을 것이므로 A에게 인과관계가 없게 될 것이나 그러한 결과는 부당하다. 이 경우는 각각의 원인이 결과에 대한 充分條件이 되므로 인과관계를 인정하여 각각의 행위자가 손해 전부에 대하여 부진정연대책임을 지도록 함이 타당하다.

㈏ 複數行爲의 必要的 競合 주관적 공동 없는 복수의 원인행위가 경합하여 결과를 야기시켰는데, 어느 하나의 행위만으로는 결과를 발생시키기에 충분한 원인이 되지 않는 경우를 가리킨다. 예를 들면 A와 B가 각각 치사량에 미달한 독약을 먹였으나 양자가 합하여 X를 사망에 이르게 한 경우이다. 이 경우 각 행위자는 자기의 관여분을 입증하지 못하는 한 손해 전부에 대하여 부진정연대채무를 지는 것이 원칙이다. 어떤 행위자가 자기행위가 결과에 미친 인과관계의 비율(관여분 기여분)을 입증한 경우에, 그 행위자는 자기의 관여분에 해당하는 손해배상금을 지급하는 것으로 減責된다.

㈐ 複數行爲의 過剩的 競合 주관적 공동 없는 복수의 원인행위가 경합하여 결과를 야기시켰는데, 그 중 하나의 원인행위는 단독으로 결과를 발생시킬 수 있는 충분조건이지만, 다른 원인은 그렇지 않은 경우를 가리킨다. 예를 들면 A는 치사량의 독약을 먹이고, B는 치사량미달의 독약을 먹인 경우이다. 이 때 A는 손해 전부에 대한 배상책임을 지며, B의 책임부담으로 A의 책임이 경감되지는 않는다. 반면에 B는 자기의 關與分을 입증하지 못하면 배상액 전부에 대하여 A와 부진정연대채무를 지지만 자기의 관여분을 입증한 때에는 그 부분에 해당하는 배상액에 관해서만 A와 부진정연대채무의 관계에 놓인다.

大判 1979. 4. 24, 79다156: ① 제1사고와 제2사고 사이에 조건관계가 존재하지 아니할 경우에는 후발적 사정(제2사고로 인한 사망)을 참작할 것이 아니니, 제1사고의 가해자는 제1사고로 인한 손해액 전액을 배상하여야 한다. ② 그 조건관계가 존재하지 않는 경우에는 제1사고의 가해자는 제2사고로 인하여 피해자가 사망한 때까지의 손해만을 배상하면 된다.

大判 1998. 9. 18, 97다47507: ① 사고로 상해를 입은 피해자가 다른 사고로 인하여 사망한 경우, 그 두 사고 사이에 1차 사고가 없었더라면 2차 사고도 발생하지 않았을 것이라고 인정되는 것과 같은 조건적 관계가 존재하는 경우, 1차 사고의 가해자는 2차 사고로 인한 피해자의 사망을 고려함이 없이 피해자가 가동연한에 이를 때까지의 일실수입을 배상하여야 한다. ② 기존에 우측 고관절 장애를 가진 피해자가 교통사고로 다시 골절상을 입어 두 다리를 모두 못쓰게 된 것을 비관하여 매일 술을 마시는 등으로 체력이 떨어지고 거동이 불편한 상태에서 목욕탕에서 넘어져 사망한 경우, 교통사고와 사망사고간에는 조건적 인과관계가 있고, 따라서 위 교통사고의 가해자는 피해자가 기대여명 내에서 가동연한에 이를 때까지의 일실수입을 배상할 의무가 있다.

(라) 複數行爲의 假定的 競合　가정적 경합이란 A의 행위가 없었더라도 B의 행위로 자동차는 파손되었을 것이라는 가정이 성립하는 경우를 말한다. 예를 들어 A가 X의 자동차를 전부파손한 후 B가 X의 차고를 방화하여 자동차가 전소된 경우가 이에 해당한다. 자동차파손에 관한 현실적 원인자인 A만이 결과에 대한 인과관계를 가지므로 A가 손해 전부를 배상해야 한다. 손해액의 계산에 있어서 현상태와 가해행위가 없었더라면 있었을 상태와의 재산차액으로 결정하는 방법(차액설)은 가정적 원인의 존재로 말미암아 부당한 결과를 가져올 것이므로, 배상액산정에서 가정적 원인은 계산에 넣지 말아야 한다. 가정적 원인자인 B는 인과관계의 부존재로 자동차파손의 책임을 지지 않는다.[1)]

(마) 複數行爲의 追越的 競合　추월적 경합이란 A가 X에게 치사량의 독약을 먹였으나 그 독약의 효과가 나기 전에 B의 충격으로 인하여 X가 사망한 경우를 가리킨다. 형법학에서는 이를 인과관계의 중단사유로 보는 견해가 있으나, 민사책임에서는 양자에게 인과관계의 존재를 인정함이 옳다. 중첩적 경합의 경우와 같이 손해 전부에 대하여 각자에게 부진정연대채무를 부과함이 원칙

---

1) 반대설: 이 때에도 중첩적 경합의 경우와 같이 A·B 모두에게 부진정연대책임을 인정해야 한다는 견해가 있다. Nydlinski, *Problem der Schadensverursachung*, 1964, S. 94ff.

이나, 경우에 따라서는 각자의 사정을 고려해서 배상범위의 감경을 인정할 수 있다.

(바) 原因不明의 複數行爲　다수인의 행위가 있었으나 그 중 어느 자의 행위가 그 손해를 야기한 것인지 알 수 없는 경우, 또는 어느 한 명의 행위가 단독으로 손해를 야기한 것인지, 수인의 행위가 경합하여 손해를 야기한 것인지 알 수 없는 경우를 말한다. 이 때에는 민법 제760조 2항에 따라 공동불법행위와 같이 다루어져서, 모든 가해자가 배상액 전부에 대하여 부진정연대채무를 진다.

(사) 違法行爲와 自然力의 競合　손해가 가해자의 위법행위와 자연력(폭풍·눈·가뭄 등)이 합하여 결과를 야기한 경우, 그 자연력만으로는 결과가 초래되지 않았을 때에 그 행위와 결과 사이에 인과관계가 인정된다. 행위자는 원칙적으로 손해 전부에 대하여 배상책임을 지지만, 자기행위가 결과에 미친 인과관계비율(관여분)을 입증하면 그 범위로 책임을 경감받을 수 있다. 그러나 가해자가 그와 같은 자연적 조건이나 그에 따른 위험의 정도를 미리 예상할 수 있었고 또 과도한 노력이나 비용을 들이지 아니하고도 적절한 조치를 취하여 자연적 조건에 따른 위험의 발생을 사전에 예방할 수 있었다면, 그러한 사고방지 조치를 소홀히 하여 발생한 사고로 인한 손해배상의 범위를 정함에 있어서 자연력의 기여분을 인정하여 가해자의 배상 범위를 제한할 것은 아니다(大判 2001. 2. 23, 99다61316).

大判 1994. 10. 25, 94다20665: 트럭과 버스가 충돌하고 이로 인하여 그 버스가 고압선 전신주를 들이받아 넘어뜨리는 사고가 발생한 직후 그 사고 장소를 지나가던 자가 버스 안에서 구조요청을 하는 승객들을 구조하려고 버스에 접근하다가 넘어진 전신주의 고압선 전류에 감전되어 사망한 것이라면, 트럭운전사로서는 충분히 예견할 수 있다 할 것이어서 교통사고와 구조자 감전사고 사이에는 상당인과관계가 긍정된다.

大判 1991. 5. 10, 91다5396: 감전사고 후 치료중 투신하여 사망한 경우에 인과관계를 긍정한다.

(4) 因果關係의 立證

(가) 因果關係의 證明程度 인과관계의 인정은 「자연적 인과관계」와 「인과관계에 관한 규범적 판단」의 두 요소가 복합되어 행해지는데(상당인과관계설) 피해자가 입증하여야 하는 것은 자연적 인과관계의 부분이다. 자연적 인과관계는 원칙적으로 「법관이 확신을 가질 상태」에 이르는 정도로 입증하여야 하는데, 이는 인과연속에 관한 엄밀한 과학적 확신보다는 약한 정도를 말한다. 민사책임에서 법관의 인과관계의 인정은 손해의 공평한 분담이라는 손해배상법의 목적에 비추어 가해자에게 배상시키는 것이 타당하다는 확신을 가져올 정도의 인과관계의 증명으로 충분하다.

(나) 因果關係의 事實上 推定 원인과 결과 사이의 인과관계 인정에 전문적인 과학지식을 필요로 하거나, 그 인과관계의 입증을 위한 자료가 가해자측에 있어 피해자가 접근하기 어려운 경우에는 일정한 요건 아래 인과관계의 사실상 추정이 행해진다. 이와 같이 인과관계를 추정하여 피해자의 입증책임을 경감하는 이론을 蓋然性理論이라고 한다. 환경오염피해 · 의료과오 · 제조물책임 · 공작물책임 등에서 학설과 판례에 의해 이러한 사실상 추정이 받아들여지고 있다.

사실상 추정의 방법으로서는, 첫째, 피해자의 입증의 범위를 축소하고 가해자의 반증의 범위를 확대하는 방법, 둘째, 가해자의 법령위반이나 주의의무위반으로 위험성이 높아진 경우 인과관계가 있다고 추정하는 방법, 셋째, 가해자의 입증방해나 자료제출의 거부의 경우 피해자에게 정황증거만으로 입증의 정도를 완화하는 방법 등이 있다.

大判 1997. 6. 27, 95다2692: 가해기업이 어떠한 유해한 원인물질을 배출하고 그것이 피해물건에 도달하여 손해가 발생하였다면 가해자측에서 그것이 무해하다는 것을 입증하지 못하는 한 책임을 면할 수 없다고 보는 것이 사회형평의 관념에 적합하다. 공사장에서 배출되는 황토 등이 양식어장에 유입되어 농어가 폐사한 경우, 폐수가 배출되어 유입된 경로와 그 후 농어가 폐사하였다는 사실이 입증되었다면 개연성이론에 의하여 인과관계가 증명된 것이다.

大判 1999. 2. 12, 98다10472: 환자가 치료 도중에 사망한 경우에 있어서는 피해자측에서 일련의 의료행위 과정에 있어서 저질러진 일반인의 상식에 바탕을 둔 의료상의 과실 있는 행위를 입증하고 그 결과와 사이에 일련의 의료행위 외에 다른 원인이 개재될 수 없다는 점을 증명한 경우에 있어서는 의료행위를 한 측이 그 결과가 의료상의 과실로 말미암은 것이 아니라 전혀 다른 원인으로 말미암은 것이라는 입증을 하지 아니하는 이상, 의료상 과실과 그 결과 사이의 인과관계를 추정하여 손해배상책임을 지울 수 있도록 입증책임을 완화하는 것이 손해의 공평·타당한 부담을 그 지도원리로 하는 손해배상제도의 이상에 맞는다.

(다) 因果關係의 立證責任轉換 법률의 규정에 의하여 인과관계가 추정되는 결과, 그 인과관계의 부존재를 주장하는 사람이 그 부존재를 증명함으로써 면책될 수 있는 경우에 「인과관계의 입증책임전환」이 행해진다고 말한다. 민법은 사용자책임(제756조)에 있어서 사용자에게 피용자의 가해행위로 인한 손해에 대한 배상책임을 부과하면서, 사용자의 감독의무위반과 손해 사이의 인과관계 입증을 사용자에게 부담시킴으로써 입증책임의 전환을 규정하는데, 이 규정은 실제 危險責任의 기능을 수행한다. 감독자책임(제756조)에도 명문의 규정은 없으나 같은 원리가 적용된다. 공동 아닌 수인의 행위 중 어느 자의 행위가 그 손해를 가한 것인지 알 수 없는 때에 공동불법행위로 추정하므로(제760조 2항), 이 때 가해자는 자기의 행위가 발생한 손해와 인과관계 없음을 입증할 책임을 지게 된다.

立證責任의 分配

불법행위책임의 성립요건에 관한 입증책임의 문제는 직접 책임성립을 좌우하므로 實體法의 문제이다.[1] 각 소송당사자에게는 입증책임분배의 원칙에 따라 각 要證事實에 관한 증명의무가 부과되며, 그 의무자가 요증사실을 제대로 입증하지 않으면 불리한 판단을 받게 되는데, 이런 경우 "그 당사자가 입증책임을 진다"고 말한다. 이 立證責任은 당사자에게 증명의무를 지우지만 그 의무를 다하지 않으면 의무자에게 법적 불이익이 생긴다는 의미를 가질 뿐이며, 상대방에 대한 채무부담이나 상대방의 청구권취득의 효과를 갖지 않으므로 間接義務에 속한다.

입증책임분배에 관한 원칙은 이론에 맡겨져 있다.

① *法律要件分類說*: 요증사실을 권리발생에 필요한 법률요건을 구성하는 사실과 그렇지 않은 사실로 분류하여 입증책임을 분배하는 견해이다.[2] 다수설과 판례

---

1) 같은 취지: 姜玹中, 민사소송법, 532; 金洪奎, 민사소송법(상), 536; 宋相現, 민사소송법개론, 377; 李時潤, 민사소송법, 552.

2) 吳錫洛, 입증책임론, 일신사, 1977, 63 이하의 설명을 참조.

는 이 견해에 따라서 불법행위에 기초한 손해배상청구소송에 있어서 원고인 피해자는 가해행위의 존재, 손해의 발생 및 인과관계, 고의 · 과실의 존재를 증명할 책임을 진다고 해석해 왔다. 그러나 위법성은 법관에 의해 객관적으로 판단되어야 할 사항이므로 원고가 입증책임을 지지 않는다.

② 危險領域說: 손해의 원인이 피고인 가해자의 위험영역에서 발생한 경우에는 그가 법률요건의 부존재를 입증하여야 한다는 견해이다.[1] 우리 나라에서는 의료과오 · 환경오염피해 등의 특수문제와 관련하여 위험영역설이 주장된다. 판례 중에는 위험영역설과 궤를 같이하여 피고에게 입증책임을 전환시키는 사례가 있다(大判 1980. 7. 8, 80다122).[2] 이 때 원고인 피해자는 손해가 피고(가해자)의 위험영역에서 발생하였다는 것을 입증하면 충분하다. 위험영역이란 당해 손해발생에 관련하여 피고가 자유로이 조종할 수 있는 수단을 갖고 지배하는 사실적 생활영역을 가리킨다.

③ 私見으로는 책임요건의 입증책임분배에 있어서 법률요건분류설을 기준으로 하고 위험영역설을 부분적으로 도입하는 것이 타당하다고 생각된다. 법률요건분류설에 따라 원고가 입증하여야 할 사항 중에서 까다로운 문제를 야기시키는 것은 因果關係와 過失의 입증인데, 이에 관해서는 위험영역설이 유용하다. 피해자는 가해자의 위험영역에서 발생한 사건의 경위를 알아내기가 어려운데, 법률요건분류설에 의하면 입증곤란의 불이익을 피해자에게 지우므로 손해배상청구가 좌절될 우려가 있다. 그 결과 법률요건분류설은 현대사회에서 빈번히 발생하는 구조적 사고인 환경오염피해, 제조물피해, 의료과오에 관한 소송에서 입증책임을 공평하게 분배하지 못하고 가해자만을 부당하게 보호하는 결과로 된다. 반면에 가해자가 자신의 위험영역에서 발생한 손해에 관하여 스스로 책임요건의 충족이 없음을 해명하는 것이 피해자가 가해자의 영역에서 일어난 사건에 관해 증명하는 것보다 쉬우며, 또한 그 편이 타당하다. 어떤 경우를 가해자의 위험영역에서 발생한 사고로 볼 것인가, 그리고 가해자가 책임 없음을 입증하기 위해서는 어떤 요건사실을 어느 정도로 입증하여야 할 것인가에 관해 각 불법행위의 유형별로 세부이론을 세워야 한다. 무조건 위험영역설을 도입하여 가해자의 책임을 부당하게 확대하는 것은 피해야 한다. 최근의 이론경향은 책임발생요건인 손해 · 과실 · 위법성 · 인과관계 등과 그들의 입증책임을 통일적으로 고찰하여 피해자구제를 위한 합리적 기준을 마련하고자 한다.

---

1) Prölss, *Beweiserleichterungen in Schadensersatzprozeß*, 1966, S. 65f.
2) 李時潤, 민사소송법, 554.

§44. 故意·過失

1. 故 意

(1) 故意不法行爲와 過失不法行爲

(가) 責任成立 불법행위가 가해자의 고의에 기인한 경우와 과실에 기인한 경우는 책임의 성립이나 종류에 차이가 없다.[1] 그러므로 피해자가 불법행위를 주장하기 위해서 고의인가 과실인가를 명확히 밝힐 필요도 없으며, 법원도 고의 또는 과실의 당사자주장에 관계 없이 양자를 모두 조사하여 독자의 결정을 하여야 한다(예: 고의의 주장에 대해 과실을 인정함). 민사책임에서는 형사책임에서와는 달리 고의와 과실 사이의 엄격한 한계설정은 필요하지 않기 때문이다.

(나) 賠償範圍 고의불법행위와 과실불법행위는 손해배상의 범위결정에 있어서는 약간의 차이를 보인다. 첫째, 고의의 경우는 가해자에게 제393조 2항의 특별손해에 대한 예견가능성이 있었다고 추정되어 과실의 경우보다 배상범위가 넓다. 특히 위자료액의 결정에 있어서는 가해행위의 모습이 중요한 영향을 미치므로 고의의 경우 고액의 위자료를 지불하게 된다. 둘째, 불법행위책임에서는 고의나 중과실이 아닌 경우에 한해서 배상의무자의 생계위협을 이유로 한 배상액경감이 허용된다(제765조).

(2) 故意의 意義

가해자가 특정인에게 손해가 발생하리라는 것을 알면서도 그 가해행위를 감행한 경우에 가해자에게 고의가 있었다고 본다. 반드시 결과발생을 구체적으로 인식했을 필요는 없으며, 결과가 발생할지도 모른다는 未必的 認識만으로 충분하다(大判 1991. 3. 8, 90다16771). 그 미필적 인식이 특정피해자에 대한 것이 아니라, 단순히 누군가에게 해를 끼칠지도 모른다는 정도의 인식이었을 때에는 고의가 아니라 과실로 된다. 고의의 인정에 위법성의 인식을 필요로 하는가의 문제에 관하여는 責任說을[2] 취하여 위법성의 인식 또는 인식가능성은 고의의 요소가 아니라

---

1) 영미법에서는 과실불법행위를 negligence라 하며, 고의불법행위로서는 battery(폭행)·assault(폭행미수·폭행위협)·false imprisonment(불법감금) 등의 유형이 있다.

2) 형법학의 다수설: 李建鎬, 형법학개론, 1964, 237; 李在祥, 형법총론, 1995, 296; 鄭盛根, 형법총론, 1985, 456; 陳癸鎬, 형법총론, 1984, 294; 黃山德, 형법총론, 1982, 205; 金鍾源, "금지의 착오," 형법강좌(Ⅱ), 1984, 508; 成時鐸, "고의와 위법성의 인식," 외대논문집 제19집, 1986, 681 이하.

책임요소라고 파악하겠다. 즉 위법성이 인식된 경우에는 행위자에 대하여 적법행위의 결심이 가능함에도 불구하고 위법행위를 결심하였다는 비난가능성이 존재하게 되는데, 이것은 또 하나의 책임성립요소를 이룬다.[1] 심신미약의 상태에서 일으킨 사고는 고의에 의한 손해로 볼 수 없다(大判 2001. 4. 24, 2001다10199). 고의행위라고 하기 위해서는 구체적인 정신능력으로서의 책임능력이 있어야 한다.

2. 過　失

과실은 「사회생활상 부과되는 注意義務의 違反」이라고 할 수 있다. 주의의무는 법령·관습법·조리에 의하여 부과되며, 특정한 가해자가 주의의무를 위반하였는가 하는 판단을 보통 사람을 기준으로 하여 객관적 관점에서 해야 할 것인가 가해자 개인의 주관적 사정만을 기초로 할 것인가에 관해서는 客觀的 過失說과 主觀的 過失說이 대립한다(앞에서 설명했음). 이하에서는 다수설과 판례가 취하는 객관적 과실설에 따라 설명하겠다.

(1) 社會生活上 注意義務

(가) 注意義務違反　행위자가 사회생활상 준수해야 하는 주의의무를 게을리 함으로써 타인에게 손해를 입힌 경우에 불법행위책임상의 과실이 인정된다. 계약책임이 당사자 스스로 계약에 의해 부담하는 의무의 불이행에 대한 책임인 반면에, 불법행위책임은 사회생활에 필요한 주의의무의 위반으로 인한 책임이라고 할 수 있다. 실제 불법행위유형을 살펴보면 사회생활상 또는 직업상 부과되는 危險防止措置를 행하지 않은 경우가 대부분이므로, 과실판단에서 중요한 것은 행위자에게 어떠한 주의의무가 부과되어 있는가 하는 점이다.

獨逸法의 社會生活上 義務

독일의 판례는 법관에 의한 법형성의 기능을 발휘하여 交通上 安全義務의 법리로 불법행위법의 미비점을 보완해 왔으며, 그 후 학설의 지지를 받아 社會生活上 義務로서 자리잡기에 이르렀다. 사회생활상 의무는 형식적으로는 과실책임의 영역에 속하지만, 주의의 정도를 높임으로써 과실이 의제되도록 하여 위험책임으로서

1) 같은 취지: 金相容(下), 132.

작용하게 한다. 이는 독일의 불법행위책임을 확장시키는 결과로 되었다.[1] 독일민법에서는 우리 민법 제758조와 같이 광범위한 공작물책임이 인정되지 않으므로, 사회생활상 의무에 의하여 공작물소유자의 책임이 인정되었다. 독일민법 제836조는 건물이나 토지와 결합된 공작물의 붕괴로 인하여 손해가 발생한 경우 점유자에게 일정한 요건하에 책임을 지우며 우리 민법에서와 같이 소유자에게 무과실의 책임을 지우는 제도는 마련되어 있지 않다.[2]

(나) 注意義務의 賦課 행위자에게 주의의무를 부과하는 법적 근거는 무엇인가. 헌법 · 법률 · 명령 등의 법규범, 계약에 기초한 계약규범, 판례에 나타난 판례규범, 기타 사회규범에 의해서 각각의 구체적인 상황에 적합한 주의의무가 부과된다. 판례는 법률의 규정이 없는 경우에도 폭넓게 주의의무를 부과하고 있는데, 이러한 판례의 집적은 고유의 판례규범을 형성하게 된다. 그 판례규범에 의하여 결국 일반인에게 추상적 위험을 방지하라는 행위명령이 내려질 수 있고, 그 행위명령 속에는 일반인이 어떤 사건에 임하여 어떻게 행동해야 하는가라는 구체적인 주의의무가 포함되어야 한다.[3]

불법행위소송에서 피고의 주의의무 위반은 과실과 위법성의 두 요건을 동시에 충족시키는 것으로 판례에 의해 받아들여진다. 불법행위소송의 실무에서 과실과 위법성을 엄격히 분리하는 것은 지나치게 이론에 집착하는 것이며, 일반인의 법감정을 받아들여 과실과 위법성을 종합적으로 고찰하는 것이 바람직하다고 생각된다. 과실과 위법성의 종합적인 판단으로 불법행위소송에서 피고의 유책관계가 단축되고(Verkürzung des Verschuldensbezuges), 원고의 입증부담도 경감되는 실익이 생긴다. 주의의무 위반이란 사실 속에는 의무를 다하지 않았다는 행위자에 대한 비난(과실적 측면)과 법규범의 명령에 따르지 않았다는 행위에 대한 비난(위법성 요소)이 함께 공존한다. 이러한 경향은 불법을 금지규범에 위반하는

---

1) Mertens, *Verkehrspflichten und Deliktsrecht*, VersR 1980 Heft 17(A) S. 397ff. 이에 대하여 Esser는 과실책임을 애매모호한 것으로 만들었다고 비판하였다. Esser, Grundfragen der Reform des Schadensersatzrechts, *AcP* 148(1943), 121ff.; Esser, Die Zweispurigkeit unseres Haftpflichtrechts, *JZ* 1953, 130ff.; Esser, *Grundlagen und Entwicklung der Gefährdungshaftung*, 2. Aufl.(1969), S. 28ff.

2) 拙稿, "불법행위법에서의 주의의무(상)," 판례월보 제190호, 19~20.

3) 1980년대 이전에 판례는 어떤 원칙도 제시하지 않은 채 그때 그때 구체적 사건에서 임기응변식의 해결을 모색하였다. 임기응변식의 운용방식은 판결의 예측가능성과 통일을 해치고 법적 불안정을 초래할 우려가 있기 때문에 피해야 한다. 근래에는 판례가 어떤 주의의무가 부과되어 있는데, 가해자가 그 주의의무를 위반하였으므로 과실과 위법성이 인정된다는 식으로 명료하게 판결하는 경우가 많아졌다.

행위로 인하여 타인의 법익을 침해하는 것으로 파악하는 行爲不法論(die Lehre vom Handlungsunrecht)과 조화를 이룬다.

(다) 判例의 變化[1] 불법행위법에 관한 우리 판례의 태도는 다음과 같이 분석될 수 있다. 첫째, 불법행위판례는 거의 대부분이 가해자의 과실로 인한 (고의가 아닌) 사건인데, 판례는 이 경우 행위자의 주의의무를 전제로 그 위반이 있다고 판단되는 경우 배상책임을 인정한다. 즉 판례는 과실책임은 주의의무 위반으로부터 생긴다는 입장을 취한다. 둘째, 판례는 행위자의 주의의무를 그의 지위 · 직업 · 기타 상황을 기초로 추상적으로 상정하고, 주의의무의 내용은 「사고의 발생을 미연에 방지할 조치를 취하여야 할 의무」라고 파악한다. 이는 최근에 불법행위에 있어서의 과실을 결과(위험)에 대한 豫見可能性에서 구할 것인가, 또는 결과의 回避可能性에서 구할 것인가의 논쟁 중에서 후자, 즉 危險回避義務說을 취한 것이라고 해석된다. 셋째, 판례는 불법행위책임의 인정에 있어서 주의의무 위반이 있는 경우 별도로 위법성을 문제삼지 않는다. 이는 「유책관계의 단축으로 책임을 강화」하려는 입장을 취한 것이며, 최근유력설인 「행위불법이론」에 따른 것이라고 해석된다. 넷째, 판례는 주의의무를 명목상은 위험방지의무(결과회피의무)로서 구성하고 있으나, 실제 운용에 있어서는 현실적으로 방지가 가능했는가를 고려하지 않고 정책적 판단을 함으로써 현대사회의 위험책임에 대한 욕구를 충족시키고 있다. 결국 판례는 주의의무를 그의 탄력적 운용을 통해 위험책임에의 가교로써 활용하고 있는 셈이다. 다섯째, 판례는 주의의무 위반의 결과발생시 곧 배상책임을 부과함으로써 실제 피해자로 하여금 가해자의 과실, 위법성(어떤 판례에서는 결과관계까지도)의 입증부담을 덜어 준다. 이는 제조자책임 · 의료과오 · 환경오염피해 등의 불법행위유형에서 피해자인 원고의 과실입증이 사실상 불가능에 가까운 경우 그의 위력을 발휘한다.

판례의 위험방지의무는 행위규범을 설정하는 기능을 담당하며, 적법행위와 위법행위의 한계를 긋는 작업이기도 하다. 그 한계는 임기응변식으로 무원칙하게 만들어질 것이 아니라, 일정한 법원칙 아래 수긍할 만한 기준이 제시되어야 한다. 이 기준설정은 결국 利益衡量의 문제라고 한다.[2] 그 이익형량의 내용으로 들 수 있는 것은, ① 그 위험한 행위의 사회적 유용성, ② 그 위험행위

---

1) 拙稿, "불법행위법에서의 주의의무(상) · (하)," 판례월보 제190호 · 제191호, 1986.

2) 같은 취지: von Caemmerer, Die absoluten Rechte in § 823 Abs. 1 BGB, *Gesammelte Schriften,* Bd. I, 1968, S. 567ff.; Mertens, Verkehrspflichten und Delikrecht, *VerR* 1980 Heft 17(A), S. 401ff.

로 위협되는 손해의 정도 · 범위 · 개연성, ③ 위험행위의 사회적 유용성과 피해의 정도, 개연성과의 관계(상관관계이론, Verhältnis-mäßigkeitsprinzip), ④ 일반적 기대의 수준, 개별적인 예견가능성, 피해자의 과실, 기타 주위 상황 등이다.

信賴의 原則과 注意義務의 限界

(1) 信賴의 原則 신뢰의 원칙이란 위험하지만 사회적으로 유용하기 때문에 허용된 위험업무에 종사하는 자가 그 일에 관련된 타인(피해자 또는 분업자)도 적절한 행동을 할 것으로 신뢰하고 행위한 경우, 위험업무종사자는 그 타인의 신뢰에 어긋나는 행동으로 말미암아 야기된 결과에 대하여 책임지지 않는다는 원칙이다. 이 원칙은 먼저 형사법에서 확립되어[1] 민사법의 자동차사고로 인한 불법행위책임에 도입되었다.

(2) 機 能 신뢰의 원칙은 과실의 기초가 되는 注意義務의 限界를 설정하는 기능을 한다. 사회적 상당성 있는 신뢰를 기초로 행위한 자는 타인의 신뢰배반으로 야기된 손해결과와 관련하여 주의의무를 위반하지 않았다고 평가된다. 교통사고에 관련하여 신뢰원칙은 특별한 사정이 없는 한 모든 교통관여자(차량의 운전자, 보행자 등)는 타의 관여자가 교통질서를 준수할 것으로 믿어도 좋으며, 타인이 교통질서에 위반하는 태도를 취하리라는 것은 염두에 둘 필요가 없다는 뜻으로 이해된다.[2)3)]

(3) 利益衡量 행위자에게 예견 및 회피가능했던 법익침해에도 불구하고 책임을 부정하는 신뢰원칙의 사상적 근거는 무엇인가. 국가는 사회발전을 위하여 위험한 기업과 기술을 허용할 수밖에 없으므로, 법도 사회적으로 유익한 행위라면 비록 다른 법익의 위태와 결부되어 있더라도 공공적 발전을 위해 어느 정도 허용하여야 한다. 이를 「허용된 위험의 법리」라 한다. 어떠한 위험이 허용된 위험이냐 아니냐는 그 위험업무의 사회적 유익성과 그 위험으로 말미암은 법익침해가능성을 이익형량하여 판정된다. 이익형량에 있어서는 그 위험업무가 가져올 위험의 종류, 심각성과 안전조치의 가능 여부, 비용 등이 고려되어야 한다. 또한 민사책임의 이익형량에 있어서는 민사책임법의 목적도 고려되어야 한다. 민사책임의 과실은 형벌을 가할 가치가 있는 부주의가 있었느냐를 판단하는 것이다. 그러나 민사책임의 과실은 국가가 제재를 가할 정도로 부주의가 아니라도 가해자와 피해자 사이의 손해분

1) 車鏞碩, "신뢰의 원칙," 형사법강좌 I, 한국형사법학회 편, 1981, 344 이하.
2) 李輔煥, 자동차사고손해배상소송, 육법사, 1983, 175.
3) 최근 형사법에서는 분업적 협력에도 신뢰원칙을 적용할 것인가가 논의되고 있다. 즉 의사는 간호원이나 보조원이 주의에 맞는 협력을 해 줄 것을 — 특수한 사정이 주의침해의 위험을 이루고 있지 않은 한 — 신뢰하여도 좋다는 이론이 주장된다. 沈憲燮, "과실범에 관한 연구 — 도로교통과 의료행위 등에서의 신뢰의 원칙에 대하여 —," 저스티스 제10권 1호, 1972, 169.

담의 적정이라는 이념에 비추어 가해자에게 배상의무를 부과하는 것이 좋다고 생각되면 인정되어야 한다.

(4) 適用限界　신뢰의 원칙은 상대방을 신뢰할 수 없는 객관적인 특별한 사정이 있는 경우에는 적용되지 않는다. 다음의 경우에는 신뢰의 상당성이 부인된다. 첫째, 신뢰의 상대방이 유아·아동·노인·신체장애자 등으로서 정상 성인에 비해 교통질서에 익숙치 못하거나 활동이 자유롭지 못한 경우, 둘째, 주위의 사정이 상대방의 적절한 행동을 기대하기 곤란하므로 부적절한 행동이 쉽게 예견될 수 있는 경우, 셋째, 스스로 교통법규를 위반하였고 그것이 사고발생의 한 원인이 된 경우에 그 위반자의 신뢰원칙주장은 허용되지 않는다(단 사고발생과 인과관계가 없는 단속법규 위반은 이에 해당하지 않는다).

(5) 判　例　판례는 「신뢰의 원칙이란 교통사고의 발생에 있어서 피해자나 제3자에 의한 교통법규 위반 등의 이상행동이 개재되었을 때에 당시의 제반사정에 비추어 그와 같은 이상행동은 없을 것이라고 신뢰하는 것이 상당한 경우에 가해차량의 운행공용자 내지 운전자의 책임이 부정된다는 것이므로, 그것을 적용하려면 교통사고에 관여되었던 피해자나 제3자의 정상적인 행동을 신뢰할 수 있을 상당성이 있어야 한다」고 함으로써(大判 1988. 10. 11, 87다카1130), 자동차사고의 민사책임영역에 신뢰원칙을 인정한다.[1]

(2) 注意義務의 具體的 모습

위험원을 지배하거나 위험을 야기할 우려가 있는 자에게는 타인에게 손해를 끼치지 않도록 조심할 주의의무가 부과된다. 위험관련인이 부담하는 주의의무의 내용은 다음과 같다.[2]

(가) 危險管理義務　위험물지배자는 그 물건의 상태를 검사·점검하여 그

---

1) 大判 1998. 5. 12, 97다56129: ① 중앙선이 설치된 도로를 자기차선을 따라 운행하는 자동차 운전자로서는 마주 오는 자동차도 자기차선을 지켜 운행하리라고 신뢰하는 것이 보통이다. 그러나 상대방 자동차가 비정상적인 방법으로 운행하리라는 것을 미리 예견할 수 있는 특별한 사정이 있는 경우에는 위와 같은 신뢰를 할 수는 없는 것이어서 자동차 운전자로서는 상대방 자동차가 비정상적인 방법으로 운행할 것까지 신중하게 계산에 넣어 사고를 예방할 수 있는 모든 수단을 강구할 의무가 있다. ② 반대차선에서 경운기를 뒤따라 오토바이가 진행하여 오는 것을 미리 발견한 자동차 운전자에게 오토바이가 경운기를 추월하려고 중앙선을 넘어 올 수도 있다는 점을 예상하여 운전할 주의의무가 있다고 본다.

大判 1998. 4. 28, 98다5135: ① 고속도로를 운행하는 자동차의 운전자로서는 특별한 사정이 없는 한 보행자가 고속도로를 통행하거나 횡단할 것까지 예상하여 급정차를 할 수 있도록 대비하면서 운전할 주의의무는 없다. ② 야간에 선행사고로 인하여 고속도로 3차선상에 멈추어 서 있는 차량에서 나와 중앙분리대 쪽으로 무단횡단하던 피해자를 충격하는 사고를 발생시킨 사안에서는 운전자에게 과실이 없다.

2) 폰 바아(V. Bar)에 의하면 그러한 사회생활상 주의의무는 크게 두 유형으로 나누어진다고 한다. 하나는 잠재적 위험을 내포하고 있는 자에게 스스로 위험을 회피할 수 있는 가능성을 부여할 의무(부작용경고나 접근금지 등)이고, 다른 하나는 위험원(gefahrengerd)에 작용할 의무(위험물관리의무 등)라고 한다. Von Bar, *Verkehrspflichten-Richterliche Gefahrsteuerungsgebote im deutschen Deliktrecht*, Heymann, 1980, S. 83ff.

물건이 안전한 상태를 유지하도록 할 의무를 진다. 위험물이 공작물(제758조)에 해당하지 않은 경우에도 자기의 영역 내에 위험물(잠재적 위험성을 갖고 있는 경우도 포함)을 지배(소유·점유·관리 등)하고 있는 자는 예상하지 못한 하자나 사고에 대해서도 책임을 져야 하는데, 이는 위험관리의무(Gefahrenkontrollpflichten)를 위반했기 때문이다.

大判 1995. 9. 15, 94다31662: 부산시가 사실상 관리하는 태종대 유원지 내의, 해운항만청이 법률상 관리하는 바닷가 바위 위에서 관광객이 사진 촬영하다 파도에 휩쓸려 익사한 경우, 부산시로서는 사고 당시 폭풍주의보가 발효된 일기상황을 고려하여 관광객들에게 그 장소에 출입을 금지시키거나 출입을 허용하더라도 경고문 등으로 주의를 환기시키고 안전요원으로 하여금 위험한 곳에 나아가지 않도록 통제하는 등 安全管理를 다하여야 할 주의의무가 있다고 하여, 부산시의 손해배상책임을 인정한 사례.

(나) 保護義務 위험원의 관리책임자는 자기의 지배영역 내에 있는 사람 및 재산을 제3자나 불가항력에 의한 사고로부터 보호할 의무(Obhuts-und Fürsorgepflichten)를 진다. 예를 들면 호텔 지배인은 타인의 방화행위로 인한 화재시에도 투숙객 및 그의 동반자를 안전하게 피난시킬 의무를 진다. 이 보호의무는 반드시 계약당사자만을 대상으로 하지 않고 자기 지배영역 내에 있는 모든 일반인을 대상으로 한다.

(다) 警告 및 禁止義務 위험원의 관리자는 위험야기의 잠재적 위험 있는 자에게 스스로 위험을 회피할 수 있는 가능성을 부여하는 방법이다. 경고의무(Wahrenpflicht)는 가장 손쉽게 행해질 수 있는 것이나, 그것만으로 모든 주의의무를 다했다고 인정되는 경우는 드물다. 예를 들어 폭발물소지자는 타인이 그것을 만지는 것을 보고 경고만 한 것으로는 부족하고, 현실적으로 제지하거나 안전한 장소에 옮겨 놓는 등 적극적인 방지를 하여야 한다(大判 1970. 9. 29, 70다1687). 그러나 임산부의 복용을 금지시키는 경고문을 인쇄해 둔 약품의 경우처럼, 경고만으로 위험이 제거된 것으로 간주되는 경우도 있다. 금지의무(Verbotspflicht)는 일반인이 위험원에 접근하는 것을 금지하는 적극적인 조처를 취할 것을 요구한다.

(라) 職務上 安全義務 자기의 직업이나 영업에 종사함에 있어서 타인에게 가능한 한 손해를 입히지 않도록 배려할 의무를 말한다. 이는 작업과정을 안전하게 조직할 의무(Organisationspflicht)를 포함한다. 우리 판례에 나타난 업

무상 주의의무, 실화책임에서의 주의의무가 이를 기초로 하고 있다.

(마) 說明·指示義務 제조물책임·의료과오 등과 관련하여 설명의무나 사용방법을 지시해 줄 의무 등이 부과된다. 제조물의 사용방법을 정확히 알려 줌으로써 그 상품을 잘 모르는 소비자로 하여금 잘못된 조작으로 사고를 일으키지 않도록 배려할 용법의 지시의무(Instruktionspflicht)가 부과된다. 또 의사나 약사의 처방에 있어서도 복용방법 기타 주의사항 등을 정확히 알려 주어야 한다.

大判 1995. 3. 28, 93다62645: 대추나무 재배농민이 농약을 혼용 살포한 결과 약해로 수확이 감소했다는 이유로 농약 판매상을 상대로 손해배상을 청구한 사안에서, 피고로서는 원고에게 농약을 판매할 때에 그 농약의 성능, 사용방법 등에 관하여 정확한 說明을 하여 줄 주의의무가 있고, 그 성능 등에 관하여 알지 못하면서 함부로 그 사용에 관한 지시나 권유를 하여서는 안 될 주의의무가 있다.

(3) 職業上 注意義務

일정한 직업에 종사하는 자는 그 직무에 통상 요구되는 정도의 주의를 다하여야 하고, 만약 그것이 결여된 때에는 과실책임을 진다. 판례는 이를「業務上 注意義務」라고 표현한다. 이 주의의무는 抽象的·客觀的 過失概念과 연결되는 것으로서 각 직업인의 구체적 능력과는 무관하다. 위험성이 높은 업무에 종사하거나 위험물을 취급하는 자에게는 직업상 주의의무의 정도가 매우 높게 부과된다. 사례에 따라서는 거의 위험책임에 접근할 정도의 무거운 주의의무가 부과되기도 한다. 위험업무종사자로서는 의사·자동차운전자·열차종사자·화약류취급자·가스 및 전기취급자·광부·군인·경찰 등이 판례에 자주 등장한다.

大判 1993. 9. 28, 93다17546: 경찰서 대용감방에 배치된 경찰관 등으로서는 감방 내의 상황을 잘살펴 수감자들 사이에서 폭력행위 등이 일어나지 않도록 예방하고 나아가 폭력행위 등이 일어난 경우에는 이를 제지하여야 할 의무가 있음에도 불구하고, 이러한 주의의무를 게을리 하였다면 국가는 감방 내의 폭력행위로 인한 손해를 배상할 책임이 있다.

(가) 醫師의 注意義務　위험업무에 종사하는 자에게 직업상 주의의무가 인정되는 대표적인 예가 의사, 간호사, 기타 의료종사자의 책임이다. 판례도 의료과오에서 의사의 과실을 판단하는 결정적 기준을 의사의 주의의무에서 찾는다. 주의의무의 내용은 의료행위시의 의학수준, 의료관행, 지역차, 긴급성, 의사의 재량, 환자의 특이성질 등을 고려해서 판단된다. 의료종사자의 주의의무 위반으로 인한 환자의 피해는 의료과오책임이라는 고유의 불법행위유형으로서 다루어진다. 민사책임에서의 과실은 의료사고에 대한 형사책임에서의 과실보다 일반적으로 낮은 주의의무를 요구함으로써 법원은 양 책임에서의 과실을 별도로 판단한다.[1)]

(나) 自動車運轉者의 注意義務[2)]　자동차사고에 관한 한 이미 오래 전부터 운전자의 주의의무를 설정하고 그에 위반한 경우 과실책임을 부과하는 태도로 일관해 왔다(제750조). 이 운전자의 주의의무는 운전자라는 직업에 대해 부과되는 의무로서 일종의 추상적 과실로 인식된다. 판례는 민사책임에서의 운전자의 주의의무의 기준설정에 있어 형법상 과실의 판단기준인 신뢰의 원칙을 도입하고 있다.

차량을 운전하는 업무에 종사하는 자는 차량을 운행하기 전에 차량을 정비하여 기관 기타에 고장유무를 확인하여 고장이 있음을 발견하였을 때에는 이를 수리하여 운전도중에 브레이크 고장 등으로 인한 사고발생을 미연에 방지할 업무상 주의의무가 있고(大判 1965. 3. 30, 64다1434), 운전사가 운전석을 떠날 때에는 다른 사람이 자동차를 함부로 조작할 수 없게끔 하는 정도의 조처를 강구하여야 할 주의의무가 있다(大判 1975. 6. 10, 74다407). 자동차사고에 관한 우리의 판례는 많이 집결되어 있어 사고유형에 따라 또는 운행형태에 따라 각각의 경우 운전자에게 어떤 주의의무가 부과되는가가 사례별로 명시되어 있다.

大判 1996. 10. 11, 96다30823: 모든 차는 같은 방향으로 가고 있는 앞차의 뒤를 따르는 때에는 앞차가 갑자기 정지하게 되는 경우에 그 앞차와의 충돌을 피할 만한 필요한 거리를 확보하여야 한다고 규정되어 있는데(도로교통법 제17조 1항), 이는 앞차가 제동기의 제동력에 의하여 정지한 경우뿐만 아니라 제동기 이외의 작용에 의하여 갑

1) 大判 1984. 6. 12, 82도3199 참조. 같은 취지: 梁三承, "의료과오로 인한 민사책임의 발생요건," 곽윤직화갑기념 민법학논총, 767.

2) 운전자의 과실책임은 일반불법행위책임으로서 뒤에 설명하는 자동차사고손해배상보장법의 자동차운행자책임(위험책임에 가까운 중간책임)과는 구별된다.

자기 정지한 경우도 포함하는 것이다.

大判 1996. 10. 15, 96다22525: 특별한 사정이 없는 한 무단횡단하는 보행자가 나타날 경우를 미리 예상하여 급정차를 할 수 있도록 운전할 의무는 없다. 도로를 무단횡단하거나 도로에 앉아 있는 피해자를 충격하여 사고를 발생시킨 경우에 있어서 그 피해자를 발견하는 즉시 제동조치를 취하였다면 피해자와 충돌하지 않고 정차할 수 있었다는 등 특별한 사정이 인정되지 않는 한, 자동차의 운전자에게 업무상 주의의무를 태만히 한 과실이 있다고는 볼 수 없다.

(다) 列車機關士 등의 注意義務 열차기관사는 그 열차운행에 수반하는 사고를 미연에 방지할 업무상의 주의의무가 있다(大判 1966. 7. 12, 66다975). 열차차장은 열차 출발 전에 승강구의 문을 폐쇄하고 열차진행중에는 승강구에 매달려 가는 사람이 있는가 살펴 차안으로 들여 보내는 일을 할 직무수행상의 주의의무를 진다(大判 1976. 5. 11, 76다427). 그리고 홈의 질서를 정리할 의무, 노선변경 통보의무, 위험표지판 설치의무 등이 있다. 그 밖에도 철도건널목 간수인·保線手·철도사업경영자·철도여객운송인에게도 각각의 직업에 따른 업무상 주의의무가 부과된다.[1]

大判 1992. 12. 22, 92다29467: 열차 승객이 열차가 완전히 정지하지 아니한 상태에서 승강장으로 뛰어내리다가 사망한 경우에, 열차 승무원들이 차내방송으로 열차가 완전히 홈에 정지하기 전에는 뛰어내리지 않도록 주의를 환기시키고 차내순시를 한 사정만으로 위 사고가 오로지 피해자의 과실로 인하여 발생하였고 승무원들이 여객운송에 관한 주의의무를 다한 것이라고 보기 어렵다.

(라) 火藥類取扱者의 注意義務 화약류취급자 및 소지자에 대하여 거의 무과실책임에 가까울 정도로 무거운 주의의무가 부과된다. 이는 화약류가 사회생활에 매우 심각한 위해를 끼치는 위험물임을 감안했기 때문이다. 발파장소에서 뇌관을 주워 도화선껍질을 벗기려다 폭발하여 어린이가 다친 사건에서, 화약류취급책임자는 발파작업 후 경비원을 두거나 위험표시를 하여 사람들의 접

---

1) 여객의 운송인에 대한 손해배상청구는 계약책임인 운송인의 책임을 묻는 것이 가능함에도 불구하고, 판례에 나타난 사건은 대다수가 민법 제750조의 불법행위책임을 추궁했다(大判 1978. 12. 26, 78다2105). 大判 1998. 8. 25, 98다19820: 여객운송인은 열차가 터널에 진입하기 전에 승강구의 문을 닫고 승강구 근처에 위험한 승객이 있으면 객차 안으로 들여보내는 등의 조치를 할 주의의무가 있으므로 열차승객이 터널에서 추락, 사망한 데 대하여 여객운송인은 손배책임이 인정된다.

근을 막고 폭발되지 않은 뇌관을 찾아내어 수거함으로써 각종 사고의 발생을 미연에 방지할 주의의무가 있다고 판시되었다(大判 1977. 4. 26, 76다53). 화약쓰레기 소각 후 고철을 주우려다 폭발하여 다친 사건에서 안전관리요원 및 인부들은 폐기물을 모두 소각하고 그것이 완전히 연소될 때까지 그 곳을 지키면서 사람들의 접근 및 출입을 방지하든가, 사람들의 접근방지시설을 하여 폭발사고를 미연에 방지하여야 할 업무상의 주의의무를 진다고 하였다(大判 1980. 1. 15, 79다1084). 그 밖에 화약류취급을 업무로 하지 않는 경우에도 폭발물소지자는 그 폭발물 자체가 잘못 취급하면 폭발할 수 있는 위험한 물건임을 알고 있다 할 것이고, 그를 알고 있는 이상 폭발물을 다른 사람이 손으로 만지는 것을 발견하고 단순히 위험한 물건이니 손대지 말라고만 하였을 뿐 현실적으로 제지하거나 안전한 장소에 옮겨 놓는 등 적극적으로 방지를 하지 아니함으로 인하여 사고가 발생한 경우에 과실이 있다고 하였다(大判 1970. 9. 29, 70다1687).

大判 1998. 7. 24, 98다12997: 일반 수요자에게 가스를 공급하는 액화석유가스 판매사업자로서는 가스에 의한 재해가 발생할 위험성이 있는 경우에 이를 미리 방지하기 위한 조치를 강구할 업무상의 주의의무가 있다. 안전관리자를 두지 아니한 채 사업을 영위하던 액화석유가스 판매사업자가 가스통을 새것으로 교체하면서 기존의 가스 시설이 지극히 불량하게 설치되어 있음을 확인하고도 이를 점검하거나 개선하도록 하는 조치를 취하지 않은 경우, 그 후 발생한 가스폭발 사고에 대하여 실화책임에관한법률 소정의 重過失이 인정된다.[1]

(마) 施設管理者의 注意義務　최근에는 학교의 체육시간·야영훈련중에 학생들에게 사고가 발생한 경우 교사 및 학교법인에게 책임을 묻는 사례가 급증하게 되었다. 판례는 학교측에 위험방지의무를 부과함으로써 이를 형식상 과실책임으로 처리한다. 그리고 학교뿐 아니라 체육관, 학원 등의 책임으로 확산되어 가는 추세에 있다. 학생집단훈련중 익사사고에 관련한 인솔교사의 주의의무를 부과한 판례로서 일몰시각이 가까운 때에 나이어린 학생들에게 자유시간을 줌에 있어서는 단체생활의 질서유지와 학생들의 안전관리에 더욱 세심한 주

1) 大判 1994. 9. 27, 94다19730: 자동차정비기능사 국가기술자격 검정실기시험중, 시험감독관으로서는 수검자에게 시동조작의 중지를 명령한 이후에도 배터리의 폭발위험성에 관하여 주의를 환기시키고 수검자가 기동모터를 끈 다음 (-)선부터 제거하는지 여부를 예의 주시하면서 확인하는 등 배터리의 폭발로 인한 사고를 미연에 방지하여야 할 주의의무가 있다.

의를 기울이고, 직접 또는 안전감시책임을 지운 학생을 통하여 수시로 그들의 동태를 파악하여 인명에 위해를 가할 우려가 있는 위험발생을 미연에 막을 주의의무가 있다는 판결이 있다(大判 1978. 5. 9, 78다169). 유사한 판례로서 보이스카웃 하계야영훈련중 주의와 점검을 철저히 하지 아니하여 학생이 관음폭포의 찬물에 수영중 익사한 것을 알지 못한 경우 과실책임이 있다는 판결이 있다(大判 1980. 5. 27, 80다551). 이 사건에 대해서는 인솔교사의 주의의무 위반으로 인한 사고에 대하여 학교법인은 그 사용자로서의 책임을 부담하여야 한다고 한다(상동 판결). 초등학교 1학년 어린이가 자습중 선생이 자리를 비운 사이에 장난하다가 밀어 넘어뜨려 급우의 좌측 눈을 실명케 한 경우 선생은 미성년자의 대리감독자로서의 책임이 있고, 학교재단은 사용자책임이 있다고 한다(大判 1981. 8. 11, 81다293; 大判 1999. 9. 17, 99다23895는 부정). 그러나 선생의 학생구타에 관하여 교과과정의 이수와 규율유지를 위하여 여중 3년생을 수차례 때린 경우 이는 위법성이 없을 뿐 아니라 그 학생의 정신질환과의 사이에 인과관계도 없다 하여 정신질환에 대한 교사의 책임을 부인한 판결이 있다(大判 1979. 9. 11, 79다522). 이상의 판례로서 우리 대법원은 학생들의 단체훈련 · 야영훈련 · 자습 · 체육수업중에 발생한 사고에 대하여는 교사나 학교측에 매우 엄격한 주의의무와 책임을 인정하고 있음을 알 수 있다. 단 교사의 징벌권의 행사로 인해 발생한 사고에 대하여는 위법성이 없다는 이유로 면책하여 준다.

(4) 無償行爲에 관한 責任輕減

계약법에서 무상계약의 의무자에 인정되는 주의의무의 경감은 계약책임뿐 아니라 불법행위책임에도 적용되어야 한다. 무상수취인의 보관의무는 자기재산과 동일한 주의 정도로서(제695조), 유상수취인에게 선량한 관리자의 주의가 요구되는 것(제374조)에 비교하여 주의의무가 경감된다. 친권자가 그 자에 대한 법률행위의 대리권 또는 재산관리권을 행사함에 있어서도 자기재산에 관한 행위와 동일한 주의의 정도로 경감된다(제922조). 상속재산에 대한 상속인의 관리의무도 그러하다(제1022조). 이러한 주의의무의 경감은 의무자가 대가를 받고 보관 · 관리 · 처분 등의 행위를 하는 것이 아닌 점에 착안하여 의무자의 책임부담을 줄이고자 하는 목적에서 행해지므로, 이러한 목적에 적합한 다른 무상행위의 경우에도 법규정을 유추적용하여 주의의무를 경감시키는 것이 옳다.[1)]

---

1) 종래에는 이러한 「무상계약에 있어서의 주의의무경감」을 과실의 종류로서 이해하여 통상의 과실을 「抽象的 過失」, 그리고 무상행위에 있어서의 과실을 「具體的 過失」이라고 불렀다. 그러나 위 경우를 과실의 종류로서 이해하는 것은 잘못이다. 과실의 종류에 관한 문제가 아니라 과실의 전제가 되는 주의의무에 경중의 차이가 있는 것이다. 또한 과실의 개념에 관해서는 객관적 과실설과 주관적 과실설이 대립하고 있는데, 통

(5) 失火責任의 輕減

불법행위에 의한 가해가 실화로 인한 경우에는 실화책임에관한법률(1961)에 의해서 민법 제750조의 규정은 重大한 過失이 있는 때에 한하여 적용된다. 원래 중과실이란 의무자의 주의의무 위반의 모습이 통상의 경우보다 매우 방만한 것을 가리킨다.

> 大判 1990. 6. 12, 88다카2: 중과실이란 통상인에게 요구되는 정도의 상당한 주의를 하지 않더라도 약간의 주의를 한다면 손쉽게 유해한 결과를 예견할 수 있는 경우임에도 불구하고 만연히 이를 간과함과 같은 거의 고의에 가까운 현저한 주의를 결여한 상태를 말한다.
>
> 大判 2002. 12. 10, 2001다9298: 소방공무원들이 화재를 진압하는 과정에서의 행위에 대하여도 실화책임에관한법률이 적용된다. 화재진압과정에서 소방공무원의 잘못으로 인하여 제2차적인 화재가 발생하여 손해가 발생하였더라도, 소방공무원에게 "중과실"이 인정되지 않는다면, 민사상의 손해배상책임이 발생하지 않는다.

㈎ 妥當性論議 실화책임법이 일반불법행위법의 특칙을 인정하여 輕過失(이것이 통상의 과실이다)에 대하여는 책임을 지우지 않고 단지 중과실에 대하여만 책임을 지우는 입법태도를 취하는 것이 타당한가에 대하여는 찬반이 엇갈린다.

1) 肯 定 說 실화책임법에 의한 책임경감이 타당하다는 입장이다. 憲法裁判所가 이 입장을 취하여(憲裁決 1995. 3. 23, 92헌가4), "이 법의 적용범위가 다른 법률에 의하여 또는 이 법에 대한 유권적 해석에 의하여 상당히 제한되어 있는 점과 이 법 자체가 중과실에 의한 실화자에 대하여는 손해배상책임을 지도록 한 점 등을 종합하면, 이 법이 필요한 정도를 넘어서 실화 피해자의 재산권을 과도하게 제한한 것이라고 보기는 어렵다"고 판시하였다.

상의 과실을 추상적 과실로 이해하는 것은 객관적 과실설에만 타당하므로 용어 자체가 어느 한 학설에 치우치게 된다. 구체적 과실이 의무자 개인의 능력을 기준으로 하는 것은 아니다. 그 의무자가 통상인보다 우수한 능력을 갖는 경우에도 그것은 고려되지 않고 구체적 과실이란 다만 「통상인의 주의의무보다 낮은 정도의 주의의무를 부과하는 것 으로 이해된다. 그렇다면 「추상적 과실 , 「구체적 과실 이란 용어는 개념의 혼란만을 초래하는 부적절한 것이므로 사용할 필요가 없다고 생각된다. 拙著, 채권총론(개정판), 1998, 94에 설명 있음.

憲裁決 1995. 3. 23, 92헌가4: 「화재로인한재해보상과보험가입에관한법률」에 의하여 특수건물의 소유자는 건물의 화재로 인하여 타인이 사망하거나 부상한 때에는 과실이 없는 경우에도 손해를 배상하도록 하여 이 법의 적용을 명문으로 배제하고 있는데, 위와 같은 유형의 불법행위는 고도의 위험성이나 피해의 광범위성이 애초부터 예상되거나 영리성을 수반하는 경우가 많아, 이 법이 적용되는 통상의 실화와는 성격을 달리하므로 그로 인한 차별이 반드시 합리적인 이유가 없는 차별이라고 할 수 없다.

大判 2000.5.26, 99다32431: 실화책임에관한법률은 발화점과 불가분의 일체를 이루는 물건의 소실, 즉 직접 화재에는 적용되지 아니하고, 그로부터 연소한 부분에만 적용되는 것으로 해석함이 상당하다. 그러므로 교통사고로 화물차의 엔진부위에서 화재가 발생하여 그 적재함 및 적재물이 소훼된 경우, 위 화재는 직접 화재에 해당한다고 할 수 있어 실화책임에관한법률이 적용되지 않는다.

2) 否定說 현재 우리 나라의 제반상황이나 불법행위법의 추세를 고려할 때 실화자의 책임경감은 현실에 맞지 않는 어색한 입법이라고 비판하는 입장이다.[1] 실화책임법은 실화자를 지나치게 보호하고 피해자에게 가혹한 결과를 감수하게 하여 부당하다고 한다. 실화책임법은 일본의 同名의 법률을 본받은 것인데, 일본에는 지역적 특수사정(기후 · 목조건물 등)으로 실화자의 책임을 경감할 필요가 있었다 한다.[2] 또한 근래의 보험제도의 보급을 고려하면 더욱 그 타당성이 의심스럽다고 한다. 私見으로도 否定說이 타당하다고 생각한다.

(나) 適用制限 화재로인한재해보상과보험가입에관한법률에 의하여 특수건물의 소유자는 건물의 화재로 인하여 타인이 사망하거나 부상한 때에는 과실이 없는 경우에도 손해를 배상하도록 하여 이 법의 적용을 명문으로 배제하고 있다. 판례는 다음의 경우에는 실화책임법의 적용을 배제한다.

---

1) 우리 나라가 일본의 이 특별법을 받아들인 점에 대하여는 실화자를 지나치게 보호하는 것일 뿐 아니라 피해자에게는 너무나 소홀한 결과가 된다는 이유로 비판이 행해진다. 郭潤直, 687. 이 점은 화재에 대해 무과실책임에 가까운 민사책임을 인정하는 프랑스법이나 영국법과는 대조적이다.

2) 일본법에서 그러한 책임경감을 하는 이유로서 일본에는 목조건물이 많으며 한번 화재가 발생하면 기후나 소방능력의 부족으로부터 그 배상책임이 예상할 수 없을 정도의 고액으로 된다는 점, 실화자 자신의 재산도 소실되므로 동정되어야 한다는 점, 일본에는 옛날부터 실화자에 대하여는 손해배상책임을 묻지 않는 관습이 있다는 점을 들 수 있다. 그러나 일본에서도 근래에는 소방설비도 충실하고 내화건축기술도 진전되었으므로 다른 불법행위유형과 비교할 때 실화의 경우를 특히 책임경감을 할 근거는 없다는 비판이 강하다. 실화책임법의 적용범위를 좁게 이해하는 것이 현재 일본의 해석방향이다. 加藤一郎, 不法行爲, 1974, 75; 前田達明, 민법 Ⅳ2(不法行爲法), 1980, 252.

1) 가스의 폭발사고　가스폭발 사고에 의해 직접 피해자가 상해를 입은 경우에는 실화책임에관한법률이 적용되지 않으며, 이것은 공작물책임의 문제라고 한다(大判 1996. 6. 25, 96다16919).

2) 공작물의 설치보존상의 하자　공작물 자체의 설치보존상의 하자에 의하여 직접 발생한 화재로 인한 손해배상책임에 관하여는 민법 제758조 1항을 적용하고, 그 화재로부터 연소한 부분에 대한 손해배상책임에 대하여는 실화책임에관한법률을 적용한다(大判 1996. 2. 23, 95다22887).

3) 채무불이행책임　판례는 채무불이행으로 인한 손해배상청구에는 실화책임법이 적용되지 않는다는 견해를 확고히 한다.[1] 특히 임차인의 채무불이행책임에 실화책임법의 책임경감이 적용되지 않는다는 입장이다. 가옥소유자가 실화한 경우에는 임차인의 사용이익을 제외한 타인의 손해에 대해 중과실이 없으면 배상할 필요가 없으나, 임차인이 실화한 경우에는 임대인의 손해에 대해 배상하여야 한다.[2] 가옥소유자의 경우에는 이웃소유자에 대하여 일반적인 사회생활상의 주의의무 외에 특별한 계약상의 의무를 부담하지 않지만, 임차인은 임대인에 대하여 임차물을 선량한 관리자의 주의의무로써 보존할 계약상 의무를 지기 때문이다(大判 1986. 10. 28, 86다카1066).[3] 이 선관의무는 임대인과 임차인 사이의 특별한 관계인 임대차관계에 기초하는 것이므로 그 특별관계의 범위 내에서는 일반책임인 불법행위의 법리가 배제된다. 이상의 실화책임에 관한 판례의 태도는 실제로 중과실과 경과실의 차이를 좁혀 통일적인 원칙에 의해 운영하는 듯한 인상을 준다. 이러한 판례의 태도는 입법적 해결이 있기까지의 임시변통의 효과를 가져올 수 있으므로 매우 타당하다고 생각된다.

---

1) 大判 1967. 10. 23, 67다1919에서는 "실화책임에관한법률은 실화자에게 중대한 과실이 없는 한 불법행위상의 손해배상책임의 부담을 시키지 아니한다는 데 불과하고 본건과 같이 창고업자가 실화로 인하여 임치물 반환의무이행이 불능케 된 경우의 책임까지 배척하는 것은 아니"라고 한다. 大判 1968. 9. 17, 68다1402에서는 이 사건은 상법 제160조에 의한 이른바 채무불이행을 원인으로 하는 손해배상책임을 묻는 것이므로, 이러한 법률관계에 실화책임에관한법률이 적용될 수 없다고 한다. 과거의 일본판례는 차가인이 실화로 임차가옥을 소실한 경우 채무불이행책임에 관하여도 동법을 적용하였었다(日大判 明 38. 2. 17, 民錄 11, 183). 그러나 連合部判決로 변경된 현재의 判例는 同法을 채무불이행에는 적용하지 않고 일반원칙에 의하여 경과실만 있어도 임차인의 배상책임을 인정한다(日大(連)判 明 45. 3. 23, 民錄 18, 315; 日最判 昭 30. 3. 25, 民集 9. 3, 385). 그리고 하급심판례는 임차인의 실화로 인한 이웃의 延燒家屋에 대한 책임에 관해서는 同法의 적용을 받는다고 한다(日東京地判 昭 51. 3. 31, 時報 834, 71. 같은 취지: 加藤一郎, 註釋民法(19), 87).

2) 이 문제는 거꾸로 무상수치인의 주의의무를 경감시키는 민법 제695조가 불법행위책임에도 적용될 것인가의 문제와 계약책임과 불법행위책임의 관련성이란 점에서는 유사하나, 그 본질은 다르다. 拙稿, "계약책임과 불법행위책임의 경합(하)," 법조 제35권 1호, 1986, 56 참조.

3) 이에 관한 판례평석은, 拙稿, "실화시 임차인의 손해배상범위," 민사판례연구 제10권, 1988, 172 이하.

大判 1992. 2. 25, 91다26270: 건물 지하층의 임차인 경영의 음식점에서 종업원이 난로에 주유함에 있어 난로의 방열망에 석유를 흘린 과실로 화재가 발생한 경우에, 건물 소유자에게 임차인이 방염 처리되지 아니한 재료를 사용하여 내부수선을 하는 것을 묵인하고 건물 안에서 이동식 석유난로를 사용하는 것을 방치한 과실이 있다 하더라도 위 화재가 음식점 종업원이 난로에 주유함에 있어 저지른 과실이 결정적인 원인이 되어 발생하였고, 건물소유자가 임차인이나 그 종업원을 지휘감독하는 관계에 있지 아니한 이상 위와 같은 과실을 실화책임에관한법률에서 말하는 중대한 과실이라고 볼 수 없다(건물소유자에게 민법 제758조에 의한 책임도 없다).

(6) 過失의 立證

(가) 立證對象 피해자가 가해자의 과실을 입증하기 위하여 무엇을 증명해야 하는가에 관하여는 학설이 대립한다.

1) 法律要件分類說 입증의 대상은 법률상의 요건인 「과실」이므로 과실 자체가 입증의 주요사실이 되고 그 과실은 간접사실에 의해 입증될 수 있다고 보며, 이 때 피고는 간접반증을 제기할 수 있다는 견해이다. 이 견해는 법률요건분류설에 따라 과실이라는 불확정개념 자체를 주요사실로 하여 원고(피해자)가 증명할 책임을 진다고 이해한다.

2) 具體的 事實說 과실 등의 불확정개념의 기초가 되는 개개의 구체적 사실을 주요사실로 보고 그것을 증명해야 한다는 견해이다.[1] 현재의 법제 아래서는 사실만이 직접증명의 대상이고, 권리나 가치판단의 결과는 직접증명의 대상이 될 수 없기 때문이라고 한다. 私見으로서는 구체적 사실설에 찬동한다. 과실이란 불확정개념은 그 자체가 어떠한 사실이나 사건이 아니라 행위자의 주의의무 위반이라는 규범적 판단으로서 그 안에 위법성요소까지 내포되어 있다. 가해행위가 이루어진 제반사정으로부터 가해자에게 어떤 주의의무가 있었다고 볼 것인가, 그리고 당해 상황에서 가해자의 주의의무 위반이 있었다고 볼 것인가는 법관의 판단사항이다. 당사자가 입증할 수 있는 것은 과실판단의 기초가 되는 사실뿐이다. 그러므로 그 기초가 되는 개개의 사실이 입증의 주요사실이 된다고 보아야 한다. 主要事實은 그 존재가 입증된 경우에는 바로 그 주요사실을 구성요건으로 하는 법률효과의 발생을 인정하게 되지만, 간접사실은 그 존재가 입증된 경우에도 다시 이를 전제사실로 하여 주요사실의 존재를 추인하는

1) 이상의 학설에 관하여 자세한 설명은, 吳錫洛, 입증책임설, 42, 135 참조.

과정이 남게 된다. 또한 자백의 대상이 될 수 있는 것도 그 기초사실일 뿐이다. 피고는 과실의 인정을 방해하는 특별한 사정이 있음을 항변할 수 있다.

(나) 過失의 事實上 推定 환경오염피해 · 제조물피해 · 藥害 등의 경우에는 가해자의 과실이 추정되어야 한다. 과실의 추정은 법관의 자유로운 심증형성과정에 있어 피고의 과실이 존재하는 것으로 다루어지는 것이다. 독일법에서는 과실의 입증을 表見證明(Anscheinsbeweis)으로 충분하도록 하는 견해가 판례에 의해 확립되었다. 표현증명이란 중요한 징표에 의해 법률요건의 실현이 경험칙상 추론되는 경우에 그러한 징표의 증명만으로 과실이 입증된 것으로 다루는 것이다.[1] 제조계획에 따라 제조되지 않은 불순약품의 경우, 제조과정에 제조자의 과실이 있다고 추정된다(이 때 원고는 당해 약품이 순정이 아니라는 사실만 입증하면 된다). 만일 자동차운전수가 운전 도중에 자동차가 전복하는 등 사고가 발생하였다면 일단 그 운전수의 고의 또는 과실에 기인한 사고라고 추정된다(大判 1969. 10. 29, 4292민상67). 가압류 · 가처분집행을 한 후에 그 실체상 청구권이 없음이 확정되는 때에는 반증이 없는 한 그 가압류 또는 가처분에 의한 권리침해에 대하여 채권자에게 고의 · 과실이 있었다고 추정된다(大判 1992. 9. 25, 92다8453).

(다) 過失의 法的 推定 감독자책임(제755조), 사용자책임(제756조), 공작물점유자의 책임(제758조) 등에서는 감독자 · 사용자 · 공작물점유자의 과실이 추정되며, 그들이 주의의무를 다하였음을 증명하여야 면책받을 수 있다(大判 1984. 7. 10, 84다카474). 그러나 감독자나 사용자의 면책은 학설 · 판례에 의해 극히 제한되어 소송에 있어서 그들의 면책입증은 받아들여지지 않고, 따라서 그 과실추정규정은 입증책임전환의 효과를 가져오는 것이 아니라 과실을 요건으로 하지 않는 위험책임으로서의 효과를 가져온다. 단 공작물점유자의 면책입증은 허용되어 이 때에는 입증책임전환의 효과를 가져오며, 그가 면책된 경우 공작물소유자가 배상책임을 진다.

---

1) 吳容鎬, "불법행위소송과 입증의 정도," 곽윤직화갑기념, 1983, 624 이하 참조.

§45. 違法性 · 責任能力

1. 違 法 性

(1) 違法性의 評價

타인에 대한 가해행위가 법질서상 용납될 수 없는 것으로 평가되는 경우에 그 가해행위는 위법성을 띤다고 평가된다. 인간이 사회공동생활을 영위함에 있어 이익의 충돌은 불가피하므로 공동생활 자체가 타인에 대한 가해가능성을 갖고 있다고 해도 과언이 아니다. 그러므로 타인에 대한 가해는 그것이 사회생활상 불가피한 것으로 용인될 수 있다거나, 또는 사회질서를 해치는 것으로 허용될 수 없다거나 둘 중의 하나로 평가된다. 후자만이 위법한 가해가 되어 불법행위책임을 발생시킴은 물론이다. 위법성의 평가는 손해의 공평분담이라는 불법행위법의 목적에 비추어 객관적으로 행해진다(客觀的 違法性論).[1] 평가기준이 되는 것은 실정법질서 및 기타 사회질서이다. 즉 형식적 법률에 제한되지 않고 사회생활상의 실질적인 규범을 기준으로 한다(實質的 違法性論).[2]

大判 1998. 2. 10, 95다39533: 성적 표현행위의 위법성 여부는 구체적 사정을 종합하여 그것이 사회공동체의 건전한 상식과 관행에 비추어 볼 때 용인될 수 있는 정도의 것인지 여부 즉 선량한 풍속 또는 사회질서에 위반되는 것인지 여부에 따라 결정되어야 한다. 성희롱의 위법성의 문제는 이를 일반불법행위의 한 유형으로 파악하여 행위의 위법성 여부에 따라 불법행위의 성부를 가리면 족한 것이지, 불법행위를 구성하는 성희롱을 고용관계에 한정하여, 조건적 성희롱과 환경형 성희롱으로 구분하여 판단할 필요는 없다.

(2) 結果不法論과 行爲不法論

과거의 민법학에서는 위법성의 평가를 발생된 침해사실 하나에 착안하여

1) 이는 과거의 형법학에서 주관적 위법론(위법이라는 가치판단의 대상을 행위자의 주관적 의식에 두는 견해)과 객관적 위법론(행위에 대한 객관적 평가에 위법평가의 대상을 두는 견해)의 대립 중 객관적 위법론에 기초를 둔 설명이다. 현재에는 형법학이나 민법학이나 객관적 위법론이 통설이다.

2) 종래 형법학에서는 형식적 위법론(위법평가의 기준을 실정법 위반에서만 구하는 견해)과 실질적 위법론(위법을 실정법 이전의 문제로 보아 실정법 이외에 선량한 풍속, 사회질서 등의 사회규범을 위법평가의 기준으로 보는 견해)이 대립되었다. 현재 민법학의 위법성이론으로서는 실질적 위법론이 통설이다.

행하는 「결과불법론」이 지배적이었다.[1] 결과불법론이란 타인의 생명 · 신체 · 건강 · 자유 · 소유권이나 그 밖의 권리를 침해한 경우, 그 침해결과를 야기한 행위는 위법성조각사유가 없는 한 위법하다고 보는 견해를 말한다. 즉 보호법익의 침해라는 결과 자체에 위법성이 인정된다고 본다. 이러한 결과불법론은 가해행위에 대한 사회적 비난의 근거를 정확히 밝히지 못하고 위법성을 도식적으로 처리한다는 문제점을 갖고 있다.

근래에는 위법성의 본질을 가해행위에서 찾아야 한다는 行爲不法論이 주장된다.[2] 행위불법론이란 위법성의 평가에 있어서 「어떠한 행위의 결과로서 보호법익의 침해가 있었는가」, 「그러한 침해는 법규범이 행위자에게 부과한 주의의무를 해태함에 의하여 야기된 것인가」의 두 가지 측면이 함께 고찰되어야 한다는 견해이다. 故意不法行爲의 경우에 마치 가해결과만 발생하면 곧 위법성이 인정되는 듯 보이나, 실은 보호법익침해라는 결과 외에 고의라고 하는 행위자에 대한 비난가능성이 함께 고려된 것이다. 過失不法行爲의 경우에도 보호법익침해라는 결과보다 더 중요한 것은 그 결과가 注意義務違反으로 인하여 야기되었다는 점이다. 주의의무를 위반했다는 사실은 과실인정의 근거이기도 하며, 동시에 위법성인정의 근거이기도 하다. 주의의무란 법질서에 의하여 가해자에게 부과되었던 행위규범이며, 가해자가 그 행위규범에 위반하여 행위하였다는 점이 바로 위법성의 대상이 된다.

행위불법론은 과실과 위법성의 개념을 명확히 하였다는 점, 부작위에 대한 불법행위책임을 잘 설명해 준다는 점, 행위자의 책임한계(법규범이 부과한 주의의무를 충실히 다하는 것)를 설정해 준다는 점에서 타당하다. 특히 우리 민법과 같이 불법행위일반조항(제750조)

1) 결과불법론은 독일민법 제정 당시 독일민법학의 지배설이었으나, 현재에는 지지자가 거의 없다. Fischer, *Rechtswidrigkeit mit besonderer Berücksichtigung des Privatrechts*, 1911.

2) 같은 취지: 徐光民, "불법행위의 책임귀속구조에 관한 연구," 고대박사학위논문, 1987, 29; 梁彰洙, "불법행위요건으로서의 위법성," 월간고시 1985년 10월호, 45; 鄭淇雄, "불법행위에 있어서 위법성판단," 재산법연구 제3권 1호, 1986. 독일에서는 Nipperdey, Wietholter, von Caemmerer, Esser, Münzberg, Larenz 등의 학자에 의해 행위불법론이 주장되었다. 독일의 행위불법론자의 한 분인 캐머러 교수는 불법행위법 고유의 문제는 "언제 위법한 행위가 존재하였는가 하는 것이며, 이는 결국 그러한 침해(결과)와 손해배상의무가 결합된 행위규범을 만드는 일"이라고 한다. 즉 위법성판단의 대상 또는 위법의 구조적 요소로서 인간의 행위만을 인정할 것을 주장한다. 그의 구체적 작업으로서는 불법행위를 고의에 의한 경우와 그 밖의 경우로 나누어 구성요건을 정해야 한다는 불법유형이론을 전개하였다. 그는 불법행위의 유형을 첫째, 고의의 권리침해, 둘째, 법률상의 행위규범을 위반하는 행위, 셋째, 절대권의 직접적 침해, 넷째, 과실에 의한 침해의 네 가지로 분류하였다. 그리고 넷째 유형의 과실에 의한 권리 및 법익침해는 그것이 사회생활상 의무를 위반한 경우에만 불법행위를 구성한다고 본다. 캐머러 교수의 이론은 행위불법론 · 불법유형이론 외에도 객관적 위법성이론 및 규범적 · 기능적 위법론과 더불어 통일체계를 이룬다. von Caemmerer, Wandlungen des Deliktsrechts, *Hundert Jahre deutsches Rechtslebens, Festchrift zum hundertjährigen Bestehen des Deutschen Juristentages* 1860~1960(이는 캐머러 교수의 *Gesammelte Schriften I*, S. 452 이하에 수록되어 있음).

을 두어 책임요건을 포괄적으로 규정하는 법제에서 더욱 유용하다. 독일민법과 같은 불법행위의 구성요건이 개별적으로 열거되지 않으므로, 가해행위에 대해 종합적으로 평가할 필요가 절실하다. 결국 행위불법론을 취할 경우 과실개념과 위법성개념은 「주의의무 위반」이라는 요건으로 통합된다.[1)]

被害者의 承諾

피해자가 자신에 대한 가해를 허락하였다는 사실만으로 곧 가해행위의 위법성이 조각되지는 않는다. 가해행위의 위법성 여부는 그 행위결과 및 행위자의 고의·과실에 대한 사회적 평가에 의해 결정되는 것이지, 피해자의 승낙 여부만에 의해 결정되는 것은 아니다. 위법성을 권리의 침해라는 사실에서 구하는 견해에서는 피해자의 승낙은 권리침해의 요건을 충족하지 못하므로 불법행위책임이 성립하지 않는다고 본다. 그러나 위법성을 주의의무의 위반으로 보는 견해에서는 주의의무 위반과 피해자의 승낙은 논리필연적 관련성을 갖지 않는다고 해석된다.

피해자의 승낙은 위법성판단에 있어서 참작사유가 될 뿐이다. 승낙살인, 자살방조, 결투의 합의는 가해행위의 위법성을 조각하지 않는다. 승객이 사고가 나도 상관 없다고 승낙을 하여 택시를 과속으로 달리다가 사고가 발생한 경우에 운전기사의 과실 및 위법성은 승객의 승낙에 의해 소멸되지 않으며, 단지 배상액결정에서 과실상계의 사유가 될 수 있을 뿐이다. 재산권의 침해에 대한 승낙은 곧 권리의 포기 내지 상대방에의 권리설정의 효과를 가져오므로 가해행위라는 요건조차 충족하지 않는다.

(3) 利益의 衡量

과실불법행위에서 위법성평가의 기준이 되는 주의의무를 어떻게 확정할 것인가는 결국 이익의 형량에 관한 문제이다. 어떤 행위가 위험을 초래함에도 허용되는 것은 「그 행위가 야기하는 위험의 크기」와 「행위의 사회적 의의(공공성)」를 비교해 본 결과 후자의 비중이 더 크기 때문이라고 분석될 수 있다.[2)] 또한 행위자에게 일정한 안전조치를 요구한다든가, 기타의 주의의무를 부과함에 있어서는 행위의 위험과 공공성에 대한 사전적 이익형량이 기초로 된다.

행위자가 주의의무를 해태하였는가 아닌가의 사후적 판단에 있어서도 당사자의 이익형량은 중요한 기준이 된다. 그 이익형량에 의하여 우리가 사회생

1) 영미법상의 negligence와 프랑스법의 faute도 이와 유사한 개념이다.

2) von Caemmerer, *a.a.O.*, S. 80~81.

활상 인내하여야 할 손해의 정도(受忍限度)가 정해진다. 이러한 이익형량 및 수인한도의 결정은 특히 환경오염책임이나 의료과오책임에서 유용하다. 결국 이익형량은 손해의 발생가능성, 행위의 사회적 의의, 위태롭게 되는 이익의 중요성 등을 여러 요소를 고려한 규범판단으로서 행해진다.

大判 1999. 1. 26, 98다23850: ① 건축법 등 관계 법령에 일조방해에 관한 직접적인 단속법규가 있다면 이러한 공법적 규제에 의하여 확보하고자 하는 일조는 원래 일조권 보호를 위한 최소한도의 기준이다. 어떠한 건물신축이 건축 당시의 공법적 규제에 형식적으로 적합하더라도 현실적인 일조방해의 정도가 현저하게 커 사회통념상 수인한도를 넘은 경우에는 위법행위로 평가될 수 있다. ② 사회통념상 수인한도를 넘었는지 여부는 피해의 정도, 피해이익의 성질 및 그에 대한 사회적 평가, 가해건물의 용도, 지역성, 토지이용의 선후관계, 가해방지 및 피해회피의 가능성, 공법적 규제의 위반 여부, 교섭 경과 등 모든 사정을 종합적으로 고려하여 판단하여야 하고, 건축 후에 신설된 일조권에 관한 새로운 공법적 규제 역시 이러한 위법성의 평가에 있어서 중요한 자료가 될 수 있다.

(4) 正當行爲

비록 타인에게 손해를 가하는 행위이더라도 그것이 법률에 의해 허용되거나 또는 사회적 타당성을 갖는 경우에는 정당행위로 인정되며, 그 결과 가해행위라고 볼 수 없거나 과실 및 위법성이 결여되는 것으로 되어 불법행위책임이 발생하지 않는다. 정당행위가 되는 경우는 다음과 같다.

㈎ 權利의 行使 법률이나 계약에 의해 부여된 권리를 행사하는 과정에서 불가피하게 발생한 가해는 위법성이 없다. 그러나 권리남용에 이르는 경우에는 위법성이 있다. 자신의 권리의 실현이나 방해의 제거는 자력으로 할 수 없는 것이 원칙이다. 다만 점유하는 물건이나 재산권이 침탈될 경우 부동산일 때에는 점유자가 침탈 후 즉시 가해자를 배제하여 이를 탈환할 수 있고, 동산일 때에는 점유자가 현장에서 또는 추적하여 가해자로부터 이를 탈환할 수 있다(제209조, 제210조). 이렇게 법률에 의해 허용된 범위 내의 자력구제는 정당행위가 된다.[1] 채권자가 채권의 만족을 얻기 위해 채무자의 재산을 탈취하는 것은 원칙적으로 위법하지만, 예외적으로 그 때의 상황에 비추어 사회적 타당성이 있는

1) 판례는 점유침탈을 배제하기 위한 묘판손괴행위는 위법성이 없다고 한다. 大判 1980. 9. 9, 79도249.

경우나 채무자의 추인이 있는 경우에는 위법성이 없다.

大判 1994. 9. 9, 93다50116: 소제기나 응소행위가 권리실현이나 권리보호를 빙자하여 상대방의 권리나 이익을 침해하거나 상당한 이유 없이 상대방에게 고통을 주려는 의사로 행하여지는 등 고의 또는 과실이 인정되고, 이것이 공서양속에 반하는 정도에 이른 것인 경우에는 위법성을 띠고 불법행위를 구성한다.
大判 1992. 12. 24, 92다25120: 부정행위에 대한 고소, 고발이 부정한 이익의 취득을 목적으로 하는 경우에는 위법한 강박행위가 되는 경우가 있고 목적이 정당하다 하더라도 행위나 수단 등이 부당한 때에는 위법성이 있는 경우가 있을 수 있다.

(나) 懲戒行爲　　친권자(제915조) · 후견인(제945조) · 교원(초 · 중등교육법 제18조; 고등교육법 제13조) · 소년원장(소년원법 제15조)에게는 법률에 의해 징계의 권한이 부여되어 있다. 그 징계권한의 범위 내에서 허용된 징계대상자에게 사회적 타당성 있는 정도의 징계행위를 한 경우에는 위법성이 없는 정당행위가 된다. 그 밖에 법률에 의해 징계권한이 부여되지 않았더라도 사회규범에 의해 징계권한이 있는 자(가정교사, 형, 姉, 친권 없는 부모 등)의 징계행위도 민사책임의 영역에서는 정당행위로 된다.

大判 1991. 5. 28, 90다17972: 교사의 학생에 대한 체벌이 징계권의 행사로서 정당행위에 해당하려면 그 체벌이 교육상의 필요가 있고 다른 교육적 수단으로는 교정이 불가능한 부득이한 경우여야 한다. 이 경우에도 그 체벌의 방법과 정도에는 사회관념상 비난받지 아니할 객관적 타당성이 있지 않으면 안 된다.
大判 1993. 12. 21, 93다11463: 징계권의 남용이 우리의 건전한 사회통념이나 사회상규상 도저히 용인될 수 없음이 분명한 경우에 있어서는 그 해고 등 불이익처분의 효력이 부정되는 데 그치는 것이 아니라 위법하게 상대방에게 정신적 고통을 가하는 것이 되어 근로자에 대한 관계에서 불법행위를 구성할 수 있다.

(다) 醫療行爲　　병을 치료하기 위한 치료행위는 그것이 정당한 의료인에 의해 과실 없이 행해진 경우에 정당행위로 된다. 미용을 위한 성형수술 등 긴급하지 않은 의료시술은 이상의 요건 외에도 의사의 충분한 설명과 환자의 동의가 있는 경우에만 정당하다.

(라) 勞動爭議行爲　노동조합이 근로자의 단결권 · 단체교섭권 · 단체행동권의 보장, 근로조건의 유지개선 또는 근로자의 복지증진을 목적으로 한 단체교섭 기타의 행위는 정당행위로 된다. 그러나 폭력이나 파괴행위는 그러하지 아니하다(노조및조정법 제4조). 정당한 노동쟁의의 한계에 관해서는 노동법학에서 중요한 논점이 되고 있다.[1]

(마) 運動競技　운동경기가 쌍방의 합의 아래 개시된 경우 경기규칙에 좇은 운동경기중 발생한 손해는 위법성이 없다. 판례는 씨름중에 생긴 가해에 관하여 묵시적인 피해자의 승낙으로 개시되었다는 사실을 기초로 위법성이 없다고 판시하였다(大判 1977. 9. 25, 77도1576).

(바) 業務行爲　집행관 · 경찰 · 군인 등이 정당한 업무의 범위 안에서 행한 가해는 위법성이 없다. 그러나 그 업무수행중 제3자에게 가한 손해에 대하여는 국가에 대한 손실보상청구가 가능하다.

(사) 公益活動　시민단체 등의 공익목적수행을 위한 정당한 활동은 바람직하고 장려되어야 할 것이나 그러한 목적수행을 위한 활동이라 하더라도 법령에 의한 제한이나 그러한 활동의 자유에 내재하는 제한을 벗어나서는 안 된다(大判 2001. 7. 13, 98다51091).

공동의 이해관계를 갖는 다수의 사람들이 그들의 주장이나 목적을 관철할 의도하에 한 집단행동이 민사상 불법행위를 구성하는 위법성을 갖는지 여부는, 그 집단행동의 구체적인 내용, 방법, 정도뿐만 아니라 이에 이른 동기나 목적, 경위, 상황 등을 침해이익과 함께 종합적으로 고려하여 그 집단행동이 사회통념상 용인될 만한 정도의 상당성이 있는지 여부에 의하여 판단하여야 한다(大判 1995. 6. 16, 94다35718). 집단행동이 그 수단이나 방법이 의사표시의 수준을 넘어 타인의 자유로운 의사결정을 방해하거나 법질서의 기본원칙에 반하는 폭력의 행사에까지 나아간 경우에는 사회통념상 용인될 만한 정도를 넘어선 것으로 위법하다(大判 2001. 5. 2, 2000다35955).

(5) 違法性阻却事由

통상 어떠한 가해행위가 위법성이 있다고 평가되지만 다음과 같은 특별한

---

1) 朴哲彦, "쟁의행위의 한계," 검찰 1979년 6월호; 沈泰植, "쟁의행위의 유형과 정당성," 경희 법학 1971년 12월호; 同, "쟁의행위와 민·형사상의 면책," 경희 법학 제12권 1호, 1974년 12월; 李三顯, "쟁의행위의 적법성," 국민대논문집, 1973년 5월호; 李鍾馥, "비례성의 원칙," 고대 법학 1983년 2월호; 李喆源, "노동자의 쟁의행위의 적법성," 고시연구 1977년 10월호; 林鍾律, "쟁의행위와 형사책임," 경문사, 1982.

사유(위법성조각사유)가 있는 경우에는 적법한 것으로 평가된다.

(가) 正當防衛　타인의 불법행위에 대하여 자기 또는 제3자의 이익을 방위하기 위하여 부득이 그 타인에게 손해를 가한 경우를 정당방위라 한다(제761조). 정당방위의 요건은 다음과 같다. ① 타인의 위법한 가해행위가 있을 것: 타인의 고의 · 과실이나 책임능력은 요건이 아니다. ② 그 가해행위에 대하여 자기 또는 제3자의 이익을 방위하는 행위를 하였을 것, ③ 그 방위행위가 부득이한 상황에서 상당한 정도로 행해졌을 것, ④ 그 방위행위로 가해자나 제3자에게 손해를 발생시켰을 것.

정당방위의 효과는 다음과 같다. ① 방위행위로 가해행위자가 손해를 입은 경우 그 손해의 배상청구권은 발생하지 않는다. ② 방위행위로 가해행위자 이외의 제3자가 손해를 입은 경우, 피해를 입은 제3자는 방위행위자에 대하여는 손해배상을 청구할 수 없고 가해행위자에 대하여만 손해배상청구권을 갖는다(제761조 1항 단서). 단 이 때 가해행위자에게 고의 · 과실 및 책임능력이 있어야 한다.

방위행위가 「부득이한 상황」 및 「상당한 정도」의 요건을 충족하지 못한 경우에는 誤想防衛나 過剩防衛로 된다. 이 때에는 위법성이 조각되지 않으므로 방위행위자에게 불법행위책임이 발생한다. 다만 손해배상의 단계에서 가해자의 행위와 과실상계(제763조, 제396조)되어 배상액이 감경될 수 있다.

大判 1991. 11. 26, 91다17375: 가해자가 피해자의 멱살을 잡아 밀고 당기었지만 이는 피해자가 계속 시비를 걸며 가해자의 멱살을 잡아 떠밀거나 손톱으로 할퀴는 등 부당한 공격을 가한 데서 벗어나려고 한 행위임을 알 수 있어서, 그에 이르게 된 경위, 목적, 수단 등 제반 사정에 비추어 보면, 사회통념상 허용될 정도의 상당성이 있는 것으로서 위법성이 부정된다.

(나) 緊急避難　자기나 제3자에게 닥친 급박한 위난을 피하기 위하여 부득이 타인에게 손해를 가한 경우를 긴급피난이라 한다(제761조 2항). 정당방위는 위법한 가해행위로 인한 침해에 대한 방위인 반면에, 긴급피난은 위법하지 않은 침해(타인의 행위이냐, 자연력이냐를 묻지 않는다)에 대한 피난이라는 점에서 양자가 구별된다.

긴급피난의 요건은 다음과 같다. ① 자기 또는 제3자에 대하여 현재의 급박한 위난이 존재할 것, 단 그 위난이 타인의 위법한 가해행위로 인하여 생긴 경우에는 정당방위로 된다. ② 그 위난을 피하기 위한 행위를 하였을 것, ③ 그 피난행위가 부득이한 상황에서 상당한 정도로 행하여졌을 것, 부득이한 상황이라는 것은 타인에게 손해를 주는 외에는 적당한 피난수단이 없는 경우를 말하며, 상당한 정도란 위난을 피함으로써 보호되는 이익과 피난행위로 인한 손해 사이에 현저한 불균형이 없는 것을 말한다. ④ 그 피난행위로 제3자에게 손해를 발생시켰을 것이다. 긴급피난의 효과는 정당방위의 경우와 같다.

> 大判 1981. 3. 24, 80다1592: 긴급피난으로 위법성을 조각하기 위해서는 급박한 위난이 피난자(가해자)의 고의 · 과실로 발생한 것이어서는 아니 된다.

2. 責任能力

(1) 意　義

어떤 사람이 타인에게 손해를 입히는 행위를 했더라도 그 가해자에게 책임능력이 없는 때에는 불법행위책임이 발생하지 않는다. 책임능력은 어떠한 가해자에게 손해배상책임이 발생할 것인가를 판단함에 있어서 가해자의 개인적 사정(미성년 · 심신상실)을 이유로 면책을 허용할 것인가 여부를 결정하는 객관적 기준을 말한다. 민법은 불법행위책임의 성립요건으로서 책임능력의 존재를 적극적으로 규정하지는 않으나, 제753조, 제754조에서 책임변식지능이 없는 미성년자와 심신상실자에 대하여는 손해배상의무를 면책시킴으로써 소극적으로 규정한다.

민법은 책임무능력자가 면책된 경우에 감독의무자에게 배상책임을 지운다(제755조). 행위무능력자가 책임능력을 갖는 경우에도(보통 12세 이상) 감독자에게 과실이 인정되는 경우에는 그 행위무능력자와 감독자가 연대하여 손해배상책임을 진다(제750조의 적용)(감독자책임에서 설명).

(2) 責任歸屬의 前提條件

책임능력이 책임요건 중 무엇과 관련을 맺는가에 관하여는 학설이 대립한다.

1) 過失前提說　　책임능력은 고의 · 과실의 전제가 된다는 견해이며, 책임능력은 「자기의 행위의 책임을 인식할 수 있는 능력」으로서 법률행위의 의사능력에 대비되는 「불법행위능력」이라고 한다.[1] 이는 행위를 인간의 자유의사

---

1) 郭潤直, 697; 金相容(下), 158; 金錫宇, 501; 金曾漢, 461; 金顯泰, 366; 李太載, 461; 黃迪仁, 357.

의 소산으로서만 파악하고 책임을 그 의사선택에 대한 비난가능성으로서 구성하는 형법학의 의사자유론 및 도의적 책임론과 맥락을 같이한다.

2) 責任前提說 사견으로서는 책임능력을 행위자에 대한 책임(손해배상의무) 귀속의 전제로서 파악하겠다. 책임능력이란 고의 · 과실의 전제로서 행위자의 의사선택에 대한 비난이라는 의사적 요소를 넘어서, 「행위자의 가해행위에 대하여 배상책임을 부과하는 것이 사회적 타당성을 갖는가」라는 규범적 판단으로 이해되어야 한다. 危險責任의 영역, 中間責任의 영역, 不作爲義務의 위반이 책임원인으로 되는 경우에, 행위자에게 辨識能力이 있었는가 또는 정상의 의사결정능력이 있었는가를 묻는 것은 무의미하다. 따라서 과실의 전제로서 책임능력이 요구된다는 종래의 가설은 새로운 불법행위의 영역에서는 타당성을 상실한다.[1]

(3) 未成年者의 責任能力

(가) 辨識의 知能 민법은 미성년자가 스스로 자신의 가해행위의 책임을 변식할 지능이 있는 경우에만 책임진다고 규정한다(제753조). 辨識能力이란 「그 행위가 법적으로 허용되지 않으며 만일에 그것을 감히 행한다면 법적 책임을 지게 된다는 것을 인식하는 지능」으로 이해된다. 그 변식능력이 무엇에 관한 것인가에 관하여는 학설이 대립한다.

1) 違法性認識說 변식능력이란 미성년자가 자기의 행위결과가 위법한 것으로서 법률상 비난받는 것임을 인식하는 정신능력이라고 하는 견해이다.[2] 실제로 가해행위 당시에 그를 인식하였느냐는 문제되지 않으며, 그 행위자에게 그것을 인식할 수 있는 지능이 있었느냐만이 문제된다고 한다.

2) 責任認識說 변식능력이란 사회가 그에게 어떤 주의의무를 부과하는가를 알고 자기행위결과에 대해 책임지겠다는 의지를 가질 수 있는 종합적인 판단능력을 말한다고 한다. 책임능력의 구성요소를 위법성인식능력만으로 파악하고 손해인식능력을 그에서 제외하는 것은 부당하다고 비판한다. 私見으로는 책임인식설을 취하겠다.

辨識의 知能의 판단에 있어서 행위자인 미성년자의 개인적 능력보다도 어떠한 손해와 관련하여 사회가 미성년자에게 어떠한 주의의무를 부과할 것인가가 고려되어야 한다. 과실로 인한 가해의 경우 책임능력은 그러한 연령의 미성

1) Deutsch, *Haftungsrecht I*, S. 300에서는 미성년자 · 정신병자에게 책임능력 없음을 이유로 면책하는 것은 지나친 특권부여라고 비판한다. 그리고 미성년자의 책임능력을 개별적으로 결정하는 것은 책임법의 객관화 추세에 역행하는 것이라고 비난한다.

2) 郭潤直, 699～700; 金基善, 390; 金錫宇, 502; 金曾漢, 462.

년자에게도 법적인 주의의무가 부과될 것인가의 문제로 용해되며, 이 때에는 미성년자의 위법성인식능력보다도 손해의 예견가능성이나 회피가능성이 더욱 중요한 요소로서 고려되어야 한다.

(나) 責任能力의 取得年齡 책임능력이 없는 미성년자는 타인에 대한 가해행위에도 불구하고 그로 인해 야기된 손해에 대한 배상책임을 지지 않는다. 불법행위책임에는 일정한 연령에 도달하면 책임능력을 갖게 된다는 규정이 없다. 형법에서는 14세 미만을 형사책임무능력자로 한다(형법 제9조). 각 가해자별로 구체적인 가해행위에 관하여 책임귀속 여부가 판단되어야 한다.

민법에 일률적인 연령기준이 규정되어 있지 않기 때문에 학설이나 판례에 의존하여 판단할 수밖에 없다. 학설은 대부분의 불법행위에 관해서 7세 내지 12세 정도이면 책임능력을 갖춘다고 해석한다.[1] 판례는 12세 내지 14세부터 책임능력을 인정한다. 동일연령의 경우에 충분한 이유설시 없이 책임능력을 인정하기도 하고 부인하기도 하는 등 아직 일관성 있는 기준을 제시해 주지 않고 있어 유감이다.[2] 판례는 미성년자의 책임능력취득으로 인한 배상책임과 감독자의 배상책임을 병행시키고 있으므로(大判 1984. 7. 10, 84다카474), 미성년자의 책임능력 취득 연령을 불법행위의 유형별로 일관성 있게 정리할 수 있을 것으로 기대된다. 독일민법은 절대적 책임무능력자(7세 미만)와 상대적 책임무능력자(7세 이상 18세 미만, 농아자)를 구별하여 규정하고, 후자의 경우는 가해행위 당시에 변식능력이 있었는가에 따라 구체적으로 책임능력이 결정된다. 우리 민법의 해석으로서도 그러한 구분이 필요한가는 의문이다. 사견으로서는 정상발육아의 경우 중학입학 연령인 12세부터 책임능력을 인정함이 옳다고 생각한다.

(4) 心神喪失者의 責任能力

가해자가 가해행위 당시에 정신착란 · 최면 · 마취 등으로 심신상실의 상황에 있었던 경우에는 배상책임이 없다. 그러나 고의 또는 과실로 인하여 심신상실을 초래한 때에는 그러하지 아니하다(제754조). 심신상실이란 미성년자의 변식

---

1) 郭潤直, 645; 朴禹東, "책임무능력자를 감독하는 자의 손해배상책임," 김증한화갑기념, 1981, 554. 그러나 黃迪仁, 58에서는 행위의 책임을 辯識할 지능이 없는 미성년자를 약 12~13세까지로 본다.

2) 판례는 14세 3개월의 자에 대하여 책임능력을 인정한 것(大判 1969. 2. 25, 68다1822), 싸움을 하다가 철봉으로 피해자의 머리를 때려 사망한 사건에서 13세 3개월의 자에게 책임능력을 인정한 것(大判 1969. 7. 8, 68다2406)이 있다. 반면에 12세(大判 1971. 4. 6, 71다59), 13세 5개월(大判 1969. 7. 11, 78다729), 14세 2개월(大判 1978. 11. 28, 78다1805)에 대하여 책임능력을 부정한 판결도 있다. 연령에 일관성이 없었던 이유는 과거 판례가 감독자의 책임을 제755조 1항에 엄격하게 구속되어 해석하는 결과 미성년자가 책임능력이 없다고 판단하여야만 감독자의 책임을 인정할 수 있다는 입장을 취했기 때문에, 미성년자의 재산상태에 따라 그 판단을 달리했기 때문이다.

능력과는 질적으로 다른 심리적 및 생물학적 상태, 즉 意識不明의 상태를 말한다. 과음으로 인한 혼미상태(酩酊狀態)나 마약으로 인한 환각상태는 그 정도가 극심한 경우에 심신상실상태로 인정될 수 있으나, 그 경우는 대개 스스로 자초한 심신상실에 해당하므로 면책되지 않는다. 심신상실의 상태는 가해행위 당시에 있었으면 충분하며 지속적인 심신상실을 필요로 하지 않는다.

본인의 고의 · 과실로 심신상실을 초래한 경우란 형법학에서 말하는 「원인에 있어서 자유로운 행위」를 가리킨다. 이 때 고의 · 과실은 심신상실초래에 관한 것이며,[1] 고의 · 과실로 인한 심신상실상태란 일시적인 심신상실만을 가리키고 지속적 또는 영구적인 심신상실은 제외된다고 해석된다.[2]

(5) 立證責任

책임능력의 결여는 免責事由이므로 원칙적으로 加害者측에서 가해행위 당시 자신에게 책임능력이 결여되었음을 입증하여야 한다. 그러나 가해자가 12세 미만의 미성년인 경우에는 비록 가해자의 면책주장이나 입증이 없더라도 법원은 그에게 책임능력결여로 인한 면책을 판단하여야 할 것으로 생각된다. 미성년자의 책임능력 여부는 정상발육아의 경우 연령에 대한 법원의 판단에 의해 결정되며, 그 밖에 특별한 입증은 요하지 않는다.

§46. 損害賠償請求權의 特則

1. 不法行爲에 기한 損害賠償[3]

불법행위책임의 핵심내용은 피해자가 가해자에 대하여 갖는 손해배상의 청구권이며, 그 밖에 명예회복처분이 명해지는 경우도 있다(제764조). 불법행위에 기초한 손해배상청구권은 채무불이행에 기초한 손해배상청구와 책임원인은 달리하지만, 그 책임의 내용은 기본적으로 같다. 다만 불법행위책임의 경우에는 몇 가지 특칙이 규정되어 있다.

---

1) 같은 취지: 郭潤直, 702; 金錫宇, 503; 金曾漢, 463.

2) 같은 취지: 郭潤直, 703. 계속적인 심신상실도 포함시키는 反對說: 金錫宇, 503; 金顯泰, 362.

3) 참고문헌: 金載國, "징벌적 손해배상," 호남민사법연구 제5집, 1996; 宋五植, "불법행위의 효과에 관한 일 제언," 민사법연구 제6집; 윤용석, "재난으로 인한 재산 및 인명피해에 대한 법적 구제수단," 한남대 과학기술법연구 제4집, 1998. 12; 尹正煥, "징벌적 손해배상에 관한 연구," 민사법학 제17호, 1999.

(1) 損害賠償原則의 準用

손해배상에 관한 기본원칙으로서 제393조(손해배상의 범위), 제394조(손해배상의 방법), 제396조(과실상계), 제399조(손해배상자의 대위)의 규정이 불법행위에 기초한 손해배상청구권에 준용된다(제763조, 이들에 관한 설명은 채권총론에서 함). 단 배상액의 예정에 관한 제398조는 불법행위책임에는 준용되지 않는다. 다른 특약이 없는 한 계약상의 면책약관은 불법행위책임에 적용되지 않는다(大判 2004.7.22, 2001다58269).

(2) 特則의 追加

불법행위의 손해배상청구권과 관련하여 민법은 제751조(재산 이외의 손해의 배상), 제752조(생명침해로 인한 위자료), 제762조(손해배상청구권에 있어서의 태아의 지위), 제765조(배상액의 경감청구), 제766조(손해배상청구권의 소멸시효)를 규정하며, 그 밖에 고의의 불법행위로 인한 손해배상청구권에 관하여는 채무자(가해자)가 그것을 수동채권으로 하여 상계하는 것을 금지한다(제496조). 그러나 제751조 및 제752조의 위자료청구권과 제762조는 비록 불법행위의 장에 규정되어 있지만 채무불이행이나 기타의 손해배상청구에 있어서도 인정되는 손해배상의 일반원칙의 성격을 갖는다(이하에서는 불법행위법의 손해배상규정만을 설명하겠음).

> 大判[全合] 2004. 3. 18, 2001다82507: 불법행위로 영업용 물건이 멸실된 경우, 이를 대체할 다른 물건을 마련하기 위하여 필요한 합리적인 기간 동안 그 물건을 이용하여 영업을 계속하였더라면 얻을 수 있었던 이익, 즉 휴업손해는 그에 대한 증명이 가능한 한 통상의 손해로서 그 교환가치와는 별도로 배상하여야 한다.

2. 胎兒의 損害賠償請求權

(1) 胎兒의 權利能力認定

사람은 원칙적으로 출생에 의해 권리능력을 취득하지만(제3조), 자신이 입은 손해의 배상청구권에 관하여는 태아도 이미 출생한 것으로 간주되어(제762조) 독자적인 손해배상청구권을 취득한다(개별적 보호의 입법). 여기서 말하는 태아의 손해배상청구는 가해자가 태아에 대하여 가한 손해에 관한 것이며, 태아의 부모나 기타 피상속인에게 가한 것은 별도로 취급된다. 불법행위로 말미암아 미숙아나 장애아로 분만된 경우,[1] 태아로 있는 중 부친의 사망으로 입은 정신적 손해 등이

1) 大判 1968. 3. 5, 67다2869: 교통사고의 충격으로 태아가 조산되고 또 그로 인하여 제대로 성장하지 못하고 사망하였다면 위 불법행위는 한편으로 산모에 대한 불법행위인 동시에 한편으로는 태아 자신에 대한 불법

그에 해당한다.[1] 그러나 부친이 취득한 손해배상청구권을 子로서 상속하는 때에는 제762조에 의하지 않고 상속의 일반원칙에 따른 지위가 인정된다(제1000조 3항).

(2) 胎兒의 存在

태아는 불법행위 당시에 姙娠되어 있어야 한다. 부친의 사망으로 인한 위자료청구에 있어서 불법행위 당시 태아가 嫡出의 추정(제844조)을 받아야 하는 것은 아니며, 출생 후에 認知請求의 訴(제864조)에 의해 인지를 받아도 무방하다.

(3) 損害賠償請求權의 行使

태아가 취득한 손해배상청구권의 행사는 언제 가능한가. 태아의 권리능력 부여의 효과에 관하여는 해제조건설과 정지조건설이 대립한다. 解除條件說에 의하면 태아는 불법행위시 손해배상청구권을 취득함과 동시에 그 청구권을 법정대리인(친권자·후견인)의 대리에 의하여 행사할 수 있다.[2] 다른 한편 停止條件說에 의하면 태아는 출산한 후에야 그의 손해배상청구권을 행사할 수 있게 된다.[3] 判例는 정지조건설을 취한다.[4]

私見으로는 해제조건설을 취한다. 특히 태아의 손해배상청구에 관해서 해제조건설을 취해야 하는 이유는 다음과 같다. 첫째, 가해자의 불법행위로 인한 다수의 손해배상청구를 일괄해서 처리할 수 있도록 하는 것이 타당하다. 정지조건설은 태아의 손해배상청구만은 다른 피해자의 손해배상청구와는 달리 출산 후에 가능하도록 함으로써 사건해결을 지연시키므로 불합리하다. 둘째, 태아에 대한 가해행위(물리력이나 약물 등)가 있은 경우 즉시 그에 대한 손해배상금을 받음으로써 태아의 건강을 보호하기 위한 조치(산모의 입원 등)를 취할 수 있게 된다. 셋째, 손해배상금의 지급 후에 태아가 死産되더라도 가해자가 태아에게 지급한 손해배상금을 언제나 반환청구할 수 있는 것은 아니므로 불합리하지 않다. 가해자의 불법행위와 태아의 死産 사이에 인과관계가 있으면, 가해자는 태아의 부모(또는 조부모)에 대하여 그 정신적 고통에 대한 위자료지급의무를 지기 때문이다.

행위라고 볼 수 있으므로, 따라서 죽은 아이는 생명침해로 인한 재산상 손해배상청구권이 있다.

1) 大判 1962. 3. 15, 4294민상903: 태아가 피해 당시 정신상 고통에 대한 감수성을 갖추고 있지 않다 하더라도 장래 감수할 것임이 현재 합리적으로 기대할 수 있는 경우에 있어서는 즉시 위자료청구를 할 수 있다.

2) 郭潤直, 840.

3) 金疇洙, 776.

4) 大判 1967. 9. 26, 67다1684: 부가 사고로 사망한 당시 태아였던 자라도 출산된 후에는 부를 잃은 정신적 고통에 대한 위자료를 청구할 수 있다. 大判 1976. 9. 24, 76다1365: 태아도 손해배상청구권에 관하여는 이미 태어난 것으로 본다는 본조의 취지는 태아가 살아서 출생한 때에 출생시기가 문제의 사건의 시기까지 소급하여 그 때에 태아가 출생한 것과 같이 법률상 보아 준다고 해석함이 상당하므로, 그가 모체와 같이 사망하여 출생의 기회를 못가졌다면 배상청구권을 논할 여지가 없다.

3. 賠償額의 輕減請求

(1) 意　義

민법은 불법행위로 인한 손해배상에 있어서 배상의무자의 경제사정을 고려한 배상액경감을 인정한다. 불법행위에 기한 배상의무자는 그 손해가 고의 또는 중대한 과실에 의한 것이 아니고 그 배상으로 인하여 배상자의 생계에 중대한 영향을 미치게 될 경우에는 법원에 그 배상액의 경감을 청구할 수 있다(제765조).[1] 제765조는 그 요건을 過失不法行爲에 한정함으로써 민사책임에서 고의·과실을 일률적으로 처리하는 원칙에 대한 예외를 이룬다.[2] 사용자책임이 발생하는 경우 경제력이 약한 被用者의 손해배상의무를 경감할 것이 예상되면, 피해자는 피용자에 대하여 손해배상을 청구하는 것을 피하고 사용자에 대하여 배상청구를 하게 될 것이다.

(2) 要件과 效果

경제사정을 고려한 배상액경감의 요건은 다음과 같다. ① 피해가 고의·중과실로 인하여 생기지 않았을 것, ② 만약 배상액경감이 행해지지 않는다면 배상의무자가 그 배상으로 말미암아 생계에 중대한 영향을 받게 될 것, ③ 배상의무자의 경감청구가 있을 것,[3] ④ 배상의무자는 경감청구와 아울러 ①, ②의 사실을 주장입증하여야 한다. ⑤ 특별법의 위험책임에서도 제765조가 준용되는 것이 타당하다고 생각한다.

법관은 이상의 요건을 충족하였다고 판단될 경우에 배상액을 경감해 주어야 한다. 그 경감의 정도는 법관의 재량에 맡겨져 있다.

4. 損害賠償請求權의 消滅時效

불법행위로 인한 손해배상의 청구권은 피해자나 그 법정대리인이 그 손해 및 가해자를 안 날로부터 3년간 이를 행사하지 않으면 시효로 소멸한다(제766조 1항).

---

1) 이 조항은 스위스채무법 제44조 2항의 입법례를 참조하여 신설된 것이다.

2) 민사안의견서, 민사법연구회, 1957, 201에서는 "현행법(구민법을 가리킴)에 있어서는 형법과 달리 고의와 과실의 효력을 구별하지 않는 데에도 그 규정은 과실 중에서도 중과실과 경과실과의 효력을 구별함이 그 이채이다. 그리고 또 이것 역시 재산법의 구빈성을 입법화한 것으로서 진보적 규정이다"라고 한다(金基善 교수 집필부분).

3) 판례는 배상의무자의 배상액경감청구의 여부에 관하여 법원에 아무런 석명의무가 없다고 한다. 大判 1962. 9. 20, 62다428.

불법행위를 한 날로부터 10년을 경과한 때에도 같다(제766조 2항).[1]

(1) 3년의 경우

㈎ 制度의 意義 불법행위에 의한 손해배상청구권은 피해자나 그 법정대리인이 그 손해 및 가해자를 안 날로부터 3년간 행사하지 않으면 시효로 소멸한다(제766조 1항). 이 규정은 일반채권의 10년의 소멸시효(제162조 1항)에 대한 예외이다. 이렇게 단기시효를 정한 이유로서, 너무 시일이 경과하면 불법행위의 요건의 증명이나 손해액의 산정이 곤란하다는 점, 3년 정도의 세월이 지나면 피해자의 감정이 가라앉으므로 그 기간이 지난 후 다시 당사자간에 분규를 일으키는 것은 옳지 못하다는 점을 든다.[2] 생각건대 3년의 기간은 피해자의 구제에 매우 짧은 기간이므로, 시효의 기산점의 결정에 있어서라도 피해자가 현실적으로 손해배상청구권을 행사할 수 있었는가를 충분히 고려하여 그의 약점을 보완하여야 한다.[3]

㈏ 被害者 · 法定代理人의 認知 소멸시효는 피해자나 그 법정대리인이 손해 및 가해자를 안 날로부터 진행한다. 피해자라 함은 불법행위의 상대방인 직접적 피해자 · 유족 · 근친자상속인 등 현실적으로 손해배상청구를 하는 자를 말한다. 그리고 분쟁해결의 대리권을 포괄적으로 수여받은 대리인이나 법인의 관계사무책임자가 손해 및 가해자를 안 경우에는 피해자가 이를 안 것으로 본다. 피해자나 그 법정대리인이 그 손해 및 가해자를 안 시기는 단기소멸시효를 주장하는 자가 입증하여야 한다(大判 1983. 3. 9, 81다977).

大判 1998. 11. 10, 98다34126: 법인의 경우 불법행위로 인한 손해배상청구권의 단기소멸시효의 기산점인 「손해 및 가해자를 안 날」이라 함은 통상 대표자가 이를 안 날을 뜻하지만, 법인의 대표자가 가해자에 가담하여 법인에 대하여 공동불법행위가 성립하는 경우에는 법인의 이익을 정당하게 보전할 권한을 가진 다른 임원 또는 사원이나 직원 등이 손해배상청구권을 행사할 수 있을 정도로 이를 안 때에 비로소 위 단기시효가 진행한다.

---

1) 大判 1999. 9. 17, 99다21257: 국가에 대한 손해배상청구권은 예산회계법 제96조에 의하여 5년의 단기소멸시효에 걸리고, 그 소멸시효기간은 청구권자가 불법행위의 존재를 알았는지 여부와 관계 없이 손해배상청구권이 발생한 날부터 진행하므로, 원고들은 망인이 반정부시위에 참가하였다가 경찰관들의 시위진압과 관련된 불법행위로 인하여 사망하였음을 구체적으로 알지 못하였다고 하더라도, 망인이 사망한 때로부터 5년이 훨씬 경과한 후에 이 사건 손해배상청구소송을 제기한 이상, 원고들의 손해배상청구권은 시효가 완성되었다.

2) 郭潤直, 845; 金基善, 452; 金錫宇, 568; 金疇洙, 821; 金曾漢, 540.

3) 같은 취지: 金相容(下), 481.

㈐ 損害의 認知 3년의 단기시효의 기산점은 피해자나 그 법정대리인이 손해 및 가해자 양자를 안 때이다. 안다는 것은 현실적이고 구체적인 인식을 뜻한다.[1] 손해를 안다는 것은 손해발생의 사실뿐만 아니라 그 손해가 타인의 불법행위로 인하여 발생되었다는 것까지 안다는 의미이다.[2] 손해발생의 인식은 구체적이어야 하므로 손해발생의 단순한 추정이나 염려만으로는 부족하나, 그렇다고 하여 손해의 정도나 액수까지 알아야 하는 것은 아니다(大判 1992. 4. 14, 92다2111). 사람이 傷害를 입거나 死亡한 경우 특별한 사정이 없는 한 그 날 손해의 발생을 안 것으로 된다. 그러나 당시 예견할 수 없었던 손해가 사후에 비로소 현재화되는 경우, 예컨대 병상의 악화나 후유증으로 인하여 예견할 수 없었던 손해가 새로이 발생하거나 예상 외로 손해가 확대된 때에는 그러한 사유가 판명되어 새로이 발생 또는 확대된 손해를 안 날로부터 별도로 시효가 진행하는 것으로 해석된다(大判 1985. 4. 9, 84다552).

大判 1992. 4. 14, 92다2111: 통상 상해의 피해자는 상해를 입었을 때 그 손해를 알았다고 보아야 할 것이지만, 그 후 후유증으로 인하여 불법행위 당시에는 전혀 예견할 수 없었던 새로운 손해가 발생하였다거나 예상외로 손해가 확대된 경우에는 그러한 사유가 판명된 때에 새로이 발생 또는 확대를 알았다고 보아야 한다.

㈑ 繼續的 加害의 경우 불법행위가 일회적이 아니고 不法占有와 같이 계속적인 경우에, 소멸시효의 기산점은 언제인가. 판례는 나날이 새로운 불법행위에 의한 손해가 발생하는 것으로 보아 나날이 발생한 그 각 손해를 안 날로부터 각각 별개로 소멸시효가 진행된다고 본다(大判 1967. 4. 25, 67다99). 불법행위가 계속되고 있는 동안에는 피해자가 장래의 손해발생을 예견하기 어렵고, 불법행위가 계속되는 동안에 시효의 완성을 인정하게 되어서는 안 되며, 불법행위가 계속되는 이상 피해감정의 진정을 기대할 수 없다는 점을 근거로 한다.

水質汚染 등에 의한 인체손해나 공장진동에 의한 건물피해처럼 누적적으로 진행되는 계속적 손해는 그 전체를 1개의 손해로 통일적으로 파악해야 할 필요성이 있다. 그러므로 계속적 불법행위의 여러 유형에 따라 소멸시효의 기산점원칙을 다르게 설정해야 할 것이다. 피해자의 권리행사를 현실적으로 기대

1) 大判 1977. 6. 7, 76다2008; 大判 1982. 3. 9, 81다977 · 81다카500.
2) 大判 1966. 1. 25, 65다2318; 大判 1975. 3. 25, 75다233; 大判 1981. 1. 13, 80다1713 등 다수.

할 수 있었는가, 가해자의 면책이 정당한가 등 여러 사정을 고려하여 그 기산점을 정해야 할 것이다.[1]

(마) 加害者의 明確性　피해자나 그 법정대리인은 가해자가 누구인지를 알았어야 하며, 그 때부터 소멸시효가 기산된다. 가해자를 안다는 것은 사실에 관한 인식의 문제일 뿐 사실에 대한 법률적 평가의 문제가 아니다(大判 1993. 8. 27, 93다23879). 가해자를 안다는 것은 손해배상청구의 상대방이 되는 자를 안다는 것을 의미하며, 이에는 불법행위자, 그의 사용자 또는 감독자, 하자 있는 공작물의 점유자 또는 소유자, 동물의 점유자, 사망한 불법행위자의 상속인 등이 포함되는 것으로 해석된다(大判 1977. 6. 7, 76다2008). 피해자와 손해배상청구의 상대방으로서의 가해자가 數人인 경우 그 각 손해배상청구권은 각각 別個의 請求權이므로, 그 시효는 각 피해자가 그 각 손해배상청구의 상대방이 되는 자를 안 날로부터 각각 진행되고, 그 중 어느 한 개의 손해배상청구권에 대하여 시효가 완성되어도 다른 손해배상청구권에 대하여는 영향이 없다(大判 1966. 12. 20, 66다1667).

大判 1993. 8. 27, 93다23879: 사고가 피고 회사가 시공하는 탱크의 제작, 설치 작업중에 발생하였고, 그 작업을 지휘, 감독한 자나 사고의 원인을 제공한 근로자와 피해자가 모두 피고회사의 근로자였다면, 피해자는 사고 발생 당시 손해발생사실 및 그 가해자, 즉 손해배상청구의 상대방으로 될 자가 피고 회사라는 사실을 구체적으로 인식하였다고 보이고, 그 공사의 도급인이 피고 회사에 대하여 사용자관계에 있다고 주장하면서 도급인을 상대로 손해배상청구소송을 제기하였다가 패소판결을 선고받은 때 비로소 가해자가 피고 회사임을 알았다고 볼 수는 없다.

(바) 違法性의 認識　손해의 발생을 알아도 加害行爲의 違法性, 즉 그 가해행위가 불법한 것임을 알지 못하면 시효는 진행되지 않는다. 여기서 가해행위의 위법성을 안다는 것은 일반인이 그 가해행위를 위법한 것으로 평가하기에 충분한 인식을 가진 것을 말한다. 민법 제766조 1항 소정의 손해를 안다는 것은 단순히 손해발생의 사실만을 아는 것으로는 부족하고, 가해행위가 불법행위로서 이를 원인으로 하여 손해배상을 訴求할 수 있다는 사실까지 아는 것을 의미한다(大判 1996. 8. 23, 95다33450). 불법한 假處分의 경우는 상대방의 청구권 또는 청구권실현의 위해가 없었다는 것이 재판상 확정된 때,[2] 불법한 告訴의 경우는 무죄판결

1) 같은 취지: 주석 채권각칙(Ⅳ), §766, 367.

2) 大判 1963. 11. 7, 63다626.

이 확정된 때,[1] 불법한 行政處分의 경우는 무효확인판결이 확정된 때[2]부터 각각 시효가 진행된다.

大判 1996. 8. 23, 95다33450: 수사기관이 사고경위에 대한 가해자의 허위진술을 받아들여 쌍방 과실을 전제로 하되 피해자의 과실이 더 큰 것으로 인정하여 피해자를 기소하고 재판 과정에서도 가해자가 위증을 한 경우에, 피해자의 손해배상청구는 가해자의 위증에 대한 유죄판결이 확정된 때에야 비로소 사실상 가능하게 되었다고 보아야 하고, 따라서 피해자의 손해배상청구권은 그 때로부터 시효가 진행된다.

(사) 因果關係의 認識 손해를 안다는 것은 위에서 본 바와 같이 가해행위와 손해발생의 인과관계의 인식을 포함하는 것이므로 불법행위로 인하여 사망한 자의 死因[3]이나 화재사고에 있어서의 發火原因[4]이 판명되지 아니한 이상 그 손해를 알았다고 할 수 없다.

大判 1995. 11. 10, 95다32228: ① 불법행위로 인한 손해배상청구권의 단기소멸시효의 기산점이 되는 민법 제766조 제1항 소정의 「손해 및 가해자를 안 날」이라 함은 손해가 가해자의 불법행위로 인한 것임을 안 때라고 할 것이므로, 손해 및 가해자를 알았다고 하기 위하여는 가해행위와 손해의 발생 사이에 인과관계가 있다는 것까지도 알 것을 요한다. ② 피해자의 흉추부 압박골절상에 대하여 사고 발생 얼마 후에 있었던 초진시에는 진구성 골절, 즉 사고와 관계 없는 기존 질환인 것으로 진단되었다가, 그 후 정밀검사 결과 진구성 골절이 아닌 것으로 판명되어 비로소 요양승인도 받게 된 것이라면, 일반인에 불과한 피해자로서는 당초 흉추부 압박골절상이 그 사고로 인한 것임을 알지 못하고 있다가 빨라도 그 정밀검사 결과가 있고 나서야 흉추부 압박골절상도 그 사고로 인한 것임을 알게 되었다고 봄이 상당하다고 본 사례.

(아) 障碍事由의 不存在 불법행위책임에 관해서도 소멸시효의 기산점에 관한 규정인 민법 제166조 1항이 적용되어 시효기간은 권리를 행사할 수 있는

1) 大判 1965. 5. 4, 64다1696.
2) 大判 1981. 1. 13, 80다1713.
3) 大判 1971. 4. 6, 70다269.
4) 大判 1975. 3. 25, 75다233.

때로부터 진행하고, 이 때 「권리를 행사할 수 있는 때」라 함은 권리행사에 법률상의 장애사유가 없는 경우를 가리킨다(大判 1998. 7. 10, 98다7001).[1]

(2) 10년의 경우

불법행위로 인한 손해배상청구권은 불법행위를 한 날로부터 10년을 경과하면 시효로 인하여 소멸한다(제766조 2항).[2] 시효기간의 기산점은 불법행위를 한 날이다. 불법행위를 한 날이라 함은 가해행위로 인하여 「현실적인 손해가 발생한 날」을 의미한다고 해석된다(大判[全合] 1979. 12. 26, 77다1984).[3] 만약 가해행위를 한 날로부터 시효가 진행된다면 가해행위와 손해의 발생 사이에 시간적 간격이 있는 경우 손해배상청구권이 발생하기 전에 그 청구권에 대한 소멸시효가 완성되는 이상한 결과가 있게 될 수도 있을 것이기 때문에 옳지 못하다. 10년의 소멸시효는 피해자가 손해의 결과발생을 알았거나 예상할 수 있는가 여부에 관계 없이 가해행위로 인한 손해가 현실적인 것으로 되었다고 볼 수 있는 때로부터 진행한다(大判 1993. 7. 27, 93다357).

(3) 適用範圍

손해배상청구권의 소멸시효에 관한 민법 제766조는 특별한 규정(독점규제법 제57조 2항)이 없는 한 불법행위책임 또는 위험책임에 기한 손해배상청구권에 모두 적용된다. 국가에 대한 손해배상청구권(국배법 제8조), 자동차운행자에 대한 손해배상청구권(자배법 제4조), 부당변제로 인한 손해배상청구권 및 구상권(제1038조 3항)에 대하여는 법률이 명문으로 그 적용이 있음을 규정한다.

불법행위로 인한 손해배상청구권으로부터 생긴 遲延利子債權에 관해서도 제766조가 적용된다. 지연이자는 손해배상청구권의 확장으로서 그 배상청구권의 성질이 지연이자에도 공통되기 때문이다. 그러나 불법행위로 인한 손해배상을 지급한 자가 다른 배상의무자에 대하여 가지는 求償權(제756조 3항, 제758조 3항)은 불법행위로 인한 손해배상청구권이 아니므로 본조의 적용이 없다.

1) 大判 1998. 7. 10, 98다7001: 군인 등이 公傷을 입은 경우에 구국가유공자예우등에관한법률(1997년 개정전) 등 다른 법령에 의하여 보상을 받을 수 없음이 판명되어 국가배상법 제2조 제1항 단서 규정의 적용이 배제됨이 확정될 때까지는, 같은 항 본문에 기한 손해배상청구권은 법률상 이를 행사할 수가 없으므로, 이처럼 다른 법령에 의하여 보상을 받을 수 없음이 판명되지 않고 있다는 사정은 위 손해배상청구권의 행사에 대한 법률상의 장애라고 할 수 있다.

2) 이를 제척기간으로 보는 견해가 있으나 그 근거는 밝히지 않고 있다. 郭潤直, 846; 金基善, 452; 金相容(下), 481; 金錫宇, 568; 金疇洙, 821; 金曾漢, 541; 李太載, 524. 생각건대 제766조 2항은 1항과 같은 소멸시효로 봄이 명백하고, 불법행위에 기초한 손해배상청구권을 일반채권의 시효와 다르게 규율해야 할 필요도 없으므로, 소멸시효로 봄이 옳다. 같은 취지: 大判 1967. 7. 4, 67다751; 大判 1978. 10. 10, 78다1192; 金顯泰, 412; 裵淇源, "소멸시효의 기산점," 사법논총 제12집, 269; 주석 채권각칙(Ⅳ), 370.

3) 불법행위를 한 날의 의미에 관하여 판례는 이를 가해행위를 한 날이라고 하다가(大判 1974. 7. 26, 74다3; 大判 1974. 10. 22, 74다647) 전원합의체판결로 견해를 변경하여 현실적으로 손해의 결과가 발생된 날로 보고 있다(大判[全合] 1979. 12. 26, 77다1984·1985. 이 판결에는 소수의 반대의견이 있다).

제 3 절 多數加害者의 關與

§ 47. 共同不法行爲

1. 意 義[1)]

(1) 槪念과 種類

공동불법행위란 여러 사람이 불법행위에 가담하여 피해자에게 손해를 입힌 경우 중에서 그 수인의 가해행위가 關聯共同性을 가지는 등의 이유로 一體로서 파악되어야 할 때에 인정되는 책임귀속의 법리이다. 원래 공동불법행위란 민법 제760조 1항의 「수인이 공동의 불법행위로 타인에게 손해를 가한 경우」를 말하며, 공동불법행위자들은 피해자에 대하여 연대하여 손해를 배상할 책임을 진다. 그 밖에 제760조 2항의 「공동 아닌 수인의 행위 중 어느 자의 행위가 그 손해를 가한 것인지 알 수 없는 경우」, 제760조 3항의 「교사 · 방조의 경우」도 공동불법행위에 준하는 효과를 인정받는다. 따라서 제760조 1항의 경우를 狹義의 共同不法行爲라고 부르고, 1항 · 2항 · 3항의 경우를 모두 합쳐 廣義의 共同不法行爲라고 부른다.

㈎ 固有의 共同不法行爲 　수인이 공동의 불법행위로 타인에게 손해를 가한 때를 固有의 공동불법행위 또는 狹義의 공동불법행위라고 부른다(제760조 1항).

1) 참고문헌: 姜南鎭, "공동불법행위에 관한 연구 — 요건론상의 관련공동성을 중심으로 —," 고창현화갑기념, 1987; 姜東湖, "공동불법행위에 관한 연구," 경상대논문집 2호, 경상대문화연구소, 1979; 權龍雨, "공동불법행위," 법조 제23권 4호, 1974; 金起東, "공해의 공동불법행위," 李在澈화갑기념 현대민상법의 연구, 법문사, 1984; 同, "공동불법행위," 영남대논문집 제4집, 191; 金基洙, "공동불법행위론의 비교법적 특징," 한양대 법학논총 제8집, 1989; 金錫宇, "공동불법행위," 중앙대 법정논총 제21권, 1981; 同, "공동불법행위," 민법논선(하), 동아학연사, 1982; 金龍熙, "민법 제760조에 있어서의 관련공동성," 현대민법학의 제문제, 1981; 同, "공동불법행위에 있어서 인과관계에 관한 연구," 건국대학술지 제21집, 1977; 金曾漢, "공동불법행위," 민법논집, 진일사, 1978; 李永煥, "공동불법행위의 성립범위," 부산대논문집 제23권 1호, 1980; 同, "공동불법행위론의 수정동향," 부산대논문집 제31집, 1981; 徐憲濟, "공동불법행위자(Joint Tortfeasors)(下)," 사법행정 1987년 8월호; 林正平, "공동불법행위론에 있어서 공해에 대한 소고," 사법행정 1986년 3월호; 朱相壽, "공동불법행위상호간의 내부구상관계," 사법논집 제13집, 1982; 千慶松, "공해와 공동불법행위론," 법조 제28권 1979년 1월호/사법논집 제9집, 1978.

1990년 이후의 참고문헌: 金大圭 · 元相喆, "공동불법행위의 유형화," 한봉희화갑기념 현대민법학의 과제와 전망, 1994, 1125 이하; 金相容, "공동불법행위," 저스티스 제29권 1월호, 1996년 6월, 152 이하; 정태륜, "공동불법행위에 관한 연구," 서울대박사학위논문, 1994. 8; 曺日煥 · 張守福, "공동불법행위책임론에 대한 유형화의 시도," 동의대 동의법정 제14집, 1998.

고유의 공동불법행위가 성립하기 위해서 각 가해자는 일반불법행위의 책임요건을 충족하여야 하며, 가해행위 상호간에 관련공동성이 존재할 것이 요구된다.

(나) 加害者不明의 複數行爲 수인의 행위자가 가해행위에 가담했으나 어느 자의 행위가 손해원인이 되었는지 알 수 없는 경우로서 그 행위자들 사이에 공동관련성이 없는 때를 말한다. 공동 아닌 수인의 행위 중 어느 자의 행위가 그 손해를 야기한 것인지 알 수 없는 경우에, 민법은 공동불법행위와 같이 연대책임을 부과한다. 이 때 각 가해자에게 고의 · 과실 및 책임능력이 있어야 하며, 각 가해자의 행위와 손해 사이의 인과관계만이 입증되지 않은 경우이어야 한다.

(다) 教唆 · 幇助 직접적인 가해행위를 하지는 않았으나 타인으로 하여금 불법행위의 의사결정(고의 과실)을 하게 하거나(교사) 또는 타인의 불법행위에 보조적 역할을 한 경우(방조)를 말한다. 교사자나 방조자는 공동불법행위자로 간주되므로(제760조 3항), 피해자에 대하여 직접행위자와 함께 연대책임을 진다. 다만 공동불법행위자 상호간의 내부관계에서는 각 행위자의 관여도에 따라 분담부분이 정해진다. 교사자는 보통 직접행위자보다 관여도가 높은 것으로 평가되고 방조자는 그 관여도가 낮은 것으로 평가되지만, 구체적인 사정에 따라서 달라질 수 있다.

(2) 法律關係

원래 불법행위책임은 自己責任의 原則에 따라 각각의 불법행위자가 자기가 야기한 손해에 대해서만 책임을 지도록 되어 있다(個別責任의 原則). 그러나 수인의 불법행위가 관련공동성을 가지고 있어 개별책임의 원칙을 관철하는 것이 적절치 않은 경우에, 각 불법행위자는 다른 불법행위자가 야기한 손해에 대해서까지 배상책임을 지도록 할 필요가 있다(共同責任의 例外).

(가) 行爲의 共同性으로 인한 連帶責任 각인의 행위를 종합하여 하나의 공동행위로 파악하는 것이 행위의 성질상 타당하므로, 비록 개인의 행위결과가 아니더라도 공동행위의 결과에 대하여 연대책임을 지도록 한다. 관련공동성이 있거나 교사 · 방조한 공동불법행위자의 1人이 피해자의 손해가 자기의 행위결과가 아니라 다른 공동불법행위자의 행위결과라는 사실을 입증하여도 免責시키지 않고, 자기행위가 그 손해의 일부만에 관여되어 있음을 입증하여도 關與度減責을 허용하지 않는다. 다만 가해자불명의 경우에는 각자의 인과관계에 관한 입증이 없을 때에만 연대책임을 부과하고, 각자의 관여도가 입증되면 免

責 · 減責이 인정된다는 점에서 고유의 공동불법행위와는 성질을 달리한다.

(나) 被害者의 滿足確保　수인의 행위를 공동행위로 파악함으로써 피해자는 수인의 가해자에 대하여 연대책임을 물을 수 있어 손해배상청구권의 만족가능성이 높아지게 된다. 비록 1인의 가해자가 배상할 資力을 갖고 있지 않더라도 다른 행위자로부터 손해배상청구권의 전부만족을 얻을 수 있으므로, 손해배상청구권의 만족을 얻을 수 있는 가능성이 높아지게 된다.

(다) 敎唆者 · 幇助者에 대한 連帶責任　타인의 불법행위를 교사하거나 방조한 행위자에 대하여 그 타인과 같은 정도로 무거운 연대책임을 지움으로써 교사 또는 방조의 위법성을 높게 평가한다.

(라) 因果關係의 立證免除　복수의 가해행위가 어떤 손해를 야기했다는 점(공동의 인과관계)이 증명되기만 하면 각자의 행위와 손해 사이의 인과관계를 입증하지 않아도 공동불법행위가 성립한다. 관련공동성이 없는 복수행위의 경우에, 피해자측에서 누구의 행위가 손해를 야기한 것인지 인과관계를 증명하지 못한 때에는(加害者不明의 경우) 모든 행위가담자들의 共同不法行爲로 推定됨으로써 그 책임을 면하거나 감경받고자 하는 가담자가 자기의 과실 및 인과관계 없음을 증명하는 입증책임의 전환을 해 준다.

(마) 求償權에 의한 內部分擔　공동불법행위자 내부관계에서는 각자의 過失 및 因果關係의 比率(關與度)에 따라 분담액을 정할 수 있다(大判 2000. 8. 22, 2000다29028: 과실비율이 경우에 따라 달라짐). 자기의 분담액을 초과하여 피해자에게 변제한 자는 다른 행위자에 대하여 그 관여도에 따른 분담액의 지급을 청구할 수 있다. 만약 공동불법행위중의 1인 또는 수인이 無資力인 때에는 다른 공동불법행위자들이 그 관여도에 따라 그 무자력자의 부담부분을 분담하게 된다.

(3) 類似制度와의 比較

(가) 因果關係의 競合과의 區別　하나의 손해사실을 야기한 원인이 되는 가해행위가 여러 개이고 그 행위 사이에 관련공동성이 없는 경우에, 이는 공동불법행위의 문제가 아니라 인과관계의 문제로 처리된다. 복합행위가 인과관계 경합을 이루는 경우에 각 행위자는 자기행위의 關與分에 해당하는 손해에 대하여만 손해배상의무를 지는 반면에, 공동불법행위자는 각각 손해 전부에 대하여 연대책임을 진다는 점에 중요한 차이가 있다. 인과관계경합의 경우에 각 행위자는 「자기의 행위와 다른 행위 사이에 관련공동성이 없음」 및 「자기행위의 관여도의 算定額」을 증명할 책임을 진다. 각 행위자가 이것들은 증명하지 못하면

공동불법행위로 추정된다(제760조 2항).

(나) 使用者責任과의 區別　사용자책임이 발생하는 경우에 사용자는 피용자의 행위와의 事務執行關聯性으로 인하여 책임을 지게 된다. 이 때 사용자책임과 피용자의 불법행위책임은 연대책임의 관계에 있지만, 그렇다고 하여 양자가 공동불법행위자가 되는 것은 아니다. 사용자책임은 가해행위의 공동관련성을 요건으로 하여 인정되는 것이 아니다. 자기 사무집행에 관하여는 비록 스스로 가해행위를 하지 않았더라도 책임져야 한다는 「공동불법행위와는 별개의 책임원리」에 의하여 사용자책임이 인정된다. 사용자 또는 피용자가 피해자에 대하여 손해배상을 한 경우에, 내부의 구상관계는 공동불법행위의 경우와는 달리 사용자책임 고유의 법리에 따라 그 분담비율이 정해져야 한다. 監督者責任의 경우도 공동불법행위와는 법리를 달리한다.

2. 狹義의 共同不法行爲의 要件

(1) 各 行爲者의 不法行爲責任 要件充足

각 행위자는 불법행위책임의 요건은 독립적으로 충족시켜야 한다(加害行爲의 獨立性). 각 가해자는 가해행위를 하였을 것, 고의 · 과실이 있었을 것, 책임능력이 있었을 것, 가해행위와 손해와의 사이에 인과관계가 존재할 것 등의 책임발생요건을 갖추어야 한다. 공동불법행위와 개별적 불법행위와 다른 점은 가해행위를 공동으로 하였다는 점, 그 공동의 가해행위와 손해 사이의 인과관계만 있으면 되고 각자의 행위와 손해 사이의 인과관계가 개별적으로 증명될 필요는 없다는 점에서 나타난다.[1] 각자의 행위는 결과발생에 충분조건이 될 필요는 없으나 결과발생의 한 원인은 되었어야 한다.

각 가해자의 행위는 우선 독립적으로 평가되는데, 이 때 불법행위책임의 성립요건을 갖추지 않은 사람이 있으면 그 사람은 공동불법행위자가 될 수 없고 나머지 사람들 사이에서 공동불법행위가 성립할 뿐이다. 다만 어느 한 명의 가해자가 책임능력 없는 경우에 그 가해자를 대신하여 감독자책임이 발생할 수 있으며, 그 감독자는 다른 가해자들과 공동불법행위의 관계에 놓인다. 예를 들

1) 반대설: 각자의 행위와 손해의 발생 사이에 인과관계가 있어야 한다는 견해도 있다. 郭潤直, 766; 金曾漢, 510. 만약 각 가해자에게 인과관계를 요구한다면, 이 경우가 제760조 2항의 공동 아닌 수인의 행위에 대한 인과관계의 추정보다 피해자에게 불리하게 되므로 부당하다고 생각한다.

어 어른과 어린 아이가 함께 남의 집에 들어가서 물건을 훔친 경우에, 어른의 불법행위책임과 아이의 감독자의 책임은 공동불법행위의 관계에 놓인다. 다만 그 아이가 단순히 어른의 행위도구로서 이용된 경우에는 감독자책임도 발생할 여지가 없다.

(2) 關聯共同性

공동불법행위관계가 성립하기 위해서는 수인의 가해행위 사이에 관련공동성이 있어야 한다. 그 관련공동설을 좁게 볼 것인가 넓게 볼 것인가, 어떤 기준에 의하여 파악할 것인가와 관련하여 다음의 학설이 대립한다.

㈎ 主觀的 共同說 공동불법행위가 성립하기 위해서는 가해자들 사이에 「共謀 내지 共同의 認識」, 즉 「주관적 공동관계」가 있어야 한다는 견해이다.[1] 騷擾의 참가자는 다른 참가자의 행위에 의해 생긴 결과에 대해서도 공동불법행위책임을 지게 되는데, 이렇게 자기행위로 인한 직접손해의 범위를 넘어 타인의 행위에 대해서도 책임을 부담한다는 점에 공동불법행위책임의 기능이 있으며 그렇게 무거운 책임을 지우기 위해서는 객관적 공동만으로는 부족하고 공동의 의사가 필요하다고 한다. 그 근거는 다음과 같다. 첫째, 협의의 공동불법행위에 있어서 행위자들의 책임이 가중되는 것은 수인이 의식적으로 합세하여 1인에게 손해를 가하였으므로 非難可能性이 높기 때문이라고 한다. 둘째, 법문의 문언상 「공동의 불법행위」라고 하는 것은 독일민법에 「공동으로(gemeinschaftlich) 행한 불법행위」와 같은 뜻이라고 한다. 그리고 「가해자불명의 공동불법행위」는 「공동 아닌 행위」인 것과는 다르다고 이해한다. 셋째, 주관적 공동관계를 필요로 한다고 새기는 것이 민법 제760조 1항의 독자적 존재의의를 인정하는 것이 된다고 한다.[2]

㈏ 客觀的 共同說 가해자들 사이에 공모나 공동의 인식은 필요 없으며, 단지 가해행위가 客觀的으로 關聯·共同하고 있으면 충분하다는 견해이다.[3] 민법이 공동불법행위에 관하여 제408조의 분할채무의 원칙을 배제하여 공동책임으로 함으로써 피해자를 두텁게 보호하려고 한 취지를 생각한다면, 공동행위자의 주관적 공동관계의 유무를 묻지 않고서 객관적 공동관계가 있는 것으로 충분하다고 새기는 것이 타당하다고 한다. 객관적 공동설을 취할 경우 제760조

---

1) 金曾漢, 511; 李太載, 506.

2) 金曾漢, 511.

3) 郭潤直, 766; 金基善, 462; 金相容, 284; 金錫宇, 545; 金顯泰, 398.

1항의 협의의 공동불법행위는 「주관적 공동이 있는 경우」와 「주관적 공동은 없지만 객관적 공동만이 있는 독립적 공동불법행위의 경우」의 두 유형으로 분류된다.

(1) 판례는 1963년 "공동불법행위를 구성하는 데는 통모 또는 의사의 공통은 필요치 아니하나 권리침해에 대하여 공통원인이 있고 손해발생에 있어서 인과관계가 있어야 한다"(大判 1963. 10. 31, 63다573)고 판시한 이래 客觀的 共同說을 취하여 상당히 넓은 범위에서 연대책임을 인정해 왔다(大判 2000. 4. 11, 99다41749).[1)]

大判 1968. 3. 26, 68다91: 횡단보도지점에서 제한속도를 지키지 않고 달리던 차에 충격되어 땅에 쓰러진 순간, 그 차와 약 3미터 떨어져서 달려온 다른 차에 의하여 역과됨으로써 사망한 경우에, 두 운전사의 과실 있는 행위는 피해자의 사망에 대한 공동원인이 되므로 공동불법행위가 된다.

大判 1981. 1. 27, 80다1306: 감전사고가 발생한 고압전선은 법정 이격거리에 미달되었고, 그 고압전선은 甲(피고 대한민국)이 乙(원고 한국전력주식회사)과 전력공급계약에 의하여 가설한 자가용전기공작물의 일부로서 그 유지보수책임은 갑이 지며, 전기사고예방을 위해 전력공급을 차단시키는 자동차단시설을 하되 그 점유 및 관리는 乙이 책임지기로 약정하였으므로, 甲은 고압선설치 당시뿐만 아니라 이후에도 전선이 법정 이격거리를 유지하도록 하여야 함에도 이러한 조치를 취하지 않음으로써 본건 사고가 발생하였고, 乙은 자동차단기를 수시로 점검하여 사고발생시 즉시 위 차단기가 작동하도록 보수관리하여야 함에도 이러한 조치를 취하지 않음으로써 그 손해가 확대한 경우, 甲·乙은 공동불법행위자로서 연대하여 손해를 배상할 책임이 있다.

大判 1998. 12. 22, 98다40466: 승용차운전자(甲)와 화물차운전자(乙회사 소유)의 過失이 競合하여 丙회사의 버스승객이 상해를 입은 사고에서 甲과 乙은 공동불법행위자로서 피해자들에 대하여 손해배상책임을 부담하며, 丙은 자동차손해배상법에 따라 과실이 없더라도 피해자에 대하여 배상책임을 부담하여, 甲·乙·丙의 책임은 부진정연대채무의 관계에 있다.[2)]

(2) 판례가 공동불법행위라고 인정하여 연대책임을 인정한 경우 중에는 단순히 인과

---

1) 같은 취지: 大判 1996. 6. 12, 96다55631: 공동불법행위의 성립에는 공동불법행위자 상호간에 의사의 공통이나 공동의 인식이 필요하지 아니하고 객관적으로 각 행위에 관련공동성이 있으면 족하므로, 관련공동성 있는 행위에 의하여 손해가 발생하였다면 그 손해배상책임을 면할 수 없다.

2) 같은 취지: 大判 1998. 10. 20, 98다31691: 공동불법행위로 인한 손해배상책임의 범위는 피해자에 대한 관계에서 가해자들 전원의 행위를 전체적으로 함께 평가하여 정하여야 하고, 그 손해배상액에 대하여는 가해자 각자가 그 금액의 전부에 대한 책임을 부담하는 것이며, 가해자의 1인이 다른 가해자에 비하여 불법행위에 가공한 정도가 경미하다고 하더라도 피해자에 대한 관계에서 그 가해자의 책임범위를 위와 같이 정하여진 손해배상액의 일부로 제한하여 인정할 수 없다(1차 교통사고로 인하여 2차 교통사고가 발생한 경우).

관계만이 경합되어 있을 뿐이어서 어느 한 가해자에게 전부에 대한 책임을 인정하는 것이 가혹한 경우도 포함되어 있다.
大判 1994. 11. 25, 94다35671: 교통사고로 인하여 상해를 입은 피해자가 치료를 받던 중 의사의 과실 등으로 인한 의료사고로 증상이 악화되거나 새로운 증상이 생겨 사망에 이르는 등 손해가 확대된 경우, 특별한 사정이 없는 한 그와 같은 손해와 교통사고 사이에도 상당인과관계가 있다고 보아야 하므로, 교통사고와 의료사고가 각기 독립하여 불법행위의 요건을 갖추고 있으면서 객관적으로 관련되고 공동하여 위법하게 피해자에게 손해를 가한 것으로 인정된다면 공동불법행위가 성립되므로 이들은 연대하여 손해를 배상할 책임이 있다.[1]

(3) 1차 사고와 2차 사고가 조건적 관계에 있는 경우에 인과관계의 경합문제로 다루어 1차 사고 가해자에게 관여도에 해당하는 손해배상만을 인정한 판례도 있다.
大判 1998. 9. 18, 97다47507: 사고로 상해를 입은 피해자가 다른 사고로 인하여 사망한 경우 그 두 사고 사이에 1차 사고가 없었더라면 2차 사고도 발생하지 않았을 것이라고 인정되는 것과 같은 조건적 관계가 존재하는 경우 1차 사고의 가해자는 2차 사고로 인한 피해자의 사망을 고려함이 없이 피해자가 가동연한에 이를 때까지의 일실수입을 배상하여야 한다. 기존에 우측 고관절 장애를 가진 피해자가 교통사고로 다시 골절상을 입어 두 다리를 모두 못쓰게 된 것을 비관하여 매일 술을 마시는 등으로 체력이 떨어지고 거동이 불편한 상태에서 목욕탕에서 넘어져 사망한 경우, 교통사고와 사망사고간에는 조건적 인과관계가 있고, 따라서 위 교통사고의 가해자는 피해자가 기대여명 내에서 가동연한에 이를 때까지의 일실수입을 배상할 의무가 있다.

(다) 折 衷 說 私見으로는「주관적 공동관계(共同의 認識)가 있는 경우」및「주관적 공동관계와 같은 정도의 緊密한 客觀的 共同이 있는 경우」에 공동불법행위를 인정하는 것이 타당하다고 생각한다.[2] 객관적 공동이란 복수의 원인행위가 경합하여 하나의 결과를 야기한 경우를 통틀어서 총칭하는 개념인데, 객관적 공동의 경우는「긴밀한 객관적 공동이 있는 경우」와「인과관계가 경합된 경우로서 관련공동성이 없는 경우」의 두 가지 유형으로 분류되며, 전자만이 공동불법행위로 인정되어야 한다.[3]

---

1) 그 특별사정에 대한 입증책임은 이를 주장하는 자에게 있다. 大判 2000. 9. 8, 99다48245.
2) 拙著, 채권각론의 초판(1989)에서는 주관적 공동설을 취했으나 절충설로 바꾸려고 한다.
3) 일본의 平井 교수는 협의의 공동불법행위를 意思的 共同不法行爲(공동행위와 손해 사이의 인과관계는 필요하지만 각 가해자의 행위와 손해 사이의 인과관계가 없다는 반증은 허용되지 않는 경우), 관련적 공동불

1) 主觀的 共同의 경우　　공동불법행위자는 자기행위의 결과를 초과하여 다른 공동행위자의 결과까지 함께 책임져야 하는데, 주관적 공동이 있는 경우에는 이렇게 타인의 행위에 대한 책임까지 지우는 것이 타당하다. 제760조 1항은 공동행위자의 면책이나 감책을 허용하지 않는다고 해석되므로, 공동행위자는 자기의 행위와 결과 사이에 인과관계가 없음을 입증하여 면책될 수 없고, 자기의 행위가 손해의 일부분만에 기여하였다는 것을 입증하여 배상책임을 감경받을 수도 없다. 공동의 인식을 가진 가해행위자들 사이에는 전체의 행위결과에 대한 비난가능성도 공동으로 존재하기 때문에, 각 행위자에게 전체 결과에 대한 책임을 부과하는 것이 타당하다. 예외적으로 주관적 공동이 있었으나 공동행위자 1인의 恣意로 그 공동의 범위를 초과한 가해행위가 행해진 경우에, 다른 공동불법행위자는 그 초과부분에 대하여는 주관적 공동이 없었음을 입증하여 免責 또는 減責받을 수 있다.

2) 緊密한 客觀的 共同　　객관적 공동이 있을 뿐 공동의 인식이 없는 경우에도 개개의 행위를 분리하여 책임을 인정하는 것이 적절하지 못할 정도로 그 행위들 사이의 관련성이 높은 경우에는 협의의 공동불법행위로 되어 연대책임이 부과된다. 각 가해자의 과실행위가 경합하여 하나의 결과를 초래한 경우(共同의 過失) 중에서 그 과실행위 사이의 상호 관련성이 존재하는 경우는 이에 해당한다. 예를 들어 두 대의 자동차의 부주의운전이 경합하여 보행자를 부상·사망케 한 경우, 수술시 집도의사와 마취의사의 과실행위가 결합하여 환자를 사망에 이르게 한 경우 등이 긴밀한 객관적 공동에 해당할 것이다.

3) 因果關係의 競合　　인과관계의 경합문제로 되어 관여도의 증명이 있으면 배상액감경이 허용되는 경우로서 공동불법행위에는 해당하지 않는다. 손해에 관하여 인과관계를 갖는 자가 여러 명인 경우에, 각 행위자는 일단 손해 전부에 대하여 連帶責任을 부담하지만, 어떤 행위자가 자기행위의 결과에 대한 관여분을 입증하면 그 범위 내에서만 인과관계가 존재한다는 것이 확인되므로

법행위(사실적 인과관계의 증명도 필요하지 않고 또한 기여도에 따른 책임감액도 허용되지 않는 경우)로 분류하는 이론을 전개한다. 平井宜雄, "共同不法行爲に關する 一考察," 川島武宜還曆記念 Ⅱ, 民法學の現代的課題, 같은 취지: 能見善久, "共同不法行爲責任の基礎的 考察(一)~(七), 法協 제94권 2호 등. 이 학설은 우리 나라에도 金龍熙 교수에 의해 수용되었다. 金龍熙, "민법 제760조에 있어서의 관련공동성," 김증한화갑기념, 1981, 570. 또한 객관적 공동설을 유지하면서 공동불법행위의 성립범위를 한정하기 위한 시도가 행해진다. 즉 각 가해자가 공동불법행위에 기여한 정도를 증명할 수 있는 경우에는 전 손해에 대한 연대책임이 배제된다는 견해이다. 손해발생에 기여도가 가장 높은 자는 전 손해의 배상책임을 지지만 기여도가 낮은 자는 그 비율에 따른 일부손해의 배상책임만을 진다는 것이다. 川青, "共同不法行爲の成立範圍の限定," 判例タイムズ 제215호, 58.

손해배상책임은 그 범위로 감경된다(關與度에 따른 賠償額減輕).[1] 객관적 공동설이 공동불법행위로 보는 사례들 중 이러한 경우는 제760조 1항의 적용을 받지 않고 「인과관계의 법리」에 따라 책임내용이 정해지는 것이 타당하다.[2]

사례연구

(1) **主觀的 共同이 있는 경우** 폭력조직에 속해 있는 A·B·C는 X를 혼내주기 위해 A와 B가 직접 X를 만나 상처를 남기지 않을 정도로 폭행하고 C는 망을 보기로 계획하고 각각 실행에 옮겼다. A와 B는 공동으로 X를 폭행하던 중 A의 부주의한 주먹질로 X의 장기가 파열되는 상처를 입혔다(1천만원 상당의 손해발생). X의 부상에 대한 각 행위자의 관여도는 A가 80%, B가 10%, C가 10%라고 평가되었다. 이 경우는 학설대립 없이 다음의 결론에 이른다. ① A는 자기의 주먹질로 인하여 손해를 입혔으므로 어떤 법리에 의하던 1천만원의 손해배상의무를 진다. ② B는 자신의 주먹질로 상처를 입힌 것은 아니지만 A와 주관적 공동관계에 있으므로 공동불법행위자(제760조 1항)로서 X에 대하여 그 부상에 대하여 A와 연대하여 책임을 진다(1천만원의 연대채무부담). B가 피해자에 대하여 1천만원을 변제한 경우에, B는 A에 대하여 80%에 해당하는 금액(8백만원)을 구상청구할 수 있으며 C에 대하여는 10%(1백만원)를 구상청구할 수 있다. ③ C는 피해자에 대한 관계에서는 1천만원의 연대채무를 진다(제760조 3항). 그러나 A와 B에 대한 내부관계에서는 1백만원의 책임만을 진다. C가 자기의 내부분담액을 초과하여 손해배상한 때에는 A와 B에 대하여 구상권을 가진다.

(2) **緊密한 客觀的 共同의 경우** 자동차운전자 D는 중앙선을 침범하여 마주 달려오던 자동차(E가 운전했음)를 피하느라 급히 핸들을 틀다가 미처 보행자를 보지 못하여 그를 사망에 이르게 하였다(손해액: 1억원). 이 사건에서 D의 과실비율은 30%이고 E의 과실비율은 70%인 것으로 판명되었다. ① 주관적 공동설에 의하면 이 경우 공동불법행위가 인정되지 않으므로, D는 3천만원, E는 7천만원을 피해자에게 배상해야 한다. 만약 E가 무자력인 경우에 피해자는 D로부터 3천만원을 배상받는 것으로 끝나게 된다. D가 자기의 관여도를 잘못 아는 등의 사유로 3천만원을 초과하여 배상한 경우에 한하여 E에 대하여 구상청구가 가능하다. ② 객관적 공동설 및 절충설에 의하면 이 경우 공동불법행위(제760조 1항)가 인정된다. D와 E는 연대하여 1억원의 손해배상책임을 진다. D가 피해자에게 1억원을 배상하였다면, D는 E에 대하여 7천만

---

1) 이 기여도감책은 이론상으로는 불법행위책임 성립의 문제로서 손해배상의 범위결정에서의 감경과는 개념상 구별된다. 실제로는 양 단계는 엄격히 구분되지도 않으며 구분할 필요도 없다고 생각한다. 배상범위결정의 단계에서는 주관적 공동의 경우나 객관적 공동의 경우나 구체적 타당성 있는 상당범위로 감경될 수 있다.

2) 이 점은 주관적 공동설과 私見 사이에 차이가 있다. 주관적 공동설은 객관적 공동을 제760조 2항의 원인불명의 경우로서 처리하고자 한다.

원을 구상청구할 수 있다.

(3) 因果關係가 競合한 경우 자동차운전자(F)는 부주의운전을 하다가 보행자를 치어 부상(1천만원의 손해발생)을 입혔다. F는 그 부상자를 인근 병원에 옮겨 수술을 받도록 조치를 취해 주었다. 그 병원의 의사(G)의 부주의로 그 부상자는 마취에서 깨어나지 못한 채 방치되어 사망에 이르게 되었다(총손해액: 1억원). ① 주관적 공동설 및 절충설에 의하면 이 경우 공동불법행위가 인정되지 않는다. F는 피해자에 대하여 1천만원의 손해배상의무를 질 뿐이다. G는 피해자에 대하여 1억원의 손해배상의무를 지는데, 이 중에서 1천만원의 부분은 F와 연대책임을 진다. G가 피해자에게 1억원을 배상했다면, G는 F에 대하여 1천만원의 구상청구를 할 수 있다고 여겨진다. F가 피해자에게 1천만원을 배상한 경우에는 G에 대하여 구상청구할 수 없다. ② 객관적 공동설에 의하면 이 경우에도 공동불법행위가 성립한다. F와 G는 피해자에 대하여 1억원의 연대책임을 진다. F가 1억원을 배상했다면 G에 대하여 9천만원을 구상청구할 수 있고, G가 1억원을 배상했다면 F에 대하여 1천만원을 구상청구할 수 있다.[1] 절충설을 취하는 사견으로는 단순히 부상을 입힌 정도의 F가 사망에 대하여까지 연대책임을 진다면 타인의 행위로 인한 책임을 떠안게 되는 가혹한 결과로 되므로, 이 경우는 개별적 책임으로 처리해야 타당하다고 생각한다.

3. 廣義의 共同不法行爲에 속하는 경우

(1) 加害者不明의 複數行爲

「공동 아닌 수인의 행위 중 어느 자의 행위가 그 손해를 야기한 것인지 알 수 없는 경우」를 가해자불명의 복수행위라고 하는데, 그 효과는 공동불법행위와 같다(제760조 2항).

(가) 要 件

1) 各 行爲者의 責任要件充足 각 가해자는 가해행위에 가담하였을 것, 고의 · 과실 및 책임능력을 갖추고 있을 것 등의 불법행위책임의 요건을 충족시켜야 한다.

2) 因果關係 인과관계는 복수가해자의 가해행위와 손해 사이의 종합적 인과관계만이 입증되었고, 그 손해가 어떤 특정행위자의 가해행위로 인한 것인

1) 판례는 객관적 공동설을 취하여 공동불법행위가 생기는 경우를 넓게 인정하며, 그 손해배상액에 관하여는 "가해자 각자가 그 금액의 전부에 대한 책임을 부담하는 것이며, 가해자 1인이 다른 가해자에 비하여 불법행위에 가공한 정도가 경미하더라도 피해자에 대한 관계에서 그 가해자의 책임범위를 위와 같이 정하여진 손해배상액의 일부로 제한하여 인정할 수 없다"고 한다(大判 2000. 4. 11, 99다34055).

지는 입증되지 않은 상태이어야 한다. 인과관계가 불명확한 경우는 다음의 세 가지로 분류될 수 있다. ① 수인의 행위 중 어느 1인의 행위로 인하여 결과가 발생했다는 점은 분명하나 누구의 행위로 인한 것인지 밝혀지지 않은 경우, ② 어느 1인의 행위로 인한 것인지 또는 수인의 행위가 경합되어 원인이 된 것인지 분명치 않은 경우, ③ 관련공동성 없는 수인의 행위가 경합되어 원인을 발생시켰다는 점은 분명하나 각 행위자의 가해행위가 손해발생에 미친 비율(관여도)이 증명되지 않은 경우이다.[1)]

3) 關聯共同性이 없을 것　　공동 아닌 경우란 행위자 사이에 관련공동성이 없는 때에 한해서 가해자불명의 복수행위로 취급된다. ① 主觀的 共同의 超過行爲: 주관적 공동이 있었으나 그 공동의 범위를 초과한 가해행위가 공동행위자 1인의 恣意로 행해졌고 그 행위자가 누구인지 알 수 없는 경우에 그 초과부분에 대하여는 가해자불명의 복수행위로 취급된다. ② 共同過失이 아닌 過失行爲의 경합: 교통사고 운전자의 과실과 그 피해자를 치료한 의사의 과실이 경합되었으나 피해자의 사망(또는 후유증)이 의사의 과실에 기인한 것인지 불명확한 경우에, 이는 가해자불명으로 처리되어 운전자와 의사가 연대책임을 진다. ③ 공동의 인식 또는 공동의 과실로 인하여 어떤 공동의 결과를 초래한 경우에는 비록 직접행위자가 누구인지 밝혀지지 않았더라도 가해자불명의 복수행위가 되지 않고, 민법 제760조 1항의 공동불법행위로 취급된다. 관련공동성이 있는 數人 중 누구의 직접적 행위의 결과인지 모르더라도 모든 공동불법행위자는 피해자에 대하여 연대책임을 져야 한다. 다만 공동불법행위자의 내부적 분담부분을 결정하는 데에 어려움이 생기게 될 것인데, 이 때 부담부분은 균등한 것으로 추정된다(제424조).

㈏ 效　果

1) 連帶責任　　어느 자의 행위가 그 손해를 일으킨 것인지 알 수 없는 때에는 각자 손해 전부에 대하여 연대하여 책임을 진다.

2) 立證責任의 轉換　　민법 제760조 2항이 수인에게 연대책임을 지움으로써 책임주체를 확장한 것은 인과관계의 입증책임을 피해자로부터 가해자에

---

1) 반면에 객관적 공동설을 취하면 제760조 2항의 「공동 아닌」을 주관적 공동도 객관적 공동도 없는 경우로 해석해야 하는데, 그렇다면 객관적 공동도 없는 개별적 행위(결과에 대한 단독원인)로 입증되었으나 누구의 행위인지 분명치 않은 경우만이 해당되어(A 또는 B의 단독원인인 것은 분명하나 누가 원인인지 모르는 경우) 제760조 2항의 인과관계추정은 적용범위가 지나치게 좁게 될 것이고 이러한 해석은 부당하다고 여겨진다.

게로 전환하는 효과를 가져온다. 복수의 가해행위자 중 1인이 자기의 행위와 손해의 발생과 사이에 인과관계가 없음을 입증한 때에는 책임을 면하고(免責), 자기의 행위가 손해의 어느 부분에 대해서만 원인을 주었는지를 입증한 때에는 그 부분의 손해만을 배상하면 된다(關與度減責).

因果關係의 競合과 共同不法行爲

(1) 因果關係가 競合된 경우　복수의 가해행위로 인하여 하나의 결과가 발생한 경우 중에서 관련공동성이 없이 단순히 인과관계가 경합된 경우에, 각 행위자는 자기가 그 결과에 관여되지 않았거나 그 일부분에만 관여되었음을 증명하여 免責 또는 減責을 받을 수 있다. 이 법리는 민법 제760조 2항이 간접적으로 밝히고 있다. 복수의 행위가 인과관계의 경합을 일으키는 경우 중에서 關與度減責이 인정되는 대표적인 경우는 다음과 같다.

① 複數行爲의 過剩的 競合: 주관적 공동 없는 복수의 원인행위가 경합하여 결과를 야기시켰는데, 그 중 하나의 원인행위는 단독으로 결과를 발생시킬 수 있는 充分條件이지만, 다른 원인은 그렇지 않은 경우를 가리킨다. 예를 들면 A는 致死量 미달의 독약을 먹이고 B는 치사량의 독약을 먹인 경우, A가 부상을 입힌 후에 B가 그 피해자의 심장을 총격하여 사망에 이르게 한 경우 등이다. 이 때 B는 손해 전부에 대한 배상책임을 부담하지만, A는 그의 관여분에 대해서만 배상책임을 진다. A의 관여분의 범위에서는 A와 B가 연대책임을 지며, 그 초과분에 대하여는 B가 단독책임을 진다.[1]

② 複數行爲의 必要的 競合: 주관적 공동이 없는 복수의 원인행위가 경합하여 결과를 야기시켰는데, 어느 하나의 행위만으로는 결과를 발생시키기에 충분한 원인이 되지 않는 경우이다. 예를 들면 A와 B가 각각 치사량에 미달한 독약을 먹였으나 양자가 합하여 피해자를 사망에 이르게 한 경우, C·D·E의 세 회사가 오염물질

1) 大判 1994. 2. 22, 93다53696: 공동불법행위자가 아닌 복수의 불법행위자의 피해자에 대한 과실비율이 달라 배상할 손해액의 범위가 달라지는 경우에는 누가 그 채무를 변제하였느냐에 따라 소멸되는 채무의 범위가 달라진다. 즉, 적은 손해액을 배상할 의무가 있는 자가 불법행위의 성립 이후에 손해액의 일부를 변제한 경우에는 많은 손해액을 배상할 의무 있는 자의 채무가 그 변제금 전액에 해당하는 부분이 소멸하는 것은 물론이나, 많은 손해액을 배상할 의무가 있는 자가 손해액의 일부를 변제하였다면 그 중 적은 범위의 손해액을 배상할 의무가 있는 자의 채무는 그 변제금 전액에 해당하는 채무가 소멸하는 것이 아니라 적은 범위의 손해배상책임만을 부담하는 쪽의 과실비율에 상응하는 부분만큼만 소멸하는 것으로 보아야 할 것이다. 大判 1995. 7. 14, 94다19600에서는 이러한 법리가 사용자의 손해배상책임에 있어서 피용자 본인이 손해액의 일부를 변제한 경우에도 동일하다고 하였다. 이러한 법리는 피용자 본인이 불법행위의 성립 이후에 피해자에 대하여 일부 금원을 지급함에 있어서 명시적으로 손해배상의 일부 변제조로 지급한 것은 아니고 그 불법행위를 은폐하거나 또는 기망의 수단으로 지급한 경우에도 마찬가지로 적용되어, 그 변제금 중 사용자의 과실비율에 상응하는 부분만 채무소멸의 효과가 있다고 하였다.

을 내뿜어 인근의 과수원의 수확물을 망친 경우가 이에 해당한다. 이 경우를 공동불법행위로 해석하는 견해도 있으나,[1] 사견으로는 이 경우를 인과관계의 경합으로 보아 가해자측에서 자기의 관여도를 증명하면 관여도 감책을 허용하는 것이 타당하다고 생각한다. 환경정책기본법(1990) 제31조 2항은 "사업장 등이 두 개 이상 있는 경우에 어느 사업장 등에 의하여 제1항의 피해가 발생한 것인지 알 수 없는 때에는 각 사업자는 연대하여 배상하여야 한다"고 함으로써 이를 민법 제760조 2항의 가해자불명의 복수행위와 같이 인과관계의 경합으로 다루어 각 사업자가 자기의 관여분을 입증하면 감책될 수 있음을 간접적으로 허용하고 있다.

③ 違法行爲와 自然力의 競合: 가해자의 違法行爲와 自然力(폭풍·눈 가뭄 등)이 합하여 어떤 결과를 야기한 경우에, 피해자가 자연력만으로는 그 결과가 초래되지 않았을 것이라는 사실을 증명하면 가해자는 일단 손해 전부에 대하여 배상책임을 지게 된다. 그러나 가해자가 자기행위가 결과의 일부분에만 관여되었다는 사실, 즉 자기행위가 없었더라도 자연력에 의한 손해는 일정량 발생했을 것이라는 사실을 입증하면 손해배상책임은 관여도의 범위로 감축된다. 피해자의 旣往症과 교통사고가 경합되어 질병을 일으킨 경우도 이와 유사한 인과관계경합의 문제가 발생한다.[2]

(2) 共同不法行爲로 되는 경우 인과관계가 경합되었더라도, 다음의 경우에는 관련공동성이 존재하므로 공동불법행위로 된다. 이 때에는 각 행위자가 손해 전부에 대하여 연대책임을 지며, 자기의 관여도를 입증하여 면책되거나 감책되지 않는다.

① 複數行爲의 重疊的 競合: 복수의 원인행위가 경합하여 결과를 야기시켰지만, 각각의 단독원인만으로도 충분히 그 결과를 초래할 수 있었던 경우이다. 예를 들면 A가 먹인 독약과 B가 먹인 독약이 각각 X를 사망케 할 정도의 致死量이었던 경우이다. 이 경우에는 감책이나 면책은 인정될 여지가 없다.

② 複數行爲의 追越的 競合: 추월적 경합이란 A가 X에게 치사량의 독약을 먹였으나 그 독약의 효과가 발생하기 전에 B의 총격으로 인하여 X가 사망한 경우를 가리킨다. 이 경우를 추월적 인과관계(überholende Kausalität)라고도 한다.[3] 형사책임에 관해서는 이 경우를 인과관계의 중단사유로 보는 견해가 있으나, 민사책임에서는 이 경우를 공동불법행위로 취급하여 연대책임을 부과함이 원칙이다. 다만 1

1) 李相珵, "수질오염으로 인한 피해와 공동불법행위," 고시계 1998년 2월호, 166.

2) 大判 1998. 5. 15, 96다24668: 교통사고로 인한 피해자의 후유증이 사고와 피해자의 기왕증이 경합하여 나타난 것이라면 사고가 후유증이라는 결과발생에 대하여 기여했다고 인정되는 정도에 따라 상응한 배상액을 부담케 하는 것이 손해의 공평한 부담이라는 견지에서 타당하다. 법원이 旣往症의 후유증 전체에 대한 寄與度를 정함에 있어서는 의학적으로 정확히 판정해야 하는 것은 아니고, 기왕증의 원인과 정도, 기왕증과 후유증과의 상관관계, 피해자의 연령과 직업, 건강상태 등 제반사정을 고려하여 합리적으로 판단할 수 있다.

3) 복수행위의 추월적 경합은 複數行爲의 假定的 競合(Hypothetische Kausalität)과 유사한 개념이다. 가정적 경합이란 하나의 가해행위가 있은 후에 다른 가해행위가 있음으로서 전의 가해행위가 없었더라도 같은 결과가 발생했을 경우를 말한다. A가 자동차를 파손한 후에 B가 그 자동차의 차고에 방화한 경우를 가정적 경합의 예로 든다. 崔鍾吉, "손해배상과 후발적 사정," 서울대 법학 제10권 2호, 65 이하.

인의 관여도가 다른 행위자에 비하여 현저히 적은 경우에는 과잉적 경합의 문제로 취급되는데, 이 때에는 인과관계경합의 문제로 취급되어 그 관여도가 적은 행위자는 자기의 관여도를 증명하여 배상범위의 감경을 받을 수 있다.

(2) 敎唆 · 幇助

敎唆者나 幇助者는 共同不法行爲者로 간주되므로(제760조 3항) 직접의 가해행위자와 연대하여 책임을 진다. 교사자와 방조자는 직접의 가해행위자와 공동의 인식을 갖고 있으므로 협의의 공동불법행위자에 속하는데, 민법은 이 점을 명백히 하기 위해 "공동행위자로 본다"는 규정을 두고 있다. 교사자 · 방조자는 자기가 직접 가해행위를 하지 않았다는 이유로 면책되거나 감책되지 않는다.

(가) 敎 唆 타인으로 하여금 불법행위의 의사결정을 하게 하는 것이 교사이다. 교사는 피교사자가 스스로 의사결정을 하도록 동기를 부여하는 것을 말하며, 피교사자를 협박하여 도구로 이용하거나 변식능력 없는 자를 이용하는 경우는 교사가 아니라 직접적 가해행위가 된다. 교사의 방법은 기망, 애원, 감언 · 협박에 의한 유도, 촉탁, 지시, 시사 등이 있다. 교사를 하였으나 그 피교사자가 불법행위를 하지 않은 경우에는 책임이 성립하지 않는다.

(나) 幇 助 타인의 불법행위에 보조적 역할을 하는 것을 방조라고 한다. 망을 보는 것, 조언, 격려, 흉기의 제공, 조력 등이 방조에 해당한다. 판례는 "방조라 함은 불법행위를 용이하게 하는 직접, 간접의 모든 행위를 가리키는 것으로서 작위에 의한 경우뿐 아니라 작위의무 있는 자가 그것을 방지하여야 할 제반조치를 취하지 않은 不作爲로 인하여 불법행위자의 실행행위를 용이하게 하는 경우도 포함되며, 過失에 의한 방조도 가능하다"고 한다(大判 1998. 12. 23, 98다31264).[1)]

그 과실의 내용은 불법행위에 도움을 주지 않아야 할 주의의무에 위반하는 것이다(大判 2000. 4. 11, 99다41749).

---

1) 이 판결은 지방자체단체가 그 소유임야를 관리하는 부하직원에 대한 감독을 철저히 하지 않고 직인관리를 소홀히 하였다는 것만으로 부하직원의 불법매각행위를 방조했다고 할 수 없다고 한 사례이다.

大判 1960. 9. 29, 4293민상302: 蓄妾을 교사 · 방조한 자도 축첩한 자와 함께 正妻에 대하여 공동불법행위가 성립한다.

大判 1963. 11. 7, 63다587: 제3자가 혼인예약의 효력존속중 예약자 일방이 타의 일방과 혼인예약을 파기하는 행위를 방조하였을 경우에는 혼인예약을 파기한 혼인예약자와 공동불법행위자로서 연대하여 손해를 배상할 책임이 있다.

4. 共同不法行爲者의 責任

(1) 被害者에 대한 關係(連帶責任)

(가) 全部에 대한 連帶責任 공동불법행위자는 각자 피해자에게 발생한 손해 전부(상당인과관계의 범위 내의 손해)에 관해 배상의무를 진다. 공동불법행위자 1인이 피해자의 관계에서 자기의 관여도에 해당하는 일부만의 배상책임을 지겠다고 주장하는 것(연대의 면제)은 인정되지 않는다. 피해자는 하나의 손해에 대한 배상청구권을 복수의 공동불법행위자에 대하여 중첩적으로 가지지만, 중첩적인 만족은 얻을 수 없고 1인의 행위자로부터 변제를 받으면 다른 행위자에 대한 손해배상청구권도 소멸한다.

大判 1998. 10. 20, 98다31691: 공동불법행위책임은 가해자 각 개인의 행위에 대하여 개별적으로 그로 인한 손해를 구하는 것이 아니라 그 가해자들이 공동으로 가한 불법행위에 대하여 그 책임을 추궁하는 것이므로, 공동불법행위로 인한 손해배상책임의 범위는 피해자에 대한 관계에서 가해자들 전원의 행위를 전체적으로 함께 평가하여 정하여야 하고, 그 손해배상액에 대하여는 가해자 각자가 그 금액의 전부에 대한 책임을 부담하는 것이며, 가해자의 1인이 다른 가해자에 비하여 불법행위에 가공한 정도가 경미하다고 하더라도 피해자에 대한 관계에서 그 가해자의 책임범위를 위와 같이 정하여진 손해배상액의 일부로 제한하여 인정할 수 없다.

(나) 連帶責任의 性格 공동불법행위자는 피해자에 대하여 연대하여 그 손해를 배상할 책임을 지는데(제760조 1항), 이 때의 연대책임의 성격에 관하여는 학설이 대립한다.

1) 不眞正連帶債務說 제760조 1항의 「연대하여」는 각자가 손해 전부에 관한 배상의무를 부담한다는 의미를 가질 뿐이며, 공동불법행위자의 연대책임은 제413조 이하의 연대채무와는 성격이 다른 「부진정연대채무」라고 해석하는 견해이다.[1] 판례도 부진정연대채무설을 취한다.[2] 부진정연대채무설은 다음의 근거를 제시한다. 첫째, 부진정연대채무가 민법상의 연대채무보다 채권담보의

1) 郭潤直, 769; 金基善, 425; 金相容(下), 282; 金錫宇, 546; 金疇洙, 732; 金曾漢, 508; 金顯泰, 396.

2) 大判 1983. 5. 24, 83다208: 공동불법행위자는 소위 부진정연대채무자로서 피해자에 대하여 연대하여 그 손해를 배상할 책임이 있고, 공동불법행위자의 한 사람이 그 손해의 전부를 배상하였을 때에는 다른 공동불법행위자에게 그 부담할 책임에 따라 구상권을 행사할 수 있다.

작용이 강력하므로 공동불법행위자의 책임을 부진정연대채무로 해석하여 피해자를 보호해야 한다. 둘째, 감독자책임이나 사용자책임에서 법정감독자 · 임의감독자 및 사용자 · 피해자 사이의 책임관계는 부진정연대채무로 해석되는데, 책임의 균형상 그 경우들보다 피해자를 더욱 강하게 보호하여야 할 공동불법행위에서 그보다 약한 연대채무로 해석할 수는 없다.

2) 混合債務說 공동불법행위책임 중에서 주관적 공동이 있는 경우는 連帶債務로 되고, 주관적 공동이 없는 경우는 부진정연대채무로 된다는 견해이다.[1] 협의의 공동불법행위에 관하여 주관적 공동설을 취하면서 혼합채무설을 취하는 입장에 의하면 제760조 1항과 3항은 행위자 사이에 주관적 공동이 있으므로 연대채무로 되지만, 제760조 2항은 부진정연대채무로 된다고 한다.

3) 私見으로서는 부진정연대채무설에 찬동한다. 민법상 연대채무규정의 미비점을 부진정연대채무의 개념을 빌려서 보완함으로써 피해자에게의 전부배상의 가능성을 높여 줄 수 있을 것이다.[2] 연대채무는 계약에 의해서 발생하는 경우로 한정하고 불법행위로 인한 연대책임은 부진정연대채무로 파악하는 것이 타당하다. 연대채무의 발생원인을 주관적 공동관계라는 채무자 상호간의 관계에서 찾을 것이 아니라, 각 채권관계에서의 채무자 · 채권자 사이의 의사의 합치(계약)에서 찾는 것이 타당하다. 부진정연대채무는 계약 외의 사유로 인하여 수인의 채무자가 연대하여 책임을 지는 경우에 발생한다고 함이 타당하다.

(다) 不眞正連帶債務의 內容 부진정연대채무란 수인의 채무자가 채무 전부를 각자 이행할 의무가 있고 채무자 1인의 이행으로 다른 채무자도 그 의무를 면하게 되는 연대채무의 일종으로서(제413조), 채권자에 대한 관계에서 각자의 부담부분이 인정되지 않고 채무자 1인에 관한 사유는 변제와 그에 준하는 것을 제외하고는 다른 채무자에게 영향을 미치지 않는 경우를 말한다. 채권자는 어느 연대채무자에 대하여 또는 동시나 순차로 모든 연대채무자에 대하여 채무의 전부나 일부의 이행을 청구할 수 있다(제414조).

계약상 연대채무에서 연대채무자 1인에게 생긴 辨濟 이외의 사유가 다른

---

1) 李太載, 505.

2) 拙著, 채권총론, 514~516 참조. 그리고 사견으로는 부진정연대채무설의 논지 중 다음의 약점은 보완되어야 한다고 생각한다. 첫째, 연대채무에서 채무자 사이의 결합관계를 「주관적 공동관계」라고 이해하면서, 주관적 공동관계에 있는 공동불법행위자들 사이의 법률관계를 연대채무가 아니라고 해석하는 것은 전후모순된다. 둘째, 부진정연대채무는 민법상 개념이 아니므로 그의 내용이 구체적으로 설명되어야 하며, 단지 채권만족사유만이 절대적 효력을 갖는다는 설명만으로는 분담부분 · 구상관계 등의 채무자 상호간의 법률관계가 모호하다.

연대채무자에게 절대적 효력을 미치는 것은 연대채무자들 상호간의 계약적 결합관계를 전제로 한 것인데, 공동불법행위에서는 이러한 결합관계가 존재하지 않으므로 절대적 효력사유도 변제 등에 한정된다(絶對的 效力事由의 縮小). 채무자 1인에 대한 사유 중에서 변제 · 대물변제 · 공탁 · 상계(제418조 1항)만이 절대적 효력을 가지며, 그 밖의 사유는 상대적 효력을 갖는다. 공동불법행위자들은 피해자에 대하여 손해배상을 해야 한다는 목적을 공동으로 가질 뿐이므로, 채권의 만족을 가져오지 않는 更改 · 免除 등의 사유에 관하여 절대적 효력을 인정하는 것은 부당하다. 부진정연대채무에서는 채권자에 대한 관계에서 각자의 부담부분이 인정되지 않으므로, 부담부분의 범위에서 면제, 혼동, 소멸시효 등이 절대적 효력을 갖는 일도 생기지 않는다.

不眞正連帶債務에서의 相對的 效力事由

부진정연대채무에서는 辨濟와 같이 채권자가 만족을 얻은 경우에만 모든 채무가 소멸한다. ① 一部辨濟, 代物辨濟: 절대적 효력이 인정되어 다른 채무자를 공동면책시킨다.[1] ② 履行請求와 債權者遲滯: 상대적 효력만이 인정될 뿐 다른 채무자에 대하여는 효력이 인정되지 않는다(제416조와 제422조는 적용되지 않음). ③ 相計의 效力: 상계에 관해서는 절대적 효력을 인정하는 견해와,[2] 상계한 당해 채무자에 대한 관계에서만 채권소멸의 상대적 효력을 갖는다는 견해가 대립한다. 판례는 상계를 상대적 효력사유로 본다(大判 1989. 3. 28, 88다카4994). 사견으로는 상계는 절대적 효력사유로 보되, 피해자의 치료비 등에 한정하여 상계를 금지시키는 것이 타당하다고 생각한다. ④ 相計의 代位行使: 다른 채무자가 상계할 수 있도록 허용하는 제418조 2항도 채무자의 부담부분을 전제로 한 규정이므로 적용되지 않는다. ⑤ 更改: 상대적 효력만을 갖는다(제417조 적용 없음). ⑥ 免除, 混同, 消滅時效: 상대적 효력만을 갖는다. 부진정연대채무에서는 채권자에 대한 관계에서 부담부분이 인정되지 않으므로 면제 등의 부담부분에 한정한 절대적 효력이 인정될 여지가 없다(大判 1969. 8. 26, 69다962 등 다수판결).

---

1) 공동불법행위자로서 타인에게 손해를 연대하여 배상할 책임이 있는 경우 그 불법행위자들의 피해자에 대한 과실비율이 달라 배상할 손해액의 범위가 달라지는 때에는 누가 그 채무를 변제하였느냐에 따라 소멸되는 채무의 범위가 달라지는 것이므로, 적은 손해액을 배상할 의무가 있는 자가 불법행위의 성립 이후에 손해액의 일부를 변제한 경우에는 많은 손해액을 배상할 의무가 있는 자의 채무는 그 변제금 전액에 해당하는 부분이 소멸하며, 많은 손해액을 배상할 의무가 있는 자가 손해액의 일부를 변제하였다면 그 중 적은 범위의 손해액을 배상할 의무가 있는 자의 채무는 그 변제금 전액에 해당하는 채무가 소멸하는 것이 아니라 적은 범위의 손해배상책임만을 부담하는 쪽의 과실비율에 상응하는 부분만큼만 소멸한다(大判 2001. 11. 13, 2001다12362).

2) 郭潤直, 채권총론, 342; 金基善, 한국채권총론, 229; 金錫宇, 채권법총론, 256; 金顯泰, 신채권법총론, 206; 金亨培, 채권총론(2판), 484; 黃迪仁, 현대민법론(Ⅲ), 192.

(라) 共同不法行爲와 過失相計 공동불법행위책임은 가해자 각 개인의 행위에 대하여 개별적으로 그로 인한 손해를 구하는 것이 아니라 그 가해자들이 공동으로 기한 불법행위에 대하여 그 책임을 추궁하는 것으로, 법원이 피해자의 과실을 들어 過失相計를 함에 있어서는 피해자의 공동불법행위자 각인에 대한 과실비율이 서로 다르더라도 피해자의 과실을 공동불법행위자 각인에 대한 과실로 개별적으로 평가할 것이 아니고, 그들 전원에 대한 과실로 전체적으로 평가하여야 한다(大判 1998. 6. 12, 96다55631).[1]

(마) 損害賠償의 範圍 각 공동불법행위자는 공동불법행위와 상당인과관계 있는 손해를 제393조에 따라 배상하여야 한다. 그러나 특별사정의 손해에 관하여 공동불법행위자 중의 한 사람이 예견가능성을 갖지 않은 경우에, 예견가능성 없는 공동불법행위자는 특별손해에 관한 배상의무를 지지 않는다는 견해[2]와 특별손해에 대하여도 공동으로 배상의무를 진다는 견해[3]가 대립한다. 私見으로서는 공동불법행위의 의의가 모든 가담자에게 연대하여 전 손해의 배상의무를 지우는 데에 있다는 점을 고려할 때 1인의 면책을 제760조 1항 · 2항 · 3항의 경우를 구분함이 없이 인정하는 것은 제도의 취지에 어긋나므로 부당하다고 생각한다. ① 狹義의 共同不法行爲(제760조 1항) 및 교사 · 방조(제760조 3항)의 경우에는 1인의 공동불법행위자만이 특별손해에 대한 예견가능성이 없었다는 이유로 감책되는 것은 허용하지 않는다. ② 加害者不明의 共同不法行爲(제760조 2항)에 있어서는 1인이 「자기의 행위가 손해의 일부분에 한하여 인과관계가 있다는 사실」 및 「자기에게는 특별손해에 대한 예견가능성이 없었다는 사실」을 입증하여 減責될 수 있다.

(2) 共同不法行爲者들의 內部關係(求償權)

(가) 求償權의 發生 어느 공동불법행위자가 변제 기타 자기의 출재로 공동면책이 된 때에는 다른 공동불법행위자의 분담부분에 대하여 구상권을 행사할 수 있다(제425조). 공동불법행위자 1인이 피해자에게 전부의 손해를 배상한 후에, 그 변제자는 다른 공동불법행위자에 대하여 각자의 과실비율에 따른 분담부분의 범위에서 구상청구할 수 있다. 그 구상관계는 손해에 대한 關與度 등에 따른 내부적 책임분담에 기인한다. 구상청구금액에는 면책된 날 이후의 법정이

---

1) 같은 취지: 大判 1998. 11. 10, 98다20059.
2) 郭潤直, 768; 金錫宇, 546; 金顯泰, 401; 李太載, 509.
3) 같은 취지: 金相容(下), 288; 金疇洙, 732.

자 및 피할 수 없는 비용, 기타의 손해배상이 포함된다(제425조 2항).[1]

大判 1978. 3. 28, 77다2499: 피해자에 대해서 부진정연대채무관계에 있는 공동불법행위자에게도 그 내부관계에 있어서는 과실의 정도에 따른 부담부분이 있다 할 것이니 피해자에게 배상한 자가 공동불법행위자의 1인에 대해서 구상할 때에는 그 부담부분 이상을 청구할 수 없다.

大判 1992. 6. 23, 91다33070: 피용자와 제3자가 공동불법행위로 피해자에게 손해를 가하여 그 손해배상채무를 부담하는 경우에 피용자와 제3자는 공동불법행위자로서 서로 부진정연대관계에 있고, 한편 사용자의 손해배상책임은 피용자의 배상책임에 대한 대체적 책임이어서 사용자도 제3자와 부진정연대관계에 있다. 사용자가 피용자와 제3자의 책임비율에 의하여 정해진 피용자의 부담부분을 초과하여 피해자에게 손해를 배상한 경우에는 사용자는 제3자에 대하여도 구상권을 행사할 수 있으며, 그 구상의 범위는 제3자의 부담부분에 국한된다.

大判 2000. 12. 26, 2000다38275: 자동차가 충돌하여 승객이 피해를 입은 경우 각 가해 차량의 운행자들은 피해자에 대하여 부진정연대채무를 부담하나, 그 내부관계에 있어서는 각 운전자의 과실의 정도에 따라 부담부분이 정하여지고, 운행자 중 일방이 자기의 부담부분을 초과하여 변제함으로써 공동의 면책을 얻게 하였을 때에는 다른 운행자에 대하여 상대방의 부담부분에 상당하는 금액을 구상할 수 있다. 가해 운행자 중 일방이 피해자와 운행지배 및 운행이익을 어느 정도 공유하여 그와의 관계에서 손해배상액이 감액되어야 한다는 사정은 운행자성을 가지는 피해자에 대한 관계에서만 주장할 수 있는 것으로서, 자신과 부진정연대의 관계에 있는 다른 채무자와의 구상관계에서 감액된 금액을 기준으로 면책 범위를 정하거나 자기의 부담부분을 산정하여야 한다고 주장할 수는 없다.

(나) 負擔部分의 決定 공동불법행위자의 부담부분은 각 사례별로 각자의 고의·과실의 정도, 위법성의 정도, 손해와의 인과관계의 밀접성, 변제자력 등을 고려한 규범적 판단에 의해 결정되어야 한다. 이상의 원칙에 의해서도 부담부분을 결정할 수 없는 경우에 각 행위자의 부담부분은 균등한 것으로

1) 大判 1999. 2. 26, 98다52469: 원고가 피고의 불법행위로 인한 피해자임과 동시에 피고와 공동불법행위자로서 제3자에게 손해배상책임을 지는데 원고가 피고에게 불법행위로 인한 손해배상을 구함에 대하여, 피고가 제3자에 대한 손해배상금을 지출하였음을 이유로 그 중 원고의 부담부분에 상응하는 구상금의 공제를 주장한 경우, 피고의 원고에 대한 구상금 채권을 인정하기 위하여 원·피고의 가해자로서의 과실내용 및 비율을 정하지 아니한 채 원고의 피해자로서의 과실상계의 대상이 되는 과실내용 및 비율에 따라 구상금채권액을 정할 수 없다.

추정된다(제424조).[1] 공동불법행위자 중에 상환할 능력이 없는 자가 있는 때에는 그 자의 부담부분은 다른 자력 있는 채무자가 그 부담부분에 비례하여 분담한다(제427조 1항).

(다) 一部免責의 경우　공동불법행위자 1인이 자기의 부담액을 초과하여 배상한 때에만 다른 행위자에 대하여 구상권을 가지는가 또는 그렇지 않은 경우에도 부담비율에 따른 구상권을 가지는가에 대해 의문이 제기된다.

1) 超過出財說　판례는 자기의 부담액을 초과한 배상의 경우에만 구상권을 인정한다(大判 1989. 9. 26, 88다카27232; 大判 1997. 12. 12, 96다50896).

2) 超過不要說　사견으로는 피해자에 대한 손해배상액 및 1인의 분담액이 확실하지 않기 때문에 구상권의 요건으로서 자기 부담액의 초과출재를 요구하는 것은 부당하다고 생각한다. 만약 초과출재설에 따른다면 구상권을 행사하는 자가 손해배상액 및 각자의 분담액을 정확히 산정할 立證責任을 부담하게 되는데, 이는 출재자에게 가혹한 결과를 가져올 것이다.[2]

(라) 通知義務　구상요건으로서의 통지에 관한 민법 제426조가 공동불법행위자 사이에도 적용되는가에 관해서는 의문이 있다.

1) 通知要件說　부진정연대채무자 사이에도 통지의무를 인정하는 견해이다.[3] 어느 공동불법행위자가 다른 공동불법행위자에게 통지(사전통지)하지 아니하고 변제 기타 자기의 출재로 공동면책된 경우에 그에게 피해자에 대하여 대항할 수 있는 사유가 있었을 때에는 그 부담부분에 한하여 이 사유로 면책행위를 한 공동불법행위자에게 대항할 수 있다고 한다(제426조 1항). 변제한 공동불법행위자가 다른 자들에게 사후통지를 하지 않아 다른 자가 선의로 이중변제한 경우, 그 이중변제자는 자기의 면책행위의 유효를 주장할 수 있다고 한다(제426조 2항).

2) 通知不要說　판례는 부진정연대채무자 1인이 변제하는 경우에 구상청구와 관련하여 사전·사후의 통지의무가 부과되지 않는다는 입장을 취한다(大判 1976. 7. 13, 74다746; 大判 1998. 6. 26, 98다5777).[4] 즉 "출연분담에 관한 주관적인 밀접한 연관관계가 없고 단

1) 大判 1967. 12. 29, 67다2034·2035: 본건 사고는 원고와 피고가 각각 소유 운영하고 있는 자동차운전수들의 과실로 인하여 발생된 것이며, 그 운전수들의 과실은 그 강약을 판단할 수 없는 같은 비율의 과실이 있었다는 것이므로 원·피고는 그로 인한 제3자의 손해배상에 연대책임이 있다 할 것이나 공동불법행위자인 원·피고의 내부관계에 있어서는 2분지 1씩의 부담부분이 있다 할 것이다.

2) 拙著, 채권총론, 534 참조.

3) 朱相壽, "공동불법행위자 상호간의 내부구상관계," 사법논집 제13집, 1982, 209.

4) 大判 1998. 6. 26, 98다5777: 부진정연대채무인 공동불법행위책임에서는 민법 제426조 소정의 통지의무 규

지 채권만족이라는 목적만을 공통으로 하고 있는 (부진정)연대채무에 있어서는 그 변제에 관해서 채무자 상호간에 통지의무관계를 인정할 수 없고 변제로 인한 공동면책이 있는 경우에 있어서는 채무자 상호간에 어떤 대내적 특별관계에서 또는 형평의 관점에서 손해를 분담하는 관계가 있게 되는 데 불과하다 할 것인즉, (부진정)연대채무라고 할 공동불법행위로 인한 손해배상채무에 있어서는 채무자 상호간에 구상요건으로서 통지에 관한 민법의 위 규정을 유추적용할 수는 없다"고 한다(大判 1976. 7. 13, 74다746).

3) 制限的 通知要件說 사견으로는 구상청구인이 다른 공동불법행위자의 존재 및 소재를 알고 있는 경우에 한하여, 信義則에 비추어 부진정연대채무자간에도 事後通知義務는 부과되어야 하며, 그 위반시에는 자기의 면책행위를 이유로 이중변제한 채무자에게 구상청구할 수 없다고 생각한다.

(마) 求償權과 消滅時效 공동불법행위자의 구상권의 소멸시효에 관해서는 불법행위책임에서처럼 3년의 단기시효를 적용할 이유가 없고 구상권은 성질상 일반 채권과 같으므로, 구상권은 출재로 인한 공통면책이 있은 때로부터 10년의 경과로 시효소멸한다(大判 1996. 3. 26, 96다3791). 공동불법행위자 중 1인의 손해배상채무가 시효로 소멸한 후에(제766조 1항의 가해자를 안 날로부터 3년이란 시효기간은 각 행위자에게 다르게 진행할 수 있음) 다른 행위자가 피해자에게 부담부분을 초과한 손해배상을 한 경우에, 그 출재자는 다른 행위자들에게 구상권을 행사할 수 있다(大判 1997. 12. 23, 97다42830).

§48. 監督者責任

1. 意　義[1)]

(1) 槪　念

책임무능력자의 위법한 가해행위에 관하여 그의 감독의무자가 직접 피해자에 대하여 손해배상의무를 지는 것을 감독자책임이라 한다. 민법 제755조 1항

정은 적용될 여지가 없으므로, 피고가 망 서××의 치료비를 먼저 지급했다면, 피고가 원고에게 그것을 사후통지했는지 그 후 원고가 망 서××의 치료비를 지급하면서 피고에게 사전통지를 하였는지 등을 불문하고, 피고는 원고에 대하여 그의 면책행위가 유효함을 주장할 수 있다(원심에서는 사후통지의무 위반을 이유로 면책행위를 대항할 수 없다고 판시했으나 파기되었음).

1) 참고문헌: 權五乘, "미성년자의 불법행위," 고시계 1990년 10월호; 金俊鎬, "책임능력 있는 미성년자의 불법행위에 대한 친권자의 책임," 고시계 1997년 10월호; 白泰昇, "책임능력," 고시계 1996년 8월호; 徐光

은 "무능력자에게 책임이 없는 경우에는 이를 감독할 법정의무 있는 자가 그 무능력자의 제3자에게 가한 손해를 배상할 책임이 있다"고 규정하며, 단서로서 "그러나 감독의무를 해태하지 않은 경우에는 그러하지 아니하다"고 규정한다. 감독의무자에 갈음하여 무능력자를 감독하는 자도 감독자책임을 진다(제755조 2항).

감독자책임은 두 가지 성격을 가진다.

㈎ 他人責任性 감독자가 피감독자를 대신하여 피해자에 대한 손해배상책임을 진다는 측면에서 어느 정도의 타인책임성을 가진다. 그러나 피감독자 자신에게 불법행위책임이 발생하지 않는 경우에도 감독자책임이 발생한다는 점에서 엄격히 타인책임이라고 할 수는 없다.

㈏ 固有責任性 감독의무자는 감독의무를 해태하지 않은 때에 면책될 수 있다는 측면에서 감독자책임은 피감독자에 대한 감독의무를 해태한 데에 대한 자기의 고유책임으로서의 성격을 가진다.[1] 그 밖에 감독의무자의 과실 및 손해와의 인과관계가 존재하는 경우에, 감독의무자는 피감독자가 책임능력자인 경우에도 일반불법행위책임(제750조)을 진다. 감독의무해태에 대한 책임을 지는 경우라도 감독자가 자기자신의 가해행위에 대하여 책임지는 것이 아니라 피감독자의 가해행위에 대하여 책임진다는 점에서 보통의 불법행위와는 달리 間接責任의 성격을 갖는다.

(2) 機 能

감독자책임은 다음의 두 가지 기능을 담당한다.

㈎ 家族共同體의 結束機能 법정감독자(親權者·後見人·妻 등)의 책임에는 부모나 후견인이 가족공동체정신에 기초하여 공동체구성원의 행위에 대하여 무과실책임을 진다는 단체책임적 요소가 포함되어 있다. 부모나 기타 친족은 미성년자·심신상실자가 타인에게 가해를 하지 않도록 교육하고 계도할 책임을 지며 이를 통해 가족간의 유대관계가 돈독해질 수 있다.

㈏ 損害抑制機能 미성년자나 정신병자의 감독자로 하여금 감독의무를 충실히 이행하도록 함으로써 가해행위를 억제하는 기능을 담당한다. 손해억제기능 및 이에 따른 주의촉구기능은 約定監督者(유치원선생·국민학교 교사·정신병원의사 등)에 대하여 효과

民, "책임능력 있는 미성년자의 불법행위에 대한 감독자의 배상책임," 판례월보 1994년 7월호; 宋德洙, "책임능력 있는 미성년자의 감독의무자 책임," 고시연구 1993년 3월호.

1) 金相容(上), 228~229에서는 "법정감독의무자는 자기의 지배영역 내에 위험발생의 가능성 있는 피감독자를 두고 있고, 그 피감독자에 대하여 보호, 감독, 감호의 안전배려의무를 부담하고 있다"고 한다. 법정감독의무자가 안전배려의 작위의무를 다하지 못하여 피감독자의 행위로 제3자가 손해를 입게 되면 그 제3자는 감독의무자에 대하여 손해배상책임을 주장할 수 있다고 한다.

가 크다.

(3) 過失의 推定

감독자가 감독의무를 해태하지 않은 때에는 감독자책임이 면책된다고 민법에 규정되어 있는데, 이는 과실에 관한 立證責任을 轉換시키는 규정이다. 감독자책임은 법정감독자의 경우와 약정감독자의 경우에 다른 기능을 담당하므로 면책의 인정 여부에 있어서도 차이를 보이게 된다.

㈎ 免責不許 법정감독자의 감독의무는 추상적으로 파악되어 피감독자의 가해행위와 관련하여 감독의무를 다하였는가를 구체적으로 문제삼지 않으며, 책임무능력자의 가해행위가 있는 경우에 감독의무의 해태가 있었다고 인정된다. 실제로 부모는 책임능력 없는 자녀의 가해행위에 대하여 무과실책임을 지도록 운영된다.

㈏ 免責許容 약정감독자의 책임은 일정한 책임영역의 범위 내로 한정되며, 피감독자의 가해행위가 약정감독자의 감독소홀과 관련이 있는가가 구체적으로 문제된다. 예를 들어 교사의 책임은 학교사고에 관해서만 인정되며, 실제로 교사가 당해 사고에 대하여 과실이 없었던 경우에는 면책된다.

監督者와 被監督者의 連帶責任

감독자는 피감독자 스스로 배상책임을 지는 경우에도 감독자가 그와 병행하여 배상책임을 져야 한다. 제755조에 의하면 감독자는 피감독자가 책임무능력자로서 면책되는 경우에만 불법행위책임을 지도록 규정한다. 그러나 만약 피감독자와 감독자가 택일적으로만 책임을 진다면, 책임능력 있는 미성년자의 행위에 대해서는 미성년자 단독으로 손해배상책임을 지며 친권자에게는 아무 책임이 없게 될 것이다. 이렇게 된다면 대부분의 미성년자가 무자력이기 때문에 피해자는 실제 손해배상을 받지 못하게 될 것이다. 이러한 불합리를 피하기 위해, 학설과 판례는 책임능력 있는 피감독인의 행위에 대하여도 다음의 이론구성으로서 감독자책임을 긍정한다.[1)] 제755조는 가해자에게 책임능력이 없는 경우에 한하여 적용되는 것이고, 가해자가 미성년자라 할지라도 책임능력이 있는 경우에는 그 친권자에 관하여 제755조가 적용될 수 없다. 그러나 감독의무자에게 감독상의 부주의가 있고 손해의 발생과의 사이에 인과관계가 있으면 제750조의 일반불법행위책임을 진다. 다만 이 때 제755조에 의한 입증책임의 전환은 인정되지 않으므로, 감독상의 부주의가 있다는 것은 피

1) 金錫宇, 520; 金曾漢, 483; 李太載, 485; 朴禹東, "책임무능력자를 감독하는 자의 손해배상책임," 김증한 화갑기념, 1981, 566.

해자측에서 입증하지 않으면 안 된다. 이렇게 해석하면 피감독자의 책임과 감독자의 책임이 병존하게 되어 제755조의 가해자의 책임무능력을 감독자의 책임의 요건으로 한 입법의 부당성을 많이 구제할 수 있다.[1] 책임능력 있는 미성년자의 가해행위에 대한 친권자의 책임을 불법행위책임으로 구성할 때에는 피해자측에서 친권자의 과실 및 감독의무 위반과 결과 사이에 상당인과관계가 있음을 입증하여야 한다.[2] 친권자의 과실에 관한 판단에 있어서는 미성년자와 친권자가 생활공동관계 및 경제적 의존관계에 있는가의 사실이 고려되어야 한다.

과거의 판례는 이와 같은 견해를 취하였으나,[3] 그 후 대법원은 제755조를 근거로 하여 책임능력 있는 미성년자의 가해행위에 대한 감독의무자의 책임도 인정할 수 있다는 입장을 밝힌 바 있으나,[4] 다시 전원합의체판결(1994)에 의해 과거의 입장으로 복귀하였다.

大判[全合] 1994. 2. 8, 93다13605: 미성년자가 책임능력이 있어(이 사건에서는 만 17세 9개월) 그 스스로 불법행위책임을 지는 경우에도 그 손해가 당해 미성년자의 감독의무자의 의무 위반과 상당인과관계가 있으면 감독의무자는 一般不法行爲者로서 손해배상책임이 있고, 이 경우에 그러한 감독의무 위반사실 및 손해발생과의 상당인과관계의 존

1) 곽윤직 교수는 위와 같은 해석론을 펴지는 아니하나 입법론으로서 가해자가 책임능력이 있어서 책임을 지는 경우에도 감독자는 병존적으로 책임을 지는 것으로 하든지, 아니면 독일민법 제832조와 같이 가해자의 책임능력의 유무를 묻지 않고서 언제나 감독자는 책임을 지는 것으로 규제하는 것이 타당하다고 한다. 郭潤直, 735. 독일민법 제832조는 미성년자에 대한 감독의무자에게 그 미성년자의 책임능력유무에 관계 없이 책임을 인정한다.

2) 참고문헌: 金吾洙, "책임능력 있는 미성년자의 불법행위와 감독의무자의 책임," 사법행정 1985년 7~10월호.

3) 판례는 13·14세 미성년자의 위법행위에 관하여 경우에 따라 책임능력 인정을 달리함으로써 제755조의 감독의무자의 책임과 중복되지 않도록 노력하였다. 한편 大判 1975. 1. 14, 75다1795은 친권자에게 제750조에 따른 일반불법행위책임을 인정하였다. 즉 부친은 미성년자가 총기를 사용하지 못하도록 제지할 의무를 지는데, 그에 위반하였으므로 과실이 인정된다고 한다. 판례평석: 張庚鶴, "미성년자의 불법행위책임과 친권자의 자기고유의 불법행위책임," 법조 제24권 9호.

4) 大判 1984. 7. 10, 84다카474: 민법 제755조는 무능력자가 책임능력이 없다는 이유로 그의 불법행위에 관하여 배상책임을 지지 않는 경우에는 부모 등 법정의 감독의무가 있는 사람은 그 감독의무를 게을리하지 않았다는 것을 입증하지 않는 한 스스로 손해배상책임을 진다고 규정하고 있는바, 이 배상책임은 가족적 생활협동체의 단체주의적 책임을 근대적 개인책임형태로 수정한 것으로 행위자 자신에 책임능력이 있었는지의 여부가 명백하지 않고 행위자에게 책임능력이 있는 경우라고 하더라도 자신의 재산을 가지고 있지 않은 때가 많아 소송상의 어려움과 그 실효를 기대하기 여렵다는 점에서 피해자보호를 위하여 불법행위자에게 그 행위 당시에 책임능력이 있었는냐의 여부에 불구하고 감독책임자는 그 배상책임을 지는 것이며, 감독의무자의 책임은 피감독자의 책임을 보충하는 것이 아니라 감독의무자의 책임과 피감독자의 책임을 병존하는 것이라고 풀이함이 상당하다. 따라서 이 감독의무자의 책임은 그 불법행위 자체에 관한 과실이 아니라 피감독자에 대한 일반적 감독 및 교육을 게을리한 과실로서 실질적으로는 위험책임과 같은 성질을 가지고 있어 이 과실은 추정되므로 감독의무자가 그 감독을 게을리하지 않았다는 것을 증명하지 않은 한 배상책임을 면할 수 없는 것이다.

재는 이를 주장하는 자가 입증하여야 한다(오토바이 운전면허를 가진 아들이 운전부주의로 사고를 냈는바 대법원은 인과관계의 입증 없음을 이유로 감독의무자인 아버지의 책임을 부정하였음).[1)]

2. 제755조 監督者責任의 要件

(1) 被監督者의 加害行爲

감독자책임이 성립하기 위해서는 「피감독자의 違法한 加害行爲」가 있어야 한다. 피감독자가 책임무능력자로서 그의 가해행위는 불법행위책임성립의 다른 요건은 갖추었으나 책임능력이 없음으로 말미암아 제753조, 제754조에 의해 손해배상책임이 없는 경우에 원칙적으로 그 피감독자에 갈음해서 감독자에게 불법행위책임이 인정된다. 피감독인의 행위가 책임무능력 이외의 이유로 불법행위를 구성하지 않는 경우(예: 정당방위 등 위법성 조각사유가 있는 경우)[2)]에는 감독자책임도 생기지 않는다.

(2) 監督關係

감독의무를 지는 자는 법정감독자와 임의감독자로 구분된다.

㈎ 法定監督者 책임무능력자를 감독할 의무가 법률에 의하여 부과된 경우를 법정감독자라고 한다. 미성년자에 대하여는 친권자(제909조) 또는 후견인(제928조, 제945조)이 감독책임을 진다. 부모가 공동으로 친권을 행사하는 경우에 부모는 부진정연대채무관계에서 공동책임을 진다.[3)] 금치산자에 대하여는 후견인(제929조, 제947조)이 감독책임을 진다. 금치산선고를 받지 않은 심신상실자에 대하여는 처·부모·호주의 순서로 책임을 진다.[4)]

공설의 보호시설에 있는 미성년자인 고아에 대하여는 그 보호시설의 장이

---

1) 평석: 金俊鎬, "책임능력 있는 미성년자의 불법행위와 감독의무자의 책임," 사법행정 제402호, 1994년 6월호, 48＝저스티스 1997년 9월호(제30권 제3호 통권 제45호), 142; 徐光民, "책임능력 있는 미성년자의 불법행위에 대한 감독의무자의 배상책임," 판례월보 제4권 286호, 1994년 7월호, 13; 이전우, "미성년자의 불법행위에 대한 감독의무자의 책임," 판례연구 서울지방변호사회편 제8집, 1995년 2월호, 207.

2) 제761조의 정당방위나 긴급피난의 인정 여부는 피감독자를 기준으로 판단되어야 한다.

3) 법정감독자라도 피감독자와 가족적 공동생활을 영위하고 있는 때에만 책임을 진다고 해석하는 견해가 있다. 그러므로 이혼 후 양육을 맡지 않은 친권자는 감독자책임을 지지 않는다고 한다(제837조 참조). 단 책임무능력자를 방치하거나 부적당한 자에게 맡겨 놓은 경우에는 책임을 진다고 한다(朴禹東, 앞의 글, 561). 사견으로서는 법정감독자의 책임은 가족공동생활을 하는 경우에 한정되어서는 안 되며, 타인에게 양육을 맡긴 경우에도 생긴다고 해석한다. 감독자책임은 실제로 무과실책임에 접근해 있는 제도로서 법정감독자책임을 위의 견해와 같이 축소할 경우 그 제도의 목적을 달성할 수 없기 때문이다. 또한 위 견해는 단서를 폭넓게 인정함으로써 이론상 일관성이 없다.

4) 大判 1957. 7. 25, 4290민상302.

후견인으로서 감독의무를 부담한다(보호시설에있는고아의후견직무에관한법률 제2조 1항). 아동보호시설에 입소 중인 고아에 관하여는 시장 · 도지사가 법원에 후견인의 선임을 청구할 수 있다(아동복지법 제13조). 소년원장은 법원의 허가를 얻어 소년원생의 친권자 또는 후견인의 직무를 행할 수 있다(소년원법 제23조).

(나) 任意監督者 계약 등에 기초하여 감독의무를 부담하는 자를 임의감독자라고 한다. 탁아소의 보모, 유치원과 국민학교의 교원, 정신병원의 의사 등은 임의감독자에 해당한다. 임의감독자는 통상 그가 맡은 특수한 생활관계에 관하여만 감독책임을 진다.

(다) 學校責任 학교의 교장이나 교사는 학생의 안전을 위해 감독할 의무를 진다. 학교에서 학생들을 지도 · 감독할 의무는 학교 내에서의 학생의 전 생활관계에 미치는 것이 아니라 학교에서의 교육활동 및 이와 밀접 불가분의 관계에 있는 생활관계에 한하고, 그 의무범위 내의 생활관계라 하더라도 교육활동의 때, 장소, 가해자의 분별능력, 가해자의 성행, 가해자와 피해자의 관계, 기타 여러 사정을 고려하여 학교생활에서 통상 발생할 수 있다고 예측되거나 또는 그 예측가능성(사고발생의 구체적 위험성)이 있는 경우에 한한다(大判 2002. 12. 10, 2000다55126).

(3) 監督義務의 懈怠

(가) 消極的 要件 감독의무의 해태는 책임발생의 적극적 요건은 아니고 소극적 요건으로서 면책사유가 된다. 감독자책임은 「입증책임이 전환되는 과실책임」(中間責任이라고 함)으로 구성되어 있으며, 과실의 전제로서 「감독의무의 존재」 및 「감독의무의 해태」는 소극적 요건으로 된다. 감독의무해태(과실)는 추정되므로, 감독의무자는 자신이 감독의무를 해태하지 않았음을 입증하여야만 면책될 수 있다. 실제로 법정감독자가 감독의무를 다하였다는 항변을 함으로써 면책되는 것은 거의 불가능하다(면책인정한 판례 없음). 반면에 임의감독자의 경우에는 피감독자의 가해행위가 자기의 감독영역 밖에서 일어났다는 사실 또는 자기에게 감독의무 해태가 없었다는 사실을 입증하여 면책되는 것이 가능하다.

(나) 失火責任의 경우 피감독자의 실화로 인한 감독자책임은 중과실의 경우만으로 경감되는가. 판례는 이 경우 실화책임법에 따른 책임경감을 인정하지 않는다. 즉 이 때에도 감독자는 감독의무를 다하였음에도 불구하고 화재가 발생하였다는 것을 입증하지 않는 한 손해배상책임을 지며, 감독상 중과실이 있는 때에만 책임을 지는 것은 아니라고 한다.[1] 이러한 판례의 견해에 대하여

---

1) 大判 1972. 1. 31, 71다2583: 韓允洙, "책임무능력자의 실화로 인한 손해배상에 있어서 감독자의 감독상과

는 감독자책임이 감독자 자신의 과실에 대한 책임으로 파악되므로 피감독자의 실화의 경우에도 중대한 감독의무 위반이 있는 때에만 손해배상책임을 지우는 것이 타당하다는 반대견해가 있다.[1] 사견으로서는 실화책임법이 제750조의 과실에 관한 특칙이므로 제755조에 관련되지 않는다는 점, 감독자책임 자체는 사실상 무과실책임에 가깝도록 적용하고 만약 책임경감이 필요하다면 피감독자의 실화 자체에 관하여 다른 자의 실화책임과 형평을 맞추어 경감함이 옳다는 점을 이유로 하여 판례의 견해에 찬동한다.[2]

(4) 因果關係의 存在

불법행위와 결과(손해) 사이의 인과관계는 피감독자의 위법행위와의 관련성을 기준으로 할 것인가, 또는 감독자의 감독의무 위반과의 관련성을 기준으로 할 것인가. 이 문제는 감독자가 감독의무를 해태하였다면 그는 감독의무해태와 감독자의 위법행위 사이에 직접적 인과관계가 없음을 입증하여 책임을 면할 수 있는가라는 질문과 직결되는데, 이에 관하여는 학설이 대립한다.

1) 免責肯定說　비록 제755조 1항에 제756조 1항과 같은 인과관계부존재의 면책가능성이 규정되어 있지 않더라도 그를 유추적용하여 면책을 인정하자고 한다.[3]

2) 免責否定說　제756조 1항의 유추적용이 법규정에 어긋나는 부당한 해석이라고 하며, 제755조는 감독자의 감독의무해태가 있을 때에는 그것과 피감독자의 위법행위 사이의 인과관계 유무를 묻지 않고, 책임을 지우겠다는 뜻으로 해석한다.[4]

3) 折 衷 說　사견으로서는 법정감독자에 관해서는 면책을 부정하고 임의감독자에 관하여는 면책을 인정함이 타당하다고 생각한다. 첫째, 법정감독자의 경우에 면책을 허용한다면 피감독자의 위법행위와 손해 사이의 인과관계 및 감독자의 감독의무 위반과 손해 사이의 인과관계 두 가지가 모두 존재하는 경우에 피해자의 손해배상청구를 인용한다는 이론구성이 되어 부당하다. 법정감

실," 서울변호사회 판례연구 제3집, 1978, 192.

1) 安相敦, "미성년자의 가해행위와 감독의무자의 책임," 사법논집 제11집, 387.

2) 일본에는 피감독자의 행위로 인한 직접손해는 통상의 감독자책임을 인정하고, 연소부분에 관해서는 중대한 감독의무 위반이 있는 경우에만 감독자책임을 인정하는 견해가 주장된다. 山本, 注釋民法(19), 260; 金疇洙, 678도 이 견해를 따르고 있다.

3) 郭潤直, 738; 金基善, 410; 金錫宇, 522; 金曾漢, 484; 金顯泰, 380. 참고로 독일민법 제832조 1항은 「감독의무자가 감독의무를 다하였거나 적절한 감독을 하였더라도 역시 손해가 생겼을 경우에는 배상의무가 없다」고 규정한다. 면책긍정설은 이러한 독일법 아래의 해석론을 도입한 것으로 추측된다.

4) 安相敦, "미성년자의 가해행위와 감독의무자의 책임," 사법논집 제11집, 389 이하.

독자책임은 어디까지나 피감독자의 위법행위로 말미암은 손해를 그의 감독자로서의 위치에서 대신 배상해 준다는 데에 기본취지가 있기 때문이다. 둘째, 임의감독자의 경우에는 감독소홀과 손해발생 사이에 인과관계가 있는 경우에 한하여 책임을 지우는 것이 타당하므로 인과관계의 부존재를 입증하여 면책하는 것이 허용되어야 한다. 임의감독자가 면책되는 경우에도 법정감독자는 책임을 지게 되므로 피해자보호에 소홀하지는 않을 것이다.

3. 效 果

(1) 損害賠償義務

감독의무자에게 불법행위에 기초한 손해배상의무가 발생한다. 이 때의 배상범위에 관해서 제393조가 적용되는데, 제393조 2항의 특별손해에 대한 예견가능성은 감독자를 기준으로 하여(피감독자를 기준으로 하지 않음) 판단되어야 한다고 생각한다. 판례도 감독의무자가 손해배상의무를 지는 경우 인과관계의 판정은(판례는 손해배상 범위의 문제를 인과관계의 문제로 파악함) 감독자를 행위자로 보고, 그로 인한 손해발생의 예견 여부를 가리도록 한다(大判 1968. 6. 11, 68다639).

(2) 共同責任

법정감독자와 임의감독자의 책임은 양립할 수 있다. 제755조 2항은 「감독의무자에 갈음하여 무능력자를 감독하는 자」라고 표현함으로써 마치 양자택일의 관계에 있는 듯이 오해되기 쉽다. 그러나 제755조 2항은 단지 임의감독자를 설명하는 표현에 불과할 뿐 양자가 공동책임을 지는 것이 불가능하다는 뜻은 아니다.[1] 법정감독자는 임의감독자에게 무능력자를 맡김으로써 언제나 책임을 면하는 것은 아니고, 임의감독자가 감독의무를 다하였는데도 무능력자의 가해행위가 있은 때에는 법정감독자가 책임지는 것이 보통이다. 법정감독자와 임의감독자의 책임이 양립되는 경우에, 양자는 부진정연대채무를 진다.

---

1) 같은 취지: 朴禹東, 앞의 글, 562. 판례는 사고가 학교 안에서 발생하였다거나 임의감독자를 두었다는 사실만으로 친권자인 父의 책임이 면제되지 않는다고 한다. 大判 1962. 5. 17, 62다44; 大判 1969. 1. 28, 68다1804.

§49. 使用者責任

1. 意　義[1)]

(1) 概　念

사용자책임이란 자기와 사용관계 있는 피용자가 그 사무집행에 관하여 제3자에게 가해행위를 한 경우, 사용자가 그로 인한 손해배상의무를 직접 피해자에 대하여 부담하는 것을 말한다(제756조 1항 본문). 다만 사용자가 피용자의 선임 및 감독에 상당한 주의를 한 때 또는 상당한 주의를 하여도 손해가 있을 경우에는 그러하지 아니하다(제756조 1항 단서).

사용자책임은 사용자가 직접 피해자에 대해 손해배상의무를 부담하는 것을 내용으로 하는데, 이러한 사용자책임에 의하여 사용자 · 피용자 : 피해자의 3자관계가 발생한다.

1) 一般不法行爲責任　직접 가해행위를 한 피용자는 제750조에 따라 피해자에 대해 불법행위책임을 진다.

2) 使用者責任　사용자는 피용자의 가해행위가 야기한 손해에 대하여 사무집행관련성이 있는 한 피해자에게 직접 손해배상할 의무를 진다.

3) 求償關係　사용자가 이미 피해자에게 손해배상을 한 경우에 피용자

---

1) 참고문헌: 金相容, "사용자배상책임에 관한 쟁점과 문제점," 법조 제32권, 1983년 2월호; 金仙奉, "실화책임에 관한 법률과 민법 제756조 · 제758조와의 관계," 법조 1983년 7월호(판례해설); 金顯泰, "민법 제756조와 국가배상법 제2조와의 비교," 고시연구 1977년 5월호; 金亨培, "민법 제391조와 제756조를 비교 · 검토함," 고시계 1977년 12월호, 1978년 1월호, 同著 민법학연구에 수록; 同, "사용자책임에 관한 비교법적 고찰," 사법행정 1987년 1월호; 同, "피용자에 대한 사용자의 구상권제한," 법률신문 1986년 12월 8일, 고대논문 제4집; 朴敦植, "민법 제756조 소정사용자의 배상책임에 관한 고찰," 사법논집 제1집; 李宙興, "법률상 · 약정상 책임제한 내지 책임면제의 피용자책임에의 보호영역확장의 문제," 민법학논총, 박영사, 1985; 同, "사용자책임의 성립요건과 관련하여," 월간고시 1985년 12월호; 同, "독일법상 사용자책임에 있어서의 면책가능성(상) · (하)," 변협지 1986년 7월 · 8월호; 同, "사용자책임에서의 의무집행관련성과 외형이론," 민사판례연구 제8권, 박영사, 1986; 李興福, "사용자배상책임제도(민법 제756조)와 유사한 제도와의 비교연구," 사법연구자료 제4집; 張庚鶴, "사용자책임과 특별손해의 배상(판례연구)," 판례월보 1986년 7월호; 鄭照根, "타인의 불법행위에 대한 책임," 민사법학 제6호, 1986; 同, "사용자책임," 사법행정 1988년 10월호; 池元林, "사용자책임에 있어서 외형이론의 한계," 민사판례연구 제14권; 黃迪仁, "사용자의 책임," 고시계 1977년 12월호.

1990년대 논문: 金性龍, "많은 손해배상의무자의 일부변제로 인하여 소멸하는 적은 손해배상의무자의 채무의 범위," 법조 제473호, 1996년 2월호; 김재형, "사용자책임에서의 사무집행관련성," 법조 제465호, 제466호, 1995년 5월호 · 6월호; 池元林, "사용자책임과 관련된 몇 가지 문제," 고시연구 1998년 7월호; 하경효, "사용자책임과 관련된 몇 가지 문제," 고시연구 1998년 7월호.

는 자기의 부담부분을 사용자에게 상환해 주어야 한다.

사용자책임의 연혁과 입법례

로마법에서는 노예나 가사사용인의 가해행위에 관하여 주인이 피해자에 대하여 손해배상책임을 지거나 아니면 노예 또는 가사사용인을 인도하여야 했다. 근대 민법인 프랑스민법은 불법행위에 과실책임주의를 취하면서도(프민 제1382조), 자기의 책임하에 있는 자 또는 그 보관물로 인한 손해에 대해서는 광범위한 무과실책임주의를 취하며(프민 제1384조), 사용자가 선임 · 감독상의 주의의무를 다했음을 이유로 면책될 가능성을 주지 않는다. 영미법에서도 17세기 이래 무과실책임원칙이 확립되었다(vicarious liability, the doctrine of employer's liability).

반면에 독일민법(제831조) · 스위스채무법(제55조) · 일본민법(제715조) 등은 사용자책임을 과실책임(정확히는 중간책임)으로 구성하고 사용자에게 선임 · 감독상 주의의무를 다했음을 이유로 하는 면책을 허용한다. 이 입법례들은 자본주의 초기의 기업책임 축소주의를 반영한 입법이라고 평가된다. 우리 민법도 이들과 같이 과실책임의 틀 안에 중간책임의 절충적 형태로 규정한다.

(2) 中間責任

민법 제756조는 過失을 소극적 요건으로 규정함으로써 과실책임의 원칙(제750조)에서 크게 벗어나지 않으면서 위험책임에 대한 요청도 수용하는 절충적인 입장(中間責任)을 취하였다. 사용자의 과실을 적극적 성립요건으로 요구하지는 않지만, 「사용자가 피용자의 선임 및 그 사무감독에 상당한 주의를 한 때 또는 상당한 주의를 하여도 손해가 있을 경우」에는 책임이 성립하지 않는다고 함으로써 過失의 不存在를 免責事由로서 규정한다. 사용자책임은 논리적으로는 선임 · 감독상 주의의무 위반이라는 과실책임적 구성을 취하면서 「과실에 관한 입증책임의 전환」 및 「면책사유에 대한 규범적 판단」을 통해 실질적으로 위험책임적 효과를 꾀할 수 있게 구성되어 있다.[1]

1) 입법의견: 권오승, "사용자책임," 민법 불법행위법에 관한 개정의견, 법률신문 1996년 1월 25일에서는 "민법 제756조를 개정하려고 할 때에는 우선 사용자책임의 성질과 근거를 어떻게 파악할 것인지에 내하여 명백한 태도를 밝히지 않으면 안 된다. 즉 사용자책임을 대위책임으로 그 근거를 보상책임에서 찾는 경우에는 현재의 구조를 유지하는 선에서 부분적인 손질을 하는 것이 바람직할 것이며 반대로 사용자책임을 사용자의 자기책임으로 보고 위험책임 내지 기업책임에서 그 근거를 찾는 경우에는 이를 전면적으로 재구성하는 것이 바람직할 것이다"라고 한다. 권용우, "사용자책임과 구상권의 제한," 고시연구 1990년 6월에서도 "민법 제756조 1항 단서를 삭제하여 사용자의 무과실책임을 인정하는 것이 타당할 것이다. 피용자에 대한 구상권의 문제도 국가배상법(제2조 2항)이 규정하고 있는 정도로 인정하는 것이 타당할 것이다. 즉, 피용

사용자책임의 과실은 불법행위책임의 과실과 비교할 때 다음의 점에 특색이 있다. 첫째, 사용자의 과실은 피용자의 선임·감독에 관한 것이고 책임원인인 피용자의 가해행위에 관한 것이 아니다. 둘째, 통상 선임·감독의무는 가해행위와 관련해서 그 의무의 해태 여부가 구체적으로 판단되지 않는 것이 보통이며, 사용자에게 책임을 귀속시키기 위한 근거로서 작용할 뿐이다. 셋째, 과실의 입증책임이 피해자에게 부과되지 않고 사용자에게 전환된다.

企業責任으로서의 機能

자본주의의 발달로 기업이 경제활동의 중심을 이루게 되자 사용자책임은 기업에게 손해배상책임을 부과하는 기능을 담당하게 되었다. 사용자의 지위에 있는 기업은 기업활동 중 직원에 야기된 제3자의 손해를 직접 그 피해자에게 배상해야 한다. 이로써 기업활동 중 직원에 의한 결실과 손실이 각각 代理와 使用者責任의 두 법리에 의해 모두 기업에 귀속될 수 있게 된다. 기업이 부담하는 손해배상금은 기업의 손해로써 처리되어 주주에게 분산되며 그 밖에 그 부담을 가격인상을 통해 소비자에게 전가하기도 한다(불법행위책임요건에서의 기업책임 설명을 참조).

(3) 責任根據

사용자·피용자·피해자의 3자관계는 사용자의 책임근거를 어떻게 이해하는가에 따라 다르게 해석된다.

(가) 代位責任說 사용자책임의 목적은 피해자의 손해배상청구권을 보장해 주기 위하여(통상 가해행위를 한 피용자는 배상할 자력이 없기 때문에) 사용자에게 대위책임을 지운다고 보는 견해이다(賠償保障說이라고도 함).[1] 첫째, 대위책임설을 취하면 사용자책임은 피용자가 스스로 불법행위책임을 지는 경우에만 발생한다고 본다. 따라서 피용자에게 책임능력이 없어서 면책되거나 작업환경상 불가피한 사고라는 이유로 과실이 부정되어 면책되는 경우에, 사용자도 피해자에 대하여 책임을 지지 않는다고 보는 등 사용자책임을 좁게 인정하게 된다. 둘째, 대위책임설에서는 사용자가 피해자에게 손해배상을 해 준 후에는 언제나 피용자에게 전액 구상할 수 있다고 본다. 사용자는 피용자가 궁극적으로 부담하여야 할 배상의무를 마치 연대보증인처럼

자에게 고의 또는 중대한 과실이 있는 경우에 한하여 사용자의 구상권을 인정하는 것이 형평의 원칙에 합치할 것이므로 민법 제756조 3항도 이에 맞추어 개정되어야 할 것이다"라고 한다.

1) 郭潤直, 741; 金基善, 412; 金相容(下), 247; 金錫宇, 524; 金曾漢, 486.

대신 변제해 주는 기능을 하기 때문이라고 한다.

(나) 固有責任說　　사용자책임은 피해자에 대한 관계에서 응당 사용자 자신이 부담하여야 할 배상책임을 부담하는 것이며, 사용자에게의 귀책근거는 그가 피용자의 선임 · 감독을 제대로 다하지 못한 데에서 비롯된다고 보는 견해이다.[1)]

私見으로서도 固有責任說에 찬동한다. 첫째, 피용자에게 책임능력이 없어 면책되는 경우 또는 피용자 자신에게 과실이 없더라도 사용자의 잘못된 작업지시로 사고가 야기된 경우에, 사용자는 피해자에 대하여 손해배상책임을 진다고 본다. 둘째, 사용자는 고유채무 있는 연대책임을 지므로 피용자에 대하여 자기의 고유채무부분을 제외한 나머지만을 구상청구할 수 있다고 본다. 사용자의 부담부분은 피용자와의 사무집행관계에서 각자의 과실 또는 위험의 관여도에 의해 결정된다. 사용자는 피해자에 대하여는 손해 전부의 배상의무를 지지만 피용자와의 관계에서는 자기의 관여도에 따른 비율만큼만 고유책임을 진다. 이 점은 피용자도 같다. 고유책임설에 의할 경우 위험업무에서 피용자의 경과실로 인한 가해행위에 관하여 사용자책임만을 인정하고 피용자 자신의 불법행위책임은 면제하는 이론구성이 가능하다.

判例도 固有責任說을 취하는 것으로 이해된다. 사용자의 구상권에 관하여 신의칙에 의한 제한 · 배제를 인정한다(大判 1994. 12. 13, 94다17246).

大判 1960. 8. 18, 4292민상772: 사용자의 배상책임은 피용자의 배상의무와는 전혀 별개인 사용자 자신의 독립적 책임이다. 다만 피해자가 어느 한편으로부터 일부 또는 전부의 만족을 얻었을 때에는 그 범위 내에서 타방의 배상의무도 소멸한다.

---

1) 金亨培, "사용자책임과 구상권의 제한," 고시계 1987년 5월호(김형배 교수는 다수설을 「대위책임적 구상」이라고 호칭하나 사용자책임은 어떤 견해를 취하더라도 자신의 가해행위에 대한 책임이 아니라는 점에서 대위책임적 요소를 갖고 있으므로 개념의 혼란을 피해 「배상보장설」로 호칭하겠다); 金疇洙, 691은 원칙적으로 자기책임을 취하면서 예외적으로 피용자가 지위의 남용 · 직무의 일탈의 결과로 손해를 야기한 경우에는 궁극의 부담자는 피용자 자신이므로 이 때 예외적으로 대위책임이라고 하여야 한다고 한다.

2. 使用者責任의 要件

(1) 被用者의 加害行爲

(가) 加害行爲　가해행위는 피용자가 제3자 또는 다른 피용자에 대하여 하였어야 한다. 제3자는 가해행위를 한 피용자와 그에 대한 사용자책임을 지는 사용자를 제외한 그 밖의 자를 말한다.[1] 한 명의 사용자에게 고용된 2인 이상의 근로자들 사이에서 가해행위가 행해진 경우에도 사용자책임이 인정된다.[2] 피용자에 의한 어음위조의 경우에는 어음발행인의 직접 상대방인 수취인뿐 아니라 이를 전득한 소지인도 제3자에 해당한다.[3]

(나) 過失·責任能力의 必要 與否　피용자의 가해행위가 제750조의 불법행위책임을 발생시키는 것이어야 하는가에 관하여는 학설이 대립한다. 가해행위가 있을 것, 그 가해행위가 위법성을 띨 것, 그로 인하여 제3자에게 손해를 가하였을 것의 세 가지 요건을 충족시켜야 한다는 점에 관하여는 의문의 여지없이 긍정된다. 그 가해행위가 피용자의 고의·과실로 인한 것이어야 하는가, 그리고 피용자는 책임능력을 갖추었어야 하는가에 대하여는 의문이 제기된다. 책임능력이 없는 자의 행위에 관해서는 그 자의 과실도 인정되지 않으므로 그 무능력자 자신의 불법행위책임은 발생하지 않지만, 감독자책임은 발생한다.

1) 過失要件說　사용자책임의 요건으로서 피용자의 과실 및 책임능력이 요구된다고 하는 견해이다.[4] 그 근거로서 첫째, 사용자가 피용자의 과실 없는 행위에 대해서까지 책임지는 것은 가혹하다는 점, 둘째, 제756조 3항의 구상권 규정은 간접적으로 피용자의 불법행위성립을 요구하는 것으로 해석된다는 점을 든다. 과실요건설은 사용자책임을 피용자의 불법행위책임에 대한 대위책임으로 이해하는 데에서 비롯된다.

2) 過失不要說　사용자책임의 성립에 피용자의 과실 및 책임능력은 불필요하다는 견해가 있다.[5] 사용자책임은 사용자가 피용자를 사용하여 그 자신

---

1) 같은 취지: 大判 1966. 10. 21, 65다825; 大判 1972. 5. 31, 72다611.

2) 같은 취지: 大判 1964. 11. 30, 64다1232; 大判 1979. 2. 13, 78다1536.

3) 같은 취지: 大判 1967. 2. 7, 65다1702; 大判 1982. 10. 26, 81다509.

4) 郭潤直, 749; 金基善, 413; 金相容(下), 256; 金錫宇, 527; 金疇洙, 698; 金曾漢, 486; 金顯泰, 386; 李太載, 492. 다수설의 견해를 취하면서도 책임무능력자의 가해행위에 대하여 사용자가 선임·감독상의 주의의무를 다하지 않은 경우에는 제750조의 일반불법행위책임을 인정하는 견해가 있다. 주석 채권각칙(Ⅳ), §756, 264.

5) 金亨培, "사용자책임과 구상권의 제한," 고시계 1987년 5월호, 42.

의 활동을 확대하는 것이므로 그로 인하여 발생된 피용자의 침해행위도 사용자의 행위범주 내에서 판단되어야 한다고 설명한다. 과실요건설을 취할 경우에 기업활동과 관련해서 발생되는 손해에 대한 위험책임으로서의 기능이 충분히 발휘될 수 없다고 비판한다.

私見으로서도 過失不要說을 취하겠다. 그 근거는 다음과 같다. 첫째, 사용자의 부적절한 작업지시 또는 부적격한 기재제공으로 말미암아 피용자의 가해행위가 야기된 경우에 피용자 자신의 과실은 부정되고 사용자책임만이 인정되어야 하는데, 이는 과실불요설에 의해서만 가능하다.[1] 둘째, 민법은 사용자책임의 요건으로서 피용자의 과실을 요구하지 않으므로 과실불요설이 민법에 적합한 해석이다. 과실요건설은 제756조 3항이 법적 근거가 된다고 주장하나 제756조 3항은 사용자책임의 대내관계에 관한 구상권조항이며, 사용자와 피해자 사이의 대외관계에 관해서는 제756조 1항이 정하는 요건만으로 판단하여야 한다. 그리고 제756조 3항은 사용자가 피용자에게 구상권을 행사할 수 있음을 규정할 뿐 언제나 구상권을 행사하게 된다고는 규정하지 않는다. 셋째, 사용자책임의 소송에서 피해자로 하여금 피용자에 관한 불법행위성립의 모든 요건과 그에 추가하여 사용자책임의 성립요건을 입증하도록 하는 것은 가혹하다.

大判 1981. 8. 11, 81다298: 책임무능력자인 아동의 가해행위에 대하여 그 대리감독자인 교사를 사용하는 사용자 또는 사용자에 갈음한 감독자에게 사용자책임을 물으려면 그 대리감독자에게 고의 또는 과실이 인정됨으로써 별도로 불법행위의 일반요건을 충족하여야 한다(過失要件說).

(2) 使用關係의 存在

(가) 使用關係 또는 事務監督關係 사용자책임은 「타인을 사용하여 어느 사무에 종사하게 한 자」에게 부과된다(제756조 1항). 이에 따라 가해행위 당시에 사용자책임의 주체(사용자)와 가해행위자(피용자) 사이에 사용관계 또는 사무감독관계가 있었을 것이 요구된다. 「사용관계」는 고용계약에 기초한 고용관계나 근로계약관계보다 넓은 개념이다. 위임 · 조합 · 도급 등에 의하여도 사용

---

1) 같은 취지: 金亨培, 앞의 글, 41.

관계가 생긴다. 또한 보수의 유무나 기간의 장단에 관계 없이 사용관계가 생긴다.[1] 사용관계의 기초가 된 계약이 반드시 유효하게 존재할 필요는 없다.[2] 사용자에 갈음하여 그 사무를 감독하는 자도 사용자책임을 진다(第756條 2항). 판례는 동업관계에 있는 자들이 공동으로 처리하여야 할 업무를 동업자 중 1인에게 맡겨 그로 하여금 처리하도록 한 경우 다른 동업자는 그 업무집행자의 동업자인 동시에 사용자의 지위에 있다 할 것이므로 사용자책임을 진다고 한다(大判 2006. 3. 10, 2005다65562).

大判 1998. 5. 15, 97다58538: ① 민법 제756조 제2항에 정한「사용자에 갈음하여 사무를 감독하는 자」란 객관적으로 볼 때 사용자에 갈음하여 현실적으로 구체적인 사업을 감독하는 지위에 있는 자를 뜻한다. ② 민법 제756조 제1항 및 제2항의 책임에 있어서 사용자나 그에 갈음하여 사무를 감독하는 자는 그 피용자의 선임과 사무감독에 상당한 주의를 하였거나 상당한 주의를 하여도 손해가 있을 경우에는 손해배상의 책임이 없으나, 이러한 사정은 사용자 등이 주장 및 입증을 하여야 한다.

(나) 選任·監督의 可能性 사용자는 불법행위자를 스스로 선임하고 지시·감독했어야 하는 것은 아니고, 사용자와 불법행위자의 관계가 선임·지시·감독의 가능성을 갖는 것으로 충분하다. 민법은 사용자가 피용자의 선임·감독에 상당한 주의를 한 때에는 면책되도록 규정하지만, 그렇다고 해서 사용관계가 반드시 선임·감독의 관계라고 좁게 해석해서는 안 된다.[3] 자기가 선임하지 않은 자에 대해서도 사용관계가 인정될 수 있다.

(다) 獨立된 事務執行者 사용관계가 도급계약에 기초한 경우에는 제757조에 특칙이 있다. 도급계약 이외의 경우에 독립된 사무집행자의 행위에 대하

1) 자금출자자가 동업관계에 있는 노무출자자에 대하여 업무집행의 지휘·감독을 한 경우 사용관계가 인정된다(大判 1961. 10. 26, 4293민상288; 大判 1979. 7. 10, 79다644). 자동차를 운전사와 함께 임대차한 경우(소위 렌트카 계약) 임대인과 임차인이 모두 운전사(불법행위자)에 대해 사용자의 지위에 있다. 大判 1961. 12. 21, 4294민상224; 大判 1980. 8. 19, 80다708).

2) 같은 취지: 大判 1968. 4. 16, 67다2644; 大判 1977. 6. 7, 76다1869.

3) 판례는 지휘·감독관계의 존재를 요건으로 하며, 그것은 사실상 지휘·감독하고 있었는가의 여부에 의하여 결정되지 않고 객관적으로 지휘·감독을 하여야 할 관계에 있었는가의 여부에 의해 결정된다고 한다(大判 1961. 11. 23, 4293민상745). 단, 건설공사에서 도급인의 수급인에 대한 지휘·감독은 현장에서 직접 시공자체를 관리함을 말하는 것이므로 단순한 감리는 해당하지 않는다고 한다(大判 1988. 6. 14, 88다카102). 또한 묵시에 의한 선임·감독관계로 성립할 수 있다고 한다(大判 1962. 2. 22, 4294민상996).

여 사용자가 책임을 지는가가 문제된다. 수임인이 독립된 지위에서 자기의 재량에 따라 사무를 집행하는 경우에(변호사·의사·법무사), 위임인은 그 수임인의 행위에 대하여 사용자책임을 지는가에 관하여 학설이 대립한다. ① 否定說: 독립업무를 수행하는 수임인에 대하여는 지휘·감독의 여지가 없으므로 사용관계를 부정하는 견해이다.[1] ② 制限的 肯定說: 사견으로서는 독립된 수임인이라고 해서 언제나 사용자책임의 성립을 부정할 것은 아니고, 위임인에게 귀책근거(잘못된 선임, 잘못된 업무지시 등)가 있다면 위임인의 사용자책임을 인정해야 한다고 생각한다. 채무불이행의 영역에서는 독립된 수임인을 이행보조자로 이용한 경우에 위임인이 책임을 지는 반면에, 불법행위의 영역에서는 위임인이 아무 책임도 지지 않는다는 것은 양 책임의 균형이 맞지 않으므로 양자의 보조를 맞출 필요가 있다. ③ 판례는 위임인과 수임인 사이에 지휘·감독관계가 있고 위임인의 사무집행과 관련성이 있는 경우에 사용자책임을 인정한다(大判 1998. 4. 28, 96다25500).

㈑ 名義貸與者의 責任 명의대여자는 명의를 빌린 자가 그 명의를 이용한 사무집행중에 제3자에게 가한 손해에 대하여 사용자책임을 진다. 명의대여란 타인에게 자기의 성명 또는 상호를 사용하여 거래행위·사실행위·영업 등을 할 것을 허락하는 것을 말한다. 상거래의 경우 명의대여자는 자기를 영업주로 오인하여 거래한 제3자에 대하여 명의사용자와 연대하여 변제할 의무를 지며(상법 제24조), 상거래가 아닌 경우에도 表見代理의 규정에 따라 변제의무를 부담한다(제125조).

판례는 명의대여자에게 사용자책임을 지운다. 국가나 지방자치단체의 면허 또는 허가를 필요로 하는 사업에 관하여 자기의 허가 또는 면허명의를 대여하여 타인으로 하여금 영업을 하게 한 자는 그 사업을 감독할 의무가 있으므로, 명의를 빌린 자가 사업을 운영함에 있어서 타인에게 준 손해(자동차사고)에 대하여 제756조의 사용자책임이 있다고 한다(大判 1969. 1. 28, 67다2522; 大判 1979. 2. 13, 78다1500). 명의를 빌린 자의 피용자의 업무상 불법행위에 관해서 명의대여자는 종업원을 직접 선임하지는 않았지만 지휘·감독의 의무가 있다는 이유로 사용자책임을 진다고 한다(大判 1959. 5. 21, 4291민상58; 大判 1964. 4. 7, 63다638). 명의대여관계의 경우 민법 제756조가 규정하고 있는 사용자책임의 요건으로서의 사용관계가 있느냐 여부는 실제적으로 지휘·감독을 하였느냐의 여부에 관계없이 객관적·규범적으로 보아 사용자가 그 불법행위자를 지휘·감독해야 할 지위에 있었느냐의 여부를 기준으로 결정하여야 한다(大判 2001. 8. 21, 2001다3658).

1) 郭潤直, 745; 金基善, 412; 金錫宇, 526; 李太載, 490.

2) 판례는 자동차매매에서 비록 차량을 매도·인도하였더라도 대금이 완전히 지급되지 않았고 이전등록서류

大判 1996. 5. 10, 95다50462: 타인에게 어떤 사업에 관하여 자기의 명의를 사용할 것을 허용한 경우에, 그 사업이 내부관계에 있어서는 타인의 사업이고 명의자의 고용인이 아니라 하더라도 외부에 대한 관계에 있어서는 그 사업이 명의자의 사업이고 또 그 타인은 명의자의 종업원임을 표명한 것과 다름이 없으므로, 명의사용을 허가받은 사람이 업무수행을 함에 있어 고의 또는 과실로 다른 사람에게 손해를 끼쳤다면 명의사용을 허가한 사람은 민법 제756조에 의하여 그 손해를 배상할 책임이 있다. 그 명의대여로 인한 사용관계의 여부는 실제적으로 지휘 · 감독하였느냐 여부에 관계 없이 객관적으로 보아 사용자가 그 불법행위자를 지휘 · 감독할 지위에 있었느냐 여부를 기준으로 결정하여야 한다.

大判 1992. 3. 31, 91다39849: 회사 명의로 등록된 차량이 그 지입차주로부터 운전수와 함께 일시 임차되어 화물운송에 사용되던 중 사고가 난 경우에, 會社의 그 소속 운전수에 대한 사용자의 지위는 위와 같은 일시대여 상태에서도 유지된다. 차량의 賃借人도 임차기간중 운전수를 지휘 · 감독하여 화물운송에 종사케 한 이상 비록 일시차용이라고 하여도 피해자에 대한 관계에서는 사용자로서의 배상책임을 면할 수 없다.

(마) 事務監督者 사용자에 갈음하여 그 사무를 감독하는 자도 사용자와 같은 요건 아래 같은 내용의 책임을 진다(제756조 2항). 사무감독자란 공장장 · 현장소장 등 일정한 작업장에서 최종적인 감독책임을 지는 우두머리를 말한다. 판례는 「객관적으로 볼 때 사용자에 갈음하여 현실적으로 구체적인 사업을 감독하는 지위에 있는 자」라고 정의하고, 법인의 대표이사라는 사실만으로는 사무감독자책임을 지울 수 없다고 한다(大判 1973. 10. 28 64다2300). 사무감독자가 피용자의 행위에 대해 책임지는 경우에 사용자는 면책되는 것이 아니라 둘이 공동불법행위책임을 진다고 해석된다.[1)]

大判 1992. 7. 28, 92다10531: ① 민법 제756조 제2항의 "사용자에 갈음하여 그 사무를 감독하는 자"라 함은 객관적으로 볼 때 사용자에 갈음하여 현실적으로 구체적인 사업을 감독하는 지위에 있는 사람을 말하는 것으로서, 반드시 그가 피용자를 선임한 경우라야 하는 것은 아니다. ② 피용자의 불법행위가 외관상 사용자의

도 교부되지 않은 경우 매도인에게 운행의 사용자책임을 인정한다(大判 1970. 9. 29, 70다1554). 이에 대한 비판은, 李輔煥, "名義貸與와 名義殘存," 法曹 1981년 7월호, 11.

1) 같은 취지: 주석 채권각칙(Ⅳ), §756, 267.

사무집행의 범위 내에 속하는 것으로 보여지는 경우에, 사용자에 갈음하여 그 사무를 감독하는 자의 사무집행행위에 해당하지 않음을 피용자 자신이 알았거나 또는 중대한 과실로 알지 못한 경우에는 사용자 혹은 사용자에 갈음하여 그 사무를 감독하는 자에 대하여 사용자책임을 물을 수 없다.

(3) 事務執行關聯性

㈎ 外形理論 민법에서 말하는 「피용자가 그 사무집행에 관하여 제3자에게 가한」을 어떻게 이해할 것인가에 대하여는 두 가지 입장이 있다.

1) 內的關聯說 사무집행관련성을 「피용자가 사용자로부터 위임받은 사무의 집행행위 및 그와 일체불가분의 관계에 있는 행위」로 좁게 해석하는 입장이다(一體不可分說이라고도 함).[1]

2) 外形理論 사무집행관련성을 앞의 경우 외에 「피용자의 행위가 사무집행의 외형을 갖는 경우」에도 인정하는 견해이다.[2] 외형이론은 피용자와 거래한 상대방의 신뢰를 보호하려는 배려에서 출발한 이론이다. 이 이론은 피용자가 직무권한을 일탈하였는가 누구의 이익을 위하여 행위하였는가 하는 주관적 사정을 「사무집행에 관하여」의 판단기준에서 제외하고, 외형을 신뢰한 피해자 측의 사정만을 고려한다. 다만 거래상대방이 피용자의 행위가 사무집행에 해당하지 않음을 알았거나(악의) 또는 중과실로 알지 못한 경우에는 사용자책임을 부정한다. 사용자책임에서의 외형이론과 表見代理의 법리는 신뢰보호를 위한 것이라는 점에서 공통된다. 초기의 외형이론은 적용범위를 거래행위에 국한하였으나 최근에는 피용자의 거래행위 이외의 사실행위로 인한 손해배상에도 외형이론을 도입하여 사용자책임을 인정하는 경향이다.

3) 制限外形理論 사용자책임의 발생은 「사무집행의 외형」 자체를 매개로 할 것이 아니라 「사무집행의 외형을 만들었다는 점」을 매개로 해야 한다는 견해이다.[3] 私見으로서도 제한외형이론을 취해 왔다. 사용자가 상대방의 신뢰

---

1) 1950년대 일본판례가 취하였던 견해이다.

2) 참고문헌: 李宙興, "사용자책임에서의 업무집행관련성과 외형이론," 법조 제35권 7호, 1986, 86 이하(이 논문은 民事判例硏究 제8권에도 수록되었음); 註釋 債權各則 (Ⅳ), §756 (鄭鏞仁 집필부분).

3) 같은 취지: 池元林, "사용자책임에서 외형이론의 한계," 민사판례연구 제14권, 1992, 241에서는 "사무집행관련성의 요건에 관해서는 이른바 외형이론이라는 불확정개념에 막연히 안주할 것이 아니라 그에 관한 보다 구체적인 기준이 필요하다. 그리고 이러한 구체적인 기준을 수립함에 있어서는 앞에서 본 독일에서의 「事故와 職務上의 業務 사이의 內的 關聯」 및 이와 유사한 Prosser의 공식이 참작될 수 있을 것이다"라고 한다. 그는 去來的 불법행위와 事實的 불법행위의 경우를 나누어서 고찰한다.

를 야기할 만한 원인을 제공하였다든가, 또는 피용자의 가해를 방지할 조치를 게을리하였다든가 등의 귀책원인이 있을 때에 비로소 사무집행의 외형에 따른 책임을 부과할 수 있을 것이다.

사무집행관련성의 요건은 실제로 사용자책임의 발생 여부를 결정하는 데 있어 가장 중요한 역할을 담당한다. 학설 · 판례가 사용관계를 폭넓게 인정하고 또한 사용자의 면책도 거의 허용하지 않기 때문에 실제사건에서 사용자가 책임을 면할 수 있는 길은 오직 피용자의 행위가 사무집행관련성을 갖지 않음을 입증하는 것뿐이다. 그런데 외형이론은 사무집행을 넓게 해석함으로써 피해자의 보호를 꾀한다는 점에서는 크게 기여하고 있다. 그러나 사용자의 입장에서 볼 때에는 단순히 피용자의 가해행위가 사무집행의 외형을 갖고 있다는 사실만에 기초해서 손해배상책임을 지므로 부당하다.

판례는 과거에 외형이론을 취했지만, 근래에는 制限外形理論을 취하는 것으로 이해된다. 판례는 다음의 경우에는 외형이 있더라도 사용자책임을 부정한다. ① 거래상대방이 피용자의 행위가 사무집행에 해당하지 않음을 알았거나(악의) 또는 중과실로 알지 못한 경우, ② 사용자가 손해의 위험창출 또는 방지조치의 결여 등으로 그 외형에 원인을 제공하지 않는 때.

大判 1994. 3. 22, 93다45886: ① 민법 756조의 "사무집행에 관하여"라 함은 피용자의 행위가 객관적으로 사용자의 사업활동 내지 사무집행 행위 또는 그와 관련된 것이라고 보여질 때에는 행위자의 주관적 사정을 고려함이 없이 이를 사무집행에 관하여 한 행위로 본다는 뜻이다. ② 방송사 촬영단의 일원으로서 창사 기념극의 제작 촬영상의 편의를 위해 제작 책임자의 지시에 따라 다른 단원들과 함께 여관에 합숙한 자가 실화로 여관건물을 소실케 한 경우 사무집행과의 관련성이 인정된다.

大判 1998. 3. 27, 97다19687: ① 피용자의 불법행위가 외관상 사무집행의 범위 내에 속하는 것으로 보이는 경우에 있어서도, 피용자의 행위가 사용자의 사무집행 행위에 해당하지 않음을 피해자 자신이 알았거나 또는 중대한 과실로 알지 못한 경우에는 사용자에 대하여 사용자책임을 물을 수 없다. ② 피해자가 그 지점장을 통하여 개설한 증권매매거래계좌를 통한 정상적인 증권매매위탁거래와는 별도로 증권회사 아닌 지점장 개인과 사이에 금원을 투자하여 관리하도록 하고 자신은 그로부터 매월 비교적 고율의 확정이자를 받는 방법의 개인적인 자금투자거래관계를 맺어 오고 있다는 사정만으로, 곧바로 지점장의 투자권유와 금원수령행위가 그의 사사무집행의 범위를 벗어난 것이라는 사실을 피해자가 알았다거나 중대한 과실로 알지 못하였다고 단정할 수는 없으므로, 달리 특별한 사정이 없는 한 증권회사로서는 지점장의 사용자로서 배상책임을 진다.

大判 1999. 1. 26, 98다39930: ① 외형상 객관적으로 사용자의 사무집행에 관련된 것인지 여부는 피용자의 본래 직무와 불법행위와의 관련 정도 및 사용자에게 손해발생에 대한 위험창출과 방지조치 결여의 책임이 어느 정도 있는지를 고려하여 판단하여야 한다. ② 피용자의 불법행위가 외관상 사무집행의 범위 내에 속하는 것으로 보이는 경우에 있어서도 피용자의 행위가 사용자나 사용자에 갈음하여 그 사무를 감독하는 자의 사무집행행위에 해당하지 않음을 피해자 자신이 알았거나 중대한 과실로 인하여 알지 못한 경우에는 사용자책임을 물을 수 없다고 할 것인바, 이 경우 중대한 과실이라 함은 거래의 상대방이 조금만 주의를 기울였더라면 피용자의 행위가 그 직무권한 내에서 적법하게 행하여진 것이 아니라는 사정을 알 수 있었음에도 만연히 이를 직무권한 내의 행위라고 믿음으로써 일반인에게 요구되는 주의의무에 현저히 위반하는 것으로 거의 고의에 가까운 정도의 주의를 결여하고, 공평의 관점에서 상대방을 구태여 보호할 필요가 없다고 봄이 상당하다고 인정되는 상태를 말한다(은행직원 편취사건에서 중과실을 부정한 사례. 大判 2006. 10. 26, 2004다63019).

(나) 事務執行의 外形을 갖는 경우 사무집행관련성은 다음의 경우에 인정된다.

1) 使用者의 事務範圍內 당해 행위가 사용자의 사무의 범위에 속할 것이 요구된다. 이 사무범위도 근래에는 넓게 해석되어 부수적 업무나 부당한 사무집행도 사용자업무의 외형을 갖추면 포함시킨다.

2) 被用者의 事務範圍內 당해 행위가 피용자의 사무집행행위에 속할 것이 요구된다. 이는 피용자의 제3자에 대한 행위가 객관적으로 보아 그 피용자의 본래의 사무 또는 그와 관련된 것으로 판단되는 경우를 말한다(大判 1969. 7. 22, 69다702). 사용자와 피용자 사이의 내부관계에서 사무집행행위가 아닌 다음의 경우에도 외형을 갖추면 사무집행행위로 취급된다. 피용자가 사리(私利)를 얻기 위해 그의 권한을 남용한 행위(大判 1980. 1. 15, 79다1867), 피용자가 사용자의 명령이나 금지에 위반하여 한 행위(大判 1959. 5. 21, 4291민상58), 근로시간 외 및 사무실 밖에서 행해진 행위 등도 사무집행관련성이 인정될 수 있다.

大判 1991. 1. 11, 90다8954: 민법 제756조의 "그 사무집행에 관하여"란 사용자의 사업집행 자체 또는 이에 필요한 행위뿐 아니라, 이와 관련된 것이라고 일반적으로 보여지는 행위는 설사 그것이 피용자의 이익을 도모하기 위한 경우라도 이에 포함된다고 보아야 할 것이므로, 택시회사의 운전수가 택시의 승객을 태우고 운행중 차속에서 부녀를 강간한 경우 위 회사는 사용자로서 손해배상책임이 있다.

大判 1994. 11. 18, 93다8527: 사적인 전화를 받던 레스토랑 종업원이 지배인으로부터 욕설과 구타를 당한 후 레스토랑을 나가 약 8시간 동안 배회하다가 과도를 사가지고 레스토랑에 들어왔는데 다시 지배인으로부터 욕설과 구타를 당하자 이에 대항하여 지배인을 과도로 찔러 사망에 이르게 한 경우, 종업원의 위 불법행위가 레스토랑의 영업시간중에 사용자의 사업장소에서 이루어진 것이기는 하나, 그 종업원은 사용자에게 고용되어 담당하게 된 사무의 집행과는 관련이 없이 자기개인의 인격과 신체에 대한 침해행위에 대항하여 살해행위를 저질렀다고 봄이 상당하고, 종업원의 위 불법행위를 외형적 · 객관적으로 보아도 이를 사용자의 사무집행과 관련된 행위로 볼 수는 없다.

(다) 立證責任 피용자의 행위가 사무집행관련성을 갖는다는 입증은 불법행위 일반원칙에 따라 피해자인 원고가 하여야 한다. 그러나 사무집행관련의 개념이 외형적으로 파악되므로 그에 상응하여 피해자의 입증도 가해행위와 사무집행 사이의 외형적 관련성을 입증하면 충분하다. 그 외형적 관련성은 사회통념에 기초한 개연성의 입증이다. 사용자는 자기가 그 외형의 형성에 원인을 제공하거나 방지조치를 게을리 하지 않았음을 입증하여 면책될 수 있다.

(4) 選任 · 監督上 不注意와 因果關係

(가) 免責의 許容 與否 사용자는 피용자의 선임 및 사무감독에 상당한 주의를 한 때, 또는 상당한 주의를 하였더라도 손해가 발생하였을 경우에는 면책된다(제756조 1항 단서). 사용자책임은 이러한 면책규정에 의하여 「사용자의 선임 · 감독상 주의의무 위반의 과실책임」으로서의 형식을 띠지만, 입증책임의 전환에 의하여 중간책임으로 운용된다. 이러한 면책은 사용자책임의 무과실책임화경향에 따라 학설 · 판례에 의해 엄격히 제한되어 왔다. 실제 법적용의 사례를 살펴보면, 선임 · 감독상 과실 없음을 이유로 면책이 허용된 경우는 극히 적었다. 사용자의 면책을 넓게 허용할 것이냐 또는 엄격히 제한할 것인가는 법운용정책의 문제이므로, 법정책의 측면에서 어떤 방향이 바람직한가 시대에 맞게 재음미해 보아야 할 것이다.

사견으로는 사용자책임의 부과 여부에 관한 규범판단을 뒷받침하는 법적 도구로서 「사용관계」, 「사무집행관련성」과 더불어 「선임감독상 과실」도 함께 이용하는 것이 바람직하다고 생각한다. 특히 한 명의 피용자에 대해 사용관계에 있는 자가 여러 명인 사례에 있어서는, 누구에게 사용자책임을 부과할 것인가를 결정할 때에 「누구에게 선임 · 감독상의 과실이 있다고 볼 것인가」라는 요건을 가지고 선별해야 한다고 생각한다. 종래에는 「사무집행관련성」이란 요건만으로 책임부과 여부의 규범판단을 해 왔는데, 판단기준을 다양화하는 것이 사용자책임을 구체적 타당성 있게 운용하는 데에 도움이 될 것이다.

(나) 選任 · 監督上의 不注意 다수의 사용자에게 책임을 넓게 인정하기 위하여는 선임 · 감독의 주의의무를 절대적으로 파악하고 사무집행관련성이 있으면 무조건 과실을 인정하는 방법을 취하게 된다. 그러나 사견으로는 사용자가 어떤 위치에 있는가에 따라 사용자책임의 부과도 달라져야 한다고 생각된다.

1) 最高位職 使用者 사장이라든가 법인이라든가 하는 최종적인 책임을 져야 할 최고위직 사용자에게는 엄격한 주의의무를 부과함으로써 면책허용을 억제해야 할 것이다. 이 경우 사용자의 선임 · 감독상의 주의의무는 어떠한 구체적 사용관계에서 사용자가 행하여야 할 행위규범의 역할을 하는 것이 아니고, 주의의무 위반이라는 이론구성은 사용자에 대한 비난 및 책임부과의 근거로 이용될 뿐이다(감독자의 감독 의무와 유사함).

2) 中位職 使用者 관리책임자 등의 중간직 사용자에게는 그가 당해 사고와 관련하여 선임 · 감독상의 주의의무 위반이 없었음 또는 주의의무 위반이 손해발생에 영향을 미치지 않았음을 입증하여 면책될 수 있는 길을 열어 주는 것이 타당하다. 이 경우에 선임 · 감독의 주의의무는 구체적으로 판단되어야 하며, 아울러 그 주의의무 위반이 손해발생의 원인이 되었는가 하는 인과관계판단도 구체적으로 행해져야 할 것이다.

3) 事務監督者 민법 제756조 2항은 사무감독자도 사용자와 같은 책임을 진다고 규정하는데, 이 경우에도 과실 및 인과관계판단은 구체적인 사실을 근거로 이루어져야 한다.

4) 판례는 사용자의 직급에 관계 없이 주의의무 위반이 있다고 보아 면책허용을 억제해 왔다. 운전사의 선임에 있어서 운전기술을 고려한 것만으로는 충분한 주의의무를 다하였다고 볼 수 없으며, 운전사로서 면밀한 주의력을 가지고 책임을 중히 여기고 생각이 깊은 자를 선임하여야 한다고 하며(大判 1964. 12. 29, 64다1095),

사무감독에 있어서 매일 아침 훈시를 한 것(大判 1964. 10. 28, 64다693) 또는 정기적인 업무지시 및 사무감사를 한 것(大判 1969. 1. 21, 68다321)으로는 충분치 못하다고 한다.

(다) 立證責任의 轉換 사용자에 대하여 민법 제756조의 사용자책임을 물어 손해배상청구를 하는 피해자는 사용관계 및 사무집행관련성을 증명하면 되고, 사용자의 과실 및 그 과실과 손해 사이의 인과관계는 입증할 책임이 없다. 사용자는 자기가 면책받기 위하여 자신이 선임 · 감독상 주의의무를 다하였다는 사실 또는 상당한 주의를 하였더라도 손해가 발생하였을 것이라는 사실을 입증할 책임을 진다.

3. 責任內容

(1) 損害賠償義務의 發生

사용자는 피용자의 가해행위로 말미암아 생긴 손해를 직접 피해자에게 배상할 의무를 진다. 피용자가 스스로도 손해배상의무를 지는 경우에, 사용자와 피용자는 부진정연대채무의 관계에서 피해자에 대한 손해배상의무를 진다. 사용자는 피용자에게 배상능력이 있다는 이유로 자기의 배상의무를 면하거나 피해자에게 그를 가지고 항변할 수 없다. 제393조 2항의 손해배상범위결정을 위한 예견가능성은 배상의무자인 사용자를 기준으로 판단되어야 한다. 피용자가 피해자에 대하여 과실상계로서 배상액감경을 받은 경우에, 그 효력은 사용자에게도 미친다.[1] 판례는 사용자만이 피해자와의 관계에서 과실상계로서 책임경감을 받음으로서, 사용자의 손해배상의무가 피용자의 것보다 축소될 수 있다고 한다(大判 1994 .2. 22, 93다53696).

大判 1994. 2. 22, 93다53696: ① 고의 또는 과실로 인한 위법행위로 타인에게 직접 손해를 가한 피용자 자신의 손해배상의무와 그 사용자의 손해배상의무는 별개의 채무일 뿐만 아니라, 불법행위로 인한 손해의 발생에 관한 피해자의 과실을 참작하여 과실상계를 한 결과 피용자와 사용자가 피해자에게 배상하여야 할 손해액의 범위가 각기 달라질 수 있다. ② 불법행위를 저지른 피용자 본인은 내세울 수 없는 사정을 참작하여 사용자가 배상하여야 할 손해의 금액을 감할 수 있도록 과실상계를 허용하는 취지는 궁극적으로 피용자 본인이 손해를 배상할 자력이 없는 경우 피

1) 같은 취지: 엄영진, "사용자책임과 피용자책임," 고시계 1996년 7월호, 197~198.

해자와 사용자 사이에 그로 인한 손해를 공평 타당하게 분담하도록 하려는 데 있으므로, 피용자 본인이 손해액의 일부를 변제한 경우에는 그 변제금 중 사용자의 과실비율에 상응하는 만큼은 사용자가 배상하여야 할 손해액의 일부로 변제된 것으로 봄이 상당하고, 따라서 사용자의 손해배상책임이 그 범위 내에서는 소멸되는 것으로 보아야 한다.[1)]

大判 1995. 7. 14, 94다19600: ① 공동불법행위자로서 타인에게 손해를 연대하여 배상할 책임이 있는 경우 불법행위자의 피해자에 대한 과실비율이 달라 배상할 손해액의 범위가 달라지는 경우에는 누가 그 채무를 변제하였느냐에 따라 소멸되는 채무의 범위가 달라진다. 적은 손해액을 배상할 의무가 있는 자가 불법행위의 성립 이후에 손해액의 일부를 변제한 경우에는 많은 손해액을 배상할 의무 있는 자의 채무가 그 변제금 전액에 해당하는 부분이 소멸하는 것은 물론이나, 많은 손해액을 배상할 의무가 있는 자가 손해액의 일부를 변제하였다면 그 중 적은 범위의 손해액을 배상할 의무가 있는 자의 채무는 그 변제금 전액에 해당하는 채무가 소멸하는 것이 아니라 적은 범위의 손해배상책임만을 부담하는 쪽의 과실비율에 상응하는 부분만큼만 소멸하는 것으로 보아야 할 것이다. ② ①항의 이치는 사용자의 손해배상책임에 있어서 피용자 본인이 손해액의 일부를 변제한 경우에도 동일하고, 이러한 법리는 피용자 본인이 불법행위의 성립 이후에 피해자에 대하여 일부 금원을 지급함에 있어서 명시적으로 손해배상의 일부 변제조로 지급한 것은 아니고 그 불법행위를 은폐하거나 또는 기망의 수단으로 지급한 경우에도 마찬가지로 적용되어, 그 변제금 중 사용자의 과실비율에 상응하는 부분만 채무소멸의 효과가 있다.[2)]

(2) 複數의 賠償義務者

사용자 이외에 사무감독자가 사용자책임의 요건을 충족한 경우, 사용자는 사무감독자와 공동으로 사용자책임을 진다. 피용자의 가해행위가 자신의 일반불법행위책임(제750조)의 요건을 충족한 경우에는 사용자책임과 일반불법행위책임이 병존하게 된다(양자간에 공동불법행위가 성립하지는 않음).[3)] 이 때 사용자의 배상의무와 피용자의 배상

1) 김성룡, "많은 손해배상의무자의 일부변제로 인하여 소멸하는 적은 손해배상의무자의 채무의 범위," 법조 통권 제473호, 1996년 2월, 160에서는 "대상판결은 사용자가 피용자의 불법행위로 인하여 발생한 피해자의 손해의 일부에 대한 배상책임을 부담하는 경우에 피용자가 위 손해의 일부를 변제함에 따라 소멸하는 사용자의 손해배상책임의 범위에 관하여 최초로 판시한 것이다"라고 평석하였다.

2) 판례평석: 金相容, "사용자 및 피용자의 책임과 과실상계," 법률신문 1996년 7월 8일. 피해자의 과실은 구체적으로 피용자의 불법행위시에 존재하였고 사용자책임은 피용자의 불법행위를 매개하여 성립하므로 피용자의 책임에서도 과실상계를 인정하여야 마땅하다고 한다.

3) 金曾漢, 497은 입법론으로서 국가배상법과 같이 피용자의 행위는 사용자에 흡수되어서 대외적으로는 사용자만이 책임지는 것이 타당하다고 한다; 金相容(下), 259은 양자의 책임을 독립적 공동불법행위책임으로 이해하여야 한다고 함.

의무는 부진정연대채무의 관계로 된다.[1]

4. 使用者責任의 求償關係

(1) 使用者의 被用者에 대한 求償權

(가) 求償權의 制限 與否　사용자가 대외관계에서 부진정연대채무자로서 피해자에게 배상한 경우 내부관계에서 궁극적인 배상채무자는 누구인가에 관해 학설이 대립한다.

1) 全額求償說　사용자책임의 본질을 피용자의 배상의무를 사용자가 대신 이행하는 것이라고 보는 代位責任說의 입장에서는 사용자가 손해배상을 한 경우 그 전액을 피용자에게 구상청구할 수 있다고 본다.[2] 사용자는 피용자가 부담하여야 할 배상의무를 피해자와의 대외적 관계에서 부진정연대채무자로서 이행한 데에 불과하다고 본다. 즉 피용자 자신이 행위자로서 책임을 져야 하고 사용자는 제2차적인 책임을 질 뿐이라고 한다.[3]

2) 制限求償說　사용자는 자기의 고유한 책임부분을 가지고 피해자에 대하여 손해배상의무를 진다고 보는 固有責任說의 입장에 서서, 사용자는 자기의 고유책임부분을 제외한 나머지 배상액만을 피용자에게 구상청구할 수 있다는 견해이다. 사용자의 구상권이 제한되어야 하는 근거는 다음과 같다.[4] 첫째, 사용자는 위험성 있는 노동을 피용자에게 시키고 있기 때문에 손해배상금을 피용자에게 전부 부담시키는 것은 사업위험을 근로자에게 전가하는 결과로 되어 부당하다. 둘째, 피용자는 노동조건·작업시설·안전장치 등 사고방지를 위한 여건을 스스로 만들 수 없다. 셋째, 사용자는 사업위험을 줄이도록 조처하거나 보험·상품가격 등을 통해 분산시킬 수 있다.

判例도 구상권의 제한을 인정한다.

(나) 求償範圍의 制限根據　사용자의 피용자에 대한 구상권을 제한하는 경우에 어떤 법적 근거에 의할 것인가가 문제된다. 구상권의 인정근거에 관하

---

1) 같은 취지: 郭潤直, 751; 金基善, 415; 金錫宇, 531; 金曾漢, 497; 金顯泰, 386; 李太載, 494.

2) 郭潤直, 752; 金相容(下), 260; 金錫宇, 532; 金曾漢, 497; 李太載, 494.

3) 金曾漢, 497.

4) 국가배상법은 공무원에게 고의 또는 중과실이 있는 경우에만 국가 또는 공공단체가 구상권을 갖는다고 한다(동법 제2조 2항). 사용자의 구상권도 국가배상법과 같이 개정해야 한다는 立法論이 주장된다. 郭潤直, 752; 金錫宇, 532; 金疇洙, 703; 金曾漢, 498; 金顯泰, 387.

여는 다음의 학설이 대립한다(역구상의 근거도 포함됨).

1) 固有責任說　사용자책임을 자기책임으로 이해하면서 선임·감독상의 주의를 하지 않은 범위 내에서 사용자 고유의 부담부분이 생긴다고 하는 견해이다.[1] 사용자는 스스로 이와 같은 주의의무를 다했음을 입증하지 못하는 한 배상책임을 진다고 하여 대외관계뿐 아니라 내부관계에서도 입증책임의 전환을 확대하여 적용한다.[2]

2) 共同不法行爲說　사용자와 피용자는 공동불법행위관계에 있다고 보고, 상호간의 구상관계를 인정하는 견해이다.[3] 피용자 자신의 책임을 인정하는 바에는 피용자가 피해자에게 직접 배상한 경우에 거꾸로 사용자에의 구상이 인정될 정도로 사용자의 불법행위가 경합하고 있지 않다면 그 경우와의 사이에 균형을 잃게 될 것이므로 이론적으로는 양자의 행위가 공동불법행위가 되느냐의 여부에 따르고, 공동불법행위가 된다면 부담부분과 상호구상권을 어느 정도로 인정할 것인가가 문제가 된다고 한다.

3) 複 合 說　일의 위험성 및 기업의 규모가 크지 아니한 경우에 한하여 원칙적으로 채무불이행의 여부에 따라 결정하고, 예외적으로 사용자와 피용자 사이의 채권채무관계를 인정하기 어려운 경우에 과실상계에 의하여 구상액을 감액하도록 하자는 견해이다.[4] 구상관계에 대하여 우리 나라 사용자책임은 사업관계에서뿐만 아니라 가사사용관계에서도 적용되는 것이기 때문에 이를 유형화해서 처리할 수밖에 없다고 한다.

4) 信義則說　판례는 구상권제한의 근거로서 신의칙을 들며 구상액을 제한하기도 하고 구상권 자체를 부정하기도 한다(大判 1994. 12. 13, 94다17246). 즉 "사업의 성격과 규모, 사업시설의 상황, 피용자의 업무내용, 근로조건이나 근무태도, 가해행위의 상황, 가해행위의 예방이나 손실의 분산에 관한 사용자의 배려의 정도 등의 제반사정에 비추어 손해의 공평한 분담이라는 견지에서 신의칙상 상당하다고 인정되는 한도 내에서만 피용자에 대해 손해배상이나 구상권을 행사할

---

1) 金亨培, "사용자책임과 구상권의 제한," 고시계 1987년 5월호, 47~48.

2) 河京孝, "근로자의 책임제한법리에 관한 연구," 법정고시 1995년 12월호에서는 "책임제한의 근거는 사용자의 經營危險負擔에서 찾는 것이 적절하다. 사용자는 자신의 이익을 위하여 근로자에게 노무를 맡기고 이를 통해 위험을 창출하였으며, 사용자만이 경영조직이나 보험가입 등을 통해 손해위험을 적절히 분산시킬 수 있는 지위에 있기 때문이다"라고 하는데, 그 경영위험의 부분은 사용자의 고유책임으로 되는 것이라고 이해된다.

3) 金顯泰, 불법행위론, 일조각, 1979, 186.

4) 韓雄吉, "사용자책임에 있어 구상권의 모습과 그 법적 구성," 민사법학 제12호, 1995(민사법학회 1994. 10. 22 발표).

수 있다"고 한다(大判 1987. 9. 8, 86다카1045).[1)]

5) 私見으로서는 固有責任說을 취하여 사용자의 관여도에 따라 내부적 분담비율이 정해져야 한다고 생각된다. 사용자가 선임·감독상의 주의의무를 다하지 못하여 야기된 손해나 그 밖에 제3자에게 손해가 발생할 가능성을 미리 회피해야 할 주의의무(위험방지의무)를 다하지 못하여 생긴 손해는 사용자 스스로 부담하여야 한다.[2)] 그 관여도의 판단에 있어서는 노동강도·초과근무·야간근무·저임금 여부·근로기준법준수 여부가 고려되어야 한다. 위험도가 높은 작업에 종사하는 피용자의 경미한 과실로 인한 손해는 사업상의 위험으로 처리하여 구상권발생을 부정하는 것이 타당하다.[3)]

大判 1994. 12. 13, 94다17246: ① 사용자가 피용자의 업무수행과 관련하여 행해진 불법행위로 인하여 직접 손해를 입었거나 그 피해자에게 사용자로서의 손해배상책임을 부담한 결과로 손해를 입게 된 경우에 있어서, 사용자는 그 사업의 성격과 규모, 시설의 현황, 피용자의 업무내용, 근로조건이나 근무태도, 가해행위의 상황, 가해행위의 예방이나 손실의 분산에 관한 사용자의 배려 정도, 기타 제반 사정에 비추어 손해의 공평한 분산이라는 견지에서 신의칙상 상당하다고 인정되는 한도

1) 그 밖에 일본에서는 다음의 학설들도 주장된다. ① 경과실구상불가설(川添淸吉, 使用者責任における求償權, 靑山法學論集 8-3, 139)은 원칙적으로 구상권을 부정하고 적당한 범위 내에서만 구상권이 인정된다는 사고방식으로서 피용자에게 고의 또는 중대한 과실이 있는 경우에는 사용자에 구상권이 성립한다고 해석하는 것이다. ② 부진정연대채무설(淡路剛久, 連帶債務の硏究, 弘文堂, 1975, 284)은 구상권의 근거를 부진정연대채무의 개념에서 구하여 부진정연대채무에도 그 속성으로서 구상관계가 있다고 하고 내부관계에 있어서 피용자의 단독부담보다 사용자·피용자의 사정에 의한 분담이라고 하는 사고방식이 부당한 것이 아니라고 한다. 구체적으로 구상관계에 있어서 각자의 부담부분을 결정하는 기준은 과실의 비율뿐만 아니라 결과발생에 대한 가공도 내지 원인력도 고려하여야 한다고 한다. ③ 채무불이행설(中元紘一郞, 「사용자に對する求償」 별책ジュリスト交通事故判例百選, 有斐閣, 1968, 15)은 구상권을 사용자와 피용자 사이의 위임 그 밖의 계약관계 또는 부당이득 기타의 관계에서 나온다고 한다. 즉 구상권이 통상 피용자의 채무불이행에 기하여 손해배상청구권의 성질을 갖는 것이라고 한다면 위 청구권을 인정하여야 할 것인가 아닌가의 판단에 있어서는 피용자가 제3자인 피해자에 대하여 어떠한 의무를 갖는가 하는 대외적 문제보다도 오히려 피용자가 사용자에 대하여 어떠한 의무를 갖는가 하는 내부적 문제가 중시되어야 할 것이라고 전제하고 판단의 구체적 요소를 제시하고 이에 따라 구상권을 제한하는 것이 타당하다고 한다.

2) 金學世, "사용자의 피용자에 대한 구상권의 제한," 사법논집 제12집, 1981, 305; 金亨培, 앞의 글, 48; 金亨培 교수는 이 때 사용자의 주의의무 위반이 추정되며, 그에 관한 입증책임은 사용자가 부담한다고 주장하나 그 주장은 법적 근거가 부족하다고 생각된다. 제756조 1항은 구상관계에는 적용되지 않고 구상권의 범위 및 부담부분의 결정은 구체적으로 판단되어야 하기 때문이다.

3) 독일연방노동법원은 위험작업에 종사하는 근로자의 과실이 경미한 때에는 근로자의 책임이 면제되고, 보통의 과실인 때에는 근로자와 사용자가 배상책임을 분담하고, 고의·중과실인 때에는 근로자가 배상책임 전부를 부담한다는 원칙을 확립하였다(BAG AP 8, 14, 23, 26, 33, 61 § 611 BGB Haftung des Arbeitsnehmers; 金亨培, 앞의 글 참조. 1983년 이후에는 보통의 과실인 때에도 사용자만이 배상책임을 모두 부담하도록 판례가 변경되었다(BAG von 23, 3, 1983 7 AzR 391/79)).

내에서만 피용자에 대하여 그 구상권을 행사할 수 있다. ② 사용자와 피용자 쌍방의 과실의 경중, 곤돌라 기사인 피용자의 근무조건과 그러한 근무조건이 사고발생에 미친 영향의 정도, 피해자가 사고를 당하게 된 경위, 사용자의 노무자에 대한 인력관리상황, 사고 후 피용자가 실형을 복역한 후 현재 면직되어 있음에 반하여, 사용자는 국내 유수의 공동주택관리업체로서의 지위를 그대로 유지하고 있는 점 등 제반사정을 참작하면, 사용자의 피용자에 대한 구상권 행사는 신의칙에 반하여 허용되지 아니한다.

(2) 被用者의 使用者에 대한 求償

피용자의 행위가 제750조의 불법행위요건을 갖춘 경우에 피해자는 피용자에게 손해배상을 청구하여 만족을 얻을 수 있는데, 이 때 피용자는 사용자에게 그 배상액의 전부 또는 일부를 逆求償할 수 있다. 피용자의 구상권을 사용자의 구상권과 구별하기 위해서 역구상권이라 부른다.[1] 피용자의 불법행위가 사용자가 제공한 시설, 도구 등의 불완전성에 기인하거나 사용자의 잘못된 작업지시에 기인하는 경우에, 사용자는 그의 관여도에 따라 산정된 배상액을 피용자에게 상환하여야 한다.

(3) 使用者의 제3자에 대한 求償

피용자가 제3자와 공동불법행위를 한 경우에 사용자는 피용자 및 그 제3자와 부진정연대채무를 진다. ① 피해자에게 손해배상을 한 사용자가 제3자에 대하여 구상청구를 하는 경우, ② 피해자에게 손해를 배상한 제3자가 사용자에게 구상청구를 하는 경우, ③ 피해자에게 손해를 배상한 피용자가 사용자에 대하여 역구상을 하는 경우 등을 생각해 볼 수 있다. 사용자와 제3자 사이에서의 내부적 부담부분은 피용자와 제3자 사이의 공동불법행위의 관여도에 따라 결정된다.

大判 1992. 6. 23, 91다33070: 피용자와 제3자가 공동불법행위로 피해자에게 손해를 가하여 그 손해배상채무를 부담하는 경우에 피용자와 제3자는 공동불법행위자로서 서로 부진정연대관계에 있고, 한편 사용자의 손해배상책임은 피용자의 배상책임에 대한 대체적 책임이어서 사용자도 제3자와 부진정연대관계에 있다. 사용

---

1) 일본의 다수설은 역구상권을 인정하고 있으며 판례도 역구상을 인정하는 것과 마찬가지의 결과로 판결하고 있다. 椿壽夫, 判例評論 제116호, 22; 篠塚, 日注釋民法(2) 債權, 359.

자가 피용자와 제3자의 책임비율에 의하여 정해진 피용자의 부담부분을 초과하여 피해자에게 손해를 배상한 경우에, 사용자는 제3자에 대하여도 구상권을 행사할 수 있으며, 그 구상의 범위는 제3자의 부담부분에 국한된다고 보는 것이 타당하다.

(4) 事務監督者의 求償關係

사무감독자의 구상관계에는 다음의 세 가지 측면이 있다.

1) 被用者에 대한 求償 사무감독자가 사용자책임을 진 경우에는 피용자에게 구상할 수 있다(제756조 3항).

2) 上級使用者에 대한 求償 사무감독자가 피해자에게 손해배상한 경우에, 그는 상급직의 사용자에게 그 배상금 중 자기 과실부분을 제외한 나머지 부분을 구상청구할 수 있다.

3) 事務監督者에 대한 求償 사용자는 사무감독자에게 그의 선임·감독상의 과실을 이유로 그 관여도에 해당하는 배상액을 구상청구할 수 있다. 사무감독자의 과실과 손해발생 사이에 직접적 인과관계가 있는 경우에 한하여 사무감독자는 고유의 배상의무를 지며, 이 부분을 상급사용자 또는 피용자에게 상환해 주어야 한다. 사무감독자와 피용자가 공모하여 공동불법행위를 한 경우에, 감독자는 사용자책임이 아니라 공동불법행위책임을 진다. 상급사용자가 배상액 전부를 중간사용자 또는 사무감독자에게 그의 과실에 관계 없이 전가시키는 것은 허용되지 않는다. 원래 상급사용자와 중간사용자 사이에서는 상급사용자가 최종적으로 피용자의 가해행위로 인한 부담을 떠 안아야 할 사람이다.[1] 判例도 사용관계가 복수로 존재하는 사례에서 사용자들 사이는 부진정연대관계가 있고 그 부담부분은「손해발생에 기여한 정도」에 의해 정해진다고 한다.

大判 1994. 12. 27, 94다4974: 동일한 가해자를 지휘·감독하는 복수의 사용자가 각각 손해배상책임을 부담하는 경우에 있어서도 각 사용자 사이의 책임의 내부적 부담의 공평을 꾀하기 위하여 구상이 인정되어야 할 것인데, 그 구상의 전제로 되는 각 사용자의 책임 비율은 피용자인 가해자의 가해행위의 태양 및 각 사용자의

---

1) 중간감독자에게 무거운 책임을 인정하는 것은 부당하며, 제756조 3항이 피용자에 대한 구상권만을 규정한 것은 사무감독자에 대한 구상권은 부정한 것이라고 하는 否定說도 이와 같은 취지라고 이해된다. 郭潤直, 688; 金錫宇, 532; 金曾漢, 498; 金顯泰, 387.

사업의 집행과의 관계 정도, 가해자에 대한 각 사용자의 지휘 · 감독의 강약 등을 고려하여 정하여야 하는 것이고, 사용자의 일방은 당해 가해자의 위 과실비율에 따라 정해진 부담부분을 넘어 손해를 배상한 때는 그 넘는 부분에 관하여 다른 사용자에 대한 위 책임의 비율에 따라 정해진 부담 부분의 한도에서 구상할 수 있다.[1]

§50. 都給人責任 · 國家賠償責任

1. 都給人責任

(1) 都給關係의 特殊性

수급인이 도급인으로부터 독립된 지위에서(피용자로서 가 아니라) 일의 완성의무를 지는 경우, 도급인은 수급인이 행한 가해행위에 대하여 책임을 지지 않음이 원칙이다.[2] 민법은 "도급인은 수급인이 그 일에 관하여 제3자에게 가한 손해를 배상할 책임이 없다"고 규정한다(제757조 본문). "그러나 도급 또는 지시에 관하여 도급인에게 重大한 過失이 있는 때에는 그러하지 아니하다"고 하여 도급인에게 중과실에 대한 책임은 인정한다(제757조 단서). 이는 도급계약이 통상 독립된 노무공급계약이라는 점을 고려한 규정이다.

(2) 規定의 合理的 解釋

도급인의 책임을 경감하는 민법규정은 다음과 같은 의문점을 남긴다.

첫째, 도급인책임이 사용자책임의 본질을 가짐에도 불구하고 구태여 도급의 경우에만 특칙을 규정하는 이유가 무엇인지 불분명하다. 통상 도급인은 일의 완성을 전적으로 수급인에게 맡기고 작업진행에 대하여 지휘감독권을 갖지 않는다는 것을 상정한 듯하다. 수급인이 독립적으로 작업하는 경우에도, 대외적으로 도급인의 상호를 사용한 때에는 名義貸與者로서 사용자책임을 져야 할 것이고, 수급인이 도급인의 직원인 것 같은 외형을 갖춘 때에는 사용관계를 인정하여 사용자책임규정을 적용해야 할 것이다. 예를 들어 어떤 회사의 경비원이 경비업무중 타인에게 위법한 가해행위를 한 경우에, 그 경비원이 경비용역

1) 같은 취지: 大判 1992. 3. 31, 91다39849.

2) 大判 1976. 10. 26, 76다517. 자동차의 洗車作業 중의 차량사고에 관하여 特段의 사정이 없는 한 세차작업 중 차량의 지배권을 갖는 受給人인 洗車業者에게만 責任이 있다고 한다.

회사의 직원인 때에도 피해자는 그 회사에 대하여 사용자책임을 물을 수 있다고 해석된다.

둘째, 도급인책임을 그의 잘못된 도급 또는 지시로 인한 과실책임으로서 구성하면서 중과실에 한정한 것은 다른 과실책임과의 균형을 이루지 못하고 있다.[1] 민법이 도급인책임을 중과실로 경감한 것은 기업이 위험책임을 지도록 요구하는 사회적 조류에 역행하는 것으로 평가된다. 도급인의 책임이 경감되는 반사적 효과로서 수급인의 책임이 무거워진다는 부작용이 생긴다. 수급인이 전적으로 자기의 독단적 판단 아래 작업을 진행하는 경우에는 무거운 책임을 져도 무방할 것이나, 도급인의 지시를 받아 작업하는 경우에는 도급인과 수급인이 피해자에 대하여 연대책임을 지도록 하는 것이 타당하다. 지시에 관한 중과실을 「손해발생과 인과관계를 갖는 지시」 즉 「잘못된 지시로 인하여 손해가 발생한 경우」에 광범위하게 인정해야 할 것이다.

(3) 類似制度와의 關係

도급인의 책임은 감독자책임, 사용자책임과 같이 타인의 직접적 가해행위를 매개로 하는 손해배상책임의 성격을 갖는다. 도급인과 수급인 사이에는 사용관계는 존재하지 않고 완성된 일(또는 물건)을 인도받는 계약관계가 존재한다는 점에서 개념상 사용자책임과 구별된다.[2] 그러나 도급인책임은 다른 불법행위책임과 경합할 수 있다.

(가) 一般不法行爲責任이 성립하는 경우 민법 제757조에 의해 도급인의 책임이 면제되는 경우에, 제750조의 요건을 갖추면 일반불법행위책임을 물을 수 있다고 해석된다. 도급인이 스스로 가해행위를 했다고 보아도 무방할 정도로 도급인의 指示가 손해발생의 직접적 원인이 된 경우가 이에 해당할 것이다.[3] 제3자의 피해가 도급인의 잘못된 受給人選任에 기인하거나 또는 설계상의 오류, 지반의 허약, 작업시기의 부적절 등 잘못된 作業計劃에서 비롯한 경우에, 도급인은 일반불법행위책임을 진다. 도급인이 재료제공을 하였는데 그

---

1) 의용민법 제716조는 현행민법 제757조와 거의 같은 내용이나 단지 「重過失」이 아니라 「過失」이라고 규정된 점만이 다르다.

2) 제757조의 도급인책임의 성질을 일반불법행위책임으로 보는 견해가 있다. 그 이유는 그것이 도급인 자신의 행위로 인하여 손해를 발생시킨 데 대한 책임이기 때문이라고 한다. 金曾漢, 491; 金顯泰, 389; 李太載, 495.

3) 이상원, "수급인(하도급인) 또는 그 피용자의 불법행위에 대하여 도급인이 책임을 지는 경우," 사법행정 1989년 11월호, 50~51에서는 도급인에게 민법 제757조의 귀책사유가 있다고 인정되는 경우에는 거의 다 민법 제750조에도 해당되는 것이므로 결국 민법 제757조는 별 의미가 없는 규정이라고 할 수 있다고 한다.

재료의 하자 · 부적당으로 말미암은 손해에 대하여도 같다(이렇게 해석할 경우 제757조 뒷문장이 적용될 여지는 적다).

(나) 使用者責任이 성립하는 경우　도급관계는 사용관계의 특수한 모습이라는 성격도 가지므로, 도급인책임을 사용자책임의 특칙으로 볼 수 있다. 이렇게 사용자책임의 특칙으로 보는 경우에도 도급에는 언제나 특칙만 적용되고 사용자책임은 적용되지 않는 것이 아니라, 사용관계가 인정될 수 있을 정도로 종속적인 업무가 있는 경우에는 이에 관하여는 제756조가 적용될 수 있다. 도급인이 수급인에 대하여 작업에 관한 지휘 · 감독을 할 수 있는 권한이 있는 경우, 도급인과 수급인의 관계는 제756조의 사용관계로 되어 도급인은 사용자책임을 진다.[1] 판례도 순수한 도급이 아닌 소위 勞務都給의 경우, 도급인은 사용자책임을 진다고 한다(大判 1965. 10. 19, 65다1688).

판례는 건설공사의 도급에 관하여는 도급인이 공사현장에서 공사의 운영 및 시공을 직접 지시 · 감독한 경우에만 사용자책임이 발생하며(大判 2003. 7. 11, 2001다25436), 단지 공사의 진행이 설계대로 행해지는가만을 확인하는 공정의 감독(監理)의 경우에는 사용관계를 부정한다(大判 1983. 11. 22, 83다카1153; 大判 2000. 2. 8, 99다34086). 공사하도급계약에서 하수급인이 모든 손해배상책임을 단독으로 지겠다고 약정하였더라도 하도급인의 책임을 면제하는 효과를 가져오지 않는다고 한다(大判 1983. 5. 24, 83다카208).

大判 1997. 4. 25, 96다53086: ① 건축공사의 일부분을 하도급받은 자가 구체적인 지휘 · 감독권을 유보한 채, 재료와 설비는 자신이 공급하면서 시공 부분만을 시공기술자에게 재하도급하는 경우와 같은 勞務都給의 경우, 그 노무도급의 도급인과 수급인은 실질적으로 사용자와 피용자의 관계에 있다. ② 이 경우 도급인은 수급인이 노무를 제공하는 과정에서 생명 · 신체 · 건강을 해치는 일이 없도록 물적 환경을 정비하고 필요한 조치를 강구할 保護義務를 부담하며, 이러한 보호의무는 실질적인 고용계약의 특수성을 고려하여 신의칙상 인정되는 부수적 의무이다. ③ 실질적인 사용관계에 있는 노무도급인이 고의 또는 과실로 이러한 보호의무를 위반함으로써 노무수급인의 생명 · 신체를 침해하여 손해를 입힌 경우 노무도급인은 노무도급계약상의 債務不履行責任과 競合하여 불법행위로 인한 손해배상책임을 부담한다(상가신축공사를 시공하는 건축주로부터 일부 공사를 도급받은 수급인에 의해 고용된 전문기술자가 공사중 누전으로 사망한 사건에서, 수급인의 안전조치의무 위반을 이유로 손해배상책임을 인정한 사례).

---

1) 같은 취지: 郭潤直, 746.

2. 國家賠償責任[1)]

(1) 意　義

공무원이 그 직무를 집행함에 있어서 타인에게 불법행위를 한 경우에, 국가 또는 지방자치단체가 그 손해를 배상하여야 한다. 국가배상법 제2조는 국가 또는 지방자치단체는 공무원이 그 직무를 집행함에 당하여 고의 또는 과실로 법령에 위반하여 타인에게 손해를 가하거나, 자동차손해배상보장법의 규정에 의하여 손해배상의 책임이 있는 때에 손해배상의무를 짐을 규정한다. 공무원은 국가공무원, 지방공무원, 그 밖에 공무를 수임하여 그에 종사하는 자를 말한다.[2)] 국가배상법에 의한 손해배상의 소송은 배상심의회의 배상금지급 또는 기각의 결정을 거친 후에 한하여 이를 제기할 수 있음이 원칙이다(訴願前置).[3)]

(2) 使用者責任의 特則

국가배상책임은 국가의 자기직무활동에 대한 책임으로 구성되어 있어 「법인의 불법행위책임」과 유사한 성격을 가진다. 국가배상책임은 사용자책임에서

---

1) 참고문헌: 姜在桓, "比較國家賠償法," 法曹 제30권 5호, 1981; 金東熙, "國家賠償法에 있어서의 過失의 概念에 관한 小考," 서울대 法學 제20권 1호, 1979; 同, "韓國과 프랑스의 國家補償制度의 比較考察," 서울大 法學 제26권 1호, 1985.

2) 군인 · 군무원 · 경찰공무원 또는 향토예비군대원이 전투 · 훈련 기타 직무집행과 관련하거나 국방 또는 치안유지의 목적상 사용하는 시설 및 자동차 · 함선 · 항공기 기타 운반기구 안에서 전사, 순직 또는 공상을 입은 경우에 본인 또는 그 유족이 다른 법령의 규정에 의하여 재해보상금, 유족연금, 상이연금 등의 보상을 지급받을 수 있을 때에는 이 법 및 민법의 규정에 의한 손해배상을 청구할 수 없다고 규정되어 있었으나(국가배상법 제2조 1항 단서) 위헌임이 판결되었다.

憲裁決 1994. 12. 29, 93헌바21: 국가배상법 제2조 제1항 단서 중 군인에 관련되는 부분을, 일반국민이 직무집행중인 군인과의 공동불법행위로 직무집행중인 다른 군인에게 공상을 입혀 그 피해자에게 공동의 불법행위로 인한 손해를 배상한 다음 공동불법행위자인 군인의 부담부분에 관하여 국가에 대하여 구상권을 행사하는 것을 허용하지 않는다고 해석한다면, 이는 위 단서 규정의 헌법상 근거규정인 헌법 제29조가 구상권의 행사를 배제하지 아니하는 데도 이를 배제하는 것으로 해석하는 것으로서 합리적인 이유 없이 일반국민을 국가에 대하여 지나치게 차별하는 경우에 해당하므로 헌법 제11조, 제29조에 위반되며, 또한 국가에 대한 구상권은 헌법 제23조 제1항에 의하여 보장되는 재산권이고 위와 같은 해석은 그러한 재산권의 제한에 해당하며 재산권의 제한은 헌법 제37조 제2항에 의한 기본권제한의 한계 내에서만 가능한데, 위와 같은 해석은 헌법 제37조 제2항에 의하여 기본권을 제한할 때 요구되는 비례의 원칙에 위배하여 일반국민의 재산권을 과잉제한하는 경우에 해당하여 헌법 제23조 제1항 및 제37조 제2항에도 위반된다(평석: 洪準亨, "국가배상법 제2조 제1항 단서에 대한 위헌소원," 인권과 정의 1995년 6월호, 90).

3) 憲裁決 1995. 5. 25, 91헌가7: 국가배상법(1967. 3. 3, 법률 제1899호) 제16조 중 "심의회의 배상결정은 신청인이 동의한 때에는 민사소송법의 규정에 의한 재판상의 화해가 성립된 것으로 본다"라는 부분은 헌법에 위반된다. 배상결정절차에 있어서는 사법절차에 준한다고 볼 수 있는 각종 중재 · 조정절차와 달리 심의회의 제3자성 · 독립성이 희박한 점, 심의절차의 공정성 · 신중성도 결여되어 있는 점, 심의회에서 결정되는 배상액이 법원의 그것보다 하회하는 점 및 부제소합의의 경우와 달리 신청인의 배상결정에 대한 동의에 재판청구권을 포기할 의사까지 포함되는 것으로 볼 수도 없는 점 등등이 결정이유의 요지이다.

와 같이 선임 · 감독상 주의를 다하였음을 이유로 한 면책을 허용하지 않는다. 그럼에도 불구하고 국가배상책임은 사용자책임과 본질적으로 유사하며, 사용자책임의 특별규정으로서의 성격도 갖는다. 공무원으로부터 피해를 입은 자가 민법에 따라 국가(또는 지방자치단체)에 대하여 사용자책임을 물을 수 있는가에 대하여는 견해가 대립한다. 판례는 "공무원이 직무수행에 당하여 고의 또는 과실로 타인에게 손해를 가한 것으로 주장하는 경우는 특별법인 국가배상법이 적용되어 민법상의 사용자책임에 관한 규정은 그 적용이 배제된다"고 한다(大判 1976. 12. 28, 76다2006). 반면에 사견으로서는 국가에 대하여 사용자책임을 물을 수 있다고 해석하며, 그 밖에 국가에 대하여 일반불법행위책임도 물을 수 있다고 해석한다.

(3) 加害行爲와 公務執行關聯性

국가(또는 지방자치단체)공무원이 그 직무를 집행함에 당하여 고의 또는 과실로 법령에 위반하여 타인에게 손해를 가한 경우, 또는 국가가 자동차운행자로서 자동차손해배상보장법에 의하여 손해배상책임이 있는 경우에 국가배상책임이 발생한다. 공무원의 직무집행은 공권력행사에 한정되지 않고 비권력적 공행정작용인 관리작용도 포함한다.[1] 공무집행관련성은 外形理論에 따라 판단되므로(大判 1960. 3. 3, 4292민상510 등) 실제로 직무집행중이 아니더라도 외형상 직무집행으로 판단되는 경우로서 국가가 그 외형의 작출에 원인을 제공한 때에 국가배상책임이 인정된다. 그 밖에 도로 · 하천 기타 공공의 영조물의 설치 또는 관리에 하자가 있음으로 인한 손해도 배상하여야 한다(국배법 제5조).[2] 다만 국가시험의 출제오류로 인한 피해는 국가가 배상할 책임이 없다(大判 2003. 11. 27, 2001다33789).

大判 2003. 7. 11, 99다24218: 법관의 재판에 대한 국가배상책임이 인정되려면 당해 법관이 위법 또는 부당한 목적을 가지고 재판을 하였다거나 법이 법관의 직무수행상 준수할 것을 요구하고 있는 기준을 현저하게 위반하는 등 법관이 그에게 부여된 권한의 취지에 명백히 어긋나게 이를 행사하였다고 인정할 만한 특별한 사정이 있어야 한다.

大判 1998. 3. 19, 97다18520: 공무원이 관련 법령을 준수하여 직무를 수행하였다면 공무원의 부작위를 가지고 「고의 또는 과실로 법령에 위반」하였다고 할 수

1) 大判 1969. 4. 22, 68다225; 大判 1970. 11. 24, 70다1148 등 다수판례. 같은 취지: 행정법학자로서 金道昶, 金鐵容, 朴鈗炘, 徐元宇.

2) 金學洙, "영조물책임," 사법행정 1988년 10월호. 大判 2000. 2. 25, 99다54004 참조.

는 없다. 公務員의 不作爲로 인한 국가배상책임을 인정할 것인지 여부가 문제되는 경우에 관련 공무원에 대하여 작위의무를 명하는 법령의 규정이 없다면, 공무원의 부작위로 인하여 침해된 국민의 법익 또는 국민에게 발생한 손해가 어느 정도 심각하고 절박한 것인지, 관련 공무원이 그와 같은 결과를 예견하여 그 결과를 회피하기 위한 조치를 취할 수 있는 가능성이 있는지 등을 종합적으로 고려하여 판단하여야 할 것이다(에이즈검사결과의 未通知를 이유로 한 국가배상책임을 부정한 사례).

大判 1988. 9. 13, 87다카492: 등기를 신뢰하고 부동산담보물권을 설정한 자는 등기공무원의 과실로 직무집행에서 생긴 등기사고로 그 등기가 취소된 경우 국가에 대해 손해배상청구할 수 있다.

(4) 公務員에 대한 求償權

국가의 공무원에 대한 구상권은 공무원에게 고의 또는 중대한 과실이 있는 때에만 발생한다(국배법 제5조 2항). 민간인과 집무집행중인 공무원(군인)의 공동불법행위로 다른 공무원(군인)이 피해를 입은 경우에, 민간인은 자신의 부담부분에 한하여 손해배상의무를 부담하고 국가에 대하여는 그 귀책부분의 구상을 청구할 수 없다는 일반적 공동불법행위의 예외가 인정된다(大判[全合] 2001. 2. 15, 96다42420).

(5) 公務員 個人의 責任

피해자는 공무원 개인에 대하여도 불법행위책임을 추궁할 수 있다.[1] 판례는 공무원 개인에 대한 직접의 배상청구도 허용하고 이는 국가책임과 부진정연대채무의 관계에 있다고 한다(大判 1972. 10. 10, 69다701). 다만 공무원 개인에 대한 손해배상책임이 인정되는 것은 공무원에게 고의 · 중과실이 있는 경우에 한하며 경과실이 있는 때에는 공무원 개인은 책임지지 않는다(大判[全合] 1996. 2. 15, 95다38677).

大判[全合] 1996. 2. 15, 95다38677: 공무원이 직무상 불법행위를 한 경우에 국가 또는 지방자치단체가 배상책임을 부담하는 외에 공무원 개인도 故意 또는 重過失이 있는 경우에는 불법행위로 인한 손해배상을 진다. 그러나 공무원에게 輕過失뿐인 경우에는 공무원 개인은 손해배상책임을 부담하지 않는다.[2]

---

1) 행정법학에서는 국가배상책임의 본질에 비추어 피해자는 공무원 개인의 책임을 물을 수 없다는 견해도 주장된다. 金道昶, 金箕範, 朴鈗炘, 尹世昌, 李尙圭.

2) 판례평석: 군인 등에 대해서까지 국가배상법규정을 통해 중과실이나 경과실에 따른 개인의 손배책임을 논의한 본 판결은 문제 있다고 비판된다(柳至泰, "공무원의 행정상 손해배상책임," 법률신문 1996년 4월 29일).

大判 1993. 2. 12, 91다43466: 공무원에게 부과된 직무상 의무의 내용이 단순히 공공일반의 추상적 이익을 위한 것이거나 행정기관 내부의 질서를 규율하기 위한 것이 아니고 전적으로 또는 부수적으로 「사회구성원 개인의 구체적인 안전과 이익을 보호하기 위하여 설정된 것」이라면, 공무원이 그와 같은 직무상 의무를 위반함으로 인하여 개인이 입게 된 손해에 대하여는 상당인과관계가 인정되는 범위 안에서 국가가 그 손해배상책임을 부담하여야 할 것이다(같은 취지: 大判 1998. 9. 22, 98다2631 등).[1]

§51. 工作物責任 · 動物占有者責任

1. 工作物責任

(1) 意 義

㈎ 槪 念 공작물책임이란 공작물의 점유자 및 소유자가 공작물의 설치 또는 보존의 하자로 인하여 타인에게 입힌 손해를 배상할 의무를 지는 것을 말한다(제758조 1항). 공작물책임의 발생은 공작물의 설치 · 보존의 하자와 손해 사이의 관련성에서 비롯하며, 책임주체의 「고의 · 과실에 의한 가해행위」를 매개로 하지 않는다. 이 점에서 공작물책임은 과실을 귀책근거로 하는 일반불법행위로부터 독립된 危險責任의 체계에 속한다.[2]

㈏ 1次責任과 2次責任 공작물책임은 1차책임과 2차책임으로 구성된다. 1차책임은 공작물의 점유자가 지는데, 1차책임자인 점유자는 손해의 방지에 필요한 주의를 다하였음을 입증하여 책임을 면할 수 있다. 점유자가 면책된 경우 피해자는 2차책임자인 공작물의 소유자로부터 배상받을 수 있다. 1차책임인 공작물점유자책임은 손해방지의무의 해태로 인한 과실책임(정확히는 중간책임)으로 구성되어 있으나, 2차책임인 공작물소유자책임은 주의의무해태(과실)와 관련

1) 大判 1996. 8. 23, 96다19833: 유치원 담임교사는 원생들이 유치원에 도착한 순간부터 유치원으로부터 안전하게 귀가할 수 있는 상태에 이르기까지 법정감독의무자인 친권자에 준하는 보호감독의무가 있다. (이 사건에서 유치원교사는 만삭의 상태에서 유치원생을 버스승차장까지 동반하였으나 진통으로 인하여 그 유치원생에게 주의를 주고 떠났고 그 원생은 20분 후 다른 곳으로 가기 위해 무단횡단을 하다가 사고로 사망하였다) 피고는 공무원으로 직무를 수행함에 있어 고의 또는 중과실은 없었으므로, 그가 소속한 지방자치단체(광주광역시, 피고)가 국가배상법 제2조 제1항에 의하여 손해배상책임을 부담할 뿐 피고 개인은 손해배상책임을 지지 않는다.

2) 같은 취지: 李命甲, "민법 제758조의 불법행위체계상의 의의와 위치," 대한변협지 1987년 6월호, 38 이하.

없는 순수한 위험책임으로 구성되어 있다. 공작물소유자책임은 하자 있는 공작물을 손해발생의 위험성을 내포한 채 방치하였다는 데서 책임의 근거를 찾을 수 있다.

(다) 工作物의 範圍 민법은 모든 공작물을 위험책임의 매개인 위험원으로 규정함으로써(구민법 제717조는 토지의 공작물에 한정하였었다) 다른 입법례(독민 제836조; 프민 제1396조)보다 적용범위를 훨씬 넓혔다. 건물 기타의 토지상의 공작물 외에도 현대산업사회에 존재하는 많은 위험원에 관해서도 공작물책임이 기능을 발휘할 수 있다. 즉 기계 · 교통수단 · 에너지 시설로 인한 위험에 관하여도 특별법상의 손해배상규정이 없는 경우에는 공작물책임으로 처리될 수 있다. 근래에는 학교시설이나 유원지의 놀이시설로 인한 사고에 관하여 공작물책임의 활용가치가 높아지고 있다. 이렇게 진취적인 민법규정에도 불구하고 그 동안 해석론의 미비 및 판례의 소극성으로 말미암아 제 기능을 다하지 못하였으므로 앞으로의 활용이 요망된다.

(2) 要 件

(가) 工作物로부터 損害가 생겼을 것 공작물이란 인공적 작업에 의하여 제작된 물건이다. 공작물에는 건물 · 도로 · 교량 · 제방 · 수도설비 · 고압선 · 광고탑 · 놀이기구와 같은 土地의 工作物, 엘리베이터 등 建物 內의 工作物, 기계류,[1] 교통수단(판례는 炭車가 공작물이라 한다)[2] 등이 해당한다. 수목으로 인한 손해도 공작물책임에 준해서 다루어진다(제758조 2항). 단 국가나 지방자치단체가 설치 또는 관리하는 도로, 하천 기타 영조물로 인한 손해는 국가배상법에 따라 배상된다(국가배상법 제5조).

(나) 工作物의 設置 및 保存의 瑕疵가 존재할 것 하자란 공작물이 그 용도에 따라 객관적으로 요구되는 성질 및 설비를 설치 당시부터 갖고 있지 않거나 또는 설치 후 관리소홀, 필요한 설비보충소홀로 말미암아 불완전하게 된 것을 말한다. 공작물이 그 용도에 따라 본래 갖춰야 할 안정성이란 그 공작물 자체만의 용도에 한정되지 않고 실제 설치사용되고 있는 상황에서 요구되는 안정성도 포함된다.[3] 공작물의 설치 · 보존에 관한 법령이나 행정규칙을 준수하였다는 사실은 하자유무를 판단하기 위한 하나의 기초사실이 될 뿐이며, 그로써 곧 공작물책임이 면제되지 않는다.[4] 하자에 관하여 점유자나 소유자의 고의·

1) 판례는 공구의 일종인 「복스대」가 공작물에 해당한다고 한다: 大判 1979. 7. 10, 79다714. 이는 제조물의 하자에 대하여 공작물책임을 인정하여 제조자에게 무과실의 책임을 부과한 점에 특색이 있다.

2) 大判 1975. 1. 14, 74다1870.

3) 大判 1988. 10. 24, 87다카827.

4) 大判 1981. 3. 10, 80다2550. 법령의 기준에 따라 공작물을 설치하였더라도 그로써 그 후에 생긴 주위의 자

과실이 있는가는 문제되지 않는다. 위험한 공작물에 관하여는 손해방지에 충분한 설비나 조치를 하지 않은 것 자체가 하자로 인정된다.

하자의 존재에 관한 입증책임은 피해자가 지는 것이 불법행위법의 일반원칙이다. 그러나 학설 · 판례는 공작물로 인하여 손해가 발생한 경우에는 공작물의 하자 있음이 추정된다고 함으로써 입증책임을 공작물점유자 또는 소유자에게 전환시킨다.[1)]

大判 1994. 10. 28, 94다16328: 도시가스의 공급시설 내지 그 사용시설 등과 같은 고도의 위험을 수반하는 공작물의 경우에는 그 시설이 관계법령의 정한 바에 따른 시설기준 등에 부적합한 것이라면 특별한 사정이 없는 한 이러한 사유는 공작물의 설치, 보존상의 하자라 할 것이다.

大判 1996. 10. 11, 95다56552: 한국도로공사는 고속국도법 제6조 제1항의 규정에 의하여 건설부장관을 대행하여 경부고속도로를 관리하여 왔는바 민법 제758조 제1항의 공작물의 점유자라고 보아야 할 것이고 고속도로 추월선에 각목이 방치되어 있었던 것은 공작물 보존의 하자에 해당한다고 할 것이다.

大判 1998. 12. 22, 98다46822·46839: 전기사업법이나 전기설비기술기준에 따라 전기공작물을 설치하였더라도, 그 이후에 생긴 공작물 주위의 자연적 · 인위적 환경변화에 따른 사고예방조치의 강구의무까지 면제되는 것은 아니다. 22,900볼트의 고압전류가 흐르는 나동선이 시가지 지역에 있어서 감전사고가 발생할 위험이 예상됨에도 위험표지 등을 설치하지 않고 방치하였으므로 피고의 고압전선 설치·보존에 하자가 있다.

大判 1998. 1. 23, 97다25118: ① 공작물의 설치 · 보존자가 그 공작물의 위험성에 비례하여 사회통념상 요구되는 정도의 방호조치의무를 다하였는지의 여부를 기준으로 안정성 구비 여부를 판단할 것이고, 공작물에서 발생한 사고라도 그것이 공작물의 통상의 용법에 따르지 아니한 이례적인 행동의 결과 발생한 사고라면, 특별한 사정이 없는 한 공작물의 설치 · 보존자에게 그러한 사고에까지 대비하여야 할 防護措置義務가 있다고 할 수는 없다. ② 행인이 음주를 한 상태에서 여관의 내부를 들여다보기 위하여 보호벽을 타고 올라가다가 보호벽이 무너지는 바람에 사고를 당하게 된 경우, 여관 주인은 책임이 없다.[2)]

연적 · 인위적 환경변화에 따른 사고예방조치의 강구의무까지 면제되지는 않는다.

1) 郭潤直, 756; 金錫宇, 535; 金疇洙, 715; 金曾漢, 502; 金顯泰, 391; 李太載, 500; 大判 1969. 12. 30, 69다1604; 大判 1974. 11. 26, 74다246.

2) 大判 1998. 8. 25, 98다15095: 담장일대를 넘어다니는 사람들이 있다 해도 통행을 차단하려고 담장을 세운 설치 목적과 담장의 기능에 비추어 볼 때 담장을 넘어가려고 벽돌기둥의 윗부분을 잡아 당기는 행위를 한

㈐ 損害가 工作物의 瑕疵로 인하여 생겼을 것(因果關係) 공작물의 하자와 손해 사이의 인과관계가 존재하는 경우에만 공작물책임이 발생한다.[1] 손해발생의 원인이 복수인 경우에 인과관계의 경합문제가 발생한다. 공작물의 하자 이외에 자연력(大判 1982. 8. 24, 82다카348)이나 제3자의 행위가 가담된 경우(大判 1974. 7. 26, 74다543)에도 원칙적으로 공작물책임은 성립하며, 공작물 점유자·소유자의 손해배상액은 그 인과관계의 관여도에 따라 결정된다. 공작물의 하자 있음이 인정되면 손해발생과의 사이의 인과관계는 추정되므로, 공작물의 점유자·소유자가 인과관계 없음 또는 부분적으로만 인과관계 있음을 입증하여야 免責 또는 減責될 수 있다.[2] 공작물의 하자로 인한 화재의 경우에 실화책임법이 적용되어 공작물의 점유자나 소유자의 책임이 경감(고의·중과실에 한정)되는 것이 아니라 공작물책임에 관한 제758조만이 적용된다고 해석된다(大判 1999. 2. 23, 97다12082).[3]

大判 1999. 2. 23, 97다12082: 공작물 자체의 설치·보존상의 하자에 의하여 직접 발생한 화재로 인한 손해배상책임에 관하여는 민법 제758조 제1항이 적용될 뿐 실화책임에관한법률은 적용되지 아니한다.

㈑ 損害防止義務의 違反 공작물점유자는 손해의 방지에 필요한 주의를 해태하지 않았음을 입증하여 책임을 면제받을 수 있다(제758조 1항 단서). 공작물의 점

탓에 담장 벽돌기둥의 상부가 무너져 내려 사고가 발생한 경우 이를 담장의 설치 또는 보존상의 하자라 할 수 없다.

大判 1997. 8. 29, 97다19137: 바다에 접한 바위부분이 거의 수직에 가까운 절벽으로 되어 있고 그 앞바다 수심이 약 7m에 이르는 물살 빠른 국립공원 내 위험지역을 관리하는 자로서는 관광객의 접근을 방지하기 위한 철조망과 출입금지경고판을 설치하고 1일 3회 정도 정기적인 순찰을 돌았다면 안전관리 주의의무를 다한 것이고 나아가 관광객 출입을 저지하기 위한 안전요원을 상주시키고 바위 위에 난간들 추락방지시설을 설치할 주의의무까지 부담하는 것은 아니다.

1) 金曾漢, 503. 판례는 공작물의 하자가 손해발생의 공동원인인 경우(大判 1963. 9. 26, 63다385), 공작물의 설치상의 하자와 그 피용자의 사무집행상의 과실이 경합하여 손해가 발생한 경우(大判 1972. 11. 14, 72다1608)에 공작물책임을 인정한다.

2) 大判 1982. 8. 24, 82다카348: 일단 하자 있음이 인정되는 이상 손해발생이 천재지변의 불가항력에 의한 것으로서 위와 같은 하자가 없었다고 하여도 불가피한 것이었다는 점에 대한 입증책임은 이를 주장하는 공작물의 점유자에게 있다. 그리고 97.8밀리의 집중폭우가 그 지역에서 통상 예상할 수 없을 정도의 이변에 속하는 자연현상으로서 도로의 안전성을 위하여 필요한 시설을 갖추었다고 하여도 절개지의 붕괴를 방지할 수 없었다고 하는 사정이 인정되지 않는 한 97.9밀리의 집중폭우가 있었다는 사실만으로 불가항력이라고 판정할 수 없다고 한다.

3) 같은 취지: 郭潤直, 757; 金錫宇, 536; 金疇洙, 716; 金顯泰, 390. 반대설: 李太載, 501(실화책임법이 적용된다고 해석).

유자가 지는 손해방지의무는 소극적 요건으로 면책의 요건이 되므로, 점유자에게 자기의 의무이행을 입증한 책임이 부과된다. 공작물의 소유자는 손해방지의무를 다하였음을 이유로 면책될 수 없고, 점유자가 면책된 경우에 최종적 책임을 진다. 임차인이 건물 외벽에 설치한 간판이 떨어져 나가 행인이 다친 경우 그 건물의 소유자가 손해배상책임을 부담한다(大判 2003. 2. 28, 2002다65516).

(3) 求償權

피해자에게 손해를 배상한 점유자 또는 소유자는 그 손해의 원인에 대한 책임 있는 자에 대하여 구상권을 행사할 수 있다(제758조 3항). 손해의 원인에 대한 책임 있는 자란 공작물의 설계사 · 시공자 · 관리책임자 · 가해행위자(제3자나 피용자의 가해행위가 가담된 경우) 등을 말한다.

2. 動物占有者의 責任

(1) 意 義

동물의 점유자는 그 동물이 타인에게 입힌 손해를 배상할 책임을 진다. 그러나 동물의 종류와 성질에 따라 그 보관에 상당한 주의를 해태하지 아니한 때에는 그러하지 아니하다(제759조 1항). 동물점유자의 책임은 점유자의 保管義務의 해태(과실)를 책임원인으로 함으로써 과실책임의 이론구성을 취하였으나, 과실에 관한 입증책임의 전환이 행해짐으로써 위험책임과 비슷하게 운용되는 중간책임이다.[1)]

(2) 動物의 占有者

동물의 가해로 인한 손해배상책임의 주체는 동물의 점유자이다. 점유보조자는 점유자에 포함되지 않는다. 직접점유자 외에 間接占有者도 동물점유자에 포함되는가에 관하여는 학설이 대립한다.

1) 肯 定 說　　물권법상 점유자란 당연히 간접점유자를 포함하는 개념이므로 특별한 사유가 없는 한 제759조도 동일하게 해석해야 한다는 견해이다.[2)] 판례는 간접점유자의 책임을 인정한다.[3)]

---

1) 金相容(下) 272은 "동물의 점유자는 그의 지배영역하에 있는 위험원인 동물로 인하여 제3자에게 손해가 발생하지 아니하도록 하여야 할 적극적인 안전조치의무가 있음에도 불구하고 이를 태만히 하여 위험이 발생한 것에 대한 책임이다"라고 한다.

2) 金基善, 423; 金疇洙, 721.

3) 大判 1981. 2. 10, 80다2966: 도사견은 성질이 난폭하여 사람에게 피해를 입힐 위험이 크므로 이를 타인에

2) 否 定 說　　제759조가 동물소유자의 책임을 규정하지 않는 점에 비추어 제759조는 현실적으로 동물을 점유하는 자에게만 책임을 지우려는 취지라고 보아 간접점유자의 책임을 부정한다.[1)]

3) 사견으로서는 肯定說에 찬동한다. 동물소유자는 직접점유자로서뿐 아니라 간접점유자로서 관리상의 주의의무를 소홀히 한 경우에도 손해배상책임을 져야 한다. 공작물책임에서와는 달리 단순히 동물을 소유한다는 것만으로 배상책임을 지울 수는 없으며, 관리소홀이 없으면 책임을 지지 않는다.

점유자에 갈음하여 동물을 보관하는 자도 동물점유자와 같은 책임을 진다. 보관자는 단순한 관리보조자가 아니라 스스로 동물의 보관책임을 맡은 자를 가리킨다. 운송인·수치인·임차인이 이에 해당한다. 동물점유자와 보관자는 부진정연대채무를 진다.

(3) 占有者責任의 要件

점유자가 점유하는 동물이 타인에게 손해를 입힌 경우 책임이 발생한다. 타인은 점유자(직접점유자·간접점유자)와 보관자를 제외한 자를 말하며, 점유보조자도 타인에 해당한다.[2)] 사람이 동물을 사주하여 덤벼들게 한 경우도 동물에 의한 가해로 볼 것인가에 관해서는 학설이 대립한다. ① 否定說: 이 때 일반불법행위(제750조)의 문제는 별론으로 하고, 제759조의 동물점유자책임은 발생하지 않는다는 부정설이 있다. ② 制限的 否定說: 사견으로서는 이 때에도 제759조 1항 앞문장의 동물점유자책임을 완전히 배제할 필요는 없다고 생각한다. 제3자의 자극이 있었더라도 점유자의 관리소홀이 그 손해발생에 부분적인 원인을 제공했다면, 점유자는 그 제3자와 연대책임을 져야 할 것이다. 만약 제3자의 사주가 유일한 손해발생원인이고 동물점유자가 보관의무를 철저히 이행하여 아무런 비난의 여지가 없는 경우라면 제759조 1항 뒷문장의 면책요건에 해당되므로 책임이 배제될 것이다. 이 때 사주한 제3자와 피해자 사이에는 일반불법행위책임이 발생하게 된다.

동물이 사람이나 다른 동물에게 병을 전염시킨 경우도 제759조의 점유자책임이 발생할 수 있다. 다만 그 병의 전염성이 매우 강하고 동물점유자의 관

게 빌려 주는 경우에는 그가 도사견을 안전하게 관리할 수 있는 시설을 갖추고 있는지 여부를 확인하여야 할 주의의무가 있다 할 것인데, 도사견을 보관할 별도의 개집도 갖추지 아니한 자에게 빌려 주어 낡은 개끈으로 묶어 두었다가 사고를 일으킨 것은 소유자에게 과실이 있다.

1) 郭潤直, 761; 金相容(下), 276; 金曾漢, 507; 李太載, 504.

2) 반대설: 주석 채권각칙(Ⅳ). §756, 288. 점유보조자는 제759조의 타인에 해당하지 않는다고 본다.

리부주의가 전염의 원인이 아니라면 면책요건에 해당하여 점유자는 책임을 지지 않는다.[1] 피해자의 공격이나 기타 지나친 자극에 의한 동물의 단순한 반응으로 인한 손해에 대해서는 동물점유자의 관리부주의나 위험방지조치의 태만이 경합하지 않은 한 면책된다.

---

1) 반대설: 주석 채권각칙(Ⅳ). 전염의 경우는 제759조는 적용되지 않는다고 한다.

제4절 不法行爲의 特殊類型

§52. 自動車運行者責任

1. 槪　　說[1)]

(1) 自動車損害賠償保障法

자동차손해배상보장법(1963년 제정, 1999년 개정)은 자동차의 운행으로 사람이 사망하거나 부상한 경우에, 피해자에의 손해배상을 보장하기 위하여 자동차운행자에게 무과실책임에 가까운 위험책임을 부과하고 책임보험에의 가입을 강제하는 것을 내용으로 하는 특별법이며, 이 법에 의해 발생하는 책임을 自動車運行者責任이라고 한다. 자동차운행자책임은 민법의 불법행위책임과 별도의 요건 아래 부과되는 책임이며, 그 밖에 운전자의 과실행위에 관한 책임은 민법의 불법행위규정에 의해 부과된다. 자배법은 책임주체를 자동차운행자에 한정하고 운행자를 「자기를 위하여 자동차를 운행하는 자」라고 추상적으로 규정함으로써, 운행자가 사고 당시 현실적인 운행지배를 하였는가에 관계 없이 규범적 시각에서 운행지배성을 판단함으로써 운행자책임을 무겁게 부과한다.

1) 참고문헌: 高明植, "자동차운행자의 민사책임에 있어서의 면책사유에 관한 연구," 재산법연구 제7권 1호, 1990; 金敎昌, "자동차종합보험의 피보험자," 법원행정처 재판자료 제20집, 1984; 金星泰, "미국에 있어서의 자동차사고의 사법적 처리," 경희 법학 제19권 1호, 1984월 12일; 同, "자동차사고로 인한 인적 손해보상제도연구," 서울대박사학위논문, 1987; 金容晋, "자동차매수인이 자기 앞으로 명의변경하지 아니한 사이에 야기된 사고의 책임," 법조 제29권, 1980년 6월호; 金正洙, "자동차손해배상보장법 제3조 본문의 타인의 범위," 법원행정처 재판자료 제20집, 1984; 金學煥, "호의동승과 손해배상책임의 제한," 김형배화갑기념 채권법에 있어서 자유와 책임, 1994; 朴英植, "자동차사고소송에 있어서의 과실상계의 본질," 현대민법학의 제문제, 1981; 朴仁鎬, "자동차사고에 있어서 무상동승(호의동승)에 관한 문제점," 법원행정처 재판자료 제20집, 1984; 孫智烈, "자동차보험약관 해석상의 제문제," 법원행정처 재판자료 제20집, 1984; 宋興燮, "무상동승자에 대항 손해배상액의 경감," 변협지 1988년 11월호; 梁彰洙, "호의동승자에 대한 자동차보유자의 배상책임," 황적인화갑기념 손해배상법의 제문제, 1990; 吳錫洛, "교통사고소송에 있어서의 증명도," 법조 제29권, 1980년 6월호; 吳幸男, "자기를 위하여 자동차를 운행하는 자의 의의 및 범위," 법원행정처 재판자료 제20집, 1984; 柳勝薰, "자동차사고 손해배상책임 기초로서의 교통관여자의 주의의무," 이시윤화갑기념 민사재판상의 제문제(上), 1995; 柳台鉉, "자동차손해배상보장법 제3조의 「자기를 위하여 자동차를 운행하는 자」의 범위," 민사판례연구 제3권, 경문사, 1981; 尹眞秀, "호의동승의 경제적 분석," 황적인화갑기념 손해배상법의 제문제, 1990; 李東洛, "무단운전과 책임," 법원행정처 재판자료 제20집, 1984; 李輔煥, "자동차손해배상보장법상 운행의 의의와 범위," 법조 제30권, 1981년 10월호; 李宰勳, "자동차교통사고와 손해배상," 사법행정 1984년 1월호, 1984; 洪天龍, "자동차사고손해에 있어서 과실상계문제," 황적인화갑기념 손해배상법의 제문제, 1990.

자동차사고 피해자의 인체손해를 언제나 손쉽게 보상받을 수 있기 위한 법제로서 여러 가지가 개발되어 있는데, 우리 나라는 「危險責任의 導入」과 「책임보험에의 강제가입」이라는 방법을 취하고 있다. 즉 손해배상청구권의 발생을 가해자의 과실과 연결시키지 않고 자동차사고와 일정한 관련이 있는 자(자동차 소유자 운행자 등)에게 위험책임을 인정하고, 이를 기초로 그 책임주체에게 책임보험의 가입을 강제하여 피해자가 그 보험기금에서 일정범위의 보상액을 신속히 보상받도록 한다. 의료비 및 일실이익에 관하여 일정액의 기본적 보장액을 정해 두고 그 한도 내에서는 사고당사자의 귀책사유(가해자측의 과실 및 피해자측의 과실상계 모두 포함)를 묻지 않고 즉시 보상을 해 주도록 한다. 우리 나라의 自賠法의 운행자책임과 강제책임보험은 이 방식을 취한 것이지만, 강제책임보험에 둔 最高補償限度額이 손해전보에 훨씬 미달하는 少額이어서 제대로 피해보상의 기능을 하지 못한다. 그 밖에 독일의 도로교통법(Strassenverkehrsgesetz, 1952), 스위스의 도로교통에관한연방법률(Bundesgesetz über den Strassenvekehr, 1958), 영미법의 무과실책임보험제도도 이에 해당한다.[1)]

社會福祉方式의 事故補償制

자동차사고피해를 국익 내지 국가책임의 문제로서 인식하여 모든 국민을 사고피해로부터 보호해야 한다는 생각에서 국가재해보상제도로서 자동차사고의 보상을 해주는 국가가 있다. 민사법원리에 기초한 손해배상청구에 의존하지 않고, 사회복지원리에 입각하여 국가적 차원에서 손실보상의 문제로서 처리한다. 사고로 인한 인체손해의 전보에 관한 각종의 보상체계(자동차보험 · 산업재해보험 · 의료보험 · 극빈자구호 등)를 일원화하여 사고보상위원회에서 처리함으로써 각종 보상제도 사이의 우선순위 및 구상관계를 정하는 번거로움을 피할 수 있다. 이 제도를 취하면 손해배상청구소송에 따르는 피해자 개인의 비용 및 국가의 사법제도운영비용을 절약할 수 있다. 뉴질랜드의 사고보상법(Accident Compensation Act, 1973)이 이 제도를 취하고 있다.[2)]

(2) 自動車事故의 特殊性

자동차사고의 특수성을 민사책임과 관련하여 서술하면 다음과 같다.[3)] ①

---

1) Rowland H. Long, *The Law of Liability Insurance,* Vol. 3, pp. 28~30 이하; 金星泰, 앞의 글, 271 이하.

2) Geoffrey Paimer, *Compensation for Incapacity — A Study of Law and Social Change in New Zealand and Australia,* Wellington: Oxford University Press, 1979; 金星泰, 앞의 글, 279 이하.

3) 金星泰, 앞의 글, 13 이하.

자동차사고 및 그로 인한 손해는 현대의 과학문명으로서는 완전히 제거할 수 없는 사회필연적인 위험의 성격을 갖는다. ② 사고야기행위에 대한 사회적 비난의 정도가 비교적 낮으므로, 행위자에 대한 응징보다는 피해자에 대한 손해배상에 법적 처리의 중점이 놓여진다. 대개의 사고원인이 운전자의 부주의, 제3자의 과실, 자동차의 결함, 도로상황의 불량 등이며, 고의로 인한 사고는 드물다. ③ 사고가 순간적으로 발생하기 때문에 당자자들의 책임소재를 명확히 가려내어 소송절차에서 입증하는 일이 곤란하다. 과실판단의 애매성이나 증거보전의 곤란성은 과실에 기한 손해배상청구를 어렵게 만든다. ④ 가해자와 피해자가 *互換的* 지위를 가지므로, 어느 한 집단의 이익에 치중해서는 안 된다. 한 사고로 양자가 모두 손해를 입는 경우도 있고, 가해자도 다른 사고에서는 피해자로 될 잠재적 가능성이 있다, 이 점은 제조물책임 · 의료과오 · 환경오염책임 등과 구별된다.

이러한 자동차사고의 특수성으로 말미암아 민사책임의 분야에서는 다음과 같은 사항이 고려되어야 한다. 첫째, 자동차사고로 발생하는 인체손해(사망 · 상해 등)는 그 사고가 누구의 귀책사유로 인한 것인가를 따지기 전에 언제나 배상받을 수 있는 제도적 장치가 마련되어야 한다. 자동차사고로 인한 인체손해는 확률적으로 늘 발생하므로, 그 인체손해는 사회의 모든 구성원의 안전의 문제로 다루어져야 한다. 과실책임주의 아래에서는 피해자가 손해배상을 받지 못하는 경우도 많이 생기고 손해배상을 받기까지 오랜 시간과 복잡한 절차가 요구되므로, 자동차사고의 손해배상에서는 과실책임주의를 수정하여 배상청구의 요건을 완화해야 한다. 둘째, 인체손해의 배상은 신속히 이루어져야 하며, 배상금의 산정기준이 명확하여야 한다. 자동차사고의 모습이나 인체손해의 보상은 유사한 사례가 빈번히 일어나므로 유형화가 가능하므로, 각 유형별로 배상기준을 미리 정하여 도표화해 둔다면 소송절차를 거치지 않고도 적정한 손해배상이 가능할 것이다. 셋째, 운전자의 주의의무를 구체화함으로써 사고의 발생가능성을 낮출 것이 요구된다.[1] 불법행위책임에서 운전자의 과실판단 및 과실상계에 관

1) 최근 자동차사고로 인한 손해배상과 관련하여 법경제학적인 논의에서는 운전자는 물론 보행자의 주의정도, 그리고 분쟁해결에 소요되는 비용을 고려하여 효율적인 해결책을 제시하고자 시도한다: A. M. Polinsky 저, 송상현 · 정상조 공역, 법경제학입문, 경문사, 1984, 63~78. Calabresi는 사고율저하와 손해배상보장의 두 문제를 동시에 해결하는 법원칙으로서 과실책임의 타당성을 강조하고 있다: G. Calabresi, *The Costs of Acidents*, Yale University Press, 1970, pp. 14~16, pp. 301~308. 그러나 이 견해에 대해서는 불법행위책임의 사고억제기능의 한계, 손해분배의 목적, 형법에 의한 이중처벌의 문제 등의 관점에서 비판된다: 金星泰, 앞의 글, 50 이하.

한 법리를 다양하게 개발할 필요가 있다.

2. 自動車運行者責任의 意義

(1) 槪 念

자동차운행자책임이란 자기를 위하여 자동차를 운행하는 자가 자동차손해배상보장법에 의하여 그 자동차의 운행으로 말미암은 타인의 인체손해에 대한 무과실의 손해배상책임을 지는 것을 가리킨다. 운행자책임은 자동차사고로 인한 인체손해(사망·부상)에 대해서만 발생한다. 자동차사고로 인한 물적 손해(차량의 파손, 건물의 파손 등)는 일반불법행위 또는 채무불이행책임의 법리에 의해서 가해자나 그의 사용자에게 배상책임이 지워진다. ① 운행자책임은 자동차운전자의 과실책임과 구별된다. 운전자의 책임은 자동차를 직접 운전하는 자가 그의 주의의무에 위반하여 승객 또는 제3자에 대하여 손해(인체 손해·재산손해)를 입힌 경우에 지는 불법행위책임(제750조) 또는 채무불이행책임(제390조)을 말한다. 운전자는 책임법의 일반원칙에 따라 과실책임을 지며 배상범위도 인체손해에 한정되지 않는다. ② 운행자책임은 자배법의 요건에 따른 책임으로서 민법의 사용자책임(제756조)과 구별된다. 운행자책임은 그 책임요건이 자동차의 운행중의 가해에 한정되며 책임내용도 인체손해에 한정된다. 반면에 사용자책임은 피용자의 사무집행상의 가해에 관하여 광범위하게 책임이 발생하고, 그 배상범위도 인체손해로 제한되지 않는다.

(2) 責任의 性格

자동차운행자책임은 ① 책임주체인 운행자의 과실과 직접 연결되지 않는 危險責任의 일종이다. 과실 있는 운행자나 과실 없는 운행자는 다 같이 위험원인 자동차를 지배한다는 점에서는 본질적인 차이가 없으므로, 자배법에서는 동일하게 다루어진다(大判 1998. 7. 10, 97다52653). ② 피해자가 승객인가 승객이 아닌가에 따라 책임발생요건에 차이를 둔다. 승객이 운행자의 지배하에 있는 자동차에 탑승함으로써 그 자동차의 직접적인 위험범위 내에 받아들여졌다는 점에서 승객이 아닌 경우와 차이가 있기 때문이다.

자배법 제3조는 운행자에게 운행중 생긴 타인의 인체손해에 대하여 法定免責事由가 없는 한 손해배상책임을 지운다. 그 면책사유는 두 가지로 한정되어 있다. ① 승객이 아닌 자의 경우: 자기(운행자)와 운전자가 자동차의 운행에 있어서 주의를 게을리하지 아니하고, 피해자나 또는 자기 및 운전자 외의 제3자에게 고의 또는 과실이 있으며, 자동차의 구조상 결함 또는 기능에 장해가 없었다는 것을 증명한 때(자배법 제3조 1호), ② 승객의 경우: 그 사망이나 손상이 그 승객의 고의나 자살행위로 인한 것인 때(자배법 제3조 2호).

운행자의 면책사유는 감독자책임(제755조)·사용자책임(제756조)에서처럼 책임주체가 자신의 주의의무를 다하였음을 입증하여 면책받도록 하는 立證責任의 轉換과는 성질을 달리한다. 자동차운행자는 자신 또는 자신의 운전자가 주의의무를 다했음을, 즉 자기 쪽에 과실이 없었음을 입증하는 것만으로는 면책되지 않는다. 이에서 더 나아가 제3자에게 과실이 있었거나 피해자에게 과실이 있었음을 입증하여야 한다. 이는 제3자의 손해배상책임이 인정됨으로써 피해자가 그 제3자로부터 배상받을 수 있게 된 경우나, 그 자동차사고가 피해자의 고의·과실로 인하여 발생한 경우에만 운행자의 책임을 면제해 주고자 함이다. 또한 자동차사고가 자동차의 구조상의 결함 또는 기능에 장해가 있음으로 말미암아 발생한 경우에는 언제나 운행자의 책임이 인정된다. 이 때 경우에 따라서는 자동차의 제조자와 연대책임을 지게 된다. 특히 피해자가 승객인 경우는 그 면책사유가 승객의 고의와 자살행위로 극히 좁게 제한되므로 운행자가 면책될 가능성은 희박하다.

자배법상의 면책사유를 자배법 제3조보다 확대하여 인정하는 것, 호의동승 등의 사유로 운행자책임을 면제·축소하여 피해자의 손해배상청구를 곤란하게 하는 것 등은 운행자책임을 과실책임으로 후퇴시키려는 시도로서 자배법의 입법취지에 어긋난다.

大判 1998. 7. 10, 97다52653: 자동차손해배상보장법 제3조 단서 제2호는 자동차사고에 관하여 일반불법행위책임과 달리 위험책임의 법리를 도입한 것으로서 헌법이 보장한 재산권을 침해한 규정으로 볼 수 없다. 승객이 운행자의 지배하에 있는 자동차에 탑승함으로써 그 자동차의 직접적인 위험범위 내에 받아들여졌다는 점에서 승객과 승객 아닌 자 사이에 본질적인 차이가 있고, 과실 있는 운행자나 과실 없는 운행자는 다 같이 위험원인 자동차를 지배한다는 점에서는 본질적인 차이가 없다. 따라서 위 규정은 합리적 이유가 있다.

大判 1987. 6. 23, 86다카2863: 운행자는 승객의 사망이 고의 또는 자살행위로 인한 것임을 주장·입증하지 않는 한 운전상의 과실유무를 가릴 것 없이 그 승객의 사망에 따른 손해를 배상할 책임이 있으므로, 자동차운행자로서는 그 소유의 자동차승객이 사망한 경우라면 자기에게 과실이 없음을 내세워 이 사건 손해배상책임을 면할 수 없다.

(3) 民法上 損害賠償責任과의 관계

자배법은 민법의 특별법이므로 피해자의 자동차운행자에 대한 손해배상의 청구사건에서 자배법이 민법에 우선하여 적용된다(大判 1969. 6. 10, 68다2071). 물적 손해에 관해서는 민법상의 채무불이행책임 및 불법행위책임이 발생한다. 자동차사고로 인한 인체손해에 관해 운행자책임을 묻는 경우에, 이와 동시에 그 동일인에 대하여 불법행위책임(사용자책임 포함)이나 채무불이행책임을 물을 필요는 없다. 자배법상 운행자책임의 효과로서 민법의 손해배상의 법리가 적용되기 때문에(자배법 제4조), 하나의 사고에 대하여 동일한 내용의 손해배상청구권을 두세 개 인정하는 것은 부당하기 때문이다. 반면에 운행자책임이 인정되지 않는 경우에도(절도운전 등) 민법상의 손해배상책임은 발생할 수 있다. 피해자는 운행자책임을 묻지 않고 가해자의 과실 등을 주장하여 불법행위책임 등을 물을 수 있다(大判 1988. 3. 22, 86다카2747). 운행자 이외의 자(운전자 · 정비공장주 등)에 대한 손해배상청구는 자배법에 의해서 할 수 없다.

자배법 제4조는 운행자의 손해배상책임에 관하여 동법 제3조의 규정에 의하는 외에는 민법의 규정에 의한다고 하는데, 그 곳에서 말하는 민법의 규정은 채무불이행에 기초한 손해배상청구에 관한 규정(제393조, 제394조, 제396조~제399조) 및 불법행위에 기초한 손해배상규정(제751조, 제752조, 제763조, 제765조, 제766조)을 모두 포함한다. 피해자가 운행자와 계약관계에 있는 자인 경우(승객 등)에는 피해자가 자기에게 유리한 민법규정의 적용을 주장할 수 있고, 그렇지 않은 경우에는 민법의 불법행위규정만이 적용된다.

大判 1997. 11. 28, 95다29390: 자동차손해배상보장법 제3조는 불법행위에 관한 민법 규정의 특별 규정이라고 할 것이므로 자동차 사고로 인하여 손해를 입은 자가 자동차손해배상보장법에 의하여 손해배상을 주장하지 않았다고 하더라도 법원은 민법에 우선하여 자동차손해배상보장법을 적용하여야 한다.

大判 1988. 3. 22, 86다카2747: 자동차사고로 인한 손해배상청구사건에서 자동차손해배상보장법이 민법에 우선하여 적용되어야 하지만, 그렇다고 하여 피해자가 민법상의 손해배상청구를 하지 못한다고는 할 수 없다(절도운전에 대해 제750조의 책임을 인정한 사건).

공무원이 그 직무를 집행함에 당하여 자배법에 의하여 손해배상책임을 지는 경우에, 국가 또는 지방자치단체는 국가배상법에 의하여 그 손해를 배상해야 한다(국배법 제2조). 국가에 대한 손해배상청구소송은 배상심의회의 결정절차를 거친 후에 한하여 제기될 수 있다(국배법 제9조).

損害賠償과 刑事責任의 免責

운전자가 업무상 과실 또는 중과실로 교통사고를 일으킴으로써 형사상·업무상 과실치상죄 또는 중과실치상죄를 범한 경우 등에 운전자의 형사처벌을 일정한 요건 아래 면하게 하기 위하여 交通事故處理特例法(1981)이 제정되었다. 처벌면제사유로서는 「피해자의 명시의 의사」(가해자의 처벌을 원하지 않는다는 내용) 또는 「보험 또는 공제에 가입」을 정한다(동법 제3조 2항, 제4조). 이러한 처벌면제사유는 피해자가 충분한 손해배상을 신속히 받을 수 있도록 작용함으로써 민사책임의 영역에도 큰 영향을 미친다. 그리고 자동차운전자로 하여금 보상액제한이 있는 강제책임보험 이외에 피해의 충분한 보상을 위한 任意責任保險(자동차종합보험에 포함)[1]에 가입하도록 간접적으로 강제하는 효과를 갖는다.

3. 自動車運行者責任의 主體

(1) 運 行 者

운행자책임의 주체는 「자기를 위하여 자동차를 운행하는 자」, 즉 자동차의 운행자이다(자배법 제3조). 운행자는 운전자 또는 보유자(자동차의 소유자 기타 사용할 권리가 있는 자)와 구별되는 개념이다(자배법 제2조). 운행자에게 책임을 지우는 근거로서는 첫째, 운행자는 자기를 위하여 자동차를 운행함으로써 활동영역을 넓히는 이익을 얻으며 이로 인해 사회적 위험도 증가시키므로 그 운행으로 인하여 생긴 손해를 배상토록 하는 것이 타당하다. 판례도 "자배법은 위험책임과 보상책임원리를 바탕으로 하여 자동차에 대한 운행지배와 운행이익을 가지는 자에게 그 운행으로 인한 손해를 부담하게 하고자 함에 있다"고 전제한다(大判 1987. 7. 21, 87 다카51 등 다수판결).[2] 둘째, 확실한 손해배

---

1) 자동차종합보험이란 피보험자가 자동차의 사고로 입게 되는 네 가지의 손해를 보상하기로 하는 종합상품화된 보험이다. 네 가지의 손해란, 첫째, 타인을 사상케 하여 피보험자가 손해배상책임을 짐으로써 입은 손해(대인배상책임), 둘째, 타인의 재물을 손상하여 피보험자가 손해배상책임을 짐으로써 입은 손해(대물배상책임), 셋째, 피보험자 자신이 사상을 당함으로써 입은 손해(자손사고), 넷째, 자동차의 차체가 손상됨으로써 입은 손해(차량손해)이다.

2) 같은 취지: 吳幸男, 앞의 글, 11.

상을 위해서 운전자에게 배상책임을 지우는 것보다는 변제자력이나 보험료지급자력이 충분한 운행자에게 보상책임을 지우는 편이 사회적 필요에 적합하다.[1] 셋째, 국민의 세금으로 건설한 도로를 운행하는 자에게 그러한 권리에 상응하는 대가로서 배상부담을 지우는 것이 옳다.[2]

(2) 運行支配性이 存在할 것

(가) 責任主體의 判斷基準 자동차운행자로서 책임주체가 되기 위한 기준은 運行支配性 또는 運行支配可能性에서 찾아진다. 운행자책임은 운행자가 자기를 위한 자동차의 운행으로 야기한 위험에 대한 책임이기 때문에 그 책임귀속의 근거로서 운행지배성을 요구한다.[3] 자동차의 소유자 · 임차권자 등은 일반적으로 운행자의 지위에 있다고 판단된다.

(나) 規範的 判斷 운행지배성은 운행지배라는 사실개념이 아니라 객관적으로 자동차의 운행을 지배할 수 있거나 또는 지배하여야 할 지위에 있다고 판단되는 자에게 인정되는 규범적 개념이다.[4] 운행지배성이란 자동차의 운행에 관여하여 현실적으로 관리운영하는 운행지배의 사실만을 말하는 것은 아니다. 판례는 운행자에 관하여 "사회통념상 당해 자동차에 대한 운행을 지배하여 그 이익을 향수하는 책임주체로서의 지위에 있다고 할 수 있는 자를 말하고, 이 경우 운행의 지배는 현실적인 지배에 한하지 아니하고 사회통념상 간접지배 내지는 지배가능성이 있다고 볼 수 있는 경우도 포함한다"라고 표현하는데(大判 1995. 10. 13, 94다17253 등 다수판결), 이는 운행지배성을 말하는 것으로 이해된다.

大判 1998. 10. 27, 98다36382: 「자기를 위하여 자동차를 운행하는 자」란 사회통념상 당해 자동차에 대한 운행을 지배하여 그 이익을 향수하는 자를 말하고, 운

1) 같은 취지: 金星泰, 앞의 글(박사논문), 112.

2) *Prosser and Keeton on Torts,* pp. 522~523.

3) 판례도 운행자의 문제를 책임주체의 문제로 파악한다. 반면에 郭潤直, 771은 자배법 제3조의 「그 운행」을 「그 자동차의 운행」으로 보아 책임주체와 책임행위를 나누어 판단하는 견해(二元說)를 취하는데, 이 견해에 의하면 운행자는 운행행위에 대한 책임을 지는 셈이 된다.

4) 우리 나라의 다수설이다: 金星泰, 앞의 글, 113; 吳幸男, 앞의 글, 13; 李輔煥, 앞의 글, 32 등. 종래 일본에서는 운행자인정에 있어서 운행이익과 운행지배의 양자를 요구하는 설(이원설)과 운행지배만을 요구하는 설(일원설)이 대립하였다. 현재 일본의 다수설 및 판례는 우리 나라에서와 같이 추상적 운행지배성이 있는 경우 운행자로서 인정한다. 또한 그 추상적 개념을 「자동차가 가지는 위험의 실현에 가담했다고 평가될 수 있는 자」, 「자동차를 둘러싼 인적 · 물적 관리책임을 부담하는 자」, 「사회통념상 완전한 사고방지를 결정할 수 있는 자」 등으로 서술하려는 시도가 행해진다: 石田穣, "運行供用者概念の再構成," 法律協會雜誌 제92권 5호, 12; 前田達明, "運行供用者について," 法學論叢 제102권 506호, 137; 高崎尚志, "運行供用者の理論の新展開," 交通事故賠償の現狀と課題, 57.

행의 지배는 현실적인 지배에 한하지 아니하고 사회통념상 간접지배 내지는 지배가능성이 있다고 볼 수 있는 경우도 포함한다.

大判 1992. 2. 25, 91다12356: 공무원이 그 직무를 집행하기 위하여 국가 또는 지방자치단체 소유의 관용차를 운행하는 경우, 그 자동차에 대한 운행지배나 운행이익은 그 공무원이 소속한 국가 또는 지방자치단체에 귀속된다.

(다) 運行者의 認定範圍　운행자책임의 법률문제에 있어서 중요한 요소는 누구를 운행자로서 인정할 것인가, 나아가서 소송상 피고를 운행자로 인정할 것인가의 문제이다. 운행지배성은 추상적 · 규범적 개념이므로, 원칙적으로 자동차의 보유자에게 운행지배성을 인정하고 그러한 운행지배가능성이 부정되어야 할 특별한 사정이 있는 경우에 제한적으로 예외를 허용해야 한다. 그리고 운행지배성을 부인함에 있어서는 그 자동차사고에 관하여 다른 운행자가 존재하여 책임을 인수할 수 있는 상황에 있는가를 고려하여야 한다. 반면에 운행자책임을 좁게 인정하기 위하여 운행지배성을 구체적 사건을 고려하여 까다롭게 인정하는 방법을 취하자는 주장도 있다. 판례는 "자배법상의 '운행'은 도로교통법의 '운전'보다 넓은 개념이다"(大判 1999. 11. 12, 98다30834)라고 하는 등 운행지배성을 비교적 넓게 인정하고 있다.

(라) 立證責任　운행지배성의 입증은 누가 하여야 하는가. 자동차의 보유자(소유자 · 임차권자 등)와 운행자가 언제나 일치하지는 않지만, 사회통념에 비추어 보유자가 동시에 운행자일 가능성은 상당히 높은 개연성을 갖고 존재한다. 그러므로 원고(피해자)는 피고(청구의 상대방)가 자동차소유자 또는 이용권자라는 사실을 증명하면, 피고가 운행자라는 사실상의 추정이 행해지게 된다. 이 사실상 추정의 효과로서 피고는 그가 사고 당시 운행지배성이 없었음, 즉 운행지배상실사유가 존재하였음을 증명하지 않는 한 운행자로서 인정된다.[1)]

(마) 運行支配性의 判斷事例

1) 他人의 運轉　자동차의 보유자는 자기가 직접 운전하지 않더라도 고용된 운전자 또는 가족 · 친족 · 친구 등을 시켜 운전한 경우 언제나 운행자가 된다(大判 1987. 1. 10, 87다카378).

---

1) 이러한 이론을 일본에서는 간접반증설이라고도 하며, 일본의 간접반증설은 운행자의 개념을 입증책임의 문제로서 다룸으로써 운행자인정기준이 무엇인가를 간과하고 있다는 비판을 받고 있다. 倉田卓次, "いわゆる抗辯說と間接反證說," 交通事故判例百選(第2版), 12.

大判 1997. 11. 14, 95다37391: 차량소유자의 피용자가 사고차에 대해 업무 수행을 위한 운행허락을 받아 사고차를 운행하여 업무를 마친 후 일시 운행경로를 이탈하여 술을 마시고 숙소로 돌아오던 중에 사고가 발생한 경우에, 사고차의 소유자가 여전히 그에 대한 운행지배와 운행이익을 가진다.

2) 無斷運轉　자동차보유자의 허락(묵시의 양해 포함) 없이 자동차가 사용된 경우 중에서 무단으로 사용한 자가 보유자와 고용관계 · 친족관계 등의 밀접한 인적 관계가 있는 경우를 무단운전이라 한다. 고용된 운전사가 공무 또는 직무에 해당하지 않는 개인적인 목적으로 자동차를 사용한 경우에도 무단운전에 해당된다.

무단운전의 경우에도 원칙적으로 차량소유자는 운행지배성을 갖는다. 소유자에게 운행자책임을 면제하기 위하여는 소유자와 무단운전 사이에 제3자가 운행자로서 책임질 만한 사유가 개입함으로 인하여 소유자와 무단운전 사이에 인과관계가 중단되었다고 판단될 만한 사정이 있어야 한다. 단순히 소유자의 허락이 없었다는 이유로 그의 책임을 면제할 경우 피해자는 제대로 보상받지 못하게 되어 자배법의 취지에 어긋나는 결과로 된다.

大判 1998. 7. 10, 98다1072: 피해자인 동승자가 무단운행에 가담하였다거나 무단운행의 정을 알고 있었더라도 당해 무단운행이 사회통념상 있을 수 있는 일이라고 선해할 만한 사정이 있는 경우에는 소유자가 운행지배와 운행이익을 상실한 것이 아니다. 무면허인 미성년자가 부(父)가 출타한 사이에 바지 호주머니에 넣어 둔 열쇠를 꺼내어 그 무단운행 사실을 알고 있는 친구를 태우고 운전하다가 사고를 낸 경우, 父의 자동차 운행자로서의 책임이 인정된다.
大判 1994. 9. 23, 94다9085: 피해자인 無償同乘者가 운전자의 無斷運行에 가담하였거나 사고 당시 이를 알고 있었더라도, 그 무단운행이 운전자의 평소 업무와 밀접하게 관련되어 소유자의 사후 승낙가능성을 배제할 수 없었던 경우에, 소유자는 운행지배나 운행이익을 상실한 것이 아니다. 무단운행이 회사의 업무와 관련 없이 심야에 장시간의 음주행락을 목적으로 하여 이루어졌고 피해자가 이를 알고 음주운전차량에 동승한 경우에, 회사의 운행자성은 부정된다.

3) 竊盜運轉 차량소유자와 인적 관계가 없는 자가 자동차를 절도하여 운전한 절도운전의 경우에는 소유자의 운행지배성이 상실되며, 단 절도운전의 경우에도 소유자에게 차량관리상의 과실이 있는 때에는 일반불법행위책임 및 사용자책임이 인정된다.[1] 판례도 "예외적으로 자동차 보유자의 차량이나 시동열쇠 관리상의 과실이 중대하여 객관적으로 볼 때에 자동차 보유자가 절취운전을 용인하였다고 평가할 수 있을 정도가 되고, 또한 절취운전중 사고가 일어난 시간과 장소 등에 비추어 볼 때에 자동차 보유자의 운행지배와 운행이익이 잔존하고 있다고 평가할 수 있는 경우에 한하여 자동차를 절취당한 자동차 보유자에게 운행자성을 인정할 수 있다"고 한다(大判 1998. 6. 23, 98다10380).

大判 1970. 10. 20, 70다1711: 찝차의 소유자가 차고도 없이 자동차를 노상에 방치하여 소외인으로 하여금 찝차를 들어와서 자동차를 함부로 운전하게 한 것은 위 소유자의 자동차처리상 과실이라 할 것이고, 또 그 피용자인 운전사가 찝차를 노상에 놓아 둔 채 차 안에서 잠이 들어 소외인이 옷저고리에서 열쇠를 끄집어 내어 자동차를 시동전진하고 있는 것을 알아차리지 못하였다면 운전사로서의 운전상 주의의무를 심히 게을리한 것이다(차량소유자의 사용자책임 인정).

大判 1988. 3. 22, 86다카2747: 봉고소유자인 갑의 남편인 을이 평소 그 차량을 관리·운행하던 중 사고 당일 미용실 앞 노상에 위 차량을 주차시키고 위 미용실에 잠시 볼 일이 있어 자동차의 키를 그대로 꽂아 둔 채 출입문도 잠그지 아니하고 10여분간 자리를 뜬 사이에 제3자인 병이 임의로 위 차 안에 들어가서 엔진 시동을 걸고 운전하여 차량을 절취한 후 위 차를 운전해 가던 중 교통사고를 일으킨 것이라면, 을의 행위와 차량절취자(병)가 일으킨 사고로 인한 손해 사이에 상당인과관계가 있다(일반불법행위책임 인정).

4) 賃貸借·使用貸借 보유자가 자동차를 타인에게 유상 또는 무상으로 대여한 경우, 보유자는 그 임차인의 운행에 관하여도 운행자로서 책임진다. 임차인에게 신뢰를 두고 자동차를 맡기는 행위에는 그로 인한 책임까지 감수하겠다는 각오가 포함되어 있다고 해석되기 때문이다. 이 때 임차인도 자동차의 이용권자로서 운행자가 될 수 있다.

---

1) 郭潤直, 772; 金相容(下), 302; 吳幸男, 앞의 글, 30.

大判 1988. 9. 13, 88다카80: 자동차를 소유하거나 사용할 권리가 있는 자가 그 친구 · 가족 등 밀접한 인적 관계에 있는 자에게 자동차를 無償으로 貸與한 경우에도 그 차량에 대한 운행지배나 운행이익을 상실하는 것은 아니다.
大判 1991. 4. 12, 91다3932: 임차인이 제3자에게 운전시킬 수 없다는 약정을 위반하였더라도, 자동차보유자인 대여업자와 임차인간에 존재하는 운행차량에 대한 대여업자의 직접적이고 현재적인 운행지배관계가 단절된다고는 볼 수 없다.
大判 2001. 1. 19, 2000다12532: 자동차운전학원에서 운전교습을 받는 운전연습자가 사고를 낸 경우 자배법 제3조 소정의 운행자책임이 있다.

5) 修理 · 洗車 · 任置 자동차를 정비업자에게 비교적 장기간 맡긴 경우에는 정비업자가 운행자로서 책임을 진다(大判 1988. 6. 14, 87다카1585). 그러나 세차업자에게 작업해 주도록 맡긴 경우, 또는 주차장 · 호텔 · 음식점 등의 종업원에게 보관해 주도록 맡긴 경우에, 그러한 일시적인 자동차의 인도로서 보유자가 운행지배성을 상실하지 않음이 원칙이다.[1)]

大判 1988. 6. 14, 87다카1585: 수리하는 동안의 자동차의 운행지배권은 수리업자에게 있다. 그 피용자가 수리를 위하여 맡겨진 자동차를 운전하다가 일으킨 사고에 대하여는 수리업자가 자동차운행자책임을 진다(소유자가 수리작업을 보조 · 간섭한 경우에는 소유자도 책임이 있다. 大判 2000. 4. 11, 98다56645).[2)]
大判 1993. 2. 9, 92다40167: 자동차정비업체의 직원이 자동차보유자로부터 차를 인도받아 직접 운전하여 가져가 수리를 마친 다음 이를 반환하기 위하여 운반하는 도중에 일어난 사고에 대하여 자동차보유자에게 운행지배권이 있다고 보아 운행공용자로서의 책임을 인정한다.

6) 名義貸與 명의대여란 자동차등록상의 등록명의를 타인에게 유상 또는 무상으로 대여하는 것을 말한다. 자기의 명의를 타인에게 대여한 자는 만약

---

1) 반대설: 郭潤直, 774; 金相容(下), 304은 정비업자, 세차업자, 보관자가 모두 운행자라는 견해를 취한다. 세차에 관하여 차주의 책임을 부정한 판례가 있으나 이들 판례는 모두 일반불법행위책임이 문제된 것이었다. 大判 1976. 10. 26, 76다517; 大判 1979. 9. 11, 79다1279(차주가 세차의 목적으로 세차장에 맡김에 있어서 세차의 편의와 필요에 따른 세차장의 요구에 의하여 자동차 열쇠를 그대로 끼워둔 것을 세차장의 종업원이 차주 모르게 운행하다가 사고가 발생한 경우에 차주에게 과실이 있다고 할 수 없다).

2) 大判 1996. 6. 28, 96다12887: 자동차소유자가 그 자동차를 매수하겠다는 수리업자에게 시운전을 할 수 있도록 하기 위해서 자동차를 인도한 뒤 그 수리업자가 부품구입 및 유흥목적으로 운전하다가 사고를 낸 경우, 소유자는 수리업자와 공동으로 그 자동차의 운행지배 내지 운행이익을 가지고 있었다고 보아야 한다.

그 타인이 사고를 일으킨 경우에도 책임질 것을 각오하였다고 해석되므로 운행지배성이 있다고 해석된다. 판례는 일반적으로 명의대여자에게 운행지배성을 인정하나, 예외적으로 持入車輛의 경우에는 그를 부정한다.

大判 1982. 10. 12, 81다583: 이 사건 자동차는 소외인이 매수한 것이나 동인의 간청에 의하여 피고명의로 차량등록하고 그 차량에 피고 경영사업체의 상호를 도장 표시하였을 뿐만 아니라 필요할 때에는 피고경영의 광업생산물의 운반에 사용하였다면 객관적으로 피고는 자기를 위하여 자동차를 운행하였다고 할 것이다.

7) 名義殘存　자동차의 매매 · 교환 · 증여 등의 이행으로서 자동차의 소유권이전에 필요한 서류를 넘겨주고 자동차까지 인도하였으나, 매수인 · 수증자가 그의 등록절차를 밟지 않아 아직 자동차의 소유자로서 명의가 남아 있는 경우를 가리킨다. 판례는 이 경우를 매매대금이 완납된 때와 그렇지 않은 때로 나누어 전자에 대하여는 매도인의 운행지배성을 부인하고(大判 1980. 9. 24, 79다2238 등 다수), 후자에 대하여는 이를 인정한다(大判 1980. 6. 10, 80다591 등 다수).[1]

大判 1991. 3. 12, 91다605: 매수인에게 차량을 인도하였으나 매매대금이 결제되지 아니한 채 매도인 명의로 차량 소유권등록이 되어 있는 경우에, 매도인은 그 차량을 매수인에게 인도하여 줌으로써 사실상의 이해관계가 없더라도 운행자에 해당한다.

8) 讓渡擔保　채권자가 양도담보의 목적으로 채무자의 자동차를 자기의 명의로 등록한 경우에 판례는 그 명의인의 운행자책임을 부정한다(大判 1980. 4. 8, 79다302). 그리고 소유권유보부 할부매매의 경우에도 양도인은 비록 자동차의 소유자로서 등록되어 있지만, 그것은 단순히 채권담보의 목적을 위한 것이므로 운행지배성이 없다고 해석된다.

---

1) 이러한 판례의 태도에 관하여 운행지배의 실질관계를 무시한 형식적 판단이라는 비판이 행해진다. 그리고 대금이 미납된 경우에도 실질적 운행지배가 없는 때에는 운행자책임이 면제되어야 한다고 주장한다. 吳幸男, 앞의 글, 37; 李輔煥, 앞의 글, 62, 이하.

大判 1980. 4. 8, 79다302: 채권담보의 목적으로 자동차 등록원부상 자동차의 소유자로 등록된 자는 자동차의 운전수의 선임, 지휘 · 감독이나 기타의 운행에 관한 지배 및 운행이익에 전연 관여한 바 없었다면 운행자로 볼 수 없다.
大判 1990. 11. 13, 90다카25413: 자동차회사가 화물차를 할부로 판매하여 매수인으로 하여금 운행케 하고, 그 할부대금채권의 확보를 위하여 그 소유명의만을 유보한 경우 자동차회사로서는 그 자동차의 운행에 대하여 지배권을 갖는다거나 그 운행으로 인한 이익이 귀속된다 할 수 없으므로 손해배상책임이 없다.

4. 自動車運行者責任의 要件

(1) 人體損害의 發生

인체손해란 인간의 생명 · 신체에 대한 침해, 즉 사망과 부상을 의미한다. 자동차나 피해자의 소지품 등에 생긴 물적 손해에 대해서는 운행자책임이 발생하지 않는다. 그러나 인체손해를 산정하는 과정에서는 그 인체손해로 말미암아 야기된 재산적 불이익(치료비지출 · 일실이익 등)이 고려됨은 물론이다. 인체손해로 말미암아 생긴 피해자나 그의 가족의 정신적 손해도 慰藉料로서 산정되어 배상된다(채권총론 참조).

(2) 自動車運行과의 因果關係

그 인체손해는 자동차의 운행으로 말미암아 생겼을 것이 요건이다. 운행이란 사람 또는 물건의 운송 여부에 관계 없이 자동차를 당해 장치의 용법에 따라 사용하는 것을 말한다(자배법 제2조 2호). 「자동차장치의 용법에 따라 사용하는 것」을 얼마나 넓게 해석하느냐에 따라 운행자책임의 범위가 결정된다.

(가) 固有裝置說 자배법은 이 때의 장치가 원동기장치 및 주행장치(기관 · 조향 · 전동 · 제동 · 전기 · 연료 · 냉각 · 배기 등의 장치)에 국한하지 않고 차문, 크레인, 덤프, 트럭의 측판 · 후판 등 자동차에 설치되어 있는 모든 장치를 의미한다고 보는 固有裝置說에 입각하여 규정한다(자배법 제2조 1호).[1] 고유장치설은 운행을 기계공학적으로 파악함으로써 자동차의 주행중에 발생한 사고에 대해서만 운행자책임이 발생하고 자동차의 정지(정차 및 주차)중에 생긴 사고에 대해서는 운행자책임이 발생하지 않는다는 문제점을 갖는다. 예를 들어 고장난 자동차를 밤중에 도로 한 가운데 정차시키고 미등이

1) 과거 외국에서는 原動機裝置說과 走行裝置說도 주장되었으나, 우리 나라에는 이 견해를 취하는 학자가 없다. 위 견해들과 같이 해석하면 운행자책임이 발생하는 자동차사고의 범위가 매우 좁아지는 문제점이 있다.

나 경보등을 켜지 않음으로써 후방에서 오던 다른 자동차가 그와 충돌한 사고는 고유장치설에 의하면 앞차의 운행중 사고가 아니다.

(나) 車庫出入說　자동차를 사용한다는 측면에 중점을 두어 일단 차고에서 나온 이상 그 기능을 다하고 다시 차고로 들어가기 전에 사고가 발생하였다면 운행중의 사고로 파악하는 견해이다.[1] 자동차를 위험야기원으로서 파악하고 그로 인해 생긴 인체손해를 위험책임원리로 처리하고자 하는 자배법의 목적에 비추어 볼 때, 운행개념을 교통공학적으로 파악하여 자동차가 도로에 머무름으로 말미암아 위험한 상태가 계속되는 동안은 운행중에 있다고 보는 것이 타당하다. 입법론으로서는 차고출입설을 취하는 것이 바람직하다.[2]

(다) 판례는 折衷說을 취하여 자동차가 반드시 주행 상태에 있지 않더라도 주행의 전후단계로서 주·정차 상태에서 문을 열고 닫는 등 각종 부수적인 장치를 사용하는 것도 포함한다고 하고, 구급차에 비치된 간이침대로 환자를 하차시키던 도중 환자를 땅에 떨어뜨려 상해를 입게 한 경우 자동차의 운행으로 인한 사고로 인정한다(大判 2004. 7. 9, 2004다20340·20357).

大判 1980. 8. 12, 80다904: 버스 내의 화재는 승객의 휘발유 지참과 성냥 불꽃을 던진 행위가 주된 원인이 되어 발생했지만, 버스 진행시의 진동 및 버스의 조명시설의 미비, 그 밖에 출입문 등 차의 구조가 대피에 부적당한 상태이었음이 간접적 원인이 되었으므로, 버스소유자는 자배법 제3조 소정의 배상책임을 진다.

大判 1994. 8. 23, 93다59595: 버스가 정류소에 완전히 정차한 상태에서 승객이 열린 출입문을 통하여 하차하다가 몸의 중심을 잃고 넘어져 부상한 경우, 이는 자동차 운행중의 사고이기는 하나, 운행으로 말미암아 일어난 것이라고는 볼 수 없다는 이유로 자동차손해배상책임을 부인하였다.

大判 1993. 4. 27, 92다8101: 견인중이라도 핸들이나 브레이크의 조작으로 조종의 자유를 가지고 있어 이들 장치를 조작해서 주행하고 있으면, 운행에 해당한다.

大判 1996. 9. 20, 96다24675: 정차중인 화물차량 적재함에서 철근다발을 도로상으로 떨어뜨리는 작업중에 행인을 사망하게 한 사고는 차량의 운행으로 말미암아 일어난 것이 아니다.

---

1) 金星泰, 앞의 글, 115; 梁承圭, "자동차강제책임보험의 이론과 실제," 서울대 법학 특별호 제2권, 1972, 175 이하; 李輔煥, 앞의 글, 78.

2) 같은 취지: 金相容(下), 306.

운행과 사고 사이의 인과관계 및 사고와 인체손해 사이의 인과관계의 증명은 피해자가 하여야 하며, 이 때 경험칙상의 개연성의 존재를 증명하는 것으로 충분하다. 자동차사고는 대개 가시적 현상으로 나타나므로 운행자책임에서 이 두 인과관계에 대한 입증곤란은 적다. 일반불법행위책임에서 운전자의 과실과 손해 사이의 인과관계가 입증이 어려운 것과 대조적이다.

(3) 被害者의 他人性

(가) 賠償責任의 屬性　인체손해가 타인에게 발생하였을 것이 요건이다. 자배법은 자동차사고에 관하여 가해자측과 피해자측을 구분하여 후자만을 보호하는 배상책임 및 책임보험의 방식을 취하였다. 사고를 당한 자가 운행자냐 타인이냐를 묻지 않고 자동차사고의 피해자를 보호하는 재해보상의 방식을 취하지 않는다. 이러한 자배법의 선택은 자동차사고의 가해자·피해자의 호환성을 고려할 때 자동차사고피해자 중 일부분은 보호대상에서 제외하는 결과를 가져온다.[1] 자배법의 사각지대를 줄이기 위해서 「타인」을 넓게 해석함이 타당하다.[2]

(나) 他人이 아닌 者　「타인」이란 사고야기 자동차의 운행자 및 당해 사고의 과실 있는 운전자를 제외한 자를 말한다.[3]

1) 事故惹起車輛의 運行者　사고야기 자동차의 운행자가 자신의 인체손해를 자신에 대하여 배상청구할 수 없음은 논리적으로도 당연하다. 운행자가 1인이 아니라 2인 이상인 경우 손해를 입은 공동운행자는 다른 공동운행자에 대하여 배상을 청구할 수 있는가. 당해 운행에 관하여 공동운행자 상호간에 공동목적, 경비분담, 공동운행지배의 계약관계가 있는 眞正共同運行의 경우에 한하여 타인성을 부정함이 타당하다.[4] 영업용택시의 공동소유자라도 격일제로 운행함으로써 현실적 운행지배는 그 중의 1인만이 교대로 행하는 부분적 공동운행의 경우에는 타인성이 있다. 렌트카업자와 임차인 사이와 같이 중첩적 공동운행의 경우에도 타인성이 인정된다.[5]

---

1) 金基洙, 앞의 글, 11에서는 이러한 「타인성」에서 오는 피해자의 범위제한은 시정되어야 한다고 주장한다.

2) 같은 취지: 金星泰, 앞의 글, 124. 프랑스보험법 L. 211-1, 3항은 「운전자 또는 피보험자의 가족은 제3자로 본다」고 하여 타인의 범위를 넓게 규정한다(1981년 개정). 영미보험법에서도 동승자나 가족에 대한 보험자의 책임제한을 축소하는 추세에 있다.

3) 金疇洙, 743; 金正洙, 앞의 글, 71; 金星泰, 앞의 글, 119 이하; 李輔煥, 앞의 글, 82. 郭潤直, 774은 타인을 가해자인 자동차의 운행자·운전자·운전보조자가 아닌 그 밖의 자로 본다.

4) 같은 취지: 金星泰, 앞의 글, 121.

5) 같은 취지: 金疇洙, 743.

2) 事故를 惹起한 運轉者　사고 당시 당해 자동차를 직접 운전하고 있었던 자는 언제나 타인성이 없는가. 판례는 「과실 있는 사고자동차의 운전자 및 그 보조자」는 타인성이 없다고 하며(大判 1971. 6. 8, 71다710·711), 「당해 자동차의 운전자나 운전보조자라도 사고 당시에 현실적으로 자동차의 운전에 관여하지 않고 있었다면 그러한 자는 위 법 제3조 소정의 타인으로서 보호된다」고 한다(大判 1999. 9. 17, 99다22328). 과실 있는 운전자는 그 사고에 대한 최종적 책임자인 가해자이므로 피해자측에서 제외하는 것이 타당하다. 그러나 과실 없는 운전자가 불가항력이나 제3자의 과실로 인한 자동차사고로 인체손해를 입었을 경우까지 가해자측에 포함시켜 손해배상을 불허하는 것은 옳지 않으므로, 이 때에는 운전자도 타인에 속한다고 해석된다.[1] 안내양을 타인이 아니라고 본 판례가 있다(大判 1979. 2. 13, 78다1536). 운전자의 배우자 · 자녀 · 친족은 그가 진정한 공동운행자나 과실 있는 운전자가 아닌 한 타인에 해당한다.

(4) 免責事由

다음 각호의 1에 해당하는 경우에는 운행자책임이 면제된다(자배법 제3조 단서. 앞의 설명 참조).

1) 승객이 아닌 자가 사망하거나 부상할 경우에 있어서 자기 및 운전자가 자동차의 운행에 관하여 주의를 게을리하지 아니하고 피해자 또는 자기 및 운전자외의 제3자에게 고의 또는 과실이 있으며, 또한 자동차의 구조상의 결함 또는 기능에 장해가 없었다는 것을 증명한 때.

2) 승객이 사망하거나 부상한 경우에 있어서 그것이 그 승객의 고의 또는 자살행위로 말미암은 것인 때.

이 면책조항은 1984년의 자배법개정시에 종래 해석상의 학설대립의 여지를 없애기 위해 명백히 1 · 2호로서 분리하여 규정한 것이다.[2]

(5) 無償同乘의 責任減輕 與否

운행자는 그의 자동차에 탄 승객의 인체손해에 대하여 그것이 승객의 고의 또는 자살행위로 인하여 발생한 것이 아닌 경우에는 무과실의 배상책임을 진다(자배법 제3조). 그런데 승객을 태운 것이 대가나 기타의 이익(고객의 안내, 피용자의 출근 등)을 위한 것이 아니라 호의를 기초로 한 무상제공인 경우(호의동승)에까지 운행자책임을 인정하여

---

1) 같은 취지: 金星泰, 앞의 글, 123. 반대설: 李輔煥, 앞의 글, 84: "운전수는 사고를 미연에 방지할 선관주의의무를 부담하는 자이므로 자배법은 책임의 주체로 상정하였다고 보는 것이 순리적"이라고 한다.

2) 1984년 개정 전의 자배법 제3조와 같은 내용인 일본의 자배법의 해석으로서는 운행자가 사고와 인과관계가 없는 사항에 대해서는 입증하지 않더라도 그 면책사유가 사고발생과 인과관계가 없다는 사실만을 주장 · 입증하면 충분하다는 견해가 있었고, 일본의 판례도 그 견해를 따랐었다. 小川外, "交通事故による損害賠償訴訟の諸問題," 判例タイムズ 196호, 32; 日叢高判 昭 45. 1. 22, 民集 24卷 1輯, 40.

야 할 것인가가 외국에서 논의되었다.[1] 그리하여 몇몇 입법례[2]는 명문으로 호의동승의 경우 운행자책임을 면제 또는 배상액감경하도록 규정하였다. 그러나 우리 나라의 자배법은 호의동승의 면책 또는 책임감경을 규정하지 않는다. 그럼에도 불구하고 우리 나라의 학설 중에는 호의동승이라는 사실만으로 운행자책임을 감경하자는 주장이 행해진다.[3]

(가) 減輕說 호의동승자에 대한 운행자의 책임은 신의칙상 감경되어야 한다는 견해이다.[4] 그러한 책임경감의 이론적 구성으로서는 다음의 견해들이 주장된다.

1) 運行者性說 운행자와 호의동승자 사이에 있어서는 운행자의 운행자성(운행지배성)이 비율적으로 조각된다는 견해로서 운행자성비율조각설이라고도 한다.[5] 이 때 동승자의 운행자성은 문제로 삼지 않고 보유자의 운행자성이 제3자에 대한 관계에서는 100%이더라도 호의동승자에 대한 관계에서는 30~40%가 감소되어 보유자는 60~70%의 비율로서 운행자책임을 진다고 설명한다. 이 때 보유자가 동승을 알았다면 거절하였을 것을 동승자가 알았으냐는 고려되지 않는다고 한다. 이러한 보유자의 책임조각사유는 추상적 · 일반적인 그의 책임이 인정된 후에 과실상계항변과 유사하게 보유자의 항변에 의해 인정된다고 한다.

2) 過失相計說 호의동승자에 대한 운행자책임은 과실상계규정의 확대적용에 의하여 감경될 수 있다는 견해가 있다.[6] 그 이유는 민법의 과실상계규

1) 무상동승에는 호의동승 이외에도 잠입동승(운전사 몰래 탑승하는 것), 강요동승(운전사를 협박 · 폭행하여 억지로 탑승하는 것) 등이 있으나, 위 두 경우에는 호의동승과 법리를 달리한다. 통상 무상동승은 위 세 경우 모두를 가리키기보다는 호의동승의 의미로 사용된다.

2) 독일의 도로교통법(1952) 제8조a 1항에서는 무상동승의 경우에 운행자책임을 면제한다. 그러나 일반불법행위책임에 관하여는 면제규정이 없다. 스위스의 「구도로교통에관한연방법률」(1958)에서는 호의동승의 경우, 운행자책임을 감경 · 면제할 수 있도록 규정하였으나 이 규정은 1975년의 동법개정으로 폐지되었다. 미국의 여러 주에서도 주법으로서 무상동승자는 운전자의 고의 · 중과실로 사고가 발생하였다는 것을 증명하지 않는 한 손해배상청구권을 갖지 않는다고 규정하였었으나(Guest Statutes), 현재 이 법은 거의 대부분의 주에서 폐지되었다; 金星泰, 앞의 글, 207; 梁彰洙, "호의동승자에 대한 자동차보유자의 배상책임," 1988년 10월 21일 서울대 법학연구소 세미나 주제발표논문.

3) 우리 나라에는 호의동승자라는 이유로 운행자책임 자체를 부정하는 견해는 주장되지 않는다. 외국의 책임면제의 입법이나 학설이 드는 근거로서는 호의동승자는 사고에 대한 위험을 승인하였다는 견해(위험승인설), 운전자와 동승자 사이에 묵시의 면책특약이 있다고 보는 견해(면책특약설), 무상계약에서 채무자는 고의 · 중과실에 대해서만 책임을 지므로 호의동승도 무상운송으로 유추하여 경과실에 대한 책임이 면제된다고 보는 견해(호의적 협정관계설) 등이 주장된다고 한다; 李輔煥, 앞의 글, 98 이하.

4) 郭潤直, 776에서는 기본적으로 판례의 태도를 지지하지만, 여러 사정을 고려하여 신의칙상 배상액을 감액할 수 있다고 한다.

5) 金先錫, "무상동승과 배상액의 감경(하)," 사법행정 1987년 9월호, 70; 李輔煥, 앞의 글, 113. 이와 같은 견해를 일본에서는 「수정책임설」 또는 「책임상대설의 과실상계적 운용설」이라 한다.

6) 梁彰洙, 앞의 글, 82 이하.

정은 불법행위법에서 공평의 원칙을 현실화하는 법적 장치로서 기능하고 있기 때문이라고 한다. 그리고 과실상계의 과실은 책임성립요건의 과실과는 달리 사회관념상 · 신의성실의 원칙상 · 공동생활상 요구되는 약간의 부주의로 충분하다고 한다. 또한 법관은 과실상계규정(제395조)을 호의동승에 적용함으로써 호의동승의 구체적 모습에 맞는 다양한 평가가 가능하며, 경우에 따라서는 다른 사정과 합하여 운행자의 책임면제까지도 가능하다고 한다.[1)]

(나) 減輕否定說 호의동승자에 대한 책임제한의 규정이 없는 현행법 아래에서 신의칙이나 형평의 원칙의 이름을 빌거나 또는 과실상계의 법리를 유추하는 등의 방법으로 호의동승 사실 자체를 배상액감경의 사유로 삼는 것은 옳지 않다는 견해이다.[2)]

私見으로는 감경부정설을 취한다. 자동차사고의 피해자가 호의동승자라는 이유만으로 다른 피해자와 달리 가볍게 취급되어야 한다는 주장은 신의칙에 어긋난다.[3)] 대부분의 피해자는 손해배상에서 그가 호의동승자이므로 적게 배상받아야 한다는 주장에 직면하면 그러한 면책제도가 어떻게 있을 수 있는가 경악한다. 만약 호의동승자에게 운행자책임을 감경한다고 하면 자가용차량의 승객의 손해배상액은 많은 경우 감경될 것이다. 이러한 결과는 자동차종합보험회사의 재정에는 도움이 되겠지만, 자동차사고 인체손해의 보상이라는 자배법의 목적에는 어긋난다. 보험회사의 재정적 고려가 민사책임법 자체에 직접 영향을 미치는 것은 바람직하지 못하며, 민사책임법은 고유의 피해구제필요성에 따라 운영되어야 한다.[4)] 그러므로 호의동승은 배상액감경사유가 되어서는 안 되고, 호의동승자가 운전자의 과실에 가담한 경우에만 과실상계로서 그 호의동승자의 기여과실이 고려되어야 한다.[5)]

(다) 판례도 減輕否定說을 취하는 것으로 이해된다. "자동차 교통사고에 있어서 피해자가 사고차량에 무상으로 동승하여 그 운행으로 인한 이익을 누리는

1) 그 밖에 李英俊, 민법총칙, 36은 호의관계와 법률관계를 당사자의 구체적 의사에 따라 구별하고, 당사자의 의사에서부터 책임경감의 묵시적 합의를 도출해 낸다.

2) 金相容(下), 316; 金疇洙, 744; 朴仁鎬, "자동차사고에 있어서 무상동승에 관한 문제점," 재판자료 제20집, 법원행정처, 1984, 127.

3) 같은 취지: 金疇洙, 744.

4) 미국에서 1907년 매사추세츠주 이후 많은 주에서 채택하여 호의동승자에 의한 면책을 허용한 Automobil Guest Statutes는 그 내용이 헌법에 위반한다는 점, 20세기 초의 법률양산시대에 보험업계의 對의회압력에 밀려 제정된 잘못된 입법이라는 점, 그 법은 마땅히 보호되어야 할 다수의 피해동승자를 외면하였다는 점 등이 지적되어 상당수의 주에서 폐지되었다; *Prosser and Keeton on the Law of Torts*, 5th ed., §34; Emmett J.Vaughan, *Fundamentals of Risk and Insureance, 3rd ed., John Wiley and Sons,* 1982, p. 465.

5) 같은 취지: 金相容(下), 316.

지위에 있었다 하더라도 특별한 사정이 없는 한 그 점만으로 피해자에게도 잘못이 있었다 하여 가해자의 책임을 감경하는 사유로 삼을 수 없다"고 하여 감경을 부정한다(大判 1988. 9. 27, 86다카480 등 다수판결). 단 "그 운행목적, 동승자와 운행자의 인적 관계, 그가 차에 동승한 경위, 특히 동승을 요구한 목적과 적극성 등 여러 사정에 비추어, 가해자에게 교통사고와 동일한 책임을 지우는 것이 신의칙이나 형평의 원칙으로 보아 매우 불합리하다고 인정될 때에는 그 배상액을 감경할 수 있다"고 하여 예외의 허용가능성을 시사하지만, 차량에 무상으로 동승하였다고 하더라도 그와 같은 사실만으로 운전자에게 안전운행을 촉구하여야 할 주의의무가 있다고는 할 수 없다고 한다(大判 1999. 2. 9, 98다53141).

大判 1991. 1. 15, 90다13710: 피해자가 사고자동차에 호의동승한 것만으로는 자동차손해배상보장법상의 타인이 아니라고 할 수 없고, 또한 사고에 있어서 어떤 과실이 있었다고 할 수 없다.

大判 1987. 4. 14, 84다카2250: 교인들이 교회소유 봉고차를 무상으로 빌려 놀러가던 중 사고가 발생한 경우 피해자가 위 사고차량에 무상으로 동승하여 그 운행으로 인한 이익을 누리는 지위를 가졌다 하여 특별한 사정이 없는 한 이를 손해배상액의 감경사유로 삼을 수 없다.

大判 1987. 12. 22, 86다카3994: 차량의 운행자가 아무 대가를 받음이 없이 동승자의 편의와 이익을 위해서 동승을 제공하고 동승자로서도 그 자신의 편의와 이익을 위해서 이를 제공받은 경우라 하더라도, 동승자에게 바로 위 법 제3조에서 말하는 자동차의 보유자성을 인정하기 어렵다.

大判 1988. 9. 13, 88다카80: 동승자가 운행자와 친척이라거나 운행 도중 일시 교대로 운전을 하였다 하여 그 사실만으로 사정이 달라진다 할 수 없다.

大判 1988. 9. 13, 86다카774: 乙소유 차량의 운전사가 사고일시에 乙의 지시에 따라 위 차량을 운행하던 중 목적지가 같은 방향인 그의 처남 甲을 차량에 동승시킨 경우에, 甲에게 위 차량의 보유자성을 인정할 수 없을 뿐만 아니라, 乙에게 손해배상책임을 지우는 것이 신의칙이나 형평의 원칙에 비추어 불합리하다고 볼 것은 아니므로 乙의 손해배상책임을 감경하지 아니한 원심의 판단은 정당하다. 사고차량의 운행경위가 위와 같은 경우에, 甲이 운전자에게 감속 등 안전운행을 하도록 주의를 환기시켜 사고를 미리 막아야 할 주의의무를 가진다고는 할 수 없다.

§53. 製造物責任

1. 意　義[1]

(1) 概　念

시장에 유통된 상품의 결함으로 인하여 그 상품의 이용자 또는 제3자가 손해를 입은 경우에, 피해자가 그 상품의 제조자나 판매자에게 손해배상책임을 묻는 경우를 제조물책임이라고 한다. 제조물책임의 귀책근거는 「제조자가 위험성 있는 결함상품을 시장에 내놓음으로써 위험을 야기했다는 사실」이다. 이때 제조자가 자기의 제품의 결함이나 위험성을 인식하였는가를 문제삼을 필요는 없다. 유통업자도 마찬가지로 결함상품을 일반에 유통시킴으로써 위험을 야기했다는 사실에 대해 책임을 져야 한다. 결국 제조자 · 판매자는 자기가 제조 · 판매하는 상품이 이용자나 제3자에 대해서 손해를 입히지 않을 것에 대해

---

1) 참고문헌: 權英俊, "결함제조물의 민사책임에 관한 연구," 동국대박사학위논문, 1987; 權龍雨, "식품공해와 제조자책임," 이광신화갑기념, 고시원, 1982; 金起東, "소비자의 법적 보호에 관한 연구," 영남대박사학위논문, 1974, 58 이하; 金玟中, "제조물책임법의 입법화에 관한 최근의 국제적 동향," 저스티스 제25권 2호, 1992; 金相容, "제조물책임의 법리구성," 인권과 정의 제217호, 1994년 9월호; 金容泰, "국제적 제조물책임에 관련한 제3자소송의 비교법적 고찰," 인권과 정의 제265호, 1998년 9월호; 金亨培, BGHz 51, 91, 同著, 민법학연구 수록; 朴燦柱, "제조물책임의 법리에 관한 고찰(미국판례법을 중심으로)," 사법논집 제15집, 1984; 朴薰, "제조물책임에 관한 최근의 리스테이트먼트 개정," 서울대 법학 제39권 2호, 1998년 8월; 梁彰洙, "미국의 제조물 책임법," 저스티스 제27권 1호, 1994년 7월호; 延基榮, "결함생산물 위험책임의 법리," 홍천용화갑기념 민법의 과제와 현대법의 조명, 1997; 同, "생산물책임에 관한 입법적 대응과 발전," 김형배화갑기념 채권법에 있어서 자유와 책임, 1994; 이상정, "제조물책임법 제정시 포함되어야 할 주요내용," 재산법연구 제12권 1호, 1995년 12월; 李英秀, "미국에 있어서 제조자책임," 서울대 법학 제23권, 1971; 李玲愛, "제조물책임법리의 동향," 민사재판의 제문제 제8권, 1994년 10월; 全珖伯, "결함의 종류와 제조물책임: 미국 판례를 중심으로," 법조 제47권 10호, 1998년 10월호; 同, "T. V. 제조 회사의 제조물책임," 민사법학 제15호, 1997년 4월; 林正平, "제조물책임법리의 비교법적 고찰," 사법행정 1988년 10월호; 張在賢, "의약품으로 인한 피해의 사법적 구제," 민사법학 제6호, 1986; 鄭萬朝, "제조물책임, 과실에 기한 불법행위책임적 구성과 그 증명문제를 중심으로," 사법논집 제9집, 법원행정처, 1978; 同, "과실에 기한 제조물책임과 그 증명문제," 민사판례연구 제1권, 1992; 丁海雲, "제조물책임의 법리에 관한 연구," 단국대박사학위논문, 1987; 同, "제조물책임의 법적 전개," 사법행정 1986년 9월호; 曺圭昌, "재조물책임의 실태," 조규창논문집 「논리와 직관」, 1998; 韓琫熙, "네덜란드 제조물책임법," 김기선고희기념, 1987; 同, "프랑스 제조물책임법개요," 사법행정 1984년 3월호; 同, "스위스제조물책임법," 법조 제36권 4호, 1987; 同, "이태리 제조물책임법," 민법학논총, 박영사, 1985; 同, "캐나다 제조물책임법개요" 법조 제35권 2호 · 4호; 同, "미국 제조물책임법리의 최근 동향," 민사법학 제11 · 12호, 1995; 同, "미국제조물책임법리의 최근동향," 김형배화갑기념 채권법에 있어서 자유와 책임, 1994; 洪天龍, "제조물책임," 민법전시행30주년기념 민법학의 회고와 전망, 1993; 同, "제조물책임의 법리구성에 관한 연구," 법조 제30권 6호 · 7호 · 10호, 제31권 1호, 1981~1982; 同, "소비자피해구제에 관한 연구 — 특히 제조물책임을 중심으로 —," 경희대박사학위논문, 1980; 同, 소비자피해구제론, 삼영사, 1980; 黃迪仁, "제조물책임법제정의 방향과 문제점," 인권과 정의 제217호, 1994년 9월호.

책임진다.

(2) 製造物事故의 特性

상품의 安全性缺如는 자동차의 브레이크 하자, 위해한 약품, 폭발가능성 있는 보일러, 불완전한 포장 등 상품의 매매로 인한 손해라는 측면보다는 이용자 누구에게나 발생할 수 있는 제조물 자체의 결함으로 파악된다.[1)]

(가) 擴大損害의 發生 제조물책임에서는 상품의 안전성결여에 의해 야기된 확대손해가 문제된다. 상품의 缺陷으로 인하여 야기된 손해는 상품의 이행이익을 초과하여 이용자의 신체를 손상케 하거나 상품 이외의 재산에 피해를 준다.

> 大判 1999. 2. 5, 97다26593: 제조물책임이란 제조물에 통상적으로 기대되는 안전성을 결여한 결함으로 인하여 생명, 신체나 제조물 그 자체 외의 다른 재산에 손해가 발생한 경우에 제조업자 등에게 지우는 손해배상책임이고, 제조물에 상품적합성이 결여되어 제조물 그 자체에 발생한 손해는 제조물책임이론의 적용 대상이 아니다(차량자체손해는 하자담보책임으로 할 것: 大判 2000. 7. 28, 98다35525).

(나) 被害者의 不特定多數性 상품의 결함으로 인한 피해자는 계약당사자에 한정되지 않고 불특정일반인이 될 수 있다. 사고는 그 상품의 매수인뿐 아니라 그 상품의 이용자나 운송인 등 누구에게나 발생할 수 있다. 대량생산된 상품이 결함를 가진 채 유통되는 경우에 다수피해자에게 동종의 손해가 속출할 수 있는 잠재적 위험성이 높다.

(다) 加害者의 複數性 제조물피해에 대한 책임은 일차적으로는 결함상품을 만들어 낸 제조자(부품제조자 및 완제품제조자)에게 있으며, 이차적으로 그러한 결함상품을 일반인에게 유통시킨 매도인(소매상)·도매인(중간판매상)·수입상에게 있다. 제조자·도매상·수입상은 소비자와 매매계약을 체결한 당사자는 아니지만, 결함상품의 제조·유통에 가담한 자로서 제조물책임을 져야 한다.

(라) 歸責根據 제조물책임에서 책임발생의 핵심요건은 제조자·판매자의 과실이 아니라 「결함 있는 상품을 유통시켰다는 사실」이다. 과실책임주의

---

1) 현대산업사회에서 발생하는 「구조적 피해」의 특징을 피해발생의 보편화, 피해의 광범화, 책임의 불명확화, 입장의 비대등화의 네 가지로 지적하는 견해도 있다: 韓琫熙, "제조물책임에 관한 고찰(上)," 사법행정 1977년 8월호, 13; 洪天龍, 소비자피해구제론, 삼영사, 1980, 26~29.

아래에서 피해자가 구제받기 위해서는 가해자의 과실, 즉 결함상품의 제조 · 유통상의 주의의무 위반이 있었음을 입증해야 하는데, 피해자에게 과실의 입증책임을 통상의 불법행위책임에서와 같은 정도로 요구한다면 제조물피해로 인한 구제는 사실상 불가능하게 될 것이다.

(마) 立證의 緩和　피해자에게 자기에게 발생한 손해가 상품의 결함에 기인한 것으로 추측된다는 개연성을 증명하는 것 이상을 기대할 수는 없다. 상품생산기술의 전문성 · 다단계의 유통 · 기업비밀의 유지 등의 요인으로 말미암아 피해자가 상품의 결함 여부 및 손해와의 인과관계를 증명하기가 매우 곤란하다.

(3) 瑕疵擔保責任과의 差異

상품에 존재하는 흠은 「상품적합성을 결여한 경우」와 「안전성을 결여한 경우」로 분류될 수 있는데, 제조물책임은 후자에 관한 것이다. 商品適合性의 缺如란 그 상품이 가져야 할 양과 질을 갖추지 못하였거나 그 상품이 보증된 성능을 갖추지 못한 경우를 가리키며, 상품적합성의 결여는 物件의 瑕疵로서 취급된다. 종류물의 하자는 하자담보책임규정(제581조)에 의해 매수인에게 완전물인도청구권, 손해배상청구권, 계약해제권, 보수청구권을 발생시키며, 이들 권리는 매매당사자인 매수인과 매도인 사이에서만 행사될 수 있다. 하자담보책임의 손해배상청구는 상품의 가치감소, 완전물로 교환받기 위해 들인 교통비, 상품을 적시에 사용하지 못함으로 인한 불이익 등 하자로 인하여 생긴 직접손해를 대상으로 하는 것이 보통이다.

(4) 製造物責任의 政策

제조물책임의 인정은 국가의 경제정책과도 관련성을 갖는데, 우리 법은 결함상품으로 인한 손해(개발위험으로 인한 손해는 제외)를 제조업자에게 부담시킴을 원칙으로 한다. 손해배상은 상품의 생산비용의 일부분으로 계상되므로, 제조물책임제도의 운영에 따른 손해배상액의 증가는 상품가격에 반영되어 가격상승요인으로 작용한다. 국제거래에서 국가간의 제조물책임원칙의 차이는 가격경쟁력의 차이를 초래한다. 그러므로 어떤 요건 아래 어떤 범위의 손해를 제조자에게 부담시킬 것인가에 관하여 법경제학적 고려를 기초로 한 정책적 배려가 행해질 수도 있다.[1] 제조자에게 배상책임을 부담시키더라도 제조물피해 배상보험에 가입함으

1) 법경제학적 입장에서는 어느 제조물책임원칙을 이용할 것인가는 특정 제조물책임사건에 있어서의 서로 충돌되는 요소들의 상대적 중요성에 기초하여 결정되어야 할 것이라 한다. A. M. Polinsky 著, 宋相現 · 丁

로써 그 손해를 분산시키는 방법을 취할 수 있다. 소비자와 생산자는 손해의 분산가능성의 면에서 전혀 다른 상황에 있다.

製造物責任保險

기업은 제조물책임으로 인한 손해배상으로 무거운 재정부담을 안게 되어 도산하게 될 위험을 갖는다. 그리고 기업이 충분한 배상능력을 갖지 못한 경우에, 피해를 입은 소비자는 구제받지 못하게 될 것이다. 제조물책임보험은 기업의 손해배상부담을 분산시키고, 소비자로 하여금 확실한 배상을 받을 수 있도록 하는 작용을 한다. 다만 책임보험으로 증가된 비용이 상품가격으로 전가된다는 점은 감안해야 한다. 책임보험 도입을 쉽게 하기 위하여 제조자의 손해배상범위를 일정액으로 제한하자는 주장도 행해진다.[1]

제조물책임보험은 피보험자가 제3자에 대하여 법적인 손해배상의무를 부담함으로 입는 손해를 전보하는 배상책임보험의 성격을 갖게 될 것이다. 보험에 부보된 제조물책임은 소비자 또는 제3자가 피보험자의 제조물로부터 입은 신체 · 재산상의 손해와 정신적 손해에 대하여 피보험자가 부담하여야 할 법적 손해배상책임이다. 제조물책임보험은 특히 제조물로 인한 위험성이 높은 업종에서(자동차제조업 · 약품제조업 · 식품제조업) 각 업종별로 사고빈도 등을 측정하여 개설될 것이다.

2. 製造物責任法의 制定

민법학계 및 소비자보호단체들의 입법요청에 따라 2000년 1월 12일 「제조물책임법」(법률 제6109호)이 제정되었다. 이 법은 제조물의 결함으로 인한 손해에 대한 제조업자 등의 손해배상책임을 규정함으로써 피해자의 보호를 도모하는 등의 목적으로 만들어졌다(제조물법 제1조). 우리 제조물책임법의 특징은 다음과 같다.

첫째, 위험책임을 도입하였다. 제조물책임의 귀책근거를 "제조물의 결함으로 인하여 생명 · 신체 또는 재산에 손해를 입혔을 것"을 요구할 뿐 과실을 요건으로 하지 않는다(제조물법 제3조 1항).

둘째, 결함의 종류를 「제조상의 결함」, 「설계상의 결함」, 「표시상의 결함」, 에 한정시키고 「개발도상의 결함」은 책임범위에서 제외시켰다(제조물법 제2조 2호, 제4조 1호).

相朝 共譯, 법경제학입문, 경문사, 1984, 144.

1) 대표적인 예로서 유럽공동체평의회입법지침개정안(1979. 10. 1) 제7조가 있다. B. M. Harvey, *The Law of Consumer Protection and Fair Trading*(London: Butter worths, 1982), p. 141.

셋째, 적용범위를 농산물을 포함한 동산으로 한정하고 부동산은 제외시켰다. 제조물은 "다른 동산이나 부동산의 일부를 구성하는 경우를 포함한 제조 또는 가공된 동산"에 한정된다.

넷째, 책임주체는 제조업자를 1차적 책임주체로 하고 유통업자는 2차적 책임만 지도록 한다(제조물법 제3조). 다수의 책임주체가 생기는 경우에는 연대책임이 발생한다(제조물법 제5조).

다섯째, 제조업자는 법령에 정한 기준을 준수한 때에 면책된다(제조물법 제4조 3호).

여섯째, 당사자간의 면책특약을 무효로 한다(제조물법 제6조).

일곱째, 소멸시효에 관한 특칙을 두었다. 피해자가 배상책임자를 안 날로부터 3년, 제조물을 공급시킨 날로부터 10년을 원칙으로 한다(제조물법 제7조).

유럽공동체의 立法指針

유럽공동체(EC)의 입법지침에서는 제조물사고에 대한 손해배상책임에 있어서 제조물의 결함을 요건으로 하는 무과실책임을 채택하였다. EC지침은 「무과실책임의 채택」 이외에 「연대책임의 규정」, 「특약에 의한 책임배제나 제한의 금지」 등 소비자보호에 충실하게 구성되었다. 반면에 피해자에게 결함과 손해에 대한 인과관계의 입증책임을 부과한 점, 무형손해에 대한 배상을 제외한 점은 제조자의 이익을 고려한 것으로 보인다. EC지침은 최후까지 의견이 일치하지 않았던 사항에 관해서는 각국에 선택권을 부여하였는데 그 사항들은 ① 미가공 농산물 등에 대한 적용 여부, ② 개발위험항변의 인정 여부, ③ 동일 결함제조물에 기인하는 인적 손해에 대한 책임한도액의 설정 여부이다. EC국가들은 이 지침에 따라 제조물책임법을 제정하였다.[1)]

3. 製造物의 缺陷

제조물책임의 법리에 있어서 책임발생의 핵심적 요소를 이루는 것은 제조물에 존재하는 결함이다. 제조물책임에 있어서의 결함이란 「제조물의 사용에 있어서 생명, 신체 또는 재산에 손해를 발생시킨 제조물상의 흠」을 말한다.

---

1) 金玟中, "제조물책임법의 입법화에 관한 최근의 국제적 동향," 저스티스 제25권 2호, 한국법학원, 1992; 박희주, "EU, 제조물책임에 관한 EC지침의 개정," 국제소비자정책동향 제17호(소비자보호원간).

(1) 缺陷의 槪念

제조물의 결함이란 상품의 안전성결여로 인하여 그 이용시에 재산 · 인체상의 손해를 야기할 위험성이 있는 경우에 그 상품에 내재하는 흠을 가리키는 개념이다. 제조물의 결함이란 제조물책임이라는 고유한 책임을 발생시키기 위한 요건으로 논의되는 상품의 흠을 말하는데, 근래 제조물책임이론의 발달과 각국의 제조물책임법제정의 영향으로 결함의 개념이 하자와는 구별되어 독특한 의미를 갖게 되었다.

제조물책임법은「제조 ; 설계 또는 표시상의 결함이나 기타 통상적으로 기대할 수 있는 안전성이 결여되어 있는 것」을 말한다고 하면서,「제조상의 결함」,「설계상의 결함」,「표시상의 결함」을 구체적으로 서술한다(제조물법 제2조 2호).

> **美國法에서 缺陷의 定義**
>
> 미국불법행위법 리스테이트먼트(Restatement of the Law, Torts 2d) 제402조는 제조물책임의 기본적이고 일반적 근거조항으로서 제1항에서 제조물의 결함이란 제조물이 이용자, 소비자 또는 그의 재산에 대하여 부당하게 위험한 결함상태(…in a defective condition unreasonably dangerous to the user or consumer or to his property…)에 있는 것이라고 한다. 그리고 결함상태(defective condition)란 상품의 통상적인 사용 · 소비에 있어서 예기된 안전성을 갖추지 못한 상태로서 그것이 최종소비자에게 부당하게 위험한 경우를 말하며, 부당한 위험(unreasonably danger)이란 상품의 성질에 관하여 공동사회에 공통된 통상의 지식을 가지고 상품을 구입한 통상의 소비자가 예기하고 있는 정도를 넘는 위험을 말한다고 한다.

종래 제조물책임에 있어서의 결함(defect, Fehler)은 하자담보책임에 있어서의 하자(flaw, Mangel)와 같은 개념인가에 관하여 학설이 대립하였다.

1) 同 一 說 결함을 하자와 동일시하는 견해에서는 하자의 전제가 되는 물건의 품질 · 성능이 현재 일반적으로 판매되고 있는 동종의 물건과 같은 품질 · 성능을 의미하는 것이 아니라 마땅히 도달하여야 할 수준의 품질 · 성능을 의미한다고 이해함으로써 결함과 하자는 같은 것으로 보아도 무방하다고 한다.[1)]

---

1) 全昌祚, "소비자보호의 사법적 법리에 관한 연구," 아카데미논총 제5집, 세계평화교수 아카데미, 1977, 215.

2) 區別說　제조물의 흠을 「제조물의 商品性에 기하는 瑕疵」와 「제조물의 安全性에 기하는 缺陷」의 두 종류로 나누고, 제조물책임은 후자에 관한 것으로 한정된다는 견해이다.[1] 상품성에 기하는 흠은 제조물의 성질이나 품질이 표준 이하인 것을 말하는 반면에, 안전성에 기하는 흠은 제조물에 위험성이 있는 것을 말한다고 한다. 하자는 거래를 전제로 한 품질이 결여된 상태이고 결함은 상품의 사용으로 인하여 확대손해를 발생시킬 가능성이 있는 상태이므로 양자는 본질이 다르다고 한다. 하자담보책임에 있어서의 하자에 해당하더라도 그것이 확대손해를 발생시킬 가능성이 없는 것이라면 제조물책임에 있어서의 결함이라고 할 수 없다고 한다.

3) 私見으로도 區別說을 취하겠다. 제조물책임의 목적이 제조물의 불안전성으로 말미암아 제조물의 이용자에게 입힌 손해를 배상하도록 하는 데에 있으므로, 그 목적에 적합하게 제조물의 결함도 하자담보책임의 하자와는 별도로 고유의 의미로 이해되어야 한다고 생각한다. 하자와 결함은 책임요건과 관련된 개념상의 구별일 뿐이다. 실제에 있어서 언제나 양자가 엄격히 구별되는 것은 아니고, 하나의 흠이 하자담보책임과 제조물책임을 동시에 발생시킬 수 있다.

(2) 缺陷의 類型[2]

㈎ 製造上의 缺陷　제조상의 결함이란 「제조업자의 제조물에 대한 제조 · 가공상의 주의의무의 이행 여부에 불구하고 제조물이 원래 의도한 설계와 다르게 제조 · 가공됨으로써 안전하지 못하게 된 경우」를 말한다(제조물법 제2조 2호 ㉮). 첫째, 제조자는 제조물에 결함이 생기지 않도록 기술적으로 필요한 재료를 선정 · 사용하여야 한다. 둘째, 이용될 생산절차는 충분히 안전한 것이어야 하며, 제조물의 생산에 사용된 기계나 생산에 종사하는 근로자에게 과도한 능률을 요구해서는 아니 된다. 셋째, 제조자는 제조물을 출하하기 전에 제조상의 결함이 있는가 없는가를 판단하기 위해 적재검사 · 마멸검사 · 조종검사 등 필요한 검사를 하여야 한다. 제조자는 제조물의 검사설비 및 검사절차를 충분히 거쳐야 한다. 설계상의 결함과 제조상의 결함과의 중요한 차이점은 설계상의 결함은 설계가 적용되는 일관작업계열에서 생산되는 모든 제조물에 존재하지만, 제조

1) 權五乘, "제조물책임에 있어서의 결함," 장경학고희기념, 1987, 299; 洪天龍, "소비자피해의 민사적 구제," 경남대논문집 제5집, 1978, 197.

2) 權英俊, 앞의 글, 305 이하; 延基榮, "독일법에 있어서 생산물의 결함유형과 그 민사책임법리에 관한 연구," 동국대논문집 제24집, 1985, 126~129; 韓琫熙, "제조물책임에 있어서 결함의 의미," 전북대논문집 제24집, 1982, 211~220.

상의 결함은 개별제조물에 존재하는 데 있다. 제조과정의 결함이 제조자의 과실과 관련이 있다고 하더라도, 소비자에게 그 제조과정에서의 제조자의 과실을 주장·입증하도록 요구하는 것은 무리이다.

〈닭사료 판례〉

大判 1977. 1. 25, 75다2092: 피고가 경영하는 사료공장에서 사료를 매입하여 자기 양계에 급식한바 2, 3, 4일 후부터 닭들이 심한 탈모 현상과 더불어 난소가 극히 위축되고 복강 내 침출물이 충만하는 등 심한 중독현상을 일으키고 계상당 매일 약 80%에 달하던 생란율이 급격히 저하되기 시작하여 약 10일이 경과된 무렵부터는 30% 이하로 떨어져 양계의 경제성이 완전 상실되어 끝내는 모두 폐계처분하기에 이르렀다는 사실이 인정된다면 비록 위 사료에 어떠한 불순물이 함유되어 있고 또 그것이 어떤 화학적·영양적 내지는 생리적 작용을 하여 어떻게 된 것인지는 구체적으로 밝혀지지 않았지만 적어도 그 사료에 어떤 불순물이 함유된 것이 틀림없어 製造過程에 過失이 있었고, 이로 인하여 원고가 사육하던 닭들이 위와 같은 현상을 초래하게 된 것이라는 因果關係는 立證되었다 할 것이다.

닭 사료사건은 피고가 제조자이면서 동시에 판매자라는 점에서 제조자책임이 통상 매도인이 아닌 제조자의 책임을 다루는 것과 비교할 때 고유의미의 제조자책임을 인정한 판결은 아니라고 볼 수도 있다. 이 사건은 불법행위소송으로 제기되었다. 이 판결은 닭사료의 불순물로 인하여 손해가 발생하였다는 일상경험칙상의 인과관계만으로 제조자의 책임을 인정하였다는 점에서 특기할 만하다. 즉 그 사료에 어떠한 불순물이 함유되어 있는지(구체적인 결함내용) 또는 그것이 어떤 화학적 내지 생리적 작용을 하여 닭에게 피해를 입혔는지(구체적인 인과관계입증) 밝혀지지 않았음에도 불구하고 불순물의 함유로 곧 제조자의 제조과정상의 과실을 인정하고 불순물로 인한 피해발생에 관하여도 인과관계가 입증되었다고 보았다. 그러므로 이 판결은 제조물책임에 관하여 제조자의 과실을 사실상 추정하고[1] 피해자의 인과관계입증을 경감시키는[2] 대표판례로서 평가된다.[3]

(나) 設計上의 缺陷 설계상의 결함이란 「제조업자가 합리적인 대체설계를 채용하였더라면 피해나 위험을 줄이거나 피할 수 있었음에도 대체설계를 채용하지 아니하여 당해 제조물이 안전하지 못하게 된 경우」를 말한다(제조물법 제2조 2호 ㉯).

1) 같은 취지: 洪天龍, 소비자피해구제론, 125; 權英俊, 앞의 글(결함제조물에 대한…), 413; 李永煥, 앞의 글, 68 주 28); 鄭萬朝, 앞의 글, 149.

2) 같은 취지: 李時潤, 민사소송법, 560.

3) 金亨培, 앞의 글, 492에서는 이 판결이 과실을 사실상 추정하므로 무과실책임설적 성격을 지니고 있다고 평가한다.

상품은 반드시 그 용도에 맞도록 사용되는 경우에 한정되지 않고 용도 밖의 사용이라도 그 사용방법이 예견가능성을 벗어나지 않는 한 그 용도 밖의 사용에 있어서도 위험이 발생하지 않도록 설계되어야 한다. 예를 들어 자동차의 문고리는 운행중 약간의 측압에도 열리지 않도록 설계되어야 하고, 자동차의 브레이크는 포장용 자갈이나 평탄하지 않은 땅 때문에 파손되지 않도록 설계하여야 한다. 제조자는 설계 혹은 계획에 있어서 제조물의 목적에 적합하지 않은 사용이나 무리한 사용도 고려하여야 한다. 특히 기계의 경우에 소비자의 부주의한 취급을 고려하여야 하며, 반드시 부주의한 취급에 대비한 안전장치를 설치하여야 한다. 제조자는 결함 때문에 제3자에게 예기치 못한 손해를 주는 제조물을 생산해서는 아니 되므로 설계과정에서 결함이 생기지 않도록 상품의 안전성에 완벽을 꾀하여야 한다.[1] 제조자는 그 당시의 기술수준이 알고 있는 모든 위험방지가능성을 동원하여 제조물을 설계하여야 한다.

설계상의 결함은 대체설계의 가능성, 경제적 비용, 장단점을 고려하여 판단된다(大判 2003. 9. 5, 2002다17333). 설계상의 결함이 있는 경우에는, 그 설계에 따라 제조된 상품 모두에 동일한 결함이 발생한다는 것이 특징이다. 설계상 결함 있는 상품이 대량생산되어 이미 유통에 돌려진 경우에, 제조자 및 판매자는 그 상품을 시장으로부터 수거함으로써 소비자가 결함의 위험성에 노출되지 않도록 배려해야 하는데 이를 가리켜 「상품의 리콜(recall)제도」라고 한다.

〈장난감주사기 판례〉 大判 1979. 12. 26, 79다1772: 피고가 제조판매하고 있던 교재용 또는 점구용 주사기는 주사침을 주사기 몸통에 부착시키는 합성수지부분이 견고하지 못하고 엉성하여 이를 몸통에 부착시켜 공기를 압축할 때는 경우에 따라 주사침부분이 쉽게 주사기 몸통에서 빠져 나올 수 있게 되어 있는바, 이는 주사기재료가 저질일 뿐 아니라 製造上의 잘못으로 인한 제품의 현저한 缺陷이며, 또 동 결함은 외부적으로 노출되어 있어 이를 제조한 피고가 동 결함을 알았거나 알 수 있는 정도이므로 피고는 위와 같은 결함이 없는 제품을 만들어 동 주사기의 사용에 수반되는 사고발생을 미연에 방지할 의무가 있음에도 불구하고 동 의무에 위반한 과실이 있었다(만 6세의 어린이가 문방구점에서 구입한 주사기를 가지고 놀다가 주사기의 바늘구멍이 막히자 주사기를 왼쪽 눈 앞에 들이대고 주사기를 압축하는 순간 공기압력에 의하여 펑하고 바늘이 튕겨 나와 왼쪽 눈이 좌안동자 폐쇄증에 걸린 사건).

1) 지금까지 미국의 법원에서 설계상의 결함을 이유로 제조물책임을 문제삼은 경우는 위험이 숨겨진 사건(cases involving concealed dangers), 적절한 안전장치를 갖추지 못한 사건(cases involving a failure to provide appropriate safety features) 및 부적당한 구조물이 포함한 사건(cases involving construction materials of inadequate strength) 등으로 분류된다. 韓琫熙, "제조물책임과 소비자보호에 관한 법리연구," 전북대 사회과학연구 제9집, 84.

장난감주사기 사건에서 법원은 제품에 외부적으로 노출된 결함이 존재한다는 사실로부터 곧 제조자의 과실을 인정하였으며 그 과실은 제조자가 사회경험칙에 의하여 지는 위험방지의무에 위반했기 때문이라고 설명함으로써, 이 판결은 제조물책임에 관하여 주의의무의 엄격화에 의한 과정인정의 이론구성을 취한 대표판례라고 평가된다. 닭사료 사건에서 제조자와 판매자가 동일인이었던 것과는 달리 이 사건은 제조자와 판매자가 다름으로써 원고와 피고 사이에 계약관계가 없는 전형적인 제조물피해사건이었다.

〈급발진사고 판례〉 大判 2004.3.12, 2003다16771: 급발진사고가 운전자의 엑셀러레이터 페달 오조작으로 발생한 경우, 만약 제조자가 합리적인 대체설계를 채용하였더라면 사고를 방지하거나 위험을 감소시킬 수 있었음에도 하지 않은 경우 설계상의 결함이 인정된다. 또한 제조자가 합리적인 설명 · 지시 · 경고 기타의 표시를 했더라면 피해나 위험을 줄일 수 있었음에도 하지 않은 때에는 표시상의 결함에 의한 제조물책임이 인정될 수 있다.

㈐ 表示上의 缺陷[1] 「제조업자가 합리적인 설명 · 지시 · 경고 기타의 표시를 하였더라면 당해 제조물에 의하여 발생할 수 있는 피해나 위험을 줄이거나 피할 수 있었음에도 이를 하지 아니한 경우」를 말한다(제조물법 제2조 2호 ㈐). 제조자는 엄중한 설계, 제조기준을 충족시킨 제조물이라고 하더라도 사용에 따라 위험이 수반될 수 있는 상품의 경우에는 안전한 사용방법을 설명하고 부적당한 사용에서 생기는 위험을 경고하여야 하는데, 이러한 설명 · 경고를 하지 않은 경우에 설명 · 경고의 결함이 있다고 본다. 설명 · 경고의 방법은 그 제조물이 사용되는 환경에서 이용자(평균인)의 주의를 집중시키는 것이 합리적으로 기대될 수 있는 방법으로 행해져야 한다. 제조자가 그저 설명서 · 경고서를 첨부했다는 사실만으로는 충분하지 않은 경우가 많다. 제조자는 소비자에 대하여 제품의 위험을 알기 쉽고 정확하고 명료하게 알림으로써 적시에 사람의 눈을 끌 수 있도록 해야 한다. 위험도가 높은 제조물은 보통의 제조물에 비하여 강한 경고를 행할 것이 요구된다. 다만 그 위험이 이미 일반적으로 알려져 있는 명백한 위험(obvious danger)인 경우에 제조자는 별도의 설명 · 경고의무를 부담하지 않는다.

소비자보호법(1986)은 제조자 · 수입업자 · 판매자 등에게 제조물의 위험방

1) 權英俊, "결함제조물에 대한 경고의무의 근거," 김기선고희기념, 1987, 395 이하; 동 논문에서는 제조물책임이론을 제품지향형이론(제조물 자체의 설계상 또는 제조상 결함을 문제로 하는 이론)과 표시지향형이론(제조물의 위험성에 대한 지시나 경고를 하지 않았음을 문제로 하는 이론)으로 분류한다.

지를 위하여 제품이나 포장의 사용방법의 설명이나 위험의 경고를 하여야 할 의무를 부과하고, 위반자에게 과태료를 가하며(소비자보호법 제16조, 제53조), 행정관청에 대하여는 설명 · 경고를 위한 표시기준을 정할 것을 명한다(소비자보호법 제6조, 제8조). 약사법은 독약 및 극약을 용기 또는 포장에 표시하도록 강제한다(약사법 제46조, 제76조).

㈑ 開發途上의 缺陷 어떤 상품이 제조 당시의 과학수준에 의하면 완전한 것이었으나 그 후의 과학기술의 발달 또는 부작용의 발견 등으로 피해발생시에는 결함이 있는 것으로 판정될 경우(예: 신약개발 · 판매 이후에 부작용이 판명된 경우)를 「개발도상의 결함」이라고 부른다. 제조물책임법은 개발도상의 결함에 관해서는 손해배상책임을 면제한다. 「제조업자가 당해 제조물을 공급한 때의 과학 · 기술수준으로는 결함의 존재를 발견할 수 없었다는 사실」을 증명함으로써 손해배상의무가 면제된다(제조물법 제4조 2호).

개발도상의 결함을 설계상 결함의 일종으로 파악하여 상품의 안전성에 대한 소비자의 합리적인 신뢰에 어긋나는 결함이라고 판단되는 때에는 책임이 인정되어야 한다는 주장도 있다.[1] 제조자가 새로운 재료 · 기계 · 방법 등을 개발하는 경우에 신제품의 이용자의 막대한 손해를 감수하고 실험의 희생물로 삼는 것은 허용되지 않는다. 새로운 기술이 개발된 후에는 종전의 상품도 설계를 개량하여 안전성을 높여야 한다. 소비자에게 판매된 구형의 제조물에 대해서는 위험방지의 부품을 추가로 인도하거나 매스미디어를 통하여 소비자에게 정보를 주어야 하고 그 위험성이 심각한 경우에는 제조물을 회수하여야 할 것이다.[2]

(3) 缺陷의 立證

제조물책임소송의 원고(피해자)는 제조물의 결함과 관련하여 제조물에 결함이 존재하고 있을 것(결함존재의 문제)과 그 결함은 제조물이 피고의 지배를 떠날 때에 존재하고 있었을 것(결함존재시기의 문제)을 입증하여야 한다. 그 밖에 그 결함이 사고의 원인이 되었을 것(결함과 사고와의 인과관계)과 그 결함에 의하여 손해가 발생하였을 것(결함과 손해와의 인과관계) 등 인과관계의 입증도 필요하다.

제조업자는 「제조업자가 당해 제조물을 공급하지 아니한 사실」, 「그 결함이 개발도상의 결함이라는 사실」, 「그 결함이 제조 당시의 법령기준을 충족시켰다는 사실」 등을 입증하여 면책될 수 있다(제조물법 제4조).

---

1) 金顯泰, "제조물책임," 고시연구 1975년 7월호, 39.

2) 소위 개발도상의 결함은 실질적으로 볼 때 기술수준과 관련한 설계상의 결함의 문제 또는 지시 · 경고상의 결함의 문제이므로 독자적인 결함유형으로 분류하기는 곤란하다.

缺陷의 存在, 결함과 사고와의 因果關係 등을 소비자측에서 입증하는 것은 어려우므로, 제조물이용으로 인한 손해발생시 사회통념상 그 개연성이 인정되면 결함 및 인과관계의 事實上 推定이 행해져야 한다. 소비자가 제조물의 품질 · 구조 · 성능 등을 사전에 충분히 안다거나 또는 사고가 발생한 후 그 결함의 존재를 쉽게 증명한다는 것은 기술적으로 거의 불가능하다. 소비자는 상품에 관한 전문적 지식이 부족하고 기업은 결함상품에 관한 각종 자료를 기업비밀로 하기 때문이다. 사실상 추정을 받는다면 원고(피해자)는 기술적으로 어디에 어떠한 결함이 있었는가를 입증할 필요는 없고 용법대로의 사용이나 그 밖에 통상 예견되는 사용을 했는데도 불구하고 사고가 발생했다는 것을 입증하는 것으로 충분할 것이다. 피고는 사고원인이 된 제조물이나 다른 동종의 제조물을 조사분석하여 결함의 부존재를 증명하거나 또는 원고나 제3자의 행위가 원인이 되어 예기치 못한 사고가 발생하였음을 입증함으로써 추정을 번복할 수 있다.

결함이 언제부터 존재했는가의 문제는 결함에 대한 책임이 제조자와 판매자 중 누구에게 귀속될 것인가와 관련이 있다. 제조물이 피고의 손을 떠났을 때 이미 결함이 있었는가 어떤가를 결정하기란 대단히 어렵다. 사고발생시에 존재한 결함은 피고가 반증을 하지 않는 한 상품이 제조자의 지배를 벗어날 때 존재한 것으로 사실상 추정될 것이 요구된다.

서울高判 1998. 2. 20, 97나19351(하급심판례): 가전제품의 내구연한은 본래의 용도에 따라 정상적으로 성능을 발휘할 수 있는 최소기간을 의미하는 것이므로, 이 사건 TV가 내구연한으로부터 1년 정도 초과된 상태라 하더라도 그 정상적인 이용 상황하에서 폭발한 이상 그 제조상의 결함을 인정하기에 아무런 지장이 없다.

大判 2000. 2. 25, 98다15934: 텔레비전이 정상적으로 수신하는 상태에서 발화 · 폭발한 경우에 있어서는, 소비자측에서 그 사고가 제조업자의 배타적 영역에서 발생한 것임을 입증하고, 그러한 사고가 어떤 자의 과실 없이는 통상 발생하지 않는다고 하는 사정을 증명하면, 제조업자측에서 그 사고가 제품의 결함이 아닌 다른 원인으로 말미암아 발생한 것임을 입증하지 못하는 이상, 이와 같은 제품은 이를 유통에 둔 단계에서 이미 그 이용시의 제품의 성상이 사회통념상 당연히 구비하리라고 기대되는 합리적 안전성을 갖추지 못한 결함이 있었고, 이러한 결함으로 말미암아 사고가 발생하였다고 추정하여 손해배상책임을 지울 수 있도록 입증책임을 완화하는 것이 손해의 공평 · 타당한 부담을 그 지도원리로 하는 손해배상제도의 이상에 맞는다.

(4) 團束法規違反과 缺陷

제조물책임법은 「제조물의 결함이 제조업자가 당해 제조물을 공급할 당시의 법령이 정하는 기준을 준수함으로써 발생한 사실」을 증명하면 면책된다(제조물법 제4조 3호). 제조물의 완전성과 안전성을 위해 그의 기준을 규정한 법률·명령·규칙·조례 등이 있는 경우에,[1] 이들 법규는 제조물이 충족시켜야 할 최소한의 기준을 정하는 것이므로, 사고를 야기한 제조물이 이 기준에 미달되는 경우에는 통상 결함이 있다고 판단된다. 그렇다고 하여 제조자가 이들 법규의 제조기준에 따라서 제조한 상품은 어떠한 경우에도 결함이 없다고 볼 수 없을 것이다. 생각건대 법규가 형벌·과태료·행정처분 등을 면하기 위한 최소한의 기준을 설정해 놓은 경우에, 그 최소한의 기준을 충족시켰다고 하여 제조물의 안전성을 꾀할 제조자의 의무와 책임을 면제시키는 것은 부당하다고 여겨진다.[2]

4. 製造物責任의 主體

제1차적으로 책임주체는 제조업자이고, 유통업자는 제2차적으로 책임을 진다. 동일한 손해에 대하여 배상할 책임이 있는 자가 2人 이상인 경우에는 連帶責任을 진다(제조물법 제5조).

(1) 製造業者

제조업자가 1차적으로 제조물책임을 진다(제조물법 제3조 1항). 제조업자는 ① 제조물의 제조·가공 또는 수입을 업으로 하는 자, ② 제조물에 성명·상호·상표 기타 식별가능한 기호 등을 사용하여 자신을 ①의 者로 표시한 자 또는 ①의 者로 오인시킬 수 있는 표시를 한 者를 말한다(제조물법 제2조 3호). 그 완성품의 제조자가 하청을 받아 제조한 경우에는 商標權者(백화점·브랜드상표권자 등 소비자에 대하여 제조자라고 밝힌 자)가 1차적인 책임자이다. 그 밖에 부품제조자나 원료제공자도 제조업자에 속하지만 항상 제조물책임을 지지는 않으며, 제조물의 결함이 그 부품이나 원료로 말미암아 생긴 경우에만 책임을 진다.

(2) 流通業者

도매상·소매상·수입업자 등의 유통업자는 2차적인 책임을 진다. 제조물의 제조자를 알 수 없는 경우, 제조물을 영리목적으로 판매·대여 등의 방법에

---

1) 소비자보호법 제8조, 식품위생법 제10조, 종묘관리법 제5조, 농약관리법 제20조 등.

2) 같은 취지: 權英俊, 앞의 글(제조물책임에서의 결함), 324.

의하여 공급한 자는 제조물의 제조업자 또는 제조물을 자신에게 공급한 자를 알거나 알 수 있었음에도 불구하고 상당한 기간 내에 그 제조업자 또는 공급한 자를 피해자 또는 그 법정대리인에게 고지하지 아니한 때에는 배상책임을 진다(제조물법 제3조 2항). 유통업자가 제조자로부터 완제품을 받아다가 단순히 소매상이나 소비자에게 팔았을 뿐으로 제품의 결함의 존재에 대해 예견가능성이 없었던 경우에는 면책되는 것이 타당하다.[1] 그러나 유통업자에게도 상품의 안전성에 대한 검사 등의 주의의무가 부과되는 업종(예: 약국)이나, 이들 상인이 자기가 판매하는 상품의 안전성에 대해 보증을 한 경우에는 제조자와 동일한 책임을 져야 한다.

大判 1995. 11. 21, 93다39607: 제조자의 불법행위로 인한 제조물책임소송에 있어서 손해 발생지의 외국 법원에 국제재판관할권이 있는지 여부는 제조자가 당해 손해 발생지에서 사고가 발생하여 그 지역의 외국 법원에 제소될 것임을 합리적으로 예견할 수 있을 정도로 제조자와 손해 발생지와의 사이에 실질적 관련이 있는지 여부에 따라 결정함이 조리상 상당하다. 이와 같은 실질적 관련을 판단함에 있어서는 예컨대 당해 손해 발생지의 시장을 위한 제품의 디자인, 그 지역에서의 상품광고, 그 지역 고객들을 위한 정기적인 구매상담, 그 지역 내에서의 판매대리점 개설 등과 같이 당해 손해 발생지 내에서의 거래에 따른 이익을 향유하려는 제조자의 의도적인 행위가 있었는지 여부가 고려될 수 있다.

5. 民法에 기한 損害賠償責任

(1) 不法行爲責任의 領域

㈎ **責任體系에 관한 論議** 종래 민법학에서는 제조물책임을 계약책임으로 구성할 것인가, 또는 불법행위책임으로 구성할 것인가가 많이 논의되었다. 이러한 논의는 주로 독일민법학과 일본민법학의 영향이라고 할 수 있다. 제조물책임법리의 일반적 요청인 과실요건의 완화를 충족시킬 수 있는 책임체계를 모색하는 과정에서 계약책임적 체계구성이 거론되었다. 과거 채무불이행책임에서는 과실의 입증책임이 채권자(피해자)에게 있지 않고 채무자(가해자)가 자기에게 과실 없음을 입증하여야 하는 것으로 설명되었기 때문이다. 그러나 최

1) 같은 취지: 權龍雨, 불법행위론, 고시원, 1974, 292; 延基榮, "생산물책임법의 신경향," 월간고시 1988년 1월호, 77.

근의 입증책임론에서는 적극적 채권침해 등에서 이행이익을 초과하는 확대손해의 배상에 있어서는 채권자가 입증책임을 진다고 설명된다.[1] 또한 매도인의 하자담보책임(제580조, 제581조)에서는 채무자의 과실을 요건으로 하지 않고 매매목적물의 하자만을 요구하기 때문에 제조물책임문제의 해결에 보다 적절하지 않은가 하는 논의도 되었다. 그러나 계약책임에서는 책임의 당사자 사이에 계약관계가 있어야 함을 요건으로 하고 있어서 상품의 매수인이 아닌 피해자를 구제하기에는 난점이 있으며, 또한 매수인이 피해자이더라도 제조자와 매수인 사이에 직접의 매매계약이 체결되지 않은 대부분의 경우에 동일한 난점이 존재한다. 단 제조자가 매도인이며 피해자가 매수인이어서 제조자와 피해자 사이에 직접의 계약관계가 있는 경우에는 채무불이행책임이나 하자담보책임으로서 해결될 수도 있을 것이다.[2]

사견으로서는 제조물책임의 특성을 고려할 때 그것의 책임체계는 계약책임과 불법행위책임의 양 책임체계 중 불법행위책임으로서 구성됨이 타당하다. 계약책임은 그 본질상 계약당사자 사이에 발생하는 계약 위반으로 인한 이행이익의 배상을 원칙으로 하기 때문이다. 반면에 불법행위책임은 계약관계의 존부에 관계 없이 사회생활에서 일어나는 손해가 누구의 과실로 일어났는가를 밝혀 그 과실행위자에게 그 손해를 배상시키는 기능을 담당한다. 불법행위책임에서는 손해배상의 청구인과 피청구인 사이에 계약관계와 같은 어떤 특수한 관계를 요구하지 않고 단지 가해 · 피해의 관계가 존재함으로써 충분하며 그 배상범위도 계약목적 등에 구애됨이 없이 사회적 타당성을 갖는 범위로 결정된다. 判例도 제조물책임을 불법행위책임으로 구성하여 손해배상을 명했다.

---

1) 이에 관한 독일이론은 吳錫洛, 입증책임론, 일신사, 1977, 187~190 참조.

2) 金顯泰, "제조물책임에 관한 연구," 연세대 사회과학논문집 제7집, 1975에서는 "제조물의 계약당사자간에 있어서는 채무불이행 또는 하자담보책임의 문제로서 다루어야 한다고 생각한다. 우리 나라의 민법이론에서는 제조자의 책임을 채무불이행으로서 이론구성을 하여 과실의 입증책임을 전환시킬 수도 있을 것이다"라고 한다; 洪天龍, "소비자피해의 민사적 구제," 경남대학논문집 제5집, 1978, 196~197에서도 "제조물책임에 관하여 우리 나라의 학설은 불법행위법적 구성을 일반적으로 하고 있는 것 같으나 그것만으로는 제조물책임의 문제를 종국적으로 해결할 수 없는 것이라 할 것이다. 따라서 소비자피해의 구체적 사례에 따라서는 계약법적 구성을 하여 책임추급을 하는 것이 타당한 경우도 있을 것이다. 당사자간에 직접의 계약관계가 있는 경우에는 계약법상의 하자담보책임이나 채무불이행책임을 추급할 수 있는 것이며, 계약관계가 없는 경우에는 불법행위법상의 책임을 인정하거나 품질의 묵시적 담보에 관한 특별계약책임이론으로 제조물책임의 법적 해결을 할 수 있다"고 한다. 그 밖에 같은 취지: 權英俊, "결함제조물에 대한 경고의무의 근거," 김기선고희기념, 395 이하..

大判 1992. 11. 24, 92다18139: 물품을 제조하여 판매하는 제조자는 제품의 구조, 품질, 성능 등에 있어서 현대의 기술수준과 경제성에 비추어 기대가능한 범위 내의 안전성과 내구성을 갖춘 제품을 제조하여야 할 책임이 있고, 이러한 안전성과 내구성을 갖추지 못한 결함 내지 하자로 인하여 소비자에게 손해가 발생한 경우에는 계약상의 배상의무와는 별개로 不法行爲로 인한 배상의무를 부담한다.

(나) 外國에서의 契約責任理論[1] 프랑스민법학은 제조자로부터 최종매수인에 이르기까지 매매연쇄의 과정을 통합해서 연쇄매매의 계약관계를 인정하고 제조물손해는 제조자가 부담하는 계약상의 수단의무인 안전의무에 위반한 결과 생긴 것으로 이해한다. 독일민법학에서도 독일민법상의 불법행위규정의 미비점을 계약책임적 이론구성으로서 보완하고자 하는 일원적 방향에 맞추어 제조물책임을 계약책임으로 구성하고자 하는 여러 방면의 이론적 시도가 행해졌다. 그 중 대표적인 이론인 신뢰책임설[2]에서는 상품유통과정을 볼 때 제조자는 자기제품의 장점을 소비자에게 광고 · 선전하며 소비자는 그 제품의 안전성 · 품질을 신뢰하고 구입한다. 이와 같이 연쇄매매에서 선전을 통하여 생긴 특별한 신뢰는 중간유통업자를 관통하여 제조자와 소비자 사이에 법률행위적 접촉이 존재한다고 볼 수 있고, 제조자는 이러한 신뢰를 보호할 책임이 있다는 것이다. 즉 신뢰책임설은 제조자와 제품이용자는 각자의 이익에 기초해 재화접촉을 맺고 있으며, 이러한 재화접촉의 상품유통은 일종의 사회적 접촉으로서 그에 기초하여 접촉당사자 사이에 계약관계가 창설된다고 본다. 신뢰를 기초한 계약책임의 실정법적 근거는 의사표시의 무효 · 취소로 말미암은 계약상대방의 신뢰이익의 배상청구를 인정한 독일민법 제122조의 유추적용이라고 한다. 이러한 제조자와 제품이용자 사이의 계약관계는 의사표시를 기초로 하지 않고 사회적 접촉 등의 사실을 기초로 하여 창설되므로 법정채권관계의 성질을 갖기도 한다고 설명된다. 그 밖에 제3자 보호효 있는 계약(Vertrag mit Schutzwirkung für

1) 참고문헌: 金亨培, "생산자책임," 민사법연구, 458 이하; 丁海雲, "제조물책임론의 법적 전개 (상) · (하)," 사법행정 1986년 9월호 · 10월호.

2) 신뢰책임설은 W. Lorenz에 의해 대표되며 Markert, Eckard, Rehbinder가 이에 따른다. R. Weimar의 목적적 법재화접촉설, E. Steffen의 사회적 재화접촉설, W. Lorenz의 신뢰책임설, K. Müller의 보장계약설, C. W. Canaris의 통일적 보호관계론, U. Diederichsen의 특수신뢰책임설은 세부적인 주장이 조금씩 다르지만 기본적으로 신뢰책임설의 범주 안에 드는 것으로 이해될 수 있다: Werner Lorenz, *Rechtsvergleichendes zur Haftung des Warenherstellers und Lieferanten gegenüber,* in Festschrift für Nattorp, 1962.

Dritter)의 법리에 의해 계약 자체의 당사자는 아니지만 채무자의 이행행위로 인하여 직접 손해를 입고 그 손해를 채권자와 비슷하게 보호할 가치가 있는 제3자에 대하여도 계약적인 보호의무(Schutzpflicht)를 위반한 것을 이유로 하는 직접적 손해배상청구권을 인정하는 시도가 행해진다.[1] 제3자의 손해청산(Drittschadensliquidation)이론에 의하여는 계약에 의하여 보호된 이익을 향유하는 자와의 특별한 법률관계에 의하여 손해가 법적으로 채권자가 아닌 그 이익을 향유하는 자에 생기는 것처럼 연장된 경우에는 채무자(제조자)는 제3자(최종소비자)에게 생긴 손해를 채권자에 대하여 배상하여야 한다고 주장된다.

이상의 계약책임적 이론구성들은 독일연방대법원판례에 의해서 배척되었으며,[2] 제47회 독일 법조대회에서도 비판되었다. 계약관계의 당사자가 아닌 제3자의 책임을 그에게 요구되는 신뢰를 근거로 하여 인정하는 견해를 긍정한다면 계약법적 책임영역과 불법행위적 책임영역을 계약의 유무에 의하여 한계를 짓는 원칙이 무너지게 되므로 그러한 견해를 따를 수 없다고 한다. 그리하여 현재 독일의 판례와 학설은 제조물책임을 불법행위책임으로 구성한다. 일본에서도 계약책임적 이론구성은 몇몇 학자에 의하여 적극적 채권침해 · 하자담보책임 · 체약상 과실책임 등으로 시도되었으나 완전히 체계화되어 자기의 이론으로서 주장한 자는 없으며, 거의 대부분의 학자는 불법행위책임으로서 구성한다. 독일은 1989년 제조물책임법(Gesetz über die Haftung für fehlerhafte Produkte)을 제정하여 결함 있는 제조물에 대해 위험책임을 지운다.[3]

(다) 工作物責任規定의 適用 與否 제조물책임을 민법 제758조의 공작물책임으로 구성함으로써 제조물의 결함을 공작물의 설치 · 보존의 하자로 보아 그에 기초해 곧 배상책임을 인정하는 견해(適用肯定說)가 주장된 바 있다. 이와 같이 제조물책임에 공작물책임규정을 적용할 경우 제조자가 손해방지에 필요한 주의를 해태하지 않았다는 것을 입증하는 경우에만 면책되는 법률상의 과실입증책임전환이 이루어지므로 사실상 위험책임에 유사한 효과를 얻을 수 있게 된다. 이러한 공작물책임의 적용긍정설[4]은 민법의 공작물책임규정이 문구상 「토지공작물」이라고 하지 않고 단순히 「공작물」이라고 하므로 그의 적용범위를 제조물책임 일반에까지 확대할 수 있다고 주장한다.

---

1) Larenz, Lehrbuch des Schuldrechts Ⅱ, § 41a.

2) BGHZ 51, 91(1968): 이 판결에 대한 소개는, 金亨培, "생산자책임," 민법학연구, 458 이하 수록.

3) 李銀榮/金聖天, "독일제조물책임법에 관한 연구," 사법행정 1990년 10월호, 32 이하.

4) 洪天龍, "소비자피해의 민사적 구제," 경남대논문집 제5집, 1978, 190, 195.

이에 대하여 공작물책임의 適用否定說은 첫째, 공작물책임은 공작물의 제조자가 아니라 현재의 관리자에게 책임을 지우는 것이므로 제조자책임의 하나의 특수한 예외라 볼 수 있으므로 제조자책임을 공작물책임의 유추적용에 의해 설명하려는 것은 옳지 않다는 점,[1] 둘째, 토지의 공작물 중에는 제조물책임에서 주로 문제가 되고 있는 식품류 · 의약품 · 자동차 · 기계 · 기구류 등의 동산을 포함시키는 것은 곤란하기 때문에 민법 제758조가 제조물책임의 일반적 근거로 되기에는 불충분하다는 점[2]을 들어 적용긍정설을 비판한다.

私見으로서는 適用否定說을 취하겠다. 대부분의 제조물이 공작물이 아니라는 점을 감안할 때, 제조물책임에 대한 입법요청을 공작물책임규정의 확대적용으로 해소시키려는 시도는 무리이다. 제조물이 공작물로서의 요건을 갖춘 경우에는(중기 · 자동차 · 시설 등) 공작물책임규정을 적용할 수 있겠지만, 공작물책임은 그 공작물의 제조나 유통에 초점을 맞추는 것이 아니라 설치나 보존에 초점을 맞추며 책임주체도 제조자나 판매자가 아니라 점유자 및 소유자라는 점에서 제조물책임과는 다른 기능을 담당한다는 점을 염두에 두어야 할 것이다.

(2) 製造者의 過失

㈎ 注意義務의 嚴格化　제조자가 상품의 제조 · 유통 · 표시 등과 관련하여 부과된 주의의무를 해태한 경우에 과실이 인정된다. 제조자는 상품의 제조 · 유통 · 표시와 관련하여 적극적인 위험방지의무를 진다고 보아야 한다. 제조물책임의 과실이란 책임원인에 구속당하지 않고 위험책임에 가깝게 운영되기 위해서, 제조자의 주의의무를 포괄적인 위험방지의무로 이해하고 상품결함 등의 위험요인이 야기되었을 경우에는 반증이 없는 한 주의의무 위반이 있었다고 판정함이 필요하다. 만약 제조자의 책임을 더욱 무겁게 하여 위험책임과 같이 할 필요가 있는 경우에는 제조자에게 그 주의의무를 다하였음을 증명하여 면책됨을 허용하지 않는 방법을 사용할 수도 있을 것이다. 이렇게 제조자의 주의의무를 포괄적이고 추상적으로 파악한다면 법령상 과실책임을 취하는가, 또는 위험책임을 취하는가는 실제 책임부과에 있어서 아무런 차이를 가져오지 않게 된다. 사견으로서는 결함의 존재만으로 언제나 주의의무 위반이 있다고 보는 것은 기술발전을 저해할 우려가 있으므로 옳지 않고, 개발도상의 결함에 관해서는 제조자의 과실 여부를 신중히 판단해야 되리라고 생각한다.

---

1) 金顯泰, "제조자책임에 관한 비교법연구," 중재 1978년 1월호, 32.
2) 韓琫熙, "제조물책임에 관한 책임(하)," 사법행정 1977년 8월호, 36.

소비자보호법 · 식품위생법 · 농약관리법 등 특별법규정은 제조자 · 판매자에게 구체적인 제조기준을 제시하고 일정한 의무도 부과한다. 제조자 · 판매자가 법령의 기준 · 의무에 어긋나는 作爲 또는 不作爲를 행한 경우에, 그의 과실이 인정될 수 있다. 반대로 품질관리법 등 일정한 형식이나 검사에 합격하였다고 하여 언제나 과실이 없다고 판단되는 것은 아니다(大判 1979. 12. 26, 79다1772). 특별법상의 의무 위반이 없는 경우에 제조자의 주의의무 위반을 판단하는 것은 매우 어렵다.

判例는 제조자가 부담하는 주의의무란 「사회생활상 요구되는 위험방지의무」로서 상품에 결함이 존재하여 그로 인한 피해가 발생한 경우에 그 위반이 있다고 추정한다.

(나) 過失의 事實上 推定 피해자는 제조자에게 그 손해발생에 대한 고의 · 과실이 있었음을 입증하여야 한다. 불법행위책임을 묻기 위하여는 제조물에 결함이 있었고(결함의 존재) 그 결함으로 말미암아 손해가 발생하였다는 것(결함과 손해 사이의 인과관계)이 입증된 것만으로는 부족하다. 과실의 입증은 상품의 결함이 제조자의 과실행위로 인하여 생겼음을 구체적으로 증명하는 것이며, 필요한 경우에는 상품의 유통이 제조자의 의도 또는 과실로 말미암아 이루어졌을 것도 증명되어야 한다. 예를 들어 실험중이어서 아직 시판하려고 생각하지 않았으나 직원이 시장에 판 경우에는 유통에 돌린 것 자체에 제조자의 과실이 인정될 수 있을 것이다. 그 중에서 입증이 특히 어려운 것은 「결함이 제조자의 과실행위로 인하여 생긴 것」이라는 점이다.

제조물책임의 법리에서는 일정한 기초여건이 있는 경우에 제조자의 과실을 사실상 추정함으로써 피해자의 과실입증의 곤란성을 완화시켜 준다.[1] 피해자가 결함의 존재 및 결함과 손해 사이의 인과관계(개연적 인과관계증명으로서 충분함)를 증명하면 과실에 대한 사실상의 추정이 행하여지고, 제조자가 자기에게 과실이 없었음을 증명하면 면책된다. 제조과정이나 유통과정이 복잡하여 과실 여부를 객관적으로 밝혀 낼 수 없는 證明의 危險이 존재하는 경우에, 과실의 사실상 추정의 법리에 의하면 그 위험은 제조자의 부담으로 된다. 제조자의 지배영역에 속하는 사항에 관해서는 제조자측에서 과실 없음을 증명하도록 하는 危險領域理論도

1) 같은 취지: 郭潤直, 789; 金疇洙, 761; 李永煥, "자동차사고와 제조자책임," 월간고시 1987년 7월호, 48 이하: "제조물책임이나 자동차제조자의 책임에 대한 특별법의 제정이 없는 한 민법 제750조의 과실책임의 원칙에 의해 문제를 해결할 수밖에 없는 것으로 보인다. 이렇게 볼 때 자동차제작의 책임에 관해 바로 무과실책임을 도입하기에는 무리가 따른다고 생각된다. …문제는 과실책임의 원칙에 의할 경우 피해자의 입증의 곤란을 구제해 줄 것인가 하는 것이다. 결국 「사실상의 추정」이나 「일단의 추정」에 의해 입증책임을 전환하는 방법에 의할 수밖에 없는 것으로 보여진다."

결과적으로 과실의 사실상 추정의 효과를 가져온다.[1)]

大判 2000. 2. 25, 98다15934: 정상적으로 보던 TV가 발화 · 폭발한 경우 제조업자측에서 제품결함이 아닌 다른 원인으로 발생했다는 것을 입증 못하는 이상 손해배상책임을 지울 수 있도록 소비자의 입증책임을 완화하는 것이 타당하다.

大判 1976. 9. 14, 76다1269: 병원에서 수혈을 하면서 수술을 받다가 「쇼크」로 인하여 사망한 사건에서 납품채혈병에서 대장균이 검출되었으나, 이 균이 인체에는 비병원성균이며, 납품된 채혈병이 본래부터 오염되어 있어 망인에게 쇼크를 일으켰다고 단정할 증거는 없다. 피고가 채혈병 제조상 멸균 등의 시험을 하지 않고 납품한 잘못과 이 사망 사이에 필연적인 因果關係가 증명되었다고 볼 수 없다.

大判 1983. 5. 24. 82다390: 피고회사 제조의 배합사료가 단백질 · 칼슘성분은 함유하고 있으나 비타민 A성분은 아예 함유하고 있지 아니하고 또 그 배합사료를 검사한 결과 그 일부가 농수산부에서 정한 성분규격에 미달된 것이 있어 단백질이나 칼슘성분이 과다하였다고 볼 수 없는 이상, 피고회사의 배합사료 제조 · 판매행위로 인하여 원고가 사육하던 닭들이 폐사한 것이라는 因果關係를 단정할 수 없다.

§54. 醫療過誤責任

1. 醫療過誤責任[2)]

(1) 意　義

㈎ 槪　念　의료행위중에 의사 기타 의료인의 과실에 기인하여 발생

1) 위험영역설은 독일의 판례(BGHZ 51, 91)가 채택하였다: 이에 관한 자세한 설명은, 김형배, 앞의 글과 오석락, 입증책임론, 180을 참조. 영미법에서는 이와 비슷한 판례법원리로서 사실상 추정법리(res ipsa loquitur, the thing speaks itself)가 확립되어 있다. 吳錫洛, 앞의 책, 182 이하 참조.

2) 참고문헌: 康鳳洙, "의료과오소송에서의 입증경감," 법조 제29권 6호, 1980; 姜玹中, "의료사고와 피해자측의 과실," 재판자료 제27집, 법원행정처, 1985; 權五乘, "의료과오와 의사의 주의의무," 민사판례연구 제4권, 1982; 權龍雨, "의료과오로 인한 민사책임," 대한변협지 제91호, 1983; 同, "진료과오 및 약국사고의 책임," 법조 1974년 8월호; 金玟中, "의사책임 및 의사법의 발전에 관한 최근의 동향," 민사법학 제9·10호, 1993; 金先錫, "의료과오에 있어서 인과관계와 과실," 재판자료 제27집, 법원행정처, 1985; 金然泰, "의료의 진보와 이에 따른 법률문제," 재판자료 제27집, 법원행정처, 1985; 金永圭, "의료과오에 있어서 책임제한사유와 과실상계," 판례월보 제327호; 同, "의료과오에 있어서 책임제한사유와 과실상계," 판례월보 1997년 12월호; 金吾洙, "의약품제조자의 민사책임," 재판자료 제27집, 법원행정처, 1985; 金龍潭, "의료배상책임보험제도," 재판자료 제27집, 법원행정처, 1985; 金容漢, "의료행위에 의한 책임," 법조 제32권 6호,

한 사고에 대한 손해배상책임을 의료과오책임이라고 한다. 우리 나라에서도 근래 의료과오를 이유로 손해배상을 청구하는 소송이나 분쟁이 급격히 증가하고 있다. 의료과오책임은 의료계약의 당사자인 의사와 환자 사이에 일어나는 문제로서 채무불이행책임과 불법행위책임으로 구성되지만, 의료서비스의 전문성 등으로 인하여 다른 과실책임에서와 다른 특징을 갖는다.

의료과오책임에서는 의료인의 注意義務의 기준을 어떻게 설정하는가가 최대의 쟁점으로 된다. 의료과오책임은 醫療人의 過失을 要件으로 하는데, 그 과실의 판정의 기초가 되는 것은 의료인에게 요구되는 注意義務이다. 의사가 부담하는 주의의무는 專門家에게 요구되는 높은 수준의 것으로서, 의료인은 그의 업무에 임하여 숙련된 전문가가 갖추어야 할 능력을 기초로 고도의 주의를 기울여 의료행위를 해야 한다.[1] 그 밖에 손해와 과실행위 사이의 인과관계의 입증도 전문가의 감정의견을 필요로 하는 어려운 문제로서 피해자측의 입증책임의 완화를 필요로 한다.

(나) 專門家責任으로서의 특징 의료과오책임은 專門家의 業務上 過失 중의 대표적인 사례이다. 전문가는 전문적 기술 · 능력 · 자격 등을 기초로 어느 정도 독립해서 업무를 수행하는데, 전문가의 책임은 의사에 한정되지 않고 변

1983; 金天秀, "의료계약에 관한 입법론적 과제," 영남대 영남법학 제4권 1호 · 2호, 1998년 2월; 同, "의료행위에 대한 동의능력과 동의권자," 민사법학 제13·14호, 1996; 金顯泰, "의사의 진료과오에 있어서의 과실의 입증책임을 중심으로 본 고찰," 김증한화갑기념, 1981; 文國鎭, "의료의 법이론," 고려대출판부, 1982; 文正斗, "의료소송," 법조문화사, 1982; 朴光世, "배상의학적 분야에서의 인과관계의 비율적 인정," 인권과 정의 1996년 3월호; 朴丞緖, "의료사고의 법적 측면," 대한변협지 1983년 10월호; 朴一煥, "의사의 설명의무와 환자의 승낙," 재판자료 제27집, 법원행정처, 1985; 裵炳日, "의사설명소송에 있어 진료기록부에 관한 문제," 고창현화갑기념, 1987; 徐光民, "의료과오책임의 법적 구성," 민사법학 제8호, 1990; 石熙泰, "의사와 환자간 기초적 법률관계의 분석," 판례월보 1985년 8월호; 同, "의료과오에 관한 민사책임구조," 판례월보 1986년 9월호; 同, "의약품에 관한 제조자와 의료인의 주의의무," 민법전시행30주년기념 민법학의 회고와 전망, 1993; 梁三承, "의사의 책임 ── 특히 개척분야에 관련하여," 법조 제31권 4호, 1982; 同, "의사법 및 의사의 책임에 관한 최근의 국제적 동향," 법조 제31권 4호, 1982; 李德煥, "의료행위에 대한 동의의 대리," 이명구화갑기념(Ⅲ) 현대헌법학이론, 1996; 李輔煥, "의료과오로 인한 민사책임의 법률적 구성," 재판자료 제27집, 법원행정처, 1985; 李泳揆, "의료계약의 특질과 구조," 한양대 법학논총 제12집, 1995. 10; 同, "의사의 책임," 민사법학, 1985; 同, "의료과오에 있어서의 인과관계이론과 입증책임에 관한 연구," 부산대 법학연구 제26권 1호, 1983; 李淸助, "의사의 환자에 대한 기대권침해론," 홍천용화갑기념 민법의 과제와 현대법의 조명, 1997; 林俊浩, "의료과오소송에서 기여도에 의한 배상액의 비율적 인정," 민사판례연구 제21권, 1999; 鄭浣, "의료과오책임의 기본문제," 법조 제36권 5호, 1987; 崔載千, "의료과실소송에 있어서의 입증책임의 완화," 판례월보 제337호; 崔秉祚, "로마법상 의사의 민사책임," 황적인화갑기념 손해배상법의 제문제, 1990.

1) 전문가의 업무상 과실에 관하여는 특히 영미법에서 중요하게 다루어진다. 영미법에서는 통상의 과실을 합리인(the reasonable person)을 기초로 판단함에 반하여, 전문가의 과실은 숙련된 기술자(skilled, competent, experienced person)를 기초로 판단한다(E. J., Kionka, *Torts-Injuries to Persons and Property*, West Publishing, 1977, p. 57).

호사의 책임 및 기타 전문기술자의 책임 등으로 그의 적용영역이 확대되어 가고 있다(도급에서의 설명 참조). ① 전문가가 다루는 업무는 고도의 위험성을 갖거나 다른 업무에 지대한 영향력을 미치게 되므로 전문가의 부주의의 결과 매우 중대한 손해를 입히게 된다. ② 전문가가 그의 업무에서 주의를 다하였는가의 과실판단은 일반인(판사 포함)으로서는 할 수 없으며 그 분야의 전문가의 조력이 있어야 한다. ③ 전문가는 업무에 관한 정보를 독점하고자 하며 그의 지위의 안전성을 위하여 동료간에 서로 감싸주는 속성을 갖는다.

전문가의 과오로 의뢰인의 생명 · 신체 · 인권 등이 침해된 경우에, 의뢰인의 보호를 위한 법리를 발전시켜야 할 필요성이 높다. 그를 위해서는 전문가가 쌓은 장벽을 낮출 필요가 있는데, 그 방법은 각 분야의 전문가과오를 유형화함으로써 선례를 많이 확보하여 전문가 자신뿐 아니라 일반인 및 판사에게 과실판단의 지침이 되도록 하는 것이다. 그 밖에 전문가의 과오가 빈번한 분야에는 양심 있는 전문감정인을 육성하여 공정한 과실판단이 이루어질 수 있도록 하여야 한다.

(다) 醫療行爲의 特性 의료행위란 사람의 질병의 진료 · 예방에 국한하지 않고 의사의 의학적 판단 및 기술로서 행하는 것이거나 보건위생상 위해를 발생시킬 우려가 있는 행위를 모두 가리킨다.[1] 성형수술, 장기이식, 수혈 등도 의료행위에 해당한다.

의료과오책임의 특수성은 전문가책임의 특성에서 기인하는 점 외에 의료행위의 특성에서 기인하는 부분도 크다. 불법행위법에서 반드시 고려되어야 할 의료행위의 특성은 다음과 같다. ① 의료행위는 국민의 건강증진을 위한 公益的 行爲이며, 의사는 환자를 선택해서만 진료하는 것이 아니라 환자의 진료청구에 언제나 응하여야 한다는 점이 고려되어야 한다. 의료법에서는 「의료인은 진료 또는 조산의 요구를 받은 때에는 정당한 이유 없이 이를 거부하지 못한다」고 규정한다(의료법 제16조 1항). ② 의료행위는 완전성이 보장되는 경우보다는 위험을 내포한 실험적 성격을 갖는 경우가 많다는 점이 고려되어야 한다. 현대의 의학수준이나 임상의료의 수준으로는 인간을 완전히 치유시키지 못하는 경우가 대부분이고 현재로서 가능한 최선의 방법을 취하고 있는 데 불과하다.

---

1) 같은 취지: 李輔煥, "의료과오로 인한 민사책임의 법률적 구성," 재판자료 제27집, 11; 大判 1974. 11. 26, 74도1114에서도 이러한 견해를 취하여 코높이기 미용성형수술도 의료행위에 해당한다고 판시하였다.

(2) 債務不履行責任과 不法行爲責任의 競合

의료과오로 인한 손해배상책임을 債務不履行責任으로 구성할 것인가, 또는 不法行爲責任으로 구성할 것인가에 관한 논의가 활발하다. 우리 나라에서는 피해자가 불법행위를 이유로 의료과오책임을 추궁하는 것이 일반적인 경향이지만, 1960년대 이후에는 채무불이행책임을 묻는 사례도 발견된다.

의료과오문제를 채무불이행책임으로 처리하려는 입장이 있다.[1] 불법행위책임에 있어서는 피해자가 불법행위의 성립요건인 가해자의 고의·과실을 입증해야 하는데 그 입증이 쉽지 않은 반면에 채무불이행책임에 있어서는 채권자인 피해자가 채무자인 가해자의 귀책사유를 입증할 필요가 없고 오히려 가해자가 자기에게 귀책사유가 없음을 입증해야 하므로 의료과오책임을 불법행위책임으로 구성하는 것보다 채무불이행책임으로 구성하는 것이 피해자인 환자측에 유리하다고 주장한다.

반면에 의료과오책임을 채무불이행책임으로 구성한다고 하더라도 불법행위책임으로 구성하는 경우와 별 차이가 없다는 반론이 제기되고 있다.[2] 첫째, 진료계약의 不完全履行의 責任을 묻더라도 의사측의 過失은 피해자인 환자측에서 증명해야 한다. 이행이익에 관한 손해배상청구에 있어서는 채무자의 과실이 추정되지만, 확대손해의 경우까지 과실이 추정되는 것은 부당하다고 한다. 둘째, 환자측에서 의사의 채무불이행의 사실을 증명한다는 것은 의료과오를 불법행위로서 구성하여 의사 쪽의 과실을 증명하는 것과 내용적으로 큰 차이가 없다(大判 1988. 12. 13, 85다카1491 참조).[3] 의료계약은 결과채무가 아니라 수단채무에 지나지 않으며 의료계약에서 의사나 병원 등이 부담하는 채무의 내용은 계약이 성립할 때에 미리 구체적으로 특정되지 않으며 그것은 선량한 관리자의 주의를 가지고 적절한 치료행위를 하도록 노력한다는 추상적인 것이기 때문이다. 불완전이행의 경우에는 이행은 있으되 불완전한 이행인 것이므로 그 不完全에 대한 立證責任은 채무자가 부담할 수밖에 없다.

私見으로서는 의료과오책임의 경우에는 통상 환자와 의사 또는 병원 사이에 진료계약이 존재하므로 채무불이행책임이 발생하고 또한 의사의 과실행위를 매개로 하여 불법행위책임도 동시에 발생하게 되므로 대개 양 책임의 관계

---

1) 金顯泰, "의사의 진료과오에 있어서의 과실의 입증책임," 연세대 행정논총, 1980, 211.

2) 郭潤直, 793; 吳錫洛, 입증책임론, 1983, 156; 金容漢, "의료과오," 대한변협지 1984년 2월호, 33 이하; 李輔煥, "의료과오로 인한 민사책임의 법률적 구성," 재판자료 제27집, 13~14.

3) 郭潤直, 793.

는 양자택일의 관계가 아니라 두 개의 損害賠償請求權의 競合의 문제로 된다.[1)] 계약책임과 불법행위책임의 청구권경합의 문제는 채권법의 일반적 문제로서 논의되어야 할 성질의 것이다(채권총론에서 설명했음).[2)]

大判 1988. 12. 13, 85다카1491: 의사가 환자에게 부담하는 진료채무는 질병의 치유와 같은 결과를 반드시 달성해야 할 결과채무가 아니라 환자의 치유를 위하여 선량한 관리자의 주의의무를 가지고 현재의 의학수준에 비추어 필요하고 적절한 진료조치를 다해야 할 채무 이른바 手段債務라고 보아야 하므로 진료의 결과를 가지고 바로 진료채무 不履行事實을 추정할 수는 없으며 이러한 이치는 진료를 위한 검사행위에 있어서도 마찬가지다.

2. 責任主體

(1) 多數의 醫療人

집도의사, 마취의사, 수련의사, 간호사, 병원장 등 여러 사람이 한 건의 의료사고와 관련된 경우가 종종 있다. 의료과오에 대한 책임을 누가 져야 하는가라는 책임주체에 관하여 다음의 법리가 전개되고 있다.

1) 診療醫師 의료과오에 대한 일차적 책임주체는 진료행위(수술 포함)를 행한 의사이다.

2) 加害者不明時의 連帶責任 당해 진료행위에 관여한 의사가 다수이고 당해 손해가 그 중 누구의 과실행위에 기인하는 것인지 밝혀지지 않은 경우에는 그들이 모두 공동불법행위책임을 진다(제760조 2항).

3) 履行補助者의 過失 간호사 등의 의료보조인이 의료행위중에 일으킨 과오에 대해서는 그를 지휘 · 감독하는 의사가 사용자로서 책임을 지거나 또는 이행보조자의 과실에 기초한 채무자로서 책임을 진다.

4) 經營者의 使用者責任 의료과오를 일으킨 의사가 개인개업의가 아니고 타인이 개설하여 경영하는 병원에 고용된 의사인 경우에 병원경영자는 사용자로서 환자에 대해 손해배상책임을 진다.

5) 無資格醫療人 무면허의사의 의료행위로 말미암아 환자에게 손해를

---

1) 청구권경합설이 판례 · 통설이다. 郭潤直,792; 金相容(下), 367.

2) 拙稿, "계약책임과 불법행위책임의 경합 (상)·(하)," 법조 1985년 12월호, 1986년 1월호.

입힌 경우에도 그의 손해배상책임은 의사의 책임과 같다. 이 때 무면허의사에게도 자격 있는 의사에게 요구되는 것과 동일한 주의의무가 부과되며, 그에 위반한 경우에는 의료과오책임이 발생한다. 그 밖에 의료법에서는 무면허의료행위를 금지하고 그에 위반하면 형벌이 가해진다(의료법 제25조, 제66조 이하).

(2) 藥品 · 器具로 인한 醫療事故의 경우

의료과오의 원인이 의사가 사용지시한 약품 · 기구 등의 제조물결함에서 기인한 경우에, 원칙적으로 의사는 자기가 사용하는 약품 · 기구가 안전한가에 대해 배려할 주의의무를 지므로 객관적으로 볼 때 의사가 그 결함을 발견할 가능성이 전혀 없다고 판단되는 경우를 제외하고는 의사에게 의료과오의 책임이 있다.[1] 이 때 그 결함제품의 제조자와 공동불법행위책임을 진다.

최근 대형의 의료기구가 많이 개발되어 의료행위에 사용되고 있다. 그에 따라 그러한 의료기계의 결함 · 조작부주의로 인한 의료과오도 늘어가고 있다. 이 때에도 의료기계의 제조자는 기계의 결함 자체나 조작방법의 설명불충분·경고불충분에 대한 제조물책임을 진다.

의사에게 결함불발견이나 조작기술미숙의 과실이 있는 경우에는 의료과오책임이 있다. 그 밖에 병원장은 그 기계의 설치 · 보존의 하자로 인한 손해에 대하여 공작물책임(제758조)을 진다.

3. 醫療人의 過失

(1) 專門家의 過失

의료행위에 있어서의 과실은 의사 기타 의료종사자라는 직업인으로서 요구되는 주의의무를 위반한 전문가로서의 과실이다. 의사가 그 주의의무를 다하기 위하여는 단순히 주의를 기울여 최선을 다한다는 심리적 요소로서는 충분하지 않으며, 의사로서 통상 지녀야 할 의학상의 지식과 기술을 갖추어야 한다. 판례는 과실인정의 전제로서 예견가능성과 회피가능성을 언급한 적이 있지만(大判 1984.

1) 大判 1985. 8. 13, 85다카372: 청력상실이 「카나마이신 투여에 기인한다고 하여 의사의 불법행위책임을 인정하려면 환자의 신체조건과 기왕증치료 당시의 신체조건과 병세, 이에 대한 적절한 치료방법, 항생제를 투여할 필요가 있을 때 그 항생제의 종류와 적정한 투여방법, 투여량, 이 같은 치료의 부작용으로 영구난청증세를 초래할 수 있는지 그 인과관계와 환자의 구체적인 경우를 심리판단하여야 한다. 大判 1983. 6. 12, 82도3199 형사판결에서는 엠피시린 施注로 인한 쇼크사에 있어서 의사의 과실을 부정했으나, 동일한 사고를 원인으로 한 민사상의 손해배상청구에서는 의사의 과실이 긍정되어 동일 의료사고에 관하여 의사의 과실유무가 민·형사판결에서 서로 상이하게 판단되었다고 한 논의도 있었다.

(6. 12, 82 도3199), 이것들이 언제나 요구되는 것은 아니다. 과실의 판단은 행위자의 주관적 요소, 객관적 상황, 사회적 타당성 등을 종합한 규범적 판단이므로, 행위자의 예견가능성이나 회피가능성과 직접 관련시키지 않은 채 과실이 인정될 수 있다(앞의 과실의 설명 참조).

大判 1997. 2. 11, 96다5933: 충분한 경험이 없는 전공의들이 여러 차례의 과도한 흡입분만을 시도한 데다가 흡입분만기를 서투르게 다루면서 이로 인한 부작용으로 사망한 경우 상당인과관계가 있고 의사의 주의의무를 위반한 것이다.

大判 1996. 6. 25, 94다13046: 의사가 환자 내지 그 가족에게 상처 부위의 조직괴사에 대응하기 위하여 필요한 검사 내지 치료를 할 수 있는 병원으로는 종합병원밖에 없다고 설명하면서 종합병원으로 전원할 것을 권유하였다면, 그것으로 의사로서의 진료상의 의무를 다하였다 할 것이고, 거기서 나아가 그 환자나 가족들이 개인의원으로 전원하는 것을 만류 제지하거나 그 환자를 직접 종합병원으로 전원하여야 할 의무까지 있다고 할 수는 없다고 하여, 환자가 그 권유에 따르지 아니하여 증세가 악화된 데 대한 의사의 과실은 부정된다.

(2) 醫療行爲의 裁量性

의사가 환자의 질병을 진단함에 있어서는 잘못이 없었으나 그가 취한 처치의 결과 악결과가 발생한 경우, 만약 다른 처치방법을 취했더라면 그 악결과를 피할 수 있었으리라고 판단된다는 사실만으로 그 의사에게 과실을 인정할 수 있는가. 생각건대 의사가 어떠한 처치방법을 취할 것인가는 기본적으로 의사의 재량에 맡겨야 할 것이다. 그러므로 당해 의사가 여러 개의 처치방법 중에서 임의로 하나를 택한 경우 또는 당해 의사가 취한 처치방법과 다른 학설이 대립하는 경우에 그러한 사실만으로 의사의 과실을 인정해서는 안 된다.

그러나 의학상 적합하지 않거나 허용될 수 없다고 일반적으로 판단되는 처치방법을 취한 경우에는 재량의 범위를 일탈하였다고 판단된다. 의사가 일반적으로 이용되지 않은 新療法, 안전성이 확인되지 않은 신요법 또는 부작용의 확률이 높은 치료법을 이용하는 경우에는 환자에게 그러한 사정을 說明하고 환자의 承諾을 얻어야 한다. 이렇게 환자 자신의 自己決定權을 강조할 경우 의사의 裁量權은 좁아지게 된다. 환자의 자기결정권과 의사의 재량권은 서로 충돌되는 관계에 있으므로 그 한계를 짓는 것이 어렵다.

大判 1984. 6. 12, 83도3199: 의사의 질병진단의 결과에 과실이 없다고 인정되는 이상 그 요법으로서 어떠한 조치를 취하여야 할 것인가는 의사 스스로 환자의 상황 기타 이에 터잡은 자기의 전문적 지식경험에 따라 결정하여야 할 것이고, 생각할 수 있는 몇 가지의 조치가 의사로서 취할 조치로서 합리적인 것인 한 그 어떤 것을 선택할 것이냐는 당해 의사의 재량의 범위 내에 속하고 반드시 그 중 어느 하나만이 정당하고 이와 다른 조치를 취한 것은 모두 과실이 있는 것이라고 할 수는 없다. 그리고 내과전문의가 기관지폐염환자로 진단한 환자에 대하여 그 요법으로 일반적으로 통용되고 있는 「엠피시린」 주사액을 시주케 한 행위에는 내과전문의로서의 과실이 있다고 보기 어렵다.

(3) 過失判斷의 參酌事由

의사의 과실을 판정함에 있어서는 다음의 사항들이 고려되어야 한다.

㈎ **醫學의 水準** 의사의 주의의무는 의료행위 당시의 의학이 기준으로 된다. 의료과오는 의학이 환자에게 응용되는 과정에서 생기는 것이므로 여기의 의학은 임상의학을 의미한다. 임상의 진단과 부검의 결과 사이에 차이가 있더라도 임상증상에 기초하여 임상의학상 가능한 한도 안에서 진단을 하였다면 후에 병리해부에 의하여 그 진단이 오진이었음이 밝혀지더라도 의료과오라고 할 수 없다. 의사가 따라야 할 것은 통상의 의사에게 일반적으로 인정된 의학원칙이며, 일부의 대학, 연구소, 병원에만 알려져 있는 의학에 따를 필요는 없다.

大判 1999. 3. 26, 98다45379: 의사의 주의의무는 의료행위를 할 당시 의료기관 등 임상의학분야에서 실천되고 있는 의료행위의 수준을 기준으로 판단하여야 하고, 의사가 행한 의료행위가 그 당시의 의료수준에 비추어 최선을 다한 것으로 인정되는 경우에는 의사에게 환자를 진료함에 있어서 요구되는 주의의무를 위반한 과실이 없다.

㈏ **診療環境** 의사의 주의의무의 기준을 설정함에 있어서는 그 의사가 당해 의료행위의 당시에 놓여 있던 환경이나 조건이 고려되어야 한다. 이 때 도시 · 벽지 등의 지역차와 대학병원 · 개인의원 등의 시설차도 고려되어야 한

다. 벽지에서 진료된 경우에는 그 환자를 도시의 시설이 좋은 병원으로 옮기도록 할 수 있었는지의 상황도 살펴보아야 한다.

大判 1998. 7. 24, 98다12270: 의사가 진찰 · 치료 등의 의료행위를 함에 있어서는 사람의 생명 · 신체 · 건강을 관리하는 업무의 성질에 비추어 환자의 구체적인 증상이나 상황에 따라 위험을 방지하기 위하여 요구되는 최선의 조치를 취하여야 할 주의의무가 있고, 의사의 이와 같은 주의의무는 의료행위를 할 당시 의료기관 등 임상의학 분야에서 실천되고 있는 의료행위의 수준을 기준으로 삼되, 그 의료수준은 통상의 의사에게 의료행위 당시 일반적으로 알려져 있고 또 시인되고 있는 이른바 의학상식을 뜻하므로 진료환경 및 조건, 의료행위의 특수성 등을 고려하여 규범적인 수준으로 파악되어야 한다.[1]

(다) 診療의 緊急性　진료가 시간적으로 긴급히 행해져야 하는 경우에 의사에게 충분한 검사 등의 준비를 갖추지 않았다고 하여 비난할 수는 없다(시간적 긴급성). 한편 환자의 상태가 위급하여 그대로 방치해 둠으로써 사망하게 두는 것보다 위험을 무릅쓰고 수술을 함으로써 치유가능성을 모색하는 것이 좋다고 생각되는 경우에는 事項的 緊急性이 있다고 인정되며, 이 때에는 許容된 危險의 法理가 적용된다. 그 결과 의사가 수술 등의 진료행위에 임할 때 환자에게 사망 등의 악결과가 나타날지도 모른다고 인식하였더라도 그러한 예견가능성이 있었다는 사실만에 기초해서 과실이 인정되지는 않는다. 허용된 위험의 법리가 적용되는 진료행위에 있어서는 특히 의사의 說明義務 및 환자의 自己決定權이 문제된다.

大判 1995. 5. 12, 91다23707: 분만중 태아가 뇌손상을 입고 두개강내출혈이 생겨 뇌성마비가 발생한 경우에 있어, 통상의 질식분만의 방법으로 분만을 진행시키다가 뒤늦게 아두골반불균형 또는 이와 유사한 상태로 된 경우에 피하여야 할 시술방법인 흡인분만의 방법을 무리하게 계속하여 태아를 만출시킨 의료상의 과실이 있다.[2]

---

1) 치료 당시의 의료수준에 비추어 패혈증을 의심하고 그에 필요한 처치를 시작하거나 처치가 가능한 병원으로 전원시켜야 할 주의의무를 위반하였다고 인정한 사례.

2) 출생을 담당한 의사가 통상의 주의력을 가진 산부인과 의사라면 아두골반불균형상태 또는 경계아두골반불균형상태의 가능성이 있음을 의심할 수 있다고 보이는 데도 이러한 가능성을 전혀 예상하지 아니하여 이

(라) 患者의 特異體質 특이체질이라 함은 정상인이라면 전연 반응하지 않는 물질 또는 자극에 대하여 이상하게 반응하는 과민성을 지닌 체질을 말하는데, 환자의 특이체질로 인하여 피해가 발생한 경우에는 의사가 그 특이체질을 예측할 수 있었는지의 여부가 문제로 되고, 그것을 예측할 수 있었던 경우에는 의사에게 과실이 있다고 판단된다. 이 사실은 환자가 특이체질에 해당된다고 면책을 주장하는 의사가 증명하여야 한다.

大判 1975. 5. 13, 74다106: 현대의학으로는 완치할 수 없는 산모의 특이체질에 인한 양수(羊水)식전증에 인한 사고라면 수술의사에게 과실책임을 지울 수 없다.

大判 1976. 12. 28, 74도816: 페니실린과 같은 항생제는 시주(施注)를 받는 자의 체질에 따라 그 부작용으로 인하여 생명을 잃게 되는 경우도 있다는 것이 현재의 의학계의 상식으로 되어 있으므로, 의사가 항생제를 시주할 때에는 그 시주마다 시주 후 부작용이 있을 것을 예상하여 시주 전에 어떠한 사전조치를 준비하여야 함은 물론 시주 후에는 의학적으로 기대되는 적절한 사후치료조치를 다하여야 할 주의의무가 요구된다.

(마) 患者의 過失[1] 환자는 의료행위의 객체로서 수동적인 위치에 있지만 경우에 따라서는 환자나 그의 가족의 행위가 치료효과에 결정적인 영향을 미치기도 한다. 환자의 병력 · 치료력 등의 기왕력(旣往歷)의 고지를 틀리게 한 경우, 검사에 대한 응답을 잘못한 경우, 병상변화 등의 보고를 잘못한 경우, 진료행위실시에 협력하지 않거나 거부한 경우 등에는 환자에게 악결과의 원인이 있을 수 있다. 그러나 환자의 거짓말 · 침묵 · 거부가 있었다고 하여 곧 그것이 나쁜 결과의 원인이고, 따라서 의사의 과실이 없었다고 판단하여서는 안 된다. 의사의 책임은 의사가 주의의무에 위반하였는가, 그리고 그 과실행위와 결과 사이에 인과관계가 있는가에 기초하여 판단되어야 하기 때문이다. 환자의 과실이 의사측의 과실행위와 결과 사이의 인과관계의 부존재를 인정할 정도로 치명적인 것이었을 경우에만 의사에게 책임이 없다. 그 밖에 환자의 과실은 배상액 결정의 참작사유로서 過失相計될 뿐이다.

에 대한 대비를 하지 아니하였고, 분만 2기에 있어 5분마다 한 번씩 측정하여야 할 태아심음측정을 4회나 하지 아니하였다고 하여 과실을 인정하였다.

1) 참고문헌: 姜玹中, "의료사고와 피해자측의 과실," 재판자료 제27집, 123 이하.

大判 1998. 7. 24, 98다12270: 가해행위와 피해자측의 요인이 경합하여 손해가 발생하거나 확대된 경우에는 그 피해자측의 요인이 체질적인 소인 또는 질병의 위험도와 같이 피해자측의 귀책사유와 무관한 것이라고 할지라도 당해 질환의 태양·정도 등에 비추어 가해자에게 손해의 전부를 배상시키는 것이 공평의 이념에 반하는 경우에는, 법원은 그 손해배상액을 정함에 있어서 過失相計의 법리를 유추적용하여 그 손해의 발생 또는 확대에 기여한 피해자측의 요인을 참작할 수 있다.[1]

(바) 誓約書의 效力 　병원은 수술에 임하여 환자나 그의 보호자로부터 수술승낙서 또는 서약서를 받는데, 그의 내용 중에는 "수술로 인하여 어떤 결과가 초래할지라도 문책하지 않겠다"는 것이 포함된다. 이 서약서는 환자가 의료과오의 발생시에 생길 손해배상청구권을 행사하지 않겠다는 권리포기의 약정이라고 이해될 수 있으나, 그러한 효과를 인정함은 부당하다.[2] 판례도 서약서가 후유증에 대하여 전혀 예상하지 않고 있던 환자나 그의 가족이 의사의 위법행위를 미리 용서하고 의료과오에 대한 손해배상청구권을 미리 포기하는 효과를 가져오지 않으며, 서약서의 작성은 손해배상청구에 영향을 미치지 않는다고 한다.[3]

(4) 醫療過失의 類型

(가) 診　斷 　의사가 진단한 결과 내린 결론이 객관적인 질환의 실태와 맞지 않는 경우 오진이라 한다. 의사가 오진을 했다고 하여 그것만으로 과실이 인정되지는 않는다.[4]

(나) 注　射 　주사약의 종류·분량 또는 주사의 부위(정맥·동맥·피하·피내·근육 등)·방법에 잘못이 있는 경우에는 원칙적으로 과실이 인정된다.

大判 1961. 4. 26, 4293형상960: 의사가 주사할 위치 및 방법에 관하여 지시함이 없이 조수에게 주사케 한 결과, 조수의 의술부족으로 인한 과실로 정상적 위치가 아닌 좌골신경이 있는 우측둔부 중앙부에 주사를 함으로써 좌골신경에 손상을

1) 사망원인이 된 녹농균에 의한 패혈증의 치사율과 신체저항력이 낮았던 환자의 신체적 소인을 참작하여 피고의 손해배상책임을 40%로 제한한 원심을 수긍한 사례.

2) 같은 취지: 金相容(下), 371.

3) 大判 1979. 8. 14, 78다488.

4) 같은 취지: 大判 1973. 1. 30, 72다2319.

일으켜 환자의 우하퇴 및 우족을 마비케 하였다면 의사에게 업무상의 과실의 책임이 있다.

㈐ 投 藥 의사는 환자에게 투약함에 있어서 투여한 약제의 확인의무, 복용방법의 설명의무 및 부작용의 발생에 대한 설명의무 등을 부담한다. 따라서 극약의 조제를 잘못하거나, 다른 약을 주거나, 또는 유해 · 위험한 약품을 투여함에 있어서 적절한 주의를 주지 아니한 때에는 모두 과실이 있다.

㈑ 手 術 수술결정의 판단이 오진에 기초한 경우, 올바른 진단에 기초하였더라도 수술에 의한 회복의 개연성과 위험성을 잘못 판단한 경우에 의사의 과실이 인정될 수 있다. 환자의 체력을 잘못 판단한 경우에도 의사의 과실이 인정될 수 있다. 그 밖에 수술시기의 판단, 수술기법의 판단, 수술중의 각종의 판단이 잘못된 경우도 있다. 특히 수술 후에 가위 · 가제 등의 유류물을 환자의 체내에 남긴 경우가 많은데, 이 때에 의사에게 과실이 인정된다.

㈒ 輸 血 수혈에 있어서 혈액이 불량하지 않다는 확인, 혈액형의 확인, 수혈용기구의 소독, 수혈기술상 주의 등을 게을리한 경우에 과실이 문제된다.

大判 1964. 6. 2, 63다804: 수혈을 함에 있어서는 혈액형의 일치 여부는 물론, 수혈용혈액의 완전성 여부를 확인하고 수혈 도중에 있어서도 처음에는 의사가 직접 입회하여 극소량으로부터 서서히 시용하는 등 세심한 주의를 하여 환자의 반응을 감시하여 부작용이 있는가 여부를 확인하는 한편 不意의 危險에 대한 임기응변의 조치를 취할 준비를 갖추는 등 업무상의 주의의무가 있다.[1)]

㈓ 痲 醉 수술담당의사는 마취에 대해서도 주사의 경우와 유사한 책임을 진다.

---

1) 大判 1970. 1. 27, 67다2829: 환자의 혈액형이 B형임에도 불구하고 담당간호원의 착오로 A형 혈액을 약 200cc 환자에게 수혈한 결과 이형수혈(異型輸血)의 부작용으로 인하여 환자가 사망한 경우, 의사에게 책임을 인정한다. 大判 1995. 8. 25, 94다47803: 헌혈혈액 전부에 대한 에이즈검사가 의무화된 87년 7월 1일 이전인 87년 1월 7일에 수혈을 받은 자가 수혈혈액에 의해 에이즈에 감염된 경우에도 채혈자인 대한적십자사는 그로 인한 손해배상책임이 있다

大判 1995. 8. 25, 94다47803: 환자가 수술 전에 전신이 쇠약하였고, 전신에 마취약을 사용하였던 만큼 수술을 담당하였던 의사는 그 환자가 깨어남을 기다려야 하고 응급조치를 할 수 있는 준비와 태세를 갖추어야 할 직무상 의무를 진다. 의사가 수술한 환자를 방치하고 외출한 경우에 직무상 중대한 과실이 인정되며, 간호원에게 지시를 하였다거나 다른 의사가 있었다는 사실만으로서는 면책될 수 없다.

㈓ 療養 · 看護 등의 指導 의사가 진료를 마친 후에도 환자나 그의 보호자에게 자가치료 · 요양 · 간호 · 복약 등 환자에게 필요한 사항을 지도하여야 할 주의의무를 진다.

大判 1969. 10. 14, 69도991: 피해자의 골절상을 수술치료함에 있어서 적어도 70일을 경과하지 아니하면 접합판의 제거수술을 할 수 없음에도 불구하고, 피해자가 요청한다고 하여 접합판을 제거하여야 할 급박한 사정도 없으면서 45일 후에 이를 제거한 것은 의사의 과실이다. 제거수술 후 골절된 부분을 기브스로 완전 고정시켜 만곡이나 전위를 방지하지 않고 퇴원시킴으로써 피해자에게 전치 약 1년간의 入院加療를 요할 상해를 가하였음에 관하여 의사에게 과실이 있다.

(5) 過失 및 因果關係의 立證

㈎ 立證責任 緩和의 必要性 의료사고에 관해서는 과실 및 인과관계의 입증책임은 피해자측에게 있지만, 그 입증의 정도를 완화하여 「사실상의 과실추정」과 「인과관계의 개연성증명」만으로 입증책임을 다한 것으로 인정하는 법리가 발전되었다. 의사가 진료행위중 과실을 범했다는 사실 및 그 과실과 환자의 사망 · 불구 등 나쁜 결과와의 사이에 인과관계가 있다는 사실은 진료과정에 관한 정확한 기록을 갖고 있지 않으면 증명하는 것이 불가능하다. 특히 의료과오책임이 의료인인 전문성을 전제로 하는 것이어서 전문가의 감정의견을 첨부하지 않는 한 비전문인으로서는 증명이 곤란한데, 전문가집단은 자기집단에게 불이익한 감정행위를 하기를 기피하여 결과적으로 입증이 곤란하게 된다. 그렇다고 하여 의료사고에서 의사의 과실을 추정하여 입증책임을 전환한다면, 의료인의 진료의욕을 꺾게 되고 의료인에게 억울한 책임을 지우게 하는 것이어서 부당하다. 이러한 현실적인 어려움을 감안할 때, 피해자측에 의사의 과실 및

인과관계에 관한 입증의 정도를 완화해 줌으로써 피해자와 의료인 상호간의 이익조정을 꾀하는 것이 바람직하다. 민사상의 손해배상은 당사자 사이의 공평한 손해의 분담이 문제라는 점을 생각한다면 인과관계가 엄밀하게 과학적으로 증명되지 않더라도 상당한 개연성이 있으면 인과관계의 존재를 인정해야 한다.[1]

(나) 證明分擔의 法理　판례는 의료사고에 관하여 사실상의 과실추정을 행하고 환자측과 의료인측에게 다음과 같이 증명을 분담시킨다(大判 1995. 3. 10, 94다39567).[2]

1) 患者側의 立證負擔　환자측에서는 일련의 의료행위 과정에서 저질러진 일반인의 상식에 바탕을 둔 의료상의 과실 있는 행위를 입증하고, 그 결과와 사이에 일련의 의료행위 외에 다른 원인이 개재될 수 없다는 점을 증명하는 것으로 충분하다(大判 2003. 11. 27, 2001다20127). 이를 테면 환자에게 의료행위 이전에 그러한 결과의 원인이 될 만한 건강상의 결함이 없었다는 사정을 증명하면 된다.

2) 醫療人側의 立證負擔　의료행위를 한 측이 그 결과가 의료상의 과실로 말미암은 것이 아니라 「전혀 다른 원인으로 말미암은 것」이라는 입증을 하지 아니하는 이상, 의료상 過失과 결과 사이의 因果關係가 인정된다.

3) 立證妨害의 禁止　의사측이 診療記錄을 變造한 행위는, 그 변조 이유에 대하여 상당하고도 합리적인 이유를 제시하지 못하는 한, 「신의칙에 어긋나는 입증방해행위」에 해당한다. 진료기록을 파기한 경우, 간호사 등에게 허위의 증언을 종용한 경우 등도 신의칙에 어긋나는 입증방해행위에 해당할 수 있다. 신의칙에 어긋나는 입증방해행위가 있는 경우에 법원은 자유로운 심증에 따라 의사측에게 불리한 평가를 할 수 있다(大判 1995. 3. 10, 94다39567).

大判 1999. 2. 12, 98다10472: 환자가 치료 도중에 사망한 경우에 있어서는 피해자측에서 일련의 의료행위 과정에 있어서 저질러진 일반인의 상식에 바탕을 둔 의료상의 과실 있는 행위를 입증하고 그 결과와 사이에 일련의 의료행위 외에 다른 원인이 개재될 수 없다는 점을 증명한 경우에 있어서는 의료행위를 한 측이 그 결과가 의료상의 過失로 말미암은 것이 아니라 전혀 다른 원인으로 말미암은 것이라는 입증을 하지 아니하는 이상, 의료상 과실과 그 결과 사이의 인과관계를 추정하여 손해배상책임을 지울 수 있도록 입증책임을 완화하는 것이 손해의 공평·타당한

---

1) 같은 취지: 郭潤直, 797.

2) 大判 1995. 3. 10, 94다39567은 환자가 치료 도중에 하반신 완전마비 등 사지부전마비 증상이 발생한 경우로서 의료과오책임을 인정하였다. 같은 취지: 大判 1998. 2. 13, 97다12778.

부담을 그 지도원리로 하는 손해배상제도의 이상에 맞는다(간질환 투약으로 인한 사망사건).[1]

大判 2000. 7. 7, 99다66328: 수술 도중 환자에게 사망의 원인이 된 증상이 발생한 경우, 의료행위의 특수성에 비추어 그 증상 발생에 관하여 의료상의 과실 이외에 다른 원인이 있다고 보기 어려운 여러 간접사실들을 입증함으로써 그와 같은 증상이 의료상의 과실에 기한 것이라고 추정하는 것도 가능하다(심장수술 도중 사망 사건).

(다) 鑑定意見의 活用　의사의 과실 및 인과관계의 판단에 있어서는 의사, 기타 의료전문가의 감정의견이 판단의 기초자료로 활용된다. 법원의 감정촉탁에 대한 의료기관의 회신 및 법원의 사실조회에 대한 대한의사협회장의 회신은 사실인정에 관한 전문적 지식과 경험을 이용하는 데 불과한 것이며, 법관은 의료과오가 있었는지 여부를 제반사정을 참작하여 경험칙에 비추어 규범적으로 판단한다. 그러므로 회보결과에 의료과오의 유무에 관한 견해가 포함되어 있다고 하더라도 법원이 의사에게 과실이 있는지 여부를 판단함에 있어서 그 견해에 기속되지 않는다(大判 1998. 7. 24, 98다12270).[2]

4. 診療契約과 說明義務

(1) 診療契約

(가) 意　義　환자가 의사의 진료를 요청하여 의사가 그에게 진료를 제공하는 노무공급의 계약관계를 진료계약이라 한다. 진료계약은 의사가 환자를 진찰·치료하는 의료서비스를 제공하고 환자는 그에 대한 보수를 지급하기로 하는 쌍무계약이다. 이 때 의사의 진료의무는 환자의 질병을 완전히 치료하는 것(결과채무)까지는 이르지 않고 진료 당시의 의학지식과 의학기술을 기초로 가능한 치료를 할 것(手段債務)을 내용으로 한다. 진료계약은 통원치료와 입원치료의 경우에 그 성격이 다르게 되나, 어떤 경우에도 환자와의 계약체결 이후 진료가 종료할 때까지 여러 과정을 통하여 의사, 간호사 등의 종합적인 의료서

1) 大判 1999. 6. 11, 99다3709: 신생아에게 신경층마비증세가 분만직후 발견된 경우에, 환자에게 의료행위 이전에 그 결과의 원인이 될 만한 건강상의 결함이 없었다는 사정을 증명한 때에 의료상 과실과 결과 사이의 인과관계가 추정된다.

2) 최재천, "의료과실 소송에 있어서의 감정결과의 평가," 법률신문 제2736호, 1998년 10월 26일자는 의사에 의한 감정의 공정성이 의심받고 있는 이 때에 감정의 결과에 대한 채부를 법관의 자유심증에 의하도록 한 판단은 당연하다. 다만 감정결과를 배척하는 이유를 설시할 필요가 있고, 감정제도에 대한 적극적인 제도적 개선이 요청된다고 하였다.

비스를 목적으로 한다는 점은 공통된다.

진료계약은 민법전에 전형계약으로서 규정되어 있지 않아 그 내용이 모호하다. 최근 진료계약을 하나의 독립한 계약유형으로 파악하고, 그에 의해 발생하는 환자와 의사 사이의 법률관계를 구체적으로 형상화하고, 나아가 현재의 부당한 법률관계를 바로잡으려고 하는 경향이 있다.[1] 진료계약의 법리는 불분명한 계약관계를 명확화하고 현재 의사위주의 진료계약관계를 신의칙에 맞게 공정화하려는 목적을 가진다. 진료계약의 명확화는 의사의 의무를 명확하게 설정함으로써 의료과오책임의 기초를 다지고, 아울러 환자의 성실의무도 부과함으로써 의사의 면책 및 과실상계를 가능하게 한다. 최근에 환자의 권리의식이 고취됨으로써 바람직한 의사와 환자의 관계를 정립할 것이 요청되고 있다.[2]

㈏ 性 格 진료계약은 독자의 계약유형으로 파악되는 노무공급계약이지만, 민법의 전형계약 중에서는 위임과 가장 비슷하다.[3] 위임은 사무의 처리를 목적으로 하는 계약인데, 의사의 진료가 사무의 처리에 해당하는가는 의문이다. 진료계약이 사람의 생명 · 건강에 직접 관련되는 업무를 내용으로 하는 것이므로 통상의 위임과는 구별함이 옳다고 생각한다. 그러나 위임에 관한 규정 중에서 수임인의 선관의무(제681조), 수임인의 보고의무(제683조)의 규정은 진료계약에도 요긴하게 적용될 수 있으리라 생각한다.[4]

환자가 병원에 입원해서 치료를 받는 경우에 병원측은 환자에 대하여 진료뿐만 아니라 숙식제공을 비롯해서 전반적인 간호 내지 보호의 책무를 부담하기 때문에 이러한 입원진료의 계약에는 위임계약의 요소 이외의 宿泊契約의 요소

---

1) 石熙泰, "의사와 환자간의 기초적 법률관계의 분석," 판례월보 제179호, 1985년 8월호; 同, "의료계약(상)," 사법행정 1988년 9월호. 독일에서는 진료계약의 법적 구성이 의료과오의 경우에 독일 불법행위법의 약점을 계약책임으로서 보완하고자 하는 취지에서 시도되었다. 그러나 최근에는 진료계약의 법률관계를 바람직한 방향으로 이끄는 데에로 관심이 기울어지고 있다. 특히 독일 채권법개정의견서에서는 진료계약을 하나의 독립의 계약유형으로 규율할 것을 제안한다. 金亨培, 827 이하에서도 진료계약을 독자적인 계약유형으로 파악한다.

E. Deutsch/M. Geiger: Medizinischer Behandlungsvertrag, *Gutachten und vorschläge zur Überarbeitung des Schuldrechts*(1982), S. 1048ff.

2) 우리 나라에서는 1985년에 소비자단체에 의하여 「환자의 권리선언」이 선포된 바 있다.

3) 같은 취지: 郭潤直, 497; 金亨培, 827. 다만 金亨培, 827에서는 예외적으로 혈액검사나 성형수술은 도급으로 보고, 입원치료는 위임, 도급, 임대차가 혼합된 비전형계약이라고 한다.

과거 진료계약의 성질에 대해서는 위임계약으로 보는 견해, 준위임계약으로 보는 견해, 특수한 무명계약으로 보는 견해 등이 대립하였다. 위임계약설: 金容漢, "의료행위에 의한 책임," 법조 1983년 6월호, 4. 준위임계약설: 李輔煥, 앞의 글, 23. 무명계약설: 權龍雨, "진료과오 및 藥禍사고의 책임," 단국대논문집 제15집, 1981, 350; 金顯泰, "의사의 진료과오에 있어서의 과실의 입증책임," 연세행정논총, 1980, 211.

4) 복임권의 제한에 관한 규정(제682조)이나 수임인의 보고의무에 관한 규정(제683조) 같은 것은 진료계약에 그대로 적용하기에 곤란하다는 의견도 있다: 李輔煥, 앞의 글, 23 참조.

도 포함되어 있다. 그러나 이러한 요소들은 어디까지나 진료를 효과적으로 수행하기 위한 수단이거나 수행의 과정에 해당하는 부수적 계약관계로서 독자적인 중요성을 가지는 것은 아니다.

㈐ **契約當事者**　진료계약의 당사자는 환자와 의사이다. 환자가 미성년자 등의 무능력자인 때에는 법정대리인에 의하여 계약체결이 가능하며, 환자가 의식불명·중태 등의 이유로 의사표시가 불가능하며, 보호자도 동반하지 않는 경우에는 환자가 급박하게 필요한 진료의 범위 내에서의 진료계약의 체결에 승낙한 것으로 추단된다.

의사측이 단독 개업의가 아닌 병원인 때에는 진료계약의 당사자는 병원과 담당의사 양자라고 해석된다. 양자는 진료계약의 이행에 있어서 연대채무자의 관계에 있다. 이 경우 의사를 단순한 이행보조자로 보아서는 안 된다. 왜냐하면 의사는 독자적인 판단과 책임 아래 일하는 전문가이기 때문이다.

환자가 의료보험에 가입하여 의료비 전액이 보험회사(공제조합·보험공단 포함)에 의해 직접 지급되는 경우에도(환자가 의료비를 스스로 일부 부담하는 경우는 물론이고) 진료계약의 당사자는 환자이지 보험회사가 아니다. 단 의료비지급의무에 관해서만은 의사와 보험회사 사이의 기초계약으로서 보험회사가 환자의 의료비지급의무를 전부 또는 일부 免責的 債務引受한 것으로 해석한다.[1]

㈑ **誠實한 診療義務**　의사는 진료시점에 통상의 의사가 가질 것으로 기대되는 의학에 기초하여 성실하게 진료하여야 한다(제681조 유추적용). 환자의 상태가 보다 나은 전문의료인이나 의료시설을 필요로 한다고 판단되는 경우, 그것이 가능하다면 적절한 병원으로 옮기도록 하여야 한다. 진료에 있어서 의사는 환자에게 병원의 종류, 상황, 가능한 진료의 방법, 후유증, 위험, 비용 등을 환자가 알아들을 수 있도록 설명하여야 한다. 또한 환자가 적절한 판단을 내릴 수 있도록 조언을 해 줄 의무를 진다. 환자의 질병이 반드시 그 진료를 필요로 하는 경우를 제외하고는 환자의 동의가 있는 경우에만 진료를 개시하여야 한다. 미성년자라도 위험도가 높은 진료에 관하여는 스스로 그의 수락 여부를 판단할 권리가 있다. 의사는 무단으로 환자를 의학의 실험대상으로 삼거나 의학도를

1) 李補煥, 앞의 글, 34에서는 의료보험제도를 환자의 진료비지급을 담보하는 수단 정도로만 보고, 환자와 의료기관과의 진료계약을 보다 강조해야 한다고 설명한다. 石熙泰, 앞의 글, 판례월보 1985년 8월호, 17에서는 의사와 환자 사이에 제3자를 위한 계약의 낙약자와 수익자의 관계와 직접 계약관계가 병존한다고 설명한다. 사견으로서는 이러한 설명은 매우 모호하며, 진료계약의 중점은 진료 자체에 있지 의료비지급에 있지 않으므로 제3자를 위한 계약이 의사와 보험회사 사이에 체결되고 환자는 단순히 수익자로서 제3자의 지위를 갖는다고 보는 견해는 옳지 않다고 생각한다.

위한 실습 · 교육대상으로 삼아서는 안 된다. 판례는 의료진이 일반인의 수인한도를 넘어서 현저하게 불성실한 진료를 행한 경우 그 자체로서 불법행위를 구성하여 위자료의 배상책임을 부담한다고 한다(大判 2006. 9. 28, 2004다61402).

(마) 醫師의 附隨義務　의사는 검사 · 진료에 관해 통상 요구되는 정도의 기록을 작성해야 한다(記錄作成義務). 환자측에서 그 기록의 열람을 요구하는 때에는 특별한 사유가 없는 한 그에 응하여야 한다(제683조, 유추적용). 환자가 후에 타진료기관에서 진료받고자 할 때에도 그의 비용으로 실시한 검사결과 및 진료기록을 복사해 받을 권리가 있다.[1)]

진료과오의 분쟁시에 의사는 그의 검사 · 진료의 기록을 제출하여야 하며, 이를 이행하지 않는 경우에는 의사의 과실에 대한 혐의가 높아지게 된다. 그리고 의사는 환자의 진료과정에서 알게 된 사항에 관하여 특별한 사유 없이 제3자에게 알려서는 안 되며, 진료기록 등을 함부로 제3에게 열람 · 복사하게 해서는 안 된다(秘密遵守義務).

(바) 患者의 義務　환자는 의사의 진료에 대한 보수를 지급해야 한다(報酬支給義務, 제686조는 적용되지 않음). 보험회사가 의료비를 지불하는 경우의 법률관계에 대해서는 앞에서 설명하였다. 환자는 자기의 질병 · 병세 · 병력 · 알레르기 체질 · 거부반응 등 당해 진료에 필요한 사항을 숨김 없이 사실대로 의사에게 알려야 한다(告知義務).

(2) 醫師의 說明義務[2)]

(가) 意　義　의사는 환자나 그의 보호자에게 질병의 종류와 내용 및 그 치료방법과 그에 따르는 위험 등 환자의 진료와 관계되는 중요한 사항을 설명해 주어야 한다. 의사의 설명에 기초하여 환자는 어떠한 치료 또는 수술을 받을 것인지를 스스로 결정할 수 있게 된다. 특히 치료 결과가 위험을 수반할 우려가 있는 경우에 그 치료의 여부를 환자의 결단에 맡김이 타당하다. 의사의 설명의무는 환자의 자기결정권의 보장이라는 측면에서 강조되고 있으며, 또한 그 속에는 의사에게 환자를 단순한 진료의 객체로만 보는 시각에서 벗어나 의

---

1) 독일채권법개정안(앞의 책) 제8조에도 같은 내용이 규정되어 있다.

2) 참고문헌: 權五乘, "의사의 설명의무," 월간고시 1988년 4월호, 118 이하; 金玟中, "의사의 설명의무: 해결되지 않는 법률문제," 한봉희화갑기념 현대민법의 과제와 전망, 1994; 金敏圭, "의사의 설명의무와 그의 면제," 홍천용화갑기념 민법의 과제와 현대법의 조명, 1997; 金天秀, "환자의 친권자 · 후견자의 동의권," 곽윤직고희기념 민법학논총 제2, 1995; 同, "진료에 대한 설명과 동의의 법리," 대구대출판부, 1999; 朴一煥, "의사의 설명의무와 환자의 승낙," 재판자료 제27집, 182 이하; 석희태, "오진과 자기결정권침해의 효과," 한봉희화갑기념 현대민법의 과제와 전망, 1994; 申殷周, "의사의 설명의무위반과 손해배상책임," 판례월보 제292호, 1995년 1월호.

사와 대등한 인격체로서 대우해 달라는 요청도 포함되어 있다. 설명의무는 의사의 독단적인 무단치료행위로부터 환자의 권리를 보호하는 역할을 한다. 판례는 "의사가 환자에게 수술 등 인체에 위험을 가하는 행위를 함에 있어 그에 대한 承諾을 얻기 위한 前提로서 환자 본인 또는 그 가족에게 그 질병의 증상, 치료방법의 내용 및 필요성, 발생이 예상되는 위험 등에 관하여 당시의 의료수준에 비추어 상당하다고 생각되는 사항을 설명하여 그 환자가 필요성이나 위험성을 충분히 비교하여 그 의료행위를 받을 것인가의 여부를 선택할 수 있도록 하여야 할 의무가 있다"고 한다(大判 1995. 2. 10, 93다52402)(약사의 설명의무 인정. 大判 2002. 1. 11, 2001다27449).

(나) 發生原因 의사의 설명의무는 환자와 의사 사이의 진료계약에서 발생하는 診療義務에 從屬된 義務이다.[1] 의사는 환자의 질병과 치료에 관하여 정확하고 성실하게 설명함으로써 환자가 진료선택에 관해 합리적으로 판단할 수 있도록 도와 주어야 한다. 설명의 대상은 진단의 결과, 질병을 방치하는 경우 예상되는 결과 및 치료하는 경우 예상되는 치유 결과, 여러 개의 처치수단의 선택가능성, 치료에 따르는 위험 등의 부수적 효과 등이다. 그러나 환자가 설명받을 것을 포기한 경우, 의사의 진료상 특권에 속하는 사항, 설명이 환자에게 심적 부담을 초래할 경우, 설명이 위험도를 증가시키는 경우, 설명이 제3자에게 위험을 초래하는 경우, 설명을 받으면 환자가 긴급한 의료처치를 거부하리라고 예상되는 경우 등에는 설명의무가 면제된다.

(다) 說明의 程度 의사는 환자에게 환자가 자기에게 닥친 상황을 정확히 파악한 후에 현명한 판단을 내릴 수 있도록 성실하게 설명할 의무를 진다. 단순히 후유증이 생길 수 있다는 것을 알려주는 것으로는 부족하며(大判 1979. 8. 14, 78다488), 지나치게 의학용어만으로 설명하여 환자가 전혀 이해하지 못하도록 말한 것만으로는 설명이 되었다고 할 수 없다.

설명의 정도는 환자의 선택범위가 넓은 경우로서 처치의 긴급성이 약한 경우에 특히 무겁게 요구된다. 수술이 긴급하지 않은 성형수술의 경우에는 자세한 설명을 요하지만, 긴급한 수술을 요하는 중상환자의 경우에는 간단한 설명만으

---

1) 金相容(下), 357에서는 설명의무가 의료계약의 부수의무가 아니라 주된 급부의무의 하나로 이해되어야 할 것이라고 주장한다.

일본에는 설명의무를 불법행위법상의 주의의무라고 보는 설과 진료계약상의 주의의무라는 설 및 불법행위법상의 주의의무이기도 하고 진료계약상의 주의의무이기도 하다는 설로 나누어진다. 그리고 진료계약을 일종의 준위임계약으로 이해하고, 이에 따라 수임자는 위임자의 청구가 있는 경우에는 어느 때라도 위임사무처리의 상황을 보고할 의무가 있다는 민법상의 규정에 근거하여 설명의무를 도출해 내고자 하는 시도도 있다(大谷 實, 醫療行爲の法, 100).

로 충분하다. 판례는 "의사가 수술 등에 대한 환자의 승낙을 얻기 위한 설명의무는 그 의료행위에 따르는 후유증이나 부작용 등의 위험발생 가능성이 희소하다는 사정만으로 면제될 수 없으며, 그 후유증이나 부작용이 당해 치료행위에 전형적으로 발생하는 위험이거나 회복할 수 없는 중대한 것인 경우에는 그 발생 가능성의 희소성에도 불구하고 설명의 대상이 된다"고 한다(大判 1996. 4. 12, 95다56095. 동지 大判 2004. 10. 28, 2002다45185).

大判 1979. 8. 14, 78다488: 원고가 후유증에 대하여 예상하지 못하였고 긴급을 요하는 사례도 아니었다면, 그러한 후유증이 수반되는 수술을 승낙한 것으로 볼 수 없다. 집도의사들이 설명의무를 다하지 아니함과 동시에 동 원고의 승낙권을 침해함으로써 위법한 수술을 실시하였다는 취지의 원심판결은 정당하다.[1]

大判 1999. 12. 21, 98다29261: 의사는 수술 전 환자에게 위험과 부작용 등을 상세히 설명하여 환자가 수술에 응할 것인지 여부를 스스로 결정토록 할 의무가 있는데 이런 설명을 하지 않고 수술 등의 의료행위를 했다면, 의사에게 치료상 과실이 없이도 그 의료행위는 환자의 승낙권을 침해한 위법행위가 된다.

(라) 說明義務違反의 效果 손해배상책임의 발생에 있어서 의사의 설명의무가 갖는 법적 위치는 어떠한가, 그리고 그 위반의 효과로서 어떤 책임이 의사에게 부과될 것인가에 관하여 학설이 대립한다.

1) 醫療過誤認定說 설명의무를 불법행위책임상 과실의 판단기초가 되는 주의의무로서 파악하고, 진료 결과 사망, 불구 등 나쁜 결과가 발생한 경우에 의사의 설명의무 위반은 곧 그 나쁜 결과에 관한 원인이자 과실행위라고 보아 의료과오책임을 인정하는 견해이다.[2] 이 견해는 의사의 치료행위는 일반적으로 환자의 인체에 대한 侵襲을 포함하기 때문에 그것이 정당한 행위로 평가받기 위해서는 환자의 승낙을 받아야 한다는 것을 전제로 한다. 그리고 환자의 승낙이 유효하기 위해서는 의사가 환자에게 그가 앓고 있는 질병의 종류와 내용 및 그 치료방법과 그에 따른 위험 등에 대하여 충분한 설명을 받지 못한 상태에서 이루어진 환자의 승낙은 무효이며, 그에 기초한

1) 大判 1999. 9. 3, 99다10479: 의사에게 당해 의료행위로 인하여 예상되는 위험이 아니거나 당시의 의료수준에 비추어 예견할 수 없는 위험에 대한 설명의무까지 부담하게 할 수는 없으며, 설명의무의 주체는 원칙적으로 당해 처치의사라 할 것이나 특별한 사정이 없는 한 처치의사가 아닌 주치의 또는 다른 의사를 통한 설명으로도 충분하다.

2) 權五乘, "의료과오와 의사의 주의의무," 민사판례연구 제4권, 107.

치료행위는 위법한 것이 된다고 주장한다. 이 견해는 의료행위에 있어서 환자는 주체이지 단순한 대상이 아니므로, 의사는 환자의 자기결정을 최대로 존중하면서 최선의 의료 서비스를 제공하도록 노력해야 한다는 것을 기초로 한다.

2) 自己決定侵害說 사견으로서는 의사의 설명의무는 의사의 診療契約上의 義務이기는 하지만 불법행위책임법상 의사의 주의의무 자체는 아니며, 설명의무에 위반한 묵비는 환자의 자기결정권침해 및 필수적이 아닌 진료의 강요에 대해 과실이 인정되어 불법행위책임이 성립되며, 그 책임내용으로서 慰藉料請求權이 발생한다고 해석한다. 설명의무에 위반한 묵비가 언제나 의료행위로 야기된 나쁜 결과에 대한 과실판단의 근거로 되어서는 안 된다. 의사가 설명의무에 위반하여 질병 및 치료방법을 설명하지 않았다는 사실만으로 발생한 損害와 의사의 默秘 사이에 상당인과관계를 인정하여 의사에게 배상책임을 지우는 것은 부당하다고 생각한다. 다른 한편 의사의 설명과 환자의 승낙이 있다고 하여 어떠한 처치를 취하였더라도 의사에게 책임이 없다고 보는 것도 부당하다고 생각된다.[1] 특히 의사의 설명과 환자의 승낙만으로써 특수한 방법이나 新療法의 사용에 따른 실패에 관하여 과실을 물을 수 없다고 함은 부당하고, 위의 경우 특수한 방법 등의 사용이 불가피하였다는 등의 사정이 첨가되어야 비로소 과실을 물을 수 없다고 함이 타당하다.

3) 複合說 판례는 설명의무를「자기결정권침해의 전제로서 설명의무 위반」과「의료과오의 전제로서 설명의무 위반」의 복합적 의미로 이해하고, 그 위반에 대하여도 각각 자기결정권침해로 인한 위자료청구권과 의료과오로 인한 손해배상청구권의 두 가지 효과가 생긴다고 한다(大判 1995. 2. 10, 93다52402).[2] 각각의 설명의무 위반은 그 성질이 다르므로 입증의 방법 및 정도가 다르며, 후자의 설명의무 위반은 구체적 치료과정에서 요구되는 의사의 주의의무 위반과 동일시할 정도의 것이어야 하고, 그러한 위반행위와 환자의 사망과의 사이에 인과관계가 존재함이 입증되어야 한다(大判 1996. 4. 12, 95다56095). 그 밖에 판례는 환자의 승낙 없이 이루어진 의사의 수술행위는 환자의 承諾權을 侵害하는 위법한 것이라고 보는 전제 아래 설명의무는 그 위법성을 없애는 역할을 하는 것이라고 본다. 형사사건에서는 의사의 설명과 환자의 승낙 없는 수술행위가 행해진 경우에 수술 후 나쁜

1) 같은 취지: 金先錫, "의료과오에 있어서 인과관계와 과실," 재판자료 제27집, 102.
2) 같은 취지: 金相容(下), 378.

결과에 대한 의사의 업무상 과실을 넓게 인정한다(大判 1993. 7. 27, 92도2345).[1)]

大判 2002. 6. 28, 2001다81313: 환자에게 발생한 중대한 결과가 의사의 침습행위로 인한 것이 아니거나 또는 환자의 자기결정권이 문제되지 아니하는 사항에 관한 것은 위자료 지급 대상으로서의 설명의무 위반이 문제될 여지는 없다.

大判 1995. 2. 10, 93다52402: 환자측에서 선택의 기회를 잃고 자기결정권을 행사할 수 없게 된 데 대한 위자료만을 청구하는 경우에는 의사의 설명 결여 내지 부족으로 선택의 기회를 상실하였다는 사실만을 입증함으로써 족하다. 모든 손해를 청구하는 경우에는 그 중대한 결과와 의사의 설명의무 위반 내지 승낙 취득과정에서의 잘못과의 사이에 상당인과관계가 존재하여야 하며, 그 때의 의사의 설명의무 위반은 환자의 생명, 신체에 대한 구체적 치료과정에서 요구되는 의사의 주의의무 위반과 동일시할 정도의 것이어야 한다.[2)]

獨逸의 學說과 判例

독일에서는 의료소송에서 의사의 주의의무 위반이라는 과실에 대한 주장과 아울러 설명의 해태를 책임요건으로 주장하는 수가 많다. 왜냐하면 독일에서는 의사의 설명을 환자의 승낙에 대한 전제조건으로 보는 결과 의사측에서 충분한 설명을 다하였다는 것을 입증할 책임을 부담하기 때문이다. 따라서 의료과오에 대한 입증의 경우와는 반대로 의사측에서 환자의 승낙을 유효하게 하기 위한 전제조건으로써 자기의 설명이 미리 있었다는 것을 입증하여야만 한다. 또 환자는 처치의사가 불충분한 설명을 하였다는 점에 대하여 확신을 가지고 있어서가 아니라 설명과 승낙에 관한 입증책임이 환자에게 유리하기 때문에 설명해태를 더욱더 주장하고 있는 경향이 농후하다. 환자는 의료소송시 우선 의사의 의료과실을 주장하고, 이것을

1) 大判 1993. 7. 27, 92도2345: 산부인과 전문의 수련과정 2년차인 의사가 자신의 시진, 촉진 결과 등에 과신한 나머지 초음파검사 등 피해자의 병증이 자궁외임신인지 자궁근종인지를 판별하기 위한 정밀한 진단방법을 실시하지 아니한 채 피해자의 병명을 자궁근종으로 오진하고, 이에 근거하여 의학에 대한 전문지식이 없는 피해자에게 자궁적출수술의 불가피성만을 강조하였을 뿐 위와 같은 진단상의 과오가 없었으면 당연히 설명받았을 자궁외임신에 관한 내용을 설명받지 못한 피해자로부터 수술승낙을 받았다면 위 승낙은 부정확 또는 불충분한 설명을 근거로 이루어진 것으로서 수술의 위법성을 조각할 유효한 승낙이라고 볼 수 없다(형사사건).

2) 같은 취지: 大判 1996. 4. 12, 95다56095: 의사가 설명의무를 위반한 채 수술 등을 하여 환자에게 사망 등의 중대한 결과가 발생한 경우에 환자측에서 선택의 기회를 잃고 자기결정권을 행사할 수 없게 된 데 대하여 위자료만이 아닌 전 손해의 배상을 구하는 경우에는, 그 설명의무의 위반이 구체적 치료과정에서 요구되는 의사의 주의의무 위반과 동일시할 정도의 것이어야 하고 그러한 위반행위와 환자의 사망과의 사이에 인과관계가 존재함이 입증되어야 한다.

입증하지 못한 경우에는 부수적인 책임요건으로 설명의 해태 또는 승낙의 흠결을 들고 있다.

독일의 판례는 전통적으로 의료침습을 상해죄의 구성요건에 해당하는 것으로 보고 환자의 승낙이 있는 경우에만 위법성이 조각된다고 보아 왔다. 이 견해는 2차대전 이후 사람은 생명·신체를 침해당하지 아니할 권리를 가지고 있으며, 이 권리는 법률에 근거하여서만 침해할 것이 허용된다고 규정하고 있는 서독기본법 제2조 2항에서 근거를 찾음으로써 종래의 입장을 한층 강화하여 왔다(BGH NJW 56, 1106(1차 전기 쇼크 사건), BGHZ 29, 176(방사선 사건)). 민사사건에서도 독일법원은 의사의 의료과오가 완전히 입증되지는 아니하였지만 의료과오가 있었다는 점에 대해 상당히 신빙성이 있다고 인정되는 경우에는 설명의 해태 또는 승낙의 흠결을 인정하여 의사에게 책임을 부과하였다.

이러한 독일판례에 대하여 적지 않은 독일학자들은 치료행위가 상해죄의 구성요건에 해당한다는 점에 반대하고 있으며, 그것은 의료행위의 사회적 의미에 적합하지 아니하다고 한다. 왜냐하면 외과의사의 수술행위를 일반적인 신체상해행위와 동일시한다는 것은 질병의 치료를 목적으로 하는 의료행위의 본질에 비추어 볼 때 타당하다고 할 수 없기 때문이다. 형법학에서는 의료행위가 원칙적으로 구성요건해당성이 없으나 특수한 요건을 갖춘 경우에만 예외적으로 구성요건해당성을 갖는다는 견해가 유력해졌다. 그리고 1920년 전후부터 專斷的 治療行爲라는 독자의 범죄구성요건을 새로이 명문화하여야 한다는 주장이 형법개정작업과 관련하여 대두되고 있다. 또한 독일판례가 위와 같이 기본법을 원용하여 환자의 승낙문제를 다루고 있는 것은 기본법의 적용범위와도 연관된 문제로 많은 의문점이 내포되어 있다고 비판된다. 그리고 설명의무에 의존한 입증의 회피에 관한 소송실무의 태도도 바람직한 것이라고 할 수가 없으며, 사실심법관은 모든 증명수단을 통하여 의사의 의료과실 여부를 탐구하여야만 한다는 비판이 행해진다.[1)]

(3) 患者의 診療拒否

환자의 자기결정권은 인간의 존엄성에서 비롯되는 권리이므로 환자가 의료처리를 거부하는 경우에는 이것이 환자의 완전한 정신상태 아래서 명시적이고 진지하게 이루어진 것인 한 의사는 이를 존중하여야 한다. 환자의 거부가 특히 문제되는 경우는 미성년자에 대한 의료처치를 법정대리인이 거부하는 경우이다. 미성년자에 대한 의료처치를 친권자가 합리적인 이유 없이 거부하는 경우에는 친권의 남용에 해당한다고 볼 수 있다.

---

1) Dunz, *Zur Praxis der zivilrechtlichen Arzthaftung*, S. 20.

大判 1980. 9. 24, 79도1387: 생모가 사망의 위험이 예견되는 그 딸에게 수혈이 최선의 치료방법이라는 의사의 권유를 자신의 종교적 신념이나 후유증발생의 염려만을 이유로 완강하게 거부하고 방해하였다면 이는 결과적으로 要扶助者를 위험한 장소에 두고 떠난 경우와 다름이 없다고 할 것이고, 그 때 사리를 변식할 지능이 없다고 보아야 마땅한 11세 남짓의 환자 본인 역시 수혈을 거부하였다고 하더라도 생모의 수혈거부행위가 위법한 점에 영향을 미치는 것이 아니다.

§55. 環境汚染責任

1. 槪　說[1]

(1) 環境汚染責任

㈎ 意　義　환경오염책임이란 사업장 등에서 발생되는 환경오염으로 인하여 피해가 발생한 경우에 당해 사업자에게 그 손해에 대한 배상책임을 지우는 것을 말한다(환경기본법 제31조). 환경오염책임은 원래 사업자의 과실을 요건으로 하지 않는 危險責任인 것이 원칙이지만, 그 손해의 원인 및 배상범위에 따라서는 過失責任으로 배상시키는 경우도 있다. 사업자에게 과실이 있다는 것을 증명할 수

1) 참고문헌: 具然昌, 환경법론, 법문사, 1981; 同, 환경보전법, 삼영사, 1981; 吳錫洛, 공해소송의 제문제, 일신사, 1979; 權五乘, "환경소송의 효용과 한계," 곽윤직고희기념 민법학논총 제2, 1995; 權龍雨, "공해소송과 인과관계의 입증," 법조 제24권 2호 및 3호; 金基洙, "생활방해에서 본 일조권논고," 장경학고희기념, 1987; 金相容, "환경침해불법행위," 곽윤직고희기념 제2, 1995; 金昌祚, "위험영역이론과 환경소송에의 적용," 민사법과 환경법의 제문제, 1986; 同, "소음·진동 및 일조보호규제법칙," 환경법연구 제4권, 1982; 金洪奎, "공해소송에 있어서 소송구조," 환경법연구 제3권, 1981; 安法榮, "EU-환경법의 회원내국의 효력: 독일연방공화국에서의 환경지침의 법적 취급을 중심으로," 고려대 법학논집 제31집, 1995; 安基熙, "폐기물법제에 관한 연구," 민사법과 환경법의 제문제, 1986; 梁三承, "일조권과 수인정도," 민사판례연구 제6권, 1984; 吳錫洛, "공해배상소송에 있어서의 포괄청구의 의미," 민사법과 환경법의 제문제, 1986; 尹庸碩, "환경오염의 민사책임에 관한 새로운 동향," 재산법연구 제11권 1호, 1994; 李相敦, "석면에 의한 피해와 관련된 법적 문제점," 민사법과 환경법의 제문제, 1986; 李正雨, "공해에 대한 사법적 구제," 저스티스 제12호; 李太載, "공해의 사법적 구제에 있어서의 인과관계론," 사법행정 제15권 4호 및 5호; 李鴻薰, "여천공단의 환경오염실태와 그 법적 고찰," 재판실무연구 1997, 1998년 1월호; 全京暈, "독일 환경책임법과 이 이후의 새로운 경향 (상)·(하)," 판례월보 제333호, 1998년 6월호; 鄭權燮, "토지이용과 환경보전," 민사법과 환경법의 제문제, 1986; 同, "대기보전법칙," 환경법연구 제4권, 1982; 鄭任吉, "서독의 임미시온 보호법," 서울대 법학 제22권 1호, 1981; 趙銀來, "환경오염피해에 대한 민사적 구제의 비교법적 연구," 비교법학 제9집, 1998; 趙鍾炫, "환경권의 민사법리," 김형배화갑기념 채권법에 있어서 자유와 책임, 1994; 千柄泰, "미국환경소송에 있어서의 「Standing」 법리의 전개," 민사법과 환경법의 제문제, 1986; 崔相鎬, "환경오염에 있어서의 위법성," 계명법학 제2집, 1998; 洪天龍, "수질오염으로 인한 어업피해의 사법적 구제," 고창현화갑기념, 1987; 黃鎭浩, "환경오염에 대한 손해배상," 인권과 정의 제204호, 1996년 8월호.

있는 경우에는 민법의 不法行爲責任으로도 손해배상청구가 가능하다. 가해자가 사업자가 아니고 이웃하는 토지소유자 사이에서 일상적인 생활환경이 문제되는 경우는 相隣關係의 생활방해금지(제271조) 및 불법행위에 기한 손해배상청구로 해결되는 것이 보통이며, 이 경우는 전형적인 환경오염피해에는 속하지 않는다.

환경은 自然環境과 生活環境으로 나뉘는데, 자연환경이란 지하 · 지표(해양포함) 및 지상의 모든 생물과 이들을 둘러싸고 있는 비생물적인 것을 포함한 자연의 상태를 말하고, 생활환경이란 대기 · 물 · 폐기물 · 소음 · 진동 · 악취 등 사람의 일상생활과 관계되는 환경을 말한다. 환경오염은 경제 · 정치 · 사회 · 법률의 모든 사회분야에 공통하는 과제일 뿐 아니라 나아가 자연과학의 과제이기도 하다. 더 이상 환경이 파괴 · 훼손되지 않도록 하기 위해서 모든 학문분야에서 종합적으로 해결책을 모색하는 統合論理的 接近이 필요하다.

(나) 特　色　책임법에서 환경오염책임은 다음과 같은 특징을 갖는다. ① 환경오염은 통상 1차적으로 대기 · 수질 · 토양 등에 해를 끼치고 그들을 매개체로 하여 2차적으로 인체나 재산에 손해를 입힌다. 가해자가 직접 피해자에 대하여 어떠한 직접적인 가해행위를 함으로써 손해를 입히는 경우는 거의 없다. 대개의 경우에 가해자가 그의 정상적인 활동(공장가동 등)의 결과 부수적으로 소량의 유해요인을 계속적으로 방출하거나 가해자측의 비정상적인 사고(원자로폭발로 인한 방사선 누출 등)로 인하여 유해요인을 대량으로 방출함으로써 환경을 오염시킨다. ② 환경오염에 의한 침해는 광범위하게 발생한다. 환경오염피해가 한두 명의 피해자에게만 발생하는 경우는 거의 없으며, 일정지역의 주민 전부에 미치거나 또는 그 지역 내의 모든 동물 · 식물 등의 재산에 발생하는 경우가 대부분이다. 가해자가 그 지역 내에 거주하는 경우에는 그에게도 오염피해가 발생할 것이다. 그러므로 환경오염책임은 가해자와 피해자 사이의 개인적인 법률문제가 아니라 오염지역전체의 공동의 법률문제로 되며, 나아가서 사회적 · 국가적 문제로까지 확산된다. ③ 환경오염에 의한 침해는 계속적으로 발생한다. 환경오염의 원인이 되는 인위적 활동(공장가동 등)이 계속되는 동안은 그와 함께 침해도 계속됨이 보통이다. 그러므로 그 피해의 법적 구제에 있어서도 이미 발생한 손해를 배상해 주는 것만으로는 불충분하고, 오염원인을 제거시키는 방지조치를 취하도록 강제될 것이 요구된다. ④ 환경오염에 의한 침해는 가해자의 적법한 활동의 결과 부수적 · 필연적으로 야기되는 경우가 많다. 가해자의 활동은 공공사업인 경우도 있고 사기업의 영리활동인 경우도 있으나, 모두 국가경제발전 등 어느 정도

의 공익적 · 사회적 기여를 하고 있다. 그러므로 피해의 구제에 있어서 가해자측의 이익(이것은 결국 공익과 연결하여 고려되어야 한다)과 피해자측의 이익이 비교형량되어야 한다. 이러한 이익형량의 결과로 가해자에게 손해배상이나 방지조치를 하도록 요구함이 타당하다고 판단되는 정도의 환경오염만이 가해자의 배상책임 및 방지조치의무를 발생시킨다. 그에 미달하는 환경오염은 우리가 다른 사람과의 공동생활을 영위해 나가는 이상 인내하여야 한다.

(2) 基本權으로서의 環境權

환경권(environmental right, Recht auf eine menschenwürdige Umwelt)이란 "인간다운 환경 속에서 생존할 수 있는 권리"[1] 또는 "건강하고 쾌적한 환경에서 공해 없는 생활을 누릴 수 있는 권리"[2] 등으로 정의된다. 헌법(1987)은 "모든 국민은 건강하고, 쾌적한 환경에서 생활할 권리를 가지며, 국가와 국민은 환경보전을 위하여 노력하여야 한다"고 하여 환경권을 기본권의 일종으로 규정하고, 환경권의 내용과 행사에 관하여는 법률로 정하도록 한다(헌법 제35조 1항 · 2항).

환경권의 법적 효력에 관해서는 학설이 대립한다.

1) 立法方針說 환경권이 개인의 국가에 대한 환경보호조치의 청구권을 부여하는 것은 아니고, 단지 입법자에 대하여 효과적인 환경보호의 포괄적 조치를 취할 정치적 · 도의적 의무를 부과할 뿐이라고 한다.[3]

2) 抽象的 權利說 환경권은 인간다운 환경 속에 살 수 있도록 필요한 입법을 요구할 수 있는 법적 권리를 보장하지만, 그 권리가 침해된 경우 그의 구제를 재판을 통하여 소구할 수 없다고 한다.[4] 판례는 천성산 도롱뇽사건에서 고속철도공사의 금지청구권을 부정하였다(大決 2006. 6. 2, 2004마1148 · 1149).

3) 具體的 權利說 환경권을 불완전한 구체적 권리[5]라고 이해하거나 환경개선 · 보호조치 청구권은 추상적 권리이나 환경침해배제청구권은 구체적 권리[6]라고 설명하며 환경권을 구체적 권리로 파악한다. 다만, 환경권의 對私人的 效力에 관하여는 私法의 일반조항을 통하여 私人에게 간접적용된다고 보는 견해[7]와 사인 상호간의 관계에도 직접적용된다고 보는 견해[8]의 대립이 있다.

---

1) 金哲洙, 헌법학개론, 박영사, 1999, 738.
2) 許營, 한국헌법론, 박영사, 1999, 418.
3) 徐元宇, "환경오염과 피해자구제," 검찰 제1호, 1978, 100.
4) 文鴻柱, 제6공화국헌법, 303; 金哲洙, "환경권," 환경법연구 제3권, 1981, 24.
5) 權寧星, 헌법학원론, 박영사, 1999, 605.
6) 金哲洙, 헌법학개론, 박영사, 1999, 739.
7) 金哲洙, 앞의 책, 743; 丘秉朔, 신헌법학원론, 박영사, 1997, 586.
8) 權寧星, 앞의 책, 609.

環境保全을 위한 公法的 規制

헌법에 의해 생존권적 기본권으로 보장된 환경권을 실효성 있게 보호하기 위해서는 공법적 차원과 사법적 차원을 망라한 종합적인 대처방안이 요구된다. 정부는 1977년부터 종전보다 적극적인 환경보전행정을 펴나갈 의지를 보여 주었는데, 그것 중 특기할 만한 것으로서 1977년의 환경보전법과 해양오염방지법의 제정 및 1989년의 환경처의 신설을 들 수 있다. 1990년에는 환경정책기본법 · 수질환경보전법 · 대기환경보전법 · 환경오염피해분쟁조정법이 제정되어 환경규제입법이 본격화되었다. 환경보전행정은 크게 「환경오염의 규제」와 「환경오염피해에 대한 행정적 구제제도」의 두 가지로 나뉜다. 오늘날과 같이 환경오염이 심각한 정도에 이르렀고 또한 그 오염원이 산업시설 등 기업활동과 직접 관련되는 시점에 이르러서는 국가의 환경오염에 대한 적극적인 규제가 필요하다. 규제방법으로서는 환경기준, 배출허용기준, 환경영향평가, 총량규제, 배출시설의 설계허가, 연료규제, 특별대책지역, 개선명령 등이 활용된다. 그리고 규제의 실효성확보수단으로서 영업정지 · 시설폐쇄 · 행정벌 등이 사용된다.

(3) 環境汚染被害의 私法的 救濟

환경오염피해에 대한 구제책으로서 대표적인 것은 피해자의 損害賠償請求權과 不作爲請求權의 두 가지이다. 손해배상은 이미 발생한 환경오염피해에 대해서 금전으로 배상하여 주는 사후적 구제방법이고, 부작위청구는 장래에 대해서 환경오염을 금지시키는 사전적 구제방법이다. 실제 운영에 있어서 하나의 환경오염사건에 대해 두 청구권이 동시에 행사됨으로써 한번에 손해배상과 예방조치가 가능하게 될 수 있다.[1)]

1) 損害賠償 환경정책기본법상의 손해배상제도는 가해자의 과실을 요건으로 하지 않는 危險責任이란 점에서 획기적이다. 이 법은 사업장 등에서 발생되는 환경오염으로 인하여 피해가 발생한 때에는 당해 사업자는 그 피해를 배상하여야 한다고 규정한다(환경기본법 제31조 1항). 「환경정책기본법」(1990)의 취지를 구체화하기 위하여 「환경영향평가법」(1993) · 「소음 · 진동규제법」(1990) · 「대기환경보전법」(1990) · 「수질환경보전법」(1990) · 「해양오염방지법」(1991) · 「오수 · 분뇨및축산폐수의처리에관한법률」(1991) 등 환경오염방지를 위한 특별법이 제정되어 있다. 그리고, 환경오염피해에 대한 민법상의 구제책으로서 불법행위(過失責任)

1) 손해배상과 방해예방을 불법행위법이나 물권법 중의 하나의 법리에 의해 동시에 해결하는 것이 바람직하다는 견해도 주장된다. 金基洙, "공해의 사법적 구제의 방향과 상린관계적 구성," 환경법연구 창간호, 135.

에 기초한 손해배상청구(제750조)가 가능하다. 환경오염으로 인한 손해배상청구에 관한 분쟁조정절차가 「환경분쟁조정법」(1997)에 의해 피해자에게 편리하도록 진행된다.

2) 不作爲請求 민법에 규정된 물권적 방해제거 · 예방청구권(제205조, 제206조, 제214조)과 매연 등에 의한 생활방해금지의 규정(제217조)에 의해 피해자는 방해자를 상대로 부작위청구를 할 수 있다. 민법 제205조는 방해제거와 손해배상을 동시에 규정하나 이 때의 손해배상은 「물권침해로 인한 불법행위」에 기해 발생하는 손해배상청구권을 의미하는 것으로 해석된다.

공법적 규제만에 의하여 환경오염피해가 근절될 수 없다는 점을 고려할 때, 환경오염피해의 사후적 구제방법으로서 손해배상이나 환경피해 당사자의 청구에 기초한 부작위청구 등의 사법적 구제방법은 민주주의사회에서 환경오염을 최소로 줄이고 또한 그의 피해도 최대한 배상시킬 수 있는 중요한 법적 수단으로 정착할 것이다. 근래에는 環境法이 환경오염문제에 관한 다각적 접근을 위하여 하나의 독립된 법영역으로서 형성되어 있다. 환경법은 다른 법분야보다 뒤늦게 발전하게 된 영역이지만, 앞으로 쾌적한 환경을 유지시키는 데 지대한 공헌을 할 것으로 기대된다.

獨逸의 環境責任法

독일에서는 1990년 환경책임법(Umwelthaftungsgesetz)이 제정되었다. 환경책임법은 여러 형태의 환경오염으로 인한 인체손해와 재산손해에 대하여 배상청구권을 인정하는 환경오염피해에 관한 포괄적인 책임법이다. 이 법은 환경오염의 종류를 토양 · 대기 · 수질오염에 한정하고 있고, 법률이 열거한 시설로 인하여 발생한 손해로 적용범위를 한정하고 있다(施設關聯的인 危險責任). 독일민법 제906조 2항 2문과 연방임밋시온방지법 제14조 2문에 의한 보상청구는 토지관련성의 결여로, 불법행위책임은 과실의 결여로 손해배상청구를 행사할 수 없는 피해자에게 독일환경책임법은 배상청구의 길을 열게 되었다.[1]

① *危險責任*: 이 법은 환경오염의 종류를 토양 · 대기 · 수질오염에 한정하고 있고, 법률이 열거한 시설로 인하여 발생한 손해로 적용범위를 한정하고 있다. 환경위험의 현실화로 인하여 야기된 손해만이 전보된다. 위험의 실현은 진동 · 소음 · 가스 등에 의한 「임밋시온에 의한 위험현실화」와 토양 · 공기 · 물에 물질이 분산됨

1) 全京暈, "독일 환경책임법과 이 이후의 새로운 경향 (상) · (하)," 판례월보 제333호. 1998년 6월호.

으로 인한 「분산에 의한 위험현실화」의 두 종류로 규정되어 있다. 법익에 입은 손해가 환경오염의 위험에서 비롯된 것이어야 하며, 그 밖의 원인으로 인한 손해라고 여겨지는 경우에는 책임범위에서 제외된다. 사업자가 당시의 기술 수준으로 할 수 있는 조치를 모두 취하였다든가, 사회적으로 요구되는 주의의무를 다했더라도 면책되지 않는 嚴格責任의 성격을 띤다.

② 施設에 의한 環境侵害: 이 법에서 확정적으로 열거하는 시설에서 행해지는 환경침해를 통한 손해배상책임에 한정되어 적용된다. 손해는 환경매체인 토양, 공기 또는 물로 확산되는 물질, 진동, 소음, 압력, 가스, 증기, 방사, 열이나 기타의 현상으로 결과되어야만 한다. 동시에 확산은 시설에서 환경에 발생되어지고 시설에서 분배된 것을 요건으로 한다.

③ 責任의 排除와 制限: 불가항력으로 인하여 손해가 초래되면 배상의무가 발생하지 아니한다. 불가항력이란 최고도의 주의에 의해서도 그 사고발생을 예견할 수 없었거나 방지할 수도 없었던 외부로부터 기인하는 사건을 의미한다.

④ 因果關係: 독일환경책임법은 因果關係의 推定에 관한 규정을 두고 있다. 즉 환경책임법의 적용을 받는 시설이 개별사건의 제반사정에 비추어 손해를 야기하기에 구체적으로 적합한 경우에는 인과관계가 추정된다. 이 때 어떤 시설이 다른 원인과 합하여서라도 실제로 발생한 손해의 공동원인이 되기에 적합하였다면 그것으로 충분하다고 해석한다. 단 다른 원인이 단독으로 그 손해를 야기하기에 적합한 경우에는 인과관계가 추정되지 않는다. 인과관계를 추정하기 위하여는 사용된 시설, 방출된 물질, 기상상황 등 손해발생을 야기하거나 방해하는 모든 사정을 고려해야 한다. 단 문제되는 시설이 運營에 관한 義務가 준수되고 고장이 없이 정상운영되었던 경우에는 인과관계가 추정되지 않는다.

⑤ 最高賠償限度: 배상의무자는 손해가 동일한 환경침해로 인하여 발생하는 한 사망, 신체 또는 건강침해에 대하여 합산하여 최고 1억 6천만 마르크까지 그리고 물건의 손해에 대해서도 합산하여 최고 1억 6천만 마르크까지 책임이 있다. 책임최고한도의 규정은 包括的 責任最高限度와 個別的인 責任最高限度로 구별할 수 있는데 포괄적인 책임최고한도는 피해자의 수에 관계 없이 각 事故당 책임을 제한하는 것이고 개별적인 책임최고한도는 개개의 被害者에 대하여 최고배상액을 제한하는 방식이다. 독일환경책임법 제15조는 包括的인 책임최고한도를 규정하고 있다. 이는 시설의 보유자로 하여금 책임보험에 가입하기 좋게 한다.

⑥ 原狀回復: 독일환경책임법 제16조 1항은 생태적 손해의 배상과 관련하여 독일민법 제251조 2항을 수정하여서 시설의 보유자로 하여금 원상회복을 위하여 필요한 비용이 물건의 경제적인 가치를 초과하는 경우에도 부당하게 되지 않는 한도에서 원상회복으로 배상하도록 하고 있다.

⑦ 情報請求權: 피해자는 시설보유자 및 일정한 관청에 대하여 정보청구권을 갖는다. 손해발생의 원인에 관한 자료가 가해자인 시설보유자의 지배영역 내에 있으므로 피해자에게 접근할 수 있는 법적 수단을 마련할 필요성이 인정되어서 정보청구권을 인정하게 되었다.

2. 環境汚染으로 인한 損害賠償責任

(1) 環境政策基本法의 無過失責任

㈎ 責任主體 손해배상의무를 지는 자는 타인의 신체나 재산에 피해를 발생시키게 한 사업을 영위하는 경영자를 말한다. 이에는 공장 또는 사업장의 배출시설의 설치허가를 받은 자, 하수 · 폐수 · 분뇨종말처리시설의 경영자, 방지시설업자 및 산업폐기물처리업자도 포함된다.

㈏ 事業場 등에서 環境汚染이 발생될 것 환경오염으로 인하여 타인에게 발생한 손해는 가해자의 과실과 관계 없이 언제나 배상되어야 한다. 발생한 손해가 「사업장 등에서 발생되는 환경오염으로 인한 손해」라는 것이 증명되면, 그 손해를 「환경오염을 야기한 사업자」에게 배상토록 한다(환경기본법 제31조 1항). 어떠한 사업장에서 배출한 오염물질로 인하여 손해가 발생한 경우에 그 사업장의 책임자가 그 손해를 배상하여야 함이 타당하다. 오염물질의 배출은 당해 사업장의 사업의 결과 부수적으로 행해지는 것으로서 넓은 의미의 사업에 포함되므로 그 사업의 수행자는 그 사업내용 모두에 대해 궁극적인 책임을 져야 한다. 필연적으로 오염물질을 배출할 수밖에 없는 사업은 그 행위 자체에 위험성을 내포한 위험사업이며, 그러한 위험을 야기한 자는 이로 인한 피해에 대해 배상책임을 져야 한다.

1) 事業場 등 사업장 등이라 함은 오염물질의 배출시설이 설치되어 있는 공장, 사업장, 기타 모든 설비를 말한다. 자동차나 증기, 하수 · 폐수 · 분뇨종말처리장 또는 방지시설업소, 산업폐기물처리업소 등도 이에 포함되는 것으로 해석된다.

2) 環境汚染 환경오염이란 사업활동 기타 사람의 활동에 따라 발생되는 대기오염, 수질오염, 토양오염, 해양오염, 방사선오염, 소음 · 진동, 악취 등으로서 사람의 건강이나 환경에 피해를 주는 상태를 말한다(환경기본법 제3조 4호).

3) 環境汚染의 蓋然性 환경오염행위의 입증은 그 蓋然性을 社會通念上 立證하는 것으로 충분하다고 해석된다. 피해자측에서 어떤 사업장에서 문제된 오염물질이 방출되었는가를 증명하는 것은 매우 어렵다. 피해자가 사업장의 조업과정을 알 수 없기 때문이다. 손해배상소송이 제기된 후에는 사업자가 오염방지조치를 취하거나 조업을 일시 중단하는 등 과거의 환경오염행위의 증거를 없애는 경우가 많다.

(다) 環境汚染으로 인하여 被害가 發生하였을 것 무과실의 환경오염책임에 있어서는 오염물질을 매개로 하는 因果的 連續을 증명하는 것으로 충분하다. 「어떤 사업장에서 환경오염을 야기시켰다는 인과관계」과 「그 환경오염으로 인하여 피해가 발생했다는 인과관계」의 두 인과관계가 연속적으로 존재하는 경우에 배상책임이 발생한다. 어떤 사업장이 환경기준에 위반하여 환경오염을 야기시켰다면 책임을 부담할 가능성이 높다. 환경오염이란 이미 사람의 신체나 재산에 대하여 손해를 가할 수준에 이르는 상태를 가리키는 것이므로, 그로 인하여 손해가 발생하리라는 것은 쉽게 추정될 수 있다. 다만 배상을 필요로 하는 특정의 손해가 그 환경오염을 원인으로 하여 유발된 것인지를 판단하기 위해서 과학적인 인과관계의 입증이 필요한 경우가 있다. 이 때 피해자는 사회경험칙상의 蓋然性을 증명하는 것으로 충분하고, 그러한 인과연속이 없음을 주장하는 사업자가 그를 입증할 책임을 져야 한다. 피해는 인체손해와 기타 재산손해가 모두 포함된다.

(라) 加害者不明으로 인한 連帶責任 사업장 등이 2개 이상 있는 경우에 어느 사업장 등에 의하여 환경오염피해가 발생한 것인지를 알 수 없을 때에는 각 사업자는 연대하여 배상하여야 한다(환경기본법 제31조 2항). 이 규정은 공동불법행위책임에 관한 민법 제760조 2항과 유사한 취지의 규정이다. 사업자는 문제된 시점에 자기가 오염물질을 배출하지 않았다는 것 그리고 그 환경오염은 전적으로 다른 특정사업자의 배출행위로 인한 것이라는 점을 증명하여 면책될 수 있다. 이 두 가지 중 하나만 증명하여서는 가해자불명의 상태가 해소되지 않으므로 면책될 수 없다. 연대책임의 내용은 민법 제760조 1항의 연대채무와 같이 不眞正連帶債務로 된다(앞의 설명 참조).

複合汚染被害의 경우에 어느 지역 내의 오염도가 위험한계를 초과하였지만 각 사업장 단독으로는 그 위험한계에 미달하는 오염물질을 배출한 경우에, 어떤 사업장이 얼마큼의 환경오염물질을 배출했는지 증명이 안 되면 그 지역의 모든 사업장이 연대책임을 진다. 한 사업자가 자기가 일정비율에 관해서만 환경오염의 원인을 제공했다는 것을 증명한 경우에 그의 연대책임이 면제될 수 있는가에 관하여 학설이 대립하였으나, 환경정책기본법은 관여도감책을 허용하는 것으로 해석된다.

1) 客觀的 共同說 복합오염피해는 客觀的 共同不法行爲에 해당하는 것으로서 어느 지역의 환경오염정도가 위험한계를 초과하여 인체손해를 야기한 경우에 그 지역 내에 오염배출사업장은 자기의 관여비율이 증명되든 그렇지 않든 언제나 모두 연대하여 그 인체손해 전부에 대해 손해배상의무를 진다는 견해이다.[1] 각 사업자 사이의 내부적 분담부분은 각자의 오염물질배출정도(관여도)에 따라 결정된다고 한다.

2) 關與度減責說 한 사업자가 자기가 일정비율에 관해서만 환경오염의 원인을 제공했다는 것을 증명함으로써 자기의 행위비율에 대해서만 손해배상의무를 진다고 하는 견해이다.[2] 이를 關與度減責 또는 寄與度減責이라고 한다. 관여도감책설은 복합오염행위를 인과관계의 증명이 곤란한 경우라고 보며, 공동불법행위에는 해당하지 않는다고 본다. 사견으로는 관여도감책설이 타당하다고 생각된다. 환경정책기본법도 입법적으로 이 입장을 취한 것으로 해석된다.

판례는 불법행위 성립요건으로서의 위법성은 관련행위 전체를 일체로만 판단하여 결정하여야 하는 것은 아니고, 문제가 되는 행위마다 개별적 · 상대적으로 판단하여야 할 것이므로 어느 시설을 적법하게 가동하거나 공용에 제공하는 경우에도 그로부터 발생하는 유해배출물로 인하여 제3자가 손해를 입은 경우에는 그 위법성을 별도로 판단한다(大判 2001. 2. 9, 99다55434). 이 경우 판단기준은 그 유해의 정도가 사회생활상 통상의 수인한도를 넘는 것인지 여부라고 한다.

(마) 損害賠償 환경정책기본법에서는 손해배상의무를 정할 뿐 그 배상내용에 관하여는 언급이 없다. 그 손해배상의 내용은 다른 특별규정이 없는 한 민법의 손해배상의 법리에 의하는 것으로 해석된다.[3]

---

1) 객관적 공동설을 취하는 학자 중에 이 견해가 주장된다. 공동불법행위에 관한 설명 참조.

2) 객관적 공동설은 복수관여자의 환경오염책임에는 적합하지 않다고 비판된다. 金起東, "공해와 공동불법행위," 이재철화갑기념 현대민상법의 연구 1984, 287 이하; 林正平, "공동불법행위론에 있어서 공해에 대한 소고 (상) · (중) · (하)," 사법행정 1986년 3월호 · 4월호 · 5월호.

3) 환경정책기본법의 전신인 구환경보전법에서는 제60조 3항으로 "제1항의 규정에 의한 피해의 배상에 관하여 이 법에 의한 것을 제외하고는 민법의 규정에 의한다. 다만 민법 이외의 법률에 다른 규정이 있을 때에는 그 규정에 의한다"고 규정하였다.

(2) 不法行爲에 기한 損害賠償請求

㈎ 過失責任에서의 新受忍限度說 민법의 불법행위책임(제750조)은 특히 환경오염으로 인한 재산피해의 배상청구에 이용된다. 피해자가 오염사업자에게 불법행위책임을 묻기 위하여는 가해행위, 과실, 인과관계, 위법성 등의 요건충족을 주장 · 입증해야 하는데, 환경오염피해에서 이 요건들의 충족 여부는 종합적인 규범적 판단에 맡겨져 있다. 예를 들어 공장에서 가스의 배출이 가해행위인지를 밝히기 위해서는 그 공장의 배출가스가 有害性을 띤다는 점을 입증해야 하는데, 이는 그 배출가스가 허용기준을 초과하였다는 것과 밀접한 관련이 있다. 허용기준을 초과한 가스배출은 가해행위이면서, 사업자의 과실 있는 행위가 되고, 그 배출행위와 피해 사이의 인과관계도 추정되며, 또한 위법한 것으로 평가되는 경우가 많다.

불법행위책임은 과실책임으로 구성되어 있으므로 환경피해구제에 여러 가지 장애를 안고 있어 그 장애극복을 위한 해석론이 다각적으로 모색되고 있다. 근래에는 新受忍限度說이 주장되어 과실과 위법성의 두 가지 요건을 수인한도라는 개념 속에 융합시킴으로써 불법행위책임의 판단을 일원화한다. 수인한도를 넘는 보호법익침해만이 손해발생의 요건을 충족시키며, 수인한도를 넘는 오염물질배출에 대해서만 과실이 인정되며, 수인한도를 넘는 가해행위(오염물질배출)에 대해서만 위법성이 인정된다(불법행위성립요건에 관한 설명 참조). 판례도 신수인한도설을 취하는 것으로 이해된다(大判 1991. 7. 23, 89다카1275).

大判 1991. 7. 23, 89다카1275: ① 공장에서 배출된 오염물질(아황산가스)의 농도가 환경보전법에 의하여 허용된 기준치 이내라 하더라도 그 유해의 정도가 통상의 受忍限度를 넘어 인근 농장의 관상수를 고사케 하는 한 원인이 되었다면 그 배출행위로 인한 손해배상책임을 면치 못한다. ② 공해사건에서 피해자의 손해가 한파, 낙뢰와 같은 자연력과 가해자의 과실행위가 경합되어 발생된 경우 가해자의 배상의 범위는 손해의 공평한 부담이라는 견지에서 손해에 대한 자연력의 기여분을 제한 부분으로 제한하여야 한다.

日本의 學說

수인한도설은 수인한도를 넘는 환경오염피해만이 위법성요건을 충족시켜 불법행위책임을 발생시킨다는 견해이다. 일본민법은 불법행위책임의 성립요건으로서 "고의 또는 과실로 인하여 타인의 권리를 침해"할 것을 규정한다(일민 제709조). 그러나 다수설은 권리침해라는 요건은 적당하지 않으므로 그것을 위법성으로서 대치시켜 적용하여야 한다고 주장한다. 이러한 위법성설을 기초로 환경오염피해에 관해서도 위법성판단에 책임성립 여부를 맡기도록 하는 受忍限度說이 다수설로서 주장되고 있다.[1] 근래에는 新受忍限度說이 주장되는데, 수인한도를 넘는 환경오염피해는 과실과 위법성을 동시에 충족시킨다는 견해이다.[2] 신수인한도설은 불법행위의 책임 성립을 과실과 위법성이 통합된 일원적 요소에 기초하여 판단하여야 한다는 이론과 맥을 같이한다. 環境權說은 일본민법규정의 권리침해요건을 살려 환경오염책임은 인격권 또는 環境權의 侵害로 인한 책임이라고 구성하는 견해이다. 환경권설에 의하면, 환경을 오염시키는 행위가 있으면 구체적인 피해의 발생 여부에 관계 없이 곧 환경권에 대한 침해로 되어 불법행위가 성립된다고 한다. 이 경우에도 과실을 필요로 하나 이에는 사실의 인식 또는 인식가능성이 요구되지 않으므로, 위험한 설비를 하여 오염물질을 배출하기 시작한 처음 단계에서 기업의 책임을 추궁할 수 있게 되어 보다 두터운 피해구제가 가능하게 된다고 한다.[3] 일본민법학의 수인한도론, 신수인한도론, 환경권설은 우리 나라에도 소개되었으나,[4] 위법성을 요건으로 하는 우리의 불법행위규정은 권리침해를 요건으로 하는 일본민법과는 상황이 약간 다르다.

(나) **受忍限度超過의 損害發生** 어떤 사업장에서 배출되는 오염물질이 수인한도를 초과하는 손해를 발생시킨 경우에만 불법행위책임이 발생된다. 인간이 문명의 利器와 경제적 부를 누리려고 하는 이상 전혀 오염되지 않은 환경을 가질 권리를 주장할 수는 없다. 도시집중으로 인한 먼지, 소음 등의 피해, 산업화로 인한 혼탁한 공기, 더러운 물 등 어느 정도의 불편은 감수할 수밖에 없다. 保護法益에 대한 침해가 되기 위해서는 그 가해의 정도가 사회통념상 인내하도

---

1) 일본의 受忍限度論에 대해서는, 加藤一郎 編, 公害法の生成と展開, 岩波書店, 1968, 30項 이하(加藤執筆) 참조. 수인한도론자 중에서도 두 견해가 대립하는데, 하나는 오염물질 배출만 있으면 곧 불법행위구성요건을 충족하고 그 정도가 수인한도에 미달하는 경우에는 위법성이 조각된다고 보는 견해와 다른 하나는 수인한도를 초과하는 오염물질배출만이 불법행위구성요건을 충족시킨다고 보는 견해이다.

2) 加藤 編, 앞의 글, 387 이하(野村好弘 執筆); 加藤一郎 · 野村好弘, "事故責任," 經營法學全集, 18, ダイヤモソド社, 1968, 77 이하; 淡路剛久, "公害 における故意 · 過失と 違法性," ジュリスト458호, 1970, 372; 野村好弘 · 談路剛久, "公害判例の 研究," 都市開發研究會, 1971, 14 이하 참조.

3) 자세한 것은, 加藤一郎, 民法における論理と衡量, 有斐閣, 1974, 113 이하 참조.

4) 具然昌, "공해에 의한 불법행위책임," 월간고시 1985년 12월호, 44 이하; 李命甲, "환경오염의 피해구제," 이재철화갑기념 현대민상법의 연구, 법문사, 1984, 305 이하; 李勇雨, "수인한도론소고 — 공해의 위법성론," 법조 제27권 10호, 1978, 1 이하.

록 요구되는 것보다 훨씬 심각하고, 그 가해로 피해자에게 구체적인 손해를 줄 것이 요구된다.

受忍限度의 결정은 구체적 사건에 관한 법관의 판결에서 밝혀질 규범적 판단사항이다. 사람의 사망 · 손해 · 질병 등 人體損害의 경우에는 보통 수인한도를 초과하는 것으로 판단될 여지가 크다. 피해자가 소유하는 동식물 및 기타 財産에 대한 直接的 侵害(양식물 · 농장 · 농업용수의 오염 등)가 야기된 경우에, 사업자의 조업행위와의 이익형량에 의하여 수인한도의 초과 여부가 판단된다. 사람의 쾌적한 생활을 방해하는 정도의 침해(악취 · 소음 · 일광차단 등) 또는 間接的인 財産侵害가 수인한도 내인가의 판단은 쉽지 않은데, 이 경우에는 환경보전과 경제발전에 관한 정책적 고려 및 피해자와 가해자 사이의 이익형량을 기초로 판단되어야 한다. 수인한도의 판단에 있어서 ① 가해행위에 대한 사회적 평가, ② 가해자의 손해방지가능성, ③ 가해의 동기(영리적 · 공익적), ④ 지역의 성질, ⑤ 가해행위의 단속법규 위반 여부, ⑥ 방해의 정도 · 손해의 정도, ⑦ 피해이익의 성질 및 사회적 의의, ⑧ 피해자의 방지조치 가능성 등이 참고자료로 된다.

(다) 環境汚染에 대한 過失 어느 사업장에서 오염물질을 배출하는 경우는 과실과 관련하여 다음과 같이 분류될 수 있다.

1) 防止施設 設置義務의 不履行 법률이나 행정명령에 의해 사업자에게 오염방지시설의 설치 및 작동이 의무로서 부과되었음에도 불구하고 그를 배출한 경우에, 이러한 금지규범의 위반은 곧 사업자의 고의 또는 과실로 된다. 사업자가 그 방지장치를 하거나 다른 대체원료의 사용함이 가능함에도 비용절감 등의 이유로 그 조치를 회피한 경우에 해당한다. 방지시설을 갖추었으나 에너지절감 등을 위하여 작동시키지 않는 경우에도 사업자의 과실이 인정된다.

2) 許容超過의 汚染物質排出 법률이나 행정명령으로 배출허용기준이 정해져 있음에도 불구하고(수질환경보전법 제8조 등) 사업자가 그 기준을 초과하는 오염물질을 배출한 경우에 과실이 인정된다.

3) 危險防止義務의 違反 방지시설이나 배출허용기준에 관한 법령이 없는 경우라도, 사업자가 유해한 오염물질을 배출하는 경우에 과실이 인정될 수 있다. 이 경우에는 그 배출이 受忍限度를 초과한 것인가를 사회통념에 비추어 판단하여야 한다. 사업자는 그 사업을 함에 있어서 타인에게 수인한도를 초과하는 해를 입히지 않도록 주의할 抽象的 危險防止義務를 지고 있는데, 사업자가 그 위험방지의무에 위반하여 타인에게 손해를 입힌 것이므로 과실이 인정된

다. 이 위험방지의무는 과실개념의 추상화 결과 인정되는 사회생활상 위험방지의무(과실부분의 설명 참조)에 해당하는데, 이러한 과실개념의 추상화에 의하여 사업자에게 위험책임을 부과하는 것과 같은 결과가 생긴다. 판례도 추상적 위험방지의무와 같은 이론구성을 취하는 것으로 이해된다. 우리 나라 최초의 공해판결인 大判 1973. 5. 22, 71다2016(윤한조 대 영남화학비료공장의 제1사건)은 "피고의 비료공장에 시설상의 하자가 있었고 종업원의 작업기술미숙으로 많은 양의 유해가스를 분출시켜 원고에게 손해를 입혔다면 피고는 불법행위책임을 면할 수 없다"라고 함으로써 시설상의 하자로 인한 유독 가스배출에 간접적으로 과실의 존재를 인정하였다.[1] 이는 결국 피고가 시설관리의 주의의무를 다하지 못해 환경오염위험을 초래하였음에 귀책원인을 둔 것이라 해석된다. 영남화학공장으로부터 배출되는 유해가스로 인하여 원고의 과수원이 막심한 피해를 입은 사건인데, 대법원은 피고회사의 비료공장이 그 가동초기에 있어서 유해가스 제거시설이 미비한 시설상의 하자가 있었고, 특히 종업원의 작업기술미숙의 과실로 인하여 많은 양의 유해가스를 분출시켜 원고소유 과수원에 막대한 피해를 입힌 사실을 인정한 원심판결을 지지했다.[2]

4) 防止不可能한 경우 금지법령도 없고 또한 사업자에게 오염물질의 방지에 관한 기대가능성도 없는 경우에, 사업자의 과실이 부정될 수 있다. 사업자가 방출하는 오염물질이 현재의 과학기술상 또는 경제적인 고려에서 방지가 불가능하다고 판단되는 경우가 이에 해당한다. 그러나 이 때에도 사업자의 손해배상의무를 부과함으로써 손해분담을 시킬 필요가 있는 때에는, 사업자의 과실을 인정할 수 있다. 환경오염사건의 과실인정에 있어서 획기적인 판례는 영남화학비료공장 제2사건(大判 1973. 10. 10, 73다1253)으로서 "설사 피고공장이 그 공장설립 당시나 그 가동에 있어서 현대과학이 가능한 모든 방법을 취하여 손해를 방지하는 시설을 갖추고 있다 하여도 원고의 과수원이 피고공장이 뿜어 내는 유독

1) 이 판결은 과실에 관해 위험방지의무위반설을 취한 것이라 해석되며 환경오염에 관한 이론이 요구하는 수준에 이르지 못한 구태의연한 판결이라 비판받았다. 具然昌, "공해판례의 연구," 현대민법학의 제문제, 박영사, 1981, 594. 구교수는 이 판결을 "급속히 발전하고 있는 과실론의 새로운 경향에도 뒤떨어질 뿐 아니라, 현대인의 사회적 법감정에도 적합하다고 볼 수 없다. 그런 점에서 본다면 적어도 예견가능성설에 입각하도록 노력하였어야 할 것이 아쉽다"고 평하였다.

2) 그 후 터널 공사장의 폭음 · 진동으로 인한 양계의 산란저하사건(大判 1974. 11. 12, 74다1321)에서 "피고회사가 그들이 그 폭파작업을 하던 지점으로부터 약 100미터 내지 190미터 거리밖에 떨어지지 아니한 원고들의 양계장에 대한 피해를 방지하기 위하여 그 폭파에 따른 폭음과 진동이 인축에 미치는 영향 등을 사전에 검토하여 그에 따른 상당한 조치를 취한 후에 폭파작업을 할 주의의무가 있었다 할 것인데, 이에 이르지 아니한 과실로……"라고 판시하였다.

가스로 廢木化되었다면 피고가 원고에게 가한 불법행위에 과실이 없다 말할 수는 없다"라고 판시하였다.[1] 이 판례에서는 공장측의 주의의무를 전혀 문제삼지 않고 나아가서 공장측의 위험방지가능성(결과회피가능성)도 전혀 고려하지 않고, 그렇다고 해서 공장측의 결과발생에 대한 예견가능성을 참작하지도 않은 채로 과실의 존재를 인정하였다.[2] 결국 이 판례는 표면적으로는 과실이라는 표현을 썼으나 결국은 순수한 무과실책임을 인정한 셈이다.[3]

大判 1993. 5. 14, 92다17280: ① 선박이 태풍을 피하기 위하여 피항하다가 연선에 스크류가 감김으로써 진주 양식장의 연선시설을 파손한 사고가 불가항력에 의한 사고라고 단정할 수 없다. ② 이 사고로 진주양식장이 입은 피해에는 기여도 20% 상당인 태풍으로 인한 피해가 포함되어 있으므로, 이를 불법행위로 인한 손해액에서 공제한다. ③ 이 사고로 진주양식장이 피해를 입은 데 대하여 군으로부터 복구사업보조금을 지급받았다 하여도 이는 성질상 태풍의 기여도에 따른 진주양식장의 피해에 대한 보상으로서 그 액수가 태풍으로 인한 피해액에 미달한다고 하여 불법행위로 인한 손해배상액에서 공제할 것이 아니다.

(라) 違法性의 判斷 가해자의 환경오염행위로 피해자에게 수인한도초과의 손해가 발생하고 그 환경오염행위에 가해자의 과실이 인정된다면 위법성조각사유가 없는 한 가해자의 불법행위책임이 성립한다.[4] 민법은 위법성조각사유로서 정당방위와 긴급피난이 인정되는데(제761조), 긴급피난으로 인한 환경오염의 허용은 특별히 긴급한 경우로 제한해야 될 것이다.

(마) 因果關係의 證明 환경피해는 환경오염물질을 매개로 하는 피해이기

1) 이는 앞의 제1사건과 동일한 원고·피고의 사건이며, 제1사건은 1968년 및 1969년의 2년 동안 얻지 못한 과실수익의 배상청구이고, 제2사건은 과수목이 말라죽어 입은 손해의 배상 및 경작불능으로 인한 임차료 상당의 손해배상청구사건이다.

2) 이의 원심판결에서는 위법성과 관련하여 "위 비료공장이 비록 현대화된 시설을 구비하여 각종 비료를 생산하여 국가경제발전에 이바지함이 크다 할지라도 그 생산과정에서 앞서와 같이 다량의 유해가스를 대기중에 분출케 하여 인근에 있는 농작물에 막심한 피해를 끼치는 것까지 정당화시킬 수는 없는 것이고…"라고 판시한다(위 대법원 판결내용은 상고기각임).

3) 이 판결을 과거의 방지의무위반설에서 과감히 떠나서 예견가능성설을 취한 것으로 지극히 타당한 태도라고 보는 견해도 있었다. 具然昌, 앞의 글, 596. 사견으로서는 이 판결에서 원고에게 민법 제750조에 기한 손해배상을 인정한 것은 법적용상 무리가 있었다고 생각된다. 그러나 과실책임의 법규정에 구애받지 않고 학설에 의해 필요성이 주장된 무과실책임을 과감하게 도입했다는 점에서 의의가 있었다.

4) 일본의 수인한도설에는 가해자의 환경오염 및 환경침해(일광차단 포함)의 사실이 있으면 우선 불법행위구성요건을 충족하고, 사업자가 그 침해가 수인한도 내의 것이라는 것을 입증하면 위법성이 조각되어 책임이 부정된다고 설명하는 견해도 있다. 加藤一郎, 公害法の生成と展開, 岩波書店, 1970, 27 이하.

때문에 피해자는「가해자의 행위(공장조업 등)가 오염물질배출과 인과관계가 있다는 사실」및「피해자의 손해가 오염물질과 인과관계가 있다는 사실」을 입증하여야 한다. 가해자의 사업정보에 접근하기 어려운 피해자로서는 이러한 인과관계를 입증하기가 매우 어렵다. 인과관계의 입증곤란은 반드시 환경오염책임에 국한하는 문제는 아니고 의료과오책임 · 제조물책임 등의 다른 불법행위유형에도 공통된 문제로서 그 입증완화에 관한 법리들이 주장된다.

1) 蓋然性說 이러한 특수불법행위분야에서 인과관계의 입증은 개연성의 증명으로 충분하다는 입장을 취한다.[1] 원고는 인과관계의 존재의 개연성을 증명하면 충분하고, 피고는 반증으로서 인과관계가 존재하지 않음을 증명하는 경우에만 책임을 면한다는 이론이다. 이는 손해배상을 청구하는 원고에 입증책임이 있다는 종래의 입증책임원칙을 유지하면서 다만 피해자의 입증의 범위를 완화 내지 경감하는 반면, 가해자의 반증의 범위를 확대하자는 것을 그 골자로 한다.

2) 新蓋然性說 환경피해소송에서 인과관계의 입증곤란을 극복하기 위하여 인과관계의 존재라는 종합적 사실을 몇 개의 주요사실로 분석하여 간접사실에 의한 증명을 허용하는 견해이다.[2] 즉 환경오염책임의 인과관계를 ① 피해발생의 메커니즘과 원인물질, ② 원인물질이 피해자에 도달한 경로, ③ 가해공장에서의 원인물질의 생성 및 배출이라는 세 가지 유형의 사실로 분석하여, 이 세 가지 주요사실을 간접사실에 의하여 증명하되 피해자가 위 세 사실 전부를 증명할 필요는 없고 어느 두 가지 사실만 증명한 경우에는 가해자가 다른 간접사실을 증명하여 인과관계가 존부불명으로 되지 않는 한 법원은 인과관계의 존재를 인정할 수 있다는 이론이다.

3) 判 例 1974년 한국전력사건(大判 1974. 12. 10, 72다1774)에서 개연성설을 취하였고, 1984년 진해화학사건(大判 1984. 6. 12, 81다588)에서는 신개연성설을 취하여 "기업이 배출한 원인물질이 물을 매체로 간접적으로 손해를 끼치는 수가 많고 공해문제에 관하여는 현재의 과학수준으로 해명할 수 없는 분야가 있기 때문에 가해행위와 손해발생간의 인과관계의 고리를 모두 자연과학적으로 증명하는 것은 극난(克難) 내지 불가능한 경우가 대부분이므로, 피해자에게 사실적 인과관계의 존재에 관한 엄밀한 과학적 증명을 요구함은 공해의 사법적 구제의 사실상 거부가

1) 吳錫洛, 공해소송의 제문제, 일신사, 1979, 63~80 참조.
2) 具然昌, "공해에 의한 불법행위책임," 월간고시 1985년 12월호, 54.

될 우려가 있는 반면에 가해기업은 기술적 · 경제적으로 피해자보다 원인조사가 훨씬 용이할 뿐 아니라, 그 원인을 은폐할 염려가 있어 가해기업이 배출한 어떤 유해한 원인물질이 피해물건에 도달하여 손해가 발생하였다면 가해자측에서 그 무해함을 입증하지 못하는 한 책임을 면할 수 없다"고 판시하였다.

大判 1974. 12. 10. 72다1774: 원심이 개연성을 바탕으로 피고발전소에서 다량으로 분출, 확산되는 아황산가스로 인하여 원고 소유 과수의 수세가 악화되어 결실의 불량저하로 원고가 손해를 입었다는 사실을 인정한 조처는 정당하다.

大判 1984. 6. 12, 81다588: 水質汚濁으로 인한 손해배상청구소송인 이 사건에서 ① 피고공장에서 김의 생육에 악영향을 줄 수 있는 폐수가 배출되고, ② 그 폐수 중 일부가 해류를 통하여 이 사건 김양식장에 도달하였으며, ③ 그 후 김에 피해가 있었다는 사실이 각 모순 없이 증명된 이상 피고공장의 폐수배출과 양식 김에 병해가 발생함으로 말미암은 손해간의 인과관계가 일응 증명되었다고 할 것이므로, 피고가 ① 피고공장폐수 중에는 김의 생육에 악영향을 끼칠 수 있는 원인물질이 들어 있지 않으며, ② 원인물질이 들어 있다 하더라도 그 해수혼합률이 안전농도범위 내에 속한다는 사실을 반증을 들어 인과관계를 부정하지 못하는 한 그 불이익은 피고에게 돌려야 마땅할 것이다.

大判 1991. 7. 23, 89다카1275: ① 대기오염공해의 손해배상청구소송에 있어서 가해 기업이 배출한 어떤 유해한 원인물질이 피해물건에 도달하여 손해가 발생하였다면 가해자측에서 그 무해함을 입증하지 못하는 한 책임을 면할 수 없다. ② 농장의 관상수들이 고사하게 된 직접원인은 寒波로 인한 凍害이지만, 인근공장에서 배출된 아황산가스의 일부가 대기를 통하여 위 농장에 도달됨으로 인하여 유황이 잎내에 축적되어 수목의 성장에 장해가 됨으로써 동해에 상승 작용을 한 경우에, 공장주의 손해배상책임을 인정한다.

大判 1997. 6. 27, 95다2692: 廢水排出의 손해배상청구소송에 있어서 공사장에서 배출되는 황토 등이 양식어장에 유입되어 농어가 폐사한 경우, 폐수가 배출되어 유입된 경로와 그 후 농어가 폐사하였다는 사실이 입증되었다면 개연성이론에 의하여 인과관계가 증명된 것이다.

(바) 複數關與者의 環境汚染　　복수의 가해사업자가 관여되어 환경오염피해가 생긴 경우는 加害者不明인 경우와 각자의 關與度가 증명된 경우로 나뉜다. 가해자불명의 경우에는 민법 제760조 2항에 따라 관여사업자가 모두 연대책임을 진다. 그러나 각자의 관여도가 증명된 경우에는 자기의 관여비율에 상

응하는 배상책임을 질 뿐이다(환경정책보전법의 설명 참조).

3. 不作爲請求와 防止措置請求[1]

(1) 環境汚染의 豫防措置

㈎ 義務의 賦課 　피해자에게 이미 발생한 환경오염피해는 손해배상청구에 의하여 전보될 수 있는 반면에, 장래 발생할 것이 거의 확실한 환경오염피해는 부작위청구(留止請求) 또는 방지조치청구에 의해 방지될 수 있다.[2] 환경오염이 계속되어 피해가 발생하지 않도록 예방하는 일은 피해의 배상보다 더욱 중요하다. 환경오염의 예방은 환경특별법에 기한 행정조치에 의해 달성될 수도 있다. 騷音振動規制法에서는 배출시설의 설치허가를 받는 자가 당해 배출시설을 설치할 때에는 그 공장으로부터 배출되는 소음 · 진동을 배출허용기준 이하로 배출되게 하기 위하여 防止施設을 설치해야 한다(소음진동규제법 제10조). 시·도지사는 조업중인 공장에서 배출되는 소음 · 진동의 정도가 배출허용기준을 초과하는 때에는 改善命令을 취할 것을 명하고, 개선명령을 받은 자가 이를 이행하지 않을 때에는 배출시설의 操業停止나 移轉命令 또는 許可取消를 명할 수 있다(소음진동규제법 제15조~제18조). 이와 유사한 규제가 水質環境保全法, 大氣環境保全法, 廢棄物管理法에서도 행해진다.

민사법적 측면에서는 환경오염을 행할 우려가 있는 자에게 그러한 환경오염을 하지 않을 不作爲義務 및 적극적으로 환경오염을 저지할 防止措置義務를 부과하는 것이 가능하다. 민사법적 부작위청구는 예비피해자가 예비가해자에 대하여 부작위청구의 訴 또는 방지조치의무의 이행을 구하는 訴를 제기하여 판결에 의한 부작위명령 또는 작위명령을 받는 방법으로 실행된다.

㈏ 法的 根據 　부작위청구와 방지조치청구는 물권적 방해예방청구권(제206조, 제214조) 또는 생활방해금지의 법리(제217조)에 의하여 부과된다. 환경오염자가 야기한 환경오염의 정도가 수인한도를 넘는 경우에만 부작위의무 위반이 있다고 판단된다.

---

1) 참고문헌: 金京韋, "환경침해에 대한 留止請求權," 판례월보 제348호; 金基洙, "공해의 사법적 구제의 방향과 상린관계적 구성," 환경법연구 창간호, 1979, 166 이하; 주석 채권각칙(Ⅳ), 72 이하(이용우 집필부분).

2) 일본민법학에서는 이러한 조치들을 청구하는 것을 유지청구(留止請求) 또는 차지청구(差止請求)라는 용어로 표현한다. 우리 나라 학자 중에도 이들 용어를 사용하는 경우가 있으나 그것은 우리의 일상용어나 법률용어(민법 · 민소법에서 사용되는 용어)와 맞지 않으며, 또는 그의 내용이 위반시설제거만을 말하는 것인지 위반방지처분 및 방지조치까지 포함하는 것인지 모호하다.

그 밖에 불법행위책임의 내용으로서 부작위의무 및 방지조치의무를 부과하는 견해도 주장된다. 그 논거로서는 첫째, 가해행위의 결과인 손해에 대하여는 그 배상청구를 시인하면서도 손해의 원인인 가해행위에 대하여는 그 제거 또는 예방을 시인하지 않음은 모순이고 불합리하며 불법행위제도의 본지에 반한다. 둘째, 점유보호청구권이 고의·과실을 요구하지 않고 방해에 대하여 그의 제거·예방 등의 청구권을 인정하는데 하물며 고의·과실을 요건으로 하는 불법행위에 대하여 이들의 청구권을 인정하지 않는 것은 부당하다. 따라서 가해행위로 본권을 침해하는 경우에는 이에 점유보호청구권에 관한 제204조 이하의 규정을 유추적용함이 마땅하다. 셋째, 특허법 등 지적재산권에 관한 법률이 손해배상청구권 외에 특허권에 대한 가해행위금지권을 인정한 것이나 「부정경쟁방지및영업비밀보호에관한법률」이 부정경쟁행위에 대하여 손해배상청구권(동법 제5조)과 금지청구권(동법 제4조)을 규정한 것을 보면 불법행위의 효과로서 손해배상청구권 외에 불법행위의 제거청구권을 충분히 인정할 만도 하다.[1)]

(2) 不作爲義務

(가) 義務의 賦課　누구든지 타인에게 사회통념상 인정되는 受忍限度를 초과하는 환경오염의 고통을 부담시킬 수 없다는 것은 당연한 원칙이므로, 이 기본원칙(條理)에 의해 사람들에게 부작위의무가 부과된다고 볼 수 있다. 그 밖에 환경특별법에서 구체적인 내용의 부작위의무가 부과된다.

(나) 違反의 效果　사업자가 환경을 오염시키지 않을 부작위의무를 무시하고 계속 오염물질을 배출하는 등 환경오염행위를 하는 경우에 부작위의무의 위반이 있게 되는데, 이 경우는 다음의 두 가지로 나누어질 수 있다.

1) 違反施設의 撤去　부작위의무 위반의 결과 오염배출을 계속하게 될 시설, 공작물, 건물 등이 설치된 경우에, 그 위반시설의 제거를 代替執行의 강제집행방법에 의해 실행하고 장래에 대한 적당한 처분을 법원에 청구할 수 있다(제389조 3항).

2) 不作爲命令의 訴求　부작위의무 위반으로 위반시설 등 유형적 외양이 생기지 않은 경우에, 법원은 가해자에게 부작위명령을 발할 수 있다. 부작

---

1) 金基善, 455~456; 宋五植, "불법행위의 효과에 관한 一提言," 호남민사법연구, 147: "물권적 청구권에서는 위법성만 있으면 방해배제청구권을 인정하고 있는데 고의·과실을 요하는 불법행위에서 방해배제 및 방해예방청구권이 발생하는 것은 당연하다." "입법자가 손해의 예방과 제거를 불법행위법의 영역에서 전적으로 배제하여 예방조치에 대해서는 단지 소유권, 점유권, 제한물권에만 한정적으로 인정하고 있는 것은 최근의 권리 개념의 확대와 더불어 입법불비로 인식되게 되었다." "이러한 예방적 권리보호의 제도는 불법행위법 규정에서 인정되어야 할 것이다." 단 민법 제204조의 유추적용에는 반대함.

위명령은 간접강제의 방법에 의하여 집행될 수 있다(민집법 제261조). 법원은 간접강제를 명하면서 장래 부작위 위반의 사실이 증명되면 그 위반기간 및 오염배출량에 따라 일정한 배상금의 지급을 명할 수 있다. 피해자는 위반시설의 철거와 함께 해서도 장래에 대하여 부작위명령을 소구할 수 있다.

3) 損害賠償請求　위반시설제거청구나 위반방지처분청구는 이미 발생한 損害의 賠償請求에 영향을 미치지 않는다(제389조 4항). 피해자가 가해자에 대하여 將來 加害行爲를 계속할 것에 대비하여 손해배상명령을 받아 놓는다면, 가해자가 그 배상비용을 꺼려하여 오염물질배출 등 위법행위를 하지 않을 가능성이 높다. 장래의 손해배상금의 지급명령은 간접강제의 집행방법으로서 행해질 수 있다.

(3) 防止措置義務

(가) 生活妨害禁止 등　민법은 상린관계에 관한 규정에서 토지소유자에게 환경오염을 방지할 조치를 취할 의무를 부과한다. 토지소유자는 매연, 열기체, 액체, 음향, 진동 기타 이와 유사한 것으로 이웃 토지의 사용을 방해하거나 이웃 거주자의 생활에 고통을 주지 아니하도록 適當한 措處를 할 義務가 있다(제217조 1항). 단, 이웃 거주자는 이러한 사태가 이웃 토지 통상의 용도에 적당한 것인 때에는 이를 忍容할 義務가 있다(제217조 2항).[1] 그리고 소유권이나 점유권에 기초한 물권적 청구권에 의해서도 방해제거청구가 가능하고 또한 방해할 염려가 있는 행위를 하는 자에 대하여 그의 예방이나 손해배상의 담보를 청구할 수 있다(제205조, 제206조, 제214조). 이러한 물권법규정은 환경오염을 예방하기 위한 사법적 구제수단으로서의 기능을 상당한 정도 수행할 수 있다(물권법의 설명 참조).

환경오염의 예방조치를 물권법의 법리에 의해 모색하는 것은 독일식의 해결방안이다. 독일민법은 토지소유자가 이웃으로부터 오염물질 등의 침입(임밋시온)을 받은 경우에 그 이웃에 대하여 방지조치청구와 보상금청구를 할 수 있는데, 이와 같이 환경오염 예방청구의 문제를 소유권의 효력의 한 내용으로 다룬다(독민 제906조). 독일민법의 임밋시온(Immission)제도의 영향으로 우리 민법학에서도 제217조의 방지조치를 소유권의 효력으로 설명하고 그 적용범위를 서로 이웃하는 토지 상호간에 토지이용과 직접 관련된 생활방해에 국한하려고 하는 경향

1) 우리 민법 제217조는 독일민법 제906조와 조금 다르게 방해 禁止請求者를 토지소유자로 한정하지 않는다. 일본민법에는 물권적 청구권 및 생활방해금지에 관한 규정이 없어 이를 해석론으로 보완하기 위해 다방면의 시도가 행해진다.

이 있다.[1] 私見으로는 현대생활에서의 이웃관계를 제대로 규율하기 위해서는 상린관계를 주거생활과 기타 토지이용에 영향을 줄 수 있는 일정지역 내의 공존관계로서 넓게 파악해야 한다고 생각한다.

환경오염피해 중에 일정한 지역 내에서 오염사업장이 인근주민에 대하여 가해하는 경우가 많은데, 이 때 환경오염문제는 지역과 관련된 상린관계의 문제와 중복된다. 환경오염예방을 상린관계의 문제로 접근하는 것 자체가 나쁜 것은 아니지만, 상린관계를 바로 경계를 접하는 이웃 토지 상호간의 토지이용관계로서 좁게 해석하는 입장은 환경오염예방에 도움이 되지 않는다. 그리고 환경오염의 예방을 위한 방지조치의무의 문제는 불법행위책임과 밀접한 관련을 가지고 해결해 나가야 한다는 것을 강조하겠다.

(나) 違反의 效果 방해자가 스스로 방지조치를 취하지 않는 경우에, 피해자 또는 예비피해자는 법원에 그 의무의 강제이행을 청구할 수 있다.

1) 代替執行 방지조치의무는 대개 일신전속적이 아닌 작위의무의 성질을 가지므로, 대체집행에 의하여 집행할 수 있다(제389조 3항). 대체집행의 경우 의무자의 비용으로 제3자에게 방지조치를 취하게 한다.

2) 損害賠償 예비피해자는 가해자가 장래 방지조치를 작동시키지 않고 방치할 것에 대비하여 배상금지급의 명령을 소구할 수 있다.

방지조치의 請求人은 자기의 주거생활이나 토지사용을 방해받을 우려가 있는 豫備被害者이다. 생활방해를 받은 주민이나 자기의 농토, 농장, 동물, 양식장 등에 피해를 입은 자는 장래에도 그 생활방해가 계속될 것에 대비하여 방지조치를 청구할 수 있다. 被請求人은 방해물을 배출할 우려가 있는 豫備加害者이다. 생활방해금지에 관한 민법 제217조는 피청구인이 토지소유자에 한정된다는 한계를 갖는다. 어떤 시설로부터 오염물이 배출되는 경우에 그 시설의 점유자나 관리책임자에 대해서도 방지조치청구를 소구할 수 있어야 하는데, 이 경우는 물권적 방해예방청구권(제206조, 제214조)에 의하여 가능하다.

1) 郭潤直, 물권법, 1992, 309 이하. 곽윤직 교수는 "제217조 규정은 공업발전이 미미했던 민법제정 당시에는 타당한 입법으로서 환영받았으나 그 후의 경제발전으로 공해문제가 심각한 사회문제화하고 있는 지금에 와서는 동조는 극히 불충분한 내용의 것이어서 피해자에 대한 사법적 구제에는 전혀 힘이 없는 존재에 지나지 않는다"고 비판하면서, "제217조를 좀더 합리적 내용으로 개정할 필요가 있다"는 입법론을 전개하였다.

4. 日照權의 法的 保護

(1) 意 義

오염물질배출이 아닌 소극적인 환경피해에 관해서도 불법행위책임이 문제될 수 있다. 즉 피해자가 누려왔던 일광, 조용한 주거환경이 인근에 새로 들어서는 건물 · 공장 · 시장 등에 의해 침해되는 경우이다. 이 때에도 그 피해가 수인한도를 넘는다고 판단된 경우에는 가해자가 사회생활상 부담하는 타인에게 손해를 야기시키지 않도록 주의할 의무(위험방지의무)에 위반하는 것으로서 과실이 인정된다. 인근건축으로 인하여 이웃거주자의 일조권이 침해를 입게 될 것이므로 건축을 중지할 것을 청구하는 不作爲請求의 문제는 좁은 의미의 환경오염사건은 아니다. 일조권문제는 상린관계의 생활방해금지의 문제로 처리되어야 한다. 日照妨害의 위법성 여부를 판단함에 있어서도 수인한도를 기준으로 하는 것이 타당하며, 판례도 이를 기준으로 한다(건축법상 규제에 적합한 경우에도 수인한도 초과시 불법행위책임인정: 대판 2000. 5. 16, 98다56997).[1]

햇볕(일광)은 인간이 건강하고 쾌적한 생활을 누릴 수 있는 환경조건일 뿐 아니라 에너지로서 그리고 동식물의 재배조건으로서 재산적 가치를 가지므로, 햇볕을 누릴 권리는 일조권으로서 보호되어야 한다.[2] 일조권은 건축법의 「건축물의 높이 제한」, 특히 「일조권 등을 위한 건축물의 높이 및 경계와의 간격 제한」에 의해 보호되며, 그 밖에 도시계획법의 「용도지역제」와 건축법의 「거실의 채광 · 환기」, 「건폐율」 등의 규제에 의하여도 보호된다.

민사법적 측면에서는 일조권침해에 대한 손해배상청구 및 방해제거청구가 가능하다. 인접건물에 의한 사생활침해는 차단시설에 의해 어느 정도 해소할 수 있지만, 일조권침해는 건물철거의 방법으로 제거될 수 있는데, 완성된 건물을 철거할 것인가는 일조권보호와 경제적 이익의 균형 속에서 그 해결책이 찾아져야 할 것이다.[3]

---

1) 그 밖에 손해배상청구사건은 아니나 부작위청구사건으로서 종합병원의 시체실로부터의 악취 · 곡성 등이 외부에 확산되지 않도록 조치하고, 시체운구시에도 일반인에게 시체를 노출하지 않도록 방지 조치를 취하여야 하고, 그러한 조치가 없는 경우 일반인에 대한 정신위생과 생활환경상의 안정저해가 수인의 한도를 초과한다고 인정한 판례도 있다(大判 1974. 12. 24, 68다1489). 이 판례의 특징은 환경오염 중에서 생활방해의 위법성에 관하여 수인한도론을 정면으로 인정하였다는 점과 그의 부작위청구를 인정하였다는 점이다.

2) 具然昌, "일조권의 법적 보호," 법률신문 1986년 7월 28일, 6; 金基洙, "일조권에 의한 생활방해," 월간고시 1986년 12월호.

3) 최근에는 공공장소에서 타인이 피우는 담배연기를 맡지 않을 권리로서 혐연권까지 주장되고 있다. 그러한 담배연기 피해가 우리의 사회생활에서 감수해야 하는 수인한도를 넘는 것인가는 의문이다. 丘秉朔, "혐연권," 법률신문 1988년 10월 24일, 11.

(2) 保護의 根據

일조권은 환경권의 한 내용으로 파악되는데, 환경권보호의 사상은 우리의 자연환경이 만인의 공유재산이라는 데에서 출발한다. 첫째, 대기, 물, 토양, 일조, 통풍, 경관 등의 자연재는 인간생활의 불가결의 자원으로서 부동산의 소유권이나 이용권에 관계 없이 만인에게 평등하게 분배되어야 한다는 것이다. 그러므로 자연을 파괴하거나 자연재를 오염시키거나 또는 어느 한 사람이 그를 독점적으로 지배, 이용하는 것은 다른 공유자의 권리를 침해하는 것으로서 위법한 행위가 된다. 둘째, 경제개발이나 공공복리에 따르는 私益의 억제는 오늘날의 사회관념에 비추어 언제나 용납되지는 않으며, 적당한 한계가 그어져야 한다.

일광차단은 다른 환경오염피해와 다른 특색을 갖는데, ① 일광차단은 대개 방해건축물에 의해 행해지는 그 방해건물이 철거되지 않은 한 방해는 영구적으로 계속된다는 점, ② 일광차단은 다른 환경오염피해와는 달리 피해의 정도가 심각하지 않기 때문에 보호의 절대성 · 긴급성이 의문시된다는 점, ③ 일광차단은 통상 인접토지의 상린관계적 분쟁이 된다는 점이다.

(3) 損害賠償請求

불법행위에 기한 손해배상청구(제750조)에 있어서는 일조권침해로 인한 생활방해가 수인한도를 넘는 것인가가 중요한 관점이 된다. 이의 판단에 있어서는 지역성, 건축의 선후관계 등이 참고기준으로 된다. 일조권침해가 그 지역의 토지용도에 적합한 건축 등으로 야기된 경우에는 과실 및 위법성이 없다고 판단된다. 일조권침해에 의해 발생되는 손해는 생활이익의 침해 이외에 토지 · 건물의 가격하락, 난방비의 증가, 동식물의 피해 등이다.

(4) 建物撤去請求 · 建築中止請求

건물의 신축으로 인하여 이웃 토지사용자의 일조권을 침해하였거나 할 우려가 있는 경우에 그 이웃 토지의 소유자 · 용익물권자 · 점유자는 물권적 청구권을 행사하여 방해의 제거나 예방을 청구할 수 있다.[1] 이 때에 그 구체적인 청구내용은 건물의 철거청구(사후적 구제)나 건축의 중지청구(사전적 구제)로 될 것이다. 이러한 청구는 이웃 토지의 소유권행사에 중대한 제한을 가하려는 것이고, 또한

1) 일본민법에는 물권적 청구권 규정이 빈약하므로 이러한 방해제거를 불법행위책임으로 구성하려고 하는 이론도 주장된다. 이 때 일조권침해는 인격권 또는 환경권의 침해가 되어 가해자의 고의 · 과실에 관계 없이 留止請求가 가능하다는 견해도 있다.

국가경제의 측면에서도 정책적으로 검토되어야 할 문제이기 때문에 그러한 청구의 인용에 있어서는 신중한 이익형량을 거쳐야 한다. 특히 이미 건축된 건물에 대해 이웃에 대한 일광차단을 이유로 철거명령을 내리는 것은 지극히 억제되어야 한다.[1)]

大判 1999. 1. 26, 98다23850: ① 건물의 신축으로 인하여 그 이웃 토지상의 거주자가 직사광선이 차단되는 불이익을 받은 경우에 그 신축행위가 정당한 권리행사로서의 범위를 벗어나 사법상 위법한 가해행위로 평가되기 위하여는 그 일조방해의 정도가 사회통념상 일반적으로 인용하는 受忍限度를 넘어야 한다. ② 건축법 등 관계 법령에 일조방해에 관한 직접적인 단속법규가 있다면 동 법규에 적합한지 여부가 사법상 위법성을 판단함에 있어서 중요한 판단자료가 될 것이지만, 이러한 공법적 규제에 의하여 확보하고자 하는 일조는 원래 사법상 보호되는 일조권을 공법적인 면에서도 가능한 한 보증하려는 것으로서 특별한 사정이 없는 한 일조권 보호를 위한 최소한도의 기준으로 봄이 상당하고, 구체적인 경우에 있어서는 어떠한 건물 신축이 건축 당시의 공법적 규제에 형식적으로 적합하다고 하더라도 현실적인 일조방해의 정도가 현저하게 커 사회통념상 受忍限度를 넘은 경우에는 위법행위로 평가될 수 있다. ③ 사회통념상 수인한도를 넘었는지 여부는 피해의 정도, 피해이익의 성질 및 그에 대한 사회적 평가, 가해건물의 용도, 지역성, 토지이용의 선후관계, 가해방지 및 피해회피의 가능성, 공법적 규제의 위반 여부, 교섭 경과 등 모든 사정을 종합적으로 고려하여 판단하여야 하고, 건축 후에 신설된 일조권에 관한 새로운 공법적 규제 역시 이러한 위법성의 평가에 있어서 중요한 자료가 될 수 있다. ④ 일조장해, 사생활 침해, 시야차단으로 인한 압박감, 소음, 분진, 진동 등과 같은 생활이익의 침해로 인하여 발생한 재산적 손해의 항목 중 토지·가옥의 가격저하에 의한 손해를 산정함에 있어서는 광열비·건조비 등의 지출 증대와는 별도로 일조장해 등과 상당인과관계가 있는 정상가격의 감소액을 부동산감정 등의 방법으로 평가하여야 할 것이고, 분양된 아파트가 일조피해를 입고 있는 경우 그 아파트의 시세가 분양대금에 물가상승률이나 예금금리를 감안한 금액보다 높게 유지된다고 하여 그 소유자에게 당해 아파트의 가격저하로 인한 손해가 발생하지 아니하였다고 볼 수 없다.

大判 1982. 9. 14, 80다2859: 이웃 토지(상업지역)상의 건물로 인하여 직사광선이 차

1) 일조권방해의 건축은 그 자체가 권리남용으로 되는 경우가 대부분이다. 일본에서는 권리남용을 근거로 건물의 철거를 청구할 수 있다고 하는 주장도 행해진다. 사견으로서는 우리 민법의 기본원칙인 권리남용의 금지(제2조 2항)로부터 직접 철거청구권이 발생한다고 해석하는 것은 일반조항의 남용이며, 물권적 청구권의 규정에 의해 그러한 청구권이 생긴다고 함이 타당하다고 생각한다.

단되는 불이익을 받은 경우에는 그것이 사회통념상 일반적으로 인용할 정도를 넘지 않는 한 이를 감수하여야 할 것이므로, 이로 인하여 입은 정도의 고통은 감내하여야 한다(건물철거 청구 등).

5. 節次法上의 課題[1]

(1) 集團訴訟의 必要性

가해자의 환경오염행위로부터 동일한 성격의 다수의 피해자가 발생한다. 환경오염은 일정오염지역 내의 주민이나 농지 · 양식장 등에 광범위한 피해를 입히며, 그 피해의 원인 · 인과관계 등은 그들 피해자 모두에게 동일한 경우가 대부분이다. 종래의 인접하는 토지의 이용관계에서 발생하는 상린적 분쟁과 달리, 모든 지역주민이 좋은 환경을 보존하는 것에 공통되는 이해관계를 가진다.

현행 민사소송제도는 분쟁의 개별적 · 상대적 해결을 목적으로 하므로, 다수 피해자가 모두 소송당사자로서 관여해야 하는데, 이는 소송절차의 번잡과 지연을 초래하게 된다. 민사소송법은 選定當事者制度를 두고 있기는 하지만(민소법 第53조), 이 제도는 당사자적격과 기판력의 주관적 범위의 제한 때문에 집단소송으로서 기능하기 곤란하다. 현행제도하에서도 다수의 사건 중 일부만을 진행하여 증거조사를 시행하고, 나머지 사건은 진행을 정지시켰다가 일정한 단계에 이르러 변론을 병합하고, 그 때까지 행한 증거조사의 결과를 수용하도록 함으로써 집단소송과 유사한 효과를 꾀할 수는 있다. 환경오염소송에 있어서는 농·어민 등의 서민층피해자의 소송수행을 가능하게 하기 위해 訴訟救助制度가 적극적으로 활용될 필요가 있다.[2] 집단소송제도를 도입하여 다수피해자의 환경오염사건을 신속하고 통일적으로 처리할 수 있도록 하고, 지역주민이 환경오염 방지조치를 공동으로 청구하는 집단소송도 가능케 해야 할 것이다.

---

1) 吳錫洛, 공해소송의 제문제, 일신사, 1979; 權龍雨, "환경분쟁조정제도의 효율화," 환경법연구 제2권; 金洪奎, "공해소송에 있어서의 소송구조," 환경법연구 제3권, 1981; 吳錫洛, "공해소송의 절차적 과제," 환경법연구 제2권, 1980.

2) 환경문제는 인간의 생존권과 직결되는 문제이므로 그의 분쟁에 대해서도 사회보장으로서 재판을 받도록 보장해 주어야 하므로, 현행소송구조제도의 본인부담부분까지도 환경오염소송에서는 전부 면제하도록 민사소송법을 개정해야 한다는 주장이 있다. 金洪奎, 앞의 글, 155.

美國의 集團訴訟制度

미국법상의 집단소송(class action)[1]은 공통의 이익을 가진 집단의 구성원인 일인 또는 수인이 그 집단의 이익을 위하여 대표자격으로 제소하거나 제소당할 수 있는 소송형태를 말하며, 집단의 구성원 전원에 대하여 미치는 점에 그 특색이 있다. 이 제도는 단체의 구성원 전원이 개별적으로 소송을 하는 경우에 소요되는 노력과 비용의 낭비를 막을 수 있고 소송물의 개별적 소송을 제기할 만큼 크지 않은 소액 피해자에 대하여 재판의 기회를 부여하는 점에 장점이 있다. 이 집단소송의 전제요건(prerequisities)으로서는 ① 단체의 구성원수가 너무 과다하여 그 전원을 당사자로 삼는 것이 실현불가능할 것, ② 단체의 구성원 전원에 공통되는 법률상이나 사실상의 문제가 있을 것, ③ 대표자의 청구나 항변이 단체의 구성원 전원의 청구나 항변의 전형이 될 것, ④ 대표자가 단체의 이익을 공정하고 적절하게 보호할 수 있을 것이 요구된다. 미국법에는 이 밖에도 지역주민의 지위에서 정부에 대하여 금지명령이나 직무집행명령을 요구할 수 있는 市民訴訟制度가 설치되어 있다.[2] 이 시민소송은 민사법적 구제의 방법은 아니다.

(2) 環境紛爭調整制度[3]

환경오염으로 인한 인체 및 재산피해를 신속·공정하게 구제하기 위해 중앙 및 지방의 환경(분쟁조정)위원회가 알선, 조정 및 재정을 한다(환경분쟁조정법, 1997년). 斡旋은 쌍방이 주장하는 요점을 확인하여 분쟁해결을 도와 주는 것이고, 調停은 조정위원회가 작성한 조정안을 당사자가 수락함으로써 분쟁을 종결짓는 것이며, 裁定은 재정위원회가 행한 재정내용대로 당사자의 합의가 성립한 것으로 간주하는 것이다.

---

1) 이러한 소송형태는 원래 형평법(equity)에서 허용된 것이나 1938년 연방민사소송규칙(The Federal Rule of Civil Procedure) 제23조에 의하여 제정법상 채택되었고, 1966년에는 그 일부가 개정되었다.

2) 시민소송은 1970년의 연방대기정화법(The Clean Air Act), 1972년의 연방수질오염통제법(The Federal Water Pollution Control Act)과 소음통제법(The Noise Control Act), 1976년의 자연자원보호법(Resource Conservation and Recovery Act)과 독성물질규제법(Toxic Substances Control Act) 등 연방제정법에 규정되어 있다.

3) 權龍雨, 앞의 글, 53 이하 참조.

§56. 名譽毁損과 私生活侵害

1. 概 說[1]

(1) 名譽의 保護와 名譽毁損責任

고의 · 과실로 타인의 명예를 침해한 자는 그 침해행위의 방법 및 훼손의 정도가 사회적으로 용인될 수 없는 때에는 피해자에 대하여 손해배상의무 및 명예회복에 필요한 조치를 취할 의무를 지는데, 이를 명예훼손책임이라고 한다(제750조, 제751조, 제764조). 그 밖에 수인한도를 초과하는 사생활침해의 경우에도 이와 유사한 책임이 발생한다. 명예훼손책임 및 사생활침해책임의 부과에 있어서는 헌법상 규정된 「인간의 존엄성보호」(헌법 제10조), 「사생활의 비밀과 자유」(헌법 제17조), 「언론·출판의 자유」(헌법 제21조 1항), 「언론 · 출판의 공적 책임」(헌법 제21조 4항) 등의 여러 요소를 비교형량하여 사회적 타당성 있는 판단을 해야 한다.

大判 1988. 10. 11, 85다카29: 표현의 자유는 민주정치에 있어 최대한의 보장을 받아야 하지만 그에 못지않게 개인의 명예나 사생활의 자유와 비밀 등 사적 법익도 보호되어야 할 것이므로, 인격권으로서의 개인의 명예의 보호와 표현의 자유의 보장이라는 두 법익이 충돌하였을 때 그 조정을 어떻게 할 것인지는 구체적인 경우에 사

---

1) 참고문헌: 姜南鎭, "인격권의 보호에 대한 하나의 제안," 민사법학 제13·14호, 1996; 金相容, "인격권침해에 대한 사법적 구제방법의 비교고찰 — 독일 · 미국 및 우리 나라 — (1)~(3)," 사법행정 1987년 10월호 이하; 金載亨, "언론의 사실보도로 인한 인격권 침해," 서울대 법학 제39권 1호, 1998년 5월; 同, "인격권 일반 — 언론 기타 표현행위에 의한 인격권 침해를 중심으로 —," 민사판례연구 제21권, 1999; 朴宣映, "명예회복 수단으로서의 정정보도청구권," 저스티스 제31권 4호; 同, "언론에 의한 명예훼손에서의 「공익성」과 「진실성」 및 「현실적 악의」: 우리 나라와 미국의 판례를 중심으로," 언론중재 제18권 4호, 1998년 12월호; 朴容相, "미국 명예훼손법상의 면책특권," 이시윤화갑기념 민사재판의 제문제(상), 1995; 方碩晧, "명예훼손 면책사유로서의 진실성과 신문사의 주의의무," 민사판례연구 제19권, 1997; 同, "새로운 언론매체의 등장과 권리침해의 문제," 민사판례연구 제21권, 1999; 손원선, "한국법과 독일법상의 인격권 침해에 대한 사전보호제도,"과학기술법 연구 제4집, 한남대 과학기술법연구소, 1998. 12; 梁三承, "민법 제764조(명예훼손의 경우의 특칙)에 관한 연구," 언론중재 제13권 3호, 1993; 嚴東燮, "언론보도와 초상권 침해," 민사판례연구 제21권, 1999; 吳永權 · 金明燮, "반론권의 예외사유와 명예훼손의 위법성조각," 언론중재 제18권 3호, 1998; 尹喆洪, "언론에 의한 명예훼손의 사법적 구제," 법과 사회 제14호, 1997; 이성용, "언론의 명예훼손에 대한 구제방법과 손해배상소송 실무의 개관," 인권과 정의 제271호, 1999년 3월호; 韓雄吉, "표현의 자유와 명예보호," 동아대 법학연구소, 1998; 韓渭洙, "언론보도로 인한 명예훼손," 인권과 정의 제228호, 1995년 8월호; 許樠, "언론보도에 대한 실체적 구제수단 — 손해배상 · 원상회복 · 금지청구 —," 민사판례연구 제21권, 1999; 拙稿, "명예훼손책임에서 언론보도의 진실성과 공공성," 민사판례연구 제12권, 1990.

회적인 여러 가지 이익을 비교하여 표현의 자유로 얻어지는 이익, 가치와 인격권의 보호에 의하여 달성되는 가치를 형량하여 그 규제의 폭과 방법을 정하여야 한다.

현재 언론피해구제와 관련한 법률은 민법 · 정기간행물의등록등에관한법률 · 방송법 · 공직선거및선거부정방지법 · 형법 등에 분산 규정되어 있어 국민들이 이해하기 어렵고 내용도 상호 모순되거나 통일성이 없다 — 손해배상청구권 · 정정보도청구권 · 사전금지청구권 등 여러 언론피해구제제도를 단일법화한 언론피해구제법을 제정해야 한다.

사이버공간에서의 명예훼손

게시판에 게시한 글들이 그 표현의 정도가 피씨통신을 이용하는 통상의 이용자가 수인할 수 있는 한도를 벗어난 모욕적인 수준에 이르른 경우에는 위 글의 게시행위는 불법행위에 해당한다(서울지방법원 동부지원 2000. 5. 25, 99가단42644).

홈페이지 운영자가 제공하는 게시판에 다른 사람에 의하여 제3자의 명예를 훼손하는 글이 게시되고 그 운영자가 이를 알았거나 알 수 있었다는 사정만으로 항상 운영자가 그 글을 즉시 삭제할 의무를 지게 된다고 단정할 수 없다(大判 2003. 6. 27, 2002다72194).

(2) 人格權의 保護

(ㄱ) 保護法益의 限定 인간으로서의 존엄성과 인격적 권리는 헌법에 의해 보장되는 기본권이며(헌법 제10조 이하), 인격적 보호법익에 대한 침해는 불법행위책임을 발생시킨다. 인간의 신체 · 자유 · 명예를 해하거나 기타 정신상 고통을 가한 자에 대해서는 불법행위책임상의 위자료지급의무가 부과됨으로써(제751조) 인간의 신체와 정신은 불법행위책임법의 중요한 보호법익으로 된다.[1] 명예훼손과 사생활보호에 의해 보호받아야 할 법익은 인간의 사회생활과 관련된 명예, 프라이버시 등의 인간관계에 한정된다. 인간의 신체는 모든 불법행위유형에 공통되는 보호법익으로서 그 침해자에 대하여 손해배상의무가 부과된다. 자유 · 정조도 일반적 불법행위에 의해 보호되며, 명예훼손 · 사생활보호가 특별히 보호하고자 하는 인격적 법익은 아니다. 결국 명예훼손 · 사생활침해는 인격적 법

1) 스위스채무법은 불법행위의 장에서 인적 관계(persönliche Verhältnisse)를 침해받은 자는 귀책사유 있는 가해자에 대하여 손해배상청구권 및 위자료청구권을 가진다고 규정한다(스債 제49조, 단 사망 · 침해에 대하여는 별도의 규정이 있음).

익 중에서 특별한 부분인 명예 · 프라이버시만을 한정하여 다루는 영역이라고 할 수 있고, 이렇게 한정된 보호법익을 다루는 불법행위유형이 확산되는 것은 매스미디어의 보급으로 인한 침해가 빈번하기 때문에 그 보호의 사회적 필요성이 높아졌기 때문이다.

(나) 人格權槪念에 관한 論議　민법에는 인격권을 하나의 권리개념으로서 규율하는 규정이 없으며, 민법학에서도 인격권은 학자에 따라서 그 범위가 넓게 또는 좁게, 적극적 권리개념으로 또는 소극적 보호법익으로서 각각 다르게 파악된다. 원래 인격권개념은 독일민법 제823조 1항의 절대권침해의 한 유형으로서의 「생명 · 신체 · 건강 · 자유의 권리침해」라는 표현을 민법학자들이 하나의 권리개념으로 정립한 것인데, 그 인격권개념의 실익에 대하여는 논의가 있다.[1)]

1) 積 極 說　사람이 권리주체로서 그 자신과 분리할 수 없는 인격적 이익을 향수하는 것을 내용으로 하는 권리가 인격권으로서 구체적으로는 생명 · 신체 · 자유 · 명예 · 정조 · 성명 · 사생활의 비밀 등의 보호를 내용으로 하는 권리라고 파악함으로써, 적극적이고 종합적인 인격권개념을 구성하려는 견해이다.[2)] 인격의 자유스러운 발전을 위하여 제3자의 침해로부터 보호되지 않으면 아니 될 諸利益이라는 의미로서 인격권개념을 사용하며, 이는 일반적 인격권과 개별적 인격권의 양자를 포괄한다고 한다. 권리능력자와 분리할 수 없는 그 인격에 전속하는 자유 · 명예 · 신체 등의 인격적 이익을 총칭해서 一般的 人格權이라고 하며, 그 밖에 생명권 · 신체권 · 자유권 · 초상권 · 명예권 등 개개의 법익별로 분류한 것을 個別的 人格權이라고 한다.[3)] 실정법상 인격권을 적극적으로 규정하고 있지 않더라도 인권존중의식에 의거하여 판례를 통한 인격권의 민사법적 보호가 더욱 넓고 강하게 행해져야 한다고 주장한다.

2) 消 極 說　민법상의 권리의 일종으로서 일반적 인격권의 개념을 인정

1) 黃迪仁, 389 이하는 주로 독일의 이론동향을 소개하였으며, 그에 의하면 일부 독일학자들도 인격권을 권리라기보다 인격의 영역(Persönlichkeitsbereich), 인격적 이익 또는 하나의 관념(Idee)이라고 주장하였다고 한다(391). 또한 Fikentscher는 일반적 인격권이란 그의 침해가 이익교량(Guterabwägung)에 의해 위법한 것으로 되는 포괄적 권리(Rahmenrecht)라고 한다. 반면에 개별적 인격권은 그의 침해가 언제나 위법성을 갖는 절대권이라고 한다. Fikentscher, *Schuldrecht*, 1965, S. 570f.

2) 金相容(下), 187~189.

3) 경우에 따라서는 사람이 사람으로서 법률상 인격을 가지고 권리의무의 주체가 될 수 있는 자격을 인격권이라고 부르기도 하나, 이는 결국 권리능력과 같은 것이기 때문에 특히 인격권이라고 부를 필요가 없다고 여겨진다. 같은 취지: 주석 채권각칙(Ⅳ), 118. 金基洙, "공해의 사법적 구제의 방향과 상린관계법적 구성," 환경법연구 창간호, 1979, 137 이하에서는 생활방해(임밋시온)와 인격권을 결합시켜 환경오염피해나 일조방해를 인격권침해로서 이론구성한다.

할 실익이 적다는 이유에서, 특수불법행위법의 보호법익으로서 명예권 · 사생활권 · 개인정보 비밀유지권 · 초상권 · 성명권 등의 개별적 인격권을 각 불법행위유형에 상응하는 정도로 보호하려는 견해이다.

私見으로서는 다음의 이유에서 소극설을 취한다. ① 신체의 安全(생명 · 자유 등)과 정신적 安穩(명예 · 사생활 등)과 같이 서로 다른 인격적 이익을 종합적으로 묶어 인격권이라는 하나의 권리개념으로 설명하는 것은 기능적이지 못하다. 신체의 안전성에 대한 가해는 일반불법행위 · 공작물책임 · 사용자책임 · 자동차사고 등 모든 불법행위유형에 의해 응징되어야 하는 반면에, 명예훼손 · 사생활침해 · 초상권침해 등 개별적인 침해유형은 특수한 불법행위유형으로서 特化시킬 필요가 있다. ② 민법 제751조는 개인의 생명, 신체, 자유, 명예를 침해하는 것은 불법행위를 구성한다고 규정함으로써 인격권침해에 관한 소극적 보호규정을 둘뿐이며 적극적인 보호의 객체로서 일반적 인격권을 규정하지 않는다. ③ 우리 불법행위법은 독일민법(제833조 1항)이나 일본민법(제709조)에서처럼 「권리의 침해」를 책임발생요건으로 하지 않고, 「보호법익에 대한 위법한 가해행위」를 그의 요건으로 하기 때문에 인격적 이익을 권리개념으로 구성할 필연성이 없다. 인격권은 헌법상의 기본권으로 보호됨으로써 충분하고, 헌법규범은 민사책임에서 보호법익의 내용형성에 작용하게 된다(이상의 설명은 환경권에도 동일하게 적용된다).

판례는 정신적 안온성이 침해된 경우에 人格權이 侵害되었다고 표현하기도 하는데, 대개 보호법익이 침해되어 가해행위가 성립한다는 것을 말하려는 의도로 쓴다. 신체의 안전성이 침해된 경우는 人體損害라는 표현을 쓰며 인격권침해라고는 말하지 않는다.

大判 1980. 1. 15, 79다1883: 출근한 교사에 대하여 근무를 못하게 하면서 급료를 지급하지 아니한 채 차별 대우를 한 소위는 교사의 人格權侵害로서 불법행위가 된다.

서울地判 1997. 8. 12, 95가합103699: 상품의 광고에 있어 일반상거래상의 관행과 신의칙에 비추어 비난받을 정도의 방법으로 과장하거나 허위로 광고한 경우에는 위법성이 인정된다. 식품인 牛乳에 대해 가지는 신뢰로 인한 안정감과 만족감 등은 법이 보호해야 할 人格的 法益에 해당한다고 할 것인바, 피고들이 상업적 동기에 따라 이 사건 광고에 「고름우유」라는 표현을 사용함으로써 식품인 우유에 대한 안정감과 만족감이 훼손되어 원고들은 상당한 정신적 고통을 입었다.

2. 名譽毁損責任

(1) 名譽毁損의 被害者

㈎ 自 然 人　자연인은 누구나 인간으로서의 존엄성을 가지며 사회생활을 통하여 일정한 사회적 평가를 가지므로 명예훼손의 피해자가 될 수 있다. 명예훼손행위는 特定의 相對方에 대해서 행해져야 한다. 특정인의 성명 · 명칭을 직접 표명하지 않았더라도 기사의 내용상 그가 누구라는 것이 특정될 수 있을 정도로 구체적으로 묘사되었다면 상대방특정의 요건을 충족시킨다. 서울시민과 같이 포괄적인 집단에 대한 훼손행위는 각 시민에 대한 명예훼손에 해당하지 않는다. 그러나 소규모집단에 대한 훼손행위가 행해지고, 그 집단의 구성원이 지정되어 있는 경우에는 각 구성원 대한 명예훼손이 성립한다.

大判 1994. 5. 10, 93다36622: 명예훼손에 의한 불법행위가 성립하려면 피해자가 특정되어 있어야 하지만, 사람의 성명을 명시하지 않은 경우라도 그 표현의 내용을 주위 사정과 종합해 볼 때 그 표시가 누구를 지목하는가를 알아차릴 수 있을 정도이면 피해자가 특정된 것이다.

㈏ 團　　體　法人 또는 권리능력 없는 단체도 명성 · 신용과 같은 사회적 평가를 가지므로 명예훼손의 피해자가 될 수 있다.[1] 법인이나 단체에 대한 명예훼손의 결과 정신적 손해가 발생하였다고 보아 위자료청구권까지 인정하는 견해가 있다.[2] 생각건대 재산손해 이외의 無形의 損害에 대해서도 배상의무를 인정하는 것이 타당하므로, 법인에 대한 명예 훼손의 효과로서 손해배상청구권을 인정하여야 할 것이지만 그것을 위자료라고 부르는 것은 적절치 못하다. 판례도 "법인의 명예를 훼손한다는 것은 그 사회적 명예 · 신용에 대한 평가를 침해하는 것을 말하고, 법인에 대한 명예훼손이 인정되는 경우 가해자는 그 법인이 입은 무형의 손해를 배상할 의무가 있다"고 한다(大判 1998. 10. 27, 98다9892)

---

1) 이 때 그 단체는 소송당사자능력을 갖고 있어야 한다. 조합에 대해 조합원에 대한 것과 별개의 명예훼손을 인정할 것인가에 관하여는 긍정설과 부정설이 대립한다(森泉章, "법인집단 인격권," 현대손해배상법강좌 (2), 135). 조합에 소송당사자능력을 인정하는 사건에 의하면 그에 대한 명예훼손도 인정하게 된다.

2) 洪天龍, "법인의 명예훼손과 민법 제751조의 적용 여부," 경희 법학 제12권 1호, 1974; 주석 채권각칙 (Ⅳ), 132; 大判 1965. 11. 30, 65다1707.

大判 1997. 10. 24, 96다17851: ① 법인의 명예가 훼손된 경우에 그 법인은 상대방에 대하여 불법행위로 인한 손해배상과 함께 명예회복에 적당한 처분을 청구할 수 있고, 종중과 같이 소송상 당사자능력이 있는 비법인사단 역시 마찬가지이다. ② 인격권의 침해에 대하여는 사전 예방적 구제수단으로 침해행위의 정지·방지 등의 금지청구권이 인정될 수 있다(학교법인 설립자인 종중의 명예훼손피해를 부정한 사례).[1)]

(다) 死　　者　　사망한 자의 명예도 일정한 경우에는 불법행위책임법으로서 보호되어야 한다. 亡者에 대한 명예훼손의 경우도 정정광고 등의 명예회복처분에 의해 복원됨이 필요하며, 또한 사자의 명예를 보호하는 것이 다른 법규정(형법 제308조; 저작권법 제14조 2항)과의 균형상 타당하기 때문이다. 망자에 대한 명예훼손이 그의 상속인이나 친권자의 명예훼손의 파급효과를 초래한 때에는 그 생존자에 대한 명예훼손이 별도로 성립한다. 망자 자신에 대한 명예훼손이 성립하더라도 망자는 그 효과로서 발생하는 청구권의 주체가 될 수 없고 그 권리는 상속인이나 친권자에 의해서 행사되어야 하므로, 엄밀한 의미에서는 상속인이나 친권자에 대한 불법행위책임이 발생할 뿐이라고 해석된다.

(2) 責任要件

명예훼손에 있어서 중요한 책임발생요건은, ① 명예훼손행위가 행해졌을 것, ② 그 명예훼손행위가 가해자의 과실로 인해 야기되었을 것, ③ 그 명예훼손행위가 법질서에 비추어 위법하다고 판단될 것, ④ 그 행위와 명예훼손 사이에 인과관계가 있을 것이 된다.

(가) 外部的 名譽의 損傷　　명예훼손은 명예라고 하는 보호법익에 대한 침해를 말한다. 불법행위법의 보호법익인 명예는 사람의 인격적 가치에 대해 사회에서 부여하는 평가, 즉 外部的 評判을 가리킨다.[2)] 자기가 스스로 일정한 평가를 받고자 하는 명예감정이나, 사람으로서 당연히 갖는 내재적 가치인 인격적 존엄성은 여기의 명예에 해당하지 않는다. 사회가 어떤 사람에 대하여 하는

1) 大決 1997. 7. 9, 97마634: 신청인 종중이 주장하는 신청의 원인사실을 그대로 인정한다 하더라도 그 종중에 대한 사회적 평가가 저하될 것이라고 보기 어려운 경우에, 신청인 종중과 타 종중, 종회 사이의 다툼은 임시의 지위를 정하는 가처분이 필요한 권리관계에 관한 다툼이라고 보기 어렵다.

2) 같은 취지: 郭潤直, 802; 金疇洙, 657; 주석 채권각칙 (Ⅳ), 129(朴哲雨 집필부분). 大判 1988. 6. 14, 87다카1450에서는 "민법 제764조에서 말하는 명예란 사람의 품성·덕행·명성·신용 등 세상으로부터 받는 객관적인 평가를 말하는 것이고, 특히 법인의 경우 그 사회적 명성·신용을 가리키는 데에 다름 없는 것이며, 명예를 훼손한다는 것은 그 사회적 평가를 침해하는 것이다"라고 한다(위 인용부분은 위 판결의 판시사항이 아닌 방론에 해당한다).

평가는 그의 성품 · 능력 · 품행 · 명성 · 신용 · 업적 등의 다양한 요소에 관련하여 행해진다. 그러므로 어떤 행위가 상대방의 명예감정에 상처를 입히긴 했지만, 그의 외부적 평판은 손상시키지 않은 경우에 그 행위는 명예훼손에 해당하지 않는다.

大判 1997. 10. 28, 96다38032: 명예훼손이란 명예주체에 대한 사회적 평가를 저하시키는 일체의 행위를 의미하고, 신문이나 잡지 등 언론매체가 특정인에 관한 기사를 게재한 경우 그 기사가 특정인의 명예를 훼손하는 내용인지의 여부는 기사의 객관적인 내용과 아울러 일반 독자가 기사를 접하는 통상의 방법을 전제로 기사의 전체적인 흐름, 사용된 어휘의 통상적인 의미, 문구의 연결방법 등을 종합적으로 고려하여 그 기사가 독자에게 주는 전체적인 인상도 그 판단 기준으로 삼아야 한다(배경이 되는 사회적 흐름도 고려함: 大判 2000. 2. 25, 98도2188).[1)]

名譽毁損行爲의 類型은 매우 다양하다. 그 중에서 특히 문제가 빈번히 되는 명예훼손행위는 다음과 같다.

① 보도에 의한 명예훼손: 신문 · 잡지 · 텔레비젼 · 라디오 등의 대중보도매체에 의한 경우. 매체나 기사의 종류에 따라 진실성의 요구정도 및 명예훼손책임의 성립 여부에 약간의 차이가 있다. 잡지(주간지 · 월간지 등)는 신문에 비해 신속성의 요청이 적으므로 진실성에 대한 요구가 더욱 높은 반면에 사생활노출의 허용도가 높은 편이다. ② 출판물에 의한 명예훼손: 서적 · 광고지 · 게시물에 의한 경우, ③ 컴퓨터통신: 컴퓨터통신망을 통한 배포, 홈페이지에 등록에 의하는 경우, ④ 개별적 정보제공: 구두 · 서신 등을 제3자에게 보냄으로써 개별적인 방법으로 타인을 비방하는 경우.[2)] 판례는 불법행위책임에서 명예훼손은 형법상의 명예훼손죄의 구성요건인 불특정인 또는 다수인이 들을 수 있는 상태를 필요로 하지 아니하며, 타인의 사회상의 지위를 훼손하는 사실을 제3자에게 표명하기만 하면 불특정다수인에게 유포되지 않더라도 성립한다고 한다(大判 1964. 9. 12, 64다261). ⑤ 고소 · 고발에 의한 명예훼손: 판례는 무고로 인하여 구속 · 기소된

1) 서울지판 1998. 8. 12, 98가합15397: 어떠한 사상을 적시 또는 표현한 신문만평 또는 諷刺漫畵에 의한 명예훼손 성립 여부는 작가가 그 만평을 게재한 동기, 만평에 사용된 풍자나 은유의 기법, 그 만평을 읽는 독자들의 지식정도와 정보수준, 그리고 그 만평의 소재가 된 객관적 상황이나 사실관계를 종합하여 그 만평이 독자들에게 어떤 인상을 부여하는가를 기준으로 삼아야 한다.

2) 미국법에서는 구두에 의한 명예훼손과 서면에 의한 명예훼손을 구별하고 후자를 훨씬 무겁게 다룬다.

경우 고소인에게 피고소인의 정신적 고통에 대한 위자료를 지급하도록 명한다(大判 1982. 3. 23, 80다2692). ⑥ 법정에서의 발언 · 증언, ⑦ 부당한 권리의 행사: 부당한 가처분 · 파산선고가 이에 해당한다. 판례는 부당한 가처분집행으로 원고에게 재산상 손해 외에 영업상의 신용과 명예가 손상되었음을 인정하고 위자료지급을 명하였다(大判 1972. 1. 13, 71다2368). 그 밖에 가처분채권자에게 명예 · 회복을 위한 사죄광고를 명한 판례도 있다(大判 1980. 2. 26, 76다2138). ⑧ 위법한 공무집행.

(나) **過失과 違法性** 명예훼손은 타인의 생명 · 신체 · 재물에 대한 가해와는 달리 우리의 일상생활에서 흔히 행해지는 일상성을 가지며, 타인에 대해 나쁜 평판을 유도하는 정보제공 · 보도 · 고발 등은 종종 공공의 필요에 상응한다는 공공성을 갖는다. 그러므로 각인에게 타인의 명예를 훼손하지 않기 위해 어떤 경우 어느 정도의 注意義務가 부과되었다고 볼 것인가를 판단하는 것은 매우 어렵다. 명예훼손책임의 발생 여부는 실제 사례에 있어서는 「注意義務違反으로 인한 違法한 加害行爲」라는 하나의 통합된 규범판단에 의한다. 그리고 이러한 가해행위는 다른 불법행위유형에서와는 달리 손해발생과 직접 관련되어 고찰될 수 없으므로 일정한 행위가 그러한 가해행위에 해당한다는 예시가 필요하게 된다(언론기관의 명예훼손에서 자세히 설명함).

(다) **損害 및 因果關係** 명예훼손을 원인으로 하는 불법행위소송에 있어서는 피해자가 損害의 발생뿐 아니라 가해행위와 손해 사이의 因果關係를 입증하는 것이 매우 곤란하다. 피해자(원고)가 가해자(피고)의 특정행위로 인해 자신의 외부적 평판이 손상되었다는 손해의 사실을 완전히 증명하는 것은 불가능하며, 그 가능성을 제시하면 판사가 그에 대해 판정을 해야 한다. 명예훼손에 의한 손해는 형체화되어 드러나지 않는 無形性을 갖기 때문에, 일정한 행위가 가해행위가 된다고 판단되면 그 가해행위로 인하여 손해가 발생하였음, 즉 명예가 훼손되었음을 추정하여야 한다.

(3) 言論報道의 眞實性과 公共性

어떤 언론보도가 명예훼손행위에 외형상 해당한다 하더라도 그 행위가 진실성과 공공성을 모두 갖추었을 경우에는 불법행위책임은 성립하지 않는다. 진실한 정보의 제공 · 유포 · 보도 · 출판은 그것이 공공의 이익을 위하여 행해진 때에는 정당한 행위로서 표현의 자유에 의해 보장되어야 한다. 그러나 진실성과 공공성을 갖추지 않은 공표는 표현의 자유의 보호범위를 일탈하는 것으로서 명예훼손책임을 발생시킨다. 판례는 명예훼손으로 인한 손해배상사건에서 免

責의 기준으로 ① 공공의 이해에 관한 사항이며 그 목적이 오로지 공공의 이익을 위한 것일 것, ② 그 사실이 진실이라는 증명이 있거나 적어도 행위자가 이를 진실이라고 믿을 상당한 이유가 있을 것을 요구하고 있다.

(가) 公 共 性 신문 등 언론매체가 보도를 통하여 타인의 명예를 훼손하는 행위를 한 경우에도 보도내용이 公共의 利害에 관한 사항으로서 그 목적이 오로지 公共의 利益을 위한 것일 때에는 그 진실성이 증명될 경우 위법성이 없다(사익적 동기가 부수적으로 내포된 경우도 포함. 大判 2006. 12. 22, 2006다15922). 진실성은 객관적으로 증명이 가능하지만, 공공성이란 어떤 공표사실에 대한 사회적 가치판단이므로 증명이 곤란하며, 궁극적으로는 판사가 공공성 여부를 판단해야 한다.

1) 事實報道記事 정치 · 경제 · 사회 · 문화에 관한 사실보도기사는 공공성이 있다고 추정된다(TV뉴스에서의 인신공격성 표현은 명예훼손책임. 大判 2003. 3. 25, 2001다84480).

2) 論評의 自由와의 限界 일반공중의 관심사인 사항에 논평해설기사는 용어나 표현이 과격하고 신랄하여 그로 인하여 피논평자의 사회적 평가가 절하되더라도 명예훼손에 해당하지 않는다. 특히 논평에 관해서는 그것이 사생활침해나 인신공격이 아닌 공적 활동에 관한 것인 한 「공정한 논평의 자유」가 보장되어야 하기 때문에[1] 논평의 내용이 사실보도가 아닌 논평자의 피논평자에 대한 주관적 평가로 구성된 경우 면책된다(大判 2000. 7. 28, 99다6203). 단 논평이 피논평자에 관련된 허위의 사실을 기초로 행해졌을 때에는 면책되지 않는다.[2]

3) 私生活暴露 신문 · 잡지 · 방송에서 개인의 사생활을 본인의 동의 없이 노출시키는 것은 공공성이 없다고 판단된다. 정치인 · 고위직공무원 · 사회적 저명인사의 사생활을 건전한 관심의 범위에서 노출시키는 것은 무방하다. 연예인의 경우에도 연예활동과 전혀 관계가 없는 사생활을 노출시키는 것은 명예훼손 및 사생활침해가 될 수 있다.

4) 宗教的 批判 종교의 자유에는 자기가 신봉하는 종교를 선전하고 새

1) 미국법에서는 논평에 관하여 공정한 비평(fair comment)의 법리가 확립되어 있다. 주석 채권각칙(Ⅳ), 139.

2) 大判 1999. 2. 9, 98다31356: ① 의견 또는 논평을 표명하는 표현행위로 인한 명예훼손에 있어서는 그 의견 또는 논평 자체가 진실인가 혹은 객관적으로 정당한 것인가 하는 것은 위법성 판단의 기준이 될 수 없고, 그 의견 또는 논평의 전제가 되는 사실이 중요한 부분에 있어서 진실이라는 증명이 있는가, 혹은 그러한 증명이 없다면 표현행위를 한 사람이 그 전제가 되는 사실이 중요한 부분에 있어서 진실이라고 믿을 만한 상당한 이유가 있는가 하는 것이 위법성 판단의 기준이 되는 것이다. ② 증거에 의하여 그 진위를 결정하는 것이 가능한 타인에 관한 특정의 사항을 주장하고 있는 것이라고 바로 해석되지 아니하는 경우라도 당해 부분 전후의 문맥과 기사가 게재될 당시에 일반의 독자가 가지고 있는 지식 내지 경험 등을 고려하여 볼 때에 그 부분이 간접적으로 증거에 의하여 그 진위를 결정하는 것이 가능한 타인에 관한 특정의 사항을 주장하는 것이라고 이해된다면 그 부분은 사실을 적시하는 것으로 보아야 할 것이고, 이를 묵시적으로 주장하는 것이라고 이해된다면 의견 또는 논평의 표명과 함께 그 전제되는 사실을 적시하는 것으로 보아야 한다.

로운 신자를 규합하기 위한 선교의 자유가 포함되고 선교의 자유에는 다른 종교를 비판하거나 다른 종교의 신자에 대하여 개종을 권고하는 자유도 포함된다. 다른 종교집단을 비판함으로 인하여 타인의 명예를 침해하는 경우에 종교의 자유보장과 개인의 명예보호라는 두 법익을 조정해야 할 것인데, 다소 과장되거나 부적절한 표현을 사용한 바 있다 하더라도 그 행위가 근본적으로 종교비판의 표현행위에 해당되면 위법성이 없다(大判 1996. 9. 6, 96다19246).

大判 1999. 1. 26, 97다10215: 일간신문사 기자가 타 신문사의 기사내용과 피의자에 대한 구속영장 사본만을 열람한 것만으로는 진실성을 담보하기 위하여 필요한 취재를 다한 것이라고 할 수 없고, 더욱이 피의자가 범행혐의를 받고 있을 뿐임에도 불구하고 마치 자신의 직접 취재에 의하여 그 범행이 확인된 것처럼 단정적으로 기사를 게재한 경우에는, 일간신문에 있어서의 보도의 신속성이란 공익적인 요소를 고려하더라도 명예훼손책임이 발생한다.[1]

(나) 眞實性 공표의 내용이 실제의 사실과 부합하는 것을 진실성이라고 하며 언론보도는 진실성을 갖출 것을 원칙으로 한다. 공표된 사실의 중요부분이 진실과 부합하여야 함은 물론이며, 그 밖에 부수적인 사실이라도 그것이 타인의 명예에 해를 끼칠 우려가 있는 것이라면 진실성을 갖추어야 한다. 과장된 표현은 그 과장의 정도가 미약하여 타인의 명예를 훼손하지 못할 정도인 때에만 허용된다. 불법행위책임에 있어서 공표사실의 진실성요구는 형사사건의 명예훼손죄의 구성요건에서 독립하여 독자적인 법리에 의해 판단되어야 한다.

眞實性의 立證責任은 가해자측(보도기관·공익자)에 있다고 해석된다.[2] 그 이유는 타인의 명예를 훼손시킬 사실을 공표 또는 보도하는 자는 스스로 그 사실이 진실에 어긋남으로 인하여 타인에게 부당한 피해를 입히지 않도록 眞僞調査를 할

1) 이 판결의 방론: 피의사실을 보도함에 있어 언론기관으로서는 보도에 앞서 피의사실의 진실성을 뒷받침할 적절하고도 충분한 취재를 하여야 함은 물론이고, 보도 내용 또한 객관적이고도 공정하여야 할 뿐만 아니라, 무죄추정의 원칙에 입각하여 보도의 형식 여하를 불문하고 혐의에 불과한 사실에 대하여 유죄를 암시하거나 독자들로 하여금 유죄의 인상을 줄 우려가 있는 용어나 표현을 사용하여서는 아니 되며, 특히 공적 인물이 아닌 사인(私人)의 경우 가급적 익명을 사용하는 등 피의자의 신원이 노출되지 않도록 주의해야 하지만, 한편으로 보도기관은 수사기관과는 달리 사실의 진위 여부를 확인함에 있어 현실적으로 상당한 제약을 받을 수밖에 없고, 신속한 보도의 필요성이 있을 때에는 그 조사에도 어느 정도 한계가 있을 수밖에 없다. 신문기사가 검사가 소정의 절차에 의하여 행한 발표 및 배포 자료를 기초로 객관적으로 작성되어 있는 경우, 그 기사 내용이 진실이 아니라고 하여도 위법성이 조각된다.

2) 같은 취지: 주석 채권각칙 (Ⅳ), 137.

것 등의 注意義務(眞實調査義務)를 지므로, 언젠가 그 공표사실의 진위가 문제될 때에 대비하여 자신의 공표사실의 진실성을 뒷받침할 자료를 갖추어야 하기 때문이다. 이 때 공표자는 그 사실의 취재원을 밝히고 그 취재원이 객관적으로 믿을 만한 것이었음을 증명해야 한다. 정부의 공식적인 발표내용은 믿을 만한 취재원이 되지만 단순한 소견 · 비공식적 의견은 그러하지 아니하다. 언론기관은 공표 전에 모든 공표사실의 진실성, 내용의 출판에 관하여 상당한 주의를 기울여야 한다. 반면에 언론인은 공표사실의 필자, 제보자 또는 그 자료의 보유자의 신원이나 공표내용의 기초가 된 사실에 관하여 진술을 거부할 수 있으며, 그에 관한 압수 · 수색이 금지됨으로써 언론의 취재원이 보호된다.

大判 1998. 10. 27, 98다24624: 일간신문사가 강원도의회 의원들이 통일원으로부터 접촉승인을 받고 남·북 강원도 교류사업을 추진하면서 북측 인사에게 전달한 편지에 관하여 여러 차례에 걸쳐「김일성 애도편지」등의 기사제목을 반복적으로 사용하여 보도한 것은 진실성에 어긋나서 명예훼손의 성립이 인정된다.

大判 1998. 5. 8, 97다34563: 방송사가 보도내용을 진실이라고 믿었고 또 그렇게 믿을 상당한 이유가 있었다는 것에 대한 立證責任은 어디까지나 명예훼손행위를 한 방송 등 언론매체에 있고 피해자가 공적(公的)인 인물이라 하여 방송 등 언론매체의 명예훼손행위가 현실적인 악의에 기한 것임을 그 피해자측에서 입증하여야 하는 것은 아니다.

(다) 眞實性 · 公共性 缺如의 效果　　공표사실이 진실성과 공공성을 갖추지 못한 경우에는 공표자의 過失 및 違法性이 문제된다.

1) 眞實性과 公共性의 缺如　　언론보도 등이 진실성과 공공성 양자를 모두 갖추지 못한 경우에는 명예훼손에 해당한다.

2) 公共性만의 缺如　　타인에 관한 정보의 공표가 비록 진실에 부합하는 내용을 담았더라도 그러한 공표가 공공의 이익을 위한 것이 아니라면 명예훼손에 해당할 수 있다. 이렇게 진실성은 있으나 공공성이 없는 경우에, 공표가 상대방의 명예를 손상시킬 의도로 불명확사실을 폭로하였거나(고의) 또는 사회통념상 그러한 공표로 상대방의 명예훼손이 생기리라는 사실을 알았으리라고 기대될 것(과실)이 불법행위임의 성립요건이 된다. 진실성이 있는 경우 공표자의 과실은 매우 신중히 제한적으로 인정해야 한다.

3) 眞實性만의 缺如　　공표사실이 진실과 다른 경우에, 그 허위사실의 공표행위가 공공의 목적을 위해 행해졌더라도 명예훼손이 성립한다. 공표자가 그 공표사실이 허위라는 사실을 알았거나 과실로 알지 못한 경우에 불법행위책임이 발생한다. 어떠한 경우에 공표자의 과실을 인정할 것인가에 관해서 판례는 「眞實性誤信에 관한 相當性判斷의 法理」를 발전시켰다.

㈃ 過失 없는 眞實性誤信　　판례가 발전시킨 「眞實性誤信에 관한 相當性判斷의 法理」란 "타인의 명예를 훼손하는 행위를 한 경우에도 그것이 공공의 이해에 관한 사항으로서 그 목적이 오로지 공공의 이익을 위한 것일 때에는 진실한 사실이라는 증명이 있으면 위 행위에 위법성이 없으며, 또한 그 증명이 없더라도 행위자가 그것을 진실이라고 믿을 相當한 理由가 있는 경우에는 違法性이 없어 책임이 발생하지 않는다"는 것이다(大判 1988. 10. 11, 85다카29, 공 836, 1392).[1)2)] 판례는 근래에는 이 법리를 「언론기관 종사자의 주의의무 위반」과 관련하여 過失의 문제로 파악하여, 언론기관이 그 보도·방송의 내용이 진실하다고 믿었고 또 그렇게 믿을 상당한 이유가 있는 경우에는 過失이 없다는 이유로 불법행위책임을 부정한다(大判 1998. 2. 27, 97다19038).

언론보도로 인한 명예훼손은 적법행위를 하는 과정에서 야기되는 부산물이라고 할 수 있는데, 이러한 가해행위에 관하여는 행위자의 자유에 대한 한계가 문제가 된다. 타인의 명예에 손상을 입히는 것은 원칙적으로 불법행위를 구성하고 위법성조각사유에 있는 때에 면책된다는 법리 아래에서는 명예훼손과 언론자유의 한계를 적절하게 설정할 수가 없다.[3)] 위법성판단은 판사의 순수한

1) 이 판례에 대한 평석: 拙稿, "명예훼손책임에서 언론보도의 진실성과 공공성," 민사판례연구 제12권, 1990, 155 이하.

2) 이러한 법리구성은 그 후의 판례에서 기본전제로서 받아들여졌고 1993년 판례도 相當性判斷의 法理를 받아들여 "그 공표된 사람에 관하여 적시된 사실의 내용이 진실이라는 증명이 없더라도 국가기관이 공표 당시 이를 진실이라고 믿었고 또 그렇게 믿을 만한 相當한 理由가 있다면 違法性이 없는 것이고, 이 점은 언론을 포함한 사인에 의한 명예훼손의 경우에서와 마찬가지이다"라고 판시하였다(大判 1993. 11. 26, 93다18389, 공 960, 35). 1996년 판결에서도 "피의사실 공표로 인한 명예훼손의 경우, 공표한 피의사실의 진실성에 관한 誤信에 相當性이 있는지 여부는 발표 당시의 시점에서 판단되어야 하지만 발표 당시의 시점에서 판단한다고 하더라도 그 전후의 수사과정과 밝혀진 사실들을 참고하여야 발표시점에서의 상당성 여부를 가릴 수 있는 것이므로, 발표 후에 수집된 증거자료도 상당성 인정의 증거로 사용할 수 있다"고 하였다(大判 1996. 8. 20, 94다29928, 공 1996하, 2776). 이 판례에 대한 평석: 方碩皓, "명예훼손 면책사유로서의 진실성과 신문사의 주의의무," 민사판례연구 제19권, 1997, 257 이하.

3) 형법상의 명예훼손죄는 통상 그 구성요건이 충족되면 다음 단계로서 위법성판단에 의해 책임 여부가 결정되며, 특히 위법성조각사유가 없는 한 책임이 인정된다. 특히 명예훼손죄에 관하여는 그 행위가 진실한 사실로서 오로지 공공의 이익에 관한 때에는 처벌하지 아니한다는 위법성조각규정을 둠으로써(형법 제310조) 법적용상 이러한 구성요건과 위법성조각의 구조를 취하게 되어 있다. 이러한 위법성조각의 책임체계를 민사책임에 수용하여 명예훼손의 손해배상책임을 설명하는 이론도 주장되고 있다. 韓渭洙, "명예의 훼손과

규범적 판단으로서 그 판단결과에 대한 예측이 곤란하다. 판결에 대한 예측가능성이 희박해지면 일반인의 행위규범이 불명확하게 되어 법적 불안정상황이 초래된다. 또한 위법성판단에 의해 책임 여부를 결정하게 하는 법리는 법률가들의 독단적인 판단에 전적으로 의존하는 것으로서, 명예훼손에 관한 일반인의 법의식과 법률가의 이론구성과의 괴리를 생기게 할 우려가 있다. 책임판단의 중점을 注意義務에 두고 그 주의의무의 내용을 상세히 제시함으로써 명예훼손 책임의 판단에 대한 예측가능성을 부여하고, 언론종사자들이 사전에 어떤 조치를 취할 경우에 면책되는가를 명확히 알도록 해야 한다.

특히 언론종사자에게는 眞實調査義務를 지움으로써 경솔하게 진실과 다른 보도를 하는 실수를 범하지 않도록 유도할 필요가 있다.[1] 프로그램의 편성권 문제에서와 같이 표현주체가 국민의사의 대변자로서의 역할을 담당한다는 측면에서는 표현의 자유가 더욱 신장될 필요가 있지만, 개인 대 언론사와의 관계에서와 같이 개인의 명예 및 프라이버시에 대한 침해를 줄여야 한다는 측면에서는 언론사의 책임를 무겁게 부과해야 한다. 언론기관이나 출판사에 일하는 기자, 제작자, 연출자, 작가 등은 진실한 내용만을 공표하려는 의지를 갖고 가능한 모든 노력을 기울이도록 요구되어야 한다. 언론종사자의 진실조사의무는 각 유형별로 구체화되어야 할 것이다. 매스컴에 의한 보도에 있어서는 매체나 기사의 종류에 따라 진실조사의무의 정도에 약간의 차이를 둘 수 있다. 잡지(주간지·월간지 등)는 신문에 비해 신속성의 요청이 적으므로 진실성에 대한 주의의무의 정도를 높여야 한다. 확증도 없이 범인으로 단정하여 고발한다든가, 세간의 풍문이나 다른 사람의 제보를 기초로 그의 진위를 충분히 조사하지 않은 채 보도하는 경우는 주의의무를 다하지 않은 것으로서 손해배상책임을 부과해야 할 것이다.[2] 현재와 같이 매스컴의 보도에 진실성 및 신중성이 부족하여 매스컴에 의한 명예훼손이 빈번한 시점에서는 진실성의 요건이 엄격히 해석되어야 하며, 이를 위하여는 언론종사자에게 자기가 공표하는 사실이 진실과 부합하는가를 신중히 탐문하도록 무거운 주의의무를 부과해야 마땅하다. 다만 명예훼손을 넓게 인정할 경우에 정보의 자유로운 유통과 공공의 관심사에 대한 공개적이고 자유로운 토론이 억

민사상의 제문제," 사법논집 제24집, 419.

1) 拙稿, "名譽毁損의 民事責任에서 違法性과 過失의 判斷," 판례실무연구(Ⅱ), 비교법실무연구회 편, 박영사, 1998. 10, 435~451.

2) 그 밖에 정확하지 않은 사실의 징표나 적절하지 않은 표현 등으로 말미암아 본인이 원하는 바와 다른 사회적 평가를 야기한 경우 명예훼손에 해당한다. R. A., Posner, *The Economics of Justice,* Harvard University Press, 1981, 288.

제되는 부작용을 가져올 것이 우려되므로, 언론종사자의 주의의무가 무엇인지를 그들에게 자세히 알리는 일이 필요하다. 법원은 이러한 주의의무의 내용을 구체화하는 역할을 담당해야 할 것이다.[1]

大判 2003. 7. 22, 2002다62494: 기자회견의 주 목적이 검찰의 선거사범 처리가 불공정하고 이에 대한 불복을 정치적으로 탄압하고 있다는 의혹을 국민에게 고발하고자 하는 데에 있는 경우에는 공공의 이익에 관한 것으로 보아야 할 것이어서, 정치인의 명예훼손적 표현행위는 위법성이 조각된다.

大判 1998. 5. 22, 97다57689: 한국소비자보호원이 제품의 유통경로에 대한 조사 없이 제조자의 직접 공급지역 외에서 일반적인 거래가격보다 저렴한 가격으로 단지 외관만을 보고 구입한 시료를 바탕으로 「이동쌀막걸리」에서 유해물질이 검출되었다는 검사 결과를 언론에 공표한 사안에서, 공표의 기초가 된 試料가 원고 제품이라는 점에 대한 객관적이고도 타당한 확증과 근거가 있다고 볼 수 없으므로 공표 내용의 진실성을 오신한 데 상당한 이유가 없다.[2]

大判 1998. 7. 14, 96다17257: ① 수사기관이나 수사담당 공무원이 피의사실을 공표하는 경우에는 공표하는 사실이 의심의 여지 없이 확실히 진실이라고 믿을만한 객관적이고 타당한 확증과 근거가 있는 경우가 아니라면 그러한 상당한 이유가 있다고 할 수 없다. ② 언론기관이 범죄 자체를 보도하기 위하여 반드시 범인이나 범죄 혐의자의 신원을 명시할 필요가 있는 것은 아니고, 범인이나 범죄혐의자에 관한 보도가 반드시 범죄 자체에 관한 보도와 같은 공공성을 가진다고 볼 수도 없다.[3]

(4) 民事責任의 內容

타인의 명예를 훼손한 자에 대하여 법원은 피해자의 청구에 의하여 피해보상에 갈음하거나 피해보상과 함께 명예회복에 적당한 처분을 명할 수 있다(제764조).[4]

1) 미국에서는 신문, 방송사가 통신사 등 뉴스수집기관으로부터 받은 소식을 그대로 보도한 경우에 있어서는 ① 그것이 신뢰할 만한 뉴스수집기관으로부터 전신으로 받은 것이고, ② 피고로서는 그 뉴스가 허위인지 몰랐으며, ③ 그 뉴스 자체의 문면상으로는 그것이 부정확한 것일지 모른다고 주의를 하게 할 만한 사항이 없고, ④ 피고가 수신한 내용을 아무런 실질적인 변경을 가하지 않고 그대로 보도한 경우에는 면책이 된다(소위 wire service defence). R. Smolla, supra note 2, sec. 4. 13[1][d], at 4-63. 韓渭洙, "명예의 훼손과 민사상의 제문제," 사법논집 제24집, 415에서 재인용.

2) 판례평석: 拙稿, "이동쌀막걸리의 신용훼손사건 평석," 법률신문 1998년 11월 9일 15.

3) 大判 1998. 5. 8, 96다36396: 수사의 초점이 되지 아니하여 보강수사가 이루어지지 않은 유명 연예인의 접대행위에 관하여 수사기록 및 담당 검사로부터 입수한 정보만을 근거로 사실 확인을 하지 아니한 채 일간신문에 허위 기사를 게재한 행위에 그 기사 내용이 진실이라고 믿을 만한 상당한 이유가 없다고 보아 불법행위의 성립을 인정한다.

4) 大判 1989. 6. 14, 87다카1450: 명예훼손으로 인한 피해자가 손해배상과 아울러 사죄광고를 함께 청구하였

(가) 損害賠償請求權[1] 피해자의 손해배상청구권은 제750조, 제751조에 의해 발생하며, 불법행위에 기한 손해배상청구를 하였으면 위자료를 별도도 청구할 필요는 없다. 명예훼손에 의해서는 보통 無形의 손해가 발생하므로 그 손해액을 정확히 증명하는 것은 곤란하다. 구체적인 재산손해를 배상토록 하는 사례로서는 "비방광고들로 인한 피해를 최소한으로 줄이기 위하여 광고들이 실렸던 일간지마다 동일한 크기의 대응 광고를 게재할 필요가 있었다면, 그 비용도 비방 광고들로 인하여 입은 손해이다"라는 판례가 있다(大判 1996. 4. 12, 93다40614).

(나) 名譽回復處分 명예회복처분은 피해자가 처분의 종류와 내용을 확정하여 청구한 경우에 그를 기초로 법원이 명한다(제764조). 명예회복처분에 해당하는 것으로서는 정정보도, 사실해명광고 등이 있다. 민법 제764조의 「명예회복에 적당한 처분」에 사죄광고를 포함시키는 것은 헌법에 위반한다(憲裁決 1991. 4. 1, 89헌마160).[2] 피해자승소의 판결을 신문에 광고하도록 명하는 방법도 있다. 이러한 광고는 가해자 명의로 게재되거나 공표된다는 점에서 피해자가 스스로 명예회복을 위해 광고하는 경우와 구별된다. 광고비용은 가해자(피고)가 부담하도록 하며, 이러한 광고의 강제집행은 대체집행에 의한다(제389조 2항).

민법 제764조의 「명예회복에 적당한 처분으로서의 정정보도청구권」이 인정되기 위해서는 언론보도가 진실하지 아니하여야 한다. 그것은 언론의 잘못된 기사로 인하여 명예가 훼손된 자가 똑같은 매체를 통하여 잘못된 기사를 바로잡음으로써 자신의 명예를 회복한다는 데에 그 존재의의가 있기 때문이다. 반론권 및 정기간행물법의 반론보도청구권은 언론보도의 진실성 여부를 문제삼지 아니하는 데에 비하여, 정정보도청구권은 언론이 오보나 과장보도 · 허위보도 등을 통하여 타인의 명예나 권리를 침해한 때에 그 정정을 위하여 제기되는 것이므로, 양자는 명백히 구별된다.[3]

名譽毀損에 관한 不作爲請求 및 侵害物除去請求

(1) 認 定 대중매체에 의해 일단 명예훼손행위가 행해지면 그 피해자의 명예회복은 거의 불가능하므로, 명예훼손행위가 아직 완료되기 전에 그것을 저지할

더라도 법원은 그 중의 하나만을 선택하여 명할 수 있다고 하여 손해배상만을 인용하였다.

1) 李宰勳, "명예훼손과 손해배상," 사법행정 1985년 4월호.

2) 李丞祜, "사죄광고제도에 대한 헌재결정의 평석," 인권과 정의, 변협 1991년 9월호, 133 이하.

3) 朴宣映, "명예회복 수단으로서의 정정보도청구권," 저스티스 제31권 4호.

필요가 있다. 명예훼손행위가 이미 행해졌고 그 행위가 반복될 염려가 있는 경우, 또는 곧 명예훼손행위가 행해질 것이 확실한 경우에도 같다. 이 경우에 명예에 대한 사전보호제도로서 不作爲請求權과 侵害物除去請求權을 인정할 것인가에 관해서는 학설이 대립한다.

① 肯定說: 손해를 발생케 하는 근원인 위법행위의 배제, 예방을 청구할 수 없다면 이는 불법행위제도의 취지에 어긋나므로 그러한 침해의 배제, 예방을 청구할 수 있다는 견해이다.[1]

② 否定說: 위법행위의 중지나 위법행위의 예방을 청구할 권리는 불법행위로부터 직접 생길 수 없다는 견해이다.[2]

③ 私見으로는 긍정설을 취한다. 민법이 명예훼손의 불법행위의 효과로서 손해배상 이외에 명예회복처분을 명할 수 있도록 명문규정을 두고 있는데(제764조), 부작위청구 및 침해물제거청구는 이 명예회복처분에 준하는 것으로 해석할 수 있을 것이다.

④ 판례도 긍정설을 취하여, "인격권은 그 성질상 일단 침해된 후의 구제수단(금전배상이나 명예회복 처분 등)만으로는 그 피해의 완전한 회복이 어렵고 손해전보의 실효성을 기대하기 어려우므로, 인격권 침해에 대하여는 사전(예방적) 구제수단으로 침해행위 정지·방지 등의 금지청구권도 인정된다"는 근거를 들어 부작위청구의 일종인 廣告中止請求를 인정하였다(大判 1996. 4. 12, 93다40614).

(2) 不作爲請求　피해자는 명예훼손의 내용이 담긴 잡지·출판물 등의 유포를 저지하기 위한 부작위청구를 할 수 있다.[3]

① 보호되는 권리가 중대하게 침해될 것: 어떠한 표현의 출판, 판매, 광고 등에 대한 금지청구는 표현행위에 대한 사전제한으로서 헌법 제21조 2항에서 금지하고 있는 언론·출판에 대한 허가나 검열과 유사한 것으로서 표현행위에 대한 중대한 제한이므로, 개인의 명예와 프라이버시가 중대하게 침해된 경우에만 예외적으로 인정되어야 한다.[4]

② 침해의 위험이 目前에 존재할 것: 이미 행해진 침해행위가 반복될 경우 또는 아직 침해행위가 시작되지는 않았으나 곧 착수될 경우가 이에 해당한다.

③ 不作爲命令 및 損害賠償命令: 부작위채무를 명하는 판결의 실효성 있는 집

1) 金基善, 313; 金相容(下), 221; 손원선, "한국법과 독일법상의 인격권 침해에 대한 사전보호제도," 한남대 과학기술법연구 제4집, 1998. 12. 郭潤直, 801에서도 명문의 규정이 없다고 하여 해석상 이를 인정할 수 없는 것은 아니며, 이 문제는 가해자의 활동제한이라는 손실과 그로부터 피해자가 얻은 이익을 비교검토하여 이들 청구권의 인정 여부를 결정하여야 할 것이라는 긍정적 입장을 취한다.

2) 金曾漢, 830.

3) 독일민법에서는 개별적으로 부작위청구권을 규정하고, 독일법원은 독일민법 제1004조 1항을 유추적용함으로서 가해자의 귀책사유의 존부와 무관한 부작위청구권을 발전시켰다. 독일에서는 단지 "위법한 권리침해의 존재"를 요건으로 하며, 목전의 침해위험을 그에 대한 증거를 가지고 분명히 설명할 수 있어야만 한다.

4) 서울地判 1996. 6. 11, 96카합1545.

행을 보장하기 위하여, 법관은 그 부작위채무에 관한 판결절차에서 민사소송법 제693조에 기해 장차 채무자가 그 채무를 불이행할 경우에 일정한 賠償을 할 것을 명할 수 있다(大判 1996. 4. 12, 93다40614).[1)]

(3) 侵害物除去請求　피해자는 위법한 기사 부분의 삭제 · 말소, 위법하게 공표된 사진, 이름 또는 캐리커쳐 등의 제거 · 파기 등을 청구할 수 있는데, 이러한 권리를 명예훼손물의 제거청구권이라고 한다.[2)]

① 장래 명예훼손의 위험: 목전의 명예훼손행위가 있거나, 또는 이미 발생한 훼손상태가 현재에도 존재하고 그것이 장래에도 지속될 예정인 경우에 이 제거청구권이 인정된다.

② 名譽毁損物의 現存: 그 명예훼손행위가 有形의 물건 또는 정보를 담은 파일 등을 통해서 행해져야 하며, 그 원본이나 사본이 현존하여 제거가 가능한 상태이어야 한다.

③ 行爲의 違法性: 명예훼손행위는 객관적으로 판단할 때 위법한 침해행위로 인정되어야 하며, 행위자의 귀책사유는 요건이 아니다.

④ 妨害物의 除去: 원고 · 지형 · 원판(필름)을 회수하거나 파기할 것을 명하는 판결을 얻어 대체집행에 의해 강제집행받을 수 있다.

(다) 反論權과 反論報道請求[3)]

1) 反論權의 保障　반론권이란 신문 · 방송 등의 매스미디어에 의해 비난 · 비판 · 공격을 받은 자가 원칙적으로 그 기사 · 방송과 같은 신문 · 방송주파수의 같은 장소 · 시간에 같은 활자 · 기사량 · 방송시간을 할당받아 당해 공격에 대한 자기 반론을 무료로 게재 · 방송할 것을 요구하는 권리이다. 명예훼손에 대한 불법행위책임법의 구제방법 이외에 언론보도에 의한 피해자에게 반론권(right of reply, droit de reponse)을 부여해야 한다는 이론이 프랑스신문법(1822)을 비롯한 선진국의 법률에 도입되었다. 매스미디어의 독점적 횡포에 대항하여 피해자가 반론을 사회에 효과적으로 전달에 할 수 있는 권리(right of

1) 예방적 부작위청구를 인정한 하급심판결: 서울地判 82다카19263 서적인쇄 및 발매금지 가처분: 전율산기업이 창업되어 도산되기까지의 이야기를 묘사한 내용의 서적출판에 대하여 소송. 서울地判 97카합2923 인쇄물발행판매배포 등 금지가처분: "97, 김대중 X-파일" "김대중 씨 사상 검증받아야 한다." "김정일, 김대중 당선 원하고 있다" 제목의 기사를 시사주간지 「인사이드월드」에서 실음에 대해 제소.

2) 서울地判 1982. 7. 21, 82카19263 서적인쇄 및 발매금지 등 가처분사건; 서울地判 1998. 3. 18, 98카합878: 월간지 한국논단 1998년 3월호가 한국방송공사의 "다큐멘터리 극장" 책임 프로듀서를 주사파이며 그 프로그램을 통해 북한의 혁명사관에 입각하여 역사왜곡을 자행하는 범죄를 저질렀다는 기사를 실었고 이에 대해 출판물인쇄배포 등 금지가처분이 명해졌다.

3) 참고문헌: 山口俊夫, "反駁論ーフランス法を中心として," 現代損害賠償法講座 2, 1972, 267; 幾大通, "新聞による名譽毁損と反論權," 我妻先生追悼論文集 私法學の新たな展開, 1975.

access to mass media)를 부여해야 한다는 사상이 반론권의 이론적 기초이다. 우리 나라에서도 이 반론권은 표현의 자유와 관련된 기본권으로서 보호되며, 구 언론기본법(1980년 제정. 1987년 폐지)에 이어 정기간행물의등록에관한법률(1987)(제16조)과 방송법(1995)(제91조)에서 규정하고 있다.

2) 迅速한 反論의 必要性 반론권은 문제된 공격기사가 피해자에 대한 불법행위책임의 요건을 갖추었는가에 관계 없이 부여된다. 불법행위책임이 성립되기 위해서는 당해 기사가 진실과 다르다는 사실, 공공성을 갖지 않는다는 판정, 언론사의 고의 · 과실 등이 입증되어야 하는데, 그러한 입증과정은 상당한 시간을 필요로 할 뿐 아니라 그의 증명이 쉽지 않다. 그런데 언론에 의한 손해는 매우 신속하고 광범위하게 확산되므로 그러한 피해를 즉시에 방어할 필요가 있다. 그러므로 반론권은 그러한 불법행위책임의 약점을 보완하여 진실성 · 공공성 · 과실에 관한 입증을 요구하지 않고 신속한 권리실현을 보장함으로써 불명예기사의 파급효과를 저지하도록 한다.

3) 反論權의 限界 다른 한편 반론권은 다음과 같은 문제점도 갖고 있다. 즉 언론사는 표현 및 언론의 자유에 기초해 자기의 소신대로 보도할 권리를 갖는데 반론권은 이를 침해할 우려가 있다. 특히 언론의 핵심을 이루는 논평기사에 관해 인정되고 있는 「公正한 論評의 自由」와 상충된다. 반론권의 지나친 확대는 공공적 문제에 대한 언론자유 및 언론민주화를 위축시킬 우려가 있다. 또한 언론사는 자신의 정치적 · 사회적 입장을 바탕으로 보도하는데, 반론권의 확대는 언론사가 어떤 확고한 입장을 가지는 것 자체를 방해하며, 경우에 따라서는 집권당과 다른 입장의 언론사에 대한 언론강압의 수단으로 이용될 수 있다. 반론권에 의해 형식적인 동등기회를 부여하는 것은 시민에게 불균형하게 강한 힘을 부여하는 결과로 될 수도 있다는 반론도 있다.

4) 反論報道請求 정기간행물과 방송에 공표된 사실적 주장에 의하여 피해를 받은 자는 그 공표가 행해진 후 일정기간 내에 서면으로 발행인이나 편집인 또는 방송국의 장이나 편성책임자에게 반론보도의 게재 또는 방송을 청구할 수 있다(정간법 제16조; 방송법 제91조). 피청구인이 반론보도게재청구나 반론보도방송청구를 받은 때에는 피해자와 그 정정보도의 내용, 크기 등에 관하여 협의한 후 법률이 정하는 단기간 내에 그것을 무료로 게재 · 방송해야 한다(정간법 제16조 3항; 방송법 제91조 3항). 반론보도는 사실적 진술과 이를 명백히 전달하는 데 필요한 증명에 국한되며, 독자투고의 형식으로 할 수 없다(정간법 제16조 4항 · 5항; 방송법 제91조 4항). 피해자가 반론보도청구권의

정당한 이익을 갖지 않거나 청구된 반론보도의 내용이 명백히 사실에 반하는 경우, 또는 상업적인 광고만을 목적으로 하는 경우에 피청구인의 그 반론보도의 게재를 거부할 수 있다(정간법 제16조 3항 단서; 방송법 제91조 3항 단서). 그 밖에 범죄자로써 보도된 자가 후에 무죄의 확정판결을 받은 때에는 추후보도청구권을 갖는다(정간법 제20조; 방송법 제20조)

大判 2000. 2. 25, 99다12840: 방송법 제41조 제1항의 피해자란 그 보도내용에서 지명되거나 그 보도내용과 개별적 연관성이 있음이 명백히 인정되는 자이다.
大判 2000. 3. 24, 99다63138: 법원은 신청인이 구하는 반론보도문에 내용상의 제한이나 허용범위를 벗어나는 부분을 수정하여 인용할 수 있다.
大判 2006. 11. 23, 2004다50747: 반론보도의 내용이 되는 원보도의 사실적 주장에는 간접적으로 표현하거나 암시하는 내용도 포함된다.

3. 私生活侵害[1)]

(1) 私生活保護의 必要性과 限界

인간은 일정범위의 사적 생활영역을 가지며 그 사적 영역은 혼자 또는 가족·친지들 사이의 비밀로 머무르고 대중에게 노출되지 않기를 바란다. 이러한 혼자 있고 싶은 욕구는 인간의 존엄성과 관련이 있으며, 그러한 욕구를 얼마나 존중할 것인가는 사회의 관습·의식·구조에 따라 정도를 달리한다. 현대사회에 접어들어 인격존중에 대한 개인의 욕구는 증대됨에 반하여, 정치·언론·정보기관·금융기관·기타 기업들의 사생활영역에의 개입은 확대되는 추세이다.

사생활의 비밀과 자유는 헌법에 의해 보장받는 국민의 기본권이다(헌법 제17조). 그러나 과세·복지혜택·범죄수사 기타 행정업무처리를 위한 자료의 수집·관리라는 행정목적을 위해 사생활에의 개입하거나, 언론자유 및 국민의 알 권리 충족 등 공공목적으로 사생활을 노출시키거나, 신용제공자가 채무자의 재산정

---

1) 참고문헌: 金相容, "인격권의 침해와 민사책임: 프라이버시권의 보호를 중심으로," 판례월보 1993년 11월호; 梁彰洙, "정보화사회와 프라이버시의 보호," 인권과 정의 제175호, 1991년 3월호; 廉圭濠, "미국에서의 프라이버시 침해와 언론의 자유: 판례를 중심으로," 언론중재 제14권 4호, 1994년 12월호; 尹明善, "프라이버시 권리에 관한 역사적 고찰," 경희 법학 제20권 1호, 1985; 趙容福, "정보화사회에서 프라이버시 보호를 위한 주요국의 입법례," 인권과 정의 1993년 9월호; 千炳泰, "표현의 자유와 프라이버시," 언론중재 제14권 4호, 1994년 12월호.

보를 입수하는 등 영리목적으로 사생활을 염탐하는 행위가 증가하고 있고, 현대사회에서 그러한 사생활개입을 완전히 금지시킬 수는 없다.

(2) 不法行爲責任의 發生

사회적으로 용납될 수 있는 범위를 넘는 사생활개입, 공공성이 없는 사생활폭로, 허용된 목적을 일탈한 개인정보의 이용 · 공개는 위법성을 띠게 된다. 수인한도를 초과하는 사생활 침해행위는 불법행위에 해당하고 그 정신적 피해는 위자료로서 배상되어야 한다. 사생활침해로 인한 불법행위책임의 성립에 있어서 수인한도의 판단은 그 사회의 사생활존중의 의식 · 습관 · 문화와 밀접한 관련을 갖는다.

근래 사생활침해는 명예훼손과 구별되는 불법행위책임의 유형으로서 자리잡아 가고 있다. 불법행위책임법의 보호법익으로서의 사생활(privacy)이란 무엇인가, 사생활의 개입이나 공중에 대한 노출 자체가 어떠한 손해를 야기시키는가, 사생활의 개입 · 노출이 어떤 경우에 그리고 어떤 이유에서 위법성을 띠는가라는 문제가 책임발생과 관련하여 제기된다.

私生活侵害는 名譽毁損과 구별된다.

1) 保護法益　명예훼손은 사람에 대한 사회적 평판을 보호법익으로 하는 반면에, 사생활침해는 개인의 마음의 평온, 내면의 비밀을 보호법익으로 한다.

2) 侵害行爲　명예훼손은 피해자의 사회적 평가가 하락함으로써 피해자에게 손해를 입힘을 요건으로 하지만, 사생활침해에서는 사생활의 개입 · 노출로 피해자의 감정이 불쾌하게 되는 외에 명예훼손과 같은 외부적 손상은 요건이 아니다.

3) 眞 實 性　명예훼손에서는 통상 허위의 사실의 유포가 문제되므로 보도내용의 진실성이 밝혀지면 책임이 발생하지 않는 반면에(예외인 정됨), 사생활침해에서는 많은 경우 노출을 꺼리는 진실한 사실의 유포가 문제된다.

4) 公 共 性　사생활의 폭로기사는 명예훼손에서의 보도기사보다 공공성이 낮다는 점에도 차이가 있다.

5) 回復可能性　손상된 명예는 정정기사에 의해 어느 정도 회복이 가능하지만, 노출된 사생활은 회복이 불가능하다는 점에 차이가 있다. 사생활침해는 피해자에 대한 위자료의 지급 이외에 사생활개입의 중지요청 및 사생활 폭로기사의 유포중지요청과 같은 부작위청구와 침해제거청구가 더욱 필요하다.

大判 1998. 9. 4, 96다11327: ① 본인의 승낙을 받고 승낙의 범위 내에서 그의 사생활에 관한 사항을 공개할 경우는 위법하지 않다. 본인의 승낙을 받은 경우에도 승낙의 범위를 초과하여 승낙 당시의 예상과는 다른 목적이나 방법으로 이러한 사항을 공개할 경우 이는 위법한 것이다. ② 피해자가 자신을 알아볼 수 없도록 해 달라는 조건하에 사생활에 관한 방송을 승낙하였는데 방영 당시 피해자의 모습이 그림자 처리되기는 하였으나 그림자에 옆모습 윤곽이 그대로 나타나고 음성이 변조되지 않는 등 방송기술상 적절한 조치를 취하지 않음으로써 피해자의 신분이 주변 사람들에게 노출된 사안에서, 피해자의 승낙 범위를 초과하여 승낙 당시의 예상과는 다른 방법으로 부당하게 피해자의 사생활의 비밀을 공개하였으므로, 불법행위에 의한 손해배상책임을 인정한다.

(3) 私生活侵害의 類型

㈎ 私生活介入 자택 · 호텔 · 병원 · 오락실 · 탈의실 등 개인의 사적 공간에 침입하거나 망원경 · 도청시설을 이용하여 염탐하는 행위는 위법한 사생활침해가 된다. 정당한 이유 없이 타인의 일기, 서신, 기록을 훔쳐보거나 서랍 · 장농을 뒤지는 것도 그러하다. 정당한 이유 없이 타인을 미행하고나 타인의 집 · 물건을 수색하는 것도 같다. 끊임없이 원하지 않는 전화를 하는 행위도 사생활침해가 될 수 있다.

大判 1962. 3. 8, 4294민상1028: 원고를 강간할 목적으로 원고가 자고 있는 내실에 침입한 경우 원고의 신체나 정조에 직접적인 침해는 없다 하여도 이는 그의 생활을 방해하고 정신적 안전성에 동요를 준 것으로서 그것이 위법성을 띠고 있다는 것은 사회생활상의 양식에 비추어 명백한 바이므로 특단의 사유가 없는 한 피고는 원고에 대하여 민법 제751조에 의하여 손해를 배상할 의무가 있다 할 것이다.

大判 1998. 7. 24, 96다42789: 구국군보안사령부가 군과 관련된 첩보 수집, 특정한 군사법원 관할 범죄의 수사 등 법령에 규정된 직무범위를 벗어나 민간인들을 대상으로 평소의 동향을 감시 · 파악할 목적으로 지속적으로 개인의 집회 · 결사에 관한 활동이나 사생활에 관한 정보를 미행, 망원 활용, 탐문채집 등의 방법으로 비밀리에 수집 · 관리한 경우, 이는 헌법에 의하여 보장된 기본권을 침해한 것으로서 불법행위를 구성한다.

大判 2006. 10. 13, 2004다16280: 보험회사 직원이 장해 정도의 증거자료로서 교통사고 피해자들의 일상생활을 촬영한 행위는 초상권 및 사생활 침해에 해당한다.

㈏ 私生活露出　개인의 남녀관계, 가족관계, 과거의 경력, 신체·정신상의 결함을 공공의 이익과 관계 없이 공중에게 폭로하는 것은, 사생활침해가 된다.[1] 본인의 허락 없이 일기·서신·대화 등 사생활에 관련된 것을 공중에게 노출하는 것도 사생활침해가 된다(이와 별도로 저작권침해가 문제가 발생하기도 한다).

㈐ 姓名·肖像의 盜用　본인의 허락 없이 상품광고·오락기사에 성명·초상을 게재·방송하는 경우에 사생활침해가 해당한다. 이 경우를 특별히 인격권의 문제로 보호하는 견해도 있다.[2] 범죄자에 관한 기사에 그와 관련 없는 사람의 사진을 실은 경우와 같이 성명·초상의 도용으로 말미암아 본인의 명예가 하락된 때에는 사생활침해와 별도로 명예훼손의 책임이 발생한다.

(4) 私生活侵害의 要件

㈎ 私的 領域에 관련된 事項일 것　사생활침해는 원칙적으로 공공의 장소에서는 행해지지 않는다. 공중에게 개방된 사무실을 찾아가는 것, 공공장소에 있거나 공공행사에 참가한 사람의 모습이 그와 관련된 프로그램에 보도되는 것은 정당하나,[3] 정치가·공무원·유명인·운동선수·연예인의 사회적 활동 및 어느 정도의 개인적 사항은 사적 영역으로서 보호받지 못하며 공개된 사항으로 다루어진다. 그 밖에 본인이 스스로 공개한 사실을 반복하는 것은 허용되는데, 보통의 공개와 언론에 대한 공개는 별개로 다루어져야 한다.

㈏ 私生活侵害에 公共性이 없을 것　정당한 행정업무의 수행(수사·도청), 공익목적의 업무수행과정에서 필요한 최소한의 사생활개입(인구조사·의료목적)은 허용된다. 언론에 의한 사생활공표는 언론의 자유와 사생활보호의 두 가치의 비교형량에 의해 판단된다. 대중의 관심이 집중된 사건에 관련된 사람에 대한 개인적 사항을 보도하는 것은 공공성이 있다고 인정된다.

---

1) 大判 1967. 7. 25, 67다1000: 원고는 장성한 자식들과 동거하고 있는 과부이므로 피고와 성교관계가 있었다 하더라도 피고가 그러한 사실을 부락 사람들에게 유포시켰다면 특단의 사정이 없는 한 피고는 원고의 명예를 훼손시킨 것이다. 이 판결은 그를 명예훼손에 해당한다고만 판시하였지만, 사견으로서 위 사례는 사생활침해에도 해당한다고 생각된다.

2) 金相容, 앞의 글, 71. 미국법은 프라이버시를 상업적 프라이버시와 개인적 프라이버시로 나누고, 후자를 다시 도용(appropriation)·공개(publicity)·오도(false light)·침입(intrusion)의 네 가지 모습으로 나눈다. Posner는 사생활침해의 유형은 신체적 사생활(physical privacy)의 침해와 정신적 사생활(mental privacy)의 침해의 둘로 분류한다. Prosser & Keeton, *The Law of Torts*, Sec 117; Posner, *The Economics of Justice*, 254, 267.

3) 미국에서는 정신노동자가 증가하면서 사생활보호에 대한 요청도 매우 높아져서 혼자서 조용한 휴식을 즐기거나 휴가를 즐기는 것을 방해하는 것(공공시설에서의 음악방송, 시끄러운 광고소음 등)도 불법행위가 된다고 주장하는 견해도 있다. 다른 한편 사생활의 지나친 보호는 현대문화가 낳은 고립·불안의 결과로서 일면 부정적 요소도 갖는다고 비판하는 견해도 있다. 자세한 것은, Posner, *The Economics of Justice*, 273~282 참조.

(다) 受忍限度를 초과할 것　사생활개입의 정도 · 방법이나 사생활노출의 내용 · 방법이 일반적인 감수성을 가진 사람이 느끼기에 공격적이고 무례한 것이고,[1] 그것이 사회적으로 용납되는 정도를 넘는 것이어야 한다. 수인한도를 넘는 사생활침해의 경우 가해자의 과실 및 침해행위의 위법성이 인정된다. 판례는 ① 일반인의 감수성을 기준으로 하여 그 개인의 입장에 섰을 때 공개되기를 바라지 않을 것, ② 일반인에게 아직 알려지지 않은 것으로서 그것이 공개됨으로써 그 개인이 불쾌감이나 불안감을 가질 사항에 해당할 것을 요한다(大判 2006. 12. 22, 2006다15922).

(라) 損害와 因果關係　사생활침해에서 손해는 객관적으로 명백하지 않으며 그 손해정도가 정확히 증명되기 곤란하다. 수인한도를 넘는 사생활침해는 피해자에게 손해를 입힌 것으로 간주되어야 하며, 그 배상액은 판사가 규범적으로 판단해야 한다. 사생활침해와 손해 사이의 인과관계도 추정되어야 한다.

(5) 私生活侵害의 效果

(가) 請求權者　自然人은 사생활침해로부터 두텁게 보호되므로 모든 유형의 사생활침해로 인한 위자료청구권을 갖게 된다. 死者나 法人에 대한 사생활개입은 생각할 수 없으나 성명 · 초상의 도용, 사생활노출 또는 사적(공적이 아닌) 정보의 노출로 인한 사생활침해는 성립한다.[2]

(나) 慰藉料請求權의 發生　사생활을 침해받은 피해자는 민법 제751조에 기하여 그 정신적 고통으로 인한 손해를 배상받을 수 있다.

(다) 不作爲請求 및 侵害物除去請求　사생활침해의 경우에도 장래의 침해에 대비하여 부작위청구가 받아들여져야 한다. 그 밖에 침해에 쓰이는 필름 · 사진 · 원고 등의 회수 또는 파기를 청구할 수 있는 침해물제거청구권이 인정된다. 그 내용은 명예훼손에서와 유사하다.

4. 個人情報의 侵害

(1) 個人情報의 保護

정보조사기관이나 정보수집기술의 발달로 개인이나 기업에 관한 정보가

1) Prosser & Keeton, *The Law of Torts*, Sec. 117.

2) 주석 채권각칙(Ⅳ), 150에서는 법인이나 死者에게는 원칙적으로 프라이버시권이 인정되지 않으나 성명권과 같은 프라이버시권은 인정되어야 한다고 설명한다. 미국의 불법행위에 관한 Restatement에서도 성명 기타 이와 유사한 것의 사용에 대해서는 死者에 대한 Privacy의 침해를 인정한다. 법인, 조합, 단체에 대한 privacy권의 침해가 있을 수 없지만 법인의 명칭, 기타 이와 유사한 것의 불법사용은 부정경쟁방지법에 의해서 보호받는다.

많이 저장 · 이용되기에 이르렀다.[1] 수사업무 · 행정업무를 위하여 범죄자명단 · 주민등록 등이 컴퓨터에 입력되었고, 금융기관은 고객에 대한 신용정보를 수집 · 관리하게 됨에 따라 개인(법인 및 단체 포함)에 관한 인적 · 재산적 정보는 다방면으로 축적되게 되었다. 이런 정보사회화 현상은 업무의 정확· 능률에는 기여하게 되었으나 개인의 사적 영역에 대한 침해라는 심각한 문제를 야기하게 되었다. 정보사회에서 인간은 누구도 자유롭지 못하여 자신에 관한 사항을 혼자서만 알고자 하는 비밀유지욕구도 존중되기 어렵게 되었다.

정보화현상은 단순히 사생활침해라는 차원을 넘어 정보가 개인의 사회 · 경제활동을 좌우하는 중대한 영향을 미치게 되었다. 그리하여 각국은 개인에 관한 정보를 법적으로 보호하기 위한 제도적 장치를 마련할 필요를 느꼈다. 독일의 「연방개인정보보호법」(Gesetz zum Schutz vor Mißbrauch personenbezogener Daten bei der Datenverarbeitung, 1977), 프랑스의 「정보처리·축적및제자유에관한법률」(1978), 영국의 데이터보호법(Data Protection Act, 1984) 등의 특별법이 각국에서 제정되었다.

(2) 情報의 種類 및 侵害樣相

㈎ 知的 情報　지적 정보란 학문 · 기술 · 예술 및 기타 사회적으로 가치가 인정되는 사항에 관한 정보를 말한다. 지적 정보는 현대사회에서 중요한 경제적 가치를 갖는 재화로서 등장하게 되었다. 그에 따라 그러한 정보는 무체재산권으로서 법적으로 보호받게 되었고, 저작권법 · 특허법 등에 의해 보호받는 권리는 知的所有權이라 불리우는 지배권으로 승격되었다.[2] 그러한 특별법의 보호를 받기에 이르지 않았더라도 타인의 지적 정보를 침해하는 행위는 불법행위를 구성한다. 아직 출판되지 않은 타인의 원고를 도용하는 행위, 다른 기업의

---

1) 현대를 불확실성의 시대라고 하는데, 불확실성은 곧 위험의 근원이 되므로 정보에 관한 수요를 창출한다고 한다. 이러한 요구에 부응하여 George Stigler는 정보경제학(economics of information)을 비시장적 경제학의 하나로서 개척했다. 정보경제학이란 재화를 사고 파는 적절한 기회를 포착하기 위해 시간이나 다른 자원을 어떻게 분배하는 것이 효율적인가를 탐구한다. R. A. Posner, *The Economic of Justice*, Harvard University Press, 1981, p. 8.

2) 종래에는 지적소유권의 본질에 관하여 인간이 창작한 정신적 작품에 대하여 작자가 가지는 천부불가침의 소유권이라는 精神的 所有權說과 정신적 창조에서 유출하는 인격권이라는 人格權說 및 인격으로부터 독립한 사회적으로 유용한 재산적 가치 있는 무체재산에 대한 권리라는 無體財産權說 등이 주장되어 왔다. 보호대상인 지적재산에는 창조력 있는 인간의 고유의 가치가 있을 뿐만 아니라 발명가 · 예술가 · 기업가의 경제적 이익도 무시할 수 없으므로 인격적 측면과 재산적 측면을 함께 고려하여야 함이 타당하고, 또한 그것이 경제거래계에 유통되는 경우에는 경쟁법적 측면도 중요하다고 보아야 할 것이므로 이러한 여러 요소를 가진 財産的 權利로 이해하는 견해가 우리 나라에서 주장된다. 宋永植 · 李相珵 · 黃宗煥, 知的所有權法, 육법사, 1987, 53.

인사 · 경영정보를 훔치는 일은 불법행위에 해당한다. 이러한 지적 정보의 도용 이외에 타인의 정보를 이용불가능하게 만드는 정보의 파괴(컴퓨터에 입력된 자료를 지우는 일, 인사기록카드를 지우는 일)도 불법행위로 된다.

大判 1994. 9. 30, 94다7980: 망인인 이광수의 허락을 받지 아니하고 그의 소설을 다소 수정한 내용을 실은 도서를 출판 · 판매하였으나, 수정한 내용이 주로 해방 후 맞춤법 표기법이 바뀜에 따라 오기를 고치거나 일본식 표현을 우리말 표현으로 고친 것으로서, 망인 스스로 또는 그 작품의 출판권을 가진 출판사에서 원작을 수정한 내용과 별로 다르지 않다면 그 수정행위의 성질 및 정도로 보아 사회통념상 저작자의 명예를 훼손한 것으로 볼 수 없어 저작자 사망 후의 著作人格權(저작물의 동일성 유지권) 침해가 되지 아니한다.

大決 1995. 10. 2, 94마2217: 저작인격권은 저작재산권과는 달리 일신전속적인 권리로서 이를 양도하거나 이전할 수 없는 것이다. 타인이 무단으로 자기의 저작물에 관한 저작자의 성명, 칭호를 변경하거나 은닉하는 것은 고의 · 과실을 불문하고 저작인격권의 침해가 된다.

(나) 私的 情報　누구나 자기의 개인적인 사항에 관한 정보를 타인에게 노출하는 것을 꺼린다. 가족관계 · 성적 · 인사기록사항 · 재산상태 · 거래상황에 관한 정보들은 본인의 허락 없이 타인에게 노출되어서는 안 된다(사적 정보의 노출). 그러한 정당사유가 존재하지 않는다면 그러한 노출행위는 사생활침해에 해당하여 불법행위책임이 발생한다. 특히 상업적 목적으로 타인의 개인정보를 노출시키는 것은 엄격히 금지되어야 한다. 그 밖에 타인에 관해 잘못된 정보를 기록해 둠으로써 그에 관한 인격적 · 재산적 평가를 그르치게 하는 것(정보의 誤導)도 그 행위에 고의 · 과실이 있는 때에는 불법행위가 된다. 그리고 타인의 개인정보를 손상시킴으로써 그의 사회활동 · 경제활동을 방해하는 것도 불법행위가 된다.

(3) 個人情報保護의 方法

개인정보의 보호는 다음과 같은 방법으로 행해진다.[1] ① 情報收集의 制限: 개인정보의 수집은 적법하고 공정한 수단에 의하여 하며, 그 정보의 주체의 동의를 얻거나 그에게 통지함을 원칙으로 한다. ② 情報의 範圍: 정보수집의 목적

1) 경제개발협력기구(OECD)가 1980년 권고안으로 내놓은 「프라이버시 보호 및 개인정보의 국제유통에 관한 지침」을 참조하였다. 우리 나라에서도 1995년 「신용정보의이용및보호에관한법률」이 제정되었다.

은 분명하여야 하며, 개인정보는 그 정보수집목적에 비추어 꼭 필요한 범위 내의 것만을 수집하여야 한다(신용정보법 제13조). ③ 情報의 正確性: 수집되는 개인정보는 정확하고 완전하며 최근의 것이어야 한다. ④ 利用의 制限: 수집된 개인정보는 명확하게 설정된 목적에 한정되어 사용되어야 한다(신용정보법 제24조). ⑤ 管理의 安全性: 개인정보는 분실 · 도용 · 노출 · 파괴 · 수정됨으로써 정보주체를 해하지 않도록 안전하게 보호되어야 하며 그의 관리자가 정해져야 한다. ⑥ 政策의 公開: 개인정보에 관련된 정책 · 운용방침은 정보주체 전원에게 공개되어야 한다. ⑦ 情報主體의 參加: 정보주체는 자기에 관한 정보자료의 소재를 확인할 수 있어야 하고 잘못된 내용의 말소 · 정정 및 자료의 보완을 요구할 수 있어야 한다(신용정보법 제25조). ⑧ 管理者의 責任: 개인정보의 관리자는 이상의 사항이 원만히 수행되도록 조치하여야 하며, 그에 관한 사고에 대해 책임을 져야 한다(신용정보법 제28조).

條文索引

[민 법]

[민소법]

[민집법]

[상 법]

判例索引

事項索引

[ㅂ]

[ㅂ]

[ㅇ]

著者略歷

서울大學校 法科大學 卒·同 大學院 卒(法學碩士)
獨逸 튀빙겐大 法大 卒(法學博士)
東京大學 法學部 客員研究員 歷任
미국 하버드大學校 法科大學 客員研究員 歷任
韓國外國語大學校 法科大學 學長 歷任
韓國外國語大學校 法科大學 教授
現 국회의원(법제사법위원회 소속)

著 書

Bewohnung eines Wohnraums auf Grund dinglicher Nutzungsrechte und ihre Entgeltlichkeit in Zusammenhang mit Antichrese(Tübingen Uni. 1977)
民法總則(博英社, 第4版, 2005)
物權法(博英社, 第4版, 2006)
債權總論(博英社, 第3版, 2006)
民法 I(博英社, 第4版, 2005)
民法 II(博英社, 第5版, 2005)
約款規制論(博英社, 1984)
獨逸法(共著, 博英社, 1987)
約款規制法(博英社, 1994)
법여성학강의(박영사, 제3판, 2006)
기타 論文 多數 있음

第5版
債權各論

1989年	5月	10日	初版發行
1992年	7月	20日	改訂版發行
1999年	11月	10日	第3版發行
2000年	4月	30日	第3版補訂刷發行
2004年	2月	25日	第4版發行
2005年	2月	28日	第5版發行
2007年	8月	15日	第5版補訂刷印刷
2007年	8月	30日	第5版補訂刷發行

著 者 李 銀 榮
發行人 安 鍾 萬
發行處 博 英 社
서울特別市 鍾路區 平洞 13-31番地
電話 (733)6771 FAX (736)4818
登錄 1952. 11. 18. 제1-171호(倫)

www.pakyoungsa.co.kr e-mail: pys@pakyoungsa.co.kr

定 價 42,000원 ISBN 89-10-51342-X